국가직 소방 공무원 시험대비

기 본 서

합격까지 함께
소방학개론 만점 기본서

최신 출제경향을 반영한 단권화 기본서

2026년 소방공무원 공채·경채·간부후보생 대비 최적화 교재

정태화 편저

동영상 강의 www.pmg.co.kr

정태화 소방학개론

박문각

이 책의 머리말

2023년부터는 소방학개론의 문항수가 25문항으로 늘어남에 따라 보다 폭넓은 범위에서 다양한 문제가 출제될 것으로 예상됩니다. 기존의 기출문제 중에서 수험생들이 어렵다고 느끼는 대부분이 소방기술사 또는 위험물기능장에서 이미 출제되었던 부분으로 이전에도 간혹 출제되었습니다. 이러한 출제경향에 따라 소방공무원용 소방학개론도 점차 해당 내용까지 추가되어 시험에 나올 것으로 예측됩니다. 따라서 2026년 소방학개론의 시험대비를 위해서 학습해야 할 범위가 점차 확대되고 있습니다.

본 교재는 이러한 새로운 출제경향을 충분히 반영하고 기존의 전통적 출제경향까지 적절하게 참고하여 수험생의 빠른 합격에 도움이 될 수 있도록 구성하였으며, 출제범위는 법에 정하는 규정과 고시 사항을 근간으로 집필하였습니다.

최근 경향이 화학기초이론을 기반으로 한 연소와 화재, 폭발 등 소방청 고시사항을 중요한 근간으로 하고 있으므로, 교재의 목차 순서 또한 공식적인 시험범위를 기반으로 체계화하였습니다.

수험생 여러분 모두가 좋은 성과를 거두기를 기원합니다.

정태화 편저

소방직 공부 이렇게 하면 됩니다.

1. 기본서는 최소 5회독 이상 해야 합니다.
2. 단원별 기출문제는 1회 풀고 덮는 것이 아니라 최소 3회독 이상 해야 합니다.
3. 연도별 기출문제는 1회 이상 꼭 풀어 봐야 합니다.
4. 소방학개론은 단원별 예제문제, 소방관계법규는 조문별 예제문제를 꼭 풀어야 합니다.
5. 「소방관계법규」, 「소방공무원법」, 「재난 및 안전관리 기본법」 등의 법률의 개정 사항과 「화재조사 및 보고규정」, 「화재안전성능기준(NFPC)」 등 행정규칙의 개정 사항은 항상 주의 깊게 살펴서 꼼꼼하게 공부해야 합니다.

소방직 시험 절차 안내

❶ 1단계 : 필기시험

(1) 시험과목 및 시간

구분	시험시간	시험과목	
공채	10:00~11:15 (75분)	소방학개론(25문항), 소방관계법규(25문항), 행정법총론(25문항)	
경채	10:00~11:05 (65분)	일반	소방학개론(25문항), 소방관계법규(40문항)
		구급	소방학개론(25문항), 응급처치학개론(40문항)
		화학	소방학개론(25문항), 화학개론(40문항)
		정보통신	소방학개론(25문항), 컴퓨터일반(40문항)

(2) 필기시험 합격자 공고 : 필기시험 매 과목 40% 이상, 전 과목 총점의 60% 이상의 득점자 중 아래의 배수 범위에서 시험성적을 고려하여 높은 점수를 받은 사람부터 차례로 결정한다.

분야	공채		경채	
	선발예정인원	합격자 배수	선발예정인원	합격자 배수
필기시험 합격자 배수	1~10명	3배수	1명	3명
	11~20명	2.5배수	2명	8명
			3명	8명
	21~50명	2배수	4명	9명
			5명	10명
	51명 이상	1.5배수	6~50명	1.8배수
			51명 이상	1.5배수

출제문제 공개 및 이의제기 → 성적공개 및 이의제기 → 필기시험 합격자 공고

❷ 2단계 : 체력시험

(1) 준비물 : 응시표, 신분증, 상 · 하의 운동복, 운동화

(2) 대상자 : 필기시험 합격자(경채분야는 해당자)

(3) 시험종목 : 악력, 배근력, 앉아윗몸앞으로굽히기, 제자리멀리뛰기, 윗몸일으키기, 왕복오래달리기

(4) 측정방법 : 「소방공무원 채용시험 처리지침」 별표 5 적용

(5) 합격자 결정 : 6종목 총점(60점)의 50%(30점) 이상을 득점한 자

※ 체력시험 채점표에 응시자가 본인 점수를 확인한 후 서명하도록 시험 운영

체력시험 → 도핑테스트 → 체력시험 합격자 공고

소방직 시험 절차 안내

❸ 3단계 : 서류전형 / 신체검사

(1) 필기시험 합격자는 응시자격증, 경력증명서 등을 119고시 온라인으로 제출한다.

(2) 체력시험 합격자는 소방청장이 지정한 의료기관에서 신체검사를 받은 후 기한 내 '소방공무원 채용 신체검사서'를 제출한다.

❹ 4단계 : 종합적성검사 / 면접시험

(1) 체력시험 합격자는 시 · 도별로 운영되는 종합적성검사를 받는다.

(2) 체력시험 합격자는 소방청 주관 통합시험에 따른 면접시험을 치른다.

구분	평정요소 (5개 분야 50점)	S	A	B	C	D
발표면접	① 문제해결능력(10점)	10	8	6	4	2
	② 의사소통능력(10점)	10	8	6	4	2
인성면접	③ 소방공무원으로서의 공직관(10점)	10	8	6	4	2
	④ 협업능력(10점)	10	8	6	4	2
	⑤ 침착성 및 책임감(10점)	10	8	6	4	2

(3) **합격자 결정** : 평정요소에 대한 시험위원의 점수를 합산하여 총점의 50% 이상을 득점한 사람을 합격자로 결정한다. 다만 시험위원 과반수가 어느 하나의 평정요소에 대해 40% 미만의 점수를 평정한 경우 불합격으로 한다.

❺ 최종합격자

(1) **최종합격자 공고** : 119고시 누리집에 공고하며, 시험단계별 성적 반영비율은 다음과 같다.

채용분야	시험방법	반영비율
공채	필기시험 + 체력시험 + 면접시험	50% + 25% + 25%
경채	필기시험 + 체력시험 + 면접시험	50% + 25% + 25%
	필기시험 + 면접시험	75% +25%

(2) **최종합격자 결정**

① 「소방공무원임용령」 제46조에 따라 최종합격자의 결정은 면접시험 합격자 중에서 시험단계별 취득성적에 반영비율을 적용한 합산점수(소수점 이하 둘째 자리까지 계산)가 높은 사람부터 차례로 선발예정인원에 달할 때까지 합격으로 한다.

② 선발예정인원을 초과하는 동점자는 모두 합격으로 한다.

(3) **최종합격자 교육**

① 교육장소 : 소방학교 및 교육대

② 교육기간 : 입교일부터 약 6개월(교육기관 입교 시기는 시 · 도마다 다를 수 있다)

③ 임용유예 : 학업의 계속, 6월 이상의 장기요양을 요하는 질병이 있는 경우, 「병역법」에 따른 병역의무 복무를 위하여 징집 또는 소집되는경우, 임신하거나 출산한 경우 등

이 책의 차례

제1부 연소이론

PART 01 연소개요

PART 02 연기 및 화염

PART 03 폭발개요 및 분류

정태화
소방학개론

이 책의 차례

화재이론

화재의 정의 및 분류

건물화재의 성상

위험물화재의 성상

화재조사

제3부 소화이론

PART 01 소화원리

PART 02 소화약제

PART 03 소방시설

이 책의 차례

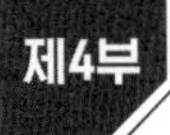

제4부 소방행정

PART 01 소방조직

PART 02 소방기능

제5부 재난관리

PART 01 재난 및 재난관리의 개념

PART 02 우리나라의 재난관리 (재난 및 안전관리 기본법 기준)

제1부

연소이론

정태화
소방학개론
기본서

www.pmg.co.kr

PART

01

연소개요

CHAPTER 01 연소의 개념
CHAPTER 02 연소 반응식과 에너지 수지
CHAPTER 03 연소의 조건 및 형태
CHAPTER 04 발화의 조건 및 과정

CHAPTER

01 연소의 개념

01 절 연소 개론

1 연소의 정의

연소란 가연물이 공기 중의 산소(O_2) 등과 반응하여 열과 빛을 발생하면서 산화하는 현상을 말하며, 발열반응이 계속되면 발생되는 열에 의해 가연물질이 고온화되어 연소는 계속 진행된다. 이러한 연소의 화학반응은 연소할 수 있는 가연물질이 공기 중의 산소와 반응할 때뿐만 아니라 염소와 같은 산화제와 반응할 때에도 일어난다. 이는 산소분자가 다른 물질의 분자와 결합하여 새로운 물질을 만들어내는 과정인 산화반응(작용)과 구분된다. 반응을 일으키기 위해서는 약 10^{-6} ~ 10^{-4} [J]의 활성화 에너지(최소 점화에너지)가 필요하며, 이 에너지를 점화에너지 · 점화원 · 발화원 또는 최소 점화(착화)에너지라고 한다. 가연물질의 활성화를 위해 필요한 에너지는 충격 · 마찰 · 자연발화 · 전기불꽃 · 정전기 · 고온표면 · 단열압축 · 자외선 · 충격파 · 낙뢰 · 나화 · 화학열 등에 의해 공급되고 있다.

✔ Check 주요 가연성 가스와 공기의 혼합가스 최소 점화에너지

물질	분자식	가연성 가스농도(vol%)	최소 점화에너지(mJ)
메탄	CH_4	8.5	0.23
에탄	C_2H_6	6.5	0.25
프로판	C_3H_8	5.0 ~ 5.5	0.26
부탄	C_4H_{10}	4.7	0.25
헥산	C_6H_{14}	3.8	0.24
벤젠	C_6H_6	4.7	0.20
에틸에터	$C_4H_{10}O$	5.1	0.19
아세톤	C_3H_6O	–	0.019
수소	H_2	28 ~ 30	0.019
이황화탄소	CS_2	–	0.019

2 연소의 개념 정리

(1) 연소의 화학반응은 가연물질과 공기 중의 산소 또는 산소를 함유하고 있는 산화제와 반응할 때 일어난다.

(2) 연소 반응을 일으키기 위해서는 활성화 에너지(최소 점화에너지)가 필요한데 이 에너지를 점화에너지, 점화원, 발화원 또는 최소 점화(착화)에너지라고 한다.

(3) 가연물의 활성화를 위해 필요한 에너지는 충격, 마찰, 자연발화, 전기불꽃, 정전기, 고온표면, 단열압축, 자외선, 충격파, 낙뢰, 나화, 화학열 등에 의해 공급되고 있다.

(4) 물질이 발열반응을 지속하면 고열이 발생될 뿐만 아니라 연쇄반응으로 이어지면서 연소는 계속된다.

(5) 완전연소는 공기 중에 산소(O_2)의 공급이 충분할 때 일어나며, 불완전연소는 공기 중의 산소(O_2)가 충분하게 공급되지 않을 때 일어난다. 특히 불완전연소를 하면 일산화탄소(CO), 완전연소를 하면 이산화탄소(CO_2)가 발생한다. 금속(Fe)에서 붉은색으로 녹이 발생하는 것도 산화반응에 해당하나 열이 발생하지 않기 때문에 연소는 아니다.

3 연소의 양상(형태)

연소는 대체로 불꽃연소와 표면연소(작열연소)의 두 가지 양상으로 분류되는데 표면연소는 고체 상태의 표면에 산소가 공급되어 연소가 이루어지며 불꽃연소는 고체인 가연물의 열분해·액체의 증발에 따른 기체의 확산과 기체인 가연물에 산소가 공급되어 연쇄반응을 일으키는 현상을 말한다. 불꽃연소를 한다는 것은 가연성 기체가 연소될 때 불꽃을 생성하며, 불티를 생성하지 않는 것을 의미한다. 불꽃연소는 단위 시간당 방출하는 열량이 많아 연소속도가 매우 빠르고 그 양상도 복잡한데, 대략 연소 시 발생하는 열량의 절반 이상은 가연물을 가열하여 연소가스의 방출에 소모되고 나머지는 주위의 복사열로 방출되는데 정상상태에서는 발생되는 열량과 주위로 잃어버리는 열량이 시간적으로 같으나 발생되는 열량이 더 많아지면 화세가 강해지고, 반대로 주위로 방출되는 열량이 많아지면 화세는 약해진다. 불꽃연소의 실례를 살펴보면 가솔린 등 석유류의 액면화재에 의한 연소, 열가소성수지류의 액화·분해·증발에 의한 불꽃연소 등이 있다. 연탄·목재·종이·짚 등은 불꽃연소와 표면연소가 연이어 발생한다. 즉 고체 상태에서 열분해된 가연성 가스가 연소할 때 불꽃연소가 일어나며 이후 표면연소로 진행한다. 금속분, 목탄(숯), 코크스와 쉽게 산화될 수 있는 금속물질 즉, 알루미늄, 마그네슘, 나트륨 등에서는 표면연소만 일어나는 경우가 있다.

4 정상연소와 비정상연소

액체나 고체의 경우에는 공기의 공급에 따라서 주어진 산소의 양만큼만 연소하게 되므로 비정상연소는 일어나지 않지만 기체의 연소에 있어서는 산소가 공급되는 방법에 따라 정상연소 또는 비정상연소를 하게 된다.

(1) 정상연소

가연물질의 연소 시 충분한 공기의 공급이 이루어지고 연소 시의 기상조건이 양호할 때에는 정상적인 연소가 이루어지므로 화재의 위험성이 적으며, 연소상의 문제점이 발생되지 않고 연소장치·

기기 및 기구에서의 열효율도 높으며, 연소가 일어나는 곳의 열의 발생속도와 방산속도가 서로 균형을 이루고 있다.

(2) 비정상연소

가연물질이 연소할 때 공기의 공급이 불충분하거나 기상조건이 좋지 않은 경우 정상적으로 연소가 이루어지지 않고 이상 연소 현상이 발생되므로 화재의 위험성이 증가하며, 연소상의 문제점이 많이 발생하므로 연료를 취급·사용하는 연소장치·기기 및 기구의 안전관리에 주의가 요구된다. 비정상연소는 폭발의 경우와 같이 연소가 격렬하게 일어나며, 이는 열의 발생속도가 방산속도를 능가할 때 발생한다.

5 완전연소와 불완전연소

가연물질이 연소하면 가연물질을 구성하는 주성분인 탄소(C), 수소(H_2) 및 산소(O_2)에 의해 일산화탄소(CO)·이산화탄소(CO_2) 및 수증기(H_2O)가 발생한다. 이때, 공기 중의 산소공급이 충분하고 기상조건 등이 양호하다면 완전연소 반응이 일어나고 산소의 공급이 불충분하거나 온도가 낮으면 불완전연소 반응이 일어나며, 연료가 완전히 연소되지 못하는 불완전연소 현상은 자동차 배기가스의 그을음이나 일산화탄소, 탄화수소 배출의 원인이다. 주로 완전연소 시에는 이산화탄소(CO_2)가, 불완전연소 시에는 일산화탄소(CO)가 발생한다.

※ 이산화탄소의 연기 색상은 백색, 일산화탄소의 연기 색상은 흑색을 나타낸다.

6 연소용 공기량 계산

가연물질을 연소시키기 위해서 사용되는 공기의 양에는 실제공기량, 이론공기량, 과잉공기량, 이론산소량, 공기비 등이 있다.

(1) 실제공기량(A°)

가연물질을 실제로 완전연소하려면 이론공기량보다 많은 공기가 필요하다. 이때의 공기량을 말한다.

(2) 이론공기량(A)

가연물질을 연소시키기 위해서 이론적으로 계산하여 산출한 공기량이다.

$$\text{이론공기량} = \frac{\text{이론산소량}}{0.21}$$

(3) 과잉공기량

실제공기량에서 이론공기량을 차감하여 얻은 공기량이다.

$$\text{과잉공기량} = \text{실제공기량} - \text{이론공기량}$$

(4) 이론산소량

가연물질을 완전연소시키기 위해서 필요한 최소의 산소량이다.

$$이론산소량 = 이론공기량 \times \frac{21}{100}$$

(5) 공기비(m)

실제공기량을 이론공기량으로 나눈 값

$$과잉공기량 = 실제공기량 - 이론공기량$$

$$공기비(m) = \frac{실제공기량}{이론공기량} = \frac{실제공기량}{실제공기량 - 과잉공기량}$$

(6) 일반적으로 삼체(三體)의 공기비

① 기체 가연물질 : 1.1 ~ 1.3

② 액체 가연물질 : 1.2 ~ 1.4

③ 고체 가연물질 : 1.4 ~ 2.0

✔ Check 주요 가연성 가스의 이론공기량 및 연소열

가연물질	분자식	분자량	이론공기량		연소열(kcal/kg)
			Nm^3/kg	Nm^3/kg	
메탄	CH_4	16.043	9.524	13.204	212.80
에탄	C_2H_6	30.070	16.667	12.421	372.82
프로판	C_3H_8	44.097	23.810	12.100	530.60
n–부탄	C_4H_{10}	58.124	30.953	11.934	687.64
에틸렌	C_2H_4	28.054	14.286	11.412	337.15
아세틸렌	C_2H_2	26.038	11.905	10.246	310.62

(7) 가연성 가스를 공기 중에서 연소시킬 때 공기 중의 산소농도 증가 시 현상

① 연소속도는 빨라진다.

② 화염의 온도는 높아진다.

③ 발화온도는 낮아진다.

④ 폭발한계는 넓어진다.

⑤ 점화 에너지는 작아진다.

(8) 불완전연소의 원인

① 가스의 조성이 균일하지 못할 때

② 공기 공급량이 부족할 때

③ 주위의 온도가 너무 낮을 때

④ 환기 또는 배기가 잘 되지 않을 때

7 연소방정식

가연성 가스인 탄화수소계(C_mH_n)를 완전연소시키면 이산화탄소(CO_2)와 물(H_2O)이 발생되나 공기의 양이 부족하면 불완전연소하여 일산화탄소(CO)가 발생된다. 탄소(C)와 수소(H)로 구성된 탄화수소계 가연성 가스에 대한 연소방정식은 일반적으로 다음과 같이 나타낼 수 있다.

$$C_mH_n + (m + \frac{n}{4})O_2 \rightarrow mCO_2 + \frac{n}{2}H_2O$$

(1) 탄화수소계 가연성 가스의 완전연소식은 아래와 같다.

① 메탄(CH_4) : $CH_4 + 2O_2 \rightarrow CO_2 + 2H_2O + 212.80kcal$

② 에탄(C_2H_6) : $C_2H_6 + 3.5O_2 \rightarrow 2CO_2 + 3H_2O + 372.82kcal$

③ 프로판(C_3H_8) : $C_3H_8 + 5O_2 \rightarrow 3CO_2 + 4H_2O + 530.60kcal$

④ 부탄(C_4H_{10}) : $C_4H_{10} + 6.5O_2 \rightarrow 4CO_2 + 5H_2O + 687.64kcal$

※ 파라핀계 탄화수소 가연성 가스란? $C_nH_{(2n+2)}$의 구조로 n값이 1이면 2n + 2 = 4이고, n = 2인 경우 2n + 2 = 6이 된다. 이는 아래의 파라핀계의 결합 구조 때문이다.

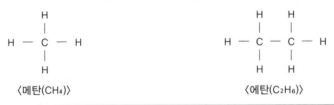

(2) '(1)'의 탄화수소계 가연성 가스의 완전연소식에서 메탄이 연소할 때 2몰, 에탄은 3.5몰, 프로판은 5몰, 부탄은 6.5몰의 산소가 필요하다.

※ 프로판 · 부탄이 연소하려면 메탄보다 2 ~ 3배의 산소가 더 필요하다.

*몰(mole) : 물질의 양을 표현할 때 사용하는 단위로 1몰이란 원자, 분자, 이온의 개수가 6.02×10^{23}개(아보가드로수)일 때를 말한다.

✓ Check 파라핀계 탄화수소[$C_nH_{(2n+2)}$]의 특징

① 파라핀계 탄화수소는 탄소(C)와 수소(H)의 결합이 모두 단일결합으로 이루어진 사슬 모양의 포화 탄화수소로 유기화합물이다.

② 가연성 기체의 경우 메탄(CH_4), 에탄(C_2H_6), 프로판(C_3H_8), 부탄(C_4H_{10}), 펜테인(C_5H_{12}), 헥세인(C_6H_{14}), 헵테인(C_7H_{16}), 옥테인(C_8H_{18}), 노네인(C_9H_{20}), 데케인($C_{10}H_{22}$) 등이 있다.

*$C_nH_{(2n+2)}$: 알칸기, $C_nH_{(2n+1)}$: 알킬기 예 메틸(CH_3-), 에틸(C_2H_5-), 프로틸(C_3H_7-), 부틸(C_4H_9-) 등

③ 탄소수가 증가할수록 분자의 구조가 복잡해지고, 열과 닿는 표면적이 증가하여 발화점이 낮아진다.

④ 탄소수가 증가할수록 연소범위는 좁아지고, 연소속도는 늦어진다.

⑤ 탄소수가 증가할수록 위험도는 커진다.

(3) 이론 공기량을 구해보면

① 이론산소량 = 이론공기량 $\times \frac{21}{100}$ = 0.21

② 이론공기량 = $\frac{\text{이론산소량}}{0.21}$

※ 부탄 31배, 프로판 24배, 에탄 16.7배, 메탄 9.5배의 공기가 필요하다.

(4) 화염을 전파하기 위해서는 최소한의 산소농도가 요구되며 이를 최소산소농도(MOC : Minimum Oxygen Concentration)라 하며, 폭발 및 화재는 연료의 농도에 무관하게 산소의 농도를 감소시킴으로써 방지할 수 있으므로 불연성 가스 등을 가연성 혼합기에 첨가하면 MOC는 감소된다.

> 최소산소농도(MOC) = 완전연소를 위한 산소의 몰수 × 연소범위의 하한계 값
>
> 예 프로판의 완전연소를 위한 산소의 몰수 = 5mol
> 프로판의 연소범위 = 2.1 ~ 9.5(vol/%)
> 따라서, 5 × 2.1 = 10.5%

(5) 탄화수소계 가연성 가스 중 산소원소(O)를 포함한 경우의 완전연소식

$$C_mH_nO_L + (m+\frac{n}{4}-\frac{L}{2})O_2 \rightarrow mCO_2 + \frac{n}{2}H_2O$$

예 에틸알코올의 완전 연소식 : C_2H_5OH(시성식) → C_2H_6O(분자식)

$C_2H_5OH + 3O_2 \rightarrow 2CO_2 + 3H_2O$

완전연소를 위한 산소 몰수를 구하는 경우 : $C_2H_5OH + (2+\frac{6}{4}-\frac{1}{2})O_2 \rightarrow 2CO_2 + 3H_2O$

따라서, 3mol의 산소가 필요하다.

(6) 정수비례법을 사용한 완전연소식

$$C_mH_n + \underline{x}O_2 \rightarrow \underline{y}CO_2 + \underline{z}H_2O$$

위의 x, y, z를 정수비례법을 이용하여 맞추면, 좌우는 등가이다. 따라서 좌항과 우항의 탄소, 수소, 산소의 원자수가 일치해야 한다.

예 1) 메탄(CH_4)

$CH_4 + xO_2 \rightarrow yCO_2 + zH_2O$

– 좌항에 C가 1개이므로 y = 1

: $CH_4 + xO_2 \rightarrow CO_2 + zH_2O$

– 좌항에 H가 4개이므로 z = 2

: $CH_4 + xO_2 \rightarrow CO_2 + 2H_2O$

– 우항의 O의 수가 4개이므로 2x = 4이므로 x = 2

: $CH_4 + 2O_2 \rightarrow CO_2 + 2H_2O$

2) 에틸알코올(C_2H_5OH)

$C_2H_5OH + xO_2 \rightarrow yCO_2 + zH_2O$

– 좌항에 C가 2개이므로 y = 2

: $C_2H_5OH + xO_2 \rightarrow 2CO_2 + zH_2O$

– 좌항에 H가 6개이므로 z = 3

: $C_2H_5OH + xO_2 \rightarrow 2CO_2 + 3H_2O$

– 우항에 산소가 총 7개이므로 1 + 2x = 7이므로 x = 3

: $C_2H_5OH + 3O_2 \rightarrow 2CO_2 + 3H_2O$

✓Check 주요 물질의 완전연소식 : 좌항의 원자수와 우항의 원자수가 일치한다.

① 탄소의 완전연소식
- 단, 탄소(C)는 1원자가 1분자이며, O는 원자 O_2는 분자
- 반응식 : $C + O_2 \rightarrow CO_2$ + 열에너지

② 수소의 완전연소식
- 단, H는 원자 H_2는 분자, O는 원자 O_2는 분자
- 반응식 : $H_2 + \frac{1}{2}O_2 \rightarrow H_2O$ + 열에너지

③ 황의 완전연소식
- 단, S는 원자 S_2는 분자, O는 원자 O_2는 분자
- 반응식 : $S + O_2 \rightarrow SO_2$ + 열에너지

④ 질소의 완전연소식
- N은 원자 N_2는 분자, O는 원자 O_2는 분자
- 반응식 : $N_2 + O_2 \rightarrow 2NO$

⑤ 암모니아의 완전연소식
- 반응식 : $2NH_3 + \frac{7}{2}O_2 \rightarrow 3H_2O + 2NO_2$

⑥ 사이안화수소 완전연소식
- 반응식 : $2HCN + \frac{5}{2}O_2 \rightarrow H_2O + N_2 + 2CO_2$

8 연소불꽃의 색상

(1) 공기의 공급량이 충분하면 가연물질은 완전연소가 되면서 연소불꽃은 휘백색으로 나타난다. 일반적으로 불꽃온도는 1,500℃에 이르게 되며 금속이 탈 때는 3,000℃ ~ 3,500℃에 이른다.

(2) 공기 중에 산소의 공급이 부족하면 연소불꽃은 담암적색에 가까운 색상이 나타난다. 이때 생성된 일산화탄소는 사람의 혈액 속에 들어있는 헤모글로빈과 결합하여 질식사를 일으킨다.

(3) 스팩트럼 시험에 의한 온도와 연소 빛의 색깔 변화는 아래 표와 같다.

✓Check 연소불꽃의 색상에 따른 온도

연소불꽃의 색	암적색	적색	휘적색	황적색	백적색	휘백색
온도(℃)	700	850	950	1,100	1,300	1,500

02 절 연소용어

1 인화점(Flash Point)

(1) 인화점은 연소범위에서 외부의 직접적인 점화원에 의하여 인화(불이 붙을 수 있는)될 수 있는 최저 온도를 말한다. 즉 어떤 물질이 점화원에 의해 연소할 수 있는 최저온도이다. 주요 액체 가연물질의 인화점은 다음과 같다.

✓ Check 액체 가연물의 인화점

액체 가연물질	인화점(℃)	액체 가연물질	인화점(℃)
다이에틸에터	−40	메틸알코올	11
아세트알데하이드	−40	에틸알코올	13
이황화탄소	−30	등유	30 ~ 60
아세톤, 사이안화수소	−18	중유	60 ~ 150
휘발유	−20 ~ −43	크레오소트유	74
벤젠	−11	나이트로벤젠	87.8
초산에틸	−4	글리세린	160
톨루엔	4	방청유	200

(2) 인화현상은 액체와 고체에서 볼 수 있는데 상반된 차이점이 있다. 가연성 가스 공급 측면에서 보면 액체는 증발과정으로 고체는 열분해과정으로 이해하면 되며, 인화에 필요한 에너지 측면에서 보면 액체는 적고 고체는 크다.

✓ Check 액체와 고체의 인화현상의 차이점

구분	액체	고체
가연성 가스 공급	증발과정	열분해과정
인화에 필요한 에너지	적다	크다

2 발화점(Ignition Point)

발화점은 외부의 직접적인 점화원 없이 가열된 열의 축적에 의하여 발화가 되고 연소가 시작되는 최저온도, 즉 점화원 없이 스스로 불이 붙을 수 있는 최저온도를 말한다.

(1) 산소와의 친화력이 큰 물질일수록 발화점이 낮고, 발화하기 쉬운 경향이 있으며, 고체 가연물의 발화점은 가열공기의 유량, 가열속도, 가연물 크기, 모양에 따라 다르다.

(2) 일반적으로 인화점보다 수 백도가 높은 온도다. 화재 진압 후 잔화 정리를 할 때 계속 물을 뿌려 주는 이유는 발화점(착화점) 이상으로 가열된 건축물이 열로 인하여 다시 연소되는 것을 방지하기 위함이다.

(3) 발화점이 낮아지는 경우

① 분자의 구조가 복잡할수록
② 발열량이 높을수록
③ 압력이 클수록
④ 화학적 활성도가 클수록
⑤ 산소와 친화력이 클수록
⑥ 금속의 열전도율이 낮을수록
⑦ 습도가 낮을수록
⑧ 활성화 에너지가 작을수록

(4) 발화점에 영향을 미치는 요인

① 가연성 가스와 공기의 조성비
② 가열속도와 가열시간
③ 발화를 일으키는 공간의 형태와 크기
④ 발화원의 종류(재질)
⑤ 가열방식
⑥ 촉매의 유무

(5) 주요가연물의 발화점 비교표

물질	발화점(℃)	물질	발화점(℃)
황린	34℃	목탄	320 ~ 400℃
이황화탄소	100℃	목재	400 ~ 450℃
셀룰로이드	180℃	무연탄	440 ~ 500℃
아세트알데하이드	185℃	프로판	423℃
헥산	223℃	고무	400 ~ 450℃
휘발유	257℃	산화에틸렌	429℃
적린	260℃	산화프로필렌	450℃
암모니아	351℃	경유	255℃
에틸알코올	363℃	중유	410℃
등유	245℃	톨루엔	480℃
부탄	365℃	견사	650℃

✓ Check 인화와 발화의 차이

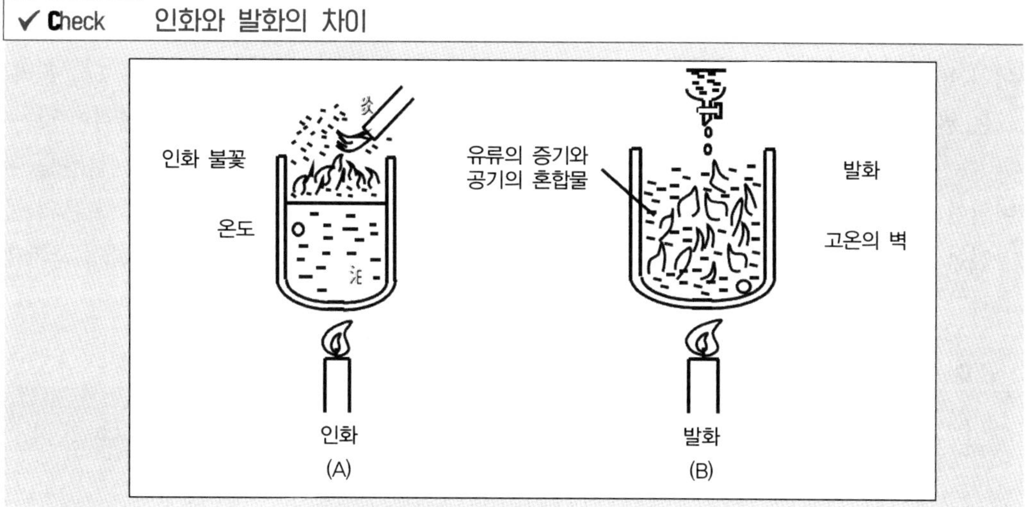

3 연소점(Fire Point)

연소점이란 점화원을 제거해도 연소상태가 지속될 수 있는 온도를 말한다. 즉 한 번 발화하면 연소를 계속할 수 있는 충분한 증기를 발생시킬 수 있는 최저온도이다.

(1) 연소점은 인화점보다 보통 10℃ 정도 높은 온도로 연소상태가 5초 이상 유지될 수 있는 온도이다.

(2) 액체 가연물의 연소점

① 등유 : 40℃

② 에틸알코올 : 23℃

③ 메틸알코올 : 21℃

④ 에터 : -35℃

⑤ 가솔린 : -10℃

⑥ 아세톤 : -8℃

※ 인화점 · 연소점 · 발화점 온도 비교 : 인화점 < 연소점 < 발화점

4 비점(끓는점)

액체가 끓으면서 증발이 일어날 때의 온도를 말한다.

(1) 비점이 낮으면 액체가 쉽게 기화되어 비점이 높을 때보다 쉽게 연소한다.

(2) 비점이 낮으면 인화점이 낮은 경향이 있다.

※ 휘발유와 등유의 비교

휘발유	인화점(-20 ~ -40℃), 비점(30 ~ 210℃)
등유	인화점(40 ~ 70℃), 비점(150 ~ 300℃)

5 비열(Specific Heat)

어떤 물질 1g을 1℃ 올리는 데 필요한 열량을 비열이라 한다. 예를 들어 1g의 물을 1℃ 올리는 데 드는 열량은 1cal이고 구리를 1℃ 올리는 데 필요한 열량은 0.0924cal이다. 이는 물질이 갖는 고유한 특성 중의 하나이다. 물질에 따라 비열은 많은 차이가 있으며 물 이외의 모든 물질은 대체로 비열이 1보다 작다. 비열은 어떤 물체를 위험 온도까지 올리는 데 필요한 열량이나 고온의 물체를 안전한 온도로 냉각시키는 데 제거하여야 할 열량을 나타내는 비교 척도가 된다. 물이 소화제로서 효과가 있는 이유 중의 하나가 물의 비열이 다른 물질보다 크기 때문이다.

✔ Check 각 물질별 비열

물질	비열(cal/g℃)	물질	비열(cal/g℃)
물	1	공기	0.240
파라핀왁스	0.700	할론 1301	0.220
에탄올	0.550	알루미늄	0.217
부탄	0.549	이산화탄소	0.200
아세톤	0.528	목탄	0.165
윤활유	0.510	유리	0.161
나무	0.420	철	0.113
HFC-23	0.370	구리	0.091
HFC BLEND	0.300	금	0.031

6 융점

대기압(1atm)에서 고체가 녹아 액체가 되는 온도를 말한다. 특히 융점이 낮으면 액체로의 변화가 쉬울 뿐만 아니라 화재상황에서는 연소 구역의 확산이 용이하여 높은 위험성이 있다.

7 잠열

어떤 물질이 온도 변화 없이 고체에서 액체로 변할 때나 액체에서 기체로 변할 때는 열을 흡수한다. 고체에서 액체로 또는 액체에서 고체로 변할 때 출입하는 열을 융해 잠열이라 하고, 액체가 기체로 또는 기체에서 액체로 변할 때 출입하는 열을 증발 잠열이라 한다. 대기압에서의 물의 융해 잠열은 80cal/g, 100℃에서의 증발 잠열은 539cal/g이다. 물의 증발 잠열이 큰 것은 물이 좋은 소화제가 될 수 있는 이유 중의 하나이다. 0℃의 얼음 1g이 100℃의 수증기가 되기까지는 약 719cal의 열량이 필요하다. 대개의 물질은 잠열이 물보다 작다.

8 현열

열이 물질에 가해졌을 때 상(기체・액체・고체)의 변화 없이 온도의 변화만을 가지는 열

9 점도

액체의 점도는 점착과 응집력의 효과로 인한 흐름에 대한 저항의 측정 수단이다. 모든 액체는 점성을 가지고 있다. 인화성 위험물은 상온에서 액체 상태인 경우가 많으므로, 온도가 상승하는 경우 인화점, 발화점 등을 주의하도록 하여 취급하지만 점성이 낮아지면 유동하기에 용이해진다.

10 연소속도

연소속도는 가연물질에 공기가 공급되어 연소가 되면서 반응하여 연소생성물을 생성할 때의 반응속도를 의미한다. 즉 화재에 있어서 연소해 가는 속도를 말하며 단위시간을 분으로 하여 해당 시간에 연소한 거리를 m로 나타낸다. 일반적으로 온도가 10℃ 상승하면 연소속도는 2 ~ 3배 정도 빨라진다. *화염속도 : 불꽃이 주변으로 확대될 때의 이동속도

(1) 연소생성물 중에서 불연성 물질인 질소(N_2), 물(H_2O), 이산화탄소(CO_2) 등의 농도가 높아져서 가연물에 산소가 공급되는 것을 방해·억제시키면 연소속도는 느려진다.

(2) 반응속도는 온도가 높아질수록 상승하며, 압력을 증가시키면 단위부피 중의 입자수가 증가하여 기체농도가 증가하므로 반응속도는 상승한다.

(3) 정촉매는 반응속도를 빠르게 하고 부촉매는 반응속도를 느리게 한다.

(4) 연소속도에 영향을 주는 인자

① 가연물의 종류와 온도
② 산화반응을 일으키는 속도
③ 산화반응을 일으키는 속도 및 가연성과 산화성 물질의 혼합비율
④ 산소의 농도에 따라 가연물질과 접촉하는 속도
⑤ 촉매(부촉매) 및 생성된 불가연성 물질
⑥ 압력, 화염의 온도 및 미연소 가연성 기체의 밀도, 비열, 열전도 등

11 증기비중

어떤 증기의 "증기비중"은 같은 온도, 같은 압력 하에서 동 부피의 공기의 무게에 비교한 것으로 증기비중이 1보다 큰 기체는 공기보다 무겁고 1보다 작으면 공기보다 가벼운 것이 된다.

$$\text{증기비중} = \frac{\text{분자량}}{29}$$ (29 : 공기의 평균 분자량)

이산화탄소(CO_2)는 분자량이 44이며 공기보다 약 1.5배 무겁기 때문에 방출되면 낮은 아랫부분에 쌓이게 된다. 증기비중이 1보다 큰 가연성 증기는 낮은 곳에 체류하고 연소(폭발)범위에 있으므로 점화원에 의해 연소(폭발) 위험성이 커진다.

12 연소범위(폭발범위 vol%)

연소범위란 공기 중 산소와 가연성 증기가 혼합된 상태에서의 증기부피를 말하며, 공기 중 연소에 필요한 혼합가스 농도범위를 의미하는 것이다. 연소범위는 하한계와 상한계로 구분되며, 전자는 최소 한도를, 후자는 최고 한도를 나타낸다. 즉, 연소범위란 공기 중 연소에 필요한 혼합가스의 농도를 말한다. 일반적으로 가스압력이 높아질 때는 범위의 하한계는 크게 변하지 않으나 상한값이 커지며 연소범위는 압력의 변화에 따라 차이가 있다. 압력을 대기압(상압, 1기압) 이상으로 증가시키면 연소범위가 일반적으로 넓어진다. 단, CO와 H_2는 예외이다.

※ CO의 연소범위는 압력이 증가하면 반대로 좁아진다(일산화탄소의 경우 압력이 1 ~ 10기압까지는 좁아지다, 10기압이 넘으면 다시 넓어진다).

※ H_2의 연소범위는 압력이 낮거나 높을 때 일시적으로 좁아진다.

① 보통 가스 압력이 높아지면 하한계값은 거의 변화가 없으나 상한계값은 커진다.
② 연소범위는 온도와 압력이 상승하면 범위가 넓어져 위험성은 증가한다.
③ 압력이 낮아지면 연소범위는 좁아진다.
④ 위험성은 연소범위의 상한계값이 높을수록 커진다.
⑤ 위험성은 연소범위의 하한계값이 작을수록 커진다.
⑥ 주변의 온도는 가연성 증기의 연소범위에 영향을 미친다.
⑦ 연소범위는 대기압(1기압) 이상으로 압력을 증가시키면 넓어진다.
⑧ 주요 가연성 증기의 연소범위 표

기체(증기)	연소범위(vol%)	기체(증기)	연소범위(vol%)
이황화탄소	1.2 ~ 44(42.8)	메탄	5.0 ~ 15(10)
벤젠	1.4 ~ 7.1(5.7)	수소	4.0 ~ 75(71)
휘발유	1.4 ~ 7.6(6.2)	일산화탄소	12.5 ~ 75(62.5)
에틸에터	1.7 ~ 48(46.3)	사이안화수소	12.8 ~ 27(14.2)
아세톤	2 ~ 13(11)	암모니아	15.7 ~ 27.4(11.7)
산화프로필렌	2.8 ~ 37(34.2)	메틸알코올	7 ~ 37(30)
아세틸렌	2.5 ~ 81(78.5)	아세트알데하이드	4.0 ~ 57(53)
에틸렌	3.0 ~ 33.5(30.5)	황화수소	4.3 ~ 45(40.7)
부탄	1.8 ~ 8.4(6.6)	다이에틸에터	1.7 ~ 48(46.3)
프로판	2.1 ~ 9.5(7.4)	에탄	3.0 ~ 12.5(9.5)

※ '디에틸에터=다이에틸에터=에틸에터=에터' 연소범위와 관련하여 교재마다 각각 다르게 기재된 경우가 있는데, 소방청에서 운영하는 「국가위험물통합정보시스템」에는 연소범위가 1.7 ~ 48vol%로 정하고 있다. 다이에틸에터는 1.9 ~ 48vol%, 에틸에터는 1.7 ~ 48vol%로 기재되어 있는 교재도 있고, 2002년 발간된 표준소방용어집에는 에틸에테르(에터)=1.9 ~ 36vol%로 기재되어 있으나 현재는 「국가위험물통합정보시스템」 기준을 표준으로 삼는 것이 가장 정확하다 할 수 있다.

✔ Check 메탄의 온도변화에 따른 연소범위 변화추이

구분	연소범위(vol%)	
	하한	상한
20℃	6.0	13.2
250℃	4.6	14.0
500℃	3.7	15.2

(1) 연소범위의 상한계와 하한계

연소범위는 가연성 가스가 화재를 일으키는 위험성을 나타내는 기준이 되며, 연소범위의 한 예로 아세틸렌이 2.5 ~ 81vol%이면 아세틸렌가스는 공기 중에서 일반적으로 2.5vol% 이상 ~ 81vol% 이하로 유지되어야만 연소와 폭발을 일으킬 위험이 있다(범위 안에 있어야 연소가 가능하며, 2.5% 미만이면 폭발하지 않는다).

예 아세틸렌 : $\frac{\text{연소범위}(U-L)}{\text{하한계}} = \frac{U(81)-L(2.5)}{L(2.5)} = 31.4$(위험도)

*U : 상한계, L : 하한계

(2) 연소범위(Flammable Range)의 특성

① 연소범위 상한계값이 높을수록 위험성은 증가한다.
② 연소범위 하한계값이 낮을수록 위험성은 증가한다.
③ 연소범위가 넓을수록 위험성은 증가한다.
④ 불활성 가스를 첨가할수록 연소범위는 좁아진다(위험성이 감소된다).

*불활성 가스 : 아르곤, 헬륨, 질소, 이산화탄소, 사염화탄소 등 다른 물질과 화합하지 않는 비활성 기체

(3) 공기 중 가연물의 연소범위 순서

가연성 기체의 연소범위는 주위 온도 등에 영향을 받는데, 연소범위의 순서는 아세틸렌 > 산화에틸렌 > 수소 > 일산화탄소 > 아세트알데하이드 > 에틸에터 > 이황화탄소 > 탄소 등의 순이며 벤젠이 가장 연소범위 폭이 좁다.

가연물	연소범위(vol%)	상 · 하한폭	가연물	연소범위(vol%)	상 · 하한폭
아세틸렌	2.5 ~ 81	78.5	산화에틸렌	3 ~ 80	77
수소	4 ~ 75	71	일산화탄소	12.5 ~ 75	61.5
아세트알데하이드	4 ~ 57	53	에틸에터 (다이에틸에터)	1.7 ~ 48	46.3
이황화탄소	1.2 ~ 44	42.8	황화수소	4.3 ~ 45	40.7
사이안화수소	6 ~ 41	35	에틸렌	3.0 ~ 33.5	30.5
메틸알코올	7 ~ 37	30	산화프로필렌	2.8 ~ 37	34.2

에틸알코올	3.5 ~ 20	16.5	암모니아	15 ~ 28	13
아세톤	2.6 ~ 12.8	10.2	메탄	5 ~ 15	10
에탄	3 ~ 12.5	9.5	프로판	2.1 ~ 9.5	7.4
부탄	1.8 ~ 8.4	6.6	노말·헥산	1.2 ~ 7.5	6.3
가솔린(휘발유)	1.4 ~ 7.6	6.2	벤젠	1.4 ~ 7.1	5.7

※ 연소범위 안에 있어야 불이 붙는다.

(4) 위험도

위험도는 일반적으로 연소범위를 가지고 그 하한계를 이용하여 위험성을 나타내는 척도이다.

① 연소범위를 이용한 위험도 구하는 공식

$$위험도 = \frac{상한계 - 하한계}{하한계} = \frac{U-L}{L}$$

*U = 연소범위 상한계, L = 연소범위 하한계

② 주요 기체의 위험도

㉠ 이황화탄소 = $\frac{44-1.2}{1.2}$ = 35.7

㉡ 아세틸렌 = $\frac{81-2.5}{2.5}$ = 31.4

㉢ 산화에틸렌 = $\frac{80-3}{3}$ = 25.6

13 공기 중 가연물의 위험도 순

이황화탄소 > 아세틸렌 > 산화에틸렌 > 에터 > 수소 > 에틸렌 등의 순서이며, 암모니아가 가장 낮다.

가연물	연소범위(vol%)	위험도	가연물	연소범위(vol%)	위험도
이황화탄소	1.2 ~ 44	35.7	아세틸렌	2.5 ~ 81	31.4
산화에틸렌	3 ~ 80	25.7	에터	1.9 ~ 48	24.3
수소	4 ~ 75	17.6	에틸렌	3.0 ~ 33.5	10.2
산화프로필렌	2.8 ~ 37	12.2	사이안화수소	6 ~ 41	5.83
일산화탄소	12.5 ~ 75	5	가솔린(휘발유)	1.4 ~ 7.6	4.4
벤젠	1.4 ~ 7.1	4.07	부탄	1.8 ~ 8.4	3.7
프로판	2.1 ~ 9.5	3.5	에탄	3 ~ 12.5	3.2
메탄	5 ~ 15	2	암모니아	15 ~ 28	0.87

14 가연성 물질의 위험도 기준

(1) 가연성 기체 : 연소범위를 기준

(2) 가연성 액체 : 인화점을 기준

(3) 가연성 고체 : 착화점을 기준

15 기체의 확산

(1) 기체 분자가 다른 기체 속으로 퍼져 나가는 현상을 기체의 확산이라 한다.

(2) 그레엄의 확산속도 법칙이란 기체분자의 확산이나 분출 속도는 일정 온도와 압력 조건에서 분자량의 제곱근에 반비례한다.

$$\frac{V_1}{V_2} = \sqrt{\frac{d_2}{d_1}} = \sqrt{\frac{M_2}{M_1}}$$

V_1, V_2 : 기체의 확산속도
d_1, d_2 : 기체의 밀도
M_1, M_2 : 기체의 분자량

03 절 연소의 3요소

연소의 3요소	가연물, 산소공급원, 점화원 = 심부화재
연소의 4요소	가연물, 산소공급원, 점화원 + 연쇄반응 = 표면화재

가연물질(기체 · 액체 및 고체 상태)이 연소하기 위해서는 산소를 공급하는 산소공급원(공기 · 오존 · 산화제 · 조연성 물질) 및 점화원(활성화 에너지)이 있어야만 정상적인 연소의 화학반응을 유지할 수 있는데 이와 같이 연소반응의 유지를 위해서 사용되는 가연물질 · 산소공급원 · 점화원을 연소의 3요소라고 한다. 또한 연소의 3요소에 화학적인 연쇄반응을 합하여 연소의 4요소라 한다.

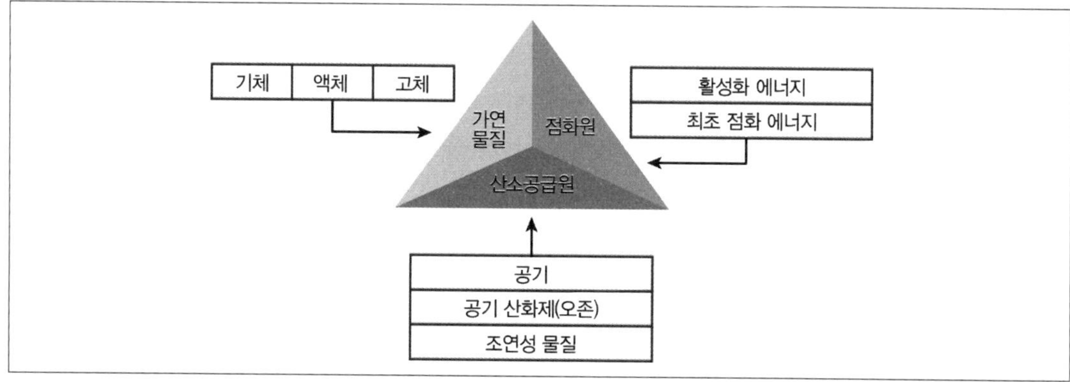

1 가연물

(1) 가연물이라 함은 쉽게 불에 탈 수 있는 산화하기 쉬운 물질이며 산소와 발열반응을 일으키는 물질을 말한다. 즉, 연소과정을 통하여 산화되거나 연소하는 재료 또는 물질이다. 종이, 목재, 가죽, 플라스틱, Na・Mg과 같은 금속・비금속, 가연성 가스인 LPG・LNG 등이 가연물에 해당된다.

(2) 일반적인 가연물은 수소(H)와 산소(O_2)의 결합에 의해 생성된 탄소(C)를 함유하고 있다. 가연물은 물질의 3가지(고체・액체・기체) 상태 중에 어느 한 상태로 존재한다. 그러나 가연물이 연소하기 위해서는 정상적으로 기체 상태로 존재해야 하며, 특히 고체・액체를 기체 상태로 변형시키기 위해서는 반드시 에너지가 필요하다.

(3) 가연성 가스는 고체의 열분해에 의해 발생되며, 열분해는 열작용을 통한 물질의 화학적 분해이다. 예를 들면 고체 가연물이 가열되면 고체 물질에서 가연성 물질이 산출되고, 충분한 양의 가연물과 열이 있다면, 열분해 과정은 연소하기에 충분한 양의 연소성 가스를 발생시키고 화재 4요소의 다른 요소(산소와 화학적 연쇄반응)들이 존재할 경우 발화하게 된다.

(4) 가연물이 갖추어야 할 구비조건

① 화학반응을 일으킬 때 필요한 최소의 에너지(활성화 에너지) 값이 작아야 한다.
② 일반적으로 산화되기 쉬운 물질로서 산소와 결합할 때 발열량이 커야 한다.
③ 열의 축적이 용이하도록 열전도의 값이 적어야 한다.
※ 열전도율은 기체<액체<고체 순으로 커지며 연소순서는 열전도율 순서와 반대이다.
④ 지연성(조연성) 가스인 산소・염소와의 친화력이 강해야 한다.
⑤ 산소와 접촉할 수 있는 비표면적이 큰 물질이어야 한다(기체 > 액체 > 고체).
⑥ 연쇄반응을 일으킬 수 있는 물질이어야 한다.
⑦ 한계산소농도(LOI)가 낮을수록 낮은 산소 농도에서 연소가 가능하다.
⑧ 건조도가 높아야 한다.
⑨ 화학적 활성도가 높아야 한다(화학적 활성도가 높으면 화학적으로 물질이 불안정하다).

(5) 가연물이 될 수 없는 조건

① 주기율표 18족의 불활성 기체(결합력이 없으므로 산소와 결합하지 못함)
: 헬륨(He), 네온(Ne), 아르곤(Ar), 크립톤(Kr), 크세논(Xe), 라돈(Rn), 오가네손(Og)
② 이미 산소와 결합하여 더 이상 산소와 화학반응을 일으킬 수 없는 물질
: 물(H_2O), 이산화탄소(CO_2), 산화알루미늄(Al_2O_3), 산화규소(SiO_2), 오산화인(P_2O_5), 삼산화황(SO_3), 삼산화크로뮴(CrO_3), 산화안티몬(Sb_2O_3) 등
※ 일산화탄소(CO)는 산소와 반응하기 때문에 가연물이 될 수 있다.

$$CO + \frac{1}{2}O_2 \rightarrow CO_2 + Qkcal$$

③ 산소와 화합하여 산화물을 생성하나 발열반응을 하지 않고 흡열반응하는 물질
: 질소 또는 질소 산화물(N_2, NO) 등

$$N_2 + \frac{1}{2}O_2 \rightarrow N_2O - Qkcal$$
$$N_2 + O_2 \rightarrow 2NO - Qkcal$$

④ 돌과 흙 등 자체가 연소하지 못하는 물질

(6) 가연성 가스와 조연성 가스 암기법

① 가연성 가스
: 수소, 일산화탄소, 천연가스, 암모니아, 부탄, 메탄, 에탄, 프로판 등
※ 암기법 : '가수일천 암부메에프'

② 조연성 가스
: 산소, 공기, 염소, 오존, 불소 등
※ 암기법 : '조산공염오불'

2 산소공급원

산소공급원(O_2, 산소/산화제)이라 함은 대기 중에 포함된 공기와 조연성 가스가 있으며 또한 산소를 포함하고 있는 산화성 고체(제1류 위험물), 자기반응성 물질(제5류 위험물), 산화성 액체(제6류 위험물)에도 있다. 대기 중에 산소는 약 21%가 포함되어 있어서 산소공급원 역할을 하고 있다.

✔ Check 공기의 조성범위

구분	산소	질소	아르곤	탄산가스
용량(vol%)	20.99	78.03	0.95	0.03
중량(wt%)	23.15	75.51	1.3	0.04

(1) 공기

일반적으로 공기 중에 함유되어 있는 산소(O_2)의 양은 용량으로 계산하면 전체 공기의 양에 대하여 21용량%(vol%)이며, 질량으로 계산하면 23중량%(wt%)로 존재하고 있어 연소에 필요한 산소는 공기 중의 산소가 이용되고 있다.

① 일반적인 산소 수준에서 연소하는 물질들은 풍부한 산소의 대기상태에서 더욱 빠르게 연소하고 쉽게 발화한다.

② 가연물이 연소하기 위해서는 산소와 결합하여 불이 붙을 수 있는 조건을 만들어야 하는데, 이를 연소범위라 한다. 연소는 산소농도가 높을수록 잘 일어나고 산소농도 15% ~ 16% 이하에서 연소는 일어나지 않는다.

(2) 산화제

산화제는 일련의 화학반응 과정을 통해 산소나 산화가스를 생성하는 물질을 말하는 것으로 그 자체가 가연성은 아니지만 가연물과 결합할 때 연소를 돕는다. 공기 중에 있는 산소는 기본산화제로 간주되므로 가장 일반적인 산화제로 산소가 대표적이다.

① 산화제 중 제1류 위험물(산화성 고체)과 제6류 위험물(산화성 액체)

㉠ 가열・충격・마찰 등에 의해 산소를 발생시킨다.

㉡ 제1류 위험물은 산소를 함유하고 있는 강산화제로 염소산염류, 과염소산염류, 과산화물, 질산염류, 과망가니즈산염류, 무기과산화물류 등이 해당한다.

ⓐ 과산화칼륨(K_2O_2) : 물과 접촉하거나 가열하면 산소를 발생시킨다.

$$2K_2O_2 + 4H_2O \rightarrow 4KOH + 2H_2O + O_2\uparrow$$
$$2K_2O_2 \xrightarrow{\triangle E} 2K_2O + O_2\uparrow$$

ⓑ 과산화나트륨(Na_2O_2) : 수용액은 30 ~ 40℃의 열을 가하면 산소를 발생시킨다.

$$2Na_2O_2 \xrightarrow{\triangle E} 2NaO + O_2\uparrow$$

㉢ 제6류 위험물인 과염소산, 질산 등이 해당한다. 질산나트륨($NaNO_3$)은 조해성이 있어 열을 가하면 아질산나트륨과 산소가 발생한다.

$$2NaNO_3 \xrightarrow{\triangle E} 2NaNO_2 + O_2\uparrow$$

② 산화제 중 제5류 위험물인 나이트로글리세린(NG), 셀룰로이드, 트라이나이트로톨루엔(TNT)

㉠ 자기반응성 물질이면서 분자 내에 산소를 충분히 함유하고 있다.

㉡ 연소속도가 빠르고 폭발을 일으킬 수 있는 물질이다.

③ 산화제 중 조연성(지연성) 물질은 자신은 연소하지 않고 가연물의 연소를 돕는 기체로서 산소(O_2), 불소(F_2), 오존(O_3), 염소(Cl_2)와 할로젠원소 등이 있다.

④ 가연성 기체 연소과정에서 산소농도 증가 시 발생하는 현상은 다음과 같다.

㉠ 급격하게 화염온도가 상승하고 연소속도는 빨라진다.

㉡ 연소물의 점화에너지가 작아진다.

㉢ 발화온도는 낮아지고 넓은 폭발한계를 가진다.

3 점화원

(1) 점화원(열)의 개념

점화원이란 가연물과 산소(O_2)의 조화로 연소범위를 만들었을 때 연소를 시작하는 데 필요한 최소의 활성화 에너지를 말한다. 대표적 점화원으로는 라이터불, 성냥불, 촛불, 전기불꽃, 충격 및 마찰열, 단열압축, 나화 및 고온표면, 정전기 불꽃, 자연발화 등이 있다. 특히 열은 에너지 요소로써 가연물과 접촉하면 에너지는 다음과 같이 연소반응을 돕는다.

① 고체와 액체에 대해 열분해 또는 증발을 일으키고 가연성 증기 또는 기체(gas)를 생성한다.
② 발화를 위해 필요한 에너지를 제공한다.
③ 계속적인 가연성 증기(가스)의 생성 및 발화로 연소반응이 지속되게 한다.
④ 점화원의 종류

구분	종류
열적 점화원	고온표면, 적외선, 복사열 등
기계적 점화원	단열압축(압축열), 충격 및 마찰(마찰불꽃·스파크)
화학적 점화원	연소열, 용해열, 분해열, 생성열, 자연발화에 의한 열
전기적 점화원	정전기, 낙뢰, 전기불꽃, 유도열, 유전열, 저항열, 아크열

(2) 주요 점화원의 개념

① 전기불꽃 : 전기설비회로, 전기기구 등에서 접점 스파크나 고전압에 의한 방전, 자동제어기의 경우 릴레이의 접점 등 작은 불꽃에서도 가연성 가스를 착화시킬 수 있다.

$$E = \frac{1}{2}CV^2 = \frac{1}{2}QV$$

E : 전기불꽃에너지, C : 전기용량, Q : 전기량, V : 전압

㉠ 스파크에 의한 방전 : 전기의 누전, 전구의 파괴 시 단락(합선)·단선·접촉불량·회로의 개폐 등에서 발생되며, 시간이 짧다.
㉡ 고압에 의한 방전 : 높은 전위차를 가진 물체를 대전시키면 공기는 절연이 파괴되고 방전이 발생하며 전위가 더욱 높게 되면 스파크가 발생하는데 공기 중에서는 약 400V 이상이 되면 일어날 수 있다.
㉢ 접점스파크 : 자동제어기의 경우 릴레이 접점, 모니터의 정류자 등에서 접점의 개폐 시에 아주 작은 스파크가 발생한다.

② 유도열 : 도체 주위에 변화하는 자기장이 있을 때에 전위차가 발생하고 이로 인해 전류흐름이 일어나는데 이 전류를 유도전류라고 한다. 이 유도전류에 의해 발생되는 열이 유도열이다.

③ 유전열 : 유전체는 절연체를 의미하며 피복과 같은 절연체가 절연 능력을 갖추지 못해 발생하는 열이다. 즉, 누설전류이다.

*절연체 : 전기나 열이 전달되지 않는 물질로 부도체를 의미

④ 저항열 : 백열전구의 발열로서 전기에너지가 열에너지로 변할 때 발생된다.

⑤ 단열압축 : 단열팽창과 반대개념이며, 기체를 높은 압력으로 압축하면 온도상승으로 오일이나 윤활유가 열분해되면서 저온 발화물을 생성하여 발화물질이 발화하여 폭발을 하게 된다. 예 디젤엔진

⑥ **나화** : 항상 화염을 가지고 있는 열 또는 화기를 말하며, 보일러, 담뱃불, 난로 등이 있다.

✓Check 발화원 심화 : 담뱃불과 연소가능성

㉠ 담뱃불에 의한 가솔린 증기에의 인화 가능성
가솔린 증기가 폭발한계 내에 있는 곳에서 담뱃불을 가지고 있거나 담뱃불을 빨아도 가솔린에 착화하지 않는다. 담배는 무염착화 상태에서서는 중심부의 온도가 700 ~ 800℃지만 표면은 공기 또는 탄산가스가 많은 공기로 둘러싸여 있을 뿐만 아니라 불이 붙어있는 점은 시시각각 이동하므로 담뱃불이 매우 가깝더라도 가솔린의 발화점인 240 ~ 300℃에는 도달할 수 없기 때문이다. 담뱃불은 열원 부족으로 가솔린의 발화점까지 혼합 기체를 실제적으로 가열할 수 없으므로 인화할 가능성은 없다고 말할 수 있다.

㉡ 담뱃불에 의한 LNG 또는 LPG의 착화 가능성
LNG(메탄), LPG(프로판 · 부탄가스)의 가연성 혼합물의 폭발한계와 담뱃불에 의한 착화가능성은 이 가연성 혼합물을 발화점까지 가열할 수 있느냐의 여부가 문제이지만 LNG는 발화점이 높아 담뱃불로 착화할 수 없으며, 담뱃불은 LPG(프로판가스 · 부탄가스)에도 연소되지 않는다. 이는 담뱃불의 불씨가 붙어있는 면적이 작기 때문이다. 예컨대 도시가스의 주요 구성성분인 수소는 발화점이 585℃, 일산화탄소는 약 500 ~ 600℃, 메탄은 약 600℃, 프로판 470℃, 부탄 365℃에서 담뱃불로써는 도저히 이 발화점까지 올리는 것이 불가능하기 때문이다.

㉢ 제1석유류인 가솔린은 인하점이 섭씨 −43℃ ~ −20℃로 전기 부도체이며 공유결합으로 인해서 500ml 비커에 20ml의 가솔린을 넣은 후 담뱃불을 던져도 연소하지 않는다.

⑦ **고온표면**(고온물질) : 작업장의 화기, 가열로, 건조장치, 굴뚝, 전기 · 기계설비 등 가연물 주변에 발화점 이상의 고온물질이 있어 쉽게 점화될 수 있다.

⑧ **충격 · 마찰열** : 두 개 이상의 물체가 상호 간 충격 · 마찰 시 발생되는 작은 불꽃을 말한다.

⑨ **용해열** : 어떤 물질이 액체에 용해될 때 발생하는 열(농황산, 묽은 황산)을 말한다.

⑩ **분해열** : 화합물이 분해할 때 발생되는 열을 말한다.

⑪ **연소열** : 어떤 물질이 완전히 연소되는 과정에서 발생하는 열을 말한다.

⑫ **정전기 불꽃** : 물체가 접촉하거나 결합한 후 떨어질 때 양(+)전하와 음(−)전하로 전하의 분리가 일어나 발생한 과잉전하가 물체(물질)에 축적되는 현상이다.

㉠ 정전기 불꽃
물체의 마찰 등에 의해 전하의 분리가 일어나 과잉전하가 물체에 축적되는 현상

㉡ 정전기의 종류
ⓐ 액체유동에 의한 대전
ⓑ 인체의 대전
ⓒ 분출가스의 대전
ⓓ 마찰, 박리, 유동, 충돌대전 등

㉢ 정전기의 발생원인(석유류 제품 취급 시 정전기 발생원인)
ⓐ 유속이 높을 때

ⓑ 필터 등을 통과할 때
ⓒ 물이 침전할 때
ⓓ 비전도성 부유물질이 많을 때
ⓔ 낙차가 일어날 때
ⓕ 와류가 생성될 때
ⓖ 습도가 낮을 때
ⓗ 배관 내의 유체 점도가 클 때

㉣ 정전기 발생과정
전하의 발생 → 전하의 축적 → 정전기 방전 → 착화성 방전 → 발화

㉤ 정전기 완화대책
ⓐ 접지와 본딩 : 접지시설 → 접지 저항 ┌ 산업시설의 접지저항의 총합 100Ω 이하
└ 피뢰설비의 접지저항의 총합 10Ω 이하
ⓑ 공기중의 상대습도를 70% 이상으로 높임
ⓒ 공기의 이온화
ⓓ 전기의 도체를 사용함

㉥ 정전기 억제대책
ⓐ 유속의 제한(1m/s)
ⓑ 이물질의 제거
ⓒ 유체류의 분출을 방지

㉦ 정전기에 의한 발화를 방지하기 위한 예방대책
ⓐ 정전기는 습도가 낮거나 압력이 높을 때 많이 발생하므로 상대습도를 70% 이상으로 유지
ⓑ 정전기 발생이 예상되는 장소에 접지시설 설치
ⓒ 실내공기 이온화로 정전기 발생예방
ⓓ 전기의 저항이 큰 물질은 대전이 용이하므로 전도체 물질 사용
ⓔ 제전기(전압인가식 · 자기방전식 · 방사선식)를 설치

⑬ **자연발화** : 가연성의 물질 또는 혼합물이 외부가열 없어도 내부의 반응열 축적만으로 발화점에 도달하여 연소를 일으키는 현상이며, 원인으로는 물질의 산화열, 분해열, 흡착열, 미생물(발효열), 중합열 등이 있다.

㉠ 자연발화를 일으키는 주요 원인
ⓐ 분해열은 물질이 분해할 때 발생되는 열을 축적함으로서 자연발화가 일어난다.
예 제5류 위험물(셀룰로이드, 나이트로셀룰로오스, 질산에스터류), 아세틸렌, 산화에틸렌 등
ⓑ 산화열은 물질이 산화하는 과정에서 발생되는 열을 축적함으로써 자연발화가 일어난다.
예 석탄, 건성유(아이오딘 값이 130 이상 : 아마인유, 해바라기유, 들기름, 동유), 반건성유(아이오딘 값이 100 ~ 130 미만 : 채종유, 면실유, 대두유)가 적셔진 다공성 가연물, 기름걸레, 원면, 고무분말, 금속분, 황철관, 테레핀유, 황린 등

※ 햇빛에 방치한 기름걸레는 산화열이 축적되어 자연발화를 일으킬 수 있다. 그러나 기름걸레를 빨랫줄에 걸어 놓으면 산화열이 축적되지 않아 자연발화는 일어나지 않는다.

※ 동·식물성 유지류의 아이오딘 값이 높을수록 산화되기 쉽고 자연발화의 위험성이 커진다. 아이오딘 값이 100 미만인 불건성유(올리브유, 피마자유 등)는 자연발화가 어렵다.

ⓒ 발효열에 의한 발열은 미생물에 의해 발효되는 과정에서 발생되는 열을 축적함으로써 자연발화가 일어난다.

예 퇴비, 먼지, 거름, 곡물 등

ⓓ 흡착열은 물질이 흡착할 때 발생되는 열을 축적함으로써 자연발화가 일어난다.

예 다공성 물질인 (숯)목탄, 활성탄 등

ⓔ 중합열은 물질이 중합반응하는 과정에서 발생되는 열을 축적함으로써 자연발화가 일어난다.

예 액화사이안화수소(HCN), 산화에틸렌 등

*중합반응 : 저분자 물질(단위체)에서 고분자 물질로 바뀌는 화학반응

㉡ 자연발화 촉진 조건

ⓐ 주위 온도가 높고, 적당한 수분은 촉매제 역할을 함(고온·다습)

ⓑ 열 축적이 용이할 것

ⓒ 열전도도가 작을 것

ⓓ 발열량이 클 것

ⓔ 표면적이 넓을 것

ⓕ 공기유통이 잘되지 않을 것

㉢ 자연발화를 방지하기 위한 예방대책

ⓐ 습도의 상승을 억제한다.

ⓑ 바람이 잘 통하는 구조로 하여 공기의 유통을 잘 시킨다.

ⓒ 열이 축적되지 않도록 분산시키고 저장실 주위 온도를 낮춘다.

ⓓ 열이 쌓이지 않도록 퇴적한다.

✔ Check 위험물의 혼합·혼촉에 의한 발화

(1) 혼촉발화현상의 분류

① 폭발성 물질을 생성한다.

② 혼촉에 의해 발열·발화하지만 본 물질보다 발화하기 쉬운 혼합물을 형성한다.

(2) 혼합·혼촉위험물질

① 산화성 물질과 환원성 물질

② 산화성 염류와 강산의 혼촉

③ 불안정한 물질을 만드는 물질의 혼합·혼촉

㉠ 암모니아 + 염소산칼륨 → 질산암모늄

㉡ 하이드라진 + 아염소산나트륨 → 질화나트륨

㉢ 아세트알데하이드 + 산소 → 과초산(유기과산화물)

㉣ 암모니아 + 할로젠원소 → 할로젠화질소

ⓓ 하이드라진 + 아질산염류 → 질화수소산

(3) 혼합 · 혼촉발화방지방법

① 산화제와 환원제, 가연물 등은 동일 실내에 저장하지 않아야 한다.

② 혼합 · 혼촉 방지 대상물질 : 제1류 · 제6류 위험물과 제2류 · 제3류 · 제4류 · 제5류 위험물의 혼합 · 혼촉은 피하여야 한다.

⑭ 복사열(Radiation Heat)

물체에서 방출하는 전자기파를 직접 물체가 흡수하여 열로 변했을 때의 에너지를 말한다. 전자기파에 의해 열이 매질을 통하지 않고 고온의 물체에서 저온의 물체로 직접 전달되는 현상이다. 물질에 따라서 비교적 약한 복사열도 장시간 방사로 발화될 수 있다. 예를 들어 햇빛이 유리나 거울에 반사되어 가연성 물질에 장시간 쪼일 때 열이 축적되어 발화될 수 있다.

⑮ 최소발화에너지(M.I.E : Minimum Ignition Energy)

㉠ 연소범위 안에 있는 가연성 기체가 공기와 혼합하여 발화하는 데 필요한 최소한의 에너지이다.

㉡ 최소발화에너지 값이 작을수록 발화가 더 잘 일어나게 된다.

㉢ 최소발화에너지의 단위는 통상적으로 [mJ] 단위를 사용한다.

㉣ 일반적으로 연소속도가 클수록 최소발화에너지는 작아진다.

㉤ 최소발화에너지에 영향을 미치는 요인

ⓐ 압력이 클수록 분자 간의 거리가 가까워져 최소발화에너지는 작아진다.

ⓑ 온도가 클수록 분자 간의 거리가 가까워져 최소발화에너지는 작아진다.

ⓒ 농도가 높으면 분자 간의 거리가 가까워져 최소발화에너지는 작아진다.

ⓓ 열전도율이 낮을수록 열축적이 잘 일어나서 최소발화에너지가 작아진다.

ⓔ 가연성 가스의 조성이 화학양론적 농도 부근일 경우 최소발화에너지가 최저가 된다.

*화학양론적 농도 : 연료와 공기의 최적합의 조성비율로 가연가스와 공기 중의 산소가 과부족 없이 완전연소할 때 필요한 농도비

㉥ 전기로서의 최소발화에너지

$$E = \frac{1}{2}CV^2$$

E : 방전에너지(Joule), C : 콘덴서 용량(F), V : 전압(Volt)

4 화학적 연쇄반응(연소의 4요소)

연소는 가연물(가스 또는 증기상태)에 있는 가연물과 산화제 · 열에너지 등이 상호 간 결합해야 하는 복잡한 반응이다. 화재나 불꽃연소는 충분한 열에너지가 가연성 증기 · 가스를 지속적으로 생성시킬 수 있도록 공급될 때에 비로소 연소는 지속된다. 이와 같은 형태의 작용을 화학적 연쇄반응이라 하며, 연쇄반응은 개별반응이 다른 반응들과 결합함으로서 연속적으로 일어나게 된다.

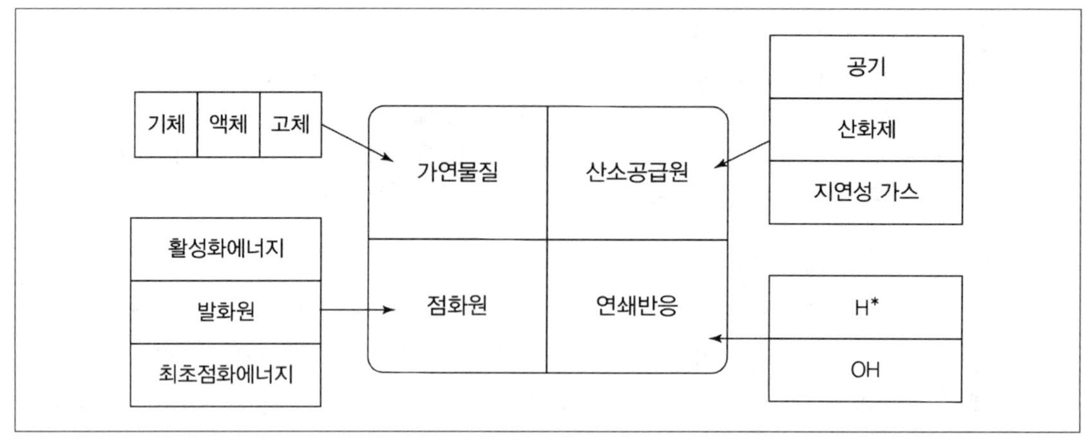

04 절 연소의 형태

연소의 형태는 다양하게 분류하고 있다.

① 가연물을 구성하는 분자의 구조, 원소성분, 물성 등에 따라 기체연소・액체연소・고체연소

② 불꽃을 내는 유염연소와 불꽃을 내지 않는 무염연소

1 기체연소・액체연소・고체연소

(1) 기체연소

기체연소는 가연성 기체가 공기와 결합하여 연소범위에 들어가면서 연소가 시작되는 연소형태이다. 기체연소의 가장 큰 특징은 연소 시 폭굉이나 폭발을 수반하며, 폭발연소, 확산연소, 예혼합연소로 구분한다.

① 폭발연소(Explosion Burning)

가연성 기체와 공기의 혼합가스가 밀폐용기 안에 있을 때 점화되면 연소가 폭발적으로 일어나는데 예혼합연소의 경우에 밀폐된 용기로의 역화가 일어나면 폭발할 위험성이 크다. 이것은 많은 양의 가연성 기체와 산소가 혼합되어 일시에 폭발적인 연소 현상을 일으키는 비정상연소이기도 하다.

② 확산연소(Diffusive Burning, 발염연소)

가연성 기체가 확산되면서 연소하는 것으로 기체의 일반적인 연소형태이다. 즉 가연성 가스를 가스버너 주변으로 확산시켜서 산소와 접촉하도록 하면 연소범위의 혼합가스를 생성하면서 연소하는 형태를 말하며 발염연소라고도 한다. 이는 연료노즐에서 흐름이 층류인 경우, 확산연소에서 화염의 높이는 분출 속도에 비례한다. 예시로 LPG – 공기, 수소 – 산소의 경우를 들 수 있다.

③ 예혼합연소(Premixed Burning)

연소시키기 전에 이미 연소 가능한 혼합가스를 만들어 연소시키는 것을 말한다. 즉 가연성 기체와 공기 중의 산소를 혼합한 것이 분출하여 연소하는 것이다. 발생되는 화염은 짧고 고온이며 연소반응이 빠르지만 혼합기로의 역화를 일으킬 위험성이 크다. 예혼합연소는 확산연소보다 반응속도, 즉 연소속도가 더 빠르게 진행된다. 예혼합연소의 예로 분젠버너와 가솔린엔진의 연소가 있다.

(2) 액체연소

액체연소는 액체 자체가 연소하는 것이 아니라 "증발"이라는 변화 과정을 거쳐 발생된 기체가 타는 것을 말하며, 증발연소・분해연소・분무연소로 구분한다. 액체 가연물질이 휘발성인 경우는 외부로부터 열을 받아서 증발하여 연소하는 것을 증발연소라 하고 액체가 비휘발성이거나 비중이 커 증발하기 어려운 경우에는 높은 온도를 가해 열분해하여 그 분해가스를 연소시키는 것을 분해연소라 한다.

① 증발연소(Evaporating Combustion, 액면연소)

액체 가연물의 가장 일반적인 연소형태로 액체 가연물질이 액체 표면에 발생한 가연성 증기와 공기가 혼합된 상태에서 연소가 되는 형태를 말한다. 화염에서 복사나 대류에 의해 액체 표면에 열이 전파되면서 증발이 일어나 액면의 상부에서 발생된 증기가 공기와 접촉에 의해 연소되는 원리이다. 에터, 이황화탄소, 알코올류, 아세톤, 휘발유, 경유, 등유 등 제1석유류・제2석유류・알코올류 등이 해당된다.

② 분해연소(Decomposing Combustion)

중유나 아스팔트 등 점도가 높고 비휘발성이거나 비중이 큰 액체 가연물이 열분해하여 증기를 발생함으로서 연소가 이루어지는 형태이며 이는 상온에서 고체 상태로 존재하고 있는 고체 가연물질의 경우도 분해연소의 형태를 보여주며, 점도가 높고 비중이 큰 중질유인 중유를 열분해시켜 탄소의 수가 적은 휘발유나 등유 등으로 바꾸어 증기를 발생시켜 연소가 잘 이루어지게 한다. 중유, 글리세린, 벙커C유 등 제3석유류나 제4석유류, 동식물유 등 분자가 비교적 큰 물질의 연소형태이다.

③ 분무연소(Spray Combustion, 액적연소)

점도가 높고 비휘발성인 액체의 점도를 낮추어 버너를 이용하여 액체의 입자를 안개상태로 분출하여 표면적을 넓게 함으로써 공기와의 접촉면을 많게 하여 연소시키는 형태를 말하며, 액적연소라고도 한다. 회전버너(분젠버너)나 오리피스 등으로 연료를 분무함으로써 비표면적을 증가시켜 연소하는 방식으로 인하점 이하에서도 연소가 가능하다.

④ 등심연소(Wick Combustion, 심지연소)

연소제어의 용이성이나 연소성 증대를 위해 석유난로나 램프에서와 같이 심지를 이용하여 연소시키는 방식이다. 이는 석유스토브나 램프에서와 같이 연료를 심지로 빨아올려 심지표면에 증발시켜 연소시키는 등심연소 등이 있으며, 대표적 예로는 호롱불 등이 있다.

(3) 고체연소

상온에서 고체 상태로 존재하는 고체 가연물질의 연소형태는 증발연소, 표면연소, 분해연소, 자기연소로 구분한다.

① **증발연소**(Evaporating Combustion)

고체 가연물이 열분해 없이 증발하여 증기가 연소되거나 또는 융해된 액체가 기화하여 증기가 되어 연소하는 형태를 말한다. 이는 액체 가연물질의 증발연소 형태와 같으며 파라핀(양초), 나프탈렌($C_{10}H_8$), 황(S) 등이 예이다.

㉠ 융해성 고체 : 고체 가연물이 먼저 융해된 액체가 기화해서 기체 상태로 되는 작용

예 파라핀(양초), 왁스, 고형알코올

㉡ 승화작용 고체 : 고체가 액체 상태를 거치지 않고 곧바로 기체 상태로 되는 작용

예 나프탈렌($C_{10}H_8$), 황(S), 아이오딘, 장뇌, 승홍

*장뇌 : 케톤류의 일종 / 승홍 : 염화수은의 의약품

② **표면연소**(Surface Combustion, 직접연소, 무염연소)

휘발성이 없는 고체 가연물이 고온 시 열분해나 증발 없이 표면에서 가연성 가스를 발생하지 않고 산소와 급격히 산화 반응하여 그 물질 자체가 불꽃 없이 연소하는 형태로서 가연물이 빨갛게 되고, 불꽃연소에 비하여 연소속도가 느리며. 화학적 소화(부촉매·억제 소화)가 없다. 숯, 목탄, 코크스, 마그네슘(Mg), 나무의 연소말기, 금속분 등의 연소가 예이다.

✓Check 표면화재와 심부화재의 비교

표면화재	심부화재
일반적으로 표면화재의 연소특성은 가연물 자체로부터 발생된 증기나 가스가 공기 중의 산소와 혼합기를 형성하여 연소하며, 연소속도가 매우 빠르고 불꽃과 열을 내며 연소하므로 일명 불꽃연소라고 하며 연소 시 가연물·열·공기·순조로운 연쇄반응이 필요하다.	심부화재는 표면화재와 달리 순조로운 연쇄반응이 아닌 가연물·열·공기 등의 화재의 요소만 가지고 가연물이 연소하는 것으로서 연소속도가 느리고 불꽃 없이 연소하며 가연물과 공기의 중간지대에서 연소가 국부적으로 되는 표면연소의 형태를 보이기 때문에 일명 표면연소 또는 작열연소라고 한다.

③ **분해연소**(Decomposing Combustion)

분해연소는 불꽃연소의 한 형태로 가연성 고체가 뜨거운 열을 만나 으스러지면서 분해생성물이 공기와 혼합기체를 만들어 연소하는 현상이다. 이는 고체 가연물질을 가열하면 열분해를 일으키고 이때 생성된 분해가스 등이 연소하는 형태를 말한다. 수소(H_2), 메탄(CH_4), 일산화탄소(CO), 이산화탄소(CO_2) 등이 열분해에 의해 생성된 물질이다. 아스팔트·목재·석탄·종이·섬유·플라스틱·합성수지·고무류 등이 분해연소 물질이다. 특히 이들 물질은 연소가 한번 일어나면 연소열에 의해 고체의 열분해는 계속 일어나므로 가연물이 없어질 때까지 계속된다.

④ **자기연소**(Self Combustion, 내부연소)
가연물의 분자 내에 산소를 함유하고 있어 열분해에 의해 가연성 가스와 산소를 동시에 발생시키므로 공기 중 산소 없이 자체 산소에 의해 연소하는 형태를 말한다. 이는 내부연소라고도 하며, 폭발성 물질인 제5류 위험물인 트라이나이트로톨루엔(TNT), 나이트로글리세린(NG), 트라이나이트로페놀(TNP), 나이트로셀룰로오스(NC) 등이 예이다.

2 유염연소와 무염연소

(1) 유염연소
가연물이 연소할 때 불꽃이 보이는 연소형태로 불꽃연소, 화염연소, 발염연소라고도 한다. 가스가 연소되지 않으면 유염연소가 일어나지 않으며, 불꽃은 빛과 열을 발하는 가스의 반응이 시각적으로 보이는 현상이다. 연소속도가 빠르고 시간당 방출열량이 많으며, 연쇄반응을 일으키는 특징이 있다. 부탄이나 프로판 등 기체와 휘발유와 등유 등 액체가 연소하는 형태가 그 예이다.

(2) 무염연소
가연물이 연소할 때 불꽃의 생성 없이 연소하는 형태로 작열연소, 표면연소, 백열연소라고도 한다. 무염연소가 유염연소와 다른 점은 산소와 가연성 가스가 혼합하여 연소하지 않고 산소가 고체표면을 통과하면서 반응한다는 것이다. 연소속도가 느리고 시간당 방출열량이 적으며, 연쇄반응이 일어나지 않는 특징이 있다. 활성탄, 목탄(숯), 담뱃불, 향 등의 연소형태가 그 예이다. 산소의 공급이 부족한 경우 무염연소가 일어나는 경우가 있다.
*훈소 : 톱밥 등이 산소부족으로 불꽃을 발생시키지 않고 연기만 나는 연소

① 불꽃연소 = 유염연소 = 표면화재 = 발염연소 = 화염연소 ② 불씨연소 = 무염연소 = 표면연소 = 직접연소 = 백열연소 = 작열연소 = 응축연소 = 심부화재 = 훈소

05 절 연소의 확대

연소할 때 발생한 열은 열 기류가 되어 다양한 형태로 이동되어 연소확대의 요인이 되는데 그 형태는 '전도', '대류', '복사', '비화'로 구분된다.

1 전도(Conduction)

(1) 고체 또는 정지 상태의 유체의 열전달 방식이다.

(2) 물질의 이동 없이 고온의 물체와 저온의 물체를 직접 접촉시킬 때 고온의 물체에서 활발하게 일어나는 분자운동이 접촉면에서 분자들의 충돌로 저온 물체의 분자운동을 활발하게 하면서

에너지가 전달되는 현상이다. 그러나 진공(예 보온병)에서는 열이 전달되지 못하며, 고체가 기체보다 열전도율이 좋다.

(3) 열전도도의 대소(= 열전도율의 대소) : 기체 < 액체 < 고체

(4) 일반적으로 화재의 초기 단계에서 열의 전달은 전도에 기인하다.

(5) 열전달속도는 열전도율, 열전달면적(전열면), 고온 측과 저온 측의 온도차에 비례하고, 열이 전달되는 길이 및 두께 차에 반비례 한다.

(6) 전도현상의 예
  ① 금속인 철 등으로 제조된 가늘고 긴 봉의 끝을 화로나 가스불 속에 넣으면 금속 봉을 통하여 전체가 뜨거워지고 달구어지는 현상이다.
  ② 건축물 화재 시 구획된 벽을 통해 인접된 실로 연소가 확대되는 현상이다.
  ③ 푸리에의 열전도 법칙은 열전달률(단위시간당 전달되는 열에너지)을 설명할 수 있으며, 이 법칙에 의하면 열은 온도가 낮아지는 방향으로 전달되고, 열전달률은 열전도도, 온도 구배, 열이 전달되는 넓이에 비례하며 열이 전달되는 부분의 두께에 반비례한다.
  *구배 : 물체 내부를 열전도할 때 평행한 양면의 온도가 각각 일정하고 물체 내부가 일정하다면 물체 내부의 온도 분포는 직선이 된다. 이 직선의 구배를 온도 구배라 한다.

✓ Check 푸리에(Fourier)의 전도법칙

$$Q = K \cdot A \cdot \frac{T_1 - T_2}{L} [W]$$

Q : 열전달량[W = j/s = cal/s], K : 열전도도[W/(m · ℃)],
A : 표면적(m^2), T_1 : 내부온도(℃), T_2 : 나중온도(℃), L : 벽두께(m)

2 대류(Convection)

(1) 액체 또는 기체와 같은 유체에서 생기는 밀도 차이에 의한 분자들의 흐름을 통한 열전달 방식이다.

(2) 기체나 액체의 온도가 다를 때 그 물질 순환 운동에 따라 유체열이 이동하는 현상으로 열에 의한 공기 등이 더워지면 가벼운 공기(밀도값이 작은 공기)는 상부로 올라가고 천장 등에 체류하는 무거운 공기(밀도값이 큰 공기)는 아랫부분에 존재하는 열 교환현상이다.

(3) 화재현장에서 연기가 위로 향하는 것, 화로에 의해 실내 공기가 따뜻해지는 것이 대류현상이다.

(4) 고층건물 대형화재 시 상층으로 화염이 확산되는 원인이 되기도 하며, 옥외 화재 시에는 화재폭풍을 형성하기도 한다.

(5) 천장이 높은 건물에서 화재 초기에 감지기가 작동하지 않는 것은 대류현상 때문이다.

(6) 대류현상의 예

① 화재현장에서 연소화면서 생성된 연기가 위로 향하는 것

② 난로에 의해 사무실의 공기가 따뜻해지는 것

③ 뉴턴의 냉각 법칙 : 고체 표면에서 유체로 전해지는 열량은 고체 표면과 유체의 온도차에 비례한다는 법칙

✔ Check 뉴턴(Newton)의 냉각 법칙

$$Q = h \cdot A(T_2 - T_1)$$

Q : 열전달량[W = j/s = cal/s], h : 대류계수[W/(m · ℃)]
A : 표면적(m^2), $T_2 - T_1$: 온도차

3 복사(Radiation)

(1) 열이 매질을 통하지 않고 직접 전자파의 형태로 전달되는 현상을 말한다.

(2) 열이 가연물에 직선으로 흡수되어 그 표면온도가 발화점에 도달하면 연소가 시작된다.

(3) 열복사는 그 물체의 온도 때문에 열에너지를 파장의 형태로 계속적으로 방사하는 열을 말하며, 복사는 전도나 대류현상에 비하여 화염의 전파에 가장 크게 작용한다.

(4) 단원분자(N_2, O_2, H_2)는 복사열을 흡수하지 않는다.

*다원분자 : NO_2, H_2O 등

(5) 일반적으로 화재에 가장 크게 작용되는 열의 전달 방식이며, 플래시오버와 가장 밀접한 관련이 있다.

(6) 슈테판–볼츠만의 법칙에 따르면 복사체로부터 방사되는 복사열은 열전달 면적에 비례하고, 절대온도의 4제곱에 비례한다.

✔ Check 슈테판 – 볼츠만(Stefan–boltzmann)의 법칙

$$Q = a \cdot A \cdot F(T_1^4 - T_2^4)$$

a : 슈테판 – 볼츠만 상수(a = 5.67×10^{-8}[W/m^2 · K^4])
A : 단위면적(m^2), T_1 : 고온, T_2 : 저온
F : 방사율(표면특성에 따라 0에서 1 사이의 방사율을 가지며 흑체 복사에서 방사율이 1)
T : 화염의 온도(절대온도 사용)

*절대온도(K) = 섭씨온도(℃) + 273

※ 섭씨 1°C의 절대 온도는 273 + 1 = 274K가 된다.

(7) 복사 현상의 예

① 동절기에 난로 주변에 있으면 온몸이 따뜻하게 느껴지는 현상

② 봄에 양지바른 곳에서 햇볕을 쬐면 몸이 따뜻해지는 현상

✔ Check 복사열 심화

(1) 정의

복사는 전자파에 의하여 에너지가 전달되는 현상으로, 파장에 반비례하여 파장이 짧을수록 에너지가 커지고 길수록 에너지가 작아진다.

(2) 흑체

① 투사되는 방사를 전부 흡수하고, 반사도 투과도 되지 않는 가상적인 물체

② 일반적인 물체는 입사한 총 에너지에 대해 흡수율, 반사율, 투과율을 가지며, 이들의 총합은 1이다. 즉, 흡수율(α) + 반사율(τ) + 투과율(ρ) = 1

(3) 방사율(ε)

실체 물체의 표면에서 방사된 적외선 복사에너지와 흑체에서 방사된 적외선 복사에너지의 비로 나타낸다.

(4) 복사에너지의 흡수와 방출

① 표면효과

㉠ 물체의 검은색 표면은 빛나는 밝은색의 표면보다 더 큰 비율로 복사에너지를 방출한다.

㉡ 복사에너지를 잘 방출하는 물체는 동시에 복사에너지를 잘 흡수하는 물체이다.

② 파장효과

㉠ 검은색은 모든 파장에 대하여 거의 완벽한 복사 흡수체이다. 이는 햇빛에 대하여 좋은 흡수체이고 동시에 열복사에 대해서도 좋은 흡수체이다.

㉡ 빛나는 금속표면은 모든 파장에 대하여 반사체이다.

③ 온도의 효과

물체가 복사에너지를 방출하는 비율은 물체의 온도와 밀접한 관계를 가지는데 온도가 높을수록 파장이 짧고 멀리 전달된다.

④ 흡수효과

㉠ 단원자 분자(산소, 질소 등)는 복사체의 투과체이지만 그것에 비교하여 다원자 분자(수증기, 탄산가스)는 복사에너지를 흡수하거나 복사에너지를 방사한다.

㉡ 화재 시 복사열의 방사율은 발생하는 연소생성물의 입자의 크기, 농도, 두께에 의존하는데 탄소미립자(검은색)가 많을수록, 화염의 두께가 클수록 흡수율이 높아 흑체에 가까워져 방사율이 높아진다.

㉢ 검댕이 없는 메탄올 등의 화염은 평균온도가 1,200℃이고, 검댕이 많은 등유 등은 평균온도가 990℃가 된다.

(5) 복사열유속(Radiation Heat Flux)

① 열유속(Heat Flux)이란 면적당 흐르는 열에너지로서 복사열유속이란 방사열의 흐름이다. 이러한 복사열은 구의 방향으로 흐른다.

② 복사열유속 계산식 : $q'' = \dfrac{X_r \times Q}{4\pi r^2}$

$$q''\ (\text{복사열유속}) = \frac{\text{화염의 방사율}(Q) \times \text{복사분율}(X_r)}{4 \times \text{원주율}(\pi) \times \text{거리}(r)^2}$$

q'' : 복사열유속, Q : 화염의 열방출률, X_r : 복사분율, π : 원주율, r : 원의 중심으로부터의 거리

③ **화점과 물체의 복사열류 계산법**

가솔린 액면화재에서 직경이 3m이며 화재의 크기가 10MW일 때 화염중심에서 15m 떨어져 있는 점의 복사열유속을 계산하시오(단, 복사에너지 분율은 20%이다).

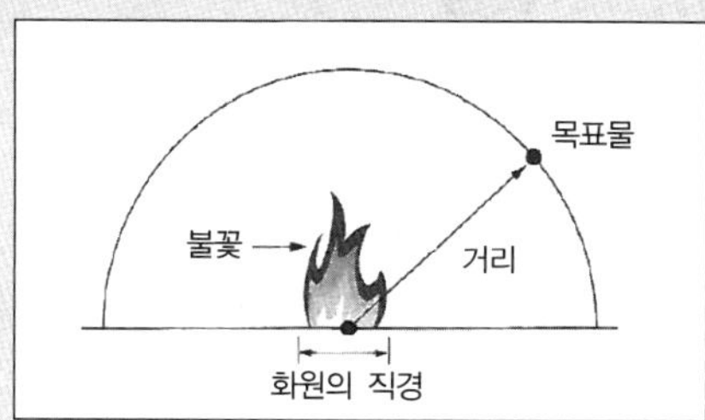

$$q'' = \frac{X_r \times Q}{4\pi r^2} = \frac{0.2 \times 10,000}{4 \times \pi(3.14) \times r(15)^2} = \text{약 } 0.71[kW/m^2]$$

> *** 복사열유속 계산 시 주의사항**
> ㉠ 복사열유속을 구하는 경우 원주율(π)을 따로 주는 경우에는 해당 수를 넣고, 그렇지 않은 경우에는 3.14를 넣는다.
> ㉡ 화원의 직경은 점으로 보기 때문에 직경의 값은 무시한다.

④ **화심과 물체의 복사열류 계산법**

가솔린 액면화재에서 직경이 3m이며 화재의 크기가 10MW일 때 화심에서 15m 떨어져 있는 점의 복사열유속을 계산하시오(단, 복사에너지 분율은 20%, cosθ = 30°).

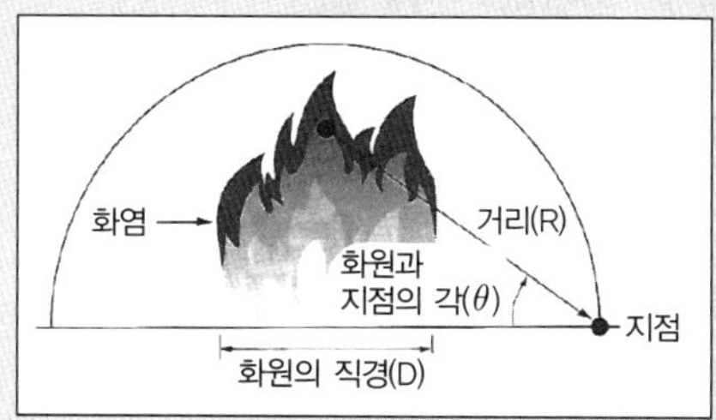

$$q'' = \frac{Q_r}{4\pi r^2} \times \cos 30^\circ, \text{ 여기서 } Q_r = X_r \times Q$$

$$q'' = \frac{2,000}{4\pi \times 15^2} \times \cos 30^\circ = \frac{2,000}{4 \times 3.14 \times 15^2} \times \frac{\sqrt{3}}{2} = \text{약 } 0.6[kW/m^2]$$

4 비화(Fire Sporting, 불티)

(1) 불티나 불꽃이 기류를 타고 다른 가연물로 전달되어 화재가 일어나는 것을 말한다.

(2) 비화의 조건

① 불티가 발생할 것

② 바람이 있을 것
③ 가연물이 있을 것

06 절 이상(異常)연소 현상

1 역화(Back Fire)

(1) 기체연료를 연소시킬 때 발생되는 이상연소 현상으로서 연료의 분출속도가 연소속도보다 느릴 때 불꽃이 연소기의 내부로 빨려 들어가 혼합관 속에서 연소하는 현상을 말한다.

(2) 역화의 주요원인
① 버너의 과열
② 연소속도보다 혼합가스의 분출속도가 느릴 때
③ 혼합 가스량이 너무 적을 때
④ 노즐의 부식으로 분출구멍이 커진 경우
⑤ 내부압력이 낮고 연소압력이 높은 경우

2 선화(Lifting)

(1) 기체연료를 연소시킬 때 연료가스의 분출속도가 연소속도보다 빠를 때 불꽃이 버너의 노즐에서 떨어져서 연소하는 현상을 말한다.

(2) 완전한 연소가 이루어지지 않으며, 역화의 반대 현상이다.

(3) 선화의 주요원인
① 혼합 가스량이 너무 많을 때
② 노즐 분출구멍이 막히면서 내부압력의 증가로 갑자기 가스분출 속도가 커지는 경우
③ 연소속도보다 혼합가스의 분출속도가 빠를 때
④ 내부압력이 높고 연소압력이 작은 경우

3 블로우오프(Blow-off)

(1) 선화 상태에서 연료가스의 분출속도가 증가하거나 주위 공기의 유동이 심하면 화염이 노즐에 정착하지 못하고 떨어져 화염이 꺼지는 현상을 말한다.

(2) 버너의 경우 가연성 기체의 유출속도가 연소속도보다 클 경우 일어난다.

4 불완전연소

(1) 연소 시 가스와 공기의 혼합이 불충분하거나 연소온도가 낮을 경우 등 여러 가지 요인으로 노즐의 선단에 적황색 부분이 늘어나거나, 그을음이 발생하는 연소 현상이다.

(2) 주요원인

① 공기의 공급이 부족할 때

② 연소온도가 낮을 때

③ 연료 공급 상태가 불안정할 때

5 연소 소음

(1) 연소에 수반되어 발생되는 소음을 말하며 발생원인은 연소속도나 분출속도가 대단히 클 때 연소소음 등이 발생하는 현상이다.

(2) 연소장치의 설계가 잘못되어 연소 시 진동이 발생하는 경우에 발생할 수 있다.

(3) 종류로는 연소음, 가스 분출음, 공기 흡입음, 폭발음, 공명음 등이 있다.

6 기타 이상(異常)연소 현상

(1) 황염(Yellow Tip)이란 불꽃의 색이 적황색이 되는 현상으로 가스연소 시 공기량의 조절이 적정하지 못하여 완전연소가 이루어지지 않을 때 발생하는 현상이다. 황염은 분출하는 기체연료와 공기의 화학양론비에서 공기량이 적을 때 발생한다.

(2) 주염이란 가연성 가스가 완전연소하면서 바람을 타고 흘러가는 현상을 말한다.

(3) 블로우다운(Blow-down)이란 퍼지(purge) 또는 방산이라고도 불리며, 장치 또는 유로(流路)에 새로운 유체를 송입(送入)하는 경우, 흐르고 있던 유체와 새로운 유체가 직접 혼합되지 않고, 다른 불활성 유체에 의해 지금까지 흐르던 유체를 추출하는 조작을 말한다. 연소되지 않은 가스가 노 안에 또는 기타 장소에 차 있으면 점화를 했을 때 폭발할 우려가 있으므로 점화시키기 전에 이것을 노 밖으로 배출하기 위하여 환기시키는 것을 말한다. 점화작업을 하기 전에 하는 것을 프리퍼지(pre-purge), 연소를 정지시킨 뒤에 하는 것을 포스트 퍼지(post-purge)라고 한다. 이 퍼지(purge) 조작에 의해 폭발을 방지한다.

✔Check 퍼지 심화

퍼지란 산업현장에서 설비 내에서 작업을 하거나 유지보수를 위하여 일정 시간 동안 공간에 점화로 인한 화재나 폭발이 일어나지 않도록 안전한 상태를 유지하기 위한 방법으로서 인화성 증기나 가스를 포함하는 용기나 탱크 등에 불활성 가스 등을 주입하여 가연성 상태를 유지되지 못하게 하는 방법으로 ① 진공 퍼지, ② 압력 퍼지, ③ 스위프트 퍼지, ④ 사이펀 퍼지의 방법이 있다.

① **진공 퍼지**

진공에 견디도록 설계된 용기에 대해 진공펌프를 이용하여 진공화하고 불활성 가스를 주입한 후 불활성화를 확인하여 불활성화가 될 때까지 반복하는 방법이다. 다만, 진공에 견디지 못하는 용기에 진공퍼지를 실시하는 경우 음압에 의해 용기가 찌그러질 수 있기 때문에 대다수의 큰 저장용기에서는 사용이 불가능하다.

② **압력 퍼지**

용기에 불활성화 가스를 주입하고 혼합가스를 배출한 후 불활성화를 확인하여 불활성화가 될 때까지 반복한다. 가장 일반적으로 사용하는 방법으로 가압에 의한 화학반응이나 용기에 문제가 발생하지 않을 경우에 사용한다.

③ **스위프트 퍼지**

용기에 입구와 출구를 구분하여 연속적으로 입구에는 불활성 가스를 주입, 출구에서는 혼합가스를 배출하여 불활성화가 될 때까지 반복한다. 이는 대기압에서 가해지고 대기압에서 방출되는 특징을 갖는다. 주로 큰 저장용기의 퍼지 시 사용하는 방법으로 용기의 입구로 불활성 가스를 주입하고, 출구는 대기 또는 스크러버 등 처리설비를 통해 처리할 수 있도록 한다. 불활성 가스가 많은 양이 소모되기 때문에 비용이 많이 발생되며, 액체를 용기에 채운 후 상부의 잔류 산소를 제거하는 스위프 퍼지 방법이 적당하다.

④ **사이펀 퍼지**

용기 내에 물, 비가연성, 비반응성 등 적합한 액체를 주입하면서 용기 내의 가스를 배출시키고, 다시 용기 내의 액체를 배출하며 불활성 가스를 주입하는 방법이다. 이 방법을 사용하는 경우 용기 내 산소의 농도를 매우 낮은 수준으로 줄일 수 있으며, 소모되는 불활성 가스의 부피는 용기의 부피와 같고 퍼지 속도는 액체를 방출하는 부피의 흐름과 같게 된다.

CHAPTER

02 연소 반응식과 에너지 수지

01 절 화학 기초이론

1 원자(Atom)

(1) 원자의 정의

① 물질을 구성하는 기본입자를 원자라 한다.

② 원자의 중심에는 (+)전하를 띠는 원자핵이 있고, 그 주변에는 (-)전하를 띠는 전자가 분포하고 있다.

③ 원자핵은 (+)전하를 띠는 양성자와 전기적으로 중성을 띠는 중성자로 구성되어 있다.

④ 원자는 양성자와 전자의 수가 같아 전기적으로 중성이다.

(2) 원자의 구조

① 원자량

원자의 상대적인 질량이다. 질량수 12의 탄소 원자 ^{12}C의 질량을 12.00으로 정하여 이를 표준으로 하여, 이것과 비율에 따라 나타낸 각 원자의 질량이다.

② 원자번호

원자핵이 가지고 있는 양성자의 수로서 원자의 종류에 따라 고유의 값을 가지므로, 어떤 원소의 원자번호를 알면 그 원소의 성질을 알 수 있다.

원자번호 = 양성자수 = 중성자의 전자 수

③ 질량수

원자핵 속에 있는 양성자의 수와 중성자의 수를 합한 것으로, 질량수는 원자핵의 질량에 비례하므로 원자의 질량과도 거의 비례한다. 따라서 편의상 원자량을 질량수로 쓰기도 한다.

질량수 = 양성자수 + 중성자수

④ 중성자수

중성자수란 원자 내에 존재하는 중성자의 수를 말한다. 대개 중성자수는 양성자와 같지만 다른 경우가 존재하는데 이때 각각의 원소를 동위원소라 한다.

⑤ 동소체

한 종류의 원소로 이루어졌으나 그 성질이 다른 물질로 존재할 때 이 여러 형태를 부르는 이름으로, 원소 하나가 여러 다른 방식으로 결합되어 있다.

예 탄소-다이아몬드-흑연-그래핀, 적린-황린, 산소-오존

✔Check 원소 주기율 표

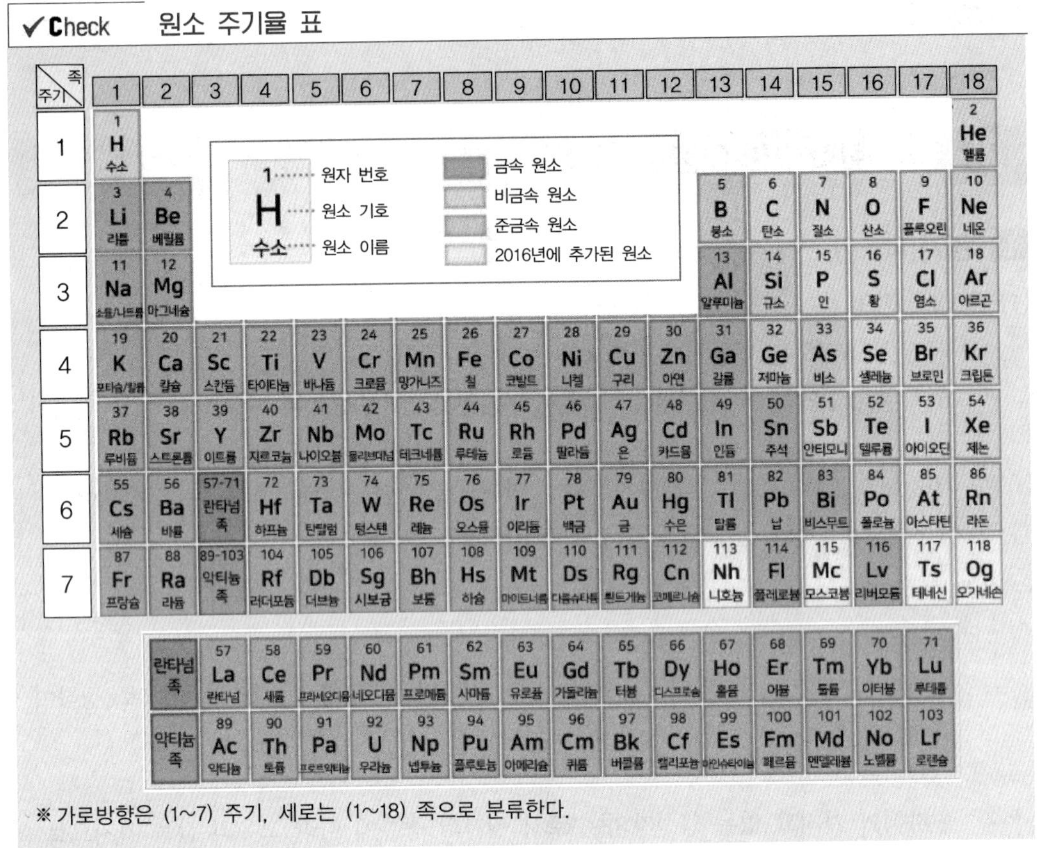

주기＼족	1	2	3	4	5	6	7	8	9	10	11	12	13	14	15	16	17	18
1	1 H 수소																	2 He 헬륨
2	3 Li 리튬	4 Be 베릴륨											5 B 붕소	6 C 탄소	7 N 질소	8 O 산소	9 F 플루오린	10 Ne 네온
3	11 Na 소듐/나트륨	12 Mg 마그네슘											13 Al 알루미늄	14 Si 규소	15 P 인	16 S 황	17 Cl 염소	18 Ar 아르곤
4	19 K 포타슘/칼륨	20 Ca 칼슘	21 Sc 스칸듐	22 Ti 타이타늄	23 V 바나듐	24 Cr 크로뮴	25 Mn 망가니즈	26 Fe 철	27 Co 코발트	28 Ni 니켈	29 Cu 구리	30 Zn 아연	31 Ga 갈륨	32 Ge 저마늄	33 As 비소	34 Se 셀레늄	35 Br 브로민	36 Kr 크립톤
5	37 Rb 루비듐	38 Sr 스트론튬	39 Y 이트륨	40 Zr 지르코늄	41 Nb 나이오븀	42 Mo 몰리브데넘	43 Tc 테크네튬	44 Ru 루테늄	45 Rh 로듐	46 Pd 팔라듐	47 Ag 은	48 Cd 카드뮴	49 In 인듐	50 Sn 주석	51 Sb 안티모니	52 Te 텔루륨	53 I 아이오딘	54 Xe 제논
6	55 Cs 세슘	56 Ba 바륨	57-71 란타넘족	72 Hf 하프늄	73 Ta 탄탈럼	74 W 텅스텐	75 Re 레늄	76 Os 오스뮴	77 Ir 이리듐	78 Pt 백금	79 Au 금	80 Hg 수은	81 Tl 탈륨	82 Pb 납	83 Bi 비스무트	84 Po 폴로늄	85 At 아스타틴	86 Rn 라돈
7	87 Fr 프랑슘	88 Ra 라듐	89-103 악티늄족	104 Rf 러더포듐	105 Db 더브늄	106 Sg 시보귬	107 Bh 보륨	108 Hs 하슘	109 Mt 마이트너륨	110 Ds 다름슈타튬	111 Rg 뢴트게늄	112 Cn 코페르니슘	113 Nh 니호늄	114 Fl 플레로븀	115 Mc 모스코븀	116 Lv 리버모륨	117 Ts 테네신	118 Og 오가네손

란타넘족	57 La 란타넘	58 Ce 세륨	59 Pr 프라세오디뮴	60 Nd 네오디뮴	61 Pm 프로메튬	62 Sm 사마륨	63 Eu 유로퓸	64 Gd 가돌리늄	65 Tb 터븀	66 Dy 디스프로슘	67 Ho 홀뮴	68 Er 어븀	69 Tm 툴륨	70 Yb 이터븀	71 Lu 루테튬
악티늄족	89 Ac 악티늄	90 Th 토륨	91 Pa 프로트악티늄	92 U 우라늄	93 Np 넵투늄	94 Pu 플루토늄	95 Am 아메리슘	96 Cm 퀴륨	97 Bk 버클륨	98 Cf 캘리포늄	99 Es 아인슈타이늄	100 Fm 페르뮴	101 Md 멘델레븀	102 No 노벨륨	103 Lr 로렌슘

※ 가로방향은 (1~7) 주기, 세로는 (1~18) 족으로 분류한다.

2 분자(Molecular)

(1) 분자의 정의

공유결합한 물질로서 물질의 성질을 나타내는 최소단위를 분자라고 한다.

(2) 분자식의 의미

$2NH_3$(암모니아)

① 원자의 종류 : 질소(N)와 수소(H)

② 질소 원자의 수 : 2개

③ 수소 원자의 수 : 6개

④ 원자의 총 개수 : 8개

⑤ 분자의 수 : 2개

⑥ 질소 원자와 수소 원자의 결합비 : 1 : 3

(3) 화학식의 표현

① 분자식(Molecular Formula) : 한 분자를 이루는 원자의 종류와 수를 나타낸 식

② 실험식(Empirical Formula) : 물질을 구성하는 원자나 이온의 종류와 수를 가장 간단한 정수비로 나타낸 식

③ 시성식(Rational Formula) : 분자의 특성을 알 수 있도록 작용기를 사용하여 나타낸 식

④ 구조식(Structural Formula) : 화합물을 이루는 원자 사이의 결합이나 배열 상태를 결합선을 사용하여 나타낸 식

✔Check 아세트산 화학식

$C_2H_4O_2$	CH_2O	CH_3COOH	$H-C(H)(H)-C(=O)-O-H$
〈분자식〉	〈실험식〉	〈시성식〉	〈구조식〉

3 화학반응

(1) 물리적 변화와 화학적 변화(화학반응)

① 물리적 변화

물리적 변화는 물질의 성질이 변하지 않는 모양의 변화나 물질의 상태변화 등을 말한다.

② 화학적 변화(화학반응)

물질의 성질이 변하는 것을 화학적 변화(화학반응)라고 한다. 예를 들어 종이가 불에 타서 재만 남은 경우 성질이 같다면 재는 다시 불에 타야 할 것이다. 그러나 재는 불에 타지 않는다. 이처럼 새로운 성질의 물질로 변화하는 것을 화학적 변화(화학반응)라고 한다.

(2) 화학반응식

① 화학반응식의 표현

화학반응식은 출발물질(반응물)을 왼쪽에, 생성물을 오른쪽에, 그리고 둘 사이의 변화를 의미하기 위해 화살표로 나타낸다.

〈반응물질〉				〈생성물질〉
N_2	+	$3H_2$	→	$2NH_3$
1개의 질소 분자		3개의 수소 분자		2개의 암모니아 분자

② 화학반응식의 의미(분자법칙)

㉠ 질량보존의 법칙(리부아지에) : 물질의 화학반응에 있어서 반응물질들의 질량의 합과 생성물질들의 질량의 합은 같다.

$2H_2$ + O_2 → $2H_2O$
(4g) (32g) (36g)

㉡ 일정성분비의 법칙(프로스트) : 순수한 화합물에서 성분 원소 간의 질량비는 항상 일정하다. 예컨대, 물은 수소 : 산소 = 1 : 8, 이산화탄소는 탄소 : 산소 = 3 : 8의 비율이다.

> ○ H_2 + O_2 → $2H_2O$ → H_2O → 질량비 2g : 16g → 일정성분비 1 : 8
> ○ C + O_2 → CO_2 → 질량비 12g : 32g → 일정성분비 3 : 8

㉢ 배수비례의 법칙(돌턴) : 두 원소가 결합하여 두 가지 이상의 화합물을 만들 때 한 원소의 일정량과 결합하는 다른 원소의 질량 사이에는 간단한 질량비가 성립한다. 이것은 원자가 쪼개지지 않은 채로 항상 정수의 개수비로 화학결합을 하기 때문이다.

> CO와 CO_2 (1 : 2), SO_2와 SO_3 (2 : 3), $FeCl_2$와 $FeCl_3$ (2 : 3)

㉣ 기체 반응의 법칙(게이뤼삭) : 일정한 온도와 압력 하에 화학 반응을 할 때에는 반응하는 기체와 생성되는 기체의 부피 사이에는 간단한 정수비가 성립하는데 이를 기체 반응의 법칙이라고 한다.

> $2H_2$ + O_2 → $2H_2O$
> (2부피) (1부피) (2부피)
> 화학반응식에서 계수의 비 = 몰수의 비 = 부피의 비(기체)

㉤ 아보가드로의 법칙 : 모든 기체는 같은 온도와 압력에서 같은 부피 속에는 같은 수의 기체입자(분자)가 들어 있다.

ⓐ 모든 기체 1mol = 부피 22.4L(0℃, 1atm)
= (원자, 분자, 이온 등의 개수) 6.02×10^{23}개

ⓑ 기체의 압력이 일정할 때 온도가 1℃ 올라가면 0℃일 때 기체 부피의 $\frac{1}{273}$ 만큼 부피 증가

> 예 몰 부피를 이용 : 표준상태(0℃, 1atm)에서 기체 1몰의 부피가 22.4L이므로 어떤 기체 w(g)의 부피가 V(L)일 때 이 기체의 분자량(M)을 구할 수 있다.
>
> $$V : w = 22.4 : M \rightarrow M = \frac{w}{V} \times 22.4$$

✔ Check **분자법칙 요약**

구분	N_2[g]	+	$3H_2$[g]	→	$2NH_3$[g]
질량관계(질량보존의 법칙)	28	+	6	=	34
일정성분비의 법칙	14	:	3	:	17
부피비(기체 반응의 법칙)	1	:	3	:	2
분자수비(아보가드로 법칙)	1	:	3	:	2

✔ Check mol의 개념

(1) mol의 개념

① 1mol은 원자 6.02 × 10^{23}개 또는 분자 6.02 × 10^{23}개 또는 이온 6.02 × 10^{23}개를 의미한다.

② 물질의 화학식량에 1mol을 곱해주면 'g'이라는 단위를 붙일 수 있다.

예 물 분자(H_2O) 화학식량 : 18 → 물 분자 1mol개(6.02 × 10^{23}개)는 18g이다.
H = 1g, O = 16g

(2) mol과 물질의 질량 간의 관계

① 물질의 질량은 mol에 비례한다.

② 물 분자 1mol당 질량은 18g이며, 2mol의 질량은 36g(18g × 2)이다.

③ 주요물질 예제

㉠ H_2O 분자 0.5mol의 질량은? 18g × 0.5 = 9g

㉡ CO_2 분자 1mol 질량은? 44g

㉢ CO_2 분자 88g은 몇 mol인가? CO_2 분자 1mol 질량 : 44g, 88/44 = 2mol

㉣ NH_3 분자 0.5mol의 질량은? 17g × 0.5 = 8.5g

㉤ H_2 분자 2mol의 질량은? 2g × 2 = 4g

㉥ H_2O_2 분자 0.1mol의 질량은? 34g × 0.1 = 3.4g

(3) mol과 물질의 화학량과의 관계

① 1mol의 입자는 6.02 × 10^{23}개이다. 따라서 질량은 당연히 화학식량이 클수록 커진다.

② 일정한 질량에 들어있는 분자 수는 화학식량이 클수록 작아진다.

③ 물(H_2O) 분자량은 18이고, 메탄(CH_4)의 분자량은 16이다.

㉠ 1mol당 질량 : 물(18g) > 메탄(16g), 화학식량이 큰 물 분자가 1mol당 질량이 더 크다.

㉡ 1g당 분자 수 : 물(1/18mol) < 메탄(1/16mol), 화학식량이 작은 메탄이 1g당 분자 수가 더 크다.

(4) mol과 물질의 부피 간의 관계

① 표준상태(0℃, 1기압)에서 모든 기체 1몰(mol)은 22.4L라는 동일한 부피를 가진다.

② 기체의 압력이 일정할 때 온도가 1℃ 올라가면 0℃일 때 기체 부피의 1/273만큼 부피가 증가한다. 즉, 온도가 1℃ 올라가면 부피는 약 0.082L(22.4/273)만큼 늘어난다.
※20℃, 1기압이라면 부피는 약 24L이다.

㉠ 0℃ 1기압에서 CO_2 1mol의 부피는 22.4L이다.

㉡ 0℃ 1기압에서 CO_2 0.5mol의 부피는 11.2L이다.

㉢ 20℃ 1기압에서 CO_2 1mol의 부피는 24L이다. [22.4+(0.082×20)]

㉣ 20℃ 1기압에서 CO_2 0.5mol의 부피는 12L이다. 0.5×[22.4+(0.082×20)]

(3) 열의 출입에 따른 화학반응의 종류

① 발열반응

㉠ 화학반응이 일어날 때 열을 방출하는 반응이다.

㉡ 반응물질 에너지가 생성물질 에너지보다 더 클 때 나타난다.

㉢ 반응물 → 생성물질 + Q, − ΔH(Q : 열량, ΔH : 엔탈피 변화)

*엔탈피 : 일정한 압력 아래에서 일어나는 물리·화학적 변화에서 출입하는 열량

○ $CH_4(g) + 2O_2 \rightarrow CO_2(g) + 2H_2O(L) + 890kJ$ ○ $CH_4(g) + 2O_2 \rightarrow CO_2(g) + 2H_2O(L)$, $\Delta H = -890kJ$

② 흡열반응

㉠ 화학반응이 일어날 때 열을 흡수하는 반응이다.

㉡ 반응물질 에너지보다 생성물질 에너지가 더 클 때 나타난다.

㉢ 반응물 → 생성물질 − Q, + ΔH(Q : 열량, ΔH : 엔탈피 변화)

○ $CaCO_2(s) \rightarrow CaO(s) + CO_2(g) - 178.3kJ$ ○ $CaCO_2(s) \rightarrow CaO(s) + CO_2(g)$, $\Delta H = +178.3kJ$

✔ Check 발열반응과 흡열반응 그래프

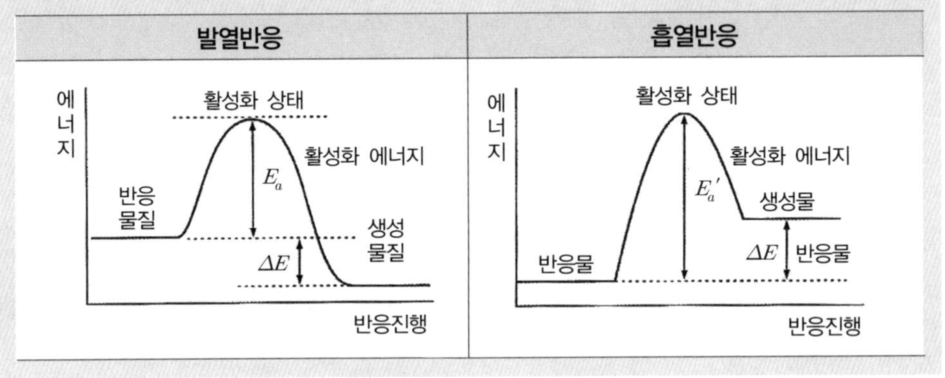

4 물질의 상태

물질의 상태는 삼체로 분류하며, 기체, 액체, 고체가 있다.

(1) 물질의 상(태) 변화

① 융해 : 고체가 액체로 변하는 현상을 융해라고 한다.

② 응고 : 액체가 고체로 변하는 현상을 응고라고 한다.

③ 기화 : 액체가 기체로 변하는 현상을 기화라고 한다.

④ 액화 : 기체가 액체로 변하는 현상을 액화라고 한다.

⑤ 승화 : 고체가 기체로 변하거나 기체가 고체로 변하는 현상을 승화라고 한다.

(2) 기체에 관한 법칙

① 보일의 법칙

일정한 온도에서 기체의 부피는 압력에 반비례한다.

PV = k(k는 상수)이고, 기체의 양과 온도가 일정할 때

$$P_1V_1 = P_2V_2$$

P : 압력, V : 기체의 부피

② 샤를의 법칙

일정한 압력에서 기체의 부피는 절대온도에 비례한다.

$V = kT$, $\frac{V}{T} = k$(k는 상수)이고, 기체의 양과 온도가 일정할 때

$$\frac{V_1}{T_1} = \frac{V_2}{T_2} = k$$

V : 기체의 부피, T : 절대온도

③ 보일 – 샤를의 법칙

일정량의 기체의 체적은 압력에 반비례하고, 절대온도에 비례한다.

$V = \frac{kT}{P}$, $\frac{PV}{T} = k$(k는 상수)이고, 기체의 양과 온도가 일정할 때

$$\frac{P_1V_1}{T_1} = \frac{P_2V_2}{T_2} = k(\text{상수})$$

V : 기체의 부피, T : 절대온도

④ 이상기체 상태방정식

이상기체는 무질서하게 운동하는 원자 혹은 분자로 이루어진 가상의 기체를 말한다. 이상기체는 구성 입자의 크기가 용기의 크기에 비교해 무시할 수 있을 정도로 작거나 부피가 0이다. 구성 입자들 사이에 작용하는 힘이 없다고 가정한 기체이다. 이와 같은 조건을 만족하는 기체는 실제로 존재하지 않지만, 온도가 높고 압력이 낮아지면 많은 기체는 이상기체의 특성을 나타낸다. 따라서 이상기체는 비압축성이며, 점성이 없는 유체로 가정한다.

$$PV = nRT = \frac{w}{M}RT$$

P : 압력, V : 기체의 부피, n : 몰수,
w : 기체의 질량, M : 기체의 분자량, T : 절대온도

- 모든 기체 1[mol]의 부피는 표준상태(0℃, 1기압)에서 22.4[L]이다.
- 기체상수 R은 보일–샤를의 법칙에 의해 $\frac{PV}{T} = k = \frac{1[atm] \times 22.4[L/mol]}{273K} = 0.082 = R$
- 기체의 분자량 결정 : 분자량이 M인 어떤 기체 w(g)의 몰수는 $\frac{w}{M}$몰이므로, 이상기체 방정식을 이용하여 기체의 분자량을 구할 수 있다.
  $PV = nRT = \frac{w}{M}RT \rightarrow M = \frac{wRT}{PV} = \frac{dRT}{P}$(기체의 밀도 $d = \frac{w}{V}$)

5 온도와 열

(1) 온도

① 의의

온도는 어떤 물질을 만질 때 느끼게 되는 뜨겁고 차가운 정도로서 각각의 사람에 따라 또 그 사람이 놓여 있는 환경에 따라 다르게 느껴진다. 이와 같이 우리의 촉감에 의지하는 것이 매우 부정확하기 때문에 적당한 물리적 수단이 필요하였다. 그래서 온도는 물체의 차고 더운 정도를 수량적으로 나타낸 것으로 그 물질을 구성하고 있는 분자들의 열운동 상태로 결정한다.

② 온도의 종류

㉠ **섭씨온도** : 1기압에서 순수한 물의 어는점을 0℃, 끓는점(비점)을 100℃라 하고, 그 사이를 100등분한 것이 섭씨(Celsius)온도이다.

㉡ **화씨온도** : 1기압에서 순수한 물의 어는점을 32°F, 끓는점(비점)을 212°F로 하여 그 사이를 180등분한 것이 화씨(Fahrenheit)온도이다.

㉢ **절대온도** : 물의 어는점이나 끓는점을 사용하지 않고 에너지에 비례하도록 온도를 정의한 것으로 열역학적으로 생각할 수 있는 최저온도로서 기체 평균 운동에너지가 0으로 측정된 -273℃를 절대온도 K로 정한 온도이다.

㉣ **랭킨온도** : 단위 1도의 크기가 화씨온도 눈금의 1도와 같은 절대 온도이며, °R이라는 기호로 나타낸다. 이는 어떤 온도가 화씨 눈금에서 a°F일 때, 이것에 상당하는 랭킨온도 460°R을 더한 값이 된다.

㉤ 각 온도와의 관계

ⓐ 섭씨온도[℃] $= \frac{5}{9}(°F - 32)$

ⓑ 화씨온도[°F] $= \frac{9}{5}℃ + 32$

ⓒ 절대온도[K] = ℃ + 273

ⓓ 랭킨온도[°R] = °F + 460

(2) 열(Heat)

① **비열** : 어떤 물체의 질량 1kg을 1℃ 올리는 데 필요한 열량을 비열이라고 한다. 단위는 kcal/kg・℃를 사용한다. 즉 비열이 작을수록 온도가 잘 올라가고 비열이 클수록 온도가 잘 올라가지 않는다.

② **열량** : 온도가 다른 두 물체를 접촉시키면 열이 고온에서 저온의 물체로 이동하여 두 물체의 온도가 같아져 열평형상태에 도달하게 된다. 이때 이동한 열의 양을 열량이라고 하며 단위는 cal 또는 kcal를 사용한다.

열량 = 비열 × 질량 × 온도차($Q = c \cdot m \cdot \Delta t$)

③ **열용량** : 물체의 온도를 1K(절대온도) 올리는 데 필요한 열량을 그 물체의 열용량이라고 하며 단위는 kcal/K를 사용한다.

열용량 = 비열 × 질량($H = c \cdot m$)

④ **현열** : 열의 출입이 상(태) 변화에 사용되지 않고 온도변화 현상으로 나타나는 열(= 감열)을 현열이라고 한다.

⑤ **잠열** : 열의 출입이 온도변화 현상으로 나타나지 않고 상(태) 변화로 흡수, 방출되는 열(= 숨은 열)을 잠열이라고 한다.

6 에너지 수지

(1) 에너지 수지

열역학 제1법칙에 따라 에너지는 보존되기 때문에 가공이나 장치의 전체 또는 그것들의 일부분의 주위에 임의의 경계(boundary)를 설정하면 이 경계면을 통하여 유입하는 에너지와 유출하는 에너지와의 사이에 다음의 수지 식이 성립한다.

(유입 에너지) = (경계면 내부의 축적 에너지) + (유출 에너지) + (손실)

이때 열에너지, 내부 에너지에 비하여 위치 에너지 및 운동 에너지를 무시하여도 좋을 때는 상기의 수지 식을 단지 열수지 또는 엔탈피수지라고 한다. 정상상태에서는 경계면 내부에 축적되는 에너지가 없으므로, "(유입에너지) = (유출에너지) + (손실)"이 된다.

(2) 열역학 법칙

① 열역학 제0법칙

온도가 높은 물체와 낮은 물체를 접촉시키면 온도가 높은 물체에서 낮은 물체로 열이 이동하여 두 물체의 온도는 평형을 이루게 된다.

② 열역학 제1법칙

㉠ 어떤 기계의 공급 에너지는 내부 에너지와 외부에서 한 일의 합과 같다.

㉡ 에너지 보존법칙을 열에 확장한 개념이다.

③ 열역학 제2법칙

모든 자발적 과정은 우주 전체의 엔트로피가 증가하는 방향으로 일어난다.

㉠ 에너지가 흐르는 방향을 설명하는 법칙이다.

㉡ 어떠한 계의 총 엔트로피(온도와 열량에 관한 물질계의 상태)는 다른 계의 엔트로피가 증가하지 않는 이상 감소하지 않는다는 법칙이다. 이런 이유로 열적으로 고립된 계의 총 엔트로피가 감소하지 않는다.

㉢ 열역학 제2법칙으로부터 고립계가 아닌 계의 엔트로피는 감소할 수도 있다는 것을 알 수 있다. 예를 들어 에어컨은 방 안의 공기를 차갑게 해준다. 따라서 공기의 엔트로피를 감소시킨다.

㉣ 열에너지의 자발적인 변화는 비가역적이다.
*비가역적 : 어떤 물질에 열을 가한 후 다시 원래의 상태로 되돌아오지 않는 것

㉤ 열은 스스로 저온에서 고온으로 흐르지 않는다.

㉥ 계기가 한 온도에서 열 저장실로부터 흡수한 열로 순환 과정을 하면서 흡수한 열과 같은 양의 일을 하는 것은 불가능하다. 즉 100% 열을 흡수해서 흡수한 열을 100% 운동으로 바꿀 수 있는 열기관을 만들 수 없다.

④ 열역학 제3법칙
순수한 물질이 1[atm]하에서 결정상태이면 엔트로피는 0[K]에서 0이다.

7 화학결합

대부분의 원자는 원자 자체로는 불안정하기 때문에 안정된 상태로 되기 위해 원자들 간에 결합을 하게 되는데 이것을 화학결합이라고 한다.

(1) 이온결합

금속양이온과 비금속음이온이 만나 이루어지는 결합이다. 나트륨원자(Na)는 염소에 전자 1개를 주고 이온(ion)이라 부르는 전하를 띤 두 개의 입자를 형성한다. 나트륨은 전자 1개를 잃기 때문에 1개의 음전하를 잃고 Na^+ 이온이 되고 이러한 양전하를 띤 이온을 양이온(cation)이라 부른다. 반대로 염소는 전자 1개를 얻고 Cl^- 이온이 되며 이러한 음전하를 띤 이온을 음이온(anion)이라 부른다.

① Na^+ 양이온은 Cl^- 음이온과 전기적 힘에 의해 강하게 끌린다.

② 공유결합과 달리, 정상적인 조건에서는 개별적이고 독립된 Na^+, Cl^- 분자가 존재할 수 없다.

(2) 금속결합

금속양이온과 자유전자가 만나 이루어지는 결합이다. 금속원소들이 전자를 내어 놓고 금속양이온이 되며 전자가 금속양이온 주위를 자유롭게 돌아다니게 되는 자유전자가 되고 금속양이온들과 자유전자들과의 결합을 금속결합이라고 하는데, 이러한 금속결합에 의해 만들어진 물질을 금속결합물질이라고 한다. 철(Fe), 금(Au), 나트륨(Na) 등이 수많은 금속결합을 통한 금속결합물질이다.

(3) 공유결합

비금속원소와 비금속원소가 만나 서로 전자를 내어놓아 전자를 공유하는 형태로 원자들의 결합이 이루어지는 결합을 공유결합이라고 하며 공유결합을 통해 만들어진 물질에는 공유결합물질과 분자가 있다.

8 산화와 환원

(1) 산화반응

원자의 산화수가 달라지는 화학반응으로 화학반응에서 어떤 반응물에 의해 전자를 잃는 반응이다. 대부분의 생물학적 산화반응은 수소 원자 한 쌍이 떨어져 나가거나 산소와 결합할 때 일어난다. 즉, '산화(Oxidation)'는 분자, 원자 또는 이온이 산소를 얻거나 수소 또는 전자를 '잃는' 것을 말한다.

(2) 환원반응

원자의 산화수가 달라지는 화학반응으로 산화환원반응은 산소 원자, 수소 원자 또는 전자의 이동과 관련된 모든 반응을 말한다. 즉, '환원(Reduction)'은 분자, 원자 또는 이온이 산소를 잃거나 수소 또는 전자를 '얻는' 것을 말한다.

(3) 산화제

다른 물질을 산화시키고 자신은 환원되는 물질이다. 제1류 위험물과 제6류 위험물 등이 있다.
※ 단, 제6류 위험물 중 과산화수소는 산화와 환원이 모두 일어날 수 있다.

(4) 환원제

다른 물질을 환원시키고 자신은 산화되는 물질이다. 제2류 위험물 등이 있다.

9 연소반응식

(1) 화학반응식 만들기

① 반응물과 생성물을 안다.
② 각 물질의 화학식을 안다.
③ 반응물을 왼쪽에 생성물을 오른쪽에 " → "로 연결한다.
④ 반응물과 생성물의 원자 수가 같도록 계수를 맞춘다(가장 간단한 정수 비).

㉠ 수소의 연소 반응 : 수소 + 산소 → 물

$$H_2 + O_2 \rightarrow H_2O$$

수소 = H_2, 산소 = O_2, 물 = H_2O

㉡ 여기서 좌항과 우항의 원소수를 맞춰야 한다.

$$2H_2 + O_2 \rightarrow 2H_2O$$

(2) 정수비례법으로 반응 계수 맞추는 법

$N_2 + H_2 \rightarrow NH_3$가 되어야 하므로 $N_2 + 3H_2 \rightarrow 2NH_3$

(3) 미정 계수법

$\underline{a}Cu + \underline{b}HNO_3 \rightarrow \underline{x}Cu(NO_3)_2 + \underline{y}NO + \underline{z}H_2O$

① Cu원자 : a = x, ② H원자 : b = 2z,
③ N원자 : b = 2x + y, ④ O원자 : 3b = 6x + y + z
⑤ '④ − ③ × 3'을 하면 ⇒ z = 2y
⑥ b = 1 이라 가정하고,
⑦ '②'에 대입하면, $z = \frac{1}{2}$
⑧ '⑦'을 '⑤'에 대입하면, $y = \frac{1}{4}$
'⑥', '⑧'을 대입하면, $1 = 2x + \frac{1}{4}$, $x = \frac{3}{8}$
따라서 $a = \frac{3}{8}$
정리하면 $a = \frac{3}{8}$, b = 1, $x = \frac{3}{8}$, $y = \frac{1}{4}$, $z = \frac{1}{2}$이 되고,
각 항에 8을 곱하면 a = 3, b = 8, x = 3, y = 2, z = 4
따라서, $3Cu + 8HNO_3 \rightarrow 3Cu(NO_3)_2 + 2NO + 4H_2O$

(4) 탄화수소계 연소방정식

① $C_mH_n + (m + \frac{n}{4})O_2 \rightarrow mCO_2 + \frac{n}{2}H_2O$

② $C_mH_nO_L + (m + \frac{n}{4} - \frac{L}{2})O_2 \rightarrow mCO_2 + \frac{n}{2}H_2O$

(5) 주요 가연물의 연소반응식

① 제2류 위험물

㉠ 삼황화인의 연소반응식 : $P_4S_3 + 8O_2 \rightarrow 2P_2O_5 + 3SO_2$
(삼황화인) (산소) → (오산화인) (이산화황)

㉡ 오황화인의 연소반응식 : $2P_2S_5 + 15O_2 \rightarrow 2P_2O_5 + 10SO_2$
(오황화인) (산소) → (오산화인) (이산화황)

㉢ 적린(붉은 인)의 연소반응식(유독성 흰색 연기 발생) : $4P + 5O_2 \rightarrow 2P_2O_5$
(적린) (산소) → (오산화인)

㉣ 황의 연소반응식 : $S + O_2 \rightarrow SO_2$
(황) (산소) → (아황산가스)

㉤ 철분의 연소반응식 : $4Fe + 3O_2 \rightarrow 2Fe_2O_3$
(철) (산소) → (삼산화이철)

㉥ 알루미늄분의 연소 반응식 : $4Al + 3O_2 \rightarrow 2Al_2O_3$
(알루미늄) (산소) → (산화알루미늄)

㉦ 마그네슘의 연소식(연소되기 쉽고 폭발한다) : $2Mg + O_2 \rightarrow 2MgO + Q[kcal]$
(마그네슘) (산소) → (산화마그네슘)

② 제3류 위험물

㉠ 칼륨의 연소반응(보라색) : $4K + O_2 \rightarrow 2K_2O$
(칼륨) (산소) → (산화칼륨)

㉡ 나트륨의 연소반응(노란색) : $4Na + O_2 \rightarrow 2Na_2O$
(나트륨) (산소) → (산화나트륨)

㉢ 트라이메틸알루미늄의 연소반응 : $2(CH_3)_3Al + 12O_2 \rightarrow Al_2O_3 + 6CO_2 + 9H_2O$
(트라이메틸알루미늄) (산소) → (산화알루미늄) (이산화탄소) (물)

㉣ 황린의 연소반응 : $P_4 + 5O_2 \rightarrow 2P_2O_5 + Q\uparrow$
(황린) (산소) → (오산화인)

㉤ 포스핀의 연소반응식 : $2PH_3 + 4O_2 \rightarrow P_2O_5 + 3H_2O$
(포스핀) (산소) → (오산화인) (물)

㉥ 아세틸렌의 연소반응식 : $2C_2H_2 + 5O_2 \rightarrow 4CO_2 + 2H_2O$
(아세틸렌) (산소) → (이산화탄소) (물)

③ 제4류 위험물

㉠ 특수인화물

ⓐ 다이에틸에터의 연소반응식 : $C_2H_5OC_2H_5 + 6O_2 \rightarrow 4CO_2 + 5H_2O$
(다이에틸에터) (산소) → (이산화탄소) (물)

ⓑ 이황화탄소의 연소반응식 : $CS_2 + 3O_2 \rightarrow CO_2 + 2SO_2$
(이황화탄소) (산소) → (이산화탄소) (이산화황)

ⓒ 아세트알데하이드의 연소반응식 : $2CH_3CHO + 5O_2 \rightarrow 4CO_2 + 4H_2O$
(아세트알데하이드) (산소) → (이산화탄소) (물)

ⓓ 산화프로필렌의 연소반응식 : $CH_3CHCH_2O + 4O_2 \rightarrow 3CO_2 + 3H_2O$
(산화프로필렌) (산소) → (이산화탄소) (물)

㉡ 제1석유류

ⓐ 가솔린[휘발유(옥탄)]의 연소반응식 : $2C_8H_{18} + 25O_2 \rightarrow 16CO_2 + 18H_2O$
(옥탄) (산소) → (이산화탄소) (물)

ⓑ 벤젠의 연소반응식 : $2C_6H_6 + 15O_2 \rightarrow 12CO_2 + 6H_2O$
(벤젠) (산소) → (이산화탄소) (물)

ⓒ 톨루엔(메틸벤젠)의 연소반응식 : $C_6H_5CH_3 + 9O_2 \rightarrow 7CO_2 + 4H_2O$
(톨루엔) (산소) → (이산화탄소) (물)

ⓓ 메틸에틸케톤의 완전연소 반응식 : $2CH_3COC_2H_5 + 11O_2 \rightarrow 2CO_2 + 4H_2O$
(메틸에틸케톤) (산소) → (이산화탄소) (물)

ⓔ 아세톤의 연소반응식 : $CH_3COCH_3 + 4O_2 \rightarrow 3CO_2 + 3H_2O$
(아세톤) (산소) → (이산화탄소) (물)

ⓕ 사이안화수소 : $2HCN + 2.5O_2 \rightarrow H_2O + N_2 + 2CO_2$
(사이안화수소) (산소) → (물) (질소) (이산화탄소)

㉢ 알코올류

ⓐ 메틸알코올의 연소반응식 : $2CH_3OH + 3O_2 \rightarrow 2CO_2 + 4H_2O$
(메틸알코올) (산소) → (이산화탄소) (물)

1부 PART · 01

ⓑ 에틸알코올의 완전연소 반응식 : $C_2H_5OH + 3O_2 \rightarrow 2CO_2 + 3H_2O$
(에틸알코올) (산소) → (이산화탄소) (물)

ⓒ 프로판올의 완전연소 반응식 : $C_3H_7OH + 4.5O_2 \rightarrow 3CO_2 + 4H_2O$
(프로판올) (산소) → (이산화탄소) (물)

㉣ 제2석유류

ⓐ 초산(아세트산)의 연소반응식 : $CH_3COOH + 2O_2 \rightarrow 2CO_2 + 2H_2O$
(초산) (산소) → (이산화탄소) (물)

ⓑ 의산(포름산, 개미산)의 연소반응식 : $2HCOOH + O_2 \rightarrow 2CO_2 + 2H_2O$
(의산) (산소) → (이산화탄소) (물)

㉤ 제3석유류

ⓐ 글리세린의 연소반응식 : $2CH_2OHCHOHCH_2OH + 7O_2 \rightarrow 6CO_2 + 8H_2O$
(글리세린) (산소) → (이산화탄소) (물)

ⓑ 에틸렌글리콜의 연소반응식 : $2CH_2OHCH_2OH + 5O_2 \rightarrow 4CO_2 + 6H_2O$
(에틸렌글리콜) (산소) → (이산화탄소) (물)

CHAPTER

03 연소의 조건 및 형태

1 연소의 개념

연소는 가연물이 공기 중의 산소(O_2) 등과 반응하여 열과 빛을 발생하면서 산화하는 현상을 말한다.

2 연소의 요소

가연물이 공기 중의 산소(O_2)와 결합하여 열과 빛을 발생하는 연소반응을 지속하기 위해서 사용되는 ① 가연물, ② 산소(O_2, 산소공급원), ③ 점화원(열)을 연소의 3요소라 하며, ④ 화학적 연쇄반응을 포함하여 연소의 4요소로 총칭된다. 연소의 요소 중 어느 한 요소라도 제거된다면 연소반응은 더 이상 일어나지 않는다.

3 연소의 조건

(1) 개요

① 연소하기 위해서는 물적 조건(연소범위) 및 에너지 조건(발화에너지)을 만족하여야 한다.

② 물적 조건은 발화하기 위한 연소범위를 말하며, 에너지 조건은 발화하기 위한 최소발화에너지를 말한다.

(2) 물적 조건

1) 연소범위의 개념

물질의 연소 시 필요한 물적 조건이며, 가연성 혼합기가 형성되는 연소하한계와 연소상한계의 차를 말한다.

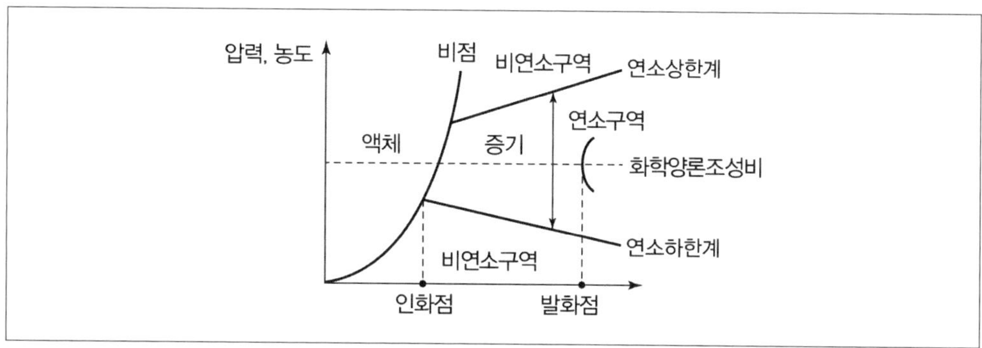

2) 연소범위의 종류

① 연소하한계(LFL)

㉠ 공기 중 가장 낮은 농도에서 연소할 수 있는 부피를 말한다.

㉡ 조연성 가스는 많고 가연성 가스는 적은 상태, 그 이하에서는 연소할 수 없는 한계치이기도 하다. 따라서 연소하한계를 가연물의 최저용량비라 한다.

② 연소상한계(UFL)

㉠ 공기 중에서 높은 농도에서 연소할 수 있는 부피를 말한다.

㉡ 조연성 가스는 적고 가연성 가스는 많은 상태, 그 이상에서는 연소할 수 없는 한계치이기도 하다. 따라서 연소 상한계를 가연물의 최대 용량비라 한다.

③ 연소범위인 가연성 혼합기는 농도에 따라 발화, 연소속도가 달라진다.

④ 가연성 혼합기가 화학양론계수선일 때 발화에너지가 낮고 연소속도가 빠르나, 연소의 상한계·하한계일 때 발화에너지가 높고 연소속도가 느리다.

⑤ 연소하한계 미만, 연소상한계 초과인 영역은 비연소구역이다.

3) 연소범위 영향요소

① 온도의 영향

㉠ 온도가 높아지면 열의 발열속도가 방열속도보다 크게 되어 연소범위가 넓어진다.

㉡ 온도가 높은 경우 기체분자의 운동이 증가하여, 분자 간의 충돌 및 반응성이 활발해진다.

㉢ 아레니우스 법칙에 의해 온도가 10℃ 상승 시 반응속도가 2배 증가한다.

㉣ 실험식에 의해 100℃ 상승시 연소상·하한계 ±8%가 넓어진다.

㉤ 보일-샤를의 법칙에 의해 온도 상승 시 부피 압력이 상승하여 연소범위가 넓어진다.

② 압력의 영향

㉠ 연소하한계는 변화가 없으나, 연소상한계가 넓어져 연소범위가 넓어진다.

㉡ 압력이 높아지면 분자 간 평균거리가 짧아지고, 유효충돌 횟수가 늘어나서 대체적으로 연소범위가 넓어진다. (CO와 H_2는 예외)

③ 촉매의 영향

㉠ 정촉매 첨가 시 최소발화에너지는 낮아지고, 연소범위는 넓어진다.

㉡ 부촉매 첨가 시 최소발화에너지는 높아지고, 연소범위는 좁아진다.

④ 산소의 영향

㉠ 산소가 풍부하면 연소범위가 넓어지고 산소가 적으면 연소범위가 좁아진다.

㉡ 공기 중과 비교하여 폭발하한계(LFL)는 거의 영향이 없으나, 상한계(UFL)는 크게 증가하여 전체적인 폭발범위는 넓어진다.

㉢ 수소의 폭발범위는 공기 중에는 4.0 ~ 75%이고, 산소 중에는 4.0 ~ 94.0%가 된다.

4) 주요가스의 연소범위

가연성 기체	분자식	하한계	상한계	발화온도[℃]
수소(Hydrogen)	H_2	4	75	400
일산화탄소(Carbon Monoxide)	CO	12.5	75	–
아세틸렌(Acetylene)	C_2H_2	2.5	81	305

에틸렌(Ethylene)	C_2H_4	3.0	33.5	490
벤젠(Benzene)	C_6H_6	1.4	7.9	560
메탄(Methane)	CH_4	5	15	540
에탄(Ethane)	C_2H_6	3	12.5	–
프로판(Propane)	C_3H_8	2.1	9.5	450
부탄(Bhutan)	C_4H_{10}	1.8	8.4	405
헵탄(Heptane)	C_7H_{16}	1.0	6.7	215

5) 혼합가스의 연소범위

르샤틀리에의 공식에 따른 혼합기체 연소범위(상한계・하한계) 구하는 공식

① 혼합가스의 하한계 구하는 공식

$$\frac{V_1 + V_2 + V_3 + \ldots.V_n}{\frac{V_1}{L_1} + \frac{V_2}{L_2} + \frac{V_3}{L_3} + \cdots \frac{V_n}{L_n}}$$

*V = 혼합가스의 부피, L = 혼합가스의 하한값

② 혼합가스의 상한계 구하는 공식(르샤틀리에의 공식)

$$\frac{V_1 + V_2 + V_3 + \ldots.V_n}{\frac{V_1}{U_1} + \frac{V_2}{U_2} + \frac{V_3}{U_3} + \cdots \frac{V_n}{U_n}}$$

*V = 혼합가스의 부피, U = 혼합가스의 상한값

예 메탄(CH_4) 50%, 헥산(C_6H_{14}) 50%, 혼합가스의 MOC(최소산소농도)를 계산하라.
(단, 메탄의 연소범위 : 5 ~ 15%, 헥산의 연소범위 : 1.1 ~ 7.5%)

완전연소를 위한 산소몰수

메탄 : $CH_4 + 2O_2 \rightarrow CO_2 + 2H_2O$ 따라서, $0.5CH_4 + O_2 \rightarrow 0.5CO_2 + H_2O$

헥산 : $C_6H_{14} + 9.5O_2 \rightarrow 6CO_2 + 7H_2O$ 따라서 $0.5C_6H_{14} + 4.75O_2 \rightarrow 3CO_2 + 3.5H_2O$

$(0.5CH_4 + 0.5C_6H_{14}) + 5.75O_2 \rightarrow 3.5CO_2 + 4.5H_2O$

혼합가스 하한계

$$LFL = \frac{100}{\frac{50}{5} + \frac{50}{1.1}} = 1.8\%$$

$MOC = LFL \times O_2$몰 $= 1.8 \times 5.75 = 10.35\%$

6) 증기 – 공기밀도

① 어떤 온도와 압력에서 액체와 평형상태에 있는 증기와 공기의 혼합물이 보여주는 기체 비중(증기밀도)을 말한다. 증기 – 공기밀도의 영향 요소는 액체의 온도, 그 온도에서의 증기압, 액체의 분자량이 있다.

② 증기 – 공기밀도 관계

㉠ [증기 – 공기밀도 < 1]

온도가 액체의 비점보다 아주 낮은 경우 액체의 증기압이 상당히 낮아지므로 증기 – 공기 혼합물은 거의 공기가 대부분을 차지한다.

㉡ [증기 – 공기밀도 > 1]

온도가 상승하여 비점에 가까워지면 증발이 가속되어 증기 – 공기 비중이 1보다 훨씬 큰 혼합체가 되고 공기보다 무겁기 때문에 낮은 위치로 가라앉는다.

㉢ [증기 – 공기밀도 ≒ 1]

1에 가까운 비중의 것의 대류에 의해 쉽게 확산되거나 희석되기 때문에 증기가 먼 거리까지 이동하기 쉽지 않게 된다.

③ 증기 – 공기밀도 계산

$$\text{비중(공기 – 증기밀도)} = \frac{Pv \times d}{P} + \frac{P - Pv}{P} = \frac{\text{증기압} \times \text{증기밀도}}{\text{전압(대기압)}} + \frac{\text{전압} - \text{증기압}}{\text{전압(대기압)}}$$

P : 대기압, Pv : 증기압, d : 증기밀도(기체비중)

예 25℃에서 증기압이 76mmHg의 비중이 2인 인화성 액체에 대하여 이 액체의 25℃에서의 증기 – 공기 비중을 구하라(단, 대기압은 760mmHg).

$$\text{증기 – 공기밀도} = \frac{76 \times 2}{760} + \frac{760 - 76}{760} = \text{약 } 1.1$$

(3) 에너지 조건(= 점화원 조건)

1) 기체 : 최소발화에너지

① 불꽃에 의해 가연성 혼합기를 발화시키는 데 필요한 최소한의 에너지로 가연성 가스나 증기를 발화시키는 데 필요한 최소에너지를 말한다.

② 가연물로의 열 귀환이 일어나고, 이것은 가연성 가스의 종류 및 외부조건 등에 의해서 최소발화 에너지가 다르게 나타난다.

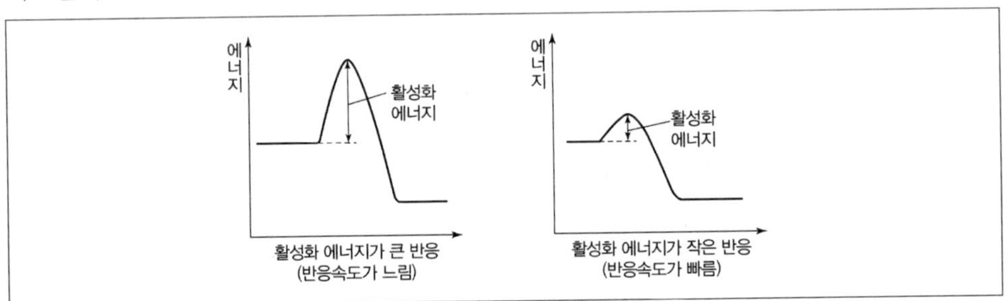

2) 액체 : 인화점, 연소점, 발화점

① 인화점

㉠ 점화원에 의해 발화가 일어나는 최저온도로서 가연성 혼합기를 형성하는 고체 및 액체의 최저온도를 말하며 외부에너지를 제거하면 연소는 멈춘다.

ㄴ 액체의 화재위험성을 나타내는 척도

석유류	인화점 온도
제1석유류(휘발유)	인화점 21℃ 미만
제2석유류(등유, 경유)	인화점 21 ~ 70℃ 미만
제3석유류(중유)	인화점 70 ~ 200℃ 미만
제4석유류(기계유)	인화점 200℃ 이상

ㄷ 인화점 측정 시험방법으로는 밀폐식과 개방식으로 구분하며, 밀폐식의 경우 '태그 밀폐식', '신속평형법', '펜스키마텐스 밀폐식'의 방법으로 개방식의 경우 '클리브랜드 개방식'으로 측정한다.

ⓐ 태그밀폐식 시험기는 인화점이 80℃ 이하의 석유 제품의 인화점 시험에 사용

ⓑ 신속평형법은 인화점이 110℃ 이하인 원유, 등유, 경유 등의 측정법

ⓒ 펜스키마텐스 밀폐식은 밀폐식 인화점의 측정이 필요한 시료 및 태그 밀폐식 인화점 시험방법을 적용할 수 없는 시료

ⓓ 클리브랜드 개방식은 인화점이 80℃ 이상의 시료(원유 및 연료유는 제외)

② 연소점

ㄱ 액체의 온도가 인화점을 넘어서 상승하면, 점화원을 제거하여도 자발적으로 5초 이상 연소를 지속할 수 있는 온도로 인화점보다 일반적으로 5 ~ 10℃ 높다.

ㄴ 인화점은 액면 위의 화염이 형성된 후 소화되어 관계가 없으나, 연소점은 화염이 지속되는 경우의 액체온도이다.

ㄷ 액체의 증발연소는 가열된 가연성 증기의 발생속도가 연소속도보다 빠를 때 이루어진다.

ㄹ 버거스 휠러(Burguers Wheeler)의 법칙(파라핀계 탄화수소)

$$\text{연소열}(\triangle Hc) = \frac{C(1{,}050)}{LFL(\text{연소하한계})}$$

C : 상수(1,050) LFL : 연소하한계

③ 발화점

ㄱ 주위의 에너지 없이 스스로 발화하는 최저온도이다.

ㄴ 발화점이 낮을수록 발화위험성이 높다.

ㄷ 발화시간은 자연발화온도에 반비례한다.

4 화학양론(C : Chemical Stoichiometry) 조성비

(1) 개요

① 화학양론 조성비란 상온, 상압의 가연성 가스에서 완전연소에 필요한 농도비율을 말하며, C_{st}(vol%)로 나타낸다.

② 몰비인 C_{st}는 탄화수소 연료가 완전연소를 가정 시 양론적 계수는

$$C_{st}(vol\%) = \frac{\text{연료몰수}}{\text{연료몰수} + \text{이론공기몰수}} \times 100\%,$$

$$C_{st}(wt\%) = \frac{\text{연료질량}}{\text{연료질량} + \text{이론공기질량}} \times 100\%$$

③ 화학양론 조성비로 연소 상·하한계, 최소산소농도를 유추하는 데 사용된다.

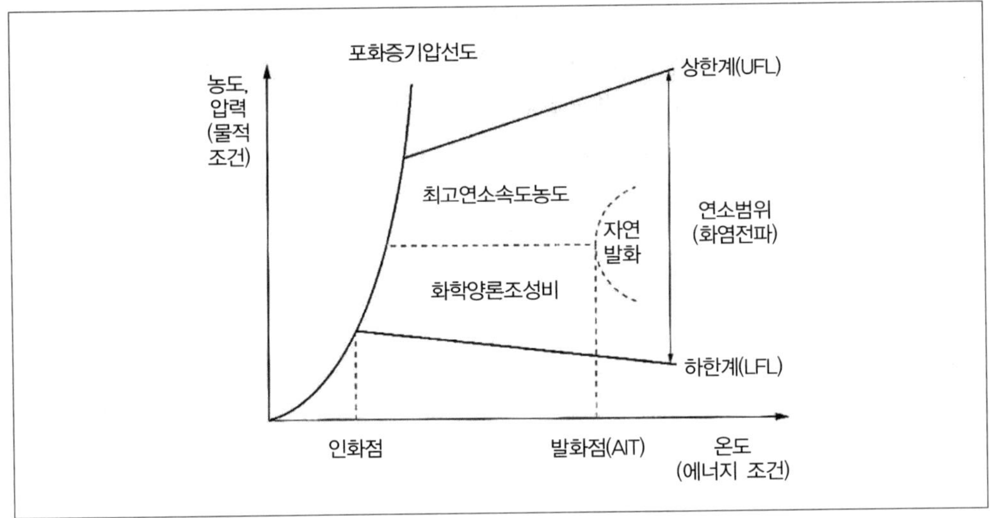

(2) 화학양론 조성비

① 화학양론 조성비일 때

㉠ 화학양론계수선일 때 최소발화에너지가 최소가 된다.

㉡ 화학양론계수선일 때 완전연소를 하며, 발열량과 발연속도가 최대가 된다.

② 한계농도일 때(상하한계 농도일 때)

㉠ 한계농도는 산소농도가 낮고 과농도이거나, 산소농도가 높은 저농도일 때를 말한다.

㉡ 한계농도일 때는 최소발화에너지가 최대가 된다.

㉢ 한계농도일 때 불완전연소를 하며, 발열량과 발열속도가 최소가 된다.

(3) 연소 상·하한계를 화학양론계수선으로 표현

① LFL(연소하한계) = $0.55C_{st}$

연소하한계는 화학양론계수선에서 0.55배의 의미

② UFL(연소상한계) = $3.5C_{st}$

연소상한계는 화학양론계수선에서 3.5배의 의미

(4) 존슨법칙상의 연소 상·하한계 계산식(단일물질 연소 상·하한계 계산식)

① LFL(연소하한계) = $0.55C_{st}$(화학양론조성비) = $0.55 \times (\frac{\text{연료몰수}}{\text{연료몰수} + \text{공기몰수}})$

② UFL(연소상한계) = $3.5C_{st}$(화학양론조성비) = $3.5 \times (\frac{\text{연료몰수}}{\text{연료몰수} + \text{공기몰수}})$

5 MOC(Minimum Oxygen Consitency : 최소산소농도)

(1) 개요

① MOC(Minimum Oxygen Consitency)란 예혼합(공기와 가연물이 미리 혼합) 연소에서 화염을 전파하기 위한 최소산소농도로 연소를 지속하기 위한 최저농도이다.

② 불활성화는 화재나 폭발을 방지하기 위하여 가연성 가스 농도에 관계없이 불활성 가스를 투입하여 MOC 이하로 산소농도를 유지시키는 것으로 불활성 공정의 기초가 되기도 한다.

③ MOC는 완전연소 반응식에서 연소하한계(LFL)와 산소의 함량을 곱하여 구할 수 있다.

✔ Check MOC(최소산소농도) 수식과 가연성 혼합기의 불활성화

MOC = 산소몰수 × LFL = LFL × O_2

- 가스 MOC ≒ 10%, 설계시 − 4% = 6% 설계 시 불활성화
- 분진 MOC ≒ 8%, 설계시 − 4% = 4% 설계 시 불활성화

④ 폭발 및 화재는 연료의 농도에 무관하게 산소의 농도를 감소시킴으로써 방지할 수 있으므로 불연성 가스 등을 가연성 혼합기에 첨가하면 MOC는 감소된다.

⑤ 최소산소농도는 폭발 및 화재 방지에 유용한 기준이 된다.

⑥ MOC는 공기와 연료의 혼합기 중 산소의 부피를 나타내며 %의 단위를 갖는다.

⑦ 실험 데이터가 충분하지 못할 때 MOC 값은 연소반응식 중의 산소의 양론계수와 연소하한계의 곱을 이용하여 추산되며 이 방법은 많은 탄화수소에 적용된다.

(2) MOC의 활용

① CO_2, 수증기, N_2 등을 가연성 혼합기에 첨가해서 그 연소범위를 축소시키고 결국은 연소범위를 소멸시켜서 소화하는 방법이 있는데, 이 경우 산소농도 저하로 인한 연소의 중단이 주요작용이고 CO_2를 첨가하여 소화할 때는 기상의 산소농도를 14~15% 이하로 할 필요가 있다. 이러한 절차를 불활성화(Inerting)라 부르며 MOC의 개념이 기초가 된다.

② 이 산소농도를 임계산소농도라 부르며 이 농도에서는 산소농도 부족으로 인하여 인체에 장해(산소결핍증)가 발생할 가능성이 있다.

③ 최소산소 농도(MOC : Minimum Oxygen Concentration)는 가연성 가스가 연소를 지속하기 위해 필요한 최소한의 산소농도이기 때문에 가연성 가스의 농도가 얼마든지 산소농도를 MOC이하로 낮추면 연소는 불가능하게 된다.

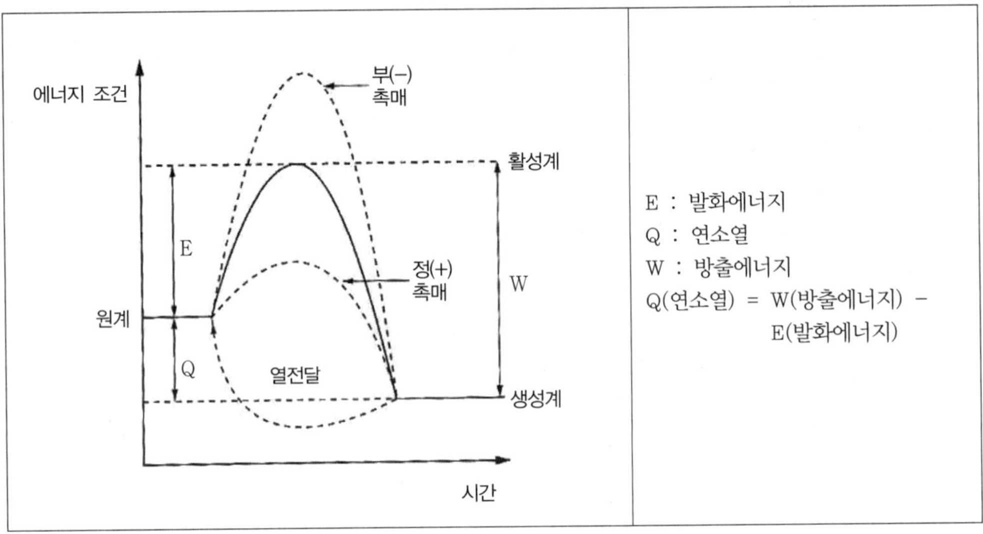

6 한계산소지수(Limited Oxygen Index)

(1) 한계산소지수의 정의

① 물질이 연소하기 위해서는 최소한의 산소농도가 필요한데 이를 한계산소지수(LOI : Limit Oxygen Index)라 하고 섬유제품의 난연성 평가 방법으로 이용된다.

② 예를 들면 난연성 섬유의 LOI는 28% 정도가 되는데 이는 공기 중에서 산소농도가 28% 이하로 줄어들면 열원이 제거된 후 연소를 지속할 수 없다는 뜻이다.

③ 따라서, LOI가 크면 안정도가 높다는 뜻이 되는 것이다.

④ 섬유제품의 난연성 평가방법에는 탄화장 측정법, LOI 법, 잔염시간 측정법, 연소시험법 등이 있으나 측정법이 간단하고 수치화가 쉬워 LOI 법이 많이 이용된다.

(2) 한계산소지수의 상세사항

① 예를 들면 LOI가 17%라는 실험결과가 있는데 이것은 공기 중의 산소농도가 17% 이하로 줄어들면 열원이 제거된 후 연소상태를 지속할 수 없게 된다는 것이다.

② 착화점이 높고, LOI가 높은 섬유류나 내장재료는 상당히 안전한데 이들은 쉽게 착화하지 않을 뿐만 아니라, 열원이 없으면 연소를 지속할 수 없기 때문이다.

③ 섬유류의 LOI가 높아질수록 열원이 제거된 후에 연소가 중단될 가능성이 높아진다. 실수로 화재가 발생하더라도 열원만 없어지면 물질 자체가 지속적인 연소를 하지 않기 때문이다. 즉 착화점 및 LOI가 높은 섬유류나 내장재료는 상당히 안전하다.

④ 산소지수법 : 플라스틱류 연소시험방법의 일종으로 산소지수라 함은 산소와 질소가 혼합된 상승기류 속에서 점화된 물질이 연소를 지속하기 위해 필요로 하는 최저 산소농도(vol%)를 말하며, 산소지수는 플라스틱류, 고무, 섬유 등의 연소성을 상대적으로 표시하며 이 수치가 크면 연소하기가 어렵다.

(3) LOI(Limit Oxygen Index) 구성 및 측정

① 시험장치 구성

㉠ 점화기 : 점화불꽃을 발생시키는 점화설비

㉡ 가스공급부 : 공기와 가스를 공급하는 설비

㉢ 연소부 : 시험편을 넣고 연소를 진행하는 설비

㉣ 측정부

② 측정

㉠ 직경 7.5cm, 길이 45cm 내열 유리원관의 아랫부분에 임의의 혼합비를 갖는 산소-질소 혼합기체를 공급한다.

㉡ 연소 원통의 위쪽 100mm 이상의 자리에 위치한 시료의 물림쇠에 수직으로 매단 시료에 불을 붙여 시료를 연소시킨다.

㉢ 시료의 연소시간이 3분 이상 계속되거나 또는 시료에 착염 후 탄화길이가 50mm 이상 연소를 계속하는 데 필요한 최소의 산소와 질소 유량을 결정한다.

③ 한계산소지수(LOI) 공식

$$\mathrm{LOI} = \frac{\text{산소}(O_2)\text{체적}}{\text{산소}(O_2)\text{체적} + \text{질소}(N_2)\text{체적}} \times 100$$

$$\text{즉, } \mathrm{LOI} = \frac{O_2}{O_2 + N_2} \times 100$$

(4) 한계산소지수(LOI)가 나타내는 의미

① 어떤 물질을 연소시킬 때 산소 소모량이 작다는 것은 해당 물질이 가연성 즉, 가연물의 구비조건이 좋다는 뜻이다.

② 어떤 물질을 연소시킬 때 산소 소모량이 많다는 것은 해당 물질이 가연성 즉, 가연물의 구비조건이 좋지 않거나 난연성이 높은 재료일 수도 있다는 뜻이다. 섬유류와 같은 고분자 물질을 방염 처리하여 연소 시 많은 산소가 필요한 제품을 생산하는 데 적용한다.

7 최소발화에너지(Minimum Ignition Energy)

(1) 개요

① 불꽃에 의해 가연성 혼합기를 발화시키는 데 필요한 최소한의 에너지이다.

② 이것은 가연성 가스의 종류 및 외부조건 등에 의해서 최소발화에너지가 다르게 나타난다.

③ 최소발화에너지는 탄화수소계 가연성 기체에서 0.25ml 정도, 수소는 약 0.02ml로 비교적 작으며, 작은 전기불꽃으로도 충분히 발화원이 될 수 있음을 알 수 있다.

(2) 측정방법

① 시험방법

㉠ 불꽃에 의해 가연성 혼합가스를 발화시키는 데 필요한 최소의 방전에너지

㉡ 폭발용기에 피측정 가스를 채움 → 축전기 충전 → 전압 상승 → 전극 간에 불꽃발생 → 그때의 전압(V)을 측정

② 최소발화에너지 관계식

$$E = \frac{1}{2}C(V_1 - V_2)^2[J]$$

E : 최소발화에너지[J], C : 콘덴서 용량[F]
V_1 : 기체 절연파괴 전압, V_2 : 방전 후 전압
$V_1 - V_2$ = 불꽃전압

※ E의 값을 증가시켜 발화를 일으키는 한계값과 소염거리를 알 수 있다.

(3) 영향요소

① 온도 : 온도가 상승하면 분자 간 충돌이 활발하여 최소발화에너지는 낮아진다.

② 압력 : 압력이 높아지면 최소발화에너지는 낮아져서 발화위험성이 커진다.

③ 농도 : 화학양론조성비 부근일 때 최소발화에너지는 최소가 되고, 연소속도는 증가한다.

④ 유속 : 유속이 높아지면 최소발화에너지는 높아진다.

⑤ 난류 : 난류강도가 커지면, 최소발화에너지는 높아진다.

⑥ 소염거리 : 소염거리 이하에서는 방열이 발열보다 크기 때문에 불꽃이 발생하지 않지만, 소염거리에서 초과되면 방열이 발열보다 작기 때문에 불꽃이 발생된다.

⑦ 산소 : 산소 함유량이 증가하면 최소발화에너지는 낮아져 쉽게 불꽃이 발생하게 된다.

8 화염일주한계(Joint Clearance to Arrest Flame)

(1) 개요

① 화염일주란 폭발성 가스용기 내부에서 생성된 화염이 용기의 좁은 틈을 통하여 주변의 위험물을 점화시키는 현상을 말한다.

② 화염일주한계란 폭발성 가스용기 내부에서 생성된 화염이 용기의 좁은 틈을 통하여 주변의 위험물을 점화시키지 않는 최대틈새를 화염일주한계라 하고 최대실험안전틈새 MESG (Maximum Experimental Safe Gap)라고 하기도 한다.

③ 화염일주한계를 알고자 하는 것은 화염의 전파력을 측정하여 가스의 위험성 평가를 실시하고 방폭 설비의 기본적인 데이터의 인프라를 가지고 가연성 가스의 저장 및 취급 시 예방대책을 세워나가기 위한 것이다.

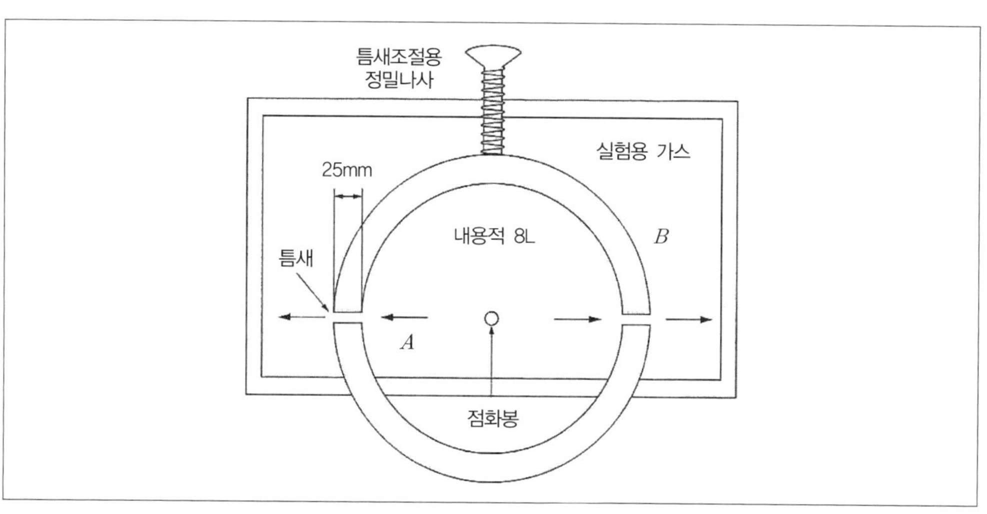

(2) 소염의 원리

① 소염

화염이 일주할 때 틈새를 통한 냉각작용으로 방열이 발열보다 커 에너지 조건을 만족하지 못해 소염된다.

② 무염영역

화염의 일주 시 부착력에 의해 흐름이 중지되고 가연성 혼합기를 형성하지 못하게 되어 물적 조건을 만족하지 못하는 영역이다.

③ 일반적으로 MESG(최대실험안전틈새)가 낮으면 MIE(최소발화에너지)도 낮다.

(3) 측정방법

① 표준용기(내용적 8L, 틈새길이 25mm) 내, 외부에 폭발성 혼합가스를 채운다.

② 내부 용기의 폭발성 혼합가스를 불꽃을 이용하여 점화한다.

③ 틈새를 미세하게 조정하면서 외부용기의 폭발성 혼합가스가 점화될 때까지 과정을 반복한다.

④ 틈새가 어떤 수치 이상이 되면 화염이 일주하여 가스폭발을 유도한다.

⑤ 화염이 전파되지 않는 최대 틈새를 측정한다.

(4) 가연성 가스의 안전틈새에 따른 위험성 분류

폭발등급	A Group	B Group	C Group
최대안전틈새[mm]	0.9 이상	0.5 초과 ~ 0.9 미만	0.5 이하
방폭기기 분류	ⅡA	ⅡB	ⅡC
위험성	낮음	중간	높음

(5) 소방의 작용

① 원리 : 전기기 점화원이 특별한 용기 내에 있어 주위 폭발성 가스와 접촉하지 않도록 격리함

② 대상기기 : 전기기기의 접점류, 개폐기, 변압기, 전동기 등

③ 사용장소 : 1종 장소, 2종 장소

④ 최대안전틈새에 의한 폭발등급

⑤ 가스폭발 등급과 안전간격(안전간격이 작을수록 위험)

등급 분류	가스(기체)	안전간격
1등급	프로판, 암모니아, 아세톤, 메탄, 일산화탄소, 에탄, 초산, 초산에틸, 벤젠, 메탄올, 톨루엔 등	0.6mm 초과
2등급	에틸렌, 석탄가스 등	0.4mm 초과 0.6mm 이하
3등급	수소, 수성 가스, 아세틸렌, 이황화탄소 등	0.4mm 이하

9 소염거리(Quenching Distane)

(1) 개요

① 전기불꽃에 의한 점화는 전극의 간격에 의해서 결정된다.

② 전기 간의 간격이 넓거나 너무 좁으면 열의 방출이 높고 발열이 낮은 열 균형이 깨져서 불꽃이 점화되지 않는다.

③ 점화될 수 없는 전극과 전극 간의 최대거리를 "소염거리"라 한다.

(2) 소염거리 발생 이유

① 전극 간의 거리가 좁혀지다가 한계점을 지나면, 발열이 방열보다 더 작기 때문에 발화점이 형성되지 않기 때문이다.

② 소염거리가 생기는 것은 전기 불꽃과 같은 단시간 가열에 있어서도 방열이 발화에 중요한 역할을 하고 있음을 나타낸다.

③ 소염거리 이하로 떨어지면 차가운 전극으로 불꽃핵의 발열에 의하여 불꽃이 발생하지 않고 소염된다.

CHAPTER

04 발화의 조건 및 과정

1 발화의 조건

(1) 개요

① 물질이 발화, 연소하기 위해서는 물적 조건(연소범위) 및 에너지 조건(발화에너지)을 만족하여야 한다.

② 물적 조건은 발화하기 위한 연소범위를 말하며, 에너지 조건은 발화하기 위한 최소발화에너지를 말한다.

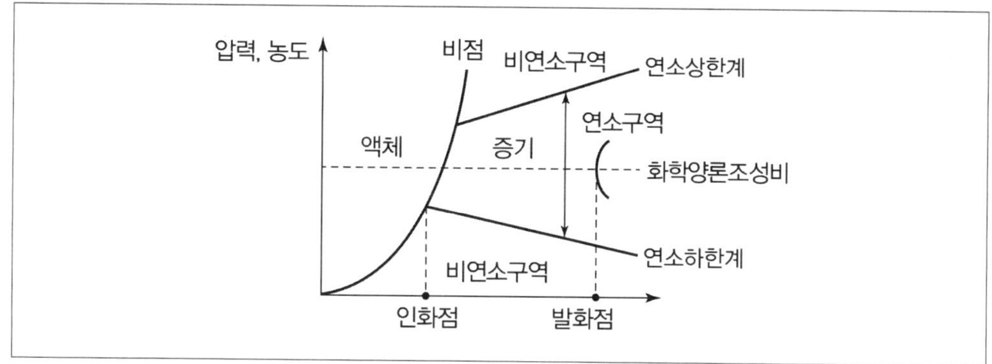

(2) 발화점(Ignition Point)

① 발화점이란 가연성 혼합기체에 열 등의 형태로 에너지가 주어졌을 때 자기 스스로 타기 시작하는 산화현상으로, 주위로부터 충분한 에너지를 받아서 스스로 점화할 수 있는 최저온도, 즉 발열속도가 방열속도보다 클 경우 계에 열이 축적되고 온도가 상승하여 발화온도 이상 시 발생한다.

② 발화온도는 발화 시간, 증기의 정도, 환경적 영향력(산소농도), 촉매물질 등에 따라 영향을 받는다.

③ 발화점이 낮을수록 발화의 위험성이 크다.

물질	발화온도[℃]	물질	발화온도[℃]
목재	410 ~ 450	프로판	440 ~ 460
셀룰로이드	180	아세틸렌	406 ~ 440

(3) 발화점 영향 요소

① 온도 : 온도가 높을수록 분자 간의 충돌 횟수가 많아지기 때문에 발화점이 낮아진다.

② 압력 : 압력이 높을수록 분자 간의 진동에 의한 충돌 횟수가 많아져서 발화점이 낮아진다.

③ 산소 : 산소농도가 높아지면 발화점이 낮아진다.

④ 농도 : 가연성 혼합기가 화학양론적 혼합비일 때 발화점이 낮아진다.

⑤ 불활성 가스의 유무 : 불활성 가스가 많으면 발화점이 높아지고, 불활성 가스가 적으면 발화점이 낮아진다.

2 목재의 발화과정

목재 → 목재의 가열(100℃ : 갈색) → 수분 증발(160℃ : 흑갈색) → 목재의 분해(220 ~ 260℃) → 탄화 종료(300 ~ 350℃) → 발화(420 ~ 470℃)

(1) 200℃ 가열 : 수증기, CO_3, 개미산, 초산, 기타 가연성 가스가 발생하고, 탈수가 완료된다.
(2) 200 ~ 280℃ : 수증기 발생이 적고, CO 발생이 시작되며 1차적 흡열반응이 시작된다.
(3) 280 ~ 500℃ : 가연성 증기가 산소와 발열반응을 시작하면서 탄화물질로부터 2차적인 반응이 시작된다.
(4) 500℃ : 현저한 발열반응으로 표면연소를 하는 목탄이 생성된다.
(5) 연소속도 비교

목재상태	연소속도 빠름	연소속도 느림
건조상태	수분이 적은 것	수분이 많은 것
두께, 굵기	얇은 것, 가는 것	두꺼운 것, 굵은 것
형상	4각형	둥근 것
표면	거친 것	매끈한 것
색	흑색	백색

3 탄화수소계 가연성 액체의 발화

파라핀계 가연성 액체의 가장 일반적인 연소형태로 액체 가연물질이 액체 표면에 발생한 가연성 증기와 공기가 혼합된 상태에서 연소가 되는 형태를 말한다. 화염에서 복사나 대류에 의해 액체표면에 열이 전파되면서 증발이 일어나 액면의 상부에서 발생된 증기가 공기와 접촉에 의해 연소되는 것이 원리이다. 에터, 이황화탄소, 알코올류, 아세톤, 석유류 등이 예이다.

4 발화 조건에 따른 가연물 구비조건

조건 인자	위험도 증가	위험도 감소
온도	온도가 높을수록	온도가 낮을수록
압력	압력이 높을수록	압력이 낮을수록
산소농도	산소농도가 높을수록	산소농도가 낮을수록
연소(폭발)범위	연소범위가 넓을수록	연소범위가 좁을수록
연소열	연소열이 커질수록	연소열이 작을수록

증기압	증기압이 높을수록	증기압이 낮을수록
연소속도	연소속도가 빠를수록	연소속도가 느릴수록
인화점	인화점이 낮을수록	인화점이 높을수록
착화온도	착화온도가 낮을수록	착화온도가 높을수록
발화점(착화점)	발화점이 낮을수록	발화점이 높을수록
비점	비점이 낮을수록	비점이 높을수록
융점	융점이 낮을수록	융점이 높을수록
비중	비중이 낮을수록	비중이 높을수록
점성	점성이 낮을수록	점성이 높을수록
폭발하한값	폭발하한이 작을수록	폭발하한이 높을수록
폭발상한값	폭발상한이 높을수록	폭발상한이 낮을수록
열전도율	열전도율이 낮을수록	열전도율이 높을수록
활성화 에너지	활성화 에너지가 낮을수록	활성화 에너지가 높을수록
화학적 활성도	화학적 활성도가 높을수록	화학적 활성도가 낮을수록
흡착열	흡착열이 클수록	흡착열이 작을수록
산소친화력	산소친화력이 높을수록	산소친화력이 작을수록
(비)표면적	(비)표면적이 넓을수록	(비)표면적이 작을수록
발열량	발열량이 높을수록	발열량이 낮을수록

※ 비중의 경우 액체 가연물은 위 표가 적용되나 가연성 기체의 경우 비중은 무겁기도 하고 가볍기도 하기 때문에 비중은 영향 인자가 아니다.

정태화
소방학개론

기본서

www.pmg.co.kr

PART

02

연기 및 화염

CHAPTER

01 연기의 정의

1 연기의 개념

연기란 가연물이 연소할 때 발생하는 생성 가스, 액체미립자 및 그을음 등 고체입자가 공기 중에 부유·확산하고 있는 상태를 말하며, 다량의 유독성 가스를 함유하고 있다. 즉 완전연소가 되지 않은 기체 가연물이 고체미립자가 되어 떠돌아다니는 현상으로 가연물이 연소되면서 타르나 탄소입자와 같은 고체입자와 농축습기로 구성되어 있다. 특히 액체 및 고체입자를 연기입자라고 말하며 입자의 크기는 0.01(um) ~ 10(um)으로 미립이며, 연기입자는 표면에 각종 가스를 흡착하기도 하고 반응하여 간단한 물질이 되기도 한다. 가연물이 열분해를 일으켜서 방출시키는 열분해 생성물 및 미반응 분해물을 말한다. 일종의 불완전한 연소생성물로 산소공급이 불충분하게 되면 탄소분이 생성된 것이다.

2 연기의 색상 변화와 이동

가연물이 연소하면서 생성된 연기는 초기에 백색, 중기에 흑색, 말기에 다시 백색으로 색상이 수시로 변한다. 공기의 온도가 높으면 부력에 의해 공기가 유동하고 연기도 확산되며, 연기는 다량의 유독가스를 함유하며, 화재로 인한 연기는 고열이며 유동 확산이 빠르다. 연기는 광선을 흡수하며, 연기의 축적은 천장부근 상층에서부터 하층으로 이루어진다.

(1) 연기의 정의

① 기체 가운데 완전연소되지 않는 가연물이 고체 미립자가 되어 떠돌아다니는 상태이다.

② 눈에 보이는 연소생성물로서 고체입자(탄소 및 타르입자)와 농축습기로 구성되어 있다.

③ 탄소함유량이 많은 가연물이 연소할 경우 산소부족으로 많은 탄소입자가 생성되는 것이다.

(2) 연기의 이동속도

① 수평방향 : 0.5m/sec ~ 1m/sec

② 수직방향 : 2m/sec ~ 3m/sec

③ 계단실 : 3m/sec ~ 5m/sec

(3) 연기농도

연기의 농도와 가시거리는 반비례의 관계를 가지며, 연기의 간접적 영향으로 연기를 봤을 때 심리적으로 공포에 떨거나 광란상태(패닉상태)에 빠지거나 비정상적인 행동을 하는 경우를 들 수 있다. 연기농도 표시법으로는 중량농도법, 입자농도법, 투과율법(감광계수법 = 광학적) 등이 있다.

① 연기농도 측정 기준

㉠ 절대농도 : 중량농도법, 입자농도법

㉡ 상대농도 : 감광계수법(투과율법)

② 연기농도 측정 방법

㉠ 중량농도법(mg/m^3) : 단위면적당 입자의 중량을 의미하며, 단순히 연기입자의 중량만으로 평가되며 형상이나 크기, 색깔은 고려하지 않는다.

㉡ 입자농도법(개/m^3) : 단위면적당 입자의 개수를 의미하며, 단순히 연기입자의 개수만으로 평가되며 형상이나 크기, 색깔은 고려하지 않는다.

㉢ 감광계수법(투과율) : 연기 속을 투과하는 빛의 양을 재는 광학적 방법을 말한다.

(4) 연기의 입자와 색깔

① 연기의 입자는 보통 0.01 ~ 10[um] 정도로 아주 작다.
② 화재 시 연기는 처음엔 백색 연기지만 나중에는 흑색 연기로 변한다.
③ 수소가 많으면 백색 연기로 변하고, 탄소가 많으면 흑색 연기로 변한다.
④ 화재 초기 발연양은 화재 숙성기의 발연양보다 많다고 할 수 있다.

(5) 굴뚝효과(연돌효과 = Stack Effect = Chimney Effect)

건축물의 내부와 외부의 온도 차이로 공기가 유동하는 것을 말한다. 건축물 상·하층의 내부와 외부 온도·기압차로 인해 찬 공기가 하부에서 유입되고 건물 내부 더운 공기가 굴뚝과 같은 긴 통로로 따라 올라가는 강한 통풍 현상으로 이는 폭에 비해 높이가 높은 고층빌딩의 비상계단이나 엘리베이터 등이 긴 수직통로 역할을 하기 때문이다. 굴뚝효과와 관계되는 것은 건축물의 ① 층의 높이, ② 화재실의 온도, ③ 건축물 내·외의 온도차, ④ 외벽의 기밀도, ⑤ 각 층간의 공기누설 등이다. 단, 공기 중 산소농도는 연기의 유동과 관련이 없다.

✔ **Check** 굴뚝효과(연돌효과) 심화

① 건축물 상·하층의 내부와 외부의 온도 및 압력차 때문에 건축물 하부에서 외부의 찬 공기가 유입되고 건물 내부의 더운 공기가 천장 위쪽으로 올라가 빠져나가는 현상이다.
② 주로 고층건물에서 일어난다.
③ 개구부에 방풍실을 설치하면 연돌효과 방지에 도움이 된다.
④ 뜨거워진 공기가 굴뚝처럼 긴 통로를 따라 강한 통풍을 일으키며 올라가는 현상으로 고층 빌딩 비상계단이나 엘리베이터 등 긴 수직통로가 있는 곳에서 주로 발생한다.
⑤ 건물화재 시 내부의 온도가 올라감에 따라 공기의 무게와 밀도는 작아진다.
⑥ 건물화재 시 온도가 상승하면 공기의 부피는 팽창한다.

(6) 중성대(Neutral Zone = Neutral Plane)

건물화재 시 실내·외의 압력이 같아지는 지점 또는 실내·외 정압이 같아지는 경계면이라 하며, 중성대는 건축물 내부의 압력이 외부의 압력과 일치하는 수직적인 위치를 말한다. 건축물에 개구부가 수직적으로 동일하게 분포되어 있다면 중성대는 정확하게 건물의 중간 높이에 형성될 것이다. 즉 중성대는 건축물의 상부에 큰 개구부가 있다면 올라갈 것이고 하부에 큰 개구부가 있다면 내려올 것이다.

*불연속선 : 실내천장 쪽의 고온가스와 바닥 쪽의 찬 공기의 경계선

① 중성대 형성이론

㉠ 건축물 화재 시 연소열에 의해 온도가 상승함으로서 부력에 의해 화재실의 상층부(천장)에 고온기체가 축적되고 온도가 높아지면, 기체가 팽창하여 실내와 실외의 압력이 달라지는데 실의 상부는 실외보다 압력이 높고 하부는 압력이 낮다.

㉡ 어느 한 지점에서 실내와 실외의 정압이 같아지는 경계면이 형성되는데 그 위치를 중성대(neutral plane)라 한다.

㉢ 중성대의 위쪽은 실내 정압이 실외보다 높아 실내에서 기체가 외부로 유출되고 중성대 아래쪽에는 실외에서 기체가 유입된다.

㉣ 중성대의 상부는 열과 연기가, 중성대의 하층부는 신선한 공기가 존재하게 된다.

㉤ 두 반대 방향의 압력의 경계 즉, 중성대는 개구부의 크기와 위치 등에 따라 달라질 수 있다.

㉥ 중성대가 개구부의 최하단에 형성된다면 외부에서 공기가 유입될 여지가 없기 때문에 연소는 정지한다.

㉦ 중성대를 위로 올린다면 공기는 개구부로부터 왕성하게 내부로 유입되고 열 기류는 상층부에 뚫린 구멍을 통해 위로 전부 빨려나가게 되므로 연소는 더 강렬하게 진행된다.

㉧ 중성대 형성이론을 종합하면 결국 아래층으로부터 유입되는 공기의 압력이 연소를 계속 이어가는 원동력이 된다.

② 중성대의 활용

㉠ 화재현장에서 배연을 할 경우에는 중성대 위쪽에서 배연을 해야 효과적이다.

㉡ 화재가 발생했을 경우 신선한 공기의 유입이 없으므로 빠른 연소의 확대는 없지만 하층 개구부로 신선한 공기가 유입된다면 연소확대와 동시에 연기량이 증가한다. 따라서 연기층이 급속히 아래로 확대되면서 중성대의 경계면은 하층으로 내려오게 되고, 생존 가능성은 어렵게 된다.

㉢ 화재가 발생했을 경우 상층 개구부를 개방한다면 연소는 확대되지만 발생한 연기는 빠른 속도로 상승하여 외부로 배출되므로 중성대의 경계선은 위로 축소되고 중성대 하층의 면적이 커지므로 대원과 대피자들의 활동공간과 시야가 확보되어 신속히 대피할 수 있다.

㉣ 현장 도착 시 하층 출입문으로 짙은 연기가 배출되고 있다면 상층 개구부 개방을 강구하고, 하층 개구부에서 연기가 배출되고 있지 않다면 상층 개구부가 개방되어 있다고 판단하고 신선한 공기가 유입되는 출입문쪽을 급기측으로 판단한다.

㉤ 중성대를 상층으로 올리기 위해서는 배연 개구부 위치는 지붕 중앙부분의 파괴가 가장 효과적이며, 지붕의 가장자리 파괴, 상층부 개구부의 파괴 순서로 효과적이다.

③ 중성대의 위치 변화

중성대 위치는 계속 달라진다. 중성대 위치가 낮아지면 ㉠ 실 하부 공간이 작아져서 외부로부터 공기 유입이 적어지며, ㉡ 연소는 활발하지 못하고, ㉢ 실 전체 온도가 다시 낮아져 실내 상부 압력이 작아지면서, ㉣ 밀려 내려왔던 중성대는 다시 높아지는 과정이 반복될 수 있다. 따라서 만약 소방관이 배연을 한다면 중성대 위쪽을 뜯어서 배연시켜야 한다.

(7) 감광계수와 가시거리의 관계

① 감광계수는 연기 농도의 척도로 빛이 감소되는 계수를 말한다.

② 감광계수가 커지면 빛이 감소되어 가시거리가 짧아져 시야확보가 어렵다.

③ 감광계수와 가시거리는 반비례관계에 있다.

✓Check 감광계수와 가시거리

감광계수(연기농도)	가시거리(m)	상황
0.1	20 ~ 30	연기감지기가 작동할 정도
0.3	5	건물 내부에 익숙한 사람이 피난 시 약간의 지장을 느낄 정도
0.5	3	어두침침한 것을 느낄 정도의 농도
1.0	1 ~ 2	거의 앞이 보이지 않을 정도
10	0.2 ~ 0.5	화재 최성기 때의 농도로 유도등이 보이지 않는 경우
30	–	출화실에서 연기가 분출될 때의 농도

3 연기의 유동

실내에서 연기의 확산 양상은 연기를 포함한 공기의 온도에 따라 달라진다. 즉 연기의 비중은 공기와 차이가 별로 없지만, 연기를 함유한 공기는 따뜻하기 때문에 열에 의해 공기가 유동하면서 연기도 확산되는 것이다. 실내에서 연기의 농도는 구획된 천장을 중심으로 상층부에서 하층부(바닥)로 이동하며, 특히 연기의 유동 및 확산은 건물의 내·외부 공기의 온도차에 의해 발생한다. 연기 유동의 원인에는 굴뚝효과, 부력, 팽창, 바람, 공조기기(HVAC : heating, ventilating and air conditioning) 시스템, 엘리베이터의 피스톤 효과가 포함된다. 화재 시 연기 유동은 이러한 이동력의 결합에 의해 발생되고 지배를 받는다.

(1) 굴뚝효과(Stack Effect)와 역굴뚝효과

① 굴뚝효과(Stack Effect)

건축물에서 일명 연돌효과라고 불리는 굴뚝효과(stack effect)는 건물 내부와 외부 공기밀도 차이로 인해 발생한 압력 차이에 의해 공기가 이동하는 현상을 말한다. 즉 겨울철 화재와 같이 건물 내부가 따뜻하고 건물 외부가 찬 경우 기압은 건물 내부가 낮아, 건축물로 들어온 공기는 건물 내부의 상부로 이동하게 되고, 이러한 압력 차이에 의해 야기된 공기의 흐름은 굴뚝에서의 연기 흐름과 유사하다. 특히 건축물의 계단실과 엘리베이터 등의 공간에서 발생된다.

※ 굴뚝효과는 수직공간으로 이동하는 온도차, 압력차, 기류이동을 포함한다.

② 역굴뚝효과

㉠ 여름철과 같이 건축물 외부가 내부보다 따뜻할 경우 들어온 공기는 하향으로 이동하게 되는데 이런 흐름을 역굴뚝효과라 한다.

㉡ 화재 시 외부공기는 상층으로 유입되고, 실내공기는 건축물 하부로 배출된다.

③ 굴뚝(stack effect)효과에 영향을 주는 인자

㉠ 화재구획실의 온도

㉡ 화재발생 건축물의 높이

㉢ 건축물 외벽의 기밀도

㉣ 건축물 내부와 외부의 온도차이

(2) 부력(Buoyancy Force)

화재에서 고온의 연기는 온도상승으로 인하여 부피는 팽창하고 밀도와 무게가 감소되어 부력을 가진다. 이는 굴뚝효과의 압력해석과 동일한 방법으로 해석할 수 있다. 따라서 화재구획실과 그 주변 사이의 압력차에 의한 부력으로 인해 연기가 상층으로 이동하게 되고 화염으로부터 연기가 이동할 때 온도강하는 열전달과 희석작용에 기인하여 부력효과는 화염으로부터 거리가 멀어질수록 감소하게 된다. 즉, 가연물이 연소하면서 생성된 고온의 연기는 자체의 감소된 밀도에 의해 부력을 가지며, 화재구획실과 그 주변 사이의 압력차에 의한 부력으로 인해 연기가 상층으로 이동하게 된다.

(3) 팽창

화재로부터 방출되는 에너지는 연소가스를 팽창시키므로 연기이동의 원인이 될 수 있다. 건물에 하나의 개구부만 있는 화재구획실에서 공기는 화재구획실로 흐를 것이고 뜨거운 연기는 구획실 밖으로 흘러갈 것이다. 그러나 발화지점 주변에 개방된 개구부가 여러 곳 존재한다면 화재구역에서 개구부 사이의 압력차는 무시된다.

(4) 바람의 영향

바람에 의한 풍압은 건축물 내부의 공기누출과 공기이동을 지배한다. 따라서 건축물에 개구부나 틈새가 많을수록 바람의 영향은 클 수밖에 없다. 바람은 고층빌딩에 풍압을 가하며 이런 풍압의 효과로 인해 초고층 건축물에서 구조적 하중에 대한 특별한 고려를 하게 된다. 또한, 바람에 의한 풍압은 빌딩 내부의 공기 누출과 공기이동을 일으키기도 한다. 이는 빌딩 내의 냉난방 및 화재 시 연기의 이동에 대한 주요 고려대상이며, 틈새가 많거나 창이나 문이 많은 건물인 경우 바람의 영향을 더욱 많이 받는다.

(5) HVAC 시스템

화재발생 시 공조기기(HVAC 시스템)는 화재확산을 가속하고 화재 진화 시 멀리 연기를 보내거나, 화재발생 구역으로 신선한 공기를 제공하여 연소를 돕게 된다. 그러므로 HVAC 시스템은

화재 또는 연기의 감지로부터 송풍기를 일시 정지시키거나 특별한 제연작동 모드로 전환되도록 설계해야 한다.

(6) 엘리베이터 피스톤 효과

화재 시에 엘리베이터의 사용을 자제시키기 위하여 인근 비상구에 비상등이 켜지고 엘리베이터는 자동으로 1층에서 머물게 되어 있다. 그러나 엘리베이터를 화재로부터 보호하고 연기조절시스템을 이용하여 사용이 가능하게 할 수 있다면 엘리베이터는 피난과 소방에 매우 유용하게 활용될 수 있을 것이다. 따라서 비상시에 엘리베이터의 운전도 연기의 흐름에 영향을 미치게 된다. 엘리베이터가 샤프트 내에서 이동할 때, 흡입압력(피스톤 효과)이 발생한다. 이 흡입압력은 엘리베이터 연기제어에 영향을 미치고, 이러한 피스톤 효과는 정상적으로 가압된 엘리베이터 로비나 샤프트로 연기를 유입시킬 수 있다.

4 건물 내의 연기 유동

(1) 저층 건물과 고층 건물에서의 연기유동

① 저층건물 : 열, 대류이동, 화재압력 등이 유동 원인으로 작용

② 고층건물 : 굴뚝효과, 건물 내부와 외부 공기 사이의 온도 차이가 유동 원인으로 작용

(2) 고층 건물에서 연기 유동을 일으키는 요인

① 온도에 의한 가스의 팽창 : 화재로 인한 부력현상

② 굴뚝효과

③ 외부 풍압의 영향

④ 건물 내에서의 강제적인 공기유동 등 → 공기조화설비, 환기설비

⑤ 중성대

⑥ 건물구조

(3) 저층 건물에서 연기 유동을 일으키는 요인

열, 대류 이동, 화재압력과 같은 방향 또는 바람의 영향으로 통로 등을 따라 연기가 이동

〈주의〉 저층 건물의 연기 이동과 역굴뚝효과는 상관이 없다.

(4) 연기층의 형성

① 굴뚝효과 시의 연기층의 이동 : 아래 → 위

② 역굴뚝효과 시의 연기층의 이동 : 위 → 아래

(5) 연기층 두께의 증가속도 : 연소속도에 좌우됨

(6) 연기의 유동속도

① 속도 : 수평방향 (0.5 ~ 1m/s) < 수직방향 (2 ~ 3m/s) < 계단 (3 ~ 5m/s)

② 굴뚝효과(연돌효과)에 영향을 주는 요소
㉠ 건물의 높이
㉡ 건물 내・외의 온도차
㉢ 화재실의 온도
㉣ 외벽의 기밀도
㉤ 각 층간의 공기 누설

③ 건물 내 연기 유동의 원인 요소
㉠ 화재에 의한 부력 : 화재 시 발생된 열에 의한 부력
㉡ 바람에 의한 부력 : 건물 외부의 바람의 세기에 의한 압력차로 인한 부력
㉢ 공기조화설비에 의한 영향 : 설비가 작동 중일 때 화재가 발생하면 연기확산 속도 증가
㉣ 중성대 : 실내・외의 정압이 같게 되는 면

④ 굴뚝효과에 의한 연기의 흐름
㉠ 건물 내부온도 > 건물 외부온도 : 위쪽으로 이동
㉡ 건물 내부온도 < 건물 외부온도 : 아래로 이동

⑤ 중성대의 위치
건물구조, 화재가 발생한 층, 공기 유입구의 위치

5 연기가 인체에 미치는 영향

(1) 실내 가연물에 열분해를 일으켜서 방출시키는 열분해 생성물 및 미반응 분해물을 말한다.

(2) 일종의 불완전한 연소생성물로 산소공급이 불충분해지면 탄소분이 생성되어 검은색 연기가 되며 인체에 다음과 같은 영향을 미친다.
① 시야를 방해하여 피난행동 및 소화활동을 저해한다.
② 연기성분 중 유독물(일산화탄소, 포스겐 등)의 발생으로 생명을 위협한다.
③ 정신적으로 긴장 또는 패닉 현상에 빠지게 되는 2차 재해의 우려가 있다.
④ 최근 건물화재는 난연 처리(방염 처리)된 물질을 사용하여 연소 그 자체는 억제되고 있지만 다량의 연기입자 및 유독가스를 발생하는 특징이 있다.

6 연기의 제어 방법

(1) 희석(Dilution)
건물 내의 연기를 계속 외부로 배출하거나 다량의 신선한 공기를 유입시키는 방법

(2) 배기(Exhaust)
① 유동력은 압력차를 이용하여 배기
② 스모크 샤프트(Smoke Shaft), 스모크 타워(tower)를 통해 옥외로 배출

(3) 차단(Confinement)

① 일정한 장소 내로 연기가 들어오지 않도록 차단하는 것
② 출입문, 벽 또는 댐퍼와 같은 차단물을 설치하는 것
③ 방화장소와 연기가 있는 장소 사이의 압력차를 이용하는 방법

7 연기의 제연(외부로 배출)

제연이란 건축물 등 내부에서 연소되면서 생성된 연기를 외부로 배출시키는 것을 말한다. 공기를 급기댐퍼로 외부에서 내부로 불어 넣어주고, 실내 연기를 배기펌프를 이용하여 외부로 배출하는 것을 말한다. 제연을 위해 설치되는 설비가 소화활동설비인 제연설비로 연소 시 생성된 연기를 외부로 배출하거나 제연구역으로의 침투를 차단시키는 설비를 말한다.

(1) 제연의 목적

화재실에서 연기와 열기를 직접 배출하고, 배출시킨 만큼 외기를 유입(급기)하여 피난안전성 및 소화활동의 안전성을 확보하는 것이다.

① 연기로 인한 시각장애, 유독가스로 인한 생리적 장애 등에 의한 신체의 부자유와 연기 및 유독가스흡입에 의한 호흡기 손상을 막는다.
② 소화활동 중인 소방대원을 보호한다.
③ 화재현장에서 대피하는 사람이 쉽고 안전하게 대피하는 데 도움이 된다.
④ 화재 시 열에 의한 인명피해보다 연기에 의한 질식 사고가 많다.

(2) 제연방식

연소현장에서 연기를 제연(제어)하는 방식에는 기계식 제연방식, 밀폐제연방식, 스모크타워제연방식, 자연제연방식이 쓰이고 있다.

① 기계식 제연방식

송풍기와 배풍기를 이용하여 실내의 연기를 강제로 옥외로 배출시키는 방식을 말하며, 가장 많이 활용되는 제연방식으로 시스템이 복잡하고 유지 및 관리가 많이 드는 단점도 있다. 기계식 제연방식은 제1종 · 제2종 · 제3종 기계식 제연방식이 있으며 기계제연은 각 제연구역까지 풍도를 설치하고 송풍기와 배연기 등을 사용하여, 기계적으로 강제 제연하는 방식으로 옥내의 필요한 특정부분을 가압 또는 감압하는 방법 등이 있다. 참고로, 아파트는 옥상에 송풍해주는 기계설비를 갖추고 있지만, 배연하는 방법은 자연제연방식을 택하고 있다.

*기계급기 : 송풍기를 말한다. / 기계배기 : 배연기, 배풍기, 제연기를 말한다. / 배연기 : 연기를 배출하는 방식의 기계로서 배풍기, 제연기라고도 한다.

㉠ 제1종 제연방식

기계급기, 기계배기로 급배기 균형에 주의하여 대형건물, 복합건축물 등에 주로 사용한다. 이 방식의 특징은 급기량을 배기량보다 적게 제어하여 화재실의 내압을 부압으로 유지하

고, 화재실로부터 연기누설을 방지함과 더불어 계단실 및 부속실 등의 중요한 피난로를 확보할 수 있다는 것이다. 급기와 배기 모두 기계력에 의존하기 때문에 장치가 복잡하고 풍량조절에 주의하여야 한다.

㉡ 제2종 제연방식

기계급기, 자연배기로서 불의 확대로 복도로의 역류에 주의하여야 한다. 이 방식은 복도, 부속실, 계단실, 승강장 등 피난통로서 중요한 부분에 대해서 신선한 공기를 송풍기에 의해서 강제로 급기하며, 배연기는 설치하지 않고 자연력에 의하여 배출시키는 방식이다. 복도나 부속실 부분의 압력을 화재실보다 상대적으로 높여서 연기의 침입을 방지하는 방식으로서 가압 방연 방식 또는 가압 차연 방식이라고 부르기도 한다. 공동주택 및 아파트에 가장 적합한 방식이지만, 문제점은 과잉급기가 되면 화재를 조장할 우려가 있고 공기의 배연구나 출구가 확보되어 있지 않는 상태에서 가압하면 화재실의 화세를 조장하고 열기나 연기류가 복도로 역류하여 위험한 상태를 일으킬 수 있다. 국내에서 현재 특별피난계단의 계단실 및 부속실, 비상용승강기의 승강장에 적용하고 있는 방식이다.

㉢ 제3종 제연방식

자연급기, 기계배기로서 작은 공장 등에서 주로 사용되는 제연방식으로 흔한 방식이다. 이 방식은 흡입 송풍기 없이 배연기만을 천장이나 벽면 위쪽에 설치하여 화재로 인하여 발생한 연기를 흡입하여 옥외로 배출하는 방식이다. 연기의 확산을 방지하여 흡인효과를 증대시키기 위해 방연 수직 벽이나 접어올림 천장 등을 병용한다. 많이 사용하는 제연방연방식으로 화재 초기에 이어서 화재실의 내압을 낮추고, 연기를 다른 구획으로 누출시키지 않는다는 점에서 우수한 방식이다. 화재가 진행하여 연기의 양이 많아지면 흡인을 다 할 수 없는 우려가 있고, 연기의 온도가 상승하면 기기의 내열성에 한계가 있으므로 퓨즈댐퍼를 설치하여 제연을 중지할 필요가 있다. 또한 거실을 모두 대상으로 한다면 제연범위가 넓고 설비비나 유지관리비가 많아지는 등 문제점이 있다.

② 밀폐제연방식

밀폐도가 많은 벽 또는 개구부를 밀폐하여 외부의 공기유입을 차단시키면서 실내의 연기를 배출시키는 방식으로 공동주택, 호텔 등 밀폐구역을 작게 할 수 있는 건축물에 적합하다. 기계제연을 행할 경우라도 화재의 최종단계에서는 화재실을 밀폐할 필요가 있다. 그러한 의미에서는 제연의 기본이 되는 방식이라고 말할 수 있다.

③ 스모크타워제연방식

제연 전용의 샤프트를 설치하고, 난방 등에 의한 건물 내・외의 온도차나 화재에 의한 온도상승으로 건물 외부에 설치한 루프모니터 등의 외풍에 의한 흡인력을 통기력으로 하여 제연하는 방식으로서, 고층빌딩에 적합하다. 이 방식은 별도 동력이 필요 없어 경제적이나 제연효과에는 한계가 있어 대형 건축물에 사용하기에는 문제점이 많은 방식이다. 연기구를 통해 흡입된 연기는 전용 피트나 덕트를 통하여 외부로 배출시키게 된다. 소방대상물에서의 내외

온도차나 화재로 인하여 발생되는 온도상승에 따라 생기는 부력에 의하여 제어된다. 고층 건축물과 같이 연돌효과가 큰 건축물에 주로 사용되는 제연방식이다. 자연배기방식은 배출이나 흡입쪽 모두 별도 팬(fan) 없이 이루어진다.

④ 자연제연방식

연소 시 생성한 열기류의 부력이나 외부바람의 흡출효과에 의해 구획된 실의 상부에 설치된 창 또는 배연구로부터 연기를 외부로 배출시키는 방식이다. 연기는 온도의 상승에 의하여 체적이 팽창하기 때문에 외부로 배출하지 않을 경우는 그 팽창압력에 의해 복도나 다른 거실로 확산되어 인명손실을 촉진시킨다. 이 방식은 전원이나 복잡한 장치가 불필요하며 평상시의 환기에도 겸용할 수 있으므로 방재설비의 유휴화 방지라는 장점이 있다. 다만, 풍상측을 개구하면 제연효과가 감소되고 경우에 따라서는 반대로 다른 방으로의 연기누출을 초래하게 된다. 고층빌딩 등에서는 건물의 층간 구획이 충분히 이루어지지 않는 상태에서 저층부에서 개구하면 연돌효과를 조장하여 도리어 연기의 전반확산을 일으킬 우려가 있다.

CHAPTER

02 연소가스

가연물이 공기 중에서 연소하면서 생성되는 연소물은 열, 연기, 화염, 연소가스가 대표적이며, 그 중 독성인 연소가스는 인체에 치명적인 영향을 준다. 일반적으로 산소공급이 충분하여 완전연소를 하면 이산화탄소가 발생하고, 산소공급이 부족하면 불완전연소를 하여 일산화탄소를 생성한다. 연소과정에서 생성되는 독성 가스와 그 특징은 다음과 같다.

1 일산화탄소(CO)

(1) 가연물이 300℃ 이상의 열분해 시 발생한다.

(2) 폭발한계가 13 ~ 17%로서 푸른 불꽃을 내며 타지만 다른 가스의 연소는 돕지 않는다.

(3) 가연물이 불완전연소 시 많이 발생하며 인명에 피해를 주는 공기보다 가벼운 무색, 무취, 무미의 유독성 기체이며 연소가 가능한 가연성 물질이다.

(4) 화재 시 흡입된 일산화탄소는 인체 내 핏속의 헤모글로빈(Hb)과 결합하여 산소운반을 저지하여 질식 사망하게 한다(혈액 중의 헤모글로빈과 결합력이 산소의 210배에 이르고 흡입하면 산소결핍 상태가 된다).

(5) 산소와의 결합력이 극히 강하여 인체의 질식 작용을 일으킨다.

(6) 인체에 대한 허용농도는 50ppm이다.

(7) 특히 상온에서 염소와 작용하여 유독성 가스인 포스겐($COCl_2$)을 생성하기도 하며, 주로 고온에서 산소가 부족할 때 발생한다. 일산화탄소의 공기 중의 농도와 중독증상은 다음과 같다.

✔ Check 일산화탄소와 인체의 반응

공기 중의 농도		경과시간(분)	중독증상
%	ppm		
0.02	200	120 ~ 180	가벼운 두통 증상
0.04	400	60 ~ 120	통증・구토 증세가 나타남
0.08	800	40	구토・현기증・경련이 일어나고 24시간이 지나면 실신
0.16	1,600	20	두통・현기증・구토 등이 일어나고 2시간이면 사망
0.32	3,200	5 ~ 10	두통・현기증이 일어나고 30분이면 사망
0.64	6,400	1 ~ 2	두통・현기증이 심하게 일어나고 15 ~ 30분이면 사망
1.28	12,800	1 ~ 3	1 ~ 3분 내 사망

2 이산화탄소(CO_2)

(1) 가연물의 완전연소 시 발생하는 무색, 무취의 기체로서, 산소공급이 충분하여 완전연소 시에 생성되는 가스이다.

(2) 무색·무미의 기체로서 공기보다 약 1.5배 무거우며 가스 자체는 독성이 거의 없다.

(3) 독성은 거의 없으나 다량의 이산화탄소를 흡입하면 호흡이 빨라지면서 다른 유독가스를 흡입하므로 질식에 의한 사망으로 이어질 수 있다.

(4) 인체에 대한 허용농도는 5,000ppm이다.

공기 중 농도	인체의 반응
1%	공중위생 상한선
2%	호흡심도 1.5배 증가(불쾌감)
3%	호흡심도 2배 증가, 무의식증(현기증)
4%	두부의 압박감, 국소적 지각현상(두통)
5%	30분만에 두통과 귀 울림, 혈압상승, 구토증상 등
6%	호흡수의 현저한 증가를 자각함(약 8%이면 호흡 곤란)
9%	10분 이내에 의식상실(질식성 의식상실)
10%	2 ~ 3분 이내에 의식상실, 시력장애, 사망
20%	중추신경 마비로 사망

※ 1%는 10,000ppm이다.

※ CO_2의 허용농도가 5,000ppm이면 0.5%로서 이 수치 미만은 인체에 무해해 허용할 수 있다.

3 황화수소(H_2S)

(1) 유화수소라고도 불리며, 털, 고무, 나무, 가죽소파 등 황(S)이 함유된 물질이 불완전연소 시 발생한다.

(2) 무색가스로서 달걀 썩은 냄새가 난다.

(3) 허용농도 10ppm으로 0.2% 이상 농도에서 냄새 감각이 마비되고 0.4 ~ 0.7%에서는 1시간 이상 노출 시 호흡기 통증이나 현기증이 일어난다.

(4) 0.7%를 넘어서면 독성이 강해져서 신경계통에 영향을 미치고 호흡이 무기력해진다.

*유화수소 : 황과 수소의 화합물

(5) 매우 약한 이염기산이며, 공기 중에서는 청색 불꽃을 내고 타는 가연성 가스이다.

*이염기산 : 한 분자 속에 수소 이온으로 해리되거나 하이드록시기와 반응할 수 있는 수소 원자 두 개를 가진 산. 황산, 탄산, 옥살산 따위가 있다.

(6) 황화수소(H_2S)의 완전 연소식 : $2H_2S + 3O_2 \rightarrow 2H_2O + 2SO_2$

4 이산화황(SO_2)

(1) 아황산가스라고도 불리고 있으며, 황(S)이 함유된 털, 고무, 나무, 가죽소파와 일부 목재류 등 물질의 완전연소 시 발생한다.

(2) 무색가스로서 황(S) 등의 연소 시 미량이 발생되며, 무색의 자극성·유독성 가스이다.

(3) 눈 및 호흡기 등의 점막이 상하고 질식사할 우려가 있다.

(4) 특히 황을 저장·취급하는 사업장 화재 시 주의를 해야 하며, 산성비의 원인이 된다.

(5) 가역반응이 일어날 수 있는 가연성 물질이다.

*가역반응이란 화학반응 때 정반응이 일어남과 동시에 역반응이 일어나는 반응이다.

① 이산화황(SO_2)의 연소반응식 : $2SO_2 + O_2 \rightarrow 2SO_3$

② 삼산화황의 역반응식 : $2SO_3 \rightarrow 2SO_2 + O_2$

5 암모니아(NH_3)

(1) 질소함유물(멜라민수지·나일론·요소수지·아크릴·실크·나무 등)이 연소할 때 발생하는 연소생성물로서 유독성이 있다.

(2) 상온·상압에서 강한 자극성을 가진 무색의 기체로서 흡입 시 점액질과 기도조직에 심한 손상을 초래하고, 타는 듯한 느낌, 기침, 숨가쁨 등을 초래하여 눈, 코, 폐에 자극이 크다.

(3) 물에 잘 용해되며, 냉동고 등에서 온도를 낮추는 가스 즉, 냉동시설의 냉매로 쓰인다.

(4) 특히 비료공장·냉매공업 분야에 많이 사용되고 있으므로 이러한 공장에서는 암모니아를 흡입하지 않도록 주의하여야 하며, 허용농도는 25ppm이다.

(5) 암모니아의 완전연소식

① $2NH_3 + 3.5O_2 \rightarrow 3H_2O + 2NO_2$

② $4NH_3 + 3O_2 \rightarrow 6H_2O + 2N_2$

6 사이안화수소(HCN)

(1) 청산가스라고도 하는 맹독성 가스로 0.3%의 농도에서 즉시 사망할 수 있다.

(2) 질소 성분을 가지고 있는 나일론, 합성수지, 동물의 털, 인조견, 플라스틱 등이 불완전연소하면서 생성된다.

(3) 인화성이 매우 강한 무색의 화학물질로 연소 시 유독가스를 발생시킨다.

(4) 사람이 흡입하면 질식사한다. 이는 피 속의 헤모글로빈과 결합하지 않고도 인체의 산소 이동을 막는다. 또한 흡입 시 신체의 에너지 대사를 저해하는 질식제로 작용한다.

(5) 특히 수분이 2% 이상 포함되어 있거나 알킬리 등이 포함되어 있으면 폭발 우려가 크다.

(6) 사이안화수소의 완전연소식 : $2HCN + 2.5O_2 \rightarrow H_2O + N_2 + 2CO_2$

7 포스겐($COCl_2$)

(1) 맹독성 가스로 열가소성 수지인 폴리염화비닐(PVC), 수지류 등이 연소할 때 발생된다.

(2) 불연성 물질이지만 인체 내로 흡입될 경우에는 치명적인 독성이 있으며, 허용농도는 0.1ppm (mg/m^3)이다.

(3) 특히 포스겐은 제2차 세계대전 당시 독일군이 유태인을 학살하는 데 사용한 가스로 극소량으로도 인체에 치명적이다.

(4) 일반적인 물질이 연소할 경우는 거의 생성되지 않지만 일산화탄소와 염소가 반응하여 생성하기도 한다.

(5) 무색에서 연노란색까지의 액체 또는 쉽게 액화되는 가스로 마른 풀 냄새가 난다.

8 염화수소(HCl)

(1) 염소성분이 함유되어 있는 염화비닐수지(PVC), 건축물에 설치된 전선의 피복·절연재 및 배관재료 등이 연소할 때 발생되는 무색의 기체이며, 유독성이 있어 독성 가스로 취급하고 있다.

(2) 특히, 염화수소는 물에 녹아 염산이 되는 것으로 독성의 허용농도는 5ppm이다.

(3) 향료·염료·의약·농약 등의 제조에 이용되고 있으며 자극성이 아주 강해 눈과 호흡기에 영향을 준다.

(4) 염소와 수소의 화합물인 염화수소는 부식성이 강하여 철근콘크리트 내의 철근을 녹슬게도 한다.

(5) 열에 의해 분해되며, 이 경우 독성 및 분해성 증기가 방출될 수 있다.

(6) 불연성으로 폭발성은 없지만 수분이 존재하면 금속과 반응하여 수소를 발생하고 이것이 공기와 혼합하여 폭발을 일으키는 경우가 있다.

9 이산화질소(NO_2)

(1) 폴리우레탄이나 질산셀룰오스 등이 불완전연소 또는 분해될 때 생성되는 적갈색의 유독성 가스다.

(2) 독성이 매우 커서 200 ~ 700ppm 정도의 농도에 잠시 노출되어도 치명적이다.

(3) 조연성 가스이며, 독성 허용 농도는 1ppm이고, 대기오염물질인 오존(O_3)이 발생하기도 한다.

(4) 노출 시 호흡기 기관에 영향을 미치며, 직접 노출 시 염증이 발생하고 심한 경우 화상을 입을 수도 있다.

10 불화수소(HF)

(1) 합성수지인 불소계 수지의 연소 시 생성되는 무색의 자극성 기체로 유독성이 강하다.

(2) 무색투명한 기체 혹은 액체(19℃ 미만)로 발연성과 자극성이 매우 강하다. 불연성이라 불에 타거나 폭발하지는 않는다. 다만 반응성이 커서 금속 분말 따위를 끼얹으면 폭발한다.

(3) 물에 녹으면 불산이 된다.

(4) 유리 등의 세정제로 이용되며, 부식성이 강하여 유리나 모래를 부식시킨다.

(5) 불화수소(HF)는 할론 1301 사용 시 발생하기도 하며, 유리를 부식시킬 정도로 독성이 강하므로 사람의 시력을 상실케 한다.

(6) 허용농도는 3ppm(mg/m^3)이다.

11 아크롤레인(CH_2CHCHO)

(1) 석유제품・유지류 등의 기름성분이 연소할 때 발생되는 연소생성물이고, 맹독성 가스로서 인화점 −17.8℃(0°F) 미만, 발화온도 220℃(428°F), 폭발범위 2.81 ~ 31Vol%이다.

(2) 자극적인 냄새가 나는 무색의 액체 또는 기체성 물질이고 산화하기 쉬우며 공기와 접촉하면 아크릴산이 된다.

(3) 인체에 대한 허용농도는 0.1ppm이고, 10ppm 이상의 농도에서는 거의 즉사할 수 있다.

(4) 일반적인 화재에서 발생되는 경우는 극히 드물다.

12 브로민화수소(취화수소 : HBr)

(1) 브로민과 수소의 화합물이며 부식성이 있고 불연성인 무색 기체이다.

(2) 방염수지류 등이 연소할 때 발생하며, 각종 브로민화물의 합성, 브로민화수소산의 제조, 살충제, 산화제, 의약품의 원료 등에 사용된다.

(3) 상온, 상압에서 자극성 냄새가 나는 무색의 기체로 물과 알코올에 잘 녹고 수용액은 강산이며 공기 중에서 연기를 낸다.

(4) 화학적 성질은 염화수소와 비슷하나 쉽게 산화되는 점이 다르다.

13 그 외 독성 가스(염소(Cl), 알데하이드, 일산화질소, 벤젠 등)

(1) 염소(Cl)

강한 산성으로 부식성이 강해서 제1차 세계대전 때 독가스로 사용되었으며, 독성과 부식성이 있는 황록색 기체로서, 불쾌한 냄새가 나고 눈과 호흡기관을 자극한다. 염소 자체는 폭발성이나 인화성은 없고 조연성 가스이다.

(2) 벤젠(C_6H_6)

대표적인 방향족 화합물로, 가연성이 있는 무색 액체이다. 주로 석유로부터 생산되지만 코크스를 생산하는 과정에서 부산물로 얻어지기도 한다. 분자량 78, 녹는점 5.5℃이고, 끓는점이 80.1℃로 가열하면 쉽게 증발한다. 물에 섞이지 않고(무극성), 알코올・에터・아세톤 등에 잘 녹으며, 유지나 수지 등을 잘 녹인다. 이 때문에 유기 합성 공업 원료, 휘발유의 옥탄가를 증가시키기 위하여 첨가하는 첨가제, 합성 세제 원료 및 각종 용제 등에 주로 쓰인다. 폴리스틸렌, 스티로폼 등이 탈 때 발생한다.

✔Check 화재현장에서 발생하는 유독가스 허용범위

종류	발생조건	허용농도(TWA)
일산화탄소(CO)	불완전연소 시 발생	50ppm
아황산가스(SO_2)	중질유, 고무, 황화합물 등의 연소 시 발생	5ppm
염화수소(HCl)	플라스틱, PVC 연소 시 발생	5ppm
사이안화수소(HCN)	우레탄, 나일론, 폴리에틸렌, 고무, 모직물 등의 연소 시 발생	10ppm
암모니아(NH_3)	열경화성 수지, 나일론 등의 연소 시 발생	25ppm
포스겐($COCl_2$)	프레온 가스와 불꽃의 접촉 시 발생	0.1ppm

*1%는 10,000ppm이다.

「고압가스 안전관리법 시행규칙」 제2조 제1항 제2호에 따른 "독성 가스"란 아크릴로니트릴·아크릴알데하이드·아황산가스·암모니아·일산화탄소·이황화탄소·불소·염소·브로민화메탄·염화메탄·염화프렌·산화에틸렌·사이안화수소·황화수소·모노메틸아민·다이메틸아민·트리메틸아민·벤젠·포스겐·아이오딘화수소·브로민화수소·염화수소·불화수소·겨자가스·알진·모노실란·디실란·디보레인·세렌화수소·포스핀·모노게르만 및 그 밖에 공기 중에 일정량 이상 존재하는 경우 인체에 유해한 독성을 가진 가스로서 허용농도(해당 가스를 성숙한 흰쥐 집단에게 대기 중에서 1시간 동안 계속하여 노출시킨 경우 14일 이내에 그 흰쥐의 2분의 1 이상이 죽게 되는 가스의 농도)가 100만분의 5000 이하(50ppm)인 것을 말한다.

✔Check 연소가스의 가연성 분류

① 가연성 물질
일산화탄소(CO), 황화수소(H_2S), 이산화황(SO_2), 암모니아(NH_3), 사이안화수소(HCN), 아크롤레인(CH_2CHCHO), 벤젠(C_6H_6) 등

② 불연성 물질
이산화탄소(CO_2), 포스겐($COCl_2$), 염화수소(HCl), 불화수소(HF), 브로민화수소(HBr)

③ 조연성
이산화질소(NO_2), 염소(Cl)

✔ Check 인체에 영향을 미치는 체내 산소농도

산소농도는 인체에 중요한 영향을 미치는데 체내산소농도와 인체에 미치는 영향의 인과관계를 살펴보면 다음과 같다.

① 산소농도가 10% ~ 6%이면 의식을 잃지만 신선한 공기 중에서 소생할 수 있다.
② 산소농도가 14% ~ 10%로 떨어지면 피로가 빨리 오고 판단력을 상실한다.
③ 산소농도가 보통 15%로 떨어지면 근육이 말을 듣지 않는다.
④ 기진한 상태에서는 산소요구량이 많아지므로 상기 농도보다 높아도 증세가 나타날 수 있다.

✔ Check 공기온도와 생존시간

공기온도[℃]	생존 한계시간[분]
143	5 이하
120	15 이하
100	25 이하
65	60 이하

CHAPTER

03 화염의 형태 및 열방사

1 불꽃연소와 불씨연소

연소의 형태는 불꽃을 내는 유염연소와 불꽃을 내지 않는 무염연소로 구분할 수 있다.

(1) 불꽃연소 = 유염연소 = 표면화재 = 발염연소 = 화염연소

(2) 불씨연소 = 무염연소 = 표면연소 = 직접연소 = 백열연소 = 작열연소 = 응축연소 = 심부화재 = 훈소

2 연소속도

(1) 개념

① 연소 시 화염이 미연소 혼합가스에 대하여 수직으로 이동하는 속도를 의미하며, 단위시간에 대한 단위 면적당 혼합가스($m^3/m^2 \cdot a$)로 표현된다.

② 가스의 성분, 공기의 혼합비율, 혼합가스의 온도 및 압력 등에 따라 달라진다.

③ 온도가 10℃ 증가하면 연소속도는 2 ~ 3배 정도 빨라진다.

(2) 연소속도에 영향을 미치는 요인

① 산소농도에 따른 가연물과 접촉속도 : 접촉속도가 빠를수록 연소속도가 빨라진다.

② 화염온도 및 미연소 가연성 기체의 밀도, 비열, 열전도율 : 화염의 온도가 높을수록, 가연성 기체의 밀도와 비열은 작을수록, 열전도율은 클수록 연소속도가 빨라진다.

③ 산화반응을 일으키는 속도 및 가연물과 산화성 물질의 혼합비율 : 산화반응이 빠를수록, 혼합비율이 화학량론적 조성비에 가까울수록 연소속도가 빨라진다.

④ 산소의 영향, 촉매, 연소 후 생성된 불연성 물질 : 산소의 농도가 높을수록, 촉매가 있을수록, 연소 후 생성된 불연성 물질이 적을수록 연소속도가 빨라진다.

⑤ 온도와 압력이 높을수록 연소속도는 빨라진다.

⑥ 불연성 물질(불활성 가스)의 농도가 증가하면 연소속도는 저하된다.

⑦ 액체의 비중은 인화점과 연소속도에 영향을 미치나 기체의 비중은 연소속도나 위험도에 거의 영향이 없다.

3 화염의 전파속도

(1) 화염은 이동하고 있는 미연소 가스 속을 전파해 가는데, 이러한 화염이 혼합가스를 이동하는 현상을 화염의 전파라 하고 이 경우 화염이 전파해 가는 속도를 화염전파속도라고 한다.

(2) 화염속도 중에는 미연소 가스의 이동속도가 가산되어 있다.

(3) 화염이 전파되는 속도는 실제로 화염이 확산되는 속도로서, 화염속도가 가속되면 폭굉이 일어날 수 있다.

(4) 화염속도는 미연소 가스의 유속에 따라 달라지며 물질의 고유한 값이 아니다.

※ 화염의 속도 = 연소속도 + 미연소가스의 이동속도

* 폭연 : 음속(340m/sec)보다 느린 폭발(아음속)

* 폭굉 : 음속보다 빠른 폭발(초음속)

4 화재확대

(1) 가스상의 연료에서 10cm/s의 속도로 시작하여 밀폐영역에서 105cm/s에 이르는 폭굉까지 일어날 수 있다.

(2) 표면화염 확대속도는 바람이 있는 경우 액체나 고체에서 1 ~ 100cm/s에 달할 수 있고, 훈소는 대부분 0.001 ~ 0.01cm/s 사이에 있다.

(3) 화재확대는 연료, 연료의 방향, 바람, 확대의 방향 및 기타 요소 등 많은 요인에 의하여 좌우되며, 화재확대 속도는 점화시간에 대한 가열된 거리의 비율이라 할 수 있다.

5 화재의 성장속도

미국방화협회(NFPA)에서는 화재성장속도를 열발생률이 1MW(1,055kw)에 도달하는 시간으로 정의하고 해당 시간에 따라 4단계로 분류한다.

(1) 화재에서 발생하는 열발생률

화재는 연소반응을 통해 일어나는 현상으로 연소반응은 발열반응에 따라 화재 시 열이 방출된다. 이때 발생하는 열은 화재 발생 후 시간의 제곱에 비례한다.

$$Q = aT^2$$

Q : 열발생률(kw), a : 화재성장계수, T : 시간(s)

(2) 화재성장속도 4단계

구분	1MW도달시간	a(화재성장계수)	대표적 품목들
Ultrafast	75초	0.1874	얇은 합판, 메틸알코올, 유류 등
Fast	150초	0.0468	침구, 폴리우레탄, 합판 가구류 등
Medium	300초	0.0117	매트리스, 책상, 목재 가구류 등
Slow	600초	0.0029	방염 처리된 침대, 바닥 목재 등

※ 화재성장속도 계수값의 출처 : 한국화재연구소자료 발췌

(3) 대부분의 거주공간과 같은 주거시설, 업무시설 등의 공간에서 화재성장속도는 Slow ~ Medium 정도이고, 가연성 물질을 높게 쌓아둔 창고와 가연성이 매우 높은 물질의 경우에는 Fast ~ Ultrafast 정도이다.

(4) 1MW의 열 방출량에서 스프링클러헤드가 작동한다.

6 화재플럼(Fire Plume)

(1) 개념

① 화재 시 상승력이 커진 부력에 의해 연소가스와 유입공기가 상승하면서 화염이 섞인 연기기둥 형태를 나타내는 현상이다.

② 온도가 상승하면서 밀도가 감소하고 낮은 곳에서 높은 곳으로 상승기류가 형성되어 상층부로 열기류가 이동하는 현상을 말한다.

$$p = \frac{PM}{RT}$$

p : 밀도, P : 압력, M : 질량, R : 기체상수, T : 온도

(2) 화재플럼 메커니즘

① 밀도와 압력차에 의하여 하층부에서 상층부로 더운 기류가 상승하고 주위의 차가운 공기가 유입된다.

② 유입된 공기와 유량이 증대되고 연소생성물이 상승되며, 희석온도가 저하된다.

③ 유체가 상승하고 Ceiling Jet Flow에 의하여 천장을 가로지르며, 차가운 끝부분이 아래로 내려와 다시 화염의 부력에 의해 인입되면서 와류가 형성된다.

④ '①' ~ '③'이 반복되는 현상이 화재플럼의 메커니즘이다.

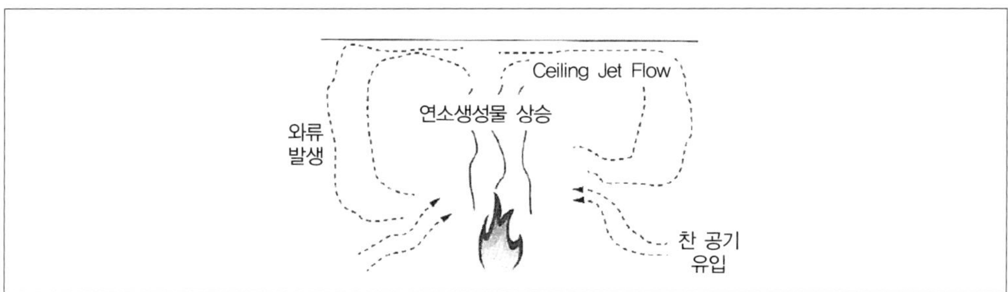

(3) 화재플럼 영역

화재플럼은 연속화염 영역과 간헐적화염 영역, 부력플럼 영역으로 나뉜다.

① 연속화염 영역 : 상부의 상승온도가 800℃ 정도로 일정하며, 연속적으로 화염이 존재하는 플럼 영역이다.

② 간헐적화염 영역 : 부력 영역과 간헐적플럼 영역의 경계지점에서는 320℃까지 저하되는 곳의 플럼 영역이다.

③ 부력플럼 영역

㉠ 화염이 존재하지 않는 영역으로 높이에 따라 유속과 온도가 감소되는 영역을 말한다.

㉡ 연소가스는 밀도 차에 의해 부력이 상승되며, 단위 부피당 부력은 유체 내부의 점성력의 저항을 받는다.

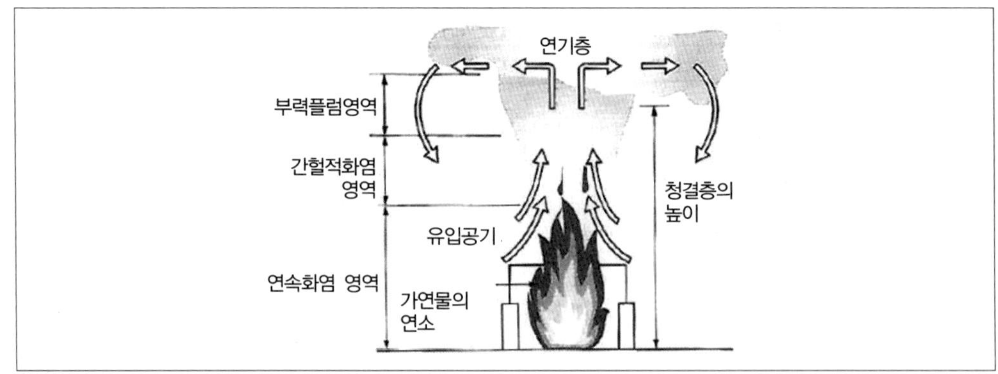

7 천장제트흐름(Ceiling Jet Flow, 제트플로어)

(1) 개념

고온의 연소생성물이 부력에 의하여 힘을 받아 상승하며 천장면 아래에 얇은 층을 형성하는 빠른 속도의 가스흐름이다.

(2) 발생원인

실내에서 화재가 발생한 경우 연기와 열기류는 부력과 열의 팽창로 수직방향으로 2 ~ 3m/s 속도로 상승한다. 이때 상승한 연기와 열기류가 천장에 이르면 더 이상 상승할 수가 없으므로 천장을 따라서 옆으로 약 0.3 ~ 1m/s의 속도로 퍼져 나가게 되는데 이를 Ceiling Jet Flow라고 한다. 이는 일반적으로 화재초기에 존재한다.

(3) 메커니즘

① 화재플럼에 의해 상승한 연소생성물이 천장 표면에 부딪혀 흐름이 변화한다.
② 화재 위치로부터 멀리 떨어진 지역으로 이동한다(이동원인).
③ 천장 표면 아래 설치된 열·연기 감지기 또는 스프링클러헤드가 작동한다.

(4) 특징

① 화재 초기에만 나타나는 현상이다.
② 플럼이 천장에 부딪혀 먼 곳으로 흐르는 원인이 된다.
③ 고온 가스가 천장 면을 가로지를 때 인접부는 대류 전열에 의해서 냉각된다.
④ 흐름의 두께는 천장에서 화염까지 높이의 5 ~ 12% 내 정도의 범위이다.
⑤ 최고온도의 속도는 천장에서 화원까지 거리의 1% 범위 내에서 발생한다.
⑥ 화재플럼의 부력에 의하여 발생되며 천장면을 따라 빠르게 흐르는 기류이다.
⑦ 화원의 크기와 위치 그리고 화원에서 천장까지의 높이에 영향을 받는다.
⑧ 낮은 천장의 경우 스프링클러나 감지기가 천장으로부터 떨어진 위치가 전체 거리의 12%보다 크면 천장제트흐름의 범위 외가 되어 응답시간이 증가한다.

8 연소반응 시 불꽃의 색상

(1) 연소불꽃의 색상에 따른 온도

연소불꽃의 색	온도[℃]	연소불꽃의 색	온도[℃]
암적색	700	황적색	1,100
적색	850	백적색	1,300
휘적색	950	휘백색	1,500

(2) 가연물질에 따른 불꽃 색상

종류	색상	종류	색상
나트륨	노란색	황산염, 탄산염	빨간색
칼륨	보라색	알루미늄, 마그네슘	백색
염화바륨, 구리	녹색	산화칼슘, 염화칼슘	주황색
칼슘	오렌지색	염화구리	청색

(3) 가연물질의 연소온도

연소물질	연소온도[℃]	연소물질	연소온도[℃]
담배 불꽃	550 ~ 650	알코올	1,700
내화화재	900 ~ 1,100	가스 불꽃	1,800
목재화재	1,100 ~ 1,300	전구필라멘트	2,100
촛불	1,300 ~ 1,400	전기용접 불꽃	3,000 ~ 4,000
복합화재	1,500 ~ 1,800	아세틸렌 불꽃	3,300

9 확산화염

(1) 개요

① 연료가스와 산소가 농도 차에 따라 반응영역으로 이동되는 연소과정을 확산화염이라고 한다.

② 연료가스와 산소가 농도 차에 따른 확산현상으로 서로 반대방향에서 반응영역으로 이동되어 이 영역에서 연소될 때 발생하는 화염이다.

(2) 확산화염의 특징

① 연료와 산소의 이동과정은 혼합물 중의 화학종(화재의 경우는 산소, 연료가스, 탄산가스)이 높은 농도에서 낮은 농도로 이동한다.

② 공기 중의 산소는 반응에 의해 소모되어 농도가 0이 되어버리는 반응영역의 화염쪽으로 이동하게 되며, 연료가스는 같은 과정에 의해 확산화염의 반대방향에서 화염을 향해 이동하게 된다.

③ 한편 반응에 의해 발생되는 연소생성물은 양쪽 방향에서 화염으로부터 멀어지며 농도 차에 따라 확산된다.

(3) 확산화염의 예

대부분의 확산화염은 자연화재이며, 성냥화염, 양초화염, 액면화재의 화염, 산림화재의 화염을 들 수 있다.

(4) 층류 및 난류 확산화염

① 층류 확산화염

양초화염은 분자확산에 의해 지배되는 층류 확산화염의 대표적 예이다.

② 난류 확산화염

화염 내에서의 가시성 와류에 의한 유체의 기계적인 불안정성에 따라 일어나며, 난류 확산화염의 좋은 예로는 산림화재를 들 수 있다.

10 예혼합화염

(1) 개요

① 연료가스와 공기가 발화되어 전파되기 전에 미리 혼합된 상태에서 분출되며 연소되는 과정에서 발생하는 화염이다.

② 확산화염에서는 화염면의 전파가 일어나지 않으나 예혼합화염에서는 화염면의 전파가 수반된다.

(2) 예혼합화염의 특징

① 예혼합화염은 화염면의 전파가 수반되며, 밀폐공간에서는 급속한 압력증가를 초래하고 충분한 압력이 전파되는 화염 뒤에 축적되면 화염면에 충격파를 형성할 수 있다.

② 예혼합화염은 연료와 1차 공기의 공급을 인위적 제어로 조정할 수 있다는 특징이 있다.

③ 화염대가 온도곡선의 변곡점을 경계로 하여 예열대와 반응대로 나누어지며 그 다음의 후화염대로 이어지는 분명한 구분을 볼 수 있다.

(3) 예혼합화염의 예

① 분젠식 가스버너의 화염과 가솔린 엔진의 화염

② 산소·아세틸렌 용접기의 토치화염

※ 예혼합화염에는 층류 예혼합화염과 난류 예혼합화염이 있으며 어느 것이나 화염면이 자력으로 전파하는 성질을 가지고 있다.

(4) 확산화염의 영향인자

① 중력

중력은 확산화염의 모양(형태)과 화재 과정에 큰 영향을 미치게 되는데 이는 화재에 의해 고온이 생성되고 이 열에 의해 뜨거워진 가스는 중력에 의한 부력의 결과로 상승하게 되고 계속되는 흐름은 화염을 왜곡시키고 결국 불안정한 흐름 때문에 난류가 형성된다.

② 난류

난류는 주기적으로 흐름을 활발하게 하는 자연발생의 교반 때문에 생기게 된다. 중력에 의한 부력과 난류성이 화재와 이에 관계되는 흐름을 제어하는 2가지 주요한 요소이다.

11 화재와 기상의 관계

(1) 기온

연소는 고온 시에 활발하고, 저온 시에는 활발하지 않다. 그러나 출화는 저온일 때일수록 많아진다. 이것은 추울 때는 불의 사용이 많아지고, 저온 시에는 습도가 낮아져 건조하기 때문이다.

(2) 풍속(바람)

연소와 풍속은 밀접한 관계가 있는데, 바람이 강한 날에는 출화 건수는 오히려 적어지고 있다. 누구나 다 불조심하기 때문이라 할 수 있는데, 일단 출화하면 바람에 의해서 연소(延燒)나 비화(飛火)가 일어나서 큰 화재에 이르는 원인이 된다.

(3) 습도

자연발화의 경우 습도가 높은 곳에서 일어난다. 그런데 정전기의 경우 상대습도가 70% 이상이면 정전기가 발생하지 않는다.

(4) 기압배치

기압배치에 따라서 강한 계절풍이나 푄[風炎]현상 등이 발생하며, 이것들은 특히 대형화재의 원인이 된다.

12 도시 건물의 화재확대의 주요원인

(1) 접촉

화염의 접촉, 접염이라고 하며 불꽃의 직접 접촉을 말한다.

(2) 복사열

열이 중간에 매질을 통하지 않는 전자파 형태의 공간이동 복사현상을 말한다.

(3) 비화

불티가 되어 날아가 인접건물 등에 발화하는 것을 말한다.

CHAPTER

04 열전달 방식 등 연소 관련 내용

1 열의 구분

연소 시 발생된 뜨거운 열은 물체의 온도가 서로 다를 경우 한 물체로부터 다른 물체로 전달되는 에너지이며, 단위는 “Joule(줄)”이다. 이때 온도는 열을 표시하는 지표가 된다. 온도를 나타내는 기준(표준)은 물의 빙점(섭씨 0도 또는 화씨 32도)과 끓는점(섭씨 100도 또는 화씨 212도)에 근거하고 있으며, 섭씨(℃)와 화씨(°F) 단위를 사용하여 측정하고 열의 구분은 다음과 같다.

(1) 화씨온도(°F)

① 미국과 영국에서 사용하는 온도

② 1기압 아래에서 물이 어는점을 32도, 끓는점을 212도로 하고 그 사이를 180등분하여 온도를 측정

(2) 섭씨온도

① 물의 어는점인 0℃와 끓는점인 100℃를 기준으로 한 온도 척도

② 두 기준(0℃, 100℃) 온도 사이에 100개의 눈금이 있기 때문에 일명 백분도 척도

(3) 절대온도(K)

물의 비점을 373.15K로 하는 절대온도

*랭킨 : 절대온도는 섭씨에 273을 더하는 값이고 랭킨은 화씨에 460을 더한 값을 의미한다.

(4) 1칼로리(cal)

물 1그램의 온도를 섭씨 단위로 1도 올리는 데 필요한 열량

(5) 1(Btu)

물 1파운드의 온도를 화씨 단위로 1도 올리는 데 필요한 열량

(6) 잠열

물질 상태가 기체와 액체, 액체와 고체 사이에서 변화할 때 흡수 또는 방출하는 열을 말하며, 열의 출입이 있더라도 온도는 변하지 않기 때문에 숨은열이라고도 부른다. 특히 소화수로 물을 사용하는 이유는 잠열이 크기 때문이다.

(7) 현열

열이 물질에 가해졌을 때 상(기체 · 액체 · 고체)의 변화는 없으며 온도만을 가지는 열

(8) 비열

어떤 물질 1g을 섭씨 1도℃ 올리는 데 필요한 열량(cal)

(9) 연소열

화재 시 생성되는 열은 연소물의 하나이다. 연소열은 화재의 확산에 큰 영향을 미칠 뿐만 아니라 연소 현상, 탈수, 열사병을 유발시키고, 인간의 호흡기관 중 특히 내분비계통에 심각한 손상을 일으킨다.

✓Check 열의 용어 정의

(1) 1cal : 1g의 물의 온도를 섭씨 1℃까지 높이는 데 필요한 열의 양
① 물 1g을 1℃ 높이는 데 1cal가 소요되며, 기화하여 수증기로 만드는 데는 539cal가 필요하다.
② 얼음의 융해열 : 얼음 0℃에서 물 0℃로 변화하는 데 필요한 잠열 (80cal)
③ 물의 증발열 : 물 100℃에서 수증기 100℃로 변화하는 데 필요한 잠열 (539cal)
㉠ 0℃의 얼음 1g이 0℃의 물이 되려면 80cal
㉡ 0℃의 물 1g이 100℃의 물이 되려면 100cal
㉢ 100℃의 물 1g이 100℃의 수증기가 되려면 539cal

(2) 1Btu : 1Lb(파운드)의 물을 1°F 높이는 데 필요한 열량
① 1Btu = 252cal 예 50Btu = 12,600cal
② 1cal = 0.004Btu

(3) 비열 : 어떤 물질 1g의 온도를 1℃ 올리는 데 드는 열량

(4) 화씨온도(°F) : 표준대기압 상태에서 물의 빙점을 32°F, 비등점을 212°F로 정하고 그 사이를 180등분하여 한 눈금을 1°F로 한 온도의 단위를 말한다.

(5) 절대온도(K) : 0℃ 절대온도를 273.15K로 하고, 비등점을 373.15K로 하는 섭씨온도 체계이다. (영국 캘빈 이론)

(6) 헌열(감열) : 물질에 가해진 열이 상의 변화가 없는 경우 보유하고 있는 열량을 말한다.

(7) 잠열 : 열의 출입이나 기화, 액화처럼 상의 변화로 온도를 수반하지 않고 흡수(액체 → 기체) 또는 방출(기체 → 액체)하는 열이며 숨은 열이라고도 한다.
*헌열 : 온도만을 가지는 열(헌열은 온도만 따진다)
*잠열 : 상태만을 가지는 숨은 열(잠열은 상태변화만 따진다)

2 열의 전달

연소 시 발생된 열의 전달방식에는 대류, 전도, 복사, 비화가 대표적이다. 발생된 열은 다양한 형태로 이동되어 연소 확대요인으로 작용한다.

(1) 대류

공기의 운동이나 유체의 흐름에 의해 열이 이동되는 것으로 기체나 액체 간에 유체가 직접 이동하면서 열을 전달하는 현상이다. 즉, 화염에서 발생된 뜨거운 기체 생성물과 화염 부근에서 뜨거워진 공기가 열에 의해 부피가 팽창하면서 가벼워져 천장(상부)으로 이동하는 것을 대류라 한다. 기체나 액체에 온도를 가하면 비중이 작아져 분자운동이 활발해지고 팽창하면서 고온의

열 기류는 상승하게 되고, 천장의 차가운 공기는 아래로 내려와 상하의 열이 교환하게 된다. 모든 열은 따뜻한 곳에서 차가운 곳으로 이동한다.

✓Check 대류현상의 예

① 화재현장에서 연소하면서 생성된 연기가 위로 향하는 것
② 난로에 의해 사무실의 공기가 따뜻해지는 것

(2) 전도

열이 물체에 직접적으로 접촉하여 고온(뜨거운) 쪽에서 저온(차가운) 쪽으로 이동하는 현상을 말한다. 열전도율은 금속이 높고 공기는 아주 낮으며, 특히 공기는 압력이 낮으면 열전도는 느려지고 진공상태에서는 열의 전도가 이루어지지 않는다. 열전도율이 높은 것일수록 열의 전달은 빠르다. 고체는 기체보다 전도가 잘 되고 고온 측과 저온 측의 온도차, 길이 및 두께에 따라 달라진다.

✓Check 전도현상의 예

① 금속인 철 등으로 제조된 가늘고 긴 봉의 끝을 화로나 가스불 속에 넣으면 금속봉을 통하여 전체가 뜨거워지고 달구어지는 현상
② 건축물 화재 시 구획된 벽을 통해 인접된 실로 연소가 확대되는 현상

(3) 복사

서로 떨어져 있는 두 물체 사이에 열에너지가 전자파 형태로 물체에 복사되어 다른 물체에 전파 흡수되면 온도가 상승하여 열로 변하는 현상으로 물질을 매개체로 하지 않는 것이 전도와 다르다. 즉 복사는 물체를 가열하면 열에너지를 전자파로 방출하게 되고 전자파에 의해 열이 이동하는 현상이다. 화재현장에서 인접건축물을 연소시키는 데에는 복사가 주된 원인으로 작용한다.

✓Check 복사현상의 예

① 동절기에 난로 주변에 있으면 온몸이 따뜻하게 느껴지는 현상
② 봄에 양지바른 곳에서 햇볕을 쬐면 몸이 따뜻해지는 현상

(4) 비화

① 연소 시 불티나 불꽃이 기류를 타고 직접 관련이 없는 다른 가연물로 날아가 착화되는 현상을 말한다.

② 비화의 조건

㉠ 불티가 발생할 것
㉡ 바람이 있을 것
㉢ 가연물이 있을 것

3 열과 에너지법칙

(1) 열량보존법칙

온도가 다른 두 물체가 만나 서로 열을 주고받을 경우 열량이 높은 물체가 빼앗긴 열량과 열량이 낮은 물체가 받은 열량은 서로 같다는 법칙을 말한다.

(2) 에너지보존법칙

에너지의 형태가 바뀌거나 다른 물체로 에너지가 이동할 때에도 전체 에너지 총량은 변화하지 않는다는 법칙을 말한다.

(3) 질량 – 에너지보존법칙

질량 및 에너지는 한 상태에서 다른 상태로 변화될 수는 있으나, 그 총량에 있어서 어떠한 손실도 발생하지 않는다는 법칙을 말한다.

(4) 일정성분비의 법칙

화합물을 이루고 있는 각 성분원소의 질량비는 일정하다는 법칙을 말한다. 즉, 순수한 화합물에 있어서 성분원소의 중량비는 항상 일정불변하다는 원칙이고, 정비례의 법칙이라고 불리기도 한다.

(5) 배수비례의 법칙

두 가지 원소를 화합하여 두 가지 이상의 화합물을 만들 때, 한쪽 원소의 일정량에 대한 다른 원소의 양은 간단한 정수비를 이룬다는 법칙을 말한다. 영국의 돌턴이 제창하였다.

정태화
소방학개론

기본서

www.pmg.co.kr

PART

03

폭발개요 및 분류

CHAPTER

01 폭발의 조건

폭발을 명확히 정의하는 것은 어려우나 「압력의 급격한 발생 또는 해방의 결과로서 굉음을 발생하며 파괴하기도 하고, 팽창하기도 하는 것」, 「화학변화에 동반해 일어나는 압력의 급격한 상승현상으로 파괴 작용을 수반하는 현상」 등으로 설명할 수 있으며 통상 폭발을 위한 조건은 밀폐된 공간, 점화원(점화에너지), 폭발범위 이렇게 3가지이다.

1 폭발의 개념 정의

(1) 폭발의 개념

폭발은 밀폐공간에서 물리적·화학적 변화의 결과로 발생하는데, 급격한 압력 상승에 의한 에너지가 외계로 전환되는 과정에서 파열, 후폭풍, 폭음 등을 동반하는 현상이다. 즉 폭발이란 압력파의 전달로 폭음을 동반한 충격파를 가진 이상 팽창을 말한다.

① 에너지의 부피가 급격히 증가하면서 방출하는 현상
② 압력의 급격한 발생 또는 개방(해방)의 결과로서 폭음(굉음)을 발생하며 파괴·팽창하는 현상
③ 분해·연소 등 화학반응에 의한 압력의 급격한 상승으로 파괴작용을 동반하는 현상

(2) 폭발의 분류

폭발은 공정별 분류에서 ① 핵폭발, ② 물리적 폭발, ③ 화학적 폭발, ④ 물리적·화학적 병렬에 의한 폭발로 나누기도 한다.

(3) 연소와 폭발의 비교

① 연소는 지속적인 연쇄반응을 일으키는 것을 말한다.
② 폭발은 물리적·화학적 변화의 결과로 발생한 급격한 압력상승에 의한 에너지가 파열, 후폭풍, 폭음 등을 동반하는 현상이다.

2 폭발조건 및 원인

폭발반응이란 빛, 소리 및 충격 압력을 수반하여 순간적으로 완료되는 화학변화이다. 기체 상태의 엔탈피(열량) 변화가 폭발반응과 압력상승의 원인이며 폭발이 일어나는 경우로 다음을 들 수 있다.

- 발열화학 반응 시에 일어난다.
- 강력한 에너지에 의한 급속가열로 예를 들면 부탄가스통이 가열 시 폭발하는 것과 같다.
- 액체에서 기체 상태로의 변화를 증발, 고체에서 기체 상태로의 변화를 승화라 하는데 이처럼 응축상태에서 기상으로 변화(상변화) 시 일어난다.

(1) 폭발의 성립조건

물리적·화학적 에너지나 기계적 에너지가 열이나 압력파 등으로 변화하는 과정에서 나타나는 폭발은 ① 밀폐된 공간, ② 점화원(점화에너지), ③ 폭발범위(연소범위 = 공기 중 필요한 혼합가스의 농도 조건)의 폭발의 3대 조건을 갖춘 경우에 발생한다. 또한 가스의 폭발조건은 일반적으로 밀폐된 공간의 배관이나 병 혹은 통 속에서 발화원이 존재하는 ① 에너지 조건, 즉 점화원과 ② 조성조건인 농도조건으로 이루어진다.

※ 물리적 폭발은 화염을 동반하지 않는다.

✔ Check 폭발의 성립 조건

폭발의 3대 조건	① 밀폐된 공간, ② 점화원, ③ 폭발범위
가스폭발의 2대 조건	① 에너지 조건(점화원), ② 폭발범위(일반적으로 가스는 밀폐된 공간에서 발화한다)

(2) 폭발의 원인

폭발반응이란 폭발이 따르는 급격한 발열반응이며, 순간적인 화학변화(빛·소리·압력동반)를 말한다.

① 응축상태에서 기상으로 변화(상변화) 시

② 발열화학 반응 시

③ 강력한 에너지에 의한 급속가열

3 폭발의 분류와 영향

물리적과 화학적 폭발로 나누어진다.

(1) 물리적 폭발(원인계와 생성계가 동일하다)

화염 등을 접촉하지 않고, 물질의 성질(분자구조)이 변하지 않고 그 상태(고체·액체·기체)가 변하거나 온도, 압력 등의 조건이 변한다.

(2) 화학적 폭발(원인계와 생성계가 다르다)

화염 등을 접촉하여 물질의 성질이 변하는 폭발이다.

4 폭발한계와 폭발범위[단위 : vol%]

가연성 가스와 공기(또는 O_2)의 혼합물에서 가연성 가스의 농도가 낮을 때나 높을 때 화염의 전파가 일어나지 않는 농도가 있다. 이때 농도가 낮을 경우를 폭발하한계라 하고, 높을 경우를 폭발상한계라 하며, 폭발하한계와 폭발상한계 사이를 폭발범위라 한다.

✔ Check 폭발한계에 영향을 주는 핵심요인(대부분의 물체에 적용된다)

① 압력이 높을수록 폭발범위는 증가한다.
② 온도가 높을수록 폭발범위는 증가한다.
③ 산소 공급량이 많을수록 폭발범위는 증가한다.
④ 산화제의 공급량이 많을수록 폭발범위는 증가한다.

5 폭발의 영향과 제어방법

폭발의 영향은 비산, 압력, 열, 지진이 대표적이다. 또한 효과적인 폭발의 핵심 제어방법으로는 배출, 차단, 억제, 봉쇄, 불꽃방지기 설치, 방화벽 설치, 안전거리를 확보하는 것이 있다.

CHAPTER
02 물리적 폭발과 화학적 폭발

폭발이란 급격한 압력의 발생, 해방의 결과로 그 현상이 격렬하게 폭음을 동반한 이상 팽창 현상으로 크게는 물리적인 폭발과 화학적 폭발로 구분하며, 물리적 상태에 따라 응상폭발과 기상폭발로 구분한다.

1 물리적 폭발

물질의 상변화에 의해 발생하는 폭발로 화학적 변화는 없으며, 화염을 동반하지 않는 경우가 많다(화재로 보지 않음). 따라서 물리적 폭발은 물질의 양적 변화로 진공용기 내 내압상승, 액체의 비등에 의한 증기폭발, 용기 내 급격한 압력개방 시 탱크와 같은 구조의 내압한계를 초과하여 파열하는 현상이다. 대표적인 예로 BLEVE(Boiling Liquid Expanding Vapor Explosion)를 들 수 있다.

(1) 주요 원인

① 가열에 의한 체적팽창
② 상변화에 따른 체적팽창
③ 가압에 의한 내압 한계 초과

(2) 물리적 폭발의 종류

일반적으로 화염을 동반하지 않는 가스탱크폭발의 일종으로 진공용기의 증기폭발, 수증기폭발을 비롯하여 고압용기의 파열, 탱크의 감압파열, 보일러 폭발, 기체물질의 열팽창에 의한 폭발, 전선폭발, 폭발적 증발, 폭발성 화합물의 폭발, 혼합위험성 물질에 의한 폭발 등이 있다.

(3) 물리적 폭발의 예

① 과압 또는 과충전에 의한 고압용기 파열에 의한 폭발
② 탱크의 감압장치 파손에 의한 폭발
③ 진공용기의 압괴(압력밥솥 폭발 등)
④ 증기폭발
⑤ 수증기폭발
⑥ 폭발적 증발
⑦ 폭발성 화합물의 폭발
⑧ 혼합위험성 물질에 의한 폭발

(4) 증기폭발과 수증기폭발

① 증기폭발

밀폐된 공간 속의 액체물질이 급속히 기화되면서 많은 양의 증기가 발생함으로써 증기압이 높아져 용기나 구조물의 내압을 초과하여 파열되는 폭발 현상이다. 즉 증기폭발이란 액화가스(LPG, LNG) 등이 분출되었을 때 급격한 기화에 동반하는 비등현상을 말한다.

② 수증기폭발

밀폐된 공간에 용융금속 등 고온 물질이 물속에 투입되었을 때 물은 순간적으로 급격하게 비등하고 이러한 상태변화에 따른 폭발 현상을 말한다. 예를 들어 주전자의 구멍을 막고 끓일 때 이와 같은 현상이 나타난다.

2 화학적 폭발

급격한 화학적 변화에 의해 발생하는 폭발로 격렬한 연소 현상에 의해 화염을 동반하며, 급격한 화학적 변화는 분자구조의 변화를 의미한다. 화학적 폭발은 ① 분해폭발, ② 산화폭발, ③ 촉매폭발, ④ 중합폭발로 분류한다.

> ○ 화학적 폭발은 급격한 화학적 변화에 의한 폭발이다(화염을 동반한다).
> ○ 반응폭주도 화학적 폭발로 분류한다. 반응폭주란 화학반응기 내에서 반응속도가 증대함으로써 반응이 과격화되는 현상이다.
> ○ 분해폭발, 중합폭발 등 분자구조가 변하는 폭발, 산화(가스, 분무, 분진 등)폭발은 점화원에 의한 화학적 변화와 촉매폭발처럼 촉매에 의한 화학적 변화를 가져온다.
> ○ 폭발은 분해, 산화, 중합, 촉매, 미생물열, 흡착열에 의한 폭발로도 나누어진다. 그런데 그 중 화학적 폭발은 자연발화의 종류 중 그 성질이 약한 미생물열과 흡착열을 제외한 것이다.

(1) 분해폭발

분해성 가스와 자기분해성 고체류가 산소와는 무관하게 단독으로 분해하면서 폭발하는 현상이다.

① 산화에틸렌(C_2H_4O) · 아세틸렌(C_2H_2) · 하이드라진(N_2H_4)은 분해성 가스이다.

② 다이아조화합물은 자기분해성 고체류이다.

(2) 산화폭발

가연성 가스가 공기 중에 누설되거나 인화성 액체 저장탱크에 공기가 혼합되어 폭발성 혼합가스를 형성함으로서 점화원에 의해 착화되어 폭발하는 현상으로 연소의 한 형태이다. 연소가 비정상상태가 되어서 폭발이 일어나는 형태로 연소폭발이라고도 한다. 산화폭발은 가스폭발, 분진폭발, 분무폭발로 구분하고 있는데 이는 폭발주체가 되는 물질에 따른 것이다.

(3) 촉매폭발

촉매에 의해서 폭발하는 현상이다. '수소(H_2) + 염소(Cl_2)', '수소(H_2) + 산소(O_2)'에 빛을 쪼이면 폭발이 일어나는데 이것이 바로 촉매폭발의 예이다. 여기서 '수소(H_2) + 염소(Cl_2)', '수소(H_2) + 산소(O_2)'의 결합은 산화작용이고, 빛을 쪼이는 것이 촉매작용이고 이러한 촉매작용을 원인으로 폭발 현상이 일어난다.

(4) 중합폭발

중합해서 발생하는 반응열에 의해 폭발하는 현상이다. 즉 단량체(모노머)인 초산비닐, 염화비닐 등의 원료가 폭발적으로 중합되면 격렬한 발열과 함께 압력이 급상승되면서 용기가 파괴되는 폭발 현상을 일으킨다.

※ 중합폭발 방지 및 가스

중합폭발 방지	반응장치에 냉각설비 설치로 이상반응 방지하고 반응 중지제 준비
중합폭발 가스	사이안화수소(HCN), 산화에틸렌(C_2H_4O), 염화비닐(C_2H_3Cl)

03 기상폭발과 응상폭발

기상폭발과 응상폭발은 폭발물질의 물리적 상태에 따라 분류한 것이며, 기상이란 기체 상태의 물질이고 응상이란 고상(고체) 및 액상(액체)을 말한다.

1 기상폭발

메탄(CH_4), 프로판(C_3H_8) 등 가연성 가스가 조연성 가스와 혼합하여 발생하는 가스폭발이 기상폭발이다. 기상폭발은 가스폭발, 분해폭발, 분무폭발, 분진폭발로 분류한다.

✓ Check 기상폭발의 종류

① **가스폭발** : 가연성 기체와 공기 혼합기의 폭발
② **분해폭발** : 분해연소성 기체 폭발
③ **분무폭발** : 공기 중에 분출된 미세한 기름방울 등 액적이 무상으로 되어 착화 에너지가 주어지면 폭발하는 가연성 액체의 폭발
④ **분진폭발** : 가연성 고체 미분의 폭발

✓ Check 기상폭발 가스

① **가연성 가스** : 물질이 연소하기 쉬운 성질 예 수소, 프로판, 메탄, 아세틸렌
② **조연성 가스** : 물질이 연소하는 데 도움을 주는 성질 예 산소, 불소, 염소

(1) 가스폭발

일정비율(가연성 가스 + 조연성 가스)로 혼합된 가연성 혼합기는 발화원에 의해 착화되면 가스폭발을 일으키며, 이것을 폭발성 혼합기 또는 폭발성 혼합가스라고 부른다.

(2) 분해폭발

아세틸렌(C_2H_2), 산화에틸렌(C_2H_4O), 에틸렌(C_2H_4), 메틸아세틸렌(C_3H_4), 하이드라진(N_2H_4) 등은 산소 없이도 폭발하는데 이를 분해폭발성 가스라 한다. 이와 같이 분해폭발성 가스는 기체 분자가 분해할 때 발열하는 단일성분의 가스일지라도 발화원에 의해 착화되면 혼합가스와 같은 가스 폭발을 일으킨다.

(3) 분무폭발

공기 중에 분출된 가연성 액체(기계유 등)가 미세한 액적(미스트 : 대기 속에 떠다니는 미립자 가운데 액체로 된 것)이 공기 중에 부유하고 있을 때 점화에너지가 주어지면 폭발하게 되는데 이를 분무폭발이라 한다.

✓ Check 박막폭굉(Film Detonation)

① 분무폭발의 일종으로 인화점이 높아 일반적인 상태에서는 연소하기 어려운 압력유나 윤활유가 공기 중에 분무된 때에는 분무폭발과 비슷한 형태인 박막폭굉을 일으킬 수 있다.
*박막(thin film) : 기계 가공으로 만들 수 없는 두께인 1/1,000mm 이하의 막을 통틀어 부른다.

② 고압의 공기배관이나 산소배관 중에 윤활유가 박막상으로 존재할 때 어떤 원인으로 여기에 높은 에너지를 가진 충격파를 보내면 관벽에 부착된 윤활유가 무화하여 윤활유의 인화점 이하라도 폭굉으로 전이하게 된다.

(4) 분진폭발

가연성 고체의 미분이 일정 농도(폭발하한계 농도) 이상 공기 중에 부유하고 있을 때 발화원에 의하여 착화됨으로서 연소・폭발하는 현상을 말한다. 탄광의 갱도, 황(유황)분쇄기 주변, 밀가루 공장 등에서 발생한다.

✓ Check 정전기와 자연발화, 분진폭발 비교

구분	자연발화	분진폭발	정전기
발생	습기가 있어야 함	가연성 고체의 분진(먼지)	습기가 없어야 함
방지	습기가 높은 것은 피함	옥외로 배출	상대습도 70% 이상
개념	고온・다습	가연성 미분	부도체(유류 등) 마찰 시

2 응상폭발

저온의 액화가스가 상온의 물 위에 분출되었을 때와 같이 액상에서 기상으로의 급격한 상변화에 의해 발생하거나 용융 금속과 같은 고온물질이 물속에 투입되었을 때 고온의 열이 저온의 물에 짧은 시간에 전달되면 일시적으로 물은 과열상태가 되고 급격하게 비등하여 폭발이 일어나는 현상을 말한다. 증기폭발이 대표적이고 그 외에 수증기폭발, 전선폭발 등이 있다.

(1) 증기폭발

① 수증기폭발을 포함하여 증기폭발이라고 부른다.

② 액상폭발과 고상폭발에 해당하며 액체 및 고체의 불안정한 물질의 연쇄폭발 현상으로 극저온 액화가스의 수면 유출에 의한 폭발이다.

③ 증기폭발은 단순한 상변화에 의한 폭발로 발생하는 과정에서 착화를 필요로 하지 않으므로 화염의 발생은 없다. 다만, 가연성 가스 유출 후 착화되면 증기폭발이 가스폭발로 이어진다.

④ 액체의 급속한 기화현상이 발생되어 체적 팽창에 의한 고압이 생성되어 폭풍을 일으키는 현상이다.

⑤ 물, 유기액체 또는 액체가스 등의 액체들이 과열상태가 될 때 순간적으로 증기화되어 폭발현상을 일으킨다.

⑥ 액화가스인 LPG, LNG 등의 저온액화가스가 상온(15℃)의 물 위에 유출될 때 급격하게 기화되면서 폭발이 발생하는데 이때의 에너지원은 물의 현열이다.

(2) 수증기폭발

① 밀폐된 공간에 용융금속 등 고온 물질이 물속에 투입되었을 때 물은 순간적으로 급격하게 비등하고 이러한 상태변화에 따른 폭발 현상을 말한다.

② 수증기폭발과 같은 물리적 폭발은 화염을 동반하지 않는다.

③ 급격한 상변화에 의해 발생한다.

(3) 보일러 폭발

보일러와 같이 고압의 포화수를 저장하고 있는 저장 용기가 파손 등의 원인으로 동체의 일부분이 열리면 용기 내압이 급속히 하락되어 일부 액체가 급속히 기화하면서 증기압이 급상승하여 용기가 파괴된다.

(4) 전선폭발(금속선 폭발)

알루미늄제 전선에 한도 이상의 대전류가 흘러 순식간에 전선이 가열되고 용융과 기화가 급속하게 진행되어 폭발을 일으키는 현상이다.

(5) 고상간 전이 폭발

고체의 무정형 안티몬이 동일한 고상의 안티몬으로 전이할 때 발열함으로써 주위의 공기가 팽창하여 발생하는 폭발이다.

(6) 혼합물에 의한 폭발

① 2종 이상의 액체인 물질이 혼합된 경우에 양자 간의 확산, 상호용해 등의 물질 이동에 의한 혼합열이 발생하고 이로 인해 폭발이 일어나는 것이다.

② 화학반응을 수반하여 발화폭발과 같은 위험한 상황이 발생하여 원래의 물질보다 위험성이 증대되는 것이 혼합위험의 현상이다. 예컨대 금수성 물질에 물을 혼합하면 발열과 가연성 가스의 발생으로 주변의 부피가 팽창한다.

(7) 폭발성 물질의 폭발

고체 또는 액체의 상태로 폭발성을 가지는 화합물을 폭발성 물질이라고 한다. 대표적으로 군사용이나 산업용에 사용되는 화약류들에 의한 폭발을 말한다.

✓ Check 증기폭발(물리적 · 응상 폭발)과 증기운폭발(화학적 · 기상 폭발)의 비교

① 증기폭발이란 밀폐된 공간 속의 액체물질이 급속히 기화되면서 많은 양의 증기가 발생함으로써 증기압이 높아져 용기나 구조물의 내압을 초과하여 파열되는 폭발 현상이다.
② 증기운폭발(Vapor Cloud Exposion)이란 화학공정 산업에서 가장 위험하고 파괴적인 폭발로 다량의 가연성 증기가 급격히 방출(압축된 액체의 용기가 과열로 파열되거나 증기의 유출로 인한 발생)되는 증기가 분산되어 공기와 혼합하고 증기운이 점화되는 현상이다.

CHAPTER

04 폭연과 폭굉

1 폭연과 폭굉

화염의 전파속도에 따라 구분하고 있다. 폭연(Deflagration)은 음속보다 느리게 아음속으로 이동하는 것이고, 폭굉(Detonation)은 음속보다 빠르게 이동하는 것을 말한다. 폭연은 가스폭발에서 가장 일반적인 화염의 전파형태이며, 폭굉은 가스폭발 중 가장 파괴적인 형태이다.

※ 실온에서 음속의 기준 : 약 340m/s 이상

(1) 폭연

① 폭연은 급격한 연소반응으로서 화염의 전파속도가 음속보다 느린(아음속) 것을 말한다.

② 화염의 전파속도는 0.1 ~ 10m/s이다.

③ 폭연은 충격파가 형성되지 않는다.

④ 폭연은 열의 분자확산 반응물과 연소생성물의 난류 혼합에 의해 전파된다.

⑤ 내연기관 안에서 가솔린과 공기의 혼합물은 1/300초 안에 완전연소가 일어나는데 이것이 폭연이다.

⑥ 폭연은 폭굉으로 변화될 수 있다. 이러한 전이 현상을 폭굉유도거리라 한다.

⑦ 에너지 방출속도가 열 전달속도(물질의 전달속도)에 영향을 받는다.

(2) 폭굉

① 폭굉은 폭발적 연소반응으로 화염의 속도가 음속보다 빠른 것을 말한다.

② 화염의 전파속도는 1,000 ~ 3,500m/s이다.

③ 폭굉의 경우 압력이 상승이 일반적으로 10배 이상이다(폭연의 압력증가는 수 배 정도).

④ 반응면이 혼합물을 자연발화온도 이상으로 압축시키는 강한 충격파에 의해 전파된다. 동시에 충격파는 연소반응에 의해 방출되는 열에 의해 유지된다.

⑤ 음파와 달리 폭굉파가 통과한 곳은 화학적 조성이 변하므로 가역적인 탄성파로 취급되지 않는다.

⑥ 에너지 방출속도는 열 전달속도에 기인하지 않고 압력파에 의존한다.

⑦ 수소가스는 2,800m/s, TNT는 7,000m/s, 나이트로글리세린은 8,000m/s의 반응속도를 보인다. 이는 강력한 화약 성분임을 알 수 있다.

(3) 폭연과 폭굉의 차이 비교

구분	폭연(Deflagration)	폭굉(Detonation)
화염의 전파속도	음속보다 느림(아음속) 약 0.1m/s 이상 ~ 10m/sec 이하	음속보다 빠름(초음속) 약 1,000m/s 이상 ~ 3,500m/sec 이하

전파에너지	전도, 대류, 복사	충격에너지
충격파 압력	초기압력의 10배 이하	10배 이상(충격파 발생)
화재파급효과	크다	작다
충격파발생	발생하지 않음	발생함
완전연소시간	1/300초	1/1000초
전파메커니즘	반응면이 열의 분자확산 이동과 반응물과 연소생성물의 난류혼합에 의한 전파	반응면이 혼합물을 자연발화 온도 이상으로 압축시키는 강한 충격파에 의해 전파
발생가능성	대부분의 폭발 형태	반응성이 큰 아세틸렌 등 연료에서 가능
특성	• 충격파의 압력은 수 기압(atm)(정압) • 폭굉으로 전이될 수 있음 • 에너지 방출속도가 물질전달속도에 영향을 받음	• 온도의 상승은 열에 의한 전파보다 충격파의 압력에 기인 • 파면에서 온도, 압력, 밀도가 불연속적으로 나타남 • 초기압력 또는 충격파 형성을 위해 짧은 시간 내에 에너지가 방출이 필요

(4) 폭굉유도거리(DID)

폭발성 혼합가스가 있는 관(pipe)에서 한 쪽 끝에 점화하면 처음에는 비교적 천천히 연소반응이 진행되지만 점차 가속되어 어느 지점에 이를 때 갑자기 폭굉으로 전이하게 된다. 이렇게 최초의 완만한 연소에서 격렬한 폭굉으로 발전할 때까지의 거리를 폭굉유도거리라 한다.

✓ Check 폭연에서 폭굉으로의 전이 현상의 조건

폭연에서 폭굉 전이가 일어나기 쉬운 정도는 ① 정상연소속도가 큰 가스일수록, ② 압력이 클수록, ③ 관경이 가늘수록, ④ 관경이 거칠수록, ⑤ 돌출물이 있을수록 폭굉이 되기 쉽다.

(5) 폭굉(초음속)의 유도거리가 짧아질 수 있는 요인

① 압력이 높을수록 폭굉 유도거리가 짧아진다.
② 점화에너지가 강할수록 유도거리가 짧아진다.
③ 연소속도가 큰 가스일수록 유도거리가 짧아진다.
④ 관경이 좁을수록 유도거리가 짧아진다.
⑤ 관속에 이물질이 있을수록 유도거리가 짧아진다.

(6) 폭연에서 폭굉으로 전이되는 과정

착화 → 화염전파 → 압축파 → 충격파 → 폭굉파

2 전기설비 안전 방폭구조

(1) 방폭구조의 개념

방폭구조는 전기회로가 동작할 때 접점등에서 발생하게 되는 아크나 기타 열 등으로 인해 화재나 폭발할 수 있는 장소에서 폭발 가능성 있는 화학 물질 등으로부터 발화원을 분리시키기 위한 구조를 방폭구조라 한다. 이는 폭발이 되려면 폭발 3요소인 산소, 연료, 발화원이 있어야 하는데 그 중 발화원을 제거해 폭발을 방지하는 것이 방폭의 목적이다.

(2) 안전 방폭구조의 종류

① 내압 방폭구조 : Ex d

용기 내부에서 폭발성 가스 또는 증기가 폭발하였을 때 용기가 그 압력에 견디며 또한 접합면 개구부 등을 통해서 외부의 폭발성 가스증기에 인화되지 않도록 한 구조

② 압력 방폭구조 : Ex p

용기 내부의 압력을 외부 압력보다 높게 유지하여 내부에 가연성 가스 또는 증기가 유입되지 못하도록 보호하는 방폭구조로 용기 내부에는 불활성 가스(질소 등)를 압입(충전)하여 외부 폭발성 가스의 침입을 방지하고 점화원과 폭발성 가스를 격리하는 구조

③ 안전증가 방폭구조

정상운전 중에 폭발성 가스 또는 증기에 점화원이 될 전기불꽃 아크 또는 고온 부분 등의 발생을 방지하기 위하여 기계적, 전기적 구조상 또는 온도상승에 대해서 특히 안전도를 증가시킨 구조

④ 본질 안전 방폭구조

정상 또는 이상 상태(폭발 분위기에 노출되거나 사고 상태 시)에 있는 기계 기구 내의 전기에너지 권선 상호접속에 의한 전기불꽃 또는 열영향을 점화에너지 이하의 수준까지 제한하는 것을 기반으로 하는 방폭구조

⑤ 유입 방폭구조

가스·증기에 대한 전기기기 방폭구조의 한 형식으로 용기 내의 전기불꽃을 발생하는 부분을 유(油)중에 내장시켜 유면상 및 용기의 외부에 존재하는 폭발성 분위기에 점화할 염려가 없게 한 방폭구조

⑥ 비점화 방폭구조

정상 동작상태에서 주변의 폭발성 가스 또는 증기에 점화시키지 않고, 점화시킬 수 있는 고장이 유발되지 않도록 한 구조

⑦ 몰드 방폭구조

폭발성 가스 또는 증기에 점화시킬 수 있는 전기불꽃 또는 고온 발생부를 컴파운드로 밀폐시킨 구조로서 보호기기를 고체로 차단시켜 열적 안정을 유지한 것으로, 유지보수가 필요 없는 기기를 영구적으로 보호하는 방법에 효과가 매우 큼(일반적으로 용기와 분리하여 사용하는 전자회로판 등에 사용하는 데 충격, 진동 등 기계적 보호 효과도 매우 큼)

CHAPTER 05 가스 · 분진 · 분해폭발

1 가스폭발

일정비율(가연성 가스 + 조연성 가스)로 혼합된 가연성 혼합기는 발화원에 의해 착화되면 가스폭발을 일으키며, 이것을 폭발성 혼합기 또는 폭발성 혼합가스라고 부른다.

(1) 가장 일반적인 폭발 형태이다.

(2) 가연성 가스인 수소, 천연가스(LNG), 액화석유가스(LPG), 아세틸렌가스, 가연성 액체로부터 나오는 증기 등이 조연성 가스와 혼합된 혼합가스에 착화되어 폭발하는 현상이다.

(3) 가스폭발 등급과 안전간격

① 화염일주한계 법칙에 의한 최대안전틈새를 사용하여 폭발등급 및 안전간격을 정하였다.

② 폭발성 혼합가스의 용기를 금속재의 좁은 간극에 의해 두 부분으로 격리한 경우 한쪽에 착화한 경우 화염이 간극을 통과하여 다른 쪽의 혼합가스에 인화가 가능한지 여부를 측정할 때 화염이 전파하지 않는 간극의 최대치를 말한다.

③ 안전간격은 좁을수록 폭발하기 쉽다.

등급 분류	가스(기체)	안전간격
3등급	수소, 수성 가스, 아세틸렌, 이황화탄소 등	0.4mm 이하
2등급	에틸렌, 석탄가스 등	0.4mm 초과 0.6mm 이하
1등급	프로판, 암모니아, 아세톤, 메탄, 일산화탄소, 에탄, 초산, 초산에틸, 벤젠, 메탄올, 톨루엔 등	0.6mm 초과

2 분진폭발

가연성 고체의 미분이 공기 중에 부유하고 있을 때 발화원에 의하여 착화됨으로써 연소·폭발하는 현상으로 화학적 폭발에 해당한다.

✔ Check 폭발의 진행과정

① 분진입자표면에 열 전달 → ② 열분해로 입자 주위에 가연성 가스 발생 → ③ 공기(산소)와 혼합 → ④ 폭발성 혼합기체 생성 → ⑤ 발화 → ⑥ 열분해로 건류 작용 촉진 → ⑦ 폭발

※ 분진 입자의 크기는 보통 10um(1 ~ 100um) 이하이지만 분자의 발화폭발 조건으로 가는 가연성 물질로서 200mesh(76um) 이하가 적합하여 휘발성분이 커야 한다.

※ 입자의 크기 비교

연기입자의 크기	0.01 ~ 10um
화염 전파속도(폭연 속도)	0.1 ~ 10m/s
분진입자의 크기	1 ~ 100um

(1) 분진폭발에 영향을 주는 요인

① 수분 : 수분이 적을수록 폭발 촉진(분진 부유성 억제, 대전성을 감소시켜 폭발성을 둔감하게 한다)

② 입도와 입도분포 : 평균 입자(직경)와 밀도가 적을수록, 분진의 표면적이 입자체적에 비하여 커질수록 폭발 촉진

③ 화학적 성질과 조성 : 발열량이 클수록, 휘발성분의 함유량이 많을수록 폭발 촉진

④ 입자의 형성 : 구상 < 침상 < 편상입자 순으로 폭발성 증가

⑤ 표면상태 : 공기(O_2)에 대하여 활성이 있는 경우 폭로시간이 길어질수록 폭발성은 낮음

* 폭로시간 : 어떤 물질을 자연환경(일광, 비, 바람, 대기 중의 불순물, 염수 등)에 방치하여 물성이 변화하는 시간

⑥ 폭발압력 : 최대폭발압력 상승속도는 입자의 크기가 작을수록 증가(폭발 촉진)

(2) 폭발성 분진의 종류

① 아연, 마그네슘, 알루미늄, 철 등 금속류

② 코크스, 목탄, 석탄, 활성탄 등 탄소제품

③ 후춧가루, 담배가루 등 농산가공품과 설탕, 전분, 밀가루, 분유 등 식료품

④ 목분, 종이가루 등 목질류와 합성세제 등의 합성약품류

※ 분진폭발의 종류는 100종 이상에 달한다.

(3) 분진폭발이 잘 이루어지지 않는 종류

① 석회종류, ② 가성소다, ③ 탄산칼슘, ④ 생석회, ⑤ 시멘트가루, ⑥ 대리석가루, ⑦ 유리 등이 있다.

※ 탄산칼슘 ≠ 탄화칼슘

- 탄산칼슘은 산에서 캔 석회석으로 분진폭발이 일어날 수 없다.
- 탄화칼슘은 제3류 위험물로서 물과 혼합 시 아세틸렌가스를 생성한다.
- 탄산칼륨은 동결방지제로서 물과 혼합하여 강화액 소화약제를 만든다.

※ 석회석(탄화칼슘)에 열을 가해 이산화탄소를 제거하면 생석회가 되고 생석회(산화칼슘)에 물을 가하면 소석회(수산화칼슘)가 된다.

- $CaCO_3$(탄화칼슘) → CaO(산화칼슘) + CO_2(이산화탄소)
- CaO(산화칼슘) + H_2O(물) → $Ca(OH)_2$(수산화칼슘)

(4) 분진폭발의 특징

① 폭발의 입자가 연소되면서 비산하여 접촉되는 가연물은 국부적으로 심한 탄화 유발(인체 화상)

② 연소시간이 길고 에너지가 커 파괴력과 타는 정도가 큰데, 이는 최소발화에너지가 가스폭발보다 크기 때문이며, 착화는 가스폭발보다는 어려움(폭발압력과 연소속도는 가스폭발보다 작다).

③ 가스에 비해 불완전한 연소를 일으키기 쉬우므로 연소 후에 일산화탄소가 다량 존재(가스에 의한 중독의 위험성 상존)

④ 최초폭발에 의해 폭풍이 주위의 분진을 날리게 하고 2 ~ 3차 폭발로 이어져 피해 확산
⑤ 분진폭발의 발생에너지는 가스폭발의 수 배 정도이고 온도는 2,000 ~ 3,000℃ 정도까지 올라감(단, 최고치로서의 비교)

✔ Check 분진(티끌) 폭발의 특성 요약

① 분진폭발이 불가능한 물질 : 석회종류, 가성소다, 탄산칼슘, 생석회, 시멘트가루, 대리석가루, 유리
② 분진폭발의 조건 : 가연성, 미분상태, 점화원의 존재, 공기 중에서 교반과 운동, 폭발범위 이내
③ 분진폭발에 미치는 영향 : 산소농도, 수분, 화학적 성질과 조성, 가연성 가스, 입도와 입도분포 입자의 표면상태와 형상

(5) 분진폭발 예방법

① 분진이 많이 발생하는 장소에서는 불꽃과 정전기 주의
② 분진이 많이 쌓이는 공간에서는 주기적인 환기 조치
③ 물을 수시로 뿌려 분진 제거(부유 방지)

(6) 분진폭발과 가스폭발의 비교

① 가스폭발보다 분진폭발은 최소발화에너지(M.I.E)가 크다.
② 가스폭발에 비해 분진폭발은 불완전연소가 심하므로 일산화탄소(CO)가 발생한다.
③ 1차 분진폭발의 영향으로 주위의 분진을 날리게 하여 2·3차 폭발이 발생할 수 있다.
※ 분진폭발은 특이하게 2·3차 폭발이 발생할 수 있다.
④ 가스폭발보다 분진폭발은 연소속도, 폭발압력은 작으나 연소시간이 길고 발생에너지가 크기 때문에 그 파괴력과 그을음이 크다.
⑤ 입자가 비산함으로 접촉하는 가연물은 국부적으로 심한 탄화 또는 화상도 유발한다.

✔ Check 가스폭발과 분진폭발 대소의 요약

구분	가스폭발	분진폭발
연소속도	크다	작다
초기폭발력		
폭발압력		
2차, 3차 연쇄폭발 현상	없다	있다
CO(일산화탄소) 발생률	작다	크다
발열량, 발생에너지		
파괴력		

3 분해폭발

(1) 분해폭발은 공기나 산소가 섞이지 않더라도 가연성 가스 자체의 분해 반응열에 의해 폭발하는 현상을 말한다.

(2) 아세틸렌(C_2H_2), 비닐아세틸렌(C_4H_4), 메틸아세틸렌(C_3H_4), 다이아세틸렌(C_4H_2), 산화에틸렌(C_2H_4O), 하이드라진(N_2H_4), 에틸렌(C_2H_4), 오존(O_3), 이산화질소(N_2O), 산화질소(NO), 사이안화수소(HCN) 등이 있다.

(3) 상당히 큰 발열을 동반하기 때문에 분해에 의해 가스가 열팽창되고, 압력상승과 방출에 의해 폭발이 일어난다.

(4) 공기가 섞이지 않은 순수한 상태(산소 없음)에서도 폭발이 가능하므로 폭발상한계는 100%이다.

CHAPTER

06 BLEVE 등 폭발 관련 내용

1 증기운폭발(UVCE, Unconfined Vapor Cloud Explosion) 또는 자유공간 증기운폭발

증기운이란 저온액화가스의 저장탱크 또는 고압의 가연성 액체용기가 파괴되거나 작업 공정 중 대기 중에 방출(유출)되어 다량의 가연성 증기가 공기 중에 확산되어 구름과 같이 부유하고 있는 상태를 말한다. 즉 대량의 가연성 가스 또는 기화하기 쉬운 가연성 액체가 지표로 유출되면서 형성된 가연성 혼합기체는 발화원에 의해 폭발하게 되는데 이 현상을 증기운폭발이라 하며, 개방된 대기 중에서 발생한다. 즉, 화학 폭발로서 화재 시 복사열 등으로 인하여 인근 저장탱크에서 발생할 수 있으며 유출된 가스가 구름을 형성하며 떠다니다가 점화원과 접촉하는 동시에 일어나는 폭발 현상이다. 즉, 개방된 대기 중에 대량의 가연성 가스나 가연성 액체가 유출되어 그로부터 발생하는 증기가 공기와 혼합하여 가연성 혼합기체를 형성하고 발화원에 의해 발생하는 현상이다.

(1) 증기운폭발 형성조건

① 연소범위 내 존재(주변공기와 대기 중에 방출되면서 확산된 가연성 증기 혼합 시)

② 압축된 액체의 저장용기 파괴 또는 유출

③ 높은 연소속도

④ 적절한 온도와 압력 형성

(2) 증기운폭발 발생과정(메커니즘)

용기파괴 등의 원인으로 가연성 증기 방출 → 가연성 증기가 대기 중 부유 → 점화에너지 접촉 → 대기 중에서 폭발

(3) 예방대책

① 누설감지장치 설치

② 가연성 가스 또는 인화성 물질 소량저장취급

③ 자동블록밸브 설치

④ 대기 중 가스 또는 증기 누출방지

(4) 소화전술

대응방법으로는 대량의 증기운 형성이 의심된 경우 관계인은 즉시 대피를 유도하고 이 사실을 소방대에 알린다. 소방대는 상당히 위험함을 인지하고 풍향을 고려해 작전을 진행하며 주변 점화원 제거와 풍상 측 멀리서 배연차를 활용한 증기운의 희석을 시도한다. 이런 형태는 위험물보다 LPG나 LNG 등 가스에서 주로 발생하는 것으로 알려져 있다.

2 블레비(BLEVE) 현상

블레비 현상은 끓는 액체팽창증기폭발(Boiling Liquid Expanding Vapor Explosion)이라 하며

탱크 속으로는 화염을 동반하지 않고 외부 탱크벽으로부터 화재 시 뜨거운 열이 가해졌을 때 과열 상태의 탱크에서 내부의 액화가스가 분출되어 착화되었을 때 폭발하는 현상이다.

- 화재 시 탱크 내부의 액화가스가 열로 인하여 급격한 팽창과 비등으로 내부압력이 증가되어 탱크의 안전장치 압력 완화율을 넘어서 용기벽면 등이 균열・파괴되고 분해되었을 때 물리적 폭발이 화염에 착화되어 순간적으로 화학적 폭발로 이어지는 폭발 현상으로서 일반적으로 옥외탱크폭발 현상이다.
- 그 위력은 수 km까지 미친다. 이후 불기둥이 버섯구름과 같이 상부로 화구를 형성하여 화염의 덩어리가 만들어지는데 이를 곧 파이어볼(Fire Ball, 약 1,500℃)이라고 한다.
- 블레비 현상의 폭발 원인상 물리적 폭발로 분류하며, 순간적으로 화학적 폭발로 이어지지만 그 결과가 화염을 동반하는 순간부터 화학적 폭발로 분류하고 있다. 즉, 물리적 폭발과 화학적 폭발이 병립하며, 일반적으로는 원인이 기준이기 때문에 물리적 폭발로 본다.

✔ Check　BLEVE(Boiling Liquid Expanding Vapor Explosion)의 개념

① 옥외의 가스 저장탱크의 지역의 화재발생 시 저장탱크가 가열되어 탱크 내부의 액체부분은 급격히 증발하고 가스 부분은 온도 상승과 비례하여 탱크 내 압력의 급격한 상승을 초래하게 된다. 이때 탱크 속에는 아직 화염을 동반하지 않는다.

② 탱크가 계속 가열되면 용기 강도가 저하되고 내부압력은 상승하여 어느 시점이 되면 저장탱크의 설계압력을 초과하게 되고 탱크가 파괴되어 급격한 폭발(물리적 → 화학적)현상을 일으킨다. 이때 폭발하면서 화염을 동반한다.

※ 원인에 의한 분류는 물리적 폭발이며, 화염이 동반되는 순간부터 화학적 폭발이다. 따라서 일반적으로 물리적 폭발로 분류한다.

※ 화염에 의해 착화되는 순간부터는 증기운폭발과 거의 같다.

(1) 블레비 형성과정

① 주변화재로 액화가스의 탱크가 가열되어 탱크 내 증기압이 발생하면서 탱크가 파열하면 순간 증발을 일으켜 가연성 가스의 혼합물이 외부로 대량 방출 후 착화된다.

② 저장탱크 균열로 인한 액상, 기상의 동적 평형 상태가 깨진 상태에서 발생한다. 이는 액체 저장 물질이 비등함으로써 저장탱크의 물리적 강도 이상의 압력이 형성될 때 발생한다.

③ 지면에서 반구상의 화염을 만들어 부력에 의해 상승한다.

④ 화염은 공 모양을 형성하고, 부력에 의해 상승하여 버섯 모양의 화염이 형성된다(파이어볼).

⑤ 블레비 현상의 세부 형성과정의 예시

㉠ 프로판(C_3H_8) 등 액화저장탱크 외부에서 화재 발생

㉡ 가연물이 비점 이상으로 가열될 때 발생 → 가열된 저장탱크 내부의 액체에 높은 증기압 발생(액격현상) → 저장탱크의 내압 초과 → 탱크파열(균열, 파손)

㉢ 저장탱크 균열로 인한 액상, 기상의 동적 평형 상태가 깨진 상태. 이는 액체저장 물질이 비등함으로써 부피팽창으로 저장탱크의 물리적 강도 이상의 압력이 형성

㉣ 탱크 내 액화가스가 급격히 기화하여 파열지점 통해 외부 확산

ⓜ 탱크 벽이 가열되어 강도가 떨어지는 연성파괴 발생
ⓑ 외부 확산 가스는 대기 중 공기(산소)와 혼합하여 폭발성 혼합기 형성
ⓢ 착화에너지에 의해 폭발
ⓞ 화염은 초기에 지표면 부근에서 생성되어 성장
ⓙ 화염은 부력에 의해 상승, 버섯 모양의 파이어볼(Fire Ball) 형성

⑥ 블레비 현상은 물리적 폭발이 순간적으로 화학적 폭발로 이어지는 현상을 보이며 물리적 폭발과 화학적 폭발이 병립한다.

(2) 블레비에 영향을 주는 핵심 요인

① 압력상태와 주위 온도
② 저장용기(탱크)의 재질과 용량
③ 저장된 물질의 종류와 형태
④ 저장물의 물질적 역학상태
⑤ 저장물의 인화성 여부

✔ Check 블레비 현상 발생 메커니즘

① **액온상승** : 열이 가해졌을 때 액화가스의 온도상승으로 인하여 안전밸브가 작동하여 증기가 조금씩 방출되므로 액면이 낮아지면 탱크 내 공간이 커진다.
② **연성파괴** : 탱크 벽이 가열되어 강도가 떨어지고 내부압력이 상승하며 그 결과 탱크 내 증기가 방출되고 내부압력은 급격히 낮아진다.
③ **액격현상** : 액화가스의 비점이 낮아지고 과열 상태가 된 액화가스는 격렬하게 위력을 발하여 액체를 비산시키고 증기폭발로 인하여 탱크 내벽에 강한 충격을 준다.
④ **취성파괴** : 액격현상에 의하여 탱크 용기가 파열되며 파이어볼로 발전된다.

(3) 파이어볼(Fire Ball)

① 대량의 증발한 가연성 액체가 갑자기 연소할 때 형성되는 공 모양의 둥근 불꽃을 말하며, 약 1,500℃의 고온으로 복사열에 의한 피해가 심각하고, 수백 미터 이내의 가연물을 연소시킬 수 있는 위력이다.
② 파이어볼(Fire Ball)의 소화 전술
밸브나 배관에서 누출되는 가스가 연소하는 화염은 소화하지 않고, 그 화염에 의해서 가열되는 면을 냉각한다.

✔ Check 기타 화염에 대한 소화 전술

① Pool fire(개방공간의 액면화재)
대기상에 액면이 노출된 개방탱크, Pool 또는 흐르는 액체 상태에서 증발되는 연료에 착화되어 난류 확산화염이 발생하는 화재를 말한다. 대응방법으로 소규모 화재의 경우에는 관계인의 소방시설 활용

으로 소화를 시도하고 확대된 화재의 경우에는 소방대가 유면 전체에 방사할 수 있는 위치를 선정한 후 수원과 포약제량을 확보하고 충분한 방출량으로 동시 방사해 폼으로 유면을 덮어 소화한다.

㉠ 개방공간의 액체 표면 화재

㉡ 개방된 용기 내에 탄화수소계가 저장된 상태에서 증발되는 연료에 점화되어 발생한 난류적인 확산형 화재(풀의 상부 표면에서 연소가 일어나는 것)

㉢ 액면이 일정한 화재 또는 대칭되는 원형의 수평연료면 화재

② Jet fire, Spray fire(가압액체 분출화재, 고압 분출화재)

가압상태의 위험물 이송배관이나 가압펌프에서 액체가 분출될 때 착화된 화재이다. 소규모 화재인 경우 관계인은 빨리 밸브를 차단하고 대규모일 경우 복사열에 의해 접근이 어려우므로 소방대가 분무주수로 엄호하며 접근해 밸브를 차단, 소화하는 방식의 대응방법이 필요하다.

㉠ 압축가스 또는 액화가스가 저장탱크 또는 배관의 일정한 구멍을 통해 고압으로 분출되면서 화재를 일으키는 것을 의미하며, 이 경우 화재에 의한 복사열로 피해 발생 가능

㉡ 탄화수소계 위험물의 이송배관이나 용기로부터 위험물이 고속으로 추출될 때 점화되어 발생하는 층류 확산형 화재

③ Confined explosion(밀폐공간 폭발, 내부 폭발)

제한된 밀폐공간에서 유증기가 공기와 혼합되어 예혼합연소에 의해 급격한 연소로 폭발로부터 화재로 진행되어 나타난다. 즉, 밀폐된 공간(베슬, 건물)에서 연료와 산화제의 혼합에 의한 폭발을 말한다. 대응방법으로 밀폐공간 내 유증기체류가 의심되면 진입하지 말고 점화원으로 작용할 수 있는 전기장치의 작동을 하지 않으며 자연 환기시켜야 한다. 소방대는 점화원으로의 작용을 주의하면서 배풍기를 활용할 수 있고 유증기 농도가 연소범위 이하로 희석되면 안전하다.

(4) 블레비(BLEVE) 현상 예방법

실제 화재 시 블레비 현상 방지를 위한 최상의 방법은 저장탱크에 살수설비 또는 소방차를 이용하여 물을 뿌려 탱크를 냉각시키는 것이다.

① 고정식 살수설비(물분무 등으로 탱크 상층부 냉각) 설치 → 현재 가장 많이 사용됨

② 입열 억제 → 용기 외부에 열전도도가 낮은 물질로 단열 시공조치 및 탱크를 지하에 설치

③ 화염이 탱크에 접하지 않도록 한다. → 내부바닥 기초를 경사지게 하여 액체를 흘림

④ 용기 내압강도 유지 → 경년 부식을 고려하여 여유 있는 탱크의 두께가 필요

⑤ 폭발 방지장치 → 열전도도가 좋고 큰 알루미늄 합금박판 등 설치

⑥ 감압시스템으로 탱크 압력을 낮추며 탱크 용기의 수 및 크기의 최소화

⑦ 가스감지기 설치, 화재 시 탱크내용물 긴급이송조치, 가연물 누출 시 유도구 설치 등

(5) 블레비(BLEVE) 현상 시의 소화전술

위험물시설로의 확대방지 후 인접시설로의 확대방지 순으로 대처해야 한다. 따라서 화염이나 복사열에 의해 탱크가 가열되는 것을 방지하고 소방대는 소화작업과 별도로 보호하고자 하는 위험물 탱크에 냉각주수를 실시하고 열화상 카메라로 탱크 전표면적의 온도를 체크하며 대응하는 것이 효율적이다. 통상 화재 발생 후 10분 이내에 탱크 벽면에 주수하여 온도를 낮추어야 한다.

제2부

화재이론

PART 01 화재의 정의 및 분류
PART 02 건물화재의 성상
PART 03 위험물화재의 성상
PART 04 화재조사

정태화
소방학개론
기본서

www.pmg.co.kr

PART 01

화재의 정의 및 분류

CHAPTER

01 화재의 정의

01 절 화재의 개념과 용어

화재란 사람의 의도에 반하거나 고의 또는 과실에 의하여 발생하는 연소 현상으로서 소화할 필요가 있는 현상 또는 사람의 의도에 반하여 발생하거나 확대된 화학적 폭발현상을 말한다(소방의 화재조사에 관한 법률 제2조 참조).

1 소방학에서 화재의 개념

(1) 화재에 대한 개념 정리

① 사람의 의도에 반(反)할 것

화재 취급 중 발생하는 실화뿐만 아니라 부작위에 의한 자연발화도 포함된다. 또한 '고의에 의한다'라고 하는 것은 일정한 대상에 대하여 피해발생을 목적으로 화재발생을 유도하였거나 직접 방화한 경우를 말한다.

② 연소 현상

가연성 물질이 산소와 결합하여 열과 빛을 내며 급속히 산화되어 형질이 변경되는 화학반응을 말한다.

③ 소화시설을 이용하여 소화할 필요가 있는 것 또는 화학적 폭발 현상

화재란 연소 현상으로서 소화의 필요성이 있어야 하며 소화의 필요성 정도는 소화시설이나 그와 유사한 정도의 시설을 사용할 수준이어야 한다는 것이다. 즉 휴지나 쓰레기를 소각하는 것과 같이 자산가치의 손실이 없고 자연히 소화될 것이 분명하여 소화의 필요성을 느끼지 않거나 설령 소화의 필요성이 있다고 하여도 소화시설이나 소화장비 또는 간이소화용구 등을 활용하여 진화할 필요가 없는 것은 화재로 볼 수 없다. 또한, 일반적인 연소 현상과 구분되는 가스폭발 등의 화학적 폭발 현상을 화재의 범주에 포함하고 보일러 파열 등의 물리적 폭발은 화재로 취급하지 않으며 폭발의 경우는 연소 현상과 소화의 필요에 상관없이 사람의 의도에 반하여 발생한 것만을 화재로 본다.

(2) 다른 분야에서의 화재의 개념

① 형법상 : 불을 놓아 매개물에 독립하여 연소되는 것(방화의 개념)

② 민법상 : 고의 또는 과실로 인하여 타인에게 손실을 입히는 화재

③ 과학적 : 빛과 열을 발생하는 급격한 산화 현상(연소 현상의 개념)

2 화재와 불의 개념 정리

(1) 화재의 개념

① 과실이 원인이 되거나, 가연성의 물질이 의도에 반하여 연소함으로써 손실을 발생시키는 것으로 소화활동이 필요하다.

② 화재의 일반적 특성

㉠ 확대성

㉡ 불안정성

㉢ 우발성

(2) 불의 개념

가연성 물질과 공기 중의 산소가 산화반응을 하여 열과 빛을 발생하는 연소 현상

3 화재 원인별 발생비중 및 피해

화재발생 원인에서 "전기"로 인한 화재발생이 가장 큰 비중을 차지하며, 화재 원인별 인명피해는 유류에 의한 화재가 가장 많다.

02 절 화재의 용어

1 화재하중(Fire Load)

$$\text{화재하중}(Q) = \frac{\sum(G_t H_t)}{HA}[kg/m^2]$$

(Σ = 합, $\triangle$ = 차)

G_t = 가연물의 양[kg]

H_t = 단위발열량[kcal/kg]

H = 목재단위발열량[kcal/kg]

A = 화재실 바닥면적[m^2]

(1) 화재하중의 개념

① 화재하중은 건축물에서 가연성 건축 구조재와 수용물의 양으로서 화재 시 예상 최대 가연물질의 양을 뜻한다.

② 건물화재 시 단위면적당 등가 가연물량의 가열온도(발열량) 및 화재의 위험성을 나타낸다.

③ 화재구획의 실내 표면적에 대한 실내장식물의 화재 위험도를 나타내고 있으며 발열량이 클수록 화재하중이 크며 내장재의 불연화가 화재하중을 감소시킨다.

④ 단위발열량은 휘발유가 목재보다 더 크다.

⑤ 주어진 지역 내 예상 최대가연물질의 양으로서 일반적으로 건물 내에 있는 가연성 구조체와 가연성 물품의 양을 말하여 단위 바닥면적에 대한 등가가연물의 값을 말한다.
⑥ 화재 시 최고온도와 그때의 지속시간은 화재의 규모를 판단하는 중요한 요소가 된다.
⑦ 잠재적인 화재가혹도(Fire Severity)를 결정하는 중요한 요소로서 정의한다.
⑧ 화재하중의 주요소는 화재실 내에 존재하는 가연물의 양 한 가지뿐이다. 가연물 양이 많을수록 연소 지속시간이 길고 최고온도 지속시간도 길어진다.

(2) 화재화중에 영향을 주는 요인

① 가연물의 양
② 가연물의 단위발열량
③ 화재실 바닥면적
④ 목재단위발열량

※ 가연물의 배열상태는 영향 인자가 아니다.

(3) 화재하중의 활용범위

① 건물의 내화 설계 시 고려해야 할 사항 및 가열온도 정도를 나타내는 척도로 활용
② 화재 시 발열량 및 위험의 정도를 추정할 수 있는 자료로 활용
③ 가연물 등의 연소 시 건축물의 붕괴 등을 고려하여 설계하는 하중

(4) 화재하중을 줄이는 방법

① 건물의 불연화
㉠ 주요구조부 : 불연재료 사용(콘크리트, 석재, 벽돌, 기와, 석면, 유리 등)
㉡ 내장재 : 불연재, 난연재(벽, 천장 등)
② 가연물 제한과 수납
㉠ 가구, 집기 등은 불연재료화
㉡ 서류보관함, 금고 등 설치

(5) 화재하중의 크기 비교

창고 > 도서관 · 독서실 > 호텔 > 공동주택 > 사무실

(6) 재료의 단위 발열량 비교

종이 < 염화비닐 < 목재 < 고무 < 휘발유 < 폴리에틸렌

✔ Check 주요 물질별 발열량

물질	발열량[kcal/kg]	물질	발열량[kcal/kg]
종이	4.0	고무	9.0
염화비닐	4.1	휘발유	10.0
목재	4.5	폴리에틸렌	10.4

2 화재가혹도(화재심도, Fire Severity)

화재가혹도 = 최고온도 × 연소시간

(1) 개념

① 화재심도라고도 하며 화재발생으로 건물 내 수용재산 및 건물 자체에 손상을 입히는 정도를 말한다.

② 화재가혹도가 크면 그만큼 건물과 기타 재산의 손실은 커지고, 화재가혹도가 작으면 그 손실은 작아지는 것이다.

(2) 화재가혹도에 영향을 주는 요인

① 연소하는 물질의 연소속도

② 연소열량

③ 개구부의 위치 및 크기

④ 가연물의 배열상태

⑤ 화재하중 및 화재강도

⑥ 방호공간 내 화재의 세기 등

(3) 화재가혹도와 상관관계

① 화재강도와 화재하중이 클수록 화재가혹도는 높아진다.

② 최고온도는 화재가혹도의 질적 개념으로 화재강도와 관련이 있다.

③ 지속시간은 화재가혹도의 양적 개념으로 화재하중과 관련이 있다.

3 화재강도(Fire Intensity)

(1) 개념

① 단위시간 당 축적되는 열의 값을 화재강도라 한다.

② 가연물의 비표면적이 클수록 연소가 용이하며 가연물의 연소값이 클수록 화재강도는 크게 된다.

③ 화재 시 최고온도와 그때의 지속시간은 화재의 규모를 판단하는 중요한 요소가 된다.

④ 작은 공간에서는 플래시오버(Flashover) 후에 높은 온도선을 갖는 것에 비해 큰 공간에서는 플래시오버(Flashover)가 일어나지 않을 수도 있다.

⑤ 화재 시 최고온도 → 열축적률(단위시간당 축적되는 열의 양)이 크다 → 화재 강도가 크다

⑥ 화재실의 열방출률이 클수록 화재강도는 증가한다.

(2) 화재강도에 영향을 주는 요인

① 화재 시 산소공급

② 화재실의 벽, 천장, 바닥 등의 단열성
③ 가연물의 배열상태 · 발열량 · 비표면적
④ 화재실의 구조 등

(3) 화재강도의 활용
① 건물의 단열성능이 좋으면 화재강도나 성장률이 매우 높다.
② 주수율(ℓ/m^2 · min)을 결정하는 인자로 사용한다.
*주수율 : 방사율이라고 하며, 단위면적당/분당 뿌려지는 물의 양
③ 화재실 내 연소열이 큰 물질이 존재할수록 발열량도 커지므로 화재강도가 커진다.
④ 공기공급이 원활할수록 소진율 및 열발생률이 커져 화재강도가 커진다. 공기의 유입은 창문 등 개구부의 크기, 개수, 위치에 좌우된다.
⑤ 비표면적이 크면 공기(산소)와의 접촉면적이 넓어져 가연물의 타는 속도, 소진율이 증가하고 화재강도가 커져 비표면적 또는 공기(산소) 접촉면을 줄인다.
*소진율 : 단위시간 동안 연소되어 버리는 가연물의 질량으로 나타낸 것
⑥ 구조물이 갖는 단열효과가 클수록 열의 외부 누출이 용이하지 않고 화재실 내에 축적상태로 유지되어 화재강도가 커진다.

✔ Check 화재현상의 개념

① 화재하중 : $\dfrac{\text{실내장식물의 발열량(Kg)}}{\text{목재면적에 대한 단위 발열량}(m^2)}$
② 화재가혹도 : 연소시간 × 연소(최고)온도(최성기가 지속되는 시간의 개념)
③ 화재강도 : $\dfrac{\text{열의 값}}{\text{단위 시간}}$ (화재의 강도는 표면적에 따라, 열량에 따라 달라진다)

03 절 화재의 유형(분류)

화재는 소화적응성, 화재의 처종, 화재의 소실정도, 화재 피해규모, 긴급 상황보고 여부 등에 따라서 분류될 수 있다.

1 소화적응성에 따른 분류

(1) 소화적응성에 따른 분류 : 일반화재, 유류화재, 전기화재, 금속화재, 가스화재

구분	내용	표시색
일반화재	목재, 섬유, 고무, 플라스틱 등과 같은 일반 가연물의 화재를 말한다. 발생 빈도나 피해액이 가장 큰 화재이다. 일반화재에 대한 소화기의 적응화재별 표시는 A로 표시한다.	백색
유류화재	인화성 액체(4류 위험물), 1종 가연물(락카퍼티, 고무풀), 2종 가연물(고체 파라핀, 송진)이나 페인트 등의 화재를 말한다. 유류화재에 대한 소화기의 적응화재별 표시는 B로 표시한다.	황색
전기화재	전류가 흐르고 있는 전기설비에서 불이 난 경우의 화재를 말한다. 전기화재에 대한 소화기의 적응화재별 표시는 C로 표시한다.	청색
금속화재	나트륨, 칼륨, 마그네슘과 같은 가연성 금속의 화재를 말한다. 금속화재에 대한 소화기의 적응화재별 표시는 D로 표시하고 있으나 현재 국내의 규정에는 없다.	무색
가스화재	메탄, 에탄, 프로판, 암모니아, 아세틸렌, 수소 등의 가연성 가스의 화재를 말한다. 가스화재에 대한 소화기의 적응화재별 표시는 국제적으로 E로 표시하고 있으나 현재 국내에서는 유류화재(B급)에 준하여 사용하고 있다.	황색

(2) 화재등급의 분류

화재분류	국내		미국방화협회 (NFPA 10)	국제표준화기구 (ISO 7165)	표시색상
	검정기준	KS B 6259			
일반화재	A급	A급	A급	A급	백색
유류화재	B급	B급	B급	B급	황색
전기화재	C급	C급	C급	E급	청색
금속화재	–	D급	D급	D급	무색
가스화재	–	–	E급	C급	황색
주방화재	K급		K급	F급	–

*KS B 6259는 한국산업규격에서 분류하는 급수이다.

2 화재의 처종에 따른 분류

화재가 발생한 처종에 따라 건축・구조물 화재, 자동차・철도차량 화재, 위험물・가스제조소 등 화재, 선박・항공기 화재, 임야화재, 기타화재로 분류되고 있다.

(1) 건축・구조물 화재 : 건축물, 구조물 또는 그 수용물이 소손된 것

(2) 자동차・철도차량 화재 : 자동차, 철도차량 및 피견인 차량 또는 그 적재물이 소손된 것

(3) 위험물・가스제조소 등 화재 : 위험물제조소 등, 가스제조・저장・취급시설 등이 소손된 것

(4) 선박・항공기화재 : 선박, 항공기 또는 그 적재물이 소손된 것

(5) 임야화재 : 산림, 야산, 들판의 수목, 잡초, 경작물 등이 소손된 것
(6) 기타화재 : '(1)' 내지 '(5)'에 해당하지 않는 화재

3 화재의 소실정도에 따른 분류(화재조사 및 보고규정 제16조 근거)

(1) 건축・구조물의 소실정도 : 다음의 규정에 따른다.

① 전소 : 건물의 70% 이상(입체면적에 대한 비율을 말한다)이 소실되었거나 그 미만이 소실되었을 때 잔존부분을 보수하여도 재사용이 불가능한 것

② 반소 : 건물의 30% 이상 70% 미만이 소실된 것

③ 부분소 : '①', '②'에 해당하지 아니하는 것

(2) 자동차・철도차량, 선박・항공기 등의 소실정도 : (1)의 규정을 준용한다.

4 화재원인에 따른 분류

발화 원인에 따라서 실화(失火), 방화(放火), 자연발화(自然發火), 천재발화(天災發火), 원인불명(原因不明)으로 구분된다.

구분	내용
실화	취급부주의나 사용・보관 등의 잘못으로 발생한 과실적(過失的) 화재를 말하며 중과실과 단순 실화인 경과실이 있다.
방화	적극적이고 고의적인 생각과 행위로서 일부러 불을 질러 발생시킨 화재를 말한다.
자연발화	산화, 약품혼합, 마찰 등에 의해서 발화한 것과 스파크 또는 화염이 없는 상태에서 열기에 의해 발화된 연소를 말한다.
천재발화	지진, 낙뢰, 분화 등에 의해서 발화한 것을 말한다.
원인불명	위 이외의 원인으로 발화한 것을 말한다.

CHAPTER

02 화재의 종류(일반, 유류, 전기, 금속, 가스)와 종류별 기본 소화방법

화재의 소화적응성 및 연소특성에 대한 분류로 미국방화학회(NFPA)의 규정과 한국산업규격에 따른 것을 기준으로 분류하였다. 급수는 분류 기준 국가나 기구에 따라 구분하는 방법이 차이가 있으나 한국에서는 통상 B급과 E급을 같이 취급한다.

1. 급수에 따른 화재의 분류

급수	종류	색상	내용
A급	일반화재	백색	목재, 섬유, 고무류, 합성수지 등
B급	유류화재	황색	인화성 액체 등 기름 성분인 것 (국내 : 가스화재 포함)
C급	전기화재	청색	변전실, 변압기, 통전 중인 전기설비 및 기기의 화재
D급	금속화재	무색	알루미늄분, 마그네슘 등의 금속가루의 화재
E급	가스화재	황색	LNG, LPG, 도시가스 등의 화재

2. 화재의 구분 및 표시색상과 소화방법

구분	A급	B급	C급	D급	E급
화재종류	일반화재	유류화재	전기화재	금속화재	가스화재
주소화방법	냉각소화	질식소화	질식 · 제거	건조사	제거소화

3. 분말소화기의 적응성
   1) 일반화재용은 백색의 원형 안에 흑색문자로 ‘A(일반)’라고 표기한다.
   2) 유류화재용은 적색의 원형 안에 흑색문자로 ‘B(유류)’라고 표기한다.
   3) 전기화재용은 청색의 원형 안에 흑색문자로 ‘C(전기)’라고 표기한다.
      ※ ABC분말소화기는 일반화재, 유류화재, 전기화재 모두에 소화적응성이 있다.
   4) 주방화재용은 별도의 색상 지정 없이 ‘K(주방화재용)’이라고 표기한다.

1 일반화재

(1) 일반(A급/백색) 화재

① 일반화재를 A급 화재로 분류하고 색상은 백색으로 표기한다.

② 종이, 목재, 플라스틱, 가죽, 합성수지 등의 화재로 대부분의 화재가 일반화재이다.

③ 산소와 친화력이 강한 물질에 의한 화재이며, 연기가 백색이며, 연소 후 반드시 재가 남는다.

④ 주된 소화 효과 : 물이나 포(수계소화약제)를 사용한 냉각소화가 주소화방법이다.

⑤ 그 외 소화 효과

㉠ CO_2 · 할론 · 할로겐화합물 · 불활성 기체 소화약제의 경우 전역방출방식으로 사용하는 경우
※ 단, 피복소화의 대표예시는 CO_2 소화약제이다.

㉡ 제3종 분말 소화약제 : 메타인산(HPO_3)의 피복에 의한 방진작용으로 일반화재에 적응
㉢ 제거소화 : 산불화재 시 방화선 구축
㉣ 봉상주수를 통한 파괴·타격·제거 소화, 물 무상주수를 통한 질식·냉각 소화
㉤ 강화액을 통한 질식·냉각 소화
㉥ 산·알칼리 소화약제의 경우 질식·냉각 소화
㉦ 모래 등의 건조사

(2) 일반화재 가연물의 종류

① 특수가연물 : 지정 수량 이상의 면화류·나무껍질·대팻밥·넝마·종이부스러기·사류·볏짚류·가연성 고체류·석탄·목탄류·가연성 액체류·목재가공품·나무부스러기·합성수지류

② 합성섬유 : 폴리에스터, 폴리아크릴, 폴리아미드계

③ 합성수지 : 페놀, 멜라민, 규소, 폴리에틸렌, 폴리우레탄 등

✔ Check 특수가연물의 지정수량

품명		수량
가연성 액체류		$2m^3$ 이상
목재가공품 및 나무부스러기		$10m^3$ 이상
면화류		200kg 이상
나무껍질 및 대팻밥		400kg 이상
넝마 및 종이부스러기		1,000kg 이상
사류(絲類)		
볏짚류		
가연성 고체류		3,000kg 이상
고무류·플라스틱류	발포시킨 것(액체)	$20m^3$ 이상
	그 밖의 것(고체)	3,000kg 이상
석탄·목탄류		10,000kg 이상

※ 암기 팁
가액 : 2, 목 : 1, 면 : 2, 나 : 4, 넝사볏 : 천, 가고 : 3, 고플액 : 2, 고플고 : 3, 석 : 만

(3) 일반화재의 발생원인

① 불을 사용·취급하는 시설의 취급 부주의로 인한 화재
② 타다 남은 불티에 의한 화재
③ 어린이들의 불장난에 의한 화재
④ 개인의 감정에 의한 방화

2 유류화재

(1) 유류(B급/황색) 화재

① 인화성 액체(제4류 위험물), 1종 가연물(락카퍼티, 고무풀), 2종 가연물(고체파라핀, 송진)이나 페인트 등의 화재를 말한다.

※ 1종·2종 가연물이란 준위험물로서 상온에서 고체이고 일정 온도에서 가연성 증기를 발생하는 물질로서 지정수량 200kg 이하는 1종 가연물, 지정수량 600kg 이하는 2종 가연물이다.

② B급 화재로 분류하고 색상은 황색으로 표기한다.

③ 일반적으로 연기의 색상은 흑색이다(가연물에 탄소가 함유되면 연기가 흑색이다).
연소 후 재가 남지 않는다.

④ 화재 성장속도가 일반화재보다 빠르다.

⑤ 주된 소화 : 포를 사용한 질식소화가 가장 효과적이다.

※ 단, 수용성 물질에는 수성막포는 효과가 거의 없다.

⑥ 그 외 소화효과

㉠ 중유 및 크레오소트유(타르유)의 경우 물 무상주수로 질식·유화 소화

㉡ 강화액 소화약제의 경우 무상주수로 질식소화

㉢ CO_2·할론·할로겐화합물·불활성 기체 소화약제의 경우 질식·냉각 소화

㉣ 분말(제1·2·3·4종, CDC) 소화약제(단, 식용유화재에는 제1종 분말소화기가 가장 우수)

㉤ 산·알칼리 소화약제는 무상주수로 질식·냉각소화

㉥ 식용유화재의 경우 상온의 식용유를 넣어주는 희석소화 가능

㉦ 모래 등의 건조사

(2) 가연성 액체 화재의 특징

가연성 기체가 연소하는 것이므로 가연성 액체에서 증발한 가연성 기체는 가연성 가스의 연소범위(폭발범위)를 갖는다.

(3) 가연성 액체 화재의 예방방법

① 가연성 기체의 축적을 방지하기 위하여 환기를 시킨다.

② 저장용기를 밀폐시켜 공기와의 접촉을 차단한다.

③ 불씨와 같은 점화원을 제거한다.

④ 저장용기에 불연성 가스(질소 등)를 봉입하거나 공기를 배출하여 진공상태로 만든다.

3 전기화재

(1) 전기(C급/청색) 화재

① 전기가 통전되는 기계설비(변압기·변전실) 화재

※ 예컨대, 전기다리미 적재 창고의 화재는 A급 화재이고, 전기다리미질을 하다가 불이 나면 C급 화재이다.

② C급 화재로 분류하고 색상은 청색으로 표기
③ 물을 직사(봉상・적상)주수로 하는 소화금지(물을 직사주수하면 감전의 위험이 있다)
④ 포 소화약제는 무상주수가 되지 않으므로 소화금지
⑤ **주된 소화 효과** : 분말(제1・2・3・4종)이나 가스(CO_2・할론・할로젠화합물・불활성 기체) 소화약제를 사용한 질식소화가 가장 유효하며, 전기를 차단하는 제거소화
※ 단, 정밀기기류에는 분말 소화약제는 잘 사용하지 않는다.

⑥ 그 외 소화효과
㉠ 물 무상주수 시 질식・냉각 소화
㉡ 강화액 소화약제 무상주수 시 질식・냉각 소화
㉢ 산・알칼리 소화약제 무상주수 시 질식・냉각 소화
㉣ 모래 등의 건조사가 가능하나 전기제품의 경우 재사용이 불가해서 잘 사용하지 않음

(2) 전기화재의 발생원인
① 누전에 의한 발화
② 과전류(과부하)에 의한 발화
③ 합선 혹은 단락에 의한 발화 : 70% 이상
④ 불꽃방전(스파크)에 의한 발화
⑤ 도체 접속부 과열 및 용접 불꽃에 의한 발화
⑥ 정전기

4 금속화재

(1) 금속(D급/무색) 화재
① 금속화재는 제3류 위험물(금수성 물질 및 자연발화성 물질), 철분, 마그네슘, 금속분 등의 제2류 위험물(가연성 고체) 등의 화재를 말한다.
② D급 화재로 분류하고 색상은 무색이다.
③ 금속화재용 분말을 사용한 건조사가 가장 유효하며, 물로서 불을 소화할 수 없다(물을 주수하면 폭발의 위험이 있다).
④ 금수성 물질이므로 소화시 물 및 물을 포함한 소화약제 사용을 금지한다.
※ 물을 포함한 소화약제 : 포, 강화액, 산・알칼리 소화약제

⑤ 가장 적응성 좋은 소화제로는 건조사(마른 모래)이며, 금속화재용 분말 소화약제가 있다. 특히 알킬기($C_nH_{(2n+1)}$)와 알루미늄(AL)의 유기 금속화합물인 알킬알루미늄(R_3AL) 화재 시 가장 적합한 소화제는 팽창질석이나 팽창진주암이다.
※ 30 ~ 80㎎/ℓ 분진의 양으로 금속화재를 일으킬 수 있다.
※ 주된 소화효과 : 건조사, 건조분말 등의 질식・피복효과

(2) 금속화재를 일으키는 물질의 특성

금속화재를 일으키는 물질은 대부분 물과 반응하여 수소, 아세틸렌, 에탄 등 가연성 가스를 발생시키거나 다른 화학물질과 잘 반응하여 체적, 표면적, 부유성이 증가하는 활성금속이다.

(3) 금속화재를 일으키는 물질과 수분과의 접촉

금속화재 시 수분과 접촉은 일반적으로 가연성 가스(수소, 아세틸렌, 에탄 등)를 발생시키므로 절대 피하여야 한다. 물이 주체로 된 소화약제의 물분무소화, 포(포말)소화 등은 절대 사용될 수 없다.

(4) 금속화재의 원인

제3류 위험물인 칼륨, 나트륨, 리튬 등이 물과 접촉하면 위험한데, 그 이유는 물과 격렬히 반응하여 수소가스를 발생하기 때문이다.

(5) 금속화재 소화

알루미늄 등과 같이 공기와 접촉하여 자연발화되는 것도 있고 칼륨, 나트륨 등과 같이 물과 반응하면 폭발적인 반응을 하는 것도 있는데, 이러한 금속화재에 사용할 수 있는 소화약제로는 화재초기에 팽창질석, 팽창진주암 또는 마른 모래, 금속화재용 분말소화기 등을 사용하고 본격시기에는 주변연소를 방지하고 자연 진화하도록 내버려둔다.

(6) 금속화재의 방지

금속 가공 시 발생되는 금속분을 억제하고 열축적을 방지하며, 작업장에 환기 시설을 하고 적당한 습도를 유지시켜 금속화재의 발생을 방지할 수 있다.

5 가스화재

(1) 가스(E급/황색) 화재

① LPG(액화석유가스)·LNG(액화천연가스) 등의 가스화재를 말한다.
② E급 화재로 분류하고 색상은 황색이다.
③ 연소 후 재가 남지 않는다.
④ **주된 소화효과** : 밸브 등을 잠그는 가스의 공급을 차단하는 제거효과로 본다.

※ 우리나라의 경우 E급 화재를 따로 분류하지 않고 E급 화재는 B급 화재로 본다.

(2) 가스화재의 분류

① **연소성에 따른 분류**

㉠ 가연성 가스 : 폭발한계(= 연소한계, 연소범위 : 공기와 혼합된 경우에 있어서의 한계)의 하한이 10% 이하인 것과 폭발한계의 상한과 하한의 차가 20% 이상인 것을 말한다.
㉡ 불연성 가스
㉢ 지연성 가스(= 조연성 가스)

② 취급하는 상태에 따른 분류

㉠ 압축가스

ⓐ 상온에서 압력을 가하여도 액화하기 어려운 가스로서 가스를 상태변화 없이 압축한 것

ⓑ 충진 압력은 약 120kg/cm^2 이상

㉡ 액화가스 : 가압냉각에 의하여 용이하게 액체 상태로 되는 것

ⓐ LPG(액화석유가스)와 LNG(액화천연가스)

- LPG : 프로판, 부탄
- LNG : 천연가스를 -162℃로 냉각・액화시킨 가스로 주성분은 메탄이며 Clean Energy

ⓑ LPG(액화석유가스)의 성질

- 무색, 무취이며 물에는 용해되지 않고, 유기용매에는 용해된다.
- 석유류, 동식물유류, 천연고무는 잘 녹인다.
- 액체에서 기체로 될 때 체적은 약 250배로 된다.
- 액체 상태에서는 물보다 가볍고 기체 상태에서는 공기보다 무겁다.
- 공기 중에서 쉽게 연소, 폭발한다.

㉢ 용해가스 : 고압가스 용기 속에 다공물질(목탄, 활성탄, 규조토)을 충전한 후 용제(아세톤 또는 DMF : 다이메틸 포름아미드)를 넣고 그 안에 가스(아세틸렌)를 고압으로 용해시켜 저장한 것

③ 기타 기체의 성질

㉠ 산소의 성질

ⓐ 공기 중에 약 21% 정도 존재하며, 화학적으로 대단히 활발하다.

ⓑ 산소를 조연성 가스라고 한다.

ⓒ 수소와 반응하여 폭발하고 물을 생성한다.

㉡ 수소의 성질

ⓐ 최소 점화에너지가 낮기 때문에 약한 점화원에도 폭발 가능성이 있다.

ⓑ 수소는 산소와 연소하면 고열(2,800℃)이 발생한다.

ⓒ 수소화재 시는 불꽃이 잘 보이지 않는다.

㉢ 염소의 성질

ⓐ 조연성 가스이다.

ⓑ 용기에 주수하면 부식이 빨라지고 기화속도가 빨라지기 때문에 주수하면 안 된다.

ⓒ 염소가스가 누출되면 "다량의 소석회"로 확산을 방지한다.

㉣ 아세틸렌의 성질

ⓐ 가스로 압축시키면 폭발 가능성이 높다.

ⓑ 용제인 아세톤에 용해한 뒤 목탄이나 석면 등과 같은 다공질 물질에 충전하여 보관・운반한다.

ⓒ 연소 시에는 모래 등으로 덮거나 이산화탄소, 분말소화기를 이용하여 소화한다.

(3) 가연성 가스의 폭발범위

① 폭발한계는 가스의 온도가 높아지면 폭발범위가 넓어진다.

② 압력이 높아지면 일반적으로 폭발범위는 넓게 된다. 일산화탄소와 공기의 혼합기는 압력이 높아질수록 폭발범위가 좁아진다.

③ 주요 가연성 가스의 폭발범위(상온 1atm)

가스	연소범위(vol%)	가스	연소범위(vol%)
아세틸렌	2.5 ~ 81	아세톤	3.0 ~ 13.0
벤젠	1.4 ~ 7.1	산화에틸렌	3.0 ~ 80.0
톨루엔	1.4 ~ 6.7	메탄	5.0 ~ 15.0
에터	1.7 ~ 48	수소	4.0 ~ 75.0
프로판	2.1 ~ 9.5		

(4) 가연성 가스의 특징

① 가연성 가스의 착화온도

㉠ 가스가 화학적으로 발열량이 크거나 화학적 활성도가 높을수록 착화온도가 낮아진다.

㉡ 분자구조가 복잡할수록 착화온도가 낮아진다.

㉢ 산소농도 및 압력이 클수록 착화온도가 낮아진다.

㉣ 습도가 낮을수록 착화온도가 낮아진다.

② 연소(폭발)범위의 특징

㉠ 가연성 가스는 공기보다 산소와 혼합될 때 연소범위가 넓어진다.

㉡ 가연성 가스의 압력이 높을수록 연소범위는 넓어진다.

㉢ 수소는 10atm까지는 연소범위가 좁아지지만, 그 이상의 압력에서는 연소범위가 더 넓어진다.

㉣ 가연성 가스의 연소(폭발)범위가 넓으면 넓을수록 위험하다.

③ 최소발화에너지(MIE)

가연성 혼합가스와 공기 중에 분산된 폭발성 분진을 발화시키는 데 필요한 최소한의 에너지를 최소발화에너지라 한다. 온도, 압력 및 농도가 높아지면 작아진다.

$$MIE = \frac{1}{2}CV^2[J]$$

C : 콘덴서 용량(F), V : 전압(Vol)

✔Check 가연성 가스 심화

(1) 고압가스의 분류

고압가스는 연소성에 따라 가연성 가스, 조연성 가스, 불연성 가스로 나누고, 저장성에 따라 압축가스, 액화가스, 용해가스로 나누며, 독성에 따라 독성 가스와 비독성 가스로 나눈다.

① **연소성에 따른 분류**

㉠ 가연성 가스 : 프로판, 아세틸렌, 수소 등이 조연성 가스인 산소와 화합 시 연소하는 가스

㉡ 조연성 가스 : 산소, 염소, 불소, 공기 등 가연성 가스의 연소를 돕는 가스

*조연성 가스는 직접 연소하지 않는 불연성의 특성을 가지고 있다.

㉢ 불연성 가스 : 질소, 탄산가스, 아르곤, 네온 등과 같이 연소하지 않는 가스

② **저장성에 따른 분류**

㉠ 압축가스 : 수소, 산소, 질소 등 기체 상태로 압축한 가스

㉡ 액화가스 : 암모니아, 염소, 탄산가스, 프로판 등 압축하여 공기용기에 저장된 가스

㉢ 용해가스 : 아세틸렌(다공질의 고체입자에 아세톤을 침윤시킨 후 저장하는 가스)

③ **독성에 따른 분류**

㉠ 독성 가스 : 염소, 불소, 일산화탄소, 아황산가스, 암모니아, 이황화탄소, 브로민화메탄, 시안화수소, 포스겐, 산화에틸렌, 아황산가스 및 가스의 허용농도가 5000ppm 이하인 가스

㉡ 비독성 가스 : 산소, 수소, 질소 등 인체에 유해하지 않은 가스

고압가스 안전관리법 시행규칙 제2조(정의)

① "가연성 가스"란 아크릴로니트릴·아크릴알데하이드·아세트알데하이드·아세틸렌·암모니아·수소·황화수소·사이안화수소·일산화탄소·이황화탄소·메탄·염화메탄·브로민화메탄·에탄·염화에탄·염화비닐·에틸렌·산화에틸렌·프로판·시클로프로판·프로필렌·산화프로필렌·부탄·부타디엔·부틸렌·메틸에터·모노메틸아민·다이메틸아민·트라이메틸아민·에틸아민·벤젠·에틸벤젠 및 그 밖에 공기 중에서 연소하는 가스로서 폭발한계(공기와 혼합된 경우 연소를 일으킬 수 있는 공기 중의 가스 농도의 한계를 말한다. 이하 같다)의 하한이 10퍼센트 이하인 것과 폭발한계의 상한과 하한의 차가 20퍼센트 이상인 것을 말한다.

② "독성 가스"란 아크릴로니트릴·아크릴알데하이드·아황산가스·암모니아·일산화탄소·이황화탄소·불소·염소·브로민화메탄·염화메탄·염화프렌·산화에틸렌·사이안화수소·황화수소·모노메틸아민·다이메틸아민·트라이메틸아민·벤젠·포스겐·아이오딘화수소·브로민화수소·염화수소·불화수소·겨자가스·알진·모노실란·디실란·디보레인·세렌화수소·포스핀·모노게르만 및 그 밖에 공기 중에 일정량 이상 존재하는 경우 인체에 유해한 독성을 가진 가스로서 허용농도(해당 가스를 성숙한 흰쥐 집단에게 대기 중에서 1시간 동안 계속하여 노출시킨 경우 14일 이내에 그 흰쥐의 2분의 1 이상이 죽게 되는 가스의 농도를 말한다. 이하 같다)가 100만분의 5000 이하인 것을 말한다.

③ "액화가스"란 가압(加壓)·냉각 등의 방법에 의하여 액체 상태로 되어 있는 것으로서 대기압에서의 끓는 점이 섭씨 40도 이하 또는 상용 온도 이하인 것을 말한다.

④ "압축가스"란 일정한 압력에 의하여 압축되어 있는 가스를 말한다.

(2) LNG(액화천연가스)와 LPG(액화석유가스)의 비교

구분	주성분(약 90%)	비중	가스누설경보기
LNG	메탄	공기보다 약 2배 가벼움	천장면에서 30cm 이내에 설치
LPG	프로판, 부탄	공기보다 약 1.5 ~ 2배 무거움	바닥면에서 30cm 이내에 설치

(3) LNG(액화천연가스)

① 개념

㉠ 천연가스의 주성분은 80 ~ 85%가 메탄가스이다.

㉡ 자연발화온도는 약 600℃로 안전하다.

㉢ 연소온도는 2,050℃로 대기압 저온에서 액화가 되며 액화과정에서 분진, 황 등을 제거하여 청정연료로 사용된다.

㉣ 연소범위는 5 ~ 10%이고 도시가스용으로도 사용된다.

② 액화천연가스의 특징

㉠ LNG(액화천연가스)는 도시가스라고도 불리우며 공기보다 가벼운 물질로 주성분이 메탄(CH_4)이다.

㉡ 누설 시 공기보다 비중이 가벼워 천장으로 올라간다.

㉢ 무색, 무취이며 LNG는 누출 시 가벼워서 뜨고 착화온도(하한계)가 높아 LPG에 비해 폭발성이 적고 안전하다.

㉣ LNG와 도시가스는 모두 메탄이 주원료이다(메탄 액화점 : −162℃, LPG보다 액화가 어렵다).

(4) LPG(액화석유가스)

① 개념

㉠ 주성분은 프로판(C_3H_8), 부탄(C_4H_{10})이다.

㉡ 공기 중에서 쉽게 연소, 폭발하는 위험한 성질을 가지고 있다.

㉢ LPG는 프로판(C_3H_8), 부탄(C_4H_{10}) 등의 성분의 액화가 가능한 물질이다.

㉣ 액체 상태는 비중이 물보다 2배 가볍고, 기체 상태는 공기보다 1.5 ~ 2배 무거워 누설 시 바닥으로 체류한다.

㉤ 연소온도는 2,150℃이다. (발화온도 : 프로판 470℃, 부탄 365℃) → LNG보다 더 위험하다.

② 액화석유가스의 특징

㉠ 무취, 무미, 무독성이다.

㉡ LPG는 상온에서 기체로 존재하지만 용기 내 압력을 6 ~ 7kg/cm²로 가압하면 쉽게 액화할 수 있다.

㉢ 프로판 가스를 액화시키는 데 필요한 최고온도는 96.8℃(비점)이고, 부탄은 최고온도가 152℃이다.

㉣ 부탄과 프로판을 액화시키면 부탄은 225배, 프로판은 250배로 체적이 축소되므로 상온에서 보관하기 쉽다.

㉤ 프로판이 부탄보다 압이 더 크다(프로판의 액화점 : −42℃, 부탄의 액화점 : −0.6℃).

㉥ 휘발유 등 유기용매에 용해되고, 천연고무를 잘 녹인다. 그러나 물에는 녹지 않는다.

㉦ 용기 내에 LPG를 저장하는 경우 가스가 일부 방출되고 난 후에도 압력은 변하지 않는다. 이는 용기 내의 증기압은 잔존량이 존재한다면 그 크기가 일정하기 때문이다.

6 기타 화재

(1) 식용유 화재

① 식용유 화재의 특징

㉠ 발화점과 인화점의 차이가 적다.

㉡ 발화점(288℃ ~ 385℃)이 비점 이하여서 화재가 발생하면 발화점 이상이 된다.

㉢ 소화하여도 재발화되는 특수한 형태로 화염을 제거해도 식용유의 온도가 발화점으로 내려가지 않으면 즉시 재발화할 수 있다.

② 소화방법 및 주의사항

흔히 튀김기에 불이 붙으면 물을 붓게 되는데 이는 오히려 불길을 번지게 한다. 이는 물은 비점이 100℃이고 고온의 식용유에 들어가면서 한순간에 기화되기 때문이다.

㉠ 식용유 화재 시에는 분말소화기를 사용한다(제1종 분말소화기 사용 : 비누화 현상).

㉡ 야채, 소금, 상온의 식용유 등을 넣어서 냉각소화한다.

㉢ 뚜껑, 담요(모포), 마요네즈를 기름 위로 뿌리는 질식소화를 한다.

※ 주방 화재는 국제표준기구 ISO는 F급 화재로, 미국연방방화협회와 우리나라의 검정기준은 K급 화재로 분류

(2) 산림(임야)화재

화재의 분류는 크게 급수에 의한 화재와 대상물에 의한 화재로 분류한다. 급수에 의한 화재는 A・B・C・D급 화재의 분류이고 대상물에 의한 화재는 임야・선박・건축・항공기・가스제조소・위험물・구조물・자동차・철도차량 등을 말한다. 그중 산림화재는 일반적으로 ① 임목화재(㉠ 수간화, ㉡ 수관화), ② 임지화재(㉠ 지표화, ㉡ 지중화), ③ 플레어 업(Flare up)에 의해 발생할 수 있다.

① 임목화재

㉠ 수간화 : 수간화는 수목이 타는 것이다. 수목의 간부가 연소하는 것으로 고목 혹은 간부에 크게 구멍이 뚫려 있는 오래된 큰 나무에서 일어나기 쉽다.

㉡ 수관화 : 수관화는 나무의 가지나 잎의 무성한 부분만을 태우는 것이다. 일반적으로 나무의 지엽이 타는 것으로 일단 타기 시작하면 소화가 곤란하다. 습도가 50% 이하일 때 소나무, 삼나무, 편백나무 등에서 잘 일어난다.

② 임지화재

㉠ 지표화 : 산림의 지표면을 덮고 있는 낙엽, 가지, 관목 등이 연소하는 것을 말한다.

㉡ 지중화 : 땅 속에 썩은 나무의 유기질층, 니탄층, 갈탄층, 아탄층 등이 타는 것으로 주로 북아프리카에서 볼 수 있으며 진화가 어려우며 적설 하에서도 연소는 진행된다.

③ 플레어 업(Flare up)

강풍 등으로 인한 나뭇가지 마찰에 의해 발생하는 열로 인한 화재나, 강풍 또는 풍향의 변화에 의해 발생하는 임야화재의 급격한 연소 현상이다.

✓ Check 산림(임야) 화재 요점

① 임목화재
㉠ 나무가 타면 수간화
㉡ 가지가 타면 수관화
② 임지화재
㉠ 땅에서 낙엽이 타면 지표화
㉡ 지중에서 타면 지중화

(3) 훈소화재(표면연소, 작열연소, 무염연소, 심부화재)

가연물이 불꽃 없이 불기운이나 열기만으로 타들어 가는 연소 현상이라 정의할 수 있다.

① 훈소화재는 거의 밀폐된 구조의 공간을 가진 실내화재 시 많이 발생한다. 이는 공기 중 연소에 필요한 산소공급이 불충분하여 연소가 거의 정지하거나 매우 느리게 진행되어 가연물이 열로 인해 응축 액체 미립자인 분해 생성물만 발생시키는 것을 말한다.
② 훈소화재는 불완전한 연소상태로서 화재초기에 고체 가연물에 많이 발생하는데 훈소 중에도 열 축적이 계속되어 외부 공기(산소)가 갑자기 유입될 때는 급격한 연소가 일어날 수 있는 상태를 말한다. 실내화재 시 플래시오버로 진행될 수도 있으며, 백드래프트 전 단계 연소를 나타내기도 한다.
③ 훈소는 그을음연소라고도 하며 소방학에서는 훈소, 표면연소, 작열연소, 무염연소 또는 심부화재, 불씨연소 등을 동일한 개념으로 본다.

정태화
소방학개론

기본서

www.pmg.co.kr

PART

02

건물화재의 성상

CHAPTER

01 화재의 진행단계별 특성

01 절 화재의 진행단계

화재의 4요소가 서로 결합할 때 발화가 일어난다. 처음 화재가 난 물질에서 더 크게 화재가 진행되기 위해서는, 처음 화재가 난 물질에서 다른 가연물로 열이 전달되어야 한다. 화재의 초기단계에서, 열은 상승하고 뜨거운 가스 덩어리를 형성한다. 만일 화재가 개방된 공간(건물 밖이나, 대규모의 건물 내)에서 발생하면, 그 화염은 자유로이 상승하고, 공기는 이 속으로 흡수된다. 그런데 구획실에서 화재진행은 개방공간에서 화재진행보다 훨씬 복잡하다. 논의 편의상, 구획실은 건물 내의 폐쇄된 방이나 공간으로 정의한다. 구획실 화재는 이러한 공간 내에서 발생하는 화재로 정의한다. 구획실 화재의 성장과 진행은 일반적으로 가연물과 산소의 이용 가능성에 의해 통제된다. 연소에 이용할 수 있는 가연물의 양이 한정되어 있으면, 이러한 화재를 "통제된 가연물"이라 한다. 연소에 이용할 수 있는 산소의 양이 한정되어 있으면, 이러한 상태를 "통제된 배연"이라 한다. 구획실 화재를 화재가 진행될 때에 발생하는 현상 및 단계로 구분하면, ① 발화기(Incipient) → ② 성장기(Growth) → ③ 플래시오버(Flashover) → ④ 최성기(Fully developed) → ⑤ 쇠퇴기(Decay)의 형태로 진행된다. 최근의 화재의 3단계 라이프 싸이클(Life cycle)이론에 의하면 실내화재의 생애주기를 ① 성장기(Growth stage), ② 최성기(Fully developed stage), ③ 감퇴기(Decay stage)의 3가지 단계로 구분하기도 한다.

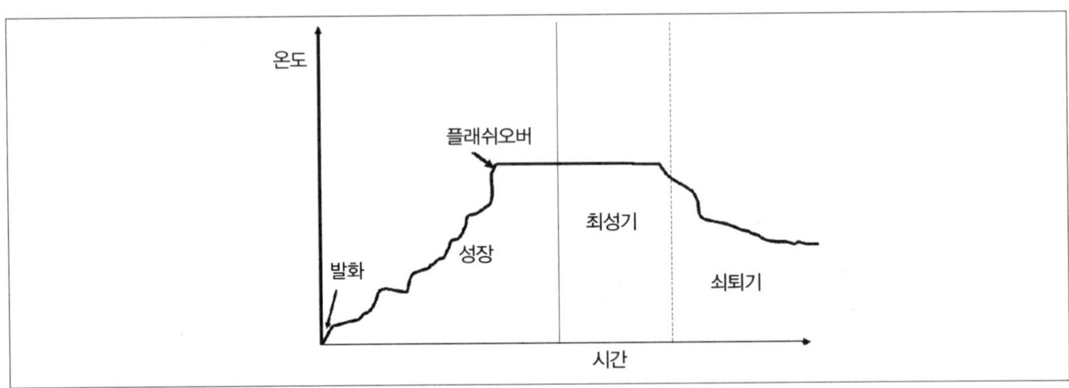

1 발화기

발화기는 화재의 4요소들이 서로 결합하여 연소가 시작될 때의 시기를 말한다. 발화의 물리적 현상은 스파크나 불꽃에 의해 유도되거나 자연발화처럼 어떤 물질이 자체의 열에 의해 발화점에 도달하여 비유도 된다. 발화시점에서 화재는 규모가 작고 일반적으로 처음 발화된 가연물에 한정된다. 개방된 지역이거나 구획실이거나 모든 화재는 발화의 한 형태로서 발생한다.

2 성장기

발화가 일어난 직후, 연소하는 가연물 위로 화염이 형성되기 시작한다. 화염이 커짐에 따라 주위 공간으로부터 화염이 상승하는 공간으로 공기를 끌어들이기 시작한다. 최초 발화된 가연물의 화재가 커지면서, 성장기의 초기는 야외의 개방된 곳에서의 화재와 유사하다. 그러나 개방된 곳에서의 화재와는 달리, 구획실의 화염은 공간 내의 벽과 천장에 의해 급속히 영향을 받는다. 첫 번째 영향은 화염 속으로 흡수되는 공기의 양이다. 공기는 화재에 의해 생성된 뜨거운 가스보다 차갑기 때문에 화염이 갖고 있는 온도에 대해 냉각효과를 가진다. 구획실의 벽과 관련하여 가연물들의 위치는 흡입되는 공기의 양을 결정하고, 냉각효과의 크기를 결정한다. 벽 근처에 있는 가연물들은 비교적 적은 공기를 흡수하고, 보다 높은 화염온도를 지닌다. 구석에 있는 가연물들은 더욱 더 적은 공기를 흡수하고, 가장 높은 화염온도를 지닌다. 이러한 요소는 화염 위에 생성되는 뜨거운 가스층의 온도에 심각한 영향을 미친다. 뜨거운 가스가 상승하면서 천장에 부딪치게 되면, 가스는 외부로 퍼지기 시작한다. 가스는 구획실의 벽에 도달할 때까지 계속해서 퍼진다. 벽에 도달한 후, 가스층의 두께는 증가하기 시작한다. 이 시기의 구획실 온도는 가스가 구획실 천장과 벽을 통과하면서 생성된 열의 양과 최초 가연물의 위치 및 공기 유입량 등에 의해 결정된다. 연구결과에 의하면 화염의 중심으로부터 거리가 멀어지면, 가스의 온도가 내려간다는 것을 보여주고 있다. 만일, 가연물과 산소가 충분하다면 성장기는 지속될 것이다. 성장기에 있는 구획실 화재는 일반적으로 '통제된 가연물' 상황이다. 화재가 성장할 때에, 천장 부분에 있는 가스층의 온도가 높아짐에 따라 구획실 내의 전반적인 온도는 상승한다.

3 플래시오버(Flashover)

플래시오버(Flashover)는 성장기와 최성기 간의 과도기적 시기이며 발화와 같은 특별한 현상이 아니다. 플래시오버(Flashover) 시기에 구획실 내부의 상태는 매우 급속하게 변화하는데 이때 화재는 처음 발화된 물질의 연소가 지배적인 상태로부터 구획실 내의 모든 노출된 가연성 물체의 표면이 동시 발화하는 상태로 변한다. 성장기 천장 부분에서 발생하는 뜨거운 가스층은 발화원으로부터 멀리 떨어진 가연성 물질에 복사열을 발산한다.

4 최성기

최성기는 구획실 내의 모든 가연성 물질들이 화재에 관련될 때에 일어난다. 이 시기에, 구획실 내에서 연소하는 가연물은 이용 가능한 가연물의 최대의 열량을 발산하고, 많은 양의 연소생성 가스를 생성한다. 발산되는 연소생성 가스의 양과 발산되는 열은 구획실의 배연구(환기구)의 수와 크기에 의존한다. 구획실 연소에서는 산소공급이 잘 되지 않으므로 많은 양의 연소하지 않은 가스가 생성된다. 이 시기에, 연소하지 않은 뜨거운 연소 생성 가스는 발원지에서 인접한 공간이나 구획실로 흘러 들어가게 되며, 보다 풍부한 양의 산소와 만나면 발화하게 된다.

5 쇠퇴기

화재가 구획실 내에 있는 이용 가능한 가연물을 소모하게 됨에 따라, 열 발산율은 감소하기 시작한다. 다시 한번, 구획실 내의 가연물이 통제되면, 화재의 크기는 감소하게 되어, 구획실 내의 온도는 내려가기 시작한다. 타다 남은 잔화물은 일정 시간 동안 구획실의 온도를 어느 정도 높일 수도 있다.

02 절 화재진행에 영향을 미치는 요인들

화재가 발화해서 쇠퇴하기까지, 몇 가지 요인들이 구획실 화재의 성상과 진행단계에 영향을 미친다.

(1) 배연구(환기구)의 크기, 수 및 위치

(2) 구획실의 크기

(3) 구획실을 둘러싸고 있는 물질들의 열 특성

(4) 구획실의 천장 높이

(5) 최초 발화되는 가연물의 크기, 합성물 및 위치

(6) 추가적 가연물의 이용가능성 및 위치

03 절 화재의 특수현상과 대처법

1 실내화재의 형태

일반적으로는 ① 초기 → ② 플래임오버 → ③ 훈소 → ④ 롤오버 → ⑤ 자유연소 → ⑥ 플래시오버 → ⑦ 최성기 → ⑧ 말기의 순으로 나타내며, 밀폐된 공간에서의 과도한 열의 축적 현상으로 인한 화재의 경우 ① 초기 → ② 훈소 → ③ 백드래프트 → ④ 말기의 순으로 진행된다.

(1) 초기

(2) 플래임오버(Flameover)

구획실 내의 다른 가연물들의 표면에는 관련되지 않고 단지 연소 생성 가스와 관련된다는 면에서 플래시오버와 구분된다. 이러한 상태는 뜨거운 가스층이 구획실의 천장부분에 형성되는 성장기에서 발생할 수 있다. 또한 플래임오버는 화재의 진행단계상 성장기 및 최성기 중에 연소하지 않은 연소 생성 가스가 구획실로부터 나올 때에 관찰될 수 있다.

(3) 훈소

불씨연소로서 불완전연소 상태(초기의 밀폐된 공간에 산소 부족)이다.

(4) 롤오버

화염의 가스가 천장에서 구름처럼 되는 현상이다.

(5) 자유연소

불꽃을 가지고, 산소가 원활하며, 플래시오버 직전의 연소이다.

(6) 플래시오버(Flashover)

출화 직후의 상태를 말한다. 갑자기 불꽃이 폭발적으로 확산되어 창문이나 방문으로부터 연기와 불꽃이 뿜어 나오는 상태이다.

(7) 최성기

연기의 발생량은 초기보다 감소하지만, 화염의 분출은 많아진다. 연소가 가장 왕성한 상태로, 유리창이 파괴되어 화염의 분출이 증가하고, 강한 복사열이 발생하여 이웃한 건물로의 연소위험이 커진다.

(8) 백드래프트(Backdraft)

공기 부족으로 훈소상태에 있을 때 신선한 공기가 유입되어 실내에 축적되었던 가연성 가스가 단시간에 폭발적으로 연소하는 현상으로 백드래프트는 플래임오버 다음 단계에 나타날 수도 있으며, 공기의 공급 여부에 따라 화재 형태에서 나타나지 않을 수도 있다.

(9) 말기 : 지붕이나 벽체, 대들보나 기둥도 무너져 떨어지고 열 발산율은 감소하기 시작한다.

2 화재진행단계에서 발생하는 상태

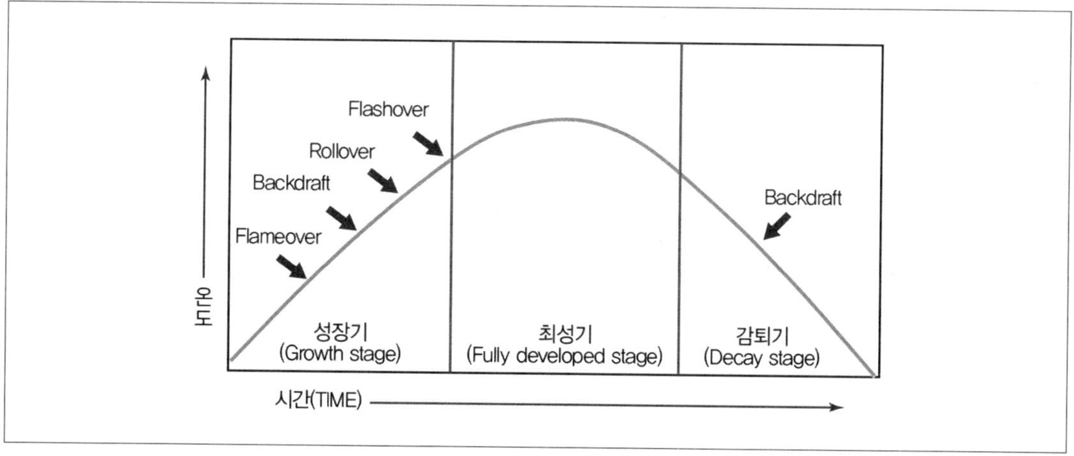

(1) 플래임오버(Flameover) 현상

플래임오버(Flameover)는 복도와 같은 통로공간에서 벽, 바닥 표면의 가연물에 화염이 급속하게 확산되는 현상을 묘사하는 용어이다. 벽, 바닥 또는 천장에 설치된 가연성 물질이 화재에 의해 가열되면, 전체 물질 표면을 갑자기 점화할 수 있는 연기와 가연성 가스가 만들어지고 이때 매우 빠른 속도로 화재가 확산된다. 플래임오버 화재는 소방관들이 서 있는 뒤쪽에 연소 확대가 일어나 고립되는 상황에 빠질 수 있다. 목재 벽과 강의실 책상, 극장, 인테리어 장식용 벽, 그리고 가연성 코팅재질의 천장은 충분히 가열만 되면 플래임오버를 만들 수 있다. 출구를 따라 진행되는 화염확산은 특정 공간 내의 화염확산보다 치명적이다. 그러므로 복도 내부 벽과 천장은 비가연성 물질로 마감되어야 한다. 종종 내화조 건물의 1층 계단실에서 발생한 작은 화재가 계단실에 칠해진 페인트(낙서를 지우기 위해 매년 덧칠해진 것)에 의해 플래임오버 현상을 발생시켜 수십 층 위까지 확산되기도 한다. 통로나 출구를 따라 진행되는 화염 확산은 일반적인 구획공간 내의 화염확산보다 치명적이다. 이렇듯, 통로 내부 벽과 층계의 천장은 비가연성의 불연재료로 이루어져야 한다. 우리나라 건축법에서는 불에 타지 않는 재료(불연재료), 불에 잘 타지 않는 재료(준불연재료), 가연성재료(목재 등)에 비해 타기 어려운 재료(난연재료) 등을 각각 난연1급, 난연2급, 난연3급으로 구분하고 있다. 따라서 플래임오버 현상이 나타나면 가연물의 양을 조절하고 이동시 문을 닫는 것이 소화전술이다.

구분	성능	종류
불연재료 (난연1급)	불에 타지 않는 재료로 20분 가열(750℃) 시 자체 열발생이 적으며(50℃ 미만), 10분간 가열(305℃) 후 잔류불꽃이 없는(30초 미만) 재료	콘크리트, 석재, 기와, 석면판, 철강, 알루미늄, 유리, 회시멘트판, 벽돌
준불연재료 (난연2급)	불에 잘 타지 않는 재료로 10분 가열(305℃) 후 잔류불꽃이 없고(30초 미만), 그 재료의 연소가스 속에 방치된 쥐가 9분 이상 활동하는 재료	석고보드, 목모시멘트판, 펄프시멘트판, 미네랄텍스
난연재료 (난연3급)	가연성재료인 목재 등과 비교해 더 타기 어려운 재료로서 6분 동안 가열(235℃) 후 잔류불꽃이 없고(30초 미만), 그 재료의 연소가스 속에 방치된 쥐가 9분 이상 활동하는 재료	난연합판, 난연플라스틱판

(2) 백드래프트(Backdraft) 현상

폐쇄된 내화구조 건축물 내에서 화재가 진행될 때 연소과정은 산소공급이 부족한 상태에서 서서히 훈소된다. 이때 불완전연소된 가연성 가스와 열이 집적된 상태에서 일시에 다량의 공기(산소)가 공급될 때 순간적으로 폭발적 발화현상이 발생하는데 이를 역류성 폭발 또는 백드래프트 현상이라 한다.

(3) 롤오버(Rollover) 현상

① 개념

롤오버(Rollover) 현상은 플래시오버(Flashover) 현상보다 먼저 일어난다. 연소과정에서 발생된 가연성 가스가 공기 중 산소와 혼합되어 천장부분에 집적된 상태에서 발화온도에 도달하여 발화함으로써 화재의 선단부분이 매우 빠르게 확대되어 가는 현상을 말한다. 즉, 화재가 발생한 장소(공간)의 출입구 바로 바깥쪽 복도 천장에서 연기와 산발적인 화염이

굽이쳐 흘러가는 현상을 의미한다. 롤오버(Rollover) 현상은 플래시오버(Flashover) 현상의 전조현상이다.

② 발생원인

화재지역의 상층(천장)에 집적된 고압의 뜨거운 가연성 가스가 화재가 발생되지 않은 저압의 다른 부분으로 이동하면서 화재가 매우 빠르게 확대되면서 발생한다.

③ 소화전술

롤오버에 의한 연소 확대는 성큼성큼 건너뛰듯이 확대되므로 어느 순간 뒤쪽에서 연소확대가 일어나 계단을 찾고 있는 소방관들을 고립시킬 수 있다. 롤오버를 막기 위해 갈고리나 장갑 낀 손으로 화재가 발생한 아파트 출입구 문을 닫는다.

(4) 플래시오버(Flashover) 현상

① 개념

플래시오버 현상이란 화점 주위에서 화재가 서서히 진행하다가 어느 정도 시간이 경과함에 따라 대류와 복사현상에 의해 일정 공간 안에 있는 가연물이 발화점까지 가열되어 일순간 동시 발화되는 현상을 말하며, 직접적 발생원인은 자기발화(Autoignition)가 일어나고 있는 연소공간에서 발생되는 열의 재방출에 의해 열이 집적되어 온도가 상승하면서 전체 공간을 순식간에 화염으로 가득 차게 만드는 것이다.

② 복사열

플래시오버가 발생할 때, 뜨거운 가스층으로부터 발산하는 복사에너지는 일반적으로 20kW/m^2를 초과한다. 이러한 복사열은 구획실 내의 가연성 물질에 열분해작용을 일으킨다. 이 시기에 생성되는 가스는 천장부분의 가스층으로부터 발산하는 복사에너지에 의해 발화 온도까지 가열된다.

③ 온도

플래시오버는 공간 내의 모든 가연성 물질이 동시적 발화를 일으키는 구획실 내의 온도라고 정의하는 데 기초를 두고 있다. 이러한 현상이 발생하는 것과 관련된 정확한 온도는 없지만, 대략 483℃에서 649℃(900°F에서 1,200°F)까지 범위가 폭넓게 사용된다. 이러한 범위는 열분해작용에 의해 발산되는 가장 보편적인 가스 중의 하나인 일산화탄소(CO)의 발화온도(609℃ 또는 1,128°F)와 상관관계를 가진다.

④ 플래시오버 현상의 징후와 특징

구분	내용
징후	• 고온의 연기 발생 • 롤오버(Rollover) 현상이 관찰됨 • 일정공간 내에서의 전면적인 자유연소 • 일정공간 내에서의 계속적인 열집적(다른 물질의 동시가열) • 두텁고, 뜨겁고, 진한 연기가 아래로 쌓임
특징	• 실내 모든 가연물의 동시 발화 현상 • 바닥에서 천장까지 고온상태

⑤ 목조건축물에서의 플래시오버 현상

목조건축물에서의 플래시오버 현상은 보통 화재발생으로부터 5 ~ 6분경에 발생(공간면적과 가연물에 따라 다름)되며, 이때 실내온도는 800 ~ 900℃ 정도가 된다.

⑥ 내화조 건축물에서의 플래시오버 현상

내화조 건축물 화재 시에는 실내에 화재가 발생하더라도 연소하는 데 많은 시간이 소요되므로 플래시오버 현상은 보통 화재발생으로부터 약 20 ~ 30분경에 발생(공간면적과 가연물에 따라 다름)한다.

✔ Check 롤오버(Rollover) 현상과 플래시오버(Flashover) 현상의 비교

구분	롤오버(Rollover) 현상	플래시오버(Flashover) 현상
확산 매개체	상층부의 초고온 증기(가연성 가스)의 발화	공간 내 모든 부분(상층과 하층) 가연물의 동시발화
복사열	열의 복사가 플래시오버 현상에 비해 상대적으로 약함	열의 복사가 강함
확대범위	화염선단부분이 주변공간으로 확대	일순간 전체공간으로 확대

(5) 최성기

① 화염의 분출이 강해지고, 온도가 최고조에 도달하여 화재진행단계에서 가장 격렬한 시기이다. 이때에는 연기량이 감소되고 화염이 분출된다(연기발생량 : 최성기 < 초기).

② 복사열로 인하여 인접건물에 연소할 우려가 있다.

③ 구획실 내에서 연소하는 가연물은 최대의 열량 발산과 많은 양의 연소생성 가스를 생성하지만 실내 산소 부족으로 연소속도가 느려진다. 단, 검은색의 농도가 진한 연기발생량이 많을 때는 성장기이다.

④ 구획실 내의 모든 가연성 물질들이 화재에 관련될 때에 일어난다. 따라서 연소가 활발하고 내부에 화염이 가득 차 있다.

⑤ 연소생성 가스의 양과 발산되는 열은 구획실의 배연(환기)구의 수와 크기에 의존한다.

⑥ 천장 등의 구조물 재료(콘크리트, 회반죽 등)가 붕괴된다. 이를 콘크리트 폭발현상이라 한다.

(6) 쇠퇴기(감퇴기)

① 쇠퇴기는 일명 감퇴기라고도 한다.

② 화세가 약화되고 부분적으로 소멸되는 시기이다.

③ 화재가 구획실 내에 있는 이용 가능한 가연물을 연소시킴에 따라 열 발산율은 감소하기 시작하고 지붕이나 벽체, 대들보나 기둥도 무너져 떨어지기도 한다.

④ 구획실 내의 가연물이 통제되면, 화재의 크기는 약화되어 온도는 내려가기 시작한다.

CHAPTER

02 특수현상(플래시오버, 백드래프트 등)과 대처법

01 절 플래시오버 현상

1 플래시오버 현상의 개념

(1) 성장기와 최성기 간의 과도기적 시기이다.

(2) 구획실 내부의 상태는 매우 급속하게 변화하는데 이때 화재는 처음 발화된 물질의 연소가 지배적인 상태로부터 구획실 내의 모든 노출된 가연성 물체의 표면이 관련되는 상태로 변한다.

(3) 뜨거운 가스층으로부터 발산하는 복사에너지는 일반적으로 $20kw/m^2$를 초과한다.

(4) 생성되는 가스는 천장부분의 가스층으로부터 발산하는 복사에너지에 의해 발화온도까지 가열된다.

(5) 플래시오버 현상이 발생하면 화재의 상변화가 격렬하다.

(6) 플래시오버 현상은 화재가 성장기(단계)에서 최성기로 접어들었음을 의미한다.

(7) 화재의 생애주기 중 가장 위험한 순간이다.

(8) 연기와 열이 화염으로 전환되는 것을 의미하기도 한다.

2 플래시오버 현상의 특징

(1) 전실화재이다.

(2) 순간적인 착화현상으로 전표면화재이다.

(3) 중기(최전성기 직전)에 비정상 연소된다.

(4) 복사열이 주원인(약 500℃ 이상 시)이다.

(5) 진한 연기가 밑으로 깔린다.

(6) 가연 → 난연 → 준불연재료 순으로 확대된다.

(7) 화원의 크기에 영향을 받는다.

(8) 개구부에 영향을 받는다.

3 플래시오버 현상에 영향을 미치는 조건

(1) 화원의 크기 : 화원의 위치와 크기를 말하며, 화원이 크면 발생·진행 시각이 빠르다.

(2) 내장재의 종류 : 실 내부에 수납된 가연물의 양과 성질을 말하며, 벽 재료보다는 천장재가 발생시각에 큰 영향을 미친다.

(3) 개구부의 조건 : 실 내부에 설치된 창의 높이, 면적 개구부 위치 및 크기를 말하며, 일정 면적에서 밀폐된 공간보다는 개구부(창문 등)가 클수록 발생 시각이 빠르다.

※ 연기층 가스온도는 대략 500 ~ 650℃(목조화재 시 800 ~ 900℃)가 된다.

4 플래시오버 현상의 방지대책

(1) 개구부가 너무 작거나 클 때 적당히 개구부를 제한한다.
(2) 개구부의 크기가 큰 경우는 정상 연소하며, 개구부의 크기가 작은 경우 플래시오버가 아닌 백드래프트 현상이 발생한다.
(3) 가연물의 양을 제한한다.
(4) 화원을 억제한다.
(5) 내장재(천장 등) 불연화 등이 있다.

5 플래시오버 현상의 징후(전조현상)

(1) 고온의 연기가 발생한다.
(2) 두텁고, 뜨겁고, 진한 연기가 아래로 쌓인다.
(3) 일정 공간 내에서의 계속적인 열을 집적한다.
(4) 일정 공간 내에서의 전면적인 자유연소가 발생한다.
(5) 롤오버(Rollover) 현상이 목격된다.
(6) 고온의 열기 때문에 소방대원이 낮은 자세로 진입할 수밖에 없는 경우가 있다.

6 목조건축물과 내화조 건축물에서의 플래시오버

(1) 목조건축물에서의 플래시오버 현상

목조건축물에서의 플래시오버 현상은 보통 화재발생으로부터 5 ~ 6분경에 발생(공간면적과 가연물에 따라 다름)되며, 이때 실내온도는 800 ~ 900℃ 정도가 된다.

(2) 내화조 건축물에서의 플래시오버

내화조 건축물 화재 시에는 실내에 화재가 발생하더라도 연소하는 데 많은 시간이 소요되므로 플래시오버 현상은 보통 화재발생으로부터 약 20 ~ 30분경에 발생(공간면적과 가연물에 따라 다름)한다.

7 플래시오버(Flashover) 현상과 백드래프트(Backdraft) 현상 비교

구분	플래시오버(Flashover) 현상	백드래프트(Backdraft) 현상
산소량	상대적으로 산소공급 원활	산소 부족
연소 현상	자유연소상태	불완전연소상태(훈소상태)
발생시점	성장기의 마지막이자 최성기의 시작점	성장기, 감퇴기
폭발성 유무	폭발 아님	폭발 현상임 충격파, 붕괴, 화염폭풍 발생
연소확대 주 매개체 (악화 요인)	열(축적된 복사열)	외부유입 공기(산소)

8 플래시오버 현상의 3대 지연 소방전술

(1) 배연·배열 지연법 : 창문 등을 개방하여 배연(환기)함으로써, 공간 내부에 쌓인 열을 방출시켜 플래시오버를 지연시킬 수 있으며 가시성 또한 향상시킬 수 있다.

(2) 공기차단 지연법 : 배연(환기)과 반대로 개구부(창문)을 닫아 산소를 감소시킴으로써 연소속도를 줄여 지연시킬 수 있다. 이 방법은 관창호스 연결이 지연되거나 모든 사람이 대피했다는 것이 확인된 경우, 적합한 방법이다.

(3) 냉각 지연법 : 분말소화기 등 이동식 소화기를 분사하여 화재를 완전하게 불가능하나, 일시적으로 온도를 낮출 수 있으며, 플래시오버를 지연시키고 관창호스를 연결할 시간을 벌 수 있다.

9 플래시오버 현상 발생 시 구조전술

(1) 자세를 낮춰야 할 정도로 고온의 짙은 연기(농연)이 있다면 플래시오버의 가능성을 고려해야 한다. 또한 롤오버 현상이 관찰된다면 플래시오버의 전조임을 기억해야 한다.

(2) 전조현상 중 하나가 관찰되면 일단 방어적 수색을 시작한다. 출입구를 진입하여 화점 공간에 들어갈 때 구조 대상자를 찾기 위해 출입문 뒤를 우선 살피고, 1.5m 이상 진입하지 말고 바닥을 훑으며 출입구 주변에 의식을 잃은 사람이 있는지 우선 확인한 후, 구조 대상자가 있는지 소리치고 응답을 듣는다. 응답이 없다면 출입문을 닫고 관창호스가 도착할 때까지 기다린다.

(3) 일반적으로 플래시오버가 발생한 공간에서는 수십 초 이상 생존할 가능성은 없다. 따라서 플래시오버 발생전 폭발력으로 인한 건축물 변형·강도약화로 붕괴, 비산, 낙하물 피해에 대비하여 방수모 등 개인보호 장구 이탈에 대비, 자세를 낮추고 대피방안을 강구한다.

02 절 가스(기체)의 열 균형

1 개념

가스의 열 균형은 가스가 온도에 따라 층을 형성하는 경향을 말한다. 즉 가장 온도가 높은 가스는 최상층에 모이는 경향이 있는 반면 낮은 층에는 보다 차가운 가스가 모이게 된다. 공기, 가스 및 미립자의 가열된 혼합체인 연기는 상승한다. 그 예로 지붕 위에 구멍을 뚫으면 연기는 건물이나 방으로부터 상승하여 밖으로 배출된다.

2 특성

열 균형의 특성 때문에 소방대원들은 낮은 자세로 진입하여 활동하여야 한다. 만약 열 균형을 이루고 있는 가스층에 직접 방수를 한다면, 높은 곳에서 배연구(환기구) 밖으로 나가는 가장 뜨거운 가스층은 방해를 받을 수 있다. 온도가 가장 높은 가스층에 물을 뿌리게 되면, 물은 수증기로 급속히 변화하여 구획실 내의 가스와 급속히 섞이게 된다. 연기와 수증기의 소용돌이치는 혼합은 정상적인 열 균형을 파괴하여 뜨거운 가스는 구획실 전체에 섞인다.

3 소화전술

소방대원들은 열 균형이 파괴되었을 때에 화상을 입게 된다. 일단 정상적인 열 균형이 파괴되면, 송풍기를 사용하는 것과 같은 강제배연방법으로 구획실 내의 가스를 배출시켜야 한다. 이러한 상태에 대한 적절한 조치로는 구획실을 배연시켜 뜨거운 가스를 빠져나가게 하고, 뜨거운 가스층으로부터 아래쪽에 있는 화점에 방수를 하는 것이다.

03 절 백드래프트(역화, back burn, Backdraft) 현상

1 백드래프트 현상의 개념

백드래프트는 역화 현상으로서 공기(산소)공급이 원활하지 않는 불완전연소상태인 훈소상태에서 화재로 인하여 실내 상부쪽으로 고온의 기체가 축적되고 온도가 높아져서 기체가 팽창하고 산소가 부족한 건물 내에서 갑자기 산소가 새로 유입될 때 화염이 폭풍을 동반하여 실외로 분출되는 고열가스의 폭발 또는 급속한 연소가 발생하는 현상이다.

(1) 백드래프트 현상은 불완전연소된 일산화탄소 등의 가연성 가스와 열의 집적과 적절하게 배연되지 않은 상태에 문의 손잡이가 뜨겁고 화재 가스들과 연기가 번갈아 가며 건물 내부에서 밖으로 향했다가 안으로 빨려들어 오면서 휘파람 소리를 내기도 하며, 산소가 결핍된 실내에 소방관이 소화활동이나 구조활동 중 문을 갑자기 개방하면 산소가 급격히 유입되면서 폭발하게 된다.

(2) 백드래프트 현상은 연기폭발 또는 열기폭발에 해당하며 주로 화재말기에 가까울수록 더 클 수 있으며 가스가 차있는 실내에 CO의 폭발범위(12.5 ~ 74%), 온도는 600℃ 이상일 때 발생된다.

(3) 작은 틈새나 구멍으로 나오는 압축된 연기, 건물 내에서 일정한 간격을 두고 빼끔대며 나오는 연기가 나타날 수도 있다.

(4) 미국에서 이 현상을 소방관 살인 현상이라고도 하며, 그 방지대책으로 실내 상부쪽 압력이 큰 천장 등을 개방, 폭발력의 억제, 격리, 소화, 환기 등이 있다.

2 백드래프트 현상의 잠재적인 징후

(1) 과도한 열의 축적

(2) 연기로 얼룩진 창문 등의 징후

(3) 화염이 조금 보이거나, 보이지 않을 수 있음

(4) 짙은 황회색으로 변하는 검은 연기(단 연기의 색상은 꼭 황회색은 아니고 검은색일 수도 있다)

(5) 건물의 균열로 인한 작은 틈이나 구멍을 통하여 건물 안으로 연기가 빨려 들어가는 현상이 발생되며, 이때 압력차에 의해 공기가 빨려들어 오면서 특이한 소리(휘파람소리 등)와 진동이 발생하기도 함

(6) 산소가 원활하지 못하여 불꽃이 노란색으로 보일 때도 있으며 훈소상태의 고열

3 백드래프트 현상의 소화

(1) **폭발력의 억제** : 실내온도 상승이 높고 출입문이 조금만 여는 것이 가능할 때에는 출입문을 닫아 둔 채로 두거나 조금만 열어 다량의 신선한 공기 유입을 막는다.

(2) **가연성 가스의 배기** : 출입문을 개방하기 전 천장의 환기구 개방 또는 상단의 유리창 파손을 통하여 폭발력을 억제할 수 있다.

(3) **소화** : 출입문 개방과 동시에 방수하여 폭발적 연소를 방지할 수 있다. 이 경우 측면 공격법을 사용할 수 있다.

*정면 공격법 : 고층건물 화재 시 정문으로 진입해 순차적으로 소화해가면 진입하는 방법

(4) **격리** : 소방대가 방호구역을 설정하고 문이나 창 등을 개방 또는 파괴하여 폭발과 연소를 일으키며 화점으로 주수하면 전진하는 방법으로 소방대의 안전을 도모할 수 있다.

✔ Check 백드래프트 현상의 3대 소화전술

① **배연(지붕환기)법** : 연소 중인 건물 지붕 채광창을 개방하여 환기시키는 것은 백드래프트(Backdraft)의 위험으로부터 소방관을 보호할 수 있는 가장 효과적인 방법 중 하나이다. 상황이 허락된다면, 지붕에 개구부를 만들어 환기한다. 비록 백드래프트(Backdraft)에 의한 폭발이 일어나더라도, 대부분의 폭발력이 위로 분산될 것이다.
② **급냉(담금질)법** : 화재가 발생된 밀폐 공간의 출입구에 완벽한 보호 장비를 갖춘 집중 방수팀을 배치하고 출입구를 개방하는 즉시 바로 방수함으로써 폭발 직전의 기류를 급냉시키는 방법이다. 이와 같은 집중방수의 부가적인 효과는 일산화탄소 증기운의 농도를 폭발하한계 이하로 떨어뜨리는 것이다. 이 방법은 배연법만큼 효과적이지 않지만, 이것이 유일한 방안인 경우가 많다.
③ **측면 공격법** : 이것은 화재가 발생된 밀폐 공간의 개구부(출입구, 또는 창문) 인근에서 이용 가능한 벽 뒤에 숨어 있다가 출입구가 개방되자마자 개구부입구를 측면 공격하고, 화재 공간에 집중 방수함으로써 백드래프트(Backdraft) 현상을 방지하는 방법이다.

4 소방전술적 측면에서 백드래프트(Backdraft) 현상에 대한 대처법

(1) 지붕배연 작업을 통해 가연성 가스와 집적된 열을 배출시킨다(냉각작업).

(2) 배연작업 전에 창문이나 문을 통한 배연 또는 진입을 시도해서는 안 된다.

(3) 급속한 연소 현상에 대비하여 소방대원은 낮은 자세를 유지한다.

(4) 일반적으로 적절한 내부공격시점은 지붕배연작업 후이다.

(5) 출입구나 개구부 개방이 불가피할 경우 가능한 서서히 개방한다.

5 백드래프트와 플래시오버의 비교

기본적으로 백드래프트(Backdraft)보다 플래시오버(Flashover)가 발생빈도가 높다. 또한 백드래프트(Backdraft)는 폭발이고, 플래시오버(Flashover)는 폭발이 아니라는 점이다.

구분	플래시오버(Flashover)	백드래프트(Backdraft)
개념	구획 내 가연성 재료의 전 표면이 불로 덮이는 전이 현상으로 화재가 발생하는 과정에 있어서 화원 근처에 한정되어 있던 연소영역이 조금씩 확대 → 이 단계에서 발생한 가연성 가스는 천장 근처에 체류 → 이 가스농도가 증가하여 연소범위 내의 농도에 도달하면 착화하여 화염에 놓이게 됨 → 그 이후에는 천장면으로부터의 복사열에 의하여 바닥면 위의 가연물이 급속히 가열·착화하여 바닥면의 가연성 물질 등 전체가 순간적으로 연소확대형상으로 화염으로 덮이게 되는 현상	화재 중기 또는 말기의 불완전한 화재로서 가스가 차 있는 상태에서 소화활동 등을 위하여 실내문을 개방할 때 신선한 산소가 유입되어 실내에 축적되었던 일산화탄소 등의 가연성 가스가 순식간에 폭발적으로 연소함으로써 화재가 폭풍을 동반하여 실외로 분출하는 현상
조건	• 평균온도 : 500 ~ 600℃ 전후 • 산소농도 : 10%	• 실내 가열 • 가연성 가스 축적
기타	확산연소 형태	예혼합연소 형태
발생시기	화재성장기 (주로 화재 1단계)	최성기 전 단계 또는 감쇠기 (주로 화재 3단계)
공급원	복사열이 주된 요인	산소가 주된 요인
영향	폭풍 혹은 충격파가 없음	폭풍 혹은 충격파를 수반함
전단계 연소	• 자유연소상태 • 실 개방	• 불완전연소상태(훈소상태) • 실 밀폐
산소량	상대적으로 산소가 원활	산소부족(급작스러운 산소 유입)
방지대책	• 개구부의 제한 • 가연물 양의 제한 • 화원의 억제 • 내장재(천장 등) 불연화	• 폭발력 억제 : 문을 적게 열어 공기공급을 적게 하거나 천장개방으로 폭발력을 개방된 천장으로 제한 • 격리 : 개구부 파괴 후 일단 후퇴한 후 재진입

		• 소화 : 불씨를 없게 하여 가연성 가스 생성을 차단 • 환기 : 개구부 개방 전 환기대책 강구, 천장 개방

*훈소 : 밀폐된 공간에 산소가 부족하여 불꽃연소를 가지지 못하며 불씨연소만 가지는 상태의 연소
*롤오버 : 화재 초기 화염의 가연성 가스가 실내의 천장을 빠른 속도로 산발적으로 구르는 현상
*플래시오버 : 화재중기 상태에서 카메라 섬광의 플래시처럼 갑작스러운 연소 착화현상으로 비정상 연소
*백드래프트 : 산소가 부족한 밀폐된 공간에 불씨연소로 인한 가스가 가득 차 있는 상태에서 갑자기 개구부 개방으로 새로운 산소가 유입될 때 불씨가 화염으로 변하면서 폭풍을 동반하여 실외로 분출되는 가스폭발

6 폭발압력효과

압력(Peak Pressure)	효과(Effect)
0.5psi	창문에 심한 충격이 가해짐
1psi	소방관이 넘어짐
1 ~ 2psi	목재구조 벽이 붕괴됨
2 ~ 3psi	콘크리트 블록 벽이 붕괴됨
7 ~ 8psi	벽돌조 벽이 붕괴됨

*psi(Pound per Square Inch) : 압력의 단위이며, 1평방 인치 당의 파운드(중량)

7 백드래프트의 징후와 소방전술

징후		소방전술
건물내부 관점	건물외부 관점	
• 압력차에 의해 공기가 빨려들어오는 특이한 소리(휘파람소리 등)와 진동의 발생 • 건물 내로 되돌아오거나 맴도는 연기 • 훈소가 진행되고 있고 높은 열이 집적된 상태 • 부족한 산소로 불꽃이 약화되어 있는 상태(노란색의 불꽃)	• 거의 완전히 폐쇄된 건물일 것 • 화염은 보이지 않으나 창문이나 문이 뜨거움 • 유리창 안쪽에서 타르와 같은 물질(검은색 액체)이 흘러내림 • 건물 내 연기가 소용돌이침	• 지붕배연 작업을 통해 가연성 가스와 집적된 열을 배출(냉각작업) • 배연작업 전에 창문이나 문을 통한 배연 또는 진입을 시도해서는 안 됨 • 급속한 연소 현상에 대비하여 소방대원은 낮은 자세를 유지 • 일반적으로 적절한 내부공격시점은 지붕배연작업 후 • 출입구나 개구부 개방이 불가피할 경우 가능한 서서히 개방

04 절 연료지배형 화재 및 환기지배형 화재

구획된 건물 화재현상에 따라 연료지배형 화재 및 환기지배형 화재로 나눈다.

1 연료지배형 화재와 환기지배형 화재

플래시오버 이전의 화재는 연료지배 화재이고, 플래시오버 이후의 화재는 환기지배 화재이다.

(1) 연료지배형 화재(환기 원활)

연소속도는 분해, 증발율에 비례한다. 화세가 약한 초기에는 산소량이 원활하므로 화재는 공기량보다 실내의 가연물에 의해 지배되는 연료지배형의 연소형태를 갖는다.

(2) 환기지배형 화재(환기 비정상)

연소속도는 환기요소에 비례한다. 플래시오버에 이르러서 실내온도가 급격히 상승하여 가연물의 열분해가 진행되고 화세가 강하게 되면 산소량이 급격히 소진되어 환기가 잘 되지 않으며 연소 현상은 연료지배형에서 환기량에 지배되는 환기지배형으로 전환된다.

2 연료지배형과 환기지배형의 비교

(1) 환기지배형 화재는 공기공급이 충분하지 않으므로 불완전연소가 심하다.

(2) 연료지배형 화재는 공기공급이 충분한 조건에서 발생한 화재가 일반적이다.

(3) 연료지배형 화재는 주로 큰 창문이나 개방된 공간에서, 환기지배형 화재는 내화구조 및 콘크리트 지하층에서 발생하기 쉽다.

(4) 일반적으로 플래시오버 이전의 화재는 연료지배형 화재이고, 이후의 화재는 환기지배형 화재이다.

(5) 환기요소인 A는 개구부 면적(A)과 개구부 높이(H)에 같이 비례하지만, H보다는 A에 더 큰 영향을 받는다. 즉 개구부의 높이보다는 개구부의 면적이 더 영향이 크다.

구분	연료지배형(환기정상) → 연료부족 한정된 공간 → 연료보다 산소가 많음	환기지배형(환기불량) → 환기부족 한정된 공간 → 연료보다 산소가 적음
지배 요인	• 연료지배(연료 < 환기) • 통기가 많고, 가연물이 제한 (연료량에 비해 환기량은 충분함)	• 환기지배(연료 > 환기) • 가연물이 많고, 통기가 적음 (환기량에 비해 연료량이 충분함)
발생 장소	목조건물, 개방된 건물, 큰 창문 등	내화구조, 지하, 무창층, 콘크리트 등
산소량	상대적으로 산소공급이 원활	화세가 강하고 산소가 소진되어 상대적으로 산소가 부족
발생 시기	플래시오버 이전(성장기로 온도가 낮음)	플래시오버 이후(최성기로 온도가 높음)
연소 속도 · 시간	환기요소에 영향을 받지 않아 연소속도가 빠르고, 연소시간이 짧음	환기요소에 영향을 받아 연소속도는 느리고, 연소시간은 길

화재가혹도	작음(외부에서 신선한 찬공기 유입)	큼(다량의 가스가 존재)
위험성	피난의 안정성 확보가 필요	백드래프트 영향에 주의
환기 요소 $A\sqrt{H}$	환기요소에 영향을 받지 않으므로 환기요소인 A에 지배를 받지 않음	환기요소에 영향을 받음으로 환기요소인 A에 지배를 받음
환기 소요식 $A\sqrt{H}$	• A : 개구부 또는 창문의 면적 • H : 개구부 또는 창문의 높이 • 개구부가 작으면 온도가 낮고, 지속시간이 길 • 개구부가 크면 온도가 높고, 지속시간이 짧음 • 개구부가 아래에 있는 것보다 위에 있는 것이 좀 더 환기가 잘 됨	• 온도인자 : $\frac{A\sqrt{H}}{A_r}$ ※ A_r : 실내의 전표면적 • 실내면적이 좁은면 온도가 높아짐(반비례) • 실내면적이 넓으면 온도는 낮아짐(반비례) • 지속시간인자(F) : $\frac{A_F}{A\sqrt{H}}$ ※ A_F : 바닥면적 • 바닥면적이 커지면 지속시간은 길어짐(비례) • 바닥면적이 작으면 지속시간은 짧아짐(비례) • 온도가 높으면 빨리 탐(비례) • 온도가 낮으면 늦게 탐(비례)
환기 관계	$A\sqrt{H}$는 개구부 면적에 비례하고, 개구부는 높이의 루트(제곱근, 평방근)에 비례함	
환기 요소	$A\sqrt{H}$는 환기가 잘 되면 온도에 비례하고, 지속시간에 반비례하여 불은 빨리 탐	

05 절 목조건축물과 내화구조 건축물의 화재 진행

1 목조건축물의 화재진행 과정

화재의 출화를 기준으로 한 목조건축물의 진행과정은 다음과 같다.

화재의 원인 → 무염착화 → 발염착화 → 화재출화(발화) → 최성기(맹화) → 연소낙화 → 진화

2 목재의 흔

(1) 훈소흔

목재표면에 발열체가 밀착되었을 때 그 밀착부위의 목재표면에 생기는 연소 흔적이다. 훈소흔은 시간이 경과하면 직경과 깊이가 변하면서 탄화한다.

(2) 균열흔(연소흔)

목재표면이 고온의 화염을 받아 연소될 때 표면으로 분출되는 흔적으로 '① 완소흔 → ② 강소흔 → ③ 열소흔' 순으로 변한다.

① 완소흔 : 700 ~ 800℃로 3・4각 형태를 띤다.
② 강소흔 : 900℃로 요철형태를 띤다.
③ 열소흔 : 1,100℃로 환형형태를 띤다.

(3) 목재의 연소 시 산화물

일산화탄소, 질소산화물, 사이안화수소, 이산화탄소 등이 있다.

3 내화구조 건축물의 화재 진행

(1) 초기

다량의 연기가 발생하고, 연소가 완만하다.

(2) 성장기

흑색 연기 및 화염 등이 분출, 실내 전체가 한순간에 화염으로 휩싸인다.

(3) 최성기

천장 등의 구조물 재료(콘크리트, 회반죽 등)가 붕괴된다. 이는 콘크리트 폭발현상이라 한다.

(4) 감쇠기

흑색 연기가 차츰 백색으로 변하면서 화세가 점점 약해지는 시기이다.

4 목재구조와 내화구조의 비교

구분	목재구조	내화구조
최고온도	1,100 ~ 1,300℃	900 ~ 1,100℃
진행시간	30 ~ 40분	2 ~ 3시간
특징	고온 단기형(대체적으로 1시간이 안됨)	저온 장기형

06 절 건조물화재 및 방화계획관리

1 건축물 내부화재 성상의 변화요인

- 화원의 위치와 크기
- 실내에 있는 가연물의 배치
- 실의 넓이와 모양
- 실 내부의 가연물질의 양과 그 성질
- 화재 시 기상상태
- 실의 개구부 위치 및 크기

(1) 목조건축물의 화재

목재의 구성성분은 산소, 수분, 탄소와 소량의 질소로 구성된다.

① 화재성상이 "고온 단기형"의 특징을 보인다.

② 건조한 목재는 셀룰로오즈가 주성분이며, 목재는 열전도도가 낮고 단열효과가 높다. 목재구조의 건물이 경량철골구조의 건물보다 화재 시 더 오래 견딜 수 있는 이유이다.

③ 목재의 열분해단계

㉠ 약 200℃ : 가연성 가스 발생

㉡ 약 200 ~ 280℃ : 흡열반응과 이산화탄소 발생

㉢ 약 280 ~ 500℃ : 발열반응과 탄화물들의 2차 반응 발생

㉣ 약 500℃ : 목탄이 생성되기 시작

④ 목재의 연소

㉠ 목재의 화재위험온도는 260℃ 정도이다.

㉡ 목재화재 시 온도별 상태

약 100 ~ 160℃	약 220 ~ 260℃	약 300 ~ 350℃	약 420 ~ 470℃
갈색	목재의 분해	갈색 → 흑갈색	탄화종료

㉢ 목재의 연소에 영향을 주는 요인

ⓐ 목재의 비표면적

ⓑ 공급상태

ⓒ 온도

ⓓ 수분 함유량

ⓔ 열전도율

ⓕ 열팽창

ⓖ 가열속도 및 시간

⑤ 목조건축물의 화재진행

화재원인 → 무염착화 → 발염착화 → 발화 → 최성기 → 연소낙화 → 진화

※ 발염착화까지 화재진행 중 초기로 분류하며, 발화부터 중기 이후로 분류한다.

⑥ 목조건축물의 화재원인

㉠ 비화

ⓐ 화재로 인해 불꽃 등이 먼 거리까지 날아가 발화하는 현상이다.

ⓑ 풍화방향이 10 ~ 25° 범위에서 가장 위험하며, 800m 전후의 비화 범위에서 잘 발생한다.

㉡ 접염

화염에 직접 접촉에 의해 다른 화재로 전파된다.

㉢ 복사열

ⓐ 직접적인 매개체 없이 열의 전파에 의해 화재가 전파된다.

ⓑ 온도가 높을수록, 화염의 크기가 클수록 복사열의 전파거리는 길어진다.

⑦ 목조건축물 화재의 특성

㉠ 바람의 세기가 강할수록 풍하 측(바람이 불어가는 후방 측)으로 연소 확대가 빠르다.

㉡ 횡방향보다 종방향의 화재성장이 빠르다.

㉢ 목조건축물의 화재의 최고온도는 1,100 ~ 1,300℃ 정도이며, 화재의 진행 시간이 30 ~ 40분 정도라 "고온 단기형"으로 분류한다.

(2) 내화건축물의 화재

① 내화건축물의 화재성상은 "저온 장기형"으로 분류한다.

② 내화건축물은 2 ~ 3시간 동안 화재진행이 이루어지므로, 고온 유지시간이 길며 실내 최고온도는 900 ~ 1,100℃ 정도이다.

③ 화재진행

㉠ 초기 : 다량의 연기가 발생하고 연소가 완만

㉡ 성장기 : 검은 연기 및 화염 등이 분출하고 실내 전체가 한순간에 화염으로 휩싸이는 현상

㉢ 최성기 : 천장 등의 구조물 재료(콘크리트, 회반죽, 장식물 등)가 무너져 내리는 현상 발생 → 콘크리트 폭열현상(1,500℃ 이상으로 30분 이상 시)

㉣ 종기 : 화세가 약해지는 시기

④ 내화건축물 화재 시에는 성장기에서 최성기로 넘어가는 단계에서 플래시오버 현상이 발생된다. 플래시오버 발생시간을 보면 ㉠ 가연성 재료는 3 ~ 4분, ㉡ 난연성재료는 5 ~ 6분, ㉢ 준불연재료는 7 ~ 8분 정도가 소요된다.

⑤ 내화건축물 화재의 특성

㉠ 발염연소가 억제된다.

㉡ 화재 초기부터 발열량이 많다.

㉢ 인명피해가 발생하는 경우가 많다.

⑥ 특수한 화재현상

㉠ 플래시백(Flashback) : 화염이 최초의 발화원으로 다시 되돌아와 옮겨 붙는 현상이다. 즉, 불이나 고온의 표면 근처에서 인화성 액체 용기를 들고 액체를 부었을 때 인화성 액체를 타고 화염이 용기를 향해 역으로 연소해 들어가는 현상을 말한다.

㉡ 백드래프트(Backdraft) : 연소에 필요한 산소가 부족하여 훈소상태에 있는 실내에 산소가 갑자기 다량 공급될 때 연소가스가 순간적으로 발화·폭발하는 현상이다.

㉢ 플래시오버(Flashover) : 실내에서 어느 부분이 무염 연소 또는 연소 확대되는 과정에서

시간이 경과함에 따라 가연성 증기의 농도가 짙어져 가연성 혼합기로 되어가며 실내의 온도가 점점 높아진다. 마침내 실내의 온도가 가연성 혼합기의 인화점 또는 착화점보다 높아지면 순간 폭발적으로 혼합기가 연소되며 실내의 가연물에 일시에 착화된다. 이러한 현상은 실내가 밀폐되어 있을수록, 가연성 가스를 낼 수 있는 가연물이 많을수록 잘 일어난다. 목조건물의 경우 대략 실내온도 600℃ 전후에서 일어나며 이러한 현상 직후 온도는 900 ~ 1,100℃로 급격히 상승한다.

※ 플래시오버 = 순발연소 = 혼합연소 = 비정상연소

㉣ 롤오버(Rollover) : 플래시오버가 발생하기 직전에 작은 불들이 연기 속에서 산재해 있는 상태이다. 작은 불들은 고열의 연기가 충만한 방의 천장 부근 또는 개구부의 상부에서 뿜어져 나오는 연기에 섞여 나타난다.

2 기타 화재 · 성장

(1) 직물(섬유)류의 화재

① 천연섬유

㉠ 식물성섬유 : 연소성이 좋은 셀룰로오즈로 구성되어 있으며, 착화온도는 약 400℃ 정도에 연소 시 이산화탄소, 일산화탄소, 물 등이 생성된다.

㉡ 동물성섬유 : 주성분이 단백질로 구성되어 있으며, 착화온도는 약 600℃ 정도, 연소생성물로 사이안화수소가 많다.

㉢ 비교 : 식물성 섬유(면)는 동물성 섬유(모)보다 착화 및 연소시키기가 쉽고 연소속도가 빠르다. 이는 면이 착화온도가 낮기 때문이다. 반면 “모”는 “면”에 비해 소화시키기가 쉽다.

② 합성섬유

㉠ 아세테이트 : 착화온도 약 475℃

㉡ 나일론 : 용융점 160 ~ 260℃ 정도, 착화온도 약 425℃ 이상

㉢ 폴리에스텔 : 용융점 256 ~ 292℃ 정도, 착화온도 약 450 ~ 485℃

㉣ 올레핀 : 착화온도는 약 570℃, 연소속도가 느리다.

㉤ 고무 : 연소하면서 용융하며 검은 그을음이 발생된다.

③ 방염섬유

㉠ 섬유류나 내장재료 등은 L.O.I 및 발화점이 높을수록 안전하다.

* L.O.I(Limited Oxygen Index) : 산소의 최저 체적농도

㉡ 화학물질의 연소성 억제 방법

ⓐ 화학물질이 비가연성 가스를 발생하여 산소를 제거시키도록 한다.

ⓑ 화학물질 자체의 반응이 흡열반응이 되도록 한다.

ⓒ 연소반응을 변화시킬 수 있는 작은 입자가 생성되도록 한다.

ⓓ 화학물질의 반응으로 발생한 화염이 연쇄반응을 방해한다.

㉢ 난연화 방법
ⓐ 재료의 열분해 속도를 제어하는 방법
ⓑ 재료의 표면에 열전달을 제어하는 방법
ⓒ 재료의 열분해 생성물을 제어하는 방법
ⓓ 재료의 기상반응을 제어하는 방법

(2) 플라스틱화재

① 플라스틱의 분류

㉠ 열가소성 : 열을 가하면 부드러워지고 모양을 누르면 그 모양대로 찍힌다. 열을 식히면 찍힌 모양대로 굳어지는데, 다시 열을 가하면 부드러워져 마음대로 다른 모양으로 바꿀 수 있는 성질을 말한다. 폴리에틸렌, 폴리스틸렌, 폴리프로필렌, 폴리염화비닐, 아크릴로니트릴스티렌, 폴리아미드, 폴리아세탈 등의 물질이 있다.

㉡ 열경화성 : 열을 가하면 부드럽게 되고 모양에 따라 마음대로 변형할 수 있는 점은 열가소성과 같다. 한 번 냉각하면 이번에는 열을 가해도 부드럽게 되지 않고, 따라서 또다시 다른 모양으로 변형할 수 없는 성질을 말한다. 페놀수지, 우레아수지, 멜라민수지, 에폭시수지, 불포화 폴리에스터수지, 다이아릴프탈레이트 수지 등이 있다.

② 플라스틱의 연소과정

[1단계] 초기연소(흡열반응) → [2단계] 연소 증강(분해반응) → [3단계] 플래시오버 → [4단계] 최성기 → [5단계] 화재확산

③ 플라스틱화재의 위험성

㉠ 산소결핍, 화염, 열, 유독성 연소생성물, 연기, 건물 붕괴 등
㉡ 플라스틱의 연소생성물은 이산화탄소와 일산화탄소를 함유
㉢ 연소성질
ⓐ 불에 잘 타고 연소속도가 빠른 성질을 가지고 있는 이연성이 있다.
ⓑ 잘 타지 않는 난연성도 있으며, 난연성 플라스틱은 불완전연소 중에 연기와 유독성 가스를 많이 발생시킨다.
㉣ 연소특성
ⓐ 열의 발생량이 높은 것이 많다.
ⓑ 연기의 발생량이 많은 것이 있다.
ⓒ 연소속도가 빠르고 느린 것이 있다.
ⓓ 연소온도는 약 1400 ~ 1500℃, 발화온도는 약 300 ~ 500℃이다.

3 내화구조의 기준

(1) 건축물의 주요구조부 : 벽, 기둥, 바닥, 보, 지붕 및 주계단

(2) 내화구조 : 철근콘크리트조, 연와조, 기타 이와 유사한 구조로 대통령령으로 정한 내화성능을 가지는 것을 말하며, 최종적인 단계에서 내장재가 전소된다 하더라도 수리하여 재사용할 수 있는 구조

✔Check 내화구조의 기준

(1) 벽(외벽 중 비내력벽 제외)
① 철근콘크리트조 또는 철골철근콘크리트조로서 두께가 10센티미터 이상인 것
② 골구를 철골조로 하고 그 양면을 두께 4센티미터 이상의 철망모르타르(그 바름바탕을 불연재료로 한 것으로 한정한다. 이하 이 조에서 같다) 또는 두께 5센티미터 이상의 콘크리트블록·벽돌 또는 석재로 덮은 것
③ 철재로 보강된 콘크리트블록조·벽돌조 또는 석조로서 철재에 덮은 콘크리트블록 등의 두께가 5센티미터 이상인 것
④ 벽돌조로서 두께가 19센티미터 이상인 것
⑤ 고온·고압의 증기로 양생된 경량기포 콘크리트패널 또는 경량기포 콘크리트블록조로서 두께가 10센티미터 이상인 것

(2) 외벽 중 비내력벽
① 철근콘크리트조 또는 철골철근콘크리트조로서 두께가 7센티미터 이상인 것
② 골구를 철골조로 하고 그 양면을 두께 3센티미터 이상의 철망모르타르 또는 두께 4센티미터 이상의 콘크리트블록·벽돌 또는 석재로 덮은 것
③ 철재로 보강된 콘크리트블록조·벽돌조 또는 석조로서 철재에 덮은 콘크리트블록 등의 두께가 4센티미터 이상인 것
④ 무근콘크리트조·콘크리트블록조·벽돌조 또는 석조로서 그 두께가 7센티미터 이상인 것

(3) 기둥(작은 지름이 25센티미터 이상)
다만, 고강도 콘크리트(설계기준강도가 50MPa 이상인 콘크리트를 말한다. 이하 이 조에서 같다)를 사용하는 경우에는 국토교통부장관이 정하여 고시하는 고강도 콘크리트 내화성능 관리기준에 적합해야 함
① 철근콘크리트조 또는 철골철근콘크리트조
② 철골을 두께 6센티미터(경량골재를 사용하는 경우에는 5센티미터) 이상의 철망모르타르 또는 두께 7센티미터 이상의 콘크리트블록·벽돌 또는 석재로 덮은 것
③ 철골을 두께 5센티미터 이상의 콘크리트로 덮은 것

(4) 바닥
① 철근콘크리트조 또는 철골철근콘크리트조로서 두께가 10센티미터 이상인 것
② 철재로 보강된 콘크리트블록조·벽돌조 또는 석조로서 철재에 덮은 콘크리트블록 등의 두께가 5센티미터 이상인 것
③ 철재의 양면을 두께 5센티미터 이상의 철망모르타르 또는 콘크리트로 덮은 것

(5) 보(지붕틀을 포함한다)
다만, 고강도 콘크리트를 사용하는 경우에는 국토교통부장관이 정하여 고시하는 고강도 콘크리트내화성능 관리기준에 적합해야 한다.
① 철근콘크리트조 또는 철골철근콘크리트조
② 철골을 두께 6센티미터(경량골재를 사용하는 경우에는 5센티미터) 이상의 철망모르타르 또는 두께 5센티미터 이상의 콘크리트로 덮은 것
③ 철골조의 지붕틀(바닥으로부터 그 아랫부분까지의 높이가 4m 이상인 것에 한한다)로서 바로 아래에 반자가 없거나 불연재료로 된 반자가 있는 것

(6) 지붕
① 철근콘크리트조 또는 철골철근콘크리트조
② 철재로 보강된 콘크리트블록조 · 벽돌조 또는 석조
③ 철재로 보강된 유리블록 또는 망입유리(두꺼운 판유리에 철망을 넣은 것을 말한다)로 된 것

(7) 계단
① 철근콘크리트조 또는 철골철근콘크리트조
② 무근콘크리트조 · 콘크리트블록조 · 벽돌조 또는 석조
③ 철재로 보강된 콘크리트블록조 · 벽돌조 또는 석조
④ 철골조

(3) 건축재료의 분류
① 불연재료 : 콘크리트, 석재, 벽돌, 기와, 석면판, 철강, 알루미늄, 유리, 시멘트모르터, 석회 등의 불연성 재료
② 준불연재료 : 석고보드, 목모, 시멘트판 등의 불연재료에 준하는 방화성능을 가진 건축재료
③ 난연재료 : 난연 플라스틱판, 난연 합판 등 불에 잘 타지 아니하는 성능을 가진 건축재료

(4) 내화구조의 설정조건
① 내화도, ② 파괴성, ③ 불연성의 물성이 온도 1,580℃에서 변화가 없어야 한다.

4 건축물의 화재하중

(1) 화재하중이란 일정구역 내에 있는 예상 최대 가연물질의 양을 말한다.

(2) 등가가연물량을 화재구획에서의 단위면적당으로 나타낸 것이다.

(3) 실내의 화재온도는 창 면적, 창 높이, 실내표면적, 벽 · 천장의 열정수 등에 지배되며, 화재지속시간은 가연물량, 창 면적, 창 높이 등에 의하여 결정된다.

(4) 화재하중의 감소 및 화재발생의 저지방법에는 내장재의 불연화 및 가연물의 제한, 가연물질의 수납물이 노출되지 않도록 하는 것이 있다.

(5) 방염성능의 측정기준

① 잔염시간 : 착화 후에 버너를 제거한 때부터 불꽃을 올리면서 연소하는 상태가 그칠 때까지의 경과시간

② 잔진시간 : 착화 후에 버너를 제거한 때부터 불꽃을 올리지 아니하고 연소하는 상태가 그칠 때까지의 경과시간

③ 탄화면적 : 잔염시간 또는 잔진시간 내에 탄화하는 면적

④ 탄화길이 : 잔염시간 또는 잔진시간 내에 탄화하는 길이

⑤ 접염횟수 : 완전히 용융될 때까지 필요한 불꽃을 접하는 횟수

5 건축물의 방화구조

(1) 개념

① 일정 시간 동안 일정 구획에서 화재를 한정시키는 구조

② 화재에 대한 내력은 없더라도 화재 시 건축물의 인접부분으로 연소되는 것을 방지하는 구조

③ 화염의 확산을 막을 수 있는 성능을 가진 구조로서 국토교통부령으로 정하는 기준에 적합한 구조

(2) 특징

① 내화구조보다는 방화성능이 적다.

② 화재성장기의 화재저항을 갖는다.

(3) 방화구조의 기준

① 철망모르터 바르기로 바름두께가 2cm 이상인 것

② 석면시멘트판 또는 석고판 위에 시멘트모르터 또는 회반죽을 바른 것으로 두께의 합계가 2.5cm 이상인 것

③ 두께 1.2cm 이상의 석고판 위에 석면시멘트판을 붙인 것

6 방화구획

(1) 개념

① 실내화재 발생 시 하중지지력, 차염성, 차열성을 확보하기 위하여 설정하는 구획으로 인접 구역의 화염, 열 연기의 확산 방지를 함

② 주요구조부가 내화구조 또는 불연재료로 된 건축물로서 연면적 1,000m² 이상인 경우 구획함

(2) 면적별 기준

① 10층 이하의 층은 바닥면적 1,000m²(스프링클러설비 등 기타 이와 유사한 자동식 소화설비를 설치한 경우에는 바닥면적 3,000m²) 이내마다 구획할 것

② 매 층마다 구획할 것(다만, 지하 1층에서 지상으로 직접 연결하는 경사로 부위는 제외한다)

③ 11층 이상의 층은 바닥면적 200m²(스프링클러설비 등 기타 이와 유사한 자동식 소화설비를 설치한 경우에는 바닥면적 600m²) 이내마다 구획할 것[다만, 벽 및 반자의 실내에 접하는 부분의 마감을 불연재료로 한 경우에는 바닥면적 500m²(스프링클러설비 등 기타 이와 유사한 자동식 소화설비를 설치한 경우에는 바닥면적 1,500m²) 이내마다 구획한다]

④ 필로티나 그 밖에 이와 비슷한 구조(벽면적의 1/2 이상이 그 층의 바닥면에서 위층 바닥 아래면까지 공간으로 된 것만 해당한다)의 부분을 주차장으로 사용하는 경우 그 부분은 건축물의 다른 부분과 구획할 것

(3) 층별 기준

① 매 층마다 구획(지하 1층에서 지상으로 직접 연결하는 경사로 부분은 제외)

② 지하층의 각 층

③ 3층 이상의 각 층

④ 내화구조의 바닥, 벽 및 60+ 방화문, 자동방화셔터로 방화구획

(4) 용도별 기준

① 주요구조부를 내화구조로 하여야 하는 대상 부분과 기타 부분 사이에 구획

② 내화구조의 바닥 벽 및 60+ 방화문, 자동방화셔터로 방화구획

(5) 수직관통부별

① 수직관통부분과 타부분을 내화성능 벽이나 방화문으로 구획

② 계단, 엘리베이터, 에스컬레이터, 설비용 샤프트(Shaft)

(6) 목조건축물

① 바닥면적 1,000m² 이내마다 구획

② 방화벽으로 방화구획

✓ Check 소방시설의 구획 용어정리

① 방화구획

㉠ 실내화재 발생시 하중지지력, 차염성, 차열성을 확보하기 위하여 설정하는 구획으로 인접구역의 화염, 열 연기의 확산 방지를 함

㉡ 주요구조부가 내화구조 또는 불연재료로 된 건축물로서 연면적 1,000m² 이상인 경우 구획하는 것

② 방연구획

연기가 확산되지 않도록 일정한 성능을 갖춘 방연벽 등을 설치하는 것

③ 제연구획

설비에 의한 차압을 발생시켜 화재나 연기가 구획내로 들어오지 못하도록 설비시설을 설치하는 것

④ 안전구획

화재발생시 인명의 피난에 안전하도록 방화, 방연상 구획되고 제연설비를 갖춘 안전한 장소를 말함

⑤ 면적구획
면적에 따라 소방시설의 설치를 구획하는 것

7 방화벽

방화벽이란 화재발생 시 화염확산을 방지하기 위해 공간을 구획하는 것을 말한다.

(1) 방화벽은 주요 구조부가 내화구조 또는 불연재료가 아닌 연면적 1,000m^2 이상인 건축물에 설치한다.
 ① 홀로 설 수 있는 구조
 ② 지붕면으로부터 0.5m 이상 튀어나오게 할 것
 ③ 방화벽에 설치하는 출입문의 너비 및 높이는 각각 2.5m 이하로 하고, 해당 출입문에는 60+ 방화문 또는 60분 방화문을 설치할 것

(2) 연면적 1,000m^2 이상인 목조건축물 외벽 및 처마 밑의 연소할 우려가 있는 부분을 방화구조로 하되, 그 지붕은 불연재료로 한다.

8 방화문

(1) 방화문의 종류
 ① 60분+ 방화문 : 연기 및 불꽃을 차단할 수 있는 시간이 60분 이상이고, 열을 차단할 수 있는 시간이 30분 이상인 방화문
 ② 60분 방화문 : 연기 및 불꽃을 차단할 수 있는 시간이 60분 이상인 방화문
 ③ 30분 방화문 : 연기 및 불꽃을 차단할 수 있는 시간이 30분 이상 60분 미만인 방화문

(2) 방화문은 항상 닫힌 상태를 유지하여야 하며, 언제나 개방 가능하고, 기계장치(도어릴리즈) 등에 의하여 스스로 닫혀야 한다.

9 건축물의 경계벽 및 간막이벽

(1) 경계벽 및 간막이벽은 내화구조로 함
(2) 철근콘크리트조, 철골·철근콘크리트조로서 두께가 10cm 이상인 것
(3) 무근콘크리트조 또는 석조로서 두께가 10cm(시멘몰타르·회반죽 또는 석고플라스터의 바름두께를 포함) 이상인 것
(4) 콘크리트 블록조 또는 벽돌조로서 두께가 19cm 이상인 것
(5) 경계벽 및 간막이벽 구획

10 개구부의 내화도

(1) A급 개구부 : 건물과 건물 간의 벽에서의 개구부로서 내화율은 3시간 이상

(2) B급 개구부 : 건물 내 계단 및 엘리베이터 등 수직으로 통하는 개구부로서 내화율은 1시간 30분 이상
(3) C급 개구부 : 복도와 거실, 복도와 복도 간, 거실과 거실 간의 개구부로서 내화율은 45분 이상
(4) D급 개구부 : 건물의 외부와 접하는 곳의 개구부로서 내화율은 1시간 30분 이상
(5) E급 개구부 : 외부화재의 영향이 보통 수준의 정도인 개구부로서 내화율은 45분 이상

11 방화댐퍼

건축법에 따라 건축물의 환기나 냉난방을 위해 설치되는 설비인 덕트가 방화구획을 통과하는 부분 또는 근접한 부분에 설치하는 시설로서 화재발생 시 연돌효과(Stack Effect)에 의해 다른 방화구획으로 급속하게 확산되는 화염이나 연기의 흐름을 자동적으로 차단시키는 기구
(1) 철재로서 두께가 1.5mm 이상일 것
(2) 연기 또는 온도상승에 대하여 자동적으로 닫힐 것
(3) 닫힌 경우에는 틈이 생기지 아니할 것
(4) 방화댐퍼 방연시험방법에 적합할 것

12 건축물의 방화(防火) 및 방재(防災)계획

(1) 건축물의 방화계획
 1) 공간적 대응
  ① 화재 등 각종 위해요소로부터 불특정 다수인을 재해공간에서 조기에 쉽게 피난시키고 동시에 화재진압에 필요한 사항
  ② 공간적 대응의 3가지 기능
   ㉠ 대항성 : 건축물의 내화성능, 방화구획 성능, 방배연 성능, 화재 방어 대응성(소방대 활동성), 초기 소화대응력 등 화재에 대항하여 저항하는 성능
   ㉡ 회피성 : 내장재의 제한, 용도별 구획, 방화훈련 등 사전예방활동에 관계되는 사항
   ㉢ 도피성 : 공간과 사람의 대응에 관한 문제
    ⓐ 방재계획 기본 방침
    ⓑ 피난
    ⓒ 내장 제한
    ⓓ 부지 및 도로(소방대 진입, 피난층, 출입구 등)
    ⓔ 건축물의 규모, 위치, 용도 등
 2) 설비적 대응
  ① 모든 진압 소화설비를 총칭하는 의미
  ② 대항성 중에서도 방연성능에 관계되는 제연설비와 방화구획성능에 해당되는 방화문, 방

화셔터 등이 있으며, 초기소화 대응력으로는 자동소화설비, 자동화재 탐지설비, 특수소화설비 등에 의해 행하여짐. 도피성에 관해서는 피난기구(구조대, 완강기, 피난교, 인명구조장비 등), 피난유도설비(각종 유도등) 등으로 보충

(2) 건축물의 방재계획

1) 부지선정 및 배치계획

소화활동 및 구조활동을 위해서 충분한 광장 확보

2) 평면계획(수평계획)

① 화재에 의한 피해를 작은 범위로 한정하기 위한 것
② 방화벽, 방화문 등으로 방화구획을 구획 내로 한정하는 것
③ 방연구획과 제연구획이 포함되며, 명확한 2방향 이상의 피난동선 확보 필요

3) 단면계획(수직계획)

① 상하층의 재해 전파(화염의 이동)를 제어하는 것
② 일반적 건축물의 철근콘크리트 슬라브에 의한 층간 구획을 뜻하지만 계단, 엘리베이터, 설비배관이나 Duct, 배선 등의 관통에 대한 보완 계획 등을 말함
③ 상하층간의 배관 및 장치 등의 관통으로 발생되는 공간 : 내화재로 메꾸어 줄 것
④ 상하층을 관통하는 계단 : 명확한 2방향의 피난 원칙 적용

4) 입면계획(공간적 계획) → 종합적 계획

화재예방, 소화, 구출, 피난, 연소방지 등의 계획의 수립을 통한 화재예방차원
① 벽과 개구부가 가장 큰 요소 : 화재예방, 소화, 구출, 피난, 연소방지 등의 계획 수립
② 이웃 건물과 접해 있는 개구부 : 방화셔터, 방화문 등을 설치
③ 진입구 확보 : 원활한 소화 및 구출활동
④ 발코니 또는 옥외계단 설치 : 원활한 피난

5) 재료계획

① 사용재료의 불연성능, 내화성능을 고려
② 내장재, 외장재, 마감재, 천장, 벽 등의 사용재료 및 장식물 등을 모두 포함하여 고려

(3) 건축물의 연소확대방지

① 수평구획

화재규모를 가능한 한 작은 범위를 줄이고 피해를 최소한으로 하는 것

② 수직구획

화재가 다른 층으로 번지는 것을 방지하는 것

③ 용도구획

불연재료를 반드시 사용하여 충분한 피난 대책을 세우는 것

13 건축물의 피난계획

(1) 인간의 본능적 피난행동

① 인간은 기본적으로 화재나 재난 현장에서 벗어나려 한다.

② 화재현장에 불특정 다수의 사람들이 집합해 군집을 이루는데 이 집단은 강력한 패닉(Panic)상태에 빠지기 쉬우며, 이러한 군중(군집)을 심리적인 면에서 보면 다음과 같다.

㉠ 공통적인 관심으로 집단이 우연적으로 발생한다.

㉡ 각 개인에게는 임무가 없는 집단이며, 각 개인에게 접근성이 있다.

㉢ 감정적인 분위기로 암시에 걸리기 쉬운 집단이다.

③ 군집보행 : 위의 상황에서의 보행속도

㉠ 자유보행속도 : 0.5 ~ 2m/s (보통의 경우 1.3m/s정도, 빠른 경우 2m/s 정도이다)

㉡ 군집보행속도 : 1m/s(느린 보행자의 보행 속도와 대략 같다)

④ 재난상황에서의 인간의 피난본능

㉠ 귀소본능 : 화재 시 인간은 평소 습관처럼 출입구, 통로를 향하는 경향이 있다. 따라서 이동방향의 마지막을 안전지대로 만드는 것이 좋다.

㉡ 퇴피본능 : 화재 발생 시 초기의 상황 파악을 위해 소수 인원만 모이지만 화재가 확대되면 위험을 감지하고 발화지점의 반대 방향으로 이동한다.

㉢ 지광본능 : 화재 시 연기와 화염에 의해 시야가 흐려지면 개구부, 조명이 있는 곳으로 모이기 때문에 출입구, 계단 등에 유도등을 설치하고 외부 피난계단을 설치한다.

㉣ 추종본능 : 불특정 다수가 모이면 화재에 최초 대응자를 따라 전체가 움직이는 본능 때문에 피해가 확대되는 현상이 나타나기도 한다.

㉤ 좌회본능 : 일반적으로 오른손잡이는 오른쪽으로 행동하기 때문에 화재와 같은 어두운 환경에서는 왼쪽(시계반대방향)으로 이동한다는 연구결과가 있다.

㉥ 기타본능 : 화재 시 두려움과 같은 공포에 의해 인간의 이상행동이 나타난다. 또는 평소의 애장품, 애완동물을 구조하기 위해 뛰어들기도 한다.

(2) 피난시설의 계획

1) 피난방법과 시설계획

① 피난계획

㉠ 피난 경로는 간단명료해야 한다.

㉡ 피난 수단은 원시적 방법에 의하는 것을 원칙으로 한다.

㉢ 피난설비는 고정적인 시설에 의해야 한다.

㉣ 피난대책은 Fool-Proof와 Fail-Safe의 원칙을 중시해야 한다.

㉤ 일정한 구획을 한정하여 피난 Zone을 설정한다.

㉥ 정전 시에도 피난방향을 명백히 할 수 있는 표시를 한다.

㉦ 피난구는 항시 사용할 수 있도록 한다.

② 피난방향 및 피난로의 유형

구분		피난방향의 종류	피난로의 방향	
피난방향이 명확하다.	X형		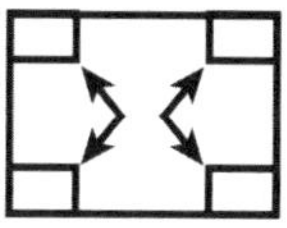	확실한 피난로가 보장된다.
	Y형			
	T형		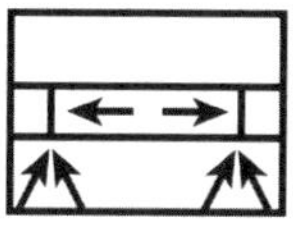	방향이 확실하여 분간하기 쉽다.
	I형			
	Z형		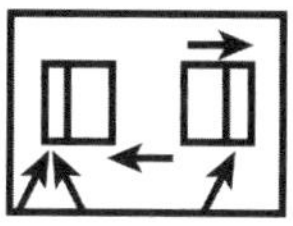	중앙복도형에서 Core식 중 양호하다.
ZZ형				
H형		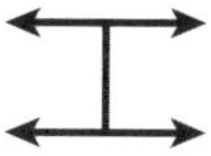	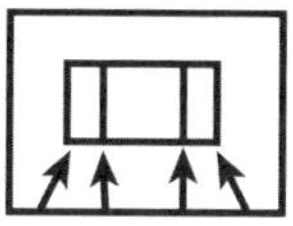	중앙 Core식으로 피난자들의 집중으로 Panic 현상이 일어날 우려가 있다.
Co형				

③ Fool-Proof와 Fail-Safe의 원칙

㉠ Fool-Proof(비상사태 대비책) : 이는 피난 및 유도표시는 문자보다는 색과 형태를 이용하든가 피난방향으로 문을 열 수 있도록 하는 것 등의 방법이다.

㉡ Fail-Safe(이중 안전장치) : 2방향 이상의 피난통로를 확보하는 피난대책 등의 방법이다.

2) 수평방향의 피난시설계획

① 수평방향의 이동에 있어 가장 중요한 것은 복도라고 할 수 있다.

② 피난복도의 계획 시 고려해야 할 일반사항

㉠ 천장을 가능한 높게 하고, 천장에는 불연재를 사용한다.

㉡ 복도 내에 피난에 방해가 되는 시설물(휴지통, 자동판매기)을 설치하지 않아야 한다.

㉢ 피난방향 및 계단위치를 알 수 있는 표식을 한다.

3) 수직방향의 피난시설계획

① 계단이 주된 수직적인 피난시설이다.

② 계단의 피난시설계획에 관한 일반적인 고려사항

㉠ 타실보다 높은 일정한 압력을 가하는 것이 좋다.

㉡ 배연설비를 하며 지하실과 경계에는 확실한 방지책을 실시한다.

㉢ 피난계단은 직접 옥상 층으로 피난이 가능하도록 옥상 층까지 연결시킨다.

㉣ 내장은 불연재료로 하고 손잡이 등에는 가연재를 쓰지 않는다.

㉤ 계단실은 2시간 이상의 내화성능을 가진 방화구획을 한다.

㉥ 바닥면의 미끄럼방지를 위한 조치와 난간을 설치한다.

③ 연기에 관계되는 안전구획의 개념

피난통로의 말단에는 피난 시 장애가 없도록 충분한 공간확보가 되어야 한다.

4) 직통계단의 설치기준

① 직통계단의 의의

직통계단은 한곳에서 연속되는 계단을 말한다.

② 직통계단의 설치기준

㉠ 건축물의 피난층을 거실의 각 부분으로부터 계단에 이르는 보행거리가 30m 이하가 되도록 설치해야 한다. 다만, 건축물(지하층에 설치하는 것으로 바닥면적의 합계가 300제곱미터 이상인 공연장・집회장・관람장 및 전시장은 제외한다)의 주요구조부가 내화구조 또는 불연재료로 된 건축물은 그 보행거리가 50m(층수가 16층 이상인 공동주택의 경우 16층 이상인 층에 대해서는 40m) 이하가 되도록 설치할 수 있으며, 자동화 생산시설에 스프링클러 등 자동식 소화설비를 설치한 공장으로서 국토교통부령으로 정하는 공장인 경우에는 그 보행거리가 75m(무인화 공장인 경우에는 100m) 이하가 되도록 설치할 수 있다.

㉡ 피난층 외의 층이 다음의 어느 하나에 해당하는 용도 및 규모의 건축물에는 국토교통부령으로 정하는 기준에 따라 피난층 또는 지상으로 통하는 직통계단을 2개소 이상 설치하여야 한다.

ⓐ 제2종 근린생활시설 중 공연장・종교집회장, 문화 및 집회시설(전시장 및 동・식물원은 제외한다), 종교시설, 위락시설 중 주점영업 또는 장례시설의 용도로 쓰는 층으로서 그 층에서 해당 용도로 쓰는 바닥면적의 합계가 200제곱미터(제2종 근린생활시설 중 공연장・종교집회장은 각각 300제곱미터) 이상인 것

ⓑ 단독주택 중 다중주택・다가구주택, 제1종 근린생활시설 중 정신과의원(입원실이 있는 경우로 한정한다), 제2종 근린생활시설 중 인터넷컴퓨터게임시설제공업소(해당 용도로 쓰는 바닥면적의 합계가 300제곱미터 이상인 경우만 해당한다)・학원・독서실, 판매시설, 운수시설(여객용 시설만 해당한다), 의료시설(입원실이 없는 치과병원은 제외한다), 교육연구시설 중 학원, 노유자 시설 중 아동 관련 시설・노인복지시설・장애인 거주시설(「장애인복지법」 제58조 제1항 제1호에 따른 장애인 거주시설 중 국토교통부령으로 정하는 시설로 이하 같다) 및 「장애인복지법」 제58조 제1항 제4호에 따른 장애인 의료재활시설, 수련시설 중 유스호스텔 또는 숙박시설의 용도로 쓰는 3층 이상의 층으로서 그 층의 해당 용도로 쓰는 거실의 바닥면적의 합계가 200제곱미터 이상인 것

ⓒ 공동주택(층당 4세대 이하인 것은 제외한다) 또는 업무시설 중 오피스텔의 용도로 쓰는 층으로서 그 층의 해당 용도로 쓰는 거실의 바닥면적의 합계가 300제곱미터 이상인 것

ⓓ 'ⓐ'부터 'ⓒ'까지의 용도로 쓰지 아니하는 3층 이상의 층으로서 그 층 거실의 바닥면적의 합계가 400제곱미터 이상인 것

ⓔ 지하층으로서 그 층 거실의 바닥면적의 합계가 200제곱미터 이상인 것

㉢ 초고층 건축물

피난층 또는 지상으로 통하는 직통계단과 직접 연결되는 피난안전구역(건축물의 피난·안전을 위하여 건축물 중간층에 설치하는 대피공간으로 이하 같다)을 지상층으로부터 최대 30개 층마다 1개소 이상 설치하여야 한다.

㉣ 준초고층 건축물

피난층 또는 지상으로 통하는 직통계단과 직접 연결되는 피난안전구역을 해당 건축물 전체 층수의 2분의 1에 해당하는 층으로부터 상하 5개층 이내에 1개소 이상 설치하여야 한다. 다만, 국토교통부령으로 정하는 기준에 따라 피난층 또는 지상으로 통하는 직통계단을 설치하는 경우에는 그러하지 아니하다.

㉤ 피난층 및 보행거리

ⓐ 피난층 : 직접 지상으로 통하는 출입구가 있는 층으로 보통의 경우 지상 1층이 피난층이 된다.

ⓑ 보행거리 : 실제로 보행하게 되는 최단거리

5) 피난계단의 설치기준

① 건축물의 5층 이상 또는 지하 2층 이하인 층에 설치하는 직통계단은 국토교통부령으로 정하는 기준에 따라 피난계단 또는 특별피난계단으로 설치하여야 한다. 다만, 건축물의 주요구조부가 내화구조 또는 불연재료로 되어 있는 경우로서 다음의 어느 하나에 해당하는 경우에는 그러하지 아니하다.

㉠ 5층 이상인 층의 바닥면적의 합계가 200제곱미터 이하인 경우

㉡ 5층 이상인 층의 바닥면적 200제곱미터 이내마다 방화구획이 되어 있는 경우

② '①' 건축물(갓복도식 공동주택은 제외한다)의 11층(공동주택의 경우에는 16층) 이상인 층(바닥면적이 400제곱미터 미만인 층은 제외한다) 또는 지하 3층 이하인 층(바닥면적이 400제곱미터 미만인 층은 제외한다)으로부터 피난층 또는 지상으로 통하는 직통계단은 '①'에도 불구하고 특별피난계단으로 설치하여야 한다.

③ 판매시설의 용도로 쓰는 층으로부터의 직통계단은 그 중 1개소 이상을 특별피난계단으로 설치하여야 한다.

④ 건축물의 5층 이상인 층으로서 문화 및 집회시설 중 전시장 또는 동·식물원, 판매시설, 운수시설(여객용 시설만 해당한다), 운동시설, 위락시설, 관광휴게시설(다중이 이용하는

시설만 해당한다) 또는 수련시설 중 생활권 수련시설의 용도로 쓰는 층에는 제34조에 따른 직통계단 외에 그 층의 해당 용도로 쓰는 바닥면적의 합계가 2천 제곱미터를 넘는 경우에는 그 넘는 2천 제곱미터 이내마다 1개소의 피난계단 또는 특별피난계단(4층 이하의 층에는 쓰지 아니하는 피난계단 또는 특별피난계단만 해당한다)을 설치하여야 한다.

6) 옥외피난계단의 설치기준

건축물의 3층 이상인 층(피난층은 제외한다)으로서 다음의 어느 하나에 해당하는 용도로 쓰는 층에는 직통계단 외에 그 층으로부터 지상으로 통하는 옥외피난계단을 따로 설치하여야 한다.

① 제2종 근린생활시설 중 공연장(해당 용도로 쓰는 바닥면적의 합계가 300제곱미터 이상인 경우만 해당한다), 문화 및 집회시설 중 공연장이나 위락시설 중 주점영업의 용도로 쓰는 층으로서 그 층 거실의 바닥면적의 합계가 300제곱미터 이상인 것
② 문화 및 집회시설 중 집회장의 용도로 쓰는 층으로서 그 층 거실의 바닥면적의 합계가 1천 제곱미터 이상인 것

7) 피난계단의 구조

건축물의 안쪽에 설치하는 피난계단의 구조(옥내피난계단의 구조)는 다음과 같다.

① 계단실은 창문·출입구 기타 개구부(이하 "창문 등")을 제외하고 다른 부분은 내화구조의 벽으로 구획할 것
② 계단실의 벽 및 반자의 실내에 접하는 부분의 마감(마감을 위한 바탕을 포함)은 불연재료로 할 것
③ 계단실에는 채광이 될 수 있는 창문 등이 있거나 예비전원에 의한 조명설비를 할 것
④ 계단실의 바깥쪽에 접하는 창문은 건축물의 다른 부분의 창문과 2m 이상의 거리에 설치할 것
⑤ 건축물의 내부와 접하는 계단실의 창문은 그 면적을 각각 $1m^2$ 이하로 할 것
⑥ 계단실로 통하는 출입구의 유효너비는 0,9m 이상으로 하며, 자동적으로 닫히는 구조인 60분+ 방화문이나 60분 방화문 또는 30분 방화문을 설치
⑦ 계단은 돌음계단으로 하여서는 안 됨

8) 특별피난계단 구조

① 계단실의 노대 또는 부속실에 접하는 창문 등(출입구 제외)은 망이 들어 있는(= 망입 유리) 유리의 붙박이창으로서 그 면적을 각각 $1m^2$ 이하로 할 것
② 건축물의 내부에서 노대 또는 부속실로 통하는 출입구에는 60분+ 방화문 또는 60분 방화문을 설치하고, 노대 또는 부속실로부터 계단실로 통하는 출입구에는 60분+ 방화문, 60분 방화문 또는 30분 방화문을 설치할 것
③ 출입구의 유효너비는 0.9m 이상으로 하고 피난의 방향으로 열 수 있을 것

PART

03

위험물화재의 성상

CHAPTER

01 위험물의 류별(제1류 ~ 제6류) 특성과 소화방법

01 절 제1류 위험물(산화성 고체)

강산화성 물질로 상온에서 고체 상태이고 마찰·충격으로 많은 산소를 방출할 수 있는 물질로 이루어진 위험물을 말한다.

1 특성

(1) 종류

품명		위험등급	지정수량
1. 아염소산염류, 염소산염류, 과염소산염류, 무기과산화물		I	50kg
2. 브로민산염류, 질산염류, 아이오딘산염류		II	300kg
3. 과망가니즈산염류, 다이크로뮴산염류		III	1,000kg
4. 그 밖에 행정안전부령으로 정하는 것	과아이오딘산염류 과아이오딘산 크로뮴, 납 또는 아이오딘의 산화물 아질산염류 염소화이소시아눌산 퍼옥소이황산염류 퍼옥소붕산염류	II	300kg
	차아염소산염류	I	50kg
5. 1 ~ 4에 해당하는 어느 하나 이상을 함유한 것		50kg, 300kg, 1,000kg	

✓Check 지정수량 심화

① 지정수량 50kg(위험등급 : I)
- ㉠ 아염소산염류($HClO_2$) : 아염소산칼륨($KClO_2$), 아염소산나트륨($NaClO_2$)
- ㉡ 염소산염류($HClO_3$) : 염소산칼륨($KClO_3$), 염소산나트륨($NaClO_3$), 염소산암모늄(NH_4ClO_3)
- ㉢ 과염소산염류($HClO_4$) : 과염소산칼륨($KClO_4$), 과염소산나트륨($NaClO_4$), 과염소산암모늄(NH_4ClO_4)
- ㉣ 무기과산화물 : 과산화칼륨(K_2O_2), 과산화나트륨(Na_2O_2), 과산화칼슘(CaO_2), 과산화바륨(BaO_2), 과산화마그네슘(MgO_2)

② 지정수량 300kg(위험등급 : II)
- ㉠ 브로민산염류($HBrO_2$) : 브로민산칼륨($KBrO_2$), 브로민산나트륨($NaBrO_2$)
- ㉡ 질산염류(HNO_3) : 질산칼륨(초석)(KNO_3), 질산나트륨(칠레초석)($NaNO_3$), 질산암모늄(NH_4NO_3), 질산은($AgNO_3$)

㉢ 아이오딘산염류(HIO_3) : 아이오딘산칼륨(KIO_3), 아이오딘산나트륨($NaIO_3$), 아이오딘산암모늄(NH_4IO_3)

③ **지정수량 1,000kg(위험등급 : Ⅲ)**

㉠ 과망가니즈산염류($HMnO_4$) : 과망가니즈산칼륨($KMnO_4$), 과망가니즈산나트륨($NaMnO_4$)

㉡ 다이크로뮴산염류($H_2Cr_2O_7$) : 다이크로뮴산칼륨($K_2Cr_2O_7$), 다이크로뮴산나트륨($Na_2Cr_2O_7$), 다이크로뮴산암모늄[$(NH_4)_2Cr_2O_7$]

④ **지정수량 300kg(위험등급 : Ⅱ)**

㉠ 과아이오딘산염류 : 과아이오딘산칼륨(KIO_4), 과아이오딘산나트륨($NaIO_4$)

㉡ 과아이오딘산(HIO_4)

㉢ 크로뮴, 납 또는 아이오딘의 산화물 : 무수크로뮴산(삼산화크로뮴(CrO_3), 이산화납(PbO_2), 사산화삼납(Pb_3O_4)

㉣ 아질산염류 : 아질산칼륨(KNO_2), 아질산나트륨($NaNO_2$), 아질산암모늄(NH_4NO_2), 아질산은($AgNO_2$)

(2) 정의

① **산화성 고체** : 고체 또는 기체로서 산화력의 잠재적인 위험성 또는 충격에 대한 민감성을 판단하기 위하여 소방청장이 정하여 고시하는 시험에서 정하는 성질과 상태를 나타내는 것

② **액상** : 수직으로 된 시험관(안지름 30mm, 높이 120mm의 원통형 유리관)에 시료를 55mm까지 채운 다음 시험관을 수평으로 하였을 때 시료액면의 선단이 30mm를 이동하는 데 걸리는 시간이 90초 이내에 있는 것

(3) 제1류 위험물의 일반적인 성질

① 대부분 무기화합물로서 대부분 무색결정 또는 백색분말의 산화성 고체이다.

② 강산화성 물질이며 불연성 고체이다.

③ 가열, 충격, 마찰, 타격으로 분해하여 산소를 방출하여 가연물의 연소를 도와준다.

④ 비중은 1보다 크며 물에 녹는 것도 있다.

⑤ 가열, 충격, 마찰, 타격 등 약간의 분해반응이 개시된다.

⑥ 가열하여 용융된 진한 용액은 가연성 물질과 접촉 시 혼촉발화의 위험이 있다.

⑦ 산소를 함유한 강한 산화제이며 가열, 충격, 마찰 등에 의해 분해하여 산소를 방출한다.
: 산소함유 + 불연성

(4) 제1류 위험물의 위험성

① 가열 또는 제6류 위험물과 혼합하면 산화성이 증대된다.

② 질산암모늄(NH_4NO_3), 염소산암모늄(NH_4ClO_3)은 가연물과 접촉·혼합으로 분해폭발한다.

③ 무기과산화물은 물과 반응하여 산소를 방출하고 심하게 발열한다.

④ 유기물과 혼합하면 폭발의 위험이 있다.

⑤ 삼산화크로뮴(CrO_3)은 물과 반응하여 강산이 되며 심하게 발열한다.

(5) 제1류 위험물의 저장 및 취급방법

① 가열, 마찰, 충격 등을 피한다.

② 환원제인 제2류 위험물과의 접촉을 피한다.

③ 조해성 물질은 방습하고 수분과의 접촉을 피한다.

*조해성 : 공기 중에 노출되어 있는 고체가 수분을 흡수하여 녹는 현상

④ 무기과산화물은 공기나 물과의 접촉을 피한다.

⑤ 분해를 촉진하는 물질과의 접촉을 피한다.

⑥ 무기과산화물은 분말약제를 사용하여 질식소화한다.

⑦ 용기를 옮길 때는 밀봉용기를 사용한다.

(6) 예방대책

① 가열(화기), 충격, 마찰, 타격 등에 주의하고 연쇄적인 분해를 방지한다.

② 위험물 게시판표지에 무기과산화물 중 알칼리금속의 과산화물은 "물기엄금"을 표시한다.

③ 제2류 ~ 제5류 위험물과 접촉 및 혼합을 금한다.

④ 강산류(제6류 위험물)와 절대 접촉(혼촉)을 금한다. 다만, 혼재는 가능하다.

⑤ 질산염류 중 조해성 물질은 방습하고 용기를 밀전하여 통풍이 잘 되는 냉암소에 저장한다.

(7) 소화방법

① 무기과산화물류를 제외하고는 다량의 물을 사용하는 것이 유효하다.

: 제1류 위험물 - 대부분 물에 의한 냉각소화

② 무기과산화물류는 건조사 등을 이용하여 질식소화가 유효하다.

: 알칼리금속의 과산화물 - 마른 모래, 탄산수소염류 분말약제, 팽창질석, 팽창진주암

③ 화재 초기, 소형화재일 때 포, 분말, 이산화탄소, 할로젠화합물에 의한 질식소화가 가능하다.

2 각 위험물의 종류 및 특성

(1) 아염소산염류

- 정의 : 아염소산($HClO_2$)의 수소이온에 금속 또는 양이온을 치환한 형태의 염
- 특성
  - 고체이고 은, 납, 수은을 제외하고는 물에 용해한다.
  - 가열, 마찰, 충격에 의하여 폭발한다.
  - 강산, 유기물, 황, 이황화탄소, 황화합물과 접촉 또는 혼합하면 발화하거나 폭발한다.
  - 중금속염은 폭발성이 있어 기폭제로 사용한다.

① 아염소산칼륨

㉠ 물성

화학식	분자량	분해온도
$KClO_2$	90.5	130 ~ 140℃(무수물 : 350℃)

*무수물 : 화합물에서 물 분자가 빠져나간 형태의 화합물이다. 무기화합물에는 무수염・무수산화물 등

㉡ 백색의 침상결정 또는 분말이다.

㉢ 조해성과 부식성이 있다.

㉣ 열, 충격에 의하여 폭발의 위험이 있다.

㉤ 고온에서 분해하면 이산화염소의 유독성 가스가 발생한다.

② 아염소산나트륨

㉠ 물성

화학식	분자량	녹는점
$NaClO_2$	90.5	180 ~ 200℃ (분해)

㉡ 아염소산의 수소기가 나트륨 원자로 치환된 물질이다.

㉢ 백색의 결정성 분말 형태이다.

㉣ 산화성 고체의 특성인 불연성과 조해성이 있는 물질로서 물에 잘 녹는 특성(수용성)을 가지고 있다.

㉤ 수용액은 산성인 상태에서 분해하여 이산화염소를 생성하는데, 이 때문에 표백작용이 있다. 펄프・섬유제품(특히 합성섬유)・식품의 표백, 수돗물의 살균에 사용된다.

(2) 염소산염류

- 정의 : 염소산($HClO_3$)의 수소이온이 금속 또는 양이온을 치환한 형태의 염
- 특성
  - 대부분 물에 녹으며 상온에서 안정하나 열에 분해하여 산소를 발생한다.
  - 장시간 일광에 방치하면 분해하여 아염소산염류가 된다.
  - 수용액은 강한 산화력이 있으며 산화성 물질과 혼합하면 폭발을 일으킨다.
  - 중금속의 염소산염은 100 ~ 250℃에서 분해폭발한다.

① 염소산칼륨

㉠ 물성

화학식	분자량	분해온도
$KClO_3$	122.5	400℃

㉡ 무색의 단사정계 판상결정 또는 백색분말로서 상온에서 안정된 물질이다.

㉢ 가열, 충격, 마찰 등에 의해 폭발한다.

㉣ 산과 반응하면 이산화염소의 유독가스를 발생한다.
㉤ 냉수, 알코올에는 녹지 않고, 온수나 글리세린에는 녹는다.
㉥ 이산화망가니즈와 접촉하면 분해가 촉진되어 산소를 방출한다.

② 염소산나트륨

㉠ 물성

화학식	분자량	분해온도
$NaClO_3$	106.5	300℃

㉡ 무색, 무취의 결정 또는 분말이다.
㉢ 물, 알코올, 에터에는 녹는다.
㉣ 조해성이 강하므로 수분과의 접촉을 피한다.
㉤ 산과 반응하면 이산화염소의 유독가스를 발생한다.

③ 염소산암모늄

㉠ 물성

화학식	분자량	분해온도
NH_4ClO_3	101.5	100℃

㉡ 수용액은 산성으로서 금속을 부식시킨다.
㉢ 조해성이 있고 폭발성이 있다.

(3) 과염소산염류

• 정의 : 과염소산($HClO_4$)의 수소이온이 금속 또는 양이온을 치환한 형태의 염
• 특성
– 무색, 무취의 결정성 분말이다.
– 대부분 물에 녹으며 유기용매에 녹는 것도 있다.
– 수용액은 화학적으로 안정하며 불용성염 외에는 조해성이 있다.
– 마찰, 충격에 불안정하다.

① 과염소산칼륨

㉠ 물성

화학식	분자량	분해온도
$KClO_4$	138.5	400 ~ 610℃

㉡ 무색, 무취의 사방정계 결정이다.
㉢ 물, 알코올, 에터에는 녹지 않는다.
㉣ 탄소, 황, 유기물과 혼합하였을 때 가열, 마찰, 충격에 의하여 폭발한다.
㉤ 400℃에서 서서히 분해가 시작되어 610℃에서 완전분해하여 산소를 발생한다.

② 과염소산나트륨

㉠ 물성

화학식	분자량	분해온도
$NaClO_4$	122.5	130℃

㉡ 무색 또는 백색의 결정으로 조해성이 있다.

㉢ 물, 아세톤, 알코올에는 녹고, 에터(다이에틸에터)에는 녹지 않는다.

㉣ 308℃의 온도에서 사방정계에서 입방정계로 전이하는 물질이다.

③ 과염소산암모늄

㉠ 물성

화학식	분자량	분해온도
NH_4ClO_4	117.5	130℃

㉡ 무색의 수용성 결정이다.

㉢ 충격에 비교적 안정하다.

㉣ 물, 에탄올, 아세톤에 잘 녹고, 에터에는 녹지 않는다.

㉤ 130℃에서 분해하기 시작하여 300℃에서 급격히 분해하여 폭발한다.

(4) 무기과산화물

- 정의 : 과산화수소(H_2O_2)의 수소이온이 금속으로 치환한 형태의 화합물
- 특성
  - 분자 내의 산소(−O−O−) 간의 결합력이 약하여 불안정하며, 이때 분리된 발생기 산소는 반응성이 강하고 분리 전 산소보다 산화력이 더 강하다.
  - 물과의 반응식 : 알칼리금속의 과산화물 $2M_2O_2 + 2H_2O \rightarrow 4MOH + O_2\uparrow$ + 발열
    알칼리토금속의 과산화물 $2MgO_2 + 2H_2O \rightarrow 4Mg(OH)_2 + O_2\uparrow$ + 발열
    무기과산화물이 산과 반응하면 과산화수소를 발생한다.

① 과산화칼륨

㉠ 물성

화학식	분자량	분해온도
K_2O_2	110	490℃

㉡ 무색 또는 오렌지색의 결정이다.

㉢ 에틸알코올에는 녹는다.

㉣ 피부 접촉 시 피부를 부식시키고 탄산가스를 흡수하면 탄산염이 된다.

㉤ 다량일 경우 폭발의 위험이 있고 소량의 물과 접촉 시 발화의 위험이 있다.

㉥ 소화방법 : 마른 모래, 암분, 탄산수소염류 분말약제, 팽창질석, 팽창진주암

② 과산화나트륨

㉠ 물성

화학식	분자량	분해온도
Na_2O_2	78	460℃

㉡ 순수한 것은 백색이지만 보통은 황백색의 분말이다.

㉢ 에틸알코올에 녹지 않는다.

㉣ 백색분말로서 흡습성이 있다.

㉤ 목탄, 가연물과 접촉하면 발화되기 쉽다.

㉥ 산과 반응하면 과산화수소를 생성한다.

㉦ 물과 반응하면 산소가스를 발생하고 많은 열을 발생한다.

㉧ 유기물, 가연물, 황 등의 혼입을 막는다.

㉨ 소화방법 : 마른 모래, 탄산수소염류 분말약제, 팽창질석, 팽창진주암

③ 과산화칼슘

㉠ 물성

화학식	분자량	분해온도
CaO_2	72	275℃

㉡ 백색분말이다.

㉢ 물, 알코올, 에터에는 녹지 않는다.

㉣ 수분과 접촉하면 산소가 발생한다.

㉤ 기타 과산화칼륨에 준한다.

④ 과산화바륨

㉠ 물성

화학식	분자량	분해온도
BaO_2	169	840℃

㉡ 백색분말이다.

㉢ 냉수에는 약간 녹고, 묽은 산에는 녹지 않는다.

㉣ 수분과 접촉하면 산소가 발생한다.

㉤ 유기물, 산과의 접촉을 피해야 한다.

㉥ 금속용기에 밀폐, 밀봉하여 둔다.

⑤ 과산화마그네슘

㉠ 백색분말로서 분자식은 MgO_2이다.

㉡ 물에 녹지 않는다.

㉢ 시판품은 15 ~ 20%의 MgO_2를 함유한다.
㉣ 습기나 물에 의하여 활성산소를 방출한다.
㉤ 분해촉진제와 접촉을 피한다.
㉥ 유기물의 혼입, 가열, 마찰, 충격을 피해야 한다.
㉦ 산화제와 혼합하여 가열하면 폭발위험이 있다.

(5) 브로민산염류

- 정의 : 브로민산($HBrO_3$)의 수소이온이 금속 또는 양이온으로 치환된 화합물
- 특성
  - 대부분 무색, 백색의 결정이고 물에 녹는 것이 많다.
  - 가열분해하면 산소를 방출한다.
  - 브로민산칼륨은 가연물과 혼합하면 위험하다.
- 종류

물질명	화학식	색상	분자량	분해온도
브로민산칼륨	$KBrO_3$	백색	167	370℃
브로민산나트륨	$NaBrO_3$	무색	151	381℃
브로민산바륨	$Ba(BrO_3)\cdot H_2O$	무색	411	414℃

(6) 질산염류

- 정의 : 질산(HNO_3)의 수소이온이 금속 또는 양이온으로 치환된 화합물
- 특성
  - 대부분 무색, 백색의 결정 및 분말로 물에 녹고 조해성이 있는 것이 많다.
  - 물과 결합하면 수산화염이 되기 쉬우나 열분해로 산소를 방출한다.
  - 강력한 산화제로서 염소산염($MClO_3$)이나 과염소산염($MClO_4$)보다 가열, 마찰에 대하여 안정하다.
  - 금속, 금속탄산염, 금속산화물 또는 수산화물에 질산을 반응시켜 만든다.

① 질산칼륨

㉠ 물성

화학식	분자량	분해온도
KNO_3	101	400℃

㉡ 무색, 무취의 결정 또는 백색결정으로 초석이라고도 한다.
㉢ 물, 글리세린에 잘 녹으나, 알코올에는 녹지 않는다.
㉣ 강산화제이며 가연물과 접촉하면 위험하다.
㉤ 황과 숯가루와 혼합하여 흑색화약을 제조한다.

ⓗ 티오황산나트륨($Na_2S_2O_3$)과 함께 가열하면 폭발한다.

ⓢ 소화방법 : 주수소화

② 질산나트륨

㉠ 물성

화학식	분자량	분해온도
$NaNO_3$	85	380℃

㉡ 무색, 무취의 결정으로 칠레초석이라고도 한다.

㉢ 조해성이 있는 강산화제이다.

㉣ 물, 글리세린에 잘 녹고, 무수알코올에는 녹지 않는다.

㉤ 가연물, 유기물과 혼합하여 가열하면 폭발한다.

③ 질산암모늄

㉠ 물성

화학식	분자량	분해온도
NH_4NO_3	80	220℃

㉡ 무색, 무취의 결정이다.

㉢ 조해성 및 흡수성이 강하다.

㉣ 물, 알코올에 녹으며, 물에 용해 시 흡열반응이 일어난다.

㉤ 조해성이 있어 수분과 접촉을 피해야 한다.

ⓗ 질산암모늄 94%와 경유 6%를 혼합하여 ANFO폭약을 제조한다.

(7) 아이오딘산염류

• 정의 : 아이오딘산(HIO_3)의 수소이온이 금속 또는 양이온으로 치환된 화합물

• 특성

– 대부분 결정성 고체이다.

– 알칼리금속염은 물에 잘 녹으나 중금속염은 잘 녹지 않는다.

– 산화력이 강하여 유기물과 혼합하여 가열하면 폭발한다.

① 아이오딘산칼륨

㉠ 물성

화학식	분자량	분해온도
KIO_3	214	560℃

㉡ 광택이 나는 무색의 결정성 분말이다.

㉢ 염소산칼륨보다는 위험성이 적다.

㉣ 융점 이상으로 가열하면 산소를 방출하며 가연물과 혼합하면 폭발위험이 있다.

② 아이오딘산나트륨

㉠ 화학식은 $NaIO_3$이다.

㉡ 백색의 결정 또는 분말이다.

㉢ 물에는 녹고 알코올에는 녹지 않는다.

㉣ 의약이나 분석시약으로 사용한다.

③ 기타

물질명	화학식	분자량	분해온도
아이오딘산암모늄	NH_4IO_3	193	150℃
아이오딘산은	$AgIO_3$	283	410℃

(8) 과망가니즈산염류

- 정의 : 과망가니즈산($HMnO_4$)의 수소이온이 금속 또는 양이온으로 치환된 화합물
- 특성
  - 흑자색의 결정이며 물에 잘 녹는다.
  - 강알칼리와 반응하여 산소를 방출한다.
  - 고농도의 과산화수소와 접촉하면 폭발한다.
  - 황화인과 접촉하면 자연발화의 위험이 있다.
  - 알코올, 에터, 강산, 유기물, 글리세린 등과 접촉하면 발화의 위험이 있어 격리하여 보관한다.

① 과망가니즈산칼륨

㉠ 물성

화학식	분자량	분해온도
$KMnO_4$	158	240℃

㉡ 흑자색의 사방정계결정으로 산화력과 살균력이 강하다.

㉢ 물, 알코올에 녹으면 진한 보라색을 나타낸다.

㉣ 진한 황산과 접촉하면 폭발적으로 반응한다.

㉤ 강알칼리와 접촉시키면 산소를 방출한다.

㉥ 알코올, 에터, 글리세린 등 유기물과의 접촉을 피한다.

② 과망가니즈산나트륨

㉠ 물성

화학식	분자량	분해온도
$NaMnO_4$	142	170℃

㉡ 적자색의 결정으로 물에 잘 녹는다.

㉢ 조해성이 강하므로 수분에 주의하여야 한다.

(9) 다이크로뮴산염류

• 정의 : 다이크로뮴산($H_2Cr_2O_7$)의 수소이온이 금속 또는 양이온으로 치환된 화합물

• 특성

– 대부분 황적색의 결정이며 거의 다 물에 녹는다.

– 가열에 의해 분해하여 산소를 방출한다.

– 아닐린, 피리딘과 장기간 방치 또는 가열하면 폭발한다.

– 가연물과 혼합하면 가열에 의해 폭발한다.

① 다이크로뮴산칼륨

㉠ 물성

화학식	분자량	분해온도
$K_2Cr_2O_7$	294	400℃

㉡ 등적색의 판상결정이다.

㉢ 물에 녹고, 알코올에 녹지 않는다.

② 다이크로뮴산나트륨

㉠ 물성

화학식	분자량	분해온도
$Na_2Cr_2O_7$	262	400℃

㉡ 등적색의 결정이다.

㉢ 유기물과 혼합되어 있을 때 가열, 마찰에 의해 발화 또는 폭발한다.

③ 다이크로뮴산암모늄

㉠ 물성

화학식	분자량	분해온도
$(NH_4)_2Cr_2O_7$	252	185℃

㉡ 적색 또는 등적색의 단사정계 침상결정이다.

㉢ 약 225℃에서 가열하면 분해하여 질소가스를 발생한다.

㉣ 그라비아 인쇄의 사진제판, 매염제, 석유정제, 불꽃놀이의 제조 등의 용도로 사용한다.

(10) 무수크로뮴산, 삼산화크로뮴(크로뮴의 산화물)

① 물성

화학식	분자량	분해온도
CrO_3	100	250℃

② 암적색의 침상결정으로 조해성이 있다.

③ 물, 알코올, 에터, 황산에 잘 녹는다.

④ 크로뮴산화성의 크기 : CrO < Cr_2O_3 < CrO_3

⑤ 황, 목탄분, 적린, 금속분, 강력한 산화제, 유기물, 인, 피크르산 등 가연물과 혼합하면 폭발의 위험이 있다.

⑥ 물과 접촉 시 격렬하게 발열한다.

⑦ 소화방법 : 소량일 때에는 다량의 물로 냉각소화한다.

02 절 제2류 위험물(가연성 고체)

환원성 물질이며 상온에서 고체이고 특히 산화제와 접촉하면 마찰 또는 충격으로 급격히 폭발할 수 있는 위험물을 말한다.

1 특성

(1) 종류

품명	위험등급	지정수량
1. 황화인, 적린, 황	Ⅱ	100kg
2. 철분, 마그네슘, 금속분	Ⅲ	500kg
3. 인화성 고체	Ⅲ	1,000kg
4. 그 밖에 행안부령으로 정하는 것	100kg 또는 500kg	
5. 1 ~ 4의 물질이 어느 하나 이상 함유한 것	100kg 또는 500kg	

(2) 정의

① 가연성 고체 : 고체로서 화염에 의한 발화의 위험성 또는 인화의 위험성을 판단하기 위하여 고시로 정하는 시험에서 고시로 정하는 성질과 상태를 나타내는 것

② 황 : 순도가 60wt% 이상인 것

③ 철분 : 철의 분말로서 53㎛의 표준체를 통과하는 것(50wt% 미만인 것은 제외)

④ 금속분 : 알칼리금속 · 알칼리토금속 · 철 및 마그네슘 외의 금속의 분말
(구리분 · 니켈분 및 150㎛의 체를 통과하는 것이 50wt% 미만인 것은 제외)

⑤ 마그네슘 및 물품 중 마그네슘을 함유한 것에 있어서는 다음 항목에 해당하는 것은 제외한다.

㉠ 2밀리미터의 체를 통과하지 아니하는 덩어리 상태의 것

㉡ 직경 2밀리미터 이상의 막대 모양의 것

⑥ 황화인 · 적린 · 황 및 철분은 '①'의 규정에 의한 성상이 있는 것으로 본다.

⑦ 인화성 고체 : 고형알코올 그 밖에 1기압에서 인화점이 40℃ 미만인 고체

(3) 제2류 위험물의 일반적인 성질

① 가연성 고체로서 비교적 낮은 온도에서 착화하기 쉬운 가연성, 속연성 물질이다.
② 비중은 1보다 크고 물에 불용성이며 산소를 함유하지 않기 때문에 강력한 환원성 물질이다.
③ 산소와 결합이 용이하여 산화되기 쉽고 연소속도가 빠르다.
④ 연소 시 연소열이 크고 연소온도가 높다.
⑤ 금속분은 물이나 혹은 산과 접촉하여 발열하게 된다.

(4) 제2류 위험물의 위험성

① 착화온도가 낮아 저온에서 발화가 용이하다.
② 연소속도가 빠르고 연소 시 다량의 빛과 열을 발생한다.
③ 수분과 접촉하면 자연발화하고 금속분은 산, 할로젠원소, 황화수소와 접촉하면 발열・발화한다.
④ 산화제(제1・6류)와 혼합한 것은 가열・충격・마찰에 의해 발화 폭발위험이 있다.

(5) 제2류 위험물의 저장 및 취급방법

① 화기를 피하고 불티, 불꽃, 고온체와의 접촉을 피한다.
② 산화제와의 혼합 또는 접촉을 피한다.
③ 철분, 마그네슘, 금속분은 물, 습기, 산과의 접촉을 피하여 저장한다.
④ 통풍이 잘되는 냉암소에 보관, 저장한다.
⑤ 황은 물에 의한 냉각소화가 적당하다.

(6) 예방대책

① 산화제(제1・6류)와의 혼합, 혼촉을 피하며, 통풍이 잘되는 냉암소에 보관・저장한다.
② 위험물 게시판은 "화기주의"(인화성 고체는 "화기엄금")이다.

※ 인화성 고체는 불이 빨리 붙지만 지정수량 때문에 그렇게 위험하지 않다.

예 휴대용 고체연료(제4류 위험물은 인화성 액체이다)

(7) 소화대책

① 황화인, 철분, 금속분, 마그네슘은 건조사, 건조분말 등으로 질식소화한다.

※ 황화인은 물과 만나 유독물질(황화수소 : H_2S)이 발생하기 때문에 건조사가 적합하다.

② 적린과 인화성 고체 등은 물에 의한 냉각소화가 적당하다.
③ 황은 물분무가 적당하다.

2 각 위험물의 종류 및 특성

(1) 황화인

① 종류

구분	삼황화인	오황화인	칠황화인
외관	황록색 결정	담황색 결정	담황색 결정
화학식	P_4S_3	P_2S_5	P_4S_7
비점	407℃	514℃	523℃
비중	2.03	2.09	2.19
융점	172.5℃	290℃	310℃
착화점	100℃	142℃	

② 위험성

㉠ 가연성 고체로 열에 의해 연소하기 쉽고 경우에 따라 폭발한다.

㉡ 무기과산화물, 과망가니즈산염류, 금속분, 유기물과 혼합하면 가열, 마찰, 충격에 의하여 발화 또는 폭발한다.

㉢ 물과 접촉 시 가수분해하거나 습한 공기 중에서 분해하여 황화수소(H_2S)를 발생한다.

㉣ 알코올, 알칼리, 유기산, 강산, 아민류와 접촉하면 심하게 반응한다.

③ 저장 및 취급

㉠ 가연성 고체로 열에 의해 연소하기 쉽고 경우에 따라 폭발한다.

㉡ 화기, 충격과 마찰을 피하여야 한다.

㉢ 산화제, 알칼리, 알코올, 과산화물, 강산, 금속분과 접촉을 피한다.

㉣ 분말, 이산화탄소, 마른 모래 등으로 질식소화한다.

④ 삼황화인

㉠ 황록색의 결정 또는 분말이다.

㉡ 이황화탄소, 알칼리, 질산에는 녹고, 물, 염소, 염산, 황산에는 녹지 않는다.

㉢ 삼황화인은 공기 중 약 100℃에서 발화하고 마찰에 의해서도 쉽게 연소하며 자연발화 가능성도 있다.

㉣ 삼황화인은 자연발화성이므로 가열, 습기 방지 및 산화제와의 접촉을 피한다.

㉤ 저장 시 금속분과 멀리하여야 한다.

㉥ 용도는 성냥, 유기합성 등에 쓰인다.

⑤ 오황화인

㉠ 담황색의 결정체이다.

㉡ 조해성과 흡습성이 있다.

㉢ 알코올, 이황화탄소에 녹는다.

㉣ 물 또는 알칼리에 분해하여 황화수소와 인산이 된다.

㉤ 물에 의한 냉각소화는 부적합하며 분말, 이산화탄소, 건조사 등으로 질식소화한다.

㉥ 용도로는 선광제, 윤활유 첨가제, 의약품 등에 쓰인다.

⑥ 칠황화인

㉠ 담황색 결정으로 조해성이 있다.

㉡ 이황화탄소에 약간 녹으며 수분을 흡수하거나 냉수에서는 서서히 분해된다.

㉢ 더운물에서는 급격히 분해하여 황화수소를 발생한다.

(2) 적린(붉은 인)

① 물성

화학식	비중	착화점	융점
P	2.2	260℃	600℃

㉠ 황린의 동소체로 암적색 무취의 분말이다.

㉡ 물, 알코올, 에터, 이황화탄소, 암모니아에 녹지 않는다.

㉢ 강알칼리와 반응하여 유독성의 포스핀가스(PH_3)를 발생한다.

㉣ 이황화탄소, 황, 암모니아와 접촉하면 발화한다.

㉤ 과산화나트륨, 아염소산나트륨 같은 강산화제와 혼합되어 있는 것은 저온에서 발화하거나 충격, 마찰에 의해 발화한다.

㉥ 염소산 및 과염소산염류 등 강산화제와 혼합하면 불안정한 물질이 되어 약간의 가열, 충격, 마찰에 폭발한다.

㉦ 질산칼륨, 질산나트륨과 혼촉하면 발화위험이 있다.

㉧ 염소산나트륨, 질산은, 질산수은과 혼합한 것은 100℃ 이상에서 발화한다.

㉨ 공기 중에 방치하면 자연발화는 하지 않지만 260℃ 이상 가열하면 발화하고 400℃ 이상에서 승화한다.

㉩ 제1류 위험물, 산화제와 혼합되지 않도록 하고 폭발성, 가연성 물질과 격리하여 저장한다.

㉪ 다량의 물로 냉각소화하며 소량의 경우 모래나 이산화탄소도 효과가 있다.

(3) 황(유황)

① 황의 동소체

구분	인사황	사방황	고무상황
결정형	바늘모양의 결정	팔면체	무정형
비중	1.96	2.07	
융점	119℃	113℃	
착화점			360℃
용해도(물)	불용	불용	불용

② 황의 특성

㉠ 황색의 결정 또는 미황색의 분말이다.

㉡ 물이나 산에는 녹지 않으나 알코올에는 조금 녹고 고무상황을 제외하고는 이황화탄소에 잘 녹는다.

㉢ 공기 중에서 연소하면 푸른빛을 내며 아황산가스를 발생한다.

㉣ 상온에서 아염소산나트륨과 혼합하면 발화위험이 높다.

㉤ 분말상태로 밀폐공간에서 공기 중 부유 시에는 분진폭발을 일으킨다.

㉥ 황은 고온에서 수소, 철, 탄소와 반응하여 격렬하게 발열한다.

㉦ 탄화수소, 강산화제, 유기과산화물, 목탄분 등과의 혼합을 피한다.

㉧ 소규모 화재 시에는 건조된 모래로 질식소화하며, 주수 시에는 다량의 물로 분무주수한다.

(4) 철분(Fe)

① 은백색의 광택금속분말이다.

② 산이나 물과 반응하면 수소가스를 발생한다.

③ 공기 중에서 서서히 산화하여 산화철이 되어 백색의 광택이 황갈색으로 변한다.

④ 연소하기 쉬우며 기름(절삭유) 묻은 철분을 장시간 방치하면 자연발화하기 쉽다.

⑤ 환원철은 산화되기 쉽고 공기 중 500 ~ 700℃에서 자연발화한다.

⑥ 주수소화는 절대금물이며 건조된 모래, 건조분말로 질식소화한다.

⑦ 철분(Fe)의 반응식

㉠ 철분과 물의 반응식 : $2Fe + 3H_2O \rightarrow Fe_2O_3 + 3H_2$

㉡ 철분과 염산의 반응식 : $2Fe + 6HCl \rightarrow 2FeCl + 3H_2$

(5) 금속분

① 금속분의 특성

㉠ 종류 : Al분말, Zn분말, Ti분말

㉡ 금속분은 염소가스 중에서 자연발화, 폭발적인 발화를 일으킨다.

㉢ 황산, 염산 등과 반응하여 수소를 발생한다.

㉣ 물과 반응하여 수소를 발생하며 발열한다.

㉤ 산화성이 강한 물질과 접촉하면 반응하여 염이 되고 고온이 되면 발화한다.

㉥ 산화성 물질과 혼합한 것은 가열, 충격, 마찰에 의해 폭발한다.

㉦ 은, 백금, 납 등은 상온에서 과산화수소와 접촉하면 폭발위험이 있다.

㉧ 정전기, 충격 등의 점화원에 의해 분진폭발을 일으킨다.

㉨ 질산암모늄과 접촉에 의해 연소 또는 폭발위험이 있다.

㉩ 냉각소화는 부적합하고 마른 모래, 탄산수소염류 등으로 질식소화가 유효하다.

② 알루미늄분

㉠ 물성

화학식	비중	비점	융점
Al	2.7	2,000℃	660℃

㉡ 은백색의 경금속이다.

㉢ 수분, 할로젠원소와 접촉하면 자연발화의 위험이 있다.

㉣ 산화제와 혼합하면 가열, 마찰, 충격에 의하여 발화한다.

㉤ 산, 물과 반응하면 수소가스를 발생한다.

㉥ 알루미늄분의 반응식

> 알루미늄분과 염산의 반응식 : $2Al + 6HCl \rightarrow 2AlCl_3 + 3H_2$
> 알루미늄분과 물의 반응식 : $2Al + 6H_2O \rightarrow 2Al(OH)_3 + 3H_2$

㉦ 묽은 질산, 묽은 염산, 황산은 알루미늄분을 침식한다.

㉧ 연성과 전성이 가장 풍부하다.

③ 아연분

㉠ 물성

화학식	비중	비점	융점
Zn	7.14	907℃	65.4℃

㉡ 은백색의 분말이다.

㉢ 공기 중에서 표면에 산화피막을 형성한다.

㉣ 유리병에 넣어 건조한 곳에 저장한다.

㉤ 산, 물과 반응하면 수소가스를 발생한다.

㉥ 아연분의 반응식

> 아연분과 물의 반응식 : $Zn + 2H_2O \rightarrow Zn(OH)_2 + H_2$
> 아연분과 염산의 반응식 : $Zn + 2HCl \rightarrow ZnCl_2 + H_2$

④ 티타늄

㉠ 물성

화학식	비중	비점	융점
Ti	4.5	3287℃	1,800℃

㉡ 불꽃놀이에 사용되는 티타늄 조각이나 분말은 일단 점화되면 격렬하게 연소되면서 밝은 흰빛을 낸다.

㉢ 반응성이 강한 금속이어서 공기 중의 산소와 반응하여 산화티타늄의 얇은 막을 형성한다.

㉣ 물과 반응하면 수소가스를 발생한다.

㉤ 티타늄의 반응식

티타늄과 물의 반응식 : $Ti + 2H_2O \rightarrow TiO_2 + 2H_2$

(6) 마그네슘

① 물성

화학식	비중	비점	융점
Mg	1.74	1102℃	650℃

② 은백색의 광택이 있는 금속이다.

③ 공기 중 부식성은 적으나 알칼리에 안정하다.

④ 물과 반응하면 수소가스를 발생한다.

⑤ 가열하면 연소하기 쉽고 순간적으로 맹렬하게 폭발한다.

⑥ 마그네슘분이 공기 중에 부유하면 화기에 의해 분진폭발의 위험이 있다.

⑦ 할로젠원소 및 강산화제와 혼합하고 있는 것은 약간의 가열, 충격 등에 의해 발화, 폭발한다.

⑧ 무기과산화물과 혼합하면 마찰, 약간의 수분에 의해 발화한다.

⑨ 마른 모래, 탄산수소염류 등으로 질식소화한다.

⑩ 물, 분말, 이산화탄소, 질소, 포, 할로젠화합물 소화약제는 효과가 없으므로 사용을 금한다.

⑪ 마그네슘 반응식

마그네슘과 물의 반응식 : $Mg + 2H_2O \rightarrow Mg(OH)_2 + H_2$ 마그네슘과 이산화탄소의 반응식 : $2Mg + CO_2 \rightarrow 2MgO + C$ $Mg + CO_2 \rightarrow MgO + CO$

(7) 인화성 고체

① 정의 : 고형알코올 그 밖에 1기압에서 인화점이 40℃ 미만인 고체

② 종류

㉠ 고형알코올 : 연료용 알코올(메탄올)을 휴대하기 편리하도록 고형물(합성수지류)에 흡수시킨 것

ⓐ 30℃ 미만에서 가연성의 증기를 발생하기 쉽고 매우 인화되기 쉽다.

ⓑ 가열 또는 화염에 의해 화재위험성이 매우 높다.

ⓒ 화기에 주의하고 서늘하고 건조한 곳에 저장한다.

ⓓ 강산화제와의 접촉을 방지한다.

ⓔ 소화방법은 알코올포, 이산화탄소, 분말(인산염류, 탄산수소염류 성분은 제외)이 적합하다.

ⓛ 메타알데하이드

ⓐ 무색의 침상 또는 판상의 결정이다.

ⓑ 물에 녹지 않으며 에터, 에탄올, 벤젠에는 녹지 않는다.

ⓒ 80℃에서 일부 분해하여 인화성이 강한 액체인 아세트알데하이드로 변하여 더욱 위험해진다.

03 절 제3류 위험물(자연발화성 및 금수성 물질)

고체 및 액체이며 공기 중에서 발열 발화하거나 물과 접촉하여 가연성 가스를 발생하는 것과 혹은 물과 접촉하여 급격히 발화하는 것 등의 위험물을 말한다.

1 특성

(1) 종류

품명	위험등급	지정수량
1. 칼륨, 나트륨, 알킬알루미늄, 알킬리튬	Ⅰ	10kg
2. 황린	Ⅰ	20kg
3. 알칼리금속(칼륨 및 나트륨 제외) 및 알칼리토금속, 유기금속화합물(알킬알루미늄 및 알킬리튬을 제외)	Ⅱ	50kg
4. 금속의 수소화물, 금속의 인화물, 칼슘 또는 알루미늄의 탄화물	Ⅲ	300kg
5. 그 밖의 행안부령이 정하는 것(염소화규소화합물)	10, 50, 300kg	
6. 1 ~ 5의 물질이 어느 하나 이상 함유한 것	10, 20, 50, 300kg	

(2) 정의

자연발화성 물질 및 금수성 물질로 고체 또는 액체로서 공기 중에서 발화의 위험성이 있거나 물과 접촉하여 발화하거나 가연성 가스를 발생하는 위험성이 있는 것이다.

(3) 제3류 위험물의 일반적인 특징

① 대부분 무기화합물이며 고체 또는 액체이다.

※ 알칼리알루미늄, 알킬리튬, 유기금속화합물류는 유기화합물이다.

② 칼륨, 나트륨, 알킬알루미늄, 알킬리튬은 물보다 가볍고 나머지는 물보다 무겁다.

③ 칼륨, 나트륨, 황린, 알킬알루미늄은 직접연소하고 나머지는 직접연소하지 않는다.

④ 물에 대해 위험한 반응을 초래하는 고체 및 액체물질이다. 단, 황린은 제외한다.

⑤ 자연발화성 및 금수성 물질 정리
㉠ 자연발화성 성질만 갖는 물질 : 황린
㉡ 자연발화성과 금수성의 2가지 성질을 갖는 물질 : 칼륨, 나트륨, 알킬알루미늄, 알킬리튬
㉢ 금수성 성질만 갖는 물질 : 알칼리금속(칼륨 및 나트륨 제외) 및 알칼리토금속, 유기금속화합물(알킬알루미늄 및 알킬리튬을 제외), 금속의 수소화물, 금속의 인화물, 칼슘 또는 알루미늄의 탄화물, 염소화규소화합물

(4) 제3류 위험물의 위험성
① 황린을 제외한 금수성 물질은 물과 반응하여 가연성 가스(수소, 아세틸렌, 포스핀 등)를 발생하고 발열한다.
② 자연발화성 물질은 물 또는 공기와 접촉하면 폭발적으로 연소하여 가연성 가스(메탄, 에탄)를 발생한다.
③ 일부 품목은 물과 접촉에 의해 발화한다.
④ 가열, 강산화성 물질 또는 강산류와 접촉에 의해 위험성이 증가한다.

(5) 제3류 위험물의 저장 및 취급방법
① 저장용기는 공기와의 접촉을 방지하고 수분과의 접촉을 피한다.
예 "물기엄금" 위험물 게시판
② 칼륨(K), 나트륨(Na) 및 알칼리금속은 산소가 함유되지 않은 석유류(경유, 등유 등)에 저장한다.
③ 황린(인, 백린, 노란인)은 공기 중에 발화한다. 따라서 황린은 물속(pH9인 약알칼리성)에 저장한다(황린은 34℃에서 자연발화됨).
④ 자연발화성 물질의 경우는 불티, 불꽃 또는 고온체와 접근을 방지한다.
⑤ 칼륨, 나트륨은 물과 접촉하여 발화하며 알킬알루미늄은 물과 공기 중 발화할 수 있다.

(6) 제3류 위험물의 소화대책
① 황린은 주수소화가 가능하나 나머지는 물에 의한 냉각소화는 절대 불가능하다.
② 포・이산화탄소・할로젠소화약제도 적용이 어렵다. 따라서 상황에 따라 분말, 건조사, 팽창질석, 건조석회를 사용한다.
③ 소화약제 : 마른 모래, 탄산수소염류(Dry Powder 방식의 경우), 팽창질석, 팽창진주암

2 각 위험물의 종류 및 특성

(1) 칼륨
① 물성

화학식	비점	융점	불꽃색상
K	762℃	63.6℃	보라색

② 은백색의 광택이 있는 무른 경금속으로 보라색 불꽃을 내면서 연소한다.
③ 할로젠 및 산소, 수증기 등과 접촉하면 발화위험이 있다.
④ 습기 존재하에서 CO와 접촉하면 폭발한다.
⑤ 등유, 경유, 유동파라핀 등의 보호액을 넣은 내통에 밀봉 저장한다.
⑥ 마른 모래, 건조된 소금, 탄산수소염류분말(Dry Powder 방식의 경우)로 피복하여 질식소화한다.
⑦ 피부에 접촉하면 화상을 입는다.
⑧ 이온화 경향이 큰 금속이다.

(2) 나트륨

① 물성

화학식	비점	융점	불꽃색상
Na	880℃	97.8℃	노란색

② 은백색의 광택이 있는 무른 경금속으로 노란색 불꽃을 내면서 연소한다.
③ 비중(0.97), 융점(97.8℃)이 낮다.
④ 보호액(등유, 경유, 유동파라핀)을 넣은 내통에 밀봉한다.
⑤ 아이오딘산과 접촉 시 폭발하며 수은과 격렬하게 반응하고 경우에 따라 폭발한다.
⑥ 알코올이나 산과 반응하면 수소가스를 발생한다.
⑦ 소화방법 : 마른 모래, 탄산수소염류분말(Dry Powder 방식의 경우)

(3) 알킬알루미늄

① 특성

㉠ 알킬기(R = C_nH_{2n+1})와 알루미늄의 화합물로서 유기금속화합물이다.
㉡ 알킬기의 탄소 1개에서 4개까지의 화합물은 공기와 접촉하면 자연발화를 일으킨다.
㉢ 저급의 것은 반응성이 풍부하여 공기 중에서 자연발화한다.

*저급 : Ⅲ족(붕소 B, 알루미늄 Al, 갈륨 Ga, 인듐 In), Ⅱ족(베릴륨 Be, 마그네슘 Mg, 아연 Zn, 카드뮴 Cd)의 알킬화합물을 의미하며, 저급 알킬화합물과 알칼리금속(리튬 Li, 나트륨 Na, 칼륨 K, 루비듐 Rd, 세슘 Cs), 알칼리토금속(칼슘 Ca, 스트론튬 Sr, 바륨 Ba) 등은 반응성이 강하여 공기 중 자연발화가 일어난다.

㉣ 알킬기의 탄소수가 5개까지는 점화원에 의해 불이 붙고 탄소수가 6개 이상인 것은 공기 중에서 서서히 산화하여 흰 연기가 난다.
㉤ 저장 용기의 상부는 불연성 가스로 봉입하여야 한다.
㉥ 벤젠, 헥산희석제의 보호액을 넣은 내통에 밀봉・저장한다.
㉦ 소화방법 : 팽창질석, 팽창진주암

② 트라이메틸알루미늄

㉠ 물성

화학식	비점	융점	발화점
$(CH_3)_3Al$	125℃	15℃	190℃

㉡ 무색의 가연성 액체이다.

㉢ 공기 중에 노출하면 자연발화하므로 위험하다.

㉣ 물과 접촉하면 심하게 반응하고 메탄을 발생하여 폭발한다.

㉤ 산, 알코올, 아민, 할로젠과 접촉하면 맹렬히 반응한다.

㉥ 벤젠, 헥산희석제의 보호액을 넣은 내통에 밀봉・저장한다.

㉦ 트라이메틸알루미늄의 연소반응식 : $2(CH_3)_3Al + 12O_2 \rightarrow Al_2O_3 + 6CO_2 + 9H_2O$

(트라이메틸알루미늄) (산소) → (산화알루미늄) (이산화탄소) (물)

㉧ 트라이메틸알루미늄과 물의 반응식 : $(CH_3)_3Al + 3H_2O \rightarrow Al(OH)_3 + 3CH_4$

(트라이메틸알루미늄) (물) → (수산화알루미늄) (메탄)

③ 트라이에틸알루미늄

㉠ 물성

화학식	비점	융점	비중
$(C_2H_5)_3Al$	194℃	-52.5℃	0.837

㉡ 상온에서 무색의 투명한 액체이다.

㉢ 공기중에 노출하면 자연발화하므로 위험하다.

㉣ 물과 접촉하면 심하게 반응하고 에탄이 발생한다.

㉤ 산, 알코올, 아민, 할로젠과 접촉하면 맹렬히 반응한다.

㉥ 200℃ 이상으로 가열 시 가연성 가스인 에틸렌이 발생한다.

㉦ 트라이에틸알루미늄의 연소반응식 : $2(C_2H_5)_3Al + 21O_2 \rightarrow Al_2O_3 + 12CO_2 + 15H_2O$

(트라이에틸알루미늄) (산소) → (산화알루미늄) (이산화탄소) (물)

㉧ 트라이에틸알루미늄과 물의 반응식 : $(C_2H_5)_3Al + 3H_2O \rightarrow Al(OH)_3 + 3C_2H_6$

(트라이에틸알루미늄) (물) → (수산화알루미늄) (에탄)

(4) 알킬리튬

① 알킬리튬은 알킬기와 리튬금속의 화합물로 유기금속화합물이다.

② 자연발화성 물질 및 금수성 물질이다.

③ 은백색의 연한 금속이며 비중 0.534, 융점 180℃, 비점 1,336℃이다.

④ 물과 만나면 심하게 발열하고 가연성인 수소가스를 발생한다.

⑤ 제3류 위험물 중 물과의 반응 시 반응열이 52.7kcal로 가장 크다.

⑥ 종류 : 메틸리튬(CH_3Li), 에틸리튬(C_2H_5Li), 부틸리튬($n-C_4H_9Li$), 프로필리튬($n-C_3H_7Li$)

㉠ 메틸리튬 : $CH_3Li + H_2O \rightarrow LiOH + CH_4$

(메틸리튬) (물) → (수산화리튬) (메탄)

㉡ 에틸리튬 : $C_2H_5Li + H_2O \rightarrow LiOH + C_2H_6$
(에틸리튬) (물) → (수산화리튬) (에탄)

(5) 황린

① 물성

화학식	비점	융점	발화점
P_4	280℃	44℃	34℃

② 백색 또는 담황색의 자연발화성 고체이다.
③ 물과 반응하지 않기 때문에 pH9(약알칼리) 정도의 물속에 저장하며 보호액이 증발되지 않도록 한다.
④ 벤젠, 알코올에는 일부 용해하고 이황화탄소, 삼염화린, 염화황에는 잘 녹는다.
⑤ 증기는 공기보다 무겁고 자극적이며 맹독성인 물질이다.
⑥ 황, 산소, 할로젠과 격렬하게 반응한다.
⑦ 발화점이 매우 낮고 산소와 결합 시 산화열이 크며 공기 중에 방치하면 액화되면서 자연발화를 일으킨다.
⑧ 강산화성 물질과 수산화나트륨과 혼촉 시 발화의 위험이 있다.
⑨ 초기소화에는 물, 포, 이산화탄소, 분말 소화약제가 유효하다.

✔Check 황린의 심화

① 황린의 본래 색은 백색인데 산소와 접촉하면 황색으로 변하므로 황린이라 한다.
㉠ 황린(P, 백린, 인)은 습한 공기 중에서는 30℃ 자연발화가 가능하다.
㉡ 미분인 가루상태에서는 34℃에서 자연발화가 가능하다.
㉢ 고체에서는 60℃에 자연발화가 가능하다.
② 황린은 물속에 저장해야 한다. 수소이온농도는 pH9를 유지해야 하는데, 물속에서 온도나 수소이온농도 pH9가 맞지 않으면 독성 가스 인화수소(포스핀)가 발생한다. 이는 독성이 강하므로 피부 접촉 시 화상을 입게 된다.
③ 순수한 황린은 무색결정이며, 담황색의 투명한 고체이다. 물에는 잘 녹지 않고, 벤젠・이황산탄소에 잘 녹는다. 연소 시 오산화인이 발생하고 어두운 곳에서는 인광(빛)을 발한다. 진한 질산에 의해 인산이 되며, 공기를 차단하면 260℃에서 적린(적색인)이 된다.
㉠ 적린(제2류 위험물), 황린(제3류 위험물), 3황화인 등은 동소체로서, 연소할때 CO_2는 발생하지 않고 오산화인(P_2O_5) 등이 발생한다.
㉡ 여기서 황화인(자연발화 100℃)은 '황과 화합된 인'이라는 뜻인데, 황과 적린을 이산화탄소(CO_2) 기류 속에 가열하여 그 혼합 비율에 따라 3황화인, 5황화인, 7황화인 등으로 나눈다.
㉢ 황화인에 물을 주수하면 달걀 썩는 냄새가 나고, 독성 가스인 황화수소(H_2S)가 발생한다.
④ 황은 '유황'이라고 칭하여 또 다른 물질로 분류되며, 순도 60% 이상을 '제2류 위험물'로 분류한다. 화약 또는 성냥을 만드는 용도로 사용되었다.

(6) 알칼리금속(K, Na 제외)류 및 알칼리토 금속

① 리튬

㉠ 물성

화학식	비점	융점	발화점
Li	1,336℃	180℃	179℃

㉡ 은백색의 무른 경금속이다.

㉢ 물이나 산과 반응하면 수소가스를 발생한다.

㉣ 금속 중에서 비열이 가장 크고, 가장 가벼운 금속이다.

> 리튬과 물의 반응식 : $2Li + 2H_2O \rightarrow 2LiOH + H_2$
> (리튬) (물) → (수산화리튬) (수소)

② 칼슘

㉠ 물성

화학식	비점	융점	불꽃색상
Ca	1,480℃	839℃	황적색

㉡ 은백색의 무른 경금속이다.

㉢ 물이나 산과 반응하면 수소가스를 발생한다.

> 칼슘과 물의 반응식 : $Ca + 2H_2O \rightarrow Ca(OH)_2 + H_2$
> (칼슘) (물) → (수산화칼슘) (수소)

(7) 유기금속화합물(알킬알루미늄 및 알킬리튬을 제외)

① 저급 유기금속화합물은 반응성이 풍부하다.

② 공기 중에서 자연발화를 하므로 위험하다.

③ 종류

㉠ 다이메틸아연 : $Zn(CH_3)_2$

㉡ 다이에틸아연 : $Zn(C_2H_5)_2$

(8) 금속의 수소화물

① 수소화칼륨

㉠ 회백색의 결정분말이다.

㉡ 물과 반응하면 수산화칼륨과 수소가스를 발생한다.

㉢ 고온에서 암모니아와 반응하면 칼륨아미드와 수소가 생성된다.

② 기타

종류	형태	화학식	분자량	융점℃	분해온도℃
수소화나트륨	은백색의 결정	NaH	24	800	425
수소화리튬	투명한 고체	LiH	7.9	680	400
수소화칼슘	무색 결정	CaH_2	42	815	600
수소화 알루미늄리튬	회백색 분말	$LiAlH_4$	37.9	125	125

(9) 금속의 인화물

① 인화칼슘

㉠ 물성

화학식	분자량	융점	비중
Ca_3P_2	182	1,600℃	2.51

㉡ 적갈색의 괴상 고체로서 인화석회라고도 한다.

㉢ 알코올, 에터에는 녹지 않는다.

㉣ 건조한 공기 중에는 안정하나 300℃ 이상에서는 산화한다.

㉤ 가스 취급 시 독성이 심하므로 방독마스크를 착용하여야 한다.

㉥ 물이나 약산과 반응하여 포스핀의 유독성 가스를 발생한다.

㉦ 인화칼슘(인화석회)과 물의 반응식 : $Ca_3P_2 + 6H_2O \rightarrow 3Ca(OH)_2 + 2PH_3$

(인화칼슘) (물) → (수산화칼슘) (포스핀)

② 인화알루미늄

㉠ 담배 및 곡물의 저장창고의 훈증제로 사용되는 약제로, 화합물 분자는 AIP로서 짙은 회색 또는 황색 결정체이다.

㉡ 건조상태에서는 안정하나 습기가 있으면 격렬하게 가수반응(加水反應)을 일으켜 포스핀(PH_3)을 생성하여 강한 독성 물질로 변한다. 따라서 일단 개봉하면 전부 사용하여야 한다.

㉢ 분자량 : 57.96

㉣ 융점 : 1000℃ 이하

㉤ 물과 반응하면 포스핀의 유독성 가스가 발생한다.

㉥ 인화알루미늄과 물의 반응식 : $AlP + 3H_2O \rightarrow Al(OH)_3 + PH_3$

(인화알루미늄) (물) → (수산화알루미늄) (포스핀)

㉦ 인화알루미늄과 황산의 반응식 : $2AlP + 3H_2SO_4 \rightarrow Al_2(SO_4)_3 + 2PH_3$

(인화알루미늄) (황산) → (황산알루미늄) (포스핀)

(10) 칼슘 또는 알루미늄의 탄화물

① 탄화칼슘

㉠ 카바이드라고 하며, 분자식 CaC_2, 융점은 2,300℃이다.

㉡ 순수한 것은 무색, 투명하나 보통은 회백색의 덩어리 상태이다.
㉢ 공기 중에는 안정하지만 350℃ 이상에서는 산화한다.
㉣ 습기가 없는 밀폐용기에 저장하고 용기에는 질소가스 등 불연성 가스를 봉입시켜야 한다.
㉤ 물과 만나 아세틸렌이 발생한다.
㉥ 탄화칼슘(카바이드)과 물의 반응식 : CaC_2 + $2H_2O$ → $Ca(OH)_2$ + C_2H_2 + 27.8[kcal]
(탄화칼슘) (물) → (수산화칼슘) (아세틸렌)

② 탄화알루미늄
㉠ 황색(순수한 것은 백색)의 단단한 결정 또는 분말이고 분자식은 Al_4C_3이다.
㉡ 비중은 2.36이고 1,400℃ 이상 가열 시 분해한다.
㉢ 밀폐용기에 저장하여야 하며 용기 등에는 질소가스 등 불연성 가스를 봉입시켜 빗물 침투 우려가 없는 안전한 장소에 저장하여야 한다.
㉣ 탄화알루미늄은 물과 만나 메탄을 발생시킨다.
㉤ 탄화알루미늄과 물의 반응식 : Al_4C_3 + $12H_2O$ → $4Al(OH)_3$ + $3CH_4$ + 360[kcal]
(탄화알루미늄) (물) → (수산화알루미늄) (메탄)

(11) 트라이클로로실란(염소화규소화합물)

① 물성

화학식	비점	인화점	발화점
$HSiCl_3$	32℃	-28℃	182℃

② 냄새가 나는 휘발성, 발연성, 자극성, 가연성의 무색액체이다.
③ 물보다 무거우며 물과 접촉 시 분해하며 공기 중 쉽게 증발한다.
④ 벤젠, 에터, 클로로포름, 사염화탄소에 녹는다.
⑤ 점화원에 의해 일시에 번지며 심한 백색 연기를 발생한다.
⑥ 알코올, 유기화합물, 과산화물, 아민, 강산화제와 심하게 반응하며 경우에 따라 혼촉발화하는 것도 있다.
⑦ 물과 심하게 반응하여 부식성, 자극성의 염산을 생성하며 공기 중 수분과 반응하여 맹독성의 염화수소가스를 발생한다.
⑧ 산화성 물질과 접촉하면 폭발적으로 반응하며, 아세톤, 알코올과 반응한다.
⑨ 물, 알코올, 강산화제, 유기화합물, 아민과 철저히 격리한다.
⑩ 분말, 이산화탄소 및 할로젠소화약제는 효과가 없으므로 사용하지 않도록 한다. 단, 밀폐된 소구역에서는 분말, 이산화탄소가 유효하다.

04 절 제4류 위험물(인화성 액체)

가연성 물질로서 인화성 증기를 발생하는 액체위험물로 흔히 기름이라 말하는 것으로 액체연료 및 여러 물질을 녹이는 용제 등으로 일상생활 및 산업분야 등에 많이 이용되고 있다.

1 특성

(1) 종류

품명		위험등급	지정수량
1. 특수인화물	이황화탄소, 다이에틸에터, 아세트알데하이드, 산화프로필렌	I	50L
2. 제1석유류	비수용성 액체 : 휘발유, 벤젠, 톨루엔, 메틸에틸케톤, 초산메틸, 초산에틸, 의산메틸, 의산에틸, 콜로디온	II	200L
	수용성 액체 : 아세톤, 피리딘, 사이안화수소	II	400L
3. 알코올류	메틸알코올, 에틸알코올, 프로필알코올, 변성알코올	II	400L
4. 제2석유류	비수용성 액체 : 등유, 경유, 테레핀유, 클로로벤젠, o-크실렌, m-크실렌, p-크실렌, 장뇌유, 송근유	III	1,000L
	수용성 액체 : 초산, 의산, 하이드라진	III	2,000L
5. 제3석유류	비수용성 액체 : 중유, 크레오소트유, 나이트로벤젠, 아닐린, 메타크레졸	III	2,000L
	수용성 액체 : 글리세린, 에틸렌글리콜, 에탄올아민	III	4,000L
6. 제4석유류	기어유, 실린더유, 절삭유, 방청유, 윤활유	III	6,000L
7. 동・식물유류	건성유, 반성유, 불건성유	III	10,000L

※ 석유를 제외한 제4류는 모두 비수용성이다. 즉, 석유만 수용성이다.

(2) 일반적 성질

① 인화되기 쉬우며, 자연 발화점이 낮다(“화기엄금” 위험물 게시판).

② 주로 비수용성이며, 전기 부도체이다. 즉, 유류는 전기가 안 통한다.

③ 주로 물보다 가벼운 유류가 더 많으며, 기화된 유증기는 공기보다 무겁다.

④ 연소 시 증기 비중은 공기보다 무겁다.

⑤ 인화성은 가연성보다 불이 빨리 붙는 물질이므로, 가연성보다 대부분 더 위험할 수 있다.

(3) 일반적 예방대책

① 누출 방지 : 밀폐용기의 사용, 배관의 이용, 바위 속 시원한 냉암소에 저장한다.

② 폭발혼합기의 형성 방지(환기 철저) 및 정전기나 스파크에 주의한다.

(4) 일반적 소화대책

① 유류화재는 포에 의한 질식소화가 좋다.

② 제4류 위험물 중 물에 혼합되는 수용성 위험물에는 알코올형포(내알코올포)를 사용하여 질식소화하거나 다량의 물로 희석시켜 희석소화한다.

※ 수용성 위험물의 경우 수성막포는 소화효과가 거의 없다.

③ 제3석유류인 중유 또는 크레오소트유(타르유) 화재 시 무상주수하면 유류 표면에 엷은 수막층이 형성되어 공기 중의 산소공급을 차단하는 유화효과와 질식소화효과가 있다.

(5) 분류

인화성 액체라 함은 액체(제3석유류, 제4석유류 및 동식물유류의 경우 1기압과 섭씨 20도에서 액체인 것만 해당한다)로서 인화의 위험성이 있는 것을 말한다. 다만, 다음의 어느 하나에 해당하는 것을 법 제20조 제1항의 중요기준과 세부기준에 따른 운반용기를 사용하여 운반하거나 저장(진열 및 판매를 포함한다)하는 경우는 제외한다.

- 「화장품법」 제2조 제1호에 따른 화장품 중 인화성 액체를 포함하고 있는 것
- 「약사법」 제2조 제4호에 따른 의약품 중 인화성 액체를 포함하고 있는 것
- 「약사법」 제2조 제7호에 따른 의약외품(알코올류에 해당하는 것은 제외한다) 중 수용성인 인화성 액체를 50부피퍼센트 이하로 포함하고 있는 것
- 「의료기기법」에 따른 체외진단용 의료기기 중 인화성 액체를 포함하고 있는 것
- 「생활화학제품 및 살생물제의 안전관리에 관한 법률」 제3조 제4호에 따른 안전확인대상생활화학제품(알코올류에 해당하는 것은 제외한다) 중 수용성인 인화성 액체를 50부피퍼센트 이하로 포함하고 있는 것

① 특수인화물
  ㉠ 1기압에서 발화점이 100℃ 이하인 것
  ㉡ 인화점이 영하 20℃ 이하이고 비점이 40℃ 이하인 것
  ㉢ 종류 : 이황화탄소, 다이에틸에터, 아세트알데하이드, 산화프로필렌

② 제1석유류 : 1기압에서 인화점이 21℃ 미만인 것
  ㉠ 비수용성 : 휘발유, 벤젠, 톨루엔, 메틸에틸케톤, 초산메틸, 초산에틸, 의산메틸, 의산에틸, 콜로디온
  ㉡ 수용성 : 아세톤, 피리딘, 사이안화수소

③ 알코올류 : 1분자를 구성하는 탄소원자의 수가 1개부터 3개까지인 포화1가 알코올(변성알코올 포함)로, 다만, 다음 항목에 해당하는 것은 제외한다.
  ㉠ 1분자를 구성하는 탄소원자의 수가 1개 내지 3개의 포화1가 알코올의 함유량이 60중량퍼센트 미만인 수용액
  ㉡ 가연성 액체량이 60중량퍼센트 미만이고 인화점 및 연소점(태그개방식 인화점측정기에

의한 연소점)이 에틸알코올 60중량퍼센트 수용액의 인화점 및 연소점을 초과하는 것

※ 알코올은 -OH(하이드로록시기 또는 수산기)가 포화 탄소 원자에 결합한 유기화합물을 말하며, 수산기(-OH)가 1개인 것이 포화1가, 수산기(-OH)기 2개인 것이 포화2가, 수산기(-OH)가 3개인 것이 포화3가이다. 종류로는 메틸알코올, 에틸알코올, 프로필알코올, 변성알코올이 있다.

④ **제2석유류** : 1기압에서 인화점이 21℃ 이상 70℃ 미만인 것이다. 다만, 도료류 그 밖의 물품에 있어서 가연성 액체량이 40중량퍼센트 이하이면서 인화점이 40℃ 이상인 동시에 연소점이 60℃ 이상인 것은 제외한다.

㉠ 비수용성 : 등유, 경유, 테레핀유, 클로로벤젠, o-크실렌, m-크실렌, p-크실렌, 장뇌유, 송근유

㉡ 수용성 : 초산, 의산, 하이드라진

⑤ **제3석유류** : 1기압에서 인화점이 70℃ 이상 200℃ 미만인 것이다. 다만, 도료류 그 밖의 물품은 가연성 액체량이 40중량퍼센트 이하인 것은 제외한다.

㉠ 비수용성 : 중유, 크레오소트유, 나이트로벤젠, 아닐린, 메타크레졸

㉡ 수용성 : 글리세린, 에틸렌글리콜, 에탄올아민

⑥ **제4석유류** : 1기압에서 인화점이 200℃ 이상 250℃ 미만의 것을 말한다. 다만 도료류 그 밖의 물품은 가연성 액체량이 40중량퍼센트 이하인 것은 제외한다. 종류에는 기어유, 실린더유, 절삭유, 방청유, 윤활유가 있다.

⑦ **동식물유류** : 동물의 지육 등 또는 식물의 종자나 과육으로부터 추출한 것으로써 1기압에서 인화점이 250℃ 미만인 것이다. 다만 도료류 그 밖의 물품은 가연성 액체량이 40중량퍼센트 이하인 것은 제외한다.

(6) 제4류 위험물의 일반적인 성질

① 대단히 인화하기 쉽다.

② 물보다 가볍고 물에 녹지 않는다.

③ 증기비중은 공기보다 무겁기 때문에 낮은 곳에 체류하여 연소, 폭발의 위험이 있다.

④ 연소범위의 하한이 낮기 때문에 공기 중 소량 누설되어도 연소한다.

⑤ 이황화탄소(CS_2)는 황린과 같이 물속에 보관해야 한다.

(7) 제4류 위험물의 위험성

① 인화위험이 높아 화기의 접근을 피해야 한다.

② 증기는 공기와 약간만 혼합되어도 연소한다.

③ 연소범위의 하한이 낮다.

④ 발화점이 낮다.

⑤ 전기 부도체이므로 정전기 발생에 주의한다.

(8) 제4류 위험물의 저장 및 취급방법

① 누출방지를 위하여 밀폐용기를 사용하여야 한다.

② 점화원을 제거한다.
③ 소화방법 : 포, 이산화탄소, 할로젠화합물, 분말 소화약제로 질식소화한다.
④ 수용성 위험물은 알코올형 포 소화약제를 사용한다.
※ 수용성 위험물의 경우 수성막포는 소화효과가 거의 없다.

2 각 위험물의 종류 및 특성

(1) 특수인화물

① 다이에틸에터(에터)

㉠ 물성

화학식	비중	인화점	연소범위
$C_2H_5OC_2H_5$	0.72	-45℃	1.7 ~ 48%

㉡ 휘발성이 강한 무색, 투명한 특유의 향이 있는 액체이다.
㉢ 물에 약간 녹고, 알코올에 잘 녹으며 발생된 증기는 마취성이 있다.
㉣ 공기와 장시간 접촉하면 과산화물이 생성되므로 갈색병에 저장하여야 한다.
ⓐ 과산화물 생성을 방지하기 위하여 40메쉬(mesh)의 구리망을 넣어준다.
ⓑ 과산화물 검출시약 : 10% 아이오딘화 칼륨(KI)용액(검출 시 황색)
ⓒ 과산화물 제거시약 : 황산제일철 또는 환원철
㉤ 에터는 전기 부도체이므로 정전기 발생에 주의한다.
㉥ 이산화탄소, 할론, 할로젠화합물 및 불활성 기체, 포에 의한 질식소화를 한다.
㉦ 용기의 공간용적을 2% 이상으로 하여야 한다.

② 이황화탄소

㉠ 물성

화학식	비중	인화점	연소범위
CS_2	1.26	-30℃	1.2 ~ 44%

㉡ 순수한 것은 무색, 투명한 액체이며 시판용은 담황색이다.
㉢ 제4류 위험물 중 착화점이 낮고 증기는 유독하다.
㉣ 물에는 녹지 않고, 알코올, 에터, 벤젠 등의 유기용매에 잘 녹는다.
㉤ 불쾌한 냄새가 난다.
㉥ 가연성 증기 발생을 억제하기 위하여 물속에 저장한다.
㉦ 연소 시 아황산가스를 발생하면 파란 불꽃을 나타낸다.
㉧ 황, 황린, 생고무, 수지 등을 잘 녹인다.
㉨ 무상주수 또는 이산화탄소, 할론, 할로젠화합물 및 불활성 기체, 분말 소화약제 등으로 질식소화한다.

③ 아세트알데하이드

㉠ 물성

화학식	비중	인화점	연소범위
CH_3CHO	0.78	-38℃	4.0 ~ 57%

㉡ 무색, 투명한 액체이며 자극성 냄새가 난다.

㉢ 공기와 접촉하면 가압에 의해 폭발성의 과산화물을 생성한다.

㉣ 에틸알코올을 산화하면 아세트알데하이드가 된다.

㉤ 암모니아와 반응하면 알데하이드암모니아를 생성한다.

㉥ 펠링반응, 은거울반응을 한다.

㉦ 구리, 마그네슘, 은, 수은과 반응하면 아세틸레이트를 생성한다.

㉧ 저장용기 내부에는 불연성 가스 또는 수증기 봉입장치를 해야 한다.

㉨ 소화약제로는 알코올포, 이산화탄소, 분말소화가 효과가 있다.

④ 산화프로필렌

㉠ 물성

화학식	비중	인화점	연소범위
CH_3CHCH_2O	0.83	-37℃	2.8 ~ 37%

㉡ 무색, 투명한 자극성 액체이다.

㉢ 구리, 마그네슘, 은, 수은과 반응하면 아세틸레이트를 생성한다.

㉣ 저장용기 내부에는 불연성 가스 또는 수증기 봉입장치를 해야 한다.

㉤ 소화약제로는 (내)알코올포, 이산화탄소, 분말소화가 효과가 있다.

⑤ 이소프로필아민 : $(CH_3)_2CHNH_2$

㉠ 이소프로필아민은 암모니아 냄새가 나는 투명한 무색액체이다.

㉡ 인화점은 -35°F이며 끓는점은 90°F이다.

㉢ 수증기보다 밀도가 낮고 공기보다 밀도가 높다.

㉣ 연소되는 동안 유독한 질소 산화물이 생성되고 솔벤트 및 기타 화학 물질로 사용된다.

(2) 제1석유류

① 아세톤

㉠ 물성

화학식	비중	인화점	연소범위
$(CH_3)_2CO$	0.79	-18℃	2 ~ 13%

㉡ 무색, 투명한 자극성 휘발성 액체이다.

㉢ 물에 잘 녹으며 수용성이다.

㉣ 피부에 닿으면 탈지작용을 한다.

㉤ 공기와 장시간 접촉하면 과산화물이 생성되므로 갈색병에 저장하여야 한다.

㉥ 포, 알코올포, 이산화탄소, 할로젠화합물 및 불활성 기체 소화약제로 질식소화한다.

② 사이안화수소

㉠ 물성

화학식	비중	인화점	연소범위
HCN	0.697(15℃)	-18℃	5.6 ~ 40%

㉡ 수용성, 맹독의 무색 기체로 속칭 청산이라고 불린다.

㉢ 점화를 하면 핑크색 불꽃을 내면서 탄다.

㉣ 물・에탄올・에터 등과 임의의 비율로 섞이며, 수용액은 약산의 성질을 보인다.

㉤ 흡입 시 인체 내의 헤모글로빈과 결합하지 않고 질식 사망케 한다.

㉥ 화재 시 질소를 사용한 단백포로 소화한다.

③ 휘발유

㉠ 물성

화학식	비중	인화점	연소범위
C_5H_{12} ~ C_9H_{20}	0.65 ~ 0.8	-43 ~ -20℃	1.4 ~ 7.6%

㉡ 무색, 투명한 휘발성이 강한 인화성 액체이다.

㉢ 탄소와 수소의 지방족 탄화수소이다.

㉣ 정전기에 의한 인화의 폭발 우려가 있다.

㉤ 가솔린 제법으로 직류법, 접촉개질법, 열분해법이 있다.

㉥ 이산화탄소, 할론, 할로젠화합물 및 불활성 기체, 분말, 포(대량일 때) 소화약제가 효과가 있다.

④ 벤젠

㉠ 물성

화학식	비중	인화점	연소범위
C_6H_6	0.9	-11℃	1.4 ~ 7.1%

㉡ 무색, 투명한 방향성을 갖는 액체이며, 증기는 독성이 있다.

㉢ 물에는 녹지 않고 알코올, 아세톤, 에터에는 녹는다.

㉣ 비전도성이므로 정전기의 화재발생 위험이 있다.

㉤ 포・분말・이산화탄소・할로젠화합물 소화약제가 효과가 있다.

⑤ 톨루엔(메틸벤젠)

㉠ 물성

화학식	비중	인화점	연소범위
$C_6H_5CH_3$	0.87	-4℃	1.4 ~ 6.7%

㉡ 무색, 투명한 독성이 있는 액체이다.

㉢ 증기는 마취성이 있고 인화점이 낮다.

㉣ 물에 불용, 아세톤, 알코올 등 유기용제에는 잘 녹는다.

㉤ 고무, 수지를 잘 녹인다.

㉥ 벤젠보다 독성은 약하다.

㉦ TNT의 원료로 사용하고, 산화하면 안식향산(벤조산)이 된다.

⑥ 콜로디온

㉠ 질화도가 낮은 질화면(나이트로셀룰로오스)에 부피비로 에탄올 3과 에터 1의 혼합용액으로 녹여 교질(콜로이드 : Colloid)상태로 만든 것이다.

*콜로이드 : 미립자가 기체 또는 액체 중에 분산된 상태로 되어 있는 상태로 보통의 분자나 이온보다 크고 지름이 1nm ~ 1000nm 정도의 미립자가 기체 또는 액체 중에 분산된 상태를 콜로이드 상태라고 한다.

㉡ 무색이며 투명한 끈기 있는 액체이며 인화점은 −18℃이다.

㉢ 콜로디온의 성분 중 에틸알코올, 에터 등은 상온에서 인화의 위험이 크다.

㉣ 알코올포, 이산화탄소, 포 소화약제가 효과가 있다.

⑦ 메틸에틸케톤(MEK)

㉠ 물성

화학식	비중	인화점	연소범위
$CH_3COC_2H_5$	0.81	−7℃	1.8 ~ 10%

㉡ 휘발성이 강한 무색의 액체이다.

㉢ 물에 대한 용해도는 26.8이다.

㉣ 물, 알코올, 에터, 벤젠 등 유기용제에 잘 녹고, 수지, 유지를 잘 녹인다.

㉤ 탈지작용이 있으므로 피부에 닿지 않도록 주의한다.

㉥ 분무주수가 가능하고 알코올포로 질식소화한다.

⑧ 피리딘

㉠ 물성

화학식	비중	인화점	연소범위
C_5H_5N	0.98	20℃	1.8 ~ 12.4%

㉡ 순수한 것은 무색의 액체로 강한 악취와 독성이 있다.

㉢ 약알칼리성을 나타내며 수용액 상태에서도 인화의 위험이 있다.

㉣ 산·알칼리에 안정하고, 물, 알코올, 에터에 잘 녹는다(수용성).

㉤ 질산과 같이 가열하여도 분해되지 않는다.

㉥ 공기 중에서 최대허용농도 : 5ppm

⑨ 초산에스터류

㉠ 초산메틸(아세트산메틸) : 마취성, 탈지작용, CH_3COOCH_3

㉡ 초산에틸(아세트산에틸) : 딸기 냄새, $CH_3COOC_2H_5$

⑩ 의산에스터류

㉠ 의산메틸(개미산메틸) : $HCOOCH_3$

㉡ 의산에틸(개미산에틸) : $HCOOC_2H_5$

㉢ 의산프로필 : $HCOOC_3H_7$

⑪ 노르말-헥산(n-Hexane) : $CH_3(CH_2)_4CH_3$

㉠ 무색, 투명한 액체로서 제1석유류(비수용성)로서 지정수량 200ℓ이다.

㉡ 물에는 녹지 않고 알코올, 에터, 클로로포름, 아세톤 등 유기용제에는 잘 녹는다.

(3) 알코올류

① 메틸알코올(목정)

㉠ 물성

화학식	비중	인화점	연소범위
CH_3OH	0.791	11℃	7.3 ~ 36%

㉡ 무색, 투명한 휘발성이 강한 액체이다.

㉢ 알코올류 중에서 수용성이 가장 크다.

㉣ 인화점 이상이 되면 밀폐된 상태에서도 폭발한다.

㉤ 메틸알코올은 독성이 있으나 에틸알코올은 독성이 없다.

㉥ 알칼리금속(Na)과 반응하면 수소를 발생한다.

㉦ 산화하면 '메틸알코올 → 포름알데하이드 → 포름산(개미산)'이 된다.

㉧ 8 ~ 20g을 먹으면 눈이 멀고 30 ~ 50g을 먹으면 생명을 잃는다.

㉨ 화재 시에는 알코올포를 사용한다.

② 에틸알코올(주정)

㉠ 물성

화학식	비중	인화점	연소범위
C_2H_5OH	0.789	13℃	4.3 ~ 19%

㉡ 무색, 투명한 휘발성이 강한 액체이다.

㉢ 물에 잘 녹으므로 수용성이다.

㉣ 에탄올은 벤젠보다 탄소의 함량이 적기 때문에 그을음이 적게 난다.

㉤ 산화하면 '에틸알코올 → 아세트알데하이드 → 초산(아세트산)'이 된다.

③ 프로판올(프로필알코올)

㉠ 화학식은 C_3H_7OH이다.

㉡ 에탄올 비슷한 냄새가 나는 액체로 분자량 60.1, 끓는점 97℃, 비중 0.8035이다.

㉢ 물과 혼합되고, 산화하면 프로피온알데하이드를 거쳐 프로피온산을 생성한다. 황산으로 탈수하면 프로필렌이 된다.

㉣ 2-프로판올(아이소프로판올)이라고 하는 이성질체가 있는데, 이것과 구별할 때는 n-프로판올 또는 1-프로판올이라고 한다.

㉤ 퓨젤유(油) 속에 3 ~ 7% 함유되어 있다.

㉥ 아이소프로필알코올(2-프로판올)

ⓐ 물성 : 화학식은 C_3H_7OH, 비중은 0.786, 인화점은 11.7℃, 연소범위는 2.6 ~ 13.5%

ⓑ 물과는 임의의 비율로 섞이며 아세톤, 에터 등 유기용제에 잘 녹는다.

ⓒ 산화하면 아세톤이 되고, 탈수하면 프로필렌이 된다.

(4) 제2석유류

① 등유

㉠ 물성

화학식	비중	인화점	연소범위
C_8 ~ C_{18}	0.78 ~ 0.8	40 ~ 70℃	1.1 ~ 6%

㉡ 무색 또는 담황색의 약한 취기가 있는 액체이다.

㉢ 물에는 녹지 않고, 석유계 용제에는 잘 녹는다.

㉣ 원유 증류 시 휘발유와 경유 사이에서 유출되는 포화·불포화 탄화수소 혼합물이다.

㉤ 정전기 불꽃으로 인화의 위험이 있다.

㉥ 소화방법으로는 포, 이산화탄소, 할로젠화합물, 분말 소화약제가 적합하다.

② 경유(디젤유)

㉠ 물성

화학식	비중	인화점	연소범위
C_{15} ~ C_{20}	0.52 ~ 0.84	50 ~ 70℃	1 ~ 6%

㉡ 탄소수가 15 ~ 20개인 포화·불포화 탄화수소 혼합물이다.

㉢ 물에는 녹지 않고, 석유계 용제에는 잘 녹는다.

㉣ 품질은 세탄가로 정한다.

*세탄가 : 디젤 연료의 피스톤 압축에 의한 자기발화성을 표시하는 값의 하나로, 디젤 연료의 내폭성을 나타내는 수치

㉤ 소화방법으로는 포, 이산화탄소, 할로젠화합물, 분말 소화약제가 적합하다.

③ 초산(빙초산)

㉠ 물성

화학식	비중	인화점	연소범위
CH_3COOH	1.05	40℃	5.4 ~ 16.9%

ⓛ 자극성 냄새와 신맛이 나는 무색, 투명한 액체이다.
ⓒ 물, 알코올, 에터에 잘 녹으며 물보다 무겁다.
ⓔ 피부와 접촉하면 수포상의 화상을 입는다.
ⓜ 식초는 3 ~ 5%의 수용액이다.
ⓑ 내산성 용기에 저장한다.
ⓢ 소화 시 알코올형포, 이산화탄소, 할로젠화합물, 분말 소화약제를 사용한다.

④ 의산(개미산)

㉠ 물성

화학식	비중	인화점	증기비중
HCOOH	1.22	69℃	1.59

ⓛ 물에 잘 녹고 물보다 무겁다.
ⓒ 초산보다 산성이 강하며 신맛이 난다.
ⓔ 피부와 접촉하면 수포상의 화상을 입는다.
ⓜ 내산성 용기에 저장한다.
ⓑ 소화 시 알코올형포, 이산화탄소, 할로젠화합물, 분말을 사용한다.

⑤ 크실렌

㉠ 물성

구분	화학식	비중	인화점	착화점
o-크실렌	$C_6H_4(CH_3)_2$	0.88	32℃	464℃
m-크실렌		0.86	25℃	528℃
p-크실렌		0.86	25℃	529℃

ⓛ 물에는 녹지 않고, 알코올, 에터, 벤젠 등 유기용매에는 잘 녹는다.
ⓒ 무색, 투명한 액체로서 톨루엔과 비슷하다.
ⓔ 벤젠(benzene)·톨루엔(toluene)·자일렌(xylene)[BTX]중에서 독성이 가장 약하다.
ⓜ 이성질체이다.

⑥ 테레핀유(송정유)

㉠ 물성

화학식	비중	인화점	연소범위
$C_{10}H_{16}$	0.86	35℃	0.8 ~ 0.86%

ⓛ 피넨($C_{10}H_{16}$)이 80 ~ 90% 함유된 소나무과 식물에 함유된 기름으로 송정유라고도 한다.
ⓒ 무색 또는 엷은 담황색의 액체이다.
ⓔ 물에 녹지 않고 알코올, 에터, 벤젠, 클로로포름에는 녹지 않는다.
ⓜ 헝겊 또는 종이에 스며들어 자연발화한다.

⑦ 스틸렌

㉠ 물성

화학식	비중	인화점	연소범위
$C_6H_5CH = CH_2$	0.51	32℃	490%

㉡ 독특한 냄새의 무색 액체이다.

㉢ 물에 녹지 않고 알코올, 에터, 이황화탄소에는 녹는다.

㉣ 빛, 가열, 과산화물과 중합반응하여 무색의 고상물이 된다.

⑧ 클로로벤젠

㉠ 물성

화학식	비중	인화점	착화점
C_6H_5Cl	1.11	32℃	638℃

㉡ 마취성이 조금 있는 석유와 비슷한 냄새가 나는 무색 액체이다.

㉢ 물에 녹지 않고 알코올, 에터 등 유기용매에는 녹는다.

㉣ 연소하면 염화수소가스를 발생한다.

㉤ 고온에서 진한 황산과 반응하여 P-클로로술폰산을 만든다.

⑨ 메틸셀로솔브 : $CH_3OCH_2CH_2OH$

㉠ 메틸 셀로솔브 아세트산 분자는 10개의 수소 원자, 5개의 탄소 원자 그리고 3개의 산소 원자로 구성되어 총 18개의 원자로 형성된다.

㉡ 메틸 셀로솔브 아세트산 분자에는 총 17개의 화학결합이 있으며, 이는 7개의 비수소결합, 1개의 다중결합, 4개의 단일결합, 1개의 이중결합, 1개의 에스터(지방족) 그리고 1개의 에터(지방족)로 구성되어 있다

㉢ 약간의 휘발성을 가진 무색의 액체이다.

㉣ 물, 에터, 벤젠, 사염화탄소, 아세톤, 글리세린에 녹는다.

⑩ 에틸셀로솔브 : $C_2H_5OCH_2CH_2OH$

㉠ 무색의 상쾌한 냄새가 나는 액체이다.

㉡ 가수분해하면 에틸알코올과 에틸글리콜을 생성한다.

⑪ 하이드라진

㉠ 물성

화학식	비중	인화점	비점
N_2H_4	1.01	52.2℃	113.5℃

㉡ 암모니아 냄새가 나는 무색의 맹독성 가연성 액체이다.

㉢ 물이나 알코올에는 잘 녹고 에터에는 녹지 않는다.

㉣ 유리를 침식하고 코르크나 고무를 분해하므로 사용하지 말아야 한다.

㉤ 약알칼리성으로 공기 중에서 약 180℃에서 암모니아와 질소로 분해된다.

㉥ 발암성 물질로서 피부, 호흡기에 심하게 침해하므로 유독하며, 환원제와 로켓 연료 등으로 쓰인다.

⑫ 송근유

㉠ 물성

비점	비중	인화점	착화점
155 ~ 180℃	0.57	54 ~ 75℃	355℃

㉡ 소나무 뿌리를 건류하여 얻은 타르를 분류하여 얻는다.

*건류 : 공기를 차단하여 유기 고체 잔류물을 분리, 회수하는 것으로 공기를 차단한 상태에서 석탄, 목재 등의 고체 유기물을 가열 분해해서 휘발분과 탄소질 잔류분으로 나누는 조작

㉢ 엷은 황색 또는 진한 갈색의 독특한 냄새를 갖는 액체이다.

㉣ 알코올과 혼합하면 용해능력이 증가한다.

⑬ 아크릴산

㉠ 물성

화학식	비중	인화점	연소범위
$CH_2CHCOOH$	1.1	46℃	2.4 ~ 8.09%

㉡ 자극적인 냄새가 나는 무색의 부식성, 인화성 액체이다.

㉢ 무색의 초산과 비슷한 액체로 겨울에는 응고된다(응고점 12℃).

㉣ 물에 잘 녹고 알코올, 벤젠, 클로로포름, 아세톤, 에터에 잘 녹는다.

(5) 제3석유류

① 중유

㉠ 직류중유

ⓐ 300 ~ 350℃ 이상의 중유의 잔류물과 경유의 혼합물이다.

ⓑ 비중과 점도가 낮다.

ⓒ 분무성이 좋고 착화가 잘 된다.

㉡ 분해중유

ⓐ 중유 또는 경유를 열분해하여 가솔린의 제조 잔유와 분해경유의 혼합물이다.

ⓑ 비중과 점도가 높다.

ⓒ 분무성이 나쁘다.

㉢ 소화 시 포, 이산화탄소, 할로젠화합물, 분말 소화약제로 질식소화한다.

㉣ 물을 무상주수하는 경우 질식과 유화 작용으로 소화 가능하다.

② 크레오소트유(타르유)

㉠ 물성

비점	비중	인화점	착화점
194 ~ 400℃	1.02 ~ 1.05	74℃	336℃

㉡ 일반적으로 타르유, 액체피치유라고도 한다.
㉢ 황록색 또는 암갈색의 기름 모양의 액체이며 증기는 유독하다.
㉣ 주성분은 나프탈렌, 안트라센이다.
㉤ 물에는 녹지 않고 알코올, 에터, 벤젠, 톨루엔에는 잘 녹는다.
㉥ 물보다 무겁고 독성이 있다.
㉦ 타르산이 함유되어 용기를 부식시키므로 내산성 용기를 사용하여야 한다.
㉧ 소화방법은 중유에 준한다.

③ 에틸렌글리콜

㉠ 물성

화학식	비중	인화점	착화점
$CH_2(OH)CH_2(OH)$	1.113	111℃	413℃

㉡ 무색의 끈기 있는 흡습성의 액체이다.
㉢ 사염화탄소, 에터, 벤젠, 이황화탄소, 클로로포름에 불용물, 알코올, 글리세린, 아세톤, 초산, 피리딘에 잘 녹는다.
㉣ 2가 알코올로서 독성이 있으며 단맛이 난다.
㉤ 무기산 또는 유기산과 반응하여 에스터를 생성한다.

④ 글리세린

㉠ 물성

화학식	비중	인화점	착화점
$C_3H_5(OH)_3$	1.26	160℃	393℃

㉡ 무색, 무취의 점성 액체로서 흡수성이 있고 단맛이 난다.
㉢ 물, 알코올에는 잘 녹지만 벤젠, 에터, 클로로포름에는 잘 녹지 않는다.
㉣ 3가 알코올로서 독성이 없으며 단맛이 난다.
㉤ 소화 시 분말, 사염화탄소, 이산화탄소 사용이 효과적이다.

⑤ 아닐린

㉠ 물성

화학식	비중	인화점	착화점
$C_6H_5NH_2$	1.02	75℃	538℃

㉡ 암갈색 또는 갈색의 특이한 냄새가 나는 액체이다.
㉢ 물에는 녹지 않으며 알코올, 벤젠, 에터에는 잘 녹는다.
㉣ 나이트로벤젠을 주석 또는 철과 염산에 의해 환원시키거나 니켈 등 금속 촉매를 써서 접촉수소 첨가법에 의해 생성한다. 즉 나이트로벤젠의 환원으로 형성된다.
㉤ 암모니아보다 약한 염기이다. 유기 합성공업의 가장 중요한 중간물의 하나이며, 많은 염

료, 제약(약물 · 화장품 · 향료)와 사진용제, 잉크, 폭약 등의 원료가 된다. 최근에는 폴리우레탄, 폴리염화비닐, 폴리스티렌 합성원료로 대량으로 사용되고 있다.

⑥ 메타크레졸

㉠ 물성

화학식	비중	인화점	착화점
$C_6H_4CH_3OH$	1.03	86℃	4℃

㉡ 무색 또는 황색의 페놀의 냄새가 나는 액체이다.

㉢ 물에는 녹지 않고 알코올, 에터, 클로로포름에는 녹는다.

㉣ 크레졸은 올소, 메타, 파라의 3가지 이성질체가 있다.

(6) 제4석유류

① 위험성

㉠ 실온에서 인화위험은 없으나 가열하면 연소위험이 증가한다.

㉡ 일단 연소하면 액온이 상승하여 연소가 확대된다.

② 저장 · 취급

㉠ 화기를 금하고 발생된 증기의 누설을 방지하고 환기를 잘 시킨다.

㉡ 가연성 물질, 강산화성 물질과 격리한다.

③ 소화방법

㉠ 초기화재 시 분말, 할로젠화합물, 이산화탄소가 적합하다.

㉡ 대형화재 시 포 소화약제에 의한 질식소화를 한다.

④ 종류

㉠ 윤활유 : 기어유, 실린더유, 터빈유, 모빌유, 엔진오일, 컴프레셔오일 등

㉡ 가소제 : DOP, DNP, DINP, DBS, DOS, TOP, TCP 등

*DOP(Dioctyl phthalate) : 프탈산의 에스터이며 옅은 색을 띠고 냄새가 없는 액체로, 많은 수지와 탄성중합체를 위한 가소제로써 사용

(7) 동 · 식물유류

① 위험성

㉠ 상온에서 인화위험은 없으나 가열하면 연소위험이 증가한다.

㉡ 발생증기는 공기보다 무겁고 연소범위 하한이 낮아 인화위험이 높다.

㉢ 아마인유는 건성유이므로 자연발화 위험이 있다.

㉣ 화재 시 액온이 높아 소화가 곤란하다.

② 저장 · 취급

㉠ 화기에 주의하여야 하며 발생증기는 인화되지 않도록 한다.

㉡ 건성유의 경우 자연발화의 위험이 있으므로 다공성 가연물과 접촉을 피한다.

③ 소화방법

㉠ 초기화재 시 분말, 할로젠화합물, 이산화탄소가 유효하고 분무주수도 가능하다.

㉡ 대형화재 시 포 소화약제에 의한 질식소화를 한다.

④ 종류

건성유	• 헝겊, 종이에 흡수되어 공기 중 자연발화 위험이 있다. • 공기 중에서 피막을 단단히 만든다(불포화도가 크기 때문). • 정어리유, 대구유, 상어유, 해바라기유, 동유, 아마인유, 들기름
반건성유	• 건성유보다 공기 중에서 만드는 피막이 얇다. • 청어유, 쌀겨기름, 면실유, 채종유, 옥수수기름, 참기름, 콩기름
불건성유	• 피막을 만들지 않고 안정된 기름 • 우지, 돈지, 고래기름, 피마자유, 올리브유, 팜유, 땅콩유, 야자유, 동백유

* 아이오딘 값이란 유지 100g에 부가되는 요오드의 g 수
* 아이오딘 값 : 130 이상은 건성유, 100 이상 ~ 130 미만은 반건성유, 100 미만은 불건성유
* 아이오딘 값이 크면 탄소 간의 이중결합이 많고 불포화도가 크다.

05 절 제5류 위험물(자기반응성 물질)

자기연소성 물질 또는 내부연소성 물질이라 하며 가연물인 동시에 자체 내에 산소공급체가 공존하는 것으로서 화약의 원료 등으로 많이 이용되고 있다.

1 특성

(1) 종류

품명	세부 품목	지정수량
1. 유기과산화물	과산화벤조일(벤조일퍼옥사이드)	위험등급 I 제1종 : 10kg 위험등급 II 제2종 : 100kg
	과산화메틸에틸케톤	
	아세틸퍼옥사이드	
2. 질산에스터류	나이트로셀룰로오스	
	나이트로글리세린	
	나이트로글리콜	
	질산메틸	
	질산에틸	
3. 나이트로화합물	트라이나이트로톨루엔(TNT)	
	트라이나이트로페놀(TNP, 피크린산)	
	헥소겐	
	테트릴	

4. 나이트로소화합물	파라 다이나이트로소벤젠
	다이나이트로소레조르신
	다이나이트로소펜타메틸렌테드라민
5. 아조화합물	아조벤젠
	하이드록시아조벤젠
	아미노아조벤젠
	아조디카르본아미드
6. 다이아조화합물	다이아조벤젠
	다이아조카르복실에틸
	다이아조나이트로페놀
	다이아조아세토나이트릴
7. 하이드라진유도체	다이메틸하이드라진
	염산하이드라진
	메틸하이드라진
	황산하이드라진
	하이드라진벤젠
8. 하이드록실아민	
9. 하이드록실아민염류	황산하이드록실아민
	염산하이드록실아민
	질산하이드록실아민
10. 그 밖에 행정안전부령으로 정하는 것	금속의 아지화합물 • 아지드화나트륨 • 아지드화납(질화납) • 아지드화은
	질산구아니딘
11. 1~10에 해당하는 어느 하나 이상을 함유한 것	

* 「위험물안전관리법 시행규칙」 제29조 관련 [별표 5] I의 제6호 가목 '4) 제5류 위험물 중 유기과산화물, 질산에스터류 그 밖에 지정수량이 10kg인 위험물' 근거 남아 있음.
* 「위험물안전관리법 시행규칙」 제50조 관련 [별표 19] V의 제1호 라목 제5류 위험물 중 지정수량이 10kg인 위험물에서는 10kg 근거 삭제
* 소방청 국가위험물통합정보시스템에 의해 제5류 자기반응성 물질 중 질산에스터류는 1종으로 분류하나, 제5류 자기반응성 물질 중 유기과산화물 중 숙신산퍼옥사이드는 2종으로 벤조일퍼옥사이드는 종 판단 필요로 바뀌었으며, 제5류 자기반응성 물질 중 나이트로화합물(트라이나이트로톨루엔, 피크린산, 테트릴 : 1종)이 제2종에서 제1종 분류로 바뀌었으며, 그 외의 제5류 자기반응성 물질 중 하이드록실아민(2종), 하이드록실아민염류(2종), 나이트로소화합물(2종), 하이드라진유도체(2종)는 제2종으로 분류되어 있다.
  따라서 현재는 제1종과 제2종의 분류는 "시험결과에 따라 위험성 유무와 등급을 결정하여 제1종과 제2종으로 분류"로 바뀌었으며 2025년 2월 28일 기준 모든 물질의 시험결과가 나온 상태가 아니기에 법령에서 완벽하게 정의하지 않아 추후 개정이 이루어져야 정확히 구분이 됩니다. 추후 공지 전까지는 제5류 위험물은 품명과 지정수량 분류만 암기하면 됩니다.

(2) 정의

자기반응성 물질이란 고체 또는 액체로서 폭발의 위험성 또는 가열분해의 격렬함을 판단하기 위하여 고시로 정하는 시험에서 고시로 정하는 성질과 상태를 나타내는 것이다.

(3) 제5류 위험물의 일반적인 성질

① 외부로부터 산소의 공급 없이도 가열, 충격 등에 의해 연소폭발을 일으킬 수 있는 자기반응성 물질이다

② 하이드라진 유도체를 제외하고는 유기화합물이다.

③ 유기과산화물을 제외하고는 질소를 함유한 유기질소화합물이다.

④ 모두 가연성의 액체 또는 고체 물질이고 연소할 때는 다량의 가스를 발생한다.

⑤ 시간의 경과에 따라 자연발화의 위험성이 있다.

⑥ 자신이 산소를 내어 자기연소(내부연소)한다.

(4) 제5류 위험물의 위험성

① 외부의 산소공급 없이도 자기연소하므로 연소속도가 빠르고 폭발적이다.

② 아조화합물류, 다이아조화합물류, 하이드라진유도체류는 고농도인 경우 충격에 민감하며 연소 시 순간적인 폭발로 이어진다.

③ 나이트로화합물은 화기, 가열, 충격, 마찰에 민감하여 폭발위험이 있다.

④ 강산화제, 강산류와 혼합한 것은 발화를 촉진시키고 위험성도 증가한다.

(5) 제5류 위험물의 저장 및 취급방법

① 화염, 불꽃 등 점화원의 엄금("화기엄금"), 가열, 충격, 마찰, 타격 등을 피한다.

② 강산화제, 강산류, 기타 물질이 혼입되지 않도록 한다.

③ 소분하여 저장하고 용기의 파손 및 위험물의 누출을 방지한다.

(6) 소화대책

① 물질자체 내부에 산소를 함유하여 질식소화가 어렵다. 따라서 외부로부터의 산소 유입 차단은 효과가 없다.

② 물에 반응하는 물질이 없기 때문에 화재 초기 시에는 다량의 물로 냉각소화하는 것이 적당하다.

③ 항상 안전거리를 유지하고 접근할 때에는 엄폐물을 이용한다.

④ 밀폐된 공간에서 화재 시 공기호흡기를 착용하여 질식되지 않도록 주의한다.

⑤ 화재가 확대되면 소화가 어려워 주변연소를 방지하며 자연진화를 기다리는 방법도 있다.

2 각 위험물의 종류 및 특성

(1) 유기과산화물

• 정의 : -O-O-기의 구조를 가진 산화물

• 특성
 - 불안정하며 자기반응성 물질이기 때문에 무기과산화물류보다 더 위험하다.
 - 산소원자 사이의 결합이 약하기 때문에 가열, 충격, 마찰에 의해 분해된다.
 - 분해된 산소에 의해 강한 산화작용을 일으켜 폭발을 일으키기 쉽다.

① 과산화벤조일(벤조일퍼옥사이드)

㉠ 물성

화학식	비중	융점	착화점
$(C_6H_5CO)_2O_2$	1.179	103 ~ 105℃	125℃

㉡ 무색, 무취의 백색 결정으로 강산화성 물질이다.
㉢ 물에 녹지 않고, 알코올에는 약간 녹는다.
㉣ 프탈산디메틸, 프탈산디부틸의 희석제를 사용한다.
㉤ 발화되면 연소속도가 빠르므로 건조상태에서 위험하다.
㉥ 마찰, 충격으로 폭발의 위험이 있다.
㉦ 소화방법은 소량일 때에는 탄산가스, 분말, 건조된 모래로, 대량일 때에는 물이 효과적이다.

② 과산화메틸에틸케톤

㉠ 물성

화학식	분해온도	융점	착화점
$C_8H_{16}O_4$	40℃ 이상	-20℃ 이하	205℃

㉡ 무색이고 특이한 냄새가 나는 기름 모양의 액체이다.
㉢ 물에 약간 녹고, 알코올, 에터, 케톤에는 녹는다.
㉣ 빛, 열, 알칼리금속에 의하여 분해된다.
㉤ 40℃ 이상에서 분해가 시작되어 110℃ 이상이면 발열하고 분해가스가 연소한다.

(2) 질산에스터류

• 정의 : 질산(HNO_3)의 수소원자를 알킬기(C_nH_{2n+1})로 치환된 화합물이다.
• 특성
 - 분자 내부에 산소를 함유하고 있어 불안정하며 분해가 용이하다.
 - 가열, 마찰, 충격으로 폭발이 쉬우며 폭약의 원료로 많이 사용된다.

① 나이트로셀룰로오스

㉠ 물성

화학식	분해온도	착화점
$C_6H_7O_2(ONO_2)_3$	130℃	180℃

㉡ 셀룰로오스에 진한 황산과 진한 질산의 혼산으로 반응시켜 제조한 것이다.
㉢ 저장 중에 물 또는 알코올로 습윤시켜 저장한다(통상 이소프로필알코올 30% 습윤시킴).

*습윤 : 고체의 표면에 액체가 존재할 때, 고체와 액체 사이의 상호 작용에 의해 액체가 고체 위에 퍼지는 현상으로, 습윤의 다른 표현은 '젖음'이다.

㉣ 가열, 충격, 마찰에 의하여 격렬히 연소, 폭발한다.
㉤ 130℃에서는 서서히 분해하여 180℃에서 불꽃을 내면서 급격히 연소한다.
㉥ 질화도가 클수록 폭발성이 크다.
㉦ 용도로는 면약, 래커, 콜로디온의 제조에 쓰인다.

② 나이트로글리세린

㉠ 물성

화학식	융점	비점	착화점
$C_3H_5(ONO_2)_3$	14℃	160℃	210℃

㉡ 무색, 투명한 기름성의 액체(공업용은 담황색)이다.
㉢ 알코올, 에테르, 벤젠, 아세톤 등 유기용제에는 녹는다.
㉣ 상온에서 액체이고 겨울에는 동결한다.
㉤ 혀를 찌르는 듯한 단맛이 난다.
㉥ 화재 시 폭굉의 우려가 있다.
㉦ 가열, 마찰, 충격에 민감하므로 폭발을 방지하기 위하여 다공성 물질(규조토, 톱밥, 소맥분, 전분)에 흡수시킨다.
㉧ 규조토에 흡수시켜 다이너마이트를 제조할 때 사용한다.

③ 질산메틸

㉠ 물성

화학식	비점	증기비중
CH_3ONO_2	66℃	2.65

㉡ 메틸알코올과 질산을 반응하여 제조한다.
㉢ 무색이고 투명한 액체로서 단맛이 있으며 방향성을 갖는다.
㉣ 물에는 녹지 않으며 알코올, 에테르에는 잘 녹는다.
㉤ 폭발성은 거의 없으나 인화의 위험성은 있다.

④ 질산에틸

㉠ 물성

화학식	비점	증기비중
$C_2H_5ONO_2$	88℃	3.14

㉡ 에틸알코올과 질산을 반응하여 제조한다.
㉢ 무색이고 투명한 액체로서 방향성을 갖는다.
㉣ 물에는 녹지 않으며 알코올에는 잘 녹는다.
㉤ 인화점이 10℃로 대단히 낮고 연소하기 쉽다.

⑤ 나이트로글리콜

㉠ 물성

화학식	응고점	증기비중
$C_2H_4(ONO_2)_2$	−22℃	1.5

㉡ 순수한 것은 무색이나 공업용은 담황색 또는 분홍색의 액체이다.

㉢ 알코올, 아세톤, 벤젠에는 잘 녹는다.

㉣ 산의 존재하에 분해가 촉진되어 폭발하는 수도 있다.

(3) 나이트로화합물

• 정의 : 유기화합물의 수소원자를 나이트로기($-NO_2$)로 치환된 화합물

• 특성

- 나이트로기가 많을수록 연소하기 쉽고 폭발력도 커진다.
- 공기 중 자연발화 위험은 없으나, 가열・충격・마찰에 위험하다.
- 연소 시 CO, NO_2 등 유독가스를 다량 발생하므로 주의하여야 한다.

① 트라이나이트로톨루엔(TNT)

㉠ 물성

화학식	융점	비점	착화점
$C_6H_2CH_3(NO_2)_3$	81℃	280℃	300℃

㉡ 담황색의 침상결정으로 강력한 폭약이다.

㉢ 충격에는 민감하지 않으나 급격한 타격에 의해 폭발한다.

㉣ 물에는 녹지 않고, 알코올에는 가열하면 녹고, 아세톤, 벤젠, 에터에는 잘 녹는다.

㉤ 일광에 의해 갈색으로 변하고 가열, 타격에 의해 폭발한다.

㉥ 충격 감도는 피크르산보다 약하다.

※ TNT의 분해반응식 : $2C_6H_2CH_3(NO_2)_3 \rightarrow 2C + 3N_2 + 5H_2 + 12CO$

② 트라이나이트로페놀(TNP, 피크린산, 피크르산)

㉠ 물성

화학식	융점	비점	착화점
$C_6H_2(OH)(NO_2)_3$	122.5℃	255℃	300℃

㉡ 광택이 있는 황색의 침상결정이고 찬물에는 미량 녹고 알코올, 에터, 온수에는 잘 녹는다.

㉢ 쓴맛과 독성이 있다.

㉣ 단독으로 가열, 충격, 마찰에 안정하고 연소 시 검은연기를 내지만 폭발하지 않는다.

㉤ 금속염과 혼합은 폭발이 심하며 가솔린, 알코올, 아이오딘, 황과 혼합하면 마찰, 충격에 의하여 심하게 폭발한다.

㉥ 황색염료와 폭약으로 사용한다.

※ 피크린산의 분해반응식 : $2C_6H_2OH(NO_2)_3 \rightarrow 2C + 3N_2 + 3H_2 + 6CO + 4CO_2$

(4) 나이트로소화합물

- 정의 : 나이트로소기(−NO)를 가진 화합물
- 특성
  - 산소를 함유하고 있는 자기연소성, 폭발성 물질이다.
  - 대부분 불안정하며 연소속도가 빠르다.
  - 가열, 마찰, 충격에 의해 폭발의 위험이 있다.

① 파라 다이나이트로소 벤젠 : $C_6H_4(NO)_2$

② 다이나이트로소 레조르신 : $C_6H_2(OH)_2(NO)_2$

③ 다이나이트로소 펜타메틸렌테드라민 : $C_5H_{10}N_4(NO)_2$

(5) 하이드라진 유도체

① 염산 하이드라진 : $N_2H_4 \cdot HCl$

② 황산 하이드라진 : $N_2H_4 \cdot H_2SO_4$

06 절 제6류 위험물(산화성 액체)

강산성 물질이라 하며 강한 부식성을 갖는 물질 및 많은 산소를 함유하고 있는 물질 등으로 이루어져 있다.

1 특성

(1) 종류

품명	위험등급	지정수량
1. 과염소산, 과산화수소, 질산, 할로젠간화합물	I	300kg
2. 1의 물질 어느 하나 이상 함유한 것	300kg	

(2) 정의

① 산화성 액체 : 액체로서 산화력의 잠재적인 위험성을 판단하기 위하여 고시로 정하는 시험에서 고시로 정하는 성질과 상태를 나타내는 것

② 과산화수소 : 농도가 36wt% 이상인 것

③ 질산 : 비중이 1.49 이상인 것

(3) 제6류 위험물의 일반적인 성질

① 산화성 액체이며 무기화합물로 이루어져 형성된다(강산화제).

② 무색이고 투명하며 비중은 1보다 크고, 표준상태에서는 모두가 액체이다.

③ 과산화수소를 제외하고 강산성 물질이며 물에 녹기 쉽다.

④ 불연성 물질이며 가연물, 유기물 등과의 혼합으로 발화한다.

⑤ 증기는 유독하며 피부와 접촉 시 점막을 부식시킨다.

(4) 제6류 위험물의 위험성

① 자신은 불연성 물질이지만 산화성이 커 다른 물질의 연소를 돕는다(조연성이자 산화제).

② 강산화제이며 일반가연물과 혼합한 것은 접촉발화하거나 가열 등에 의해 위험한 상태로 된다.

③ 과산화수소를 제외하고 물과 접촉하면 심하게 발열한다. 단, 과산화수소는 산화와 환원 두 가지 반응을 모두 한다. 다만, 환원된 물질이 그 자체로 가연물이 되지 않는다.

(5) 제6류 위험물의 저장 및 취급방법

① 염기 및 물 또는 제1류 위험물과 접촉을 피한다.

② 직사광선은 차단하고, 강환원제, 유기물질, 가연성 위험물과 접촉을 피한다.

③ 가열에 의한 유독성 가스의 발생을 방지시킨다.

④ 저장용기는 내산성 용기를 사용하여야 한다.

(6) 소화대책 및 방법

① 불연성이지만 연소를 돕는 물질이므로 화재 시에는 가연물과 격리하도록 한다.

② 소화작업을 진행한 후 많은 물로 씻어 내리고, 마른 모래로 위험물의 비산을 방지한다.

③ 화재진압 시 공기호흡기, 방호의, 고무장갑, 고무장화 등을 반드시 착용한다.

④ 이산화탄소와 할로젠화합물 소화기는 산화성 액체 위험물의 화재에 사용하지 않는다.

⑤ 소량 누출 시에는 다량의 물로 희석할 수 있지만 물과 반응하여 발열하므로 원칙적으로 소화 시 주수는 금지시킨다. 단, 초기화재 시 상황에 따라 다량의 물로 세척한다.

⑥ 과산화수소 화재 시에는 다량의 물을 사용하여 희석소화가 가능하다.

⑦ 마른 모래나 포 소화기가 적응성이 있다.

⑧ 화재 시에는 가연물과 격리하도록 하며 유출사고에는 마른 모래 및 중화제를 사용한다.

2 각 위험물의 종류 및 특성

(1) 과염소산

① 물성

분자식	비점	융점	비중
$HClO_4$	39℃	-112℃	1.76

② 무색, 무취의 유동하기 쉬운 액체로 흡습성이 강하며 휘발성이 있다.
③ 가열하면 폭발할 수 있다.
④ 물과 반응하면 심하게 발열하며 반응으로 생성된 혼합물도 강한 산화력을 가진다.
⑤ 불연성 물질이지만 자극성, 산화성이 매우 크다.
⑥ 대단히 불안정한 강산으로 순수한 것은 분해가 용이하고 폭발력을 가진다.
⑦ 밀폐용기에 넣어 저장하고 저온에서 통풍이 잘되는 곳에 저장한다.
⑧ 강산화제, 환원제, 알코올류, 사이안화물, 알칼리와의 접촉을 피한다.
⑨ 다량의 물로 분무주수하거나 분말 소화약제를 사용한다.

(2) 과산화수소

① 물성

분자식	비점	융점	비중
H_2O_2	80.2℃	-0.89℃	1.46

② 점성이 있는 무색 액체(다량일 경우에는 청색)이다.
③ 투명하며 물보다 무겁고 수용액 상태는 비교적 안정하다.
④ 물, 알코올, 에터에는 녹지만, 벤젠에는 녹지 않는다.
⑤ 유기물 등의 가연물에 접촉하면 연소를 촉진시키고 혼합물에 따라 발화한다.
⑥ 농도 60% 이상은 충격, 마찰에 의해서도 단독으로 분해폭발의 위험이 있다.
⑦ 나이트로글리세린, 하이드라진과 혼촉하면 분해하여 발화·폭발한다.
⑧ 저장용기는 밀봉하지 말고 구멍이 있는 마개를 사용하여야 한다.
⑨ 소량 누출 시 물로 희석하고 다량 누출 시 흐름을 차단하여 물로 씻는다.
⑩ 과산화수소의 안정제 : 오쏘인산(H_3PO_4), 요산($C_5H_4N_4O_3$)
  ㉠ 옥시풀 : 과산화수소 3% 용액의 소독약
  ㉡ 과산화수소의 분해반응식 : $H_2O_2 \rightarrow H_2O + O$ (발생기산소 : 표백작용)
  ㉢ 저장용기 : 착색 유리병
⑪ 강력한 산화제로 분해하여 발생하는 O는 산화력이 강하다. 환원 작용하는 경우도 있으나 환원된 물질이 그 자체로 가연물이 되지 않는다.
  ※ 구멍 뚫린 마개 사용하는 이유 : 상온에서 서서히 분해하여 산소를 발생하여 폭발의 위험이 있어 통기를 위해서
⑫ 소화방법
  ㉠ 다량의 물을 사용하여 소화할 수 있다.
  ㉡ 마른 모래는 적응성이 있다.
  ㉢ 연소의 상황에 따라 분무주수도 효과가 있다.
  ㉣ 피부와 접촉을 막기 위해 보호의를 착용한다.

(3) 질산

① 물성

분자식	비점	융점	비중
HNO_3	86℃	-42℃	1.49

② 흡습성이 강하여 습한 공기 중에서 발열하는 무색의 무거운 액체이다.

③ 자극성, 부식성이 강하며, 햇빛에 의해 일부 분해한다.

④ 진한질산을 가열하면 적갈색의 갈색증기인 이산화질소가 발생한다.

⑤ 목탄분, 천, 실, 솜 등에 스며들어 방치하면 자연발화한다.

⑥ 강산화제, 칼륨, 나트륨, 수산화암모늄, 염소산나트륨과 접촉 시 폭발위험이 있다.

⑦ 물과 반응하면 발열한다.

⑧ 진한질산은 CO, Fe, Ni, Cr, Al을 부동태화한다.

*부동태화 : 금속 표면에 산화피막을 입혀 내식성을 높이는 현상으로 더 이상 산화작용을 하지 않는다는 의미

⑨ 질산은 단백질과 크산토프로테인반응을 하여 노란색으로 변한다.

*크산토프로테인반응 : 단백질 검출반응의 하나로서 아미노산 또는 단백질에 진한질산을 가열하면 황색이 되고, 냉각하여 염기성으로 되게 하면 등황색이 되는 반응

⑩ 소화방법

㉠ 소량의 화재 시에는 다량의 물로 소화하며, 다량의 경우에는 포나 마른 모래 등으로 소화한다.

㉡ 다량의 경우에는 안전거리를 확보하여 소화작업을 한다.

07 절 위험물의 반응식

1 제1류 위험물 반응식

(1) 아염소산나트륨

① 아염소산나트륨과 염산의 반응 : $3NaClO_2 + 2HCl \rightarrow 3NaCl + 2ClO_2 + H_2O_2$
(아염소산나트륨) (염산) → (염화나트륨) (이산화염소) (과산화수소)

② 아염소산나트륨과 알루미늄의 반응 : $3NaClO_2 + 4Al \rightarrow 2Al_2O_3 + 3NaCl$
(아염소산나트륨) (알루미늄) → (산화알루미늄) (염화나트륨)

(2) 염소산칼륨

① 염소산칼륨과 염산의 반응 : $2KClO_3 + 2HCl \rightarrow 2KCl + 2ClO_2 + H_2O_2$
(염소산칼륨) (염산) → (염화칼륨) (이산화염소) (과산화수소)

② 염소산칼륨과 황산의 반응 : $6KClO_3 + 3H_2SO_4 \rightarrow 3K_2SO_4 + 4ClO_2 + 2H_2O + 2HClO_4$
(염소산칼륨) (황산) → (황산칼륨) (이산화염소) (물) (과염소산)

③ 염소산칼륨의 분해반응식(분해온도 : 400[℃]) : $2KClO_3 \rightarrow 2KCl + 3O_2$
(염소산칼륨) → (염화칼륨) (산소)

④ 염소산칼륨의 분해반응식(540 ~ 560[℃]) : $2KClO_3 \rightarrow KCl + KClO_4 + O_2$
(염소산칼륨) → (염화칼륨) (과염소산칼륨) (산소)

(3) 염소산나트륨

① 염소산나트륨과 염산의 반응 : $2NaClO_3 + 2HCl \rightarrow 2NaCl + 2ClO_2 + H_2O_2$
(염소산나트륨) (염산) → (염화나트륨) (이산화염소) (과산화수소)

② 염소산나트륨과 황산의 반응 : $2NaClO_3 + H_2SO_4 \rightarrow Na_2SO_4 + 2ClO_2 + H_2O_2$
(염소산나트륨) (황산) → (황산나트륨) (이산화염소) (과산화수소)

③ 염소산나트륨의 분해반응식 : $2NaClO_3 \rightarrow 2NaCl + 3O_2$
(염소산나트륨) → (염화나트륨) (산소)

(4) 과염소산 칼륨 · 나트륨 · 암모늄

① 과염소산칼륨의 분해반응식 : $KClO_4 \rightarrow KCl + 2O_2$
(과염소산칼륨) → (염화칼륨) (산소)

② 과염소산나트륨의 분해반응식 : $NaClO_4 \rightarrow NaCl + 2O_2$
(과염소산나트륨) → (염화나트륨) (산소)

③ 과염소산나트륨과 염화칼륨의 반응 : $NaClO_4 + KCl \rightarrow KClO_4 + NaCl$
(과염소산나트륨) (염화칼륨) → (과염소산칼륨) (염화나트륨)

④ 과염소산암모늄이 130[℃]에서 급격히 분해하기 시작 : $NH_4ClO_4 \rightarrow NH_4Cl + 2O_2$
(과염소산암모늄) → (염화암모늄) (산소)

⑤ 과염소산암모늄이 300[℃]에서 급격히 분해폭발 : $2NH_4ClO_4 \rightarrow N_2 + Cl_2 + 2O_2 + 4H_2O$
(과염소산암모늄) → (질소) (염소) (산소) (물)

(5) 과산화칼륨(알칼리금속의 과산화물)

① 과산화칼륨의 분해반응식 : $2K_2O_2 \rightarrow 2K_2O + O_2$
(과산화칼륨) → (산화칼륨) (산소)

② 과산화칼륨과 물의 반응식 : $2K_2O_2 + 2H_2O \rightarrow 4KOH + O_2$ + 발열
(과산화칼륨) (물) → (수산화칼륨) (산소)

③ 과산화칼륨과 이산화탄소의 반응 : $2K_2O_2 + 2CO_2 \rightarrow 2K_2CO_3 + O_2$
(과산화칼륨) (이산화탄소) → (탄산칼륨) (산소)

④ 과산화칼륨과 초산의 반응 : $K_2O_2 + 2CH_3COOH \rightarrow 2CH_3COOK + H_2O_2$
(과산화칼륨) (초산) → (아세트산칼륨) (과산화수소)

⑤ 과산화칼륨과 염산의 반응 : $K_2O_2 + 2HCl \rightarrow 2KCl + H_2O_2$
(과산화칼륨) (염산) → (염화칼륨) (과산화수소)

⑥ 과산화칼륨과 황산의 반응 : $K_2O_2 + H_2SO4 \rightarrow K_2SO4 + H_2O_2$
(과산화칼륨) (황산) → (황산칼륨) (과산화수소)

⑦ 과산화칼륨과 알코올의 반응 : $K_2O_2 + 2C_2H_5OH \rightarrow 2C_2H_5OK + H_2O_2$
(과산화칼륨) (에틸알코올) → (칼륨에톡시드) (과산화수소)

(6) 과산화나트륨(알칼리금속의 과산화물)

① 과산화나트륨의 분해반응식 : $2Na_2O_2 \rightarrow 2Na_2O + O_2$
(과산화나트륨) → (산화나트륨) (산소)

② 과산화나트륨과 물의 반응 : $2Na_2O_2 + 2H_2O \rightarrow 4NaOH + O_2$ + 발열
(과산화나트륨) (물) → (수산화나트륨) (산소)

③ 과산화나트륨과 이산화탄소의 반응 : $2Na_2O_2 + 2CO_2 \rightarrow 2Na_2CO_3 + O_2$
(과산화나트륨) (이산화탄소) → (탄산나트륨) (산소)

④ 과산화나트륨과 초산의 반응 : $Na_2O_2 + 2CH_3COOH \rightarrow 2CH_3COONa + H_2O_2$
(과산화나트륨) (초산) → (초산나트륨) (과산화수소)

⑤ 과산화나트륨과 염산의 반응 : $Na_2O_2 + 2HCl \rightarrow 2NaCl + H_2O_2$
(과산화나트륨) (염산) → (염화나트륨) (과산화수소)

⑥ 과산화나트륨과 황산의 반응 : $Na_2O_2 + H_2SO_4 \rightarrow Na_2SO_4 + H_2O_2$
(과산화나트륨) (황산) → (황산나트륨) (과산화수소)

⑦ 과산화나트륨과 알코올의 반응 : $Na_2O_2 + 2C_2H_5OH \rightarrow 2C_2H_5ONa + 2H_2O_2$
(과산화나트륨) + (에틸알코올) → (에틸나트륨) (과산화수소)

(7) 과산화칼슘(알칼리금속의 과산화물)

① 과산화칼슘의 분해반응식 : $2CaO_2 \rightarrow 2CaO + O_2$
(과산화칼슘) → (산화칼슘) (산소)

② 과산화칼슘과 물의 반응 : $2CaO_2 + 2H_2O \rightarrow 2Ca(OH)_2 + O_2$ + 발열
(과산화칼슘) (물) → (수산화칼슘) (산소)

③ 과산화칼슘과 염산의 반응 : $CaO_2 + 2HCl \rightarrow CaCl_2 + H_2O_2$
(과산화칼슘) (염산) → (염화칼슘) (과산화수소)

(8) 과산화바륨(알칼리금속의 과산화물)

① 과산화바륨의 분해반응식 : $2BaO_2 \rightarrow 2BaO + O_2$
(과산화바륨) → (산화바륨) (산소)

② 과산화바륨과 물의 반응 : $2BaO_2 + 2H_2O \rightarrow 2Ba(OH)_2 + O_2$ + 발열
(과산화바륨) (물) → (수산화바륨) (산소)

③ 과산화바륨과 염산의 반응 : $BaO_2 + 2HCl \rightarrow BaCl_2 + H_2O_2$
(과산화바륨) (염산) → (염화바륨) (과산화수소)

④ 과산화바륨과 황산의 반응 : $BaO_2 + H_2SO_4 \rightarrow BaSO_4 + H_2O_2$
(과산화바륨) (황산) → (황산바륨) (과산화수소)

(9) 과산화마그네슘(알칼리금속의 과산화물)

① 과산화마그네슘의 분해반응식 : $2MgO_2 \rightarrow 2MgO + O_2$
(과산화마그네슘) → (산화마그네슘) (산소)

② 과산화마그네슘과 물의 반응 : $2MgO_2 + 2H_2O \rightarrow 2Mg(OH)_2 + O_2$ + 발열
(과산화마그네슘) (물) → (수산화마그네슘) (산소)

③ 과산화마그네슘과 염산의 반응 : $MgO_2 + 2HCl \rightarrow MgCl_2 + H_2O_2$
(과산화마그네슘) (염산) → (염화마그네슘) (과산화수소)

(10) 질산염류

① 질산칼륨(초석)의 분해반응식(400[℃]) : $2KNO_3 \rightarrow 2KNO_2 + O_2$
(질산칼륨) → (아질산칼륨) (산소)

② 질산나트륨(칠레초석)의 분해반응식(380[℃]) : $2NaNO_3 \rightarrow 2NaNO_2 + O_2$
(질산나트륨) → (아질산나트륨) (산소)

③ 질산암모늄의 가열반응식 : $NH_4NO_3 \rightarrow N_2O + 2H_2O$
(질산암모늄) → (일산화이질소) (물)

※ 질산암모늄의 반응 특성 : 물, 알코올에 녹으며, 물에 용해 시 흡열반응

④ 질산암모늄의 분해반응식(210[℃]) : $NH_4NO_3 \rightarrow N_2O + 2H_2O$
(질산암모늄) → (아산화질소) (물)

⑤ 질산암모늄의 폭발・분해반응식 : $2NH_4NO_3 \rightarrow 4H_2O + 2N_2 + O_2$
(질산암모늄) → (물) (질소) (산소)

⑥ 질산은의 분해반응식 : $2AgNO_3 \rightarrow 2Ag + 2NO_2 + O_2$
(질산은) → (은) (이산화질소) (산소)

⑦ 질산은과 염산과의 반응식 : $AgNO_3 + HCl \rightarrow AgCl + HNO_3$
(질산은) (염산) → (염산은) (질산)

(11) 과망가니즈산칼륨

① 과망가니즈산칼륨의 분해반응식(240[℃]) : $2KMnO_4 \rightarrow K_2MnO_4 + MnO_2 + O_2$
(과망가니즈산칼륨) → (망가니즈산칼륨)(이산화망가니즈)(산소)

② 과망가니즈산칼륨과 묽은 황산의 반응식 :
$4KMnO_4 + 6H_2SO_4 \rightarrow 2K_2SO_4 + 4MnSO_4 + 6H_2O + 5O_2$
(과망가니즈산칼륨) (황산) → (황산칼륨) (황산망가니즈) (물) (산소)

③ 과망가니즈산칼륨과 진한 황산의 반응식 : $2KMnO_4 + H_2SO_4 \rightarrow K_2SO_4 + 2HMnO_4$
(과망가니즈산칼륨) (황산) → (황산칼륨) (과망가니즈산)

④ 과망가니즈산칼륨과 묽은 염산의 반응식 :
$4KMnO_4 + 12HCl \rightarrow 4KCl + 4MnCl_2 + 6H_2O + 5O_2$
(과망가니즈산칼륨)(염산) → (염화칼륨) (염화망가니즈) (물) (산소)

⑤ 과망가니즈산칼륨과 진한 염산의 반응식 :
$2KMnO_4 + 16HCl \rightarrow 2KCl + 2MnCl_2 + 8H_2O + 5Cl_2$
(과망가니즈산칼륨) (염산) → (염화칼륨) (염화망가니즈) (물) (염소)

(12) 다이크로뮴산칼륨 및 무수크로뮴산(삼산화크로뮴)

① 다이크로뮴산칼륨의 분해반응식 : $4K_2Cr_2O_7 \rightarrow 4K_2CrO_4 + 2Cr_2O_3 + 3O_2$
(다이크로뮴산칼륨) → (크로뮴산칼륨) (삼산화크로뮴) (산소)

② 다이크로뮴산암모늄의 분해반응식(225[℃]) : $(NH_4)_2Cr_2O_7 \rightarrow Cr_2O_3 + N_2 + 4H_2O$
(다이크로뮴산암모늄) → (삼산화크로뮴) (질산) (물)

③ 무수크로뮴산(삼산화크로뮴)의 분해반응식 : $4CrO_3 \rightarrow 2Cr_2O_3 + 3O_2$
(삼산화크로뮴) → (산화크로뮴) (산소)

④ 삼산화크로뮴과 물의 반응식 : $CrO_3 + H_2O \rightarrow H_2CrO_4$
(삼산화크로뮴) (물) → (크로뮴산)

2 제2류 위험물 반응식

(1) 황화인

① 삼황화인의 연소반응식 : $P_4S_3 + 8O_2 \rightarrow 2P_2O_5 + 3SO_2$
(삼황화인) (산소) → (오산화인) (이산화황)

② 오황화인의 연소반응식 : $2P_2S_5 + 15O_2 \rightarrow 2P_2O_5 + 10SO_2$
(오황화인) (산소) → (오산화인) (이산화황)

③ 오황화인과 물의 반응식 : $P_2S_5 + 8H_2O \rightarrow 5H_2S + 2H_3PO_4$
(오황화인) (물) → (황화수소) (오쏘인산)

(2) 적린

① 적린(붉은 인)과 염소산염류와 반응식 : $6P + 5KClO_3 \rightarrow 5KCl + 3P_2O_5$
(적린) (염소산칼륨) → (염화칼륨) (오산화인)

② 적린(붉은 인)의 연소반응식 : $4P + 5O_2 \rightarrow 2P_2O_5$
※ 유독성 흰색 연기 발생 (적린) (산소) → (오산화인)

(3) 황

① 황(유황)의 연소반응식 : $S + O_2 \rightarrow SO_2$
(황) (산소) → (아황산가스)

② 아황산가스와 물의 반응식 : $SO_2 + H_2O \rightarrow H_2SO_4$
(아황산가스) (물) → (황산)

③ 황과 수소의 반응식 : $S + H_2 \rightarrow H_2S$ + 발열
(황) (수소) → (황화수소)

④ 황과 철의 반응식 : $S + Fe \rightarrow FeS$ + 발열
(황) (철) → (황화철)

⑤ 황과 탄소의 반응식 : $2S + C \rightarrow CS_2$ + 발열
(황) (탄소) → (이황화탄소)

(4) 철분

① 철분의 연소반응식 : $4Fe + 3O_2 \rightarrow 2Fe_2O_3$
(철) (산소) → (삼산화이철)

② 철분과 수증기의 반응식 : $2Fe + 3H_2O \rightarrow Fe_2O_3 + 3H_2$
(철) (물) → (삼산화이철) (수소)

③ 철분과 진한 염산의 반응식 : $2Fe + 6HCl \rightarrow 2FeCl_3 + 3H_2$
(철) (염산) → (삼염화철) (수소)

④ 철분과 묽은 염산의 반응식 : $Fe + 2HCl \rightarrow FeCl_2 + H_2$
(철) (염산) → (염화제일철) (수소)

(5) 금속분

① 알루미늄분

㉠ 알루미늄분의 연소반응식 : $4Al + 3O_2 \rightarrow 2Al_2O_3$
(알루미늄) (산소) → (산화알루미늄)

㉡ 알루미늄분과 물의 반응식 : $2Al + 6H_2O \rightarrow 2Al(OH)_3 + 3H_2$
(알루미늄) (물) → (수산화알루미늄) (수소)

㉢ 알루미늄분과 염산의 반응식 : $2Al + 6HCl \rightarrow 2AlCl_3 + 3H_2$
(알루미늄) (염산) → (염화알루미늄) (수소)

㉣ 알루미늄분과 알칼리용액의 반응식 : $2Al + 2KOH + 2H_2O \rightarrow 2KAlO_2 + 3H_2$
(알루미늄) (수산화칼륨) (물) → (알루미늄산칼륨) (수소)

㉤ 알루미늄분과 철의 반응식 : $8Al + 3Fe_3O_4 \rightarrow 4Al_2O_3 + 9Fe$
(알루미늄) (사산화삼철) → (산화알루미늄) (철)

㉥ 알루미늄분의 테르밋 반응 : $2Al + Fe_2O_3 \rightarrow 2Fe + Al_2O_3$
(알루미늄) (삼산화이철) → (철) (산화알루미늄)

㉦ 알루미늄분과 수산화나트륨수용액의 반응식 :
$2Al + 2NaOH + 2H_2O \rightarrow 2NaAlO_2 + 3H_2$
(알루미늄) (수산화나트륨) (물) → (알루미늄산나트륨) (수소)

② 아연분

㉠ 아연분과 물의 반응식 : $Zn + 2H_2O \rightarrow Zn(OH)_2 + H_2$
(아연) (물) → (수산화아연) (수소)

㉡ 아연분과 염산의 반응식 : $Zn + 2HCl \rightarrow ZnCl_2 + H_2$
(아연) (염산) → (염화아연) (수소)

㉢ 아연분과 황산의 반응식 : $Zn + H_2SO_4 \rightarrow ZnSO_4 + H_2$
(아연) (황산) → (황산아연) (수소)

㉣ 아연분과 초산의 반응식 : $Zn + 2CH_3COOH \rightarrow (CH_3COO)_2Zn + H_2$
(아연) (초산) → (초산아연) (수소)

③ 티타늄과 물의 반응식 : $Ti + 2H_2O \rightarrow TiO_2 + 2H_2$
(티타늄) (물) → (이산화티타늄) (수소)

(6) 마그네슘

① 마그네슘의 연소반응식 : $2Mg + O_2 \rightarrow 2MgO$
(마그네슘) (산소) → (산화마그네슘)

② 마그네슘과 이산화탄소의 반응식

㉠ $2Mg + CO_2 \rightarrow 2MgO + C$
(마그네슘) (이산화탄소) → (산화마그네슘) (탄소)

㉡ $Mg + CO_2 \rightarrow MgO + CO$
(마그네슘) (이산화탄소) → (산화마그네슘) (일산화탄소)

③ 마그네슘과 물의 반응식 : $Mg + 2H_2O \rightarrow Mg(OH)_2 + H_2$
(마그네슘) (물) → (수산화마그네슘) (수소)

④ 마그네슘과 염산의 반응식 : $Mg + 2HCl \rightarrow MgCl_2 + H_2$
(마그네슘) (염산) → (염화마그네슘) (수소)

⑤ 마그네슘과 황산의 반응식 : $Mg + H_2SO_4 \rightarrow MgSO_4 + H_2$
(마그네슘) (황산) → (황산마그네슘) (수소)

3 제3류 위험물 반응식

(1) 칼륨

① 칼륨의 연소반응(보라색)식 : $4K + O_2 \rightarrow 2K_2O$
(칼륨) (산소) → (산화칼륨)

② 칼륨과 물의 반응식 : $2K + 2H_2O \rightarrow 2KOH + H_2$
(칼륨) (물) → (수산화칼륨) (수소)

③ 칼륨과 이산화탄소의 반응식 : $4K + 3CO_2 \rightarrow 2K_2CO_3 + C$(연소폭발)
(칼륨) (이산화탄소) → (탄산칼륨) (탄소)

④ 칼륨과 사염화탄소의 반응식 : $4K + CCl_4 \rightarrow 4KCl + C$(폭발)
(칼륨) (사염화탄소) → (염화칼륨) (탄소)

⑤ 칼륨과 염소의 반응식 : $2K + Cl_2 \rightarrow 2KCl$
(칼륨) (염소) → (염화칼륨)

⑥ 칼륨과 알코올의 반응식 : $2K + 2C_2H_5OH \rightarrow 2C_2H_5OK + H_2$
(칼륨) (에틸알코올) → (칼륨에틸레이트) (수소)

⑦ 칼륨과 초산의 반응식 : $2K + 2CH_3COOH \rightarrow 2CH_3COOK + H_2$
(칼륨) (초산) → (아세트산포타슘) (수소)

⑧ 칼륨과 암모니아의 반응식 : $2K + 2NH_3 \rightarrow 2KNH_2 + H_2$
(칼륨) (암모니아) → (칼륨아미드) (수소)

(2) 나트륨

① 나트륨의 연소반응(노란색)식 : $4Na + O_2 \rightarrow 2Na_2O$
(나트륨) (산소) → (산화나트륨)

② 나트륨과 물의 반응식 : $2Na + 2H_2O \rightarrow 2NaOH + H_2$
(나트륨) (물) → (수산화나트륨) (수소)

③ 나트륨과 이산화탄소의 반응식 : $4Na + 3CO_2 \rightarrow 2Na_2CO_3 + C$(연소)
(나트륨) (이산화탄소) → (탄산나트륨) (탄소)

④ 나트륨과 사염화탄소의 반응식 : $4Na + CCl_4 \rightarrow 4NaCl + C$(폭발)
(나트륨) (사염화탄소) → (염화나트륨) (탄소)

⑤ 나트륨과 염소의 반응식 : $2Na + Cl_2 \rightarrow 2NaCl$
(나트륨) (염소) → (염화나트륨)

⑥ 나트륨과 알코올의 반응식 : $2Na + 2C_2H_5OH \rightarrow 2C_2H_5ONa + H_2$
(나트륨) (에틸알코올) → (나트륨에틸라이트) (수소)

⑦ 나트륨과 초산의 반응식 : $2Na + 2CH_3COOH \rightarrow 2CH_3COONa + H_2$
(나트륨) (초산) → (아세트산나트륨) (수소)

⑧ 나트륨과 액체암모니아의 반응식 : $2Na + 2NH_3 \rightarrow 2NaNH_2 + H_2$
(나트륨) (암모니아) → (나트륨아미드) (수소)

(3) 알킬알루미늄

① 트라이메틸알루미늄

㉠ 트라이메틸알루미늄의 연소반응식 : $2(CH_3)_3Al + 12O_2 \rightarrow Al_2O_3 + 6CO_2 + 9H_2O$
(트라이메틸알루미늄) (산소) → (산화알루미늄) (이산화탄소) (물)

㉡ 트라이메틸알루미늄의 물의 반응식 : $(CH_3)_3Al + 3H_2O \rightarrow Al(OH)_3 + 3CH_4$
(트라이메틸알루미늄) (물) → (수산화알루미늄) (메탄)

㉢ 트라이메틸알루미늄의 염산의 반응식 : $(CH_3)_3Al + 3HCl \rightarrow AlCl_3 + 3CH_4$
(트라이메틸알루미늄) (염산) → (염화알루미늄) (메탄)

㉣ 트라이메틸알루미늄의 염소의 반응식 : $(CH_3)_3Al + 3Cl_2 \rightarrow AlCl_3 + 3CH_3Cl$
(트라이메틸알루미늄) (염소) → (염화알루미늄) (염화메틸)

② 트라이에틸알루미늄

㉠ 트라이에틸알루미늄의 연소반응식 : $2(C_2H_5)_3Al + 21O_2 \rightarrow 2Al_2O_3 + 12CO_2 + 15H_2O$
(트라이에틸알루미늄) (산소) → (산화알루미늄) (이산화탄소) (물)

㉡ 트라이에틸알루미늄의 물의 반응식 : $(C_2H_5)_3Al + 3H_2O \rightarrow Al(OH)_3 + 3C_2H_6$
(트라이에틸알루미늄) (물) → (수산화알루미늄) (에탄)

㉢ 트라이에틸알루미늄의 염산의 반응식 : $(C_2H_5)_3Al + 3HCl \rightarrow AlCl_3 + 3C_2H_6$
(트라이에틸알루미늄) (염산) → (염화알루미늄) (에탄)

㉣ 트라이에틸알루미늄의 염소의 반응식 : $(C_2H_5)_3Al + 3Cl_2 \rightarrow AlCl_3 + 3C_2H_5Cl$
(트라이에틸알루미늄) (염소) → (염화알루미늄) (염화에틸)

㉤ 트라이에틸알루미늄의 메틸알코올의 반응식 :
$(C_2H_5)_3Al + 3CH_3OH \rightarrow Al(CH_3O)_3 + 3C_2H_6$
(트라이에틸알루미늄) (메틸알코올) → (알루미늄메틸레이트) (에탄)

(3) 알킬리튬

① 메틸리튬 : $CH_3Li + H_2O \rightarrow LiOH + CH_4$
(메틸리튬) (물) → (수산화리튬) (메탄)

② 에틸리튬 : $C_2H_5Li + H_2O \rightarrow LiOH + C_2H_6$
(에틸리튬) (물) → (수산화리튬) (에탄)

(4) 황린

① 황린의 연소반응식 : $P_4 + 5O_2 \rightarrow 2P_2O_5 + Q\uparrow$
(황린) (산소) → (오산화인)

② 황린과 강알칼리용액의 반응식 : $P_4 + 3KOH + 3H_2O \rightarrow PH_3 + 3KH_2PO_4$
(황린) (수산화칼륨) (물) → (포스핀) (제이인산칼륨)

(5) 알칼리금속 및 알칼리토 금속

① 리튬과 물의 반응식 : $2Li + 2H_2O \rightarrow 2LiOH + H_2$
(리튬) (물) → (수산화리튬) (수소)

② 칼슘과 물의 반응식 : $Ca + 2H_2O \rightarrow Ca(OH)_2 + H_2$
(칼슘) (물) → (수산화칼슘) (수소)

(6) 금속의 수소화물

① 수소화칼륨과 물의 반응식 : $KH + H_2O \rightarrow KOH + H_2$
(수소화칼륨) (물) → (수산화칼륨) (수소)

② 수소화칼륨과 암모니아의 반응식 : $KH + NH_3 \rightarrow KNH_2 + H_2$
(수소화칼륨) (암모니아) → (칼륨아미드) (수소)

③ 수소화나트륨과 물의 반응식 : $NaH + H_2O \rightarrow NaOH + H_2$
(수소화나트륨) (물) → (수산화나트륨) (수소)

④ 수소화리튬과 물의 반응식 : $LiH + H_2O \rightarrow LiOH + H_2$
(수소화리튬) (물) → (수산화리튬) (수소)

⑤ 수소화칼슘과 물의 반응식 : $CaH_2 + 2H_2O \rightarrow Ca(OH)_2 + 2H_2$
(수소화칼슘) (물) → (수산화칼슘) (수소)

⑥ 수소화알루미늄리튬과 물의 반응식 : $LiAlH_4 + 4H_2O \rightarrow LiOH + Al(OH)_3 + 4H_2$
(수소화알루미늄리튬) (물) → (수산화리튬) (수산화알루미늄) (수소)

⑦ 수소화알루미늄리튬의 열분해(125 ~ 150[℃]) : $LiAlH_4 \rightarrow Li + Al + 2H_2$
(수소화알루미늄리튬) → (리튬) (알루미늄) (수소)

(7) 금속의 인화물

① 인화알루미늄과 물의 반응 : $AlP + 3H_2O \rightarrow Al(OH)_3 + PH_3$
(인화알루미늄) (물) → (수산화알루미늄) (포스핀)

② 포스핀의 연소반응식 : $2PH_3 + 4O_2 \rightarrow P_2O_5 + 3H_2O$
(포스핀) (산소) → (오산화인) (물)

③ 인화아연과 물의 반응식 : $Zn_3P_2 + 6H_2O \rightarrow 3Zn(OH)_2 + 2PH_3$
(인화아연) (물) → (수산화아연) (포스핀)

④ 인화칼슘(인화석회)과 염산의 반응식 : $Ca_3P_2 + 6HCl \rightarrow 3CaCl_2 + 2PH_3$
(인화칼슘) (염산) → (염화칼슘) (포스핀)

⑤ 인화칼슘(인화석회)과 물의 반응식 : $Ca_3P_2 + 6H_2O \rightarrow 3Ca(OH)_2 + 2PH_3$
(인화칼슘) (물) → (수산화칼슘) (포스핀)

*인화칼슘은 적갈색의 괴상고체이며, 알코올과 에터에 불용

⑥ 인화알루미늄과 황산의 반응식 : $2AlP + 3H_2SO_4 \rightarrow Al_2(SO_4)_3 + 2PH_3$
(인화알루미늄) (황산) → (황산알루미늄) (포스핀)

(8) 칼슘 또는 알루미늄의 탄화물

① 탄화칼슘(카바이드)과 물의 반응식 : $CaC_2 + 2H_2O \rightarrow Ca(OH)_2 + C_2H_2$
(탄화칼슘) (물) → (수산화칼슘) (아세틸렌)

② 탄화칼슘이 약700[℃] 이상에서 반응 : $CaC_2 + N_2 \rightarrow CaCN_2 + C$
(탄화칼슘) (질소) → (석회질소) (탄소)

③ 아세틸렌의 연소반응식 : $2C_2H_2 + 5O_2 \rightarrow 4CO_2 + 2H_2O$
(아세틸렌) (산소) → (이산화탄소) (물)

④ 탄화알루미늄과 물의 반응식 : $Al_4C_3 + 12H_2O \rightarrow 4Al(OH)_3 + 3CH_4$
(탄화알루미늄) (물) → (수산화알루미늄) (메탄)

(9) 위험물과 물의 반응 정리

① 무기과산화물(알칼리금속 과산화물 : 과산화칼륨, 과산화나트륨 등)
: 조연성인 산소(O_2) 등 발생 + 발열

② 제2류 · 제3류 위험물 중 가연성금속(칼륨, 나트륨, 마그네슘, 알루미늄분, 금속분 등)
: 가연성 기체인 수소(H_2) 발생

㉠ 알루미늄분과 물의 반응식 : $2Al + 6H_2O \rightarrow 2Al(OH)_3 + 3H_2$
(알루미늄) (물) → (수산화알루미늄) (수소)

㉡ 아연분과 물의 반응식 : $Zn + 2H_2O \rightarrow Zn(OH)_2 + H_2$
(아연) (물) → (수산화아연) (수소)

㉢ 마그네슘과 물의 반응식 : $Mg + 2H_2O \rightarrow Mg(OH)_2 + H_2$
(마그네슘) (온수) → (수산화마그네슘) (수소)

㉣ 리튬과 물의 반응식 : $2Li + 2H_2O \rightarrow 2LiOH + H_2$
(리튬) (물) → (수산화리튬) (수소)

㉤ 칼륨과 물의 반응식 : $2K + 2H_2O \rightarrow 2KOH + H_2$
(칼륨) (물) → (수산화칼륨) (수소)

㉥ 나트륨과 물의 반응식 : $2Na + 2H_2O \rightarrow 2NaOH + H_2$
(나트륨) (물) → (수산화나트륨) (수소)

㉦ 칼슘과 물의 반응식 : $Ca + 2H_2O \rightarrow Ca(OH)_2 + H_2$
(칼슘) (물) → (수산화칼슘) (수소)

㉧ 수소화칼륨과 물의 반응식 : $KH + H_2O \rightarrow KOH + H_2$
(수소화칼륨) (물) → (수산화칼륨) (수소)

㉨ 수소화나트륨과 물의 반응식 : $NaH + H_2O \rightarrow NaOH + H_2$
(수소화나트륨) (물) → (수산화나트륨) (수소)

③ 물과 반응하여 아세틸렌(C_2H_2) 발생

㉠ 탄화칼슘(카바이드)과 물의 반응식 : $CaC_2 + 2H_2O \rightarrow Ca(OH)_2 + C_2H_2$
(탄화칼슘) (물) → (수산화칼슘) (아세틸렌)

㉡ 탄화나트륨과 물의 반응식 : $Na_2C_2 + 2H_2O \rightarrow 2NaOH + C_2H_2$
(탄화나트륨) (물) → (수산화나트륨) (아세틸렌)

㉢ 탄화칼륨과 물의 반응식 : $K_2C_2 + 2H_2O \rightarrow 2KOH + C_2H_2$
(탄화칼륨) (물) → (수산화칼륨) (아세틸렌)

㉣ 탄화마그네슘과 물의 반응식 : $MgC_2 + 2H_2O \rightarrow Mg(OH)_2 + C_2H_2$
(탄화마그네슘) (물) → (수산화마그네슘) (아세틸렌)

④ 물과 반응하여 메탄(CH_4) 발생

㉠ 트라이메틸알루미늄과 물의 반응식 : $(CH_3)_3Al + 3H_2O \rightarrow Al(OH)_3 + 3CH_4$
(트라이메틸알루미늄) (물) → (수산화알루미늄) (메탄)

㉡ 탄화알루미늄과 물의 반응식 : $Al_4C_3 + 12H_2O \rightarrow 4Al(OH)_3 + 3CH_4$
(탄화알루미늄) (물) → (수산화알루미늄) (메탄)

㉢ 탄화베릴륨과 물의 반응식 : $Be_2C + 4H_2O \rightarrow 2Be(OH)_2 + CH_4$
(탄화베릴륨) (물) → (수산화베리리륨) (메탄)

㉣ 탄화망가니즈와 물의 반응식 : $Mn_3C + 6H_2O \rightarrow 3Mn(OH)_2 + CH_4 + H_2$
(탄화망가니즈) (물) → (수산화망가니즈) (메탄) (수소)

㉤ 메틸리튬 : $CH_3Li + H_2O \rightarrow LiOH + CH_4$
(메틸리튬) (물) → (수산화리튬) (메탄)

⑤ 물과 반응하여 에탄(C_2H_6) 발생

㉠ 트라이에틸알루미늄과 물의 반응식 : $(C_2H_5)_3Al + 3H_2O \rightarrow Al(OH)_3 + 3C_2H_6$
(트라이에틸알루미늄) (물) → (수산화알루미늄) (에탄)

㉡ 에틸리튬과 물의 반응식 : $C_2H_5Li + H_2O \rightarrow LiOH + C_2H_6$
(에틸리튬) (물) → (수산화리튬) (에탄)

⑥ 물과 반응하여 포스핀(PH_3) 발생

㉠ 인화알루미늄과 물의 반응식 : $AlP + 3H_2O \rightarrow Al(OH)_3 + PH_3$
(인화알루미늄) (물) → (수산화알루미늄) (포스핀)

㉡ 인화아연과 물의 반응식 : $Zn_3P_2 + 6H_2O \rightarrow 3Zn(OH)_2 + 2PH_3$
(인화아연) (물) → (수산화아연) (포스핀)

㉢ 인화칼슘(인화석회)과 물의 반응식 : $Ca_3P_2 + 6H_2O \rightarrow 3Ca(OH)_2 + 2PH_3$
(적갈색의 고체로서 알코올 · 에터에 불용) (인화칼슘) (물) → (수산화칼슘) (포스핀)

⑦ 비수용성 액체가연물 휘발유 · 경유 등(단, 중유 등은 제외)

: 비중이 물보다 가벼운 휘발유, 경유 등을 물이 위로 밀어 올려 연소면이 확대된다.

(10) 금속성 위험물과 이산화탄소의 반응

① 칼륨과 이산화탄소의 반응식 : $4K + 3CO_2 \rightarrow 2K_2CO_3 + C$(연소폭발)
(칼륨) (이산화탄소) → (탄산칼륨) (탄소)

② 나트륨과 이산화탄소의 반응식 : $4Na + 3CO_2 \rightarrow 2Na_2CO_3 + C$(연소)
(나트륨) (이산화탄소) → (탄산나트륨) (탄소)

③ 마그네슘과 이산화탄소의 반응식

㉠ $2Mg + CO_2 \rightarrow 2MgO + C$
(마그네슘) (이산화탄소) → (산화마그네슘) (탄소)

㉡ $Mg + CO_2 \rightarrow MgO + CO$
(마그네슘) (이산화탄소) → (산화마그네슘) (일산화탄소)

4 제4류 위험물 반응식

(1) 특수인화물

① 다이에틸에터(에터)의 연소반응식 : $C_2H_5OC_2H_5 + 6O_2 \rightarrow 4CO_2 + 5H_2O$
(다이에틸에터) (산소) → (이산화탄소) (물)

② 이황화탄소

㉠ 이황화탄소의 연소반응식 : $CS_2 + 3O_2 \rightarrow CO_2 + 2SO_2$
(이황화탄소) (산소) → (이산화탄소) (이산화황)

㉡ 이황화탄소와 물의 반응식(150[℃]) : $CS_2 + 2H_2O \rightarrow CO_2 + 2H_2S$
(이황화탄소) (물) → (이산화탄소) (황화수소)

③ 아세트알데하이드의 연소반응식 : $2CH_3CHO + 5O_2 \rightarrow 4CO_2 + 4H_2O$
(아세트알데하이드) (산소) → (이산화탄소) (물)

④ 산화프로필렌의 연소반응식 : $CH_3CHCH_2O + 4O_2 \rightarrow 3CO_2 + 3H_2O$
(산화프로필렌) (산소) → (이산화탄소) (물)

(2) 제1석유류

① 비수용성

㉠ 옥탄[휘발유(가솔린)]의 연소반응식 : $2C_8H_{18} + 25O_2 \rightarrow 16CO_2 + 18H_2O$
(옥탄) (산소) → (이산화탄소) (물)

㉡ 벤젠의 연소반응식 : $2C_6H_6 + 15O_2 \rightarrow 12CO_2 + 6H_2O$
(벤젠) (산소) → (이산화탄소) (물)

㉢ 톨루엔의 연소반응식 : $C_6H_5CH_3 + 9O_2 \rightarrow 7CO_2 + 4H_2O$
(톨루엔) (산소) → (이산화탄소) (물)

㉣ 메틸에틸케톤의 연소반응식 : $2CH_3COC_2H_5 + 11O_2 \rightarrow 8CO_2 + 8H_2O$
(메틸에틸케톤) (산소) → (이산화탄소) (물)

② 수용성

㉠ 아세톤의 연소반응식 : $CH_3COCH_3 + 4O_2 \rightarrow 3CO_2 + 3H_2O$
(아세톤) (산소) → (이산화탄소) (물)

㉡ 사이안화수소 : $2HCN + 2.5O_2 \rightarrow H_2O + N_2 + 2CO_2$
(사이안화수소) (산소) → (물) (질소) (이산화탄소)

(3) 알코올류

① 메틸알코올의 연소반응식 : $2CH_3OH + 3O_2 \rightarrow 2CO_2 + 4H_2O$
(메틸알코올) (산소) → (이산화탄소) (물)

② 에틸알코올의 완전연소 반응식 : $C_2H_5OH + 3O_2 \rightarrow 2CO_2 + 3H_2O$
(에틸알코올) (산소) → (이산화탄소) (물)

③ 프로판올의 완전연소 반응식 : $C_3H_7OH + 4.5O_2 \rightarrow 3CO_2 + 4H_2O$
(프로판올) (산소) → (이산화탄소) (물)

(4) 제2석유류

① 비수용성

경유의 연소반응식 : $2C_{12}H_{26} + 37O_2 \rightarrow 24CO_2 + 26H_2O$
(경유) (산소) → (이산화탄소) (물)

② 수용성

㉠ 초산(아세트산)의 연소반응식 : $CH_3COOH + 2O_2 \rightarrow 2CO_2 + 2H_2O$
(아세트산) (산소) → (이산화탄소) (물)

㉡ 의산(포름산, 개미산)의 연소반응식 : $2HCOOH + O_2 \rightarrow 2CO_2 + 2H_2O$
(의산) (산소) → (이산화탄소) (물)

㉢ 하이드라진의 열분해(180[℃]) 반응식 : $2N_2H_4 \rightarrow 2NH_3 + N_2 + H_2$
(하이드라진) → (암모니아) (질산) (수소)

(5) 제3석유류

① 비수용성

나이트로벤젠의 제조 : $C_6H_6 + HNO_3 \xrightarrow[\text{나이트로화}]{C-H_2SO_4} C_6H_5NO_2 + H_2O$
(벤젠) (질산) $\xrightarrow{\text{진한 황산 + 열}}$ (나이트로벤젠) (물)

② 수용성

㉠ 에틸렌글리콜의 연소반응식 : $2CH_2OHCH_2OH + 5O_2 \rightarrow 4CO_2 + 6H_2O$
(에틸렌글리콜) (산소) → (이산화탄소) (물)

㉡ 글리세린의 연소반응식 : $2CH_2OHCHOHCH_2OH + 7O_2 \rightarrow 6CO_2 + 8H_2O$
(글리세린) (산소) → (이산화탄소) (물)

5 제5류 위험물 반응식

(1) 나이트로셀로오스(NC)의 분해반응식 :
$2C_{24}H_{29}O_9(ONO_2)_{11} \rightarrow 24CO_2 + 24CO + 11N_2 + 17H_2 + 12H_2O$
(나이트로셀롤로오스) → (이산화탄소) (일산화탄소) (질소) (수소) (물)

(2) 나이트로글리세린(NG)의 분해반응식 : $4C_3H_5(ONO_2)_3 \rightarrow 12CO_2 + 6N_2 + O_2 + 10H_2O$
(나이트로글리세린) → (이산화탄소) (질소) (산소) (물)

(3) 질산메틸(CH_3NO_3)의 제조 : $CH_3OH + HNO_3 \rightarrow CH_3ONO_2 + H_2O$
(메틸알코올) (질산) → (질산메틸) (물)

(4) 질산에틸($C_4H_{11}NO$)의 제조 : $C_2H_6O + HNO_3 \rightarrow C_4H_{11}NO + H_2O$
(에틸알코올) (질산) → (질산에틸) (물)

(5) 트라이나이트로톨루엔(TNT)의 분해반응식 : $2C_6H_2CH_3(NO_2)_3 \rightarrow 2C + 3N_2 + 5H_2 + 12CO$
(트라이나이트로톨루엔) → (탄소) (질소) (수소) (일산화탄소)

※ 트라이나이트로톨루엔의 원료 : 톨루엔, 황산, 질산

(6) 트라이나이트로페놀(피크르산)의 분해반응식 :
$2C_6H_2(OH)(NO_2)_3 \rightarrow 4CO_2 + 6CO + 2C + 3N_2 + 3H_2$
(트라이나이트로페놀) → (이산화탄소) (일산화탄소) (탄소) (질소) (수소)

6 제6류 위험물 반응식

(1) 과염소산의 가열분해 반응식 : $HClO_4 \rightarrow HCl + 2O_2$
(과염소산) → (염산) (산소)

(2) 과산화수소

① 과산화수소의 분해반응식 : $2H_2O_2 \rightarrow 2H_2O + O_2$
(과산화수소) → (물) (산소)

② 과산화수소에 하이드라진 혼촉 시 발화·폭발 : $2H_2O_2 + N_2H_4 \rightarrow N_2 + 4H_2O$
(과산화수소) (하이드라진) → (질소) (물)

③ 과산화수소의 안정제 : H_3PO_4(인산), $C_5H_4N_4O_3$(요산)

(3) 질산의 분해반응식 : $4HNO_3 \rightarrow 2H_2O + 4NO_2 + O_2$
(질산) → (물) (이산화질소) (산소)

(4) 할로젠간화합물(interhalogen compounds) : 서로 다른 2종류의 할로젠원소로 이루어진 화합물로서 삼불화브로민(BrF_3), 오불화브로민(BrF_5), 오불화아이오딘(IF_5) 등의 화합물

7 기타 물질의 반응식

(1) 화학포 소화약제의 반응식 :
$6NaHCO_3 + Al_2(SO4)_3 \cdot 18H_2O \rightarrow 2Al(OH)_3 + 3Na_2SO_4 + 6CO_2 + 18H_2O$
(중탄산나트륨) (황산알루미늄) (물) → (수산화알루미늄) (황산나트륨) (이산화탄소) (물)

(2) 아세틸렌의 연소반응식 : $2C_2H_2 + 5O_2 \rightarrow 4CO_2 + 2H_2O$
(아세틸렌) (산소) → (이산화탄소) (물)

(3) 삼산화황 : $SO_3 + H_2O \rightarrow H_2SO_4$ + 발열
(삼산화황) (물) → (황산)

08 절 위험물안전관리법에 따른 공통사항

1 위험물의 위험등급

위험등급 I	① 제1류 위험물 중 아염소산염류, 염소산염류, 과염소산염류, 무기과산화물
	  : 그 밖에 지정수량이 50kg인 위험물
	② 제3류 위험물 중 칼륨, 나트륨, 알킬알루미늄, 알킬리튬, 황린
	  : 그 밖에 지정수량이 10kg 또는 20kg인 위험물
	③ 제4류 위험물 중 특수인화물
	④ 제5류 위험물 중 지정수량이 10kg인 위험물
	⑤ 제6류 위험물

위험등급 II	① 제1류 위험물 중 브로민산염류, 질산염류, 아이오딘산염류 : 그 밖에 지정수량이 300kg인 위험물 ② 제2류 위험물 중 황화인, 적린, 황 : 그 밖에 지정수량이 100kg인 위험물 ③ 제3류 위험물 중 알칼리금속(칼륨 및 나트륨을 제외) 및 알칼리토금속, 유기금속화합물(알킬알루미늄 및 알킬리튬을 제외) : 그 밖에 지정수량이 50kg인 위험물 ④ 제4류 위험물 중 제1석유류 및 알코올류 ⑤ 제5류 위험물 중 위험등급 I 에 정하는 위험물 외의 것
위험등급 III	위험등급 I 및 위험등급 II 에 정하지 아니한 위험물

2 위험물의 유별 저장 · 취급의 공통기준

(1) 제1류 위험물은 가연물과의 접촉 · 혼합이나 분해를 촉진하는 물품과의 접근 또는 과열 · 충격 · 마찰 등을 피하는 한편, 알칼리금속의 과산화물 및 이를 함유한 것에 있어서는 물과의 접촉을 피하여야 한다.

(2) 제2류 위험물은 산화제와의 접촉 · 혼합이나 불티 · 불꽃 · 고온체와의 접근 또는 과열을 피하는 한편, 철분 · 금속분 · 마그네슘 및 이를 함유한 것에 있어서는 물이나 산과의 접촉을 피하고 인화성 고체에 있어서는 함부로 증기를 발생시키지 아니하여야 한다.

(3) 제3류 위험물 중 자연발화성 물질에 있어서는 불티 · 불꽃 또는 고온체와의 접근 · 과열 또는 공기와의 접촉을 피하고, 금수성 물질에 있어서는 물과의 접촉을 피하여야 한다.

(4) 제4류 위험물은 불티 · 불꽃 · 고온체와의 접근 또는 과열을 피하고, 함부로 증기를 발생시키지 아니하여야 한다.

(5) 제5류 위험물은 불티 · 불꽃 · 고온체와의 접근이나 과열 · 충격 또는 마찰을 피하여야 한다.

(6) 제6류 위험물은 가연물과의 접촉 · 혼합이나 분해를 촉진하는 물품과의 접근 또는 과열을 피하여야 한다.

(7) '(1)' 내지 '(6)'의 기준은 위험물을 저장 또는 취급함에 있어서 각 '(1)' 내지 '(6)'의 기준에 의하지 아니하는 것이 통상인 경우는 '(1)' 내지 '(6)'을 적용하지 아니한다. 이 경우 당해 저장 또는 취급에 대하여는 재해의 발생을 방지하기 위한 충분한 조치를 강구하여야 한다.

3 위험물 표지 및 게시판(제1 · 2 · 3 · 4 · 5 · 6류 위험물 공통)

(1) 제조소등의 표지 및 게시판

① 제조소에는 보기 쉬운 곳에 다음의 기준에 따라 "위험물 제조소"라는 표시를 한 표지를 설치하여야 한다.

㉠ 표지는 한 변의 길이가 0.3m 이상, 다른 한 변의 길이가 0.6m 이상인 직사각형으로 할 것

ⓛ 표지의 바탕은 백색으로, 문자는 흑색으로 할 것

② 제조소에는 보기 쉬운 곳에 다음의 기준에 따라 방화에 관하여 필요한 사항을 게시한 게시판을 설치하여야 한다.

㉠ 게시판은 한 변의 길이가 0.3m 이상, 다른 한 변의 길이가 0.6m 이상인 직사각형으로 할 것

㉡ 게시판에는 저장 또는 취급하는 위험물의 유별·품명 및 저장최대수량 또는 취급최대수량, 지정수량의 배수 및 안전관리자의 성명 또는 직명을 기재할 것

㉢ '㉡'의 게시판의 바탕은 백색으로, 문자는 흑색으로 할 것

㉣ '㉡'의 게시판 외에 저장 또는 취급하는 위험물에 따라 다음의 규정에 의한 주의사항을 표시한 게시판을 설치할 것

ⓐ 제1류 위험물 중 알칼리금속의 과산화물과 이를 함유한 것 또는 제3류 위험물 중 금수성 물질에 있어서는 "물기엄금"

ⓑ 제2류 위험물(인화성 고체를 제외한다)에 있어서는 "화기주의"

ⓒ 제2류 위험물 중 인화성 고체, 제3류 위험물 중 자연발화성 물질, 제4류 위험물 또는 제5류 위험물에 있어서는 "화기엄금"

㉤ '㉣'의 게시판의 색은 "물기엄금"을 표시하는 것에 있어서는 청색바탕에 백색문자로, "화기주의" 또는 "화기엄금"을 표시하는 것에 있어서는 적색바탕에 백색문자로 할 것

(2) 제조소등의 금연표지

제조소등에는 보기 쉬운 곳에 다음의 기준에 따라 해당 제조소가 금연구역임을 알리는 표지를 설치해야 한다. 다만, 제조소에 출입하는 사람이 특정인으로 한정되고, 해당 제조소를 포함하는 사업소의 출입구에 해당 사업소 전체가 금연구역임을 알리는 표지를 설치한 경우에는 해당 제조소에 금연구역임을 알리는 표지를 설치한 것으로 본다.

① 표지에는 금연을 상징하는 그림 또는 문자, 위반시 조치사항 등이 포함될 것

② 건축물 또는 시설의 규모나 구조에 따라 표지의 크기를 다르게 할 수 있으며, 바탕색 및 글씨색상 등은 그 내용이 눈에 잘 띄도록 배색할 것

(3) 위험물 운반 시 운반용기의 외부 표시사항

위험물의 품명, 수량 등을 표시하여 적재하여야 한다. 다만, UN의 위험물 운송에 관한 권고에서 정한 기준 또는 소방청장이 정하여 고시하는 기준에 적합한 표시를 한 경우에는 그러하지 아니하다.

① 위험물의 품명·위험등급·화학명 및 수용성("수용성" 표시는 제4류 위험물로서 수용성인 것에 한한다)

② 위험물의 수량

③ 수납하는 위험물에 따라 다음의 규정에 의한 주의사항

㉠ 제1류 위험물 중 알칼리금속의 과산화물 또는 이를 함유한 것에 있어서는 "화기·충격주

의", "물기엄금" 및 "가연물접촉주의", 그 밖의 것에 있어서는 "화기·충격주의" 및 "가연물접촉주의"

㉡ 제2류 위험물 중 철분·금속분·마그네슘 또는 이들 중 어느 하나 이상을 함유한 것에 있어서는 "화기주의" 및 "물기엄금", 인화성 고체에 있어서는 "화기엄금", 그 밖의 것에 있어서는 "화기주의"

㉢ 제3류 위험물 중 자연발화성 물질에 있어서는 "화기엄금" 및 "공기접촉엄금", 금수성 물질에 있어서는 "물기엄금"

㉣ 제4류 위험물에 있어서는 "화기엄금"

㉤ 제5류 위험물에 있어서는 "화기엄금" 및 "충격주의"

㉥ 제6류 위험물에 있어서는 "가연물접촉주의"

(4) 주유취급소의 표지 및 게시판

① 주유취급소의 표지는 한 변의 길이가 0.3m 이상, 다른 한 변의 길이가 0.6m 이상인 직사각형, 표지의 바탕은 백색으로, 문자는 흑색으로 보기 쉬운 곳에 "위험물 주유취급소"라는 표시를 한 표지

② 황색바탕에 흑색문자로 "주유 중 엔진정지"라는 표시를 한 게시판을 설치

㉠ 게시판은 한 변의 길이가 0.3m 이상, 다른 한 변의 길이가 0.6m 이상인 직사각형으로 할 것

㉡ 게시판에는 저장 또는 취급하는 위험물의 유별·품명 및 저장최대수량 또는 취급최대수량, 지정수량의 배수 및 안전관리자의 성명 또는 직명을 기재할 것

4 위험물의 혼재

(1) 423 → 제4류와 제2류, 제4류와 제3류는 서로 혼재가능

(2) 524 → 제5류와 제2류, 제5류와 제4류는 서로 혼재가능

(3) 61 → 제6류와 제1류 서로 혼재가능

(4) 혼재가능 위험물표

구분	제1류	제2류	제3류	제4류	제5류	제6류
제1류		×	×	×	×	○
제2류	×		×	○	○	×
제3류	×	×		○	×	×
제4류	×	○	○		○	×
제5류	×	○	×	○		×
제6류	○	×	×	×	×	

(5) 지정수량의 $\frac{1}{10}$ 이하의 위험물에 대하여는 혼재가능 위험물표를 적용하지 아니한다.

보일오버 등 위험물화재의 특수현상과 대처법

1 보일오버 현상

(1) 개념

유류저장탱크의 화재 시 위쪽(액면)에 형성된 고열의 열파가 바닥에 있는 찌꺼기 등의 물에 전달되어 탱크바닥의 물이 끓어오르면서 유류가 비등하여 저장탱크 액면에 발생된 열의 공급과 함께 저부에서 상부 표면을 포함하여 기포상태로 분출시키는 것을 말한다.

① 중질유 탱크에서 장시간 조용히 연소하다 탱크 내 유류가 갑자기 분출하는 현상
② 탱크바닥에 물과 기름의 에멀션으로 존재할 때 물의 비등으로 급격히 분출하는 현상
③ 유류저장 탱크의 화재 중 열유층을 형성하여 화재진행과 더불어 열유층이 점차 탱크바닥으로 도달해 탱크 저부에 물 또는 물과 기름의 에멀션이 수증기의 부피팽창을 하면서 탱크 내의 유류가 갑작스럽게 탱크 밖으로 분출되어 화재를 확대시키는 현상

*에멀션 : 물과 기름이 섞이지 않고 함께 하는 현상(유화)

(2) 원인

탱크에 화재가 발생하여 장시간이 지나면 가벼운 유류성분은 먼저 표층에서 증발하여 연소되고 무거운 유류성분은 아래로 축적・가열되어 열은 그 탱크 상부에서부터 층을 이루게 되는데 이를 열이 있는 열유층(고온층)이라 한다.

① 장시간 진행 화재로 뚜껑이나 지붕이 없는 열린 탱크 상태여야 한다.
② 여러 종류의 비점을 가진 불균일한 유류이고 또한 거품을 형성하는 고점도 성질의 유류이다.
③ 수분이 외부로부터 침투되었거나 탱크 밑 부분에 습도를 함유한 찌꺼기 등이 있어야 한다.

(3) 열유층과 보일오버

열유층은 화재의 진행과 더불어 점차 탱크 바닥에 도달하게 되는데, 이때 수분이 외부로부터 침투되었거나 탱크 밑 부분에 물 또는 습도를 함유한 찌꺼기 등이 있으면 열유층의 온도에 의하여 수증기로 변하면서 급격한 부피팽창(약 1,700배)에 의해 내부에 저장된 원유와 함께 탱크 외부로 비산 분출하게 된다. 이것이 보일오버 현상이다.

(4) 보일오버 방지 및 소화방법

① 바닥의 물을 배출하여 수층의 형성을 방지한다.
② 모래 등을 탱크 내부로 던져서 물이 끓기 전에 비등석이 기포를 막아 갑작스런 물의 비등을 억제한다.

*보일오버 현상 : 비점이 불균일한 중질유 등의 탱크 바닥에 찌꺼기와 함께 있는 물이 끓어 수분의 급격한 부피팽창에 의하여 기름을 탱크 외부로 넘치게 하는 현상

※ 핵심키워드 : 중질유, 장시간, 바닥의 물

2 슬롭오버(Slop Over) 현상

(1) 개념

증유와 같은 중질유 탱크에 화재가 발생하면 액표면 온도가 약 200 ~ 400℃로서 물의 비점 이상으로 올라가게 되는데, 이때 소화하기 위하여 수분이 있는 물 또는 폼(Foam)소화제를 방사하였을 때 증발된 수증기와 함께 연소하는 유류가 급격한 부피팽창으로 기름이 탱크 외부로 분출하는 현상이다.

① 물이 연소유의 뜨거운 표면에 들어갈 때 발생하는 오버플로우(overflow) 현상

② 연소유 표면 온도가 100℃를 넘을 때 연소유 표면에 주수되는 소화용수가 비등하면서 수증기로 변하거나 부피팽창에 의해 연소유를 비산시켜 탱크 밖까지 확산시키는 현상

(2) 특성

화재 시 점성이 큰 석유나 식용유가 물과 접촉될 때 이러한 유류의 표면온도에 의해 물이 수증기가 되어 팽창 비등함에 따라 주위에 있는 뜨거운 일부의 석유류, 식용유류를 외부로 비산시키는 현상으로 유류의 표면에 한정되며 보일오버에 비하여 격렬하지 않다.

*슬롭오버 현상 : 유류 액표면에 불이 붙었을 때 기름이 끓고 있는 상태에서 물이 주성분인 물분무나 포를 방사하면 물과 기름이 섞이지 않는데, 이때 끓는 기름 온도에 의하여 물이 표면에서 튀면서(Slop) 수증기화되고 갑작스러운 부피팽창으로 유류가 탱크 외부로 비산·분출(over)되는 현상이다.

※ 핵심 키워드 : 식용유화재, 표면의 물, 소화용수

(3) 식용유 화재의 경우 뚜껑을 덮거나 젖은 담요 등을 덮어 기름의 비산을 방지하고 질식소화를 해야 한다.

3 프로스오버(Froth Over) 현상

(1) 개념

고온에서 끈끈한 점성을 유지하고 있는 유류(고점도 유류)가 저장탱크 속의 물과 섞여 들어가 있을 때 기름과 섞여 있는 물이 갑자기 수증기화 되면 탱크 내의 일부 내용물을 넘치게 하는 현상이다.

(2) 원인

① 물이 고점도 기름 표면 아래에서 끓을 때 화재를 수반하지 않고 넘치는 현상이다.

② 고점도의 유류표면 아래에서 비등한 물에 의해 탱크 내 유류가 넘치는 현상이다.

(3) 특성

프로스오버 현상은 화재를 수반하지 않고, 기름이 넘쳐흐르는(overflow) 단순한 물리적 작용으로 대부분 뜨겁고 점성이 큰 아스팔트를 물이 들어 있는 탱크에 넣었을 때 발생한다.

4 오일오버(Oil Over) 현상

탱크 내의 유류가 50% 미만 저장된 경우 화재로 인한 내부 압력상승으로 인한 탱크 폭발 현상으로 가장 격렬하다.

5 링파이어(Ring Fire, 윤화) 현상

대형 유류저장 탱크 화재에 불꽃이 치솟는 유류표면에 포를 방출할 때 탱크 윗면의 중앙부분은 불이 꺼졌어도 바깥쪽 벽을 따라 환상으로 불길이 남아 지속되는 현상이다. 즉, 유류표면에 물분무나 포를 방사하였을 때 포 등이 탱크 양쪽 벽면에 부딪치면서 탱크 벽면 측은 산소차단이 되지 못하여 귀고리(Ring)처럼 양쪽으로 불길(Fire)이 남아 있는 상태를 말한다.

✓ Check 풀 파이어(Pool Fire)

가연성 또는 인화성 액체가 저장탱크 또는 웅덩이에서 일정한 액면이 대기 중에 노출되어 화염의 열에 의해 불이 붙는 액면화재를 말한다.

6 A급 · B급 화재 각종(오버) 이상 현상의 비교

구분	화재의 종류	화염	발생점	원리
플래시오버	일반화재	유	가연물의 열 축적	순간적인 연소의 현상
롤오버 (가스)	일반화재	무	실내 가연물(천장)	가스가 천장을 구르는 현상 (플래시오버 전 단계)
보일오버	유류화재	유	탱크 내 유류(바닥)	수증기에 의해 기름이 비산하는 현상
슬롭오버	유류화재	유・무	탱크 내 유류(표면)	수증기에 의해 기름이 비산하는 현상
프로스오버	유류화재	무	탱크 내 유류(표면 아래)	물의 증발로 기름의 거품을 밀어 냄
오일오버	유류화재	무	탱크 내(50% 미만)의 공간	열의 가열로 물리적 폭발형상

PART

04

화재조사

CHAPTER

01 화재조사의 개요(목적, 방법, 절차 등)

1 화재조사의 의의

화재조사는 「소방의 화재조사에 관한 법률」 및 시행령, 시행규칙을 근거로 행정규칙인 「화재조사 및 보고규정」을 적용하게 되었다. 화재의 조사결과는 유사화재의 재발 방지 및 국민에게 화재의 실태를 널리 알리고, 화재를 검토·분석하여 소방행정에 반영하기 위한 자료로 활용하고 있다.

2 화재조사의 목적

(1) 화재원인을 규명하여 예방행정자료로 활용

(2) 화재에 의한 피해를 알리고, 유사화재의 재발 방지와 피해 경감에 이바지

(3) 연소확대원인을 규명하여 예방 및 진압대책 자료로 활용

(4) 화재의 발생상황, 원인, 손해상황 등을 통계화함으로서 널리 소방정보를 수집하고 소방행정시책의 자료로 활용

(5) 사상자의 발생 원인과 방화관리상황 등을 규명하여 예방 및 진압대책 자료로 활용

3 화재조사의 법적 근거

(1) 화재조사의 실시(소방의 화재조사에 관한 법률 제5조 제1항)

소방청장, 소방본부장 또는 소방서장(이하 "소방관서장"이라 한다)은 화재발생 사실을 알게 된 때에는 지체 없이 화재조사를 하여야 한다. 이 경우 수사기관의 범죄수사에 지장을 주어서는 아니 된다.

(2) 출입·조사 등(소방의 화재조사에 관한 법률 제9조 제1항)

소방관서장은 화재조사를 위하여 필요한 경우에 관계인에게 보고 또는 자료 제출을 명하거나 화재조사관으로 하여금 해당 장소에 출입하여 화재조사를 하게 하거나 관계인 등에게 질문하게 할 수 있다.

(3) 화재조사 증거물 수집 등(소방의 화재조사에 관한 법률 제11조)

① 소방관서장은 화재조사를 위하여 필요한 경우 증거물을 수집하여 검사·시험·분석 등을 할 수 있다. 다만, 범죄수사와 관련된 증거물인 경우에는 수사기관의 장과 협의하여 수집할 수 있다.

② 소방관서장은 수사기관의 장이 방화 또는 실화의 혐의가 있어서 이미 피의자를 체포하였거나 증거물을 압수하였을 때에 화재조사를 위하여 필요한 경우에는 범죄수사에 지장을 주지 아니하는 범위에서 그 피의자 또는 압수된 증거물에 대한 조사를 할 수 있다. 이 경우 수사기관의 장은 소방관서장의 신속한 화재조사를 위하여 특별한 사유가 없으면 조사에 협조하여야 한다.

(4) 소방공무원과 경찰공무원의 협력 등(소방의 화재조사에 관한 법률 제12조)

소방공무원과 경찰공무원(제주특별자치도의 자치경찰공무원을 포함한다)은 다음의 사항에 대하여 서로 협력하여야 한다.

① 화재현장의 출입·보존 및 통제에 관한 사항
② 화재조사에 필요한 증거물의 수집 및 보존에 관한 사항
③ 관계인 등에 대한 진술 확보에 관한 사항
④ 그 밖에 화재조사에 필요한 사항

(5) 관계 기관 등의 협조(소방의 화재조사에 관한 법률 제13조 제1항)

소방관서장, 중앙행정기관의 장, 지방자치단체의 장, 보험회사, 그 밖의 관련 기관·단체의 장은 화재조사에 필요한 사항에 대하여 서로 협력하여야 한다.

4 화재조사의 특징

소방기관에서 행하는 화재조사는 주로 화재발생 현장에서 증거물과 자료를 수집·보존하며 신속하고도 정밀과학적으로 이루어져야 하며, 조사목적을 달성하기 위해서는 관계인에 대한 강제성을 띠고 조사활동을 행한다. 화재조사의 특징은 다음과 같다.

(1) 현장성을 갖는다.
(2) 신속성을 유지해야 한다.
(3) 정밀과학성을 요구한다.
(4) 보존성을 갖는다.
(5) 안전성이 보호되어야 한다.
(6) 강제성을 지닌다.
(7) 프리즘식으로 진행된다.

5 용어의 정의

(1) 소방의 화재조사에 관한 법률 제2조

① "화재"란 사람의 의도에 반하거나 고의 또는 과실에 의하여 발생하는 연소 현상으로서 소화할 필요가 있는 현상 또는 사람의 의도에 반하여 발생하거나 확대된 화학적 폭발 현상을 말한다.

② "화재조사"란 소방청장, 소방본부장 또는 소방서장이 화재원인, 피해상황, 대응활동 등을 파악하기 위하여 자료의 수집, 관계인 등에 대한 질문, 현장 확인, 감식, 감정 및 실험 등을 하는 일련의 행위를 말한다.

③ "화재조사관"이란 화재조사에 전문성을 인정받아 화재조사를 수행하는 소방공무원을 말한다.

④ "관계인 등"이란 화재가 발생한 소방대상물의 소유자·관리자 또는 점유자(이하 "관계인"이라 한다) 및 다음의 사람을 말한다.

㉠ 화재 현장을 발견하고 신고한 사람
㉡ 화재 현장을 목격한 사람
㉢ 소화활동을 행하거나 인명구조활동(유도대피 포함)에 관계된 사람
㉣ 화재를 발생시키거나 화재발생과 관계된 사람

(2) 화재조사 및 보고규정 제2조

① "감식"이란 화재원인의 판정을 위하여 전문적인 지식, 기술 및 경험을 활용하여 주로 시각에 의한 종합적인 판단으로 구체적인 사실관계를 명확하게 규명하는 것을 말한다.
② "감정"이란 화재와 관계되는 물건의 형상, 구조, 재질, 성분, 성질 등 이와 관련된 모든 현상에 대하여 과학적 방법에 의한 필요한 실험을 행하고 그 결과를 근거로 화재원인을 밝히는 자료를 얻는 것을 말한다.
③ "발화"란 열원에 의하여 가연물질에 지속적으로 불이 붙는 현상을 말한다.
④ "발화열원"이란 발화의 최초 원인이 된 불꽃 또는 열을 말한다.
⑤ "발화지점"이란 열원과 가연물이 상호작용하여 화재가 시작된 지점을 말한다.
⑥ "발화장소"란 화재가 발생한 장소를 말한다.
⑦ "최초착화물"이란 발화열원에 의해 불이 붙은 최초의 가연물을 말한다.
⑧ "발화요인"이란 발화열원에 의하여 발화로 이어진 연소 현상에 영향을 준 인적·물적·자연적인 요인을 말한다.
⑨ "발화관련 기기"란 발화에 관련된 불꽃 또는 열을 발생시킨 기기 또는 장치나 제품을 말한다.
⑩ "동력원"이란 발화관련 기기나 제품을 작동 또는 연소시킬 때 사용되어진 연료 또는 에너지를 말한다.
⑪ "연소확대물"이란 연소가 확대되는 데 있어 결정적 영향을 미친 가연물을 말한다.
⑫ "재구입비"란 화재 당시의 피해물과 같거나 비슷한 것을 재건축(설계 감리비를 포함한다) 또는 재취득하는 데 필요한 금액을 말한다.
⑬ "내용연수"란 고정자산을 경제적으로 사용할 수 있는 연수를 말한다.
⑭ "손해율"이란 피해물의 종류, 손상 상태 및 정도에 따라 피해금액을 적정화시키는 일정한 비율을 말한다.
⑮ "잔가율"이란 화재 당시에 피해물의 재구입비에 대한 현재가의 비율을 말한다.
⑯ "최종잔가율"이란 피해물의 내용연수가 다한 경우 잔존하는 가치의 재구입비에 대한 비율을 말한다.
⑰ "화재현장"이란 화재가 발생하여 소방대 및 관계인 등에 의해 소화활동이 행하여지고 있거나 행하여진 장소를 말한다.
⑱ "접수"란 119종합상황실(이하 "상황실"이라 한다)에서 유·무선 전화 또는 다매체를 통하여 화재 등의 신고를 받는 것을 말한다.

⑲ "출동"이란 화재를 접수하고 상황실로부터 출동지령을 받아 소방대가 차고 등에서 출발하는 것을 말한다.

⑳ "도착"이란 출동지령을 받고 출동한 소방대가 현장에 도착하는 것을 말한다.

㉑ "선착대"란 화재현장에 가장 먼저 도착한 소방대를 말한다.

㉒ "초진"이란 소방대의 소화활동으로 화재확대의 위험이 현저하게 줄어들거나 없어진 상태를 말한다.

㉓ "잔불정리"란 화재 초진 후 잔불을 점검하고 처리하는 것을 말한다. 이 단계에서는 열에 의한 수증기나 화염 없이 연기만 발생하는 연소 현상이 포함될 수 있다.

㉔ "완진"이란 소방대에 의한 소화활동의 필요성이 사라진 것을 말한다.

㉕ "철수"란 진화가 끝난 후, 소방대가 화재현장에서 복귀하는 것을 말한다.

㉖ "재발화감시"란 화재를 진화한 후 화재가 재발되지 않도록 감시조를 편성하여 일정 시간 동안 감시하는 것을 말한다.

CHAPTER

02 화재조사의 실시 등

1 화재조사의 실시 등

(1) 화재조사의 실시(소방의 화재조사에 관한 법률 제5조 제1항)

소방청장, 소방본부장 또는 소방서장(이하 "소방관서장"이라 한다)은 화재발생 사실을 알게 된 때에는 지체 없이 화재조사를 하여야 한다. 이 경우 수사기관의 범죄수사에 지장을 주어서는 아니 된다.

(2) 화재조사의 개시 및 원칙(화재조사 및 보고규정 제3조)

① 「소방의 화재조사에 관한 법률」(이하 "법"이라 한다) 제5조 제1항에 따라 화재조사관(이하 "조사관"이라 한다)은 화재발생 사실을 인지하는 즉시 화재조사(이하 "조사"라 한다)를 시작해야 한다.

② 소방관서장은 「소방의 화재조사에 관한 법률 시행령」(이하 "영"이라 한다) 제4조 제1항에 따라 조사관을 근무 교대조별로 2인 이상 배치하고, 「소방의 화재조사에 관한 법률 시행규칙」(이하 "규칙"이라 한다) 제3조에 따른 장비·시설을 기준 이상으로 확보하여 조사업무를 수행하도록 하여야 한다.

③ 조사는 물적 증거를 바탕으로 과학적인 방법을 통해 합리적인 사실의 규명을 원칙으로 한다.

2 화재조사 대상 및 사항 등

(1) 화재조사 대상(소방의 화재조사에 관한 법률 시행령 제2조)

① 「소방기본법」에 따른 소방대상물에서 발생한 화재

② 그 밖에 소방관서장이 화재조사가 필요하다고 인정하는 화재

(2) 화재조사 사항(소방의 화재조사에 관한 법률 제5조)

① 화재원인에 관한 사항

② 화재로 인한 인명·재산피해상황

③ 대응활동에 관한 사항

④ 소방시설 등의 설치·관리 및 작동 여부에 관한 사항

⑤ 화재발생건축물과 구조물, 화재유형별 화재위험성 등에 관한 사항

⑥ 「화재예방 및 안전관리에 관한 법률」 제7조에 따른 화재안전조사의 실시 결과에 관한 사항

(3) 화재조사 절차(소방의 화재조사에 관한 법률 시행령 제3조 제2항)

① 현장출동 중 조사 : 화재발생 접수, 출동 중 화재상황 파악 등

② 화재현장 조사 : 화재의 발화(發火)원인, 연소상황 및 피해상황 조사 등

③ 정밀조사 : 감식·감정, 화재원인 판정 등
④ 화재조사 결과 보고

(4) 화재조사 내용(소방의 화재조사에 관한 법률 시행령 제3조 제3항)

소방관서장은 화재조사를 하는 경우 「산림보호법」 제42조에 따른 산불 조사 등 다른 법률에 따른 화재 관련 조사가 원활히 수행될 수 있도록 협조해야 한다.

✔ Check 산림보호법 제42조(산불 조사)

① 산림청장 또는 지역산불관리기관의 장은 대통령령으로 정하는 바에 따라 모든 산불피해지에 대하여 산불원인과 산불피해 현황에 관한 조사를 실시하여야 한다.
② 산림청장 또는 지역산불관리기관의 장은 제1항에 따른 조사를 실시하기 위하여 대통령령으로 정하는 바에 따라 산불전문조사반을 구성·운영할 수 있다.

3 화재조사 시 발화부 판정과 추정방법

(1) 화재조사 순서

현장관찰 → 관계자질문 → 발굴 → 감정 → 발화원인 판정

(2) 화재조사의 과학적 방법

필요성 인식 → 문제의 정의 → 자료수집 → 자료분석 → 가설수립 → 가설검증 → 최종가설 선택

① 필요한 부분을 인식하라

우선, 문제가 존재한다는 것을 확인해야 한다. 이 경우, 화재나 폭발이 발생한 사실과 향후 비슷한 사고를 방지할 수 있도록 그 원인이 파악되어야 한다.

② 문제를 정의하라

존재하는 문제를 확인했으면, 화재조사관은 어떤 방식으로 문제를 해결할 수 있는지 결정해야 한다. 이 경우, 발화지점과 원인에 대한 적절한 조사가 수행되어야 한다. 이는 화재 현장조사와 기타 방법(즉, 과거 사례에 대한 검토, 관계인 등에 대한 대인적 조사 및 과학적 감정 등)에 의하여 수집된 데이터를 종합하여 수행된다.

③ 데이터를 수집하라

㉠ 화재조사관은 정의된 문제에 대한 해답을 찾기 위해 아래와 같은 내용이 포함된 현장정보를 수집하여야 한다.

ⓐ 화재 패턴과 같은 물리적 증거 확인
ⓑ 실험실 분석을 위한 증거물 수집
ⓒ 실험실 조사 결과물
ⓓ 목격자 진술과 같은 사람들이 관측한 기록

2부 PART·04

ⓔ 사진 촬영, 도면, 메모를 통한 현장 기록
ⓕ 소방서와 경찰서와 같은 공식 현장 관련 보고서
ⓖ 이전 현장 조사의 증거서류나 결과물

㉡ 과학적인 방법을 활용하여 수집된 자료들은 실제 자료로서 나중에 분석될 것이다. 이들 자료는 입증될 수 있거나, 사실로 증명될 수 있거나, 관찰이나 경험에 근거를 두는 정보로 이루어져 있다. 화재조사관들은 가설을 최종적으로 입증하기 위한 자료에 대해서 적절하게 기록하고 수집해야 한다. 왜냐하면, 기억은 시간이 지나면서 희미해지므로 적절한 기록이 필요하기 때문이다. 일단 화재현장이 파괴되거나 변경되면 현장에서 추가적인 자료를 수집할 기회가 사라질지도 모른다. 화재현장에서 모든 물리적인 물건들을 수집하는 것이 불가능할지라도 적절한 기록은 수집된 자료 분석을 유효하게 해줄 것이다. 자료수집은 문헌 조사, 화재패턴 분석, 현장 기록, 사진 촬영과 도면, 증거 확인과 보존, 기타 조사물건의 검토와 분석들이다. 관찰, 실험 또는 다른 직접적인 데이터를 수집하는 방법을 통해 화재 사고에 대한 사실들이 수집되었다면, 이들은 관찰 또는 경험을 토대로 검증이 필요하기 때문에 경험적 데이터라고 부른다.

④ 데이터를 분석하라

과학적 방법에서는 수집된 모든 데이터가 분석되어야 한다. 이는 최종 가설을 만들기 전에 수행되어야 하는 필수적 단계이다. 데이터의 확인, 수집 및 분류는 데이터 분석과 다르다. 데이터 분석은 지식, 훈련, 경험 및 전문성이 있는 자가 수행한 분석을 토대로 한다. 조사관이 데이터의 의미를 정확하게 이해할 수 있는 전문지식이 부족한 경우에는 보조 조사관을 두어야 한다. 데이터의 의미를 이해하면, 조사관은 추측이 아닌 증거를 기반으로 한 가설을 세울 수 있다.

⑤ 가설을 개발하라(귀납적 추론)

화재조사관은 분석한 데이터를 토대로 이러한 현상이 화재 패턴의 특성인지 여부, 그리고 화재 확산, 발화지점의 규명, 발화 과정, 화재 원인, 화재 또는 폭발 사고에 대한 책임이나 손상의 원인 등에 대한 가설(들)을 만들어 낸다. 이러한 과정을 귀납적 추론이라고 한다. 이러한 가설은 오로지 화재조사관이 관찰을 통해 수집한 경험적 데이터만을 토대로 해서 수립된 다음, 화재조사관의 지식, 훈련, 경험 및 전문성을 토대로 사건에 대한 설명이 가능하여야 하며, 객관적인 데이터와 결론을 설명하여야 한다.

⑥ 가설을 검증하라(연역적 추론)

화재조사관은 조심스럽고 신중한 검증 과정을 통과한 가설만을 입증된 가설로 사용할 수 있다. 가설의 검증은 연역적 추론의 원칙에 따라 수행되어야 하며, 이때 화재조사관은 본인의 가설을 특정 사건에 대한 현상과 관련된 과학적 지식뿐만 아니라 알려진 모든 사실과 비교해야 한다. 가설은 실험을 통해서 물리적으로 검증될 수도 있고, 과학적 원리를 적용하여 분석적으로 검증될 수도 있다. 다른 사람의 연구 결과를 근거로 할 때에는, 환경과 조건이 충분히 비슷한지 확인해야 한다. 화재조사관이 연구 결과를 근거로 할 때에는 해당 연구 결과에 대한 참조가 인정되거나 인용되어야 한다. 가설이 반박되거나 증명되지 못한 경우에는 해당 가설을 버리고 다른 가설을 세워서 검증해야 한다. 여기에는 새 데이터 수집이나 기존 데이터에 대한 재분석이 필요할 수도 있다. 검증하는 단계는 가능한 모든 가설을 검증하여 한 가지 가설만이 사실과 과학적 원리에 부합할 때까지 계속되어야 한다. 연역적 추론에 의한 검증 단계를 통과한 가설이 없는 경우에는 이 문제를 미결된 것으로 간주해야 한다.

(3) 발화부 판정의 5원칙

① 발화원 추정 시 무리한 추론은 없을 것

② 발화원이 잔존하지 않는 경우에는 종합적으로 고찰하여 발화원인에 타당성이 있을 것

③ 과거의 화재 사례 등을 토대로 발화 가능성에 모순이 없을 것

④ 추정된 발화원 이외 다른 발화원은 발화 가능성이 없을 것

⑤ 발화점 추정 장소의 소손 상황에 모순이 없을 것

(4) 발화부 추정의 5원칙

① 도괴방향법 : 출화 가옥들은 발화부를 향하여 파괴 정도가 심하므로 이곳을 출화부로 추정하는 원칙

② 연소의 상승성

㉠ 화재플럼은 뜨거운 연소생성물 원료의 위쪽으로 상승하고 역삼각형을 보이며 연소한다.

㉡ 수직연소가 가장 빠르고 수평연소, 아래로 완만한 연소 순으로 느려진다.

③ 탄화심도 비교법 : 탄화심도는 발화부에 가까울수록 깊어지는 경향이 있으므로 이곳을 발화부로 추정하는 원칙

④ 주연흔, 주염흔

㉠ 주연흔 : 구조체의 천장이나 벽체의 연기 색상에 의하여 만들어진 현상으로 연소가 진행되는 방향 쪽으로 연기의 색상 및 방향이 나 있다.

㉡ 주염흔 : 처음부터 생성되는 것이 아닌 주연흔 이후 생성되는 것이 대부분이며, 연소가 진행되는 화염 쪽에 흰색이나 갈색 모양으로 형성되는 것이 원칙이다.

⑤ 용융흔 : 유리는 250℃에서 균열이 일어나고 650 ~ 750℃에서 물러지며, 850℃에서 용융되는 데 알루미늄은 600℃에서 용융되어 용융된 것을 보고 발화부를 추정한다.

(5) 발화부 원인 추정의 5원칙

① 원칙 1 : 발화건물의 기둥, 벽, 건자재 등은 발화부를 중심으로 도괴하는 경향이 있다.

② 원칙 2 : 화염은 수직의 가연물을 따라 상승하고 측면과 하부는 연소속도가 완만하다.

③ 원칙 3 : 탄화심도는 발화부에 가까울수록 깊어지는 경향이 있다.

④ 원칙 4 : 목재의 연소흔에서 표면의 균열흔은 발화부에 가까울수록 뜨거워서 가늘어지는 경향이 있다. 이러한 균열흔은 다음과 같은 3가지 유형의 형태로 구분할 수 있다.

구분	모양	특징
완소흔(700 ~ 800℃)	목재표면은 거북이 등 모양	나무형태는 3·4각형이 형성됨
강소흔(900℃)	홈이 깊고 만두 모양	요철형이 생김
열소흔(1,100℃)	홈이 가장 깊고 반월형 모양	대규모 건물화재에서 발생함

⑤ 원칙 5 : 발열체가 목재면에 밀착되었을 경우 발열체 표면의 목재면에 훈소흔이 남으며 발화부 부근의 훈소흔은 발화 부위인 경우가 있다.

4 보존

(1) 화재현장 보존(소방의 화재조사에 관한 법률 제8조)

① 소방관서장은 화재조사를 위하여 필요한 범위에서 화재현장 보존조치를 하거나 화재현장과 그 인근 지역을 통제구역으로 설정할 수 있다. 다만, 방화(放火) 또는 실화(失火)의 혐의로 수사의 대상이 된 경우에는 관할 경찰서장 또는 해양경찰서장(이하 "경찰서장"이라 한다)이 통제구역을 설정한다.

② 누구든지 소방관서장 또는 경찰서장의 허가 없이 설정된 통제구역에 출입하여서는 아니 된다.
※ 위반 시 200만원 이하의 과태료

③ 화재현장 보존조치를 하거나 통제구역을 설정한 경우 누구든지 소방관서장 또는 경찰서장의 허가 없이 화재현장에 있는 물건 등을 이동시키거나 변경·훼손하여서는 아니 된다. 다만, 공공의 이익에 중대한 영향을 미친다고 판단되거나 인명구조 등 긴급한 사유가 있는 경우에는 그러하지 아니하다.

(2) 화재현장 보존조치 통지(소방의 화재조사에 관한 법률 시행령 제8조)

소방관서장이나 관할 경찰서장 또는 해양경찰서장(이하 "경찰서장"이라 한다)은 법 제8조 제1항에 따라 화재현장 보존조치를 하거나 통제구역을 설정하는 경우 다음의 사항을 화재가 발생한 소방대상물의 소유자·관리자 또는 점유자(이하 "관계인"이라 한다)에게 알리고 해당 사항이 포함된 표지를 설치해야 한다.

① 화재현장 보존조치나 통제구역 설정의 이유 및 주체
② 화재현장 보존조치나 통제구역 설정의 범위
③ 화재현장 보존조치나 통제구역 설정의 기간

(3) 화재현장 보존조치 등의 해제(소방의 화재조사에 관한 법률 시행령 제9조)

소방관서장이나 경찰서장은 다음의 경우에는 법 제8조 제1항에 따른 화재현장 보존조치나 통제구역의 설정을 지체 없이 해제해야 한다.

① 화재조사가 완료된 경우
② 화재현장 보존조치나 통제구역의 설정이 해당 화재조사와 관련이 없다고 인정되는 경우

5 조사전담부서 설치 (소방의 화재조사에 관한 법률 제6조)

(1) 소방관서장은 전문성에 기반하는 화재조사를 위하여 화재조사전담부서를 설치·운영하여야 한다.

(2) 전담부서는 다음의 업무를 수행한다.

① 화재조사의 실시 및 조사결과 분석·관리

② 화재조사 관련 기술개발과 화재조사관의 역량증진

③ 화재조사에 필요한 시설·장비의 관리·운영

④ 그 밖의 화재조사에 관하여 필요한 업무

(3) 소방관서장은 화재조사관으로 하여금 화재조사 업무를 수행하게 하여야 한다.

(4) 화재조사관은 소방청장이 실시하는 화재조사에 관한 시험에 합격한 소방공무원 등 화재조사에 관한 전문적인 자격을 가진 소방공무원으로 한다.

(5) 전담부서의 구성·운영, 화재조사관의 구체적인 자격기준 및 교육훈련 등에 필요한 사항은 대통령령으로 정한다.

① 소방관서장은 화재조사전담부서에 화재조사관을 2명 이상 배치해야 한다.

② 전담부서에는 화재조사를 위한 감식·감정 장비 등 행정안전부령으로 정하는 장비와 시설을 갖추어 두어야 한다.

(6) 화재조사관의 자격기준(소방의 화재조사에 관한 법률 시행령 제5조)

화재조사 업무를 수행하는 화재조사관은 다음의 어느 하나에 해당하는 소방공무원으로 한다.

① 소방청장이 실시하는 화재조사에 관한 시험에 합격한 소방공무원

② 「국가기술자격법」에 따른 국가기술자격의 직무분야 중 화재감식평가 분야의 기사 또는 산업기사 자격을 취득한 소방공무원

(7) 화재조사에 관한 시험의 방법, 과목, 그 밖에 시험 시행에 필요한 사항(소방의 화재조사에 관한 법률 시행규칙 제4조)

① 소방청장이 화재조사에 관한 시험을 실시하는 경우에는 시험의 과목·일시·장소 및 응시자격·절차 등을 시험 실시 30일 전까지 소방청의 인터넷 홈페이지에 공고해야 한다.

② 자격시험에 응시할 수 있는 사람은 소방공무원 중 다음의 어느 하나에 해당하는 사람으로 한다.

㉠ 소방관서장이 실시하는 화재조사관 양성을 위한 전문교육을 이수한 사람

㉡ 국립과학수사연구원 또는 소방청장이 인정하는 외국의 화재조사 관련 기관에서 8주 이상 화재조사에 관한 전문교육을 이수한 사람

③ 자격시험은 1차 시험과 2차 시험으로 구분하여 실시하며, 1차 시험에 합격한 사람만이 2차 시험에 응시할 수 있다.

④ 소방청장은 화재조사에 관한 시험에 합격한 소방공무원에게 별지 제1호 서식의 화재조사관 자격증을 발급해야 한다.

⑤ 소방청장은 자격시험에서 부정한 행위를 한 사람에 대해서는 그 시험을 정지 또는 무효로 하거나 합격을 취소한다.

(8) 화재조사에 관한 교육훈련(소방의 화재조사에 관한 법률 시행령 제6조)

① 소방관서장은 다음의 구분에 따라 화재조사관에 대한 교육훈련을 실시한다.

㉠ 화재조사관 양성을 위한 전문교육

㉡ 화재조사관의 전문능력 향상을 위한 전문교육

㉢ 전담부서에 배치된 화재조사관을 위한 의무 보수교육

② 소방관서장은 필요한 경우 '①'에 따른 교육훈련을 다른 소방관서나 화재조사 관련 전문기관에 위탁하여 실시할 수 있다.

③ '①' 및 '②'에서 규정한 사항 외에 화재조사에 관한 교육훈련에 필요한 사항은 행정안전부령으로 정한다.

(9) 화재조사에 관한 교육훈련(소방의 화재조사에 관한 법률 시행규칙 제5조)

① 소방관서장이 실시하는 화재조사관 양성을 위한 전문교육의 내용은 다음과 같다.

㉠ 화재조사 이론과 실습

㉡ 화재조사 시설 및 장비의 사용에 관한 사항

㉢ 주요・특이 화재조사, 감식・감정에 관한 사항

㉣ 화재조사 관련 정책 및 법령에 관한 사항

㉤ 그 밖에 소방청장이 화재조사 관련 전문능력의 배양을 위해 필요하다고 인정하는 사항

② 전담부서에 배치된 화재조사관은 소방관서장이 실시하는 의무 보수교육을 2년마다 받아야 한다. 다만, 전담부서에 배치된 후 처음 받는 의무 보수교육은 배치 후 1년 이내에 받아야 한다.

③ 소방관서장은 제2항에 따라 의무 보수교육을 이수하지 않은 사람에게 보수교육을 이수할 때까지 화재조사 업무를 수행하게 해서는 안 된다.

④ '①'부터 '③'까지에서 규정한 사항 외에 화재조사에 관한 교육훈련에 필요한 사항은 소방청장이 정한다.

(10) 조사관의 교육훈련(화재조사 및 보고규정 제25조)

① 화재조사에 관한 교육훈련에 필요한 과목은 별표 3으로 한다.

② '①'의 교육과목별 시간과 방법은 소방본부장, 소방서장 또는 「소방공무원 교육훈련규정」 제13조에 따라 교육과정을 운영하는 교육훈련기관의 장이 정한다. 다만, 의무 보수교육 시간은 4시간 이상으로 한다.

③ 소방관서장은 조사관에 대하여 연구과제 부여, 학술대회 개최, 조사 관련 전문기관에 위탁 훈련・교육을 실시하는 등 조사능력 향상에 노력하여야 한다.

■ 화재조사 및 보고규정 [별표 3]

화재조사에 관한 교육훈련 과목(제25조 제1항 관련)

<table>
<tr><th>구분</th><th colspan="2">교육훈련 과목</th></tr>
<tr><td rowspan="4">양성 전문교육
(영 제6조 제1항 제1호)</td><td>소양</td><td>국정시책, 기초소양, 심리상담기법 등</td></tr>
<tr><td>전문</td><td>기초화학, 기초전기, 구조물과 화재, 화재조사 관계법령, 화재학, 화재패턴, 화재조사방법론, 보고서 작성법, 화재피해금액 산정, 발화지점 판정, 전기화재감식, 화학화재감식, 가스화재감식, 폭발화재감식, 차량화재감식, 미소화원감식, 방화화재감식, 증거물수집보존, 화재모델링, 범죄심리학, 법과학(의학), 방·실화수사, 조사와 법적문제, 소방시설조사, 촬영기법, 법적 증언기법, 형사소송의 기본절차</td></tr>
<tr><td>실습</td><td>화재조사실습, 현장실습, 사례연구 및 발표</td></tr>
<tr><td>행정</td><td>입교식, 과정소개, 평가, 교육효과측정, 수료식 등</td></tr>
<tr><td>전문교육
(영 제6조 제1항 제2호)</td><td colspan="2">1. 화재조사방법 및 감식(발화지점 판정, 전기화재, 화학화재, 가스화재, 폭발화재, 차량화재, 방화, 미소화원 등)
2. 증거물 수집절차·방법, 보존
3. 소방시설조사, 화재피해금액 산정 절차·방법
4. 화재조사와 법적 문제, 민·형사소송 절차
5. 화재학, 범죄심리학, 화재조사 관계 법령 등
6. 첨단 화재조사장비 운용
7. 그 밖에 화재조사 관련 교육 필요 사항</td></tr>
<tr><td>의무 보수교육
(영 제6조 제1항 제3호)</td><td colspan="2">1. 화재조사방법 및 감식(발화지점 판정, 전기화재, 화학화재, 가스화재, 폭발화재, 차량화재, 방화, 미소화원 등)
2. 증거물 수집절차·방법, 보존
3. 소방시설조사, 화재피해금액 산정 절차·방법
4. 화재조사와 법적 문제, 민·형사소송 절차
5. 화재학, 범죄심리학, 화재조사 관계 법령 등
6. 그 밖에 화재감식 및 감정 분야 동향
7. 첨단 화재조사장비 운용
8. 주요 화재 감식 사례
9. 화재감식 및 감정 분야 동향
10. 그 밖에 화재조사 관련 교육 필요 사항</td></tr>
</table>

6 화재조사관의 권한과 의무

(1) 권한

① 화재 또는 소화로 인한 피해의 조사권(수손, 파손, 오손 등)

② 관계인 등에 대한 질문권

※ 관계인 등에 대한 출석요구권은 소방관서장에게 있다.

③ 관계기관에 대한 필요사항 통보 요구권
④ 관계인 등에 대한 자료 제출 명령권
⑤ 소속 공무원이 행하는 조사를 위한 출입 검사 명령권
⑥ 경찰관이 방화 또는 실화의 혐의가 있어 피의자를 체포 또는 증거물을 압수했을 경우 검사에게 사건을 송치하기 전까지 피의자에 대한 질문과 압수된 증거물에 대한 조사권

(2) 의무

① 출입검사 시 개인 주거의 경우 관계자의 승낙을 얻을 의무
② 출입검사 시 관계자 비밀을 타인에게 누설 금지할 의무
③ 출입검사 시 신분을 증명하는 증표를 제시할 의무
④ 방화 또는 실화의 혐의가 있다고 인정될 시는 경찰관서에 지체 없이 통보 및 필요한 증거를 수집, 보존할 의무
⑤ 피의자 체포 중 또는 증거물 압수 중 조사업무 수행 시 경찰관의 수사에 지장을 주지 않을 의무
⑥ 성실한 자세로 화재 원인을 끝까지 추적하여 원인 규명에 최선을 다할 의무
⑦ 조사 시 경찰관과 상호협력 의무
⑧ 관계보험회사 등에의 조사 협력 의무

(3) 화재조사관의 책무(화재조사 및 보고규정 제4조)

① 조사관은 조사에 필요한 전문적 지식과 기술의 습득에 노력하여 조사업무를 능률적이고 효율적으로 수행해야 한다.
② 조사관은 그 직무를 이용하여 관계인 등의 민사분쟁에 개입해서는 아니 된다.

(4) 화재출동대원 협조(화재조사 및 보고규정 제5조)

① 화재현장에 출동하는 소방대원은 조사에 도움이 되는 사항을 확인하고, 화재현장에서도 소방활동 중에 파악한 정보를 조사관에게 알려주어야 한다.
② 화재현장의 선착대 선임자는 철수 후 지체 없이 국가화재정보시스템에 별지 제2호 서식 화재현장출동보고서를 작성·입력해야 한다.

(5) 관계인 등의 진술(화재조사 및 보고규정 제7조)

① 법 제9조 제1항에 따라 관계인 등에게 질문을 할 때에는 시기, 장소 등을 고려하여 진술하는 사람으로부터 임의진술을 얻도록 해야 하며 진술의 자유 또는 신체의 자유를 침해하여 임의성을 의심할 만한 방법을 취해서는 아니 된다.
② 관계인 등에게 질문을 할 때에는 희망하는 진술내용을 얻기 위하여 상대방에게 암시하는 등의 방법으로 유도해서는 아니 된다.
③ 획득한 진술이 소문 등에 의한 사항인 경우 그 사실을 직접 경험한 관계인 등의 진술을 얻도록 해야 한다.

④ 관계인 등에 대한 질문 사항은 별지 제10호 서식 질문기록서에 작성하여 그 증거를 확보한다.

(6) 관계인 등 협조(화재조사 및 보고규정 제6조)

① 화재현장과 기타 관계있는 장소에 출입할 때에는 관계인 등의 입회 하에 실시하는 것을 원칙으로 한다.

② 조사관은 조사에 필요한 자료 등을 관계인 등에게 요구할 수 있으며, 관계인 등이 반환을 요구할 때는 조사의 목적을 달성한 후 관계인 등에게 반환해야 한다.

(7) 감식 및 감정(화재조사 및 보고규정 제8조)

① 소방관서장은 조사 시 전문지식과 기술이 필요하다고 인정되는 경우 국립소방연구원 또는 화재감정기관 등에 감정을 의뢰할 수 있다.

② 소방관서장은 과학적이고 합리적인 화재원인 규명을 위하여 화재현장에서 수거한 물품에 대하여 감정을 실시하고 화재원인 입증을 위한 재현실험 등을 할 수 있다.

7 화재합동조사단의 구성 · 운영 및 종료

(1) 화재합동조사단의 구성 · 운영(소방의 화재조사에 관한 법률 제7조)

① 소방관서장은 사상자가 많거나 사회적 이목을 끄는 화재 등 대통령령으로 정하는 대형화재 등이 발생한 경우 종합적이고 정밀한 화재조사를 위하여 유관기관 및 관계 전문가를 포함한 화재합동조사단을 구성 · 운영할 수 있다.

② 화재합동조사단이 구성되는 대형화재(소방의 화재조사에 관한 법률 시행령 제7조)

㉠ 사망자가 5명 이상 발생한 화재

㉡ 화재로 인한 사회적 · 경제적 영향이 광범위하다고 소방관서장이 인정하는 화재

③ 화재합동조사단장

화재합동조사단의 단장은 단원 중에서 소방관서장이 지명하거나 위촉하는 사람이 된다.

④ 화재합동조사단의 단원

㉠ 화재조사관

㉡ 화재조사 업무에 관한 경력이 3년 이상인 소방공무원

㉢ 「고등교육법」 제2조에 따른 학교 또는 이에 준하는 교육기관에서 화재조사, 소방 또는 안전관리 등 관련 분야 조교수 이상의 직에 3년 이상 재직한 사람

㉣ 「국가기술자격법」에 따른 국가기술자격의 직무분야 중 안전관리 분야에서 산업기사 이상의 자격을 취득한 사람

㉤ 그 밖에 건축 · 안전 분야 또는 화재조사에 관한 학식과 경험이 풍부한 사람

⑤ 화재합동조사단의 단장은 단원 중에 소방관서장이 지명하거나 위촉한 사람이 된다.

⑥ 소방관서장은 화재합동조사단 운영을 위하여 관계 행정기관 또는 기관 · 단체의 장에게 소속 공무원 또는 소속 임직원의 파견을 요청할 수 있다.

⑦ 화재합동조사단은 화재조사를 완료하면 소방관서장에게 다음의 사항이 포함된 화재조사 결과를 보고해야 한다.

㉠ 화재합동조사단 운영 개요

㉡ 화재조사 개요

㉢ 화재조사에 관한 법 제5조 제2항에 따른 화재조사 사항

㉣ 다수의 인명피해가 발생한 경우 그 원인

㉤ 현행 제도의 문제점 및 개선 방안

㉥ 그 밖에 소방관서장이 필요하다고 인정하는 사항

⑧ 소방관서장은 화재합동조사단의 단장 또는 단원에게 예산의 범위에서 수당・여비와 그 밖에 필요한 경비를 지급할 수 있다. 다만, 공무원이 소관 업무와 직접적으로 관련되어 참여하는 경우에는 지급하지 않는다.

⑨ '①'부터 '⑧'까지에서 규정한 사항 외에 화재합동조사단의 구성・운영에 필요한 사항은 소방청장이 정한다.

(2) 화재합동조사단 운영 및 종료(화재조사 및 보고규정 제20조)

① 소방관서장은 화재합동조사단이 구성되는 대형화재에 해당하는 화재가 발생한 경우 다음에 따라 화재합동조사단을 구성하여 운영하는 것을 원칙으로 한다.

㉠ 소방청장 : 사상자가 30명 이상이거나 2개 시・도 이상에 걸쳐 발생한 화재(임야화재는 제외한다. 이하 같다)

㉡ 소방본부장 : 사상자가 20명 이상이거나 2개 시・군・구 이상에 발생한 화재

㉢ 소방서장 : 사망자가 5명 이상이거나 사상자가 10명 이상 또는 재산피해액이 100억원 이상 발생한 화재

② '①'에도 불구하고 소방관서장은 화재로 인한 사회적・경제적 영향이 광범위하다고 소방관서장이 인정하는 화재 및 「소방기본법 시행규칙」 제3조 제2항 제1호(종합상황실 실장의 긴급보고 대상 화재)에 해당하는 화재에 대하여 화재합동조사단을 구성하여 운영할 수 있다.

③ 소방관서장은 영 제7조 제2항과 영 제7조 제4항에 해당하는 자 중에서 단장 1명과 단원 4명 이상을 화재합동조사단원으로 임명하거나 위촉할 수 있다.

④ 화재합동조사단원은 화재현장 지휘자 및 조사관, 출동 소방대원과 협력하여 조사와 관련된 정보를 수집할 수 있다.

⑤ 소방관서장은 화재합동조사단의 조사가 완료되었거나, 계속 유지할 필요가 없는 경우 업무를 종료하고 해산시킬 수 있다.

8 화재건수의 결정 (화재조사 및 보고규정 제10조)

1건의 화재란 1개의 발화지점에서 확대된 것으로 발화부터 진화까지를 말한다.

(1) 동일범이 아닌 각기 다른 사람에 의한 방화, 불장난은 동일 대상물에서 발화했더라도 각각 별건의 화재로 한다.

(2) 동일 소방대상물의 발화점이 2개소 이상 있는 다음의 화재는 1건의 화재로 한다.
   ① 누전점이 동일한 누전에 의한 화재
   ② 지진, 낙뢰 등 자연현상에 의한 다발화재

9 관할구역이 2개소 이상 걸친 화재 (화재조사 및 보고규정 제10조)

(1) 발화지점이 한 곳인 화재현장이 둘 이상의 관할구역에 걸친 화재는 발화지점이 속한 소방서에서 1건의 화재로 산정한다.

(2) 다만, 발화지점 확인이 어려운 경우에는 화재피해금액이 큰 관할구역 소방서의 화재 건수로 산정한다.

10 화재의 유형 (화재조사 및 보고규정 제9조)

(1) 건축・구조물 화재 : 건축물, 구조물 또는 그 수용물이 소손된 것

(2) 자동차・철도차량 화재 : 자동차, 철도차량 및 피견인 차량 또는 그 적재물이 소손된 것

(3) 위험물・가스제조소 등 화재 : 위험물제조소 등, 가스제조・저장・취급시설 등이 소손된 것

(4) 선박・항공기화재 : 선박, 항공기 또는 그 적재물이 소손된 것

(5) 임야화재 : 산림, 야산, 들판의 수목, 잡초, 경작물 등이 소손된 것

(6) 기타화재 : '(1)' 내지 '(5)'에 해당되지 않는 화재

※ 화재가 복합되어 발생한 경우에는 화재의 구분을 화재피해금액이 큰 것으로 한다. 다만, 화재피해금액으로 구분하는 것이 사회관념상 적당하지 않을 경우에는 발화장소로 화재를 구분한다.

11 발화일시의 결정 (화재조사 및 보고규정 제11조)

발화일시의 결정은 관계인 등의 화재발견 상황통보(인지)시간 및 화재발생 건물의 구조, 재질 상태와 화기취급 등의 상황을 종합적으로 검토하여 결정한다. 다만, 자체진화 등 사후인지 화재로 그 결정이 곤란한 경우에는 발화시간을 추정할 수 있다.

12 화재의 분류 (화재조사 및 보고규정 제12조)

화재원인 및 장소 등 화재의 분류는 소방청장이 정하는 국가화재분류체계에 의한 분류표에 의하여 분류한다.

13 부상정도에 의한 분류 (화재조사 및 보고규정 제13조 및 제14조)

(1) 사상자는 화재현장에서 사망한 사람과 부상당한 사람을 말한다. 다만, 화재현장에서 부상을 당한 후 72시간 이내에 사망한 경우에는 당해 화재로 인한 사망으로 본다.

(2) 부상의 정도는 의사의 진단을 기초로 하여 다음과 같이 분류한다.
① **중상** : 3주 이상의 입원치료를 필요로 하는 부상을 말한다.
② **경상** : 중상 이외의 부상(입원치료를 필요로 하지 않는 것도 포함한다)을 말한다. 다만, 병원 치료를 필요로 하지 않고 단순하게 연기를 흡입한 사람은 제외한다.

14 화재의 소실정도 [화재조사 및 보고규정 제16조]

(1) 건축 · 구조물의 소실정도
① **전소** : 건물의 70% 이상(입체면적에 대한 비율을 말한다. 이하 같다)이 소실되었거나 또는 그 미만이라도 잔존부분을 보수하여도 재사용이 불가능한 것
② **반소** : 건물의 30% 이상 70% 미만이 소실된 것
③ **부분소** : 전소, 반소에 해당하지 아니하는 것

(2) 자동차 · 철도차량, 선박 · 항공기 등의 소실정도는 '(1)'의 규정을 준용한다.

15 건축물의 동수 산정 [화재조사 및 보고규정 제15조]

(1) 주요구조부가 하나로 연결되어 있는 것은 1동으로 한다. 다만, 건널 복도 등으로 2이상의 동에 연결되어 있는 것은 그 부분을 절반으로 분리하여 각 동으로 본다.

(2) 건물의 외벽을 이용하여 실을 만들어 헛간, 목욕탕, 작업실, 사무실 및 기타 건물 용도로 사용하고 있는 것은 주건물과 같은 동으로 본다.

(3) 구조에 관계없이 지붕 및 실이 하나로 연결되어 있는 것은 같은 동으로 본다.

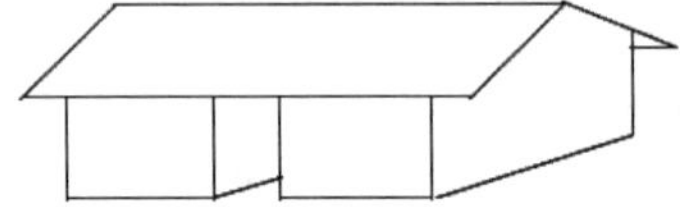

(4) 목조 또는 내화조 건물의 경우 격벽으로 방화구획이 되어 있는 경우도 같은 동으로 한다.

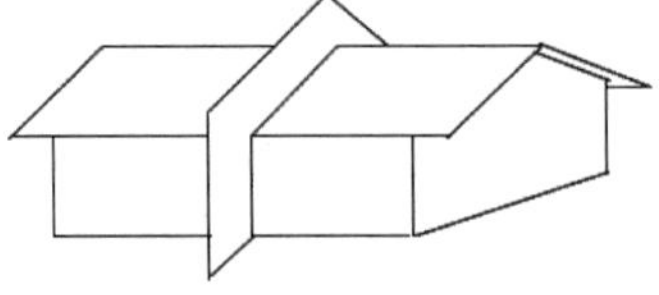

(5) 독립된 건물과 건물 사이에 차광막, 비막이 등의 덮개를 설치하고 그 밑을 통로 등으로 사용하는 경우는 다른 동으로 한다.

예 작업장과 작업장 사이에 조명유리 등으로 비막이를 설치하여 지붕과 지붕이 연결되어 있는 경우

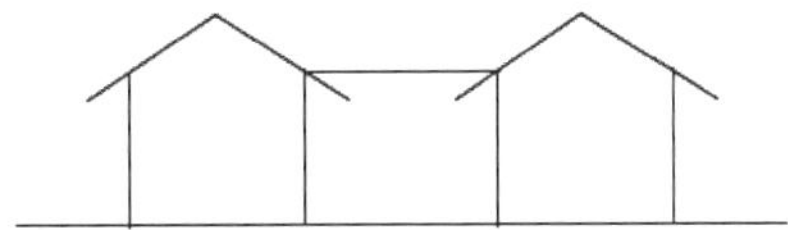

(6) 내화조 건물의 옥상에 목조 또는 방화구조 건물이 별도 설치되어 있는 경우는 다른 동으로 한다. 다만, 이들 건물의 기능상 하나인 경우(옥내 계단이 있는 경우)는 같은 동으로 한다.

(7) 내화조 건물의 외벽을 이용하여 목조 또는 방화구조건물이 별도 설치되어 있고 건물 내부와 구획되어 있는 경우 다른 동으로 한다. 다만, 주된 건물에 부착된 건물이 옥내로 출입구가 연결되어 있는 경우와 기계설비 등이 쌍방에 연결되어 있는 경우 등 건물 기능상 하나인 경우는 같은 동으로 본다.

16 세대수의 산정 (화재조사 및 보고규정 제19조)

세대수의 산정은 거주와 생계를 함께 하고 있는 사람들의 집단 또는 하나의 가구를 구성하여 살고 있는 독신자로서 자신의 주거에 사용되는 건물에 대하여 재산권을 행사할 수 있는 사람을 1세대로 한다.

17 소실면적의 산정 (화재조사 및 보고규정 제17조)

(1) 건물의 소실면적 산정은 소실 바닥면적으로 산정한다.

(2) 수손 및 기타 파손의 경우에도 '(1)'의 규정을 준용한다.

18 화재피해금액의 산정 (화재조사 및 보고규정 제18조)

(1) 화재피해금액은 화재 당시의 피해물과 동일한 구조, 용도, 질, 규모를 재건축 또는 재구입하는데 소요되는 가액에서 경과연수 등에 따른 감가공제를 하고 현재가액을 산정하는 실질적・구체적 방식에 따른다. 다만, 회계장부상 현재가액이 입증된 경우에는 그에 따른다.

(2) '(1)'의 규정에도 불구하고 정확한 피해물품을 확인하기 곤란한 경우에는 소방청장이 정하는 「화재피해금액 산정매뉴얼」(이하 "매뉴얼"이라 한다)의 간이평가방식으로 산정할 수 있다.

(3) 건물 등 자산에 대한 최종잔가율은 건물・부대설비・구축물・가재도구는 20%로 하며, 그 이외의 자산은 10%로 정한다.

(4) 건물 등 자산에 대한 내용연수는 매뉴얼에서 정한 바에 따른다.

(5) 대상별 화재피해금액 산정기준은 별표 2에 따른다.

(6) 관계인은 화재피해금액 산정에 이의가 있는 경우 별지 제12호 서식 또는 별지 제12호의2 서식에 따라 관할 소방관서장에게 재산피해신고를 할 수 있다.

(7) '(6)'에 따른 신고서를 접수한 관할 소방관서장은 화재피해금액을 재산정해야 한다.

■ 화재조사 및 보고규정 [별표 2]

화재피해금액 산정기준(제18조 관련)

산정대상	산정기준
건물	「신축단가(m^2당) × 소실면적 × [1 - (0.8 × 경과연수/내용연수)] × 손해율」의 공식에 의하되, 신축단가는 한국감정원이 최근 발표한 '건물신축단가표'에 의한다.
부대설비	「건물신축단가 × 소실면적 × 설비종류별 재설비 비율 × [1 - (0.8 × 경과연수/내용연수)] × 손해율」의 공식에 의한다. 다만 부대설비 피해금액을 실질적·구체적 방식에 의할 경우 「단위(면적·개소 등)당 표준단가 × 피해단위 × [1 - (0.8 × 경과연수/내용연수)] × 손해율」의 공식에 의하되, 건물표준단가 및 부대설비 단위당 표준단가는 한국감정원이 최근 발표한 '건물신축단가표'에 의한다.
구축물	「소실단위의 회계장부상 구축물가액 × 손해율」의 공식에 의하거나 「소실단위의 원시건축비 × 물가상승율 × [1 - (0.8 × 경과연수/내용연수)] × 손해율」의 공식에 의한다. 다만 회계장부상 구축물가액 또는 원시건축비의 가액이 확인되지 않는 경우에는 「단위(m, m^2, m^3)당 표준 단가 × 소실단위 × [1 - (0.8 × 경과연수/내용연수)] × 손해율」의 공식에 의하되, 구축물의 단위당 표준단가는 매뉴얼이 정하는 바에 의한다.
영업시설	「m^2당 표준단가 × 소실면적 × [1 - (0.9 × 경과연수/내용연수)] × 손해율」의 공식에 의하되, 업종별 m^2당 표준단가는 매뉴얼이 정하는 바에 의한다.
잔존물제거	「화재피해금액 × 10%」의 공식에 의한다.
기계장치 및 선박·항공기	「감정평가서 또는 회계장부상 현재가액 × 손해율」의 공식에 의한다. 다만 감정평가서 또는 회계장부상 현재가액이 확인되지 않아 실질적·구체적 방법에 의해 피해금액을 산정 하는 경우에는 「재구입비 × [1 - (0.9 × 경과연수/내용연수)] × 손해율」의 공식에 의하되, 실질적· 구체적 방법에 의한 재구입비는 조사자가 확인·조사한 가격에 의한다.
공구 및 기구	「회계장부상 현재가액 × 손해율」의 공식에 의한다. 다만 회계장부상 현재가액이 확인되지 않아 실질적·구체적 방법에 의해 피해금액을 산정하는 경우에는 「재구입비 × [1 - (0.9 × 경과 연수/내용연수)] × 손해율」의 공식에 의하되, 실질적·구체적 방법에 의한 재구입비는 물가정보지의 가격에 의한다.
집기비품	「회계장부상 현재가액 × 손해율」의 공식에 의한다. 다만 회계장부상 현재가액이 확인되지 않는 경우에는 「m^2당 표준단가 × 소실면적 × [1 - (0.9 × 경과연수/내용연수)] × 손해율」의 공식에 의하거나 실질적·구체적 방법에 의해 피해금액을 산정하는 경우에는 「재구입비 × [1 - (0.9 × 경과연수/내용연수)] × 손해율」의 공식에 의하되, 집기비품의 m^2당 표준단가는 매뉴얼이 정하는 바에 의하며, 실질적·구체적 방법에 의한 재구입비는 물가정보지의 가격에 의한다.
가재도구	「(주택종류별·상태별 기준액 × 가중치) + (주택면적별 기준액 × 가중치) + (거주인원별 기준액 × 가중치) + (주택가격(m^2당)별 기준액 × 가중치)」의 공식에 의한다. 다만 실질적·구체적 방법에 의해 피해금액을 가재도구 개별품목별로 산정

	하는 경우에는 「재구입비 × [1 - (0.8 × 경과 연수/내용연수)] × 손해율」의 공식에 의하되, 가재도구의 항목별 기준액 및 가중치는 매뉴얼이 정하는 바에 의하며, 실질적 · 구체적 방법에 의한 재구입비는 물가정보지의 가격에 의한다.
차량, 동물, 식물	전부손해의 경우 시중매매가격으로 하며, 전부손해가 아닌 경우 수리비 및 치료비로 한다.
재고자산	「회계장부상 현재가액 × 손해율」의 공식에 의한다. 다만 회계장부상 현재가액이 확인되지 않는 경우에는 「연간매출액 ÷ 재고자산회전율 × 손해율」의 공식에 의하되, 재고자산회전율은 한국은행이 최근 발표한 '기업경영분석' 내용에 의한다.
회화(그림), 골동품, 미술공예품, 귀금속 및 보석류	전부손해의 경우 감정가격으로 하며, 전부손해가 아닌 경우 원상복구에 소요되는 비용으로 한다.
임야의 입목	소실 전의 입목가격에서 소실한 입목의 잔존가격을 뺀 가격으로 한다. 다만, 피해산정이 곤란할 경우 소실면적 등 피해 규모만 산정할 수 있다.
기타	피해당시의 현재가를 재구입비로 하여 피해금액을 산정한다.

【적용요령】

① 피해물의 경과연수가 불분명한 경우에 그 자산의 구조, 재질 또는 관계인 등의 진술 기타 관계자료 등을 토대로 객관적인 판단을 하여 경과연수를 정한다.

② 공구 및 기구 · 집기비품 · 가재도구를 일괄하여 재구입비를 산정하는 경우 개별 품목의 경과연수에 의한 잔가율이 50%를 초과하더라도 50%로 수정할 수 있으며, 중고구입기계장치 및 집기비품으로서 그 제작연도를 알 수 없는 경우에는 그 상태에 따라 신품가액의 30% 내지 50%를 잔가율로 정할 수 있다.

③ 화재피해금액 산정매뉴얼은 본 규정에 저촉되지 아니하는 범위에서 적용하여 화재피해금액을 산정한다.

19 발화원인에 따른 분류

발화원인에 따라 실화, 방화, 천재발화, 자연발화, 원인불상으로 분류하고 있다.

(1) 실화는 과실에 의해 화재를 발생시켜 물질을 훼손시키는 것으로 부주의에 의한 행위에 의해 화재에 이른 것을 의미한다.

(2) 방화는 손해목적 등 고의에 의해 화재에 이른 것을 의미한다.

(3) 천재발화는 지진, 낙뢰 등에 의해 화재에 이른 것을 의미한다.

(4) 자연발화는 산화 및 마찰열 등에 의해 화재에 이른 것과 가연성의 물질 또는 혼합물이 외부에서의 가열 없이, 단지 내부의 반응열 축적만으로 발화점에 도달하여 화재에 이른 것을 의미한다.

(5) 원인불상은 '(1)' ~ '(4)' 이외의 원인에 의해 화재에 이른 것을 의미한다.

CHAPTER

03 화재조사 결과의 공표

1 화재조사의 보고 및 공식발표

(1) 화재조사 결과의 보고(소방의 화재조사에 관한 법률 시행규칙 제2조)

① 「소방의 화재조사에 관한 법률」 제6조 제1항에 따른 화재조사전담부서가 화재조사를 완료한 경우에는 화재조사 결과를 소방청장, 소방본부장 또는 소방서장(이하 "소방관서장")에게 보고해야 한다.

② '①'에 따른 보고는 소방청장이 정하는 화재발생종합보고서에 따른다.

(2) 화재조사보고 세부사항(화재조사 및 보고규정 제22조)

① 조사관이 조사를 시작한 때에는 소방관서장에게 지체 없이 별지 제1호 서식 화재・구조・구급상황보고서를 작성・보고해야 한다.

② 조사의 최종 결과보고는 다음에 따른다.

㉠ 「소방기본법 시행규칙」 제3조 제2항 제1호에 해당하는 화재 : 별지 제1호 서식 내지 제11호 서식까지 작성하여 화재 발생일로부터 30일 이내에 보고해야 한다.

㉡ '㉠'에 해당하지 않는 화재 : 별지 제1호 서식 내지 제11호 서식까지 작성하여 화재 발생일로부터 15일 이내에 보고해야 한다.

③ '②'에도 불구하고 다음의 정당한 사유가 있는 경우에는 소방관서장에게 사전 보고를 한 후 필요한 기간만큼 조사 보고일을 연장할 수 있다.

㉠ 수사기관의 범죄수사가 진행 중인 경우

㉡ 화재감정기관 등에 감정을 의뢰한 경우

㉢ 추가 화재현장조사 등이 필요한 경우

④ '③'에 따라 조사 보고일을 연장한 경우 그 사유가 해소된 날부터 10일 이내에 소방관서장에게 조사결과를 보고해야 한다.

⑤ 치외법권지역 등 조사권을 행사할 수 없는 경우는 조사 가능한 내용만 조사하여 조사 서식 중 해당 서류를 작성・보고한다.

⑥ 소방본부장 및 소방서장은 '②'에 따른 조사결과 서류를 국가화재정보시스템에 입력・관리해야 하며 영구보존방법에 따라 보존해야 한다.

(3) 화재조사 결과공표(소방의 화재조사에 관한 법률 제14조)

① 소방관서장은 국민이 유사한 화재로부터 피해를 입지 않도록 하기 위한 경우 등 필요한 경우 화재조사 결과를 공표할 수 있다. 다만, 수사가 진행 중이거나 수사의 필요성이 인정되는 경우에는 관계 수사기관의 장과 공표 여부에 관하여 사전에 협의하여야 한다.

② 조사 결과를 공표할 수 있는 경우(소방의 화재조사에 관한 법률 시행규칙 제8조 제1항)

㉠ 국민이 유사한 화재로부터 피해를 입지 않도록 하기 위해 필요한 경우

ⓛ 사회적 관심이 집중되어 국민의 알 권리 충족 등 공공의 이익을 위해 필요한 경우

(4) 화재조사 결과 공표 시 포함사항(소방의 화재조사에 관한 법률 시행규칙 제8조 제2항)

① 화재원인에 관한 사항
② 화재로 인한 인명·재산피해에 관한 사항
③ 화재발생 건축물과 구조물에 관한 사항
④ 그 밖에 화재예방을 위해 공표할 필요가 있다고 소방관서장이 인정하는 사항

(5) 방법(소방의 화재조사에 관한 법률 시행규칙 제8조 제3항)

화재조사 결과의 공표는 소방관서의 인터넷 홈페이지에 게재하거나, 「신문 등의 진흥에 관한 법률」에 따른 신문 또는 「방송법」에 따른 방송을 이용하는 등 일반인이 쉽게 알 수 있는 방법으로 한다.

(6) 주의사항

① **명예 및 사생활 존중** : 공식발표 시 헌법에 보장되어 있는 기본적 인권의 일종인 명예 및 사생활을 존중해야 한다.
② **공소 유지·재판에 대한 영향** : 화재를 포함한 각종 재해는 형법상·행정법상의 범죄를 구성할 가능성을 충분히 포함하고 있고, 공식발표에 의해서 영향을 미치는 것도 배려를 요한다.
③ **민사불개입의 원칙** : 민사상 물의를 야기할 위험이 있는 사항의 발표는 어려움이 있고, 행정효과와 대조·비교하여 공식발표의 여부를 신중히 판단해야 한다.

2 화재조사 결과의 통보 [소방의 화재조사에 관한 법률 제15조]

소방관서장은 화재조사 결과를 중앙행정기관의 장, 지방자치단체의 장, 그 밖의 관련 기관·단체의 장 또는 관계인 등에게 통보하여 유사한 화재가 발생하지 않도록 필요한 조치를 취할 것을 요청할 수 있다.

3 화재증명원의 발급 [화재조사 및 보고규정 제23조]

(1) 소방관서장은 화재증명원을 발급받으려는 자가 발급신청을 하면 규칙 별지 제3호 서식에 따라 화재증명원을 발급해야 한다. 이 경우 「민원 처리에 관한 법률」 제12조의2 제3항에 따른 통합전자민원창구로 신청하면 전자민원문서로 발급해야 한다.

(2) 소방관서장은 화재피해자로부터 소방대가 출동하지 아니한 화재장소의 화재증명원 발급신청이 있는 경우 조사관으로 하여금 사후 조사를 실시하게 할 수 있다. 이 경우 민원인이 제출한 별지 제13호 서식의 사후조사 의뢰서의 내용에 따라 발화장소 및 발화지점의 현장이 보존되어 있는 경우에만 조사를 하며, 별지 제2호 서식의 화재현장출동보고서 작성은 생략할 수 있다.

(3) 화재증명원 발급 시 인명피해 및 재산피해 내역을 기재한다. 다만, 조사가 진행 중인 경우에는 "조사 중"으로 기재한다.

(4) 재산피해내역 중 피해금액은 기재하지 아니하며 피해물건만 종류별로 구분하여 기재한다. 다만, 민원인의 요구가 있는 경우에는 피해금액을 기재하여 발급할 수 있다.

(5) 화재증명원 발급신청을 받은 소방관서장은 발화장소 관할 지역과 관계없이 발화장소 관할 소방서로부터 화재사실을 확인받아 화재증명원을 발급할 수 있다.

CHAPTER

04 화재조사 기반구축

1 감정기관의 지정·운영 등 (소방의 화재조사에 관한 법률 제17조 제1항)

소방청장은 과학적이고 전문적인 화재조사를 위하여 대통령령으로 정하는 시설과 전문인력 등 지정기준을 갖춘 기관을 화재감정기관으로 지정·운영하여야 한다.

2 화재감정기관의 지정기준 (소방의 화재조사에 관한 법률 시행령 제12조)

(1) 화재감정기관은 다음의 시설을 모두 갖출 것

① 증거물, 화재조사 장비 등을 안전하게 보호할 수 있는 설비를 갖춘 시설

② 증거물 등을 장기간 보존·보관할 수 있는 시설

③ 증거물의 감식·감정을 수행하는 과정 등을 촬영하고 이를 디지털파일의 형태로 처리·보관할 수 있는 시설

(2) 화재감정기관은 다음의 구분에 따른 전문인력을 각각 보유할 것

① 주된 기술인력 : 다음의 어느 하나에 해당하는 사람을 2명 이상 보유할 것

㉠ 「국가기술자격법」에 따른 국가기술자격의 직무분야 중 화재감식평가 분야의 기사 자격 취득 후 화재조사 관련 분야에서 5년 이상 근무한 사람

㉡ 화재조사관 자격 취득 후 화재조사 관련 분야에서 5년 이상 근무한 사람

㉢ 이공계 분야의 박사학위 취득 후 화재조사 관련 분야에서 2년 이상 근무한 사람

② 보조 기술인력 : 다음의 어느 하나에 해당하는 사람을 3명 이상 보유할 것

㉠ 「국가기술자격법」에 따른 국가기술자격의 직무분야 중 화재감식평가 분야의 기사 또는 산업기사 자격을 취득한 사람

㉡ 화재조사관 자격을 취득한 사람

㉢ 소방청장이 인정하는 화재조사 관련 국제자격증 소지자

㉣ 이공계 분야의 석사 이상 학위 취득 후 화재조사 관련 분야에서 1년 이상 근무한 사람

③ 화재조사를 수행할 수 있는 감식·감정 장비, 증거물 수집 장비 등을 갖출 것

(3) 지정된 화재감정기관이 갖추어야 할 시설과 전문인력 등에 관한 세부적인 기준은 소방청장이 정하여 고시한다.

3 감정 결과의 통보 등 (소방의 화재조사에 관한 법률 시행규칙 제12조)

(1) 감정 결과의 통보

① 화재감정기관의 장은 감정이 완료되면 감정 결과를 감정을 의뢰한 소방관서장에게 지체 없이 통보해야 한다.

② '①'에 따른 통보는 별지 제9호 서식의 감정 결과 통보서에 따른다.

③ 화재감정기관의 장은 '①'에 따라 감정 결과를 통보할 때 감정을 의뢰받았던 증거물 등 감정대상물을 반환해야 한다. 다만, 훼손 등의 사유로 증거물 등 감정대상물을 반환할 수 없는 경우에는 감정 결과만 통보할 수 있다.

④ 화재감정기관의 장은 소방청장이 정하는 기간 동안 '①'에 따른 감정 결과 및 감정 관련 자료(데이터 파일을 포함한다)를 보존해야 한다.

(2) 소방청장은 지정된 감정기관에서의 과학적 조사·분석 등에 소요되는 비용의 전부 또는 일부를 지원할 수 있다(소방의 화재조사에 관한 법률 제17조 제2항).

(3) 소방청장은 감정기관으로 지정받은 자가 다음의 어느 하나에 해당하는 경우에는 지정을 취소할 수 있다. 다만, '①'에 해당하는 경우에는 지정을 취소하여야 한다(소방의 화재조사에 관한 법률 제17조 제3항).

① 거짓이나 그 밖의 부정한 방법으로 지정을 받은 경우(지정취소 대상)

② 「소방의 화재조사에 관한 법률」 제17조 제1항에 따른 지정기준에 적합하지 아니하게 된 경우

③ 고의 또는 중대한 과실로 감정 결과를 사실과 다르게 작성한 경우

④ 그 밖에 대통령령으로 정하는 사항을 위반한 경우

㉠ 의뢰받은 감정을 정당한 사유 없이 거부하거나 1개월 이상 수행하지 않은 경우

㉡ 거짓이나 그 밖의 부정한 방법으로 감정 비용을 청구한 경우

(4) 소방청장은 '(3)'에 따라 감정기관의 지정을 취소하려면 청문을 하여야 한다(소방의 화재조사에 관한 법률 제17조 제4항).

4 감정기관의 지정기준, 지정 절차, 지정 취소 및 운영

(1) 화재감정기관 지정 절차 및 취소 등(소방의 화재조사에 관한 법률 시행령 제13조)

① 화재감정기관으로 지정받으려는 자는 행정안전부령으로 정하는 화재감정기관 지정신청서에 다음의 서류를 첨부하여 소방청장에게 제출해야 한다. 이 경우 소방청장은 제출된 서류에 보완이 필요하다고 판단되면 보완에 필요한 기간을 정하여 보완을 요구할 수 있다.

㉠ 시설 현황에 관한 서류

㉡ 조직 및 인력 현황에 관한 서류(인력 현황의 경우에는 자격 및 경력을 증명하는 서류를 포함한다)

㉢ 화재조사 관련 장비 현황에 관한 서류

㉣ 법인의 정관 또는 단체의 규약(법인 또는 단체인 경우만 해당한다)

② 소방청장은 화재감정기관의 지정을 신청한 자가 지정기준을 충족하는 경우 화재감정기관으로 지정하고, 행정안전부령으로 정하는 화재감정기관 지정서를 발급해야 한다.

③ 법 제17조 제3항 제4호에서 "대통령령으로 정하는 사항을 위반한 경우"란 다음 각 항목의 어느 하나에 해당하는 경우를 말한다.

㉠ 의뢰받은 감정을 정당한 사유없이 거부하거나 1개월 이상 수행하지 않은 경우

㉡ 거짓이나 그 밖의 부정한 방법으로 감정 비용을 청구한 경우

④ 지정이 취소된 화재감정기관은 지정이 취소된 날부터 10일 이내에 화재감정기관 지정서를 반환해야 한다.

⑤ '①'부터 '④'까지에서 규정한 사항 외에 화재감정기관의 지정 및 지정 취소 등에 필요한 사항은 행정안전부령으로 정한다.

(2) 화재감정기관의 지정 신청 및 지정서 발급(소방의 화재조사에 관한 법률 시행규칙 제10조)

① 화재감정기관 지정신청서를 받은 소방청장은 「전자정부법」 제36조 제1항에 따른 행정정보의 공동이용을 통하여 법인 등기사항증명서(법인인 경우만 해당한다)와 사업자등록증을 확인해야 한다. 다만, 신청인이 사업자등록증의 확인에 동의하지 않는 경우에는 그 사본을 첨부하도록 해야 한다.

② 소방청장은 화재감정기관 지정신청서 또는 첨부서류에 보완이 필요하다고 판단되면 10일 이내의 기간을 정하여 보완을 요구할 수 있다.

③ 화재감정기관 지정서를 발급한 소방청장은 화재감정기관 지정대장에 그 사실을 기록하고 이를 보관·관리해야 한다.

④ 소방청장이 화재감정기관을 지정한 경우에는 그 사실을 소방청의 인터넷 홈페이지에 게재해야 한다.

5 국가화재정보시스템의 구축·운영 (소방의 화재조사에 관한 법률 제19조)

(1) 소방청장은 화재조사 결과, 화재원인, 피해상황 등에 관한 화재정보를 종합적으로 수집·관리하여 화재예방과 소방활동에 활용할 수 있는 국가화재정보시스템을 구축·운영하여야 한다.

(2) 국가화재정보시스템의 운영(소방의 화재조사에 관한 법률 시행령 제14조)

① 소방청장은 국가화재정보시스템을 활용하여 다음의 화재정보를 수집·관리해야 한다.

㉠ 화재원인

㉡ 화재피해상황

㉢ 대응활동에 관한 사항

㉣ 소방시설 등의 설치·관리 및 작동 여부에 관한 사항

㉤ 화재발생건축물과 구조물, 화재유형별 화재위험성 등에 관한 사항

㉥ 화재예방 관계 법령 등의 이행 및 위반 등에 관한 사항

㉦ 관계인의 보험가입 정보 등에 관한 사항

㉧ 그 밖에 화재예방과 소방활동에 활용할 수 있는 정보

② 소방관서장은 국가화재정보시스템을 활용하여 '①'의 화재정보를 기록·유지 및 보관해야 한다.

③ '①' 및 '②'에서 규정한 사항 외에 국가화재정보시스템의 운영 및 활용 등에 필요한 사항은 소방청장이 정한다.

(3) 민감정보 및 고유식별정보의 처리(소방의 화재조사에 관한 법률 시행령 제16조)

① 소방관서장은 다음의 사무를 수행하기 위하여 불가피한 경우 「개인정보 보호법」 제23조 제1항에 따른 건강에 관한 정보가 포함된 자료를 처리할 수 있다.

㉠ 인명피해상황 조사에 관한 사무

㉡ 국가화재정보시스템의 운영에 관한 사무

② 소방관서장은 화재증명원의 발급에 관한 사무를 수행하기 위하여 불가피한 경우 「개인정보 보호법 시행령」 제19조 각 호의 주민등록번호, 여권번호, 운전면허의 면허번호 또는 외국인 등록번호가 포함된 자료를 처리할 수 있다.

6 화재통계관리 (화재조사 및 보고규정 제24조)

소방청장은 화재통계를 소방정책에 반영하고 유사한 화재를 예방하기 위해 매년 통계연감을 작성하여 국가화재정보시스템 등에 공표해야 한다.

CHAPTER

05 벌칙

1 벌칙 : 300만원 이하의 벌금 (소방의 화재조사에 관한 법률 제21조)

(1) 화재현장 보존조치를 하거나 통제구역을 설정한 경우 누구든지 소방관서장 또는 경찰서장의 허가 없이 화재현장에 있는 물건 등을 이동시키거나 변경·훼손하여서는 아니 된다는 규정(제8조 제3항)을 위반하여 허가 없이 화재현장에 있는 물건 등을 이동시키거나 변경·훼손한 사람

(2) 정당한 사유 없이 화재조사관의 출입·조사 규정(제9조 제1항)에 따른 화재조사관의 출입 또는 조사를 거부·방해 또는 기피한 사람

(3) 화재조사를 하는 화재조사관은 관계인의 정당한 업무를 방해하거나 화재조사를 수행하면서 알게 된 비밀을 다른 용도로 사용하거나 다른 사람에게 누설하여서는 아니 된다는 규정(제9조 제3항)을 위반하여 관계인의 정당한 업무를 방해하거나 화재조사를 수행하면서 알게 된 비밀을 다른 용도로 사용하거나 다른 사람에게 누설한 사람

(4) 정당한 사유 없이 소방관서장의 화재조사 증거물 수집 규정(제11조 제1항)에 따른 증거물 수집을 거부·방해 또는 기피한 사람

2 벌칙 : 200만원 이하의 과태료 (소방의 화재조사에 관한 법률 제23조)

(1) 화재현장 보존을 위하여 누구든지 소방관서장 또는 경찰서장의 허가 없이 설정된 통제구역에 출입하여서는 아니 된다는 규정(제8조 제2항)을 위반하여 허가 없이 통제구역에 출입한 사람

(2) 소방관서장은 화재조사를 위하여 필요한 경우에 관계인에게 보고 또는 자료 제출을 명하거나 화재조사관으로 하여금 해당 장소에 출입하여 화재조사를 하게 하거나 관계인 등에게 질문하게 할 수 있다는 규정(제9조 제1항)에 따른 명령을 위반하여 보고 또는 자료 제출을 하지 아니하거나 거짓으로 보고 또는 자료를 제출한 사람

(3) 정당한 사유 없이 관계인 등의 출석(제10조 제1항)에 따른 출석을 거부하거나 질문에 대하여 거짓으로 진술한 사람

제3부

소화이론

정태화
소방학개론

기본서

www.pmg.co.kr

PART

01

소화원리

CHAPTER

01 소화의 기본원리(방법)

1 소화의 개념

가연물질이 산화반응에 의해 열과 빛을 내는 연소 현상, 즉 화재를 발화온도 이하로 낮추거나 산소의 공급을 차단시키거나 가연물질을 화재 현장으로부터 제거하는 등의 조치를 취하여 연소의 연쇄반응을 차단·억제시키는 것이다.

2 소화의 기본원리

(1) 연소의 4요소 중 하나 이상을 제거하는 것이 소화의 기본원리며, 이를 4대 소화 효과라고 한다.

① 4대 소화방법 : 냉각소화, 제거소화, 질식소화, 부촉매소화

② 기타 소화방법 : 유화소화(Emulsion Effect), 희석소화, 피복소화, 방진소화, 탈수소화 등

(2) 초기소화설비와 본격소화설비

통상적으로 초기소화설비란 화재 시 관계인 등이 20여분 이내에 할 수 있는 1차적 소화설비이고, 본격소화설비란 소방대원이 화재현장에 출동하여 본격적으로 소화할 수 있는 소화설비를 말한다.

① 초기소화설비 : 소화기구, 옥내·옥외소화전설비, 스프링클러설비, 물분무등소화설비, 강화액소화설비 등

② 본격소화설비 : 소화용수설비, 소화활동설비, 비상용 엘리베이터 등

CHAPTER

02 소화방법(냉각 · 질식 · 제거 · 부촉매 효과)별 소화 수단

1 냉각소화법

연소되고 있는 가연물질 또는 주위의 온도를 활성화 에너지 이하로 냉각시켜 소화하는 방법으로 기화열을 이용하여 인화점 및 발화점 이하로 낮추어 소화하는 방법이다.

(1) 고체물질을 이용한 냉각소화

① 가스버너 화염에 철망을 대면 상부의 불꽃은 차츰 꺼지게 되는데 이것은 철망에 의해 열을 빼앗겨 냉각소화가 이루어진 것이다.

② 튀김기름에 불이 붙을 때 채소류를 넣어 온도를 낮추는 것도 냉각소화에 속한다.

(2) 주수에 의한 냉각소화

① 목재 등과 같이 분해연소를 하는 물질에 물을 주입하면 목재 자체의 냉각으로 소화된다.

② 물은 다른 소화제에 비해 비열과 잠열이 커서 주위의 열을 흡수하는 냉각효과가 크다.

③ 물이 좋은 이유는 비열과 잠열이 크며 손쉽게 얻을 수 있기 때문이다.

④ 유류화재 시 연소면의 확대, 전기화재 시 감전유발, 칼륨, 나트륨, 카바이트 등의 물질과는 격렬한 반응을 일으킨다.

(3) 이산화탄소 소화약제에 의한 냉각소화

이산화탄소 소화약제 방출 시 -78.5℃ 이하가 되므로 연소열을 쉽게 빼앗을 수 있고, 비중이 1.52로 낮게 체류하여 소화한다.

※ 전역방출식의 경우 피복효과에 의한 냉각과 질식이 가능하다.

2 질식소화법

산소 제거에 의한 소화로서 가연물이 연소하는 데 필요한 산소량을 조절하여 소화하는 방법으로 산소를 함유하는 물질의 연소, 즉 셀룰로이드와 같은 자기연소성 물질 등에는 적합하지 않다. 공기 중의 산소농도는 15% 이하, 고체는 6% 이하, 아세틸렌은 4% 이하가 되면 소화가 가능하다. 탄화수소의 기체는 산소 15% 이하에서는 연소하기 어렵다.

(1) 불연성 기체로 연소물을 덮는 방법

① 불연성 기체 또는 증기를 연소물 위에다 뿌리면 이 기체가 연소물 위를 덮어 주위로부터 산소의 공급을 차단하는 방법

② 이산화탄소, 할로젠화합물 소화약제가 주로 이용

(2) 불연성 포로 연소물을 덮는 방법

① 점도가 높고 부착성과 안정성이 양호하며 바람 등의 영향이 적은 거품을 이용하여 연소면을 덮어 산소를 차단하는 방법

② 화학포, 단백포, 계면활성제포, 수성막포, 내알코올성포 등이 이용

(3) 불연성 고체로 연소물을 덮는 방법
젖은 이불, 모래, 흙 등을 이용하여 소화하는 방법

3 제거소화법

연소의 4요소 중에 가연물질의 공급을 차단 또는 안전한 장소로 이동시켜 더 이상 연소가 진행되지 않도록 하는 소화방법이다.

(1) 가장 원시적인 방법이다.

(2) 산불 화재 시에는 진행 방향의 나무를 잘라 제거한다(방화선 구축).

(3) 도심의 대화재인 경우는 일정 범위의 건물을 제거하여 불의 진행을 중단시킨다.

(4) 가스화재 시 밸브를 차단한다.

(5) 전기화재 시 전기 공급을 차단한다.

(6) 유전화재 시 질소폭탄 투하를 통해 유증기를 제거한다.
※ 질소의 주소화효과는 흡열을 통한 냉각과 산소농도를 줄이는 질식이다.

(7) 유류 저장탱크 화재 시 배유(Drain) 방법을 통해 유류를 제거한다.

4 부촉매소화법

(1) 연소의 연쇄반응을 차단・억제하여 소화하는 방법으로 억제소화, 화학적 소화작용이라 하며, 할로젠화합물 소화약제가 대표적이다.

(2) 일반적인 연쇄반응을 억제・차단시키는 화학소화제는 동시에 냉각에 의한 소화 및 산소의 희석에 의한 소화 등의 작용을 한다.

부촉매소화효과가 있는 소화약제	부촉매소화효과가 없는 소화약제
• 강화액 소화약제(수계) • 할론 소화약제(가스계) • 할로젠화합물 소화약제(가스계) • 분말 소화약제(가스계)	• 물 소화약제(수계) • 포 소화약제(수계) • 산・알칼리 소화약제(수계) • 이산화탄소 소화약제(가스계) • 불활성 기체 소화약제(가스계)

(3) 부촉매소화의 화학적 원리

① 화학적인 소화방법으로 소화약제의 화학적인 성질을 이용하여 연쇄반응을 차단하는 방법이다.

② 약제의 화학반응 시 연쇄반응을 지배하는 라디컬(Radical)을 기(基) 또는 단(團)이라 하며 아래의 수소 연소를 제어하는 방법과 같이 화염은 소멸되는 것이다.

✓Check 라디컬 유리기(Radical Scavenger, Cannibalism)의 기구

① $H_2 \rightarrow H^* + H^*$
② $H^* + O_2 \rightarrow OH^* + O^*$
③ $O^* + H_2 \rightarrow OH^* + H^*$
④ $OH^* + H_2 \rightarrow H_2O + H^*(OH + HBr \rightarrow H_2O + Br) \rightarrow X + RH \rightarrow HX + R$

5 기타의 소화원리

(1) 유화소화(Emulsion Effect)

비중이 물보다 큰 중유 등 비수용성 유류화재 시 무상주수하거나 포 소화약제를 방사하여 유류 표면에 엷은 층이 형성되어 공기 중의 산소 공급을 차단시켜 소화하는 방법을 말한다.

① 물 소화약제(무상주수 시) : 중유화재
② 포 소화약제 : 모든 유류화재
③ 강화액 소화약제(무상주수 시) : 모든 유류화재
④ 내알코올포 소화약제 : 수용성 가연물질(알코올류, 에테르류, 케톤류 등)

> 유류면의 화재에서 물은 작은 입자상태의 높은 압력으로 방사 시 유류면의 표면에 유화층이 형성되어 에멀션상태를 유지하는데 유류가스의 증발을 막는 차단효과를 발휘한다. 따라서 지속적인 가연성 가스의 생성이 억제되어 화염은 발생하지 않게 되는 것이다.

(2) 희석소화

가연물의 농도를 희석시키는 것을 기본원리로 한다. 이는 수용성인 인화성 액체의 농도를 묽게 하여 연소농도 이하가 되게 하거나 식용유화재 시 상온의 식용유를 넣어 희석시키는 소화방법을 말한다.

(3) 피복소화

① 목재나 유류의 표면화재에서 공기보다 무거운 기체를 방사하면 연소면은 불연성 물질로 피복되고 연소에 필요한 산소는 차단되어 질식하게 하는 것으로 표면화재와 심부화재에 적합하다.
② 주로 이산화탄소를 사용하는데 이산화탄소 소화약제를 전역방출식으로 방사하는 경우가 대표적 예시이다.

(4) 방진소화

① 제3종 분말 소화약제에서 볼 수 있는 소화작용으로 메타인산(HPO_3)이 숯불 모양으로 연소하는 가연물질(일반가연물 : 숯, 코르크스 등)을 덮어 소화하는 작용이다.
② 제3종 분말 소화약제를 고체 화재면에 방사 시 메타인산(HPO_3)이 생성되어 유리질의 피막을 형성하므로 열분해 생성으로 인한 방진효과가 나타나게 된다.

$NH_4H_2PO_4 \rightarrow NH_3 + H_2O + HPO_3$
(제1인산암모늄) → (암모니아) (물) (메타인산)

(5) 탄화・탈수소화

① 제3종 분말 소화약제에서 볼 수 있는 소화작용으로 열분해되어 나온 오쏘인산(H_3PO_4)은 연소물의 섬유소를 난연성의 탄소와 물로 분해시키는 탄화와 탈수작용을 가진다.

② 제3종 분말 소화약제의 열분해 시 오쏘인산(H_3PO_4)이 셀룰로오즈와 작용하면 물이 생성되는데 가연물 내부에서 생성되는 가스와의 화학작용으로 탈수작용을 하게 되어 탈수소화효과를 가져오게 된다.

$C_6H_{12}O_6 + H_3PO_4 \rightarrow 6H_2O + C$
(셀룰로오즈) (오쏘인산) → (물) (탄소)

(6) 건조사

① 개념 : 건조사는 수분 없이 질식과 냉각을 통한 소화방법으로, 건조사 소화약제는 연소확산 방지에 탁월하지만 내부온도가 서서히 감소하므로 수분 없는 곳에 저장해야 한다.

※ 마른 모래는 만능 소화제이다.

② 적응화재 : 금속화재(D급 화재)와 제1류 위험물 중 무기과산화물류, 제2류 위험물 중 황화인, 철분, 금속분, 마그네슘, 제3류 위험물 중 금수성 물질과 유류화재 이상현상 중 보일오버의 경우에 적응성이 있다.

③ 주요 소화약제 : 마른 모래, 탄산수소염류, D급소화기, 팽창질석, 팽창진주암

PART

02

소화약제

소화약제

1. 소화약제의 구비조건

(1) 연소의 4요소 중 한 가지 이상을 제거할 수 있어야 한다.
(2) 가격이 저렴하고 저장 시 안정성이 있어 장기보관이 용이하여야 한다.
(3) 환경오염과 인체에 대한 독성이 없어야 한다.
(4) 현저한 독성이나 부식성이 없어야 하고, 열과 접촉 시에도 독성이나 부식성 가스가 발생하지 않아야 한다.
(5) 가스계의 경우 대기 중 잔존 시간이 짧을수록 좋다.
(6) 지구온난화에 끼치는 영향이 적을수록 좋다.
(7) 오존층 파괴에 끼치는 영향이 적을수록 좋다.

2. 소화약제의 분류

(1) 수계 소화약제
① 물 소화약제
② 포 소화약제
③ 강화액 소화약제
④ 산·알칼리 소화약제

(2) 비수계(가스계) 소화약제
① 이산화탄소 소화약제
② 할론 소화약제(청정 소화약제 아님)
③ 할로젠화합물 및 불활성 기체 소화약제(청정 소화약제)
④ 분말 소화약제

CHAPTER

01 물 소화약제 소화원리

1 물의 특성

(1) 물의 물리적 특성

특성	값(기준 무게는 g)	특성	값(기준 무게는 g)
녹는점(융점)	0℃	끓는점(비점)	100℃
융해열	80cal/g	증발열	539cal/g
비열	1.0cal/g	밀도(비중)	1.0g/cm^2(4℃ 기준)
분자 간 화학결합	수소결합	원자 간 화학결합	극성공유결합

※ 물의 비중은 순수한 물인 경우 1기압 4℃일 때 1.0g/㎤로서 가장 무겁고, 4℃보다 높거나 낮을 때 1보다 작게 나타난다. 0℃부터 4℃가 될 때까지 비중이 조금씩 증가하여 4℃에 이르러 비중이 1.0g/㎤이 되고, 4℃를 넘은 이후부터는 비중이 조금씩 작아진다.

〈물의 가열 곡선에 따른 헌열과 비열〉

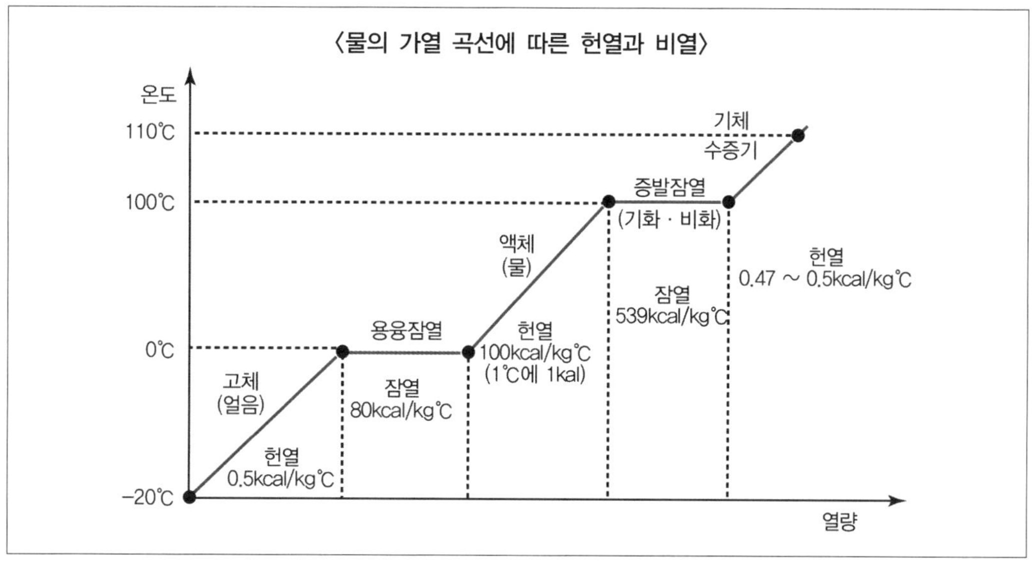

(2) 물의 화학적 특성

① 공유결합 : 물 분자 내의 수소원자와 산소원자 사이의 원자 간 결합으로 전자 한 쌍을 두 원자가 서로 공유함으로써 화학적 결합을 하는 상태이며, 물 분자는 극성공유결합의 형태를 취하고 있어 극성 물질 등에 대한 용해도가 크기 때문에 첨가제 사용이 용이하다.

② 수소결합 : 물 분자는 극성분자이기 때문에 분자 간에는 정전기적 인력이 작용하므로 물 분자 사이의 결합력이 강한 편이며, 분자 사이의 인력이 강하므로 분자 간의 결합을 끊기 어려워서 비열이나 기화열이 다른 분자들에 비해 크다.

2 물 소화약제의 특징

(1) 물이 소화약제로서 많이 사용되는 것은 구입하기 손쉽고 가격이 비교적 저렴하기 때문이다.

(2) 물의 입자크기가 작게(무상주수하게) 되면 표면적이 증가해서 열을 흡수하여 기화가 용이하게 되므로 입경이 작을수록 냉각효과가 크다. 즉, 물을 봉상주수하느냐 무상주수하느냐의 차이로서 같은 양의 물을 가지고 이용한다 하면 봉상주수의 경우 일정부분의 화재에는 효과가 있지만 넓은 범위의 열을 흡수하는 데는 무상주수가 더 효과적이다.

*봉상주수 : 입자크기(입경)가 크다. / 무상주수 : 입자크기(입경)가 작다.

(3) 소화효과를 높이기 위해서는 증발률을 증가시켜야 하는데 이 경우는 물의 입자를 분무하는 것이 효과적이다.

(4) 물은 A급 화재(일반화재)에서는 우수한 소화능력이 발휘되나, B급 화재(유류화재)에서는 오히려 화재가 확대될 수 있고, C급 화재(전기화재)에서는 소화가 가능하지만 감전사고의 위험성이 있으므로 주의하여야 한다.

(5) 물 소화약제를 무상수주하게 되면 냉각효과뿐만 아니라 수증기의 급격한 팽창에 의해 산소농도를 감소시켜 질식효과를 기대할 수 있다.

3 물 소화약제의 장·단점

(1) 장점

① 가격이 저렴하고 쉽게 구할 수 있어 경제적이다.

② 비열과 기화열이 커서 냉각효과가 크다.

③ 물은 수증기로 변할 때 약 1,700배의 부피팽창이 있어 가연성 가스를 배제시켜 질식효과가 크다.

④ 물은 무상주수 시 배연·배열 작용을 할 수도 있다.

⑤ 무상주수 시 물입자의 연속성이 없어서 전기화재인 C급 화재에도 사용이 가능하다.

⑥ 직사(봉상·적상), 무상주수의 형태로 상황에 맞게 필요한 형태로 주수가 가능하다.

⑦ 비교적 다양하게 첨가제 사용이 가능하여 물의 단점을 보완할 수 있다.

⑧ 봉상 및 적상주수하게 되면 냉각효과를 유지하므로 큰 일반 고체 가연물의 대규모 화재에 효과적인 소화방법이다.

(2) 단점

① 추운 날씨에 동결 우려가 있다(강화액을 첨가하여 해결한다).

② 사용 후에 물로 인한 2차 피해인 수손피해가 크다.

③ 적응화재에 한계가 있다. 주로 일반화재에 적응되나 주수 방법에 따라 다를 수 있다.

4 물의 소화효과

(1) 냉각소화

물은 증발잠열이 크고 비열도 높아 가연물의 온도를 인화점 또는 발화점 이하로 낮추는 냉각소화작용이 대표적인 소화효과이다.

(2) 질식소화

물은 수증기로 변할 때 약 1,700배로 체적이 팽창하기 때문에 분무로 방사하면 기화하여 주변 공기를 희석시켜 질식효과를 나타낸다.

(3) 희석소화

가연물의 농도를 희석시키는 것을 기본원리로 한다. 알코올 등 수용성 가연물의 화재에 다량의 물을 뿌리면 농도가 묽어져 가연성 가스의 발생을 연소하한계 이하로 낮추는 소화효과를 말한다.

(4) 유화소화

에멀션효과로서 중유 등 불용성 가연물의 화재에 분무상으로 방사하면 기름 표면에 유화상을 만들어 기름의 연소성을 상실시키고 산소공급을 차단한다.

(5) 파괴(타격)소화

물을 봉상으로 주수하는 경우 방수 시의 방사 압력으로 가연물을 파괴하여 연소를 억제하는 방법으로 가연물을 제거하는 제거소화이기도 하다.

(6) 배연 및 배열효과

물을 무상으로 주수하면 급격한 체적팽창으로 인하여 화재실의 공기나 연기를 실외로 밀어내면서 배연·배열효과를 얻을 수 있다.

(7) 방염소화

물에 계면활성제를 첨가하면 침투력이 증진되어, 인산염이나 알칼리금속의 탄산염 등을 첨가하면 방염효과를 얻을 수 있다.

5 물 소화약제의 방사방법

(1) 봉상주수

① 화재 시 화세가 강하여 빠른 시간에 소화가 필요한 경우에 사용(속효성)한다.
② 냉각소화효과가 있으며, 전기전도성이 있으므로 전기화재(C급 화재)에 부적합하다.
③ 소방용 방수 노즐을 이용하여 굵은 물줄기 형태로 방출하는 것이다.
④ 물소화기, 옥내소화전설비, 옥외소화전설비, 연결송수관설비, 소방차의 방수 등에 적용한다.

(2) 적상주수

① 스프링클러소화설비, 연결살수설비, 연소방지설비 등에 적용한다.

② 봉상주수와 마찬가지의 효과가 있다.

③ 물방울 형태로 물을 주수한다.

(3) 무상주수

① 봉상 및 적상주수에 비해 냉각소화가 좋으며, 제4류 위험물의 제3석유류인 중유 또는 크레오소트유(타르유) 화재 시 무상주수하면 유류 표면에 엷은 수막층이 형성되어 공기 중의 산소공급을 차단하는 유화효과도 있다.

② 물분무소화설비 등에 적용된다.

③ 무상의 입자 형태는 전기전도성이 없어(물의 입자가 서로 이격되어 있어 방전효과가 있다) 전기화재에 적합하다.

④ 질식소화효과가 있어 유류화재에도 적합하다.

⑤ 안개처럼 분무상태로 방사하여 소화하는 것이다.

6 물 소화약제의 첨가제

(1) 동결방지제(부동액)

① 물의 어는점을 0℃ 이하로 낮추어 동결을 방지하기 위한 첨가제이다.

② 자동차 동결방지제는 금속에 대한 부식성이 거의 없는 제3석유류인 에틸렌글리콜(녹색)을 많이 사용하고 있다.

③ 스프링클러설비의 경우는 글리세린이나 프로필렌글리콜이 쓰이며 소화기의 경우에는 알칼리토금속염수용액이 사용된다.

④ 그 외 동결방지제로는 염화나트륨(소금), 염화칼슘 등이 있으나 부동제는 독성과 부식성, 지표면 오염 등의 이유로 소화배관에 사용하지 않는다.

(2) 침투제[계면활성제, 세제, 침윤제, 습윤제(Wetting Agent)]

① 침투성을 높여주기 위해 사용한다.

② 물은 표면장력이 커서 가연물에 침투가 비교적 느리지만 침투제를 사용하여 물의 표면장력을 작게 하면 가연물에 침투가 더 빨라지게 된다(첨가하는 침투제의 양은 약 1% 이하이다). 이때 계면활성제(세제)의 총칭을 침투제라 한다.

③ 침투제가 첨가된 물을 'Wet Water'라 부르며 이것은 가연물 내부로 침투하기 어려운 상황의 목재, 고무, 플라스틱, 원면, 짚, 산림 등 심부화재에 사용되고 있다.

④ 침투제의 종류에는 글리세린, 프로필렌글리, 소르비톨 등이 있다.

⑤ 침투제를 계면활성제(세제), 침윤제, 습윤제라고도 한다.

(3) 증점제[점도보강제(Viscous Agent)]

① 물은 유동성이 커서 소화대상물에 장기간 부착되지 못하므로 화재에 방사되는 물 소화약제의 접착성질을 강화시키기 위하여 첨가하는 약제이다.

② 증점제를 첨가한 물은 물의 사용량을 줄일 수 있고 높은 장소(공중소화)에서 사용 시 물이 분산되지 않으므로 목표물에 정확히 도달할 수 있는 장점이 있다.

③ 주로 산림화재 진압용으로 사용되는 점성의 약제이다.

④ 산림화재용으로 사용되는 대표적인 증점제로는 CMC(Sodium Carboxy Methyl Cellulose) 등이 있다.

(4) 유화제(Emulsifier)

① 가연물과 에멀션을 형성하여 유화층 형성을 만드는 약제로서 인화점이 높은 유류인 중유, 원유, 윤활유, 아스팔트유에 사용하며 약제로는 계면활성제(세제), 친수성 콜로이드 등이 있다.

② 유류에서 가연성 증기의 증발을 억제하여 소화력을 증대시키는 첨가제로 분무주수 시 효과가 더 커진다.

(5) 유동성보강제(배관 마찰저항 저감제)

배관 내의 물 입자 간의 마찰손실을 줄이는 기능을 한다. 고분자 중에서 폴리에틸렌옥사이드가 가장 효과가 좋다. 유동성을 약 40% 가량 향상시키는 우수한 첨가제라고 할 수 있다.

(6) 유동화제(Rapid water)

소방펌프 등의 물의 유속속도를 증대시키기 위한 소화펌프용 액체를 말한다. 일반적으로 유동화제는 물의 점성을 70% 정도 감소시킨다.

✓ Check 물 소화약제의 첨가제 요약

① **부동제**(부동액, 강화액) : 동결방지를 위한 첨가제(강화액으로 탄산칼륨 등을 사용)
② **침투제** : 표면장력을 낮추어 침투효과를 높이기 위한 첨가제(증점제의 반대 개념)
③ **증점제** : 물의 점도(점성, 끈끈함)를 높여 주기 위한 첨가제
④ **유화제** : 고비점 유류에 유화층 형성을 돕기 위하여 사용하는 약제
⑤ **배관 마찰저항 저감제** : 배관 내 물 입자 간의 마찰손실을 줄이는 기능

7 물 소화약제의 사용금지 물질

(1) 무기과산화물(알칼리금속 과산화물 : 과산화칼륨, 과산화나트륨 등)

조연성인 산소(O_2) 등이 발생하고 발열이 일어남

(2) 제2류·제3류 위험물 중 물과 반응하여 수소(H_2)가 발생하는 물질

① 제2류 위험물 : 알루미늄분, 아연분, 마그네슘, 리튬

② 제3류 위험물 : 칼륨, 나트륨, 칼슘, 수소화칼륨, 수소화나트륨

(3) 물과 반응하여 아세틸렌(C_2H_2)이 발생하는 물질

탄화칼슘(카바이드), 탄화나트륨, 탄화칼륨, 탄화마그네슘

(4) 물과 반응하여 메탄(CH_4)이 발생하는 물질

트라이메틸알루미늄, 탄화알루미늄, 탄화베릴륨, 탄화망가니즈, 메틸리튬

(5) 물과 반응하여 에탄(C_2H_6)이 발생하는 물질

트라이에틸알루미늄, 에틸리튬

(6) 물과 반응하여 포스핀(PH_3)이 발생하는 물질

인화알루미늄, 인화아연, 인화칼슘(인화석회)

(7) 비수용성 액체가연물인 휘발유·경유 등(단, 중유 등은 제외)

비중이 물보다 가벼운 경유 등을 물이 위로 밀어 올려 연소면이 확대됨

(8) 금속성 위험물과 이산화탄소와 반응

칼륨과 나트륨은 이산화탄소와 반응하여 탄소(C)를 발생시키고, 마그네슘은 이산화탄소와 반응하여 탄소(C) 또는 일산화탄소(CO)를 발생시킴

CHAPTER

02 포 소화약제 소화원리

01 절 포 소화약제

1 포의 소화원리

물에 의한 소화효과가 적거나 오히려 화재면(연소면)을 확대할 우려가 있는 경우에는 포 소화약제가 많이 사용된다. 포 소화약제의 주소화효과는 질식효과이며, 그 다음은 냉각효과이다.

(1) 소화효과 : 질식・냉각・유화효과
(2) 적응화재 : 유류화재, 일반화재 등(포는 유류화재에 최고의 효과)
(3) 포소화기 : 5℃ 이상 30℃ 이하에서 사용
(4) 수성막포소화기 : −20℃ 이상 30℃ 이하에서 사용

2 특징

(1) 인화성 액체(제4류 위험물) 화재 시 소화효과가 크다.
(2) 약제는 인체에 무해하며 화재 시 열분해에 의해 독성 가스의 발생이 없어야 한다.
(3) 소화 후 약제의 잔존물로 인한 2차 오염이 발생된다.
(4) 약제의 변질 및 부패 등의 우려가 있다.

3 구비조건

(1) 포의 안전성이 좋아서 포의 유지시간이 길어야 한다.
(2) 포의 내유성 및 내열성이 좋아야 한다.
(3) 포의 유동성이 좋아서 유류의 표면에 잘 분산되어야 한다.
(4) 포의 점착성이 좋아야 한다.
(5) 포의 부식성 및 독성이 없어 인체에 무해해야 한다.

4 소화효과

(1) 질식소화 : 연소물을 거품으로 덮어서 공기공급 차단효과와 가연성 증기의 발생을 억제하여 소화
(2) 냉각소화 : 포에 함유된 물에 의한 냉각소화
(3) 유화소화 : 유류 표면에 방사 시 불연성의 유막층 형성

5 적응화재

(1) A급 화재 : 냉각 및 질식작용
(2) B급 화재 : 질식작용
(3) C・D급 화재 : 포 소화약제 사용 불가

6 소화효과 및 한계

(1) 포 소화약제는 물보다 비중이 낮은 유류 표면에 거품을 형성하여 유류의 연소진행을 억제하는 효과가 있기 때문에 질식 및 냉각효과가 커서 유류화재 및 일반화재에도 사용된다.

(2) 포 소화약제는 소화작업 후 거품에 의한 현장 주변의 오염을 제거하기 어려운 단점이 있고, 물이 주성분이기 때문에 전기화재의 소화작업에는 사용하기 어렵다.

(3) 기계포(공기포) 원액의 저장온도

① 10 ~ 35℃가 적당하다.

② 저장온도가 저온이면 원액의 점성이 상승하여 제대로 효과를 발휘하지 못하며, 또한 자외선을 받게 되면 침전물이 생기게 되므로 원액저장탱크는 직사광선을 피하여 저장하여야 한다.

7 팽창비에 의한 분류

(1) 화학포 소화약제

탄산수소나트륨($NaHCO_3$)를 주성분으로 한 A외통제와 황산알루미늄[$Al_2(SO_4)_3$]을 주성분으로 한 B내통제가 환원반응을 일으켜 생성된 이산화탄소(CO_2)에 의해 거품이 방사되는 소화약제로, 우리나라에서는 형식승인 대상에서 제외되어 소방청에서 별도의 관리를 하지는 않는다.

$$6NaHCO_3 + Al_2(SO4)_3 \cdot 18H_2O \rightarrow 2Al(OH)_3 + 3Na_2SO_4 + 6CO_2 + 18H_2O$$

(중탄산나트륨) (황산알루미늄) (물) → (수산화알루미늄) (황산나트륨) (이산화탄소) (물)

(2) 기계포 소화약제

① 수성막포 소화약제(소화성능이 가장 뛰어남)

㉠ 화재 액표면 위에 수성의 막을 형성함으로써 유동성이 좋은 포의 전파속도를 증가시키고 얇은 수막을 형성하여 유류화재에 적합하다. 단, 수용성 유류(알코올 등)에는 적합하지 않다.

㉡ 무독성의 불소계 계면활성제를 주성분으로 안정제를 첨가한 약제로서 피막(코팅)의 포로 연소물을 덮어서 소화하는 갈색의 약제이다.

㉢ 액체의 증발을 억제하여 소화효과가 우수하며, Light Water, Aqueous Film Foaming Foam(AFFF), Fluoro Chemical Foam 등 여러 용어로 불린다.

㉣ 단백포 소화약제의 소화능력보다 3 ~ 5배 정도 높으며 드라이케미컬(Dry chemical)과 함께 사용했을 경우는 700 ~ 800%(7 ~ 8배) 정도 소화성능이 증가한다(Twin agent system).

㉤ 1,000℃ 이상의 가열된 탱크 벽에서는 벽 주변의 피막이 파괴되어 소화가 곤란하다.

㉥ 발포형은 3%(물 97%)형과 6%(물 94%)형이 사용된다.

㉦ 유류화재 진압용으로 가장 성능이 뛰어난 포 약제이다.

㉧ 흑갈색의 원액이며 유류저장탱크, 비행기 격납고, 옥내 주차장의 홈헤드용 등이 있다.

ⓧ 화학적 안정성이 좋아 장기보관이 가능하다.
ⓩ 내유성이 커서 표면하 주입방식에 적당하다.
㉪ 수성의 막은 한정된 조건에서만 형성된다.
㉫ 포가 얇아 내열성이 약해 윤화(Ring fire)현상이 일어날 수 있다.
㉬ 사용온도에 따른 구분 : 일반용(−5 ~ 30℃), 내한용(−10 ~ 30℃), 초내한용(−20~ 30℃)
㉭ 특징 : 비내열성(수성막포는 내열성이 약하다), 초내한용 가능, 안정성, 내유성, 소포성, 부식성, 유동성, 보존성, 내유염성, 내약품성

② 알코올형 포(내알코올포) 소화약제

㉠ 포 소화약제를 수용성 액체 가연물 등에 사용할 경우, 물이 수용성 가연물에 용해되기 때문에 포가 소멸되어 소화기능을 발휘할 수가 없다.
㉡ 포의 소멸(소포성)을 방지하기 위하여 단백질의 가수분해물, 계면활성제에 금속비누 등을 첨가하여 유화 분산시킨 것을 원제로 한 것이다. → 비누화 현상
㉢ 내알코올포에는 6%형이 있으며, 알코올류, 케톤류, 에스터류 등과 같은 수용성 액체물질에 적합하다.
㉣ 주된 소화효과는 질식효과이며, 부수적으로 희석효과가 있다.
㉤ 특성

- 알코올이 원료가 아니며, 알코올 등 수용성 액체에 사용하는 특수포이다.
- 수용성 위험물에는 일반포를 사용하면 90% 이상이 물이므로 포가 섞여 없어지게 된다. 그래서 수용성 유류화재에 적합하도록 단백질의 가수분해물에 금속비누를 첨가하여 유화시킨 것으로서 공기를 차단하여 질식소화가 된다(물과 혼합하면 첨가물이 녹지 않는 지방산 염의 피막을 생성한다). 다만 장시간 저장하면 침전현상이 생기는 단점이 있다.
- 금속(아연)비누를 첨가하여 유화 분산시킨 비누화 현상을 나타내며, 주로 6%형(물 94%)으로 사용된다.
  - 금속비누형 : 단백질 분해물에 지방산 금속비누를 첨가한 알칼리성(내화성, 저렴한 비용)
  - 고분자겔형 : 탄화수소계 계면활성제에 고분자겔 생성물 첨가(소화범위가 넓음)
  - 불화단백형 : 단백질의 분해물에 불소계 계면활성제를 첨가(기간이 짧고 고비용)
- 수용성 물질에 사용 : 알코올류(퓨젤유 등), 케톤류, 에테르류, 에스터류, 알데하이드류, 아민류, 니트릴류, 유기산 등(그 외 파라딘, 의산(포름산), 아세톤, 아세트산(초산), 카르복실산 등)에 사용

③ 단백포 소화약제

㉠ 동·식물성의 단백질 가수분해물질에 포 안정제를 첨가한 것으로 3%형 및 6%형이 있다(친환경적).
㉡ 포안정제로 제일철염($FeCl_2$)을 사용한다.
㉢ 안정성이 커서 화재나 연기를 제어하기가 쉽다(유면봉쇄성이 좋다).
㉣ 가격이 저렴하고, 인체에 무해하다.

ⓜ 내열성이 좋아 윤화(Ring fire)현상이나 재연소 방지효과가 좋다.
ⓗ 유동성이 좋지 않아 유면을 덮는 데 오래 걸린다.
ⓢ 내유성이 약하여 오염이 잘된다.
ⓞ 변질 및 부패가 잘된다.

④ 불화단백포 소화약제
㉠ 소화효과가 포 소화약제 중 우수하나 가격이 비싸 잘 유통되지 않고 있다.
㉡ 단백포 소화약제에 불소계 계면활성제를 첨가한 것으로 단백포의 단점인 유동성과 수성막포의 단점인 내열성을 보완한 소화약제이다.
㉢ 내열성이 좋아 대형 유류저장탱크 화재에 가장 적합하다.
㉣ 유동성이 좋아 소화속도가 빠르다.
㉤ 기름에 오염되지 않아 표면하 주입방식에 적당하다.

⑤ 합성계면활성제포 소화약제
㉠ 3%, 6% 저발포형과 1%, 1.5%, 2% 고발포형이 있는데, 고발포형의 팽창범위가 넓다.
㉡ 유류화재와 일반화재 공용이다.
㉢ 차고, 주차장 및 일반 유류화재에 적합하다.
㉣ 유동성이 좋아 소화속도가 빠르다.
㉤ 내열성과 내유성이 약해서 윤화(Ring fire)현상이 일어날 수 있다.
㉥ 포가 비교적 빨리 소멸된다(고발포는 저발포에 비해 환원성이 좋다).
*환원성 : 포가 소멸되어 거품이 없어지는 시간으로 소포성을 의미

8 기계포(공기포) 소화약제의 장 · 단점

포의 종류	주성분과 사용농도	장점	단점
수성막포	불소계 계면활성제 + 안정제를 첨가 ※초내한용 사용 (농도 : 3 ~ 6%형)	• 소화력이 가장 우수함 • 화학적으로 안정됨 • Twin Agent System 가능 : 분말, CO_2 등과 함께 사용 시 7 ~ 8배 소화효과가 증대되며 반영구적임 • 내유성과 유동성이 좋음 • 표면하 주입방식에 적당 • 친매성(친수성 및 친유성)	• 얇은 막으로 내열성이 약해 소포성(거품이 깨지는 성질)이 크고 부식성 있음 • 표면장력이 낮아 수명이 짧고 탱크내부에 링파이어 현상 생김 • 비싸며, 지표수 오염 • 단, 친매성 중 친수성
알코올포	단백포 + 기포안정제 (지방산 복염 등) ※농도 : 주로 6%형	• 수용성 위험물에 적합 (단, 부탄올, 알데하이드류는 그 특성상 소화가 곤란함) • 포 외측에 염의 피막을 형성	• 유동성이 적음 • 침전우려로 바로 사용 • 특성저하로 다른 포와 병행이 불가능

단백포	동·식물 가수분해물 단백질 + 기포안정제 (제1철염 첨가) ※ 일반용으로 사용 (3%, 6%형)	• 내열성과 점착성이 우수 • 안정성이 높아 분해성이 우수 • 재연소방지 효과와 분해성이 우수 • 친매성(친수성 및 친유성)	• 유동성·내유성이 작아 소화속도가 늦음 • 흑갈색의 독한 냄새가 나고 변질이 잘 됨 • 금속을 부식시킴
불화 단백포	단백포 + 불소계 계면활성제를 소량 첨가 ※ 3%, 6%형	• 단백포의 결점인 유동성, 내유성, 유염성을 보완 • 수성막포 결점인 내열성 보완 • 표면하 주입방식에 적합 • 경년기간이 긺(8 ~ 12년)	• 수성막포와 단백질포의 단점을 보완하여 개발된 포로서 고가임 • 단, 친매성(친수성) 있음
합성계면 활성제포	탄화수소계 계면활성제 + 기포안정제 *내한용으로 사용 ① 고발포형 (1%, 1.5%, 2%형) ② 저발포형 (3%, 6%형)	• 저팽창 ~ 고팽창까지 범위가 넓어 고체 및 기체에 사용 가능 • 반영구적 • 점착성이 커서 입체면화재에 적용 • 친매성(친수성 및 친유성)	• 양 친매성으로 점착성이 크지만 내유성이 작음 • 소포성이 있음 • 분해성이 없음 • 구리, 아연 등을 부식시킴 • 고팽창의 경우 사정거리가 짧음

9 포의 팽창비

(1) 포의 팽창비에 관한 식

$$\text{포의 팽창비} = \frac{\text{발포 후 포 수액의 체적}}{\text{발포 전 포 수액의 체적}}$$

(2) 저발포(3%, 6%)

6배 이상 ~ 20배 이하

(3) 고발포(1%, 1.5%, 2%)

① 제1종 기계포 80배 이상 ~ 250배 미만

② 제2종 기계포 250배 이상 ~ 500배 미만

③ 제3종 기계포 500배 이상 ~ 1,000배 미만

10 포 소화약제 혼합방식

(1) 라인 프로포셔너(Line Proportioner)

펌프와 발포기의 중간에 설치된 벤츄리관의 벤츄리 작용에 의하여 포 소화약제를 흡입, 혼합하는 방식이다.

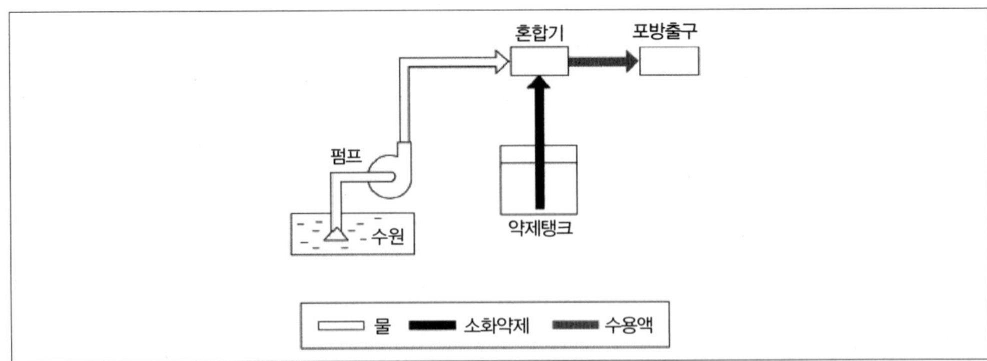

*벤츄리 효과 : 유체가 빠른 속도로 흐를 때 압력 에너지의 일부가 속도 에너지로 바뀌면서 그 부분에 압력이 내려가 물을 빨아올리는 현상

(2) 펌프 프로포셔너(Pump Proportioner)

펌프의 토출관과 흡입관 사이의 배관 도중에 설치한 흡입기에 펌프에서 토출된 물의 일부를 보내고 농도 조절밸브에서 조정된 포 소화약제의 필요량을 포 소화약제 탱크에서 펌프 흡입 측으로 보내어 약제를 혼합하는 방식이다.

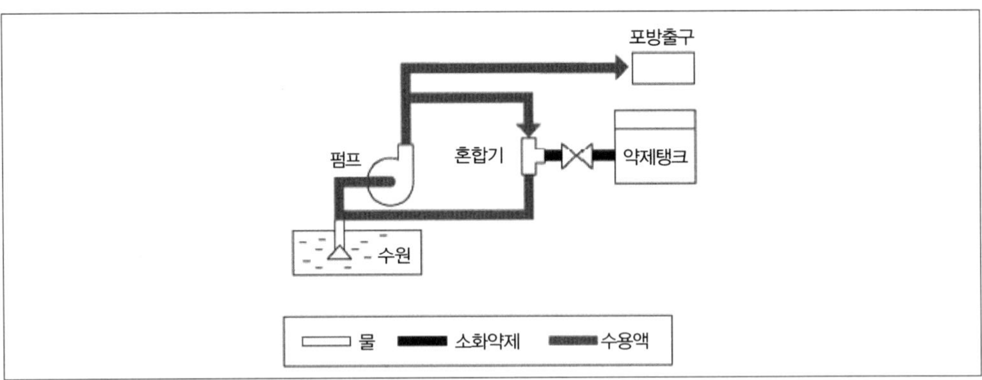

(3) 프레져 프로포셔너(Pressure Proportioner)

펌프와 발포기의 중간에 설치된 벤츄리관의 작용과 펌프 가압수의 포 소화약제 저장탱크에 대한 압력에 의하여 포 소화약제를 흡입, 혼합하는 방식이다.

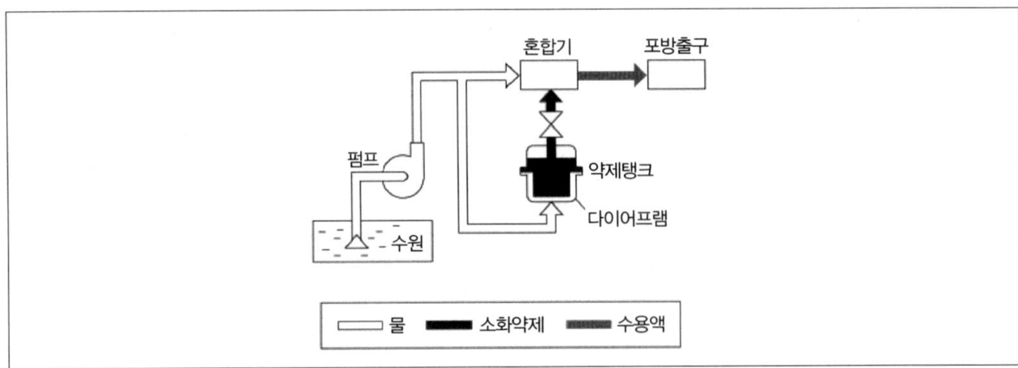

(4) 프레져사이드 프로포셔너(Pressure-side Proportioner)

펌프 토출관에 압입기를 설치하여 포 소화약제 압입용 펌프로 포 소화약제를 압입시켜 혼합하는 방식이다.

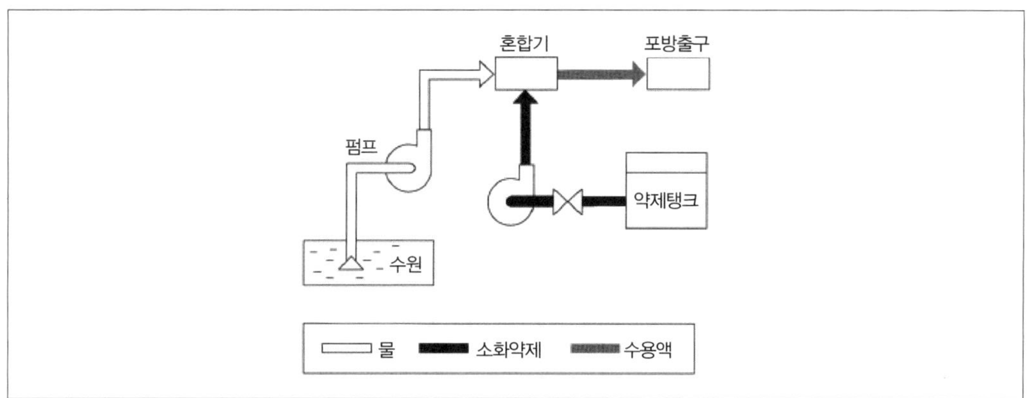

(5) 압축공기포 혼합(믹싱) 방식(챔버)[Compressed Air Foam System(CAFS) Mixing Chamber]

압축공기 또는 압축질소를 일정비율로 포 수용액에 강제 주입 혼합하는 장치이다.

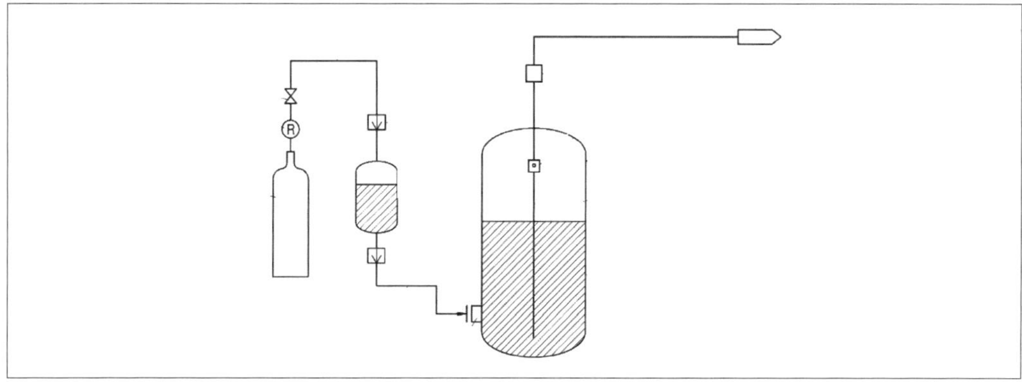

02 절 강화액 소화약제(loaded stream)

1 개념

(1) 강화액의 응고점이 −20℃ 이하이므로 한랭지나 겨울철에 사용할 수 있는 약제이다.

(2) 물의 동결방지 및 소화효과 향상을 위하여 탄산칼륨(K_2CO_3)과 인산암모늄[$(NH_4)_2PO_4$] 등 알칼리금속염류 등을 주성분으로 하며, 여기에 침투제 등을 첨가하여 제조한다.

$$K_2CO_3 + H_2SO_4 \rightarrow K_2SO_4 + H_2O + CO_2 \uparrow \text{(방사원)}$$

(탄산칼륨) (황산) → (황산칼륨) (물) (이산화탄소)

2 특성

(1) 한랭지역이나 겨울철에 사용 가능하다(사용범위 -20℃ 이상 40℃ 이하).

(2) 약알칼리성을 띤다(pH 11 ~ 13).

(3) 비중이 1.3 ~ 1.4 정도이며 독성 및 부식성이 없다.

(4) 유류화재 소화 시 화염에 분무하면 냉각 · 희석 · 질식작용을 하며, 강화액에 함유되어 있는 탄산칼륨, 인산암모늄 등의 일부가 화염에 의하여 분말이 되어 부촉매작용으로 연쇄반응을 억제한다(수계 소화약제 중 유일하게 부촉매효과가 있다).

3 소화효과

(1) 봉상주수 시 : 일반(A급) 화재에 냉각소화

(2) 무상주수 시 : 일반(A급) 화재, 유류(B급) 화재, 전기(C급) 화재에 냉각 및 질식소화

(3) 칼륨이온(K^+)의 부촉매작용으로 부촉매소화효과

03 절 산 · 알칼리 소화약제에 의한 소화

1 개념

산(H_2SO_4)과 알칼리($NaHCO_3$)의 화학반응에 의해 발생된 이산화탄소(CO_2)를 압력원으로 방사하는 소화약제이다.

$$2NaHCO_3 + H_2SO_4 \rightarrow Na_2SO_4 + 2H_2O + 2CO_2 \uparrow \text{(방사원)}$$

(탄산수소나트륨) (황산) → (황산나트륨) (물) (이산화탄소)

2 특성

(1) 탄산수소나트륨과 황산의 화학반응에 의해서 생성된 이산화탄소(CO_2)가 압력원으로 작동된다.

(2) 저장 및 보관, 용기에 대한 부식성, 불완전한 약제의 혼합으로 소화의 신뢰성이 떨어져 거의 사용하지 않고 있다.

3 소화효과

(1) 봉상주수일 때는 냉각소화하며 일반(A급) 화재에 적용된다.

(2) 무상주수일 때는 냉각효과 및 질식효과를 가지게 되어, 일반(A급) 화재, 유류(B급) 화재, 전기(C급) 화재에 적응성이 있다.

CHAPTER

03 이산화탄소 소화약제 소화원리

1 개요

(1) 이산화탄소의 화학식은 CO_2이고, 이산화탄소가 기체일 때 탄산가스, 액체일 때 액화탄산가스, 고체일 때 드라이아이스라 한다.

(2) 이산화탄소의 경우 가연물이 산소와 만나 완전연소 시 발생한 것은 더 이상 산소와 화학반응을 일으킬 수 없는 물질이어서 소화약제로 사용되며, 온도 또한 낮아서 냉각효과와 산소의 체적을 줄이는 질식소화효과가 있다.

2 특성

(1) 이산화탄소는 가격이 저렴하고 액화하기 용이하여 심부화재 소화약제로 사용되며 가스는 전기가 통하지 않아 전기화재 등에 적합하다.

(2) 고압가스 용기에 액체로 저장해 두었다가 화재발생 시 수동 또는 자동조작에 의하여 화재를 소화하는 설비이다.

(3) 이산화탄소는 타 약제에 비하여 소화효과가 크지 않기 때문에 여러 개의 집합관으로서 전기실 등의 소화설비에 사용되고 있다.

(4) 방사 시 운무 현상이 발생하여 피난 시 가시거리가 짧아지는 상황이 발생될 수 있다.

(5) CO_2는 학설에 따라 약제 방사 시 약 -80℃까지 하강하므로 동상 우려가 있다.

(6) 설비가 고압이어서 약제 방사 시 연약한 노약자의 고막이 터질 정도로 소음이 크다.

(7) 이산화탄소는 할로젠 소화약제처럼 비점이 낮은 편이다.

*비점 : 액체가 기체가 되는 점
※ 소화약제 효과 : 이산화탄소 < 분말(2배) < 할론 1301(3배)

(8) 이산화탄소(CO_2)소화기는 0℃ 이상 40℃ 이하에서 사용한다.

3 소화효과

(1) 이산화탄소 소화약제의 소화효과

① 질식효과 : 공기 중 산소농도 21%를 약 16 ~ 15% 이하의 저농도로 낮추어 질식소화하는 효과

② 냉각효과 : 이산화탄소 소화기를 방사할 때 기화열에 의한 열흡수 효과

③ 피복효과 : 이산화탄소 분자량이 공기보다 약 1.5배 무거워 연소물을 덮는 효과

④ CO_2는 전기가 통하지 않아 주로 전기화재 등에 사용

㉠ 소화효과 : 질식 · 냉각 · 피복효과

㉡ 적응화재 : 전기실화재, 통신실화재, 유류화재 등

✔ Check 줄 톰슨효과

소화의 원리는 이산화탄소의 분압을 높임으로써 연소범위를 좁게 하여 소화시키는 것이다. 방출 시에는 배관 내를 액상으로 흐르지만, 분사헤드에서 방출 시에는 기화되면서 분사된다. 분사헤드에서 액화탄산가스가 기화하는 경우 줄 톰슨효과에 의하여 온도가 급강하면서 고체 탄산가스인 드라이아이스가 생성되어 냉각효과도 생기게 된다. 이산화탄소 소화효과는 전기실 등에 방사하여 산소를 일시에 낮추는 질식소화가 주소화이며 방사할 때 기화열에 의한 열흡수에 의한 냉각효과, 공기보다 1.5배 무거워 연소물을 덮는 피복효과도 있다.

(2) 이산화탄소 소화약제의 사용 제한

① 방출 시 인명피해가 우려되는 밀폐된 지역
② 자체적으로 산소를 함유하고 있는 물질(자기반응성 물질인 제5류 위험물)
③ 마그네슘(제2류 위험물)과 반응하여 이산화탄소를 분해하며, 탄소나 일산화탄소를 발생시킴
④ 칼륨, 나트륨과 반응하여 이산화탄소를 분해하며, 탄소를 발생시키기 때문에 사용하지 않음
⑤ 티타늄, 지르코늄 등 CO_2를 분해시키는 반응성이 큰 금속물질
⑥ 금속의 수소화물(수소화리튬, 수소화나트륨, 수소화칼륨 등)

4 이산화탄소 소화약제의 장·단점

소화 후 소화약제에 의한 오손이 없고 전기가 통하지 않으며 장기간 저장해도 변화가 없다. 또한 한랭지역에도 동결염려가 없고 자체압력으로 방출되기 때문에 외부의 방출용 동력이 필요하지 않는 등의 장점이 있어 오래 전부터 사용되어 왔다.

(1) 장점

① 소화 후 깨끗하여 피연소물에 피해가 적고 증거보존이 용이하여 화재원인을 조사하기 쉽다. 가스계 소화약제 중에서도 가장 오염이 적다(오염이 거의 없음).
② 침투성이 좋고 심부화재와 표면화재에 적합하며 비전도성으로 전기화재에도 사용 가능하다.
③ 장시간 저장해도 변질 우려가 없고 한랭지역에서도 동결우려가 없다. 또한 자체압력으로 방사가 가능해 외부의 방출용 동력이 필요 없다.
④ 공기보다 무거워서 심부화재에 효과가 있으며, 표면화재에도 우수하다.

(2) 단점

① 고압으로 「고압가스 안전관리법」의 적용을 받는다. 따라서 고압으로 방사 시 소음이 크며 질식우려가 있다.
② 방사거리가 짧고 분말 소화약제나 할로젠 소화약제에 비해 소화력이 떨어진다.
③ 이산화탄소소화기는 방사할 때 기화열 흡수로 인해 본체와 호스가 냉각되므로 인체에 동상 우려가 있다.

5 이산화탄소 체적농도

이산화탄소 방출 시 산소의 이론적인 체적농도는 다음과 같다.

$$CO_2[\%] = \frac{21 - O_2}{21} \times 100$$

※ 공기 중 산소농도 : 21%

*O_2 : 산소농도(CO_2 방출로 인한 산소농도)

예제문제

이산화탄소(CO_2) 소화약제가 공기 중에 34vol% 공급되면 산소의 농도는 약 몇 vol%가 되는가?

답 13.86vol%

$CO_2 = \frac{21 - O_2}{21} \times 100$ 여기서, CO_2 : CO_2의 농도, O_2 : O_2의 농도

$CO_2 = \frac{21 - O_2}{21} \times 100$, $34 = \frac{21 - O_2}{21} \times 100$, $\frac{34 \times 21}{100} = 21 - O_2$

$O_2 + \frac{34 \times 21}{100} = 21$, $O_2 = 21 - \frac{34 \times 21}{100}$

따라서 산소의 농도는 13.86vol%가 된다.

CHAPTER 04

분말 소화약제 종류와 특성 및 소화원리

01 절 (제1종 · 제2종 · 제3종 · 제4종) 분말 소화약제

1 분말 소화약제의 개요

(1) 분말 소화약제는 제1종 · 제2종 · 제3종 · 제4종으로 구분되며 현재 건축물 내 복도 등에서 흔히 볼 수 있는 분말소화기는 대부분 제3종 소화기이다.

(2) 제3종 분말소화기는 A · B · C급 소화에 쓸 수 있으며 일반화재의 대표적인 차고나 주차장에 적합하며, 질식효과와 부촉매(억제)효과를 기대할 수 있다.

(3) 자체적으로는 전기가 통하지 않는 비전도성과 독성이 없는 분말약제를 연소물 표면에 뿌려 주변 열을 이용하여 열분해반응을 일으켜 생성된 물질인 CO_2, H_2O, HPO_3 등에 의한 소화방법으로 표면화재에 속효성(효과가 빠르다)이 있다.

(4) 구비조건으로는 유동성, 비고화성, 무독성, 내부식성, 내습식성, 미세도, 작은 비중, 경제성, 경년기간이 있다.

(5) 분말소화기는 -20℃ 이상 40℃ 이하에서 사용한다.

2 분말 소화약제의 종류

(1) 소화효과 : 제1종 < 제2종 < 제3종 < 제4종

종류	분말 소화약제	착색	소화	열분해 반응식
제1종	중탄산나트륨	백색	B · C급	$2NaHCO_3 \rightarrow Na_2CO_3+CO_2+H_2O$
제2종	중탄산칼륨	담회색	B · C급	$2KHCO_3 \rightarrow K_2CO_3+CO_2+H_2O$
제3종	제1인산암모늄	담홍색	A · B · C급	$NH_4H_2PO_4 \rightarrow HPO_3+NH_3+H_2O(P_2O_5)$
제4종	중탄산칼륨 + 요소	회색	B · C급	$2KHCO_3+(NH_2)_2CO \rightarrow K_2CO_3+2NH_3+2CO_2$

※ 화재 시 분말이 열을 만나 열분해 반응을 하면 1 · 2 · 3종은 H_2O를 생성하고, 1 · 2 · 4종은 CO_2를 생성한다.

(2) 분말 소화약제의 종류

종류	특징
제1종 분말	① 백색으로 착색됨 ② B · C급 화재에 적합함 ③ 질식 · 부촉매 · 냉각 · 희석효과 ④ 나트륨이온(Na^+)의 부촉매효과 ⑤ 식용유화재에 가장 적합함

	⑥ 식용유가 나트륨이온(Na^+)과 만나 비누화 현상을 일으키고 발생된 거품이 유면을 덮어 질식과 냉각소화효과가 있으며 이때 생성된 거품이 유면을 덮어 냉각효과가 발생하기 때문에 재발화 방지에 효과가 있음 ※ 제1종 분말은 탄산수소나트륨, 중탄산나트륨, 중탄산소다, 중조(탄산수소염류) 등 많은 이름들이 있다.
제2종 분말	① 담회색(담자, 보라색)으로 착색됨 ② B・C급 화재에 적합함 ③ 질식・부촉매・냉각・희석효과 ④ 제1종 분말약제보다 흡습성이 강하여 소화효과가 1.67배 정도 큼 ⑤ 칼륨이온(K^+)이 나트륨이온(Na^+)보다 부촉매 등 화학적 소화효과가 큼 ⑥ 불꽃을 만나면 자주색으로 빛을 내기 때문에 Purple K라고도 함 ※ 제2종 분말은 탄산수소칼륨, 중탄산칼륨약제로 불린다.
제3종 분말	① 담홍색(혹은 황색)으로 착색됨 ② 실리콘오일 등으로 방습처리함 ③ A・B・C급 화재에 적합함 ④ 질식・부촉매・냉각・희석효과 등 ⑤ 메타인산(HPO_3)이 산소와 접촉・차단하여 가연물의 숯불 형태의 잔진 상태의 연소까지 저지시키는 방진작용에 의한 것임 ⑥ 열분해되어 나온 오쏘인산(H_3PO_4)이 연소물의 섬유소를 난연성의 탄소와 물로 분해시키는 탄화와 탈수작용을 가짐 ※ 메타인산은 방진작용을 하고, 오쏘인산은 탄화와 탈수작용을 한다. ⑦ 제1종, 제2종 분말약제보다 20 ~ 30% 효과가 큼(주성분 75% 이상 비중 2.1) ⑧ 제2종과 제3종은 비누화 현상이 없음
제4종 분말	① 전기 및 유류화재에 사용됨 ② 회색으로 착색됨 ③ B・C 급 화재에 적합함 ④ 효과는 최고이나 가격이 비싸서 잘 유통되지 않음

3 분말 소화약제의 특성

(1) 자체압력이 없으므로 질소나 탄산가스의 압력을 이용해서 소화약제를 방출한다.

(2) 변질의 위험이 없으므로 반영구적이다.

(3) 불꽃화재에 사용할 경우 속효성(knock down 효과)이 있다.

(4) 습기와 반응하여 고화되기 때문에 이를 방지하기 위하여 금속의 스테아린산염이나 실리콘수지 등으로 방습 가공을 해야 한다.

(5) 사용되는 분말의 입도는 10 ~ 70㎛ 범위이며 최적의 소화효과를 나타내는 입도의 분포는 20 ~ 25㎛이다(입자가 너무 크거나 너무 작으면 소화효과가 떨어지게 된다).

(6) 분말은 털면 털어지기 때문에 오염은 적지만 정밀기기류나 통신기기류는 부적합하다.

(7) 분말을 수면에 고르게 살포한 경우에 1시간 이내에 침강하지 않아야 하고, 칼륨의 중탄산염이 주성분인 소화약제는 담회색으로, 인산 등이 주성분인 소화약제는 담홍색(또는 황색)으로 각각 착색하여야 하며 이를 혼합하지 않아야 한다.

(8) 인산은 물과 결합 정도에 따라 메타인산, 피로인산, 오쏘인산의 3가지로 나뉘며 오쏘인산(H_3PO_4)은 상온에서, 메타인산(HPO_3)은 고온에서 안정된 물질이다. 또한 세 개의 수소원자와 결합하는 암모니아의 수에 따라 제1·2·3 인산암모늄이 생성된다.

(9) 비중 : 1종(2.18), 2종(2.14), 3종(1.82)으로 가벼울수록 효과를 더 나타낸다.

(10) 소화효과 : '제1종 분말 < 제2종 분말 < 제3종 분말 < 제4종 분말'의 순이다.

4 분말소화기의 장·단점

구분	내용
장점	• 부촉매, 질식, 냉각, 희석효과 등에 의해 소화효과가 우수하다. • 분말이 비전도체이기 때문에 전기화재(C급 화재)에 적합하다. • 인체에 해가 없고, 약제 수명이 반영구적이다. • 동결의 우려가 없다. • 특수가연물이나 가연성 액체의 표면화재에 적합하다. • 화재 확대가 빠른 가연성 액체의 표면화재에 효과가 빠른 속효성이 있다.
단점	• 소화 후 잔여물이 남아서 정밀기기나 통신기기류에 피해를 입힌다. • 분사 시 고압이 필요하다. • 심부화재 진화 시 재연소 가능성이 크다. • 습기의 흡입에 주의하여야 한다. • 가시도가 악화되어 피난에 방해된다. • 유류화재 소화 후 재착화 위험성이 있다. • 금속류에 효과가 없다. • 침투성이 나쁘다. • 물과 함께 소화 후 방사된 잔유물이 피연소물에 피해를 준다.

5 분말소화기의 소화효과

(1) 질식작용 : 열분해 시 생산되는 수증기나 CO_2 등이 질식효과를 유발함

(2) 냉각작용 : 열분해 시 발생되는 수증기 흡열반응에 의해 냉각효과가 나타남

(3) 부촉매작용 : 소화분말에서 유리되어 나온 암모늄이온(NH_4^+), 나트륨이온(Na^+), 칼륨이온(K^+) 등이 활성라디칼과 결합하여 연쇄반응을 차단·억제하는 부촉매소화를 함

(4) 방진작용 : 제3종 소화분말은 열분해 시 액체 상태의 점성을 가진 메타인산(HPO_3)을 형성하는데, 이 메타인산이 가연물의 표면을 피복하여 가연물과 산소의 접촉을 차단함으로써 잔진현상(숯불 형태의 연소현상)을 방지함

(5) 탄화・탈수작용 : 제1인산암모늄의 열분해 시 생성되는 오쏘인산(H_3PO_4)이 목재, 종이, 섬유 등을 구성하는 셀룰로오스(섬유소)를 탈수・탄화시켜 난연성의 탄소와 물로 변화시키기 때문에 연소반응이 중단됨

(6) 비누화(Saponification) 현상 : 제1종 분말 소화약제를 식용유나 유지류 등의 화재에 사용하면 분말약제($NaHCO_3$)가 이들과 반응하여 가수분해하여 비누거품을 발생시켜 질식소화

(7) 희석효과 : 제1종과 제2종, 제3종 분말 소화약제는 분말 미립자에 의한 희석효과가 있음(제1종과 제2종은 희석을 통한 소화반응 촉진 효과도 있다)

6 분말 소화약제의 종류

종별	주성분	착색	적응화재	열분해생성물
제1종 분말	탄산수소나트륨($NaHCO_3$)	백색	B・C급	CO_2, H_2O, Na^+
제2종 분말	탄산수소칼륨($KHCO_3$)	담회색	B・C급	CO_2, H_2O, K^+
제3종 분말	제1인산암모늄($NH_4H_2PO_4$)	담홍색	A・B・C급	HPO_3, H_2O, NH_4^+
제4종 분말	탄산수소칼륨 + 요소 [$KHCO_3$ + $(NH_2)_2CO$]	회색	B・C급	CO_2, K^+, NH_4^+

7 분말 소화약제의 열분해 반응식

종별	반응식	특성
제1종 분말	• 270℃ : $2NaHCO_3 \rightarrow Na_2CO_3 + CO_2 + H_2O$ • 850℃ : $2NaHCO_3 \rightarrow Na_2O_3 + 2CO_2 + H_2O$	• 비누화 현상 → 식용유화재에 적합 • Na^+이온에 의한 부촉매소화
제2종 분말	• 190℃ : $2KHCO_3 \rightarrow K_2CO_3 + CO_2 + H_2O$ • 890℃ : $2KHCO_3 \rightarrow K_2O + 2CO_2 + H_2O$	• K^+이온에 의한 부촉매소화
제3종 분말	• 190℃ : $NH_4H_2PO_4 \rightarrow H_3PO_4$(오쏘인산) + NH_3 • 215℃ : $H_3PO_4 \rightarrow H_4P_2O_7$(피이로인산) + H_2O • 300℃ : $H_4P_2O_7 \rightarrow 2HPO_3$(메타인산) + H_2O ※ 250℃ 이상 : $2HPO_3 \rightarrow P_2O_5$(오산화인) + H_2O	• A・B・C급 화재에 모두 사용 • NH_4^+이온에 의한 부촉매소화 • 현재 생산되고 있는 분말 소화약제의 대부분을 차지함
제4종 분말	• $2KHCO_3 + (NH_2)_2CO \rightarrow K_2CO_2 + 2NH_3 + 2CO_2$	• 소화효과는 가장 좋으나 가격이 비싸서 현재는 거의 사용되지 않음

8 분말소화기의 효과의 적응화재

(1) 소화효과 : 질식・부촉매・냉각・희석소화효과 등

(2) 적응화재 : 유류화재(B급 화재), 전기화재(C급 화재) ※단, 제3종 분말은 A・B・C급 화재에 적합

✔ Check 제3종 분말 소화약제의 구체적 소화효과

- 열분해 시 발생되는 불연성 기체(CO_2, H_2O, NH_3)에 의한 질식효과
- 열분해 시 유리된 암모늄이온(NH_4^+)의 연쇄반응과 분말 표면의 흡착에 의한 부촉매효과
- 열분해 시 물(H_2O) 등의 흡열반응에 의한 냉각효과
- 분말 운무에 의한 화염으로부터 방사열의 차단효과
- 반응과정에서 생성된 메타인산(HPO_3)의 방진효과
- 오쏘인산에 의한 섬유소, NH_3, H_3PO_4 등의 탈수·탄화작용 등
- 분말 미립자에 의한 희석효과

※ 방사 후 흡습하여 약알칼리와 약산성을 나타내기 때문에 금속을 부식시킬 수 있다.

02 절 기타 분말 소화약제

1 CDC(Compatible Dry Chemical)

CDC 소화약제는 포와 함께 사용되는 약제이다. 일반 분말 소화약제가 속효성과 속소성(빠르게 소멸)이란 장점이 있지만 유류화재 시의 속소성은 재착화의 위험이 있는 단점이 되기도 한다. 이를 보완한 CDC 소화약제는 분말의 속소성과 거품의 지속 안정성의 2가지 장점을 갖춘 소화약제로서 주로 비행장 등에 사용된다.

(1) CDC 소화약제의 가장 큰 장점은 속소성이다.

(2) 방사된 분말이 화염을 입체적으로 둘러싸고 부촉매, 냉각, 질식, 방사열 차단 효과 등이 있다.

(3) 분말 소화약제의 장점과 포 소화약제의 장점만을 조합하여 제조된 소화약제를 의미한다.

(4) 분말 소화약제는 빠른 소화능력은 있으나 연소표면으로부터 발산하는 가연성 가스를 완전 봉쇄하지 못하고 유면을 완전히 덮어 화염을 소화하지 못하면 연소표면으로부터 발산하는 가연성 가스를 완전히 봉쇄하지 못하는 결과로 유류화재 등에 사용되는 경우 재착화의 위험성이 있다. 이에 유류화재에 대한 소화능력이 우수하고, 유류화재의 표면을 방출된 포로 완전히 덮어 소화시켜 재착화의 위험이 없는 수성막포 소화약제를 겸용하여 제작하였다.

(5) 분말 소화약제의 속소성과 거품의 지속 안정성의 두 장점을 갖춘 Twin Agent System을 만들기 위해 개발된 소화약제가 CDC 소화약제이다.

① Twin 20/20 : 제3종 분말 20kg + 수성막포 20L

② Twin 40/40 : 제3종 분말 40kg + 수성막포 40L

(6) 주로 항공기화재에 사용되며, '소포성이 적은 분말 소화약제' 또는 '겸용성이 있는 분말 소화약제'라고도 하는데 국제적으로 정해진 규격은 없다.

2 금속화재용 분말 소화약제(Dry Powder)

(1) 금속화재(Al, K, Mg, Na 등의 금속 또는 Ti, Zr, Zn 등의 금속분말에 의한 화재) 시에 금속화재의 표면을 덮어 산소공급을 차단하거나 온도를 낮춰 소화하는 약제를 말한다.

(2) 흑연, 탄산나트륨, 염화나트륨, 활석 등을 주성분으로 하고, 여기에 유기물을 결합제로 첨가하여 사용한다.

(3) 종류

① G-1 : 흑연화된 코크스가 주성분

② Met-L-X : 염화나트륨(NaCl)이 주성분

③ Na-X : Na 화재용으로 개발된 것으로, 탄산나트륨(Na_2CO_3)이 주성분

④ Lith-X : 흑연이 주성분

✓ Check Dry Chemical과 Dry Powder 소화약제의 차이점

① Dry Chemical

㉠ CO_2나 할론 소화약제의 대체 소화약제로서 고체분말이 질소나 이산화탄소 속에 부유상태로 있는 것이며, 분말은 10 ~ 75㎛ 크기로서 불활성 가스에 의해 방출된다.

㉡ Dry chemical의 주된 소화메커니즘은 활성종의 제거에 의한 연쇄반응의 절단이며 이외에 냉각작용, 질식작용, 희석작용도 하게 된다.

㉢ 자기반응성 약품, 반응성 금속, 심부화재 등에는 사용할 수 없다.

㉣ 제1종 · 제2종 · 제3종 · 제4종 분말소화기 및 CDC 등이 해당된다.

② Dry Powder

㉠ 금속화재용 분말약제로 고온의 가연성 금속화재에 사용하는 소화약제들을 의미한다.

㉡ 금속가연물들은 물과는 격렬하게 발열하며 반응하기 때문에 습식화학제(Wet Chemical)나 물을 금속화재에 사용할 수는 없다. 이는 고온의 금속가연물들은 물과 접촉하면 수소를 발생하며 급격히 연소하기 때문이다.

㉢ Dry Powder 소화약제의 성분 : 흑연, 탄산나트륨, 염화나트륨, 활석 등 + 유기물

㉣ Dry Powder 소화약제의 종류 : G-1, Met-L-X, Na-X, Lith-X 등

3 간이 소화약제

(1) 마른 모래(만능소화약제)

건조사는 건조된 모래를 이용하며, 질식작용으로 일반, 유류, 전기, 금속화재에 적응한다. 보통 건조사는 만능소화제라 불린다.

(2) 소화질석(팽창질석, 팽창진주암)

① 열을 흡수하면 체적이 팽창하여 연소물을 덮어 질식효과를 유발하는데, 금속화재에 가장 적응성이 좋다.

② 활성금속이나 유기금속화합물인 알킬알루미늄, 알킬리튬 또는 특수가연물 중 고체나 액체 상태의 고무・플라스틱 등의 초기화재에 유효한 소화약제이다.

✔ Check 팽창질석과 팽창진주암

① **팽창질석**

㉠ 팽창질석은 함수성 엽상 규산염(含水性 葉狀 硅酸鹽)으로 운모모양의 사이에 수분이 포함되어 가열하면 부분적으로 녹으면서 지렁이처럼 커지기 때문에 질석이라는 이름이 붙게 되었다.

㉡ 팽창 후에는 아주 가벼워서 단열재 등에 널리 사용된다. 소화약제로 적용할 때 초기 온도는 높지만 온도 감소가 안정적이며 가볍고 가격이 저렴하다.

㉢ 질석을 고온(1,000 ~ 1,400℃)에서 팽창시킨 것으로, 알킬알루미늄 화재에 적합하다.

② **팽창진주암**

㉠ 진주암은 규산알루미노나트륨, 칼륨을 주성분으로 한 암석으로 물을 4% 내지 5% 함유하고 있으며 850℃에서 900℃로 가열하면 녹으면서 물이 수증기로 변하여 팽창하면서 가벼운 비중으로 만든다.

㉡ 수분이 있는 진주암을 가열하여 수분을 뺀 돌가루이다. 소화약제로 적용할 때 초기 온도는 높지만 온도 감소가 안정적이며 가볍고 가격이 저렴하다.

(3) D급 소화기

소화기 형태로 사용이 용이하며 초기 온도를 쉽게 낮출 수 있어 효율적이지만 워낙 가격도 비싸고 1회 사용으로 경제성이 취약하다.

(4) 소화탄(소이탄)

중조($NaHCO_3$), 탄산암모니아[$(NH_4)_2CO_3$]가 주성분이다.

(5) 중조톱밥

인화성 액체의 화재에 적합한 소화약제이다.

CHAPTER

05 할론 소화약제 소화원리

1 할론 소화약제의 특성

(1) 메탄(CH_4) 또는 에탄(C_2H_6)의 수소원자와 할로젠족 원소(F, Cl, Br, I)와의 치환체로 만들어진 소화약제로서 일명 "할론(Halon)"이라고도 한다.

(2) 연소의 4요소 중 연쇄반응을 차단시켜 화재를 소화한다.

(3) 지구의 오존층을 파괴하는 오존파괴지수가 커서 환경오염 문제가 생길 수 있다.

(4) 일반적으로 유류화재(B급 화재), 전기화재(C급 화재)에 적합하나 전역방출방식으로 방사하면 일반화재(A급 화재)에도 사용할 수 있다.

(5) 청정 소화약제가 아니며 현재도 일부에서 사용되고 있다.

2 할론 소화약제의 장 · 단점

장점	• 소화 후 약제의 잔존물 없이 증거보존이 양호하여 화재원인 조사가 쉽다. • 피연소물의 피해가 적다. • 화학적으로 안정하여 변질 및 분해의 우려가 없어서 수명이 반영구적이다. • 부촉매작용으로 소화효과가 우수하다(화학적 소화가 가능하다). • 비전도성이므로 전기화재(C급 화재)에 유효하다. • 금속에 대한 부식성이 적다.
단점	• 오존층을 파괴하고, 지구온난화를 일으키는 환경오염 물질이다. • 열분해 시 발생하는 생성 가스는 인체에 유해하므로 주의를 요한다. • 가격이 비싸다.

3 할론 소화약제의 소화효과

(1) 부촉매(억제)소화 : 활성화 에너지를 높여 연쇄반응을 억제 · 차단하여 소화함(화학적 소화)

(2) 질식소화 : 열분해 시 불연성 기체에 의한 질식효과가 없음

(3) 냉각소화 : 액체 할론이 기체 할론으로 변할 때에 기화열에 의해 주위의 열을 흡수해 냉각소화

4 할론 소화약제의 적응화재

(1) 일반화재(A급 화재) : 전역방출방식의 경우 가능

(2) 유류화재(B급 화재)

(3) 전기화재(C급 화재)

5 할론 소화약제의 종류 및 명명법

Halon	o	o	o	o	예 Halon 1211
	⬇	⬇	⬇	⬇	⬇
	탄소(C)수	불소(F)수	염소(Cl)수	브로민(Br)수	CF_2ClBr

6 할론 소화약제의 종류

(1) 종류

종류	분자식	특징
할론 1301	CF_3Br	① 메탄(CH_4)의 유도체로서 가장 대표적인 할론 소화약제이다. ② 상온에서 기체로(14kg/cm²) 존재하며 액화시켜 용기에 충전하여 (42kg/cm²) 고정설비에 주로 사용하며 소화농도는 5%로 사용한다. ③ 자체 독성은 없으나 고온에서 열분해 시 독성이 강한 분해생성물이 발생하며, 할론 소화약제 중에서 독성이 가장 약하다. ④ 무색·무취이며 비전도성으로 공기보다 5배 무겁다. ⑤ 지하층, 무창층에 사용 가능하다. ⑥ 할론 소화약제 중에서 소화효과가 가장 크다. ⑦ 오존층파괴지수(ODP)가 가장 크다. ⑧ 공기보다 약 5배 무겁다.
할론 1211	CF_2ClBr	① 메탄(CH_4)의 유도체로서 상온(평상 시 온도)에서 기체이며 공기보다 약 5.7배 무겁다. ② 증기압이 낮아(2.8kg/cm²) 가압용 가스로 질소를 사용하여 소화력도 좋은 편이다. ③ 할론 소화약제 중 오존파괴지수(ODP)가 가장 낮다. ④ 방출 시에는 액체로 분사되며 비점은 -4℃이다. ⑤ 소화기용 소화약제로 사용하는 경우 A급 화재, B급 화재, C급 화재에 적응되는 소화약제이다(소형소화기에 주로 사용). ⑥ 안정성이 가장 높고 독성이 약하다. ⑦ 국내 백화점 등 상품전시매장에 가면 일반화재용의 이동식으로 사용된다. ⑧ 자동차 휴대용 소화기로 사용된다.
할론 2402	$C_2F_4Br_2$	① 에탄(C_2H_6)과 치환된 할론 소화약제이다. ② 할론 1301, 할론 1211보다 독성이 강하여 소화약제로 거의 사용하지 않고, NFSC 규정에서 휴대용 소화기로 사용이 제한된다. ③ 상온에서 액체이며, 공기보다 약 9배 무겁다. ④ 증기의 비중이 크므로 옥외에서 방출된 후 밑으로 가라앉는 것을 이용하여 석유류의 옥외탱크저장소 시설에 한해 사용한다.
할론 1011	CH_2ClBr	① 상온에서 액체이며 독성이 있다. ② 항공기 화재진압용으로 사용된다(2차 세계 대전 당시 영국). ③ 안전성이 가장 낮고 저장이 쉽지 않아 잘 사용되고 있지 않다.

할론 104	CCl_4	① 가장 먼저 사용된 소화약제로 사염화탄소 소화약제로서 공기, 수분, 탄산가스와 반응하면 독성인 포스겐($COCl_2$)이 발생된다. ② 심각한 독성으로 법적으로 사용이 금지된 소화약제이다.

(2) 할론 소화약제의 특성 비교
① 반응성의 비교 : F > Cl > Br > I
② 부촉매효과(소화강도)의 크기 : F < Cl < Br < I
③ 소화성능 비교 : 1301 > 1211 > 2402
④ 오존파괴지수(ODP) : 1301 > 2402 > 1211
⑤ 독성의 크기 : 2402 > 1211 > 1301

7 할론 소화약제의 소화효과

(1) 소화효과 : 억제효과 및 질식 · 냉각효과 등
(2) 적응화재 : 전기화재, 통신실화재, 유류화재 등(1211은 A · B · C급)

8 할론 소화약제의 사용 제한

(1) 할론 소화약제의 사용 제한(제3류 · 제5류 위험물 등)
(2) 금속의 수소화물(수소화리튬, 수소화나트륨 등)
(3) 셀룰로오스, 질산염 등과 같은 자기반응성 물질 또는 이들의 혼합물
(4) 유기과산화물, 하이드라진과 같이 스스로 발열 분해하는 화학제품
(5) 칼륨, 나트륨, 마그네슘, 티타늄, 지르코늄, 우라늄, 플루토늄 등 반응성이 큰 금속
(6) 사람이 있는 공간(질식의 우려가 있어 사용 금지)

✔ Check 오존파괴지수와 지구온난화지수

① **오존파괴지수(ODP, Ozone Depletion Potential) 계산법** : 어떤 화합물질의 오존파괴 정도를 숫자로 표현한 것으로서 숫자가 클수록 오존파괴 정도가 큼[삼염화불화탄소($CFCl_3$)인 CFC-11의 오존파괴능력을 1로 보았을 때 상대적인 파괴능력을 나타내는 지수로서 다음 식에 의해서 산출됨]

$$ODP = \frac{\text{어떤 물질 1kg이 파괴하는 오존량}}{\text{CFC-11의 1kg이 파괴하는 오존량}}$$

② **오존파괴지수(ODP, Ozone Depletion Potential)** : 오존층이란 오존을 많이 함유하고 있는 공기층으로 지상 20 ~ 30km 상공에 있으며 인체나 생물에 해로운 태양의 자외선을 흡수함

할론 1301	할론 2402	할론 1211	이산화탄소
14	6.6	2.4	0.05

③ **지구온난화지수(GWP, Global Warming Potential)** : 이산화탄소 1kg과 비교하였을 때 어떤 온실기체가 대기 중에 방출된 후 특정 기간 그 기체 1kg의 가열 효과가 어느 정도인가를 평가하는 척도

$$GWP = \frac{\text{어떤 물질 1kg이 기여하는 온난화 정도}}{CO_2\text{의 1kg이 기여하는 온난화 정도}}$$

CHAPTER

06 할로젠화합물 및 불활성 기체 소화약제 소화원리

1 할로젠화합물 소화약제(17족)

불소, 염소, 취소(브로민), 옥소(아이오딘) 중 하나 이상의 원소를 포함하고 있는 유기화합물을 기본성분으로 하는 소화약제를 말한다.

2 불활성 기체 소화약제(18족)

헬륨, 네온, 아르곤, 질소 중 하나 이상의 원소를 기본성분으로 하는 소화약제를 말한다.

3 할로젠화합물 및 불활성 기체 소화약제의 특성

(1) 특성

① "할로젠화합물 및 불활성 기체 소화약제"란 할로젠화합물(할론 1301, 할론 2402, 할론 1211 제외) 및 불활성 기체로서 전기적으로 비전도성이며 휘발성이 있거나 증발 후 잔여물을 남기지 않는 소화약제이며, 청정 소화약제로 불리기도 한다.

② 오존과의 반응성이 강한 브로민(Br)을 함유하고 있어 오존층을 파괴하는 할론 소화약제를 대체하기 위하여 연구 개발되었다.

③ 할로젠화합물 소화약제의 소화효과 : 냉각효과, 질식효과, 부촉매효과

④ 불활성 기체 소화약제의 소화효과 : 냉각효과, 질식효과

(2) 구비조건

① 소화성능이 우수해야 한다.

② 독성이 낮고 인체에 무해해야 한다.

③ 환경영향성에서 오존파괴지수(ODP), 지구온난화지수(GWP), 대기잔존시간(ALT) 등이 낮아야 하며, 토양을 오염시키지 않아야 한다.

④ 소화약제가 안정적이고 저장용기 등을 부식시키지 않아야 하며 수명이 길어야 한다.

⑤ 가격과 유지관리 비용이 저렴하여 경제성이 있어야 한다.

⑥ 증발잔유물이 없어야 한다.

⑦ 공기보다 무겁고 불연성이어야 한다.

⑧ 기화되기 쉬운 저비점 물질이어야 한다.

(3) 할로젠화합물 및 불활성 기체 소화약제의 장·단점

장점	• 오존층을 파괴하지 않는다(HCFC 계열 제외). • 지구온난화지수가 낮다(FC-5-1-14 물질은 제외). • 소화 후 약제의 잔존물이 없어 증거보존이 양호하고 화재원인 조사가 쉽다. • 피연소물질에 물리·화학적 변화를 초래하지 않는다.

	• 전연방출방식으로 할 때에는 일반화재(A급 화재)도 진압할 수 있다. • 화학적으로 안정하여 변질 및 분해의 우려가 없어서 수명이 반영구적이다. • 할로젠화합물 소화약제의 경우 부촉매작용으로 소화효과가 우수하다. • 전기부도체로서 전기 절연성이 우수하다.
단점	• HCFC-124와 HCFC-125는 인체에 유해하다. • 가격이 비싸다. • 다른 소화설비보다 소화약제량이 많아 넓은 저장실이 필요하다.

4 할로젠화합물 소화약제

(1) 할로젠화합물 소화약제의 개념

① 불소(F), 염소(Cl), 브로민(Br) 또는 아이오딘(I) 중 하나 이상의 원소를 포함하고 있는 유기화합물을 기본성분으로 하는 소화약제를 말한다.

② 오존과의 반응성이 강한 브로민(Br)이 함유되어 있지 않기 때문에 오존파괴지수(ODP)와 지구온난화지수(GWP)가 할론 물질과 이산화탄소(CO_2)에 비하여 무시할 정도로 낮다.

③ 부촉매소화(화학적 소화)효과가 우수하다.

④ 할로젠화합물 소화약제의 종류

소화약제의 종류	화학식	최대허용 설계농도(%)
퍼플루오로부탄(FC-3-1-10)	C_4F_{10}	40
하이드로클로로 플루오로카본 혼합제 (HCFC BLEND A)	HCFC-123($CHCl_2CF_3$) : 4.75% HCFC-22($CHClF_2$) : 82% HCFC-124($CHClFCF_3$) : 9.5% $C_{10}H_{16}$: 3.75%	10
클로로테트라플루오로에탄(HCFC-124)	$CHClFCF_3$	1.0
펜타플루오로프로판(HFC-125)	CHF_2CF_3	11.5
헵타플루오로프로판(HFC-227ea)	CF_3CHFCF_3	10.5
트라이플루오로메탄(HFC-23)	CHF_3	30
헥사플루오로프로판(HFC-236fa)	$CF_3CH_2CF_3$	12.5
트라이플루오로이오다이드(FIC-1311)	CF_3I	0.3
도데카플루오로-2-메틸펜탄-3-원 (FK-5-1-12)	$CF_3CF_2C(O)CF(CF_3)_2$	10

(2) 할로젠화합물 소화약제의 특성

① FC-2-1-8(플루오로프로판) : FC계 물질은 탄소원자에 접한 모든 물질이 불소인 물질을 총칭하는 것으로 미국 3M사가 소화약제로 개발하여 발표하였다. 이 FC계 물질은 깨끗하고, 안정되고, 독성이 없고, 불활성이며, 비전도성이고, ODP(오존파괴지수)가 0이다.

다만 FC계 대체물질은 다른 대체물질에 비해 대기 중 수명이 길어 지구온난화에 미치는 영향이 크므로 SNAP Program에서는 다른 대체물질이 없는 제한된 용도에서만 사용이 허용된다.

② FC-3-1-10(퍼플루오로부탄) : 화학식은 C_4F_{10}이고 끓는점이 -2.2℃로 전역방출방식에 사용되며 소화농도가 5.0~5.9vol%로 비교적 소화성능도 우수하다. 또한 NOAEL(No Observed Adverse Effect Level : 심장의 역반응이 나타나지 않는 최고 농도)이 40vol%로 소화농도보다 훨씬 높기 때문에 거실에서도 사용할 수 있는 장점이 있다. 같은 화재에 대해 FC-3-1-10은 할론 1301에 비해 무게비로 약 2배의 양을 사용해야 소화된다. 현재 FC-3-1-10은 SNAP 프로그램은 물론 NFPA 2001에 등재되어 있으며 UL에서는 소화약제 및 소방설비의 Pre-engineered System에 대한 인정을 받은 상태이다.

③ HCFC BLEND A(하이드로클로로 플루오로카본 혼합제) : HCFC BLEND A는 HCFC-123, HCFC-22, HCFC-124와 $C_{10}H_{16}$의 혼합물로 이루어진 소화약제로서 캐나다에서 개발하였다. 이 소화약제는 ODP가 0.044이고 대기 중에서의 잔존수명이 7년인 할론 1301의 대체물질이다. 소화농도가 7.2vol%이고, LC50이 64vol%, NOAEL이 10vol%로 사람이 있는 거실에서 사용이 가능하다. 이 물질은 SNAP program, NFPA 2001, UL Canada에 등재되어 있으며 현재 생산하여 판매되고 있다. 이 소화약제의 HCFC물질은 오존층 보호를 위한 몬트리올 의정서에서 경과 물질로 규정되어 있어 2030년에는 생산이 금지된다.

④ HCFC-124(클로로테트라 플루오로에탄) : HCFC-124는 HCFC계 물질로 끓는점이 -11.0℃이며 전역방출방식 및 휴대용 소화약제의 후보물질이다. HCFC-124는 미국 Du Pont사에서 FE-241이라는 상품명으로 판매되고 있다. n-heptane 불꽃의 소화농도는 6.4 ~ 8.2vol%이고 독성은 LC50이 23 ~ 29vol%, NOAEL이 1.0vol%, LOAEL(Lowest Observed Adverse Effect Level : 심장의 역반응이 나타나는 최저 농도)이 2.5vol%이다. 할론 1301과 비교할 때 무게비로 1.6배 부피비로 2.3배를 투입하여야 효과적으로 소화할 수 있다.

⑤ HFC-125(펜타플루오로에탄) : 미국의 Du Pont사가 FE-25라는 상품명으로 개발한 전역방출방식용의 할론 대체 소화약제이다. HFC-125는 할론 1301과 아주 유사한 물성을 지니고 있다. 다만 밀도는 1.249g/ml로 할론 1301의 1.548g/ml보다 낮고 임계온도도 비교적 낮기 때문에 용기에 대한 소화약제의 저장비율이 약간 떨어진다. 불꽃의 소화농도는 8.1 ~ 9.4vol%로 할론 1301에 비해 높으며 증발잠열은 27.1cal/g으로 할론 1301의 19.7cal/g에 비해 훨씬 크므로 완전히 기화시켜 배출하는 데 어려움이 있다. NOAEL은 7.5%, LOAEL은 10.0%이고 인 LC50은 70% 이상으로 독성이 비교적 적다. 그러나 NOAEL은 소화농도보다 낮기 때문에 거실에서는 사용할 수 없다. HFC-125는 안정성이 뛰어나기 때문에 대부분의 금속과 고무 등에 상용성이 있다. HFC-125는 기존의 할론에 비해 소화성능이 현저히 떨어지기 때문에 궁극적인 대체물질은 아니다. 이 물질은 기존의 전역방출방식 시설을 약간 보완만 하면 그대로 사용할 수 있는 장점이 있다. 다만 설계농도를 약 12vol%로 유지해야 하므로 더 큰 저장용기가 필요하다.

⑥ HFC-227ea(헵타플루오로프로판) : 미국의 Great Lakes Chemical사가 FM-200이라는 상품명으로 개발한 소화약제로 ODP가 0이며 끓는점이-16.4℃로 전역방출방식에 적합하다. 이 소화약제의 불꽃 소화농도는 5.8 ~ 6.6vol%로 비교적 소화성능이 우수한 편이다. 독성은 NOAEL이 9.0vol%, LC50이 80vol% 이상으로 낮아 사람이 있는 곳에서 전역방출방식으로 사용이 가능하다.

⑦ HFC-23(트라이플루오로메탄) : FC에 수소가 첨가된 HFC계의 대체물질로 대기 중 수명이 FC에 비해 줄어들어 GWP도 작도록 개발된 물질이다. HFC계 물질은 브로민과 염소도 함유하지 않아 ODP가 0이며 독성도 낮다. 다만 이 물질의 단점은 브로민이 함유되지 않아 화학적 소화성능은 없고 물리적 소화성능만 발휘하기 때문에 소화성능이 기존의 할론에 미치지 못하는 점이다. HFC-23은 미국의 Du Pont사가 FE-13이라는 상품명으로 개발한 전역방출방식용의 할론 대체 소화약제이다.

⑧ HFC-236fa(헥사플루오로프로판) : 미국의 Du Pont사가 FE-36이라는 상품명으로 개발한 소화약제로서 화학식은 $CF_3CH_2CF_3$로 FE에 수소가 첨가된 HFC계의 대체물질로 HFC계 물질은 브로민과 염소를 함유하지 않아 ODP가 0이며 독성도 낮은 편이다.

⑨ FIC-13I1(트라이플루오로이오다이드) : 미국의 NMERI(New Mexico Engineering Research Institute)에서 개발한 소화약제로서 CF_3I는 할론-1301의 분자구조 중 브로민 원자를 아이오딘 원자로 대치한 형태이며 대기 중 수명이 1.15일에 불과하고 GWP가 1 이하, 계산상 ODP가 0.008 이하로 추정된다. CF_3I의 장점은 이 소화약제가 물리적 소화성능뿐만 아니라 화학적 소화성능을 지니고 있는 점이다. 따라서 이 소화약제의 소화농도는 3.1%로 매우 우수하다. 다만 이 물질의 NOAEL이 0.2%, LOAEL이 0.4%로 나타나 사람이 존재하는 곳에서는 사용이 곤란하다.

(3) 할로젠화합물 소화약제의 사용 제한

① 할로젠소화설비 소화약제(제3류·제5류 위험물 등)

② 금속의 수소화물(수소화리튬, 수소화나트륨 등)

③ 셀룰로오스, 질산염 등과 같은 자기반응성 물질 또는 이들의 혼합물

④ 유기과산화물, 하이드라진과 같이 스스로 발열 분해하는 화학제품

⑤ 칼륨, 나트륨, 마그네슘, 티타늄, 지르코늄, 우라늄, 플루토늄 등 반응성이 큰 금속

⑥ 사람이 있는 밀폐된 공간(질식의 우려가 있어 사용 금지)

5 불활성 기체 소화약제

(1) 불활성 기체 소화약제의 개념

① 헬륨(He), 네온(Ne), 아르곤(Ar), 질소(N_2) 중 하나 이상의 원소를 포함하고 있는 소화약제를 말한다.

② 질소(N_2), 아르곤(Ar), 이산화탄소(CO_2)로 구성되어 있기 때문에 오존파괴지수(ODP)와 지구온난화지수(GWP)가 0이다.

③ 부촉매소화(화학적 소화)효과가 없어서, 밀폐된 공간에서 산소농도를 낮추는 것에 의해 소화한다.

④ 소화성능을 발휘할 수 있는 약제의 농도에서도 사람의 호흡에 문제가 없으므로 사람이 있는 곳에서도 사용이 가능하다.

⑤ 불활성 기체 소화약제(이너젠 : Inergen)의 종류

소화약제의 종류	화학식	최대허용 설계농도(%)
불연성·불활성 기체 혼합가스(IG-100)	N_2 : 100%	43
불연성·불활성 기체 혼합가스(IG-01)	Ar : 100%	43
불연성·불활성 기체 혼합가스(IG-55)	N_2 : 50%, Ar : 50%	43
불연성·불활성 기체 혼합가스(IG-541)	N_2 : 52%, Ar : 40%, CO_2 : 8%	43

(2) 불활성 기체 소화약제의 종별 특성

① IG-01·IG-55·IG-100(불연성·불활성 기체 혼합가스) : IG-01은 아르곤이 99.9vol% 이상, IG-55는 질소가 50vol%, 아르곤이 50vol%인 성분으로 되어 있으며 IG-100은 질소가 99.9vol% 이상이다. 불연성·불활성 기체 혼합가스 소화약제로서 대기 잔존지수와 GWP가 0이며 ODP도 0이다. 이들 소화약제는 할론이나 분말소화제와 같이 화학적 소화특성을 지니고 있는 것은 아니고 주로 밀폐된 공간에서 산소농도를 낮추는 것에 의해 소화한다.

② IG-541(불연성·불활성 기체 혼합가스) : IG-541은 질소 52%, 아르곤 40%, 이산화탄소 8%로 이루어진 혼합소화약제로 A급 및 B급 화재의 소화에 적합하다. 이 소화약제는 할론이나 분말소화제와 같이 화학적 소화특성을 지니고 있는 것은 아니고 주로 밀폐된 공간에서 산소농도를 낮추는 것에 의해 소화한다. 이 소화제의 장점은 소화성능을 발휘할 수 있는 약제의 농도에서도 사람의 호흡에 문제가 없으므로 사람이 있는 곳에서도 사용할 수 있다는 점이다.

(3) 불활성 기체 소화약제의 사용 제한

① 할로젠소화설비 소화약제의 사용 제한과 동일(제3류·제5류 위험물 등)

② 금속의 수소화물(수소화리튬, 수소화나트륨 등)

③ 셀룰로오스, 질산염 등과 같은 자기반응성 물질 또는 이들의 혼합물

④ 유기과산화물, 하이드라진과 같이 스스로 발열 분해하는 화학제품

⑤ 칼륨, 나트륨, 마그네슘, 티타늄, 지르코륨, 우라늄, 플루토늄 등 반응성이 큰 금속

6 할로젠화합물 및 불활성 기체 소화약제의 적응화재별 효과

(1) 소화효과 : 냉각 · 질식 · 억제효과 등

(2) 적응화재 : B급 · C급 화재(전역방출방식 : A급 화재 가능), 지하층, 무창층 사용 가능

(3) 할로젠화합물 및 불활성 기체 소화약제의 사용장소

① 전기와 전자적 위험이 있는 소방대상물

② 전기 · 전자통신설비가 설치된 소방대상물

③ 인화성, 가연성 액체 및 가연성 가스를 저장 · 취급하는 대상물

(4) 할로젠화합물 및 불활성 기체 소화약제의 사용금지장소의 비교점

할로젠화합물 소화약제는 사람이 있는 밀폐된 공간에서는 질식의 우려가 있어 사용이 금지되나, 불활성 기체 소화약제는 소화성능을 발휘할 수 있는 약제의 농도에서도 사람의 호흡에 문제가 없으므로 사람이 있는 곳에서도 사용이 가능하다.

(5) 할로젠화합물 및 불활성 기체 소화약제의 소화작용 및 적응화재

① 할론과 같은 냉각소화, 질식소화, 부촉매소화효과가 있다.

② 유류화재, 전기화재, 가스화재에 적합하며, 전역방출방식으로 사용하는 경우에는 일반화재에도 적응된다.

(6) 할로젠화합물 및 불활성 기체 소화약제의 저장용기 설치기준

① 방호구역 외의 장소에 설치할 것

② 온도가 55℃ 이하이고 온도의 변화가 작은 곳에 설치할 것

③ 직사광선 및 빗물이 침투할 우려가 없는 곳에 설치할 것

✔ Check IG-541의 성분별 기능

① N_2 : 소화약제 방출 후 방호구역 내의 산소농도를 12 ~ 14%로 낮추는 역할을 하여 화재를 진압한다.

② Ar : 방호구역 실내 혼합기체 비중을 공기와 비슷한 1.08로 유지시켜 방호구역에서의 IG-541 누설을 최소화하여 약제의 실내 유지시간을 상당시간 지속시켜 소화효과를 유지한다.

③ CO_2 : 소화약제 방출 후 실내의 CO_2 농도를 3 ~ 4% 정도로 높여 혹시 실내에 남아있을지도 모를 사람의 호흡을 촉진시켜 저산소 상태에서도 호흡을 무의식적으로 편안히 할 수 있도록 도와주는 역할을 한다.

(7) ODP기준

① 할론 및 이산화탄소 소화약제의 오존파괴지수(ODP)

할론 1301	할론 2402	할론 1211	이산화탄소
14	6.6	2.4	0.05

② 할로젠화합물 및 불활성 기체 소화약제의 물성

㉠ 피연소물질에 화학적 변화를 발생시키지 않으며, 비열 및 기화잠열이 커야 한다.

㉡ 약제 방출 시 자체 증기압력으로 신속하고 균일하게 방출되어야 한다.

③ 독성을 시험할 때 사용되는 용어

NOAEL	소화약제 농도를 증가시킬 때 신체에 나쁜 영향을 감지할 수 없는 최대 농도
LOAEL	소화약제 농도를 감소시킬 때 신체에 나쁜 영향을 감지할 수 있는 최소 농도
ALC	근사치 농도(15분간 노출시켜 그 반수가 사망하는 농도)
LC0	한 마리의 동물도 죽지 않는 최대 농도
LC50	반수의 동물이 죽는 최소 농도(반수 치사 농도)
LC100	전체 동물이 죽는 최소 농도

(8) 소방대상물에 따른 소화약제

① 할론 1301 소화약제는 차고, 주차장, 전기실, 통신기기실, 전산실 기타 이와 유사한 전기설비가 설치되어 있는 부분에는 반드시 필요한 약제이다.

② 차고, 주차장에는 제3종 분말 소화약제에 의해 소화가 가능하다.

✔Check 각 소화약제별 사용 온도

① 강화액소화기 : −20℃ 이상 40℃ 이하에서 사용함
② 분말소화기 : −20℃ 이상 40℃ 이하에서 사용함
③ CO_2 · 할론소화기 : 0℃ 이상 40℃ 이하에서 사용함
④ 할로젠화합물 및 불활성 기체 소화기 : 55℃ 이하에서 사용함
⑤ 포소화기 : 5℃ 이상 30℃ 이하에서 사용함
⑥ 수성막포소화기 : −20℃ 이상 30℃ 이하에서 사용함
  ㉠ 일반용(−5℃ 이상 30℃ 이하)
  ㉡ 내한용(−10℃ 이상 30℃ 이하)
  ㉢ 초내한용(−20℃ 이상 30℃ 이하)

7 각종 소화약제의 비교

구분	수계 소화약제		비수계(가스계) 소화약제		
	물	포	이산화탄소	할로젠화합물	분말
주된 소화효과	냉각, 질식	질식, 냉각	질식, 냉각	부촉매, 질식	질식, 부촉매
소화속도	느림	느림	빠름	빠름	빠름
냉각효과	큼	큼	작음	작음	작음
재발화 위험성	적음	적음	있음	있음	있음
대응하는 화재규모	중형 ~ 대형	중형 ~ 대형	소형 ~ 중형	소형 ~ 중형	소형 ~ 중형
사용 후의 오염	큼	매우 큼	전혀 없음	극히 적음	적음
적응화재	A(B · C)급	A · B급	(A)B · C급	(A)B · C급	(A)B · C급

8 소화약제의 적응화재와 효과

화재의 종류	가연물의 종류	적응 주요 소화약제 및 소화 효과
A급 화재	일반 가연물로서 목재, 고무, 종이, 플라스틱, 섬유류 등	• 물 → 냉각, 침투 • 수성막포(AFFF) → 냉각, 질식, 침투 • Halon 1211 → 억제, 피복 시 냉각 • A · B · C급 분말 → 억제, 냉각 • CO_2(이산화탄소) → 피복 시 냉각
B급 화재	가연성 액체로서 휘발유, 구리스, 페인트, 레커, 타르 등	• 수성막포 → 냉각, 질식 • CO_2(이산화탄소) → 질식, 냉각 • Halon 1301 · 1211 → 억제, 질식, 냉각 • A · B · C급 분말 → 억제, 질식 • B · C급 분말 → 질식, 억제, 냉각
C급 화재	통전 중인 전기 기구의 화재로 전선, 발전기, 모터, 판넬, 스위치, 기타 전기설비 등	• CO_2 → 부도체 • Halon 1301 · 1201 → 부도체 • A · B · C급 분말 → 부도체 • B · C급 분말 → 부도체
A · B급 화재	일반가연물과 가연성 액체 · 기체의 혼합물	• 수성막포 → 질식, 냉각 • Halon 1301 · 1211 → 억제, 질식, 냉각 • A · B · C급 분말 → 억제, 질식
B · C급 화재	가연성 액체 · 기체와 통전 중인 전기 기구와의 혼합물	• CO_2 → 질식, 냉각, 부도체 • Halon 1301 · 1201 → 억제, 질식, 냉각, 부도체 • A · B · C급 분말 → 억제, 질식, 부도체 • B · C급 분말 → 억제, 질식, 부도체
A · B · C급 화재	일반가연물과 가연성 액체 · 기체와 통전 중인 전기 기구와의 혼합물	• Halon 1301 · 1201 → 억제, 질식, 냉각, 부도체 • A · B · C급 분말 → 억제, 질식, 부도체 • CO_2 → 질식, 냉각(피복), 부도체 • 물, 강화액 → 냉각, 질식(C급은 무상주수) • 산 · 알칼리냉각, 질식(C급은 무상주수)
D급 화재	타 가연성 금속의 합금	• 금속화재용 분말 → 질식(공기차단), 냉각 • 마른 모래 → 건조사, 질식(공기차단), 냉각

9 주요 소화약제의 주소화효과 비교

<table>
<tr><th>소화약제</th><th>소화효과</th><th>주된 소화효과</th></tr>
<tr><td>물(스프링클러)</td><td>• 냉각효과
• 희석효과</td><td>냉각효과</td></tr>
<tr><td>물(무상 · 분무)</td><td>• 질식효과
• 냉각효과
• 유화효과
• 희석효과</td><td rowspan="4">질식효과</td></tr>
<tr><td>포</td><td>• 질식효과
• 냉각효과</td></tr>
<tr><td>분말</td><td>• 질식효과
• 부촉매효과(억제효과)
• 방사열 차단효과</td></tr>
<tr><td>이산화탄소</td><td>• 질식효과
• 냉각효과
• 피복효과</td></tr>
<tr><td>할론 · 할로젠화합물</td><td>• 부촉매효과(억제효과)
• 질식효과</td><td>부촉매효과(억제효과)</td></tr>
</table>

PART

03

소방시설

소방시설

1. 소방시설의 의의

소방시설이란 「소방시설 설치 및 관리에 관한 법률」에서 소화설비, 경보설비, 피난구조설비, 소화용수설비, 소화활동설비로 규정하고 있다. 소방시설을 설치하는 궁극적 목적은 화재 발생 시 특정소방대상물에 있는 사람과 재산을 보호하는 데 있다.

2. 소방시설의 개념 및 종류

「소방시설 설치 및 관리에 관한 법률 시행령」에서 소방시설의 개념과 종류를 다음과 같이 구분하고 있다.

(1) 소방시설의 개념

① **소화설비** : 물 또는 그 밖의 소화약제를 사용하여 소화하는 기계·기구 또는 설비
② **경보설비** : 화재발생 사실을 통보하는 기계·기구 또는 설비
③ **피난구조설비** : 화재가 발생할 경우 피난하기 위하여 사용하는 기구 또는 설비
④ **소화용수설비** : 화재를 진압하는 데 필요한 물을 공급하거나 저장하는 설비
⑤ **소화활동설비** : 화재를 진압하거나 인명구조활동을 위하여 사용하는 설비

(2) 소방시설의 종류

① 소화설비

소화기구	• 소화기 • 간이소화용구 : 에어로졸식 소화용구, 투척용 소화용구, 소공간용 소화용구 및 소화약제 외의 것을 이용한 간이소화용구 • 자동확산소화기
자동소화장치	• 주거용·상업용 주방자동소화장치 • 캐비닛형·가스·분말·고체에어로졸자동소화장치
옥내소화전설비	호스릴 옥내소화전설비를 포함
스프링클러설비등	• 스프링클러설비 • 간이스프링클러설비(캐비닛형 간이스프링클러설비를 포함) • 화재조기진압용 스프링클러설비
물분무등소화설비	• 물분무소화설비 • 미분무소화설비 • 포소화설비 • 이산화탄소소화설비 • 할론소화설비 • 할로겐화합물 및 불활성 기체 소화설비 • 분말소화설비 • 강화액소화설비 • 고체에어로졸소화설비
옥외소화전설비	

② 경보설비

㉠ 단독경보형 감지기
㉡ 비상경보설비(비상벨설비, 자동식사이렌설비)
㉢ 자동화재탐지설비
㉣ 시각경보기
㉤ 화재알림설비
㉥ 비상방송설비
㉦ 자동화재속보설비
㉧ 통합감시시설
㉨ 누전경보기
㉩ 가스누설경보기

※ 누전차단기는 해당사항 없음

③ 피난구조설비

피난기구	• 피난사다리 • 구조대 • 완강기 • 간이완강기 • 그 밖에 화재안전기준으로 정하는 것
인명구조기구	• 방열복, 방화복(안전모, 보호장갑 및 안전화를 포함) • 공기호흡기 • 인공소생기
유도등	• 피난유도선 • 피난구유도등 • 통로유도등 • 객석유도등 • 유도표지
비상조명등 및 휴대용비상조명등	

④ 소화용수설비

㉠ 상수도소화용수설비
㉡ 소화수조·저수조, 그 밖의 소화용수설비

⑤ 소화활동설비

㉠ 제연설비
㉡ 연결송수관설비
㉢ 연결살수설비
㉣ 비상콘센트설비
㉤ 무선통신보조설비
㉥ 연소방지설비

CHAPTER

01 소화설비의 종류와 작동 원리

01 절 소화기구

1 소화기

소화기란 이산화탄소, 분말, 할로젠화합물 등의 소화약제와 가압할 수 있는 압축가스를 용기에 설치하여 압력에 의해 방사함으로써 화재 시 소화를 하는 기구를 말한다.

(1) 소화약제에 의한 분류

① 수계소화기 : 물소화기, 산・알칼리소화기, 강화액소화기, 포소화기

② 가스계소화기 : CO_2소화기, 할론소화기, 할로젠화합물 및 불활성 기체 소화기, 분말소화기

(2) 소화능력단위에 의한 분류

① 소형소화기는 능력단위 1단위 이상, 대형소화기 능력단위 미만인 소화기

*기본적인 능력단위 1 : 33m^{2}를 소화할 수 있는 단위를 말한다.

② 대형소화기는 화재 시 쉽게 운반할 수 있도록 운반대와 바퀴가 설치되어 있고, 능력단위 A급 10단위 이상, B급 20단위 이상인 소화기

③ 대형소화기 약제량

㉠ 기계포소화기 : 20L

㉡ 강화액소화기 : 60L

㉢ 물소화기 : 80L

㉣ 분말소화기 : 20kg

㉤ 할로젠화합물소화기 : 30kg

㉥ 이산화탄소소화기 : 50kg

㉦ 화학포소화기 : 80L

(3) 작동방식에 의한 분류

소화약제가 방출되는 방식은 수동식과 자동식이 있다.

① 수동식 소화기 : 물이나 소화약제를 방출하는 기구로 사람의 조작에 의해 소화하는 기구

② 자동식 소화기 : 소화약제를 자동으로 방출하여 소화하는 기구

(4) 소화기 설치기준

소화기는 각 층마다 설치하되 다음의 기준에 적합하게 설치하여야 한다.

① 소형소화기 : 보행거리 20m 이내마다 설치

② 대형소화기 : 보행거리 30m 이내마다 설치

③ 특정소방대상물의 각 층이 2 이상의 거실로 구획된 경우 : '①', '②' 외에 규정에 따라 각 층마다 설치하는 것 외에 바닥면적이 33m^2 이상으로 구획된 각 거실(아파트의 경우에는 각 세대를 말한다)에도 설치

④ 능력단위가 2단위 이상이 되도록 소화기를 설치하여야 할 특정소방대상물 또는 그 부분에 있어서는 간이소화용구의 능력단위가 전체 능력단위의 2분의 1을 초과하지 아니하게 할 것 (노유자 시설의 경우에는 그렇지 않다)

⑤ 소화기에 있어서는 "소화기", 투척용 소화용구에 있어서는 "투척용 소화용구", 마른 모래에 있어서는 "소화용모래", 팽창질석 및 팽창진주암에 있어서는 "소화질석"이라고 표시한 표지를 보기 쉬운 곳에 부착

⑥ 소화설비의 능력단위

소화설비	용량	능력단위
소화전용(轉用)물통	8ℓ	0.3
수조(소화전용물통 3개 포함)	80ℓ	1.5
수조(소화전용물통 6개 포함)	190ℓ	2.5
마른 모래(삽 1개 포함)	50ℓ	0.5
팽창질석 또는 팽창진주암(삽 1개 포함)	160ℓ	1.0

(5) 소화기 설치장소

① 거주자 등이 손쉽게 사용할 수 있는 장소에 비치한다.
② 바닥으로부터 높이 1.5m 이하의 곳에 비치한다.
③ 직사광선을 받지 않는 장소에 비치한다.
④ 통행 및 피난에 지장이 없는 장소에 비치한다.
⑤ 고온다습한 장소는 피하여 비치한다.
⑥ 소화약제가 동결, 변질 또는 분출할 우려가 없는 장소에 비치한다.
⑦ 부식성 가스가 체류하지 않는 곳에 비치한다.
⑧ 소화기 밑 부분과 바닥과의 간격을 이격시켜 비치한다.
⑨ 충전압력이 정상인지를 확인하기 용이하게 비치한다.

(6) 소화기 사용법

① 소화기를 불이 난 곳으로 옮긴다.
② 손잡이 부분의 안전핀을 뽑는다.
③ 호스(노즐)를 불쪽으로 향하게 한다(바람은 반드시 등지고 사용).
④ 손잡이를 움켜쥐고 빗자루로 쓸 듯이 방사한다.

(7) 대상물별 소화기구의 능력단위

특정소방대상물	소화기구의 능력단위
① 위락시설	해당 용도의 바닥면적 30m^{2}마다 능력단위 1단위 이상
② 문화 및 집회시설(전시장 및 동·식물원은 제외한다)·의료시설·장례시설 중 장례식장 및 문화재	해당 용도의 바닥면적 50m^{2}마다 능력단위 1단위 이상
③ 공동주택·근린생활시설·문화 및 집회시설 중 전시장·판매시설·운수시설·노유자 시설·업무시설·숙박시설·공장·창고시설·항공기 및 자동차 관련 시설·방송통신시설 및 관광휴게시설	해당 용도의 바닥면적 100m^{2}마다 능력단위 1단위 이상
④ 그 밖의 것	해당 용도의 바닥면적 200m^{2}마다 능력단위 1단위 이상

※ 예컨대 위락시설의 경우 바닥면적이 600m^{2}라면 600m^{2}를 30m^{2}로 나눈 값인 20능력단위이다. 따라서 소형소화기의 경우 20단위만큼 비치하거나 대형소화기를 20단위에 맞게 구비하여야 한다.

(8) 소화기 사용 온도범위(적응성)

① 강화액소화기 : -20℃ 이상 40℃ 이하에서 사용

② 분말소화기 : -20℃ 이상 40℃ 이하에서 사용

③ CO_2·할론소화기 : 0℃ 이상 40℃ 이하에서 사용

④ 할로젠화합물 및 불활성 기체 소화기 : 55℃ 이하에서 사용

⑤ 포소화기 : 5℃ 이상 30℃ 이하에서 사용

⑥ 수성막포소화기 : -20℃ 이상 30℃ 이하에서 사용

(9) 소화기구 법적 설치기준

① 연면적 33m^2 이상(단, 노유자 시설의 경우 투척용 소화기 1/2 이상 설치 가능)

② '①'에 해당하지 않는 시설로서 가스시설, 발전시설 중 전기저장시설 및 국가유산

③ 터널 및 지하구

2 분말소화기

분말소화기는 가장 대중화된 소화기로서 소화약제의 소화특성에 따라 제1종, 제2종, 제3종, 제4종으로 분류할 수 있으며, 제1종과 제2종은 유류화재(B급)와 전기화재(C급)에만 적응성이 있고, 제3종은 A·B·C급 모두에 적응성이 있어 소방대상물에 가장 많이 설치되고 있다. 제3종 분말소화기는 약제의 충약 무게에 따라 보통 2.5kg, 3.3kg, 4.5kg 소화기가 많이 생산되고 있다.

(1) 소화약제의 종류 및 소화효과

① 제1종 분말 소화약제 : 탄산수소나트륨이 주성분

㉠ 질식작용, 냉각작용, 희석작용, 부촉매작용

㉡ Knock Down 효과 : 분말이 불꽃과 연소물질을 입체적으로 포위하여 부촉매작용에 의해 연소의 연쇄반응을 중단시켜 순식간에 불꽃을 사그라지게 하는 작용

㉢ 비누화 현상 : 소화약제 방사 시 금속비누를 만들고 이 비누가 거품을 생성하여 질식효과가 있음(제1종 분말약제는 식용유화재에 적응성이 있음)

㉣ 적응성 : 전기화재, 유류화재

② 제2종 분말 소화약제 : 탄산수소칼륨

㉠ 제1종 분말 소화약제와 동일 : 비누화 현상은 없고 제1종 분말 소화약제보다 소화효과가 약 1.67배 큰데, 이는 알칼리금속에서 원자번호가 클수록 반응성이 커져 소화력도 우수해짐

㉡ 적응성 : 전기화재, 유류화재

③ 제3종 분말 소화약제 : 인산염

㉠ 질식작용, 냉각작용, 희석작용, 부촉매작용, 방진작용, 탄화·탈수작용

㉡ Knock Down 효과 : 분말이 불꽃과 연소물질을 입체적으로 포위하여 부촉매작용에 의해 연소의 연쇄반응을 중단시켜 순식간에 불꽃을 사그라지게 하는 작용

㉢ 적응성 : 유류, 전기, 일반화재 등 다양하게 적용

④ 제4종 분말 소화약제 : 탄산수소칼륨과 요소

㉠ 질식작용, 냉각작용, 부촉매작용 등

㉡ Knock Down 효과 : 분말이 불꽃과 연소물질을 입체적으로 포위하여 부촉매작용에 의해 연소의 연쇄반응을 중단시켜 순식간에 불꽃을 사그라지게 하는 작용

㉢ 단점 : 고가이며 국내에는 생산되지 않음

(2) 분말소화기의 가압방식에 의한 분류

소화약제를 방출하는 가압가스(가압원) 저장방식에 따라 구분하는 방식이다.

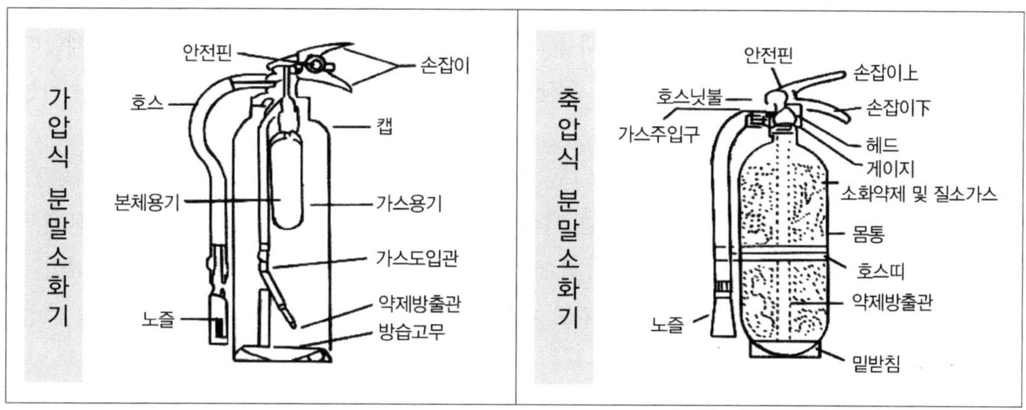

① 가압식 소화기 : 소화약제와 가압가스(이산화탄소, 질소)를 분리해서 설치한다. 즉 용기 내에 가압용 가스용기를 별도로 설치하므로 가스가 누설되지 않기 때문에 압력게이지가 설치되지 않는다. 최초 방출 후 약제를 정지시킬 수 없는 단점이 있다.

② 축압식 소화기 : 용기 내에 소화약제와 가압가스(질소)를 함께 설치한다. 즉 용기 내에 가압용 가스용기를 별도로 설치하므로 가스가 누설될 수 있기 때문에 압력게이지가 설치된다(사용범위는 7.0 ~ 9.8kg/cm^2). 최초 방출 후 약제를 정지시킬 수 있다(손잡이를 누를 때만 약제 방출).

3 할론소화기

할로젠화합물을 용기에 충약한 것으로 부촉매, 질식, 냉각에 의한 소화효과를 기대할 수 있다. 할론 1301의 경우는 자체증기압으로 방사 가능하기 때문에 가압가스를 별도로 충약하지 않으며, 기타 할론소화기는 가압용 가스(질소)를 혼합하기도 한다. 보통 차량용 간이소화용구(할론 1211)나 일반 소형소화기로 생산되고 있다.

(1) 적응성

① 할론 1211 : 유류, 전기, 일반화재

② 할론 1301 : 유류, 전기, 일반화재

(2) 할론소화기의 구조

① 할론 1301은 압력계가 없고, 할론 1211은 압력계를 설치한다.

② 할론 1301은 상온 20℃에서 약 1.4MPa 압력을 나타내어 자체 증기압으로 방사 가능하나, 할론 1211은 상온에서 0.24MPa 압력으로 방사압이 낮기 때문에 질소가스를 축압하고 압력계를 설치한다.

(3) 특성

① 오존층 파괴 및 지구온난화에 영향을 미친다.

② 할론소화기는 방사 시 실내 또는 화염의 온도가 500℃ 이상일 경우 HF, HCl, HBr 등 유해가스가 발생하기 쉽기 때문에 지하층, 무창층, 밀폐된 거실 등에 비치하는 것을 제한하고 있다. 단, 할론 1301은 비점이 낮아 순간증발로 위험성이 낮기 때문에 지하층에 설치 가능하다.

4 이산화탄소소화기

이산화탄소(탄산가스, CO_2)를 소화약제로 사용하는 소화기를 말한다. 이산화탄소를 저온에서 액화시켜 고압용기에 충약하기 때문에 소화약제 스스로 가압원이 되어 방사되는 형태이다. 따라서 이산화탄소소화기를 자기증기압식 소화기라고도 하며, 축압식 소화기의 형태이나 고압용기 특성상 압력계가 설치되지 않는 것이 특징이다.

(1) CO_2 농도 계산법

공기 중에는 79vol% 정도의 N_2와 21vol% 정도의 O_2가 있으며, 산소의 농도가 약 15vol% 정도로 낮아지면 질식소화가 된다.

$$CO_2\text{의 농도(\%)} = \frac{\text{방사된 } CO_2\text{의 양}}{\text{공기량(실부피)} + \text{방사된 } CO_2\text{의 양}} \times 100$$

(2) 구조 및 특성

① CO_2를 고압으로 압축하여 액화시킨 것으로 증기압(20℃, 6MPa)이 높아 방사 시 자체 증기압으로 방사 가능하다.

② 상온에서 고압 저장이므로 25MPa 내압시험에 합격한 고압용기를 사용한다.

③ 메탄, 이산화질소 등과 같이 지구온난화에 악영향을 준다.

5 간이소화용구

에어로졸식 소화용구, 투척용 소화용구 및 소화약제 외의 것을 이용한 간이소화용구를 말한다. 간이소화용구의 능력단위는 다음과 같다.

간이소화용구		능력단위
마른 모래	삽을 상비한 50L 이상의 것 1포	0.5
팽창질석 또는 팽창진주암	삽을 상비한 80L 이상의 것 1포	

6 자동소화장치

(1) 자동소화장치의 종류

자동소화장치란 소화약제를 자동으로 방사하는 고정된 소화장치로서 형식승인받은 유효설치범위(설계방호체적, 최대설치높이, 방호면적 등을 말한다) 이내에 설치하여 소화하는 것이다.

① 주방용 자동소화장치 : 가연성 가스 등의 누출을 자동으로 차단하며, 소화약제를 방사하여 소화하는 소화장치

② 캐비닛형 자동소화장치 : 열, 연기 또는 불꽃 등을 감지하여 소화약제를 방사하여 소화하는 캐비닛 형태의 소화장치

③ 가스식 자동소화장치 : 열, 연기 또는 불꽃 등을 감지하여 가스계 소화약제를 방사하여 소화하는 소화장치

④ 분말식 자동소화장치 : 열, 연기 또는 불꽃 등을 감지하여 분말의 소화약제를 방사하여 소화하는 소화장치

⑤ 고체에어로졸식 자동소화장치 : 열, 연기 또는 불꽃 등을 감지하여 에어로졸의 소화약제를 방사하여 소화하는 소화장치

⑥ 자동확산소화장치 : 화재 시 화염이나 열에 따라 소화약제가 확산하여 국소적으로 소화하는 소화장치

(2) 자동소화장치의 설치기준
① 주거용 주방자동소화장치 : 아파트 등 및 오피스텔의 모든 층
② 캐비닛형 자동소화장치, 가스자동소화장치, 분말자동소화장치 또는 고체에어로졸자동소화장치 : 화재안전기준에서 정하는 장소

02 절 옥내소화전설비

1 개요

옥내소화전이란 소방대상물에서 화재가 발생한 초기에 관계자(소유자 · 관리자 · 점유자), 자위소방대원이 복도 등에 설치된 소화전함 내 장치 · 기구를 조작하여 화재를 진압할 수 있도록 설치된 고정된 수동식 초기 진화용 소화설비를 말한다. 수원량과 비상전원은 보통 20분 이상으로 하고 있다.

2 구성

옥내소화전은 소화약제가 되는 수원, 소화수를 보내주는 가압원(동력장치), 배관 및 밸브류, 소화전함과 호스, 그리고 이들 시스템을 전반적으로 감시하고 제어하는 동력제어반과 감시제어반 등으로 구성되어 있다.

3 정의

(1) 고가수조 : 구조물 또는 지형지물 등에 설치하여 자연낙차의 압력으로 급수하는 수조
(2) 압력수조 : 소화용수와 공기를 채우고 일정압력 이상으로 가압하여 그 압력으로 급수하는 수조
(3) 충압펌프 : 배관 내 압력손실에 따른 주펌프의 빈번한 기동을 방지하기 위하여 충압역할을 하는 펌프
(4) 정격토출량 : 정격토출압력에서의 펌프의 토출량
(5) 정격토출압력 : 정격토출량에서의 펌프의 토출 측 압력
(6) 진공계 : 대기압 이하의 압력을 측정하는 계측기
(7) 연성계 : 대기압 이상의 압력과 대기압 이하의 압력을 측정할 수 있는 계측기
(8) 체절운전 : 펌프의 성능시험을 목적으로 펌프토출 측의 개폐밸브를 닫은 상태에서 펌프를 운전하는 것(수온상승 방지를 위하여 순환배관을 설치하여 체절운전을 함)
(9) 기동용 수압개폐장치 : 소화설비의 배관 내 압력변동을 검지하여 자동적으로 펌프를 기동 및 정지시키는 것으로서 압력챔버 또는 기동용 압력스위치

(10) 급수배관 : 수원 및 옥외송수구로부터 옥내소화전방수구에 급수하는 배관

(11) 분기배관 : 배관 측면에 구멍을 뚫어 둘 이상의 관로가 생기도록 가공한 배관으로서 다음의 분기배관

① 확관형 분기배관 : 배관의 측면에 조그만 구멍을 뚫고 소성가공으로 확관시켜 배관 용접이음자리를 만들거나 배관 용접이음자리에 배관이음쇠를 용접 이음한 배관

② 비확관형 분기배관 : 배관의 측면에 분기호칭안지름 이상의 구멍을 뚫고 배관이음쇠를 용접 이음한 배관

(12) 개폐표시형 밸브 : 밸브의 개폐 여부를 외부에서 식별이 가능한 밸브

(13) 가압수조 : 원인 압축공기 또는 불연성 고압기체에 따라 소방용수를 가압시키는 수조

(14) 주펌프 : 구동장치의 회전 또는 왕복운동으로 소화수를 가압하여 그 압력으로 급수하는 주된 펌프

(15) 예비펌프 : 주펌프와 동등 이상의 성능이 있는 별도의 펌프

4 법적 설치대상

(1) 모든 층에 설치

① 연면적 3천m^2 이상(터널 제외)

② 지하층・무창층(축사 제외)으로서 바닥면적이 600m^2 이상인 층이 있는 것

③ 4층 이상인 층 중에서 바닥면적이 600m^2 이상인 층이 있는 것

(2) 터널

① 1천m 이상인 터널

② 예상교통량, 경사도 등 터널의 특성을 고려하여 행정안전부령으로 정하는 터널

(3) 연면적 1천 5백m^2 이상인 경우 모든 층

근린생활시설, 판매시설, 운수시설, 의료시설, 노유자 시설, 업무시설, 숙박시설, 위락시설, 공장, 창고시설, 항공기 및 자동차 관련 시설, 교정 및 군사시설 중 국방・군사시설, 방송통신시설, 발전시설, 장례시설 또는 복합건축물

(4) '(3)'의 시설이 연면적 1천 5백m^2 미만인 경우

① 지하층・무창층 : 바닥면적이 300m^2 이상인 층이 있는 것은 모든 층

② 층수가 4층 이상인 층 중 바닥면적이 3000m^2 이상인 층이 있는 것은 모든 층

(5) 건축물의 옥상에 설치된 차고 또는 주차장 : 사용되는 부분의 면적이 2000m^2 이상인 것

(6) '(1)'이나 '(3)'에 해당하지 않는 공장・창고시설 + 특수가연물(750배)을 저장・취급하는 것

※ 위험물 저장 및 처리 시설 중 가스시설, 지하구 및 업무시설 중 무인변전소(방재실 등에서 스프링클러설비 또는 물분무등 소화설비를 원격으로 조정할 수 있는 무인변전소로 한정)는 제외한다.

5 기동방식에 의한 분류

(1) 수동기동방식(ON-OFF)

소화전을 사용할 때 소화수를 방출시키기 위해 펌프를 스위치로 기동시키는 방식을 말한다.

(2) 자동기동방식

소화전에서 방수구를 열면 배관 내에 채워진 가압수가 방출되면서 압력이 감소하게 된다. 이와 같은 감압을 압력챔버에 부착된 압력스위치가 감지하여 펌프를 기동하는 방식을 말한다.

6 구성요소 및 기능

(1) 수원 및 저수량

① 수원은 옥내소화전에 필요한 물을 저장하는 수조와 그 물의 양을 의미한다.

② 수원의 종류는 고가수조, 압력수조, 지하수조가 있으며 타 소화설비와 수원이 겸용인 경우는 각각의 소화설비 유효수량을 가산한 양 이상으로 한다.

㉠ 옥상수조 : 비상용 수조 개념으로 2차 수원

㉡ 고가수조 : 가압송수장치의 개념

㉢ 공통점 : 모두 자연낙차를 이용한 소화수조 공급

③ 옥내소화전방수구의 설치개수가 가장 많은 층의 설치개수(설치개수가 2개를 넘는 경우는 2개로 한다)에 $2.6m^3$(호스릴 옥내소화전 포함)을 곱한 양 이상이어야 한다.

✓Check 옥내소화전에서 저장하여야 할 수원의 양

- 옥내소화전에서 저장하여야 할 수원의 양 $Q(m^3) = 2.6m^3 \times N$
- $2.6m^3 = 130\ell/분 \times 20분$
- N : 소화전이 가장 많이 설치된 층의 소화전 수
(설치된 소화전 수가 2개를 초과하는 경우 2개로 한다. 즉 $N \leq 2$가 된다)

※ 다만, 층수가 30층 이상 49층 이하인 경우에는 $5.2m^3 \times N$를, 50층 이상인 경우에는 $7.8m^3 \times N$으로 한다.

④ 옥상수조 수원

㉠ 수원은 산출된 유효수량 외에 유효수량의 3분의 1 이상을 옥상에 설치하여야 한다.

㉡ 비상용 수조 개념으로 2차 수원에 해당한다.

㉢ 옥내소화전, 스프링클러 등 수계소화설비에 정전 등의 문제가 발생하여 1차 수원을 사용할 수 없을 때 비상용으로 사용하기 위하여 옥상에 설치한다.

⑤ 옥상수조를 설치하지 않아도 되는 경우

㉠ 지하층만 있는 건축물

㉡ 고가수조를 가압송수장치로 설치한 옥내소화전

㉢ 수원이 건축물의 지붕보다 높은 위치에 설치된 경우

㉣ 건축물의 높이가 지표면으로부터 10m 이하인 경우

㉤ 주펌프와 동등 이상의 성능이 있는 별도의 펌프로서 내연기관의 기동과 연동하여 작동되거나 비상전원을 연결하여 설치한 경우

㉥ 가압수조를 가압송수장치로 설치한 옥내소화전설비

⑥ 옥내소화전설비의 수원을 수조로 설치하는 경우에는 소방설비의 전용수조로 하여야 한다.

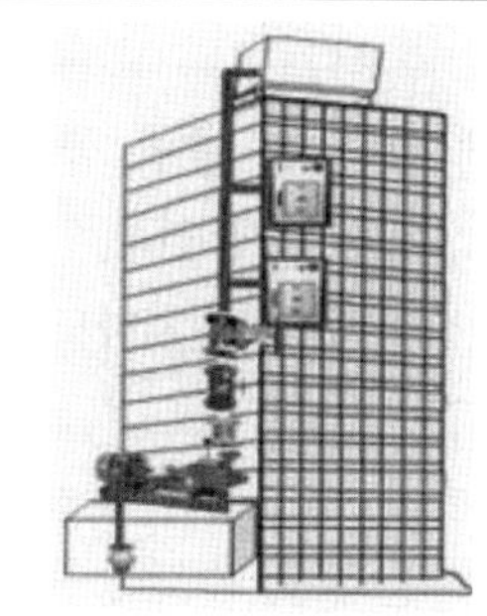

- 수원 종류 : 지하수조 / 옥상수조
- 수원량 산정
  - 지하수조 Q(ℓ) = N × 130ℓ/min × 20min
  - 옥상수조 유효수량 외 1/3 이상

예 가장 많이 설치된 층의 소화전 수가 2개일 경우 수원의 양과 옥상수조의 저수량은?
- 수원의 양 = 2.6 × 2 = 5.2m^2
- 옥상수조의 양 = 5.2/3 = 약 1.7m^2

(2) 가압송수장치 종류

가압송수장치는 소화전에서 소화에 필요한 물을 압력을 가해서 보내는 장치를 말하며, 고가수조방식 · 압력수조방식 · 펌프방식의 3가지가 있으나 대부분 펌프방식이 설치되고 있다.

① **고가수조방식** : 건축물의 옥상층 또는 최상층부의 옥내소화전함보다 높은 위치에 설치하여 자연낙차의 방수압(0.17MPa)을 이용하여 압력을 얻는 방식을 말한다. 수위계 · 배수관 · 오버플로우관 · 보급수관 · 맨홀 등으로 구성되며, 고가수조로부터 최상층 부분의 방수구까지는 최소한 17m 이상의 낙차를 확보하여야 한다. 따라서 일반건축물에 적용하기가 곤란한 점이 있으며, 보통 자연지형을 이용한 건축물에 사용된다.

$$H = h_1 + h_2 + 17$$

H : 필요한 낙차(m)
h_1 : 소방용 호스의 마찰손실 수두(m)
h_2 : 배관의 마찰손실 수두(m)

② **압력수조방식** : 대형 건축물에 설치되는 소화용수와 공기를 채우고 일정 압력 이상으로 가압하여 압력으로 급수하는 방식을 말한다. 압력계 · 수위계 · 배수관 · 보급수관 · 급기관 · 안전장치 · 맨홀 및 공기압력을 유지하는 자동공기압축기 등으로 구성되고, 수조의 수량은 압력수조 부피의 2/3 이하로 하여야 한다(1/3은 공기압축기에 의해 압축공기 보급).

$$P = p_1 + p_2 + p_3 + 0.17$$

P : 필요한 압력(MPa)
p_1 : 소방용 호스의 마찰손실 수두압(MPa)
p_2 : 배관의 마찰손실 수두압(MPa)
p_3 : 낙차의 환산 수두압(MPa)

③ 펌프방식(가압송수장치) : 가압용 펌프를 설치하여 펌프에 의해 가압수를 공급하는 방식으로 대부분의 특정소방대상물에 사용된다. 토출 측에 압력계, 흡수 측에 연성계 또는 진공계를 설치하며, 수원의 수위가 펌프보다 낮은 경우에는 물올림장치 등을 설치하도록 하고 있다.

$$H = h_1 + h_2 + h_3 + 17$$

H : 펌프의 전양정(m)
h_1 : 낙차(펌프의 흡입높이 + 펌프로부터 최고위 소화전까지의 높이)(m)
h_2 : 배관의 마찰손실 수두(m)
h_3 : 소방용 호스의 마찰손실 수두(m)

④ 가압수조방식 : 가압수조라 함은 가압원인 압축공기 또는 불연성 고압기체에 따라 소방용수를 가압시키는 수조를 말한다.

※ 가압수조방식 설치기준

- 가압수조의 압력은 방수량 및 방수압이 20분 이상 유지되도록 할 것
  다만, 층수가 30층 이상 49층 이하는 40분 이상, 50층 이상은 60분 이상 유지되도록 할 것
- 수조는 최대상용압력 1.5배의 물의 압력을 가하는 경우 물이 새지 않고 변형이 없을 것
- 가압수조 및 가압원은 방화구획된 장소에 설치하고, 가압수조에는 수위계·급수관·배수관·급기관·압력계·안전장치 및 수조에 소화수와 압력을 보충할 수 있는 장치를 설치할 것

✔ Check 펌프의 실양정 구하기

펌프의 실양정 = 흡수면에서 펌프축 중심까지의 낙차 + 펌프축 중심으로부터 최상층에 설치된 방수구까지의 낙차(수원이 펌프보다 위에 위치하면 정압수두방식, 아래에 위치하면 부압수두방식)

예 최상층 방수구에서 펌프 중심까지 낙차가 50m, 수원의 위치가 펌프보다 5m 높은 위치에 있을 때의 실양정은?
50m − 5m = 45m

※ 이하 배관마찰손실, 방사압은 압력수조, 고가수조 방식과 동일

(3) 가압송수장치 설치기준

1) 전동기 또는 내연기관에 따른 펌프를 이용하는 가압송수장치는 다음의 기준에 따라 설치해야 한다. 다만, 가압송수장치의 주펌프는 전동기에 따른 펌프로 설치해야 한다.

① 쉽게 접근할 수 있고 점검하기에 충분한 공간이 있는 장소로서 화재 및 침수 등의 재해로 인한 피해를 받을 우려가 없는 곳에 설치할 것
② 동결방지조치를 하거나 동결의 우려가 없는 장소에 설치할 것
③ 특정소방대상물의 어느 층에 있어서도 해당 층의 옥내소화전(두 개 이상 설치된 경우에는 두 개의 옥내소화전)을 동시에 사용할 경우 각 소화전의 노즐선단에서의 방수압력이 0.17MPa(호스릴옥내소화전설비를 포함) 이상이고, 방수량이 분당 130L(호스릴옥내소화전설비를 포함) 이상이 되는 성능의 것으로 할 것(다만, 하나의 옥내소화전을 사용하는 노즐선단에서의 방수압력이 0.7MPa을 초과할 경우에는 호스접결구의 인입(引入 : 안쪽) 측에 감압장치를 설치해야 한다)
④ 펌프의 토출량은 옥내소화전이 가장 많이 설치된 층의 설치개수(옥내소화전이 두 개 이상 설치된 경우에는 두 개)에 분당 130L를 곱한 양 이상이 되도록 할 것
⑤ 펌프는 전용으로 할 것
⑥ 펌프의 토출 측에는 압력계를 설치하고, 흡입 측에는 연성계 또는 진공계를 설치할 것
⑦ 펌프의 성능은 체절운전 시 정격토출압력의 140%를 초과하지 않고, 정격토출량의 150%로 운전 시 정격토출압력의 65% 이상이 되어야 하며, 펌프의 성능을 시험할 수 있는 성능시험배관을 설치할 것
⑧ 가압송수장치에는 체절운전 시 수온의 상승을 방지하기 위한 순환배관을 설치할 것
⑨ 기동장치로는 기동용수압개폐장치 또는 이와 동등 이상의 성능이 있는 것을 설치할 것(다만, 학교·공장·창고시설(옥상수조를 설치한 대상은 제외)로서 동결의 우려가 있는 장소에 있어서는 기동스위치에 보호판을 부착하여 옥내소화전함 내에 설치할 수 있다)
⑩ '⑨' 단서의 경우에는 주펌프와 동등 이상의 성능이 있는 별도의 펌프로서 내연기관의 기동과 연동하여 작동되거나 비상전원을 연결한 펌프를 추가 설치할 것. 다만, 다음의 어느 하나에 해당하는 경우는 제외한다.
   ㉠ 지하층만 있는 건축물
   ㉡ 고가수조를 가압송수장치로 설치한 경우
   ㉢ 수원이 건축물의 최상층에 설치된 방수구보다 높은 위치에 설치된 경우
   ㉣ 건축물의 높이가 지표면으로부터 10m 이하인 경우
   ㉤ 가압수조를 가압송수장치로 설치한 경우
⑪ 수원의 수위가 펌프보다 낮은 위치에 있는 가압송수장치에는 물올림장치를 설치하고, 물올림장치에는 전용의 수조를 설치하고, 수조의 유효수량은 100L 이상으로 하되, 구경 15mm 이상의 급수배관에 따라 해당 수조에 물이 계속 보급되도록 할 것
⑫ 기동용수압개폐장치를 기동장치로 사용할 경우에는 충압펌프를 설치해야 할 것(이때 펌프의 토출압력은 그 설비의 최고위 호스접결구의 자연압보다 적어도 0.2MPa이 더 크도록 하거나 가압송수장치의 정격토출압력과 같게 할 것)

⑬ 내연기관을 사용하는 경우에는 제어반에 따라 내연기관의 자동기동 및 수동기동이 가능하고, 상시 충전되어 있는 축전지설비와 펌프를 20분 이상 운전할 수 있는 용량의 연료를 갖출 것

⑭ 가압송수장치가 기동이 된 경우에는 자동으로 정지되지 않도록 할 것

⑮ 가압송수장치는 부식 등으로 인한 펌프의 고착을 방지할 수 있도록 청동 또는 스테인리스 등 부식에 강한 재질을 사용할 것

2) 고가수조의 자연낙차를 이용한 가압송수장치를 설치하는 경우 고가수조의 자연낙차수두(수조의 하단으로부터 최고층에 설치된 소화전 호스 접결구까지의 수직거리를 말한다)는 방수압 및 방수량이 20분 이상 유지되도록 해야 한다.

3) 압력수조를 이용한 가압송수장치를 설치하는 경우 압력수조의 압력은 방수압 및 방수량이 20분 이상 유지되도록 해야 한다.

4) 가압수조를 이용한 가압송수장치는 소방청장이 정하여 고시한 「가압수조식가압송수장치의 성능인증 및 제품검사의 기술기준」에 적합한 것으로 설치하되, 가압수조의 압력은 방수압 및 방수량이 20분 이상 유지되도록 해야 한다.

✔ Check 가압송수장치의 정격토출압력(방수압력) 정리

① 스프링클러 정격토출압력(방수압력) : 0.1 ~ 1.2MPa 이하 / 방수량 : 80L/min 이상
② 드랜쳐설비 방수압력 : 0.1MPa 이상 / 방수량 : 80ℓ/min 이상
③ 소화용수설비 방수압력 : 0.15MPa 이상 / 방수량 : 800ℓ/min 이상(가압송수장치 설치)
④ 옥내소화전설비 방수압력 : 0.17 ~ 0.7MPa 이하 / 방수량 : 130ℓ/min 이상(30층 미만 : 최대 2개, 30층 이상 : 최대 2개)
⑤ 옥외소화전설비 방수압력 : 0.25 ~ 0.7MPa 이하 / 방수량 : 350ℓ/min 이상(최대 2개)
⑥ 포소화설비, 물분무소화설비, 연결송수관설비 방수압력 : 0.35MPa 이상 / 방수량 : 75ℓ/min 이상 (포워터 스프링클러헤드)

✔ Check 소화설비의 유체이론

1. 유체 역학

(1) 유체란 고체와 달리 외부의 작은 힘(전단응력)에도 견디지 못하고 쉽게 변형되면서 움직이는 액체나 기체 상태를 말한다.

(2) 유체역학은 유체의 유동 현상을 다루며, 다양한 분야에서 응용되고 있다.

(3) **표면장력**

① **표면장력의 정의**

유체의 표면에 작용하여 표면적을 최소화하려는 힘으로 액체 상태에서 외력이 없는 경우 거의 구형을 유지하려는 데 작용하는 장력을 말한다.

② **표면장력의 특징**

소화에서 가장 중요한 물의 특성인자 중의 하나이며 물 표면에서 물 분자 사이의 응집력 증가는 물의 온도와 전해질 함유량에 좌우된다.

㉠ 물에 함유된 염분은 표면장력을 증가시킨다.

㉡ 비누, 알코올, 산 같은 유기물질은 표면장력을 감소시킨다. 즉 비누·샴푸 등 계면활성제는 표면장력을 적게 해주어 소화효과를 증대시킨다.

㉢ 표면장력은 분자 간의 응집력과 직접적인 관계가 있으므로 온도의 상승에 따라 그 크기는 감소한다.

③ **물의 표면장력이 소화에 미치는 영향**

㉠ 표면장력은 물방울을 유지시키는 힘으로서 물분무의 경우 물안개 형성을 방해한다.

㉡ 심부화재의 경우 표면장력이 크면 침투력이 저하된다.

㉢ 계면활성제(비누, 샴푸)는 표면장력을 감소시킨다.

(4) 모세관현상(Capillaiity)

① 직경이 적은 관을 액체 속에 세우면 올라가거나 내려가는데 이러한 현상을 모세관현상(Capillarity)이라 한다.

② 모세관현상은 물질의 응집력과 부착력의 상대적 크기에 의해 영향을 받는다.

㉠ 응집력 > 부착력 → 액면이 올라간다.

㉡ 응집력 < 부착력 → 액면이 내려간다.

※ 물질을 구성하는 분자 사이에 작용하는 힘을 분자력이라 하는데 같은 종류의 분자끼리 작용하는 힘을 응집력, 다른 종류의 분자끼리 작용하는 힘을 부착력이라 한다.

③ 모세관 상승 높이는 표면장력에 비례하고, 비중과 관의 지름에 반비례한다.

(5) 포화증기압

① 액체를 밀폐된 진공용기 속에 미소량을 넣으면 전부 증발하여 용기에 차서 어떤 압력을 나타낸다. 이 압력을 그때의 증기압(Vapour pressure)이라 한다. 다시 액체를 주입하면 다시 증발이 되어 증발과 액화가 평행상태를 이른다(동적 평형상태). 이때의 증기압을 포화증기압(Saturated Vapour tension)이라 한다.

② 분자운동은 온도상승과 함께 활발해지므로 포화증기압도 온도의 상승에 따라 높아진다. 어떤 액체의 절대압력이 그 액체의 온도에 상당하는 포화증기압보다 낮아지면 비등(Boiling)하게 된다. 따라서 수계시스템에서 국소압력이 포화증기압보다 낮으면 기포가 발생한다. 이러한 현상을 공동현상(Cavitation)이라 한다.

(6) 압력(Pressure)

① **정의**

단위면적당 수직방향으로 작용하는 힘

② **압력의 분류**

㉠ 대기압 : 지구를 둘러싸고 있는 공기(대기)에 의해 누르는 압력을 대기압이라 한다.

* 표준대기압 1atm = 760mmHg(0℃) = 76cmHg

㉡ 게이지(계기)압력 : 대기압을 기준으로 하여 측정한 압력, 즉 압력계에 나타난 압력을 말하며 게이지압력과 진공압으로 구분한다.

ⓐ 게이지압력(정압) : 대기압 이상의 압력(+압)
ⓑ 진공압(부압) : 대기압 미만의 압력(−압)
*진공도 : 진공압을 백분율(%)로 나타낸 값(완전 진공상태란 진공도 100% 상태)

㉢ 절대압력 : 완전 진공상태(진공도 100%)를 기준으로 하여 측정한 압력으로 대기압력과 게이지압력, 진공압 사이에는 다음과 같은 관계가 성립한다.

절대압력 = 대기압 + 계기압력 = 대기압 − 진공압력

㉣ 압력측정 기구별 분류
ⓐ 압력계 : 대기압 이상의 압력을 측정하는 압력계
ⓑ 진공계 : 대기압 미만의 압력을 측정하는 압력계
ⓒ 연성계 : 대기압 이상의 정압과 대기압 미만의 진공압을 하나의 계기에 나타낸 압력계

③ 정지한 유체 내 압력의 성질
㉠ 정지한 유체 내의 압력은 모든 면에 수직으로 작용한다.
㉡ 정지한 유체 내의 임의의 한 점에서 작용하는 압력은 모든 방향에서 그 크기가 같다.
㉢ 동일 수평선상에 있는 두 점의 압력은 크기가 같다.
㉣ 밀폐된 용기 속에 있는 유체에 가한 압력은 모든 방향에 같은 크기로 전달된다.
㉤ 개방된 용기에 작용하는 액체의 압력은 액체의 밀도에 비례한다.
㉥ 용기의 높이와 밑바닥 단면이 같을 경우 용기의 밑바닥에 작용하는 유체의 압력은 용기의 크기나 모양에 상관없이 일정하다.

(7) 파스칼 원리(Principle of Pascal)
밀폐된 곳에 담긴 유체의 표면에 압력을 가할 때 정지한 유체에 가해진 압력은 모든 방향으로 균일하게 전달된다.

(8) 부력(buoyancy)
① 부력의 정의
㉠ 부력은 중력이 작용하는 공간에서 높이 차이에 따른 압력의 차이로 생기는 힘이다.
㉡ 아르키메데스의 법칙 : 유체 속에 잠긴 물체가 받는 부력의 크기는 물체가 밀어낸 부피만큼의 유체의 무게와 같다.

② 부력의 크기
부력의 방향은 중력과 반대 방향으로 작용한다.

(9) 연속 방정식
① 이상 유체가 이동하는 동안 질량은 보존된다는 것을 가정한 것이다.
② 이상 유체가 굵기가 변하는 관을 통과할 때 유체의 흐름에서 단면적 속력은 반비례함을 의미하는 방정식이다.
*단면적 : 일반적으로 물체를 하나의 평면으로 절단하였을 때 그 절단 부분인 단면의 면적

(10) 베르누이의 방정식(Bernoulli's equation)
① '비점성 비압축성 이상 유체에서 흐르는 유체의 에너지는 다른 에너지로 변할 수 있어도 소멸되지 않는다.'는 에너지보존의 법칙으로 표현할 수 있다.
② 유체에 작용하는 압력이 유체가 빨리 흐르면 작아지고, 유체가 느리면 그 압력이 커진다.

③ 한 유체 내의 흐름에서는 어떤 단면에서도 위치, 속도, 압력과 각 수두의 합은 일정하다.
④ 베르누이의 방정식 : 비압축성 이상 유체의 정상 유동에서 유체가 가지는 압력에너지, 속도에너지, 위치에너지의 합은 어느 지점에서나 일정하다.

2. 펌프 이상현상

(1) 공동현상(Caviation)

공동현상은 펌프의 흡입압력이 액체의 증기압보다 낮을 때 발생되며 이때 물이 증발되고 물속에 용해되어 있던 공기가 물과 분리되어 기포(공기거품)가 발생되는 현상으로 압력이 떨어져(물의 정압이 기존의 증기압보다 낮아져서) 액체가 기체가 되면서 기포가 발생하는 것이라 할 수 있다. 즉 공동현상은 진공 속에 들어온 물이 증발하여 수증기가 되는 현상이다. 유체역학에서는 공동현상의 발생원인과 그에 따른 공동현상의 방지대책을 가장 중시한다.

① **공동현상의 발생원인**
㉠ 펌프의 흡입 측 수두가 클 경우 : 소화펌프의 흡입높이가 클 때
㉡ 펌프의 날개인 임펠러속도가 클 경우 : 날개와 물의 마찰 때문
㉢ 마찰손실이 클 경우 : 유량이 증가하여 펌프물이 과속으로 흐를 때
㉣ 배관 내의 수온이 높을 때 : 물의 온도가 높을 때 물의 퍼짐현상 때문
㉤ 펌프의 설치위치가 수원보다 높을 경우 : 흡입거리가 길 때
㉥ 펌프의 흡입거리가 길 때 : 흡입거리가 길 때
㉦ 펌프의 흡입관경이 너무 작을 경우 : 배관이 부딪혀서 나타나는 현상
㉧ 펌프의 흡입압력이 유체의 증기압보다 낮을 경우 : 흡입력이 없을 때

② **공동현상의 발생현상**
㉠ 배관의 부식, 심하면 양수 불능 상태
㉡ 임펠러(impeller)의 침식 발생과 손상 : 수차의 날개를 해치기 때문
㉢ 소음과 진동 발생 및 펌프의 성능 감소 : 토출량, 양정, 효율 감소

③ **공동현상의 방지대책**
㉠ 펌프의 흡입 측 수두를 작게 한다 : 펌프의 높이를 작게 한다.
㉡ 펌프의 임펠러 속도를 작게 한다 : 마찰을 줄어들게 한다.
※ 펌프를 2대 이상 설치해서 양쪽에서 흡입하여 속도를 줄인다.
㉢ 마찰손실을 작게 한다 : 펌프의 마찰을 작게 한다.
㉣ 펌프의 설치 위치를 수원보다 낮게 한다 : 펌프의 위치가 낮을수록 공동화 현상을 방지한다.
㉤ 배관 내 수온을 낮춰준다.
㉥ 흡입관의 배관을 간단히 한다 : 배관이 휘고 복잡하면 더 부딪혀 마찰로 인한 기포가 발생한다.
㉦ 펌프의 흡입관경을 크게 한다.
㉧ 펌프를 2대 이상 설치한다.

(2) 수격현상(Water hammering)

펌프에서 유체 이동 시 정전 등으로 갑자기 펌프가 정지한 경우 혹은 밸브를 갑자기 잠글 경우 배관 내의 유체의 운동에너지(동압)가 압력에너지(정압)로 변하여 고압이 발생하거나, 유속이 급변하여 압력변화를 가져와 배관 내의 벽면을 치는 현상이라 할 수 있다.

*공동현상 : 펌핑 시 공기방울이 생기는 현상 / 수격현상 : 물이 흐르다가 멈추는 현상

① **수격작용의 발생원인**
㉠ 정전 등으로 갑자기 펌프가 정지할 경우
㉡ 급히 밸브를 잠글 경우
㉢ 펌프의 정상 운전 시 유체의 압력 변동이 있는 경우
② **수격현상(Water hammering)의 방지대책**
㉠ 수격을 흡수하는 수격방지기를 설치한다(수격현상이 발생하는 밸브 부근에 설치).
㉡ 관로에 서지 탱크(surge tank)를 설치한다.
㉢ 플라이휠(flywheel)을 부착하여 펌프의 급격한 속도 변화를 억제한다.
㉣ 배관지름을 크게 하면 동일한 유량일 때 유속이 감소하므로 수격현상 방지에 도움이 된다.

(3) **맥동현상(Surging, 써징현상)**
송출 압력과 송출 유량의 주기적인 변동이 발생하는 현상이다. 공동현상 이후에 발생하며 유량이 단속적으로 변하여 펌프의 입구·출구에 설치된 진공계 및 압력계가 흔들리고 진동과 소음이 일어나며 펌프의 토출유량이 변화하는 현상이다. 즉, 써징현상은 펌프운전 시 규칙적으로 양정, 토출량이 변화하는 현상이다.
① **써징현상의 발생원인**
㉠ 펌프의 양정곡선이 산형을 보이며 사용범위가 정우상(우향강하) 특성일 때
㉡ 공동현상 또는 배관 중에 외부와 접촉할 수 있는 물탱크나 공기탱크
② **써징현상의 방지대책**
㉠ 펌프의 양수량을 증가시키거나 임펠러 회전수를 변화시킨다.
㉡ 배관 내의 공기제거 및 단면적, 유속, 유량을 조절한다.

(4) Air Binding 현상
① 원심 펌프에서 일어나는 현상으로 펌프 내에 공기가 차 있으며 공기의 밀도는 물의 밀도보다 작으므로 공기가 물의 위에 있게 되어 수두를 감소시켜 송액이 되지 않는 현상이다.
② 펌프작동 전 공기를 제거하거나 자동공기제거펌프를 사용해야 한다.

7 수조

옥내소화전설비용 수조의 설치기준은 다음과 같다.
(1) 점검이 편리한 곳에 설치할 것
(2) 동결방지조치를 하거나 동결의 우려가 없는 장소에 설치할 것
(3) 수조의 외측에 수위계를 설치할 것(다만, 구조상 불가피한 경우에는 수조의 맨홀 등을 통하여 수조 안의 물의 양을 쉽게 확인할 수 있도록 하여야 한다)
(4) 수조에는 수위계, 고정식 사다리, 청소용 배수밸브(또는 배수관), 표지 및 실내 조명 등 수조의 유지관리에 필요한 설비를 설치할 것
(5) 수조의 상단이 바닥보다 높은 때에는 수조의 외측에 고정식 사다리를 설치할 것
(6) 수조가 실내에 설치된 때에는 그 실내에 조명설비를 설치할 것
(7) 수조의 밑 부분에는 청소용 배수밸브 또는 배수관을 설치할 것

(8) 수조 외측의 보기 쉬운 곳에 "옥내소화전소화설비용 수조"라고 표시한 표지를 할 것(이 경우 그 수조를 다른 설비와 겸용하는 때에는 그 겸용되는 설비의 이름을 표시한 표지를 함께 해야 한다)

(9) 소화설비용 펌프의 흡수배관 또는 소화설비의 수직배관과 수조의 접속부분에는 "옥내소화전소화설비용 배관"이라고 표시한 표지를 할 것(다만, 수조와 가까운 장소에 소화설비용 펌프가 설치되고 해당 펌프에 따른 표지를 설치한 때에는 그렇지 않다)

8 배관 등

펌프의 성능은 체절운전 시 정격토출압력의 140%를 초과하지 아니하고, 정격토출량의 150%로 운전 시 정격토출압력의 65% 이상이 되어야 하며, 펌프의 성능시험배관 설치기준은 다음과 같다.

(1) 성능시험배관은 펌프의 토출 측에 설치된 개폐밸브 이전에서 분기하여 설치하고, 유량측정장치를 기준으로 전단 직관부에 개폐밸브를, 후단 직관부에는 유량조절밸브를 설치할 것

(2) 유량측정장치는 성능시험배관의 직관부에 설치하되, 펌프의 정격토출량의 175% 이상 측정할 수 있는 성능이 있을 것

(3) 가압송수장치의 체절운전 시 수온의 상승을 방지하기 위하여 체크밸브와 펌프 사이에서 분기한 구경 20mm 이상의 배관에 체절압력 미만에서 개방되는 릴리프밸브를 설치할 것

9 제어반

(1) 감시제어반의 기능

① 각 펌프의 작동 여부를 확인할 수 있는 표시등 및 음향경보기능이 있어야 할 것

② 각 펌프를 자동 및 수동으로 작동시키거나 중단시킬 수 있어야 할 것

③ 비상전원을 설치한 경우에는 상용전원 및 비상전원의 공급 여부를 확인할 수 있어야 할 것

④ 수조 또는 물올림탱크가 저수위로 될 때 표시등 및 음향으로 경보할 것

⑤ 각 확인회로(기동용 수압개폐장치의 압력스위치회로 · 수조 또는 물올림탱크의 감시회로를 말한다)마다 도통시험 및 작동시험을 할 수 있어야 할 것

⑥ 예비전원이 확보되고 예비전원의 적합 여부를 시험할 수 있어야 할 것

(2) 감시제어반 설치

옥내소화전설비에는 제어반을 설치하되, 감시제어반과 동력제어반으로 구분하여 설치하여야 한다.

① 화재 및 침수 등의 재해로 인한 피해를 받을 우려가 없는 곳에 설치할 것

② 감시제어반은 옥내소화전설비의 전용으로 할 것(다만, 옥내소화전설비의 제어에 지장이 없는 경우에는 다른 설비와 겸용할 수 있다)

③ 감시제어반은 다음의 기준에 따른 전용실 안에 설치할 것
ⓐ 다른 부분과 방화구획을 할 것
ⓑ 피난층 또는 지하 1층에 설치할 것
ⓒ 비상조명등 및 급·배기설비를 설치할 것
ⓓ 바닥면적은 감시제어반의 설치에 필요한 면적 외에 화재 시 소방대원이 그 감시제어반의 조작에 필요한 최소면적 이상으로 할 것

④ 옥내소화전설비의 경우에는 감시제어반과 동력제어반으로 구분하여 설치하지 아니할 수 있음
ⓐ 비상전원의 규정에 해당하지 아니하는 특정소방대상물에 설치되는 옥내소화전설비
ⓑ 내연기관에 따른 가압송수장치를 사용하는 옥내소화전설비
ⓒ 고가수조에 따른 가압송수장치를 사용하는 옥내소화전설비
ⓓ 가압수조에 따른 가압송수장치를 사용하는 옥내소화전설비

10 방수구의 설치 제외 장소

불연재료로 된 특정소방대상물 또는 그 부분으로서 다음의 어느 하나에 해당하는 곳에는 옥내소화전 방수구를 설치하지 아니할 수 있다.

(1) 냉장창고 중 온도가 영하인 냉장실 또는 냉동창고의 냉동실

(2) 고온의 노가 설치된 장소 또는 물과 격렬하게 반응하는 물품의 저장 또는 취급 장소

(3) 발전소·변전소 등으로서 전기시설이 설치된 장소

(4) 식물원·수족관·목욕실·수영장(관람석 부분을 제외한다) 또는 그 밖의 이와 비슷한 장소

(5) 야외음악당·야외극장 또는 그 밖의 이와 비슷한 장소

11 함 및 방수구 등

옥내소화전함 등의 설비는 다음의 기준에 따라 설치하여야 한다.

(1) 재질 및 기준

① 문의 면적은 $0.5m^2$ 이상으로 하고 재질은 두께 1.5mm 이상의 강판 또는 두께 4mm 이상으로 하고 방식(부식방지)처리

② 소방청장이 정하여 고시한 「소화전함의 성능인증 및 제품검사의 기술기준」에 적합한 것으로 설치하되 밸브의 조작, 호스의 수납 및 문의 개방 등 옥내소화전의 사용에 장애가 없도록 설치할 것(연결송수관의 방수구를 같이 설치하는 경우에도 또한 같다)

③ 표면에 "소화전"이라는 표시를 해야 하고 함 가까이 보기 쉬운 곳에 그 사용요령을 기재한 표지판을 붙여야 하며, 표지판을 함의 문에 붙이는 경우에는 문의 내부 및 외부 모두에 붙여야 함(사용요령은 외국어와 시각적인 그림을 포함하여 작성해야 한다)

(2) 방수구

옥내소화전방수구는 다음의 기준에 따라 설치하여야 한다.

① 특정소방대상물의 층마다 설치하되, 해당 특정소방대상물의 각 부분으로부터 하나의 옥내소화전방수구까지의 수평거리가 25m(호스릴옥내소화전설비를 포함한다) 이하가 되도록 할 것(복층형 구조의 공동주택의 경우에는 세대의 출입구가 설치된 층에만 설치할 수 있다)

② 바닥으로부터의 높이가 1.5m 이하가 되도록 할 것

③ 호스는 구경 40mm(호스릴옥내소화전설비의 경우에는 25mm) 이상의 것으로서 특정소방대상물의 각 부분에 물이 유효하게 뿌려질 수 있는 길이로 설치할 것

④ 호스릴옥내소화전설비의 경우 그 노즐에는 노즐을 쉽게 개폐할 수 있는 장치를 부착할 것

(3) 표시등

① 위치표시등은 옥내소하전함의 상부에 설치한다.

② 표시등은 주위의 밝기가 300[lx]인 장소에서 정격전압 및 정격전압 ±20%에서 측정하여 앞면으로부터 3m 떨어진 위치에서 켜진 등이 확실히 식별되어야 한다.

③ 표시등의 불빛은 부착면과 15° 이하의 각도로도 발산되어야 하며 주위의 밝기가 0[lx]인 장소에서 측정하여 10m 떨어진 위치에서 켜진 등이 확실히 식별되어야 한다.

④ 위치표시등은 적색으로 점등한다.

(4) 송수구

옥내소화전설비에는 소방차로부터 그 설비에 송수할 수 있는 송수구를 다음의 기준에 의하여 설치하여야 한다.

① 송수구는 소방차가 쉽게 접근할 수 있는 잘 보이는 장소에 설치하되 화재층으로부터 지면으로 떨어지는 유리창 등이 송수 및 그 밖의 소화작업에 지장을 주지 아니하는 장소에 설치할 것

② 송수구로부터 주배관에 이르는 연결배관에는 개폐밸브를 설치하지 아니할 것(다만, 스프링클러설비・물분무소화설비・포소화설비 또는 연결송수관설비의 배관과 겸용하는 경우에는 그러하지 아니하다)

③ 지면으로부터 높이가 0.5m 이상 1m 이하의 위치에 설치할 것

④ 구경 65mm의 쌍구형 또는 단구형으로 할 것

⑤ 송수구의 가까운 부분에 자동배수밸브(또는 직경 5mm의 배수공) 및 체크밸브를 설치할 것

⑥ 송수구에는 이물질을 막기 위한 마개를 씌울 것

12 고층건물의 옥내소화전설비의 기준

(1) 수원은 그 저수량이 옥내소화전의 설치개수가 가장 많은 층의 설치개수(2개 이상 설치된 경우에는 2개)에 5.2m^3(호스릴옥내소화전설비를 포함한다)를 곱한 양 이상이 되도록 하여야 한다. 다만, 층수가 50층 이상인 건축물의 경우에는 7.8m^{3}를 곱한 양 이상이 되도록 하여야 한다.

(2) 수원은 '(1)'에 따라 산출된 유효수량 외에 유효수량의 3분의 1 이상을 옥상(옥내소화전설비가 설치된 건축물의 주된 옥상을 말한다. 이하 같다)에 설치하여야 한다. 다만, 「옥내소화전설비의 화재안전기준(NFSC 102)」에 따라 고가수조를 가압송수장치로 설치한 옥내소화전설비 및 수원이 건축물의 최상층에 설치된 방수구보다 높은 위치에 설치된 경우에는 그러하지 아니하다.

(3) 전동기 또는 내연기관을 이용한 펌프방식의 가압송수장치는 옥내소화전설비 전용으로 설치하여야 하며, 옥내소화전설비 주펌프 이외에 동등 이상인 별도의 예비펌프를 설치하여야 한다.

(4) 급수배관은 전용으로 하여야 한다. 다만, 옥내소화전설비의 성능에 지장이 없는 경우에는 연결송수관설비의 배관과 겸용할 수 있다.

(5) 50층 이상인 건축물의 옥내소화전 주배관 중 수직배관은 2개 이상(주배관 성능을 갖는 동일호칭배관)으로 설치하여야 하며, 하나의 수직배관의 파손 등 작동 불능 시에도 다른 수직배관으로부터 소화용수가 공급되도록 구성하여야 한다.

(6) 비상전원은 자가발전설비, 축전지설비(내연기관에 따른 펌프를 사용하는 경우에는 내연기관의 기동 및 제어용 축전지를 말한다) 또는 전기저장장치(외부 전기에너지를 저장해 두었다가 필요한 때 전기를 공급하는 장치)로서 옥내소화전설비를 40분 이상 작동할 수 있을 것(다만, 50층 이상인 건축물의 경우에는 60분 이상 작동할 수 있어야 한다)

03 절 옥외소화전설비

1 개념 및 구성요소

화재 시 건축물의 외부에서 관계자 및 자위소방대, 소방관이 진압활동을 할 수 있도록 건축물 외부에 설치된 고정된 수동식 물소화설비를 말한다. 수원 · 가압송수장치 · 배관 · 소화전함 · 호스 · 노즐(관창) · 제어반 등으로 구성되며, 지하식과 지상식으로 설치한다. 특별한 규정이 없는 한 옥내소화전설비 규정을 준용한다.

2 설치대상

(1) 지상 1층 및 2층의 바닥면적의 합계가 9천m^2 이상인 것

(2) 「문화유산의 보존 및 활용에 관한 법률」에 의해 보물 또는 국보로 지정된 목조건축물

(3) '(1)'에 해당하지 않는 공장 또는 창고시설로서 지정수량의 750배 이상의 특수가연물을 저장 · 취급하는 것

3 수원

옥외소화전설비의 수원은 그 저수량이 옥외소화전의 설치개수(옥외소화전이 2개 이상 설치된 경우에는 2개)에 7m^{3}를 곱한 양 이상이 되도록 하고, 20분간 방수하는 양 이상으로 한다.

(1) 수원양 = 옥외소화전 개수(최대 2개) × 7m^3

(2) 법정방수량 = 350L/min × 20min

(3) 옥외소화전 1개 설치 시 수원의 양 = 7m^3

(4) 옥외소화전 2개 설치 시 수원의 양 = 14m^3

4 배관 등

(1) 호스접결구는 지면으로부터 높이가 0.5m 이상 1m 이하의 위치에 설치하고 특정소방대상물의 각 부분으로부터 하나의 호스접결구까지의 수평거리가 40m 이하가 되도록 설치하여야 한다.

(2) 호스는 구경 65mm의 것으로, 노즐(관창)은 방사형으로 한다.

5 가압송수장치

(1) 옥외소화전(2개 이상 설치된 경우에는 2개의 옥외소화전)을 동시에 사용할 경우 각 옥외소화전의 노즐선단에서의 방수압력이 0.25MPa 이상이고, 방수량이 350L/min 이상이 되는 성능의 것으로 해야 한다.

(2) 하나의 옥외소화전을 사용하는 노즐선단에서의 방수압력이 0.7MPa을 초과할 경우에는 호스접결구의 인입 측에 감압장치를 설치해야 한다.

6 소화전함 등

옥외소화전마다 그로부터 5m 이내의 장소에 소화전함을 다음의 기준에 따라 설치하여야 한다.

(1) 옥외소화전이 10개 이하 설치된 때에는 옥외소화전마다 5m 이내의 장소에 1개 이상의 소화전함을 설치하여야 한다.

(2) 옥외소화전이 11개 이상 30개 이하 설치된 때에는 11개 이상의 소화전함을 각각 분산하여 설치하여야 한다.

(3) 옥외소화전이 31개 이상 설치된 때에는 옥외소화전 3개마다 1개 이상의 소화전함을 설치하여야 한다.

(4) 옥외소화전설비의 소화전함 표면에는 "옥외소화전"이라고 표시한 표지를 하고, 가압송수장치의 조작부 또는 그 부근에는 가압송수장치의 기동을 명시하는 적색등을 설치하여야 한다.

(5) 가압송수장치의 기동을 표시하는 표시등은 옥외소화전함의 상부 또는 그 직근에 설치하되 적색등으로 해야 한다.

04 절 스프링클러설비

스프링클러설비는 화재가 발생하면 방호구역에 설치된 감지기 또는 헤드가 화재를 감지하고 일정 이상의 온도에 이르게 되면 헤드가 개방되어 소화수가 방사됨으로써 자동적으로 화재를 진압하게 된다. 따라서 수동으로 작동하여 소화하는 옥내소화전과 구별된다. 가장 많이 사용되는 방식인 습식 스프링클러설비의 구조와 작동원리를 살펴보면, 배관의 1차 측과 2차 측은 가압수로 채워져 있고, 말단은 폐쇄형 헤드가 설치되어 있다. 따라서 구획된 실에 화재가 발생하면, 실의 온도가 상승하고 일정시간이 지난 후 고온이 되었을 때 헤드가 열에 의하여 개방되며, 2차 측 배관 내의 압력이 낮아지면 알람밸브가 개방되고, 이를 압력챔버의 압력스위치가 감지하여 수신반에 화재발생 신호를 보내며, 펌프를 작동시키게 된다. 그러므로 스프링클러설비를 정상적으로 유지관리한다면, 화재 발생 시부터 소화에 이르기까지 자동적으로 작동하는 효과적인 소화설비이다. 스프링클러설비는 건축물의 구조와 용도에 따라 적합한 설비의 시스템이 다르며, 2차 측에 설치되는 유수검지장치와 헤드의 종류에 따라 크게 4가지 방식으로 분류된다. 습식 스프링클러의 경우에는 리타딩챔버(retarding chamber)를 설치하여 오동작 방지, 안전밸브와 배관 및 압력스위치의 손상보호 등이 가능하도록 한다.

1 용어의 정의

(1) 고가수조 : 구조물 또는 지형지물 등에 설치하여 자연낙차의 압력으로 급수하는 수조
(2) 압력수조 : 소화용수와 공기를 채우고 일정압력 이상으로 가압하여 그 압력으로 급수하는 수조
(3) 충압펌프 : 배관 내 압력손실에 따른 주펌프의 빈번한 기동을 방지하기 위하여 충압역할을 하는 펌프
(4) 정격토출량 : 펌프의 정격부하운전 시 토출량으로서 정격토출압력에서의 토출량
(5) 정격토출압력 : 펌프의 정격부하운전 시 토출압력으로서 정격토출량에서의 토출 측 압력
(6) 진공계 : 대기압 이하의 압력을 측정하는 계측기
(7) 연성계 : 대기압 이상의 압력과 대기압 이하의 압력을 측정할 수 있는 계측기
(8) 체절운전 : 펌프의 성능시험을 목적으로 펌프 토출 측의 개폐밸브를 닫은 상태에서 펌프를 운전하는 것
(9) 기동용수압개폐장치 : 소화설비의 배관 내 압력변동을 검지하여 자동적으로 펌프를 기동 및 정지시키는 것으로서 압력챔버(pressure chamber) 또는 기동용압력스위치 등
(10) 개방형 스프링클러헤드 : 감열체 없이 방수구가 항상 열려져 있는 헤드
(11) 폐쇄형 스프링클러헤드 : 정상상태에서 방수구를 막고 있는 감열체가 일정온도에서 자동적으로 파괴·용융 또는 이탈됨으로써 방수구가 개방되는 헤드
(12) 조기반응형 스프링클러헤드 : 표준형 스프링클러헤드보다 기류온도 및 기류속도에 빠르게 반응하는 헤드

(13) 측벽형 스프링클러헤드 : 가압된 물이 분사될 때 헤드의 축심을 중심으로 한 반원상에 균일하게 분산시키는 헤드

(14) 건식 스프링클러헤드 : 물과 오리피스가 분리되어 동파를 방지할 수 있는 스프링클러헤드

(15) 유수검지장치 : 유수현상을 자동적으로 검지하여 신호 또는 경보를 발하는 장치

(16) 일제개방밸브 : 일제살수식 스프링클러설비에 설치되는 유수검지장치

(17) 가지배관 : 헤드가 설치되어 있는 배관

(18) 교차배관 : 가지배관에 급수하는 배관

(19) 주배관 : 가압송수장치 또는 송수구 등과 직접 연결되어 소화수를 이송하는 주된 배관

(20) 신축배관 : 가지배관과 스프링클러헤드를 연결하는 구부림이 용이하고 유연성을 가진 배관

(21) 급수배관 : 수원 송수구 등으로부터 소화설비에 급수하는 배관

(22) 분기배관 : 배관 측면에 구멍을 뚫어 둘 이상의 관로가 생기도록 가공한 배관으로서 다음의 분기배관

① 확관형 분기배관 : 배관의 측면에 조그만 구멍을 뚫고 소성가공으로 확관시켜 배관 용접이음자리를 만들거나 배관 용접이음자리에 배관이음쇠를 용접 이음한 배관

② 비확관형 분기배관 : 배관의 측면에 분기호칭내경 이상의 구멍을 뚫고 배관이음쇠를 용접 이음한 배관

(23) 습식 스프링클러설비 : 가압송수장치에서 폐쇄형 스프링클러헤드까지 배관 내에 항상 물이 가압되어 있다가 화재로 인한 열로 폐쇄형 스프링클러헤드가 개방되면 배관 내에 유수가 발생하여 습식 유수검지장치가 작동하게 되는 스프링클러설비

(24) 부압식 스프링클러설비 : 가압송수장치에서 준비작동식 유수검지장치의 1차 측까지는 항상 정압의 물이 가압되고, 2차 측 폐쇄형 스프링클러헤드까지는 소화수가 부압으로 되어 있다가 화재 시 감지기의 작동에 의해 정압으로 변하여 유수가 발생하면 작동하는 스프링클러설비

(25) 준비작동식 스프링클러설비 : 가압송수장치에서 준비작동식 유수검지장치 1차 측까지 배관 내에 항상 물이 가압되어 있고, 2차 측에서 폐쇄형 스프링클러헤드까지 대기압 또는 저압으로 있다가 화재발생 시 감지기의 작동으로 준비작동식 밸브가 개방되면 폐쇄형 스프링클러헤드까지 소화수가 송수되고, 폐쇄형 스프링클러헤드가 열에 의해 개방되면 방수가 되는 방식의 스프링클러설비

(26) 건식 스프링클러설비 : 건식 유수검지장치 2차 측에 압축공기 또는 질소 등의 기체로 충전된 배관에 폐쇄형 스프링클러헤드가 부착된 스프링클러설비로서, 폐쇄형 스프링클러헤드가 개방되어 배관 내의 압축공기 등이 방출되면 건식 유수검지장치 1차 측의 수압에 의하여 건식 유수검지장치가 작동하게 되는 스프링클러설비

(27) 일제살수식 스프링클러설비 : 가압송수장치에서 일제개방밸브 1차 측까지 배관 내에 항상 물이 가압되어 있고 2차 측에서 개방형 스프링클러헤드까지 대기압으로 있다가 화재 시 자동감지

장치 또는 수동식 기동장치의 작동으로 일제개방밸브가 개방되면 스프링클러헤드까지 소화수가 송수되는 방식의 스프링클러설비

(28) 반사판(디플렉터) : 스프링클러헤드의 방수구에서 유출되는 물을 세분시키는 작용을 하는 것

(29) 개폐표시형밸브 : 밸브의 개폐 여부를 외부에서 식별이 가능한 밸브

(30) 연소할 우려가 있는 개구부 : 각 방화구획을 관통하는 컨베이어·에스컬레이터 또는 이와 유사한 시설의 주위로서 방화구획을 할 수 없는 부분

(31) 가압수조 : 가압원인 압축공기 또는 불연성 기체의 압력으로 소화용수를 가압하여 그 압력으로 급수하는 수조

(32) 소방부하 : 법 제2조 제1항 제1호에 따른 소방시설 및 방화·피난·소화활동을 위한 시설의 전력부하

(33) 소방전원 보존형 발전기 : 소방부하 및 소방부하 이외의 부하(이하 '비상부하'라 한다)겸용의 비상발전기로서, 상용전원 중단 시에는 소방부하 및 비상부하에 비상전원이 동시에 공급되고, 화재 시 과부하에 접근될 경우 비상부하의 일부 또는 전부를 자동적으로 차단하는 제어장치를 구비하여, 소방부하에 비상전원을 연속 공급하는 자가발전설비

(34) 건식 유수검지장치 : 건식 스프링클러설비에 설치되는 유수검지장치

(35) 습식 유수검지장치 : 습식 스프링클러설비 또는 부압식 스프링클러설비에 설치되는 유수검지장치

(36) 준비작동식 유수검지장치 : 준비작동식 스프링클러설비에 설치되는 유수검지장치

(37) 패들형 유수검지장치 : 소화수의 흐름에 의하여 패들이 움직이고 접점이 형성되면 신호를 발하는 유수검지장치

(38) 주펌프 : 구동장치의 회전 또는 왕복운동으로 소화수를 가압하여 그 압력으로 급수하는 주된 펌프

(39) 예비펌프 : 주펌프와 동등 이상의 성능이 있는 별도의 펌프

2 스프링클러설비의 종류

스프링클러 설비	1차 측 배관상태	사용하는 유수검지장치 등 종류	2차 측 배관상태	사용헤드
습식	가압수	• 알람밸브(Alam valve) • 자동경보체크밸브 • 습식밸브	가압수	폐쇄형 헤드
건식	가압수	• 드라이밸브(Dry valve) 건식밸브	압축공기	폐쇄형 헤드
준비작동식	가압수	• 준비작동식밸브 • 프리액션밸브(Pre-action valve)	대기압(무압)	폐쇄형 헤드

부압식	가압수	• 부압제어부 • 진공펌프 • 진공밸브	부압	폐쇄형 헤드
일제살수식	가압수	• (일제개방형)일제살수식 밸브 • Deluge밸브 일제개방밸브	대기압(무압)	개방형 헤드

✔ Check 각 종별 오작동방지 장치

습식 스프링클러설비	리타딩챔버와 지연타이머
건식 스프링클러설비	주배수 밸브
준비작동식 스프링클러설비	교차회로 감지기
부압식 스프링클러설비	진공 부압을 이용한 오작동 방지
일제살수식 스프링클러설비	교차회로 감지기

(1) 습식

① 가장 일반적인 스프링클러설비로서 1차 측에 가압수가 충수되어 있으며, 유수검지장치로는 Alarm밸브를 사용한다.

② 화재가 발생하여 폐쇄형 헤드가 개방되면 2차 측에 물이 방수된다. 이때 Alarm밸브가 개방되어 1차 측에 가압수가 2차 측으로 유입하여 방사되는 설비이다.

③ 작동순서

㉠ 작동순서

화재발생 → 열기에 의해 폐쇄형 헤드 개방 → 배관 내의 가압수가 개방된 헤드로 방수 → 알람밸브의 클래퍼 상승 → 유수검지 → 화재경보 발령 → 수신반의 화재표시등 점등 및 펌프가동

㉡ 유수검지 : 클래퍼가 상승하면 리타딩챔버 또는 압력스위치로 송수되는 물구멍이 열려 물이 이동되며, 이 물의 힘에 의하여 압력스위치가 작동한다.

㉢ 화재경보발령

ⓐ 리타딩챔버가 있는 알림밸브는 리타딩채임버에 물이 가득찬 후에 그 위에 설치된 압력스위치 회로에 접점이 붙게 된다.

ⓑ 압력스위치만 설치된 알람밸브는 가압수가 압력스위치의 밸로우즈를 밀어올려 회로의 접점이 붙게 되고, 지연시간이 경과된 후 수신반에서 화재경보가 발생한다.

④ 구성요소

㉠ 헤드 : 습식 스프링클러설비에는 2차 측 배관까지 가압수가 충만되어 있기 때문에 폐쇄형 헤드가 설치된다. 헤드는 주위온도를 감안하여 적정한 것을 설치하며, 작동방식과 방향 등에 따라 다양하게 분류된다.

㉡ 알람밸브(자동경보밸브) : 알람밸브를 중심으로 1차 측과 2차 측에 각 1개씩 압력계가 부착되어 항상 같은 압력 값을 지시하고 있다가 헤드가 개방되면 2차 측의 압력이 감소되면서 알람벨브가 개방되어 수신반에 화재표시등을 점등시킴과 동시에 경보를 발령하게 된다.

㉢ 리타딩챔버와 지연타이머 : 정상적인 경우에 가압수는 많은 양이 방출되나 평상시 유지되는 상태에서 비정상적으로 약간의 가압수가 계속 또는 일시적으로 방출되는 경우가 있다. 이런 경우는 실제 화재가 아니므로 화재신호를 발하게 되면 혼란을 야기할 수 있다. 따라서 오동작 방지를 위하여 리타딩챔버를 설치하는데, 리타딩챔버는 소형의 플라스틱 원형통으로 알람스위치와 알람밸브 사이에 설치한다. 적은 양의 가압수가 챔버 내로 유입되면 챔버 하단에 있는 오리피스(작은 구멍)를 통해 외부로 배수되어 알람스위치가 접점되는 것을 방지한다. 최근에 생산되는 알람밸브에는 리타딩챔버가 부착되지 않고, 동일한 기능(오동작방지)을 하는 지연타이머가 수신기에 내장되어 있는 경우가 있다.

㉣ 압력스위치 : 2차 측에 설치되어 있으며, 2차 측의 가압수가 방출되면 클래퍼가 열리게 되고 이때 클래퍼 밑 부분의 작은 구멍을 통하여 가압수가 압력스위치에 이르게 되어 압력 스위치의 밸로우즈를 가압하여 접점을 이루게 한다. 이러한 유수현상을 수신기에 송신하여 경보(사이렌)가 울리고 밸브개방표시등이 점등되는 것이다.

(2) 건식

① 주로 난방이 되지 않는 대공간에 설치하는 스프링클러설비로서 1차 측에는 가압수가, 2차 측에는 Air-compressor를 이용한 압축공기가 충전되어 있으며, 유수검지장치는 Dry 밸브를 사용한다.

② 화재가 발생하여 폐쇄형 헤드가 개방되면 2차 측 압축공기가 방출되며, 이때 건식밸브가 개방되어 1차 측의 가압수가 2차 측으로 유입되어 방사되는 설비이다.

③ 작동순서

㉠

화재발생 → 열에 의한 폐쇄형 헤드 개방 → 개방된 헤드로 배관 내의 압축공기 나옴 → 드라이밸브 → 펌프 가동 → 수신반에 화재표시등 점등 → 화재경보 발생 → 개방된 헤드로 방수

㉡ 드라이밸브 작동

ⓐ 엑셀레이터가 작동하며, 클래퍼가 개방되어 가압수가 드라이밸브 2차 측으로 이동

ⓑ 압력(알람)스위치가 작동하여 화재경보가 발령

④ 구성요소

㉠ 건식밸브(자동경보밸브) : 건식밸브는 드라이파이프밸브라고도 부른다. 건식밸브는 평상시 물이 없는 드라이파이프의 부분에 물이 분출하는 것을 억제하고 있는 밸브이다.

㉡ 공기압축 : 건식밸브 2차 측에 연결되어 압축공기 상태를 유지시킨다.

㉢ 엑셀레이터(가속기) : 건식 유수검지장치 2차 측의 스프링클러헤드가 작동되어 공기압력이 일정 압력 이상 낮아지면, 가속기가 이를 감지하여 2차 측의 압축공기 일부를 클래퍼

의 하부에 중간실(챔버)로 보냄으로써 1차 측 수압과 중간실의 공기압이 추가되어 클래퍼를 쉽게 개방되도록 해주는 장치이다.

㉣ 익스터져(공기배출기) : 건식 유수검지장치 2차 측의 스프링클러헤드가 작동되어 공기압력이 설정압력보다 낮아지면 공기배출기로 2차 측의 압축공기를 대기 중으로 신속하게 방출하여 클래퍼가 신속히 개방되도록 하는 장치이다. 이 장치는 2차 측 공기가 스프링클러헤드를 통하여 화재지역에 공급되는 것을 막는 역할도 한다.

㉤ 주배수 밸브 : 화재발생으로 인한 작동 또는 밸브시험 후, 2차 측 배관 내의 물을 배수시키는 밸브로서 평상시에는 폐쇄상태로 유지되며, 클래퍼 개방 시에만 2차 측의 물을 배수할 수 있도록 되어 있고, 출구는 인위적인 배수밸브의 오동작으로부터 시스템을 보호하기 위하여 Water Seat 아래쪽에 설치한다.

(3) 준비작동식

① 난방이 되지 않는 옥내에 설치하는 스프링클러설비로서 1차 측에는 가압수가 2차 측에는 대기압상태로 폐쇄형 헤드가 설치되어 있으며, 일제개방밸브로는 프리액션(Preaction)밸브를 사용한다.

② 화재가 발생하면 먼저 감지기 동작에 의해 솔레노이드(Solenoid)밸브가 기동되고 이로 인하여 프리액션(Preaction)밸브가 개방된다. 이때 1차 측의 가압수가 2차 측으로 유입되고, 이후 폐쇄형 헤드가 열에 의해 개방되면 유입된 물이 방사되는 설비이다.

③ 작동순서

㉠

화재발생 → 감지기 A, B회로(교차회로) 작동 또는 수동조작함의 작동스위치 누름 → 프리액션(준비작동)밸브 작동 → 화재경보 발생 → 수신반에 화재표시등 점등 → 펌프가 작동 → 열에 의한 폐쇄형 헤드 개방 → 물 방수

㉡ 프리액션작동

ⓐ 솔레노이드벨브 또는 전동밸브가 작동하여 다이어프램이 개방되며 가압수가 2차 측 배관 안으로 흘러 들어간다.

ⓑ 밸브의 2차 측으로 이동하는 물의 압력으로 압력(알람)스위치를 작동시켜 화재경보가 발생한다.

㉢ 슈퍼비조리패널(Supervisory Panel)

ⓐ SVP는 준비작동밸브의 조작장치이다.

ⓑ 자체고장을 알리는 경보장치이다.

ⓒ 화재감지기의 동작에 따라 준비작동밸브를 동작시킨다.

ⓓ 방화 댐퍼의 폐쇄 등 관련 설비를 동작시키는 기능이 있다.

④ 구성요소

㉠ 준비작동식밸브의 1차 측과 2차 측 개폐밸브 : 준비작동식밸브를 기준으로 펌프 쪽에 설치된 밸브를 1차 측, 헤드 쪽에 설치된 밸브를 2차 측 개폐밸브라고 하며, 개폐밸브는

화재안전기준에서 개폐표시형으로 설치토록 하고 있어서 보통 OS&Y 밸브나 버터플라이밸브를 설치하고 있다.

㉡ 교차회로 감지기 : 방호구역에 2개의 감지회로를 서로 엇갈리게(X 배선방식) 설치하고 각각의 회로에 화재감지기를 설치하는 것을 말한다. 2개 회로에 설치된 감지기 중 하나의 회로에서 화재를 감지하면 화재 경보와 화재표시등만이 점등되고, 2개 회로의 감지기가 동시에 감지될 경우 솔레노이드밸브 기동신호를 보낸다. 감지기의 오동작에 의한 설비의 작동을 방지하기 위해 감지기의 회로 구성을 교차방식으로 하는 것이다.

㉢ 솔레노이드밸브(전자밸브) : 중간실과 배수배관 사이를 연결하는 배관에 설치되어 있고 중간실 압력수의 배수를 차단하고 있다. 전원이 공급되면 솔레노이드밸브가 전자석이 되면서 밸브를 차단하고 있는 작은 철심을 끌어올려 밸브를 개방하게 되며, 중간실의 압력수를 배수관을 통해 배출시키면 1차 측과 중간실의 압력균형이 깨지면서 1차 측의 가압수가 2차 측으로 송수되면서 프리액션밸브가 작동되는 것이다.

㉣ 긴급해제밸브(수동개방밸브) : 중간실의 가압수를 배수시키는 밸브를 말하며, 준비작동식에서는 긴급해제밸브라고도 불린다. 긴급해제밸브를 개방하면 준비작동식밸브가 개방되어 2차 측 헤드까지 물이 송수되며 솔레노이드밸브의 고장으로 설비가 작동되지 않거나 수동으로 설비를 작동시킬 경우 조작하는 개폐밸브이다.

㉤ 수동조정장치(슈퍼비조리패널 : SVP) : 화재 시 감지기 작동으로 클래퍼가 열리는데 준비작동식 밸브를 사용하는 경우에는 감지기 작동전에 슈퍼비조리패널을 사용하여 클래퍼를 수동으로 열리게 하는 장치이다.

(4) 부압식

① 가압수송장치에서 준비작동식 유수검지장치의 1차 측까지는 항상 정압의 물이 가압되고 2차 측 폐쇄형 스프링클러까지는 소화수가 진공 부압되어 있다가 화재 시 감지기의 동작에 의해 정압으로 변하여 유수가 발생하면 작동하는 스프링클러설비로 비화재 시 헤드개방으로 인한 수손을 방지하기 위해 설치한다.

※ 진공부압 설계를 통한 오작동 및 수손 피해를 방지한다.

② 부압식 스프링클러설비는 준비작동식 유수검지장치, 부압제어부, 진공펌프, 진공밸브 등으로 구성되어 있다.

(5) 일제살수식(일제개방식)

① 초기화재에 신속하게 대처하여야 하는 장소에 설치하는 스프링클러설비로서 1차 측에는 가압수가, 2차 측에는 대기압상태로 개방형 헤드가 설치되어 있으며, 일제개방밸브로는 Deluge 밸브를 사용한다.

② 화재가 발생하면 먼저 감지기 동작에 의해 Solenoid 밸브가 기동되고 이로 인하여 Deluge 밸브가 개방되면 1차 측의 가압수가 2차 측으로 유입되어 해당 방호구역의 전 헤드에서 방사되는 설비이다.

③ 작동순서

㉠

화재발생 → 감지기 A, B(교차회로) 작동 또는 수동스위치를 누름 → 일제개방밸브 작동 → 화재경보 발령 → 수신반에 화재표시등 점등 → 펌프 작동 → 개방형 헤드로 방수

㉡ 일제개방밸브 작동 : 솔레노이드 밸브가 작동하여 클래퍼가 개방되며, 가압수가 2차 측 배관으로 이동

④ 일제개방밸브 : 일제개방밸브는 일제살수식 스프링클러, 물분무소화설비, 포소화설비, 드렌처소화설비 등에 사용되는 밸브로서 감지기나 헤드의 작동에 의해 자동개방되거나 수동기동에 의해 개방, 작동되는 밸브이다.

⑤ 준비작동식 스프링클러의 교차회로와 동일하다.

⑥ 극장의 무대부나 연소할 우려가 있는 개구부(드렌처설비 설치 시 제외), 위험물 저장창고, 층고가 높은 대규모 홀 등에서 일제살수식 스프링클러설비가 적용된다.

⑦ 설치기준

㉠ 하나의 방수구역은 2개 층에 미치지 아니할 것

㉡ 방수구역마다 일제개방밸브를 설치할 것

㉢ 하나의 방수구역을 담당하는 헤드의 개수는 50개 이하로 하고, 2개 이상의 방수구역으로 나눌 경우에는 하나의 방수구역을 담당하는 헤드의 개수는 25개 이상으로 할 것

✓ Check 스프링클러설비 요약 정리

(1) 습식

배관 내부의 물이 화재발생 지역의 스프링클러헤드의 개방으로 소화된다.

(2) 건식

배관 내에 압축공기 또는 질소 등이 방출되고 스프링클러헤드에서 물이 방수된다.

(3) 준비작동식

배관에 공기 또는 압축공기가 채워져 있는데 화재발생 시 화재탐지설비가 동작하여 가압된 물을 배관으로 보내고 스프링클러가 개방되면 물이 살포된다.

① 수손피해가 예상되는 곳에 적당하다.

② 동결피해가 예상되는 곳에 헤드개방의 오동작에 의한 피해를 방지할 수 있다.

③ 별도의 화재감지설비가 필요하므로 구조가 복잡하고 초기설치 비용이 많이 든다.

(4) 일제살수식

스프링클러헤드를 개방형으로 설치해 화재발생 시 물이 살포되며, 화재 초기에 대량의 물 방수가 가능하여 위험물의 연소 화재에 적합하다.

(5) 건식 및 준비작동식 조합

가압공기의 주입으로 소화 시 공기배출과 함께 방수되며, 설비의 신뢰도가 더욱 높아져 수손피해를 줄일 수 있다.

(6) 스프링클러헤드

① 물이 분사되는 방향에 따라 상향형, 하향형, 벽에 다는 측벽형이 있다.

② 개방형 스프링클러가 아닐 경우 유리구가 일정온도에서 녹아 방수된다.
㉠ 개방형(특수한 장소에 설치) : 일제살수식
㉡ 폐쇄형(일반적 장소에 설치) : 습식, 건식, 준비작동식

(7) 연기 또는 열 감지기와 같이 쓰이는 스프링클러
준비작동식 스프링클러, 일제살수식 스프링클러, 부압식 스프링클러

✔ Check 스프링클러설비 심화

(1) 습식 스프링클러설비

① 구성
㉠ 옥내소화전과 같이 일반적인 수계 소화설비에 필요한 수원, 가압수송장치, 배관, 송수구 등
㉡ 헤드와 유수검지장치 등이 추가

② 작동원리
㉠ 알람밸브(습식 유수검지장치)를 중심으로 1차 측 및 2차 측 모두 가압수로 구성
㉡ 폐쇄형 헤드를 사용하며, 화재 시 폐쇄형 헤드가 개방되어 소화수가 방출

③ 작동순서
㉠ 화재발생 및 폐쇄형 헤드 개방(화재가 발생하면 열에 의해 헤드 감열체 개방)
㉡ 2차 측 배관압력 저하에 따라서 알람밸브(습식 유수검지장치) 개방 → 클래퍼가 압력차에 의해 열림
㉢ 알람밸브 압력스위치 작동으로 화재신호 전달 → 사이렌 경보, 밸브 개방표시등, 수신기의 화재표시등 점등
㉣ 1차 측 압력저하로 인해 펌프가동 → 기동용 수압개폐장치(압력챔버)에 의해 가압수송장치 가동
㉤ 개방된 헤드에서 소화수 방출

〈습식 스프링클러 구조도〉

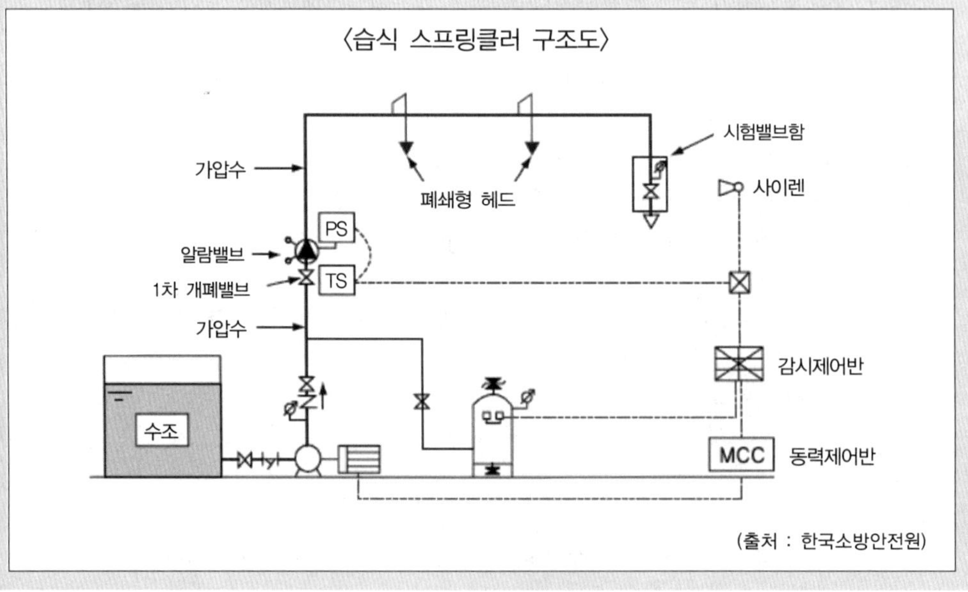

(출처 : 한국소방안전원)

④ 알람밸브(습식 유수검지장치)구조

㉠ 밸브 내부에 클래퍼가 있으며 평상시에는 닫혀있다가 화재 시 헤드의 작동으로 2차 측 압력이 낮아지면 클래퍼가 개방된다.

㉡ 습식은 1차 측에만 개폐밸브가 존재하고(다른 스프링클러는 없음), 밸브에 템퍼스위치가 부착되어 있어서 밸브를 폐쇄하는 경우 감시제어반(수신기)에서 확인이 가능하다.

〈알람밸브구조〉

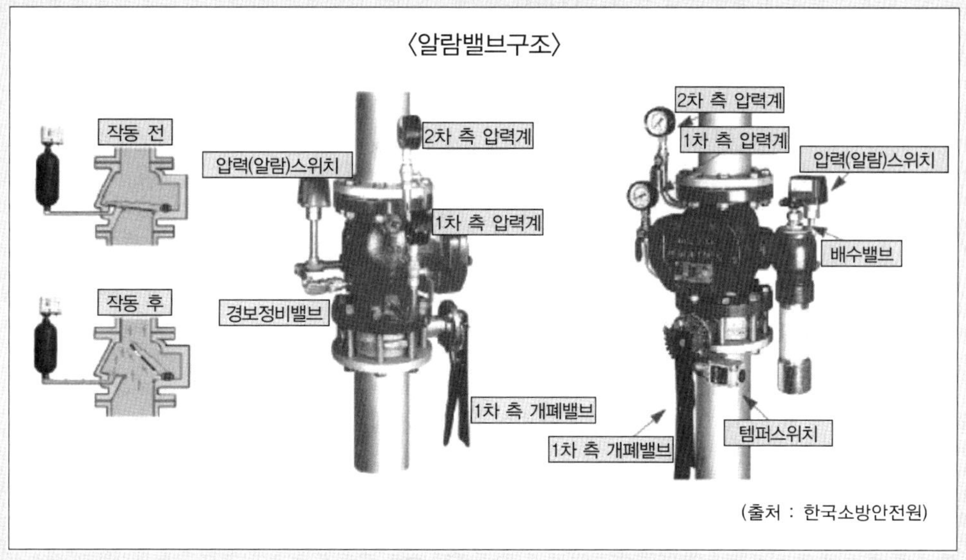

(출처 : 한국소방안전원)

(2) 건식 스프링클러설비

① 구성

㉠ 옥내소화전과 같이 일반적인 수계 소화설비에 필요한 수원, 가압수송장치, 배관, 송수구

㉡ 헤드와 유수검지장치(건식밸브), 공기압축기(에어컴프레셔), 시험장치 등이 추가

② 작동원리

㉠ 폐쇄형 헤드를 사용하며 건식밸브를 중심으로 1차 측은 가압수, 2차 측은 압축공기로 구성

㉡ 2차 측이 압축공기이기 때문에 기온이 0℃ 이하인 옥외에서도 적용 가능

③ 작동순서

㉠ 화재발생 및 폐쇄형 헤드의 개방

㉡ 2차 측 압축공기 방출에 따라 공기압 저하

㉢ 클래퍼 개방 → 급속개방장치 작동 : 가속기(엑셀레이터 : Accelerator), 공기배출기(익져스터 : Exhauster)

㉣ 1차 측 소화수가 2차 측으로 이동 → 압력스위치 작동으로 화재신호 제어반(수신기) 전달

㉤ 개방된 헤드에서 소화수 방출

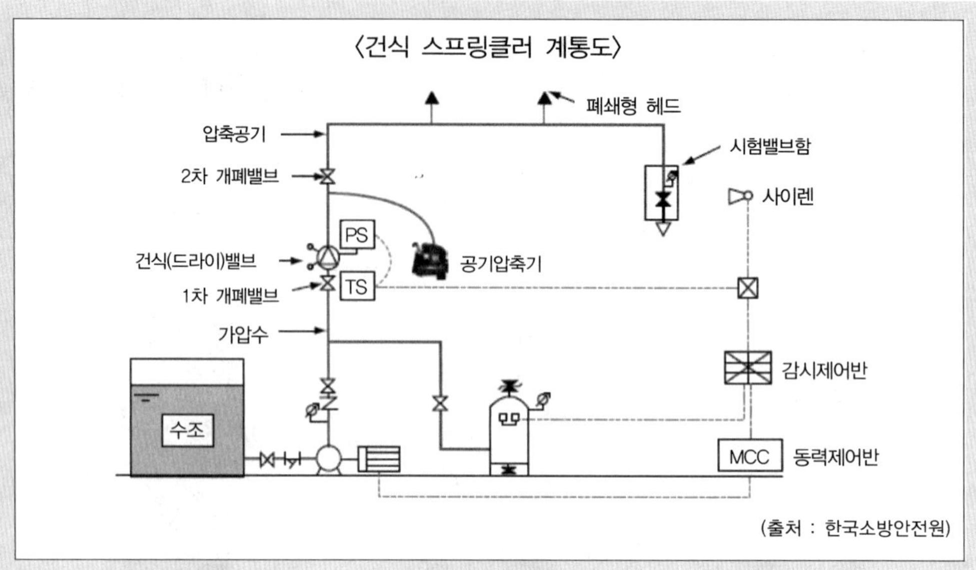

④ 건식 유수검지장치(드라이밸브)

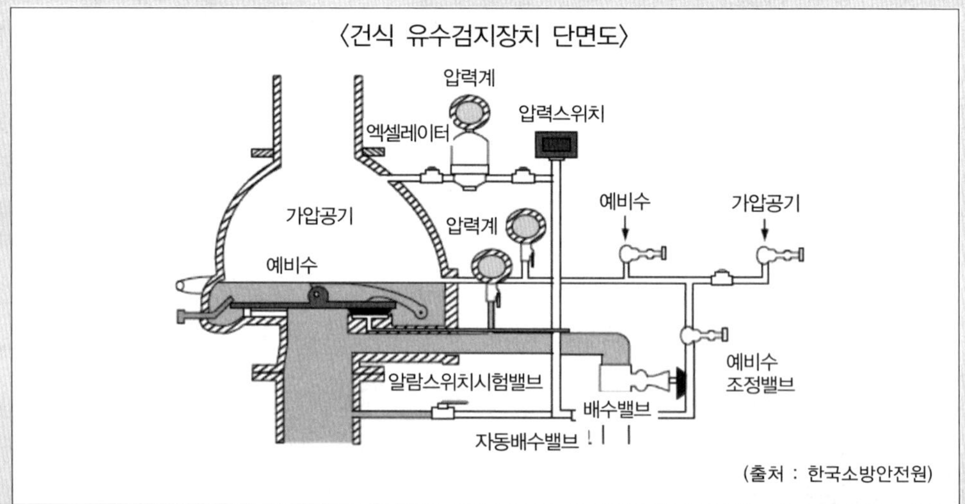

㉠ 건식밸브는 평소에 2차 측의 가압공기, 1차 측의 가압수로 구성되어 있으며, 클래퍼 1・2차 측의 차압이 발생되는데, 이때 파스칼의 원리가 적용된다.

㉡ 2차 측에 부착된 가속기는 엑셀레이터(Accelerator)라고 하며 클래퍼의 빠른 개방을 위하여 2차 측의 공기를 중간챔버에 연결하여 클래퍼를 신속하게 개방하는 역할을 한다.

⑤ 방수지연시간

㉠ 건식 스프링클러설비는 습식과 다르게 2차 측이 압축공기로 되어 있어 소화수가 방출되는데 다소 시간이 소요되는데 이를 방수지연시간이라고 한다.

㉡ 방수지연시간 = 트립시간(Trip Time) + 소화수 이송시간(Transit Time)

ⓐ 트립시간 : 헤드가 개방된 후 클래퍼가 열리는 시간으로서 엑셀레이터를 설치하여 건식밸브의 중간챔버에 2차 측 압축공기를 넣어서 클래퍼가 빨리 개방되도록 함

ⓑ 소화수 이송시간 : 클래퍼가 개방된 후 1차 측의 소화수가 헤드까지 방출되는 데 걸리는 시간으로서 익져스터를 설치하여 2차 측의 압축공기를 대기로 방출함

(3) 준비작동식 스프링클러

① 구성

㉠ 옥내소화전과 같이 일반적인 수계 소화설비에 필요한 수원, 가압수송장치, 배관, 송수구 등

㉡ 헤드와 준비작동식 유수검지장치(프리액션밸브), 교차로감지기, 전자밸브(솔레노이드), SVP 등이 추가

② 작동원리

㉠ 준비작동식 유수검지장치(프리액션밸브)를 중심으로 1차 측은 가압수, 2차 측은 대기압상태로 유지

㉡ 화재발생 시 준비작동식 유수검지장치는 A, B 감지기가 모두 동작하며 중간챔버와 연결된 전자밸브(솔레노이드밸브)가 개방되면서 중간챔버의 물이 배수되어 클래퍼가 밀려 1차 측 배관의 물이 2차 측으로 유수

③ 작동순서

〈준비작동식 스프링클러 계통도〉

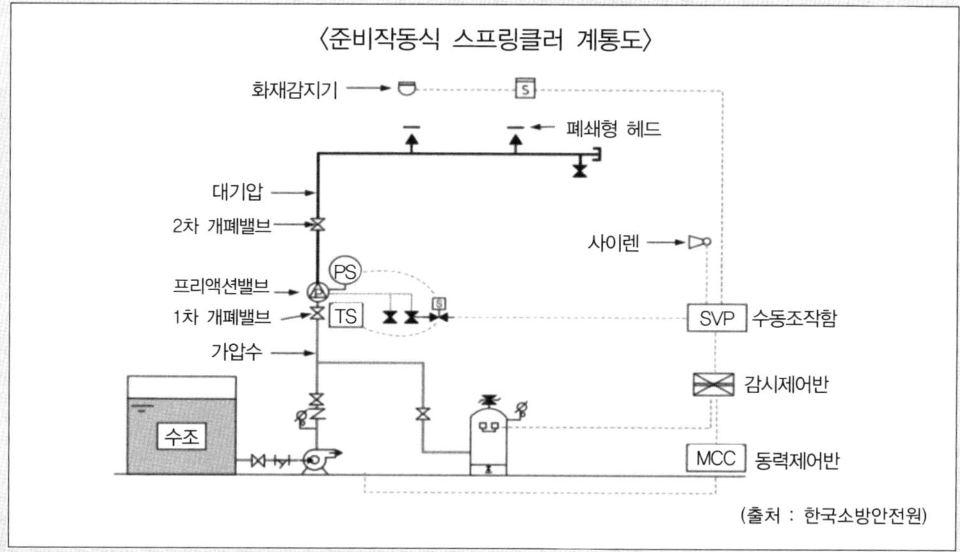

(출처 : 한국소방안전원)

㉠ 화재발생

㉡ 교차로 방식의 A or B 감지기 작동(경종 또는 사이렌, 화재표시등 점등)

㉢ A and B 감지기 작동 또는 수동기동장치(SVP) 작동

㉣ 준비작동식 유수검지장치(프리액션밸브) 작동

ⓐ 전자밸브(솔레노이드) 작동

ⓑ 중간챔버 감압

ⓒ 밸브개방

ⓓ 압력스위치 작동 → 사이렌 경보, 밸브개방표시등 점등

㉤ 2차 측으로 급수

ⓑ 헤드개방 및 방수

ⓢ 배관 내 압력저하로 기동용 수압개폐장치의 압력스위치 작동 → 펌프가동

④ **준비작동식 유수검지장치(프리액션밸브)**

A, B 감지기가 모두 동작하면 중간챔버와 연결된 전자밸브가 개방되면서 중간챔버의 물이 배수되어 클래퍼(다이어프램)가 밀려 1차 측 배관의 물이 2차 측으로 유수된다.

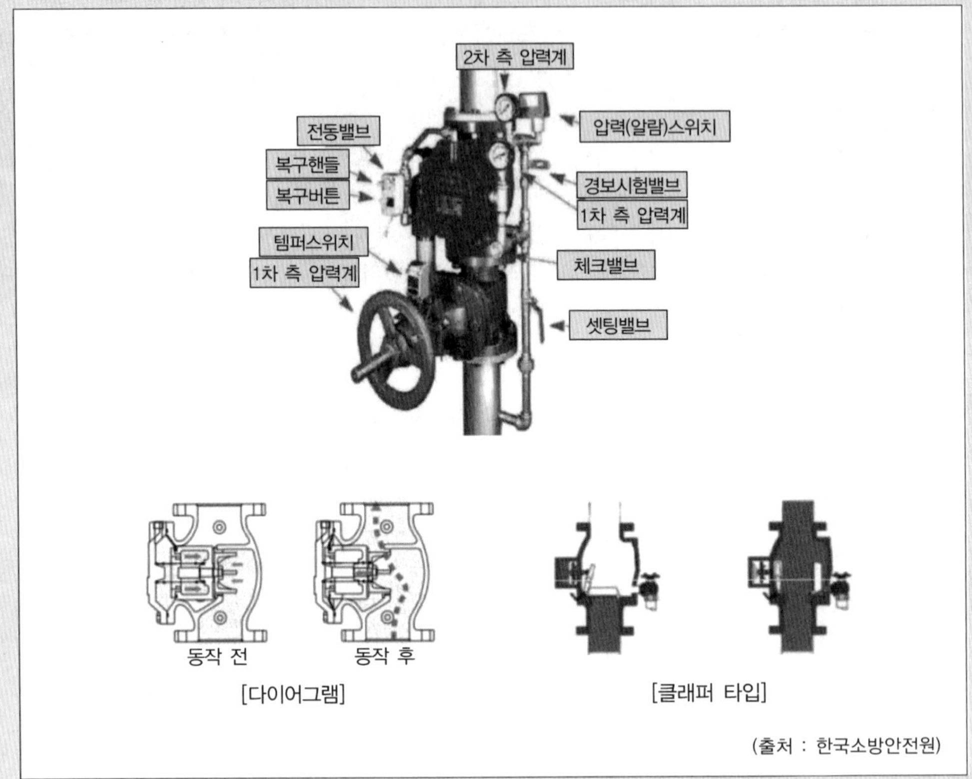

(출처 : 한국소방안전원)

(4) **부압식 스프링클러**

① **구성**

㉠ 옥내소화전과 같이 일반적인 수계 소화설비에 필요한 수원, 가압수송장치, 기동용 수압개폐장치, 배관, 송수구 등

㉡ 부압식 스프링클러설비는 준비작동식 유수검지장치에 2차 측의 부압을 유지하기 위하여 부압제어부, 진공펌프, 진공밸브 등이 추가

㉢ 시험장치 있음(시험장치는 부압식, 습식, 건식에만 존재)

② 작동원리

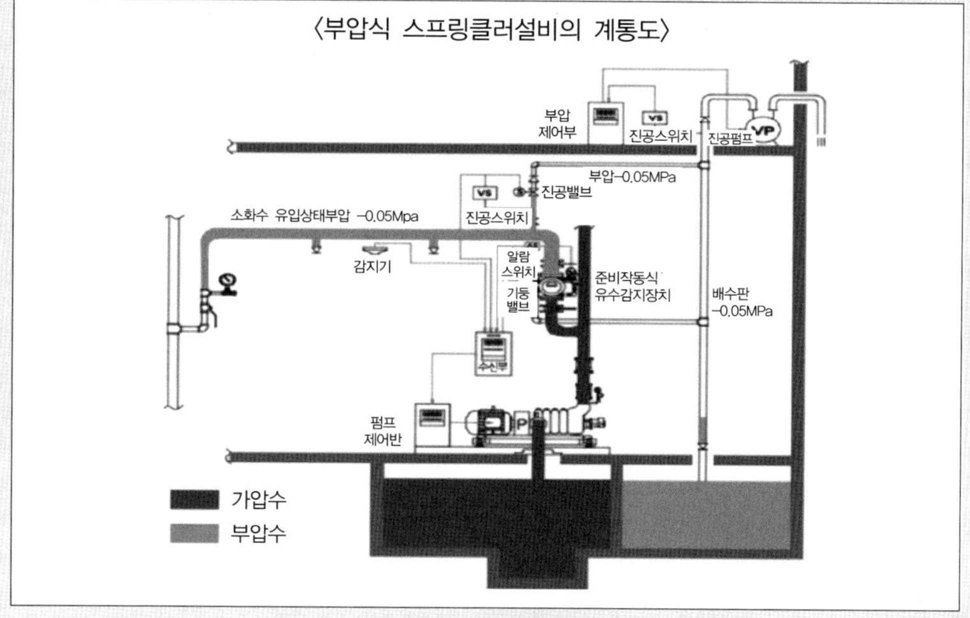

㉠ 부압식 스프링클러설비는 준비작동식 유수검지장치 1차 측에는 가압수, 2차 측에는 부압수로 구성되어 있다.

㉡ 평상시에는 2차 측에 물이 가득 차있지만 부압수이기 때문에 헤드의 파손 등으로 소화수의 유출이 발생되는 수손피해를 방지한다.

㉢ 화재감지기 또는 수동조작으로 인해 2차 측 부압이 정압으로 변화되는 순간부터는 준비작동식 스프링클러설비와 동일한 방식으로 작동한다.

③ 작동순서

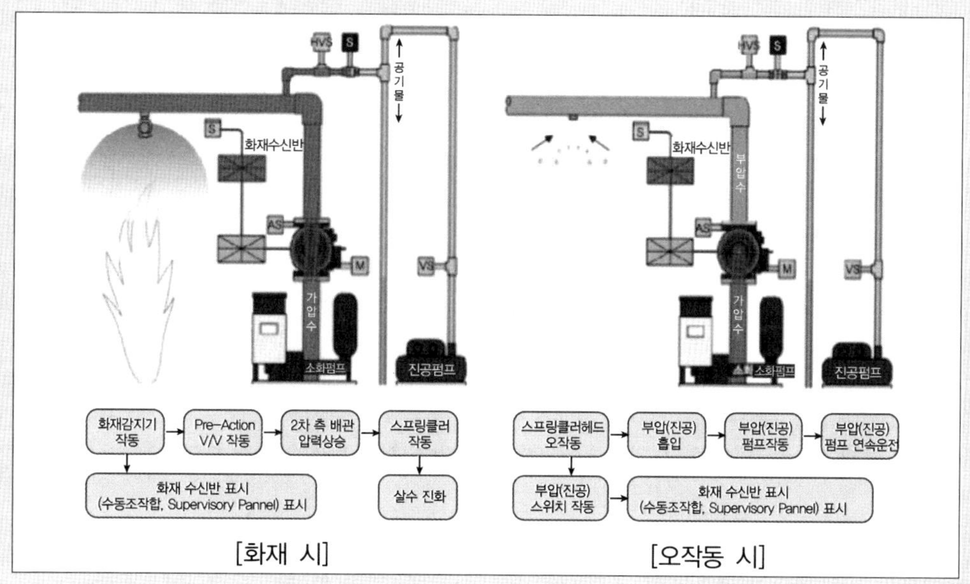

㉠ 평상시 : 화재발생 → 감지기 및 수동조작함으로 화재신호 → 준비작동식 유수검지장치 개방 및 2차 측이 부압에서 정압으로 변환 → 개방된 폐쇄형 헤드에서 소화수 방출 → 1차 측 압력저하로 기용수압개폐장치에 의해 소화펌프 작동

㉡ 오작동이 발생한 경우 : 스프링클러설비 헤드 파손 등의 오작동 → 2차 측 진공상태 유지(진공펌프작동) → 소화수가 방출되지 않아 수손피해 방지

㉢ 장단점

ⓐ 장점

㉮ 2차 측이 소화수로 충수되어 있어 초기소화에 용이하다.

㉯ 헤드 파손 등으로 인한 수손피해를 방지할 수 있다.

ⓑ 단점

㉮ 진공펌프, 부압제어부 등의 설치로 시스템이 복잡하고 유지관리가 어렵다.

㉯ 동결이 우려되는 장소에서의 사용이 제한된다.

④ 특징

㉠ 부압식 스프링클러설비는 준비작동식 스프링클러설비에 2차 측만 별도의 부압시스템을 적용해서 헤드의 파손이나 오동작으로 인한 수손피해를 막기 위해서 개발된 시스템이다.

㉡ 수손방지 차원은 우수하나 복잡한 구성 때문에 일반 건축물에서는 볼 수 없다.

(5) 일제살수식 스프링클러

① 구성

㉠ 옥내소화전과 같이 일반적인 수계 소화설비에 필요한 수원, 가압수송장치, 기동용 수압개폐장치, 배관, 송수구 등

㉡ 개방형 헤드, 일제살수식 유수검지장치(일제개방밸브), 감지기(교차로감지기) 등이 추가

㉢ 시험장치 없음(시험장치는 습식, 건식, 부압식에만 존재)

② 작동원리

㉠ 일제개방밸브(Deluge valve)를 기준으로 1차 측에는 가압수, 2차 측에는 대기압 상태로 유지된다.

㉡ 개방형 헤드를 사용하기 때문에 설치된 개방형 스프링클러헤드에서 일제히 소화수가 방출되어 층고가 높거나 화재를 빨리 진압해야 하는 장소에 설치한다.

③ 작동순서

㉠ 화재 발생

㉡ 감지기 작동 및 화재경보 : 교차로 방식 감지기 A or B 작동

㉢ A and B 감지기 작동 또는 수동기동장치(SVP) 작동

㉣ 일제살수식 유수검지장치 작동(델류지밸브 개방) → 일제개방밸브의 개방

㉤ 밸브 개방으로 1차 측으로 가압수 이동

㉥ 개방형 헤드에서 일제히 소화수 방출

㉦ 배관 내 압력저하로 압력챔버(기동용 수압개폐장치)가 펌프가동

〈일제살수식 스프링클러설비 계통도〉

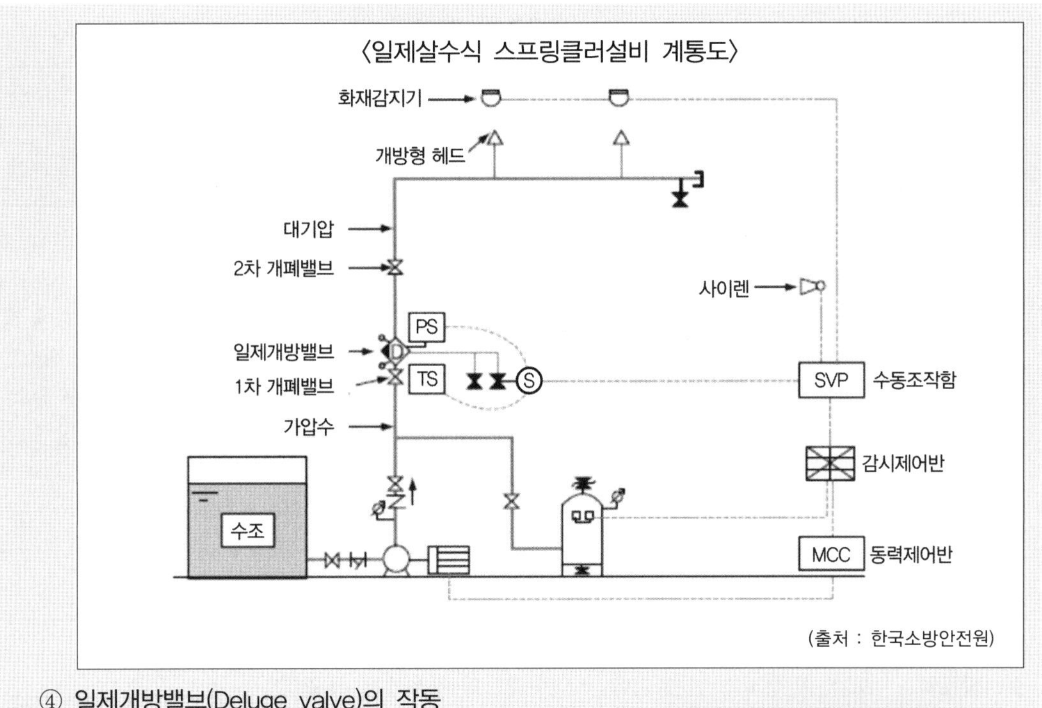

(출처 : 한국소방안전원)

④ 일제개방밸브(Deluge valve)의 작동

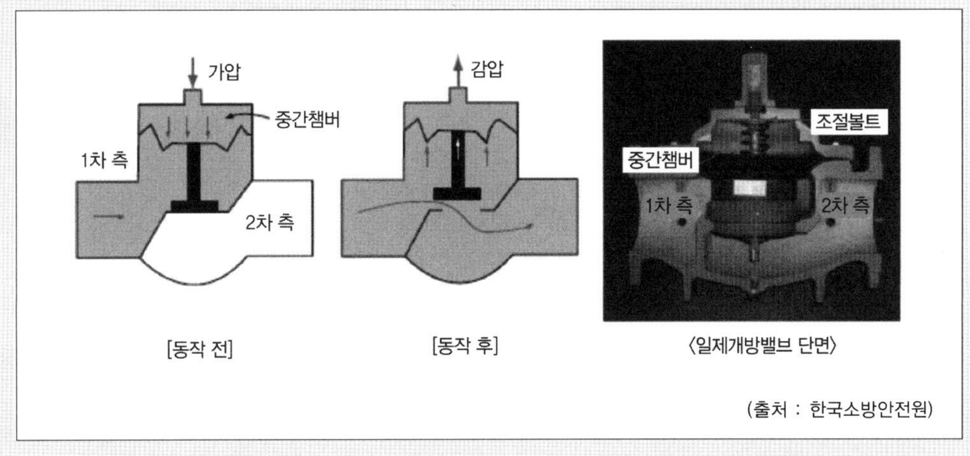

[동작 전] [동작 후] 〈일제개방밸브 단면〉

(출처 : 한국소방안전원)

3 스프링클러설비별 장·단점 및 적용장소

구분	장점	단점	적용장소
습식	• 다른 스프링클러설비보다 구조가 간단하고 공사비가 저렴하다. • 다른 방식에 비해 유지 관리가 용이하다.	• 동결의 우려가 있는 장소에는 사용이 제한된다. • 헤드 오동작 시에는 수손의 피해가 크다.	• 난방이 되는 장소로서 층고가 높지 않은 장소 예 사무실, 옥내판매장, 숙박업소 등

	• 헤드 개방 시 즉시 살수가 개시된다.	• 층고가 높을 경우 헤드의 개방이 지연되어 초기화재에 대처할 수 없다.	
건식	• 동결의 우려가 있는 장소에서도 사용이 가능하다. • 옥외에서도 사용이 가능하다.	• 공기압축 및 신속한 개방을 위한 부대설비가 필요하다. • 압축공기가 전부 방출된 후에 살수가 개시되므로 살수 개시까지의 시간이 지연된다. • 화재 초기에는 압축공기가 방출되므로(산소를 공급하는 결과) 화재를 촉진시킬 수 있다.	• 난방이 되지 않는 옥내·외의 대규모 장소 • 배관 및 헤드 설치장소에 전원 공급이 불가능한 장소 예 동결의 우려가 있는 장소, 대단위 창고, 옥외창고 등
준비작동식	• 동결의 우려가 있는 장소에서도 사용이 가능하다. • 헤드가 개방되기 전에 경보가 발생하므로 조기에 조치가 가능하다. • 평상시 헤드가 오동작되어도 수손의 우려가 없다.	• 감지장치로 자동화재탐지설비를 별도로 설치하여야 한다. • 일반헤드의 경우에는 상향형으로만 사용하여야 한다. 하향형의 경우 배수가 되지 않아 불가하다.	• 난방이 되지 않는 옥내의 장소 예 로비 부분, 주차장, 공장, 창고 등
일제살수식	• 밸브 개방 시 즉시 살수가 되므로 초기화재 시 신속하게 대처할 수 있다. • 층고가 높은 경우에도 적용할 수 있다.	• 대량의 급수체계가 필요하다. • 광범위하게 살수가 되므로 수손에 의한 피해가 크다. • 감지장치를 별도로 설치하여야 한다.	• 천장이 높아서 폐쇄형 헤드가 작동하기 곤란한 장소 • 화재가 발생하면 순간적으로 연소 확대가 우려되어 초기에 대량의 주수가 필요한 장소 예 무대부, 위험물저장소, 페인트공장 등

4 설치기준

(1) 6층 이상 모든 층

스프링클러가 없는 특정소방대상물을 용도변경하는 경우에는 설치해야 함(단, 아파트 등을 리모델링하는 경우로서 건축물의 연면적 및 층높이가 변경되지 않는 경우에는 해당 아파트 등의 사용검사 당시의 소방시설 적용기준을 적용)

(2) 기숙사(교육연구시설·수련시설 내에 있는 학생 수용) 또는 복합건축물로서 연면적 5천m^2 이상인 경우 모든 층

(3) 문화 및 집회시설(동·식물원 제외)·종교시설(주요구조부가 목조인 것은 제외)·운동시설(물놀이형 시설은 제외)

① 수용인원이 100명 이상

② 영화상영관 + 지하층 또는 무창층 + 바닥면적 500m^2 이상

③ 영화상영관 + 지상층 + 바닥면적 1,000m^2 이상

④ 무대부 + 지하층·무창층 또는 4층 이상 + 무대부의 면적이 300m^2 이상인 것

⑤ 무대부 + 지상 1,2,3층에 있는 경우 + 무대부의 면적이 500m^2 이상인 것

(4) 판매시설, 운수시설 및 창고시설(물류터미널 한정)

바닥면적 5천m^2 이상이거나 수용인원이 500명 이상인 경우에는 모든 층

(5) 다음 시설의 바닥면적의 합계가 600m^2 이상인 경우 모든 층

① 의료시설 중 정신의료기관

② 의료시설 중 요양병원(정신병원은 제외)

③ 노유자 시설

④ 숙박이 가능한 수련시설

(6) 창고시설(물류터미널 제외)

바닥면적 5천m^2 이상인 경우에는 모든 층

(7) 특정소방대상물의 지하층·무창층(축사는 제외) 또는 층수가 4층 이상인 층

바닥면적이 1천m^2 이상인 층이 있는 경우에는 해당 층

(8) 천장 또는 반자(반자가 없는 경우에는 지붕의 옥내에 면하는 부분)의 높이가 10m를 넘는 랙크식 창고(rack warehouse) + 바닥면적의 합계가 1천 5백m^2 이상인 것

(9) 공장 또는 창고시설

① 지정수량의 1천배 이상의 특수가연물을 저장·취급하는 시설

② 중·저준위방사성폐기물 저장시설 중 소화수를 수집·처리하는 설비가 있는 저장시설

(10) 지붕 또는 외벽이 불연재료·내화구조가 아닌 공장 또는 창고시설

① 창고시설(물류터미널에 한정한다) 중 '(4)'에 해당하지 않는 시설

: 바닥면적의 합계가 2천 5백m^2 이상이거나 수용인원이 250명 이상인 것

② 창고시설(물류터미널 제외) 중 '(6)'에 해당하지 않는 시설

: 바닥면적의 합계가 2천 5백m^2 이상인 것

③ 공장 또는 창고시설 중 '(7)'에 해당하지 않는 시설

: 지하층·무창층 또는 층수가 4층 이상 + 바닥면적이 500m^2 이상

④ 랙크식 창고시설 중 '(8)'에 해당하지 않는 시설

: 바닥면적의 합계가 750m^2 이상인 것

⑤ '(9)'에 해당하지 않는 것 + 특수가연물(지정수량의 500배 이상)을 저장·취급하는 시설

(11) 교정 및 군사시설

① 보호감호소, 교도소, 구치소 및 그 지소, 보호관찰소, 갱생보호시설, 치료감호시설, 소년원 및 소년분류심사원의 수용거실

② 「출입국관리법」에 따른 보호시설(외국인보호소의 경우에는 보호대상자의 생활공간으로 한정)로 사용하는 부분(다만, 보호시설이 임차건물에 있는 경우는 제외)

③ 「경찰관 직무집행법」에 따른 유치장

(12) 지하상가로서 연면적 1천m^2 이상인 것

(13) 발전시설 중 전기저장시설

(14) '(1)' ~ '(13)'의 특정소방대상물에 부속된 보일러실 또는 연결통로 등

5 수원

(1) 폐쇄형 스프링클러헤드

수원의 양 = 스프링클러설비 설치장소별 스프링클러헤드의 기준개수 × 1.6m^3

① 용융형 헤드 : 휴즈블링크형, 메탈 피스형, 케미칼 솔더형

② 비용융형 헤드 : 스프링클러에서 공 형태의 유리 용기에 액체 및 기포가 들어 있는 것으로, 일정 온도가 되면 파괴되도록 되어 있는 구조의 스프링클러헤드

(2) 개방형 스프링클러헤드

① 헤드의 설치개수가 30개 이하 : 헤드의 기준개수 × 1.6m^3

② 헤드의 설치개수가 30개 초과

수원의 양 = 가압수송장치의 송수량(L/분) × 20

✔Check 소방대상물별 헤드의 기준개수

스프링클러설비의 설치장소			기준개수
지하층을 제외한 10층 이하인 특정 소방대상물	공장	특수가연물을 저장·취급하는 것	30
		그 밖의 것	20
	근린생활시설·판매시설·운수시설 또는 복합건축물	판매시설 또는 복합건축물(판매시설이 설치되는 복합건축물)	30
		그 밖의 것	20
	그 밖의 것	헤드 부착 높이가 8m 이상	20
		헤드 부착 높이가 8m 미만	10
지하층을 제외한 층수가 11층 이상인 특정소방대상물(지하상가 또는 지하역사)			30

〈비고〉
하나의 특정소방대상물이 2 이상의 "스프링클러헤드의 기준개수"란에 해당하는 때에는 기준개수가 많은 것을 기준으로 한다. 다만, 각 기준개수에 해당하는 수원을 별도로 설치하는 경우에는 그렇지 않다.

(3) 가압수송장치

① 고가수조에 의한 가압수송장치
② 압력수조에 의한 가압수송장치
③ 가압수조에 의한 가압수송장치
④ 펌프방식에 의한 가압수송장치

6 방호구역 · 유수검지장치

(1) 폐쇄형 스프링클러설비의 방호구역 · 유수검지장치

① 하나의 방호구역의 바닥면적은 3,000m^{2}를 초과하지 아니할 것. 다만, 폐쇄형 스프링클러설비에 격자형배관방식(2 이상의 수평주행배관 사이를 가지배관으로 연결하는 방식을 말한다)을 채택하는 때에는 3,700m^2 범위 내에서 펌프용량, 배관의 구경 등을 수리학적으로 계산한 결과 헤드의 방수압 및 방수량이 방호구역 범위 내에서 소화목적을 달성하는 데 충분할 것

② 하나의 방호구역에는 1개 이상의 유수검지장치를 설치하되, 화재발생 시 접근이 쉽고 점검하기 편리한 장소에 설치할 것

③ 하나의 방호구역은 2개 층에 미치지 아니하도록 할 것(다만, 1개 층에 설치되는 스프링클러헤드의 수가 10개 이하인 경우와 복층형 구조의 공동주택에는 3개 층 이내로 할 수 있다)

④ 유수검지장치를 실내에 설치하거나 보호용 철망 등으로 구획하여 바닥으로부터 0.8m 이상 1.5m 이하의 위치에 설치하되, 그 실 등에는 개구부가 가로 0.5m 이상 세로 1m 이상의 출입문을 설치하고 그 출입문 상단에 "유수검지장치실"이라고 표시한 표지를 설치할 것(다만, 유수검지장치를 기계실(공조용기계실을 포함) 안에 설치하는 경우에는 별도의 실 또는 보호용 철망을 설치하지 아니하고 기계실 출입문 상단에 "유수검지장치실"이라고 표시한 표지를 설치할 수 있다)

⑤ 스프링클러헤드에 공급되는 물은 유수검지장치를 지나도록 할 것(다만, 송수구를 통하여 공급되는 물은 그러하지 아니하다)

⑥ 자연낙차에 따른 압력수가 흐르는 배관상에 설치된 유수검지장치는 화재 시 물의 흐름을 검지할 수 있는 최소한의 압력이 얻어질 수 있도록 수조의 하단으로부터 낙차를 두어 설치할 것

⑦ 조기반응형 스프링클러헤드를 설치하는 경우에는 습식 유수검지장치 또는 부압식 스프링클러설비를 설치할 것

(2) 개방형 스프링클러설비의 방호구역 · 유수검지장치

① 하나의 방수구역은 2개 층에 미치지 아니할 것

② 방수구역마다 일제개방밸브를 설치할 것

③ 하나의 방수구역을 담당하는 헤드의 개수는 50개 이하로 할 것(다만, 2개 이상의 방수구역으로 나눌 경우에는 하나의 방수구역을 담당하는 헤드의 개수는 25개 이상으로 할 것)

④ 일제개방밸브의 설치위치는 폐쇄형 밸브의 기준에 따르고, 표지는 "일제개방밸브실"이라고 표시할 것

(3) 송수구 · 방수구 등의 설치 높이

0.5 ~ 1m 이하	0.8 ~ 1.5m 이하	1.5m 이하
① 연결송수관설비의 송수구 · 방수구 ② 연결살수설비의 송수구 ③ 물분무소화설비의 송수구 ④ 소화용수설비의 채수구 ※ 암기 Tip 연소용 51(연소용 오일은 잘 탄다)	① 제어밸브(수동식 개방밸브) ② 유수검지장치 ③ 일제개방밸브 ※ 암기 Tip 제유일 85(제가 유일하게 팔았어요)	① 옥내소화전설비의 방수구 ② 호스릴함 ③ 소화기(투척용 소화기 포함) ※ 암기 Tip 옥내호소 5(옥내에서 호소하시오)

7 배관

스프링클러의 배관은 입상관, 수평주행배관, 교차배관, 가지배관 등으로 구성되어 있다.

(1) 가지배관

① 스프링클러 헤드가 설치되어 있다.

② 스프링클러 배관 중 가장 가는 관이다.

③ 가지배관의 배열 기준

㉠ 가지배관의 배열은 토너먼트방식이 아니어야 한다.

㉡ 한쪽 가지배관에 설치하는 헤드의 개수는 8개 이하로 하여야 한다.

(2) 교차배관

① 직접 또는 수직배관을 통하여 가지배관에 급수하는 배관을 말한다.

② 수평주행배관 중 가지배관에 소화용수를 공급하는 배관으로 가지배관의 하부 또는 측면에 설치되어 가지배관과 교차되는 배관을 말한다.

③ 교차배관의 설치기준

㉠ 교차배관은 가지배관과 수평으로 설치하거나 또는 가지배관 밑에 설치하고 최소구경이 40cm 이상이 되도록 한다.

㉡ 청소구는 교차배관 끝에 개폐밸브를 설치하고 호스 접결이 나사식 또는 고정배수배관식으로 한다.

(3) 배관의 기울기

① 습식 스프링클러설비 또는 부압식 스프링클러설비의 배관은 수평으로 한다. 다만, 배관의 구조상 소화수가 남아있는 곳에서는 배수밸브를 설치한다.

② 습식 스프링클러설비와 부압식 스프링클러설비 외의 설비에는 헤드를 향하여 상향으로 수평 주행관의 기울기는 1/500 이상, 가지배관의 기울기는 1/250 이상으로 해야 한다.

8 음향장치 및 기동장치

(1) 설치기준

① 습식 유수검지장치 또는 건식 유수검지장치를 사용하는 설비에 있어서는 헤드가 개방되면 유수검지장치가 화재신호를 발신하고 그에 따라 음향장치가 경보되도록 할 것

② 준비작동식 유수검지장치 또는 일제개방밸브를 사용하는 설비에는 화재감지기의 감지에 따라 음향장치가 경보되도록 할 것[이 경우 화재감지기회로를 교차회로방식(하나의 준비작동식 유수검지장치 또는 일제개방밸브의 담당구역 내에 2 이상의 화재감지기회로를 설치하고 인접한 2 이상의 화재감지기가 동시에 감지되는 때에 준비작동식 유수검지장치 또는 일제개방밸브가 개방·작동되는 방식)으로 하는 때에는 하나의 화재감지기회로가 화재를 감지하는 때에도 음향장치가 경보되도록 하여야 한다]

③ 음향장치는 유수검지장치 및 일제개방밸브 등의 담당구역마다 설치하되 그 구역의 각 부분으로부터 하나의 음향장치까지의 수평거리는 25m 이하가 되도록 할 것

④ 음향장치는 경종 또는 사이렌(전자식 사이렌을 포함한다)으로 하되, 주위의 소음 및 다른 용도의 경보와 구별이 가능한 음색으로 할 것(이 경우 경종 또는 사이렌은 자동화재탐지설비·비상벨설비 또는 자동식 사이렌설비의 음향장치와 겸용할 수 있다)

⑤ 주 음향장치는 수신기의 내부 또는 그 직근에 설치할 것

⑥ 층수가 11층(공동주택의 경우에는 16층) 이상의 특정소방대상물은 다음에 따라 경보를 발할 수 있도록 할 것

㉠ 2층 이상의 층에서 발화한 때에는 발화층 및 그 직상 4개층에 경보를 발할 것

㉡ 1층에서 발화한 때에는 발화층·그 직상 4개층 및 지하층에 경보를 발할 것

㉢ 지하층에서 발화한 때에는 발화층·그 직상층 및 그 밖의 지하층에 경보를 발할 것

⑦ 지구음향장치는 특정소방대상물의 층마다 설치하되, 해당 특정소방대상물의 각 부분으로부터 하나의 음향장치까지의 수평거리가 25m 이하가 되도록 하고, 해당층의 각부분에 유효하게 경보를 발할 수 있도록 설치할 것(다만, 「비상방송설비의 화재안전기준(NFSC 202)」에 적합한 방송설비를 자동화재탐지설비의 감지기와 연동하여 작동하도록 설치한 경우에는 지구음향장치를 설치하지 않을 수 있다)

⑧ 음향장치는 다음의 기준에 따른 구조 및 성능의 것으로 하여야 할 것

㉠ 정격전압의 80% 전압에서 음향을 발할 수 있는 것으로 할 것(다만, 건전지를 주전원으로 사용하는 음향장치는 그렇지 않다)

㉡ 음량은 부착된 음향장치의 중심으로부터 1m 떨어진 위치에서 90dB 이상이 되는 것으로 할 것

㉢ 감지기 및 발신기의 작동과 연동하여 작동할 수 있는 것으로 할 것

(2) 스프링클러설비의 가압송수장치로서 펌프가 설치되는 경우의 기준

① 습식 유수검지장치 또는 건식 유수검지장치를 사용하는 설비에 있어서는 유수검지장치의 발신이나 기동용 수압개폐장치에 의하여 작동되거나 또는 이 두 가지의 혼용에 따라 작동될 수 있도록 할 것

② 준비작동식 유수검지장치 또는 일제개방밸브를 사용하는 설비에 있어서는 화재감지기의 화재감지나 기동용 수압개폐장치에 따라 작동되거나 또는 이 두 가지의 혼용에 따라 작동할 수 있도록 할 것

(3) 준비작동식 유수검지장치 또는 일제개방밸브의 작동 기준

① 담당구역 내의 화재감지기의 동작에 따라 개방 및 작동될 것

② 화재감지회로는 교차회로방식으로 할 것(다만, 다음의 어느 하나에 해당하는 경우에는 그러하지 아니하다)

㉠ 스프링클러설비의 배관 또는 헤드에 누설경보용 물 또는 압축공기가 채워지거나 부압식 스프링클러설비의 경우

㉡ 화재감지기를 「자동화재탐지설비의 화재안전기준(NFSC 203)」 제7조 제1항 단서의 지하층·무창층 등의 감지기로 설치한 때

③ 준비작동식 유수검지장치 또는 일제개방밸브의 인근에서 수동기동(전기식 및 배수식)에 따라서도 개방 및 작동될 수 있게 할 것

④ '①' 및 '②'에 따른 화재감지기의 설치기준에 관하여는 「자동화재탐지설비의 화재안전기준(NFSC 203)」 제7조 및 제11조(감지기설치기준)를 준용할 것(이 경우 교차회로방식에 있어서의 화재감지기의 설치는 각 화재감지기 회로별로 설치하되, 각 화재감지기 회로별 화재감지기 1개가 담당하는 바닥면적은 「자동화재탐지설비의 화재안전기준(NFSC 203)」 제7조 제3항 제5호·제8호부터 제10호까지에 따른 바닥면적으로 한다)

⑤ 화재감지기 회로에는 다음의 기준에 따른 발신기를 설치할 것(다만, 자동화재탐지설비의 발신기가 설치된 경우에는 그러하지 아니하다)

㉠ 조작이 쉬운 장소에 설치하고, 스위치는 바닥으로부터 0.8m 이상 1.5m 이하의 높이에 설치할 것

㉡ 특정소방대상물의 층마다 설치하되, 해당 특정소방대상물의 각 부분으로부터 하나의 발신기까지의 수평거리가 25m 이하가 되도록 할 것(다만, 복도 또는 별도로 구획된 실로서 보행거리가 40m 이상일 경우에는 추가로 설치하여야 한다)

㉢ 발신기의 위치를 표시하는 표시등은 함의 상부에 설치하되, 그 불빛은 부착면으로부터 15° 이상의 범위 안에서 부착지점으로부터 10m 이내의 어느 곳에서도 쉽게 식별할 수 있는 적색등으로 할 것

9 헤드

(1) 헤드의 종류

① 헤드 감열부 유무에 따른 분류

㉠ 개방형 : 감열체 없이 방수구가 항상 열려있는 헤드

㉡ 폐쇄형 : 정상상태에서 방수구를 막고 있는 감열체가 일정온도에서 자동적으로 파괴・용해 또는 이탈됨으로서 방수가 열리는 헤드

② 헤드의 설치방향에 따른 분류

㉠ 하향형 : 상방 살수 목적

㉡ 상향형 : 하방 살수 목적

㉢ 측벽형 : 폭이 9m 이하인 실내에 설치

③ 헤드 감열부의 재질에 따른 분류

㉠ 퓨즈블링크형 : 낮은 열에도 쉽게 녹을 수 있는 금속을 이용하여 조립한 감열체를 이용함으로써 화재감지속도가 빨라 신속히 작동하며, 파손 시 재생이 가능하다.

㉡ 글라스벌브형 : 유리관 내에 알코올 등 팽창계수가 큰 화공약품을 넣어서 화재가 발생하면 유리관이 파괴되면서 헤드가 개방된다.

(2) 헤드의 설치기준

① 특정소방대상물의 천장・반자・천장과 반자 사이・덕트・선반・기타 이와 유사한 부분(폭이 1.2m를 초과하는 것에 한함)에 설치

② 랙크식 창고의 경우

특수가연물의 저장・취급	높이 4m 이하마다 설치
그 밖의 것을 저장・취급	높이 6m 이하마다 설치
천장높이가 13.7m 이하로서 화재조기진압용 스프링클러의 화재안전기준에 따라 설치하는 경우	천장에만 설치

③ 설치장소별 헤드의 수평거리(유효살수반경)

설치장소	수평거리
무대부, 특수가연물의 저장・취급	1.7m 이하
기타구조	2.1m 이하

내화구조	2.3m 이하
랙크식 창고	2.5m 이하
아파트	3.2m 이하

④ 조기반응형 스프링클러헤드의 설치 장소

㉠ 공동주택·노유자 시설의 거실

㉡ 오피스텔·숙박시설의 침실

㉢ 병원·의원의 입원실

※ 암기 Tip 조공노 오숙병

⑤ 폐쇄형 헤드의 온도표시

설치장소의 최고 주위온도	표시온도(℃)
39℃ 미만	79℃ 미만
39℃ 이상 64℃ 미만	79℃ 이상 121℃ 미만
64℃ 이상 106℃ 미만	121℃ 이상 162℃ 미만
106℃ 이상	162℃ 이상

높이가 4m 이상인 공장 및 창고(랙크식 포함)에 설치하는 스프링클러헤드는 그 설치장소의 평상시 최고 주위온도와 관계 없이 표시온도 121℃ 이상의 것으로 할 수 있다.

⑥ 연소 우려가 있는 개구부

설치장소	설치기준
개구부 폭이 2.5m 초과	그 상하좌우 2.5m 간격으로
개구부 폭이 2.5m 이하	개구부 중앙에 설치

- 스프링클러헤드와 개구부의 내측 면으로부터 직선거리는 15cm 이하가 되도록 해야 한다.
- 사람이 상시 출입하는 개구부로서 통행에 지장이 있는 때에는 개구부의 상부 또는 측면(개구부의 폭이 9m 이하인 경우에 한한다)에 설치하되, 헤드 상호 간의 간격은 1.2m 이하로 설치하여야 한다.

⑦ 측벽형 헤드의 간격 : 3.6m 이내마다 설치

⑧ 특정소방대상물의 보와 가장 가까운 스프링클러헤드 설치기준

스프링클러헤드의 반사판 중심과 보의 수평거리	스프링클러헤드의 반사판 높이와 보의 하단높이의 수직거리
0.75m	보의 하단보다 낮을 것
0.75m 이상 1m 미만	0.1m 미만일 것
1m 이상 1.5m 미만	0.15m 미만일 것
1.5m 이상	0.3m 미만일 것

특정소방대상물의 보와 가장 가까운 스프링클러헤드는 다음 표의 기준에 따라 설치하여야 한다. 다만, 천장 면에서 보의 하단까지의 길이가 55cm를 초과하고 보의 하단 측면 끝부분으로부터 스프링클러헤드까지의 거리가 스프링클러헤드 상호 간 거리의 2분의 1 이하가 되는 경우에는 스프링클러헤드와 그 부착면과의 거리를 55cm 이하로 할 수 있다.

10 헤드의 설치 제외 대상물

(1) 스프링클러설비를 설치하여야 할 특정소방대상물에 있어서 다음의 어느 하나에 해당하는 장소에는 스프링클러헤드를 설치하지 아니할 수 있다.

① 계단실(특별피난계단의 부속실을 포함한다)·경사로·승강기의 승강로·비상용승강기의 승강장·파이프덕트 및 덕트피트(파이프·덕트를 통과시키기 위한 구획된 구멍에 한한다)·목욕실·수영장(관람석 부분을 제외한다)·화장실·직접 외기에 개방되어 있는 복도·기타 이와 유사한 장소

② 통신기기실·전자기기실·기타 이와 유사한 장소

③ 발전실·변전실·변압기·기타 이와 유사한 전기설비가 설치되어 있는 장소

④ 병원의 수술실·응급처치실·기타 이와 유사한 장소

⑤ 천장과 반자 양쪽이 불연재료로 되어 있는 경우로서 그 사이의 거리 및 구조가 다음의 어느 하나에 해당하는 부분

㉠ 천장과 반자 사이의 거리가 2m 미만인 부분

㉡ 천장과 반자 사이의 벽이 불연재료이고 천장과 반자 사이의 거리가 2m 이상으로서 그 사이에 가연물이 존재하지 아니하는 부분

⑥ 천장·반자 중 한쪽이 불연재료로 되어 있고 천장과 반자 사이의 거리가 1m 미만인 부분

⑦ 천장 및 반자가 불연재료 외의 것으로 되어 있고 천장과 반자 사이의 거리가 0.5m 미만인 부분

⑧ 펌프실·물탱크실, 엘리베이터 권상기실 그 밖의 이와 비슷한 장소

⑨ 현관 또는 로비 등으로서 바닥으로부터 높이가 20m 이상인 장소

⑩ 영하의 냉장창고의 냉장실 또는 냉동창고의 냉동실

⑪ 고온의 노가 설치된 장소 또는 물과 격렬하게 반응하는 물품의 저장 또는 취급장소

⑫ 불연재료로 된 특정소방대상물 또는 그 부분으로서 다음의 어느 하나에 해당하는 장소

㉠ 정수장·오물처리장 그 밖의 이와 비슷한 장소

㉡ 펄프공장의 작업장·음료수공장의 세정 또는 충전하는 작업장 그 밖의 이와 비슷한 장소

㉢ 불연성의 금속·석재 등의 가공공장으로서 가연성 물질을 저장 또는 취급하지 아니하는 장소

㉣ 가연성 물질이 존재하지 않는 「건축물의 에너지절약설계기준」에 따른 방풍실

⑬ 실내에 설치된 테니스장·게이트볼장·정구장 또는 이와 비슷한 장소로서 실내 바닥·벽·천장이 불연재료 또는 준불연재료로 구성되어 있고 가연물이 존재하지 않는 장소로서 관람석이 없는 운동시설(지하층은 제외)

(2) 연소할 우려가 있는 개구부의 기준에 따른 드렌처설비를 설치한 경우에는 해당 개구부에 한하여 스프링클러헤드를 설치하지 아니할 수 있다.

① 드렌처헤드는 개구부 위 측에 2.5m 이내마다 1개를 설치할 것
② 제어밸브(일제개방밸브 · 개폐표시형밸브 및 수동조작부를 합한 것)는 특정소방대상물 층마다에 바닥 면으로부터 0.8m 이상 1.5m 이하의 위치에 설치할 것
③ 수원의 수량은 드렌처헤드가 가장 많이 설치된 제어밸브의 드렌처헤드의 설치개수에 1.6m^3를 곱하여 얻은 수치 이상이 되도록 할 것
④ 드렌처설비는 드렌처헤드가 가장 많이 설치된 제어밸브에 설치된 드렌처헤드를 동시에 사용하는 경우에 각각의 헤드선단에 방수압력이 0.1MPa 이상, 방수량이 80ℓ/min 이상이 되도록 할 것
⑤ 수원에 연결하는 가압송수장치는 점검이 쉽고 화재 등의 재해로 인한 피해우려가 없는 장소에 설치할 것

11 송수구

(1) 송수구는 소방차가 쉽게 접근할 수 있는 잘 보이는 장소에 설치하되 화재층으로부터 지면으로 떨어지는 유리창 등이 송수 및 그 밖의 소화작업에 지장을 주지 아니하는 장소에 설치할 것
(2) 송수구로부터 스프링클러설비의 주배관에 이르는 연결배관에 개폐밸브를 설치한 때에는 그 개폐상태를 쉽게 확인 및 조작할 수 있는 옥외 또는 기계실 등의 장소에 설치할 것
(3) 구경 65mm의 쌍구형으로 할 것
(4) 송수구에는 그 가까운 곳의 보기 쉬운 곳에 송수압력범위를 표시한 표지를 할 것
(5) 폐쇄형 스프링클러헤드를 사용하는 스프링클러설비의 송수구는 하나의 층의 바닥면적이 3,000m^2를 넘을 때마다 1개 이상(5개를 넘을 경우에는 5개로 한다)을 설치할 것
(6) 지면으로부터 높이가 0.5m 이상 1m 이하의 위치에 설치할 것
(7) 송수구의 가까운 부분에 자동배수밸브(또는 직경 5mm의 배수공) 및 체크밸브를 설치할 것. 이 경우 자동배수밸브는 배관안의 물이 잘 빠질 수 있는 위치에 설치하되, 배수로 인하여 다른 물건 또는 장소에 피해를 주지 아니하여야 함
(8) 송수구에는 이물질을 막기 위한 마개를 씌워야 함

12 고층건물의 스프링클러 설치기준

고층건물이란 지하층을 제외한 층수가 11층 이상, 준 초고층건물은 30 ~ 49층(120m 이상 ~ 200m 미만) 건물, 초고층 건물은 50층 이상(200m)의 건축물로 정의되나 소방에서 고층건물은 11층 이상의 건물을 총칭한다.

(1) 수원은 스프링클러설비 설치장소별 스프링클러헤드의 기준개수에 3.2m^3를 곱한 양 이상이 되도록 하여야 한다. 다만, 50층 이상인 건축물의 경우에는 4.8m^3를 곱한 양 이상이 되도록 하여야 한다.

(2) 스프링클러설비의 수원은 '(1)'에 따라 산출된 유효수량 외에 유효수량의 3분의 1 이상을 옥상(스프링클러설비가 설치된 건축물의 주된 옥상을 말한다. 이하 같다)에 설치하여야 한다(다만, 수원이 건축물의 최상층에 설치된 헤드보다 높은 위치에 설치된 경우나 건축물의 높이가 지표면으로부터 10m 이하인 경우에는 그러하지 아니하다)

(3) 전동기 또는 내연기관에 의한 펌프를 이용하는 가압송수장치는 스프링클러설비 전용으로 설치해야 하며, 주펌프와 동등 이상의 성능이 있는 별도의 펌프로서 내연기관의 기동과 연동하여 작동되거나 비상전원을 연결한 예비펌프를 추가로 설치해야 한다.

(4) 내연기관의 연료량은 펌프를 40분(50층 이상인 건축물의 경우에는 60분) 이상 운전할 수 있는 용량이어야 한다.

(5) 급수배관은 전용으로 설치해야 한다.

(6) 50층 이상인 건축물의 스프링클러설비 주배관 중 수직배관은 2개 이상(주배관 성능을 갖는 동일 호칭배관)으로 설치하고, 하나의 수직배관이 파손 등 작동 불능 시에도 다른 수직배관으로부터 소화수가 공급되도록 구성해야 하며, 각각의 수직배관에 유수검지장치를 설치해야 한다.

(7) 50층 이상인 건축물의 스프링클러헤드에는 2개 이상의 가지배관으로부터 양방향에서 소화수가 공급되도록 하고, 수리계산에 의한 설계를 해야 한다.

(8) 스프링클러설비의 음향장치는 「스프링클러설비의 화재안전기술기준(NFTC 103)」 '음향장치 및 기동장치'에 따라 설치하되, 다음의 기준에 따라 경보를 발할 수 있도록 해야 한다.
   ① 2층 이상의 층에서 발화한 때에는 발화층 및 그 직상 4개 층에 경보를 발할 것
   ② 1층에서 발화한 때에는 발화층·그 직상 4개 층 및 지하층에 경보를 발할 것
   ③ 지하층에서 발화한 때에는 발화층·그 직상층 및 기타의 지하층에 경보를 발할 것

(9) 비상전원은 자가발전설비, 축전지설비(내연기관에 따른 펌프를 사용하는 경우에는 내연기관의 기동 및 제어용 축전지를 말한다) 또는 전기저장장치로서 스프링클러설비를 유효하게 40분 이상 작동할 수 있어야 한다(다만, 50층 이상인 건축물의 경우에는 60분 이상 작동할 수 있어야 한다).

05 절 화재조기진압용 스프링클러설비

1 개념

화재를 초기에 진압해야 하므로 방사지연시간이 짧은 폐쇄형 습식설비이며, 화재위험이 높은 특정 장소에 대하여 조기에 진화할 수 있도록 설계된 스프링클러헤드를 말한다.

2 설치장소의 구조와 헤드의 기준

(1) 설치할 장소의 구조

화재조기진압용 스프링클러헤드가 화재를 조기에 감지하여 개방되는 데 적합하고, 선반 등의 형태는 하부로 물이 침투되는 구조로 해야 한다.

(2) 화재조기진압용 스프링클러설비의 헤드의 기준

① 헤드 하나의 방호면적은 $6.0m^2$ 이상 $9.3m^2$ 이하로 할 것

② 가지배관의 헤드 사이의 거리는 천장의 높이가 9.1m 미만인 경우에는 2.4m 이상 3.7m 이하로, 9.1m 이상 13.7m 이하인 경우에는 3.1m 이하로 할 것

③ 헤드의 반사판은 천장 또는 반자와 평행하게 설치하고 저장물의 최상부와 914mm 이상 확보되도록 할 것

④ 하향식 헤드의 반사판의 위치는 천장이나 반자 아래 125mm 이상 355mm 이하일 것

⑤ 상향식 헤드의 감지부 중앙은 천장 또는 반자와 101mm 이상 152mm 이하이어야 하며, 반사판의 위치는 스프링클러배관의 윗부분에서 최소 178mm 상부에 설치되도록 할 것

⑥ 헤드와 벽과의 거리는 헤드 상호 간 거리의 2분의 1을 초과하지 않아야 하며 최소 102mm 이상일 것

⑦ 헤드의 작동온도는 74℃ 이하로 할 것(다만, 헤드 주위의 온도가 38℃ 이상의 경우에는 그 온도에서의 화재시험 등에서 헤드 작동에 관하여 공인기관의 시험을 거친 것을 사용할 것)

⑧ 헤드의 살수분포에 장애를 주는 장애물이 있는 경우에는 다음의 어느 하나에 적합할 것

㉠ 천장 또는 천장근처에 있는 장애물과 반사판의 위치는 별도 1 또는 별도 2와 같이 하며, 천장 또는 천장근처에 보·덕트·기둥·난방기구·조명기구·전선관 및 배관 등의 그 밖에 장애물이 있는 경우에는 장애물과 헤드 사이의 수평거리에 따른 장애물의 하단과 그 보다 윗부분에 설치되는 헤드 반사판 사이의 수직거리는 별표 1 또는 별도 3에 따를 것

㉡ 헤드 아래에 덕트·전선관·난방용배관 등이 설치되어 헤드의 살수를 방해하는 경우에는 별표 1 또는 별도 3에 따를 것(다만, 2개 이상의 헤드의 살수를 방해하는 경우에는 별표 2를 참고로 할 것)

⑨ 상부에 설치된 헤드의 방출수에 따라 감열부에 영향을 받을 우려가 있는 헤드에는 방출수를 차단할 수 있는 유효한 차폐판을 설치할 것

3 설치 제외 대상 물품

(1) 제4류 위험물

(2) 타이어, 두루마리 종이 및 섬유류, 섬유제품 등 연소 시 화염의 속도가 빠르고 방사된 물이 하부까지에 도달하지 못하는 것에 해당하는 물품

06 절 간이스프링클러설비

1 설치대상

(1) 공동주택 중 연립주택 및 다세대주택

연립주택 및 다세대주택에 설치하는 간이스프링클러설비는 화재안전기준에 따른 주택전용 간이스프링클러설비 설치

(2) 근린생활시설 중 다음의 어느 하나에 해당하는 것

① 근린생활시설로 사용하는 부분의 바닥면적 합계가 1천m^2 이상인 것은 모든 층

② 의원, 치과의원 및 한의원으로서 입원실 또는 인공신장실이 있는 시설

③ 조산원 및 산후조리원으로서 연면적 600m^2 미만인 시설

(3) 의료시설 중 다음의 어느 하나에 해당하는 시설

① 종합병원, 병원, 치과병원, 한방병원 및 요양병원(의료재활시설은 제외한다)으로 사용되는 바닥면적의 합계가 600m^2 미만인 시설

② 정신의료기관 또는 의료재활시설로 사용되는 바닥면적의 합계가 300m^2 이상 600m^2 미만인 시설

③ 정신의료기관 또는 의료재활시설로 사용되는 바닥면적의 합계가 300m^2 미만이고, 창살(철재・플라스틱 또는 목재 등으로 사람의 탈출 등을 막기 위하여 설치한 것을 말하며, 화재 시 자동으로 열리는 구조로 되어 있는 창살은 제외한다)이 설치된 시설

(4) 교육연구시설 내에 합숙소로서 연면적 100m^2 이상인 경우에는 모든 층

(5) 노유자 시설로서 다음의 어느 하나에 해당하는 시설

① 「노인복지법」에 따른 노인주거복지시설, 노인의료복지시설, 재가노인복지시설, 학대피해노인 전용쉼터 등 노유자 생활시설(단독주택 또는 공동주택에 설치되는 시설은 제외)

② '①'에 해당하지 않는 노유자 시설로 해당 시설로 사용하는 바닥면적의 합계가 300m^2 이상 600m^2 미만인 시설

③ '①'에 해당하지 않는 노유자 시설로 해당 시설로 사용하는 바닥면적의 합계가 300m^2 미만이고, 창살(철재・플라스틱 또는 목재 등으로 사람의 탈출 등을 막기 위하여 설치한 것을 말하며, 화재 시 자동으로 열리는 구조로 되어 있는 창살은 제외한다)이 설치된 시설

(6) 숙박시설로 사용되는 바닥면적의 합계가 300m^2 이상 600m^2 미만인 시설

(7) 건물을 임차하여 「출입국관리법」에 따른 보호시설로 사용하는 부분

(8) 복합건축물 중 하나의 건축물이 근린생활시설, 판매시설, 업무시설, 숙박시설 또는 위락시설의 용도와 주택의 용도로 함께 사용되는 것으로서 연면적 1천m^2 이상인 것은 모든 층

2 용어의 정의

(1) 간이헤드 : 폐쇄형 헤드의 일종으로 간이스프링클러설비를 설치하여야 하는 특정소방대상물의 화재에 적합한 감도·방수량 및 살수분포를 갖는 헤드

(2) 캐비닛형 간이스프링클러설비 : 가압송수장치, 수조(「캐비닛형 간이스프링클러설비 성능인증 및 제품검사의 기술기준」에서 정하는 바에 따라 분리형으로 할 수 있다) 및 유수검지장치 등을 집적화하여 캐비닛 형태로 구성시킨 간이 형태의 스프링클러설비

(3) 분기배관 : 배관 측면에 구멍을 뚫어 둘 이상의 관로가 생기도록 가공한 배관으로서 다음의 분기배관

① 확관형 분기배관 : 배관의 측면에 조그만 구멍을 뚫고 소성가공으로 확관시켜 배관 용접이음자리를 만들거나 배관 용접이음자리에 배관이음쇠를 용접이음한 배관

② 비확관형 분기배관 : 배관의 측면에 분기호칭내경 이상의 구멍을 뚫고 배관이음쇠를 용접이음한 배관

(4) 개폐표시형밸브 : 밸브의 개폐 여부를 외부에서 식별이 가능한 밸브

(5) 상수도직결형 간이스프링클러설비 : 수조를 사용하지 아니하고 상수도에 직접 연결하여 항상 기준 압력 및 방수량 이상을 확보할 수 있는 설비

07 절 물분무소화설비

1 개념

물을 무상(안개)으로 방사하여 소화하는 소화설비로서 화재 진압 및 화재의 확대 방지에 이상적인 소화설비이다. 스프링클러보다 더 강한 압력으로 위험물 옥외저장탱크저장소 등의 화재에 주로 사용된다.

2 물분무소화설비의 특징

(1) 물분무소화설비는 화재 시 분무헤드에서 물의 입자를 균일하고 미세하게 분무시킨다. 열로 인한 물분무는 수증기가 되어 약 1,700(1,600 ~ 1,750)배 팽창한다. 다량의 기화열 때문에 소화물에 대한 냉각작용과 질식작용이 발생한다. 기름표면 등에 방사되면 불연성의 유화층을 형성하여 유면을 덮는 유화(에멀션)작용이 발생하고, 수용성 액체는 희석소화작용까지 기대할 수 있다.

(2) 물분무소화설비는 주로 A급 화재에 사용할 뿐만 아니라 표면적을 넓게 하면 공기 및 전기가 통하지 않아 B·C급 화재 등에도 적합하며 화재확대 및 열의 차폐에도 유효하여 가스화재 및 폭발제어 설비로도 사용된다.

3 설치대상(물분무등소화설비와 동일)

(1) 항공기 및 자동차 관련 시설 중 항공기 격납고

(2) 차고, 주차용 건축물 또는 철골 조립식 주차시설 : 연면적 800m^2 이상인 것만 해당

(3) 건축물의 내부에 설치된 차고·주차장으로서 차고 또는 주차의 용도로 사용되는 면적의 합계가 200m^2 이상인 경우 해당 부분(50세대 미만 연립주택 및 다세대주택은 제외)

(4) 기계장치에 의한 주차시설을 이용하여 20대 이상의 차량을 주차할 수 있는 시설

(5) 특정소방대상물에 설치된 전기실·발전실·변전실(가연성 절연유를 사용하지 않는 변압기·전류차단기 등의 전기기기와 가연성 피복을 사용하지 않은 전선 및 케이블만을 설치한 전기실·발전실 및 변전실은 제외)·축전지실·통신기기실 또는 전산실, 그 밖에 이와 비슷한 것으로서 바닥면적이 300m^2 이상인 것(내화구조로 된 공정제어실 내에 설치된 주조정실로서 양압시설이 설치되고 전기기기에 220V 이하인 저전압이 사용되며 종업원이 24시간 상주하는 곳은 제외)

(6) 소화수를 수집·처리하는 설비가 설치되어 있지 않은 중·저준위방사성폐기물의 저장시설 : 이산화탄소소화설비, 할론소화설비 또는 할로젠화합물 및 불활성 기체 소화설비를 설치할 것

(7) 예상 교통량, 경사도 등 터널의 특성을 고려하여 행정안전부령으로 정하는 터널 : 이 시설에는 물분무소화설비를 설치할 것

(8) 국가유산 중 「문화유산의 보존 및 활용에 관한 법률」에 따른 지정문화유산(문화유산자료를 제외) 또는 「자연유산의 보존 및 활용에 관한 법률」에 따른 천연기념물 등(자연유산자료를 제외)으로서 소방청장이 국가유산청장과 협의하여 정하는 것

4 용어의 정의

(1) 물분무헤드 : 화재 시 직선류 또는 나선류의 물을 충돌·확산시켜 미립상태로 분무함으로써 소화하는 헤드

(2) 고가수조 : 구조물 또는 지형지물 등에 설치하여 자연낙차의 압력으로 급수하는 수조

(3) 압력수조 : 소화용수와 공기를 채우고 일정 압력 이상으로 가압하여 그 압력으로 급수하는 수조

(4) 급수배관 : 수원 또는 송수구 등으로부터 소화설비에 급수하는 배관

(5) 분기배관 : 배관 측면에 구멍을 뚫어 둘 이상의 관로가 생기도록 가공한 배관으로서 다음의 분기배관

① 비확관형 분기배관 : 배관의 측면에 분기호칭내경 이상의 구멍을 뚫고 배관이음쇠를 용접이음한 배관

② 확관형 분기배관 : 배관의 측면에 조그만 구멍을 뚫고 소성가공으로 확관시켜 배관 용접이음자리를 만들거나 배관 용접이음자리에 배관이음쇠를 용접이음한 배관

(6) 진공계 : 대기압 이하의 압력을 측정하는 계측기

(7) 연성계 : 대기압 이상의 압력과 대기압 이하의 압력을 측정할 수 있는 계측기

(8) 기동용 수압개폐장치 : 소화설비의 배관 내 압력변동을 검지하여 자동적으로 펌프를 기동 및 정지시키는 것으로서 압력챔버 또는 기동용 압력스위치 등

(9) 일제개방밸브 : 일제살수식 스프링클러설비에 설치되는 유수검지장치

(10) 가압수조 : 가압원인 압축공기 또는 불연성 기체의 압력으로 소화용수를 가압하여 그 압력으로 급수하는 수조

5 수원

(1) 물분무소화설비의 수원은 그 저수량이 다음의 기준에 적합하도록 해야 한다.

① 「화재의 예방 및 안전관리에 관한 법률 시행령」 별표 2의 특수가연물을 저장 또는 취급하는 특정소방대상물 또는 그 부분에 있어서 그 바닥면적(최대 방수구역의 바닥면적을 기준으로 하며, 50m^2 이하인 경우에는 50m^2) 1m^{2}에 대하여 10L/min로 20분간 방수할 수 있는 양 이상으로 할 것

② 차고 또는 주차장은 그 바닥면적(최대 방수구역의 바닥면적을 기준으로 하며, 50m^2 이하인 경우에는 50m^2) 1m^{2}에 대하여 20L/min로 20분간 방수할 수 있는 양 이상으로 할 것

③ 절연유 봉입 변압기는 바닥 부분을 제외한 표면적을 합한 면적 1m^{2}에 대하여 10L/min로 20분간 방수할 수 있는 양 이상으로 할 것

④ 케이블트레이, 케이블덕트 등은 투영된 바닥면적 1m^{2}에 대하여 12L/min로 20분간 방수할 수 있는 양 이상으로 할 것

⑤ 콘베이어 벨트 등은 벨트 부분의 바닥면적 1m^{2}에 대하여 10L/min로 20분간 방수할 수 있는 양 이상으로 할 것

(2) 물분무소화설비의 수원을 수조로 설치하는 경우에는 소화설비의 전용수조로 해야 한다. 다만, 다음의 어느 하나에 해당하는 경우에는 그렇지 않다.

① 물분무소화설비용 펌프의 풋밸브 또는 흡수배관의 흡수구(수직회전축펌프의 흡수구를 포함)를 다른 설비(소화용 설비 외의 것)의 풋밸브 또는 흡수구보다 낮은 위치에 설치한 때

② 고가수조의 자연낙차를 이용한 가압송수장치의 고가수조로부터 물분무소화설비의 수직배관에 물을 공급하는 급수구를 다른 설비의 급수구보다 낮은 위치에 설치한 때

(3) '(1)'에 따른 저수량을 산정함에 있어서 다른 설비와 겸용하여 물분무소화설비용 수조를 설치하는 경우에는 물분무소화설비의 풋밸브 · 흡수구 또는 수직배관의 급수구와 다른 설비의 풋밸브 · 흡수구 또는 수직배관의 급수구와의 사이의 수량을 그 유효수량으로 한다.

(4) 물분무소화설비용 수조는 다음의 기준에 따라 설치해야 한다.

① 점검에 편리한 곳에 설치할 것

② 동결방지조치를 하거나 동결의 우려가 없는 장소에 설치할 것
③ 수조에는 수위계, 고정식 사다리, 청소용 배수밸브(또는 배수관), 표지 및 실내 조명 등 수조의 유지관리에 필요한 설비를 설치할 것
④ 수조의 외측에 수위계를 설치할 것(다만, 구조상 불가피한 경우에는 수조의 맨홀 등을 통하여 수조 안의 물의 양을 쉽게 확인할 수 있도록 해야 한다)
⑤ 수조의 상단이 바닥보다 높은 때에는 수조의 외측에 고정식 사다리를 설치할 것
⑥ 수조가 실내에 설치된 때에는 그 실내에 조명설비를 설치할 것
⑦ 수조의 밑 부분에는 청소용 배수밸브 또는 배수관을 설치할 것
⑧ 수조 외측의 보기 쉬운 곳에 "물분무소화설비용 수조"라고 표시한 표지를 할 것(이 경우 그 수조를 다른 설비와 겸용하는 때에는 그 겸용되는 설비의 이름을 표시한 표지를 함께 해야 한다)
⑨ 소화설비용 펌프의 흡수배관 또는 소화설비의 수직배관과 수조의 접속부분에는 "물분무소화설비용 배관"이라고 표시한 표지를 할 것(다만, 수조와 가까운 장소에 소화설비용 펌프가 설치되고 해당 펌프에 따른 표지를 설치한 때에는 그렇지 않다)

6 가압송수장치

(1) 전동기 또는 내연기관에 따른 펌프를 이용하는 가압송수장치는 다음의 기준에 따라 설치해야 한다.

① 쉽게 접근할 수 있고 점검하기에 충분한 공간이 있는 장소로서 화재 및 침수 등의 재해로 인한 피해를 받을 우려가 없는 곳에 설치할 것
② 펌프의 1분당 토출량은 수원의 저수량기준에 따른 바닥면적 또는 표면적에 단위 면적당 방수량을 곱한 양 이상이 되도록 할 것
㉠ 「화재의 예방 및 안전관리에 관한 법률 시행령」 별표 2의 특수가연물을 저장・취급하는 특정소방대상물 또는 그 부분은 그 바닥면적(최대 방수구역의 바닥면적을 기준으로 하며, $50m^2$ 이하인 경우에는 $50m^2$) $1m^2$에 대하여 10L를 곱한 양 이상이 되도록 할 것
㉡ 차고 또는 주차장은 그 바닥면적(최대 방수구역의 바닥면적을 기준으로 하며, $50m^2$ 이하인 경우에는 $50m^2$) $1m^2$에 대하여 20L를 곱한 양 이상이 되도록 할 것
㉢ 절연유 봉입 변압기는 바닥면적을 제외한 표면적을 합한 면적 $1m^2$당 10L를 곱한 양 이상이 되도록 할 것
㉣ 케이블트레이, 케이블덕트 등은 투영된 바닥면적 $1m^2$당 12L를 곱한 양 이상이 되도록 할 것
㉤ 콘베이어 벨트 등은 벨트 부분의 바닥면적 $1m^2$당 10L를 곱한 양 이상이 되도록 할 것
③ 펌프의 양정은 물분무헤드의 설계압력 환산수두와 배관의 마찰손실 수두를 합한 수치 이상이 되도록 할 것(펌프의 양정식에 따라 산출한 수치 이상이 되도록 할 것)

$$H = h_1 + h_2 \cdots$$

H : 펌프의 양정(m)
h_1 : 물분무헤드의 설계압력 환산수두(m)
h_2 : 배관의 마찰손실 수두(m)

④ 동결방지조치를 하거나 동결의 우려가 없는 장소에 설치할 것

⑤ 펌프는 전용으로 할 것(다만, 다른 소화설비와 겸용하는 경우 각각의 소화설비의 성능에 지장이 없을 때에는 그렇지 않다)

⑥ 펌프의 토출 측에는 압력계를 체크밸브 이전에 펌프 토출 측 플랜지에서 가까운 곳에 설치하고, 흡입 측에는 연성계 또는 진공계를 설치할 것(다만, 수원의 수위가 펌프의 위치보다 높거나 수직회전축펌프의 경우에는 연성계 또는 진공계를 설치하지 않을 수 있다)

⑦ 펌프의 성능은 체절운전 시 정격토출압력의 140%를 초과하지 않고, 정격토출량의 150%로 운전 시 정격토출압력의 65% 이상이 되어야 하며, 펌프의 성능을 시험할 수 있는 성능시험배관을 설치할 것(다만, 충압펌프의 경우에는 그렇지 않다)

⑧ 가압송수장치에는 체절운전 시 수온의 상승을 방지하기 위한 순환배관을 설치할 것(다만, 충압펌프의 경우에는 그렇지 않다)

⑨ 기동장치로는 기동용수압개폐장치 또는 이와 동등 이상의 성능이 있는 것을 설치하고, 기동용수압개폐장치 중 압력챔버를 사용할 경우 그 용적은 100L 이상의 것으로 할 것

⑩ 수원의 수위가 펌프보다 낮은 위치에 있는 가압송수장치에는 물올림장치를 설치할 것
㉠ 물올림장치에는 전용의 수조를 설치할 것
㉡ 수조의 유효수량은 100L 이상으로 하되, 구경 15mm 이상의 급수배관에 따라 해당 수조에 물이 계속 보급되도록 할 것

⑪ 기동용 수압개폐장치를 기동장치로 사용하는 경우에는 충압펌프를 설치할 것
㉠ 펌프의 토출압력은 그 설비의 최고위 살수장치의 자연압보다 적어도 0.2MPa이 더 크도록 하거나 가압송수장치의 정격토출압력과 같게 할 것
㉡ 펌프의 정격토출량은 정상적인 누설량보다 적어서는 안 되며, 물분무소화설비가 자동적으로 작동할 수 있도록 충분한 토출량을 유지할 것

⑫ 내연기관을 사용하는 경우에는 제어반에 따라 내연기관의 자동기동 및 수동기동이 가능하고, 상시 충전되어 있는 축전지설비와 펌프를 20분 이상 운전할 수 있는 용량의 연료를 갖출 것

⑬ 가압송수장치에는 "물분무소화설비소화펌프"라고 표시한 표지를 할 것. 이 경우 그 가압송수장치를 다른 설비와 겸용하는 때에는 그 겸용되는 설비의 이름을 표시한 표지를 함께 할 것

⑭ 가압송수장치가 기동되는 경우에는 자동으로 정지되지 않도록 할 것(다만, 충압펌프의 경우에는 그렇지 않다)

⑮ 가압송수장치는 부식 등으로 인한 펌프의 고착을 방지할 수 있도록 청동 또는 스테인리스 등 부식에 강한 재질을 사용할 것(다만, 충압펌프는 제외한다)

㉠ 임펠러는 청동 또는 스테인리스 등 부식에 강한 재질을 사용할 것
㉡ 펌프축은 스테인리스 등 부식에 강한 재질을 사용할 것

(2) 고가수조의 자연낙차를 이용한 가압송수장치를 설치하는 경우 고가수조의 자연낙차수두(수조의 하단으로부터 최고층에 설치된 헤드까지의 수직거리를 말한다)는 물분무헤드의 설계압력 환산수두와 배관의 마찰손실 수두를 고려하여, '(1)의 ②'에 따른 단위 면적당 방수량이 20분 이상 유지되도록 해야 한다.

① 고가수조의 자연낙차수두(수조의 하단으로부터 최고층에 설치된 헤드까지의 수직거리를 말한다)는 다음의 식에 따라 산출한 수치 이상 유지되도록 할 것

$H = h_1 + h_2 \cdots$ H : 필요한 낙차(m) h_1 : 물분무헤드의 설계압력 환산수두(m) h_2 : 배관의 마찰손실수두(m)

② 고가수조에는 수위계·배수관·급수관·오버플로우관 및 맨홀을 설치할 것

(3) 압력수조를 이용한 가압송수장치를 설치하는 경우 압력수조의 압력은 물분무헤드의 설계압력과 배관의 마찰손실 수두압 및 낙차의 환산수두압을 고려하여, '(1)의 ②'에 따른 단위 면적당 방수량이 20분 이상 유지되도록 해야 한다.

① 압력수조의 압력은 다음의 식에 따라 산출한 수치 이상 유지되도록 할 것

$P = p_1 + p_2 + p_3 \cdots$ P : 필요한 압력(MPa) p_1 : 물분무헤드의 설계압력(MPa) p_2 : 배관의 마찰손실수두압(MPa) p_3 : 낙차의 환산수두압(MPa)

② 압력수조에는 수위계·급수관·배수관·급기관·맨홀·압력계·안전장치 및 압력저하 방지를 위한 자동식 공기압축기를 설치할 것

(4) 가압수조를 이용한 가압송수장치는 다음의 기준에 따라 설치해야 한다.

① 가압수조의 압력은 '(1)의 ②'에 따른 단위 면적당 방수량이 20분 이상 유지되도록 할 것
② 가압수조 및 가압원은 「건축법 시행령」 제46조에 따른 방화구획된 장소에 설치할 것
③ 가압수조를 이용한 가압송수장치는 소방청장이 정하여 고시한 「가압수조식가압송수장치의 성능인증 및 제품검사의 기술기준」에 적합한 것으로 설치할 것

7 배관

(1) 배관과 배관이음쇠는 다음의 어느 하나에 해당하는 것 또는 동등 이상의 강도·내식성 및 내열성 등을 국내·외 공인기관으로부터 인정받은 것을 사용해야 하고, 배관용 스테인리스 강관(KS D 3576)의 이음을 용접으로 할 경우에는 텅스텐 불활성 가스 아크 용접(Tungsten

Inertgas Arc Welding)방식에 따른다. 다만, '(1)'에서 정하지 않은 사항은 「건설기술 진흥법」 제44조 제1항의 규정에 따른 "건설기준"에 따른다.

① 배관 내 사용압력이 1.2MPa 미만일 경우에는 다음의 어느 하나에 해당하는 것
  ㉠ 배관용 탄소 강관(KS D 3507)
  ㉡ 이음매 없는 구리 및 구리합금관(KS D 5301)(다만, 습식의 배관에 한한다)
  ㉢ 배관용 스테인리스 강관(KS D 3576) 또는 일반배관용 스테인리스 강관(KS D 3595)
  ㉣ 덕타일 주철관(KS D 4311)

② 배관 내 사용압력이 1.2MPa 이상일 경우에는 다음의 어느 하나에 해당하는 것
  ㉠ 압력 배관용 탄소 강관(KS D 3562)
  ㉡ 배관용 아크용접 탄소강 강관(KS D 3583)

(2) '(1)'에도 불구하고 화재 등의 재해로 인하여 배관의 성능에 영향을 받을 우려가 적은 장소에는 소방청장이 정하여 고시한 「소방용합성수지배관의 성능인증 및 제품검사의 기술기준」에 적합한 소방용 합성수지배관으로 설치할 수 있다.
  ① 배관을 지하에 매설하는 경우
  ② 다른 부분과 내화구조로 구획된 덕트 또는 피트의 내부에 설치하는 경우
  ③ 천장(상층이 있는 경우에는 상층바닥의 하단을 포함)과 반자를 불연재료 또는 준불연재료로 설치하고 소화배관 내부에 항상 소화수가 채워진 상태로 설치하는 경우

(3) 급수배관은 전용으로 해야 한다.

(4) 펌프의 흡입 측 배관은 다음의 기준에 따라 설치해야 한다.
  ① 공기고임이 생기지 않는 구조로 하고 여과장치를 설치할 것
  ② 수조가 펌프보다 낮게 설치된 경우에는 각 펌프(충압펌프를 포함)마다 수조로부터 별도로 설치할 것

(5) 펌프의 성능시험배관은 다음의 기준에 적합하도록 설치해야 한다.
  ① 성능시험배관은 펌프의 토출 측에 설치된 개폐밸브 이전에서 분기하여 직선으로 설치하고, 유량측정장치를 기준으로 전단 직관부에는 개폐밸브를 후단 직관부에는 유량조절밸브를 설치할 것(이 경우 개폐밸브와 유량측정장치 사이의 직관부 거리 및 유량측정장치와 유량조절밸브 사이의 직관부 거리는 해당 유량측정장치 제조사의 설치사양에 따르고, 성능시험배관의 호칭지름은 유량측정장치의 호칭지름에 따른다)
  ② 유량측정장치는 펌프의 정격토출량의 175% 이상까지 측정할 수 있는 성능이 있을 것

(6) 가압송수장치의 체절운전 시 수온의 상승을 방지하기 위하여 체크밸브와 펌프사이에서 분기한 구경 20mm 이상의 배관에 체절압력 미만에서 개방되는 릴리프밸브를 설치해야 한다.

(7) 동결방지조치를 하거나 동결의 우려가 없는 장소에 설치해야 한다. 다만, 보온재를 사용할 경우에는 난연재료 성능 이상의 것으로 해야 한다.

(8) 급수배관에 설치되어 급수를 차단할 수 있는 개폐밸브는 개폐표시형으로 해야 한다. 이 경우 펌프의 흡입 측 배관에는 버터플라이밸브 외의 개폐표시형밸브를 설치해야 한다.

(9) '(8)'에 따른 급수배관에 설치되어 급수를 차단할 수 있는 개폐밸브에는 그 밸브의 개폐상태를 감시제어반에서 확인할 수 있도록 급수개폐밸브 작동표시 스위치를 설치해야 한다.
  ① 급수개폐밸브가 잠길 경우 탬퍼스위치의 동작으로 인하여 감시제어반 또는 수신기에 표시되어야 하며 경보음을 발할 것
  ② 탬퍼스위치는 감시제어반 또는 수신기에서 동작의 유무 확인과 동작시험, 도통시험을 할 수 있을 것
  ③ 급수개폐밸브의 작동표시 스위치에 사용되는 전기배선은 내화전선 또는 내열전선으로 설치할 것

(10) 배관은 다른 설비의 배관과 쉽게 구분이 될 수 있도록 해야 한다.

(11) 확관형 분기배관을 사용할 경우에는 소방청장이 정하여 고시한 「분기배관의 성능인증 및 제품검사의 기술기준」에 적합한 것으로 설치해야 한다.

8 송수구

물분무소화설비에는 소방차로부터 그 설비에 송수할 수 있는 송수구를 다음의 기준에 따라 설치해야 한다.

(1) 송수구는 화재 층으로부터 지면으로 떨어지는 유리창 등이 송수 및 그 밖의 소화작업에 지장을 주지 않는 장소에 설치할 것(이 경우 가연성 가스의 저장·취급시설에 설치하는 송수구는 그 방호대상물로부터 20m 이상의 거리를 두거나, 방호대상물에 면하는 부분이 높이 1.5m 이상 폭 2.5m 이상의 철근콘크리트 벽으로 가려진 장소에 설치해야 한다)

(2) 송수구로부터 물분무소화설비의 주배관에 이르는 연결배관에 개폐밸브를 설치한 때에는 그 개폐상태를 쉽게 확인 및 조작할 수 있는 옥외 또는 기계실 등의 장소에 설치할 것

(3) 송수구는 구경 65mm의 쌍구형으로 할 것

(4) 송수구에는 그 가까운 곳의 보기 쉬운 곳에 송수압력범위를 표시한 표지를 할 것

(5) 송수구는 하나의 층의 바닥면적이 3,000m^{2}를 넘을 때마다 1개 이상(5개를 넘을 경우에는 5개로 한다)을 설치할 것

(6) 지면으로부터 높이가 0.5m 이상 1m 이하의 위치에 설치할 것

(7) 송수구의 부근에는 자동배수밸브(또는 직경 5mm의 배수공) 및 체크밸브를 설치할 것(이 경우 자동배수밸브는 배관 안의 물이 잘 빠질 수 있는 위치에 설치하되, 배수로 인하여 다른 물건이나 장소에 피해를 주지 않아야 한다)

(8) 송수구에는 이물질을 막기 위한 마개를 씌울 것

9 기동장치

(1) 물분무소화설비의 수동식 기동장치는 다음의 기준에 따라 설치해야 한다.

① 직접조작 또는 원격조작에 따라 각각의 가압송수장치 및 수동식 개방밸브 또는 가압송수장치 및 자동개방밸브를 개방할 수 있도록 설치할 것

② 기동장치의 가까운 곳의 보기 쉬운 곳에 "기동장치"라고 표시한 표지를 할 것

(2) 자동식 기동장치는 화재감지기의 작동 또는 폐쇄형 스프링클러헤드의 개방과 연동하여 경보를 발하고, 가압송수장치 및 자동개방밸브를 기동할 수 있는 것으로 해야 한다. 다만, 자동화재탐지설비의 수신기가 설치되어 있고, 수신기가 설치되어 있는 장소에 상시 사람이 근무하고 있으며, 화재 시 물분무소화설비를 즉시 작동시킬 수 있는 경우에는 그렇지 않다.

10 제어밸브

(1) 물분무소화설비의 제어밸브 기타 밸브는 다음의 기준에 따라 설치해야 한다.

① 제어밸브는 바닥으로부터 0.8m 이상 1.5m 이하의 위치에 설치할 것

② 제어밸브의 가까운 곳의 보기 쉬운 곳에 "제어밸브"라고 표시한 표지를 할 것

(2) 자동개방밸브 및 수동식 개방밸브는 다음의 기준에 따라 설치해야 한다.

① 자동개방밸브의 기동조작부 및 수동식 개방밸브는 화재 시 용이하게 접근할 수 있는 곳의 바닥으로부터 0.8m 이상 1.5m 이하의 위치에 설치할 것

② 자동개방밸브 및 수동식 개방밸브의 2차 측 배관 부분에는 해당 방수구역 외에 밸브의 작동을 시험할 수 있는 장치를 설치할 것(다만, 방수구역에서 직접 방수시험을 할 수 있는 경우에는 그렇지 않다)

11 물분무헤드

(1) 물분무헤드는 표준방사량으로 해당 방호대상물의 화재를 유효하게 소화하는 데 필요한 수를 적정한 위치에 설치해야 한다.

(2) 고압의 전기기기가 있는 장소는 전기의 절연을 위하여 전기기기와 물분무헤드 사이에 전기기기의 전압(kV)에 따라 안전이격거리를 두어야 한다.

전압(kV)	거리(cm)
66 이하	70 이상
66 초과 77 이하	80 이상
77 초과 110 이하	110 이상
110 초과 154 이하	150 이상
154 초과 181 이하	180 이상
181 초과 220 이하	210 이상
220 초과 275 이하	260 이상

12 배수설비

(1) 물분무소화설비를 설치하는 차고 또는 주차장에는 배수구, 기름분리장치 등 배수설비를 해야 한다.

(2) 설치기준

① 차량이 주차하는 장소의 적당한 곳에 높이 10cm 이상의 경계턱으로 배수구를 설치할 것

② 배수구에는 새어 나온 기름을 모아 소화할 수 있도록 길이 40m 이하마다 집수관·소화 핏트 등 기름분리장치를 설치할 것

③ 차량이 주차하는 바닥은 배수구를 향하여 100분의 2 이상의 기울기를 유지할 것

④ 배수설비는 가압송수장치의 최대송수능력의 수량을 유효하게 배수할 수 있는 크기 및 기울기로 할 것

13 전원

(1) 물분무소화설비에 설치하는 상용전원회로의 배선은 전용배선으로 하고, 상용전원의 상시공급에 지장이 없도록 설치해야 한다. 다만, 가압수조방식으로서 모든 기능이 20분 이상 유효하게 지속될 수 있는 경우에는 그렇지 않다.

① 저압수전인 경우에는 인입개폐기의 직후에서 분기하여 전용배선으로 해야 하며, 전용의 전선관에 보호되도록 할 것

② 특별고압수전 또는 고압수전일 경우에는 전력용 변압기 2차 측의 주차단기 1차 측에서 분기하여 전용배선으로 하되, 상용전원의 상시공급에 지장이 없을 경우에는 주차단기 2차 측에서 분기하여 전용배선으로 할 것(다만, 가압송수장치의 정격입력전압이 수전전압과 같은 경우에는 '①'의 기준에 따른다)

(2) 물분무소화설비에는 자가발전설비, 축전지설비 또는 전기저장장치에 따른 비상전원을 다음의 기준에 따라 설치해야 한다.

① 점검에 편리하고 화재 및 침수 등의 재해로 인한 피해를 받을 우려가 없는 곳에 설치할 것

② 물분무소화설비를 유효하게 20분 이상 작동할 수 있도록 할 것

③ 상용전원으로부터 전력의 공급이 중단된 때에는 자동으로 비상전원으로부터 전력을 공급받을 수 있도록 할 것

④ 비상전원(내연기관의 기동 및 제어용 축전기를 제외한다)의 설치장소는 다른 장소와 방화구획할 것

⑤ 비상전원을 실내에 설치하는 때에는 그 실내에 비상조명등을 설치할 것

14 제어반

(1) 물분무소화설비에는 제어반을 설치하되, 감시제어반과 동력제어반으로 구분하여 설치해야 한다.

다만, 다음의 어느 하나에 해당하는 경우에는 감시제어반과 동력제어반으로 구분하여 설치하지 않을 수 있다.

① 특정소방대상물 중 지하층을 제외한 층수가 7층 이상으로서 연면적이 2,000m^2 이상인 것
② '①'에 해당하지 않는 특정소방대상물로서 지하층의 바닥면적의 합계가 3,000m^2 이상인 것 (다만, 차고·주차장 또는 보일러실·기계실·전기실 등 이와 유사한 장소의 면적은 제외)
③ 특정소방대상물 중 내연기관에 따른 가압송수장치를 사용하는 경우
④ 특정소방대상물 중 고가수조에 따른 가압송수장치를 사용하는 경우
⑤ 특정소방대상물 중 가압수조에 따른 가압송수장치를 사용하는 경우

(2) 감시제어반의 기능은 다음의 기준에 적합해야 한다(다만, '(1)'의 단서에 따른 각 기준의 어느 하나에 해당하는 경우에는 '③'과 '⑥'을 적용하지 않는다).
① 각 펌프의 작동 여부를 확인할 수 있는 표시등 및 음향경보기능이 있어야 할 것
② 각 펌프를 자동 및 수동으로 작동시키거나 중단시킬 수 있어야 할 것
③ 비상전원을 설치한 경우에는 상용전원 및 비상전원의 공급 여부를 확인할 수 있어야 할 것
④ 수조 또는 물올림수조가 저수위로 될 때 표시등 및 음향으로 경보할 것
⑤ 다음의 각 확인회로마다 도통시험 및 작동시험을 할 수 있도록 할 것
㉠ 기동용수압개폐장치의 압력스위치회로
㉡ 수조 또는 물올림수조의 저수위감시회로
⑥ 예비전원이 확보되고 예비전원의 적합 여부를 시험할 수 있어야 할 것

(3) 감시제어반은 다음의 기준에 따라 설치해야 한다.
① 화재 및 침수 등의 재해로 인한 피해를 받을 우려가 없는 곳에 설치할 것
② 감시제어반은 물분무소화설비의 전용으로 할 것
③ 감시제어반은 다음의 기준에 따른 전용실 안에 설치하고, 전용실에는 특정소방대상물의 기계·기구 또는 시설 등의 제어 및 감시설비 외의 것을 두지 않을 것
㉠ 다른 부분과 방화구획을 할 것
㉡ 피난층 또는 지하 1층에 설치할 것
㉢ 비상조명등 및 급·배기설비를 설치할 것
㉣ 「무선통신보조설비의 화재안전성능기준(NFPC 505)」 제5조 제3항에 따라 유효하게 통신이 가능할 것
㉤ 바닥면적은 감시제어반의 설치에 필요한 면적 외에 화재 시 소방대원이 그 감시제어반의 조작에 필요한 최소면적 이상으로 할 것

(4) 동력제어반은 앞면을 적색으로 하고, 외함은 두께 1.5mm 이상의 강판 또는 이와 동등 이상의 강도 및 내열성능이 있는 것으로 하며, 그 밖의 동력제어반의 설치에 관하여는 '(3)의 ① 및 ②'의 기준을 준용한다.

15 배선

(1) 물분무소화설비의 배선은 「전기사업법」 제67조에 따른 「전기설비기술기준」에서 정한 것 외에 다음의 기준에 따라 설치해야 한다.

① 비상전원으로부터 동력제어반 및 가압송수장치에 이르는 전원회로배선은 내화배선으로 할 것

② 상용전원으로부터 동력제어반에 이르는 배선, 그 밖의 물분무소화설비의 감시·조작 또는 표시등회로의 배선은 내화배선 또는 내열배선으로 할 것

(2) '(1)'에 따른 내화배선 및 내열배선은 「옥내소화전설비의 화재안전성능기준(NFPC 102)」 제10조 제2항에 따른다.

(3) 물분무소화설비의 과전류차단기 및 개폐기에는 "물분무소화설비용"이라고 표시한 표지를 해야 한다.

(4) 물분무소화설비용 전기배선의 양단 및 접속단자에는 식별이 용이하도록 표시 또는 표지를 해야 한다.

16 물분무헤드의 설치 제외

(1) 물에 심하게 반응하는 물질 또는 물과 반응하여 위험한 물질을 생성하는 물질을 저장 또는 취급하는 장소

(2) 고온의 물질 및 증류범위가 넓어 끓어 넘치는 위험이 있는 물질을 저장 또는 취급하는 장소

(3) 운전 시 표면의 온도가 260℃ 이상이 되는 등 직접 분무를 하는 경우 그 부분에 손상을 입힐 우려가 있는 기계장치 등이 있는 장소

08 절 미분무소화설비

1 개념

(1) 미분무소화설비란 가압된 물이 헤드 통과 후 미세한 입자로 분무됨으로써 소화성능을 가지는 설비를 말하며, 소화력을 증가시키기 위해 강화액 등을 첨가할 수 있다.

(2) 미분무란 물만을 사용하여 소화하는 방식으로 최소설계압력에서 헤드로부터 방출되는 물입자 중 99%의 누적체적분포가 400㎛ 이하로 분무되고 A·B·C급 화재에 적응성을 갖는 것을 말한다.

2 용어의 정의

(1) **미분무헤드** : 하나 이상의 오리피스를 가지고 미분무소화설비에 사용되는 헤드

(2) 개방형 미분무헤드 : 감열체 없이 방수구가 항상 열려 있는 헤드

(3) 폐쇄형 미분무헤드 : 정상상태에서 방수구를 막고 있는 감열체가 일정온도에서 자동적으로 파괴・용융 또는 이탈됨으로써 방수구가 개방되는 헤드

(4) 저압 미분무소화설비 : 최고사용압력이 1.2MPa 이하인 미분무소화설비

(5) 중압 미분무소화설비 : 사용압력이 1.2MPa을 초과하고 3.5MPa 이하인 미분무소화설비

(6) 고압 미분무소화설비 : 최저사용압력이 3.5MPa을 초과하는 미분무소화설비

(7) 폐쇄형 미분무소화설비 : 배관 내에 항상 물 또는 공기 등이 가압되어 있다가 화재로 인한 열로 폐쇄형 미분무헤드가 개방되면서 소화수를 방출하는 방식의 미분무소화설비

(8) 개방형 미분무소화설비 : 화재감지기의 신호를 받아 가압송수장치를 동작시켜 미분무수를 방출하는 방식의 미분무소화설비

3 헤드

(1) 미분무헤드는 소방대상물의 천장・반자・천장과 반자 사이・덕트・선반 기타 이와 유사한 부분에 설계자의 의도에 적합하도록 설치하여야 한다.

(2) 하나의 헤드까지의 수평거리 산정은 설계자가 제시하여야 한다.

(3) 미분무 설비에 사용되는 헤드는 조기반응형 헤드를 설치하여야 한다.

(4) 폐쇄형 미분무헤드는 그 설치장소의 평상시 최고주위온도에 따라 적합한 표시온도의 것으로 설치하여야 한다.

(5) 미분무헤드는 배관, 행거 등으로부터 살수가 방해되지 아니하도록 설치하여야 한다.

(6) 미분무헤드는 설계도면과 동일하게 설치하여야 한다.

(7) 미분무헤드는 '한국소방산업기술원' 또는 법 제46조 제1항의 규정에 따라 성능시험기관으로 지정받은 기관에서 검증받아야 한다.

4 방호구역

(1) 폐쇄형 미분무소화설비의 방호구역

① 하나의 방호구역의 바닥면적은 펌프용량, 배관의 구경 등을 수리학적으로 계산한 결과 헤드의 방수압 및 방수량이 방호구역 범위 내에서 소화목적을 달성할 수 있도록 산정할 것

② 하나의 방호구역은 2개 층에 미치지 아니하도록 할 것

(2) 개방형 미분무소화설비의 방수구역

① 하나의 방수구역은 2개 층에 미치지 아니하도록 할 것

② 하나의 방수구역을 담당하는 헤드의 개수는 최대 설계개수 이하로 할 것(다만, 2개 이상의 방수구역으로 나눌 경우에는 하나의 방수구역을 담당하는 헤드의 개수는 최대설계개수의 1/2 이상으로 할 것)

③ 터널, 지하상가 등에 설치할 경우 동시에 방수되어야 하는 방수구역은 화재가 발생된 방수구역 및 접한 방수구역으로 할 것

09 절 포소화설비

1 개념

옥내·외소화전설비, 스프링클러설비, 물분무소화설비 등의 소화설비는 물만을 소화약제로 사용하여 소화효과를 얻을 수 있는 소화시스템이지만, 포소화설비는 물만으로는 소화가 불가능하거나 소화효과가 적거나 또는 오히려 화재를 확대시킬 우려가 있는 인화성 액체 물질에서 발생하는 화재를 효과적으로 진압하기 위한 소화설비이다.

2 구성

수조, 가압송수장치(소화펌프), 기동용 수압개폐장치, 약제저장탱크, 포 소화약제 혼합장치, 배관 및 배관부속품, 유수검지장치, 일제개방밸브, 고정포방출장치, 포방출구 등으로 구성된다. 포소화설비는 종류별로 약간의 차이가 있으나, 혼합장치와 헤드를 제외한 기본적인 설비시스템과 작동원리는 일제개방형 스프링클러설비와 유사하다.

3 구성요소

(1) 포헤드(홈워터스프링클러설비, 홈헤드설비)

일제개방형 스프링클러설비와 기본 구조원리는 거의 같고, 다른 점은 포혼합장치가 있다는 것과 약제가 방출되는 헤드에 홈워터스프링클러헤드나 홈헤드가 설치된다는 것이다.

(2) 포혼합장치(Proportioner)

가압수와 포원액을 혼합하여 포 수용액을 만드는 장치를 말하며, 포가 방출될 때는 이러한 포 수용액이 포방출구를 통해서 폼(Foam, 거품)이 생성되는 것이다.

(3) 개방밸브

방호구역 또는 방호대상물에 포를 공급하는 배관에 설치하는 개폐밸브를 말하며, 펌프를 기준으로 화재가 발생한 구역이나 대상물에 포를 집중 공급하기 위해 화재가 발생하지 않은 구역이나 대상물에 포가 공급되는 것을 차단하기 위해 설치한다.

① 자동개방밸브 : 화재감지장치의 작동에 의하여 기계장치 또는 전기장치에 의하여 자동으로 개방되는 것

② 수동개방밸브 : 화재 시 쉽게 접근할 수 있는 곳에 설치하여 수동으로 작동할 수 있는 밸브

(4) 기동장치

포소화설비를 기동시키는 장치를 말하며, 수동식과 자동식이 설치된다.

① **수동식 기동장치** : 직접조작 또는 원격조작에 의하여 가압송수장치 · 수동식 개방밸브 또는 소화약제혼합장치를 기동할 수 있는 것을 말한다. 2 이상의 방사구역을 가진 포소화설비인 경우에는 방사구역을 선택할 수 있는 구조로 되어 있다. 차고 또는 주차장에 설치하는 포소화설비의 수동식 기동장치는 방사구역마다 1개 이상 설치하고, 비행기 격납고의 경우는 각 방사구역마다 2개 이상을 설치하는데, 하나는 방사구역에, 하나는 수신반에 설치한다.

② **자동식 기동장치** : 자동화재탐지설비 감지기의 작동 또는 폐쇄형 스프링클러헤드의 개방과 연동하여 가압송수장치 · 일제개방밸브 및 포 소화약제 혼합장치를 기동시킬 수 있도록 되어 있다. 다만, 자동화재탐지설비의 수신기가 설치된 장소에 상시 사람이 근무하고 화재 시 즉시 당해 조작부를 작동시킬 수 있는 경우에는 자동식 기동장치를 설치하지 않아도 된다.

(5) 자동경보장치

자동화재탐지설비와 폐쇄형 헤드개방(일제개방밸브 또는 유수검지장치의 작동)에 의해 발신되는 음향경보장치를 말한다. 방사구역마다 일제개방밸브와 그 일제개방밸브의 작동 여부를 송신하는 발신부를 설치하고(1개 층에 1개의 유수검지장치를 설치할 경우에는 제외) 상시 사람이 근무하는 장소에 수신기를 설치하며, 수신기에는 폐쇄형 스프링클러헤드의 개방 또는 감지기의 작동 여부를 알 수 있는 표시장치를 설치하여야 한다. 그리고 하나의 소방대상물에 2 이상의 수신기가 있는 경우 수신기가 설치된 장소에서 상호 간 동시 통화가 가능하도록 설치해야 한다.

4 화재감지방법

(1) 폐쇄형 스프링클러헤드를 사용하는 방법

천장면에 설치되어 있는 감지헤드의 감열부가 화열로 용해, 파괴되어 화재를 감지하고, 이때 배관 내의 수압변동에 의해 자동밸브가 개방되고 가압송수장치가 자동적으로 기동함으로써 연속적으로 포를 방출하는 방식이다.

(2) 감지기를 사용하는 방법

감지기가 화재를 감지해 신호를 보냄으로써 일제개방밸브에 설치된 전자솔레노이드의 작동으로 일제개방밸브가 개방되어 포헤드의 배관에 포 수용액이 흐르게 된다. 이후의 작동은 폐쇄형 스프링클러헤드를 사용한 경우와 같다. 이 외에도 폐쇄형 스프링클러헤드와 감지기가 고장에 의해 작동하지 않는 경우 또는 사람이 빨리 발견한 경우에 수동으로 작동시킬 수 있는 장치가 부설되어 있다.

5 포 소화약제 성분에 따른 분류

(1) 화학포

두 약제(황산알미늄과 중탄산나트륨)가 반응 시 화학적으로 포를 발생하며 소화약제의 유지 관리상 일반적으로 고정식 설비에서는 사용하지 않는다.

(2) 기계포

단백포나 합성계면활성제포 등을 물에 혼합하여 방사 시 공기를 흡입함으로써 포를 발생시키는 것으로 일명 공기포라 한다. 기계포의 종류에는 다음의 5가지 종류가 있다.

① 단백포
② 불화단백포
③ 합성계면활성제포
④ 수성막포(불소계의 계면활성제포로서 AFFF, 일명 light water라고도 함)
⑤ 알코올형포

6 팽창비에 따른 분류

(1) 저발포

① 팽창비가 20배 이하인 가장 일반적인 형태의 포로서 저발포의 경우는 보통 홈헤드 및 홈워터스프링클러헤드를 사용한다.

② 단백포, 불화단백포, 수성막포 등을 사용하며, 주차장의 경우 포소화전과 호스릴포는 저발포이어야 한다.

(2) 고발포

① 팽창비 80배 이상 1,000배 미만인 포로서 합성계면활성제포를 사용하며, 발포장치를 사용하여 강제로 발포시킨다.

제1종 기계포	80배 이상 ~ 250배 미만
제2종 기계포	250배 이상 ~ 500배 미만
제3종 기계포	500배 이상 ~ 1,000배 미만

② 고발포는 일반적으로 고발포용 고정포방출구를 사용하며, 넓은 장소의 급속한 소화, 지하층 등 소방대의 진입이 곤란한 장소 등 A급 화재에 적합하다.

③ 고발포의 장·단점

장점	단점
• 화재현장에 신선한 공기를 공급하면서 화재를 소화하므로 질식의 우려가 적다(지하층이나 지하 갱도, 지하상가 등에 적합하다).	• 고발포는 수막이 매우 적어서 유류에 대한 내성 및 바람에 대한 저항력이 약하다.

• 고팽창포로서 빠른 시간에 포가 채워지므로 넓은 장소의 급격한 소화, 소방대의 진입이 곤란한 장소 등에 매우 효과적이다.	• 옥내에서는 효과가 있으나 옥외설비에서는 기후(온도, 바람, 습도 등)에 영향을 받는다. • B급 화재에서는 저발포보다 소화효과가 떨어진다.

7 포소화설비 혼합장치

포 소화약제 혼합장치는 물과 포원액을 혼합하여 규정 농도의 포 수용액을 만드는 장치이다. 지정농도는 보통 1%, 3%, 6%형이 있고, 혼합장치(proportioner)가 부설되어 있어 농도조절 밸브(metering valve)에 따라서 조정하는 것으로서 포소화설비의 특유한 것이다. 포 소화약제의 혼합장치는 포 소화약제의 사용농도에 적합한 수용액으로 혼합할 수 있도록 다음에 해당하는 방식에 따른다.

(1) 라인 프로포셔너 방식

① 송수배관 도중에 오리피스 형태의 혼합기를 접속하여 벤츄리 효과를 이용해 유수 중에 포약제를 흡입시켜서 지정농도의 포 수용액으로 조정하여 발포기로 보내 주는 방식이다.

② 소규모 또는 이동식 간이설비에 사용되는 방법으로 일명 관로혼합방식이라 한다. 포소화전 또는 한정된 방호대상물의 포소화설비에 적용한다.

(2) 펌프 프로포셔너 방식

① 펌프의 토출 측과 흡입 측 사이를 바이패스 배관으로 연결하고, 그 바이패스 배관 도중에 혼합기와 포약제를 접속한 후 펌프에서 토출된 물의 일부를 보내고, 벤츄리 작용에 의해 포원액이 흡입된다. 이때 포약제 탱크에서 농도조절밸브를 통하여 펌프흡입 측으로 흡입된 약제가 유입되어 이를 지정농도로 혼합하여 발포기로 보내주는 방식이다.

② 화학소방차 등에서 주로 사용하는 방식이다.

③ 장 · 단점

장점	단점
가격이 저렴하고 시설이 용이하다.	• 혼합기를 통한 압력손실이 1/3 정도로 매우 높다. 이로 인하여 혼합기의 흡입 가능 높이가 제한(1.8m 이하)된다. • 압력손실에 의해서 원액 탱크 쪽으로 물이 역류할 수 있다. • 혼합 가능한 유량의 범위가 좁다. • 포소요량이 많아 다른 방호대상물과는 같이 사용이 불가하다.

(3) 프레져 프로포셔너 방식

① 펌프와 발포기 간의 배관 중간에 포 소화약제 저장탱크 및 혼합기를 설치하여 약제탱크로 소화용수를 유입시켜 소화용수의 수압에 의한 압입과 혼합기의 벤츄리 효과에 의한 흡입을 이용한 것으로 약제 탱크에는 격막이 있는 것과 없는 것의 2종류가 있다.

② 포소화설비의 가장 일반적인 혼합방식으로 일명 가압혼합방식이라 한다.

③ 장 · 단점

장점	단점
• 혼합기에 의한 압력 손실(0.35 ~ 2.1kg/cm^2)이 적다. • 혼합 가능한 유량범위는 50 ~ 200%로 1개의 혼합기로 다수의 소방대상물을 어느 정도 충족시킬 수 있다.	• 물과 비중이 비슷한 소화약제(수성막포 등)에는 혼합에 어려움이 있다. • 혼합비에 도달하는 시간이 다소 소요된다(소형 : 2 ~ 3분, 대형 : 15분). • 격막이 없는 저장탱크의 경우 물이 유입되면 재사용이 불가능해진다.

(4) 프레져사이드 프로포셔너 방식

① 가압송수용 펌프 이외에 별도의 포원액용 펌프를 설치하고 원액을 송수관 혼합기에 보내어 적정농도로 포 수용액을 만든 후 발포기로 보내는 방식으로 원액펌프의 토출압이 급수펌프의 토출압보다 높아야 한다.

② 비행기 격납고, 대규모 유류저장소, 석유화학 Plant 시설 등과 같은 대단위 고정식 포소화설비에 사용하며 일명 압입혼합방식이라 한다.

③ 장 · 단점

장점	단점
• 소화용수와 약제의 혼합 우려가 없어 장기간 보존하며 사용할 수 있다. • 혼합기를 통한 압력손실은 0.5 ~ 3.4(kg/cm^2)로 낮다.	• 시설이 거대해지며 설치비가 비싸다. • 원액펌프의 토출압력이 급수펌프의 토출압력보다 낮으면 원액이 혼합기에 유입되지 못한다.

(5) 압축공기포 혼합(믹싱)챔버 방식

① 압축공기 또는 압축질소를 일정비율로 포 수용액에 강제 주입 혼합하는 장치이다.

② 팽창비가 20배 이하인 저발포형에 사용된다.

③ 고정식 압축공기포소화설비만 설치할 수 있는 장소인 발전실, 엔진펌프실, 유압설비실 등에 사용된다(단, 300m^2 미만 장소).

④ 원거리 방수가 가능하며, 물 사용량을 줄여 수손피해를 최소화할 수 있는 방식이다.

8 포 방출 대상에 대한 분류

(1) 전역방출식

고발포에 의한 방식으로 방호구역의 바닥면적에서 소방대상물의 위치보다 0.5m 높은 위치까지의 체적을 포로 채우는 방식이다. 방호구역은 불연재의 벽이나 자동폐쇄장치가 있는 60분+, 60분, 30분 방화문으로 구획되어 있다.

(2) 국소방출식

고발포에 의한 방식으로 해당 소방대상물의 최소 높이의 3배 치수 또는 1m 중 어느 쪽이든 큰 치수를 해당 소방대상물의 각 부분에서 각각 수평으로 연장되는 선에서 정한 포범위를 방사토록 한 방식이다.

9 방출방식

(1) 고정포 방출방식

대형소방대상물에서 사용되는 방식으로 본체 설비가 고정방식이며, 감지기가 없고 수동식 및 선택밸브로 개방가능하다.

> ○ 위험물 옥외저장탱크에 폼 챔버를 설치하여 포를 방사하는 설비이다.
> ○ 탱크의 직경, 포방출구의 종류에 따라 일정한 방출구를 탱크 측면에 설치한다.
> ○ 폼 챔버의 종류에는 Cone Roof 탱크에 사용하는 것으로 통, 계단 등의 부대시시설이 있는 I형과 반사판이 있는 Ⅱ형, Floating Roof 탱크에 사용하는 특형이 있다.

① Ⅰ형 : 방출된 포가 유면상에서 신속히 전개되도록 유면상을 덮어 소화작용을 하도록 통계단 등의 부속설비가 있는 포방출구로서 Cone Roof 탱크에 설치한다.

② Ⅱ형 : 반사판을 부착하여 방출된 포가 반사판에서 반사하여 탱크 내면의 벽을 따라 흘러들어가 유면을 덮도록 한 방출구로서 Cone Roof 탱크에 설치한다.

③ 특형 : 탱크 측면으로부터 0.9m 이상의 굽도리판을 1.2m 떨어진 곳에 설치하고 양쪽 사이의 환상부위에 포를 방사하는 고정포방출구로서 Floating Roof Tank에 설치한다.

④ Ⅲ형(표면하 주입식) : 옥외탱크 화재 시 표면하 주입식의 경우는 화재로 인하여 탱크 측면에 설치된 폼 챔버가 파손되는 단점이 있으며, 또한 초대형 탱크에서는 표면에서 주입하는 기존의 방식으로는 유효한 소화가 곤란하다. 따라서 NFPA에 의하면 비등하는 액체일 경우 포의 유효 방호거리를 30m로 간주하므로 직경 60m 이상의 탱크는 표면하 주입식을 권장한다.

⑤ Ⅳ형(반표면하 주입식) : 표면하 주입식을 더욱 개량한 것으로 표면하 주입식이 포 방출 시 포가 탱크 바닥에서 액면까지 떠오르면서 유류에 오염되어 파괴되므로 이로 인하여 소화효과가 저하되는 것을 막기 위하여 개발된 방식으로 호스가 액체 표면에 떠올라 포를 방출한다.

(2) 고팽창포 발포기

팽창비 80배 이상 1,000배 이하의 포로, 방호대상구역을 폼으로 채워 화재를 제어하는 설비이다. 주된 방호대상은 랙크식 창고, 항공기 격납고 등에 사용되며, 질식・냉각소화효과가 있다. 고팽창포 발생기는 흡출식과 송출식이 있다.

(3) 이동식(호스릴)

저발포에 한하여 호스접속구까지 고정되어 있지만 호스와 노즐을 이동할 수 있는 방식을 말한다.

(4) 포소화전

이동식 포소화설비에 사용하는 포방출구로서 포소화전에 호스, 노즐 등을 접속하여 포를 직접 방사하는 것으로 호스릴을 이용하여 사용할 수도 있다.

(5) 포헤드

① 포 수용액을 방사할 때 헤드 내 흡입된 공기에 의해 포를 형성하여 발생된 포를 Deflector로 방사시킨다.

② 물만을 방사할 경우는 스프링클러 개방형 헤드와 유사한 특성을 갖는다.

※ Foam water sprinkler 헤드는 흡기형 헤드이나 개방형 스프링클러헤드는 비흡기형 헤드이다. 따라서 개방형 헤드를 사용할 경우는 포 형성이 되지 않는다.

(6) 포모니터 방식

석유콤비나트지역 등 대형위험물이 많은 곳에 설치하는 방식으로 원격조작과 수동조작을 할 수 있도록 설치된 방식이다.

※ 석유콤비나트지역은 석유정제업을 중심으로 모이는 석유화학 공장군을 말한다.

(7) 포워터 스프링클러설비

수원, 가압수송장치, 포 소화약제 저장탱크, 포 소화약제 혼합장치, 방출구, 기동장치, 배관, 제어반, 화재감지장치가 있고, 고정식으로 설치된 가지배관에 포워터 스프링클러헤드를 설치하여 포를 방출하는 설비이다.

10 절 이산화탄소소화설비

1 개요

이산화탄소(CO_2)소화설비는 스프링클러설비나 포소화설비 등 물에 의한 피해가 예상되는 장소나 전기화재, 유류화재 등에 사용된다. 화학적으로 안정된 소화약제이므로 약제의 변질이 없고, 한번 설치하면 반영구적으로 사용이 가능하며, 복잡하고 입체적인 구조물의 대상물이라도 침투성이 강해 심층부까지 파고들어 완전소화가 된다. A급 화재(일반화재), B급 화재(유류화재), C급 화재(전기화재) 등에 유효하며 소화 후에도 잔유물이 남지 않는 것이 특징이다.

2 장 · 단점

(1) 장점

① 소화 후 약제의 잔존물이 없다.
② 전기의 부도체로서 C급 화재에 매우 효과적이다.
③ 가스상태로 화재심부까지 침투가 용이하다(비중 = 1.53).
④ 약제 수명이 반영구적이며 가격이 저렴하다.
⑤ 기화 잠열이 크므로 열 흡수에 의한 냉각작용이 크다.

(2) 단점

① 질식의 위험이 있어 사용이 제한된다.
② 용기 및 배관, 밸브 등이 고압설비이다.
③ 기화 시 온도가 급냉하여 동결의 위험이 있으며 정밀기기에 손상을 줄 수 있다.
④ 방사 시 소음이 매우 심하며 시야를 가리게 된다.

3 작동원리

(1) 화재감지기에 의해서 화재가 감지되거나 인위적으로 화재를 목격한 사람이 수동기동장치의 누름단추를 누르면 수신반에 화재표시등이 점등되고 해당방호구역의 음향장치가 화재경보를 울리기 시작한다.

(2) 수신기 내부에는 지연장치인 지연타이머가 내장되어 미리 조정된 시간동안 경보만 울리다가 지연조정 시간이 되면 기동용기 솔레노이드가 작동되고 기동용 가스용기밸브의 봉판을 뚫어서 기동가스를 방출시킨다.

(3) 방출된 기동가스는 조작동관을 따라 선택밸브의 피스톤릴리져로 들어가 선택밸브의 잠금장치를 해제한다.

(4) 선택밸브 개방으로 인해 당해 방호구역으로 가스유입을 허용해 놓고 나머지 가스는 다시 조작동관을 따라서 저장용기밸브의 파괴침(공이) 직전의 피스톤을 가압하여 파괴침으로 하여금 저장용기밸브의 봉판을 뚫어 저장된 가스를 개방시킨다.

(5) 저장용기의 가스가 집합관을 통해 선택밸브를 거치면서 압력스위치를 동작시키며 송출배관을 따라 분사헤드에서 당해 방호구역에 방출되어 소화 작업이 이루어진다.

(6) 선택밸브 2차 측 배관에 설치된 압력스위치가 동작되면서 제어반, 수동기동 조작함 및 방호구역출입문 상단에 설치된 방출표시등을 점등시키고 배관 내 압력에 의하여 자동폐쇄장치의 작동이 이루어진다.

(7) 국소방출방식도 작동원리는 위와 동일하며 분사헤드가 국소부분에만 설치되어 있기 때문에 가스의 방출이 국소부에만 이루어질 뿐이다.

✔ Check　이산화탄소소화설비 작동순서

화재발생 → 화재감지기(교차회로방식) 또는 수동기동장치에 의해 작동 → 수신기의 화재표시등, 지구표시등 점등 및 화재경보 → 수신기 지연타이머 작동(제어반) → 기동용기 솔레노이드밸브(전자밸브) 작동 → 기동용기 가스 방출 → 선택밸브 개방 → 저장용기 개방 → 압력스위치가 작동하여 방출표시등 점등 → 소화가스 방사

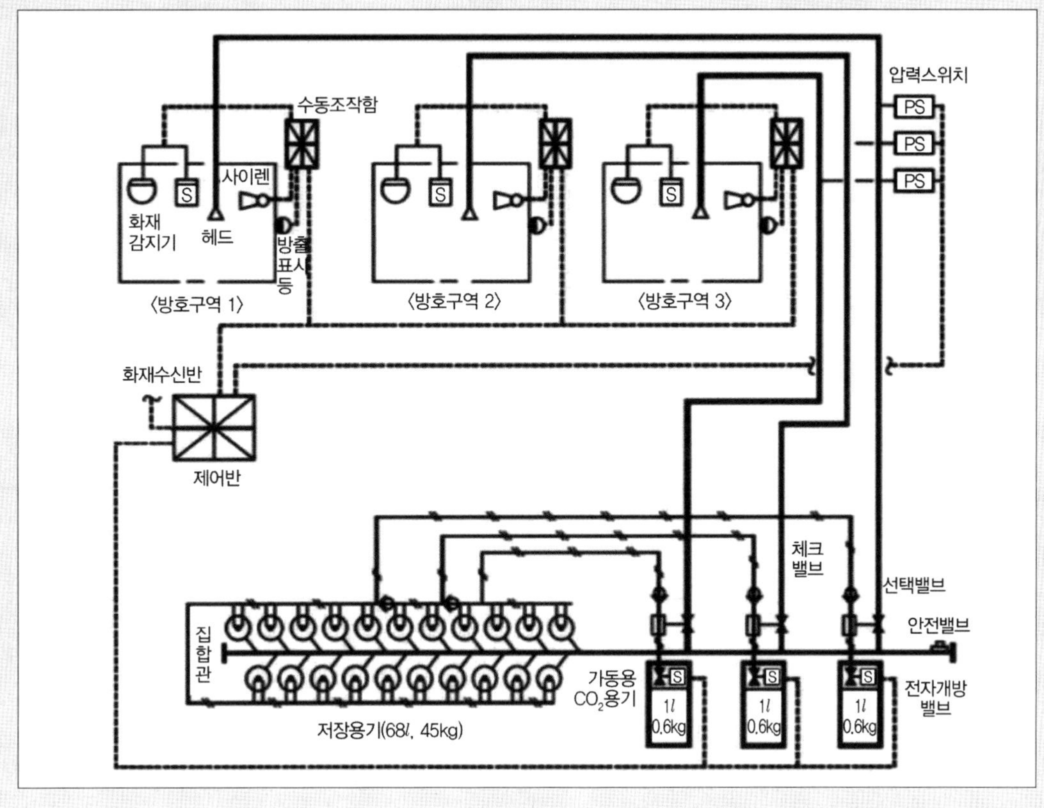

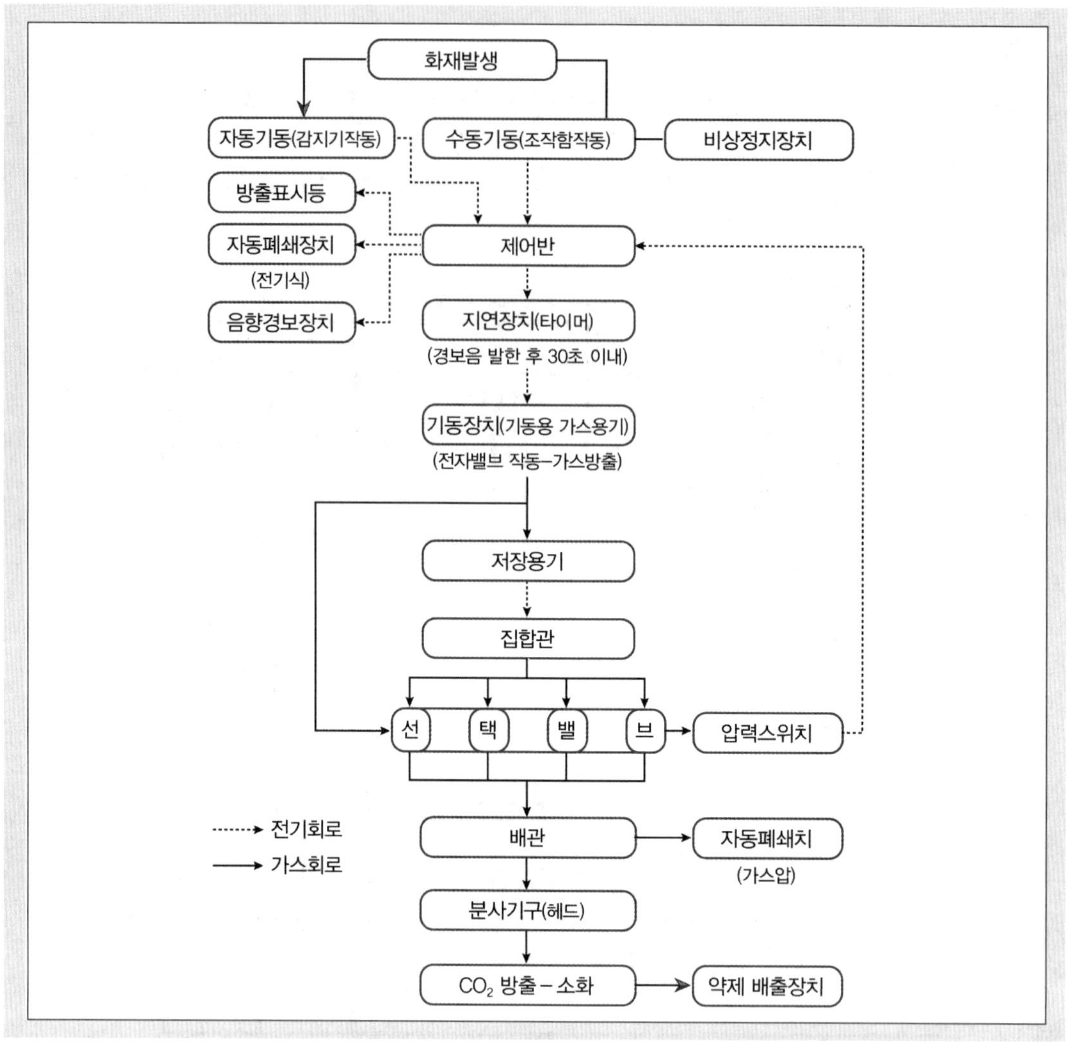

4 설치장소

(1) 방호구역 외의 장소에 설치할 것(다만, 방호구역 내에 설치할 경우에는 피난 및 조작이 용이하도록 피난구 부근에 설치하여야 한다)

(2) 온도가 40℃ 이하이고 온도변화가 적은 곳에 설치할 것

(3) 방화문으로 구획된 실에 설치할 것

(4) 직사광선 및 빗물의 침투 우려가 없는 곳에 설치할 것

(5) 해당 용기가 설치된 곳임을 표시하는 표지를 설치할 것

(6) 용기 간의 간격은 점검에 지장이 없도록 3cm 이상 유지할 것

(7) 저장용기와 집합관을 연결하는 배관에는 체크밸브를 설치할 것(다만, 저장용기가 하나의 방호구역만을 담당하는 경우에는 그렇지 않다)

분사헤드의 설치 제외 장소

- 방재실·제어실 등 사람이 상시 근무하는 장소
- 전시장 관람을 위하여 다수인이 출입·통행하는 통로 및 전시실 등
- 나트륨·칼륨·칼슘 등 활성금속물질을 저장·취급하는 장소
- 나이트로셀룰로오스·셀룰로이드 제품 등 자기연소성 물질의 저장·취급 장소

5 이산화탄소소화설비 구성요소

(1) 저장용기

이산화탄소 소화약제를 고압으로 저장하는 저장용기는 「고압가스 안전관리법」의 적용을 받는 것으로 보통 68ℓ의 내용적을 가지는 용기를 사용한다.

(2) 저장용기밸브

기동용기로부터 압송된 가스압력으로 저장가스를 개방하는 저장용기밸브가 부착되어 있으며, 저장용기밸브를 개방하는 니이들 밸브가 부착되어 있다.

(3) 연결관 및 집합관

이산화탄소 저장용기와 집합관을 연결시키는 연결관은 후렉시블튜브로 신축성이 있는 관이다. 집합관은 각각의 저장용기에서 방출된 이산화탄소 소화약제를 모아 주는 관으로 높은 압력에 견디는 압력배관으로 설치하여야 한다.

(4) 안전밸브

약제 저장용기와 선택밸브 사이 배관 도중에 설치하여 저장용기의 용기밸브는 개방되었으나 선택밸브가 개방되지 아니하였을 때 설비의 안전을 위하여 개방되는 안전장치이다.

(5) 선택밸브

방호구역 및 방호대상물이 여러 곳인 소방대상물에서 저장용기는 공용으로 하고 당해 방호구역 및 방호대상물마다 설치하여 방사구역을 선택하여 주는 밸브이다.

(6) 기동용기함

기동용기함은 기동용 가스용기를 내장하는 함으로서 선택밸브와 같이 하나의 방호구역마다 1개씩 설치되며 기동용기, 기동용 솔레노이드밸브 및 압력스위치가 함께 내장된다.

(7) 기동용기

기동용기는 저장용기 밸브를 개방시키기 위한 가압용 가스를 저장하는 용기로서 내용적이 1ℓ 이상, 액체 이산화탄소가 0.6kg 이상 충전되어 있다.

(8) 기동용 솔레노이드 밸브

화재감지기의 작동에 따라 화재신호가 수신부(제어반)로 수신되면 솔레노이드가 작동되어 커터(파괴침)가 기동용기밸브의 봉판을 뚫어서 기동용 가스를 방출시키는 역할을 한다.

(9) 압력스위치 및 방출표시등

① 압력스위치는 저장용기의 가스가 방출될 때 가스압력에 의해 접점신호를 제어반으로 입력시켜 방출표시등을 점등시키는 역할을 하는 스위치로서 일반적으로 선택밸브 2차 측 배관상에서 동관으로 분기하고 동관을 연장시켜 기동용기함 내부에 설치한다.

② 방출표시등은 방호구역의 출입구마다 설치하는데 출입구 바깥쪽 상단에 설치하여 가스방출 시 점등("CO_2 방출 중"이라는 문자로 표기됨)되어 옥내로 사람이 입실하는 것을 막아주는 역할을 한다. 이는 출입구 상단 외에 수동조작함과 제어반 등에도 점등되어 가스가 방출 중임을 표시한다.

(10) 자동폐쇄장치

자동폐쇄장치는 이산화탄소 소화약제를 방사하는 실내에 출입문, 창문, 환기구 등 개구부가 있을 때 약제 방출 전 이들 개구부를 폐쇄하여 방사된 가스의 누출로 인한 소화효과의 감소를 최소화하기 위하여 설치한다. 이는 방출되는 소화약제의 방사압력으로 피스톤릴리져를 작동하여 개구부를 폐쇄하게 된다.

6 방출방식

(1) 전역방출방식 : 하나의 방호구역을 방호대상물로 하여 구획하고 분사헤드를 이용하여 방호구역 체적에 CO_2를 방사하는 방식

(2) 국소방출방식 : 방호대상물을 일정한 공간으로 구획할 수 없는 국소부분에 한하여 CO_2를 방사하는 방식

(3) 호스릴방식 : 이동식 설비로서 화재 시 호스를 이용하여 사람이 조작하는 간이설비로서 사용자가 직접 사용하는 수동식 설비

7 사용압력

(1) 고압식 : 15℃에서 게이지 압력 5.3MPa(53kg/cm^2)의 압력을 갖는 것

(2) 저압식 : 단열구조 자동냉동기를 장치한 저압용기를 사용하여 약 -18℃에서 게이지 압력 2.1MPa (21kg/cm^2)일 것

8 배관

(1) 이산화탄소소화설비의 배관은 다음의 기준에 따라 설치할 것

① 배관은 전용으로 할 것

② 강관을 사용하는 경우의 배관은 압력배관용탄소강관(KS D 3562) 중 스케줄 80(저압식은 스케줄 40) 이상의 것 또는 이와 동등 이상의 강도를 가진 것으로 아연도금 등으로 방식처리된 것을 사용할 것(다만, 배관의 호칭구경이 20mm 이하인 경우에는 스케줄 40 이상인 것을 사용할 수 있다)

③ 동관을 사용하는 경우의 배관은 이음매 없는 구리 및 구리합금관(KS D 5301)으로서 고압식은 16.5MPa 이상, 저압식은 3.75MPa 이상의 압력에 견딜 수 있는 것을 사용할 것

④ 고압식의 1차 측(개폐밸브 또는 선택밸브 이전) 배관부속의 최소사용설계압력은 9.5MPa로 하고, 고압식의 2차 측과 저압식의 배관부속의 최소사용설계압력은 4.5MPa로 할 것

(2) 배관의 구경은 이산화탄소 소화약제의 소요량이 다음의 기준에 따른 시간 내에 방출될 수 있는 것으로 할 것

① 전역방출방식에 있어서 가연성 액체 또는 가연성 가스 등 표면화재 방호대상물의 경우에는 1분

② 전역방출방식에 있어서 종이, 목재, 석탄, 섬유류, 합성수지류 등 심부화재 방호대상물의 경우에는 7분(이 경우 설계농도가 2분 이내에 30%에 도달하여야 한다)

③ 국소방출방식의 경우에는 30초

(3) 소화약제의 저장용기와 선택밸브 사이의 집합배관에는 수동잠금밸브를 설치하되 선택밸브 직전에 설치할 것

9 음향경보장치

(1) 이산화탄소소화설비의 음향경보장치는 다음의 기준에 따라 설치할 것

① 수동식 기동장치를 설치한 것은 그 기동장치의 조작과정에서, 자동식 기동장치를 설치한 것은 화재감지기와 연동하여 자동으로 경보를 발하는 것으로 할 것

② 소화약제의 방출개시 후 1분 이상 경보를 계속할 수 있는 것으로 할 것

③ 방호구역 또는 방호대상물이 있는 구획 안에 있는 자에게 유효하게 경보할 수 있는 것으로 할 것

(2) 방송에 따른 경보장치를 설치할 경우에는 다음의 기준에 따를 것

① 증폭기 재생장치는 화재 시 연소의 우려가 없고, 유지관리가 쉬운 장소에 설치할 것

② 방호구역 또는 방호대상물이 있는 구획의 각 부분으로부터 하나의 확성기까지의 수평거리는 25m 이하가 되도록 할 것

③ 제어반의 복구스위치를 조작하여도 경보를 계속 발할 수 있는 것으로 할 것

10 자동폐쇄장치

전역방출방식의 이산화탄소소화설비를 설치한 특정소방대상물 또는 그 부분에 대하여 환기장치 등을 설치한 것은 소화약제가 방출되기 전에 해당 환기장치 등이 정지될 수 있도록 하고, 개구부 및 통기구가 있어 소화약제의 유출에 따라 소화효과를 감소시킬 우려가 있는 것은 소화약제가 방출되기 전에 당해 개구부 및 통기구를 폐쇄할 수 있도록 자동폐쇄장치를 설치해야 한다.

11 비상전원

이산화탄소소화설비(호스릴방식은 제외한다)의 비상전원은 자가발전설비, 축전지설비 또는 전기저장장치로서 다음의 기준에 따라 설치해야 한다.

(1) 점검에 편리하고 화재 및 침수 등의 재해로 인한 피해를 받을 우려가 없는 곳에 설치할 것

(2) 이산화탄소소화설비를 유효하게 20분 이상 작동할 수 있어야 할 것

(3) 상용전원으로부터 전력의 공급이 중단된 때에는 자동으로 비상전원으로부터 전력을 공급받을 수 있도록 할 것

(4) 비상전원의 설치장소는 다른 장소와 방화구획 할 것

(5) 비상전원을 실내에 설치하는 때에는 그 실내에 비상조명등을 설치할 것

12 배출설비

지하층, 무창층 및 밀폐된 거실 등에 이산화탄소소화설비를 설치한 경우에는 방출된 소화약제를 배출하기 위한 배출설비를 갖추어야 한다.

13 과압배출구

이산화탄소소화설비의 방호구역에는 소화약제 방출 시 발생하는 과(부)압으로 인한 구조물 등의 손상을 방지하기 위해 과압배출구를 설치해야 한다. 다만, 과(부)압이 발생해도 구조물 등에 손상이 생길 우려가 없음을 시험 또는 공학적인 자료로 입증하는 경우 설치하지 않을 수 있다.

14 안전시설

(1) 이산화탄소소화설비가 설치된 장소에는 시각경보장치, 위험경고표지 등의 안전시설을 설치할 것

(2) 방호구역 내에 이산화탄소 소화약제가 방출되는 경우 후각을 통해 이를 인지할 수 있도록 부취발생기를 다음의 어느 하나에 해당하는 방식으로 설치할 것

① 부취발생기를 소화약제 저장용기실 내의 소화배관에 설치하여 소화약제의 방출에 따라 부취제가 혼합되도록 하는 방식

㉠ 소화약제 저장용기실 내의 소화배관에 설치할 것

㉡ 점검 및 관리가 쉬운 위치에 설치할 것

㉢ 방호구역별로 선택밸브 직후 2차 측 배관에 설치할 것(다만, 선택밸브가 없는 경우에는 집합배관에 설치할 수 있다)

② 방호구역 내에 부취발생기를 설치하여 소화약제 방출 전에 부취제가 방출되도록 하는 방식

11 절 할론소화설비

1 개요

주요 구성요소는 이산화탄소소화설비와 거의 유사하며 약제만 차이가 있는 것으로 생각하면 된다. 할론 소화약제를 사용하여 화재의 연소반응을 억제함으로써 소화하는 설비로서 본 소화약제는 당초 항공기 엔진의 화재를 소화할 목적으로 개발되었다. 할론 소화약제란 지방족 포화탄화수소의 분자 중에 존재하는 수소원자들 중 하나 이상의 할로젠족원소 F(불소), Cl(염소), Br(브로민), I(아이오딘)와 치환되어 생성된 물질 중 현실적으로 소화약제로 사용될 수 있는 것을 총칭하는 것을 말한다. 할론의 대체 소화약제로 청정 소화약제의 개발이 이루어지고 있다. 법령상 소화약제로 인정되는 것은 할론 1301, 할론 1211, 할론 2402의 3종류가 있으며, 할론(하론)이라 하는 것은 할로젠화합물 소화약제 중 일부의 상품명이었으나 고유명사로서 인증되어 있다. 할론 소화약제는 연소의 연쇄반응 억제작용이 우수하여 소화약제로 사용되어 왔으나 현재는 지구환경과 관련된 문제가 있어 규제되고 있는 실정이다.

2 약제 방출방식

(1) 전역방출방식

하나의 방호구역을 방호대상물로 하여 타부분과 구획하고 분사헤드를 이용하여 방호구역 전체 체적에 약제를 방사하는 방식

(2) 국소방출방식

방호대상물을 일정한 공간으로 구획할 수 없는 경우 국소 부분에 한하여 약제를 방사하는 방식

(3) 호스릴방식

이동식 설비로서 화재 시 호스를 이용하여 사람이 조작하는 간이설비이며 사용자가 화재 시 직접 사용하는 수동식 설비

3 분사헤드

(1) 전역방출방식

① 방사된 소화약제가 방호구역의 전역에 균일하게 신속히 확산할 수 있도록 할 것

② 할론 2402를 방출하는 분사헤드는 당해 소화약제가 무상으로 분무되는 것으로 할 것

③ 분사헤드의 방사압력은 할론 2402를 방사하는 것에 있어서는 0.1 MPa 이상, 할론 1211을 방사하는 것에 있어서는 0.2MPa 이상, 할론 1301을 방사하는 것에 있어서는 0.9MPa 이상으로 할 것

④ 저장된 소화약제는 10초 이내에 방사할 수 있는 것으로 할 것

(2) 국소방출방식

① 소화약제의 방사에 의하여 가연물이 비산하지 아니하는 장소에 설치할 것

② 할론 2402를 방사하는 분사헤드는 당해 소화약제가 무상분무되는 것으로 할 것

③ 분사헤드의 방사압력은 할론 2402를 방사하는 것에 있어서는 0.1 MPa 이상, 할론 1211을 방사하는 것에 있어서는 0.2MPa 이상, 할론 1301을 방사하는 것에 있어서는 0.9MPa 이상으로 할 것

④ 기준저장량의 소화약제를 10초 이내에 방사할 수 있는 것으로 할 것

(3) 호스릴방식

① 화재 시 현저하게 연기가 찰 우려가 없는 장소로서 다음에 해당하는 장소는 호스릴 할론 소화설비를 설치할 수 있다.

㉠ 지상 1층 및 피난층에 있는 부분으로서 지상에서 수동 또는 원격조작에 따라 개방할 수 있는 개구부의 유효면적의 합계가 바닥면적의 15% 이상이 되는 부분

㉡ 전기설비가 설치되어 있는 부분 또는 다량의 화기를 사용하는 부분(당해 설비의 주위 5m 이내의 부분을 포함)의 바닥면적이 당해 설비가 설치되어 있는 구획의 바닥면적의 5분의 1 미만이 되는 부분

② 호스릴방식의 할론소화설비 설치기준

㉠ 방호대상물의 각 부분으로부터 하나의 호스 접결구까지의 수평거리가 20m 이하가 되도록 할 것

㉡ 소화약제의 저장용기의 개방밸브는 호스릴의 설치장소에서 수동으로 개폐할 수 있는 것으로 할 것

㉢ 소화약제의 저장용기는 호스릴을 설치하는 장소마다 설치할 것

㉣ 노즐은 20℃에서 하나의 노즐마다 1분당 다음 표에 소화약제를 방사할 수 있는 것으로 할 것

소화약제의 종별	1분당 방사하는 소화약제의 양
할론 2402	45kg
할론 1211	40kg
할론 1301	35kg

㉤ 소화약제 저장용기의 가까운 곳의 보기 쉬운 곳에 적색의 표시등을 설치하고, 호스릴 할로젠화합물 소화설비가 있다는 뜻을 표시한 표지를 할 것

(4) 오리피스 구경, 방출율, 크기 등

① 분사헤드에는 부식방지조치를 하여야 하며 오리피스의 크기, 제조일자, 제조업체가 표시되도록 할 것

② 분사헤드의 개수는 방호구역에 방사시간이 충족되도록 설치할 것

③ 분사헤드의 방출율 및 방출압력은 제조업체에서 정한 값으로 할 것
④ 분사헤드의 오리피스의 면적은 분사헤드가 연결되는 배관구경 면적의 70%를 초과하지 아니할 것

(5) 배관 설치기준
① 배관은 전용으로 할 것
② 강관을 사용하는 경우 : 배관은 압력 배관용 탄소 강관(KS D 3562) 중 스케줄 80(저압식은 스케줄 40) 이상의 것 또는 이와 동등 이상의 강도를 가진 것으로 아연도금 등으로 방식처리된 것을 사용할 것
③ 동관을 사용하는 경우 : 배관은 이음이 없는 구리 및 구리합금관(KS D 5301)으로서 고압식은 16.5MPa 이상, 저압식은 3.75MPa 이상의 압력에 견딜 수 있는 것을 사용할 것
④ 배관부속 및 밸브류는 강관 또는 동관과 동등 이상의 강도 및 내식성이 있는 것으로 할 것

12 절 할로젠화합물 및 불활성 기체소화설비

1 개념

청정 소화약제라고 하며 전기적으로 비전도성이며 휘발성이 있거나 증발 후 잔여물을 남기지 않는 소화약제를 말한다. 할론 소화약제를 대신하여 오존층 보호용인 친환경적인 소화약제로서 개발되고 있으나 소화효과기 우수하지 못하여 아직까지 널리 유통되고 있지 않다.

2 구성

약제 저장용기, 기동장치, 제어반, 배관 및 관부속품들, 분사헤드, 선택밸브, 화재감지기, 음향경보장치, 자동폐쇄장치, 비상전원, 과압배출구 등으로 구성되어 있다.

3 저장용기 설치기준

(1) 저장용기의 설치 장소
① 방호구역 외의 장소에 설치할 것(다만, 방호구역 내에 설치할 경우에는 피난 및 조작이 용이하도록 피난구 부근에 설치해야 한다)
② 온도가 55℃ 이하이고, 온도 변화가 작은 곳에 설치할 것
③ 직사광선 및 빗물이 침투할 우려가 없는 곳에 설치할 것
④ 저장용기를 방호구역 외에 설치한 경우에는 방화문으로 구획된 실에 설치할 것
⑤ 용기의 설치장소에는 해당 용기가 설치된 곳임을 표시하는 표지를 할 것
⑥ 용기 간의 간격은 점검에 지장이 없도록 3cm 이상의 간격을 유지할 것

⑦ 저장용기와 집합관을 연결하는 연결배관에는 체크밸브를 설치할 것(다만, 저장용기가 하나의 방호구역만을 담당하는 경우에는 그렇지 않다)

(2) 저장용기의 기준

① 저장용기의 충전밀도 및 충전압력은 할로젠화합물 및 불활성 기체 소화약제의 종류에 따라 적용할 것

② 저장용기는 약제명 · 저장용기의 자체중량과 총중량 · 충전일시 · 충전압력 및 약제의 체적을 표시할 것

③ 동일 집합관에 접속되는 저장용기는 동일한 내용적을 가진 것으로 충전량 및 충전압력이 같도록 할 것

④ 저장용기에 충전량 및 충전압력을 확인할 수 있는 장치를 하는 경우에는 해당 소화약제에 적합한 구조로 할 것

⑤ 저장용기의 약제량 손실이 5%를 초과하거나 압력손실이 10%를 초과할 경우에는 재충전하거나 저장용기를 교체할 것(다만, 불활성 기체 소화약제 저장용기의 경우에는 압력손실이 5%를 초과할 경우 재충전하거나 저장용기를 교체해야 한다)

(3) 하나의 방호구역을 담당하는 저장용기의 소화약제의 체적 합계보다 소화약제의 방출 시 방출경로가 되는 배관(집합관을 포함한다)의 내용적의 비율이 할로젠화합물 및 불활성 기체 소화약제 제조업체(이하 “제조업체”라 한다)의 설계기준에서 정한 값 이상일 경우에는 해당 방호구역에 대한 설비는 별도 독립방식으로 해야 한다.

(4) 할로젠화합물 및 불활성 기체 소화약제 저장용기와 선택밸브 또는 개폐밸브 사이에는 배관의 최소사용설계압력과 최대허용압력 사이의 압력에서 작동하는 안전장치를 설치해야 하며, 안전장치를 통하여 나온 소화가스는 전용의 배관 등을 통하여 건축물 외부로 배출될 수 있도록 해야 한다. 이 경우 안전장치로 용전식을 사용해서는 안 된다.

13 절 분말소화설비

1 개요

(1) 분말소화설비는 연소확대 위험이 크거나 열과 연기가 충만하여 소화기구로는 소화할 수 없는 방호대상물에 설치한다. 기동은 수동과 자동에 의한 작동이 가능하며 불연성 가스의 압력을 이용하여 소화분말을 배관으로 압송시켜 분사헤드 또는 노즐을 통해 방호구역에 분말 소화약제를 방출시키는 설비이다. 탄산수소나트륨의 분말을 화원에 다량 방사하면, 먼저 분말이 연소면을 넓고 두껍게 덮음으로써 연소에 필요한 산소 차단으로 질식소화를 한다.

(2) 탄산수소나트륨의 경우는 화재 시의 고열에 의해 가열 분해되어 다량의 이산화탄소, 수증기를 발생하여 냉각효과를 발생함과 동시에 연소되는 것을 억제하는 억제효과로 소화를 하게 된다. 분말 소화약제의 종류는 탄산수소나트륨을 주성분으로 한 제1종 분말, 탄산수소칼륨을 주성분으로 한 제2종 분말, 인산염을 주성분으로 한 제3종 분말, 탄산수소칼륨과 요소가 화합된 제4종 분말약제가 사용된다.

2 구성

약제저장용기, 정압작동장치, 압력조정기, 클리닝장치, 선택밸브, 분사헤드, 감지장치 등으로 구성되어 있다.

3 작동원리

방호공간에 설치되어 있는 적응 감지기 동작에 의해 화재를 감지하면 감지기의 동작신호가 수신반에 통보와 동시에 음향장치의 작동으로 경보를 울리고 화세가 더욱 진전되면 교차회로에 의한 감지기 신호를 받아 기동용기(1L용의 CO_2)의 솔레노이드 밸브의 작동으로 기동용기 내의 이산화탄산가스가 방출한다. 기동용기에서 방출된 가스에 의하여 가압용 질소용기밸브와 선택밸브를 개방시키며 가압용 가스인 질소가 압력조정기를 거쳐 분말약제 저장용기에 들어가 분말과 섞인 후 소정의 방사압력으로 조정되면 정압작동장치가 작동하여 분말약제 저장용기의 주밸브를 개방시킨 후 미리 개방된 선택밸브를 통하여 해당 방호구역으로 약제를 방출한다.

4 소화약제 저장용기

(1) 저장용기 설치장소

분말 소화약제의 저장용기는 방호구역 외의 장소로서 방화구획된 실에 설치할 것

(2) 저장용기의 기준

① 저장용기의 내용적

종별	소화약제 1kg당 저장용기의 내용적
제1종 분말	0.8L
제2종 분말	1L
제3종 분말	1L
제4종 분말	1.25L

② 저장용기에는 가압식의 것에 있어서는 최고사용압력의 1.8배 이하, 축압식의 것에 있어서는 용기의 내압시험압력의 0.8배 이하의 압력에서 작동하는 안전밸브를 설치할 것

③ 저장용기에는 저장용기의 내부압력이 설정압력이 되었을 때 주밸브를 개방하는 정압 작동장치를 설치할 것

④ 저장용기의 충전비는 0.8 이상으로 할 것

⑤ 저장용기 및 배관에는 잔류 소화약제를 처리할 수 있는 청소장치를 설치할 것
⑥ 축압식의 분말소화설비는 사용압력의 범위를 표시한 지시압력계를 설치할 것

5 가압용 가스용기 및 조정장치

(1) 가압용 가스용기 설치기준

① 분말 소화약제의 가스용기는 분말 소화약제의 저장용기에 접속하여 설치하여야 한다.
② 분말 소화약제의 가압용 가스용기를 3병 이상 설치한 경우에 있어서는 2개 이상의 용기에 전자 개방밸브를 부착하여야 한다.
③ 분말 소화약제의 가압용 가스용기에는 2.5MPa 이하의 압력에서 조정이 가능한 압력조정기를 설치하여야 한다.

(2) 가압용 또는 축압용 가스 설치기준

① 가압용 또는 축압용 가스는 질소가스 또는 이산화탄소로 할 것
② 가압용 가스에 질소가스를 사용하는 것에 있어서는 질소가스는 소화약제 1kg마다 40ℓ(35℃에서 0.1MPa의 압력상태에서 환산한 것) 이상, 이산화탄소를 사용하는 것에 있어서의 이산화탄소는 소화약제 1kg에 대하여 20g에 배관의 청소에 필요한 양을 가산한 양 이상으로 할 것
③ 축압용 가스에 질소가스를 사용하는 것에 있어서의 질소가스는 소화약제 1kg에 대하여 10ℓ(35℃에서 0.1MPa의 압력상태로 환산한 것) 이상, 이산화탄소를 사용하는 것에 있어서의 이산화탄소는 소화약제 1kg에 대하여 20g에 배관의 청소에 필요한 양을 가산한 양 이상으로 할 것
④ 배관의 청소에 필요한 양의 가스는 별도의 용기에 저장할 것

(3) 압력조정장치

① 가압용의 질소가스는 용기 내 15MPa의 고압으로 충전되어 있으므로 이를 1.5~2MPa로 감압하여 약제탱크에 보내기 위한 것으로 약제탱크의 내압이 낮을 때에는 질소가스를 공급하고 소정의 압력이 되면 공급을 정지한다.
② 1차는 15MPa, 2차는 2.5MPa용으로 사용하며, 질소 가압용기 1병마다 1개씩 설치한다.

(4) 정압작동장치

정압작동장치는 소화약제 저장용기와 방출 주밸브 사이에 있는 장치이다. 가압식 분말소화설비에서 소화약제 저장용기 내의 소화약제를 헤드로 방사하기 위해서는 소화약제 저장용기 내에 가압용 가스(질소)가 들어와 적정한 방출압력이 되어야 배관 및 헤드로 분말 약제를 원활히 방출할 수 있다. 가압용 가스가 저장용기 내에 들어가 적정 방출압력이 될 때까지 주 밸브를 폐쇄하고 있다가 가압용 가스가 소화약제를 유동화하여 설정치의 방출압력이 되었을 때(통상소요시간 10~20초) 주밸브를 개방하는 장치를 정압작동장치라 한다.

6 소화약제 저장량

분말 소화약제는 제1종 분말·제2종 분말·제3종 분말 또는 제4종 분말로 하여야 한다. 다만, 차고 또는 주차장에 설치하는 소화약제는 제3종 분말로 하여야 하고 분말 소화약제의 저장량은 방출방식에 의하여야 한다. 이 경우 동일한 소방대상물 또는 그 부분에 2 이상의 방호구역 또는 방호대상물이 있는 경우에는 각 방호구역 또는 방호대상물에 대하여 다음 기준에 의하여 산출한 저장량 중 최대의 것에 의할 수 있다.

(1) 전역방출방식

① 방호구역의 체적 $1m^3$에 대하여 다음 표의 양

소화약제의 종별	방호구역의 체적 $1m^3$에 대한 소화약제의 양
제1종 분말	0.60kg
제2종 분말 또는 제3종 분말	0.36kg
제4종 분말	0.24kg

② 방호구역의 개구부에 자동폐쇄장치를 설치하지 아니한 경우에 다음 표에 따라 산출한 양을 가산한 양

소화약제의 종별	가산량 (개구부의 면적 $1m^2$에 대한 소화약제의 양)
제1종 분말	4.5kg
제2종 분말 또는 제3종 분말	2.7kg
제4종 분말	1.8kg

(2) 국소방출방식

다음 기준에 의하여 산출한 양에 1.1을 곱하여 얻은 양 이상으로 할 것

$$Q = X - Y\frac{a}{A}$$

① Q : 방호공간(방호대상물의 각 부문으로부터 0.6m의 거리에 따라 둘러싸인 공간) $1m^3$에 대한 분말 소화약제의 양(kg/m^3)

② a : 방호대상물의 주변에 설치된 벽면적의 합계(m^2)

③ A : 방호공간의 벽면적(벽이 없는 경우에는 벽이 있는 것으로 가정한 당해 부분의 면적)의 합계(m^2)

④ X 및 Y

소화약제의 종류	X의 수치	Y의 수치
제1종 분말	5.2	3.9
제2종 분말 및 제3종 분말	3.2	2.4
제4종 분말	2.0	1.5

(3) 호스릴방식

하나의 노즐에 대하여 30kg(제1종 분말은 50kg, 제4종 분말은 20kg) 이상으로 할 것

7 분사헤드 및 배관

(1) 배관 설치기준

① 배관은 전용으로 할 것

② 강관을 사용하는 경우의 배관은 아연도금에 의한 KSD 3507이나 이와 동등 이상의 강도·내식성 및 내열성을 가진 것으로 할 것(다만, 축압식 분말소화설비에 사용하는 것 중 20℃에서 압력이 2.5MPa 이상 4.2MPa 이하인 것에 있어서는 KSD 3562 중 이음이 없는 스케줄 40 이상의 것 또는 이와 동등 이상의 강도를 가진 것으로서 아연 도금으로 방식처리된 것을 사용하여야 한다)

③ 동관을 사용하는 경우의 배관은 고정압력 또는 최고사용압력의 1.5배 이상의 압력에 견딜 수 있는 것을 사용할 것

④ 밸브류는 개폐위치 또는 개폐방향을 표시한 것으로 할 것

⑤ 배관의 관부속 및 밸브류는 배관과 동등 이상의 강도 및 내식성이 있는 것으로 할 것

⑥ 분기배관을 사용하는 경우에는 소방청장이 정하여 고시한 기술기준에 적합한 것으로 설치할 것

(2) 배관 설계기준

배관 내 유량에 따른 적정 관경을 선정하여야 한다. 관경이 너무 작으면 마찰손실이 증가하며, 관경이 너무 크면 분말의 유속저하 때문에 가압용 가스와 분말이 완전히 혼합되지 못하고 가스와 분말이 분리하여 흐르게 된다.

① 가스와 분말의 분리를 방지하기 위하여 배관의 최소 굵기는 20mm 이상으로 한다.

② 배관을 분기하는 경우 관경의 20배 이상 간격을 두고 분기한다. 분말이 엘보를 통하는 순간 외측부분이 밀도가 낮으며, 이 밀도의 불균일은 대략 관경의 20배 정도에서 균일하게 된다.

③ Tee를 사용하여 분기 시에는 2방향은 대칭이 되도록 하여 배관 단면적의 합계가 일정하도록 한다.

④ 분사헤드를 설치한 가지배관에 이르는 배관의 분기는 토너먼트방식으로 한다.

⑤ 낙차는 50m 이하로 제한한다.

(3) 분사헤드

분사헤드는 내식성 재료로 만들어지며 방출방식, 소방대상물에 따라 헤드를 선정하여 사용한다.

① 전역방출방식

㉠ 방사된 소화약제가 방호구역의 전역에 균일하고 신속하게 확산할 수 있게 한다.

㉡ 약제저장기준에 의하여 산출된 분말 소화약제의 저장량을 30초 이내에 방사할 수 있어야 한다.

② 국소방출방식

㉠ 소화약제의 방사에 의하여 가연물이 비산하지 아니하는 장소에 설치한다.

㉡ 기준 저장량의 소화약제를 30초 이내에 방사할 수 있는 것으로 한다.

③ 호스릴방식

㉠ 화재 시 현저하게 연기가 찰 우려가 없는 장소로서 다음의 어느 하나에 해당하는 장소에는 호스릴방식의 분말소화설비를 설치할 수 있다. 다만, 차고 또는 주차의 용도로 사용되는 장소는 제외한다.

ⓐ 지상 1층 및 피난층에 있는 부분으로서 지상에서 수동 또는 원격조작에 따라 개방할 수 있는 개구부의 유효면적의 합계가 바닥면적의 15% 이상이 되는 부분

ⓑ 전기설비가 설치되어 있는 부분 또는 다량의 화기를 사용하는 부분(해당 설비의 주위 5m 이내의 부분을 포함한다)의 바닥면적이 해당 설비가 설치되어 있는 구획의 바닥면적의 5분의 1 미만이 되는 부분

㉡ 호스릴방식의 분말소화설비의 설치 기준

ⓐ 방호대상물의 각 부분으로부터 하나의 호스접결구까지의 수평거리가 15m 이하가 되도록 할 것

ⓑ 소화약제의 저장용기의 개방밸브는 호스릴의 설치장소에서 수동으로 개폐할 수 있는 것으로 할 것

ⓒ 소화약제의 저장용기는 호스릴을 설치하는 장소마다 설치할 것

ⓓ 호스릴방식의 분말소화설비는 하나의 노즐마다 분당 27kg(제1종 분말은 45kg, 제4종 분말은 18kg) 이상의 소화약제를 방사할 수 있는 것으로 할 것

ⓔ 저장용기에는 그 가까운 곳의 보기 쉬운 곳에 적색의 표시등을 설치하고, 호스릴방식의 분말소화설비가 있다는 뜻을 표시한 표지를 할 것

CHAPTER

02 경보설비의 종류와 작동 원리

01 절 비상경보설비 및 단독형 감지기

1 개념

자동화재탐지기 또는 다른 방법에 의해 감지된 화재를 소방대상물 내의 사람에게 경보를 발하여 알려주어 화재의 초기 진압 및 피난을 용이하게 하는 설비를 의미하며, 비상경보설비에는 비상벨설비와 자동식사이렌설비가 있다. 비상벨설비와 자동식사이렌설비는 사람이 화재를 발견하고 건물내·외에 있는 사람들에게 알리는 설비로서 수동으로만 작동하며, 단독형 감지기는 화재상황을 자동으로 감지하여 그 자체에 부착된 음향장치로 경보를 발하는 것을 말한다.

2 용어의 정의

(1) "비상벨설비"란 화재발생 상황을 경종으로 경보하는 설비를 말한다.

(2) "자동식사이렌설비"란 화재발생 상황을 사이렌으로 경보하는 설비를 말한다.

(3) "단독경보형 감지기"란 화재발생 상황을 단독으로 감지하여 자체에 내장된 음향장치로 경보하는 감지기를 말한다(별도의 화재수신기와 연결되지 않는다).

(4) "발신기"란 화재발생 신호를 수신기에 수동으로 발신하는 장치를 말한다.

(5) "수신기"란 발신기에서 발하는 화재신호를 직접 수신하여 화재의 발생을 표시 및 경보하여 주는 장치를 말한다.

3 비상경보설비의 설치대상

(1) 연면적 400m^2 이상 특정소방대상물

① 지하층 또는 무창층의 바닥면적이 150m^2 이상

② 지하층 또는 무창층 공연장의 경우 바닥면적이 100m^2 이상

※ 사람이 거주하지 않거나 벽이 없는 축사 등 동·식물 관련시설은 제외

(2) 터널로서 길이가 500m 이상인 것

(3) 50명 이상의 근로자가 작업하는 옥내 작업장

※ 지하구, 모래·석재 등 불연재료 공장 및 창고 시설, 위험물 저장 및 처리 시설 중 가스시설은 제외

4 단독형 감지기 설치대상물

(1) 연면적 2천m^2 미만 + 교육연구시설 내 기숙사 또는 합숙소

(2) 연면적 2천m^2 미만 + 수련시설 내 기숙사 또는 합숙소

(3) 숙박시설이 있는 수련시설 + 수용인원 100명 미만

(4) 연면적 400m^2 미만의 유치원

(5) 공동주택 중 연립주택 및 다세대주택 : 연동형으로 설치

5 비상경보설비 및 단독경보형 감지기의 신호처리방식

화재신호 및 상태신호 등(이하 "화재신호 등"이라 한다)을 송수신하는 방식은 다음과 같다.

(1) "유선식"은 화재신호 등을 배선으로 송・수신하는 방식이다.

(2) "무선식"은 화재신호 등을 전파에 의해 송・수신하는 방식이다.

(3) "유・무선식"은 유선식과 무선식을 겸용으로 사용하는 방식이다.

6 비상벨설비 또는 자동식사이렌설비의 설치기준

(1) 비상벨설비 또는 자동식사이렌설비는 부식성 가스 또는 습기 등으로 인하여 부식의 우려가 없는 장소에 설치해야 한다.

(2) 지구음향장치는 특정소방대상물의 층마다 설치하되, 해당 특정소방대상물의 각 부분으로부터 하나의 음향장치까지의 수평거리가 25m 이하가 되도록 하고, 해당 층의 각 부분에 유효하게 경보를 발할 수 있도록 설치해야 한다.

(3) 음향장치는 정격전압의 80% 전압에서도 음향을 발할 수 있도록 해야 한다.

(4) 음향장치의 음량은 부착된 음향장치의 중심으로부터 1m 떨어진 위치에서 90데시벨 이상이 되는 것으로 해야 한다.

(5) 발신기는 다음의 기준에 따라 설치해야 한다.

① 조작이 쉬운 장소에 설치하고, 조작스위치는 바닥으로부터 0.8m 이상 1.5m 이하의 높이에 설치할 것

② 특정소방대상물의 층마다 설치하되, 해당 특정소방대상물의 각 부분으로부터 하나의 발신기까지의 수평거리가 25m 이하가 되도록 할 것(다만, 복도 또는 별도로 구획된 실로서 보행거리가 40m 이상일 경우에는 추가로 설치하여야 한다)

③ 발신기의 위치표시등은 함의 상부에 설치하되, 그 불빛은 부착면으로부터 15° 이상의 범위 안에서 부착지점으로부터 10m 이내의 어느 곳에서도 쉽게 식별할 수 있는 적색등으로 할 것

(6) 비상벨설비 또는 자동식사이렌설비의 상용전원은 전기가 정상적으로 공급되는 축전지설비, 전기저장장치 또는 교류전압의 옥내간선으로 하고, 전원까지의 배선은 전용으로 해야 한다.

(7) 비상벨설비 또는 자동식사이렌설비에는 그 설비에 대한 감시상태를 60분간 지속한 후 유효하게 10분 이상 경보할 수 있는 비상전원으로서 축전지설비 또는 전기저장장치를 설치해야 한다.

(8) 비상벨설비 또는 자동식사이렌설비의 배선은 「전기사업법」 제67조에 따른 기술기준에서 정한 것 외에 다음의 기준과 「옥내소화전설비의 화재안전성능기준(NFPC 102)」 제10조 제2항에 따라 설치해야 한다.
① 전원회로의 배선은 내화배선으로 하고, 그 밖의 배선은 내화배선 또는 내열배선으로 할 것
② 전원회로의 전로와 대지 사이 및 배선 상호 간의 절연저항은 「전기사업법」 제67조에 따른 기술기준이 정하는 바에 의하고, 부속회로의 전로와 대지 사이 및 배선 상호 간의 절연저항은 1경계구역마다 직류 250V의 절연저항측정기를 사용하여 측정한 절연저항이 0.1MΩ 이상이 되도록 할 것
③ 배선은 다른 전선과 별도의 관・덕트(절연효력이 있는 것으로 구획한 때에는 그 구획된 부분은 별개의 덕트로 본다)・몰드 또는 풀박스 등에 설치할 것(다만, 60V 미만의 약전류회로에 사용하는 전선으로서 각각의 전압이 같을 때에는 그러하지 아니하다)

7 단독경보형 감지기 설치기준

(1) 각 실(이웃하는 실내의 바닥면적이 각각 $30m^2$ 미만이고 벽체의 상부의 전부 또는 일부가 개방되어 이웃하는 실내와 공기가 상호유통되는 경우에는 이를 1개의 실로 본다)마다 설치하되, 바닥면적이 $150m^2$를 초과하는 경우에는 $150m^2$마다 1개 이상 설치할 것
(2) 최상층의 계단실의 천장(외기가 상통하는 계단실의 경우를 제외한다)에 설치할 것
(3) 건전지 주전원으로 사용하는 단독경보형 감지기는 정상적인 작동상태를 유지할 수 있도록 주기적으로 건전지를 교환할 것
(4) 상용전원을 주전원으로 사용하는 단독경보형 감지기의 2차전지는 법 제40조에 따라 제품검사에 합격한 것을 사용할 것

8 설치・관리기준의 특례

소방본부장 또는 소방서장은 기존건축물이 증축・개축・대수선되거나 용도변경되는 경우에 있어서 이 기준이 정하는 기준에 따라 해당 건축물에 설치해야 할 비상경보설비의 배관・배선 등의 공사가 현저하게 곤란하다고 인정되는 경우에는 해당 설비의 기능 및 사용에 지장이 없는 범위 안에서 이 기준 일부를 적용하지 않을 수 있다.

02 절 비상방송설비

1 개념

자동화재탐지설비에 의해 감지된 화재를 소방대상물 내의 사람들에게 음성으로 알려 피난을 도와주는 설비를 말한다.

2 용어의 정의

(1) "확성기"란 소리를 크게 하여 멀리까지 전달될 수 있도록 하는 장치로서 일명 스피커를 말한다.

(2) "음량조절기"란 가변저항을 이용하여 전류를 변화시켜 음량을 크게 하거나 작게 조절할 수 있는 장치를 말한다.

(3) "증폭기"란 전압전류의 진폭을 늘려 감도를 좋게 하고 미약한 음성전류를 커다란 음성전류로 변화시켜 소리를 크게 하는 장치를 말한다.

3 음향장치

(1) 확성기의 음성입력은 3W(실내에 설치하는 것에 있어서는 1W) 이상일 것

(2) 확성기는 각 층마다 설치하되, 해당 층의 각 부분으로부터 하나의 확성기까지의 수평거리는 해당 층의 각 부분에 유효하게 경보를 발할 수 있는 거리 이하가 되도록 설치할 것

(3) 음량조정기를 설치하는 경우 음량조정기의 배선은 3선식으로 할 것

(4) 조작부의 조작스위치는 바닥으로부터 0.8m 이상 1.5m 이하의 높이에 설치할 것

(5) 층수가 11층(공동주택의 경우에는 16층) 이상의 특정소방대상물은 발화층에 따라 경보하는 층을 달리하여 경보를 발할 수 있도록 할 것

(6) 다른 방송설비와 공용하는 것에 있어서는 화재 시 비상경보 외의 방송을 차단할 수 있는 구조로 할 것

(7) 다른 전기회로에 따라 유도장애가 생기지 않도록 할 것

(8) 하나의 특정소방대상물에 둘 이상의 조작부가 설치되어 있는 때에는 각각의 조작부가 있는 장소 상호 간에 동시 통화가 가능한 설비를 설치하고, 어느 조작부에서도 해당 특정소방대상물의 전 구역에 방송을 할 수 있도록 할 것

(9) 기동장치에 따른 화재신호를 수신한 후 신속하게 필요한 음량으로 화재발생 상황 및 피난에 유효한 방송이 자동으로 개시될 때까지의 소요시간은 10초 이하로 할 것

(10) 음향장치는 정격전압의 80% 전압에서 음향을 발할 수 있고, 자동화재탐지설비의 작동과 연동하여 작동할 수 있는 것으로 할 것

4 설치대상

(1) 연면적 3천5백m^2 이상 특정소방대상물

(2) 지하층을 제외한 층수가 11층 이상 특정소방대상물

(3) 지하층의 층수가 3층 이상 특정소방대상물

※ 위험물 저장 및 처리 시설 중 가스시설, 사람이 거주하지 않거나 벽이 없는 축사 등 동물 및 식물 관련 시설, 터널 및 지하구는 제외

5 경보대상

(1) 비상방송설비, 자동화재탐지설비, 감지기와 연동된 미분무소화설비・스프링클러・간이스프링클러・화재조기진압용스프링클러설비의 경우 동일하게 적용

(2) 층수가 11층(공동주택의 경우에는 16층) 이상인 특정소방대상물
① 2층 이상의 층에서 발화한 때에는 발화층 및 그 직상 4개 층에 경보를 발할 것
② 1층에서 발화한 때에는 발화층・그 직상 4개 층 및 지하층에 경보를 발할 것
③ 지하층에서 발화한 때에는 발화층・그 직상층 및 기타의 지하층에 경보를 발할 것

발화층	층수가 11층(공동주택의 경우에는 16층) 이상	그 외
2층 이상의 층	발화층 및 그 직상 4개 층에 경보	전층 일제 경보
1층	발화층・그 직상 4개 층 및 지하층에 경보	
지하층	발화층・그 직상층 및 기타의 지하층에 경보	

03 절 자동화재탐지설비

1 개요

건물에 화재 발생 시 신속한 화재발견과 경보, 화재발생위치 파악은 인명과 재산피해를 효과적으로 경감시킬 수 있는 중요한 요소이다. 화재 초기에 경보가 발령되면 인명대피의 시간적 여유가 생길 수 있으며, 건물관계자는 화재초기에 대응할 수 있어 화재진압이 용이하게 된다. 그리고 화재 위치까지 알려준다면 사람들의 피난을 안전하게 유도할 수 있으며, 신속한 화재진압을 가능하게 할 수 있다.

2 용어의 정의

(1) "경계구역"이란 특정소방대상물 중 화재신호를 발신하고 그 신호를 수신 및 유효하게 제어할 수 있는 구역을 말한다.

(2) "수신기"란 감지기나 발신기에서 발하는 화재신호를 직접 수신하거나 중계기를 통하여 수신하여 화재의 발생을 표시 및 경보하여 주는 장치를 말한다.

(3) "중계기"란 감지기・발신기 또는 전기적인 접점 등의 작동에 따른 신호를 받아 이를 수신기에 전송하는 장치를 말한다.

(4) "감지기"란 화재 시 발생하는 열, 연기, 불꽃 또는 연소생성물을 자동적으로 감지하여 수신기에 화재신호 등을 발신하는 장치를 말한다.

(5) "발신기"란 수동누름버튼 등의 작동으로 화재신호를 수신기에 발신하는 장치를 말한다.

※ 발신기는 설치장소에 따라 옥외형과 옥내형으로, 방폭구조 여부에 따라 방폭형 및 비방폭형으로, 방수성 유무에 따라 방수형 및 비방수형으로 구분한다.

(6) "시각경보장치"란 자동화재탐지설비에서 발하는 화재신호를 시각경보기에 전달하여 청각장애인에게 점멸형태의 시각경보를 하는 것을 말한다.

(7) "거실"이란 거주·집무·작업·집회·오락 그 밖에 이와 유사한 목적을 위하여 사용하는 실을 말한다.

3 설치대상

(1) 소방시설 설치 및 관리에 관한 법령상 설치대상

① 공동주택 중 아파트 등·기숙사 및 숙박시설의 경우에는 모든 층

② 층수가 6층 이상인 건축물의 경우에는 모든 층

③ 근린생활시설(목욕장 제외), 의료시설(정신의료기관 및 요양병원 제외), 위락시설, 장례시설 및 복합건축물로서 연면적 $600m^2$ 이상인 특정소방대상물 : 모든 층

④ 근린생활시설 중 목욕장, 문화 및 집회시설, 종교시설, 판매시설, 운수시설, 운동시설, 업무시설, 공장, 창고시설, 위험물 저장 및 처리 시설, 항공기 및 자동차 관련 시설, 교정 및 군사시설 중 국방·군사시설, 방송통신시설, 발전시설, 관광 휴게시설, 지하상가로서 연면적 $1,000m^2$ 이상인 특정소방대상물 : 모든 층

⑤ 교육연구시설(교육시설 내에 있는 기숙사 및 합숙소를 포함), 수련시설(수련시설 내에 있는 기숙사 및 합숙소를 포함하며, 숙박시설이 있는 수련시설은 제외), 동물 및 식물 관련 시설(기둥과 지붕만으로 구성되어 외부와 기류가 통하는 장소는 제외), 자원순환 관련 시설, 교정 및 군사시설(국방·군사시설은 제외) 또는 묘지 관련 시설로서 연면적 $2,000m^2$ 이상인 특정소방대상물 : 모든 층

⑥ 노유자 생활시설 : 모든 층

⑦ '⑥'에 해당하지 않는 노유자시설 + 연면적 $400m^2$ 이상인 노유자시설 및 숙박시설이 있는 수련시설 + 수용인원 100명 이상 : 모든 층

⑧ 의료시설 중 정신의료기관 또는 요양병원으로서 다음의 어느 하나에 해당하는 시설

㉠ 요양병원(의료재활시설은 제외)

㉡ 정신의료기관 또는 의료재활시설 + 바닥면적의 합계가 $300m^2$ 이상인 시설

㉢ 정신의료기관 또는 의료재활시설 + 바닥면적의 합계가 $300m^2$ 미만 + 창살(철재·플라스틱 또는 목재 등으로 사람의 탈출 등을 막기 위하여 설치한 것을 말하며, 화재 시 자동으로 열리는 구조로 되어 있는 창살은 제외)이 설치된 시설

⑨ 판매시설 중 전통시장

⑩ 터널로서 길이가 1천m 이상인 것

⑪ 지하구
⑫ '③'에 해당하지 않는 근린생활시설 중 조산원 및 산후조리원
⑬ '④'에 해당하지 않는 공장 및 창고시설 + 지정수량의 500배 이상의 특수가연물을 저장・취급
⑭ '④'에 해당하지 않는 발전시설 중 전기저장시설

(2) 위험물안전관리법령상 설치대상

제조소 등의 구분	제조소 등의 규모, 저장 또는 취급하는 위험물의 종류 및 최대수량
제조소 및 일반취급소	• 연면적 500m^2 이상인 것 • 옥내에서 지정수량의 100배 이상을 취급하는 것(고인화점 위험물만을 100℃ 미만의 온도에서 취급하는 것은 제외한다) • 일반취급소로 사용되는 부분 외의 부분이 있는 건축물에 설치된 일반취급소(일반취급소와 일반취급소 외의 부분이 내화구조의 바닥 또는 벽으로 개구부 없이 구획된 것은 제외한다)
옥내저장소	• 지정수량의 100배 이상을 저장 또는 취급하는 것(고인화점 위험물만을 저장 또는 취급하는 것은 제외한다) • 저장창고의 연면적이 150m^2를 초과하는 것[연면적 150m^2 이내마다 불연재료의 격벽으로 개구부 없이 완전히 구획된 것과 제2류 위험물(인화성 고체는 제외한다) 또는 제4류의 위험물(인화점이 70℃ 미만인 것은 제외한다)만을 저장 또는 취급하는 저장창고는 그 연면적이 500m^2 이상인 것을 말한다] • 처마높이가 6m 이상인 단층 건물의 것 • 옥내저장소로 사용되는 부분 외의 부분이 있는 건축물에 설치된 옥내저장소[옥내저장소와 옥내저장소 외의 부분이 내화구조의 바닥 또는 벽으로 개구부 없이 구획된 것과 제2류(인화성 고체는 제외한다) 또는 제4류의 위험물(인화점이 70℃ 미만인 것은 제외한다)만을 저장 또는 취급하는 것은 제외한다]
옥내탱크저장소	단층 건물 외의 건축물에 설치된 옥내탱크저장소로서 소화난이도등급 Ⅰ에 해당하는 것
주유취급소	옥내주유취급소

4 신호처리방식

(1) "유선식"은 화재신호 등을 배선으로 송・수신하는 방식이다.

(2) "무선식"은 화재신호 등을 전파에 의해 송・수신하는 방식이다.

(3) "유・무선식"은 유선식과 무선식을 겸용으로 사용하는 방식이다.

5 경계구역

자동화재탐지설비는 화재발생뿐만 아니라 화재가 건물의 어느 지점에서 발생했는지도 알려주는 설비이다. 화재발생지점은 수신기에서 지구표시등을 점등시키거나 LCD표시창에 문자로 표시해 주는데 이 지구표시등 또는 문자 하나가 담당하는 구역을 경계구역이라 할 수 있다. 즉 경계구역이란 "특정소방대상물 중 화재신호를 발신하고 그 신호를 수신 및 유효하게 제어할 수 있는 구역"을 말한다.

(1) 경계구역의 설정 기준

건물 내의 공간에는 일반적으로 거실과 같은 수평적 공간과 계단 및 파이프덕트 등과 같은 수직적인 공간이 있다. 경계구역은 수평적 공간과 수직적 공간을 구분해서 설정된다. 자동화재탐지설비의 경계구역은 다음의 기준에 따라 설정하여야 한다. 다만, 감지기의 형식승인 시 감지거리, 감지면적 등에 대한 성능을 별도로 인정받은 경우에는 그 성능인정범위를 경계구역으로 할 수 있다.

① 수평적 경계구역

㉠ 하나의 경계구역이 2개 이상의 건축물에 미치지 아니하도록 할 것

㉡ 하나의 경계구역이 2개 이상의 층에 미치지 아니하도록 할 것(다만, 500m^2 이하의 범위 안에서는 2개의 층을 하나의 경계구역으로 할 수 있다)

㉢ 하나의 경계구역의 면적은 600m^2 이하로 하고 한 변의 길이는 50m 이하로 할 것. 다만, 해당 특정소방대상물의 주된 출입구에서 그 내부 전체가 보이는 것에 있어서는 한 변의 길이가 50m의 범위 내에서 1,000m^2 이하로 할 수 있다.

㉣ 지하구의 경우 하나의 경계구역의 길이는 700m 이하로 할 것

㉤ 도로 터널의 경우 하나의 경계구역의 길이는 100m 이하로 할 것

구분	원칙	예외
층별	층별	층마다 2개의 층이 500m^2 이하일 때는 하나의 경계구역으로 할 수 있다.
면적	600m^2 이하	주된 출입구에서 건물내부 전체가 보일 때는 한 변의 길이가 50m범위 내에서 1,000m^2 이하로 할 수 있다.
한 변의 길이	50m 이하	지하구 700m · 터널의 경우에는 100m 이하로 할 수 있다.

② 수직적 경계구역

계단(직통계단 외의 것에 있어서는 떨어져 있는 상하계단의 상호 간의 수평거리가 5m 이하로서 서로 간에 구획되지 아니한 것에 한한다. 이하 같다) · 경사로(에스컬레이터 경사로 포함) · 엘리베이터 승강로(권상기실이 있는 경우에는 권상기실) · 린넨슈트 · 파이프 피트 및 덕트 기타 이와 유사한 부분에 대하여는 별도로 경계구역을 설정하되, 하나의 경계구역은 높이 45m 이하(계단 및 경사로에 한한다)로 하고, 지하층의 계단 및 경사로(지하층의 층수가 1일 경우는 제외한다)는 별도로 하나의 경계구역으로 하여야 한다.

구분	계단, 경사로	E/V 승강로(권상기실이 있는 경우에는 권상기실) · 린넨슈트 · 파이프 피트 및 덕트 · 기타
높이	45m 이하	별도 경계구역 설정
지하층 구분	지상층과 지하층 구분(단, 지하 1층만 있을 경우에는 제외)	제한없음

예제문제

층수가 지하 5층, 지상 20층이고 각 층의 층고가 3m인 건물에 지하 5층부터 지상 20층까지 통하는 계단과 파이프덕트가 설치되어 있을 때 계단과 파이프덕트는 몇 개의 수직적 경계구역으로 산정해야 하는가?

답 4개

① 계단
- 지하층이 5층이므로 지상과 지하를 구분해서 경계구역을 산정
- 계단 및 지상층의 높이는 60m, 지하층의 높이는 15m이므로 지하층은 1개, 지상층은 2개, 총 3개

② 파이프덕트는 지상층과 지하층의 구분 없이 그리고 높이에 상관없이 하나의 경계구역으로 할 수 있으므로 1개

(2) 외기에 면하여 상시 개방된 부분이 있는 차고 · 주차장 · 창고 등에 있어서는 외기에 면하는 각 부분으로부터 5m 미만의 범위 안에 있는 부분은 경계구역의 면적에 산입하지 아니한다.

(3) 스프링클러설비 · 물분무등소화설비 또는 제연설비의 화재감지장치로서 화재감지기를 설치한 경우의 경계구역은 해당 소화설비의 방호구역 또는 제연구역과 동일하게 설정할 수 있다.

✔ Check 다른 소화설비의 화재감지장치일 때 경계구역 면적

소화설비		방호구역	설정기준
스프링클러설비	폐쇄형	바닥면적기준	$3,000m^2$ 이하
		층별기준	1개 층이 하나의 방호구역
			1개 층에 헤드가 10개 이하일 경우 3개 층 이내를 하나의 방호구역으로 할 수 있다.
	개방형	층별기준	1개 층이 하나의 방호구역
		헤드기준	50개 이하
물분무등소화설비		방호대상구역	방사구역마다 설정
거실제연설비		제연구역	제연구역마다 설정

(4) 경계구역의 수 구하기

예제문제

1) 특정소방대상물이 지상 8층, 지하 3층, 층별 바닥면적 550m^2, 층간 높이 3m, 계단 1개, 엘리베이터 1개인 경우 최소 경계구역 수는?

답 총 = 14개

- 수평적 경계구역 : 각 층마다 1개씩, 총 11개
- 수직적 경계구역 : 엘리베이터권상기실 1개, 계단(지하 3층이므로) 2개

2) 아파트(계단실형 아파트로서 하나의 계단으로부터 출입할 수 있는 세대수가 층당 2세대 이하임)로서 지상 22층(바닥면적이 550m^2), 지하 1층(주차장, 2,500m^2), 층별 높이 3m, 엘리베이터 1개, 계단 1개, 준비작동식 스프링클러설비 설치 시 최소 경계구역 수는?

답 총 = 26개

- 수평적 경계구역 : 스프링클러설비가 설치된 주택 부분 1~22층까지 = 22개
  ※ 다만, 한 개 층의 헤드가 10개 이하일 경우 3개 층을 하나의 방호구역으로 할 수 있다.
- 스프링클러설비가 설치된 주차장 = 1개
- 수직적 경계구역 : 계단높이 72m(계단탑 3m)로 2개, 엘리베이터권상기실 1개

6 발신기

(1) 발신기의 종류

① P형 발신기

㉠ P형 1급 발신기 : 전화연락장치와 응답램프가 있어서 P형 1급 수신기와 R형 수신기와 접속이 가능하며, 일반적으로 가장 많이 사용된다.

㉡ P형 2급 발신기 : 전화연락장치와 응답램프가 없어서 P형 2급 수신기와 R형 수신기와 접속이 가능하다.

② T형 발신기 : 송화기형으로 되어 있어서 송수화기를 들면 화재신호 발신과 동시에 통화가 가능한 발신기이다.

③ M형 발신기 : 공용발신기로서 누름단추를 눌렀을 때 발신기 고유의 신호가 소방서에 설치된 M형 수신기에 전달되는 발신기이다.

(2) 발신기 설치기준

① 자동화재탐지설비의 발신기는 다음의 기준에 따라 설치해야 한다.

㉠ 조작이 쉬운 장소에 설치하고, 스위치는 바닥으로부터 0.8m 이상 1.5m 이하의 높이에 설치할 것

㉡ 특정소방대상물의 층마다 설치하되, 해당 특정소방대상물의 각 부분으로부터 하나의 발신기까지의 수평거리가 25m 이하가 되도록 할 것(다만, 복도 또는 별도로 구획된 실로서 보행거리가 40m 이상일 경우에는 추가로 설치하여야 한다)

㉢ '㉡'의 기준을 초과하는 경우로서 기둥 또는 벽이 설치되지 아니한 대형공간의 경우 발신기는 설치 대상 장소의 가장 가까운 장소의 벽 또는 기둥 등에 설치할 것

② 발신기의 위치를 표시하는 표시등은 함의 상부에 설치하되, 그 불빛은 부착면으로부터 15° 이상의 범위 안에서 부착지점으로부터 10m 이내의 어느 곳에서도 쉽게 식별할 수 있는 적색등으로 하여야 한다.

7 수신기

감지기나 발신기에서 발하는 화재신호를 직접 수신하거나 중계를 통하여 수신하여 화재의 발생을 표시 및 경보해 주는 장치를 말한다.

(1) 수신기의 종류

① P형 수신기

㉠ 감지기 또는 P형 발신기에서 보낸 화재신호를 직접 공통신호로서 수신하여 화재를 경보하는 수신기이다.

㉡ 감지기 → 발신기(지구경종) → 수신기(주경종) 등이 전선으로 연결된 방식이다.

㉢ 중・소규모의 건물에 많이 사용된다.

㉣ P형 수신기는 감지기 또는 발신기에서 1 : 1 접점방식으로 전송된 신호를 수신한다.

② R형 수신기

㉠ 감지기 또는 발신기로부터 발생하는 화재신호를 중계기를 통해서 고유신호로서 수신하여 화재를 경보하는 수신기이다.

㉡ 수신기 → 발신기(지구경종) → 중계기 → 수신기(주경종) 등이 전선으로 연결된 방식이다.

㉢ 회선수가 많은 대규모 건물이나 다수의 동이 있는 건축물에 적합하다.

㉣ R형 수신기는 감지기 또는 발신기에서 다중전송방식으로 신호를 수신한다.

③ M형 수신기

㉠ M형 발신기로부터 발하여진 화재 발생신호를 소방서에 설치된 M형 수신기가 직접 받는 설비이다.

㉡ M형 설비는 필요에 따라 비상방송설비, 소화설비, 연소방지설비, 제연설비 등과 연동해서 사용할 수 있다.

④ GP형, GR형 수신기 : P형・R형 수신기 + 가스누설경보기 수신부

⑤ 복합형 수신기 : P형・GP형・R형・GR형 수신기 + 소화설비, 제연설비 등과 연동된 수신기

✔ Check P형 수신기와 R형 수신기 비교

형식	P형 수신기	R형 수신기
신호전달방식	개별 방식	다중 전송방식
신호의 종류	공통신호	고유신호
중계기	불필요	필요
표시방식	지구창 표시	디지털 표시와 액정메세지 표시
배선공사	선로수가 많아 복잡, 비용이 비쌈	선로수가 적어 간단, 비용이 저렴
유지관리	선로수가 많아 어려움, 증설 곤란	보수・운영에 전문성 요함, 증설・이설 용이
도통시험	감지기 말단까지 시험	중계기까지 감시
회로방식	반도체 및 릴레이 방식	컴퓨터 처리

(2) 수신기 설치기준

① 자동화재탐지설비의 수신기는 다음의 기준에 적합한 것으로 설치하여야 한다.

㉠ 해당 특정소방대상물의 경계구역을 각각 표시할 수 있는 회선수 이상의 수신기를 설치할 것

㉡ 해당 특정소방대상물에 가스누설탐지설비가 설치된 경우에는 가스누설탐지설비로부터 가스누설신호를 수신하여 가스누설경보를 할 수 있는 수신기를 설치할 것

② 자동화재탐지설비의 수신기는 특정소방대상물 또는 그 부분이 지하층・무창층 등으로서 환기가 잘되지 아니하거나 실내면적이 $40m^2$ 미만인 장소, 감지기의 부착면과 실내바닥과의 거리가 2.3m 이하인 장소로서 일시적으로 발생한 열・연기 또는 먼지 등으로 인하여 감지기가 화재신호를 발신할 우려가 있는 때에는 축적기능 등이 있는 것(축적형 감지기가 설치된 장소에는 감지기회로의 감시전류를 단속적으로 차단시켜 화재를 판단하는 방식 외의 것을 말한다)으로 설치하여야 한다.

③ 수신기의 시공상 설치기준

㉠ 수위실 등 상시 사람이 근무하는 장소에 설치할 것

㉡ 수신기가 설치된 장소에는 경계구역 일람도를 비치할 것

㉢ 수신기의 음향기구는 그 음량 및 음색이 다른 기기의 소음 등과 명확히 구별될 수 있는 것으로 할 것

㉣ 수신기는 감지기・중계기 또는 발신기가 작동하는 경계구역을 표시할 수 있는 것으로 할 것

㉤ 화재・가스 전기 등에 대한 종합방재반을 설치한 경우에는 해당 조작반에 수신기의 작동과 연동하여 감지기・중계기 또는 발신기가 작동하는 경계구역을 표시할 수 있는 것으로 할 것

㉥ 하나의 경계구역은 하나의 표시등 또는 하나의 문자로 표시되도록 할 것

ⓢ 수신기의 조작 스위치는 바닥으로부터의 높이가 0.8m 이상 1.5m 이하인 장소에 설치할 것
ⓞ 하나의 특정소방대상물에 둘 이상의 수신기를 설치하는 경우에는 수신기를 상호 간 연동하여 화재발생 상황을 각 수신기마다 확인할 수 있도록 할 것
ⓙ 화재로 인하여 하나의 층의 지구음향장치 배선이 단락되어도 다른 층의 화재통보에 지장이 없도록 각 층 배선상에 유효한 조치를 할 것

8 중계기

(1) 중계기의 종류

① R형 중계기 : R형 수신기에 사용하는 중계기로서, 최근에 가장 많이 사용된다.
② P형 중계기 : 연기감지기 및 가스누설감지기 등의 특수 감지기에 사용하는 중계기이다.

(2) 중계기 설치기준

① 수신기에서 직접 감지기회로의 도통시험을 행하지 아니하는 것에 있어서는 수신기와 감지기 사이에 설치할 것
② 조작 및 점검에 편리하고 화재 및 침수 등의 재해로 인한 피해를 받을 우려가 없는 장소에 설치할 것
③ 수신기에 따라 감시되지 않는 배선을 통하여 전력을 공급받는 것에 있어서는 전원입력 측의 배선에 과전류 차단기를 설치하고 해당 전원의 정전이 즉시 수신기에 표시되는 것으로 하며, 상용전원 및 예비전원의 시험을 할 수 있도록 할 것

9 감지기

(1) 개념

화재 시에는 열, 연기, 불꽃(화염)의 물리·화학적 변화가 생긴다. 감지기는 물리·화학적 변화 중에서 하나 또는 두 개를 감지한다. 감지하는 대상에 따라 열을 감지하는 열감지기, 연기를 감지하는 연기감지기, 불꽃을 감지하는 불꽃감지기, 열과 연기를 동시에 감지하는 열연기복합형 감지기로 구분된다.

(2) 감지기의 종류

1) 감지기의 구분

감지기의 종류			감지기의 특징
열 감지기	차동식 (일정상승률)	차동식 스포트형 감지기	• 주위 온도가 일정상승률 이상이 되는 경우 작동 • 일국소의 열효과에 의해 작동
		차동식 분포형 감지기	• 주위 온도가 일정상승률 이상이 되는 경우 작동 • 넓은 범위에서 열효과의 누적에 의해 작동

	정온식 (일정온도)	정온식 스포트형 감지기	• 주위 온도가 일정온도 이상이 되는 경우 작동 • 일국소의 열효과에 의해 작동(전선 구조가 아님)
		정온식 감지선형 감지기	• 주위 온도가 일정온도 이상이 되는 경우 작동 • 외관이 전선으로 되어 있는 것
	보상식	보상식 스포트형 감지기	• 차동식 스포트형 + 정온식 스포트형 • 둘 중에 어느 한 기능이 작동되면 작동
연기 감지기	이온화식 (이온전류)	이온화식 스포트형 감지기	• 연기에 의한 이온전류 변화에 의해 작동 • 일국소의 열효과에 의해 작동
	정광식 (광량)	광전식 스포트형 감지기	• 연기에 의한 광전소자에 접하는 광량의 변화로 작동 • 일국소의 열효과에 의해 작동
		광전식 분리형 감지기	발광부와 수광부 사이 공간의 연기농도 변화로 작동
		광전식 공기흡입형 감지기	평상시 주위 공기를 계속 흡입하고 화재 시 흡입된 공기 중 연소생성물을 분석하여 작동
복합형 감지기	열복합형 감지기		• 차동식 스포트형 + 정온식 스포트형 • 두 가지가 함께 작동될 때 작동
	연기복합형 감지기		• 이온화식 스포트형 + 광전식 스포트형 • 두 가지가 함께 작동될 때 작동
	열·연기복합형 감지기		• 열감지기 + 연기감지기 • 두 가지가 함께 작동될 때 작동
기타 감지기	다신호식 감지기		1개의 감지기 내에서 서로 다른 종별 또는 감도 등의 기능을 갖춘 것으로, 일정시간 간격으로 각각 다른 2개 이상의 화재신호를 발할 수 있는 감지기
	불꽃 감지기		육안으로 관찰이 불가능한 적외선 및 자외선 등을 감지하여 불꽃 반응에 신호를 발하는 감지기
	아날로그식 감지기		주위의 온도 또는 연기의 양의 변화에 따라 각각 다른 전류치 또는 전압치 등의 출력을 발하는 감지기로서 화재 여부를 발신하는 것이 아니라, 검출된 온도·연기의 농도에 대한 정보만 수신기로 송출하고 화재 여부는 수신기가 판단하게 되는 감지기
	축적방식 감지기		일정농도 이상의 연기가 일정시간 동안 연속하는 것을 전기적으로 검출함으로써 작동하는 감지기

2) 열감지기의 구성 및 작동원리

① 차동식 : 일정상승률에 의해 작동

㉠ 차동식 스포트형 감지기 : 작동원리는 공기팽창식으로 일정 범위 내에서의 열효과 누적에 의하여 작동되는 것이며, 구성요소는 다이어프램·리크공·접점

㉡ 차동식 분포형 감지기 : 넓은 범위 내에서의 열효과 누적에 의하여 작동되는 것

ⓐ 공기관식 : 작동원리는 공기팽창식, 구성요소는 공기관 · 점검부(다이어프램 · 리크공 · 접점)

ⓑ 열전대식 : 작동원리는 제어백효과(서로 다른 종류의 금속을 접합, 온도차를 주면 열기전력발생), 구성요소로는 열전대 · 미터릴레이 · 접점

ⓒ 열반도체식 : 작동원리는 제어백효과(서로 다른 종류의 금속을 접합, 온도차를 주면 열기전력발생), 구성요소로는 열반도체 · 미터릴레이 · 접점

② 정온식 : 일정온도 상승 시 작동

㉠ 정온식 스포트형 감지기

ⓐ 바이메탈의 열변형을 이용하여 접점을 움직여 발신하는 것으로 외관이 전선 구조가 아니다. 작동 종류에 따라 바이메탈의 휨곡을 이용한 바이메탈식 또는 반전을 이용한 반전 바이메탈식, 금속의 팽창계수를 이용한 것, 액체(기체)의 팽창을 이용한 것, 반도체를 이용한 것, 사용절연물을 이용한 것이 있다.

ⓑ 정온식 스포트형 감지기 설치기준 : 정온식 감지기는 주방 · 보일러실 등으로서 다량의 화기를 취급하는 장소에 설치하되, 공칭작동온도가 최고 주위온도보다 일정 온도 이상 높은 것으로 설치할 것

㉡ 정온식 감지선형 감지기

ⓐ 감지기 플라스틱을 경계로 하여 2개의 감지선으로 화재 발생 시 플라스틱이 녹아 감지선을 접촉시켜서 발신하는 형식으로 외관이 전선으로 되어 있다.

ⓑ 정온식 감지선형 감지기 설치기준

- 보조선이나 고정금구를 사용하여 감지선이 늘어지지 않도록 설치할 것
- 단자부와 마감 고정금구와의 설치간격은 10센티미터 이내로 설치할 것
- 감지선형 감지기의 굴곡반경은 5센티미터 이상으로 할 것
- 감지기와 감지구역의 각 부분과의 수평거리가 내화구조의 경우 1종 4.5m 이하, 2종 3m 이하로 할 것. 기타 구조의 경우 1종 3m 이하, 2종 1m 이하로 할 것
- 케이블트레이에 감지기를 설치하는 경우에는 케이블트레이 받침대에 마감금구를 사용하여 설치할 것
- 지하구나 창고의 천장 등에 지지물이 적당하지 않는 장소에서는 보조선을 설치하고 그 보조선에 설치할 것
- 분전반 내부에 설치하는 경우 접착제를 이용하여 돌기를 바닥에 고정시키고 그 곳에 감지기를 설치할 것
- 그 밖의 설치방법은 형식승인 내용에 따르며 형식승인 사항이 아닌 것은 제조사의 시방(示方)에 따라 설치할 것

※ 정온식 감지기가 작동하는 온도를 공칭작동온도라 한다.

③ 보상식 스포트형 감지기

㉠ 차동식 스포트형과 정온식 스포트형 방식을 갖춘 감지기이다.

㉡ 둘 중에 어느 한 기능이 작동되면 작동된다.

3) 연기감지기의 구성 및 작동원리

연기감지기는 이온화식 감지기와 광전식 감지기로 구분되며, 광전식 감지기는 광전식 스포트형(산란광식) 감지기, 광전식 분리형(감광식) 감지기, 광전식 공기흡입형 감지기가 있다.

① 이온화식 감지기

감지기의 안과 밖에 2개의 이온실이 있고 양이온실 내부의 공기는 일정 전압에 의한 라듐의 방사선으로 이온화되어 있다. 화재가 발생하였을 때 연소생성물이 외부의 이온실로 들어가 이온전류를 감소시키게 되면, 내외 이온실의 분압비가 변하기 때문에 외부 이온실에 작용하는 전압이 상승하여 레버를 작동시키고 경보를 발신하게 된다. 감도가 좋은 전자계산실이나 통신기실에서 이용되고 있다.

② 광전식 감지기

㉠ 광전식 스포트형(산란광식) 감지기

ⓐ 구성요소 : 발관부, 수광부, 차광판, 신호증폭회로, 스위칭회로, 작동표시장치

ⓑ 동작원리 : 화재발생 시 감지기 내 연기입자가 들어오면 빛의 산란(난반사)이 일어나서 광전소자의 저항이 변하여 수신기에 신호를 보내어 작동

㉡ 광전식 분리형(감광식) 감지기

ⓐ 구성요소 : 발광부, 수신부, 신호증폭회로, 스위칭회로, 작동표시등

ⓑ 동작원리 : 화재발생 시 광축(송광부와 수광부의 축) 사이로 연기입자가 들어오면 광량이 감소하므로 이를 검출하여 화재신호를 보냄

ⓒ 광전식 분리형 감지기 설치기준

- 감지기의 수광면은 햇빛을 직접 받지 않도록 할 것
- 광축(송광면과 수광면의 중심을 연결한 선)은 나란한 벽으로부터 0.6m 이상 이격하여 설치할 것
- 감지기의 송광부와 수광부는 설치된 뒷벽으로부터 1m 이내 위치에 설치할 것
- 광축의 높이는 천장 등(천장의 실내에 면한 부분 또는 상층의 바닥 하부면을 말한다) 높이의 80% 이상일 것
- 감지기의 광축의 길이는 공칭감시거리 범위 이내일 것(공칭감시거리는 5 ~ 100m 이하로 하여 5m 간격으로 한다)
- 그 밖의 설치기준은 형식승인 내용에 따르며 형식승인 사항이 아닌 것은 제조사의 시방에 따라 설치할 것

㉢ 광전식 공기흡입형 감지기

ⓐ 구성요소 : 흡입배관, 공기흡입펌프, 감지부, 제어부, 필터

ⓑ 동작원리 : 평상시 공기흡입배관을 통하여 주위 공기를 계속 흡입하고 화재발생 시 흡입된 공기 중에 함유된 연소생성물의 성분을 분석하여 화재를 감지

ⓒ 광전식 공기흡입형 감지기의 공기흡입장치는 공기배관망에 설치된 가장 먼 샘플링 지점에서 감지 부분까지 120초 이내에 연기를 이송할 수 있어야 함

③ 특수장소에 설치하는 감지기

㉠ 화학공장, 격납고, 제련소 등 : 광전식 분리형 감지기, 불꽃감지기

㉡ 전산실 또는 반도체공장 부분 : 광전식 공기흡입형 감지기

4) 아날로그방식의 감지기는 공칭감지온도범위 및 공칭감지농도범위에 적합한 장소에, 다신호방식의 감지기는 화재신호를 발신하는 감도에 적합한 장소에 설치할 것

5) 감지기의 종류 요약

① 열감지기의 종류

㉠ 차동식 감지기 : 실내온도의 상승률, 즉 상승속도가 일정한 값을 넘었을 때 동작하는 것으로 난방, 취사 및 기상의 변화와 같이 보통의 온도변화, 즉 정상적으로 상승하는 온도에 동작

㉡ 정온식 감지기 : 주위온도가 일정온도 이상으로 상승하였을 때 작동하는 것으로 스포트형과 감지선형이 있음

㉢ 보상식 감지기 : 차동식의 단점을 보완하고 차동식과 정온식의 장점을 따서 차동성을 가지면서 고온에서도 반드시 작동하도록 한 것

② 연기감지기의 종류

㉠ 이온화식 감지기 : 연기에 의한 이온전류의 변화를 인식해 작동

㉡ 광전식 감지기 : 화재 시 발생하는 연기가 감지기에서 나오는 적외선을 산란시켜 광전 소자의 광량이 변하면 작동

(3) 비화재보 우려장소의 감지기 설치기준

1) 비화재보 우려장소의 개념

일시적으로 발생한 열·연기 또는 먼지 등으로 인하여 화재신호를 발신할 우려가 있는 장소(축적형 수신기를 설치한 장소를 제외)

2) 비화재보 설치장소

① 지하층·무창층 등으로서 환기가 잘 되지 아니한 장소

② 실내면적이 $40m^2$ 미만인 장소

③ 감지기의 부착면과 실내바닥과의 거리가 2.3m 이하인 장소

3) 비화재보 우려장소에 설치할 수 있는 감지기

① 불꽃감지기

② 정온식 감지선형 감지기

③ 분포형 감지기
④ 복합형 감지기
⑤ 광전식 분리형 감지기
⑥ 아날로그방식의 감지기
⑦ 다신호방식의 감지기
⑧ 축적방식의 감지기

(4) 연기감지기 설치 및 기준

1) 연기감지기 설치장소

① 계단·경사로 및 에스컬레이터 경사로
② 복도(30m 미만의 것을 제외한다)
③ 엘리베이터 승강로(권상기실이 있는 경우에는 권상기실)·린넨슈트·파이프 피트 및 덕트 기타 이와 유사한 장소
④ 천장 또는 반자의 높이가 15m 이상 20m 미만의 장소
⑤ 다음의 어느 하나에 해당하는 특정소방대상물의 취침·숙박·입원 등 이와 유사한 용도로 사용되는 거실
㉠ 공동주택·오피스텔·숙박시설·노유자 시설·수련시설
㉡ 교육연구시설 중 합숙소
㉢ 의료시설, 근린생활시설 중 입원실이 있는 의원·조산원
㉣ 교정 및 군사시설
㉤ 근린생활시설 중 고시원

2) 연기감지기의 설치기준

① 감지기의 부착 높이에 따라 다음 표에 따른 바닥면적마다 1개 이상으로 할 것

부착 높이	감지기의 종류	
	1종 및 2종	3종
4m 미만	$150m^2$	$50m^2$
4m 이상 20m 미만	$75m^2$	–

② 감지기는 복도 및 통로에 있어서는 보행거리 30m(3종에 있어서는 20m)마다, 계단 및 경사로에 있어서는 수직거리 15m(3종에 있어서는 10m)마다 1개 이상으로 할 것
③ 천장 또는 반자가 낮은 실내 또는 좁은 실내에 있어서는 출입구의 가까운 부분에 설치할 것
④ 천장 또는 반자부근에 배기구가 있는 경우에는 그 부근에 설치할 것
⑤ 감지기는 벽 또는 보로부터 0.6m 이상 떨어진 곳에 설치할 것

(5) 불꽃감지기 설치 및 기준

1) 불꽃감지기 설치기준

① 공칭감시거리 및 공칭시야각은 형식승인 내용에 따를 것
② 감지기는 공칭감시거리와 공칭시야각을 기준으로 감시구역이 모두 포용될 수 있도록 설치할 것
③ 감지기는 화재감지를 유효하게 감지할 수 있는 모서리 또는 벽 등에 설치할 것
④ 감지기를 천장에 설치하는 경우에는 감지기는 바닥을 향하여 설치할 것
⑤ 수분이 많이 발생할 우려가 있는 장소에는 방수형으로 설치할 것
⑥ 그 밖의 설치기준은 형식승인 내용에 따르며 형식승인 사항이 아닌 것은 제조사의 시방에 따라 설치할 것

2) 불꽃감지기 설치높이

① 천장 높이가 4m 미만인 장소
② 천장 높이가 4m 이상 8m 미만인 장소
③ 천장 높이가 8m 이상 15m 미만인 장소
④ 천장 높이가 15m 이상 20m 미만인 장소
⑤ 천장 높이가 20m 이상의 장소

3) 불꽃감지기 설치장소

제련소, 격납고, 화학공장

(6) 감지기 설치기준

① 감지기(차동식 분포형의 것을 제외한다)는 실내로의 공기유입구로부터 1.5m 이상 떨어진 위치에 설치할 것
② 감지기는 천장 또는 반자의 옥내에 면하는 부분에 설치할 것
③ 보상식 스포트형 감지기는 정온점이 감지기 주위의 평상시 최고온도보다 20℃ 이상 높은 것으로 설치할 것
④ 정온식 감지기는 주방・보일러실 등으로서 다량의 화기를 취급하는 장소에 설치하되, 공칭작동온도가 최고주위온도보다 20℃ 이상 높은 것으로 설치할 것
⑤ 스포트형 감지기는 45° 이상 경사되지 않도록 부착할 것

(7) 감지기 부착 높이 기준

부착 높이	감지기의 종류
4m 미만	차동식(스포트형, 분포형) 보상식 스포트형 정온식(스포트형, 감지선형)

	이온화식 또는 광전식(스포트형, 분리형, 공기흡입형) 열복합형 연기복합형 열·연기복합형 불꽃감지기
4m 이상 8m 미만	차동식(스포트형, 분포형) 보상식 스포트형 정온식(스포트형, 감지선형) 특종 또는 1종 이온화식 1종 또는 2종 광전식(스포트형, 분리형, 공기흡입형) 1종 또는 2종 열복합형 연기복합형 열·연기복합형 불꽃감지기
8m 이상 15m 미만	차동식 분포형 이온화식 1종 또는 2종 광전식(스포트형, 분리형, 공기흡입형) 1종 또는 2종 연기복합형 불꽃감지기
15m 이상 20m 미만	이온화식 1종 광전식(스포트형, 분리형, 공기흡입형) 1종 연기복합형 불꽃감지기
20m 이상	불꽃감지기 광전식(분리형, 공기흡입형) 중 아날로그방식

※ 비고
1) 감지기별 부착 높이 등에 대하여 별도로 형식승인을 받은 경우에는 그 성능인정 범위 내에서 사용할 수 있다.
2) 부착 높이 20m 이상에 설치되는 광전식 중 아날로그방식의 감지기는 공칭감지농도 하한값이 감광율 5%/m 미만인 것으로 한다.

(8) 감기지 설치 제외 장소

① 천장 또는 반자의 높이가 20m 이상인 장소(다만, 감지기 부착 높이에 따라 적응성이 있는 장소는 제외한다)

② 헛간 등 외부와 기류가 통하는 장소로서 감지기에 따라 화재발생을 유효하게 감지할 수 없는 장소

③ 부식성 가스가 체류하고 있는 장소

④ 고온도 및 저온도로서 감지기의 기능이 정지되기 쉽거나 감지기의 유지관리가 어려운 장소

⑤ 목욕실·욕조나 샤워시설이 있는 화장실·기타 이와 유사한 장소

⑥ 파이프덕트 등 그 밖의 이와 비슷한 것으로서 2개 층마다 방화구획된 것이나 수평단면적이 $5m^2$ 이하인 것
⑦ 먼지·가루 또는 수증기가 다량으로 체류하는 장소 또는 주방 등 평상시에 연기가 발생하는 장소(연기감지기에 한한다)
⑧ 프레스공장·주조공장 등 화재발생의 위험이 적은 장소로서 감지기의 유지관리가 어려운 장소

10 음향장치 및 시각경보장치

(1) 자동화재탐지설비의 음향장치 설치기준

① 주음향장치는 수신기의 내부 또는 그 직근에 설치할 것
② 층수가 11층(공동주택의 경우에는 16층) 이상의 특정소방대상물은 다음의 기준에 따라 경보를 발할 수 있도록 할 것
㉠ 2층 이상의 층에서 발화한 때에는 발화층 및 그 직상 4개 층에 경보를 발할 것
㉡ 1층에서 발화한 때에는 발화층·그 직상 4개 층 및 지하층에 경보를 발할 것
㉢ 지하층에서 발화한 때에는 발화층·그 직상층 및 기타의 지하층에 경보를 발할 것
③ 지구음향장치는 특정소방대상물의 층마다 설치하되, 해당 특정소방대상물의 각 부분으로부터 하나의 음향장치까지의 수평거리가 25m 이하가 되도록 하고, 해당 층의 각 부분에 유효하게 경보를 발할 수 있도록 설치할 것(다만, 「비상방송설비의 화재안전기준(NFTC 202)」에 적합한 방송설비를 자동화재탐지설비의 감지기와 연동하여 작동하도록 설치한 경우에는 지구음향장치를 설치하지 아니할 수 있다)
④ 음향장치는 다음의 기준에 따른 구조 및 성능의 것으로 할 것
㉠ 정격전압의 80% 전압에서 음향을 발할 수 있는 것으로 할 것(다만, 건전지를 주전원으로 사용하는 음향장치는 그러하지 아니하다)
㉡ 음향의 크기는 부착된 음향장치의 중심으로부터 1m 떨어진 위치에서 90dB 이상이 되는 것으로 할 것
㉢ 감지기 및 발신기의 작동과 연동하여 작동할 수 있는 것으로 할 것
⑤ '③'의 기준을 초과하는 경우로서 기둥 또는 벽이 설치되지 아니한 대형공간의 경우 지구음향장치는 설치 대상 장소의 가장 가까운 장소의 벽 또는 기둥 등에 설치할 것

(2) 자동화재탐지설비의 청각장애인용 시각경보장치 설치기준

① 복도·통로·청각장애인용 객실 및 공용으로 사용하는 거실(로비, 회의실, 강의실, 식당, 휴게실, 오락실, 대기실, 체력단련실, 접객실, 안내실, 전시실, 기타 이와 유사한 장소를 말한다)에 설치하며, 각 부분으로부터 유효하게 경보를 발할 수 있는 위치에 설치할 것
② 공연장·집회장·관람장 또는 이와 유사한 장소에 설치하는 경우에는 시선이 집중되는 무대부 부분 등에 설치할 것

③ 설치 높이는 바닥으로부터 2m 이상 2.5m 이하의 장소에 설치할 것. 다만, 천장의 높이가 2m 이하인 경우에는 천장으로부터 0.15m 이내의 장소에 설치해야 한다.

④ 시각경보장치의 광원은 전용의 축전지설비 또는 전기저장장치(외부 전기에너지를 저장해 두었다가 필요한 때 전기를 공급하는 장치)에 의하여 점등되도록 할 것. 다만, 시각경보기에 작동전원을 공급할 수 있도록 형식승인을 얻은 수신기를 설치한 경우에는 그렇지 않다.

(3) 하나의 특정소방대상물에 둘 이상의 수신기가 설치된 경우 어느 수신기에서도 지구음향장치 및 시각경보장치를 작동할 수 있도록 해야 함

04 절 자동화재속보설비

1 개념

화재발생 시 수동 또는 자동으로 작동하여 화재발생장소를 신속하게 소방서에 통보해 주는 설비를 말한다.

2 용어의 정의

(1) "속보기"란 화재신호를 통신망을 통하여 음성 등의 방법으로 소방관서에 통보하는 장치를 말한다.

(2) "통신망"이란 유선이나 무선 또는 유무선 겸용 방식을 구성하여 음성 또는 데이터 등을 전송할 수 있는 집합체를 말한다.

3 법적설치 대상물

(1) 노유자 생활시설

(2) 노유자 시설로서 바닥면적이 500m^2 이상인 층이 있는 것

(3) 수련시설(숙박시설이 있는 것만 해당)로서 바닥면적이 500m^2 이상인 층이 있는 것

(4) 문화유산 중 「문화유산의 보존 및 활용에 관한 법률」에 따라 보물 또는 국보로 지정된 목조건축물

(5) 근린생활시설 중 다음의 어느 하나에 해당하는 시설

① 의원, 치과의원 및 한의원으로서 입원실이 있는 시설

② 조산원 및 산후조리원

(6) 의료시설 중 다음의 어느 하나에 해당하는 시설

① 종합병원, 병원, 치과병원, 한방병원 및 요양병원(의료재활시설은 제외)

② 정신병원 및 의료재활시설 + 바닥면적의 합계가 500m^2 이상인 층이 있는 것

(7) 판매시설 중 전통시장

※ 방재실 등 화재 수신기가 설치된 장소에서 24시간 화재를 감시할 수 있는 사람이 근무하고 있는 경우에는 자동화재속보설비를 설치하지 않을 수 있다.

4 설치기준

(1) 자동화재탐지설비와 연동으로 작동하여 자동적으로 화재신호가 소방관서에 전달되는 것으로 할 것

(2) 속보기는 소방관서에 통신망으로 통보하도록 하며, 데이터 또는 코드전송방식을 부가적으로 설치할 수 있음

(3) 문화재에 설치하는 자동화재속보설비는 '(1)'의 기준에도 불구하고 속보기에 감지기를 직접 연결하는 방식(자동화재탐지설비 한 개의 경계구역에 한한다)으로 할 수 있음

(4) 속보기는 소방청장이 정하여 고시한 「자동화재속보설비의 속보기의 성능인증 및 제품검사의 기술기준」에 적합한 것으로 설치할 것

05 절 화재알림설비

1 화재알림설비의 개념

화재알림설비는 자동화재탐지설비, 자동화재속보설비, IoT 기능을 결합한 것이다.

2 설치대상 등

(1) 화재알림설비를 설치해야 하는 특정소방대상물은 판매시설 중 전통시장으로 한다.

(2) 화재알림설비가 설치되면 비상경보설비 또는 단독경보형 감지기, 자동화재탐지설비, 자동화재속보설비의 설치가 면제된다.

(3) 자동화재탐지설비가 설치되면 화재알림설비가 면제된다.

3 화재알림설비의 화재안전성능기준(NFPC 207)의 용어 정의

(1) "화재알림형 감지기"란 화재 시 발생하는 열, 연기, 불꽃을 자동적으로 감지하는 기능 중 두 가지 이상의 성능을 가진 열·연기 또는 열·연기·불꽃 복합형 감지기로서 화재알림형 수신기에 주위의 온도 또는 연기의 양의 변화에 따라 각각 다른 전류 또는 전압 등(이하 "화재정보값"이라 한다)의 출력을 발하고, 불꽃을 감지하는 경우 화재신호를 발신하며, 자체 내장된 음향장치에 의하여 경보하는 것을 말한다.

(2) "화재알림형 중계기"란 화재알림형 감지기, 발신기 또는 전기적인 접점 등의 작동에 따른 화재정보값 또는 화재신호 등을 받아 이를 화재알림형 수신기에 전송하는 장치를 말한다.

(3) "화재알림형 수신기"란 화재알림형 감지기나 발신기에서 발하는 화재정보값 또는 화재신호 등을 직접 수신하거나 화재알림형 중계기를 통해 수신하여 화재의 발생을 표시 및 경보하고, 화재정보값 등을 자동으로 저장하여, 자체 내장된 속보기능에 의해 화재신호를 통신망을 통하여 소방관서에는 음성 등의 방법으로 통보하고, 관계인에게는 문자로 전달할 수 있는 장치를 말한다.

(4) "발신기"란 수동누름버튼 등의 작동으로 화재신호를 수신기에 발신하는 장치를 말한다.

(5) "화재알림형 비상경보장치"란 발신기, 표시등, 지구음향장치(경종 또는 사이렌 등)를 내장한 것으로 화재발생 상황을 경보하는 장치를 말한다.

(6) "원격감시서버"란 원격지에서 각각의 화재알림설비로부터 수신한 화재정보값 및 화재신호, 상태신호 등을 원격으로 감시하기 위한 서버를 말한다.

(7) "공용부분"이란 전유부분 외의 건물부분, 전유부분에 속하지 아니하는 건물의 부속물, 「집합건물의 소유 및 관리에 관한 법률」 제3조 제2항 및 제3항에 따라 공용부분으로 된 부속의 건물을 말한다.

4 신호전송방식

화재정보값 및 화재신호, 상태신호 등(이하 "화재정보 · 신호 등"이라 한다)을 송 · 수신하는 방식은 다음과 같다.

(1) "유선식"은 화재정보 · 신호 등을 배선으로 송 · 수신하는 방식

(2) "무선식"은 화재정보 · 신호 등을 전파에 의해 송 · 수신하는 방식

(3) "유 · 무선식"은 유선식과 무선식을 겸용으로 사용하는 방식

5 화재알림형 수신기

(1) 화재알림형 수신기는 다음의 기준에 적합한 것으로 설치해야 한다.

① 화재알림형 감지기, 발신기 등의 작동 및 설치지점을 확인할 수 있는 것으로 설치할 것

② 해당 특정소방대상물에 가스누설탐지설비가 설치된 경우에는 가스누설탐지설비로부터 가스누설신호를 수신하여 가스누설경보를 할 수 있는 것으로 설치할 것

③ 화재알림형 감지기, 발신기 등에서 발신되는 화재정보 · 신호 등을 자동으로 저장할 수 있는 용량의 것으로 설치할 것

④ 화재알림형 수신기에 내장된 속보기능은 화재신호를 자동적으로 통신망을 통하여 소방관서에는 음성 등의 방법으로 통보하고, 관계인에게는 문자로 전달할 수 있는 것으로 설치할 것

(2) 화재알림형 수신기는 다음의 기준에 따라 설치해야 한다.
① 상시 사람이 근무하는 장소에 설치할 것
② 화재알림형 수신기가 설치된 장소에는 화재알림설비 일람도를 비치할 것
③ 화재알림형 수신기의 내부 또는 그 직근에 주음향장치를 설치할 것
④ 화재알림형 수신기의 음향기구는 그 음압 및 음색이 다른 기기의 소음 등과 명확히 구별될 수 있는 것으로 할 것
⑤ 화재알림형 수신기의 조작 스위치는 바닥으로부터의 높이가 0.8m 이상 1.5m 이하인 장소에 설치할 것
⑥ 하나의 특정소방대상물에 둘 이상의 화재알림형 수신기를 설치하는 경우에는 화재알림형 수신기를 상호 간 연동하여 화재발생 상황을 각 화재알림형 수신기마다 확인할 수 있도록 할 것
⑦ 화재로 인하여 하나의 층의 화재알림형 비상경보장치 또는 배선이 단락되어도 다른 층의 화재통보에 지장이 없도록 각 층 배선상에 유효한 조치를 할 것

6 화재알림형 중계기

화재알림형 중계기를 설치할 경우 다음의 기준에 따라 설치해야 한다.

(1) 화재알림형 수신기와 화재알림형 감지기 사이에 설치할 것

(2) 조작 및 점검에 편리하고 화재 및 침수 등의 재해로 인한 피해를 받을 우려가 없는 장소에 설치할 것

(3) 화재알림형 수신기에 따라 감시되지 않는 배선을 통하여 전력을 공급받는 것에 있어서는 전원입력 측의 배선에 과전류 차단기를 설치하고 해당 전원의 정전이 즉시 화재알림형 수신기에 표시되는 것으로 하며, 상용전원 및 예비전원의 시험을 할 수 있도록 할 것

7 화재알림형 감지기

(1) 화재알림형 감지기는 열을 감지하는 경우 공칭감지온도범위, 연기를 감지하는 경우 공칭감지농도범위, 불꽃을 감지하는 경우 공칭감시거리 및 공칭시야각 등에 따라 적합한 장소에 설치해야 한다.

(2) 무선식의 경우 화재를 유효하게 검출하기 위해 해당 특정소방대상물에 음영구역이 없도록 설치해야 한다.

(3) 동작된 감지기는 자체 내장된 음향장치에 의하여 경보를 발해야 하며, 음압은 부착된 화재알림형 감지기의 중심으로부터 1m 떨어진 위치에서 85데시벨 이상으로 해야 한다.

8 비화재보방지

화재알림형 수신기 또는 화재알림형 감지기는 자동보정기능이 있는 것으로 설치해야 한다.

9 화재알림형 비상경보장치

(1) 화재알림형 비상경보장치는 다음의 기준에 따라 설치해야 한다. 다만 전통시장의 경우에는 공용부분에 한하여 설치할 수 있다.

① 층수가 11층(공동주택의 경우에는 16층) 이상의 특정소방대상물은 발화층에 따라 경보하는 층을 달리하여 경보를 발할 수 있도록 할 것

② 화재알림형 비상경보장치는 특정소방대상물의 층마다 설치하되, 해당 특정소방대상물의 각 부분으로부터 하나의 화재알림형 비상경보장치까지의 수평거리가 25m 이하가 되도록 하고, 해당 층의 각 부분에 유효하게 경보를 발할 수 있도록 설치할 것

③ '②'의 기준을 초과하는 경우로서 기둥 또는 벽이 설치되지 아니한 대형공간의 경우 화재알림형 비상경보장치는 설치대상 장소 중 가장 가까운 장소의 벽 또는 기둥 등에 설치할 것

④ 화재알림형 비상경보장치는 조작이 쉬운 장소에 설치하고, 발신기의 스위치는 바닥으로부터 0.8m 이상 1.5m 이하의 높이에 설치할 것

⑤ 화재알림형 비상경보장치의 위치를 표시하는 표시등은 함의 상부에 설치하되, 그 불빛은 부착면으로부터 15° 이상의 범위 안에서 부착지점으로부터 10m 이내의 어느 곳에서도 쉽게 식별할 수 있는 적색등으로 설치할 것

(2) 화재알림형 비상경보장치는 다음의 기준에 따른 구조 및 성능의 것으로 해야 한다.

① 정격전압의 80%의 전압에서 음압을 발할 수 있는 것으로 할 것

② 음압은 부착된 화재알림형 비상경보장치의 중심으로부터 1m 떨어진 위치에서 90데시벨 이상이 되는 것으로 할 것

③ 화재알림형 감지기 및 발신기의 작동과 연동하여 작동할 수 있는 것으로 할 것

(3) 하나의 특정소방대상물에 둘 이상의 화재알림형 수신기가 설치된 경우 어느 화재알림형 수신기에서도 화재알림형 비상경보장치를 작동할 수 있도록 해야 한다.

10 원격감시서버

특정소방대상물의 관계인은 원격감시서버를 보유한 관리업자에게 화재알림설비의 감시업무를 위탁할 수 있다. 다만, 감시업무에서 원격제어는 제외한다.

06 절 누전경보기

1 용어의 정의

(1) "누전경보기"란 내화구조가 아닌 건축물로서 벽, 바닥 또는 천장의 전부나 일부를 불연재료 또는 준불연재료가 아닌 재료에 철망을 넣어 만든 건물의 전기설비로부터 누설전류를 탐지하여 경보를 발하는 기기로서, 변류기와 수신부로 구성된 것을 말한다.

(2) "수신부"란 변류기로부터 검출된 신호를 수신하여 누전의 발생을 해당 특정소방대상물의 관계인에게 경보하여 주는 것(차단기구를 갖는 것을 포함)을 말한다.

(3) "변류기"란 경계전로의 누설전류를 자동적으로 검출하여 이를 누전경보기의 수신부에 송신하는 것을 말한다.

2 설치방법

(1) 경계전로의 정격전류가 60암페어를 초과하는 전로에 있어서는 1급 누전경보기를, 60암페어 이하의 전로에 있어서는 1급 또는 2급 누전경보기를 설치할 것

(2) 변류기는 특정소방대상물의 형태, 인입선의 시설방법 등에 따라 옥외 인입선의 제1지점의 부하측 또는 제2종 접지선 측의 점검이 쉬운 위치에 설치할 것

(3) 변류기를 옥외의 전로에 설치하는 경우에는 옥외형으로 설치할 것

3 설치대상

누전경보기는 계약전류용량(같은 건축물에 계약 종류가 다른 전기가 공급되는 경우에는 그중 최대 계약전류용량을 말한다)이 100암페어를 초과하는 특정소방대상물(내화구조가 아닌 건축물로서 벽·바닥 또는 반자의 전부나 일부를 불연재료 또는 준불연재료가 아닌 재료에 철망을 넣어 만든 것만 해당한다)에 설치해야 한다. 다만, 위험물 저장 및 처리 시설 중 가스시설, 터널 및 지하구의 경우에는 그렇지 않다.

07 절 가스누설경보기

1 개념

가연성 가스 또는 증기가 누출되었을 때 탐지하여 사고가 발생하기 전에 경보를 발하여 관계자나 이용자에게 알려 주는 설비를 말한다.

2 설치대상

(1) 문화 및 집회시설, 종교시설, 판매시설, 운수시설, 의료시설, 노유자 시설
(2) 수련시설, 운동시설, 숙박시설, 창고시설 중 물류터미널, 장례시설
※ 특정소방대상물 중 가스시설이 설치된 경우만 해당한다.

3 용어의 정의

(1) "가연성 가스 경보기"란 보일러 등 가스연소기에서 액화석유가스(LPG), 액화천연가스(LNG) 등의 가연성 가스가 새는 것을 탐지하여 관계자나 이용자에게 경보하여 주는 것을 말한다. 다만, 탐지소자 외의 방법에 의하여 가스가 새는 것을 탐지하는 것, 점검용으로 만들어진 휴대용탐지기 또는 연동기기에 의하여 경보를 발하는 것은 제외한다.

(2) "일산화탄소 경보기"란 일산화탄소가 새는 것을 탐지하여 관계자나 이용자에게 경보하여 주는 것을 말한다. 다만, 탐지소자 외의 방법에 의하여 가스가 새는 것을 탐지하는 것, 점검용으로 만들어진 휴대용탐지기 또는 연동기기에 의하여 경보를 발하는 것은 제외한다.

(3) "탐지부"란 가스누설경보기(이하 "경보기"라 한다) 중 가스누설을 탐지하여 중계기 또는 수신부에 가스누설 신호를 발신하는 부분을 말한다.

(4) "수신부"란 경보기 중 탐지부에서 발하여진 가스누설 신호를 직접 또는 중계기를 통하여 수신하고 이를 관계자에게 음향으로서 경보하여 주는 것을 말한다.

(5) "분리형"이란 탐지부와 수신부가 분리되어 있는 형태의 경보기를 말한다.

(6) "단독형"이란 탐지부와 수신부가 일체로 되어 있는 형태의 경보기를 말한다.

(7) "가스연소기"란 가스레인지 또는 가스보일러 등 가연성 가스를 이용하여 불꽃을 발생하는 장치를 말한다.

4 가연성 가스 경보기

(1) 가연성 가스를 사용하는 가스연소기가 있는 경우에는 가연성 가스의 종류에 적합한 경보기를 가스연소기 주변에 설치해야 한다.

(2) 분리형 경보기의 수신부는 다음의 기준에 따라 설치해야 한다.
① 가스연소기 주위의 경보기의 상태 확인 및 유지 관리에 용이한 위치에 설치할 것
② 가스누설 음향의 음량과 음색이 다른 기기의 소음 등과 명확히 구별될 것
③ 가스누설 음향은 수신부로부터 1m 떨어진 위치에서 음압이 70데시벨 이상일 것
④ 수신부의 조작 스위치는 바닥으로부터의 높이가 0.8m 이상 1.5m 이하인 장소에 설치할 것
⑤ 수신부가 설치된 장소에는 관계자 등에게 신속히 연락할 수 있도록 비상연락 번호를 기재한 표를 비치할 것

(3) 분리형 경보기의 탐지부는 다음의 기준에 따라 설치해야 한다.
  ① 탐지부는 가스연소기의 중심으로부터 직선거리 8m(공기보다 무거운 가스를 사용하는 경우에는 4m) 이내에 1개 이상 설치할 것
  ② 탐지부는 천장으로부터 탐지부 하단까지의 거리가 0.3m 이하가 되도록 설치할 것(다만, 공기보다 무거운 가스를 사용하는 경우에는 바닥면으로부터 탐지부 상단까지의 거리는 0.3m 이하로 한다)

(4) 단독형 경보기는 다음의 기준에 따라 설치해야 한다.
  ① 가스연소기 주위의 경보기의 상태 확인 및 유지 관리에 용이한 위치에 설치할 것
  ② 가스누설 음향의 음량과 음색이 다른 기기의 소음 등과 명확히 구별될 것
  ③ 가스누설 음향장치는 수신부로부터 1m 떨어진 위치에서 음압이 70데시벨 이상일 것
  ④ 단독형 경보기는 가스연소기의 중심으로부터 직선거리 8m(공기보다 무거운 가스를 사용하는 경우에는 4m) 이내에 1개 이상 설치할 것
  ⑤ 단독형 경보기는 천장으로부터 경보기 하단까지의 거리가 0.3m 이하가 되도록 설치할 것(다만, 공기보다 무거운 가스를 사용하는 경우에는 바닥면으로부터 단독형 경보기 상단까지의 거리는 0.3m 이하로 한다)
  ⑥ 경보기가 설치된 장소에는 관계자 등에게 신속히 연락할 수 있도록 비상연락 번호를 기재한 표를 비치할 것

5 일산화탄소 경보기

(1) 일산화탄소 경보기를 설치하는 경우에는 가스연소기 주변에 설치할 수 있다.

(2) 분리형 경보기의 수신부는 다음의 기준에 따라 설치해야 한다.
  ① 가스누설 음향의 음량과 음색이 다른 기기의 소음 등과 명확히 구별될 것
  ② 가스누설 음향은 수신부로부터 1m 떨어진 위치에서 음압이 70데시벨 이상일 것
  ③ 수신부의 조작 스위치는 바닥으로부터의 높이가 0.8m 이상 1.5m 이하인 장소에 설치할 것
  ④ 수신부가 설치된 장소에는 관계자 등에게 신속히 연락할 수 있도록 비상연락 번호를 기재한 표를 비치할 것

(3) 분리형 경보기의 탐지부는 천장으로부터 탐지부 하단까지의 거리를 고려하여 설치한다.

(4) 단독형 경보기는 다음의 기준에 따라 설치해야 한다.
  ① 가스누설 음향의 음량과 음색이 다른 기기의 소음 등과 명확히 구별될 것
  ② 가스누설 음향장치는 수신부로부터 1m 떨어진 위치에서 음압이 70데시벨 이상일 것
  ③ 단독형 경보기는 천장으로부터 경보기 하단까지의 거리가 0.3m 이하가 되도록 설치할 것

④ 경보기가 설치된 장소에는 관계자 등에게 신속히 연락할 수 있도록 비상연락 번호를 기재한 표를 비치할 것

(5) '(2)' 내지 '(4)'에도 불구하고 일산화탄소 경보기의 성능을 확보할 수 있는 별도의 설치방법을 인정받은 경우에는 해당 설치방법을 반영한 제조사의 시방서에 따라 설치할 수 있다.

6 설치장소

분리형 경보기의 탐지부 및 단독형 경보기는 외부의 기류가 통하는 곳, 연소기의 폐가스에 접촉하기 쉬운 곳 등 누설가스를 유효하게 탐지하기 어려운 장소 이외의 장소에 설치해야 한다.

7 전원

경보기는 건전지 또는 교류전압의 옥내간선을 사용하여 상시 전원이 공급되도록 해야 한다.

CHAPTER

03 피난구조설비의 종류와 사용법

01 절 피난기구

1 개념

화재가 발생할 경우 피난하기 위하여 사용하는 기구 또는 설비를 말한다.

2 용어의 정의

(1) "피난사다리"란 화재 시 긴급대피를 위해 사용하는 사다리를 말한다.

(2) "완강기"란 사용자의 몸무게에 따라 자동적으로 내려올 수 있는 기구 중 사용자가 교대하여 연속적으로 사용할 수 있는 것을 말한다.

※3층 이상 10층 이하에 설치(노유자시설은 3층에 설치)

(3) "간이완강기"란 사용자의 몸무게에 따라 자동적으로 내려올 수 있는 기구 중 사용자가 연속적으로 사용할 수 없는 것을 말한다.

(4) "대피용 자루(구조대)"란 포지 등을 사용하여 자루 형태로 만든 것으로서 화재 시 사용자가 그 내부에 들어가서 내려옴으로써 대피할 수 있는 것을 말한다.

※3층 이상의 층에 설치

(5) "공기안전매트"란 화재 발생 시 사람이 건축물 내에서 외부로 긴급히 뛰어내릴 때 충격을 흡수하여 안전하게 지상에 도달할 수 있도록 포지에 공기 등을 주입하는 구조로 되어 있는 것을 말한다.

(6) "다수인피난장비"란 화재 시 2인 이상의 피난자가 동시에 해당 층에서 지상 또는 피난층으로 하강하는 피난기구를 말한다.

(7) "승강식 피난기"란 사용자의 몸무게에 의하여 자동으로 하강하고 내려서면 스스로 상승하여 연속적으로 사용할 수 있는 무동력 승강식 기기를 말한다.

(8) "하향식 피난구용 내림식사다리"란 하향식 피난구 해치에 격납하여 보관하고 사용 시에는 사다리 등이 소방대상물과 접촉되지 않는 내림식 사다리를 말한다.

(9) "미끄럼대"란 사용자가 미끄럼식으로 신속하게 지상 또는 피난층으로 이동할 수 있는 피난기구를 말한다.

(10) "피난교"란 인근 건축물 또는 피난층과 연결된 다리 형태의 피난기구를 말한다.

(11) "피난용트랩"이란 화재층과 직상층을 연결하는 계단 형태의 피난기구를 말한다.

3 설치대상

(1) 피난기구는 특정소방대상물의 모든 층에 화재안전기준에 적합한 것으로 설치해야 한다.

(2) 노유자 시설 중 피난층이 아닌 지상 1층과 피난층이 아닌 지상 2층

(3) 제외 대상 : 피난층, 지상 1층, 지상 2층 및 층수가 11층 이상인 층과 위험물 저장 및 처리시설 중 가스시설, 터널 및 지하구

4 소방대상물의 설치장소별 피난기구의 적응성

구분	1층	2층	3층	4층 이상 10층 이하
1. 노유자 시설	• 미끄럼대 • 구조대 • 피난교 • 다수인피난장비 • 승강식 피난기	• 미끄럼대 • 구조대 • 피난교 • 다수인피난장비 • 승강식 피난기	• 미끄럼대 • 구조대 • 피난교 • 다수인피난장비 • 승강식 피난기	• 구조대[1)] • 피난교 • 다수인피난장비 • 승강식 피난기
2. 의료시설 · 근린생활시설 중 입원실이 있는 의원 · 접골원 · 조산원			• 미끄럼대 • 구조대 • 피난교 • 피난용트랩 • 다수인피난장비 • 승강식 피난기	• 구조대 • 피난교 • 피난용트랩 • 다수인피난장비 • 승강식 피난기
3. 「다중이용업소의 안전관리에 관한 특별법 시행령」 제2조에 따른 다중이용업소로서 영업장의 위치가 4층 이하인 다중이용업소		• 미끄럼대 • 피난사다리 • 구조대 • 완강기 • 다수인피난장비 • 승강식 피난기	• 미끄럼대 • 피난사다리 • 구조대 • 완강기 • 다수인피난장비 • 승강식 피난기	• 미끄럼대 • 피난사다리 • 구조대 • 완강기 • 다수인피난장비 • 승강식 피난기
4. 그 밖의 것			• 미끄럼대 • 피난사다리 • 구조대 • 완강기 • 피난교 • 피난용트랩 • 간이완강기[2)] • 공기안전매트 • 다수인피난장비 • 승강식 피난기	• 피난사다리 • 구조대 • 완강기 • 피난교 • 간이완강기[2)] • 공기안전매트 • 다수인피난장비 • 승강식 피난기

〈비고〉

1) 구조대(대피용 자루)의 적응성은 장애인 관련 시설로서 주된 사용자 중 스스로 피난이 불가한가 있는 경우 설치한 피난기구 외에 4층 이상의 층에 설치된 노유자 시설 중 장애인 관련 시설로서 주된 사용자 중 스스로 피난이 불가한 자가 있는 경우에는 층마다 구조대를 1개 이상 추가로 설치하는 경우에 한한다.

2) 간이완강기의 적응성은 설치한 피난기구 외에 숙박시설(휴양콘도미니엄을 제외)의 경우에는 추가로 객실마다 완강기 또는 2 이상의 간이완강기를 설치한 경우 숙박시설의 3층 이상에 있는 객실에 추가로 설치하는 경우에 한한다.

5 피난기구 설치개수 기준

(1) 층마다 설치하되, 특정소방대상물의 종류에 따라 그 층의 용도 및 바닥면적을 고려하여 한 개 이상 설치할 것
  ① 숙박시설·노유자 시설 및 의료시설로 사용되는 층 : 바닥면적 500m^2마다
  ② 위락시설·문화집회 및 운동시설·판매시설로 사용되는 층 또는 복합용도의 층 : 바닥면적 800m^2마다
  ③ 계단실형 아파트 : 각 세대마다
  ④ 그 밖의 용도의 층 : 바닥면적 1,000m^2마다
  ⑤ 설치한 피난기구 외에 4층 이상의 층에 설치된 노유자 시설 중 장애인 관련 시설로서 주된 사용자 중 스스로 피난이 불가한 자가 있는 경우에는 층마다 구조대(대피용 자루)를 1개 이상 추가로 설치할 것

(2) 숙박시설(휴양콘도미니엄 제외)의 경우에는 '(1)' 외에 추가로 객실마다 완강기 또는 2 이상의 간이완강기를 설치할 것

6 피난기구의 설치기준

(1) 피난기구는 계단·피난구 기타 피난시설로부터 적당한 거리에 있는 안전한 구조로 된 피난 또는 소화 활동상 유효한 개구부(가로 0.5m 이상, 세로 1m 이상의 것을 말한다)에 고정하여 설치하거나 필요한 때에 신속하고 유효하게 설치할 수 있는 상태에 둘 것

(2) 피난기구를 설치하는 개구부는 서로 동일직선상이 아닌 위치에 있을 것

(3) 피난기구는 특정소방대상물의 기둥·바닥 및 보 등 구조상 견고한 부분에 볼트조임·매입 및 용접 등의 방법으로 견고하게 부착할 것

(4) 4층 이상의 층에 피난사다리(하향식 피난구용 내림식사다리는 제외한다)를 설치하는 경우에는 금속성 고정사다리를 설치하고, 당해 고정사다리에는 쉽게 피난할 수 있는 구조의 노대를 설치할 것

(5) 완강기는 강하 시 로프가 건축물 또는 구조물 등과 접촉하여 손상되지 않도록 하고, 로프의 길이는 부착위치에서 지면 또는 기타 피난상 유효한 착지 면까지의 길이로 할 것
  ① 완강기 사용 하중은 25 ~ 150kg(250 ~ 1,500N)이다. *10N=1kg
  ② 강하속도는 16cm/s 이상 ~ 150cm/s 이하 속도이며, 평균 속도는 120cm/s이다.

(6) 미끄럼대는 안전한 강하속도를 유지하도록 하고, 전락방지를 위한 안전조치를 할 것

(7) 대피용 자루의 길이는 피난상 지장이 없고 안정한 강하속도를 유지할 수 있는 길이로 할 것
  ① 대피용 자루(구조대)는 경사 강하식과 수직 강하식으로 분류한다.
  ② 입구틀 및 취부틀의 입구는 지름 50cm 이상의 구체가 통과할 수 있어야 한다.

(8) 다수인피난장비는 다음에 적합하게 설치할 것
① 피난에 용이하고 안전하게 하강할 수 있는 장소에 적재 하중을 충분히 견딜 수 있도록 「건축물의 구조기준 등에 관한 규칙」 제3조에서 정하는 구조안전의 확인을 받아 견고하게 설치할 것
② 다수인피난장비 보관실(이하 "보관실"이라 한다)은 건물 외측보다 돌출되지 아니하고, 빗물·먼지 등으로부터 장비를 보호할 수 있는 구조일 것
③ 사용 시에 보관실 외측 문이 먼저 열리고 탑승기가 외측으로 자동으로 전개될 것
④ 하강 시에 탑승기가 건물 외벽이나 돌출물에 충돌하지 않도록 설치할 것
⑤ 상·하층에 설치할 경우에는 탑승기의 하강경로가 중첩되지 않도록 할 것
⑥ 하강 시에는 안전하고 일정한 속도를 유지하도록 하고 전복, 흔들림, 경로이탈 방지를 위한 안전조치를 할 것
⑦ 보관실의 문에는 오작동 방지조치를 하고, 문 개방 시에는 당해 소방대상물에 설치된 경보설비와 연동하여 유효한 경보음을 발하도록 할 것
⑧ 피난층에는 해당 층에 설치된 피난기구가 착지에 지장이 없도록 충분한 공간을 확보할 것
⑨ 한국소방산업기술원 또는 법 제46조 제1항에 따라 성능시험기관으로 지정받은 기관에서 그 성능을 검증받은 것으로 설치할 것

(9) 승강식 피난기 및 하향식 피난구용 내림식사다리는 다음에 적합하게 설치할 것
① 승강식 피난기 및 하향식 피난구용 내림식사다리는 설치경로가 설치층에서 피난층까지 연계될 수 있는 구조로 설치할 것
② 대피실의 면적은 $2m^2$(2세대 이상일 경우에는 $3m^2$) 이상으로 하고, 「건축법 시행령」 제46조 제4항의 규정에 적합하여야 하며 하강구(개구부) 규격은 직경 60cm 이상일 것
③ 하강구 내측에는 기구의 연결 금속구 등이 없어야 하며 전개된 피난기구는 하강구 수평투영면적 공간 내의 범위를 침범하지 않는 구조이어야 할 것
④ 대피실의 출입문은 60분 + 방화문 또는 60분 방화문으로 설치하고, 피난방향에서 식별할 수 있는 위치에 "대피실" 표지판을 부착할 것
⑤ 착지점과 하강구는 상호 수평거리 15cm 이상의 간격을 둘 것
⑥ 대피실 내에는 비상조명등을 설치할 것
⑦ 대피실에는 층의 위치표시와 피난기구 사용설명서 및 주의사항 표지판을 부착할 것
⑧ 대피실 출입문이 개방되거나, 피난기구 작동 시 해당 층 및 직하층 거실에 설치된 표시등 및 경보장치가 작동되고, 감시 제어반에서는 피난기구의 작동을 확인할 수 있어야 할 것
⑨ 사용 시 기울거나 흔들리지 않도록 설치할 것
⑩ 승강식 피난기는 한국소방산업기술원 또는 법 제46조 제1항에 따라 성능시험기관으로 지정받은 기관에서 그 성능을 검증받은 것으로 설치할 것

(10) 피난기구를 설치한 장소에는 가까운 곳의 보기 쉬운 곳에 피난기구의 위치를 표시하는 발광식 또는 축광식 표지와 그 사용방법을 표시한 표지(외국어 및 그림 병기)를 부착해야 함

02 절 인명구조기구

1 개념

화재 시 필연적으로 발생되는 짙은 연기(농연)와 유해성 가스 등으로부터 인명을 보호하거나 구조하기 위한 기구를 말한다.

2 용어의 정의

(1) "방열복"이란 고온의 복사열에 가까이 접근하여 소방활동을 수행할 수 있는 내열피복을 말한다.

(2) "공기호흡기"란 소화활동 시에 화재로 인하여 발생하는 각종 유독가스 중에서 일정시간 사용할 수 있도록 제조된 압축공기식 개인호흡장비(보조마스크를 포함한다)를 말한다.

(3) "인공소생기"란 호흡 부전 상태인 사람에게 인공호흡을 시켜 환자를 보호하거나 구급하는 기구를 말한다.

3 특정소방대상물의 용도 및 장소별로 설치하여야 할 인명구조기구

(1) 방열복 또는 방화복, 인공소생기 및 공기호흡기(3가지 비치)
  ① 7층(지하층 포함) 이상인 관광호텔
  ② 각 2개 이상 비치

(2) 방열복 또는 방화복 및 공기호흡기(2가지 비치)
  ① 5층(지하층 포함) 이상인 병원
  ② 원칙은 3가지를 설치하여야 하나 병원의 경우 인공소생기를 설치하지 않을 수 있음
  ③ 각 2개 이상 비치

(3) 공기호흡기(1가지 비치)
  ① 층마다 2개 이상 비치
    ㉠ 문화 및 집회시설 중 수용인원 100명 이상의 영화상영관
    ㉡ 판매시설 중 대규모점포
    ㉢ 운수시설 중 지하역사
    ㉣ 지하상가
  ② 물분무등소화설비 중 이산화탄소소화설비를 설치해야 하는 특정소방대상물에는 이산화탄소소화설비가 설치된 장소의 출입구 외부 인근에 1개 이상의 공기호흡기를 비치

4 설치기준

(1) 화재 시 쉽게 반출 사용할 수 있는 장소에 비치할 것

(2) 인명구조기구가 설치된 가까운 장소의 보기 쉬운 곳에 "인명구조기구"라는 축광식 표지와 그 사용방법을 표시한 표지를 부착하되, 축광식 표지는 소방청장이 정하여 고시한 「축광표지의 성능인증 및 제품검사의 기술기준」에 적합한 것으로 할 것

(3) 방열복은 소방청장이 고시한 「소방용 방열복의 성능인증 및 제품검사의 기술기준」에 적합한 것으로 설치할 것

✓ Check 공기호흡기 심화

① 공기호흡기 사용 가능시간(분)

$$\frac{[\text{용기내압력}(kg/cm^2) - \text{여유압력}(kg/cm^2)] \times \text{용기용량}(L)}{\text{매분호흡량}(L)}$$

② 탈출개시압력

$$\frac{\text{탈출소요시간}(min) \times \text{매분당 호흡량}(L)}{\text{용기용량}(L)} + \text{여유압력}(kg/cm^2)$$

예제문제

내용적 6L의 공기호흡기를 280kg/cm^{2}으로 충전하였다. 1분당 소모량은 24L이고 잔압 40kg/cm^2 탈출 시 최대 사용시간은?

답 60분

$\frac{(280-40)\times 6}{24}$ = 60분이 된다.

03 절 비상조명등 및 휴대용비상조명등

1 용어의 정의

(1) "비상조명등"이란 화재발생 등에 따른 정전 시 안전하고 원활한 피난활동을 할 수 있도록 거실 및 피난통로 등에 설치되어 자동 점등되는 조명등을 말한다.

(2) "휴대용비상조명등"이란 화재발생 등으로 정전 시 안전하고 원활한 피난을 위하여 피난자가 휴대할 수 있는 조명등을 말한다.

2 설치대상

설비명	적용대상 및 기준
비상 조명등	① 지하층을 포함하는 층수가 5층 이상인 건축물로서 연면적 3천m^2 이상인 경우에는 모든 층 ② '①'에 해당하지 않는 특정소방대상물로서 그 지하층 또는 무창층의 바닥면적이 450m^2 이상인 경우에는 그 지하층 또는 무창층 ③ 터널로서 그 길이가 500m 이상인 것
휴대용 조명등	① 숙박시설 ② 수용인원 100명 이상의 영화상영관 ③ 판매시설 중 대규모점포 ④ 철도 및 도시철도 시설 중 지하역사 ⑤ 지하상가

3 비상조명등 설치기준

(1) 특정소방대상물의 각 거실과 그로부터 지상에 이르는 복도・계단 및 그 밖의 통로에 설치할 것

(2) 조도는 비상조명등이 설치된 장소의 각 부분의 바닥에서 1럭스 이상이 되도록 할 것

(3) 예비전원을 내장하는 비상조명등에는 평상시 점등 여부를 확인할 수 있는 점검스위치를 설치하고 해당 조명등을 유효하게 작동시킬 수 있는 용량의 축전지와 예비전원 충전장치를 내장할 것

(4) 예비전원을 내장하지 아니하는 비상조명등의 비상전원은 자가발전설비, 축전지설비 또는 전기저장장치(외부 전기에너지를 저장해 두었다가 필요한 때 전기를 공급하는 장치)를 다음의 기준에 따라 설치할 것

① 점검에 편리하고 화재 및 침수 등의 재해로 인한 피해를 받을 우려가 없는 곳에 설치할 것

② 상용전원으로부터 전력의 공급이 중단된 때에는 자동으로 비상전원으로부터 전력을 공급받을 수 있도록 할 것

③ 비상전원의 설치장소는 다른 장소와 방화구획할 것

④ 비상전원을 실내에 설치하는 때에는 그 실내에 비상조명등을 설치할 것

(5) '(3)'과 '(4)'의 규정에 따른 예비전원과 비상전원은 비상조명등을 20분 이상 유효하게 작동시킬 수 있는 용량으로 할 것(다만, 다음의 소방대상물의 경우에는 그 부분에서 피난층에 이르는 부분의 비상조명등을 60분 이상 유효하게 작동시킬 수 있는 용량으로 해야 한다)

① 지하층을 제외한 층수가 11층 이상의 층

② 지하층 또는 무창층으로서 용도가 도매시장・소매시장・여객자동차터미널・지하역사 또는 지하상가

(6) 비상조명등의 설치면제 요건에서 "그 유도등의 유효범위"란 유도등의 조도가 바닥에서 1럭스 이상이 되는 부분을 말함

4 비상조명등의 제외

(1) 거실의 각 부분으로부터 하나의 출입구에 이르는 보행거리가 15m 이내인 부분

(2) 의원 · 경기장 · 공동주택 · 의료시설 · 학교의 거실 등

(3) 지상 1층 또는 피난층으로서 복도나 통로 또는 창문 등의 개구부를 통하여 피난이 용이한 경우와 숙박시설로서 복도에 비상조명등을 설치한 경우에는 휴대용비상조명등을 설치하지 않을 수 있음

5 휴대용비상조명등 설치기준

(1) 다음의 장소에 설치할 것

① 숙박시설 또는 다중이용업소에는 객실 또는 영업장 안의 구획된 실마다 잘 보이는 곳(외부에 설치 시 출입문 손잡이로부터 1m 이내 부분)에 1개 이상 설치

② 「유통산업발전법」 제2조 제3호에 따른 대규모점포(지하상가 및 지하역사는 제외한다)와 영화상영관에는 보행거리 50m 이내마다 3개 이상 설치

③ 지하상가 및 지하역사에는 보행거리 25m 이내마다 3개 이상 설치

(2) 설치높이는 바닥으로부터 0.8m 이상 1.5m 이하의 높이에 설치할 것

(3) 어둠 속에서 위치를 확인할 수 있도록 할 것

(4) 사용 시 자동으로 점등되는 구조일 것

(5) 외함은 난연성능이 있을 것

(6) 건전지를 사용하는 경우에는 방전방지조치를 하여야 하고, 충전식 배터리의 경우에는 상시 충전되도록 할 것

(7) 건전지 및 충전식 배터리의 용량은 20분 이상 유효하게 사용할 수 있는 것으로 할 것

04 절 유도등

1 용어의 정의

(1) "유도등"이란 화재 시에 피난을 유도하기 위한 등으로서 정상상태에서는 상용전원에 따라 켜지고 상용전원이 정전되는 경우에는 비상전원으로 자동전환되어 켜지는 등을 말한다.

(2) "피난구유도등"이란 피난구 또는 피난경로로 사용되는 출입구를 표시하여 피난을 유도하는 등을 말한다.

(3) “통로유도등”이란 피난통로를 안내하기 위한 유도등으로 복도통로유도등, 거실통로유도등, 계단통로유도등을 말한다.

(4) “복도통로유도등”이란 피난통로가 되는 복도에 설치하는 통로유도등으로서 피난구의 방향을 명시하는 것을 말한다.

(5) “거실통로유도등”이란 거주, 집무, 작업, 집회, 오락 그 밖에 이와 유사한 목적을 위하여 계속적으로 사용하는 거실, 주차장 등 개방된 통로에 설치하는 유도등으로 피난의 방향을 명시하는 것을 말한다.

(6) “계단통로유도등”이란 피난통로가 되는 계단이나 경사로에 설치하는 통로유도등으로 바닥면 및 디딤 바닥면을 비추는 것을 말한다.

(7) “객석유도등”이란 객석의 통로, 바닥 또는 벽에 설치하는 유도등을 말한다.

(8) “피난구유도표지”란 피난구 또는 피난경로로 사용되는 출입구를 표시하여 피난을 유도하는 표지를 말한다.

(9) “통로유도표지”란 피난통로가 되는 복도, 계단 등에 설치하는 것으로서 피난구의 방향을 표시하는 유도표지를 말한다.

(10) “피난유도선”이란 햇빛이나 전등불에 따라 축광(이하 “축광방식”이라 한다)하거나 전류에 따라 빛을 발하는(이하 “광원점등방식”이라 한다) 유도체로서 어두운 상태에서 피난을 유도할 수 있도록 띠 형태로 설치되는 피난유도시설을 말한다.

2 설치대상

(1) 피난구유도등, 통로유도등 및 유도표지는 특정소방대상물에 설치한다. 다만, 다음의 어느 하나에 해당하는 경우는 제외한다.
  ① 터널
  ② 동물 및 식물 관련 시설 중 축사로서 가축을 직접 가두어 사육하는 부분

(2) 객석유도등은 다음의 어느 하나에 해당하는 특정소방대상물에 설치한다.
  ① 유흥주점영업시설(손님이 춤을 출 수 있는 무대가 설치된 카바레, 나이트클럽 또는 그 밖에 이와 비슷한 영업시설만 해당)
  ② 문화 및 집회시설
  ③ 종교시설
  ④ 운동시설

(3) 피난유도선은 화재안전기준에서 정하는 장소에 설치한다.

3 설치대상에 따른 적응성(종류)

설치장소	유도등 및 유도표지의 종류
① 공연장 · 집회장(종교집회장 포함) · 관람장 · 운동시설	대형피난구유도등 통로유도등 객석유도등
② 유흥주점영업시설(「식품위생법 시행령」의 유흥주점영업 중 손님이 춤을 출 수 있는 무대가 설치된 카바레, 나이트클럽 또는 그 밖에 이와 비슷한 영업시설만 해당한다)	
③ 위락시설 · 판매시설 · 운수시설 · 「관광진흥법」에 따른 관광숙박업 · 의료시설 · 장례식장 · 방송통신시설 · 전시장 · 지하상가 · 지하철역사	대형피난구유도등 통로유도등
④ 숙박시설('③'의 관광숙박업 외의 것을 말한다) · 오피스텔	중형피난구유도등 통로유도등
⑤ '①'부터 '③'까지 외의 건축물로서 지하층 · 무창층 또는 층수가 11층 이상인 특정소방대상물	
⑥ '①'부터 '⑤'까지 외의 건축물로서 근린생활시설 · 노유자 시설 · 업무시설 · 발전시설 · 종교시설(집회장 용도로 사용하는 부분 제외) · 교육연구시설 · 수련시설 · 공장 · 교정 및 군사시설(국방 · 군사시설 제외) · 자동차정비공장 · 운전학원 및 정비학원 · 다중이용업소 · 복합건축물	소형피난구유도등 통로유도등
⑦ 그 밖의 것	피난구유도표지 통로유도표지

〈비고〉

1) 소방서장은 특정소방대상물의 위치 · 구조 및 설비의 상황을 판단하여 대형피난구유도등을 설치하여야 할 장소에 중형피난구유도등 또는 소형피난구유도등을, 중형피난구유도등을 설치하여야 할 장소에 소형피난구유도등을 설치하게 할 수 있다.
2) 복합건축물의 경우 주택의 세대 내에는 유도등을 설치하지 않을 수 있다.

4 피난구유도등 설치기준

(1) 피난구유도등은 다음의 장소에 설치해야 한다.
  ① 옥내로부터 직접 지상으로 통하는 출입구 및 그 부속실의 출입구
  ② 직통계단 · 직통계단의 계단실 및 그 부속실의 출입구
  ③ '①'과 '②'에 따른 출입구에 이르는 복도 또는 통로로 통하는 출입구
  ④ 안전구획된 거실로 통하는 출입구

(2) 피난구유도등은 피난구의 바닥으로부터 높이 1.5m 이상으로서 출입구에 인접하도록 설치해야 한다.

(3) 피난층으로 향하는 피난구의 위치를 안내할 수 있도록 '(1)'의 출입구 인근 천장에 '(1)'에 따라 설치된 피난구유도등의 면과 수직이 되도록 피난구유도등을 추가로 설치해야 한다. 다만, '(1)'에 따라 설치된 피난구유도등이 입체형인 경우에는 그렇지 않다.

(4) 추가로 설치하는 피난구유도등은 피난구의 식별이 용이하도록 피난구 방향의 화살표가 함께 표시된 것으로 설치해야 한다.

(5) 유도등의 표시면 색상은 피난구유도등인 경우 녹색바탕에 백색문자로, 통로유도등인 경우는 백색바탕에 녹색문자를 사용하여야 한다(「유도등의 형식승인 및 제품검사의 기술기준」 제9조 제2항).

5 통로유도등 설치기준

(1) 복도통로유도등

① 복도에 설치

② 구부러진 모퉁이 및 설치된 통로유도등을 기점으로 보행거리 20m마다 설치

③ 바닥으로부터 높이 1m 이하의 위치에 설치

④ 통행에 지장이 없도록 설치할 것

⑤ 주위에 이와 유사한 등화광고물・게시물 등을 설치하지 아니할 것

⑥ 통로유도등의 표시는 백색바탕에 녹색 표시(문자)로 한다(「유도등의 형식승인 및 제품검사의 기술기준」 제9조 제2항 근거).

(2) 거실통로유도등

① 거실의 통로에 설치(다만, 거실의 통로가 벽체 등으로 구획된 경우에는 복도통로유도등을 설치)

② 구부러진 모퉁이 및 보행거리 20m마다 설치

③ 바닥으로부터 높이 1.5m 이상의 위치에 설치(다만, 거실통로에 기둥이 설치된 경우에는 기둥부분의 바닥으로부터 높이 1.5m 이하의 위치에 설치)

④ 통행에 지장이 없도록 설치할 것

⑤ 주위에 이와 유사한 등화광고물・게시물 등을 설치하지 아니할 것

⑥ 통로유도등의 표시는 백색바탕에 녹색 표시(문자)로 한다(「유도등의 형식승인 및 제품검사의 기술기준」 제9조 제2항 근거).

(3) 계단통로유도등

① 각 층의 경사로 참 또는 계단참마다(1개 층에 경사로 참 또는 계단참이 2 이상 있는 경우에는 2개의 계단참마다) 설치

② 바닥으로부터 높이 1m 이하의 위치에 설치

③ 통행에 지장이 없도록 설치할 것

④ 주위에 이와 유사한 등화광고물・게시물 등을 설치하지 아니할 것

⑤ 통로유도등의 표시는 백색바탕에 녹색 표시(문자)로 한다(「유도등의 형식승인 및 제품검사의 기술기준」 제9조 제2항 근거).

6 객석유도등 설치기준

(1) 객석의 통로, 바닥 또는 벽에 설치

(2) 객석 내의 통로가 경사로 또는 수평로로 되어 있는 부분은 다음의 식에 따라 산출한 수(소수점 이하의 수는 1로 본다)의 유도등을 설치

$$\text{설치개수} = \frac{\text{객석 통로의 직선부분의 길이(m)}}{4} - 1$$

(3) 객석 내의 통로가 옥외 또는 이와 유사한 부분에 있는 경우에는 해당 통로 전체에 미칠 수 있는 개수의 유도등을 설치

(4) 통행에 지장이 없도록 설치할 것

(5) 주위에 이와 유사한 등화광고물・게시물 등을 설치하지 아니할 것

(6) 객석유도등의 표시는 백색바탕에 녹색 표시(문자)로 한다(「유도등의 형식승인 및 제품검사의 기술기준」 제9조 제2항 근거).

7 유도표지 설치기준

(1) 계단에 설치하는 것을 제외하고는 각 층마다 복도 및 통로의 각 부분으로부터 하나의 유도표지까지의 보행거리가 15m 이하가 되는 곳과 구부러진 모퉁이의 벽에 설치

(2) 피난구유도표지는 출입구 상단에 설치하고, 통로유도표지는 바닥으로부터 높이 1m 이하의 위치에 설치

(3) 주위에는 이와 유사한 등화・광고물・게시물 등을 설치하지 않을 것

(4) 유도표지는 부착판 등을 사용하여 쉽게 떨어지지 않도록 설치

(5) 축광방식의 유도표지는 외광 또는 조명장치에 의하여 상시 조명이 제공되거나 비상조명등에 의한 조명이 제공되도록 설치

8 피난유도선 설치기준

(1) 축광방식의 피난유도선

① 구획된 각 실로부터 주출입구 또는 비상구까지 설치

② 바닥으로부터 높이 50cm 이하의 위치 또는 바닥 면에 설치

③ 피난유도 표시부는 50cm 이내의 간격으로 연속되도록 설치

④ 부착대에 의하여 견고하게 설치

⑤ 외광 또는 조명장치에 의하여 상시 조명이 제공되거나 비상조명등에 의한 조명이 제공되도록 설치

(2) 광원점등방식의 피난유도선

① 구획된 각 실로부터 주출입구 또는 비상구까지 설치

② 피난유도 표시부는 바닥으로부터 높이 1m 이하의 위치 또는 바닥 면에 설치

③ 피난유도 표시부는 50cm 이내의 간격으로 연속되도록 설치하되 실내장식물 등으로 설치가 곤란할 경우 1m 이내로 설치

④ 수신기로부터의 화재신호 및 수동조작에 의하여 광원이 점등되도록 설치

⑤ 비상전원이 상시 충전상태를 유지하도록 설치

⑥ 바닥에 설치되는 피난유도 표시부는 매립하는 방식을 사용할 것

⑦ 피난유도 제어부는 조작 및 관리가 용이하도록 바닥으로부터 0.8m 이상 1.5m 이하의 높이에 설치

9 유도등의 전원

(1) 유도등의 상용전원은 전기가 정상적으로 공급되는 축전지설비, 전기저장장치(외부 전기에너지를 저장해 두었다가 필요한 때 전기를 공급하는 장치) 또는 교류전압의 옥내 간선으로 하고, 전원까지의 배선은 전용으로 해야 한다.

(2) 비상전원

① 축전지로 할 것

② 유도등을 20분 이상 유효하게 작동시킬 수 있는 용량으로 할 것(다만, 다음의 경우에는 그 부분에서 피난층에 이르는 부분의 유도등을 60분 이상 유효하게 작동시킬 수 있는 용량으로 해야 한다)

㉠ 지하층을 제외한 층수가 11층 이상의 층

㉡ 지하층 또는 무창층으로서 용도가 도매시장・소매시장・여객자동차터미널・지하역사 또는 지하상가

(3) 배선은 「전기사업법」 제67조에 따른 「전기설비기술기준」에서 정한 것 외에 다음의 기준에 따라야 한다.

① 유도등의 인입선과 옥내배선은 직접 연결할 것

② 유도등은 전기회로에 점멸기를 설치하지 아니하고 항상 점등상태를 유지할 것(다만, 특정소방대상물 또는 그 부분에 사람이 없거나 다음의 어느 하나에 해당하는 장소로서 3선식 배선에 따라 상시 충전되는 구조인 경우에는 그렇지 않다)

㉠ 외부의 빛에 의해 피난구 또는 피난방향을 쉽게 식별할 수 있는 장소

㉡ 공연장, 암실(暗室) 등으로서 어두워야 할 필요가 있는 장소

㉢ 특정소방대상물의 관계인 또는 종사원이 주로 사용하는 장소

③ 3선식 배선은 내화배선 또는 내열배선으로 할 것

(4) 3선식 배선으로 상시 충전되는 유도등의 전기회로에 점멸기를 설치하는 경우에는 다음의 어느 하나에 해당되는 경우에 자동으로 점등되도록 해야 한다.

① 자동화재탐지설비의 감지기 또는 발신기가 작동되는 때
② 비상경보설비의 발신기가 작동되는 때
③ 상용전원이 정전되거나 전원선이 단선되는 때
④ 방재업무를 통제하는 곳 또는 전기실의 배전반에서 수동으로 점등하는 때
⑤ 자동소화설비가 작동되는 때

10 유도등 2선식 배선과 3선식 배선의 비교

2선식 배선	3선식 배선
① 상시 점등하는 방식 ② 점멸기에 의해 소등하면 예비전원으로 자동전환되어 20분간 점등된 후 점멸 ③ 소등하면 예비전원으로 자동충전되는 기능은 없음	① 평상시 미점등 상태로 있다 화재 시 점등하는 방식 ② 점멸기에 의해 소등하면 유도등은 소등되나 예비전원에 충전은 계속되고 있는 상태 ③ 정전되면 교류전압에 의해 전원공급이 차단되며 예비전원으로 자동전환되어 20분 이상 점등

CHAPTER

04 소화용수설비의 종류와 사용법

1 개념

대형건축물 등에서 화재발생 시 화재의 확산을 방지하고, 진화 시 대량의 물이 필요하기 때문에 설치하는 소화용수설비를 말한다. 해당 소방대상물의 관계인이 소화용수설비의 설치 및 관리비용을 부담하도록 규정하고 있다.

✔ Check 소방용수와 소화용수

(1) **소방용수** : 「소방기본법」 제10조 규정에 따라 ① 소화전(消火栓), ② 급수탑(給水塔), ③ 저수조(貯水槽)를 의미하며, 예외적인 경우를 제외하고 시·도지사가 설치·유지·관리한다.

(2) **소화용수** : 「소방시설 설치 및 관리에 관한 법률 시행령」 제3조에 따라 ① 상수도소화용수설비, ② 소화수조, ③ 저수조, ④ 그 밖의 소화용수설비를 의미하고, 소방대상물의 관계인이 설치·관리한다.

2 용어의 정의

(1) 상수도소화용수설비의 용어의 정의

① "소화전"이란 소방관이 사용하는 설비로서, 수도배관에 접속·설치되어 소화수를 공급하는 설비를 말한다.

② "호칭지름"이란 일반적으로 표기하는 배관의 직경을 말한다.

③ "수평투영면"이란 건축물을 수평으로 투영하였을 경우의 면을 말한다.

④ "제수변(제어밸브)"이란 배관의 도중에 설치되어 배관 내 물의 흐름을 개폐할 수 있는 밸브를 말한다

(2) 소화수조 및 저수조의 용어의 정의

① "소화수조 또는 저수조"란 수조를 설치하고 여기에 소화에 필요한 물을 항시 채워두는 것으로서, 소화수조는 소화용수의 전용 수조를 말하고, 저수조란 소화용수와 일반 생활용수의 겸용 수조를 말한다.

② "채수구"란 소방차의 소방호스와 접결되는 흡입구를 말한다.

③ "흡수관투입구"란 소방차의 흡수관이 투입될 수 있도록 소화수조 또는 저수조에 설치된 원형 또는 사각형의 투입구를 말한다.

3 소화용수설비의 종류(「소방시설법」상 정의)

상수도소화용수설비, 소화수조, 저수조, 그 밖의 소화용수설비

* 소방용수(「소방기본법」상 정의) : 소화전, 저수조, 급수탑

4 상수도소화용수설비

(1) 설치대상

상수도소화용수설비를 설치해야 하는 특정소방대상물은 다음의 어느 하나에 해당하는 것으로 한다. 다만, 상수도소화용수설비를 설치해야 하는 특정소방대상물의 대지 경계선으로부터 180m 이내에 지름 75mm 이상인 상수도용 배수관이 설치되지 않은 지역의 경우에는 화재안전기준에 따른 소화수조 또는 저수조를 설치해야 한다.

① 연면적 5천m^2 이상인 것(다만, 위험물 저장 및 처리 시설 중 가스시설, 터널 또는 지하구의 경우에는 제외한다)

② 가스시설로서 지상에 노출된 탱크의 저장용량의 합계가 100톤 이상인 것

③ 자원순환 관련 시설 중 폐기물재활용시설 및 폐기물처분시설

(2) 설치기준

① 호칭지름 75mm 이상의 수도배관에 호칭지름 100mm 이상의 소화전을 접속할 것

② 소화전은 소방자동차 등의 진입이 쉬운 도로변 또는 공지에 설치할 것

③ 소화전은 특정소방대상물의 수평투영면의 각 부분으로부터 140m 이하가 되도록 설치할 것

④ 지상식 소화전의 호스접결구는 지면으로부터 높이가 0.5m 이상 1m 이하가 되도록 설치할 것

5 소화수조 및 저수조 설치기준

(1) 소화수조 및 저수조의 채수구 또는 흡수관투입구는 소방차가 2m 이내의 지점까지 접근할 수 있는 위치에 설치해야 한다.

(2) 소화수조 또는 저수조의 저수량은 특정소방대상물의 연면적을 다음 표에 따른 기준면적으로 나누어 얻은 수(소수점 이하의 수는 1로 본다)에 20m^3를 곱한 양 이상이 되도록 하여야 한다.

소방대상물의 구분	기준면적
① 1층 및 2층의 바닥면적의 합계가 1,500m^2 이상인 소방대상물	7,500m^2
② '①'에 해당되지 않는 그 밖의 소방대상물	12,500m^2

(3) 소화수조 또는 저수조는 다음의 기준에 따라 흡수관투입구 또는 채수구를 설치해야 한다.

① 지하에 설치하는 소화용수설비의 흡수관투입구는 그 한 변이 0.6m 이상이거나 직경이 0.6m 이상인 것으로 하고, 소요수량이 80m^3 미만인 것은 1개 이상, 80m^3 이상인 것은 2개 이상을 설치해야 하며, "흡수관투입구"라고 표시한 표지를 할 것

② 소화용수설비에 설치하는 채수구는 다음의 기준에 따라 설치할 것

㉠ 채수구는 다음 표에 따라 소방용호스 또는 소방용흡수관에 사용하는 구경 65mm 이상의 나사식 결합금속구를 설치할 것

소요수량	$20m^3$ 이상 $40m^3$ 미만	$40m^3$ 이상 $100m^3$ 미만	$100m^3$ 이상
채수구의 수	1개	2개	3개

㉡ 채수구는 지면으로부터의 높이가 0.5m 이상 1m 이하의 위치에 설치하고 "채수구"라고 표시한 표지를 할 것

(4) 소화용수설비를 설치해야 할 특정소방대상물에 있어서 유수의 양이 $0.8m^3$/min 이상인 유수를 사용할 수 있는 경우에는 소화수조를 설치하지 않을 수 있다.

6 가압수송장치

(1) 소화수조 또는 저수조가 지표면으로부터의 깊이(수조 내부바닥까지의 길이를 말한다)가 4.5m 이상인 지하에 있는 경우에는 다음 표에 따라 가압송수장치를 설치해야 한다. 다만, 저수량을 지표면으로부터 4.5m 이하인 지하에서 확보할 수 있는 경우에는 소화수조 또는 저수조의 지표면으로부터의 깊이에 관계없이 가압송수장치를 설치하지 않을 수 있다.

소요수량	$20m^3$ 이상 $40m^3$ 미만	$40m^3$ 이상 $100m^3$ 미만	$100m^3$ 이상
가압송수장치의 1분당 양수량	1,100ℓ 이상	2,200ℓ 이상	3,300ℓ 이상

(2) 소화수조가 옥상 또는 옥탑의 부분에 설치된 경우에는 지상에 설치된 채수구에서의 압력이 0.15MPa 이상이 되도록 해야 한다.

7 소화용수설비의 설치대상

구분	설치대상
상수도소화용수설비	• 연면적 5천m^2 이상인 것(단, 가스시설, 터널 또는 지하구 제외) • 가스시설로서 지상에 노출된 탱크의 저장용량의 합계가 100톤 이상 • 자원순환 관련 시설 중 폐기물재활용시설 및 폐기물처분시설
소화수조나 저수조	특정소방대상물의 대지 경계선으로부터 180m 이내 + 지름 75mm 이상인 상수도용 배수관이 없는 지역 : 화재안전기준에 따른 소화수조 또는 저수조를 설치

CHAPTER

05 소화활동설비의 종류와 사용법 등 소화 관련 내용

01 절 제연설비

1 개념

화재가 발생한 연기를 옥외로 배출하거나 제연구역으로 침투하지 못하도록 차단하는 설비를 말한다. 즉, 화재실에서 연기와 열을 배출시키고, 외부에서 신선한 산소를 유입시켜 피난 및 소화활동의 안전성을 확보하는 설비이다.

2 용어의 정의

(1) "제연설비"란 화재가 발생한 거실의 연기를 배출함과 동시에 옥외의 신선한 공기를 공급하여 거주자들이 안전하게 피난하고, 소방대가 원활한 소화활동을 할 수 있도록 연기를 제어하는 설비를 말한다.

(2) "제연구역"이란 제연경계(제연경계가 면한 천장 또는 반자를 포함한다)에 의해 구획된 건물 내의 공간을 말한다.

(3) "제연경계"란 연기를 예상제연구역 내에 가두거나 이동을 억제하기 위한 보 또는 제연경계벽 등을 말한다.

(4) "제연경계벽"이란 제연경계가 되는 가동형 또는 고정형의 벽을 말한다.

(5) "제연경계의 폭"이란 제연경계가 면한 천장 또는 반자로부터 그 제연경계의 수직하단 끝부분까지의 거리를 말한다.

(6) "수직거리"란 제연경계의 하단 끝으로부터 그 수직한 하부 바닥면까지의 거리를 말한다.

(7) "예상제연구역"이란 화재 시 연기의 제어가 요구되는 제연구역을 말한다.

(8) "공동예상제연구역"이란 2개 이상의 예상제연구역을 동시에 제연하는 구역을 말한다.

(9) "통로배출방식"이란 거실 내 연기를 직접 옥외로 배출하지 않고 거실에 면한 통로의 연기를 옥외로 배출하는 방식을 말한다.

(10) "보행중심선"이란 통로 폭의 한 가운데 지점을 연장한 선을 말한다.

(11) "방화문"이란 「건축법 시행령」 제64조의 규정에 따른 60분 + 방화문, 60분 방화문 또는 30분 방화문으로써 언제나 닫힌 상태를 유지하거나 화재로 인한 연기의 발생 또는 온도의 상승에 따라 자동적으로 닫히는 구조를 말한다.

(12) "유입풍도"란 예상제연구역으로 공기를 유입하도록 하는 풍도를 말한다.

(13) "배출풍도"란 예상제연구역의 공기를 외부로 배출하도록 하는 풍도를 말한다.

(14) “불연재료”란 「건축법 시행령」 제2조 제10호에 따른 기준에 적합한 재료로서, 불에 타지 않는 성질을 가진 재료를 말한다.

(15) “난연재료”란 「건축법 시행령」 제2조 제9호에 따른 기준에 적합한 재료로서, 불에 잘 타지 않는 성능을 가진 재료를 말한다.

(16) “댐퍼”란 풍도 내부의 연기 또는 공기의 흐름을 조절하기 위해 설치하는 장치를 말한다.

(17) “풍량조절댐퍼”란 송풍기(또는 공기조화기) 토출 측에 설치하여 유입풍도로 공급되는 공기의 유량을 조절하는 장치를 말한다.

3 제연설비 설치대상

(1) 문화 및 집회시설, 종교시설, 운동시설 중 무대부의 바닥면적이 200m^2 이상인 경우 : 해당 무대부

(2) 문화 및 집회시설 중 영화상영관으로서 수용인원 100명 이상인 것

(3) 바닥면적의 합계가 1천m^2 이상인 층 : 해당 부분
지하층이나 무창층에 설치된 근린생활시설, 판매시설, 운수시설, 숙박시설, 위락시설, 의료시설, 노유자 시설 또는 창고시설(물류터미널만 해당)

(4) 바닥면적이 1천m^2 이상인 것 : 모든 층
운수시설 중 시외버스정류장, 철도 및 도시철도 시설, 공항시설 및 항만시설의 대합실 또는 휴게시설로서 지하층 또는 무창층

(5) 지하상가 + 연면적 1천m^2 이상인 것

(6) 예상 교통량, 경사도 등 터널의 특성을 고려하여 행정안전부령으로 정하는 터널

(7) 특정소방대상물(갓복도형 아파트 등은 제외)에 부설된 특별피난계단, 비상용 승강기의 승강장 또는 피난용 승강기의 승강장

4 설치기준(제연구역의 구획)

제연설비의 설치장소는 다음의 기준에 따른 제연구역으로 구획해야 한다.

(1) 하나의 제연구역의 면적은 1,000m^2 이내로 할 것

(2) 거실과 통로(복도를 포함한다. 이하 같다)는 각각 제연구획할 것

(3) 통로상의 제연구역은 보행중심선의 길이가 60m를 초과하지 않을 것

(4) 하나의 제연구역은 직경 60m 원 내에 들어갈 수 있을 것

(5) 하나의 제연구역은 2 이상 층에 미치지 않도록 할 것(다만, 층의 구분이 불분명한 부분은 그 부분을 다른 부분과 별도로 제연구획해야 한다)

(6) 제연설비의 풍속

① 예상제연구역의 공기유입 풍속 5m/sec 이하

② 배출기의 흡입 측 풍도(유입풍도) 안의 풍속은 15m/sec 이하

③ 유입풍도 안의 풍속은 20m/sec 이하

④ 배출 측 풍도(배출풍도) 안의 풍속은 20m/sec 이하

(7) 제연설비의 자동 작동과정

화재감지기 작동 → 수신기 → 급・배기댐퍼 작동 → 팬 작동 → 제연

5 제연구역의 구획 기준

보・제연경계벽(이하 "제연경계"라 한다) 및 벽(화재 시 자동으로 구획되는 가동벽・방화셔터・방화문을 포함한다)으로 하되, 다음의 기준에 적합해야 한다.

(1) 재질은 내화재료, 불연재료 또는 제연경계벽으로 성능을 인정받은 것으로서 화재 시 쉽게 변형・파괴되지 아니하고 연기가 누설되지 않는 기밀성 있는 재료로 할 것

(2) 제연경계는 제연경계의 폭이 0.6m 이상이고, 수직거리는 2m 이내이어야 함(다만, 구조상 불가피한 경우는 2m를 초과할 수 있다)

(3) 제연경계벽은 배연 시 기류에 따라 그 하단이 쉽게 흔들리지 않고, 가동식의 경우에는 급속히 하강하여 인명에 위해를 주지 않는 구조일 것

6 제연방식

화재 시 연기를 제어하는 방식에 주로 많이 쓰이는 방식은 기계식 제연방식이다. 그 외 밀폐제연방식, 자연제연방식, 스모크타워제연방식이 있다.

(1) 스모크타워제연방식

제연 전용의 샤프트를 설치하고 화재 시 온도상승에 의해 생긴 부력 및 배출 측에 설치한 루프 모니터 등의 흡인력을 통기력으로 하여 제연하는 방식으로서 고층 빌딩에 적합

(2) 자연제연방식

화재 시 발생한 열기류의 부력 또는 외부바람의 흡출효과에 의해 실 상부에 설치된 창 또는 전용배연구로부터 연기를 옥외로 배출시키는 방식

(3) 밀폐제연방식

밀폐도가 높은 벽이나 문으로써 화재를 밀폐하여 연기의 유출 및 신선한 공기의 유입을 억제하여 제연하는 방식으로서 공동주택이나 호텔에 적합

(4) 기계식 제연방식

① 제1종 제연방식(기계급기・기계배연 방식) : 화재실에 대해서 기계배연을 행하는 동시에 복도나 계단실을 통해서 기계력에 의한 강제급기를 행하는 방식

② 제2종 제연방식(기계급기 · 자연배연 방식) : 복도, 계단부속실, 계단실 등 피난통로로서 중요한 부분에 대해서 신선한 공기를 송풍기에 의해 급기하고 그 부분의 압력을 화재실보다는 상대적으로 높게 유지하여 연기의 유입을 방지하는 방식

③ 제3종 제연방식(자연급기 · 기계배연 방식) : 화재로 인하여 발생한 연기를 화재실의 상부로부터 배출기로 흡입하여 옥외로 배출하는 방식

02 절 연결송수관설비

1 개념

고층건물에서 화재발생 시 신속하고 효율적인 소화활동을 위해 건물 내에 소방전용 송수관을 설치하고, 소방펌프차로부터 송수관을 통하여 소방용수를 공급하면 여러 본의 소방호스 연장 없이 해당 층의 방수구에서 단시간 내에 방수작업을 할 수 있게 한 고정설비이다.

2 구성 및 원리(송수압력 0.35MPa 이상)

송수구, 방수구, 배관, 방수기구함으로 구성되어 있으며, 건축물의 옥외에 연결송수관용 송수구가 설치되어 있어 소방펌프차에서 소방용수를 가압하여 송수하면 필요한 층에서 방수구에 소방호스와 노즐(관창)을 연결하여 화재를 진압하는 원리이다.

3 설치대상

설비명	적용대상 및 기준
연결 송수관 설비	① 층수가 5층 이상으로서 연면적 6천제곱미터 이상인 것 ② '①'에 해당하지 않는 특정소방대상물로서 지하층을 포함한 층수가 7층 이상인 것 ③ '①', '②'에 해당하지 않는 특정소방대상물로서 지하층의 층수가 3개층 이상이고 지하층의 바닥면적의 합계가 1천제곱미터 이상인 것 ④ 터널로서 길이가 1천미터 이상인 것 ※ 가스시설 및 지하구 제외

4 송수구 설치기준

(1) 소방차가 쉽게 접근할 수 있고 잘 보이는 장소에 설치

(2) 지면으로부터 높이가 0.5m 이상 1m 이하의 위치에 설치

(3) 화재층으로부터 지면으로 떨어지는 유리창 등이 송수 및 그 밖의 소화작업에 지장을 주지 아니하는 장소에 설치

(4) 구경 65mm의 쌍구형으로 할 것
(5) 가까운 곳의 보기 쉬운 곳에 송수압력범위를 표시한 표지 설치
(6) 연결송수관의 수직배관마다 1개 이상을 설치
(7) 가까운 곳의 보기 쉬운 곳에 "연결송수관설비송수구"라고 표시한 표지 설치
(8) 이물질을 막기 위한 마개를 씌울 것
(9) 송수구 부근에는 자동배수밸브 및 체크밸브를 다음 기준에 따라 설치

습식	송수구 → 자동배수밸브 → 체크밸브의 순
건식	송수구 → 자동배수밸브 → 체크밸브 → 자동배수밸브의 순

5 배관 설치기준

(1) 주배관의 구경은 100mm 이상의 것으로 할 것(다만, 주배관의 구경이 100mm 이상인 옥내소화전설비의 배관과는 겸용할 수 있다)
(2) 지면으로부터의 높이가 31m 이상인 특정소방대상물 또는 지상 11층 이상인 특정소방대상물에 있어서는 습식설비로 설치

6 방수기구함 설치기준

(1) 피난층과 가장 가까운 층을 기준으로 3개 층마다 설치하되, 그 층의 방수구마다 보행거리 5m 이내에 설치
(2) 방수기구함에는 길이 15m의 호스와 방사형 관창을 다음의 기준에 따라 비치할 것
  ① 호스는 방수구에 연결하였을 때 그 방수구가 담당하는 구역의 각 부분에 유효하게 물이 뿌려질 수 있는 개수 이상을 비치(쌍구형 방수구는 단구형 방수구의 2배 이상의 개수를 설치)
  ② 방사형 관창은 단구형 방수구의 경우에는 1개, 쌍구형 방수구의 경우에는 2개 이상 비치
(3) 방수기구함에는 "방수기구함"이라고 표시한 축광식 표지를 할 것
(4) 방수구는 그 특정소방대상물의 층마다 설치

✓ Check 방수구를 설치하지 않을 수 있는 대상

① 아파트의 1층 및 2층
② 소방차의 접근이 가능하고 소방대원이 소방차로부터 각 부분에 쉽게 도달할 수 있는 피난층
③ 송수구가 부설된 옥내소화전을 설치한 특정소방대상물(집회장 · 관람장 · 백화점 · 도매시장 · 소매시장 · 판매시설 · 공장 · 창고시설 또는 지하상가를 제외한다)
  ㉠ 지하층을 제외한 층수가 4층 이하이고 연면적이 6,000m^2 미만인 특정소방대상물의 지상층
  ㉡ 지하층의 층수가 2 이하인 특정소방대상물의 지하층

03 절 연결살수설비

1 개념

지하상가나 지하층에 화재가 발생하면 짙은 연기(농연)로 진입이 어렵고 화점을 찾아 진압하는 데 어려움이 많다. 일정 규모 이상의 판매시설 및 지하층과 연결통로 천장에 살수헤드를 설치하여 화재 시 호스를 연장하지 않고도 소방펌프차로부터 송수된 가압송수에 의하여 살수시켜 소화하는 설비로 자동화 시스템은 아니다.

2 계통도

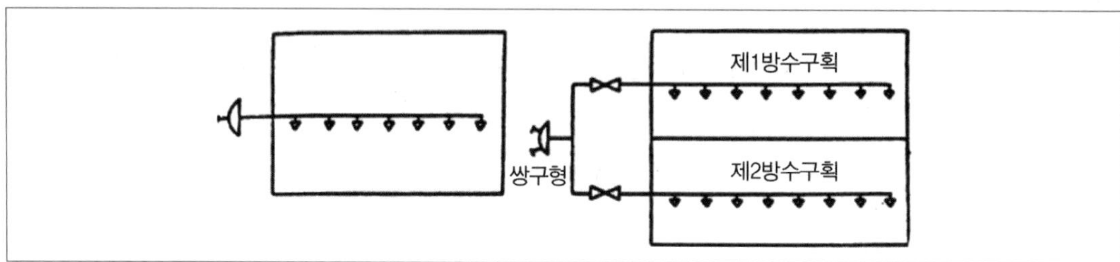

3 설치대상

(1) 판매시설, 운수시설, 창고시설 중 물류터미널 + 바닥면적의 합계가 1천m^2 이상

(2) 지하층(피난층으로 주된 출입구가 도로와 접한 경우는 제외) + 바닥면적의 합계가 150m^2 이상 (다만, 국민주택규모 이하인 아파트 등의 지하층(대피시설용)과 학교의 지하층 + 700m^2 이상)

(3) 가스시설 중 지상에 노출된 탱크의 용량이 30톤 이상인 탱크시설

(4) '(1)' 및 '(2)'의 특정소방대상물에 부속된 연결통로

※ 지하구 제외

4 송수구 설치기준

(1) 송수구는 송수 및 그 밖의 소화작업에 지장을 주지 않으며, 소방차가 쉽게 접근할 수 있는 노출된 장소에 설치

(2) 가연성 가스의 저장·취급시설에 설치하는 연결살수설비의 송수구는 그 방호대상물로부터 20m 이상의 거리를 두거나 방호대상물에 면하는 부분이 높이 1.5m 이상 폭 2.5m 이상의 철근콘크리트 벽으로 가려진 장소에 설치

(3) 구경 65mm의 쌍구형으로 설치(다만, 하나의 송수구역에 부착하는 살수헤드의 수가 10개 이하인 것은 단구형의 것으로 할 수 있다)

(4) 개방형 헤드를 사용하는 송수구의 호스접결구는 각 송수구역마다 설치(다만, 송수구역을 선택

할 수 있는 선택밸브가 설치되어 있고 각 송수구역의 주요구조부가 내화구조로 되어 있는 경우에는 그렇지 않다)

(5) 지면으로부터 높이가 0.5m 이상 1m 이하의 위치에 설치

(6) 송수구로부터 주배관에 이르는 연결배관에는 개폐밸브를 설치하지 아니할 것(다만, 스프링클러설비・물분무소화설비・포소화설비 또는 연결송수관설비의 배관과 겸용하는 경우에는 그렇지 않다)

(7) 송수구의 부근에는 "연결살수설비 송수구"라고 표시한 표지와 송수구역 일람표를 설치할 것(다만, 연결살수설비의 선택밸브를 기준에 따라 설치한 경우에는 그렇지 않다)

(8) 이물질을 막기 위한 마개를 씌울 것

5 헤드 설치기준

(1) 천장 또는 반자의 실내에 면하는 부분에 설치할 것

(2) 천장 또는 반자의 각 부분으로부터 하나의 살수헤드까지의 수평거리가 연결살수설비 전용헤드의 경우에는 3.7m 이하, 스프링클러헤드의 경우에는 2.3m 이하로 할 것

(3) 살수가 방해되지 않도록 스프링클러헤드로부터 반경 60cm 이상의 공간을 보유할 것(다만, 벽과 스프링클러헤드 간의 공간은 10cm 이상으로 한다)

(4) 연결살수설비 전용헤드를 사용하는 경우에는 다음 표에 따른 구경 이상으로 할 것

하나의 배관에 부착하는 살수헤드의 개수	1개	2개	3개	4개 또는 5개	6개 이상 10개 이하
배관의 구경(mm)	32	40	50	65	80

04 절 비상콘센트설비

1 개념

건축물에 화재 발생 시 소화활동에 필요한 전원을 전용으로 공급받기 위해 설치한 설비로 전원, 배선, 콘센트, 보호함으로 구성된다.

* "수납형"이란 비상콘센트설비의 플럭접속기 및 배선용차단기 등이 노출된 구조로 옥내소화전함 등의 내부에 설치되는 형태의 비상콘센트설비를 말한다.

2 설치대상

(1) 층수가 11층 이상인 경우 11층 이상의 층

(2) 지하층 층수가 3층 이상 + 지하층 바닥면적 합계가 1,000m^2 이상인 지하층 : 모든 층

(3) 터널로서 길이가 500m 이상인 것

※ 위험물 저장 및 처리 시설 중 가스시설 및 지하구는 제외

3 비상콘센트설비의 구조

(1) 작동이 확실하고 취급 점검이 쉬워야 하며 현저한 잡음이나 장해전파를 발하지 아니하여야 한다.
(2) 보수 및 부속품의 교체가 쉬워야 한다.
(3) 부식에 의하여 기계적 기능에 영향을 초래할 우려가 있는 부분은 칠, 도금 등으로 유효하게 내식가공을 하거나 방청가공을 하여야 하며 전기적 기능에 영향이 있는 단자, 나사 및 와셔 등은 동합금이나 이와 동등 이상의 내식성능이 있는 재질을 사용하여야 한다.
(4) 기기 내의 비상전원 공급용 배선은 내화배선으로, 그 밖의 배선은 내화배선 또는 내열배선으로 하여야 하며, 배선의 접속이 정확하고 확실하여야 한다.
(5) 부품의 부착은 기능에 이상을 일으키지 아니하고 쉽게 풀리지 아니하도록 하여야 한다.
(6) 전선 이외의 전류가 흐르는 부분과 가동축 부분의 접촉력이 충분하지 아니한 곳에는 접촉부의 접촉불량을 방지하기 위한 적당한 조치를 하여야 한다.
(7) 충전부는 노출되지 아니하도록 하여야 한다.
(8) 비상콘센트설비의 각 접속기(콘센트를 말한다. 이하 같다)마다 배선용차단기를 설치하여야 한다.
(9) 수납형이 아닌 비상콘센트설비는 외함에 쉽게 개폐할 수 있도록 문을 설치하여야 한다.
(10) 외함(수납형의 부품 지지판을 포함한다)은 방청가공을 한 두께 1.6mm 이상의 강판, 두께 1.2mm 이상의 스테인레스판 또는 두께 3mm 이상의 자기소화성이 있는 합성수지를 사용하여야 한다.
(11) 외함의 전면 상단에 주전원을 감시하는 적색의 표시등을 설치하여야 한다. 다만, 수납형의 경우에는 주전원을 감시하는 표시등을 접속할 수 있는 단자만을 설치할 수 있다.
(12) 외함이 재질이 강판 등 금속재인 경우에는 접지단자를 설치하여야 한다.
(13) 외함에는 "비상콘센트설비"[수납형은 "비상콘센트설비(수납형)"]라고 표시한 표지를 하여야 한다.

4 보호함 설치기준

(1) 보호함에는 쉽게 개폐할 수 있는 문을 설치할 것
(2) 보호함 표면에 "비상콘센트"라고 표시한 표지를 할 것
(3) 보호함 상부에 적색의 표시등을 설치할 것(다만, 비상콘센트의 보호함을 옥내소화전함 등과 접속하여 설치하는 경우에는 옥내소화전함 등의 표시등과 겸용할 수 있다)

5 비상콘센트 설치기준

(1) 바닥으로부터 높이 0.8m 이상 1.5m 이하의 위치에 설치할 것
(2) 비상콘센트의 배치는 바닥면적이 1,000m^2 미만인 층은 계단의 출입구(계단의 부속실을 포함하며 계단이 2 이상 있는 경우에는 그중 1개의 계단을 말한다)로부터 5m 이내에, 바닥면적 1,000m^2

이상인 층은 각 계단의 출입구 또는 계단부속실의 출입구(계단의 부속실을 포함하며 계단이 3 이상 있는 층의 경우에는 그중 2개의 계단을 말한다)로부터 5m 이내에 설치하되, 그 비상콘센트로부터 그 층의 각 부분까지의 거리가 다음의 기준을 초과하는 경우에는 그 기준 이하가 되도록 비상콘센트를 추가하여 설치할 것

① 지하상가 또는 지하층의 바닥면적의 합계가 3,000m^2 이상인 것은 수평거리 25m

② '①'에 해당하지 아니하는 것은 수평거리 50m

6 전원 설치기준

(1) 상용전원회로의 배선은 저압수전인 경우에는 인입개폐기의 직후에서, 고압수전 또는 특고압수전인 경우에는 전력용변압기 2차 측의 주차단기 1차 측 또는 2차 측에서 분기하여 전용배선으로 할 것

(2) 지하층을 제외한 층수가 7층 이상으로서 연면적이 2,000m^2 이상이거나 지하층의 바닥면적의 합계가 3,000m^2 이상인 특정소방대상물의 비상콘센트설비에는 자가발전설비, 비상전원수전설비, 축전지설비 또는 전기저장장치를 비상전원으로 설치할 것

7 비상콘센트설비의 기능

(1) 전원회로는 단상 220V인 것으로서 공급용량은 1.5kVA 이상인 것으로 할 것(다만, 단상교류 100V 또는 3상 교류 200V 또는 380V인 것으로 공급용량은 3상 교류인 경우 3kVA 이상인 것과 단상교류인 경우 1.5kVA 이상인 것을 추가할 수 있다)

(2) 비상콘센트설비의 플럭접속기는 3상 교류 200V 또는 3상 교류 380V의 것에 있어서는 접지형 3극 플럭접속기(KS C 8305)를 단상교류 100V 또는 단상교류 220V의 것에 있어서는 접지형 2극 플럭접속기(KS C 8305)를 사용할 것

(3) 비상콘센트설비의 배선용차단기 용량은 '(2)'의 접속기 용량과 같을 것

8 비상콘센트설비의 사용법

① 비상콘센트를 찾는다 → ② 사용하고자 하는 장비의 사용전압을 확인한다 → ③ 해당 전압의 콘센트에 연결한다 → ④ 배전용차단기를 ON으로 한다

05 절 무선통신보조설비

1 개념

지하상가나 지하층 화재 시 건축물 구조상 무선교신이 원활하지 않아 소방관이 화재진압 또는 인명구조활동에 어려움이 많이 발생한다. 이러한 무선교신의 어려움을 보완하기 위해 안테나나 누설동축케이블을 설치하여 무선교신을 원활하게 하기 위해 설치하는 설비를 말한다.

2 설치대상

(1) 지하상가 + 연면적 1천m^2 이상
(2) 지하층의 바닥면적의 합계가 3천m^2 이상인 것 또는 지하층의 층수가 3층 이상 + 지하층의 바닥면적의 합계가 1천m^2 이상인 것은 지하층의 모든 층
(3) 터널로서 길이가 500m 이상인 것
(4) 지하구 중 공동구
(5) 층수가 30층 이상인 것으로서 16층 이상 부분의 모든 층
※ 위험물 저장 및 처리 시설 중 가스시설은 제외

3 구성요소

누설동축케이블이 주로 사용되며 ① 누설동축케이블, ② 동축케이블, ③ 무선기접속단자함, ④ 분배기, ⑤ 증폭기, ⑥ 케이블커넥터, ⑦ 무반사종단저항 등으로 구성된다.

4 용어의 정의

(1) "누설동축케이블"이란 동축케이블의 외부도체에 가느다란 홈을 만들어서 전파가 외부로 새어나갈 수 있도록 한 케이블을 말한다.
(2) "분배기"란 신호의 전송로가 분기되는 장소에 설치하는 것으로 임피던스 매칭(Matching)과 신호 균등분배를 위해 사용하는 장치를 말한다.
(3) "분파기"란 서로 다른 주파수의 합성된 신호를 분리하기 위해서 사용하는 장치를 말한다.
(4) "혼합기"란 둘 이상의 입력신호를 원하는 비율로 조합한 출력이 발생하도록 하는 장치를 말한다.
(5) "증폭기"란 전압·전류의 진폭을 늘려 감도 등을 개선하는 장치를 말한다.
(6) "무선중계기"란 안테나를 통하여 수신된 무전기 신호를 증폭한 후 음영지역에 재방사하여 무전기 상호 간 송수신이 가능하도록 하는 장치를 말한다.
(7) "옥외안테나"란 감시제어반 등에 설치된 무선중계기의 입력과 출력포트에 연결되어 송수신 신호를 원활하게 방사·수신하기 위해 옥외에 설치하는 장치를 말한다.

5 증폭기 등 설치기준

(1) 상용전원은 전기가 정상적으로 공급되는 축전지, 전기저장장치 또는 교류전압의 옥내간선으로 하고, 전원까지의 배선은 전용으로 할 것
(2) 증폭기의 전면에는 주 회로의 전원의 정상 여부를 표시할 수 있는 표시등 및 전압계를 설치할 것
(3) 증폭기에는 비상전원이 부착된 것으로 하고 해당 비상전원 용량은 무선통신보조설비를 유효하게 30분 이상 작동시킬 수 있는 것으로 할 것

6 누설동축케이블 등 설치기준

(1) 소방전용주파수대에서 전파의 전송 또는 복사에 적합한 것으로서 소방전용의 것으로 할 것 (다만, 소방대 상호 간의 무선연락에 지장이 없는 경우에는 다른 용도와 겸용할 수 있다)

(2) 누설동축케이블과 이에 접속하는 안테나 또는 동축케이블과 이에 접속하는 안테나로 할 것

(3) 누설동축케이블은 불연 또는 난연성의 것으로서 습기에 따라 전기의 특성이 변질되지 않는 것으로 하고, 노출하여 설치한 경우에는 피난 및 통행에 장애가 없도록 할 것

(4) 누설동축케이블은 화재에 따라 해당 케이블의 피복이 소실된 경우에 케이블 본체가 떨어지지 않도록 4m 이내마다 금속제 또는 자기제 등의 지지금구로 벽·천장·기둥 등에 견고하게 고정할 것

(5) 누설동축케이블 및 안테나는 금속판 등에 따라 전파의 복사 또는 특성이 현저하게 저하되지 아니하는 위치에 설치할 것

(6) 누설동축케이블 및 안테나는 고압의 전로로부터 1.5m 이상 떨어진 위치에 설치할 것

(7) 누설동축케이블의 끝부분에는 무반사 종단저항을 견고하게 설치할 것

(8) 누설동축케이블 또는 동축케이블의 임피던스는 50Ω으로 하고, 이에 접속하는 안테나·분배기 기타의 장치는 해당 임피던스에 적합한 것으로 할 것

06 절 연소방지설비

1 개념

연소방지설비란 지하구 화재발생 시 출동한 소방차가 지상 송수구를 통하여 방수헤드로 살수되는 것으로서 케이블 등의 화재가 확산되는 것을 방지하기 위한 설비이다.

2 배관 설치기준

(1) 배관용 탄소 강관(KS D 3507) 또는 압력 배관용 탄소 강관(KS D 3562)이나 이와 같은 수준 이상의 강도·내부식성 및 내열성을 가진 것으로 하여야 한다.

(2) 급수배관(송수구로부터 연소방지설비 헤드에 급수하는 배관을 말한다. 이하 같다)은 전용으로 하여야 한다.

(3) 배관의 구경은 다음의 기준에 적합한 것이어야 한다.

① 연소방지설비전용헤드를 사용하는 경우에는 다음 표에 따른 구경 이상으로 할 것

하나의 배관에 부착하는 살수헤드의 개수	1개	2개	3개	4개 또는 5개	6개 이상
배관의 구경(mm)	32	40	50	65	80

② 개방형 스프링클러헤드를 사용하는 경우에는 「스프링클러설비의 화재안전성능기준(NFPC 103)」 별표 1의 기준에 따를 것

(4) 교차배관은 가지배관과 수평으로 설치하거나 또는 가지배관 밑에 설치하고, 그 구경은 '(3)'에 따르되, 최소구경은 40mm 이상이 되도록 하여야 한다.

(5) 배관에 설치되는 행거는 가지배관, 교차배관 및 수평주행배관에 설치하고, 배관을 충분히 지지할 수 있도록 설치하여야 한다.

(6) 확관형 분기배관을 사용할 경우에는 소방청장이 정하여 고시한 「분기배관의 성능인증 및 제품검사의 기술기준」에 적합한 것으로 설치하여야 한다.

3 연소방지설비의 헤드 설치기준

(1) 천장 또는 벽면에 설치할 것

(2) 헤드 간의 수평거리는 연소방지설비 전용헤드의 경우에는 2m 이하, 스프링클러헤드의 경우에는 1.5m 이하로 할 것

(3) 소방대원의 출입이 가능한 환기구・작업구마다 지하구의 양쪽방향으로 살수헤드를 설정하되, 한쪽 방향의 살수구역의 길이는 3m 이상으로 할 것(다만, 환기구 사이의 간격이 700m를 초과할 경우에는 700m 이내마다 살수구역을 설정하되, 지하구의 구조를 고려하여 방화벽을 설치한 경우에는 그렇지 않다)

(4) 연소방지설비 전용헤드를 설치할 경우에는 「소화설비용헤드의 성능인증 및 제품검사의 기술기준」에 적합한 '살수헤드'를 설치할 것

4 송수구 설치기준

(1) 송수구는 송수 및 그 밖의 소화작업에 지장을 주지 않는 장소에 설치해야 한다.

(2) 송수구는 구경 65mm의 쌍구형으로 해야 한다.

(3) 송수구로부터 1m 이내에 살수구역 안내표지를 설치해야 한다.

(4) 지면으로부터 높이가 0.5m 이상 1m 이하의 위치에 설치해야 한다.

(5) 송수구의 가까운 부분에 자동배수밸브(또는 직경 5mm의 배수공)를 설치해야 한다. 이 경우 자동배수밸브는 배관 안의 물이 잘 빠질 수 있는 위치에 설치하되, 배수로 인하여 다른 물건 또는 장소에 피해를 주지 않아야 한다.

(6) 송수구로부터 주배관에 이르는 연결배관에는 개폐밸브를 설치하지 않아야 한다.

(7) 송수구에는 이물질을 막기 위한 마개를 씌어야 한다.

5 설치대상

지하구(전력 또는 통신사업용인 것만 해당한다)

제4부

소방행정

정태화
소방학개론
기본서

www.pmg.co.kr

PART 01

소방조직

소방의 의의

소방이란 화재를 진압하거나 예방하는 것이다. ① 화재의 예방, 경계 및 진압을 위한 일체의 활동과정을 일컫는 실질적 의미의 소방과 ② 소방행정 목적을 달성하기 위하여 구성되는 조직 즉, 소방기관을 의미하는 형식적 의미의 소방으로 구분할 수 있다.

1. 소방의 개념 및 범위

(1) 실질적 의미의 소방

① 화재를 예방, 경계 또는 진압하여 국민의 생명, 신체 및 재산을 보호함으로써 공공의 안녕 질서의 유지와 사회의 복리증진에 기여함을 목적으로 한다.

② 화재의 예방, 경계 및 진압을 위한 일체의 활동과정이다.

③ 공공 및 민간의 소방활동을 포함한다.

(2) 형식적 의미의 소방

소방 행정 목적을 달성하기 위하여 구성되는 조직인 소방기관을 의미한다.

(3) 시대별 소방업무의 범위

① 1950년대 이전 : 화재의 진압과 경계활동과 같은 소극적인 소방활동에 전념

② 1950년대 후반 ~ 1960년대 초반 : 화재와 풍수해, 설해의 예방, 경계와 진압 및 방어로서 예방활동의 중점

③ 1960년대 후반 ~ 1980년대 초반 : "풍수해와 설해의 방어"를 삭제, 화재의 예방, 경계, 진압에 의한 소방활동에만 전념

④ 1983년 초반 ~ 현재 : 기존의 소방업무에 구조, 구급업무를 포함한 시기

2. 소방의 목적

(1) 인위적 또는 자연적 형상에 의해 발생하는 화재의 예방, 경계 및 진압을 한다.

(2) 사회 공공의 안녕과 질서를 유지한다.

(3) 적극적으로 사회의 복리 증진에 기여한다.

(4) 사회 공동생활의 평온과 건전한 상태를 보장하는 데 있다.

3. 소방의 임무

(1) 기본임무

① 기본적으로 소방의 목적을 지키기 위한 것이다.

② 질서기능에 속하며 보안기능을 담당한다.

③ 국민의 생명과 재산을 보호한다.

④ 사회의 공공 안녕 유지로 안전한 국민생활을 보호한다(기본적인 포괄적 개념).

(2) 파생임무

① 소방의 기본적인 임무 이외에 또 다른 임무를 말한다.

② 봉사기능에 속하며 권력이 없는 직접 서비스기능을 말한다.

③ 구조대 및 구급대의 운영이 해당된다(세부적인 구조 활동).

4. 소방행정수단

(1) 계몽, 지도

(2) 봉사활동

① 상대적 봉사 : 직접적인 혜택을 받는 사람들을 중심으로 하는 봉사활동
② 포괄적 봉사 : 소방의 혜택을 받는 사람이 사회의 불특정 다수인이 되는 활동

(3) 명령과 강제

① 소방법상 명령의 조건
㉠ 실행기간 및 지켜야 할 의무 내용을 구체적으로 기록하여야 한다.
㉡ 주체는 시・도지사, 소방본부장 또는 소방서장이 된다.
㉢ 서면에 의하여 명령을 하는 것이 원칙이다.
㉣ 특정한 소방대상자에 한해서 명령을 하여야 한다.

② 소방법상 명령 및 강제수단
㉠ 화재예방 조치명령
㉡ 소방대상물의 개수명령
㉢ 소방검사를 위한 보고 및 자료제출 명령
㉣ 위험물 제조소 등의 감독명령
㉤ 무허가 위험물 시설의 조치명령
㉥ 위험물 제조소 등의 예방규정 변경명령
㉦ 소방시설 및 방염에 관한 명령
㉧ 화재경계지구의 대한 명령
㉨ 소방활동 종사명령
㉩ 피난명령
㉪ 화재조사를 위한 보고 및 자료제출 명령

(4) 소방력의 3요소

① 소방인력
② 소방장비
③ 소방용수

(5) 소방의 4요소

① 인력(소방인력)
② 장비(소방장비)
③ 수리(물 또는 소방용수)
④ 소방전용 통신 및 전산 설비

CHAPTER

01 소방의 발전 과정

1 불의 역사와 화재 및 재난의 의미

인류가 불을 사용하면서부터 문화와 생활양식에 획기적・긍정적・발전적 변화를 가져왔다. 그러나 시대적 사회변화과정을 거치면서 사람들은 불의 위험성에 대한 지식은 늘어났으나, 그 위험성 또한 완전통제가 불가능했으며, 근・현대사회에 중대한 위험성으로 대두되어 온 것 또한 부정할 수 없는 사실이다. 현대사회에서 주 에너지원인 전기와 가스 취급이 급증하고, 건축물이 대형화・고층화・집중화가 되면서 인간의 부주의로 대형화재가 발생 사회적 이슈로 확장된 사고가 무수히 많다. 특히 관심집중사건인 성수대교 붕괴사고, 삼풍백화점 붕괴사고, 대구 지하철 화재사고, 세월호 침몰사고 등이 발생할 때마다 국민들은 안전에 대한 욕구가 폭발적으로 증가하여 왔다. 이러한 관심집중사건의 수습과 재발 방지를 위한 대안을 정책적으로 시행하는 과정에서 소방조직은 양적・질적으로 성장하여 왔다.

2 삼국시대(고대사)

도성의 축・조술이 발달했고, 왕궁・관아・성문 등 대형건축물이 축조되었고, 민가는 서로 인접하여 짓게 됨으로서 화재가 재앙으로 등장한 시기이며, 화재가 국가의 관심사로 등장하였다. 삼국사기의 기록에 보면 경주의 영화사에는 문무왕 2년, 6년, 8년 각각 화재가 발생하였던 것으로 기록되어 있으며, 이 시대 통치자 외에도 일반 민중들에게까지 화재에 대한 경각심이 생겨났으며, 그 결과 방화의식의 기초가 다져진 것으로 보인다. 그러나 화재를 진압하는 조직화된 소방조직의 존재 여부는 문헌에서 명확히 확인되지 않고 있다.

※ 삼국시대 : 화재를 사회적 재앙으로 인식하여 국가적 관심사로 보았다.

※ 통일신라시대 : 초가를 기와로 교체하고 나무를 사용하지 않고 숯을 사용하여 밥을 지을 정도로 당시 주민들의 방화의식이 높았다(헌강왕시대).

3 고려시대(918년 ~ 1392년 : 중세사)

인구가 증가하고 주택 등의 건축물이 이전의 시대에 비하여 증가였을 뿐만 아니라 병란도 자주 발생되어 화재도 많이 증가하였다. 도읍지였던 개경(개성)은 지역이 협소하여 건물들이 밀집하였고 초옥이 대부분이어서 한번 화재가 발생하게 되면 민가・상가로 연속 확대되어 수 백동씩 소실되는 경우가 많았다. 특히 병화(兵火)와 왜구의 방화・약탈이 심각하여 궁전과 창고의 대형화재가 많았던 것을 확인할 수 있다. 우리나라의 소방 역사상 최초로 금화제도를 시행하였고, 실화 및 방화자에 대한 처벌규정을 두기도 하였다. 고려시대는 소방역사상 법과 제도적 측면에서 볼 때 중요한 시기이며, 현재의 소방조직처럼 별도의 조직은 없었으나 금화제도를 시행하였다.

※ 고려시대 : 별도의 소방조직은 없었으나 금화제도가 시행되었으며, 소방을 소재라 칭하기도 했으며, 화통도감을 두어 화약을 따로 관리하였다.

✔ Check　금화제도의 주요 내용

① 각 관아와 진(鎭)은 당직자 또는 그 장을 금화 책임자로 지정하여 금화관리자 배치
② 주택구조 등은 초가지붕을 기와지붕으로 개선토록 권장
③ 창고시설은 화재를 대비하여 지하창고로 설치
④ 길을 따라와 옥을 짓도록 하여 연소 확대방지
⑤ 화약제조 및 사용량이 늘어남에 따라 화통도감직제를 신설하여 특별관리
㉠ 고려시대 실화 및 방화자 처벌규정 : 관리에 대하여는 현행 면직 처분에 해당하는 현임을 박탈하였으며, 민간인이 실화로 전야를 소실하였을 때는 태(笞) 50, 인가·재물을 연소한 경우에는 장(杖) 80의 형을 주었고, 관부·요지 및 사가·사택재물에 방화한자는 징역 3년 형에 처하였다.
㉡ 어사대가 수시 금화관리자를 점검하여 일직이궐(자리를 비거나 빠지는 일) 하였을 경우 먼저 가둔 후 보고하였다.

4 조선시대(1392년 ~ 1897년)

한성부를 비롯한 평양부·함흥부 등 도시가 밀집·복잡·대형화되고 급속한 수공업의 성장과 상업도시로 변모함에 따라서 전국 각지에서 대형화재가 발생하였으며, 특히 병자호란 및 여러 민란 등으로 궁궐화재도 빈번하게 발생하였다. 따라서 이 시기에 소방 고유조직이 탄생되었는데 특히 세종대왕 때에는 금화도감을 설치하고 금화군을 편성하여 화재를 방비하는 등 새로운 소방제도가 가장 많이 마련된 의미 있는 시기이다. 조선시대의 소방의 발달과정을 시대별로 구분하여 학습할 필요가 있다.

※ 조선시대 : 금화조직(금화도감 : 최초의 소방관서)

✔ Check　조선시대 소방의 핵심 내용

① 경국대전의 편찬으로 금화법령 제도의 골격을 갖추게 되었다.
② 금화법령의 제정과 우리나라 최초의 소방관서라 할 수 있는 금화도감이 설치되었다.
③ 각 고을마다 5가구를 1개의 단위로 묶어 화재 발생의 피해를 막기 위한 제도인 오가작통법이 시행되었다.
④ 수성도감은 성을 수리하고, 화재를 금하고, 개천을 정비하고, 길과 다리를 수리하는 일을 맡아보았다.
⑤ 금화도감에서 시행한 진압대책
㉠ 신패발급　㉡ 진압대원　㉢ 화재전파

5 조선 전기(1392년 ~ 1592년)

(1) **금화법령 제정 및 고유 소방조직 탄생**(세종 8년, 1426년) : 우리나라 최초의 금화관서(소방관서)인 금화도감(병조) 설치(우리나라 최초의 독자적인 소방조직)

※ 이후 수성금화도감(세종8년, 1426년)으로 변경

(2) **금화군제도 시행**(세종 13년, 1431년) : 궁중·관아·민가의 화재 방어를 위해 운영된 군사조직

※ 최초의 소방관·소방수는 금화군이다.

(3) 5가작통제 시행 : 5가구를 1통으로 묶어서 우물을 파고 물통을 사전 준비하도록 하였으며, 화재 시 대응하는 지방의 자발적 의용소방조직에 해당

6 조선 후기(1637년 ~ 1897년)

(1) 경종 3년(1723년)에 중국으로부터 수총기 도입 : 금화법령에서 어사대가 수시 점검하여 일직이 궐 하였을 경우 먼저 가둔 후 보고하였다.
(2) 1895년 경무청세칙에서 "소방"이란 용어가 역사 이래 최초로 등장
(3) 내무 지방국에서 소방업무 관장
(4) 궁궐소방대설치, 소방완용펌프 도입
(5) 우리나라 최초로 화재보험제도 도입(1906년)
(6) 수도설치에 의한 공설・사설 소화전설치(현재 수도법에서 규정된 내용과 동일한 성격이다)
(7) 소방장비를 갖추고 체계적인 소방훈련 실시 : 경무청세칙에서 수화소방은 난파선 및 출화・홍수 등에 계하는 구호에 관한 사항으로 성격 지워졌는데 여기에서 소방이라는 용어를 역사상 처음 쓰게 되었다.

7 일제강점기(1910년 ~ 1945년)

(1) 경찰조직 내 소방조직 관장 : 중앙은 소방사무를 경무총감부(1910년)에서 보안과 내 소방계에서 담당(상비소방수제도 운영)
※ 지방은 도 경무부 보안과에서 소방사무 담당
(2) 경무부소속 소방조를 1915년 소방조의 조직과 운영에 관한 법규인 소방조규칙을 조선총독부령(제65호)으로 제정・시행하면서 전국으로 확대, 소방조소속 상비소방수와 경무부소속 상비소방수로 이원화
(3) 중・일전쟁(1939년)시기에 방공(防空)의 중요성을 감안하여 경무국에 소방사무담당 방호과 설치
※ 지방은 도 경무부에 방호과 설치 소방사무 담당
(4) 소방조(1938년) : 1,393개조/69,414명이였으며, 경방단에 흡수(1939년)
(5) 상비소방수의 신분 : 상비소방요원 배치, 1922년 신분은 판임관(당시 순사의 직급, 현재의 8~9급 공무원)에 해당하는 정식 공무원으로 양성화
(6) 소방장비 도입 : 가솔린펌프, 소방차, 사다리 등
(7) 우리나라 최초의 소방서 설치(1925년) : 경성소방서("현" 종로소방서)
(8) 화재신고 119사용・망루(화재감시) 설치 : 119전화 일본에서 도입, 화재발생 경보, 소방차고 설치
(9) 소방행사 및 연습 : 불조심 행사, 소방조원 기율과 기구정비 상황 점검(경찰서장)

8 미군정시대(1945년 ~ 1948년 정부수립 이전)

(1) 경찰조직에서 소방을 분리, 역사상 독립된 자치소방제도 최초 시행

(2) 중앙행정과 소방 : 중앙소방위원회 설치(1946년), 집행기구로 중앙소방청 설치(1947년)
(3) 중앙소방위원회 기능 : 지방행정처와 협력하여 전국 소방예산 작성, 시 · 읍 · 면의 소방부운영에 관한 경비할당 추천, 소방 · 방화상 중요하다고 보이는 사항의 규격 · 규칙연구
(4) 지방행정과 소방 : 서울시(소방부 설치), 도(소방위원회, 지방소방청 설치), 시 · 읍 · 면(소방부 설치)
(5) 도소방위원회 기능 : 화재로 인한 피해와 화재위험에 관하여 연구, 소화 · 방화에 관한 계획 수립, 시 · 읍 · 면을 원조하고 정책, 계획, 보고 및 예산에 있어 중앙소방위원회 원조
(6) 도 소방위원회 사무집행기구 : 서울에 소방부(후에 소방국), 도에는 소방청 설치(소방과, 예방과)
(7) 소방서 증설 : 남한에 기존 5개(북한 3개) 소방서를 50여 개로 확대 설치

9 대한민국 정부수립 이후 국가 소방체제(1948년 ~ 1970년)

(1) 독립된 자치소방제도 폐지, 소방청 등 자치소방기구는 경찰기구에 흡수되어 소방행정은 다시 경찰행정체제로 전환(1948년, 소방사무를 치안국 내 소방과에서 담당, 지방(시 · 도) - 경찰국 소방과 담당)
(2) 내무부직제의 개정으로 소방과는 치안국 보안과 내 소방계로 축소(1950년)
(3) 치안국 보안과의 소방계와 경비과의 방화계를 병합하여 방호계로 하였고, 방호계에서 소방업무와 방공업무 관장(1955년)
(4) 소방공무원은 경찰공무원 신분
(5) 소방법 제정 공포(1958년)
(6) 치안국에 소방과(방호계, 소방계) 설치 후 민방공, 소방, 수난구조 및 방호업무 관장(1961년)
(7) 지방세법 개정(법률 제827호)으로 목적세인 소방공동시설세 신설(1961년)
(8) 경찰전문학교 내에 소방학과 설치(1963년)
(9) 소방업무는 소방서 설치 지역은 소방서에서 담당, 소방서 미설치 지역은 경찰서에서 담당
(10) 소방서에 소방과와 방호과를 두었으며, 소방서장은 소방총경으로 보임(1969년)

※ 국가소방체제는 일사불란한 지휘체계 확립과 인력, 장비, 재정의 효율적 관리가 가능한 장점이 있다.

10 국가와 자치의 이원적 소방체제로 전환(1970년 ~ 1992년)

(1) 정부조직법 개정으로 내무부의 소방기능을 삭제하고 소방사무를 자치사무로 이양(1970년)
(2) 서울특별시와 부산광역시에 소방본부설치(1972년)로 시장이 총괄지휘 : 지방자치법
(3) 지방 소방공무원법 제정(1973년) 시행 : 소방공무원 신분보장
(4) 민방위본부 설치(1975년)로 내무부치안본부 소방과에서 민방위본부 내 소방국 설치(확대개편)
(5) 각 도 민방위국 내 소방과 설치(1975년)
(6) 중앙소방학교 설치(1978년)로 소방교육의 체계화, 소방연구실 설치(1991년)

(7) 경찰서 및 파출소의 소방업무는 시, 군, 면에서 인수하여 수행(1976년)
(8) 소방공무원 복제규정 제정, 공포(1983년)
(9) 소방연구실 설치로 소방의 과학화 기틀 마련(1991년)

11 광역 소방체제로의 전환(1992년 ~ 현재)

✔ Check 지방자치법 제13조 제2항 제6호

① 지역 및 직장 민방위조직(의용소방대를 포함한다)의 편성과 운영 및 지도·감독
② 지역의 화재예방·경계·진압·조사 및 구조·구급
※ 우리나라의 소방사무는 지방자치법 등에 따라 광역단체의 사무로 규정되어 있다.
따라서 1992년 이후부터 광역소방체제이다.

(1) 광역소방체제로 전환(1992년) : 각 시·도에 소방본부 설치(광역시장·도지사의 책임 일원화)
(2) 주요 제도의 변화
① 각 도의 소방조직이 민방위국 소방과에서 소방본부로 확대개편
② 소방서 담당 관할구역이 모든 시·군으로 확대
③ 소방공무원(지방직) 임용권한이 시장·군수에서 광역시·도지사로 조정
④ 소방공동시설세가 시·군세에서 도세로 전환
⑤ 의용소방대 설치운영권과 화재예방조례 제정권이 시·군에서 도로 조정
(3) 소방본부 및 소방서에 구조·구급전담부서 설치, 시·군에 소방서 확대 설치, 119구조·구급대 설치 운영
(4) 중앙119구조대 발족(1995년) : 1995년 발생된 삼풍백화점 붕괴사고 계기, 소방국에 장비통신과 신설
(5) 민방위재난통제본부 내 소방국장직제 개편(1996년) : 소방직단일화와 최고계급인 소방총감 계급신설
(6) 소방법을 4대 기본법으로 분법제정(2003년) : 소방기본법, 화재예방 소방시설 설치·유지 및 안전관리에 관한 법, 소방시설공사업법, 위험물안전관리법
→ 소방 환경변화에 맞추어 미비점을 보완하고 안전기준 강화 조치
(7) 대구지하철화재사건 계기로 소방방재청 신설(2004년) : 소방·방재·민방위 통합
(8) 소방방재청 소속기관 : 중앙소방학교, 중앙119구조본부
(9) 세월호사건 계기로 국민안전처 신설(2014년, 소방·해경·민방위방재 통합) : 중앙소방본부 설치
(10) 국민안전처 중앙소방본부 소속기관 : 중앙소방학교, 중앙119구조본부
(11) 국민안전처 소속이던 소방방재청과 해양경찰청을 행정안전부와 행양수산부 소속의 외청으로 각각 분리
(12) 행정안전부 산하 외청인 소방청(2017년 7월 ~ 현재)

12 이원화되어 있던 소방공무원 신분을 국가직으로 전환(2020년~)

국가소방공무원과 지방소방공무원으로 분류되어온 신분을 소방공무원으로 단일화

※ 단, 소방체제는 광역자치소방체제를 유지한다.

13 주요 국제대회 및 대형재난에 의한 소방조직의 변화 사례

우리나라 소방의 변천사를 보면 국제적인 대규모 행사 개최 또는 사회적 이목이 집중되는 대규모 재난사건 발생에 의해 조직의 변화가 심화 발전되었다고 볼 수 있다.

(1) 대연각호텔 화재(1971. 12. 5) : 피해규모(사망 163명, 부상 68명, 실종·행방불명 25명)
→ 고가소방사다리차 도입(고층건물 인명구조용)

(2) 119구급대 설치 : 소방법 개정(1983년)으로 구급업무를 소방의 기본업무로 법제화

(3) 88서울올림픽 개최(1988. 8. 1)
→ 119특별구조대편성(올림픽 개최도시 : 서울, 부산, 대구, 인천, 광주, 대전, 수원)
*119특별구조대운영계획 수립(1987. 9. 4)

(4) 구조업무를 소방의 기본업무로 법제화(1989. 12. 30) : 소방법 개정(법률 제4155호)

(5) 삼풍백화점붕괴사건(1995. 6. 29) : 피해규모(사망 502명, 부상 937명, 실종 6명, 재산피해 2,700여억원)
→ 재난관리법제정(1995. 7. 18), 중앙119구조대 신설(1995. 10. 19)

(6) 대구지하철화재사건((2003. 2. 18) : 피해규모(사망 192명, 부상 151명, 재산피해 600여억원)
→ 정부조직법 개정(2004. 3. 2), 재난 및 안전관리법 제정(2004. 3. 2), 소방방재청 개청(2004. 6. 1, 청장은 정무직 또는 소방공무원, 소속기관 – 중앙소방학교, 중앙119구조대)

(7) 세월호침몰사건(2014. 4. 16) : 피해규모(476명 중 사망 295명, 실종 9명)
→ 정부조직법일부개정(2014. 11. 19), 소방방재청폐지(2014. 11. 19), 국민안전처신설(2014. 11. 19, 소속기관 – 중앙소방학교, 중앙119구조본부)
*국민안전처 내 중앙소방본부(본부장은 차관급인 소방총감, 인사와 예산 독립운영)

(8) 정부조직법 개편으로 인한 별도 독립청(2017. 7. 26) : 기존의 국민안전처를 행정안전부에서 흡수하면 소방방재청은 행정안전부 외청인 독립 소방청으로 해양경찰청은 해양수산부 외청으로 독립

(9) 소방공무원의 신분을 국가와 지방에서 국가직의 소방공무원 체계로 단일화(2020년 4월)

14 소방조직의 변천사

(1) 조선시대(조선 ~ 구한말)

① 1426년 : 금화도감(세종 8년, 1426년, 병조), 수성금화도감(세종 8년, 1426년, 공조)

② 1431년 : 금화군(세종 13년, 1431년)

③ 1467년 : 멸화군(세조 13년, 1467년)
④ 1481년 : 수성금화사
⑤ 1910년 : 상비소방수제도(경찰조직 내 경무총감부에서 보안과 소방계에서 담당)
⑥ 1925년 : 경성소방서("현" 종로소방서)

(2) 과도기 : 지방자치제 [미군정시대(1946년 ~ 1948년)]
① 중앙 : 소방위원회(중앙소방청 : 집행기구)
② 지방 : 도 소방위원회(지방소방청 : 집행기구)
③ 시 · 읍 · 면 : 소방부
※ 최초로 독립된 자치소방 체제

(3) 초창기 : 국가소방체제 [정부 수립(1948년 ~ 1970년)]
① 중앙 : 내무부 치안국 소방과
② 지방 : 경찰국 소방과, 소방서
③ 법제 : 1958년 3월 소방법제정
④ 신분 : 경찰공무원법 적용

(4) 성장기 : 국가 + 지방자치소방 [이원적 행정(1970년 ~ 1992년)]
① 체제 : 1972년 서울 · 부산 자치체제(처음으로 소방본부 설치)
② 구조 : 1975년 내무부 민방위본부에 소방국 설치
③ 신분 : 1978년 3월 소방공무원법 시행(1977년 12월 제정)
④ 교육기관 설치 : 1978년 3월 중앙소방학교 설치

(5) 발전기 : 시 · 도 광역자치소방(1992년 ~ 2004년)
① 체제 : 시 · 도 체제 일원화
② 기구 : 모든 시 · 도에 소방본부 설치
③ 신분 : 시 · 도 지방직으로 전환(1995년 1월)

(6) 전성기 : 소방방재청, 시 · 도 광역자치소방(2004년 ~ 2014년)
① 체제 : 소방방재청체제(2004년 6월 1일)
② 기구 : 18개 시 · 도소방본부
③ 신분 : 중앙소방본부는 국가직, 시 · 도 소방본부는 지방직

(7) 국민안전처, 시 · 도 광역자치소방(2014년 ~ 2017년)
① 체제 : 국민안전처 내 중앙소방본부
② 기구 : 18개 시 · 도소방본부
③ 신분 : 중앙소방본부는 국가직, 시 · 도 소방본부는 지방직

(8) 소방청(행정안전부 외청, 국민안전처 폐지), 시・도 광역자치소방(2017년 7월 ~ 2020년 3월)
① 체제 : 소방청(행정안전부 외청, 국민안전처 행정안전부로 흡수)
② 기구 : 18개 시・도 소방본부
③ 신분 : 중앙소방본부는 국가직, 시・도 소방본부는 지방직

(9) 소방직의 국가직 전환(2020년 4월 ~), 시・도 광역자치소방체제
① 체제 : 소방청(행정안전부 외청)
② 기구 : 18개 시・도 소방본부
③ 신분 : 소방공무원

15 소방공무원의 법률에 의한 신분 변화과정

(1) 1949년 8월 12일 국가공무원법(법률 제44호) 제정 공포로 일반직 국가공무원 신분
(2) 1969년 1월 7일 경찰공무원법(법률 제2077호) 제정 공포로 별정직의 경찰공무원 신분
(3) 1973년 2월 8일 지방소방공무원법(법률 제2502호) 제정으로 국가 공무원은 경찰공무원으로 지방공무원은 소방공무원으로 임용권자에 따라 신분 이원화
(4) 1977년 12월 31일부로 소방공무원법(법률 제3042호)이 제정 공포로 1978년 3월 1일부터 시행됨에 따라 국가 공무원, 지방공무원 모두 소방공무원으로 신분단일화
(5) 1983년 1월 1일부터 소방공무원법이 개정되어 별정직의 소방공무원이 특정직소방공무원 신분
※ 국가공무원법에서 소방공무원을 별정직에서 경력직 공무원 중 특정직 공무원으로 분류 (1981.4)
(6) 2020년 소방공무원의 신분 단일화(국가 소방공무원과 지방소방공무원을 소방공무원으로 단일화)

16 소방법 제정과 개정으로 인한 소방업무의 변천과정

(1) 1958년 소방법 제정 : 화재, 풍수해・설해의 예방・경계・진압(소방법 제1조)
(2) 1967년 소방법 개정 : 화재의 예방・경계・진압(소방법 제1조) → 풍수해・설해 제외
(3) 1983년 소방법 개정 : 구급대의 운영규정 신설(소방법 제93조) → 구급업무 추가
(4) 1989년 소방법 개정 : 88서울올림픽 테러방지를 위한 구조대 창설(소방법 제94조) → 구조업무 시작
(5) 1995년 재난관리법 제정 : 소방관서장에게 재난현장의 통제관 임무부여 → 재난관리법 제24조, 제25조
(6) 2003년 소방법이 4대 소방관계법규로 분법 → 2022년 4대 소방관계법규를 6대 소방관계법규로 분법
(7) 2004년 재난관리법을 폐지하고 재난 및 안전관리 기본법 제정

17 시대별 소방과 관련된 기관 및 용어

(1) 고려시대

금화제도(소방을 "소재"라고도 지칭함), 화약을 다루는 화통도감을 두었다.

(2) 조선시대

① 금화조건(세종 5년, 1423년, 병조) : 궁궐에서 화재가 발생한 경우 그 진압 방법을 구체적으로 규정

② 금화도감(세종 8년, 1426년) : 통금이 지나 불을 끄는 사람에게 구화패(금화패) 발급

※ 금화도감은 수성금화도감(세종 8년, 1426년)으로 명칭 변경

③ 금화군(세종 13년, 1431년) : 최초의 소방관 · 소방수

④ 멸화군(세조 13년, 1467년, 임진왜란 이후 소멸)

(3) 갑오경장 이후

"소방"이란 용어 역사상 최초 사용

(4) 일제강점기(1910년)

상비소방수제도

✔ Check 소방의 역사 포인트 체크

① 고려시대 : 소방을 "소재"라 칭하기도 함, 화통도감을 두어 화약 관리, 금화제도 시행
② 최초로 금화법령이 제정되고 금화도감이 설치된 시기 : 조선시대(세종 8년, 1426년)
③ 최초의 소방관서(세종 8년, 1426년) : 금화도감(최초의 독자적인 소방관서에 해당)

> 금화도감(세종 8년, 1426년, 병조) → 수성금화도감(1426년, 공조) → 금화군(세종 13년, 1431년) → 멸화군(세조 13년, 1467년)

※ 최초의 소방조직 : 금화도감, 최초의 소방관 · 소방수 : 금화군
※ 경종 3년(1723년)에 중국으로부터 수총기 도입

④ 1894년 소방업무는 내무부 지방국에서 관장
⑤ 최초로 "소방"이란 용어 사용 : 갑오경장 이후(1895년)
⑥ 일제시대 상비소방수제도 : 경찰조직 내 소방조직 관장은 중앙은 소방사무를 경무총감부(1910년)에서 보안과 소방계에서 담당
⑦ 최초의 소방서 : 경성("현" 종로)소방서 설치(1925년)
⑧ 미군정시대(1945년 ~ 1948년) : 소방을 분리 역사상 독립된 자치소방제도 최초 시행
㉠ 중앙-중앙소방위원회설치(1946년), 중앙소방청(집행기관) 설치(1947년)
㉡ 지방-서울시(소방부 설치), 도(소방위원회, 지방소방청 설치), 시 · 읍 · 면(소방부 설치)
⑨ 대한민국 정부수립 후(1948년) : 국가소방체제(소방업무는 국가소방으로 하여 경찰조직의 내무부 치안국 소방과로 예속)
⑩ 소방법 제정 : 1958년
⑪ 소방시설공동세 신설(1961년) : 목적세(소방재원확보)

⑫ 국가기초의 이원적 소방체제로 전환(1970년)
⑬ 전국 최초로 소방본부 설치(1972년) : 서울소방본부, 부산소방본부
⑭ 국가와 자치의 이원적 소방체제(1972년)
⑮ 지방소방공무원법 제정(1973년) : 국가 공무원은 경찰공무원으로 지방공무원은 소방공무원으로 임용권자에 따라 신분 이원화
⑯ 내무부 민방위본부 창설(1975년, 소방국 설치)
⑰ 중앙소방학교 설치(1978년) : 소방공무원 교육훈련체계 일원화
⑱ 소방공무원법 제정(1977년), 시행(1978년) : 소방공무원신분 단일화
⑲ 소방공무원 복제규정 제정 공포(1983년)
⑳ 소방공무원을 소방공무원법에서 별정직에서 특정직으로 전환(1983년)
※ 국가공무원법에서는 1981년에 전환
㉑ 119구급대 설치 : 구급업무를 소방의 기본업무로 법제화(소방법 개정, 1983년)
㉒ 119특별구조대편성운영 : 88서울올림픽계기 – 119특별구조대운영계획 수립(1987년 9월)
㉓ 구조업무를 소방의 기본업무로 법제화 : 소방법 개정(1989년)
㉔ 광역소방체제로 전환(1992년) : 모든 시·도에 소방본부 설치
㉕ 재난관리법 제정(1995년)·중앙119구조대 설치(1995년) : 삼풍백화점붕괴사건 계기
㉖ 소방법이 소방관계 4대 기본법으로 분법(2003년 개정, 단 시행은 2004년) : 「소방본기법」, 「소방시설공사업법」, 「화재예방, 소방시설 설치·유지 및 안전관리에 관한 법률」, 「위험물안전관리법」
㉗ 재난 및 안전관리 기본법 제정(2004년), 소방방재청 개청(2004년) : 대구지하철 화재사건 계기
㉘ 소방방재청 폐지(2014년), 국민안전처 설치(국무총리소속, 소방조직은 중앙소방본부로 개편) : 세월호침몰사건 계기
㉙ 소방청으로 독립(2017년) : 국민안전처를 행정안전부가 흡수하고 기존의 소방방재청을 소방청으로 출범하고 행정안전부 산하 외청으로 독립
㉚ 소방공원 국가직 전환(2020년) : 소방공무원의 신분을 국가직으로 단일화
단, 2020년 이후에도 소방체제는 광역소방체제
㉛ 2022년 소방관계 4대 법규가 소방관계 6대 법규로 개정되어 「소방기본법」, 「소방의 화재조사에 관한 법률」, 「화재의 예방 및 안전관리에 관한 법률」, 「소방시설 설치 및 관리에 관한 법률」, 「소방시설공사업법」, 「위험물안전관리법」으로 분법되었다.

CHAPTER

02 소방행정체제의 기능 및 책임

01 절 소방의 조직체계

우리나라는 변화하는 환경 속에서 여러 형태의 조직체계로 운영되어왔다. 1975년 8월 내무부에 설치된 민방위본부(민방위국・소방국)가 소방청의 전신이었다. 민방위본부는 1995년 10월 내무부 소속 민방위재난통제본부로 개편되었고, 1998년 2월 내무부와 총무처를 통합하여 출범한 행정자치부 소속으로 변경되었다가 2004년 6월 정부조직법과 '재난 및 안전관리 기본법'에 따라 행정자치부의 외청으로 승격하여 소방방재청으로 독립하였다. 이후 정부조직 개편에 따라 2008년 2월 행정안전부를 거쳐 2013년 3월 안전행정부 외청으로 변경되었으며, 2014년 11월 신설된 국민안전처 소속 중앙소방본부가 되었다. 이후 2017년 7월 국민안전처가 행정안전부로 흡수・통합되면서 행정안전부 산하의 소방청으로 출범하였으며, 2020년 이원화 되어있던 신분을 소방공무원으로 단일화하였다.

02 절 기관의 주요 업무

1 소방청

(1) 설립목적

소방청의 설립목적은 재난 관련 업무체제의 일원화를 통한 재난관리 전담기능 강화, 재난 예방 강화, 자치단체의 재난관리 기능과 민관 협조체제 강화, 구조・구급 및 현장수습 등 현장대응 체제 강화에 있다.

(2) 주요 업무

소방청의 주요 업무는 예방・대비・대응・복구 등 재난관리의 단계별 업무를 지원하는 국가재난관리정보시스템(NDMS : National Disaster Management System) 구축 운영, 재난관리 책임기관 및 긴급구조기관・긴급구조 지원기관 간에 일원화된 지휘통신체계를 확보하는 통합 지휘무선통신망 운영, 대규모 풍수해나 화재・폭발 등의 실제 재난 상황에 대비하는 실용훈련인 '재난대응 안전한국훈련' 실시, 민방위 교육 및 훈련, 사유재산 피해 지원, 특별재난지역 선포, 사전 재해 영향성 검토, 소방 관련 정책의 수립과 소방・방화 등 각종 재난으로부터 국민의 생명과 재산을 보호하고 사회 안전망을 구축하는 것이었다.

2 119특수구조대 설치목적 및 운영현황

119 특수구조대는 중앙119구조본부의 소관사무를 분장하는 소속기관이다.

(1) 전국 어느 곳, 어떠한 재난이든 30분 이내에 첨단장비와 고도의 기술로 무장한 전문인력 투입

(2) 신속대응팀, 항공팀, 현장지휘팀 운영

(3) 특수구조대의 종류 : 소방대상물, 지역 특성, 재난 발생 유형 및 빈도 등을 고려하여 지역을 관할하는 소방서에 다음의 구분에 따라 설치함(다만, 고속국도구조대는 직할구조대에 설치할 수 있다)

① 화학구조대 : 화학공장이 밀집한 지역

② 수난구조대 : 내수면지역

③ 산악구조대 : 자연공원 등 산악지역

④ 고속국도구조대 : 고속국도

⑤ 지하철구조대 : 도시철도의 역사(驛舍) 및 역 시설

3 119화학구조센터 설치 · 목적현황

(1) 지방소방조직은 광역시(장)도(지사)소속하의 광역소방행정체를 유지하고 있다. 각 광역시 · 도에 소방(안전, 재난)본부가 1992년부터 설치되었고, 소방본부 산하에 항공 구조 · 구급대, 지방소방학교, 소방서가 있으며, 소방서는 구조 · 구급대, 119안전센터(119지역대), 소방정대로 편제되어 운영되고 있다.

(2) 목적현황

① 화학물질사업장의 예방-대비-대응-복구기능 통합적 수행목적

② 시흥119화학구조센터, 익산119화학구조센터, 구미119화학구조센터, 서산119화학구조센터, 여수119화학구조센터, 울산119화학구조센터

4 소방학교 현황

(1) 중앙(1개교) : 중앙소방학교

(2) 지방(8개교) : 서울소방학교, 부산소방학교, 인천소방학교, 광주소방학교, 경기소방학교, 강원소방학교, 경북소방학교, 충청소방학교

5 중앙소방조직과 지방소방조직

소방공무원 임용령에서 소방기관이라 함은 소방청, 특별시 · 광역시 · 특별자치시 · 도 · 특별자치도(이하 "시 · 도"라 한다)와 중앙소방학교 · 중앙119구조본부 · 국립소방연구원 · 지방소방학교 · 서울종합방재센터 · 소방서 · 119특수대응단 및 소방체험관을 말한다.

(1) 중앙소방행정조직

① 직접적 소방행정조직

㉠ 소방청

㉡ 중앙소방학교

㉢ 중앙119구조본부

㉣ 국립소방연구원

② 간접적 소방행정조직(소방청 위탁행정조직)

㉠ 한국소방안전원

㉡ 한국소방산업기술원

㉢ 대한소방공제회

㉣ 소방산업공제조합

(2) 지방소방행정조직

① 서울특별시 소방행정조직

② 광역시 소방행정조직

③ 도 소방행정조직

㉠ 소방본부	㉡ 소방서	㉢ 119안전센터
㉣ 119구조대	㉤ 119구급대	㉥ 119지역대
㉦ 소방정대	㉧ 지방소방학교	㉨ 서울종합방재센터
㉩ 의무소방대	㉪ 119특수대응단	㉫ 소방체험관

(3) 민간 소방행정조직

① 의용소방대 ② 자체소방대 ③ 자위소방대 ④ 소방안전관리자 ⑤ 위험물안전관리자

(4) 각 법령에서 정하는 소방기관

① 소방공무원 임용령 제2조

소방기관이라 함은 소방청, 특별시・광역시・특별자치시・도・특별자치도(이하 "시・도"라 한다)와 중앙소방학교・중앙119구조본부・국립소방연구원・지방소방학교・서울종합방재센터・소방서・119특수대응단 및 소방체험관을 말한다.

② 소방장비관리법 제2조

소방기관이란 중앙소방학교・중앙119구조본부・소방본부・소방서・지방소방학교・119안전센터・119구조대・119구급대・119구조구급센터・항공구조구급대・소방정대・119지역대 및 소방체험관 등 소방업무를 수행하는 기관을 말한다.

③ 지방소방기관 설치에 관한 규정

지방소방학교・소방서・119안전센터・119구조대・119구급대・119구조구급센터 및 소방정대・119지역대에 대하여 규정하고 있다.

④ 소방청과 그 소속기관 직제 제2조

㉠ 소방청장의 관장사무를 지원하기 위하여 소방청장 소속으로 중앙소방학교 및 중앙119구조본부를 둔다.

㉡ 소방청장의 관장 사무를 지원하기 위하여 「책임운영기관의 설치・운영에 관한 법률」 제4조 제1항, 같은 법 시행령 제2조 제1항 및 별표 1에 따라 소방청장 소속의 책임운영기관으로 국립소방연구원을 둔다.

✔ Check 소방행정조직 정리

중앙 소방행정조직	직접적 소방행정조직	① 소방청 ② 중앙소방학교 ③ 중앙119구조본부 ④ 국립소방연구원	
	간접적 소방행정조직(소방청 위탁행정조직)	① 한국소방안전원 ② 한국소방산업기술원 ③ 대한소방공제회 ④ 소방산업공제조합	
지방 소방행정조직	① 소방본부 ④ 119구조대 ⑦ 소방정대 ⑩ 의무소방대	② 소방서 ⑤ 119구급대 ⑧ 지방소방학교 ⑪ 119특수대응단	③ 119안전센터 ⑥ 119지역대 ⑨ 서울종합방재센터 ⑫ 소방체험관
민간 소방행정조직	① 의용소방대 ④ 소방안전관자	② 자체소방대 ⑤ 위험물안전관리자	③ 자위소방대

03 절 소방공무원 계급체계

소방공무원은 경력직 중 특정직 공무원이다. 즉 실적과 자격에 의하여 임용되고 신분이 보장되며 평생토록 공무원으로 근무할 것이 예정되는 공무원으로서 법관, 검사, 외무공무원, 경찰공무원, 소방공무원, 교육공무원, 군인, 군무원, 헌법재판소 헌법연구관, 국가정보원과 청와대 경호처의 직원과 같이 특수 분야의 업무를 담당하는 공무원에 해당한다. 소방공무원은 11개의 계급으로 분류한다.

1 소방공무원의 계급

(1) 소방총감(消防總監)

(2) 소방정감(消防正監)

(3) 소방감(消防監)
(4) 소방준감(消防准監)
(5) 소방정(消防正)
(6) 소방령(消防領)
(7) 소방경(消防警)
(8) 소방위(消防尉)
(9) 소방장(消防長)
(10) 소방교(消防校)
(11) 소방사(消防士)

2 소방공무원의 계급표

(1) 태극문양에 소방위계급장 5개를 5각으로 연결한 형태
: 소방총감(4개), 소방정감(3개), 소방감(2개), 소방준감(1개)

소방총감	소방정감	소방감	소방준감
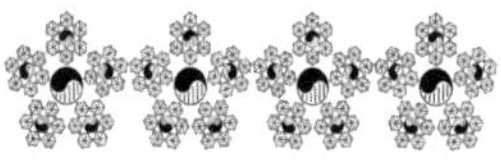		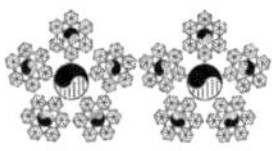	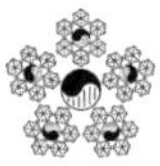

(2) 태극모양 둘레에 육각수 모양 6개를 정육각형이 되도록 붙임
: 소방정(4개), 소방령(3개), 소방경(2개), 소방위(1개)

소방정	소방령	소방경	소방위

(3) 육각수 모양을 관창 및 호스형태로 받치고, 좌우대칭이 되도록 함
: 소방장(4개), 소방교(3개), 소방사(2개), 소방사시보(1개)

소방장	소방교	소방사	소방사시보
	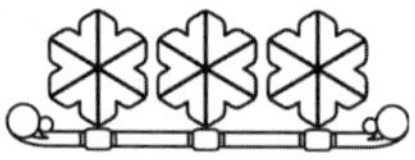		

CHAPTER

03 소방조직관리의 기초이론

1 소방행정작용

(1) 소방의 의의

1) 소방의 개념

① 실질적, 형식적 의미의 소방

㉠ 실질적 의미의 소방 : 화재의 예방, 경계 및 진압을 위한 일체의 활동과정

㉡ 형식적 의미의 소방 : 소방행정 목적을 달성하기 위하여 구성되는 조직인 소방기관을 의미

② 소방의 목적

㉠ 인위적 또는 자연적 형상에 의해 발생하는 화재의 예방, 경계 및 진압을 한다.

㉡ 사회 공공의 안녕·질서를 유지한다.

㉢ 적극적으로 사회의 복리 증진에 기여한다.

㉣ 사회 공동생활의 평온과 건전한 상태를 보장하는 데 있다.

✔ Check 소방기본법의 목적[법 제1조(목적)]

소방기본법은 ① 화재를 예방·경계하거나 진압하고 ② 화재, 재난·재해, 그 밖의 위급한 상황에서의 구조·구급 활동 등을 통하여 ③ 국민의 생명·신체 및 재산을 보호함으로써 ④ 공공의 안녕 및 질서 유지와 복리증진에 이바지함을 목적으로 한다.

※ 최종적·궁극적 목적 : 복리증진

2) 소방의 임무

① 기본적 임무 : 질서기능에 속하며 그 가운데 보안 기능을 담당, 사회의 공공 안녕 유지로 안전한 국민생활을 보호한다. 즉 기본적인 포괄적 개념

② 파생적인 임무 : 봉사기능에 속하며 권력이 없는 직접 서비스 기능으로 구조대 및 구급대의 운영이 해당된다. 즉 세부적인 구조 활동

3) 소방행정수단

① 계몽, 지도

② 봉사활동

*상대적 봉사 : 직접적인 혜택을 받는 사람들을 중심으로 하는 봉사활동

*포괄적 봉사 : 소방의 혜택을 받는 사람이 사회의 불특정 다수인이 되는 활동

※ 소방의 3요소

소방인력, 소방장비, 소방수리 + 소방전용 통신 및 전산 설비(4요소)

(2) 소방행정 작용의 특성

① 우월성(지배・복종의 법률 관계)

소방 행정기관은 당사자보다 우월한 힘을 가지기 때문에 일방적인 결정에 의한 행정처분이 가능하다. 예 화재의 예방조치, 강제 처분

② 획일성 및 원칙성

소방대상물에 대한 소방법령의 적용은 비례의 원칙에 의하여 획일적으로 적용되어야 한다. 비슷한 소방대상물에 대한 처분은 비슷하게 하여야 한다.

③ 기술성

소방행정은 그 집행에 있어 재난・재해로부터 국민의 생명・신체, 재산을 지키기 위해서는 전문성이 필요하다.

④ 강제성

소방행정은 실효성을 확보하기 위하여 강제력을 동원할 수 있다.

2 소방행정권

(1) 소방 소극 목적의 원칙

우리 사회의 안녕질서 유지에 방해가 되는 위험요소가 있는 경우에 이를 제거한다는 소극적인 목적의 원칙으로 화재의 예방과 사회공공의 안전 등을 위하여 소방행정권을 발동하지만 그렇지 않을 경우에는 발동시킬 수 없다.

(2) 소방공공의 원칙

직접적인 영향을 주지 않는 사생활에는 관여하지 않는다는 원칙으로 소방의 목적을 달성하는 데 있어서 직접적인 영향을 주지 않는 사생활에는 관여하지 않는다.

① 사생활의 불가침 원칙

② 사주거의 불가침 원칙

③ 민사법률의 불간섭 원칙

④ 소방책임의 원칙

⑤ 개인의 행동에 대한 책임 원칙

⑥ 물건상태에 대한 책임 원칙

3 소방행정관리

(1) 지방소방기관 설치에 관한 규정

지방소방기관 설치에 관한 규정을 통하여 소방기관의 조직 및 운영 등에 관한 사항을 규정함으로써 소방행정을 통일적이고 체계적으로 수행함을 목적으로 한다. 이 규정에서는 지방소방학교・소방서・119안전센터・119구조대・119구급대・119구조구급센터 및 소방정대・119지역대에 대하여 규정하고 있다.

(2) 소방서의 설치기준(지방소방기관 설치에 관한 규정 제5조 제3항 및 제8조 제3항 별표 2)

① 시(「제주특별자치도 설치 및 국제자유도시 조성을 위한 특별법」 제15조 제2항에 따른 행정시를 포함한다. 이하 같다) · 군 · 구(지방자치단체인 구를 말한다. 이하 같다) 단위로 설치하되, 소방업무의 효율적인 수행을 위하여 특히 필요한 경우에는 인근 시 · 군 · 구를 포함한 지역을 단위로 설치할 수 있다.

② '①'에 따라 설치된 소방서의 관할구역에 설치된 119안전센터의 수가 5개를 초과하는 경우에는 소방서를 추가로 설치할 수 있다.

③ '①' 및 '②'에도 불구하고 석유화학단지 · 공업단지 · 주택단지 또는 문화관광단지의 개발 등으로 대형 화재의 위험이 있거나 소방 수요가 급증하여 특별한 소방대책이 필요한 경우에는 해당 지역마다 소방서를 설치할 수 있다.

(3) 119출장소의 설치기준

① 소방서가 설치되지 않은 시 · 군 · 구 지역에 119출장소를 설치할 수 있다.

② "(2)의 ② 또는 ③"에 따라 소방서를 설치할 수 있는 지역이거나 "①"에 따라 이미 119출장소가 설치된 지역임에도 불구하고 석유화학단지 · 공업단지 · 주택단지 또는 문화관광단지의 개발 등으로 대형 화재의 위험이 있거나 소방 수요가 급증하여 특별한 소방대책이 필요한 지역에는 119출장소를 추가로 설치할 수 있다.

(4) 119안전센터의 설치기준

① 소방업무의 효율적인 수행을 위하여 다음 기준에 따라 119안전센터를 설치할 수 있다.

㉠ 특별시 : 인구 5만명 이상 또는 면적 2㎢ 이상

㉡ 광역시, 인구 50만명 이상의 시 : 인구 3만명 이상 또는 면적 5㎢ 이상

㉢ 인구 10만명 이상 50만명 미만의 시 · 군 : 인구 2만명 이상 또는 면적 10㎢ 이상

㉣ 인구 5만명 이상 10만명 미만의 시 · 군 : 인구 1만 5천명 이상 또는 면적 15㎢ 이상

㉤ 인구 5만명 미만의 지역 : 인구 1만명 이상 또는 면적 20㎢ 이상

② '①'에도 불구하고 석유화학단지 · 공업단지 · 주택단지 또는 문화관광단지의 개발 등으로 대형 화재의 위험이 있거나 소방 수요가 급증하여 특별한 소방대책이 필요한 경우에는 해당 지역마다 119안전센터를 설치할 수 있다.

(5) 소방정대의 설치기준

① 「항만법」 제2조 제1호에 따른 항만을 관할하는 소방서에 소방정대를 설치할 수 있다.

② '①'에도 불구하고 항만의 이동 인구 및 물류가 급격히 증가하여 대형 화재의 위험이 있거나 특별한 소방대책이 필요한 경우에는 해당 지역에 소방정대를 설치할 수 있다.

(6) 119지역대의 설치기준

① 119안전센터가 설치되지 아니한 읍 · 면 지역으로 관할면적이 $30km^2$ 이상이거나 인구 3천명 이상 되는 지역에 설치할 수 있다.

② 농공단지 · 주택단지 · 문화관광단지 등 개발지역으로써 인접 소방서 또는 119안전센터와 10km 이상 떨어진 지역에 설치할 수 있다.

③ 도서 · 산악지역 등 119안전센터에 소속된 소방공무원이 신속하게 출동하기 곤란한 지역에 설치할 수 있다.

(7) 소방장비 등에 대한 국고보조의 대상 및 기준

① 국고 보조의 대상

㉠ 소방활동장비 및 설비

ⓐ 소방자동차, 소방헬리콥터 및 소방정

ⓑ 소방전용 통신설비 및 전산설비

ⓒ 그 밖의 방화복 등 소방활동에 필요한 소방장비

㉡ 소방관서용 청사의 건축(「건축법」 제2조 제1항 제8호에 따른 건축을 말한다)

* "건축"이란 건축물을 신축 · 증축 · 개축 · 재축(再築)하거나 건축물을 이전하는 것을 말한다.

② 국고의 보조는 「보조금 관리에 관한 법률 시행령」 제4조 제1항 별표 1 제2호에 따라 119구조장비 확충의 기준 보조율은 50%로 하고, 같은 조 제122호에 따라 소방관서용 청사의 기준 보조율은 소요 경비에 따라 정률 또는 정액으로 정한다.

4 소방행정관리론

(1) 소방조직의 기본원리

① **분업의 원리** : 한 사람이나 한 부서가 한 가지의 주된 업무를 맡는다는 원리

② **명령계 통일의 원리** : 한 사람의 상급자에게 명령을 받고 보고하는 원리

③ **계층제의 원리** : 상하의 계층제를 형성하는 원리

④ **계선의 원리** : 개인 의견이 참여는 되지만 결정을 내리는 것은 소속기관의 기관장이 한다는 원리

⑤ **업무조정의 원리** : 조직을 통합하고 행동을 통일시키는 원리

⑥ **통솔 범위의 원리** : 한 사람의 상관이 감독하는 부하의 수는 그 상관의 통제 능력 범위 내에 한정되어야 한다는 원리

(2) 소방행정의 업무적 특성

① **현장성** : 소방업무는 일반직과 달리 화재나 재난 현장에서 이루어지는 현장 중심의 업무이다.

② **대기성** : 화재나 재난은 언제 발생할지 예측할 수 없고, 출동이 지체되면 아니 되기 때문에 상시적으로 대응태세를 갖추어야 하는 특성을 보인다.

③ **신속 · 정확성** : 전문지식과 경험을 갖춘 소방공무원은 한정된 시간 내에 신속하고 정확한 대처를 해야 하는 특성을 보인다.

④ **전문성** : 소방공무원은 화재나 재난 등에 대응하기 위하여 화재뿐만 아니라 전기 · 가스 · 위

험물・건축・화공・물리 등의 다양한 분야의 전문성이 필요하다.

⑤ 일체성(계층성) : 소방업무가 화재나 재난 등에 신속하고 효과적으로 대처하기 위하여 지휘와 명령, 기동성이 확립되어 일사분란한 움직이 필요하기 때문에 확고한 지휘체계를 갖춘 조직의 일체성이 요구된다.

⑥ 가외성(중복성) : 화재나 재난 등은 그 규모를 예측할 수 없기 때문에 외관상 당장은 불필요하거나 낭비적으로 보일 수 있으나 현재의 소방력보다 많은 여유 자원을 확보하고 있어야 한다. 즉, 고도신뢰이론에서 체계 내의 어느 한 부분이 실패하더라도 다른 부분이 그 역할을 보충하거나 실패를 방지하는 전략이다.

⑦ 위험성 : 소방업무는 전과정에 있어 위험이 항상 따라다닌다.

⑧ 결과성 : 소방업무는 대형재난으로 인명과 재산 피해가 발생하였을 때 그 책임을 면하기 어렵다는 특성으로 인하여 결과성을 상대적으로 중요시한다.

(3) 소방관련 중요 행사일

① 소방의 날(「소방기본법」 제7조 제1항)
국민의 안전의식과 화재에 대한 경각심을 높이고 안전문화를 정착시키기 위하여 매년 11월 9일을 소방의 날로 정하여 기념행사를 한다.

② 국민 안전의 날(「재난 및 안전관리 기본법」 제66조의7 제1항)
국가는 국민의 안전의식 수준을 높이기 위하여 매년 4월 16일을 국민안전의 날로 정하여 필요한 행사 등을 하게 된다.

③ 안전점검의 날(「재난 및 안전관리 기본법 시행령」 제73조의6 제1항)
매월 4일은 가스, 전기 등 안전점검의 날이다.

④ 방재의 날(「재난 및 안전관리 기본법 시행령」 제73조의6 제1항)
대한민국의 기념일. 재해 예방에 대한 국민의 의식을 높이고, 방재훈련을 효율적으로 추진하기 위해 제정한 날로 매년 5월 25일이다.

5 소방장비[소방장비관리법 시행령 제6조]

(1) 기동장비 : 자체에 동력원이 부착되어 자력으로 이동하거나 견인되어 이동할 수 있는 장비

구분	품목
소방자동차	소방펌프차, 소방물탱크차, 소방화학차, 소방고가차, 무인방수차, 구조차 등
행정지원차	행정 및 교육지원차 등
소방선박	소방정, 구조정, 지휘정 등
소방항공기	고정익항공기, 회전익항공기 등

(2) 화재진압장비 : 화재진압활동에 사용되는 장비

구분	품목
소화용수장비	소방호스류, 결합금속구, 소방관창류 등
간이소화장비	소화기, 휴대용 소화장비 등
소화보조장비	소방용 사다리, 소화 보조기구, 소방용 펌프 등
배연장비	이동식 송·배풍기 등
소화약제	분말 소화약제, 액체형 소화약제, 기체형 소화약제 등
원격장비	소방용 원격장비 등

(3) 구조장비 : 구조활동에 사용되는 장비

구분	품목
일반구조장비	개방장비, 조명기구, 총포류 등
산악구조장비	등하강 및 확보장비, 산악용 안전벨트, 고리 등
수난구조장비	급류 구조장비 세트, 잠수장비 등
화생방 및 대테러 구조장비	경계구역 설정라인, 제독·소독장비, 누출물 수거장비 등
절단 구조장비	절단기, 톱, 드릴 등
중량물 작업장비	중량물 유압장비, 휴대용 윈치(winch : 밧줄이나 쇠사슬로 무거운 물건을 들어 올리거나 내리는 장비를 말한다), 다목적 구조 삼각대 등
탐색 구조장비	적외선 야간 투시경, 매몰자 탐지기, 영상송수신장비 세트 등
파괴장비	도끼, 방화문 파괴기, 해머 드릴 등

(4) 구급장비 : 구급활동에 사용되는 장비

구분	품목
환자평가장비	신체검진 기구 등
응급처치장비	기도확보유지기구, 호흡유지기구, 심장박동회복기구 등
환자이송장비	환자운반기 등
구급의약품	의약품, 소독제 등
감염방지장비	감염방지기구, 장비소독기구 등
활동보조장비	기록장비, 대원보호장비, 일반보조장비 등
재난대응장비	환자분류표 등
교육실습장비	구급대원 교육실습장비 등

(5) 정보통신장비 : 소방업무 수행을 위한 의사전달 및 정보교환·분석에 필요한 장비

구분	품목
기반보호장비	항온항습장비, 전원공급장비 등
정보처리장비	네트워크장비, 전산장비, 주변 입출력장치 등
위성통신장비	위성장비류 등
무선통신장비	무선국, 이동 통신단말기 등
유선통신장비	통신제어장비, 전화장비, 영상음향장비, 주변장치 등

(6) 측정장비 : 소방업무 수행에 수반되는 각종 조사 및 측정에 사용되는 장비

구분	품목
소방시설 점검장비	공통시설 점검장비, 소화기구 점검장비, 소화설비 점검장비 등
화재조사 및 감식장비	발굴용 장비, 기록용 장비, 감식감정장비 등
공통 측정장비	전기측정장비, 화학물질 탐지·측정장비, 공기성분 분석기 등
화생방 등 측정장비	방사능 측정장비, 화학생물학 측정장비 등

(7) 보호장비 : 소방현장에서 소방대원의 신체를 보호하는 장비

구분	품목
호흡장비	공기호흡기, 공기공급기, 마스크류 등
보호장구	방화복, 안전모, 보호장갑, 안전화, 방화두건 등
안전장구	인명구조 경보기, 대원 위치추적장치, 대원 탈출장비 등

(8) 보조장비 : 소방업무 수행을 위하여 간접 또는 부수적으로 필요한 장비

구분	품목
기록보존장비	촬영 및 녹음장비, 운행기록장비, 디지털이미지 프린터 등
영상장비	영상장비 등
정비기구	일반정비기구, 세탁건조장비 등
현장지휘소 운영장비	지휘 텐트, 발전기, 출입통제선 등
그 밖의 보조장비	차량이동기, 안전매트 등

〈비고〉
위 표에서 분류된 소방장비의 분류 기준·절차 및 소방장비의 세부적인 품목 등에 관한 사항은 소방청장이 정한다.

CHAPTER

04 소방인적자원관리(소방공무원법)

1 목적 [법 제1조]

이 법은 소방공무원의 책임 및 직무의 중요성과 신분 및 근무조건의 특수성에 비추어 그 임용, 교육훈련, 복무, 신분보장 등에 관하여 「국가공무원법」에 대한 특례를 규정하는 것을 목적으로 한다.

✔ Check 「국가공무원법」 제2조(공무원의 구분)

(1) 국가공무원(이하 "공무원"이라 한다)은 경력직공무원과 특수경력직공무원으로 구분한다.

(2) "경력직공무원"이란 실적과 자격에 따라 임용되고 그 신분이 보장되며 평생 동안(근무기간을 정하여 임용하는 공무원의 경우에는 그 기간 동안을 말한다) 공무원으로 근무할 것이 예정되는 공무원을 말하며, 그 종류는 다음 각 호와 같다.

① 일반직공무원 : 기술·연구 또는 행정 일반에 대한 업무를 담당하는 공무원

② 특정직공무원 : 법관, 검사, 외무공무원, 경찰공무원, 소방공무원, 교육공무원, 군인, 군무원, 헌법재판소 헌법연구관, 국가정보원의 직원, 경호공무원과 특수 분야의 업무를 담당하는 공무원으로서 다른 법률에서 특정직공무원으로 지정하는 공무원

(3) "특수경력직공무원"이란 경력직공무원 외의 공무원을 말하며, 그 종류는 다음 각 호와 같다.

① 정무직공무원

㉠ 선거로 취임하거나 임명할 때 국회의 동의가 필요한 공무원

㉡ 고도의 정책결정 업무를 담당하거나 이러한 업무를 보조하는 공무원으로서 법률이나 대통령령(대통령비서실 및 국가안보실의 조직에 관한 대통령령만 해당한다)에서 정무직으로 지정하는 공무원

② 별정직공무원 : 비서관·비서 등 보좌업무 등을 수행하거나 특정한 업무 수행을 위하여 법령에서 별정직으로 지정하는 공무원

2 정의 [법 제2조]

이 법에서 사용하는 용어의 뜻은 다음과 같다.

(1) "임용"이란 신규채용·승진·전보·파견·강임·휴직·직위해제·정직·강등·복직·면직·해임 및 파면을 말한다.

(2) "전보"란 소방공무원의 같은 계급 및 자격 내에서의 근무기관이나 부서를 달리하는 임용을 말한다.

(3) "강임"이란 동종의 직무 내에서 하위의 직위에 임명하는 것을 말한다.

✔ Check 「소방공무원 임용령」 제54조(강임의 범위)

소방공무원을 강임할 때에는 바로 하위계급에 임용하여야 한다.

(4) "복직"이란 휴직 · 직위해제 또는 정직(강등에 따른 정직을 포함한다) 중에 있는 소방공무원을 직위에 복귀시키는 것을 말한다.

✓ Check 「소방공무원 임용령」 제2조(정의)

이 영에서 사용되는 용어의 정의는 다음과 같다.
1. "임용"이라 함은 신규채용 · 승진 · 전보 · 파견 · 강임 · 휴직 · 직위해제 · 정직 · 강등 · 복직 · 면직 · 해임 및 파면을 말한다.
2. "복직"이라 함은 휴직 · 직위해제 또는 정직(강등에 따른 정직을 포함한다) 중에 있는 소방공무원을 직위에 복귀시키는 것을 말한다.
3. "소방기관"이라 함은 소방청, 특별시 · 광역시 · 특별자치시 · 도 · 특별자치도(이하 "시 · 도"라 한다)와 중앙소방학교 · 중앙119구조본부 · 국립소방연구원 · 지방소방학교 · 서울종합방재센터 · 소방서 · 119특수대응단 및 소방체험관을 말한다.
4. "필수보직기간"이란 소방공무원이 다른 직위로 전보되기 전까지 현 직위에서 근무하여야 하는 최소기간을 말한다.

3 계급의 구분 [법 제3조]

소방공무원의 계급은 다음과 같이 구분한다.

① 소방총감(消防總監) → ② 소방정감(消防正監) → ③ 소방감(消防監) → ④ 소방준감(消防准監) → ⑤ 소방정(消防正) → ⑥ 소방령(消防領) → ⑦ 소방경(消防警) → ⑧ 소방위(消防尉) → ⑨ 소방장(消防長) → ⑩ 소방교(消防校) → ⑪ 소방사(消防士)

* 소방공무원은 총 11단계의 계급으로 분류되어 있다.

4 소방공무원인사위원회의 설치 [법 제4조]

(1) 소방공무원의 인사(人事)에 관한 중요사항에 대하여 소방청장의 자문에 응하게 하기 위하여 소방청에 소방공무원인사위원회(이하 "인사위원회"라 한다)를 둔다. 다만, 제6조 제3항 및 제4항에 따라 특별시장 · 광역시장 · 특별자치시장 · 도지사 · 특별자치도지사(이하 "시 · 도지사"라 한다)가 임용권을 행사하는 경우에는 특별시 · 광역시 · 특별자치시 · 도 · 특별자치도(이하 "시 · 도"라 한다)에 인사위원회를 둔다.

(2) 인사위원회의 구성 및 운영에 필요한 사항은 대통령령으로 정한다.

✓ Check 소방공무원인사위원회의 구성 및 운영

소방공무원 임용령 제8조(소방공무원인사위원회의 구성)

① 법 제4조에 따른 소방공무원인사위원회(이하 "인사위원회"라 한다)는 위원장을 포함한 5명 이상 7명 이하의 위원으로 구성한다.
② 소방청에 설치된 인사위원회의 위원장은 소방청 차장이, 시 · 도에 설치된 인사위원회의 위원장은

소방본부장이 되고, 위원은 인사위원회가 설치된 기관의 장이 소속 소방정 이상의 소방공무원 중에서 임명한다.

소방공무원 임용령 제9조(위원장의 직무)

① 위원장은 인사위원회의 사무를 총괄하며, 인사위원회를 대표한다.

② 위원장이 부득이한 사유로 직무를 수행할 수 없는 때에는 위원 중에서 최상위의 직위 또는 선임의 공무원이 그 직무를 대행한다.

소방공무원 임용령 제10조(회의)

① 위원장은 인사위원회의 회의를 소집하고 그 의장이 된다.

② 회의는 재적위원 3분의2 이상의 출석과 출석위원 과반수의 찬성으로 의결한다.

소방공무원 임용령 제11조(간사)

① 인사위원회에 간사 약간인을 둔다.

② 간사는 인사위원회가 설치된 기관의 장이 소속공무원 중에서 임명한다.

③ 간사는 위원장의 명을 받아 인사위원회의 사무를 처리한다.

소방공무원 임용령 제12조(심의사항의 보고)

위원장은 인사위원회에서 심의된 사항을 지체없이 당해 인사위원회가 설치된 기관의 장에게 보고하여야 한다.

소방공무원 임용령 제13조(운영세칙)

이 영에 규정된 것 외에 인사위원회의 운영에 관하여 필요한 사항은 인사위원회의 의결을 거쳐 위원장이 이를 정한다.

5 인사위원회의 기능 〔법 제5조〕

인사위원회는 다음의 사항을 심의한다.

(1) 소방공무원의 인사행정에 관한 방침과 기준 및 기본계획에 관한 사항

(2) 소방공무원의 인사에 관한 법령의 제정・개정 또는 폐지에 관한 사항

(3) 그 밖에 소방청장과 시・도지사가 해당 인사위원회의 회의에 부치는 사항

6 임용권자 〔법 제6조〕

(1) 소방령 이상의 소방공무원은 소방청장의 제청으로 국무총리를 거쳐 대통령이 임용한다. 다만, 소방총감은 대통령이 임명하고, 소방령 이상 소방준감 이하의 소방공무원에 대한 전보, 휴직, 직위해제, 강등, 정직 및 복직은 소방청장이 한다.

(2) 소방경 이하의 소방공무원은 소방청장이 임용한다.

(3) 대통령은 '(1)'에 따른 임용권의 일부를 대통령령(임용령 제3조)으로 정하는 바에 따라 소방청장 또는 시・도지사에게 위임할 수 있다.

✔ Check 소방공무원 임용령 제3조(임용권의 위임)

① 대통령은 「소방공무원법」(이하 "법"이라 한다) 제6조 제3항에 따라 소방청과 그 소속기관의 소방정 및 소방령에 대한 임용권과 소방정인 지방소방학교장에 대한 임용권을 소방청장에게 위임하고, 시・도 소속 소방령 이상의 소방공무원(소방본부장 및 지방소방학교장은 제외한다)에 대한 임용권을 특별시장・광역시장・특별자치시장・도지사・특별자치도지사(이하 "시・도지사"라 한다)에게 위임한다.
② 소방청장은 법 제6조 제4항에 따라 중앙소방학교 소속 소방공무원 중 소방령에 대한 전보・휴직・직위해제・정직 및 복직에 관한 권한과 소방경 이하의 소방공무원에 대한 임용권을 중앙소방학교장에게 위임한다.
③ 소방청장은 법 제6조 제4항에 따라 중앙119구조본부 소속 소방공무원 중 소방령에 대한 전보・휴직・직위해제・정직 및 복직에 관한 권한과 소방경 이하의 소방공무원에 대한 임용권을 중앙119구조본부장에게 위임한다.
④ 중앙119구조본부장은 119특수구조대 소속 소방경 이하의 소방공무원에 대한 해당 119특수구조대 안에서의 전보권을 해당 119특수구조대장에게 다시 위임한다.
⑤ 소방청장은 법 제6조 제4항에 따라 다음 각 호의 권한을 시・도지사에게 위임한다.
1. 시・도 소속 소방령 이상 소방준감 이하의 소방공무원(소방본부장 및 지방소방학교장은 제외한다)에 대한 전보, 휴직, 직위해제, 강등, 정직 및 복직에 관한 권한
2. 소방정인 지방소방학교장에 대한 휴직, 직위해제, 정직 및 복직에 관한 권한
3. 시・도 소속 소방경 이하의 소방공무원에 대한 임용권
⑥ 시・도지사는 법 제6조 제5항에 따라 그 관할구역안의 지방소방학교・서울종합방재센터・소방서・119특수대응단・소방체험관 소속 소방경 이하(서울소방학교・경기소방학교 및 서울종합방재센터의 경우에는 소방령 이하)의 소방공무원에 대한 해당 기관 안에서의 전보권과 소방위 이하의 소방공무원에 대한 휴직・직위해제・정직 및 복직에 관한 권한을 지방소방학교장・서울종합방재센터장・소방서장・119특수대응단장 또는 소방체험관장에게 위임한다.
⑦ 제2항 및 제3항에 따라 임용권을 위임받은 중앙소방학교장 및 중앙119구조본부장은 소속 소방공무원을 승진시키려면 미리 소방청장에게 보고하여야 한다.
⑧ 소방청장은 소방공무원의 정원의 조정 또는 소방기관 상호 간의 인사교류 등 인사행정 운영상 필요한 때에는 제2항, 제3항 및 제5항 제2호에도 불구하고 그 임용권을 직접 행사할 수 있다.

(4) 소방청장은 '(1)'의 단서 후단 및 '(2)'에 따른 임용권의 일부를 대통령령(임용령 제3조)으로 정하는 바에 따라 시・도지사 및 소방청 소속기관의 장에게 위임할 수 있다.

(5) 시・도지사는 '(3)' 및 '(4)'에 따라 위임받은 임용권의 일부를 대통령령(임용령 제3조)으로 정하는 바에 따라 그 소속기관의 장에게 다시 위임할 수 있다.

✔ Check 임용권 위임 포인트 정리

(1) 대통령 → 소방청장에게 위임
① 소방령 이상 소방준감 이하의 전보・휴직・직위해제・강등・정직・복직에 대한 권한
② 소방경 이하의 임용

(2) 소방청장 → 시・도지사에게 위임
① 시・도 소속 소방령 이상 소방준감 이하의 소방공무원(소방본부장 및 지방소방학교장 제외)에 대한 전보, 휴직, 직위해제, 강등, 정직 및 복직에 관한 권한
② 소방정인 지방소방학교장에 대한 휴직, 직위해제, 정직 및 복직에 관한 권한
③ 시・도 소속 소방경 이하의 소방공무원에 대한 임용권

(3) 소방청장 → 중앙소방학교장・중앙119구조본부장에게 위임
① 소속 소방령의 전보・휴직・직위해제・정직・복직에 대한 권한
② 소속 소방경 이하의 임용권
③ 소속 소방공무원을 승진시키려면 미리 소방청장에게 보고

(6) 임용권자(임용권을 위임받은 사람을 포함)는 대통령령으로 정하는 바에 따라 소속 소방공무원의 인사기록을 작성・보관하여야 한다.

공무원 인사기록・통계 및 인사사무 처리 규정 제3조(인사기록의 종류)
공무원의 인사기록은 개인별 인사기록과 인사관리 서류로 구분한다.

공무원 인사기록・통계 및 인사사무 처리 규정 제4조(개인별 인사기록)
① 개인별 인사기록의 종류는 다음 각 호와 같다.
1. 인사 및 성과 기록
2. 선서문
3. 임용 결격사유를 확인할 수 있는 서류
3의2. 삭제 〈2023. 12. 26.〉
4. 신원조사회보서(「보안업무규정」 제36조에 따라 신원조사를 받은 경우만 해당한다)
5. 병적증명서[병역준비역과 실역미필보충역(군복무를 마치지 못한 보충역을 말한다) 대상자만 해당한다] 또는 주민등록표 초본
6. 최종학력증명서 또는 학력증명서 사본(소속 장관이 원본대조・확인한 것만 해당한다. 이하 같다)
7. 면허 또는 자격을 증명하는 서류
8. 경력증명서
9. 공무원 전력조회회보서
10. 가족관계등록부의 기본증명서
11. 임용후보자 등록원서
12. 「공무원 채용 신체검사 규정」에 따른 채용 신체검사서 또는 국민건강보험공단이 「국민건강보험법」 제52조 제2항 제1호에 따른 일반건강검진 결과를 활용하여 신체검사를 대체할 목적으로 발급한 서류
13. 재정보증서(「국고금관리법」에 따른 회계공무원만 해당한다)
14. 그 밖에 임용권자나 임용제청권자가 필요하다고 인정하는 인사에 관한 기록
② 임용권자, 임용제청권자 또는 시험실시기관의 장은 필요할 때에는 병역, 장애 및 보훈에 관한 정보의 검증・확인을 위하여 병무관서 등 해당 중앙행정기관(「정부조직법」 제2조 제2항에 따른 중앙행정기관을 말한다. 이하 같다) 및 그 소속 기관으로부터 관련 정보를 제공받을 수 있다.

공무원 인사기록 · 통계 및 인사사무 처리 규정 제5조(인사관리 서류)
① 인사관리 서류의 종류는 다음 각 호와 같다.
1. 인사 관계 법령 및 예규
2. 발령 대장
3. 채용시험에 관한 서류
4. 채용에 관한 서류
5. 임용후보자 명부
6. 전보에 관한 서류 및 전보 제한자 대장
7. 겸임 및 파견근무에 관한 서류
8. 전직 및 전직시험에 관한 서류
9. 근무성적 평정에 관한 서류
10. 경력 평정에 관한 서류
11. 가점 평정에 관한 서류
12. 승진후보자 명부
13. 승진시험에 관한 서류
14. 승진임용에 관한 서류, 승진후보자 명부 가점자 대장, 승진임용 제한자 대장 및 일반승진시험 응시자격 정지자 대장
15. 강임(降任)에 관한 서류
16. 승급 대장과 봉급 및 호봉 산정에 관한 서류
17. 각종 수당 지급에 관한 서류
18. 교육훈련 대장 및 교육훈련에 관한 서류
19. 포상에 관한 서류
20. 출장, 휴가 등 복무에 관한 서류
21. 노조 가입 현황에 관한 서류
22. 면직에 관한 서류
23. 휴직에 관한 서류
24. 직위해제 및 복직에 관한 서류
25. 징계자 대장 및 징계에 관한 서류
26. 소청(訴請)에 관한 서류
27. 연금에 관한 서류
28. 삭제 〈2011. 7. 4.〉
29. 정원 및 현원 관리에 관한 서류
30. 인사통계에 관한 서류
31. 각종 증명 발행에 관한 서류
32. 그 밖에 임용권자나 임용제청권자가 필요하다고 인정하는 서류

② 제1항 각 호의 인사관리 서류는 필요하다고 인정할 때에는 함께 묶어 관리할 수 있다.

공무원 인사기록 · 통계 및 인사사무 처리 규정 제6조(인사기록의 작성 · 유지 · 보관)
① 임용권자는 소속 공무원에 대한 제4조 및 제5조에 따른 인사기록을 작성 · 유지 · 보관(보존을

포함한다. 이하 같다)하여야 한다. 이 경우 임용권자란 6급 이하 공무원 또는 이에 상당하는 공무원의 경우에는 해당 계급의 신규채용권자를 말하고, 5급 이상 공무원 및 이에 상당하는 공무원(고위공무원단 소속 공무원을 포함한다. 이하 같다)의 경우에는 임용권자나 임용제청권자를 말한다.

② 공무원 임용권이 없는 5급 이상 공무원 및 이에 상당하는 공무원인 기관의 장은 인사관리상 필요하다고 인정되는 경우에는 제1항의 인사기록의 부본(副本)을 작성・유지・보관할 수 있다.

③ 인사혁신처장은 5급 이상 공무원 및 이에 상당하는 공무원의 인사기록을 「디지털인사관리규정」 제2조 제4호에 따른 전자인사관리시스템(이하 "전자인사관리시스템"이라 한다)으로 전산관리하여야 한다.

공무원 인사기록・통계 및 인사사무 처리 규정 제6조의2(인사기록의 전자적 관리 등)

① 임용권자나 임용제청권자는 제6조 제1항에도 불구하고 소속 공무원에 대한 제4조 및 제5조에 따른 인사기록을 전자인사관리시스템으로 작성・유지・보관할 수 있다. 다만, 제4조 제1항 제1호의 인사 및 성과 기록은 전자인사관리시스템으로 기록・유지・보관하여야 한다.

② 제1항에 따른 전자인사관리시스템에 의한 인사기록의 작성・유지・보관은 제6조 제1항에 따른 인사기록의 작성・유지・보관으로 본다.

③ 임용권자나 임용제청권자는 제1항에 따라 작성・유지・보관하는 인사기록과 관련된 정보의 정확성 및 최신성 등을 확보하기 위하여 해당 중앙행정기관 및 그 소속 기관에서 관리하는 관련 정보를 전자적 파일로 제공받아 이용할 수 있다.

④ 제1항에 따라 인사기록을 전자인사관리시스템으로 작성・유지・보관하는 방법 및 절차 등에 관한 사항은 인사혁신처장이 정한다.

공무원 인사기록・통계 및 인사사무 처리 규정 제7조(인사기록의 보관방법)

① 공무원의 개인별 인사기록의 정본(正本)은 임용권자가 보관하며, 퇴직한 후에는 퇴직 당시의 임용권자가 보관한다. 이 경우 임용권자는 제6조 제1항 후단에 따른 임용권자를 말한다.

② 개인별 인사기록(전자인사관리시스템으로 작성・유지・보관되는 「디지털인사관리규정」 제2조 제5호에 따른 인사데이터는 제외한다)은 인사기록 봉투에 넣어서 보관한다.

공무원 인사기록・통계 및 인사사무 처리 규정 제8조(인사 및 성과 기록의 정리 및 변경)

① 소속 장관(「공무원임용령」 제2조 제3호에 따른 소속 장관을 말한다. 이하 같다)은 공무원이 신규채용, 승진, 전직, 전보, 강임, 면직, 징계, 휴직, 직위해제, 복직, 국내외 훈련, 국외 출장, 겸임, 파견, 직무대리, 승급, 전출, 전입되었거나 포상(퇴직한 공무원이 재직 중의 공적으로 받은 포상을 포함한다)을 받았을 때에는 지체 없이 그 사실을 그 공무원의 인사 및 성과 기록에 반영하여 기록해야 한다. 이 경우 「국가공무원법」(이하 "법"이라 한다) 제28조 제5항, 제37조 제2항 또는 「공무원임용령」 제29조 제3항에 따른 전직, 전보 또는 승진 제한 사유가 있는 공무원에 대해서는 그 사유를 인사 및 성과 기록의 임면사항란에 기록해야 한다.

② 소속 장관은 해마다 주요 업무의 성과와 이에 대한 상급자의 평가 의견, 각급 기관의 정책평가 내용 및 감사결과를 인사혁신처장이 정하는 바에 따라 해당 공무원의 인사 및 성과 기록에 반영하여 기록하여야 한다.

③ 공무원은 인사기록 착오・누락사항 또는 신상 변동사항을 확인・정정하기 위하여 자신의 인사

및 성과 기록을 수시로 열람할 수 있다. 이 경우 열람의 방법·절차 및 정정 신청 등에 관한 사항은 기록보관기관의 장이 정한다.

④ 공무원은 제3항에 따라 자신이 열람한 인사 및 성과 기록을 정정·변경 또는 추가하여야 할 정당한 사유가 있을 때에는 이를 증명하는 서류를 갖추어 기록보관기관의 장에게 인사기록 변경신청서를 제출하여야 한다.

⑤ 소속 장관은 공무원 인사 및 성과 기록의 정정·변경 또는 추가 사항이 정상적으로 기록되었는지를 월 1회 이상 확인·점검하여야 한다.

공무원 인사기록·통계 및 인사사무 처리 규정 제8조의2(성과평가 등의 결과 통보)

공무원의 성과평가, 정책평가 또는 감사결과 등에 관한 정보를 생산하는 기관의 장은 그 정보를 해당 공무원이 소속된 기관의 장에게 통보하여야 한다.

공무원 인사기록·통계 및 인사사무 처리 규정 제9조(징계 등 처분 기록의 말소)

① 임용권자나 임용제청권자는 징계처분을 받은 공무원이 다음 각 호의 어느 하나에 해당되는 경우에는 제8조 제1항에 따라 그 공무원의 인사 및 성과 기록 중 징계처분의 기록을 말소하여야 한다.

1. 징계처분의 집행이 끝난 날부터 다음의 각 목의 구분에 따른 기간이 지난 경우. 다만, 징계처분을 받고 그 집행이 끝난 날부터 다음 각 목의 구분에 따른 기간이 지나기 전에 다른 징계처분을 받은 경우에는 각각의 징계처분에 대한 해당 기간을 합산한 기간이 지나야 한다.
   가. 강등 : 9년
   나. 정직 : 7년
   다. 감봉 : 5년
   라. 견책 : 3년
2. 소청심사위원회나 법원에서 징계처분의 무효 또는 취소의 결정이나 판결이 확정된 경우
3. 징계처분에 대한 일반사면이 있는 경우

② 임용권자나 임용제청권자는 직위해제처분을 받은 공무원이 다음 각 호의 어느 하나에 해당하는 경우에는 제8조 제1항에 따라 그 공무원의 인사 및 성과 기록 중 직위해제처분의 기록을 말소하여야 한다.

1. 직위해제처분이 끝난 날부터 2년이 지난 경우. 다만, 직위해제처분을 받고 그 집행이 끝난 날부터 2년이 지나기 전에 다른 직위해제처분을 받은 경우에는 각 직위해제처분마다 2년을 더한 기간이 지나야 한다.
2. 소청심사위원회나 법원에서 직위해제처분의 무효 또는 취소의 결정이나 판결이 확정된 경우

③ 제1항과 제2항에 따른 기록의 말소는 인사 및 성과 기록의 해당 처분기록란에 말소된 사실을 표기하는 방법에 의한다. 다만, 제1항 제2호 또는 제2항 제2호에 해당되고 그 해당 사유 발생일 전에 징계처분이나 직위해제처분을 받은 사실이 없을 때에는 그 사실이 나타나지 아니하도록 인사 및 성과 기록의 해당란을 삭제하여야 한다.

④ 징계처분과 직위해제처분의 말소방법, 절차 등에 관한 사항은 인사혁신처장이 정한다.

공무원 인사기록·통계 및 인사사무 처리 규정 제10조(개인별 인사기록의 이관)

① 공무원이 승진, 강임, 전출, 전입으로 인하여 임용권자를 달리하게 된 경우에는 전 임용권자는 그 공무원의 개인별 인사기록의 정본, 근무성적 평정, 경력 평정, 가점 평정에 관한 서류 또는 파일을 그 사유가 발생한 후 지체 없이 새 임용권자에게 이관해야 한다.

② 퇴직한 공무원을 재임용할 때 임용권자는 개인별 인사기록을 보관하고 있는 전 임용권자에게 그 공무원의 전자인사관리시스템으로 작성된 「디지털인사관리규정」 제2조 제5호에 따른 인사데이터의 이관을 요구해야 하며, 전 임용권자는 새 임용권자의 요구를 받은 즉시 이관해야 한다.
③ 제1항과 제2항에서 임용권자란 6급 이하 공무원 또는 이에 상당하는 공무원의 경우에는 해당 계급의 신규채용권자를 말하고, 5급 이상 공무원 또는 이에 상당하는 공무원의 경우에는 임용권자 또는 임용제청권자를 말한다.

7 신규채용 (법 제7조)

(1) 소방공무원의 신규채용은 공개경쟁시험으로 한다. 다만, 소방위의 신규채용은 대통령령(「소방공무원 임용령」 제43조)으로 정하는 자격을 갖추고 공개경쟁시험으로 선발된 사람(이하 "소방간부후보생"이라 한다)으로서 정하여진 교육훈련을 마친 사람 중에서 한다.

✓ Check 국가공무원법 제33조(결격사유) 및 지방공무원법 제31조(결격사유)

1. 피성년후견인
2. 파산선고를 받고 복권되지 아니한 자
3. 금고 이상의 실형을 선고받고 그 집행이 종료되거나 집행을 받지 아니하기로 확정된 후 5년이 지나지 아니한 자
4. 금고 이상의 형을 선고받고 그 집행유예 기간이 끝난 날부터 2년이 지나지 아니한 자
5. 금고 이상의 형의 선고유예를 받은 경우에 그 선고유예 기간 중에 있는 자
6. 법원의 판결 또는 다른 법률에 따라 자격이 상실되거나 정지된 자

6의2. 공무원으로 재직기간 중 직무와 관련하여 「형법」 제355조(횡령, 배임) 및 제356조(업무상 횡령과 배임)에 규정된 죄를 범한 자로서 300만원 이상의 벌금형을 선고받고 그 형이 확정된 후 2년이 지나지 아니한 자

6의3. 다음 각 목의 어느 하나에 해당하는 죄를 범한 사람으로서 100만원 이상의 벌금형을 선고받고 그 형이 확정된 후 3년이 지나지 아니한 사람
   가. 「성폭력범죄의 처벌 등에 관한 특례법」 제2조에 따른 성폭력범죄
   나. 「정보통신망 이용촉진 및 정보보호 등에 관한 법률」 제74조제1항제2호 및 제3호에 규정된 죄
   다. 「스토킹범죄의 처벌 등에 관한 법률」 제2조 제2호에 따른 스토킹범죄

6의4. 미성년자에 대하여 「성폭력범죄의 처벌 등에 관한 특례법」 제2조에 따른 성폭력범죄 또는 「아동·청소년의 성보호에 관한 법률」 제2조 제 2호에 따른 아동·청소년대상 성범죄를 범한 사람으로서 다음 각 목의 어느 하나에 해당하는 날부터 20년이 지나지 아니한 사람
   가. 금고 이상의 실형을 선고받고 그 집행이 끝나거나(집행이 끝난 것으로 보는 경우를 포함한다) 집행이 면제된 날
   나. 금고 이상의 형의 집행유예를 선고받고 그 집행유예가 확정된 날
   다. 벌금 이하의 형을 선고받고 그 형이 확정된 날
   라. 치료감호를 선고받고 그 집행이 끝나거나 집행이 면제된 날
   마. 징계로 파면처분 또는 해임처분을 받은 날

7. 징계로 파면처분을 받은 때부터 5년이 지나지 아니한 자
8. 징계로 해임처분을 받은 때부터 3년이 지나지 아니한 자

✔ Check 소방공무원의 응시자격 등

소방공무원 임용령 제43조(응시연령 및 신체조건 등)

① 소방공무원의 채용시험에 응시할 수 있는 자의 연령은 별표2와 같다.

■ 소방공무원 임용령 [별표 2]

소방공무원 채용시험의 응시연령(제43조 제1항 관련)

계급별	공개경쟁채용시험	경력경쟁채용시험 등
소방령 이상	25세 이상 40세 이하	20세 이상 45세 이하
소방경, 소방위		23세 이상 40세 이하
소방장, 소방교		20세 이상 40세 이하
소방사	18세 이상 40세 이하	18세 이상 40세 이하

〈비고〉

1. 위 표에도 불구하고 소방경·소방위의 경력경쟁채용시험 등 중 사업·운송용조종사 또는 항공·항공공장 정비사에 대한 경력경쟁채용시험의 경우에는 그 응시연령을 23세 이상 45세 이하로 한다.
2. 위 표에도 불구하고 소방장·소방교의 경력경쟁채용시험 등 중 사업·운송용조종사 또는 항공·항공공장정비사에 대한 경력경쟁채용시험의 경우에는 그 응시연령을 23세 이상 40세 이하로 한다.
3. 위 표에도 불구하고 소방사의 경력경쟁채용시험 등 중 의무소방원으로 임용되어 정해진 복무를 마친 것을 요건으로 하는 경력경쟁채용시험의 경우에는 그 응시연령을 20세 이상 30세 이하로 한다.

② 소방간부후보생 선발시험에 응시할 수 있는 사람의 나이는 21세 이상 40세 이하로 한다.

③ 소방공무원의 채용시험 및 소방간부후보생 선발시험에 응시할 수 있는 신체조건 및 건강상태와 체력시험의 평가기준 및 방법은 행정안전부령으로 정한다.

④ 소방간부후보생 선발시험 또는 소방사 공개경쟁채용시험에 응시하고자 하는 자는 「도로교통법」 제80조 제2항 제1호에 따른 제1종 운전면허 중 대형면허 또는 보통면허를 받은 자이어야 한다.

⑤ 임용권자는 소방장 이하 소방공무원의 경력경쟁채용시험 등에 응시하려는 사람에 대해서도 제4항에 따른 응시자격을 갖추도록 할 수 있다.

⑥ 제15조 제4항에 따라 소방공무원 외의 공무원으로서 소방기관에서 소방업무를 담당한 경력이 있는 자를 소방공무원으로 임용하는 경우에는 제1항을 적용하지 아니한다.

소방공무원 임용령 시행규칙 제23조(응시자격 등의 기준)

① 영 제15조 제3항에 따라 법 제7조 제2항 각 호 외의 부분 본문 및 단서에 따른 채용시험(이하 "경력경쟁채용시험 등"이라 한다)에 응시할 수 있는 사람은 별표 2의 구분에 따른 채용예정 계급에 해당하는 자격증을 소지한 후 해당 분야에서 2년 이상 종사한 경력이 있어야 한다. 다만, 항공 분야 조종사 및 정비사의 경력을 산정할 때에는 해당 자격증을 소지하기 전의 경력을 포함하여 산정한다.

■ 소방공무원 임용령 시행규칙 [별표 2] 〈개정 2022. 6. 3.〉

경력경쟁채용시험 등 응시자격구분표(제23조 제1항 관련)

임용예정분야	응시자격
소방 분야	소방기술사, 소방시설관리사, 소방설비기사·소방설비산업기사(기계분야), 소방설비기사·소방설비산업기사(전기분야)

구급 분야	응급구조사(1급 · 2급), 간호사, 의사
화학 분야	「국가기술자격법 시행규칙」 별표 2 「국가기술자격의 직무분야 및 국가기술자격의 종목」중 화학 직무분야 기술사 · 기능장 · 기사 · 산업기사 · 기능사
기계 분야	「국가기술자격법 시행규칙」 별표 2 「국가기술자격의 직무분야 및 국가기술자격의 종목」중 기계 직무분야 기술사 · 기능장 · 기사 · 산업기사 · 기능사
건축 분야	「국가기술자격법 시행규칙」 별표 2 「국가기술자격의 직무분야 및 국가기술자격의 종목」중 건축 중직무분야 기술사 · 기능장 · 기사 · 산업기사 · 기능사
전기 · 전자 분야	「국가기술자격법 시행규칙」 별표 2 「국가기술자격의 직무분야 및 국가기술자격의 종목」중 전기 · 전자 직무분야 기술사 · 기능장 · 기사 · 산업기사 · 기능사
정보통신 분야	「국가기술자격법 시행규칙」 별표 2 「국가기술자격의 직무분야 및 국가기술자격의 종목」중 정보통신 직무분야 기술사 · 기능장 · 기사 · 산업기사 · 기능사
안전관리 분야	「국가기술자격법 시행규칙」 별표 2 「국가기술자격의 직무분야 및 국가기술자격의 종목」 중 안전관리 직무분야 기술사 · 기능장 · 기사 · 산업기사 · 기능사(소방분야 응시자격은 제외)
소방정 · 항공 분야	「선박직원법」 제4조에 따른 1급 ~ 6급 항해사 · 기관사, 1급 ~ 4급 운항사, 소형선박 조종사, 「국가기술자격법」에 따른 잠수기능장 · 잠수산업기사 · 잠수기능사, 「항공안전법」 제35조에 따른 운송용 조종사, 사업용 조종사, 항공교통관제사, 항공정비사, 운항관리사, 같은 법 제125조에 따른 초경량비행장치 조종자 증명을 받은 사람(제1종 및 제2종 무인동력비행장치에 관한 조종자 증명으로 한정한다)
자동차 정비분야	「국가기술자격법 시행규칙」 별표 2 「국가기술자격의 직무분야 및 국가기술자격의 종목」 중 자동차 중직무분야 기술사 · 기능장 · 기사 · 산업기사 · 기능사
자동차 운전분야	「도로교통법」 제80조에 따른 제1종 대형면허, 제1종 특수면허

〈비고 : 채용계급〉

1. 의사 : 소방령 이하
2. 기술사, 기능장, 1급 ~ 4급 항해사 · 기관사 · 운항사, 운송용 조종사, 사업용 조종사, 항공교통관제사, 항공정비사, 운항관리사 : 소방경 이하
3. 기사, 5급 및 6급 항해사 · 기관사, 소방시설관리사 : 소방장 이하
4. 제1종 대형면허, 제1종 특수면허 : 소방사
5. 제1호부터 제4호까지에서 규정한 자격 외의 자격 : 소방교 이하

② 영 제15조 제4항 및 제8항에 따라 경력경쟁채용시험 등에 응시할 수 있는 사람은 별표 3의 구분에 따른 채용예정 계급상당 경력기준 이상이어야 한다.

■ 소방공무원 임용령 시행규칙 [별표 3] 〈개정 2024. 8. 14.〉

계급환산기준표(제23조 제2항 관련)

계급	국가 · 지방공무원 또는 별정직공무원	경찰 공무원	군인	교육공무원			공공기관 등
				초 · 중 · 고등 학교 교원	전문대학 교원	4년제대학 교원	
소방령	5급		소령	18～23호봉	13～18 호봉	11～16 호봉	과장 차장

소방경	6급 (3년 이상)		대위	14~17 호봉	11~12 호봉	9~10 호봉	계장, 대리 (3년 이상)
소방위	6급	경위	중위・소 위・준위	11~13 호봉	9~10 호봉	7~8 호봉	계장, 대리
소방장	7급	경사	상사	9~10 호봉	8호봉 이하	6호봉 이하	평사원 (3년 이상)
소방교	8급	경장	중사	4~8 호봉			평사원
소방사	9급	순경	하사 (병)	3호봉 이하			평사원

〈비고〉

1. 경력경쟁채용시험 등에 응시할 수 있는 사람은 위 표에 따른 해당 경력 또는 그 이상의 경력에 달한 후 「소방공무원 임용령」 제15조제4항 및 제8항에 따른 기간 이상의 근무경력이 있는 사람으로 한정한다.
2. 위 표의 교육공무원란 중 초・중・고등학교 교원의 호봉은 「공무원보수규정」 별표 11에 따른 호봉을 말하고, 전문대학 및 4년제대학 교원의 호봉은 같은 영 별표 12에 따른 호봉을 말한다.
3. 위 표의 군인란 중 괄호 안에 표시된 계급은 의무소방원을 경력경쟁채용시험 등을 통해 채용하는 경우에만 적용한다.
4. 위 표에서 "공공기관 등"이란 다음 각 목의 어느 하나에 해당하는 기관을 말한다.
   가. 「공공기관의 운영에 관한 법률」 제4조에 따른 공공기관
   나. 가목에 준하는 기관으로서 소방청장이 정하는 기관

③ 영 제15조 제5항에 따른 경력경쟁채용시험 등에 응시할 수 있는 사람은 별표 4의 구분에 따른 채용예정 계급에 해당하는 학력 등이 있는 사람으로 한다.

■ 소방공무원 임용령 시행규칙 [별표 4] 〈개정 2022. 6. 3.〉

경력경쟁채용시험 등 응시자격 교육과정기준표(제23조 제3항 관련)

임용예정직무분야	응시교육과정
소방 분야	○ 고등학교의 소방 관련 학과를 졸업한 사람 ○ 2년제 이상 대학의 소방학과・소방안전공학과・소방방재학과・소방행정학과・소방안전관리과나 그 밖에 이와 유사한 학과를 졸업한 사람 ○ 4년제 대학의 소방학과・소방안전공학과・소방방재학과・소방행정학과・소방안전관리과나 그 밖에 이와 유사한 학과에 재학 중이거나 재학했던 사람으로서 소방청장이 정하는 소방 관련 과목을 45학점 이상 이수한 사람
구급 분야	응급구조학과・간호학과・의학과나 그 밖에 유사한 학과를 졸업한 사람
화학 분야	화학과・응용화학과・화학공학과・정밀공업화학과나 그 밖에 이와 유사한 학과를 졸업한 사람
기계 분야	기계과・기계공학과・기계설계공학나 그 밖에 이와 유사한 학과를 졸업한 사람
전기 분야	전기과・전기공학과나 그 밖에 이와 유사한 학과를 졸업한 사람
건축 분야	건축과・건축학과・건축공학과나 그 밖에 이와 유사한 학과를 졸업한 사람

〈비고〉
1. 박사학위 소지자는 소방경 이하의 계급으로, 석사학위 소지자는 소방위 이하의 계급으로, 학사학위 소지자는 소방장 이하의 계급으로, 고등학교 이상 전문대학 이하 졸업자는 소방교 이하의 계급으로 채용한다.
2. 유사한 학과의 범위에 대해서는 소방청장이 따로 정한다.
3. 고등학교의 소방 관련 학과의 인정기준은 소방청장이 따로 정한다.

④ 삭제 〈2022. 6. 3.〉
⑤ 삭제 〈1999. 6. 7.〉
⑥ 소방공무원의 채용시험에 응시하고자 하는 자는 최종시험예정일이 속한 연도에 영 별표 2의 응시연령에 해당하여야 한다. 다만, 영 별표 2의 응시상한연령을 1세 초과하는 자로서 1월 1일 출생자는 응시할 수 있다.
⑦ 영 제43조제3항의 규정에 의한 소방공무원의 채용시험 또는 소방간부후보생선발시험에 응시할 수 있는 신체조건 및 건강상태는 별표 5와 같다. 다만, 별표 5에 정하지 아니한 사항은 「공무원 채용신체검사 규정」에 따른다.

■ 소방공무원 임용령 시행규칙 [별표 5] 〈개정 2022. 6. 3.〉

소방공무원 채용시험 신체조건표(제23조 제7항 관련)

부분별	합격기준
체격	시험실시권자가 지정한 기관에서 실시한 소방공무원 채용시험 신체검사의 결과 건강상태가 양호하고, 직무에 적합한 신체를 가져야 한다.
시력	두 눈의 시력(교정시력을 포함한다)이 각각 0.8 이상이어야 한다.
색각(色覺)	색맹 또는 적색약(赤色弱)(약도를 제외한다)이 아니어야 한다.
청력	두 귀의 청력(교정청력을 포함한다)이 각각 적어도 40데시벨(dB) 이하의 소리를 들을 수 있어야 한다.
혈압	고혈압(수축기혈압이 145㎜Hg을 초과하거나 확장기 혈압이 90㎜Hg을 초과하는 것) 또는 저혈압(수축기혈압이 90㎜Hg 미만이거나 확장기혈압이 60㎜Hg 미만인 것)이 아니어야 한다.
운동신경	운동신경이 발달하고 신경 및 신체에 각종 질환의 후유증으로 인한 기능상 장애가 없어야 한다.

⑧ 소방공무원의 임용을 위한 각종 시험의 경우 학력에 의한 제한을 두지 않는다. 다만, 영 제15조제5항에 따른 경력경쟁채용시험 등은 별표 4에 따른 학력을 가진 사람이 아니면 응시할 수 없다.
⑨ 소방청장은 원활한 결원보충과 지역적인 특수성을 고려하여 필요하다고 인정할 경우에는 일정한 지역에서 일정한 기간 동안 거주한 사람으로 응시자격을 제한하여 시험을 실시할 수 있다.
⑩ 「국가공무원법」 또는 다른 법령에 따라 공무원으로 임용될 수 없는 사람은 소방공무원의 임용을 위한 각종 시험에 응시할 수 없다.

소방공무원 임용령 시행규칙 제23조의2(체력시험의 평가기준 및 방법)

영 제43조 제3항에 따른 체력시험의 평가기준과 방법은 별표 7과 같다. 다만, 별표 7에서 정하지 아니한 체력시험의 방법 등은 소방청장이 정한다.

■ 소방공무원 임용령 시행규칙 [별표 7] 〈개정 2024. 8. 14.〉

소방공무원 체력시험 종목 및 평가점수(제23조의2 관련)

종목	성별	평가점수									
		1	2	3	4	5	6	7	8	9	10
악력(kg)	남	45.3 ~ 48.0	48.1 ~ 50.0	50.1 ~ 51.5	51.6 ~ 52.8	52.9 ~ 54.1	54.2 ~ 55.4	55.5 ~ 56.7	56.8 ~ 58.0	58.1 ~ 59.9	60.0 이상
	여	27.6 ~ 28.9	29.0 ~ 30.2	30.3 ~ 31.1	31.2 ~ 31.9	32.0 ~ 32.9	33.0 ~ 33.7	33.8 ~ 34.6	34.7 ~ 35.7	35.8 ~ 36.9	37.0 이상
배근력(kg)	남	147 ~ 153	154 ~ 158	159 ~ 165	166 ~ 169	170 ~ 173	174 ~ 178	179 ~ 185	186 ~ 194	195 ~ 205	206 이상
	여	85 ~ 91	92 ~ 95	96 ~ 98	99 ~ 101	102 ~ 104	105 ~ 107	108 ~ 110	111 ~ 114	115 ~ 120	121 이상
앉아 윗몸 앞으로 굽히기(㎝)	남	16.1 ~ 17.3	17.4 ~ 18.3	18.4 ~ 19.8	19.9 ~ 20.6	20.7 ~ 21.6	21.7 ~ 22.4	22.5 ~ 23.2	23.3 ~ 24.2	24.3 ~ 25.7	25.8 이상
	여	19.5 ~ 20.6	20.7 ~ 21.6	21.7 ~ 22.6	22.7 ~ 23.4	23.5 ~ 24.8	24.9 ~ 25.4	25.5 ~ 26.1	26.2 ~ 26.7	26.8 ~ 27.9	28.0 이상
제자리 멀리 뛰기(㎝)	남	223 ~ 231	232 ~ 236	237 ~ 239	240 ~ 242	243 ~ 245	246 ~ 249	250 ~ 254	255 ~ 257	258 ~ 262	263 이상
	여	160 ~ 164	165 ~ 168	169 ~ 172	173 ~ 176	177 ~ 180	181 ~ 184	185 ~ 188	189 ~ 193	194 ~ 198	199 이상
윗몸 일으키기(회/분)	남	43	44	45	46	47	48	49	50	51	52 이상
	여	33	34	35	36	37	38	39	40	41	42 이상
왕복 오래 달리기(회)	남	57 ~ 59	60 ~ 61	62 ~ 63	64 ~ 67	68 ~ 71	72 ~ 74	75	76	77	78 이상
	여	28	29 ~ 30	31	32 ~ 33	34 ~ 36	37 ~ 39	40	41	42	43 이상

〈비고〉

1. 「소방공무원 임용령」 제46조 제1항 제2호에 따라 총점 60점 중 30점 이상 득점자를 합격자로 한다.
2. 각 종목별 측정 방법 등은 소방청장이 정한다.

(2) 다음에 해당하는 경우에는 경력 등 응시요건을 정하여 같은 사유에 해당하는 다수인을 대상으로 경쟁의 방법으로 채용하는 시험(이하 "경력경쟁채용시험"이라 한다)으로 소방공무원을 채용할 수 있다. 다만, 다수인을 대상으로 시험을 실시하는 것이 적당하지 아니하여 대통령령으로 정하는 경우에는 다수인을 대상으로 하지 아니한 시험으로 소방공무원을 채용할 수 있다.

① 「국가공무원법」의 직권면직 또는 「지방공무원법」 직권면직에 따라 직위가 없어지거나 과원이 되어 퇴직한 소방공무원이나 「국가공무원법」의 휴직 또는 「지방공무원법」 휴직에 따라 신체·정신상의 장애로 장기 요양이 필요하여 휴직하였다가 휴직기간이 만료되어 퇴직한 소방공무원을 퇴직한 날부터 3년 이내에 퇴직 시에 재직하였던 계급 또는 그에 상응하는 계급의 소방공무원으로 재임용하는 경우

② 공개경쟁시험으로 임용하는 것이 부적당한 경우에 임용예정 직무에 관련된 자격증 소지자를 임용하는 경우

③ 임용예정직에 상응하는 근무실적 또는 연구실적이 있거나 소방에 관한 전문기술교육을 받은 사람을 임용하는 경우

④ 「국가공무원법」 또는 「지방공무원법」에 따른 5급 공무원의 공개경쟁채용시험이나 「사법시험법」에 따른 사법시험 또는 「변호사시험법」에 따른 변호사시험에 합격한 사람을 소방령 이하의 소방공무원으로 임용하는 경우

⑤ 삭제 〈2020. 12. 29〉

⑥ 외국어에 능통한 사람을 임용하는 경우

⑦ 경찰공무원을 그 계급에 상응하는 소방공무원으로 임용하는 경우

⑧ 소방 업무에 경험이 있는 의용소방대원을 해당 시·도의 소속의 소방사 계급으로 임용하는 경우

(3) '(1)'의 단서에 따른 소방간부후보생의 교육훈련, '(2)'의 각 항목 외의 부분 본문 및 단서에 따른 채용시험(이하 "경력경쟁채용시험 등"이라 한다)을 통하여 채용할 수 있는 소방공무원의 계급, 임용예정직에 관련된 자격증의 구분, 근무실적 또는 연구실적, 의용소방대원을 소방공무원으로 임용할 수 있는 지역과 그 승진 및 전보 등에 관하여 필요한 사항은 대통령령으로 정한다.

✔ Check　소방공무원의 교육훈련 등

소방공무원 교육훈련규정 제5조(교육훈련의 구분·대상·방법 등)

① 소방공무원의 교육훈련은 기본교육훈련, 전문교육훈련, 기타교육훈련 및 자기개발 학습으로 구분한다.

② 소방공무원의 교육훈련은 교육훈련기관에서의 교육, 직장훈련 및 위탁교육훈련의 방법으로 한다.

③ 교육훈련의 구분·대상·방법에 관한 세부 내용은 별표 1과 같다.

④ 교육훈련기관의 장은 교육훈련을 실시할 때 국가기관, 공공단체 또는 민간기관의 교육과정이나 원격강의시스템 등 교육훈련용 시설을 최대한 활용해야 한다.

■ 소방공무원 교육훈련규정 [별표 1] 〈개정 2024. 8. 13.〉

<u>**교육훈련의 구분 · 대상 · 방법**</u>(제5조 제3항 관련)

<table>
<tr><th colspan="3">구분</th><th>대상</th><th>방법</th></tr>
<tr><td rowspan="5">1. 기본교육훈련</td><td>가. 신임교육</td><td>「소방공무원 임용령」 제24조 제1항에 따른 교육훈련</td><td>• 법 제10조에 따라 시보임용이 예정된 사람
• 법 제10조에 따라 시보임용된 사람으로서 시보임용 전에 신임교육을 받지 않은 사람</td><td rowspan="5">교육훈련기관에서의 교육으로 실시</td></tr>
<tr><td rowspan="3">나. 관리역량교육</td><td rowspan="4">승진후보자(「소방공무원 승진임용 규정」 제26조 또는 제37조에 따른 승진후보자명부에 등재된 사람을 말한다) 또는 승진임용된 사람이 받는 교육훈련</td><td>소방위 계급
(소방위 계급으로의 승진후보자를 포함한다)</td></tr>
<tr><td>소방경 계급
(소방경 계급으로의 승진후보자를 포함한다)</td></tr>
<tr><td>소방령 계급
(소방령 계급으로의 승진후보자를 포함한다)</td></tr>
<tr><td>다. 소방정책관리자교육</td><td>소방정 계급
(소방정 계급으로의 승진후보자를 포함한다)</td></tr>
<tr><td colspan="2">2. 전문교육훈련</td><td>담당하고 있거나 담당할 직무 분야에 필요한 전문성을 강화하기 위한 교육훈련</td><td>소방령 이하</td><td>직장훈련으로 실시. 다만, 직장훈련으로 실시하기 곤란한 경우에는 교육훈련기관에서의 교육으로 실시하되, 교육훈련기관에서의 교육으로도 실시하기 곤란한 경우에는 위탁교육훈련으로 실시</td></tr>
<tr><td colspan="2">3. 기타교육훈련</td><td>제1호 및 제2호에 속하지 않는 교육훈련으로서 소속 소방기관의 장의 명에 따른 교육훈련</td><td>모든 계급</td><td>직장훈련으로 실시</td></tr>
<tr><td colspan="2">4. 자기개발 학습</td><td>소방공무원이 직무를 창의적으로 수행하고 공직의 전문성과 미래지향적 역량을 갖추기 위하여 스스로 하는 학습 · 연구활동</td><td>모든 계급</td><td></td></tr>
</table>

〈비고〉
해당 계급에 임용되기 직전 또는 해당 계급에서 신임교육을 받은 사람은 해당 계급의 관리역량교육을 받은 것으로 본다.

소방공무원 임용령 제14조(경력경쟁채용 등에서 임용직위 제한)

법 제7조 제2항 각 호 외의 부분 본문 및 단서에 따른 채용시험(이하 "경력경쟁채용시험 등"이라 한다)을 통하여 채용(이하 "경력경쟁채용 등"이라 한다)된 소방공무원을 처음 임용하는 경우에는 그 시험실시 당시의 임용예정 직위 외의 직위에 임용할 수 없다.

소방공무원 임용령 제15조(경력경쟁채용 등의 요건 등)

① 종전의 재직기관에서 감봉 이상의 징계처분을 받은 사람은 경력경쟁채용 등을 할 수 없다. 다만, 「공무원 인사기록・통계 및 인사사무 처리 규정」 제9조 제1항 및 그 밖의 인사 관계 법령에 따라 징계처분의 기록이 말소된 사람(해당 법령에 따라 징계처분 기록의 말소 사유에 해당하는 사람을 포함한다)은 그러하지 아니하다.

② 법 제7조 제2항 제1호에 따른 경력경쟁채용 등은 전 재직기관에 전력(前歷)을 조회하여 그 퇴직사유가 확인된 경우로 한정한다.

③ 법 제7조 제2항 제2호에 따른 경력경쟁채용 등을 할 수 있는 사람은 행정안전부령으로 정하는 임용예정분야별 자격증 소지자 및 경력기준에 해당하는 사람이어야 한다.

④ 법 제7조 제2항 제3호에 따른 근무실적 또는 연구실적이 있는 사람의 경력경쟁채용 등은 다음 각 호의 어느 하나에 해당하는 사람으로 한정한다.

1. 국가기관・지방자치단체・공공기관 그 밖의 이에 준하는 기관의 임용예정직위에 관련있는 직무분야의 근무 또는 연구경력이 3년(소방공무원 외의 공무원으로서 다음 각 목에 해당하는 사람을 해당 부문・분야의 소방공무원으로 경력경쟁채용 등을 하는 경우에는 2년) 이상으로서 해당 임용예정계급에 상응하는 근무 또는 연구경력이 1년 이상인 사람

가. 소방기관에서 별표 1에 따른 특수기술부문에 근무한 경력이 있는 사람

■ 소방공무원 임용령 [별표 1] 〈개정 1999.5.10.〉

특수기술부문(제15조 제4항 관련)

부문별	특수기술
화재조사	화재원인 및 피해재산조사기술
통신	유선・무선 또는 전자통신기술
소방정・소방헬기조종 및 정비	소방정・소방헬기의 조종기술 또는 소방정・소방헬기의 기관정비 기술
장비	소방차량의 정비 또는 운전기술
전자계산	시스템 관리・조작・분석・설계 또는 프로그래밍기술
구급	응급처치기술
회계	경리・예산편성 또는 회계감사

나. 국가기관에서 구조업무와 관련있는 직무분야에 근무한 경력이 있는 사람
2. 퇴직한 소방공무원으로서 임용예정계급에 상응하는 근무경력이 1년 이상인 사람
3. 의무소방원으로 임용되어 정해진 복무를 마친 사람

⑤ 법 제7조 제2항 제3호에 따른 소방에 관한 전문기술교육을 받은 사람의 경력경쟁채용 등은 「초·중등교육법」 및 「고등교육법」에 따라 설치된 고등학교·전문대학 또는 대학(대학원을 포함한다)에서 행정안전부령으로 정하는 임용예정분야별 교육과정을 이수한 사람과 법령에 따라 이와 동등 이상의 학력이 있다고 인정되는 사람이어야 한다.

⑥ 삭제 〈2022. 4. 5.〉

⑦ 법 제7조 제2항 제6호에 따른 외국어에 능통한 사람의 경력경쟁채용 등은 소방위 이하 소방공무원으로 채용하는 경우로 한정하며, 그 외국어 능력은 해당 외국어를 모국어로 사용하는 국가의 국민이 고등학교교육 또는 이에 준하는 학교교육을 마치고 작문이나 회화를 할 수 있는 수준이어야 한다.

⑧ 법 제7조 제2항 제7호에 따른 경력경쟁채용 등은 경위 이하의 경찰공무원으로서 최근 5년 이내에 화재감식 또는 범죄수사업무에 종사한 경력이 2년 이상인 사람이어야 한다.

⑨ 법 제7조 제2항 제8호에 따른 경력경쟁채용 등은 다음 각 호의 어느 하나에 해당하는 지역에서 이미 5년 이상 의용소방대원으로 계속하여 근무하고 있는 사람을 그 지역에 소방서·119지역대 또는 119안전센터가 처음으로 설치된 날로부터 1년 이내에 그 지역의 소방공무원으로 임용하는 경우로 한정한다. 이 경우 경력경쟁채용 등을 할 수 있는 인원은 처음으로 설치되는 소방서·119지역대 또는 119안전센터의 공무원의 정원 중 소방사 정원의 3분의 1 이내로 한다.
1. 소방서를 처음으로 설치하는 시·군지역
2. 소방서가 설치되어 있지 아니한 시·군지역에 119지역대 또는 119안전센터를 처음으로 설치하는 경우 그 관할에 속하는 시지역 또는 읍·면지역

⑩ 제3항부터 제6항까지, 제8항 및 제9항에 따른 임용예정계급별 자격증의 구분, 근무 또는 연구실적, 소방에 관련된 교육과정, 그 밖의 기준에 관한 사항은 행정안전부령으로 정한다.

소방공무원 임용령 제24조(시보임용소방공무원 등에 대한 교육훈련)

① 임용권자 또는 임용제청권자는 시보임용소방공무원 또는 시보임용예정자에 대하여 소방학교 또는 각급 공무원교육원 기타 소방기관에 위탁하여 일정한 기간 직무수행에 필요한 교육훈련(실무수습을 포함한다)을 시킬 수 있다.

② 임용권자 또는 임용제청권자는 시보임용예정자가 제1항에 따른 교육훈련과정의 졸업요건을 갖추지 못한 경우에는 시보임용을 하지 않을 수 있다.

③ 제1항의 규정에 의하여 교육을 받는 시보임용예정자에 대하여는 예산의 범위안에서 임용예정계급의 1호봉에 해당하는 봉급의 80퍼센트에 상당하는 금액 등을 지급할 수 있다.

소방공무원 임용령 제28조(필수보직기간 및 전보의 제한)

① 소방공무원의 필수보직기간(휴직기간, 직위해제처분기간, 강등 및 정직 처분으로 인하여 직무에 종사하지 않은 기간은 포함하지 않는다. 이하 이 조에서 같다)은 1년으로 한다. 다만, 다음 각 호의 경우에는 그렇지 않다.
1. 직제상의 최저단위 보조기관내에서의 전보의 경우
2. 기구의 개편, 직제 또는 정원의 변경으로 인한 전보의 경우

3. 임용권자를 달리하는 기관간의 전보의 경우
4. 당해 소방공무원의 승진 또는 강임의 경우
4의2. 소방공무원을 전문직위로 전보하는 경우
5. 임용예정직위에 관련된 2월이상의 특수훈련경력이 있는 자 또는 임용예정직위에 상응한 6월이상의 근무경력 또는 연구실적이 있는 자를 당해 직위에 보직하는 경우
6. 징계처분을 받은 경우
7. 형사사건에 관련되어 수사기관에서 조사를 받고 있는 경우
8. 공개경쟁채용시험에 합격하고 시보임용 중인 경우
9. 소방령 이하의 소방공무원을 그 배우자 또는 직계존속이 거주하는 시·도 지역의 소방기관으로 전보하는 경우
10. 임신 중인 소방공무원 또는 출산 후 1년이 지나지 않은 소방공무원의 모성보호, 육아 등을 위해 필요한 경우
11. 그 밖에 소방기관의 장이 보직관리를 위하여 전보할 필요가 있다고 특별히 인정하는 경우

② 중앙소방학교 및 지방소방학교 교수요원의 필수보직기간은 2년으로 한다. 다만, 기구의 개편, 직제·정원의 변경 또는 교육과정의 개편 또는 폐지가 있거나 교수요원으로서 부적당하다고 인정될 때에는 그렇지 않다.

③ 법 제7조 제2항 제1호부터 제4호까지의 규정, 제6호 및 제7호에 따라 경력경쟁채용시험 등을 통하여 채용된 소방공무원은 최초로 그 직위에 임용된 날부터 다음 각 호의 구분에 따른 필수보직기간이 지나야 다른 직위 또는 임용권자를 달리하는 기관에 전보될 수 있다. 다만, 제1항 제1호·제2호·제4호(승진 또는 강임된 소방공무원을 그 직급에 맞는 직위로 전보하는 경우로 한정한다)·제6호 및 제7호의 경우에는 그렇지 않다.

1. 법 제7조 제2항 제1호 및 제4호 : 2년
2. 법 제7조 제2항 제2호·제3호·제6호 및 제7호 : 5년

④ 법 제7조 제2항 제8호에 따라 경력경쟁채용시험 등을 통하여 채용된 소방공무원은 최초로 그 직위에 임용된 날부터 5년의 필수보직기간이 지나야 최초 임용기관 외의 다른 기관으로 전보될 수 있다. 다만, 기구의 개편, 직제 또는 정원의 변경으로 인하여 직위가 없어지거나 정원이 초과되어 전보할 경우에는 그렇지 않다.

⑤ 임용권자는 승진시험 요구중에 있는 소속 소방공무원을 승진 대상자명부작성단위를 달리하는 기관에 전보할 수 없다.

⑥ 다음 각 호의 어느 하나에 해당하는 임용일은 제1항에 따른 필수보직기간을 계산할 때 해당 직위에 임용된 날로 보지 아니한다.

1. 직제상의 최저단위 보조기관내에서의 전보일
1의2. 승진임용일, 강등일 또는 강임일
2. 시보공무원의 정규공무원으로의 임용일
3. 기구의 개편, 직제 또는 정원의 변경으로 소속·직위 또는 직급의 명칭만 변경하여 재발령되는 경우 그 임용일. 다만, 담당 직무가 변경되지 아니한 경우만 해당한다.

8 소방공무원의 인사교류 [법 제9조]

(1) 소방청장은 소방공무원의 능력을 발전시키고 소방사무의 연계성을 높이기 위하여 소방청과 시·도 간 및 시·도 상호 간에 인사교류가 필요하다고 인정하면 인사교류계획을 수립하여 이를 실시할 수 있다.

(2) '(1)'에 따른 인사교류의 대상, 절차, 그 밖에 인사교류에 필요한 사항은 대통령령으로 정한다.

✓ Check 소방공무원 임용령 제29조(소방공무원의 인사교류)

소방공무원 임용령 제29조(소방공무원의 인사교류)

① 소방청장은 소방공무원 인사교류의 목적에 따라 다음에 해당하는 경우 시·도 상호 간 소방공무원의 인사교류계획을 수립하여 실시할 수 있다.

㉠ 시·도 간 인력의 균형있는 배치와 소방행정의 균형있는 발전을 위하여 시·도 소속 소방령 이상의 소방공무원을 교류하는 경우

㉡ 시·도 간의 협조체제 증진 및 소방공무원의 능력발전을 위하여 시·도 간 교류하는 경우

㉢ 시·도 소속 소방경 이하의 소방공무원의 연고지배치를 위하여 필요한 경우

② 제1항에 따른 인사교류의 인원(같은 항 제3호에 따라 실시하는 인원을 제외한다)은 필요한 최소한으로 하되, 소방청장은 시·도 간 교류인원을 정할 때에는 미리 해당 시·도지사의 의견을 들어야 한다.

③ 소방청장은 인사교류계획을 수립함에 있어서 시·도지사로부터 교류대상자의 추천이 있거나 해당 시·도로 전입요청이 있는 경우에는 이를 최대한 반영하여야 하며, 해당 시·도지사의 동의 없이는 인사교류대상자의 직위를 미리 지정하여서는 아니된다.

④ 소방청장은 인사교류의 목적에 따라 인력의 균형있는 배치와 효율적인 활용, 소방공무원의 종합적 능력발전 기회 부여 및 소방사무의 연계성을 높이기 위하여 소방청과 시·도 간 소방공무원 인사교류계획을 수립하여 실시할 수 있다.

⑤ 소방청과 시·도 간 및 시·도 상호 간에 인사교류를 하는 경우에는 인사교류 대상자 본인의 동의나 신청이 있어야 한다. 다만, 소방청과 그 소속기관 소속 소방공무원으로서 시·도 소속 소방공무원으로의 임용예정계급이 인사교류 당시의 계급보다 상위계급인 경우에는 동의를 받지 않을 수 있다.

⑥ 소방청장은 소방인력 관리를 위해 필요한 경우에는 소방청과 시·도 간 및 시·도 상호 간의 인사교류를 제한할 수 있다.

⑦ 제1항부터 제6항까지에서 규정한 사항 외에 인사교류에 필요한 사항은 소방청장이 정한다.

소방공무원 임용령 제30조(파견근무)

① 임용권자 또는 임용제청권자는 다음 각 호의 어느 하나에 해당하는 경우에는 「국가공무원법」 제32조의4에 따라 소방공무원을 파견할 수 있다.

1. 다른 국가기관 또는 지방자치단체나 그 외의 기관·단체에서 국가적 사업을 수행하기 위하여 특히 필요한 경우
2. 다른 기관의 업무폭주로 인한 행정지원의 경우
3. 관련 기관간의 긴밀한 협조가 필요한 특수업무를 공동수행하기 위하여 필요한 경우

4부 PART · 01

4. 「공무원 인재개발법」 또는 법 제20조 제3항(이 영 제3조 제1항 및 같은 조 제5항 제1호 · 제3호에 따라 시 · 도지사가 임용권을 행사하는 소방공무원에 한정한다)에 따른 교육훈련을 위하여 필요한 경우
5. 「공무원 인재개발법」에 따른 공무원교육훈련기관의 교수요원으로 선발되거나 그 밖에 교육훈련 관련 업무수행을 위하여 필요한 경우
6. 국제기구, 외국의 정부 또는 연구기관에서의 업무수행 및 능력개발을 위하여 필요한 경우
7. 국내의 연구기관, 민간기관 및 단체에서의 업무수행 · 능력개발이나 국가정책 수립과 관련된 자료수집 등을 위하여 필요한 경우

② 제1항에 따른 파견기간은 다음 각 호와 같다.
1. 제1항 제1호부터 제3호까지 및 제7호에 따른 파견기간은 2년 이내로 하되, 필요한 경우에는 총 파견기간이 5년을 초과하지 않는 범위에서 파견기간을 연장할 수 있다.
2. 제1항 제5호에 따른 파견기간은 1년 이내로 하되, 필요한 경우에는 총 파견기간이 2년을 초과하지 않는 범위에서 파견기간을 연장할 수 있다.
3. 제1항 제4호 및 제6호에 따른 파견기간은 그 교육훈련 · 업무수행 및 능력개발을 위하여 필요한 기간으로 한다.

③ 제1항 제1호부터 제3호까지 및 제5호에 따라 소속 소방공무원을 파견하려면 파견받을 기관의 장이 임용권자 또는 임용제청권자에게 미리 요청하여야 한다.

④ 제1항에 따라 소속 소방공무원(제3조 제1항 및 같은 조 제5항 제1호 · 제3호에 따라 시 · 도지사가 임용권을 행사하는 소방공무원은 제외한다)을 파견하는 경우로서 다음 각 호의 어느 하나에 해당하는 경우에는 임용권자 또는 임용제청권자가 인사혁신처장과 협의하여야 한다. 다만, 인사혁신처장이 「행정기관의 조직과 정원에 관한 통칙」 제24조의2에 따라 별도정원의 직급 · 규모 등에 대하여 행정안전부장관과 협의된 파견기간의 범위에서 소방경 이하 소방공무원의 파견기간을 연장하거나 소방경 이하 소방공무원의 파견기간이 끝난 후 그 자리를 교체하는 경우에는 인사혁신처장과의 협의를 생략할 수 있다.
1. 제1항 제1호부터 제3호까지 및 제6호 · 제7호에 따라 소속 소방공무원을 파견하는 경우
2. 제1호에 따른 파견기간을 연장하는 경우
3. 제1호에 따른 파견 중 파견기간이 끝나기 전에 파견자를 복귀시키는 경우로서 인사혁신처장이 정하는 사유에 해당하는 경우

⑤ 제4항 본문에도 불구하고 파견기간이 1년 미만인 경우에는 인사혁신처장의 협의를 거치지 아니하고 소방청장의 승인을 받아 파견할 수 있다.

9 시보임용 [법 제10조]

(1) 소방공무원을 신규채용할 때에는 소방장 이하는 6개월간 시보로 임용하고, 소방위 이상은 1년간 시보로 임용하며, 그 기간이 만료된 다음 날에 정규 소방공무원으로 임용한다. 다만, 대통령령으로 정하는 경우에는 시보임용을 면제하거나 그 기간을 단축할 수 있다.

✔ Check **소방공무원 임용령 제23조(시보임용의 면제 및 기간단축)**

① 시보임용예정자가 받은 교육훈련기간은 이를 시보로 임용되어 근무한 것으로 보아 시보임용 기간을 단축할 수 있다.
② 다음에 해당하는 경우에는 시보임용을 면제한다.
1. 소방공무원으로서 소방공무원승진임용규정에서 정하는 상위계급에의 승진에 필요한 자격요건을 갖춘 자가 승진예정계급에 해당하는 계급의 공개경쟁채용시험에 합격하여 임용되는 경우
2. 정규의 소방공무원이었던 자가 퇴직 당시의 계급 또는 그 하위의 계급으로 임용되는 경우

✔ Check **소방공무원 임용령 제24조(시보임용소방공무원 등에 대한 교육훈련)**

① 임용권자 또는 임용제청권자는 시보임용소방공무원 또는 시보임용예정자에 대하여 소방학교 또는 각급 공무원교육원 기타 소방기관에 위탁하여 일정한 기간 직무수행에 필요한 교육훈련(실무수습을 포함한다)을 시킬 수 있다.
② 임용권자 또는 임용제청권자는 시보임용예정자가 제1항에 따른 교육훈련과정의 졸업요건을 갖추지 못한 경우에는 시보임용을 하지 않을 수 있다.
③ 제1항의 규정에 의하여 교육을 받는 시보임용예정자에 대하여는 예산의 범위안에서 임용예정계급의 1호봉에 해당하는 봉급의 80퍼센트에 상당하는 금액 등을 지급할 수 있다.

(2) 휴직기간, 직위해제기간 및 징계에 의한 정직처분 또는 감봉처분을 받은 기간은 '(1)'의 시보임용 기간에 포함하지 아니한다.
(3) 소방공무원으로 임용되기 전에 그 임용과 관련하여 소방공무원 교육훈련기관에서 교육훈련을 받은 기간은 '(1)'의 시보임용 기간에 포함한다.
(4) 시보임용 기간 중에 있는 소방공무원이 근무성적 또는 교육훈련성적이 불량할 때에는 「국가공무원법」 제68조 또는 제70조에도 불구하고 면직시키거나 면직을 제청할 수 있다.

10 시험실시기관 [법 제11조]

소방공무원의 신규채용시험 및 승진시험과 소방간부후보생 선발시험은 소방청장이 실시한다. 다만, 소방청장이 필요하다고 인정할 때에는 대통령령으로 정하는 바에 따라 그 권한의 일부를 시·도지사 또는 소방청 소속기관의 장에게 위임할 수 있다.

✔ Check **소방공무원 임용령 제34조(시험실시권)**

① 소방청장은 법 제11조 단서에 따라 시·도 소속 소방경 이하 소방공무원을 신규채용하는 경우 신규채용시험의 실시권을 시·도지사에게 위임할 수 있다.
② 삭제 〈2022. 4. 5.〉
③ 시·도지사는 제1항에 따라 시·도 소속 소방경 이하 소방공무원의 신규채용시험을 실시하는 경우 시험의 문제출제를 소방청장에게 의뢰할 수 있다. 이 경우 시험 문제출제를 위한 비용 부담 등에 필요한 사항은 시·도지사와 소방청장이 협의하여 정한다.

11 임용시험의 응시 자격 및 방법 [법 제12조]

소방공무원의 신규채용시험 및 승진시험과 소방간부후보생 선발시험의 응시 자격, 시험방법, 그 밖에 시험 실시에 필요한 사항은 대통령령으로 정한다.

✓Check 소방공무원의 신규채용시험 등

소방공무원 임용령 제33조(시험실시의 원칙)

소방공무원의 채용시험은 계급별로 실시한다. 다만, 결원보충을 원활히 하기 위하여 필요하다고 인정될 때에는 직무분야별·성별·근무예정지역 또는 근무예정기관별로 구분하여 실시할 수 있다.

소방공무원 임용령 제34조(시험실시권)

① 소방청장은 법 제11조 단서에 따라 시·도 소속 소방경 이하 소방공무원을 신규채용하는 경우 신규채용시험의 실시권을 시·도지사에게 위임할 수 있다.

② 삭제 〈2022. 4. 5.〉

③ 시·도지사는 제1항에 따라 시·도 소속 소방경 이하 소방공무원의 신규채용시험을 실시하는 경우 시험의 문제출제를 소방청장에게 의뢰할 수 있다. 이 경우 시험 문제출제를 위한 비용 부담 등에 필요한 사항은 시·도지사와 소방청장이 협의하여 정한다.

소방공무원 임용령 제35조(공개경쟁채용시험의 공고)

① 법 제11조 본문에 따른 시험실시기관 또는 같은 조 단서 및 제34조에 따라 시험실시권의 위임을 받은 자(이하 "시험실시권자"라 한다)는 소방공무원공개경쟁채용시험을 실시하고자 할 때에는 임용예정계급, 응시자격, 선발예정인원, 시험의 방법·시기·장소·시험과목 및 배점에 관한 사항을 시험실시 20일 전까지 공고하여야 한다. 다만, 시험 일정 등 미리 공고할 필요가 있는 사항은 시험실시 90일 전까지 공고하여야 한다.

② 제1항의 규정에 의한 공고내용을 변경하고자 할 때에는 시험실시 7일 전까지 그 변경 내용을 공고하여야 한다.

소방공무원 임용령 제36조(시험의 방법)

① 소방공무원의 채용시험은 다음 각 호의 방법에 따른다.

1. 필기시험 : 교양부문과 전문부문으로 구분하되, 교양부문은 일반교양 정도를, 전문부문은 직무수행에 필요한 지식과 그 응용능력을 검정하는 것으로 한다.
2. 체력시험 : 직무수행에 필요한 민첩성·근력·지구력 등 체력을 검정하는 것으로 한다.
3. 신체검사 : 직무수행에 필요한 신체조건 및 건강상태를 검정하는 것으로 한다. 이 경우 신체검사는 시험실시권자가 지정하는 기관에서 발급하는 신체검사서로 대체한다.
4. 종합적성검사 : 직무수행에 필요한 적성과 자질을 종합적으로 검정하는 것으로 한다.
5. 면접시험 : 직무수행에 필요한 능력, 발전성 및 적격성을 검정하는 것으로 한다.
6. 실기시험 : 직무수행에 필요한 지식 및 기술을 실기 등의 방법에 따라 검정하는 것으로 한다.
7. 서류전형 : 직무수행에 관련되는 자격 및 경력 등을 서면으로 심사하는 것으로 한다.

② 법 제7조 제1항에 따라 교육훈련을 마친 소방간부후보생에 대한 소방위로의 신규채용은 그 교육훈련과정에서 이수한 과목을 검정하는 것으로 한다.

③ 제2항에 따른 검정의 방법·합격자의 결정 등에 관하여 필요한 사항은 소방청장의 승인을 얻어 중앙소방학교의 장이 정한다.

소방공무원 임용령 제37조(시험의 구분 등)

① 소방공무원의 공개경쟁채용시험은 다음 각 호의 단계에 따라 순차적으로 실시한다. 다만, 시험실시권자는 업무내용의 특수성이나 그 밖의 사유로 필요하다고 인정될 때에는 그 순서를 변경하여 실시할 수 있으며, 소방사의 경우에는 제2차시험을 실시하지 않는다.

1. 제1차시험 : 선택형 필기시험. 다만, 기입형을 가미할 수 있다.
2. 제2차시험 : 논문형 필기시험. 다만, 과목별로 기입형을 가미할 수 있다.
3. 제3차시험 : 체력시험
4. 제4차시험 : 신체검사
5. 제5차시험 : 종합적성검사
6. 제6차시험 : 면접시험. 다만, 실기시험을 병행할 수 있다.

② 시험실시권자가 필요하다고 인정할 때에는 제1차시험과 제2차시험을 동시에 실시할 수 있다.

③ 제1항에 따른 시험에 응시하는 사람은 전(前) 단계의 시험에 합격하지 않으면 다음 단계의 시험에 응시할 수 없다. 다만, 시험실시권자가 필요하다고 인정하는 경우에는 전 단계의 시험의 합격 결정 전에 다음 단계의 시험을 실시할 수 있으며, 전 단계의 시험에 합격하지 않은 사람의 다음 단계의 시험은 무효로 한다.

④ 제2항의 규정에 의하여 제1차시험과 제2차시험을 동시에 실시하는 경우에 제1차시험 성적이 제46조의 규정에 의한 합격기준 점수에 미달된 때에는 제2차시험은 이를 무효로 한다.

소방공무원 임용령 제38조(소방간부후보생 선발시험)

법 제7조 제1항 단서에 따른 소방간부후보생 선발시험에 관하여는 제35조, 제36조 제1항 및 제37조(제1항 제2호는 제외한다)를 준용한다.

소방공무원 임용령 제39조(경력경쟁채용시험 등)

① 법 제7조 제2항에 따른 경력경쟁채용시험 등은 신체검사와 다음 각 호의 구분에 따른 방법에 따른다. 다만, 소방준감 이상의 소방공무원을 경력경쟁채용 등으로 채용하려는 경우에는 서류전형의 방법으로 해야 하며, 제2호의 방법으로 소방정 이하의 소방공무원을 경력경쟁채용 등으로 채용하려는 경우로서 시험실시권자가 업무 내용의 특수성 등을 고려하여 필요하다고 인정하는 경우에는 체력시험을 실시하지 않을 수 있다.

1. 법 제7조 제2항 제1호 및 제4호에 따른 경력경쟁채용시험 등의 경우에는 서류전형・종합적성검사와 면접시험. 다만, 시험실시권자가 필요하다고 인정하는 경우에는 체력시험을 병행할 수 있다.
2. 법 제7조 제2항 제2호・제3호 및 제6호부터 제8호까지의 규정에 따른 경력경쟁채용시험 등의 경우에는 서류전형・체력시험・종합적성검사・면접시험과 필기시험 또는 실기시험. 다만, 업무의 특수성 등을 고려하여 필요하다고 인정되는 경우에는 필기시험과 실기시험을 모두 병행하여 실시할 수 있다.
3. 삭제 〈2023. 4. 7.〉

② 제1항에 따른 신체검사는 시험실시권자가 지정하는 기관에서 발급하는 신체검사서에 따른다. 다만, 사업용 또는 운송용 조종사의 경우에는 「항공안전법」 제40조에 따른 항공신체검사증명에 따른다.

③ 제1항 제2호에 따른 필기시험은 선택형으로 하되, 기입형 또는 논문형을 추가할 수 있다.

소방공무원 임용령 제40조(경력경쟁채용시험 등의 요구)

① 임용권자와 시험실시권자가 다른 경우에, 임용권자는 소방공무원을 경력경쟁채용 등을 하려는 경우에는 임용예정직위의 내용・임용예정자의 학력・경력・연구실적과 그 밖에 필요한 사항을 첨부하여 시험실시권자에게 시험을 요구하여야 한다.

② 제1항에 따른 요구를 받은 시험실시권자는 경력경쟁채용시험 등을 통한 채용이 타당하다고 인정될 때에는 시험을 실시하여야 한다.

소방공무원 임용령 제42조(채용시험의 가점)

① 소방사 공개경쟁채용시험이나 소방간부후보생선발시험에 다음 각 호의 사람이 응시하는 경우에는 그 사람이 취득한 점수에 행정안전부령으로 정하는 가점비율에 따른 점수를 제2항 각 호의 방법에 따라 가산한다.

1. 소방업무 관련 분야 자격증 또는 면허증을 취득한 사람
2. 사무관리 분야 자격증을 취득한 사람
3. 한국어능력검정시험에서 일정 기준점수 또는 등급 이상을 취득한 사람
4. 외국어능력검정시험에서 일정 기준점수 또는 등급 이상을 취득한 사람

② 제1항에 따른 점수의 가산은 다음 각 호의 방법에 따른다.

1. 시험 단계별 득점을 각각 100점으로 환산한 후 제46조 제5항 제1호 각 목에 따른 비율을 적용하여 합산한 점수의 5퍼센트 이내에서 가산한다.
2. 제1항 각 호에 따른 동일한 분야에서 가점 인정대상이 두 개 이상인 경우에는 각 분야별로 본인에게 유리한 것 하나만을 가산한다.

소방공무원 임용령 시행규칙 제24조(채용시험의 가점)

영 제42조 제1항에 따른 소방사 공개경쟁채용시험이나 소방간부후보생 선발시험에 대한 가점비율은 별표 6과 같다.

■ 소방공무원 임용령 시행규칙 [별표 6] 〈개정 2024. 8. 14.〉

자격증 등 소지자 가점비율(「소방공무원 임용령 시행규칙」 제19조 제2항 및 제24조 관련)

가점비율 분야	5퍼센트	3퍼센트	1퍼센트
소방업무 관련분야	1. 소방관련 국가기술자격 중 기술사・기능장 2. 1급~4급 항해사・기관사・운항사 3. 운송용 조종사, 사업용 조종사, 항공교통관제사, 항공정비사, 운항관리사 4. 잠수기능장 5. 의사, 변호사 6. 소방시설관리사 7. 초경량비행장치 실기평가 조종자 증명을 받은 사람	1. 소방관련 국가기술자격 중 기사 2. 5급 또는 6급 항해사・기관사 3. 응급구조사(1급), 간호사 4. 소방안전교육사 5. 초경량비행장치 지도조종자 증명을 받은 사람	1. 소방관련 국가기술자격 중 산업기사・기능사 2. 소형선박 조종사, 잠수산업기사, 잠수기능사 3. 「도로교통법」에 따른 제1종 대형면허, 제1종 특수면허 중 대형견인차면허 4. 응급구조사(2급) 5. 초경량비행장치 조종자 증명을 받은 사람(제1종 및 제2종 무인동력비행장치에 관한 조종자 증명으로 한정한다)

사무관리 분야			컴퓨터활용능력 1급	컴퓨터활용능력 2급
한국어 능력검정시험		1. 한국실용글쓰기검정 750점 이상 2. KBS한국어능력시험 770점 이상 3. 국어능력인증시험 162점 이상	1. 한국실용글쓰기검정 630점 이상 2. KBS한국어능력시험 670점 이상 3. 국어능력인증시험 147점 이상	1. 한국실용글쓰기검정 550점 이상 2. KBS한국어능력시험 570점 이상 3. 국어능력인증시험 130점 이상
외국어	영어		1. TOEIC 800점 이상 2. TOEFL IBT 88점 이상 3. TOEFL PBT 570점 이상 4. TEPS 720점 이상 5. New TEPS 399점 이상 6. TOSEL(advanced) 780점 이상 7. FLEX 714점 이상 8. PELT(main) 304점 이상 9. G-TELP Level 2 75점	1. TOEIC 600점 이상 2. TOEFL IBT 57점 이상 3. TOEFL PBT 489점 이상 4. TEPS 500점 이상 5. New TEPS 268점 이상 6. TOSEL(advanced) 580점 이상 7. FLEX 480점 이상 8. PELT(main) 242점 이상 9. G-TELP Level 2 48점
	일본어		1. JLPT 2급(N2) 2. JPT 650점 이상	1. JLPT 3급(N3, N4) 2. JPT 550점 이상
	중국어		1. HSK 8급 2. 신(新) HSK 5급(210점 이상)	1. HSK 7급 2. 신(新) HSK 4급(195점 이상)

〈비고〉

1. 위 표에서 소방 관련 국가기술자격이란 「국가기술자격법 시행규칙」 별표 2의 중직무분야 중 다음 기술・기능 분야의 자격을 말한다.
   - 건축, 건설기계운전, 기계장비설비・설치, 철도, 조선, 항공, 자동차, 화공, 위험물, 전기, 전자, 정보기술, 방송・무선, 통신, 안전관리, 비파괴검사, 에너지・기상, 채광(기술・기능 분야 화약류관리에 한정한다)
2. 위 표에서 한국어능력검정시험・외국어능력검정시험의 경우 해당 채용시험의 면접시험일을 기준으로 2년 이내의 성적에 대해서만 가점을 인정한다.
3. 가점을 위하여 필요한 자료의 제출기한은 해당 채용시험의 면접시험일까지로 한다.

소방공무원 임용령 제43조(응시연령 및 신체조건 등)

① 소방공무원의 채용시험에 응시할 수 있는 자의 연령은 별표2(임용령)와 같다.

② 소방간부후보생 선발시험에 응시할 수 있는 사람의 나이는 21세 이상 40세 이하로 한다.

③ 소방공무원의 채용시험 및 소방간부후보생 선발시험에 응시할 수 있는 신체조건 및 건강상태와 체력시험의 평가기준 및 방법은 행정안전부령(임용령 시행규칙 제23조)으로 정한다.

④ 소방간부후보생 선발시험 또는 소방사 공개경쟁채용시험에 응시하고자 하는 자는 「도로교통법」 제80조 제2항 제1호에 따른 제1종 운전면허 중 대형면허 또는 보통면허를 받은 자이어야 한다.

⑤ 임용권자는 소방장 이하 소방공무원의 경력경쟁채용시험 등에 응시하려는 사람에 대해서도 제4항에 따른 응시자격을 갖추도록 할 수 있다.

⑥ 제15조 제4항에 따라 소방공무원 외의 공무원으로서 소방기관에서 소방업무를 담당한 경력이 있는 자를 소방공무원으로 임용하는 경우에는 제1항을 적용하지 아니한다.

소방공무원 임용령 제44조(필기시험)

소방공무원 공개경쟁채용시험의 필기시험과목은 별표 3과 같고, 소방간부후보생 선발시험의 필기시험과목은 별표 4와 같으며, 소방공무원 경력경쟁채용시험 등의 필기시험과목은 별표 5와 같다. 다만, 별표 3, 별표 4 및 별표 5의 시험과목 중 다음 각 호의 시험과목은 해당 호에서 정하는 시험으로 대체한다.

1. 필수과목 중 영어 과목 : 별표 6에서 정한 영어능력검정시험
2. 필수과목 중 한국사 과목 : 별표 9에서 정한 한국사능력검정시험

■ 소방공무원 임용령 [별표 3] 〈개정 2023. 5. 9.〉

소방공무원 공개경쟁채용시험의 필기시험과목표(제44조 관련)

① 소방령 공개경쟁채용시험

제1차 시험과목	제2차 시험과목	
	필수과목	선택과목
한국사, 헌법, 영어	행정법, 소방학개론	물리학개론, 화학개론, 건축공학개론, 형법, 경제학 중 2과목

② 소방사 공개경쟁채용시험

제1차 시험과목(필수)
소방학개론, 소방관계법규, 행정법총론, 한국사, 영어

〈비고〉

1. 소방학개론은 소방조직, 재난관리, 연소·화재이론, 소화이론 분야로 하고, 분야별 세부내용은 소방청장이 정한다.
2. 소방관계법규
   가. 「소방기본법」 및 그 하위법령
   나. 「소방의 화재조사에 관한 법률」, 같은 법 시행령 및 같은 법 시행규칙
   다. 「소방시설공사업법」, 같은 법 시행령 및 같은 법 시행규칙
   라. 「소방시설 설치 및 관리에 관한 법률」 및 그 하위법령
   마. 「화재의 예방 및 안전관리에 관한 법률」 및 그 하위법령
   바. 「위험물안전관리법」, 같은 법 시행령 및 같은 법 시행규칙

■ 소방공무원 임용령 [별표 4] 〈개정 2017. 7. 26.〉

소방간부후보생 선발시험의 필기시험과목표(제44조 관련)

구분 계열별	시험과목	
	필수과목(4)	선택과목(2)
인문사회계열	헌법, 한국사, 영어, 행정법	행정학, 민법총칙, 형사소송법, 경제학, 소방학개론
자연계열	헌법, 한국사, 영어, 자연과학개론	화학개론, 물리학개론, 건축공학개론, 전기공학개론, 소방학개론

〈비고〉

소방학개론은 소방조직, 재난관리, 연소·화재이론, 소화이론 분야로 하고, 분야별 세부내용은 소방청장이 정한다.

■ 소방공무원 임용령 [별표 5] 〈개정 2023. 5. 9.〉

소방공무원 경력경쟁채용시험 등의 필기시험 과목 및 배점(제44조 관련)

계급 \ 분야		일반	항공	구급	화학	정보통신
소방정 · 소방령	필수	한국사, 영어, 행정법, 소방학개론				
	선택	물리학개론, 화학개론, 건축공학개론, 형법, 경제학 중 2과목				
소방경 · 소방위	필수	한국사, 영어, 행정법, 소방학개론	항공법규, 항공영어			
	선택	물리학개론, 화학개론, 건축공학개론, 형법, 경제학 중 2과목	비행이론, 항공기상, 항공역학, 항공기체, 항공장비, 항공전자, 항공엔진 중 1과목			
소방장 · 소방교	필수	한국사, 영어, 소방학개론, 소방관계법규	항공법규, 항공영어	한국사, 영어, 소방학개론, 응급처치학개론	한국사, 영어, 소방학개론, 화학개론	한국사, 영어, 소방학개론, 컴퓨터일반
	선택		비행이론, 항공기상, 항공역학, 항공기체, 항공장비, 항공전자, 항공엔진 중 1과목			
소방사	필수	한국사, 영어, 소방학개론, 소방관계법규		한국사, 영어, 소방학개론, 응급처치학개론	한국사, 영어, 소방학개론, 화학개론	한국사, 영어, 소방학개론, 컴퓨터일반

〈비고〉

1. 각 과목의 배점은 100점으로 한다.
2. 필수과목 중 소방학개론, 소방관계법규 및 응급처치학개론의 시험 범위는 다음 각 목과 같다.

4부 PART · 01

가. 소방학개론 : 소방조직, 재난관리, 연소・화재이론, 소화이론 분야로 하고, 분야별 세부 내용은 소방청장이 정한다.
나. 소방관계법규 : 「소방기본법」, 「소방의 화재조사에 관한 법률」,「소방시설공사업법」, 「소방시설 설치 및 관리에 관한 법률」, 「화재의 예방 및 안전관리에 관한 법률」, 「위험물안전관리법」과 각 법률의 하위법령
다. 응급처치학개론 : 전문응급처치학총론, 전문응급처치학개론 분야로 하고, 분야별 세부 내용은 소방청장이 정한다.
3. 항공분야의 경력경쟁채용시험 등은 행정안전부령으로 정하는 항공분야 자격증 소지자를 대상으로 한다.

■ 소방공무원 임용령 [별표 6] 〈개정 2024. 8. 13.〉

영어 과목을 대체하는 영어능력검정시험의 종류 및 기준점수(제44조 제1호 관련)

시험의 종류		기준점수	
		소방정 소방령 소방경 소방위 (소방간부후보생)	소방장 소방교 소방사
토익 (TOEIC)	아메리카합중국 이.티.에스.(ETS : Education Testing Service)에서 시행하는 시험(Test of English for International Communication)을 말한다.	700점 이상	550점 이상
토플 (TOEFL)	아메리카합중국 이.티.에스.(ETS : Education Testing Service)에서 시행하는 시험(Test of English as a Foreign Language)으로서 그 실시방식에 따라 피.비.티.(PBT : Paper Based Test) 및 아이.비.티.(IBT : Internet Based Test)로 구분한다.	PBT 530점 이상	PBT 470점 이상
		IBT 71점 이상	IBT 52점 이상
텝스 (TEPS)	서울대학교 영어능력검정시험(Test of English Proficiency developed by Seoul National University)을 말한다.	340점 이상	241점 이상
지텔프 (G-TELP)	아메리카합중국 국제테스트연구원(International Testing Services Center)에서 주관하는 시험(General Test of English Language Proficiency)을 말한다.	Level 2의 65점 이상	Level 2의 43점 이상
플렉스 (FLEX)	한국외국어대학교 어학능력검정시험(Foreign Language Examination)을 말한다.	625점 이상	457점 이상
토셀 (TOSEL)	국제토셀위원회에서 주관하는 시험(Test of the Skills in the English Language)을 말한다.	Advanced 690점 이상	Advanced 510점 이상

〈비고〉
위 표에서 정한 시험은 해당 채용시험의 최종시험 시행예정일부터 거꾸로 계산하여 5년이 되는 해의 1월 1일 이후에 실시된 시험으로서 해당 채용시험의 필기시험 시행예정일 전날까지 점수 또는 등급이 발표된 시험 중 기준점수가 확인된 시험으로 한정한다. 이 경우 그 확인방법은 시험실시권자가 정하여 고시한다.

■ 소방공무원 임용령 [별표 9] 〈개정 2024. 8. 13.〉

한국사 과목을 대체하는 한국사능력검정시험의 종류 및 기준등급(제44조 제2호 관련)

시험의 종류		기준등급	
		소방정 소방령 소방경 소방위 (소방간부후보생)	소방장 소방교 소방사
한국사능력 검정시험	국사편찬위원회에서 주관하여 시행하는 시험 (한국사능력검정시험)을 말한다.	2급 이상	3급 이상

〈비고〉
위 표에서 정한 시험은 해당 채용시험의 필기시험 시행예정일 전날까지 등급이 발표된 시험 중 기준등급이 확인된 시험으로 한정한다. 이 경우 그 확인 방법은 시험실시권자가 정하여 고시한다.

소방공무원 임용령 제45조(출제수준)

소방공무원 채용시험의 출제수준은 소방위 이상 및 소방간부후보생선발시험에 있어서는 소방행정의 기획 및 관리에 필요한 능력·지식을 검정할 수 있는 정도로 하고, 소방장 및 소방교에 있어서는 소방업무수행에 필요한 전문적 능력·지식을 검정할 수 있는 정도로 하며, 소방사에 있어서는 소방업무수행에 필요한 기본적인 능력·지식을 검정할 수 있는 정도로 한다.

소방공무원 임용령 제46조(시험의 합격결정)

① 소방공무원의 공개경쟁채용시험 및 소방간부후보생 선발시험의 합격자 결정은 다음 각 호의 방법에 따른다.
  1. 필기시험 : 각 과목 40퍼센트 이상을 득점하고, 전 과목 총점의 60퍼센트 이상을 득점한 사람 중에서 선발예정인원의 3배수 범위에서 고득점자순으로 결정
  2. 체력시험 : 전 종목 총점의 50퍼센트 이상을 득점한 사람
  3. 신체검사 : 제43조 제3항에 따른 신체조건 및 건강상태에 적합한 사람

② 경력경쟁채용시험 등의 필기시험 또는 실기시험의 경우에는 매 과목 40퍼센트 이상, 전 과목 총점의 60퍼센트 이상의 득점자 중에서 선발예정인원의 3배수의 범위에서 시험성적을 고려하여 점수가 높은 사람부터 차례로 합격자를 결정하고, 체력시험과 신체검사의 합격자 결정에 관하여는 제1항 제2호 및 제3호를 준용한다.

③ 종합적성검사의 결과는 면접시험에 반영한다.

④ 면접시험의 합격자 결정은 다음 각 호의 평정요소에 대한 시험위원의 점수를 합산하여 총점의 50퍼센트 이상을 득점한 사람으로 한다. 다만, 시험위원의 과반수가 어느 하나의 평정요소에 대하여 40퍼센트 미만의 점수를 평정한 경우 불합격으로 한다.
  1. 문제해결 능력
  2. 의사소통 능력
  3. 소방공무원으로서의 공직관

4부 PART • 01

4. 협업 능력
5. 침착성 및 책임감

⑤ 최종합격자의 결정은 면접시험의 합격자 중에서 다음 각 호의 방법에 따라 산정한 성적의 순위에 따른다.

1. 제37조 제1항의 공개경쟁채용시험 및 제38조의 소방간부후보생 선발시험 : 다음 각 목의 시험 단계별 성적을 해당 목에서 정하는 비율을 적용하여 합산한 점수에 제42조에 따른 가점을 반영한 성적
   가. 필기시험 성적(제1차 시험과 제2차 시험을 구분하여 실시할 때에는 이를 합산한 성적을 말한다. 이하 같다) : 50퍼센트
   나. 체력시험 성적 : 25퍼센트
   다. 면접시험 성적(실기시험을 병행할 때에는 이를 포함한 점수를 말한다) : 25퍼센트
2. 제39조의 경력경쟁채용시험 등 : 다음 각 목의 구분에 따라 산정한 성적
   가. 면접시험만을 실시하는 경우 : 면접시험 성적 100퍼센트
   나. 필기시험과 면접시험을 실시하는 경우 : 필기시험 성적 75퍼센트 및 면접시험 성적 25퍼센트의 비율로 합산한 성적
   다. 체력시험과 면접시험을 실시하는 경우 : 체력시험 성적 25퍼센트 및 면접시험 성적 75퍼센트의 비율로 합산한 성적
   라. 실기시험과 면접시험을 실시하는 경우 : 실기시험 성적 75퍼센트 및 면접시험 성적 25퍼센트의 비율로 합산한 성적
   마. 필기시험·체력시험 및 면접시험을 실시하는 경우 : 필기시험 성적 50퍼센트, 체력시험 성적 25퍼센트 및 면접시험 성적 25퍼센트의 비율로 합산한 성적
   바. 체력시험·실기시험 및 면접시험을 실시하는 경우 : 체력시험 성적 25퍼센트, 실기시험 성적 50퍼센트 및 면접시험 성적 25퍼센트의 비율로 합산한 성적
   사. 필기시험·체력시험·실기시험 및 면접시험을 실시하는 경우 : 필기시험 성적 30퍼센트, 체력시험 성적 15퍼센트, 실기시험 성적 30퍼센트 및 면접시험 성적 25퍼센트의 비율로 합산한 성적

⑥ 임용권자는 공개경쟁채용시험·경력경쟁채용시험 등 및 소방간부후보생 선발시험의 경우 최종합격자가 임용을 포기하는 등의 사정으로 결원을 보충할 필요가 있을 때에는 최종합격자 발표일부터 6개월 이내에 제5항에 따라 추가 합격자를 결정할 수 있다.

⑦ 임용권자는 공개경쟁채용시험·경력경쟁채용시험 등 및 소방간부후보생 선발시험의 최종합격자가 제51조에 따른 부정행위로 인해 합격이 취소되어 결원을 보충할 필요가 있다고 인정하는 경우 최종합격자의 다음 순위자를 특정할 수 있으면 제6항에도 불구하고 최종합격자 발표일부터 3년 이내에 다음 순위자를 추가 합격자로 결정할 수 있다.

소방공무원 임용령 제47조(동점자의 합격결정)

공개경쟁채용시험·경력경쟁채용시험 등 및 소방간부후보생 선발시험의 합격자를 결정할 때 선발예정인원을 초과하여 동점자가 있는 경우에는 그 선발예정인원에 불구하고 모두 합격자로 한다. 이 경우 동점자의 결정은 총득점을 기준으로 하되, 소수점 이하 둘째자리까지 계산한다.

소방공무원 임용령 제48조(시험합격자명단의 송부 등)

① 시험실시권자가 법 제13조 제1항에 따라 시험합격자명단을 임용권자에게 송부함에 있어서, 2이상의

임용권자의 요구에 의하여 동시에 시험을 실시한 경우(근무예정지역별로 시험을 실시한 경우를 제외한다)에는 미리 생활연고지 · 근무희망지 및 시험성적 등을 고려하여 합격자를 배정하고 각 임용권자에게 그 명단을 송부하여야 한다.

② 시험실시권자는 시험에 합격한 자에 대하여 시험합격의 통지를 하여야 한다.

소방공무원 임용령 제49조(응시수수료)

① 소방공무원의 채용시험 및 소방간부후보생 선발시험의 응시자는 다음의 구분에 의한 응시수수료를 납부하여야 한다.

1. 소방령 이상 소방공무원의 채용시험 : 일반직 5급 이상 국가공무원의 채용시험 응시수수료
2. 소방경, 소방위 및 소방장 채용시험 : 일반직 6 · 7급 국가공무원의 채용시험 응시수수료
3. 소방교 이하 소방공무원의 채용시험 : 일반직 8 · 9급 국가공무원의 채용시험 응시수수료
4. 소방간부후보생선발시험 : 일반직 6 · 7급 국가공무원의 채용시험 응시수수료

② 제1항에 따른 응시수수료의 납부 방법은 다음 각 호의 구분에 따른다. 다만, 인터넷으로 응시원서를 제출하는 경우에는 정보통신망을 이용한 전자화폐 · 전자결제 등의 방법으로 내야 한다.

1. 소방청장이 실시하는 시험에 응시하는 경우 : 수입인지
2. 시 · 도지사가 실시하는 시험에 응시하는 경우 : 해당 지방자치단체의 수입증지

③ 제1항에 따른 응시수수료는 다음 각 호의 어느 하나에 해당하는 경우에는 해당 금액을 반환해야 한다.

1. 응시수수료를 과오납한 경우에는 과오납한 금액
2. 시험실시권자의 귀책사유로 시험에 응시하지 못한 경우에는 납부한 응시수수료의 전액
3. 시험실시일 3일 전까지 응시의사를 철회하는 경우에는 납부한 응시수수료의 전액

④ 시험실시권자는 제1항에도 불구하고 응시원서 접수 당시 「국민기초생활 보장법」에 따른 수급자 또는 차상위계층에 속하는 사람이거나 「한부모가족지원법」에 따른 지원대상자인 사람에 대해서는 소방청장이 정하는 바에 따라 응시수수료를 면제할 수 있다.

⑤ 시험실시권자는 제4항에 따라 응시수수료를 면제하려는 경우에는 「전자정부법」 제36조 제1항에 따른 행정정보의 공동이용(이하 "행정정보의 공동이용"이라 한다)을 통하여 면제대상인지를 확인해야 한다. 다만, 응시자가 확인에 동의하지 않거나 행정정보의 공동이용을 통하여 서류를 확인할 수 없는 경우에는 시험실시권자가 정하는 기간 내에 응시수수료 면제대상자임을 증명할 수 있는 자료를 제출하도록 해야 한다.

소방공무원 임용령 제50조(시험위원의 임명 등)

① 시험실시권자는 소방공무원의 채용시험 및 소방간부후보생선발시험의 출제 · 채점 · 면접시험 · 실기시험 · 서류전형 기타 시험의 실시에 관하여 필요한 사항을 담당하게 하기 위하여 다음 각호의 1에 해당하는 자를 시험위원으로 임명 또는 위촉할 수 있다.

1. 당해 직무분야의 전문적인 학식 또는 능력이 있는 자
2. 임용 예정직무에 관한 실무에 정통한 자

② 제1항의 규정에 의하여 시험위원으로 임명 또는 위촉된 자는 시험실시권자가 요구하는 시험문제 작성상의 유의사항 및 서약서 등에 의한 준수사항을 성실히 이행하여야 한다.

③ 시험실시권자는 제2항의 규정을 위반함으로써 시험의 신뢰도를 크게 떨어뜨리는 행위를 한 시험위원이 있을 때에는 그 명단을 다른 시험실시권자에게 통보하고 당해 시험위원이 소속하고 있는 기관의 장에게 당해인에 대한 징계 등 적절한 조치를 할 것을 요청하여야 한다.

④ 시험실시권자는 제3항의 규정에 의한 통보를 받은 자에 대하여는 그로부터 5년간 당해인을 소방공무원 채용시험 및 소방간부후보생 선발시험의 시험위원으로 임명 또는 위촉하여서는 아니된다.
⑤ 삭제 〈2024. 8. 13.〉

소방공무원 임용령 제51조(부정행위자에 대한 조치)

① 소방공무원의 채용시험 또는 소방간부후보생 선발시험에서 다음 각 호의 어느 하나에 해당하는 행위를 한 사람에 대해서는 그 시험을 정지 또는 무효로 하거나 합격을 취소하고, 그 처분이 있은 날부터 5년간 이 영에 따른 시험의 응시자격을 정지한다.
1. 다른 수험생의 답안지를 보거나 본인의 답안지를 보여주는 행위
2. 대리 시험을 의뢰하거나 대리로 시험에 응시하는 행위
3. 통신기기, 그 밖의 신호 등을 이용하여 해당 시험 내용에 관하여 다른 사람과 의사소통하는 행위
4. 부정한 자료를 가지고 있거나 이용하는 행위
5. 병역, 가점 또는 영어능력검정시험 성적에 관한 사항 등 시험에 관한 증명서류에 거짓 사실을 적거나 그 서류를 위조·변조하여 시험결과에 부당한 영향을 주는 행위
6. 체력시험에 영향을 미칠 목적으로 인사혁신처장이 정하여 고시하는 금지약물을 복용하거나 금지방법을 사용하는 행위
7. 그 밖에 부정한 수단으로 본인 또는 다른 사람의 시험결과에 영향을 미치는 행위

② 소방공무원의 채용시험 또는 소방간부후보생 선발시험에서 다음 각 호의 어느 하나에 해당하는 행위를 한 사람에 대해서는 그 시험을 정지하거나 무효로 한다.
1. 시험 시작 전에 시험문제를 열람하는 행위
2. 시험 시작 전 또는 종료 후에 답안을 작성하는 행위
3. 허용되지 아니한 통신기기 또는 전자계산기기를 가지고 있는 행위
4. 그 밖에 시험의 공정한 관리에 영향을 미치는 행위로서 시험실시권자가 시험의 정지 또는 무효처리기준으로 정하여 공고한 행위

③ 다른 법령에 의한 국가공무원 또는 지방공무원의 임용시험에서 부정행위를 하여 당해 시험에의 응시자격이 정지중에 있는 자는 그 기간 중 이 영에 의한 시험에 응시할 수 없다.
④ 시험실시권자는 제1항에 따른 처분을 할 때에는 그 이유를 붙여 처분을 받는 사람에게 알리고, 그 명단을 관보에 게재해야 한다.
⑤ 부정행위를 한 응시자가 공무원일 경우에는 시험실시권자는 관할 징계위원회에 징계의결을 요구하거나 그 공무원이 소속하고 있는 기관의 장에게 이를 요구하여야 한다.
⑥ 시험실시권자는 인사혁신처장이 정하는 바에 따라 제1항 제6호에 해당하는지 여부를 확인할 수 있다.

소방공무원 임용령 제52조(시험실시결과의 보고 등)

① 시험실시권자는 시험을 실시한 때에는 그 시험의 실시내용 및 결과를 소방청장에게 보고하여야 한다.
② 시험실시권자는 경력경쟁채용시험 등을 실시하는 경우 최종합격자 발표 전에 소방청장이 정하는 바에 따라 채용과정이 적절하게 이루어졌는지 점검해야 한다. 〈신설 2024. 8. 13.〉

소방공무원 임용령 제53조(합격증명서 등의 발급)

① 시험실시권자는 채용시험 합격자에 대하여 본인의 신청에 따라 합격증명서 등을 발급한다.
② 합격증명서 등을 발급받으려는 사람은 1통에 200원의 수수료를 수입인지 또는 수입증지로 내야 한다. 다만, 인터넷으로 합격증명서 등의 발급을 신청하는 경우에는 정보통신망을 이용한 전자화폐·전자결제 등의 방법으로 내야 하며, 합격증명서 등을 전자문서로 발급받는 경우에는 무료로 한다.

✔ Check 소방공무원의 승진시험 등

소방공무원 승진임용 규정 제28조(시험실시의 원칙)

소방공무원의 승진시험(이하 "시험"이라 한다)은 계급별로 실시한다.

소방공무원 승진임용 규정 제29조(시험실시권의 위임)

① 법 제11조 단서에 따라 소방청장은 시·도 소속 소방공무원의 소방장 이하 계급으로의 시험 실시에 관한 권한을 시·도지사에게 위임한다.

② 시·도지사는 제1항에 따라 시험을 실시하는 경우 시험의 문제 출제를 소방청장에게 의뢰할 수 있다. 이 경우 문제 출제를 위한 비용 부담 등에 필요한 사항은 시·도지사와 소방청장이 협의하여 정한다.

③ 삭제 〈2007. 1. 5.〉

소방공무원 승진임용 규정 제30조(응시자격)

다음 각 호의 요건을 갖춘 사람은 해당 계급의 시험에 응시할 수 있다.

1. 제1차시험 실시일 현재 제5조 제1항의 규정에 의한 승진소요 최저 근무연수에 달할 것
2. 삭제 〈2010. 12. 27.〉
3. 제6조 제1항의 규정에 의한 승진임용의 제한을 받은 자가 아닐 것
4. 삭제 〈1999. 9. 9.〉

소방공무원 승진임용 규정 제31조(시험의 시행 및 공고)

① 시험은 소방청장 또는 제29조 제1항에 따라 시험실시권의 위임을 받은 자(이하 "시험실시권자"라 한다)가 정하는 날에 실시한다.

② 시험을 실시하고자 할 때에는 그 일시·장소 기타 시험의 실시에 관하여 필요한 사항을 시험실시 20일 전까지 공고하여야 한다.

소방공무원 승진임용 규정 제32조(시험의 방법 및 절차)

① 시험은 제1차 시험과 제2차 시험으로 구분하여 실시한다. 다만, 시험실시권자가 필요하다고 인정할 때에는 제2차 시험을 실시하지 아니할 수 있다.

② 제1차 시험은 선택형 필기시험으로 하는 것을 원칙으로 하되, 과목별로 기입형을 포함할 수 있다.

③ 삭제 〈2010. 12. 27.〉

④ 제2차 시험은 면접시험으로 하되, 직무수행에 필요한 응용능력과 적격성을 검정한다.

⑤ 제1차 시험에 합격되지 아니하면 제2차 시험에 응시할 수 없다.

소방공무원 승진임용 규정 제33조(필기시험의 과목)

필기시험의 과목은 행정안전부령으로 정한다.

소방공무원 승진임용 규정 시행규칙 제28조(필기시험과목)

영 제33조의 규정에 의한 필기시험의 과목은 별표 8과 같으며, 각 과목별 배점비율은 동일하다.

■ 소방공무원 승진임용 규정 시행규칙 [별표 8] 〈개정 2022. 12. 1.〉

소방공무원승진시험의 필기시험과목(제28조 관련)

구분	과목수	필기시험과목
소방령 및 소방경 승진시험	3	행정법, 소방법령Ⅰ·Ⅱ·Ⅲ, 선택1(행정학, 조직학, 재정학)

4부 PART·01

소방위 승진시험	3	행정법, 소방법령Ⅳ, 소방전술
소방장 승진시험	3	소방법령Ⅱ, 소방법령Ⅲ, 소방전술
소방교 승진시험	3	소방법령Ⅰ, 소방법령Ⅱ, 소방전술

〈비고〉
1. 소방법령Ⅰ : 소방공무원법(같은 법 시행령 및 시행규칙을 포함한다. 이하 같다)
2. 소방법령Ⅱ : 소방기본법, 소방시설 설치 및 관리에 관한 법률 및 화재의 예방 및 안전관리에 관한 법률
3. 소방법령Ⅲ : 위험물안전관리법, 다중이용업소의 안전관리에 관한 특별법
4. 소방법령Ⅳ : 소방공무원법, 위험물안전관리법
5. 소방전술 : 화재진압·구조·구급 관련 업무수행을 위한 지식·기술 및 기법 등

소방공무원 승진임용 규정 제34조(시험의 합격결정)
① 제1차시험의 합격자는 매과목 만점의 40퍼센트 이상, 전과목 만점의 60퍼센트 이상 득점한 자로 한다.
② 삭제 〈2010. 12. 27.〉
③ 제2차 시험의 합격자는 당해 계급에서의 상벌·교육훈련성적·승진할 계급에서의 직무수행능력 등을 고려하여 만점의 60퍼센트 이상 득점한 자 중에서 결정한다. 〈개정 2010. 12. 27.〉
④ 최종합격자 결정은 제1차 시험 성적 50퍼센트, 제2차 시험 성적 10퍼센트 및 당해 계급에서의 최근에 작성된 승진대상자명부의 총평정점 40퍼센트를 합산한 성적의 고득점 순위에 의하여 결정한다. 다만, 제2차 시험을 실시하지 아니하는 경우에는 제1차 시험 성적을 60퍼센트의 비율로 합산한다.
⑤ 제4항에 따라 최종합격자를 결정할 때 시험승진임용예정 인원수를 초과하여 동점자가 있는 경우에는 승진대상자명부 순위가 높은 순서에 따라 최종합격자를 결정한다.

소방공무원 승진임용 규정 제35조(시험위원의 임명 등)
① 시험실시권자는 시험에 관한 출제·채점·면접시험·서류심사 기타 시험시행에 관하여 필요한 사항을 담당하게 하기 위하여 다음 각호의 1에 해당하는 자를 시험위원으로 임명 또는 위촉할 수 있다.
  1. 당해 시험분야에 전문적인 학식 또는 능력이 있는 자
  2. 임용예정직무에 대한 실무에 정통한 자
② 시험위원에 대하여는 예산의 범위 안에서 소방청장이 정하는 바에 따라 수당을 지급한다.

소방공무원 승진임용 규정 제36조(부정행위자에 대한 조치)
① 시험에 있어서 부정행위를 한 소방공무원에 대하여는 당해 시험을 정지 또는 무효로 하며, 당해 소방공무원은 5년간 이 영에 의한 시험에 응시할 수 없다.
② 시험실시권자는 제1항의 규정에 의한 부정행위를 한 자의 명단을 그 임용권자에게 통보하여야 하며, 통보를 받은 임용권자는 관할징계의결기관에 징계의결을 요구하여야 한다.

소방공무원 승진임용 규정 제37조(시험승진후보자명부의 작성 등)
① 임용권자 또는 임용제청권자는 시험에 합격한 자에 대하여는 제34조 제4항의 규정에 의하여 각 계급별 시험승진후보자명부를 작성하여야 한다.
② 시험승진임용은 제1항의 규정에 의한 시험승진후보자명부의 등재순위에 의한다.
③ 임용권자 또는 임용제청권자는 시험승진후보자명부에 등재된 사람이 승진임용되기 전에 감봉 이상의 징계처분을 받은 경우에는 시험승진후보자명부에서 이를 삭제하여야 한다.

12 임용후보자명부 [법 제13조]

(1) 시험실시기관의 장은 시험 합격자의 명단을 임용권자에게 보내야 한다.

(2) 임용권자는 신규채용시험에 합격한 사람(소방간부후보생 선발시험에 합격하여 정하여진 교육훈련을 마친 사람을 포함한다)과 승진시험에 합격한 사람을 대통령령으로 정하는 바에 따라 성적순으로 각각 신규채용후보자명부 또는 시험승진후보자명부에 등재하여야 한다.

✔Check 소방공무원 채용후보자명부의 작성 등

소방공무원 임용령 제17조(채용후보자명부의 작성)

① 법 제13조 제2항에 따른 채용후보자명부는 임용예정계급별로 작성하되, 채용후보자의 서류를 심사하여 임용적격자만을 등재한다.

② 임용권자 또는 임용제청권자는 제1항의 규정에 의한 채용후보자명부에의 등재여부를 본인에게 알려야 한다.

소방공무원 승진임용 규정 제37조(시험승진후보자명부의 작성 등)

① 임용권자 또는 임용제청권자는 시험에 합격한 자에 대하여는 제34조 제4항의 규정에 의하여 각 계급별 시험승진후보자명부를 작성하여야 한다.

② 시험승진임용은 제1항의 규정에 의한 시험승진후보자명부의 등재순위에 의한다.

③ 임용권자 또는 임용제청권자는 시험승진후보자명부에 등재된 사람이 승진임용되기 전에 감봉 이상의 징계처분을 받은 경우에는 시험승진후보자명부에서 이를 삭제하여야 한다.

(3) '(2)'에 따른 명부의 유효기간은 2년의 범위에서 대통령령으로 정한다. 다만, 임용권자는 필요에 따라 1년의 범위에서 그 기간을 연장할 수 있다.

✔Check 소방공무원 임용령 제18조(채용후보자명부의 유효기간)

① 법 제13조 제2항에 따른 채용후보자명부의 유효기간은 2년으로 하되, 임용권자는 필요에 따라 1년의 범위에서 그 기간을 연장할 수 있다.

② 임용권자는 제1항의 규정에 의하여 채용후보자명부의 유효기간을 연장한 때에는 이를 즉시 본인에게 알려야 한다.

(4) '(2)'에 따른 명부의 작성 및 운영에 필요한 사항은 대통령령으로 정한다.

13 보직관리

(1) 보직관리의 원칙(소방공무원 임용령 제25조)

① 임용권자 또는 임용제청권자는 법령에서 따로 정하거나 다음의 경우를 제외하고는 소속 소방공무원을 하나의 직위에 임용해야 한다.

㉠ 「국가공무원법」 제43조에 따라 별도정원이 인정되는 휴직자의 복직, 파견된 사람의 복귀 또는 파면・해임・면직된 사람의 복귀 시에 해당 기관에 그에 해당하는 계급의 결원이 없어서 그 계급의 정원에 최초로 결원이 생길 때까지 해당 계급에 해당하는 소방공무원을

보직 없이 근무하게 하는 경우(이 경우 해당 기관이란 해당 공무원에 대한 임용권자 또는 임용제청권자를 장으로 하는 기관과 그 소속기관을 말한다)

㉡ 제30조 제1항 제6호에 따른 1년 이상의 해외 파견근무를 위하여 특히 필요하다고 인정하여 2주 이내의 기간 동안 소속 소방공무원을 보직 없이 근무하게 하는 경우

㉢ 제31조에 따라 결원보충이 승인된 파견자 중 다음의 훈련을 위한 파견준비를 위하여 특히 필요하다고 인정하여 2주 이내의 기간 동안 소속 소방공무원을 보직 없이 근무하게 하는 경우

ⓐ 「공무원 인재개발법」 제13조에 따른 6개월 이상의 위탁교육훈련

ⓑ 「국제과학기술협력 규정」에 따른 1년 이상의 장기 국외훈련

㉣ 직제의 신설·개편·폐지 시 2개월 이내의 기간 동안 소속 소방공무원을 기관의 신설준비 등을 위하여 보직 없이 근무하게 하는 경우

② 임용권자 또는 임용제청권자는 소속 소방공무원을 보직할 때 해당 소방공무원의 전공분야·교육훈련·근무경력 및 적성 등을 고려하여 능력을 적절히 발전시킬 수 있도록 하여야 한다.

③ 상위계급의 직위에 하위계급자를 보직하는 경우는 해당 기관에 상위계급의 결원이 있고, 「소방공무원 승진임용 규정」에 따른 승진임용후보자가 없는 경우로 한정한다.

④ 특수한 자격증을 소지한 사람은 특별한 사정이 없으면 그 자격증과 관련되는 직위에 보직하여야 한다.

⑤ 임용권자 또는 임용제청권자는 소방공무원을 보직하는 경우에는 특별한 사정이 없으면 배우자 또는 직계존속이 거주하는 지역을 고려하여 보직해야 한다.

⑥ 임용권자 또는 임용제청권자는 이 영이 정하는 보직관리기준 외에 소방공무원의 보직에 관하여 필요한 세부기준(전보의 기준을 포함한다)을 정하여 실시하여야 한다.

(2) 초임 소방공무원의 보직(소방공무원 임용령 제26조)

① 소방간부후보생을 소방위로 임용할 때에는 최하급 소방기관에 보직하여야 한다.

② 신규채용을 통해 소방사로 임용된 사람은 최하급 소방기관에 보직해야 한다. 다만, 행정안전부령으로 정하는 자격증소지자를 해당 자격 관련부서에 보직하는 경우에는 그렇지 않다.

✔ Check 소방공무원 임용령 시행규칙 제19조(초임소방공무원의 보직)

① 영 제26조 제1항에서 "최하급 소방기관"이란 소방청, 중앙소방학교, 중앙119구조본부, 국립소방연구원, 시·도의 소방본부·지방소방학교 및 서울종합방재센터를 제외한 소방기관을 말한다.

② 영 제26조 제2항 단서에서 "행정안전부령이 정하는 자격증소지자"라 함은 별표 6에 의한 자격증의 소지자를 말한다.

(3) 위탁교육훈련이수자의 보직(소방공무원 임용령 제27조)

법 제20조 제3항에 따라 위탁교육훈련을 받은 소방공무원의 최초보직은 소방공무원교육훈련

기관의 교수요원으로 하여야 한다. 다만, 교수요원으로 보직할 수 없거나 곤란한 경우에는 그 교육훈련내용과 관련되는 직위에 보직하여야 한다.

(4) 전문직위의 운영 등(소방공무원 임용령 제27조의2)

① 소방청장은 전문성이 특히 요구되는 직위를 「공무원임용령」 제43조의3에 따른 전문직위(이하 "전문직위"라 한다)로 지정하여 관리할 수 있다.

② 전문직위에 임용된 소방공무원은 3년의 범위에서 소방청장이 정하는 기간이 지나야 다른 직위로 전보할 수 있다. 다만, 직무수행에 필요한 능력・기술 및 경력 등의 직무수행요건이 같은 직위 간 전보 등 소방청장이 정하는 경우에는 기간에 관계없이 전보할 수 있다.

③ '①' 및 '②'에서 규정한 사항 외에 전문직위의 지정, 전문직위 전문관의 선발 및 관리 등 전문직위의 운영에 필요한 사항은 소방청장이 정한다.

14 승진 [법 제14조]

(1) 소방공무원은 바로 아래 하위계급에 있는 소방공무원 중에서 근무성적, 경력평정, 그 밖의 능력을 실증(實證)하여 승진임용한다.

(2) 소방준감 이하 계급으로의 승진은 승진심사에 의하여 한다. 다만, 소방령 이하 계급으로의 승진은 대통령령으로 정하는 비율에 따라 승진심사와 승진시험을 병행할 수 있다.

(3) 소방정 이하 계급의 소방공무원에 대해서는 대통령령으로 정하는 바에 따라 계급별로 승진심사대상자명부를 작성하여야 한다.

(4) 소방준감 이하 계급으로의 승진은 심사승진후보자명부의 순위에 따른다. 다만, 소방령 이하 계급으로의 승진 중 시험에 의한 승진은 시험승진후보자명부 순위에 따른다.

(5) 소방공무원의 승진에 필요한 계급별 최저근무연수, 승진의 제한, 그 밖에 승진에 필요한 사항은 대통령령으로 정한다.

✔ Check 소방공무원의 승진 규정 등

소방공무원 승진임용 규정 제2조(적용범위)
소방공무원의 승진임용에 대해서는 다른 법령에 특별한 규정이 있는 경우를 제외하고는 이 영에서 정하는 바에 따른다.

소방공무원 승진임용 규정 제3조(승진임용의 구분)
소방공무원의 승진임용은 심사승진임용, 시험승진임용 및 특별승진임용으로 구분한다.

소방공무원 승진임용 규정 제4조(승진임용 구분별 임용비율과 승진임용예정 인원수의 책정)
① 소방공무원의 승진임용예정인원수는 당해 연도의 실제결원 및 예상되는 결원을 고려하여 임용권자(「소방공무원 임용령」 제3조에 따라 임용권을 위임받은 사람을 포함한다. 이하 같다)가 정한다.

② 「소방공무원법」(이하 "법"이라 한다) 제14조 제2항 단서에 따라 심사승진임용과 시험승진임용을 병행하는 경우에는 승진임용예정 인원수의 60퍼센트를 심사승진임용예정 인원수로, 40퍼센트를 시험승진임용예정 인원수로 한다.

③ 제2항의 규정에 의한 계급별 승진임용예정인원수를 정함에 있어서 제4항의 규정에 의하여 특별승진임용예정인원수를 따로 책정한 경우에는 당초 승진임용예정인원수에서 특별승진임용예정인원수를 뺀 인원수를 당해 계급의 승진임용예정인원수로 한다.

④ 제1항에 따라 소방경 이하 계급으로의 승진임용예정 인원수를 정하는 경우에는 해당 계급으로의 승진임용예정 인원수의 30퍼센트 이내에서 특별승진임용예정 인원수를 따로 정할 수 있다. 다만, 제38조 제1항 제1호・제4호・제5호 및 같은 조 제2항에 따른 특별승진의 경우에는 그 비율을 초과하여 정할 수 있다.

소방공무원 승진임용 규정 제5조(승진소요최저근무연수)

① 소방공무원이 승진하려면 다음 각 호의 구분에 따른 기간 이상 해당 계급에 재직하여야 한다.

1. 소방정 : 3년
2. 소방령 : 2년
3. 소방경 : 2년
4. 소방위 : 1년
5. 소방장 : 1년
6. 소방교 : 1년
7. 소방사 : 1년

> 소방공무원 승진임용 규정 시행규칙 제3조(승진소요최저근무연수의 계산)
>
> ① 영 제5조 제1항에 따른 소방공무원의 승진소요최저근무연수의 계산 기준일은 다음 각 호의 구분에 따른다.
>
> 1. 시험승진 : 제1차 시험일의 전일
> 2. 심사승진 : 승진심사 실시일의 전일
> 3. 특별승진 : 승진임용예정일
>
> ② 영 제5조 제4항의 규정에 의하여 승진소요최저근무연수에 합산할 다른 법령에 의한 공무원의 신분으로 재직한 기간은 「소방공무원 임용령 시행규칙」 별표 3의 채용계급상당이상의 계급으로 근무한 기간에 한하되 환산율은 2할로 한다.

② 휴직 기간, 직위해제 기간, 징계처분 기간 및 제6조 제1항 제2호에 따른 승진임용 제한기간은 제1항의 기간에 포함하지 않는다. 다만, 다음 각 호의 기간은 제1항의 기간에 포함한다.

1. 「국가공무원법」 제71조에 따른 휴직 기간 중 다음 각 목의 기간
   가. 「공무원 재해보상법」에 따른 공무상 질병 또는 부상으로 인하여 「국가공무원법」 제71조 제1항 제1호에 따라 휴직한 경우에 그 휴직 기간
   나. 「국가공무원법」 제71조 제1항 제3호・제5호・제6호 또는 같은 조 제2항 제1호에 따라 휴직한 경우에 그 휴직 기간
   다. 「국가공무원법」 제71조 제2항 제2호에 따라 휴직한 경우에 그 휴직 기간의 50퍼센트에 해당하는 기간

라. 「국가공무원법」 제71조 제 2항 제4호에 따른 휴직(이하 "육아휴직"이라 한다)은 그 휴직 기간. 다만, 제1항의 기간에 포함하는 기간은 제8항 제3호에 따라 육아휴직을 대신하여 시간선택제 전환소방공무원으로 지정되어 근무한 기간과 합산하여 자녀 1명당 3년을 초과할 수 없다.
2. 다음 각 목의 어느 하나에 해당하는 경우에 그 직위해제 기간
가. 「국가공무원법」 제73조의3 제1항 제3호에 따라 직위해제처분을 받은 사람의 처분 사유가 된 징계처분이 소청심사위원회의 결정 또는 법원의 판결에 따라 무효 또는 취소로 확정된 경우(징계의결 요구에 대하여 관할 징계위원회가 징계하지 아니하기로 의결한 경우를 포함한다)
나. 「국가공무원법」 제73조의3 제1항 제4호에 따라 직위해제처분을 받은 사람의 처분 사유가 된 형사사건이 법원의 판결에 따라 무죄로 확정된 경우
다. 「국가공무원법」 제73조의3 제1항 제6호에 따라 직위해제처분을 받은 사람의 처분사유가 된 비위행위(이하 "비위행위"라 한다)가 1) 및 2)에 모두 해당하는 경우
1) 비위행위에 대한 징계절차와 관련하여 다음의 어느 하나에 해당하는 경우
가) 소방청장 등이 「소방공무원 징계령」 제9조에 따른 징계의결 요구를 하지 않기로 한 경우
나) 해당 소방공무원에 대한 징계의결 요구에 대하여 관할 징계위원회가 징계하지 않기로 의결한 경우
다) 징계처분이 소청심사위원회의 결정이나 법원의 판결에 따라 무효 또는 취소로 확정된 경우
2) 비위행위에 대한 조사 또는 수사 결과가 다음의 어느 하나에 해당하는 경우
가) 형사사건에 해당하지 않는 경우
나) 사법경찰관이 불송치를 하거나 검사가 불기소를 한 경우. 다만, 「형사소송법」 제247조에 따라 공소를 제기하지 않는 경우와 불송치 또는 불기소를 했으나 해당 사건이 다시 수사 및 기소되어 법원의 판결에 따라 유죄가 확정된 경우는 제외한다.
다) 형사사건으로 기소되거나 약식명령이 청구된 사람이 법원의 판결에 따라 무죄로 확정된 경우

③ 퇴직한 소방공무원이 퇴직 당시의 계급 이하의 계급으로 임용된 경우 퇴직 전의 재직기간 중 재임용 당시의 계급 이상의 계급으로 재직한 기간은 재임용 당시 계급에 한정하여 제1항의 기간에 포함한다.

④ 다른 법령에 따라 공무원의 신분으로 재직하던 사람이 소방장 이상의 소방공무원으로 임용된 경우 종전의 신분으로 재직한 기간은 재임용일부터 10년 이내의 경력에 한정하여 행정안전부령으로 정하는 기준에 따라 환산하여 제1항의 기간에 포함한다. 다만, 소방공무원으로 임용되어 승진된 사람에 대해서는 승진된 계급 또는 그 이상에 상응하는 다른 공무원으로 재직한 기간은 제1항의 기간에 포함하지 않는다.

⑤ 「법원조직법」 제72조에 따른 사법연수원의 연수생으로 수습한 기간은 제1항의 소방령 이하 소방공무원의 승진소요최저근무연수에 포함한다.

⑥ 강등되거나 강임된 사람이 강등되거나 강임된 계급 이상의 계급에서 재직한 기간은 강등되거나 강임된 계급에서 재직한 연수에 포함한다.

⑦ 강등되거나 강임되었던 사람이 원(原) 계급으로 승진된 경우에는 강등되거나 강임되기 전의 계급에서 재직한 기간은 원 계급에서 재직한 연수에 포함한다.

⑧ 「국가공무원법」 제26조의2에 따라 통상적인 근무시간보다 짧게 근무하는 소방공무원(이하 "시간선택제전환소방공무원"이라 한다)의 근무기간은 다음 각 호의 기준에 따라 제1항의 기간에 포함한다.
  1. 해당 계급에서 시간선택제전환소방공무원으로 근무한 1년 이하의 기간은 그 기간 전부
  2. 해당 계급에서 시간선택제전환소방공무원으로 근무한 1년을 넘는 기간은 근무시간에 비례한 기간
  3. 해당 계급에서 육아휴직을 대신하여 시간선택제전환소방공무원으로 지정되어 근무한 기간은 대상 자녀별로 3년의 범위에서 그 기간 전부

소방공무원 승진임용 규정 제6조(승진임용의 제한)

① 다음 각 호의 어느 하나에 해당하는 소방공무원은 승진임용을 할 수 없다.
  1. 징계처분 요구 또는 징계의결 요구, 징계처분, 직위해제, 휴직(「공무원 재해보상법」에 따른 공무상 질병 또는 부상으로 인한 휴직자를 제38조 제1항 제4호 또는 제5호에 해당하여 특별승진임용하는 경우는 제외한다) 또는 시보임용 기간 중에 있는 사람
  2. 징계처분의 집행이 끝난 날부터 다음 각 목의 기간[「국가공무원법」 제78조의2 제1항 각 호의 어느 하나에 해당하는 사유로 인한 징계처분과 소극행정, 음주운전(음주측정에 응하지 않은 경우를 포함한다), 성폭력, 성희롱 또는 성매매로 인한 징계처분의 경우에는 각각 6개월을 더한 기간]이 지나지 않은 사람
     가. 강등·정직 : 18개월
     나. 감봉 : 12개월
     다. 견책 : 6개월
  3. 징계에 관하여 소방공무원과 다른 법령의 적용을 받는 공무원이 소방공무원으로 임용된 경우, 종전의 신분에서 강등의 징계처분을 받고 그 처분 종료일부터 18개월이 지나지 않은 사람과 근신·군기교육이나 그 밖에 이와 유사한 징계처분을 받고 그 처분 종료일부터 6개월이 지나지 않은 사람
  4. 「소방공무원 교육훈련규정」 제5조 및 별표 1 제1호 가목에 따른 신임교육과정을 졸업하지 못한 사람
  5. 「소방공무원 교육훈련규정」 제5조 및 별표 1 제1호 나목에 따른 관리역량교육과정을 수료하지 못한 사람
  6. 「소방공무원 교육훈련규정」 제5조 및 별표 1 제1호 다목에 따른 소방정책관리자교육과정을 수료하지 못한 사람

② 제1항에 따라 승진임용 제한기간 중에 있는 사람이 다시 징계처분을 받은 경우의 승진임용 제한기간은 전 처분에 대한 제한기간이 끝난 날부터 계산하고, 징계처분으로 승진임용 제한기간 중에 있는 사람이 휴직하거나 직위해제처분을 받는 경우 징계처분에 따른 남은 승진임용 제한기간은 복직한 날부터 계산한다.

③ 소방공무원이 징계처분을 받은 후 해당 계급에서 훈장·포장·모범공무원포상·국무총리이상의 표창 또는 제안의 채택·시행으로 포상을 받은 경우에는 제1항 제2호 및 제3호에 따른 승진임용 제한기간의 2분의 1을 단축할 수 있다.

④ 삭제 〈2015. 5. 6.〉

⑤ 삭제 〈2007. 1. 5.〉

15 순직한 승진후보자의 승진(소방공무원법 제14조의2)

제14조에 따른 심사승진후보자명부 또는 시험승진후보자명부에 등재된 사람이 승진임용 전에 순직한 경우 그 사망일 전날을 승진일로 하여 승진 예정 계급으로 승진한 것으로 본다.

16 근속승진 (법 제15조)

(1) 해당 계급에서 다음의 기간 동안 재직한 사람은 소방교, 소방장, 소방위, 소방경으로 근속승진임용을 할 수 있다. 다만, 인사교류 경력이 있거나 주요 업무의 추진 실적이 우수한 공무원 등 소방행정 발전에 기여한 공이 크다고 인정되는 경우에는 대통령령으로 정하는 바에 따라 그 기간을 단축할 수 있다.

① 소방사를 소방교로 근속승진임용하려는 경우 : 해당 계급에서 4년 이상 근속자

② 소방교를 소방장으로 근속승진임용하려는 경우 : 해당 계급에서 5년 이상 근속자

③ 소방장을 소방위로 근속승진임용하려는 경우 : 해당 계급에서 6년 6개월 이상 근속자

④ 소방위를 소방경으로 근속승진임용하려는 경우 : 해당 계급에서 8년 이상 근속자

(2) 근속승진한 소방공무원이 근무하는 기간에는 그에 해당하는 계급의 정원이 따로 있는 것으로 보고, 종전 계급의 정원은 감축된 것으로 본다.

(3) 근속승진임용의 기준, 절차 등에 관하여 필요한 사항은 대통령령으로 정한다.

✓ Check 소방공무원 근속승진임용의 기준, 절차 등

소방공무원 승진임용 규정 제6조의2(근속승진)

① 법 제15조에 따른 근속승진(이하 "근속승진"이라 한다) 기간은 제5조 제2항부터 제8항까지의 규정에 따른 승진소요최저근무연수의 계산 방법에 따라 계산한다.

② 법 제15조 제1항 각 호 외의 부분 단서에 따라 다음 각 호의 소방공무원을 근속승진임용하는 경우에는 해당 각 호의 구분에 따른 기간을 근속승진 기간에서 단축할 수 있다.

1. 「공무원임용령」 제48조 제1항 제1호에 따른 인사교류 기간 중에 있거나 인사교류 경력이 있는 소방공무원 : 인사교류 기간의 2분의 1에 해당하는 기간
2. 국정과제 등 주요 업무의 추진실적이 우수한 소방공무원이나 적극행정 수행 태도가 돋보인 소방공무원 : 1년

③ 제2항 제2호에 따라 근속승진 기간을 단축하는 소방공무원의 인원수는 인사혁신처장이 제한할 수 있다.

④ 근속승진 후보자는 제11조에 따른 승진대상자명부에 등재되어 있는 사람으로 한다.

⑤ 임용권자는 소방경으로의 근속승진임용을 위한 심사를 할 때에는 연도별로 합산하여 해당 기관의 근속승진 대상자의 100분의 5에 해당하는 인원수(소수점 이하가 있는 경우에는 1명을 가산한다)를 초과하여 근속승진임용할 수 없다.

⑥ 임용권자는 제5항에 따라 심사를 실시하려는 경우 근속승진임용일 20일 전까지 해당 기관의 근속승진 대상자 및 근속승진임용 예정인원을 소방청장에게 보고해야 한다.

⑦ 임용권자는 인사의 원활한 운영을 위하여 필요하다고 인정되는 경우에는 소방위 재직기간별로 승진대상자 명부를 구분하여 작성할 수 있다.
⑧ 근속승진 요건에 해당하는 경우에는 근속승진 기간에 도달하기 5일 전부터 승진심사를 할 수 있다.
⑨ 제1항부터 제8항까지에서 규정한 사항 외에 근속승진 방법 및 인사운영에 필요한 사항은 소방청장이 정한다.

소방공무원 승진임용 규정 제7조(근무성적평정)

① 소방정 이하의 소방공무원에 대하여는 근무성적을 평정하여야 하며, 근무성적평정의 결과는 승진·전보·특별승급·성과상여금지급·교육훈련 및 보직관리 등 각종 인사관리에 반영하여야 한다.
② 근무성적의 평정은 당해 소방공무원의 근무성적·직무수행능력·직무수행태도 및 발전성 등을 평가하여야 한다.
③ 근무성적은 평정대상자의 계급별로 평정결과가 다음의 분포비율에 맞도록 평정하여야 한다. 다만, 피평정자의 수가 적어 다음 각호의 분포비율을 적용하는 것이 불합리하거나 해당하는 자가 없을 경우에는 이를 적용하지 아니할 수 있으며, 이 경우 제4호의 비율은 제3호에 가산한다.
   1. 수 20퍼센트
   2. 우 40퍼센트
   3. 양 30퍼센트
   4. 가 10퍼센트
④ 근무성적평정의 결과는 공개하지 아니한다. 다만, 「소방공무원 임용령」 제2조 제3호에 따른 소방기관의 장은 근무성적평정이 완료되면 평정 대상 소방공무원에게 근무성적평정 결과를 통보할 수 있다.
⑤ 근무성적 평정의 기준·시기·방법 기타 필요한 사항은 행정안전부령으로 정한다.

소방공무원 승진임용 규정 제8조(근무성적평정의 예외)

① 소방공무원이 휴직, 직위해제나 그 밖의 사유로 근무성적평정 대상기간 중 실제 근무기간이 1개월 미만인 경우에는 근무평정을 하지 아니한다.
② 소방공무원이 국외 파견 등 교육훈련으로 인하여 실제 근무기간이 1개월 미만인 경우에는 직무에 복귀한 후 첫 번째 정기평정을 하기 전까지 최근 2회의 근무성적평정결과의 평균을 해당 소방공무원의 평정으로 본다.
③ 소방공무원이 6월 이상 국가기관·지방자치단체에 파견근무하는 경우에는 파견받은 기관의 의견을 참작하여 근무성적을 평정하여야 한다.
④ 소방공무원이 전보된 경우에는 당해 소방공무원의 근무성적평정표를 그 전보된 기관에 이관하여야 한다. 다만, 평정기관을 달리하는 기관으로 전보된 후 1개월 이내에 평정을 실시할 때에는 전출기관에서 전출 전까지의 근무기간에 해당하는 평정을 실시하여 송부하여야 하며, 전입기관에서는 송부된 평정결과를 참작하여 평정하여야 한다.
⑤ 정기평정 이후에 신규채용 또는 승진임용된 소방공무원에 대하여는 2월이 경과한 후의 최초의 정기평정일에 평정해야 한다. 다만, 강임된 소방공무원이 승진임용된 경우에는 강임되기 전의 계급에서의 평정을 기준으로 하여 즉시 평정하여야 한다.
⑥ 소방공무원이 소방청과 특별시·광역시·특별자치시·도·특별자치도(이하 "시·도"라 한다) 간 또는 시·도 상호 간에 인사교류된 경우에는 인사교류 전에 받은 근무성적평정을 해당 소방공무원의 평정으로 한다.

소방공무원 승진임용 규정 제9조(경력평정)

① 소방공무원의 경력평정은 당해 계급에서의 근무연수를 평정하여 승진대상자 명부작성에 반영한다.

② 경력평정은 제5조에 따른 승진소요최저근무연수가 경과된 소방정 이하의 소방공무원을 대상으로 한다.

③ 제1항의 규정에 의한 경력평정은 당해 소방공무원의 인사기록에 의하여 실시하며, 필요하다고 인정될 때에는 인사기록의 정확성 여부를 조회・확인할 수 있다.

④ 경력은 기본경력과 초과경력으로 구분하며, 계급별 기본경력과 초과경력은 다음 각 호와 같다.

1. 기본경력
   가. 소방정・소방령・소방경 : 평정기준일부터 최근 3년간
   나. 소방위・소방장 : 평정기준일부터 최근 2년간
   다. 소방교・소방사 : 평정기준일부터 최근 1년 6개월간
2. 초과경력
   가. 소방정 : 기본경력 전 2년간
   나. 소방령 : 기본경력 전 4년간
   다. 소방경・소방위 : 기본경력 전 3년간
   라. 소방장 : 기본경력 전 1년간
   마. 소방교・소방사 : 기본경력 전 6개월간

⑤ 경력평정의 시기・방법・기간계산 기타 필요한 사항은 행정안전부령으로 정한다.

소방공무원 승진임용 규정 제12조(동점자의 순위)

① 승진대상자명부의 총평정점이 같은 경우에는 다음 각 호의 순서에 따라 선순위자를 결정한다.

1. 근무성적평정점이 높은 사람
2. 해당 계급에서 장기근무한 사람
3. 해당 계급의 바로 하위 계급에서 장기근무한 사람
4. 소방공무원으로 장기근무한 사람

② '①'의 규정에 의하여도 순위가 결정되지 아니한 때에는 승진대상자명부 작성권자가 선순위자를 결정한다.

17 승진심사위원회 [법 제16조]

(1) 승진심사를 하기 위하여 소방청에 중앙승진심사위원회를 두고, 소방청, 시・도 및 대통령령으로 정하는 소속 기관에 보통승진심사위원회를 둔다.

(2) 승진심사위원회는 작성된 계급별 승진심사대상자명부의 선순위자(先順位者) 순으로 승진임용하려는 결원의 5배수의 범위에서 승진후보자를 심사・선발한다.

(3) 승진후보자로 선발된 사람에 대해서는 승진심사위원회가 설치된 소속 기관의 장이 각 계급별로 심사승진후보자명부를 작성한다.

(4) 승진심사위원회의 구성・관할 및 운영에 필요한 사항은 대통령령으로 정한다.

✔ Check 소방공무원의 승진심사 등

소방공무원 승진임용 규정 제16조(승진심사)

소방공무원의 승진심사는 연 1회 이상 승진심사위원회가 설치된 기관의 장이 정하는 날에 실시한다.

소방공무원 승진임용 규정 제17조(중앙승진심사위원회의 구성)

① 중앙승진심사위원회는 위원장을 포함한 위원 5인 이상 7인 이하로 구성한다.
② 중앙승진심사위원회 위원은 승진심사대상자보다 상위 계급의 소방공무원 또는 외부 전문가중에서 소방청장이 임명하거나 위촉하며, 위원장은 위원 중 소방청장이 지명한다.
③ 위원은 당해 승진심사기간 중에는 2이상의 계급의 승진심사위원을 겸할 수 없다. 다만, 위원이 될 대상자가 부족하거나 특별승진심사의 경우에는 그러하지 아니하다.
④ 위원장은 승진심사위원회를 대표하고, 승진심사위원회의 사무를 총괄하며, 위원장이 부득이한 사유로 직무를 수행할 수 없는 때에는 위원장이 미리 지명한 위원이 그 직무를 대행한다.

소방공무원 승진임용 규정 제18조(보통승진심사위원회의 구성)

① 보통승진심사위원회를 두는 기관은 중앙소방학교, 중앙119구조본부 및 국립소방연구원을 말한다.
② 보통승진심사위원회는 위원장을 포함하여 5명 이상 9명 이하의 위원으로 구성한다.
③ 보통승진심사위원회의 위원장 및 위원은 해당 보통승진심사위원회가 설치된 기관의 장이 다음의 구분에 따른 사람 중에서 임명하거나 위촉한다.
  1. 소방청의 보통승진심사위원회는 승진심사대상자보다 상위 계급의 소방공무원 또는 외부 전문가
  2. 시・도의 보통승진심사위원회는 승진심사대상자보다 상위 계급의 소방공무원 또는 외부 전문가
  3. 중앙소방학교, 중앙119구조본부 및 국립소방연구원의 보통승진심사위원회는 승진심사대상자보다 상위계급의 소방공무원
④ 보통승진심사위원회의 위원은 해당 승진심사기간 중에는 둘 이상의 계급에 대한 승진심사위원을 겸할 수 없다. 다만, 위원이 될 대상자가 부족한 경우 또는 특별승진심사나 근속승진심사를 하는 경우에는 그러하지 아니하다.
⑤ 보통승진심사위원회의 운영에 관하여는 중앙승진심사위원회의 구성을 준용한다.

소방공무원 승진임용 규정 제19조(승진심사위원회의 관할)

승진심사위원회의 관할은 다음 각 호와 같다.

1. 소방청 중앙승진심사위원회 : 소방청과 그 소속기관 소방공무원 및 소방정인 지방소방학교장의 소방준감으로의 승진심사
2. 소방청 보통승진심사위원회 : 소방청과 그 소속기관 소방공무원의 소방정 이하 계급으로의 승진심사(제4호 및 제5호의 승진심사위원회에서 관할하는 경우는 제외한다)
3. 시・도의 보통승진심사위원회 : 「소방공무원 임용령」 제3조 제1항 및 같은 조 제5항 제1호・제3호에 따라 시・도지사가 임용권을 행사하는 소방공무원의 승진심사
4. 중앙소방학교・중앙119구조본부의 보통승진심사위원회 : 소속 소방공무원의 소방경 이하 계급으로의 승진심사
5. 국립소방연구원의 보통승진심사위원회 : 소속 소방공무원의 소방령 이하 계급으로의 승진심사

소방공무원 승진임용 규정 제20조(승진심사위원회의 회의)

① 승진심사위원회는 승진심사위원회가 설치된 기관의 장이 필요하다고 인정할 때에 소집한다.

② 회의는 재적위원 3분의 2이상의 출석과 출석위원 과반수의 찬성으로 의결한다.
③ 승진심사위원회의 회의는 비공개로 한다.

소방공무원 승진임용 규정 제21조(승진심사위원회의 간사)
① 승진심사위원회에 간사 1인과 서기 약간인을 둔다.
② 간사와 서기는 소속 인사담당공무원중에서 당해 승진심사위원회가 설치된 기관의 장이 임명한다.
③ 간사는 위원장의 명을 받아 심사위원회의 사무를 처리하며, 서기는 간사를 보조한다.

18 특별유공자 등의 특별승진 (법 제17조)

소방공무원으로서 순직한 사람과 「국가공무원법」 제40조의4 제1항 제1호부터 제4호까지의 어느 하나에 해당되는 사람에 대해서는 제14조에도 불구하고 대통령령으로 정하는 바에 따라 1계급 특별승진시킬 수 있다. 다만, 소방위 이하의 소방공무원으로서 모든 소방공무원의 귀감이 되는 공을 세우고 순직한 사람에 대해서는 2계급 특별승진시킬 수 있다.

✔ Check 소방공무원 특별유공자의 특별승진 등

소방공무원 승진임용 규정 제38조(특별유공자의 특별승진)
① 법 제17조에 따른 특별승진대상자는 다음 각 호의 어느 하나에 해당하는 소방공무원으로 한다.
1. 「국가공무원법」 제40조의4 제1항 제1호에 해당하는 경우 : 청렴과 봉사정신으로 직무에 정려하여 다른 공무원의 귀감이 되는 공적이 있다고 인정되는 사람
2. 「국가공무원법」 제40조의4 제1항 제2호에 해당하는 경우 : 다음 각 목의 어느 하나에 해당하는 사람
   가. 직무 수행능력이 탁월하여 소방행정발전에 지대한 공헌실적이 있다고 임용권자가 인정하는 사람
   나. 「공무원임용령」 제35조의2 제1항 제2호 나목에 따른 포상을 받은 사람

2의2. 삭제 〈2020. 3. 10〉
3. 「국가공무원법」 제40조의4 제1항 제3호에 해당하는 경우 : 창안등급 동상 이상을 받은 사람으로서 소방행정발전에 기여한 실적이 뚜렷한 사람
4. 「국가공무원법」 제40조의4 제1항 제4호에 해당하는 경우 : 20년 이상 근속하고 정년퇴직일 전 1년 이상의 기간 중 자진하여 퇴직하는 사람으로서 재직 중 특별한 공적이 있다고 인정되는 사람
5. 순직한 경우 : 천재·지변·화재 또는 그 밖에 이에 준하는 재난현장에서 직무수행 중 사망하였거나 부상을 입어 사망한 사람
6. 삭제 〈2020. 3. 10〉

② 법 제17조 단서에 따른 특별승진대상자는 천재·지변·화재 또는 그 밖에 이에 준하는 재난에 있어서 위험을 무릅쓰고 헌신 분투하여 현저한 공을 세우고 사망하였거나 부상을 입어 사망한 사람 또는 직무수행 중 다른 사람의 모범이 되는 공을 세우고 사망하였거나 부상을 입어 사망한 사람으로 한다.
③ 제1항 제1호부터 제3호까지의 규정에 따른 특별유공자의 공적은 소방공무원이 해당 계급에서 이룩한 공적으로 한정한다.
④ 제1항 제2호 나목에 해당하는 경우로서 「공무원임용령」 제35조의2 제5항에 따라 인사혁신처장이 정하는 국무총리 표창 이상의 포상을 받은 사람을 특별승진임용할 때에는 계급별 정원을 초과하여 임용할 수 있으며, 정원과 현원이 일치할 때까지 그 인원에 해당하는 정원이 해당 기관에 따로 있는 것으로 본다.

⑤ 제1항부터 제4항까지에서 규정한 사항 외에 특별승진임용의 절차 및 운영 등에 필요한 사항은 소방청장이 정한다.

소방공무원 승진임용 규정 제39조(특별승진의 계급범위)

제38조 제1항에 따른 특별승진은 다음 각 호의 구분에 따른 계급으로의 승진에 한정한다.

1. 제38조 제1항 제1호부터 제3호까지의 규정에 해당하는 경우 : 소방령 이하 계급으로의 승진
2. 제38조 제1항 제4호에 해당하는 경우 : 소방정감 이하 계급으로의 승진

소방공무원 승진임용 규정 제40조(특별승진의 실시)

소방공무원의 특별승진은 소방청장 또는 시·도지사가 필요하다고 인정하면 수시로 실시할 수 있다.

소방공무원 승진임용 규정 제41조(최저근무연수의 적용배제 등)

① 제38조 제1항 제5호 또는 같은 조 제2항에 해당하는 소방공무원에 대한 특별승진의 경우에는 제4조부터 제6조까지의 규정을 적용하지 않는다.

② 제38조 제1항 제1호 및 제3호에 따른 특별승진은 해당 계급에서의 근무기간이 제5조 제1항에 따른 승진소요최저근무연수의 3분의 2 이상이 되고, 제6조에 따라 승진임용이 제한되지 않는 사람 중에서 실시한다.

③ 제38조 제1항 제2호에 따른 특별승진은 제5조 제1항에 따른 승진소요최저근무연수를 적용하지 않되, 제6조에 따라 승진임용이 제한되지 않는 사람 중에서 실시한다.

④ 제38조 제1항 제4호에 따른 특별승진은 제5조 제1항에 따른 승진소요최저근무연수를 적용하지 않되, 제6조(제6조 제1항 제4호부터 제6호까지의 규정에 해당하는 경우는 제외한다)에 따라 승진임용이 제한되지 않는 사람 중에서 실시한다.

소방공무원 승진임용 규정 제41조의2(특별승진의 제한 및 취소)

① 제38조 제1항 제4호에 따라 특별승진임용할 때에는 해당 소방공무원이 재직기간 중 중징계 처분 또는 다음 각 호의 어느 하나에 해당하는 사유로 경징계 처분을 받은 사실이 없어야 한다.

1. 「국가공무원법」 제78조의2 제1항 각 호의 징계 사유
2. 「성폭력범죄의 처벌 등에 관한 특례법」 제2조에 따른 성폭력범죄
3. 「성매매알선 등 행위의 처벌에 관한 법률」 제2조 제1항 제1호에 따른 성매매
4. 「양성평등기본법」 제3조 제2호에 따른 성희롱
5. 「도로교통법」 제44조 제1항에 따른 음주운전 또는 같은 조 제2항에 따른 음주측정에 대한 불응

② 제38조 제1항 제4호에 따라 특별승진임용된 사람이 「국가공무원법」 제74조의2 제3항 제1호·제1호의2·제1호의3에 해당하여 명예퇴직수당을 환수하는 경우에는 특별승진임용을 취소해야 한다. 이 경우 특별승진임용이 취소된 사람은 그 특별승진임용 전의 계급으로 퇴직한 것으로 본다.

소방공무원 승진임용 규정 제42조(특별승진심사)

① 소방청과 그 소속기관 소방공무원, 소방본부장 및 지방소방학교장의 특별승진심사는 소방청 중앙승진심사위원회에서 실시한다.

② 「소방공무원 임용령」 제3조 제1항 및 같은 조 제5항 제1호·제3호에 따라 시·도지사가 임용권을 행사하는 소방공무원의 특별승진심사는 시·도에 설치된 보통승진심사위원회에서 실시한다.

③ 제38조 제1항 제5호 및 같은 조 제2항에 따른 특별승진의 경우에는 제1항 및 제2항에 불구하고 특별승진심사를 생략할 수 있다.

④ 특별승진심사에 관하여 필요한 사항은 행정안전부령으로 정한다.

19 보훈 (법 제18조)

소방공무원으로서 교육훈련 또는 직무수행 중 사망한 사람(공무상의 질병으로 사망한 사람을 포함한다) 및 상이(공무상의 질병을 포함한다)를 입고 퇴직한 사람과 그 유족 또는 가족은 「국가유공자 등 예우 및 지원에 관한 법률」 또는 「보훈보상대상자 지원에 관한 법률」에 따른 예우 또는 지원을 받는다.

20 특별위로금 (법 제19조)

(1) 소방공무원이 공무상 질병 또는 부상으로 인하여 치료 등의 요양을 하는 경우에는 특별위로금을 지급할 수 있다.

(2) 특별위로금의 지급 기준 및 방법 등은 대통령령으로 정한다.

✓ Check　소방공무원 임용령 제60조(특별위로금)

① 법 제19조에 따른 특별위로금(이하 이 조에서 "위로금"이라 한다)은 다음 각 호의 어느 하나에 해당하는 활동이나 교육·훈련으로 인하여 질병에 걸리거나 부상을 입어 「공무원 재해보상법」 제9조에 따라 요양급여의 지급대상자로 결정된 소방공무원에게 지급한다.

1. 「소방기본법」 제16조 제1항에 따른 소방활동
2. 「소방기본법」 제16조의2에 따른 소방지원활동
3. 「소방기본법」 제16조의3에 따른 생활안전활동
4. 「소방기본법」 제17조 제1항에 따른 소방교육·훈련

② 위로금은 제1항에 따른 공무상요양으로 소방공무원이 요양하면서 출근하지 아니한 기간에 대하여 지급하되, 36개월을 넘지 아니하는 범위에서 지급한다.

③ 위로금은 「공무원수당 등에 관한 규정」 제15조 제3항에 따른 기준호봉을 기준으로 산정하되, 구체적인 산정방법은 별표 8에 따른다.

④ 위로금을 지급받으려는 소방공무원 또는 그 유족은 행정안전부령으로 정하는 특별위로금 지급신청서에 공무상요양 승인결정서 사본 등 행정안전부령으로 정하는 서류를 첨부하여 다음 각 호의 어느 하나에 해당하는 날부터 6개월 이내에 소방기관의 장에게 신청하여야 한다.

1. 업무에 복귀한 날
2. 요양 중 사망하거나 퇴직한 경우는 각각 사망일 또는 퇴직일
3. 「공무원 재해보상법」에 따른 요양급여의 결정에 대한 불복절차가 인용 결정으로 최종 확정된 경우에는 확정된 날

21 교육훈련 (법 제20조)

(1) 소방청장은 모든 소방공무원에게 균등한 교육훈련의 기회가 주어지도록 교육훈련에 관한 종합적인 기획 및 조정을 하여야 하며, 소방공무원의 교육훈련을 위한 소방학교를 설치·운영하여야 한다.

(2) 시 · 도지사는 관할구역 소방공무원의 교육훈련을 위한 교육훈련기관을 설치 · 운영할 수 있다.

(3) 소방청장 또는 시 · 도지사는 교육훈련을 위하여 필요할 때에는 대통령령으로 정하는 바에 따라 소방공무원을 국내외의 교육기관에 위탁하여 일정 기간 교육훈련을 받게 할 수 있다.

(4) 소방공무원의 교육훈련에 관한 기획 · 조정, 교육훈련기관의 설치 · 운영에 필요한 사항과 교육훈련을 받은 소방공무원의 복무에 관한 사항은 대통령령으로 정한다.
※「소방공무원 교육훈련규정」에서 따로 정한다.

22 금지행위

(1) 거짓 보고 등의 금지(법 제21조)
① 소방공무원은 직무에 관한 보고나 통보를 거짓으로 하여서는 아니 된다.
② 소방공무원은 직무를 게을리하거나 유기(遺棄)해서는 아니 된다.

(2) 지휘권 남용 등의 금지(법 제22조)
화재 진압 또는 구조 · 구급 활동을 할 때 소방공무원을 지휘 · 감독하는 사람은 정당한 이유 없이 그 직무수행을 거부 또는 유기하거나 소방공무원을 지정된 근무지에서 진출 · 후퇴 또는 이탈하게 하여서는 아니 된다.

23 복제 (법 제23조)

(1) 소방공무원은 제복을 착용하여야 한다.

(2) 소방공무원의 복제(服制)에 관한 사항은 행정안전부령으로 정한다.
※「소방공무원 복제 규칙」에서 따로 정한다.

24 복무규정 (법 제24조)

소방공무원의 복무에 관하여는 소방공무원법이나「국가공무원법」에 규정된 것을 제외하고는 대통령령으로 정한다.
※「소방공무원 복무규정」에서 따로 정한다.

25 공상소방공무원의 휴직기간 (법 제24조의2) → [시행 2024.8.14.]

소방공무원이「공무원 재해보상법」 제5조 제2호에 해당하는 직무를 수행하다가「국가공무원법」 제72조 제1호의 어느 하나에 해당하는 공무상 질병 또는 부상을 입어 휴직하는 경우 그 휴직기간은 같은 호 단서에도 불구하고 5년 이내로 하되, 의학적 소견 등을 고려하여 대통령령으로 정하는 바에 따라 3년의 범위에서 연장할 수 있다.

26 정년 [법 제25조]

(1) 소방공무원의 정년

① 연령정년 : 60세

② 계급정년

㉠ 소방감 : 4년

㉡ 소방준감 : 6년

㉢ 소방정 : 11년

㉣ 소방령 : 14년

(2) 계급정년을 산정(算定)할 때에는 근속 여부와 관계없이 소방공무원 또는 경찰공무원으로서 그 계급에 상응하는 계급으로 근무한 연수(年數)를 포함한다.

(3) 징계로 인하여 강등(소방경으로 강등된 경우를 포함한다)된 소방공무원의 계급정년은 다음에 따른다.

① 강등된 계급의 계급정년은 강등되기 전 계급 중 가장 높은 계급의 계급정년으로 한다.

② 계급정년을 산정할 때에는 강등되기 전 계급의 근무연수와 강등 이후의 근무연수를 합산한다.

(4) 소방청장 또는 시·도지사는 전시, 사변, 그 밖에 이에 준하는 비상사태에서는 2년의 범위에서 계급정년을 연장할 수 있다. 이 경우 소방령 이상의 국가소방공무원에 대해서는 행정안전부장관의 제청으로 국무총리를 거쳐 대통령의 승인을 받아야 한다.

(5) 소방공무원은 그 정년이 되는 날이 1월에서 6월 사이에 있는 경우에는 6월 30일에 당연히 퇴직하고, 7월에서 12월 사이에 있는 경우에는 12월 31일에 당연히 퇴직한다.

27 심사청구 [법 제26조]

「국가공무원법」 제75조에 따라 처분사유 설명서를 받은 소방공무원이 그 처분에 불복할 때에는 그 설명서를 받은 날부터 30일 이내에, 같은 조에서 정한 처분 외에 본인의 의사에 반한 불리한 처분을 받은 소방공무원은 그 처분이 있음을 안 날부터 30일 이내에 같은 법에 따라 설치된 소청심사위원회에 이에 대한 심사를 청구할 수 있다. 이 경우 변호사를 대리인으로 선임할 수 있다.

28 고충심사위원회 [법 제27조]

(1) 소방공무원의 인사상담 및 고충을 심사하기 위하여 소방청, 시·도 및 대통령령으로 정하는 소방기관에 소방공무원 고충심사위원회를 둔다.

(2) 소방공무원 고충심사위원회의 심사를 거친 소방공무원의 재심청구와 소방령 이상의 소방공무원의 인사상담 및 고충은 「국가공무원법」에 따라 설치된 중앙고충심사위원회에서 심사한다.

(3) 소방공무원 고충심사위원회의 구성, 심사 절차 및 운영에 필요한 사항은 대통령령으로 정한다.

✓ Check 공무원고충처리규정 제3조의3(소방공무원 고충심사위원회)

① 「소방공무원법」 제27조 제1항에서 "대통령령으로 정하는 소방기관"이란 중앙소방학교·중앙119구조본부·국립소방연구원·지방소방학교·서울종합방재센터·소방서·119특수대응단 및 소방체험관을 말한다.

② 「소방공무원법」 제27조 제1항에 따른 소방공무원 고충심사위원회(이하 "소방공무원고충심사위원회"라 한다)는 위원장 1명을 포함하여 7명 이상 15명 이내의 공무원위원과 민간위원으로 구성한다. 이 경우 민간위원의 수는 위원장을 제외한 위원 수의 2분의 1 이상이어야 한다.

③ 소방공무원고충심사위원회의 위원장은 설치기관 소속 공무원 중에서 인사 또는 감사 업무를 담당하는 과장 또는 이에 상당하는 직위를 가진 사람이 된다.

④ 소방공무원고충심사위원회의 공무원위원은 청구인보다 상위 계급 또는 이에 상당하는 소속 공무원(지방공무원을 포함한다) 중에서 설치기관의 장이 임명한다.

⑤ 소방공무원고충심사위원회의 민간위원은 다음 각 호의 사람 중에서 설치기관의 장이 위촉한다.

1. 소방공무원으로 20년 이상 근무하고 퇴직한 사람
2. 대학에서 법학·행정학·심리학·정신건강의학 또는 소방학을 담당하는 사람으로서 조교수 이상으로 재직 중인 사람
3. 변호사 또는 공인노무사로 5년 이상 근무한 사람
4. 「의료법」에 따른 의료인

⑥ 소방공무원고충심사위원회 민간위원의 임기는 2년으로 하며, 한 번만 연임할 수 있다.

⑦ 소방공무원고충심사위원회의 회의는 위원장과 위원장이 회의마다 지정하는 5명 이상 7명 이내의 위원으로 성별을 고려하여 구성한다. 이 경우 민간위원이 3분의 1 이상 포함되어야 한다.

⑧ 소방공무원고충심사위원회 설치기관의 장은 위원회의 민간위원이 제3조 제8항 각 호의 어느 하나에 해당하는 경우에는 해당 위원을 해촉할 수 있다.

29 징계위원회 (법 제28조)

(1) 소방준감 이상의 국가소방공무원에 대한 징계의결은 「국가공무원법」에 따라 국무총리 소속으로 설치된 징계위원회에서 한다.

(2) 소방정 이하의 소방공무원에 대한 징계의결을 하기 위하여 소방청 및 대통령령으로 정하는 소방기관에 소방공무원 징계위원회를 둔다.

(3) 시·도지사가 임용권을 행사하는 소방공무원에 대한 징계의결을 하기 위하여 시·도 및 대통령령으로 정하는 소방기관에 징계위원회를 둔다.

(4) 소방공무원 징계위원회의 구성·관할·운영, 징계의결의 요구 절차, 징계 대상자의 진술권, 그 밖에 필요한 사항은 대통령령으로 정한다.

✓ Check 소방공무원 징계령 제1조의2(정의)

이 영에서 사용하는 용어의 정의는 다음과 같다.
1. "중징계"란 파면, 해임, 강등 또는 정직을 말한다.
2. "경징계"라함은 감봉 또는 견책을 말한다.

[국가공무원법 제33조 및 제80조 근거한 징계의 세부 내용]

① 파면 : 공무원의 신분을 배제하는 징계로서 처분일로부터 5년간 공무원으로 임용 자격이 제한된다.

② 해임 : 공무원의 신분을 배제하는 징계로서 처분일로부터 3년간 공무원으로 임용 자격이 제한된다.

③ 강등 : 강등은 1계급 아래로 직급을 내리고(고위공무원단에 속하는 공무원은 3급으로 임용하고, 연구관 및 지도관은 연구사 및 지도사로 한다) 공무원신분은 보유하나 3개월간 직무에 종사하지 못하며 그 기간 중 보수는 전액을 감한다.

④ 정직 : 정직은 1개월 이상 3개월 이하의 기간으로 하고, 정직 처분을 받은 자는 그 기간 중 공무원의 신분은 보유하나 직무에 종사하지 못하며 보수는 전액을 감하며, 징계로서 일정기간 승진임용 및 승급이 제한된다.

⑤ 감봉 : 1개월 이상 3개월 이하의 기간 동안 보수의 3분의 1을 감한다.

⑥ 견책 : 전과(前過)에 대하여 훈계하고 회개하게 한다.

[징계의 구분]

① 징계의 양정에 따른 구분
중징계 : ㉠ 파면, ㉡ 해임, ㉢ 강등, ㉣ 정직 / 경징계 : ㉠ 감봉, ㉡ 견책

② 공무원 신분의 배제에 따른 구분
배제징계 : ㉠ 파면, ㉡ 해임 / 교정징계 : ㉠ 강등, ㉡ 정직, ㉢ 감봉, ㉣ 견책

✓ Check 소방공무원 징계령 제2조(징계위원회의 관할)

① 소방청에 설치된 소방공무원 징계위원회는 다음 각 호의 징계 또는 「국가공무원법」 제78조의2에 따른 징계부가금(이하 "징계부가금"이라 한다) 사건을 심의·의결한다.
  1. 소방청 소속 소방정 이하의 소방공무원에 대한 징계 또는 징계부가금(이하 "징계 등"이라 한다) 사건
  2. 소방청 소속기관의 소방공무원에 대한 다음 각 목의 구분에 따른 징계 등 사건
    가. 국립소방연구원 소속 소방공무원에 대한 다음의 어느 하나에 해당하는 징계 등 사건
      1) 소방정에 대한 징계 등 사건
      2) 소방령 이하 소방공무원에 대한 중징계 또는 중징계 관련 징계부가금(이하 "중징계 등"이라 한다) 요구사건
    나. 소방청 소속기관(국립소방연구원은 제외한다) 소속 소방공무원에 대한 다음의 어느 하나에 해당하는 징계 등 사건
      1) 소방정 또는 소방령에 대한 징계 등 사건
      2) 소방경 이하 소방공무원에 대한 중징계 등 요구사건
  3. 소방정인 지방소방학교장에 대한 징계 등 사건

② 「소방공무원법」 제28조 제2항에서 "대통령령으로 정하는 소방기관"이란 중앙소방학교, 중앙119구조본부 및 국립소방연구원을 말하며, 각 소방기관별 징계위원회는 다음 각 호의 구분에 따른 징계 등 사건을 심의·의결한다. 다만, 제1항 제2호 가목 2) 및 같은 호 나목 2)에 따라 소방청에 설치된 소방공무원 징계위원회의 관할로 된 경우에는 그렇지 않다.

1. 중앙소방학교 및 중앙119구조본부에 설치된 징계위원회: 소속 소방경 이하의 소방공무원에 대한 징계 등 사건
2. 국립소방연구원에 설치된 징계위원회: 소속 소방령 이하의 소방공무원에 대한 징계 등 사건

③ 특별시·광역시·특별자치시·도 및 특별자치도(이하 "시·도"라 한다)에 설치된 징계위원회는 「소방공무원 임용령」 제3조 제1항 및 같은 조 제5항 제1호·제3호에 따라 특별시장·광역시장·특별자치시장·도지사 및 특별자치도지사(이하 "시·도지사"라 한다)가 임용권을 행사하는 소방공무원에 대한 징계 등 사건(제4항의 징계위원회에서 심의·의결하는 사건은 제외한다)을 심의·의결한다.

④ 「소방공무원법」 제28조 제3항에서 "대통령령으로 정하는 소방기관"이란 지방소방학교, 서울종합방재센터, 소방서, 119특수대응단 및 소방체험관을 말하며, 각 소방기관별 징계위원회는 소속 소방위 이하의 소방공무원에 대한 징계 등 사건(중징계 등 요구사건은 제외한다)을 심의·의결한다.

30 징계 절차 (법 제29조)

(1) 소방공무원의 징계는 관할 징계위원회의 의결을 거쳐 그 징계위원회가 설치된 기관의 장이 하되, 「국가공무원법」에 따라 국무총리 소속으로 설치된 징계위원회에서 의결한 징계는 소방청장이 한다. 다만, 파면과 해임은 관할 징계위원회의 의결을 거쳐 그 소방공무원의 임용권자(임용권을 위임받은 사람은 제외한다)가 한다.

(2) '(1)'에도 불구하고 제6조 제3항 및 같은 조 제4항에 따라 시·도지사가 임용권을 행사하는 소방공무원의 징계는 관할 징계위원회의 의결을 거쳐 임용권자가 한다. 다만, 시·도 소속 소방기관에 설치된 소방공무원 징계위원회에서 의결한 정직·감봉 및 견책은 그 징계위원회가 설치된 기관의 장이 한다.

(3) 소방공무원의 징계의결을 요구한 기관의 장은 관할 징계위원회의 의결이 경(輕)하다고 인정할 때에는 그 처분을 하기 전에 직근(直近) 상급기관에 설치된 징계위원회(다음의 어느 하나에 해당하는 징계위원회의 의결에 대해서는 그 구분에 따른 징계위원회를 말한다)에 심사 또는 재심사를 청구할 수 있다. 이 경우 소속 공무원을 대리인으로 지정할 수 있다.

① 「국가공무원법」에 따라 국무총리 소속으로 설치된 징계위원회의 의결 : 국무총리 소속으로 설치된 징계위원회

② 소방청 및 그 소속기관에 설치된 소방공무원 징계위원회의 의결 : 소방청에 설치된 소방공무원 징계위원회

③ 시·도에 설치된 소방공무원 징계위원회의 의결 : 소방청에 설치된 소방공무원 징계위원회

④ 시・도 소속 소방기관에 설치된 소방공무원 징계위원회의 의결 : 시・도에 설치된 소방공무원 징계위원회

✓ Check 소방공무원 징계령 중 절차 관련 주요 내용

소방공무원 징계령 제8조(회의의 비공개)

징계위원회의 심의・의결의 공정성을 보장하기 위하여 다음 각 호의 사항은 공개하지 않는다.

1. 징계위원회의 회의
2. 징계위원회의 회의에 참여할 또는 참여한 위원의 명단
3. 징계위원회의 회의에서 위원이 발언한 내용이 적힌 문서(전자적으로 기록된 문서를 포함한다)
4. 그 밖에 공개할 경우 징계위원회의 심의・의결의 공정성을 해칠 우려가 있다고 인정되는 사항

소방공무원 징계령 제9조(징계의결 등의 요구)

① 소방공무원의 징계의결 또는 징계부가금 부과 의결(이하 "징계의결 등"이라 한다) 요구권자는 다음 각 호와 같다.
   1. 소방준감 이상의 소방공무원은 소방청장. 다만, 「소방공무원 임용령」 제3조 제1항 및 같은 조 제5항 제1호에 따라 시・도지사가 임용권을 행사하는 소방준감 이상의 소방공무원은 시・도지사를 말한다.
   2. 소방정 이하의 소방공무원은 해당 소방공무원의 징계 등을 관할하는 징계위원회가 설치된 기관의 장

② 소방기관의 장은 그 소속 소방공무원에 대한 징계 등 사건이 상급기관에 설치된 징계위원회의 관할에 속할 때에는 그 상급기관의 장에게 징계의결 등의 요구를 신청해야 한다. 이 경우 신청을 받은 기관의 장은 지체 없이 관할 징계위원회에 징계의결 등을 요구해야 한다.

③ 제1항 및 제2항에 따른 징계의결 등을 요구하거나 신청할 때에는 징계 등 사유에 대한 충분한 조사를 한 후에 그 증명에 필요한 다음 각 호의 관계 자료를 관할 징계위원회에 제출하여야 하고, 중징계 또는 경징계로 구분하여 요구하거나 신청하여야 한다. 다만, 「감사원법」 제32조 제1항 및 제10항에 따라 감사원장이 「국가공무원법」 제79조에서 정하는 징계의 종류를 구체적으로 지정하여 징계요구를 한 경우에는 그러하지 아니하다.
   1. 공무원 인사기록카드 사본
   2. 별지 제1호 서식의 소방공무원 징계의결 등 요구(신청)서
   2의2. 다음 각 목의 사항에 대해 소방청장이 정하는 확인서
      가. 비위행위 유형
      나. 징계 등 혐의자의 공적(功績) 등에 관한 사항
      다. 그 밖에 소방청장이 징계의결 등 요구를 위해 필요하다고 인정하는 사항
   3. 혐의내용을 입증할 수 있는 공문서 등 관계 증거자료
   4. 혐의내용에 대한 조사기록 또는 수사기록
   5. 관련자에 대한 조치사항 및 그에 대한 증거자료
   6. 관계법규・지시문서 등의 발췌문
   7. 징계 등 사유가 다음 각 목의 어느 하나에 해당하는 경우에는 정신건강의학과의사, 심리학자, 사회복지학자 또는 그 밖의 관련 전문가가 작성한 별지 제2호 서식의 전문가 의견서

가. 「성폭력범죄의 처벌 등에 관한 특례법」 제2조에 따른 성폭력범죄
나. 「양성평등기본법」 제3조 제2호에 따른 성희롱

④ 징계의결 등 요구권자는 징계의결 등 요구와 동시에 별지 제1호 서식의 소방공무원 징계의결 등 요구(신청)서 사본을 징계 등 혐의자에게 보내야 한다. 다만, 징계 등 혐의자가 그 수령을 거부하는 경우에는 그렇지 않다.

⑤ 징계의결 등 요구권자는 징계 등 혐의자가 소방공무원 징계의결 등 요구(신청)서 사본의 수령을 거부하는 경우에는 관할 징계위원회에 그 사실을 증명하는 서류를 첨부하여 문서로 통보하여야 한다.

소방공무원 징계령 제10조(징계 등 사건의 통지)

① 소방기관의 장은 그 소속이 아닌 소방공무원에게 징계 등 사유가 있다고 인정될 때에는 해당 소방기관의 장에게 그 사실을 증명할 만한 충분한 사유를 명확히 밝혀 통지하여야 한다.

② 소방기관의 장이 아닌 다른 행정기관의 장이 제1항에 따른 징계의결 등 요구권을 갖지 않는 소방공무원에 대하여 징계 등 사유가 있다고 인정하는 경우에는 그 행정기관의 장은 징계의결 등 요구권을 갖는 소방기관의 장에게 그 징계 등 사유를 증명할 수 있는 자료로서 다음 각 호의 어느 하나에 해당하는 관계 자료를 첨부하여 이를 통지하여야 한다.

1. 감사원에서 조사한 사건의 경우에는 공무원 징계처분 또는 징계부가금 부과처분(이하 "징계처분 등"이라 한다) 요구서, 혐의자·관련자에 대한 문답서 및 확인서 등 조사기록
2. 수사기관에서 수사한 사건의 경우에는 공무원범죄처분결과통보서, 공소장, 혐의자·관련자·관련 증인에 대한 신문조서 및 진술서 등 수사기록
3. 그밖의 다른 기관의 경우에는 징계 등 혐의사실 통보서 및 혐의사실을 입증할 수 있는 관계자료

③ 제1항 및 제2항에 따라 징계 등 사유를 통지받은 소방기관의 장은 타당한 이유가 없으면 통지를 받은 날부터 30일 이내에 관할 징계위원회에 징계의결 등을 요구하거나 신청해야 한다. 다만, 「감사원법」 제32조 제1항에 따른 징계 요구 중 파면요구를 받은 경우에는 10일 이내에 관할 징계위원회에 요구하거나 신청하여야 한다.

④ 제1항 및 제2항에 따라 징계 등 사유를 통지받은 소방기관의 장은 해당 사건의 처리 결과를 징계 등 사유를 통지한 소방기관의 장 또는 다른 행정기관의 장에게 회답하여야 한다.

소방공무원 징계령 제10조의2(징계 등 절차 진행 여부의 결정)

① 소방기관의 장은 「국가공무원법」 제83조 제3항에 따라 수사개시 통보를 받으면 지체 없이 징계의결 등의 요구나 그 밖에 징계 등 절차의 진행 여부를 결정해야 한다. 이 경우 같은 조 제2항에 따라 그 절차를 진행하지 않기로 결정한 경우에는 이를 징계 등 혐의자에게 통보해야 한다.

② 제1항 후단에 따른 통보는 별지 제2호의2 서식에 따른다.

소방공무원 징계령 제11조(징계의결 등의 기한)

① 징계의결 등 요구를 받은 징계위원회는 그 요구서를 받은 날부터 30일 이내에 징계의결 등을 해야 한다. 다만, 부득이한 사유가 있을 때에는 해당 징계위원회의 의결로 30일의 범위에서 그 기한을 연기할 수 있다.

② 징계의결 등이 요구된 사건에 대한 징계 등 절차의 진행이 「국가공무원법」 제83조에 따라 중지되었을 때에는 그 중지된 기간은 제1항의 징계의결 등 기한에서 제외한다.

소방공무원 징계령 제12조(징계 등 혐의자의 출석)

① 징계위원회가 징계 등 혐의자의 출석을 요구할 때에는 별지 제3호 서식의 출석 통지서로 하되, 징계

위원회 개최일 3일 전까지 그 징계 등 혐의자에게 도달되도록 하여야 한다. 이 경우 제2항에 따라 출석 통지서를 징계 등 혐의자의 소속 기관의 장에게 보내어 전달하게 한 경우를 제외하고는 출석 통지서 사본을 징계 등 혐의자의 소속 기관의 장에게 보내야 하며, 소속 기관의 장은 징계 등 혐의자를 출석시켜야 한다.

② 징계위원회는 징계 등 혐의자의 주소를 알 수 없거나 그 밖의 사유로 제1항에 따른 출석 통지서를 징계 등 혐의자에게 직접 보내는 것이 곤란하다고 인정될 때에는 제1항의 출석 통지서를 징계 등 혐의자의 소속 기관의 장에게 보내어 전달하게 할 수 있다. 이 경우 출석 통지서를 받은 소방기관의 장은 지체 없이 징계 등 혐의자에게 전달한 후 전달 상황을 관할 징계위원회에 통지하여야 한다.

③ 징계위원회는 징계 등 혐의자가 그 징계위원회에 출석하여 진술하기를 원하지 아니할 때에는 출석 진술 포기서를 제출하게 하여 이를 기록에 첨부하고, 서면심사로 징계의결 등을 할 수 있다.

④ 징계위원회는 출석 통지를 하였음에도 불구하고 징계 등 혐의자가 정당한 사유 없이 출석하지 아니하였을 때에는 그 사실을 기록에 분명히 적고, 서면심사로 징계의결 등을 할 수 있다.

⑤ 징계위원회는 징계 등 혐의자가 국외 체류, 형사사건으로 인한 구속, 여행 또는 그 밖의 사유로 징계의결 등 요구(신청)서 접수일부터 50일 이내에 출석할 수 없는 경우에는 서면으로 진술하게 하여 징계의결 등을 할 수 있다. 이 경우 서면으로 진술하지 아니할 때에는 그 진술 없이 징계의결 등을 할 수 있다.

⑥ 징계 등 혐의자가 있는 곳이 분명하지 않을 때에는 관보(시・도의 경우에는 공보)를 통해 출석통지를 한다. 이 경우 관보 또는 공보에 게재한 날부터 10일이 지나면 그 통지서가 송달된 것으로 본다.

⑦ 징계 등 혐의자가 출석 통지서의 수령을 거부한 경우에는 징계위원회에 출석하여 진술할 권리를 포기한 것으로 본다. 다만, 징계 등 혐의자는 출석 통지서를 거부한 경우에도 해당 징계위원회에 출석하여 진술할 수 있다.

⑧ 징계 등 혐의자의 소속 기관의 장은 제2항 전단에 따라 출석 통지서를 전달할 때 징계 등 혐의자가 출석 통지서의 수령을 거부하면 제2항 후단에 따라 출석 통지서 전달 상황을 통지할 때 수령을 거부한 사실을 증명하는 서류를 첨부하여야 한다.

소방공무원 징계령 제13조(심문과 진술권)

① 징계위원회는 제12조 제1항에 따라 출석한 징계 등 혐의자에게 징계 등 사유에 해당하는 사실에 관한 심문을 하고 심사를 위하여 필요하다고 인정될 때에는 관계인의 출석을 요구하여 심문할 수 있다.

② 징계위원회는 징계 등 혐의자에게 진술할 수 있는 기회를 충분히 주어야 하며, 징계 등 혐의자는 별지 제3호의2 서식의 의견서 또는 구술로 자기에게 이익이 되는 사실을 진술하거나 증거를 제출할 수 있다.

③ 징계 등 혐의자는 증인의 심문을 신청할 수 있다. 이 경우 징계위원회는 의결로써 그 채택 여부를 결정하여야 한다.

④ 징계의결 등을 요구한 자 또는 징계의결 등의 요구를 신청한 자는 징계위원회에 출석하여 의견을 진술하거나 서면으로 의견을 제출할 수 있다. 다만, 중징계 등 요구사건의 경우에는 특별한 사유가 없는 한 징계위원회에 출석하여 의견을 진술해야 한다.

⑤ 징계위원회는 필요하다고 인정할 때에는 소속직원으로 하여금 사실 조사를 하게 하거나 특별한 학식・경험이 있는 자에게 검정 또는 감정을 의뢰할 수 있다.

⑥ 징계의결 등을 요구한 자는 「감사원법」 제32조 제1항 및 제10항에 따라 감사원이 파면, 해임, 강등 또는 정직 중 어느 하나의 징계처분을 요구한 사건에 대해서는 징계위원회 개최 일시·장소 등을 감사원에 통보해야 한다.

⑦ 감사원은 제6항에 따른 통보를 받은 경우 소속 공무원의 징계위원회 출석을 관할 징계위원회에 요청할 수 있으며, 관할 징계위원회는 출석 허용 여부를 결정해야 한다.

소방공무원 징계령 제14조(징계위원회의 의결)

① 징계위원회는 위원 과반수(과반수가 3명 미만인 경우에는 3명 이상)의 출석으로 개의(開議)하고 출석위원 과반수의 찬성으로 의결하되, 의견이 나뉘어 출석위원 과반수의 찬성을 얻지 못한 경우에는 출석위원 과반수가 될 때까지 징계 등 혐의자에게 가장 불리한 의견을 제시한 위원의 수를 그 다음으로 불리한 의견을 제시한 위원의 수에 차례로 더하여 그 의견을 합의된 의견으로 본다.

② 제1항의 의결은 별지 제4호 서식의 징계 등 의결서(이하 "의결서"라 한다)로 하며, 의결서의 이유란에는 다음 각 호의 사항을 구체적으로 적어야 한다.

1. 징계 등의 원인이 된 사실
2. 증거의 판단
3. 관계 법령
4. 징계 등 면제 사유 해당 여부
5. 징계부가금 조정(감면) 사유

③ 징계위원회는 제1항에도 불구하고 제11조 제1항 단서에 따른 징계의결 등의 기한 연기에 관한 사항에 대해서는 서면으로 의결할 수 있다.

④ 제3항에 따른 서면 의결의 절차·방법 등에 관한 사항은 소방청장이 정한다.

소방공무원 징계령 제17조(징계의결 등의 통지)

징계위원회는 징계의결 등을 했을 때에는 지체 없이 징계의결 등을 요구한 자에게 의결서 정본(正本)을 보내어 통지하여야 한다.

소방공무원 징계령 제18조(징계처분 등)

① 징계처분 등의 처분권자는 징계의결 등의 통지를 받은 날(제2항의 경우에는 그 요청을 받은 날)부터 15일 이내에 별지 제5호 서식의 징계처분 등 사유설명서에 의결서 사본을 첨부하여 징계처분 등의 대상자에게 교부(소방청과 그 소속기관의 소방령 이상 소방공무원, 소방본부장 및 지방소방학교장에 대한 파면, 해임 또는 강등의 경우에는 임용제청권자가 교부)해야 한다.

② 징계의결 등을 요구한 자는 징계위원회로부터 파면, 해임 또는 강등의 의결을 통지 받았을 때에는 그 처분권자가 상급기관인 경우에는 지체 없이 의결서 정본을 보내어 그 처분권자에게 파면, 해임 또는 강등 처분을 요청해야 한다.

③ 「국가공무원법」 제75조 제2항 제3호에 따른 대통령령으로 정하는 행위는 다음 각 호와 같다.

1. 「공무원 행동강령」 제13조의3 각 호의 어느 하나에 해당하는 부당한 행위(피해자가 개인인 경우로 한정한다)
2. 다음 각 목의 사람에 대하여 직장에서의 지위나 관계 등의 우위를 이용하여 업무상 적정범위를 넘어 신체적·정신적 고통을 주거나 근무환경을 악화시키는 행위

   가. 다른 공무원

나. 다음의 어느 하나에 해당하는 기관·단체의 직원
1) 징계처분 등의 대상자가 소속된 기관(해당 기관의 소속기관을 포함한다)
2) 「공공기관의 운영에 관한 법률」 제4조 제1항에 따른 공공기관 중 1)의 기관이 관계 법령에 따라 업무를 관장하는 공공기관
3) 「공직자윤리법」 제3조의2 제1항에 따른 공직유관단체 중 1)의 기관이 관계 법령에 따라 업무를 관장하는 공직유관단체

다. 「공무원 행동강령」 제2조 제1호에 따른 직무관련자(직무관련자가 법인 또는 단체인 경우에는 그 법인 또는 단체의 소속 직원을 말한다)

④ 처분권자는 징계처분의 사유가 「국가공무원법」 제75조 제2항 각 호의 어느 하나에 해당하는 경우에는 그 피해자에게 징계처분결과의 통보를 요청할 수 있다는 사실을 안내할 수 있다.
⑤ 「국가공무원법」 제75조 제2항에 따른 피해자의 요청으로 처분권자가 피해자에게 징계처분결과를 통보하는 경우에는 별지 제5호의2 서식에 따른다.
⑥ 제5항에 따라 징계처분결과를 통보받은 피해자는 그 통보 내용을 공개해서는 안 된다.
⑦ 제3항부터 제6항까지에서 규정한 사항 외에 징계처분결과의 통보에 관한 사항은 소방청장이 정한다.

31 행정소송의 피고 (법 제30조)

징계처분, 휴직처분, 면직처분, 그 밖에 의사에 반하는 불리한 처분에 대한 행정소송의 경우에는 소방청장을 피고로 한다. 다만, 시·도지사가 임용권을 행사하는 경우에는 관할 시·도지사를 피고로 한다.

32 소방간부후보생의 보수 (법 제31조)

교육 중인 소방간부후보생에게는 대통령령으로 정하는 바에 따라 보수와 그 밖의 실비(實費)를 지급한다.

33 소방청장의 지휘·감독 (법 제32조)

소방청장은 소방공무원의 인사행정이 이 법과 「국가공무원법」에 따라 운영되도록 지휘·감독한다.

34 국가공무원법과의 관계 (법 제33조)

(1) 「국가공무원법」을 소방공무원에게 적용할 때에는 다음에 따른다.
① 「국가공무원법」 제32조의4 제1항 중 "국가기관의 장"은 "임용권자 또는 임용제청권자"로 본다.
② 「국가공무원법」 제32조의5 제1항 및 제43조 중 "직급"은 "계급"으로 본다.
③ 「국가공무원법」 제68조, 제78조 제1항 제1호 및 같은 조 제2항, 제80조 제7항 및 제8항 중 "이 법"은 "이 법 및 「국가공무원법」"으로 본다.
④ 「국가공무원법」 제71조 제2항 제3호 중 "중앙인사관장기관의 장"은 "소방청장"으로 본다.

⑤ 「국가공무원법」 제73조의4 제2항 중 "제40조 · 제40조의2 및 제41조"는 "이 법 제14조 및 제16조"로, "직급"은 "계급"으로 본다.

(2) 소방공무원 중 소방총감과 소방정감에 대해서는 「국가공무원법」 제68조 본문을 적용하지 아니한다.

35 벌칙 (법 제34조)

다음의 어느 하나에 해당하는 자는 5년 이하의 징역 또는 금고에 처한다.

(1) 화재진압 업무에 동원된 소방공무원으로서 거짓 보고 등의 금지 의무를 위반하여 거짓 보고나 통보를 하거나 직무를 게을리하거나 유기해서는 안된다는 규정을 위반하여 직무를 게을리하거나 유기한 자

(2) 화재 진압 업무에 동원된 소방공무원으로서 「국가공무원법」 상 복종의 의무를 위반하여 상관의 직무상 명령에 불복하거나 같은 법에 규정된 직장 이탈 금지를 위반하여 직장을 이탈한 자

(3) 화재 진압 또는 구조 · 구급 활동을 할 때 소방공무원을 지휘 · 감독하는 자로서 지휘권 남용 등의 금지 의무를 위반하여 정당한 이유 없이 그 직무수행을 거부 또는 유기하거나 소방공무원을 지정된 근무지에서 진출 · 후퇴 또는 이탈하게 한 자

CHAPTER
05 민간 소방조직의 종류와 역할

우리나라에서 소방업무를 보조하는 민간조직은 ① 의용소방대, ② 자체소방대, ③ 자위소방대가 대표적이다. 또한 특정소방대상물에 선임된 소방안전관리자와 위험물안전관리자도 업무와 관련하여 민간 소방조직의 역할을 한다고 볼 수 있다. 그리고 간접 소방조직으로 분류되는 소방안전원과 한국소방안전산업기술원은 소방청의 권한을 위임받아 각종 소방청의 업무를 수행한다.

1 의용소방대

의용소방대는 소방업무를 보조하는 민간조직이다. 화재예방 및 조기발견, 신고 및 진압은 물론 재난방지에 적극 참여하여 국민의 생명과 재산을 보호하기 위해 설치된 민간조직이며, 지역사회에 대한 희생과 봉사정신이 강한 사람들의 자원에 의해 만들어진 조직이다. 「의용소방대 설치 및 운영에 관한 법률」은 화재진압, 구조·구급 등의 소방업무를 체계적으로 보조하기 위하여 의용소방대 설치 및 운영 등에 필요한 사항을 규정함을 목적으로 하고 있다.

(1) 의용소방대 설치권자

① 특별시장·광역시장·특별자치시장·도지사·특별자치도지사 또는 소방서장은 재난현장에서 화재진압, 구조·구급 등의 활동과 화재예방활동에 관한 업무(소방업무)를 보조하기 위하여 의용소방대를 설치할 수 있다.

② 의용소방대는 특별시·광역시·특별자치시·도·특별자치도, 시·읍 또는 면에 둔다.

③ 시·도지사 또는 소방서장은 필요한 경우 관할 구역을 따로 정하여 그 지역에 의용소방대를 설치할 수 있다.

④ 시·도지사 또는 소방서장은 필요한 경우 의용소방대를 화재진압 등을 전담하는 의용소방대(전담의용소방대)로 운영할 수 있다. 이 경우 관할 구역의 특성과 관할 면적 또는 출동거리 등을 고려하여야 한다.

⑤ 그 밖에 의용소방대의 설치 등에 필요한 사항은 행정안전부령으로 정한다.

(2) 의용소방대원 임명권자

시·도지사, 소방서장

(3) 의용소방대원의 자격

① 관할 구역 내에서 안정된 사업장에 근무하는 사람

② 신체가 건강하고 협동정신이 강한 사람

③ 희생정신과 봉사정신이 투철하다고 인정되는 사람

④ 「소방시설공사업법」 제28조에 따른 소방기술 관련 자격·학력 또는 경력이 있는 사람

⑤ 의사・간호사 또는 응급구조사 자격을 가진 사람
⑥ 기타 의용소방대의 활동에 필요한 기술과 재능을 보유한 사람

(4) 의용소방대원의 정년

65세

(5) 의용소방대의 조직

① 의용소방대에는 대장・부대장・부장・반장 또는 대원을 둔다.
② 대장 및 부대장은 의용소방대원 중 관할 소방서장의 추천에 따라 시・도지사가 임명한다.
③ 대장의 임기는 3년으로 하며, 한 차례만 연임할 수 있으며, 부대장의 임기는 3년으로 한다.
④ 의용소방대에 두는 의용소방대원의 정원
㉠ 시・도 : 60명 이내
㉡ 시・읍 : 60명 이내
㉢ 면 : 50명 이내
㉣ 시・도지사 또는 소방서장이 필요에 따라 관할 구역을 따로 정한 지역에 설치하는 의용소방대 : 50명 이내
㉤ 전문의용소방대 : 50명 이내

(6) 의용소방대의 임무

① 화재의 경계와 진압업무의 보조
② 구조・구급 업무의 보조
③ 화재 등 재난 발생 시 대피 및 구호업무의 보조
④ 화재예방업무의 보조
⑤ 그 밖에 행정안전부령으로 정하는 사항
㉠ 집회, 공연 등 각종 행사장의 안전을 위한 지원활동
㉡ 주민생활의 안전을 위한 지원활동
㉢ 그 밖에 화재예방 홍보 등 소방서장이 필요하다고 인정하는 사항

(7) 의용소방대의 근무

① 의용소방대원은 비상근(非常勤)으로 한다.
② 소방본부장 또는 소방서장은 소방업무를 보조하게 하기 위하여 필요한 때에는 의용소방대원을 소집할 수 있다.

(8) 재난현장의 출동

의용소방대원은 소방본부장 또는 소방서장의 소집명령에 따라 화재, 구조・구급 등 재난현장에 출동하여 소방본부장 또는 소방서장의 지휘와 감독을 받아 소방업무를 보조한다.

(9) 의용소방대원의 행위금지 사항

① 기부금을 모금하는 행위
② 영리목적으로 의용소방대의 명의를 사용하는 행위
③ 정치활동에 관여하는 행위
④ 소송・분쟁・쟁의에 참여하는 행위
⑤ 그 밖에 의용소방대의 명예가 훼손되는 행위

(10) 지도・감독

소방본부장 또는 소방서장은 의용소방대원이 그 품위를 유지할 수 있도록 복무에 대한 지도・감독을 실시하여야 한다.

(11) 교육 및 훈련

① 소방청장, 소방본부장 또는 소방서장은 의용소방대원에 대하여 교육(임무 수행과 관련한 보건안전교육을 포함)・훈련을 실시하여야 한다.
② 교육・훈련의 내용, 주기, 방법 등에 필요한 사항은 행정안전부령으로 정한다.

(12) 경비의 부담

① 의용소방대의 운영과 활동 등에 필요한 경비는 해당 시・도지사가 부담한다.
② 국가는 '①'에 따른 경비의 일부를 예산의 범위에서 지원할 수 있다.

(13) 재해의 보상

① 시・도지사는 의용소방대원이 임무의 수행 또는 교육・훈련으로 인하여 질병에 걸리거나, 부상을 입거나, 사망한 때에는 시・도의 조례로 정하는 바에 따라 보상금을 지급하여야 한다.
② 시・도지사는 '①'에 따른 보상금 지급을 위하여 보험에 가입할 수 있다.

2 자체소방대

(1) 소방기본법 제20조의2에 따른 자체소방대

「소방기본법」 제20조의2에 의해 관계인은 화재를 진압하거나 구조・구급 활동을 하기 위하여 상설 조직체(「위험물안전관리법」 제19조 및 그 밖의 다른 법령에 따라 설치된 자체소방대를 포함)를 설치・운영할 수 있다.

(2) 위험물안전관리법 제19조에 따른 자체소방대

① 제4류 위험물을 취급하는 제조소 또는 일반취급소의 경우 : 제조소 또는 일반취급소에서 취급하는 제4류 위험물의 최대수량의 합이 지정수량의 3천배 이상
② 제4류 위험물을 저장하는 옥외탱크저장소의 경우 : 옥외탱크저장소에 저장하는 제4류 위험물의 최대수량이 지정수량의 50만배 이상

③ 자체소방대에 두는 화학소방자동차 및 인원

사업소의 구분	화학소방자동차	자체소방대원의 수
1. 제조소 또는 일반취급소에서 취급하는 제4류 위험물의 최대수량의 합이 지정수량의 12만배 미만인 사업소	1대	5인
2. 제조소 또는 일반취급소에서 취급하는 제4류 위험물의 최대수량의 합이 지정수량의 12만배 이상 24만배 미만인 사업소	2대	10인
3. 제조소 또는 일반취급소에서 취급하는 제4류 위험물의 최대수량의 합이 지정수량의 24만배 이상 48만배 미만인 사업소	3대	15인
4. 제조소 또는 일반취급소에서 취급하는 제4류 위험물의 최대수량의 합이 지정수량의 48만배 이상인 사업소	4대	20인
5. 제4류 위험물을 저장하는 최대수량이 지정수량의 50만배 이상 저장하는 옥외탱크저장소	2대	10인

〈비고〉
화학소방자동차에는 행정안전부령으로 정하는 소화능력 및 설비를 갖추어야 하고, 소화활동에 필요한 소화약제 및 기구(방열복 등 개인장구를 포함한다)를 비치하여야 한다.

(3) 지휘 및 교육·훈련

① 자체소방대는 소방대가 현장에 도착한 경우 소방대장의 지휘·통제에 따라야 한다.

② 소방청장, 소방본부장 또는 소방서장은 자체소방대의 역량 향상을 위하여 필요한 교육·훈련 등을 지원할 수 있다.

3 자위소방대

자위소방대는 화재 시 소방대(소방차와 소방대원) 도착 전 자위소방 활동을 수행하기 위해 구성 운영되는 민간 소방조직이다. 즉 특정소방대상물의 화재 등 재난발생 시 비상연락, 초기소화, 대피유도를 통해 인명 및 재산피해를 최소화하기 위해 소방안전관리자, 위험물안전관리자를 포함하여 구성한다. 자위소방대는 「화재의 예방 및 안전관리에 관한 법률」 및 그 하위 법령에 근거하고 있다.

(1) 자위소방대의 구성

① 대장 : 자위소방대를 지휘·통제하고 총괄 운영하는 대상물의 소유자, 법인대표, 운영기관 책임자

② 부대장 : 대장의 업무보좌 또는 대리자로서 특정소방대상물의 소방안전관리자

③ 대원 : 특정소방대상물의 관계인(소유자·관리자·점유자 등)

(2) 자위소방대의 임무

① 자위소방대의 연간·월간 교육계획 수립 시행

② 초기대응체계의 교육 · 훈련실시

③ 모의화재 시나리오작성, 상황별 훈련실시

④ 자위소방대는 지휘통제반 · 비상연락반 · 초기소화반 · 응급구조반 · 방호안전반 · 피난유도반 등으로 구성

(3) 화재시나리오 작성 가정조건

① 발화요인, 발화조건, 발화시간 등 예상

② 화재발생지역은 피난층 이외의 지역가정

③ 재실자, 방문자의 피난실시가정

④ 재해약자 · 부상자 발생가정

4 소방안전관리자와 위험물안전관리자

(1) 소방안전관리자

① 소방안전관리자의 선임

화재의 예방 및 소방에 관한 안전업무의 수행은 전문지식과 기술이 요구되고 일반인이 쉽게 접근할 수 있는 영역의 업무가 아니다. 따라서 화재예방 등과 관련하여 교육을 받은 자, 또는 관련 지식을 습득한 전문가를 소방안전관리자로 선임하여 업무를 수행하게 함으로써 소방안전의 실효성을 확보하고 있다. 소방안전관리업무의 전문성이 요구되는 대상을 1급 소방안전관리대상과 2급 소방안전관리대상으로 규정하고, 특정 자격을 갖춘 자를 소방안전관리자로 선임하도록 하고 있다.

② 소방안전관리자의 선임 및 해임 절차

화재의 예방 및 안전관리에 관한 법률에서 소방안전관리자를 선임한 때에는 14일 이내에 소방본부장 또는 소방서장에게 신고하고, 해임한 경우는 소방안전관리자를 해임한 날 선임토록 규정함으로서 신고의 의무를 부여하고 있다. 이는 업무의 공백을 최소화하기 위함이며 소방안전관리자는 특정소방대물의 소방안전관리에 중요한 책임을 지고 있는 사람이다.

③ 소방안전관리자의 주요 임무

㉠ 소방계획서 작성 및 자위소방대 조직

㉡ 화재예방을 위한 자체점검계획 및 진압대책

㉢ 피난시설 및 소방안전시설 유지 · 관리

㉣ 화기취급 감독 등

(2) 위험물안전관리자

① 위험물안전관리자의 선임

위험물은 생활의 편익을 위하여 만들어진 물질로 그 성질상 화재 · 폭발 등의 위험이 있어 취급에 고도의 주의와 전문성이 요구된다. 위험물사고 발생 시 피해가 크므로 위험물안전관리법에서 위험물에 대한 특정한 자격을 갖춘 자를 위험물안전관리자로 선임시켜 업무를 감독

하도록 규정하고 있다. 이는 위험물제조소 등에 있어서 실질적으로 위험물을 취급하는 관계인에게 설치된 위험물시설 등에 대한 유지·관리의 의무를 두어 각종 위험물 시설 등이 항상 안전하게 유지될 수 있도록 하여 소방안전의 실효성을 확보하고자 하는 것이다.

② 위험물안전관리자의 선임 및 해임 절차

위험물안전관리자는 위험물을 취급하고 안전관리업무를 수행하는 전문기술인력을 말하며, 위험물의 위험성에 비추어 소방안전관리자 제도보다 한층 강화된 자격을 요구하고 있다. 안전관리자를 해임한 때에는 해임한 날부터 30일 이내에 다시 선임하여야 하며, 선임한 때에는 14일 이내에 소방본부장 또는 소방서장에게 신고하도록 법적 의무규정을 두고 있다.

③ 위험물안전관리자의 주요 임무

㉠ 제조소 등의 위치·구조 및 설비를 법에서 정하는 기술기준에 적합하도록 유지하기 위한 점검과 점검상황의 기록·보존

㉡ 제조소 등의 구조 또는 설비의 이상을 발견한 경우 관계자에 대한 연락 및 응급조치

㉢ 화재가 발생하거나 화재발생의 위험성이 현저한 경우 소방관서 등에 대한 연락 및 응급조치

㉣ 제조소 등의 계측장치·제어장치 및 안전장치 등의 적정한 유지·관리

㉤ 제조소 등의 위치·구조 및 설비에 관한 설계도서 등의 정비·보존 및 제조소 등의 구조 및 설비의 안전에 관한 사무의 관리

5 간접적 소방조직

(1) 한국소방안전원

① 한국소방안전원의 설립

㉠ 소방기술과 안전관리기술의 향상 및 홍보, 그 밖의 교육·훈련 등 행정기관이 위탁하는 업무의 수행과 소방 관계 종사자의 기술 향상을 위하여 한국소방안전원(이하 “안전원”이라 한다)을 소방청장의 인가를 받아 설립한다.

㉡ ‘㉠’에 따라 설립되는 안전원은 법인으로 한다.

㉢ 안전원에 관하여 이 법에 규정된 것을 제외하고는 「민법」 중 재단법인에 관한 규정을 준용한다.

② 교육계획의 수립 및 평가

㉠ 안전원의 장은 소방기술과 안전관리의 기술향상을 위하여 매년 교육 수요조사를 실시하여 교육계획을 수립하고 소방청장의 승인을 받아야 한다.

㉡ 안전원장은 소방청장에게 해당 연도 교육결과를 평가·분석하여 보고하여야 하며, 소방청장은 교육평가 결과를 ‘㉠’의 교육계획에 반영하게 할 수 있다.

㉢ 안전원장은 ‘㉡’의 교육결과를 객관적이고 정밀하게 분석하기 위하여 필요한 경우 교육 관련 전문가로 구성된 위원회를 운영할 수 있다.

㉣ '㉢'에 따른 위원회의 구성·운영에 필요한 사항은 대통령령으로 정한다.

③ 안전원의 업무

㉠ 소방기술과 안전관리에 관한 교육 및 조사·연구

㉡ 소방기술과 안전관리에 관한 각종 간행물 발간

㉢ 화재 예방과 안전관리의식 고취를 위한 대국민 홍보

㉣ 소방업무에 관하여 행정기관이 위탁하는 업무

㉤ 소방안전에 관한 국제협력

㉥ 그 밖에 회원에 대한 기술지원 등 정관으로 정하는 사항

④ 회원의 관리

안전원은 소방기술과 안전관리 역량의 향상을 위하여 다음의 사람을 회원으로 관리할 수 있다.

㉠ 「소방시설 설치 및 관리에 관한 법률」, 「소방시설공사업법」 또는 「위험물안전관리법」에 따라 등록을 하거나 허가를 받은 사람으로서 회원이 되려는 사람

㉡ 「화재의 예방 및 안전관리에 관한 법률」, 「소방시설공사업법」 또는 「위험물안전관리법」에 따라 소방안전관리자, 소방기술자 또는 위험물안전관리자로 선임되거나 채용된 사람으로서 회원이 되려는 사람

㉢ 그 밖에 소방 분야에 관심이 있거나 학식과 경험이 풍부한 사람으로서 회원이 되려는 사람

(2) 한국소방산업기술원

① 설립 목적

소방청장은 소방산업의 진흥·발전을 효율적으로 지원하기 위하여 한국소방산업기술원(이하 "기술원"이라 한다)을 설립할 수 있다.

② 기술원의 운영

㉠ 기술원은 법인으로 한다.

㉡ 기술원에 관하여 이 법에서 규정한 것을 제외하고는 「민법」의 재단법인에 관한 규정을 준용한다.

㉢ 소방청장은 기술원의 시설 및 운영에 필요한 경비를 예산의 범위에서 출연하거나 지원할 수 있다.

③ 주요업무

㉠ 소방산업의 육성과 소방산업 기술진흥을 위한 정책·제도의 조사·연구

㉡ 소방산업의 기반조성 및 창업지원

㉢ 소방산업 전문인력의 양성 지원

㉣ 소방산업 발전을 위한 소방장비 보급의 확대와 마케팅 지원

㉤ 소방산업의 발전을 위한 국제협력 및 해외진출의 지원

ⓑ 소방사업자의 품질관리능력과 전문성 향상에 필요한 사업
ⓢ 소방장비의 품질 확보, 품질 인증 및 신기술·신제품에 관한 인증 업무
ⓞ 소방산업에 관한 데이터베이스의 구축·운영, 출판, 기술 강습 및 홍보
ⓩ 소방용 기계·기구, 소방시설 및 위험물안전에 관한 조사·연구·기술개발 및 지원
ⓒ 「위험물안전관리법」에 따른 탱크안전성능시험
ⓚ 소방산업의 진흥에 관한 법률 또는 다른 소방 관계 법령에 규정된 사업으로서 소방청장, 시·도지사 또는 소방기관의 장이 위탁하거나 대행하게 하는 사업
ⓣ 그 밖에 기술원의 설립 목적을 달성하는데 필요한 사업

PART

02

소방기능

CHAPTER

01 화재의 예방 · 경계 · 진압 · 조사 활동

1 화재의 예방

예방이란 화재의 위험으로부터 사람의 생명 · 신체 및 재산을 보호하기 위하여 화재발생을 사전에 제거하거나 방지하기 위한 모든 활동을 말한다.

2 안전관리

화재로 인한 피해를 최소화하기 위한 예방, 대비, 대응 등의 활동을 말한다.

3 화재안전조사 대상

소방청장, 소방본부장 또는 소방서장(이하 "소방관서장"이라 한다)이 다음의 어느 하나에 해당하는 경우 화재안전조사를 실시할 수 있다. 다만, 개인의 주거(실제 주거용도로 사용되는 경우에 한정한다)에 대한 화재안전조사는 관계인의 승낙이 있거나 화재발생의 우려가 뚜렷하여 긴급한 필요가 있는 때에 한정한다.

(1) 「소방시설 설치 및 관리에 관한 법률」에 따른 자체점검이 불성실하거나 불완전하다고 인정되는 경우

(2) 화재예방강화지구 등 법령에서 화재안전조사를 하도록 규정되어 있는 경우

(3) 화재예방안전진단이 불성실하거나 불완전하다고 인정되는 경우

(4) 국가적 행사 등 주요 행사가 개최되는 장소 및 그 주변의 관계 지역에 대하여 소방안전관리 실태를 조사할 필요가 있는 경우

(5) 화재가 자주 발생하였거나 발생할 우려가 뚜렷한 곳에 대한 조사가 필요한 경우

(6) 재난예측정보, 기상예보 등을 분석한 결과 소방대상물에 화재의 발생 위험이 크다고 판단되는 경우

(7) '(1)'부터 '(6)'까지에서 규정한 경우 외에 화재, 그 밖의 긴급한 상황이 발생할 경우 인명 또는 재산 피해의 우려가 현저하다고 판단되는 경우

4 화재의 예방조치

(1) 누구든지 화재예방강화지구 및 이에 준하는 대통령령으로 정하는 장소에서는 다음의 어느 하나에 해당하는 행위를 하여서는 아니 된다. 다만, 행정안전부령으로 정하는 바에 따라 안전조치를 한 경우에는 그러하지 아니한다.

① 모닥불, 흡연 등 화기의 취급

② 풍등 등 소형열기구 날리기

③ 용접 · 용단 등 불꽃을 발생시키는 행위

④ 그 밖에 대통령령으로 정하는 화재 발생 위험이 있는 행위

(2) 소방관서장은 화재 발생 위험이 크거나 소화 활동에 지장을 줄 수 있다고 인정되는 행위나 물건에 대하여 행위 당사자나 그 물건의 소유자, 관리자 또는 점유자에게 다음의 명령을 할 수 있다. 다만, '②' 및 '③'에 해당하는 물건의 소유자, 관리자 또는 점유자를 알 수 없는 경우 소속 공무원으로 하여금 그 물건을 옮기거나 보관하는 등 필요한 조치를 하게 할 수 있다.

① 모닥불, 흡연 등 화기의 취급 등 행위의 금지 또는 제한
② 목재, 플라스틱 등 가연성이 큰 물건의 제거, 이격, 적재 금지 등
③ 소방차량의 통행이나 소화 활동에 지장을 줄 수 있는 물건의 이동

(3) 화재예방강화지구

특별시장·광역시장·특별자치시장·도지사 또는 특별자치도지사(이하 "시·도지사"라 한다)가 화재발생 우려가 크거나 화재가 발생할 경우 피해가 클 것으로 예상되는 지역에 대하여 화재의 예방 및 안전관리를 강화하기 위해 지정·관리하는 지역을 말한다.

① 지정대상
㉠ 시장지역
㉡ 공장·창고가 밀집한 지역
㉢ 목조건물이 밀집한 지역
㉣ 노후·불량건축물이 밀집한 지역
㉤ 위험물의 저장 및 처리 시설이 밀집한 지역
㉥ 석유화학제품을 생산하는 공장이 있는 지역
㉦ 「산업입지 및 개발에 관한 법률」 제2조 제8호에 따른 산업단지
㉧ 소방시설·소방용수시설 또는 소방출동로가 없는 지역
㉨ 「물류시설의 개발 및 운영에 관한 법률」 제2조 제6호에 따른 물류단지
㉩ 그 밖에 '㉠'부터 '㉨'까지에 준하는 지역으로서 소방관서장이 화재예방강화지구로 지정할 필요가 있다고 인정하는 지역

② 시·도지사가 화재예방강화지구로 지정할 필요가 있는 지역을 화재예방강화지구로 지정하지 아니하는 경우 소방청장은 해당 시·도지사에게 해당 지역의 화재예방강화지구 지정을 요청할 수 있다.

(4) 자동차에 설치하는 차량용 소화기

「소방시설 설치 및 관리에 관한 법률」 시행규칙 제14조 별표2에 의거하여 자동차에는 형식승인을 받은 차량용 소화기를 다음의 기준에 따라 설치 또는 비치해야 한다.

① 승용자동차 : 능력단위 1 이상의 소화기 1개 이상을 사용하기 쉬운 곳에 설치 또는 비치한다.
② 승합자동차
㉠ 경형승합자동차 : 능력단위 1 이상의 소화기 1개 이상을 사용하기 쉬운 곳에 설치 또는 비치한다.

㉡ 승차정원 15인 이하 : 능력단위 2 이상인 소화기 1개 이상 또는 능력단위 1 이상인 소화기 2개 이상을 설치한다. 이 경우 승차정원 11인 이상 승합자동차는 운전석 또는 운전석과 옆으로 나란한 좌석 주위에 1개 이상을 설치한다.

㉢ 승차정원 16인 이상 35인 이하 : 능력단위 2 이상인 소화기 2개 이상을 설치한다. 이 경우 승차정원 23인을 초과하는 승합자동차로서 너비 2.3m를 초과하는 경우에는 운전자 좌석 부근에 가로 600밀리미터, 세로 200밀리미터 이상의 공간을 확보하고 1개 이상의 소화기를 설치한다.

㉣ 승차정원 36인 이상 : 능력단위 3 이상인 소화기 1개 이상 및 능력단위 2 이상인 소화기 1개 이상을 설치한다. 다만, 2층 대형승합자동차의 경우에는 위층 차실에 능력단위 3 이상인 소화기 1개 이상을 추가 설치한다.

③ 화물자동차(피견인자동차는 제외한다) 및 특수자동차

㉠ 중형 이하 : 능력단위 1 이상인 소화기 1개 이상을 사용하기 쉬운 곳에 설치한다.

㉡ 대형 이상 : 능력단위 2 이상인 소화기 1개 이상 또는 능력단위 1 이상인 소화기 2개 이상을 사용하기 쉬운 곳에 설치한다.

④ 「위험물안전관리법 시행령」 제3조에 따른 지정수량 이상의 위험물 또는 「고압가스 안전관리법 시행령」 제2조에 따라 고압가스를 운송하는 특수자동차(피견인자동차를 연결한 경우에는 이를 연결한 견인자동차를 포함) : 「위험물안전관리법 시행규칙」 제41조 및 별표17 제3호 나목 중 이동탱크저장소 자동차용소화기의 설치기준란에 해당하는 능력단위와 수량 이상을 설치한다.

✔ Check 위험물안전관리법 시행규칙 제41조 및 별표 17 제3호 나목

자동차용소화기	무상의 강화액 8ℓ 이상	2개 이상
	이산화탄소 3.2kg 이상	
	브로모클로로다이플루오로메탄(CF_2ClBr) 2L 이상	
	브로모트라이플루오로메탄(CF_3Br) 2L 이상	
	다이브로모테트라플루오로에탄($C_2F_4Br_2$) 1L 이상	
	소화분말 3.3kg 이상	

5 소방활동 [소방기본법 제16조]

(1) 소방활동의 지휘

소방청장, 소방본부장 또는 소방서장은 화재, 재난・재해, 그 밖의 위급한 상황이 발생하였을 때에는 소방대를 현장에 신속하게 출동시켜 화재진압과 인명구조・구급 등 소방에 필요한 활동을 하게 하여야 한다.

(2) 소방활동의 방해금지

누구든지 정당한 사유 없이 출동한 소방대의 화재진압 및 인명구조·구급 등 소방활동을 방해하여서는 아니 된다.

6 소방지원활동 (소방기본법 제16조의2)

(1) 소방활동 지원

소방청장·소방본부장 또는 소방서장은 공공의 안녕질서 유지 또는 복리증진을 위하여 필요한 경우 소방활동 외에 다음의 소방지원활동을 하게 할 수 있다.

① 산불에 대한 예방·진압 등 지원활동
② 자연재해에 따른 급수·배수 및 제설 등 지원활동
③ 집회·공연 등 각종 행사 시 사고에 대비한 근접대기 등 지원활동
④ 화재, 재난·재해로 인한 피해복구 지원활동
⑤ 그 밖에 행정안전부령으로 정하는 활동(시행규칙 제8조의4)
㉠ 군·경찰 등 유관기관에서 실시하는 훈련지원 활동
㉡ 소방시설 오작동 신고에 따른 조치활동
㉢ 방송제작 또는 촬영 관련 지원활동

(2) 소방활동 지원의 범위

소방지원활동은 소방활동 수행에 지장을 주지 아니하는 범위에서 할 수 있다.

7 생활안전활동 (소방기본법 제16조의3)

(1) 소방청장·소방본부장 또는 소방서장은 신고가 접수된 생활안전 및 위험제거 활동(화재, 재난·재해, 그 밖의 위급한 상황에 해당하는 것은 제외한다)에 대응하기 위하여 소방대를 출동시켜 다음의 생활안전활동을 하게 하여야 한다.

① 붕괴, 낙하 등이 우려되는 고드름, 나무, 위험 구조물 등의 제거활동
② 위해동물, 벌 등의 포획 및 퇴치 활동
③ 끼임, 고립 등에 따른 위험제거 및 구출 활동
④ 단전사고 시 비상전원 또는 조명의 공급
⑤ 그 밖에 방치하면 급박해질 우려가 있는 위험을 예방하기 위한 활동

(2) 누구든지 정당한 사유 없이 출동하는 소방대의 생활안전활동을 방해하여서는 아니 된다.

8 소방신호

화재예방, 소방활동 또는 소방훈련을 위하여 사용되는 소방신호의 종류와 방법은 행정안전부령으로 정한다.

(1) 소방신호의 종류
① 경계신호 : 화재예방상 필요하다고 인정되거나 화재위험경보 시 발령
② 발화신호 : 화재가 발생한 때 발령
③ 해제신호 : 소화활동이 필요 없다고 인정되는 때 발령
④ 훈련신호 : 훈련상 필요하다고 인정되는 때 발령

(2) 소방신호의 방법
① 타종 및 싸이렌

	타종신호	싸이렌 신호
경계신호	1타와 연2타를 반복	5초 간격을 두고 30초씩 3회
발화신호	난타	5초 간격을 두고 5초씩 3회
해제신호	상당한 간격을 두고 1타씩 반복	1분간 1회
훈련신호	연3타 반복	10초 간격을 두고 1분씩 3회

② 그 밖의 신호

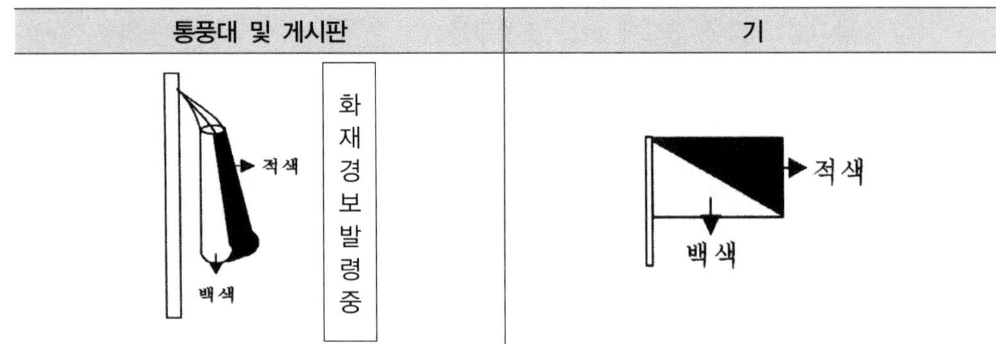

〈비고〉
• 소방신호의 방법은 그 전부 또는 일부를 함께 사용할 수 있다.
• 게시판을 철거하거나 통풍대 또는 기를 내리는 것으로 소방활동이 해제되었음을 알린다.
• 소방대의 비상소집을 하는 경우에는 훈련신호를 사용할 수 있다.

9 강제처분

(1) 소방본부장, 소방서장 또는 소방대장은 사람을 구출하거나 불이 번지는 것을 막기 위하여 필요할 때에는 화재가 발생하거나 불이 번질 우려가 있는 소방대상물 및 토지를 일시적으로 사용하거나 그 사용의 제한 또는 소방활동에 필요한 처분을 할 수 있다.

(2) 소방본부장, 소방서장 또는 소방대장은 사람을 구출하거나 불이 번지는 것을 막기 위하여 긴급하다고 인정할 때에는 소방대상물 또는 토지 외의 소방대상물과 토지에 처분을 할 수 있다.

(3) 소방본부장, 소방서장 또는 소방대장은 소방활동을 위하여 긴급하게 출동할 때에는 소방자동차의 통행과 소방활동에 방해가 되는 주차 또는 정차된 차량 및 물건 등을 제거하거나 이동시킬 수 있다.

(4) 소방본부장, 소방서장 또는 소방대장은 소방활동에 방해가 되는 주차 또는 정차된 차량의 제거나 이동을 위하여 관할 지방자치단체 등 관련 기관에 견인차량과 인력 등에 대한 지원을 요청할 수 있고, 요청을 받은 관련 기관의 장은 정당한 사유가 없으면 이에 협조하여야 한다.

(5) 시·도지사는 견인차량과 인력 등을 지원한 자에게 시·도의 조례로 정하는 바에 따라 비용을 지급할 수 있다.

CHAPTER

02 소방시설공사에 관한 사항

1 설계

소방시설공사에 기본이 되는 공사계획, 설계도면, 설계 설명서, 기술계산서 및 이와 관련된 서류(설계도)를 작성(설계)하는 영업을 하는 자가 한다.

(1) 전문소방시설 설계업

① 기술인력

㉠ 주된 기술인력 : 소방기술사 1명 이상

㉡ 보조기술인력 : 1명 이상

② 영업범위

모든 특정소방대상물에 설치되는 소방시설의 설계

(2) 일반 소방시설 설계업

① 기계분야

㉠ 기술인력

ⓐ 주된 기술인력 : 소방기술사 또는 기계분야 소방설비기사 1명 이상

ⓑ 보조기술인력 : 1명 이상

㉡ 영업범위

ⓐ 아파트에 설치되는 기계분야 소방시설(제연설비 제외)의 설계

ⓑ 연면적 3만m^2(공장 : 1만m^2) 미만의 특정소방대상물(제연설비 설치되는 특정소방대상물은 제외)에 설치되는 기계분야 소방시설의 설계

ⓒ 위험물제조소 등에 설치되는 기계분야 소방시설의 설계

② 전기분야

㉠ 기술인력

ⓐ 주된 기술인력 : 소방기술사 또는 전기분야 소방설비기사 1명 이상

ⓑ 보조기술인력 : 1명 이상

㉡ 영업범위

ⓐ 아파트에 설치되는 전기분야 소방시설의 설계

ⓑ 연면적 3만m^2 (공장의 경우에는 1만m^2) 미만의 특정소방대상물에 설치되는 전기분야 소방시설의 설계

ⓒ 위험물제조소 등에 설치되는 전기분야 소방시설의 설계

(3) 내진설계

지진이 발생할 경우 소방시설이 정상적으로 작동될 수 있도록 설계하여야 하는 소방시설은 옥내소화전설비, 스프링클러설비, 물분무등소화설비이다.

2 시공

설계도서에 따라 소방시설을 신설, 증설, 개설, 이전 및 정비(시공)하는 영업을 하는 자가 한다.

(1) 기술자 배치기준

소방기술자의 배치기준	소방시설공사 현장의 기준		
	아파트	특정소방대상물	기타
특급기술자(소방기술자) : 기계분야 및 전기분야	연면적 20만m^2 이상 (지하층 포함) 40층 이상	연면적 20만m^2 이상 (지하층 포함) 40층 이상	
고급기술자(소방기술자) : 기계분야 및 전기분야	(지하층 포함) 16층 이상	연 3만m^2 이상 (지하층 포함) 16층 이상	
중급기술자(소방기술자) : 기계분야 및 전기분야	연면적 1만m^2 이상	연면적 5천m^2 이상	물분무등소화설비 (호스릴 방식 제외) 또는 제연설비
초급기술자(소방기술자) : 기계분야 및 전기분야	연면적 1천m^2 이상	연면적 1천m^2 이상	지하구(地下溝)
자격수첩을 발급받은 소방기술자	연면적 1천m^2 미만	연면적 1천m^2 미만	

(2) 착공신고 대상

① 신설하는 공사 시 신고 대상

소화설비	경보설비	소화용수설비	소화활동설비
옥내소화전설비 (호스릴 포함) 옥외소화전설비 스프링클러설비등 물분무등소화설비	자동화재탐지설비 비상경보설비 비상방송설비 화재알림설비	소화용수설비	소화활동설비

* 스프링클러설비등 : 스프링클러설비 · 간이스프링클러설비(캐비닛형 간이스프링클러설비 포함) 및 화재조기진압용 스프링클러설비
* 물분무등소화설비 : 물분무소화설비 · 포소화설비 · 이산화탄소소화설비 · 할론소화설비 · 할로젠화합물 및 불활성 기체 소화설비 · 미분무소화설비 · 강화액소화설비 및 분말소화설비
* 소화활동설비 : 연결송수관설비, 연결살수설비, 제연설비, 연소방지설비, 비상콘센트설비, 무선통신보조설비 ⇒ 제연설비 중 기계가스설비공사업자가 공사하는 경우는 제외
* 「위험물안전관리법」 제2조 제1항 제6호에 따른 제조소등 제외
* 「다중이용업소의 안전관리에 관한 특별법」 제2조 제1항 제4호에 따른 다중이용업소에서의 소방시설공사 제외
* 「건설산업기본법 시행령」 별표 1에 따른 기계설비 · 가스공사업가 공사하는 경우는 제외
* 상 · 하수도설비공사업자가 공사하는 경우는 제외
* 「정보통신공사업법」에 따른 정보통신공사업자가 공사하는 경우는 제외

② 증설하는 공사 시 신고 대상

소화설비	경보설비	소화활동설비
옥내소화전설비 옥외소화전설비 스프링클러설비등의 방호·방수구역 물분무등소화설비의 방호·방수구역	자동화재탐지설비 또는 경계구역 화재알림설비의 경계구역	제연설비의 제연구역 연결살수설비의 살수구역 연결송수관설비의 송수구역 비상콘센트설비의 전용회로 연소방지설비의 살수구역

※ 제연설비의 제연구역 공사 중 기계가스설비공사업자가 공사하는 경우는 제외

③ 특정소방대상물에 설치된 소방시설 등을 구성하는 다음에 해당하는 것의 전부 또는 일부를 개설(改設), 이전(移轉) 또는 정비(整備)하는 공사
다만, 고장 또는 파손 등으로 인하여 작동시킬 수 없는 소방시설을 긴급히 교체하거나 보수하여야 하는 경우에는 신고하지 않을 수 있다.

㉠ 수신반(受信盤)

㉡ 소화펌프

㉢ 동력제어반

㉣ 감시제어반

(3) 하자보수

① 공사업자는 소방시설공사 결과 자동화재탐지설비 등 대통령령으로 정하는 소방시설에 하자가 있을 때에는 대통령령으로 정하는 기간 동안 그 하자를 보수하여야 한다.
하자보수 대상 소방시설과 하자보수 보증기간은 다음과 같다.

2년	3년
비상경보설비, 비상방송설비, 피난기구, 유도등, 비상조명등 및 무선통신보조설비	자동소화장치, 옥내소화전설비, 스프링클러설비등, 물분무등소화설비, 옥외소화전설비, 자동화재탐지설비, 화재알림설비, 소화용수설비 및 소화활동설비(무선통신보조설비는 제외)

② 관계인은 하자보수 기간에 소방시설의 하자가 발생하였을 때에는 공사업자에게 그 사실을 알려야 하며, 통보를 받은 공사업자는 3일 이내에 하자를 보수하거나 보수 일정을 기록한 하자보수계획을 관계인에게 서면으로 알려야 한다.

3 감리

소방시설공사에 관한 발주자의 권한을 대행하여 소방시설공사가 설계도서와 관계 법령에 따라 적법하게 시공되는지를 확인하고, 품질·시공 관리에 대한 기술지도(감리)를 하는 영업자가 한다.

(1) 상주공사감리

① 연면적 3만m^2 이상의 특정소방대상물(아파트 제외)에 대한 소방시설의 공사

② 지하층을 포함한 층수가 16층 이상으로서 500세대 이상인 아파트에 대한 소방시설의 공사

(2) 일반공사감리

상주 공사감리에 해당하지 않는 소방시설의 공사

(3) 감리원 배치기준

감리원 배치기준		소방시설공사 현장기준		
책임감리원	보조감리원	아파트	특정소방대상물	기타
특급감리원 중 소방기술사	초급감리원 (소방공사 감리원) : 기계분야·전기분야	• 연면적 20만m^2 • 40층 이상 (지하 포함)	• 연면적 20만m^2 • 40층 이상 (지하 포함)	
특급감리원 이상 (소방공사 감리원) : 기계분야·전기분야	초급감리원 (소방공사 감리원) : 기계분야·전기분야	16층 이상 ~ 40층 미만 (지하 포함)	• 연면적 3만 ~ 20만m^2 미만 • 16층 이상 ~ 40층 미만 (지하 포함)	
고급감리원 이상 (소방공사 감리원) : 기계분야·전기분야	초급감리원 (소방공사 감리원) : 기계분야·전기분야	연면적 3만 ~ 20만m^2 미만		• 물분무등소화설비(호스릴 제외) • 제연설비
중급감리원 이상(소방공사 감리원) : 기계분야·전기분야		연면적 5천 ~ 3만m^2 미만	연면적 5천 ~ 3만m^2 미만	
초급감리원 이상(소방공사 감리원) : 기계분야·전기분야		연면적 5천m^2 미만	연면적 5천m^2 미만	지하구

〈비고〉

- "책임감리원"이란 해당 공사 전반에 관한 감리업무를 총괄하는 사람을 말한다.
- "보조감리원"이란 책임감리원을 보좌하고 책임감리원의 지시를 받아 감리업무를 수행하는 사람을 말한다.
- 소방시설공사 현장의 연면적 합계가 20만 제곱미터 이상인 경우에는 20만 제곱미터를 초과하는 연면적에 대하여 10만 제곱미터(20만 제곱미터를 초과하는 연면적이 10만 제곱미터에 미달하는 경우에는 10만 제곱미터로 본다)마다 보조감리원 1명 이상을 추가로 배치해야 한다.
- 위 표에도 불구하고 상주 공사감리에 해당하지 않는 소방시설의 공사에는 보조감리원을 배치하지 않을 수 있다.
- 특정 공사 현장이 2개 이상의 공사 현장 기준에 해당하는 경우에는 해당 공사 현장 기준에 따라 배치해야 하는 감리원을 각각 배치하지 않고 그 중 상위 등급 이상의 감리원을 배치할 수 있다.

(4) 공사감리자를 지정해야 하는 소방시설공사

① 옥내소화전설비를 신설·개설 또는 증설할 때

② 스프링클러설비등(캐비닛형 간이스프링클러설비는 제외한다)을 신설·개설하거나 방호·방수 구역을 증설할 때

③ 물분무등소화설비(호스릴 방식의 소화설비는 제외한다)를 신설·개설하거나 방호·방수 구역을 증설할 때
④ 옥외소화전설비를 신설·개설 또는 증설할 때
⑤ 자동화재탐지설비를 신설 또는 개설할 때
⑥ 화재알림설비를 신설 또는 개설할 때
⑦ 비상방송설비를 신설 또는 개설할 때
⑧ 통합감시시설을 신설 또는 개설할 때
⑨ 소화용수설비를 신설 또는 개설할 때
⑩ 다음에 따른 소화활동설비에 대하여 시공을 할 때
㉠ 제연설비를 신설·개설하거나 제연구역을 증설할 때
㉡ 연소방지설비를 신설·개설하거나 살수구역을 증설할 때
㉢ 연결살수설비를 신설·개설하거나 송수구역을 증설할 때
㉣ 비상콘센트설비를 신설·개설하거나 전용회로를 증설할 때
㉤ 무선통신보조설비를 신설 또는 개설할 때
㉥ 연결송수관설비를 신설 또는 개설할 때

4 점검

(1) 소방시설 등에 대한 자체점검은 다음과 같이 구분한다.
① **작동점검** : 소방시설 등을 인위적으로 조작하여 정상적으로 작동하는지를 점검하는 것
② **종합점검** : 소방시설 등의 작동기능점검을 포함하여 소방시설 등의 설비별 주요 구성 부품의 구조기준이 법 제9조 제1항에 따라 소방청장이 정하여 고시하는 화재안전기준 및 「건축법」 등 관련 법령에서 정하는 기준에 적합한지 여부를 점검하는 것을 말한다.

(2) 작동점검은 다음의 구분에 따라 실시한다.
① 작동점검은 영 제5조에 따른 특정소방대상물을 대상으로 한다. 다만, 다음의 어느 하나에 해당하는 특정소방대상물은 제외한다.
㉠ 특정소방대상물 중 「화재의 예방 및 안전관리에 관한 법률」 제24조 제1항에 해당하지 않는 특정소방대상물(소방안전관리자를 선임하지 않는 대상을 말한다)
㉡ 「위험물안전관리법」 제2조 제6호에 따른 제조소 등
㉢ 「화재의 예방 및 안전관리에 관한 법률 시행령」 별표 4 제1호 가목의 특급소방안전관리대상물
② 작동점검은 다음의 분류에 따른 기술인력이 점검할 수 있다. 이 경우 별표 4에 따른 점검인력 배치기준을 준수해야 한다.
㉠ 간이스프링클러설비(주택전용 간이스프링클러설비는 제외한다) 또는 자동화재탐지설비가 설치된 특정소방대상물

ⓐ 관계인
ⓑ 관리업에 등록된 기술인력 중 소방시설관리사
ⓒ 「소방시설공사업법 시행규칙」 별표 4의2에 따른 특급점검자
ⓓ 소방안전관리자로 선임된 소방시설관리사 및 소방기술사

ⓛ '㉠'에 해당하지 않는 특정소방대상물
ⓐ 관리업에 등록된 소방시설관리사
ⓑ 소방안전관리자로 선임된 소방시설관리사 및 소방기술사

③ 작동점검은 연 1회 이상 실시한다.

④ 작동점검의 점검시기는 다음과 같다.
㉠ 종합점검대상 : 종합정밀점검을 받은 달부터 6개월이 되는 달에 실시
ⓛ '㉠'에 해당하지 않는 경우 특정소방대상물의 사용승인일이 속하는 달의 말일
ⓒ 건축물관리대장 또는 건물 등기사항증명서 등에 기입된 날이 서로 다른 경우에는 건축물 관리대장에 기재되어 있는 날을 기준

(3) 종합점검은 다음의 구분에 따라 실시한다.

① 종합점검은 다음의 어느 하나에 해당하는 특정소방대상물을 대상으로 한다.
㉠ 법 제22조 제1항 제1호(자체점검 대상)에 해당하는 특정소방대상물
ⓛ 스프링클러설비가 설치된 특정소방대상물
ⓒ 물분무등소화설비[호스릴(Hose Reel) 방식의 물분무등소화설비만을 설치한 경우는 제외]가 설치된 연면적 5,000m^2 이상인 특정소방대상물(위험물 제조소 등은 제외)
ⓔ 「다중이용업소의 안전관리에 관한 특별법 시행령」 제2조 제1호 나목, 같은 조 제2호(비디오물소극장업은 제외)ㆍ제6호ㆍ제7호ㆍ제7호의2 및 제7호의5의 다중이용업의 영업장이 설치된 특정소방대상물로서 연면적이 2,000m^2 이상인 것
ⓜ 제연설비가 설치된 터널
ⓗ 「공공기관의 소방안전관리에 관한 규정」 제2조에 따른 공공기관 중 연면적이 1,000m^2 이상인 것으로서 옥내소화전설비 또는 자동화재탐지설비가 설치된 것. 다만, 「소방기본법」 제2조 제5호에 따른 소대가 근무하는 공공기관은 제외한다.

② 종합점검은 다음 어느 하나에 해당하는 기술인력이 점검할 수 있다. 이 경우 별표 4에 따른 점검 인력 배치기준을 준수해야 한다.
㉠ 관리업에 등록된 소방시설관리사
ⓛ 소방안전관리자로 선임된 소방시설관리사 및 소방기술사

③ 종합점검의 점검횟수는 다음과 같다.
㉠ 연 1회 이상(특급 특정소방대상물의 경우에는 반기에 1회 이상) 실시한다.
ⓛ '㉠'에도 불구하고 소방본부장 또는 소방서장은 소방청장이 소방안전관리가 우수하다고

인정한 특정소방대상물에 대해서는 3년의 범위에서 소방청장이 고시하거나 정한 기간 동안 종합점검을 면제할 수 있다. 다만, 면제기간 중 화재가 발생한 경우는 제외한다.

④ 종합점검의 점검 시기

㉠ 자체점검 대상에 해당하는 특정소방대상물은 「건축법」 제22조에 따라 건축물을 사용할 수 있게 된 날부터 60일 이내 실시한다.

㉡ '㉠'을 제외한 특정소방대상물은 건축물의 사용승인일이 속하는 달에 실시한다. 다만, 「공공기관의 안전관리에 관한 규정」에 따른 학교의 경우에는 해당건축물의 사용승인일이 1월에서 6월 사이에 있는 경우에는 6월 30일까지 실시할 수 있다.

㉢ 건축물 사용승인일 이후 다중이용업소 자체점검 대상에 따라 종합점검 대상에 해당하게 된 경우에는 그 다음 해부터 실시한다.

㉣ 하나의 대지경계선 안에 2개 이상의 자체점검 대상 건축물 등이 있는 경우에는 그 건축물 중 사용승인일이 가장 빠른 연도의 건축물의 사용승인일을 기준으로 점검할 수 있다.

CHAPTER

03 위험물안전관리

01 절 위험물의 관리

1 위험물의 정의

인화성 또는 발화성 등의 성질을 가지는 것으로서 대통령령이 정하는 물품을 말한다.

※ 제1류 ～ 제6류 위험물을 말한다.

2 혼합 · 혼촉위험물질

(1) 산화성 물질과 환원성 물질

(2) 산화성 염류와 강산의 혼촉

(3) 불안정한 물질을 만드는 물질의 혼합 · 혼촉

① 암모니아 + 염소산칼륨 → 질산암모늄

② 하이드라진 + 아염소산나트륨 → 질화나트륨

③ 아세트알데하이드 + 산소 → 과초산(유기과산화물)

④ 암모니아 + 할로젠원소 → 할로젠화질소

⑤ 하이드라진 + 아질산염류 → 질화수소산

3 혼합 · 혼촉발화방지방법

(1) 산화제와 환원제, 가연물 등은 동일 실내에 저장하지 않아야 한다.

(2) 혼합 · 혼촉 방지 대상물질 : 제1류 · 제6류 위험물과 제2류 · 제3류 · 제4류 · 제5류 위험물과 혼합 · 혼촉은 피하여야 한다.

4 위험물안전관리자

(1) 안전관리자

① 위험물안전관리자로 선임할 수 있는 위험물취급자격자

㉠ 모든 위험물(제1류 위험물 ～ 제6류 위험물) : 위험물관리기능장, 위험물관리산업기사

㉡ 모든 위험물(제1류 위험물 ～ 제6류 위험물) 중 국가기술자격증에 기재된 류의 위험물 : 위험물관리기능사

㉢ 제4류 위험물 : 안전관리교육 이수자 및 소방공무원으로 근무한 경력이 3년 이상인 자

② 제조소 등의 종류 및 규모에 따라 선임하여야 하는 안전관리자의 자격

㉠ 위험물의 종류에 따른 안전관리자

위험물취급자격자의 구분	취급할 수 있는 위험물
1. 「국가기술자격법」에 따라 위험물기능장, 위험물산업기사, 위험물기능사의 자격을 취득한 사람	산화성 고체, 가연성 고체, 자연발화성 물질 및 금수성 물질, 인화성 액체, 자기반응성 물질, 산화성 액체
2. 안전관리자교육이수자(소방청장이 실시하는 안전관리자교육을 이수한 자를 말한다)	특수인화물, 제1석유류, 알코올류, 제2석유류, 제3석유류, 제4석유류, 동식물류
3. 소방공무원 경력자(소방공무원으로 근무한 경력이 3년 이상인 자를 말한다)	특수인화물, 제1석유류, 알코올류, 제2석유류, 제3석유류, 제4석유류, 동식물류

㉡ 제조소에 선임할 수 있는 안전관리자

제조소의 종류 및 규모	안전관리자의 자격
1. 제4류 위험물만을 취급하는 것으로서 지정수량 5배 이하의 것	위험물기능장, 위험물산업기사, 위험물기능사, 안전관리자교육이수자 또는 소방공무원경력자
2. 제1호에 해당하지 아니하는 것	위험물기능장, 위험물산업기사 또는 2년 이상의 실무경력이 있는 위험물기능사

㉢ 저장소에 선임할 수 있는 안전관리자

<table>
<tr><th colspan="2">저장소의 종류 및 규모</th><th>안전관리자의 자격</th></tr>
<tr><td>1. 옥내저장소</td><td>제4류 위험물 중 알코올류・제2석유류・제3석유류・제4석유류・동식물유류만을 저장하는 것으로서 지정수량 40배 이하의 것</td><td rowspan="7">위험물기능장, 위험물산업기사, 위험물기능사, 안전관리자교육이수자 또는 소방공무원경력자</td></tr>
<tr><td rowspan="2">2. 옥외탱크저장소</td><td>제4류 위험물만 저장하는 것으로서 지정수량 5배 이하의 것</td></tr>
<tr><td>제4류 위험물 중 제2석유류・제3석유류・제4석유류・동식물유류만을 저장하는 것으로서 지정수량 40배 이하의 것</td></tr>
<tr><td rowspan="2">3. 옥내탱크저장소</td><td>제4류 위험물만을 저장하는 것으로서 지정수량 5배 이하의 것</td></tr>
<tr><td>제4류 위험물 중 제2석유류・제3석유류・제4석유류・동식물유류만을 저장하는 것</td></tr>
<tr><td rowspan="2">4. 지하탱크저장소</td><td>제4류 위험물만을 저장하는 것으로서 지정수량 40배 이하의 것</td></tr>
<tr><td>제4류 위험물 중 제1석유류・알코올류・제2석유류・제3석유류・제4석유류・동식물유류만을 저장하는 것으로서 지정수량 250배 이하의 것</td></tr>
</table>

5. 간이탱크저장소로서 제4류 위험물만을 저장하는 것	
6. 옥외저장소 중 제4류 위험물만을 저장하는 것으로서 지정수량의 40배 이하의 것	
7. 보일러, 버너 그 밖에 이와 유사한 장치에 공급하기 위한 위험물을 저장하는 탱크저장소	
8. 선박주유취급소, 철도주유취급소 또는 항공기주유취급소의 고정주유설비에 공급하기 위한 위험물을 저장하는 탱크저장소로서 지정수량의 250배(제1석유류의 경우에는 지정수량의 100배)이하의 것	
9. 제1호 내지 제8호에 해당하지 아니하는 저장소	위험물기능장, 위험물산업기사 또는 2년 이상의 실무경력이 있는 위험물기능사

㉣ 취급소에 선임할 수 있는 안전관리자

취급소의 종류 및 규모		안전관리자의 자격
1. 주유취급소		
2. 판매취급소	제4류 위험물만을 취급하는 것으로서 지정수량 5배 이하의 것	
	제4류 위험물 중 제1석유류·알코올류·제2석유류·제3석유류·제4석유류·동식물유류만을 취급하는 것	
3. 제4류 위험물 중 제1류 석유류·알코올류·제2석유류·제3석유류·제4석유류·동식물유류만을 지정수량 50배 이하로 취급하는 일반취급소(제1석유류·알코올류의 취급량이 지정수량의 10배 이하인 경우에 한한다)로서 다음 각목의 어느 하나에 해당하는 것 가. 보일러, 버너 그 밖에 이와 유사한 장치에 의하여 위험물을 소비하는 것 나. 위험물을 용기 또는 차량에 고정된 탱크에 주입하는 것		위험물기능장, 위험물산업기사, 위험물기능사, 안전관리자교육이수자 또는 소방공무원경력자
4. 제4류 위험물만을 취급하는 일반취급소로서 지정수량 10배 이하의 것		
5. 제4류 위험물 중 제2석유류·제3석유류·제4석유류·동식물유류만을 취급하는 일반취급소로서 지정수량 20배 이하의 것		
6. 「농어촌 전기공급사업 촉진법」에 따라 설치된 자가발전시설에 사용되는 위험물을 취급하는 일반취급소		
7. 제1호 내지 제6호에 해당하지 아니하는 취급소		위험물기능장, 위험물산업기사 또는 2년 이상의 실무경력이 있는 위험물기능사

③ 안전관리자의 책무
㉠ 해당 작업자에 대하여 지시 및 감독하는 업무
㉡ 재난 발생 시 응급조치 및 소방관서 등에 대한 연락업무
㉢ 위험물 시설의 안전을 담당하는 자의 규정에 의한 업무
ⓐ 제조소 설비의 유지를 위한 점검과 점검상황의 기록・보존
ⓑ 제조소 등의 구조 또는 설비의 이상을 발견한 경우 관계자에 대한 연락 및 응급조치
ⓒ 화재가 발생하거나 화재발생의 위험성이 현저한 경우 소방관서 등에 대한 연락 및 응급조치
ⓓ 각종 장치의 적정한 유지・관리
ⓔ 제조소의 관련 설계도서 등의 정비・보존 및 제조소 등의 구조 및 설비의 안전에 관한 사무의 관리
㉣ 시설의 관계자와 협조체제의 유지
㉤ 위험물의 취급에 관한 일지의 작성・기록
㉥ 안전에 관하여 필요한 감독의 수행
④ 1인의 안전관리자를 중복하여 선임할 수 있는 저장소 등
㉠ 10개 이하의 옥내저장소
㉡ 30개 이하의 옥외탱크저장소
㉢ 옥내탱크저장소
㉣ 지하탱크저장소
㉤ 간이탱크저장소
㉥ 10개 이하의 옥외저장소
㉦ 10개 이하의 암반탱크저장소

(2) 저장소 및 취급소 구분
① 저장소
㉠ 옥내저장소
㉡ 옥외탱크저장소
㉢ 옥내탱크저장소
㉣ 지하탱크저장소
㉤ 간이탱크저장소
㉥ 이동탱크저장소
㉦ 옥외저장소: 다음에 해당하는 위험물을 저장하는 장소(옥외에 있는 탱크 제외)
ⓐ 제2류 위험물: 황 또는 인화성 고체(인화점이 0℃ 이상인 것)
ⓑ 제4류 위험물 중 제1석유류(인화점이 0℃ 이상인 것)・알코올류・제2석유류・제3석유류・제4석유류 및 동식물유류

ⓒ 제6류 위험물
ⓓ 제2류·제4류 및 제6류 위험물 중 특별시·광역시 또는 도의 조례에서 정하는 위험물(「관세법」 제154조의 규정에 의한 보세구역안에 저장하는 경우에 한정)
ⓔ 「국제해사기구에 관한 협약」에 의하여 설치된 국제해사기구가 채택한 「국제해상위험물규칙」(IMDG Code)에 적합한 용기에 수납된 위험물

ⓞ 암반탱크저장소

② 취급소
㉠ 주유취급소 : 고정된 주유설비로 연료탱크에 직접 주유하기 위하여 위험물을 취급하는 장소
㉡ 판매취급소 : 위험물을 용기에 담아 판매하기 위하여 지정수량의 40배 이하의 위험물을 취급하는 장소
㉢ 이송취급소
㉣ 일반취급소

(3) 예방규정

① 관계인이 예방규정을 정하여야 하는 제조소 등
㉠ 지정수량의 10배 이상의 위험물을 취급하는 제조소
㉡ 지정수량의 100배 이상의 위험물을 저장하는 옥외저장소
㉢ 지정수량의 150배 이상의 위험물을 저장하는 옥내저장소
㉣ 지정수량의 200배 이상의 위험물을 저장하는 옥외탱크저장소
㉤ 암반탱크저장소
㉥ 이송취급소
㉦ 10배 이상의 위험물을 취급하는 일반취급소, 인화점이 40℃ 이상인 제4류 위험물만을 지정수량의 40배 이하로 취급하는 일반취급소

② 관계인의 예방규정 작성 시 포함사항
㉠ 직무 및 조직에 관한 사항
㉡ 그 직무의 대리자에 관한 사항
㉢ 자체소방대의 편성과 화학소방자동차의 배치에 관한 사항
㉣ 안전교육 및 안전순찰에 관한 사항
㉤ 관련시설에 대한 점검 및 정비에 관한 사항
㉥ 위험물시설의 운전 또는 조작에 관한 사항
㉦ 위험물 취급작업의 기준에 관한 사항
㉧ 배관공사 현장에 대한 감독체제에 관한 사항과 배관의 안전 확보에 관한 사항
㉨ 비상시의 경우에 취하여야 하는 조치에 관한 사항

㉧ 위험물의 안전에 관한 기록에 관한 사항
㉨ 서류와 도면의 정비에 관한 사항

(4) 정기점검 및 정기검사

① 정기점검 대상인 제조소 등
㉠ 관계인이 예방규정을 정하여야 하는 제조소 등
㉡ 지하탱크저장소 및 이동탱크저장소
㉢ 위험물을 취급하는 탱크로서 지하에 매설된 탱크가 있는 제조소 · 주유취급소 또는 일반취급소

② 정기점검의 횟수
연 1회 이상 정기점검을 실시한다.

③ 정기점검의 기록 · 유지
㉠ 제조소 등의 관계인은 정기점검 후 다음의 사항을 기록한다.
ⓐ 점검을 실시한 제조소 등의 명칭
ⓑ 점검의 방법 및 결과, 점검연월일
ⓒ 점검을 한 안전관리자 또는 점검을 한 탱크시험자와 점검에 입회한 안전관리자의 성명
㉡ 정기점검기록은 다음의 구분에 의한 기간 동안 이를 보존한다.
ⓐ 옥외저장탱크의 구조안전점검에 관한 기록 : 25년
ⓑ 위에 해당하지 아니하는 정기점검의 기록 : 3년

④ 정기검사 대상인 제조소 등
액체위험물을 저장 또는 취급하는 50만리터 이상의 특정 · 준특정 옥외탱크저장소

⑤ 정기검사의 시기
㉠ 정밀정기검사 : 다음의 어느 하나에 해당하는 기간 내에 1회
ⓐ 특정 · 준특정옥외탱크저장소의 설치허가에 따른 완공검사합격확인증을 발급받은 날부터 12년
ⓑ 최근의 정밀정기검사를 받은 날부터 11년
㉡ 중간정기검사 : 다음의 어느 하나에 해당하는 기간 내에 1회
ⓐ 특정 · 준특정옥외탱크저장소의 설치허가에 따른 완공검사합격확인증을 발급받은 날부터 4년
ⓑ 최근의 정밀정기검사 또는 중간정기검사를 받은 날부터 4년

02 절 위험물안전관리법 시행규칙 세부표 요약 정리

✓Check 위험물안전관리법 용어정리

(1) 안전거리 : 위험물 시설과 방호 대상물 사이 외벽 간 수평거리
(2) 보유 공지 : 위험물 시설 또는 그 구성 부분에 확보해야 할 절대공간
(3) 안전 거리 및 보유 공지 규제 대상 제조소 등
① 제조소
② 저장소 : 옥내저장소, 옥외저장소, 옥외탱크저장소
③ 일반취급소

※ 주유취급소의 경우 주유공지 및 급유공지로 규정하며, 판매취급소는 적용 제외 대상이다.

1 제조소의 위치 · 구조 및 설비의 기준

"제조소"라 함은 위험물을 제조할 목적으로 지정수량 이상의 위험물을 취급하기 위하여 허가를 받은 장소를 말한다.

(1) 제조소의 안전거리

안전거리	대상물
50m 이상	지정문화유산, 천연기념물
30m 이상	학교, 병원급 의료기관, 3백명 이상의 인원을 수용하는 영화상영관 및 유사 시설, 아동복지시설 · 노인복지시설 · 장애인복지시설 · 한부모가족복지시설 · 어린이집 · 성매매피해자 등을 위한 지원시설 · 정신건강증진시설 · 가족폭력 복지시설 및 이와 유사시설로 20명 이상의 인원을 수용한 곳
20m 이상	고압가스, 액화석유가스 또는 도시가스를 저장 또는 취급하는 시설 중 고압가스제조시설, 고압가스저장시설, 액화산소를 소비하는 시설, 액화석유가스제조시설 및 액화석유가스저장시설, 가스공급시설
10m 이상	주거용으로 사용되는 것(제조소가 설치된 부지 내에 있는 것은 제외)
5m 이상	사용전압이 35,000V를 초과하는 특고압가공전선
3m 이상	사용전압이 7,000V 초과 35,000V 이하의 특고압가공전선

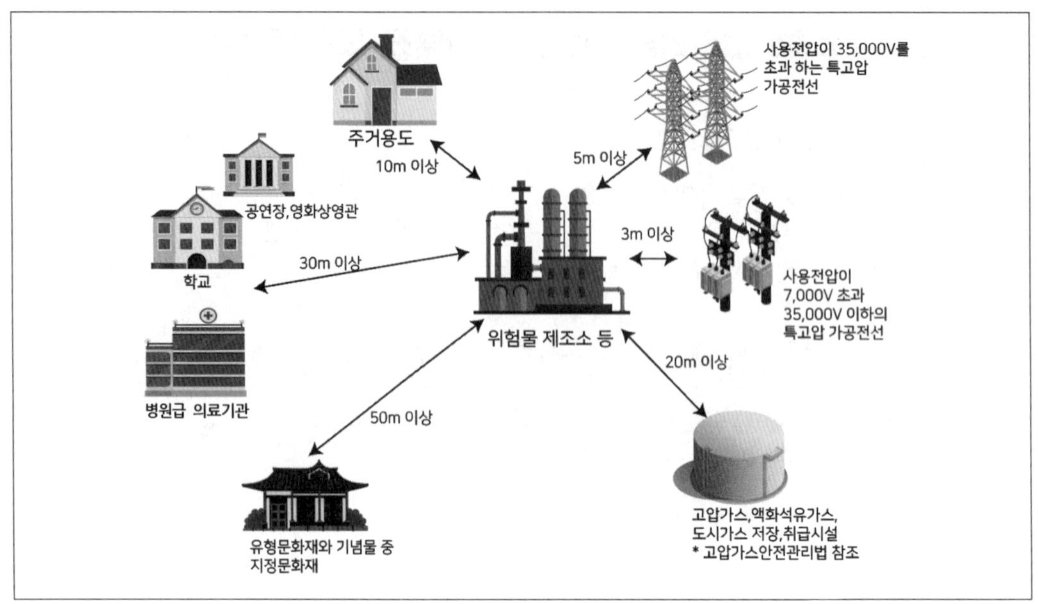

(2) 보유공지

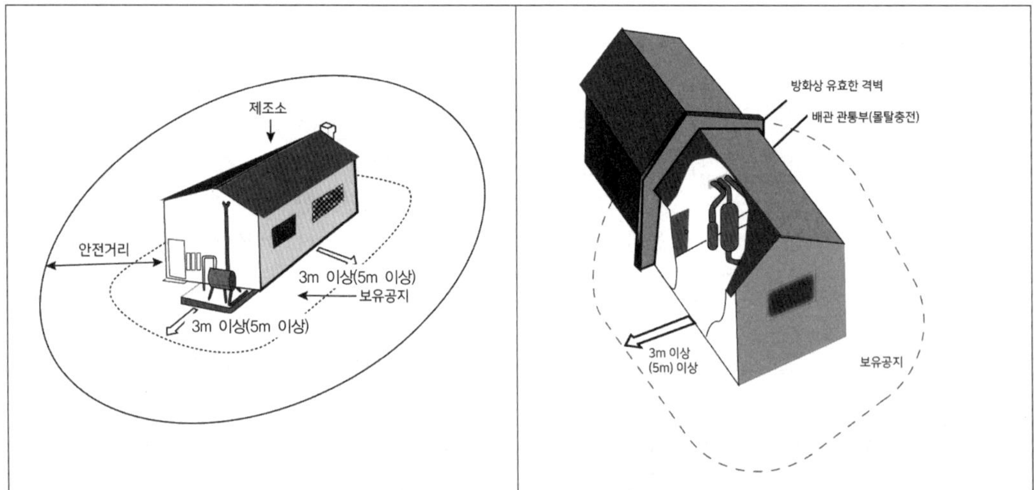

※ 보유공지 : 위험물 시설 또는 그 구성 부분에 확보해야 할 절대공간

취급하는 위험물의 최대수량	공지의 너비
지정수량의 10배 이하	3m 이상
지정수량의 10배 초과	5m 이상

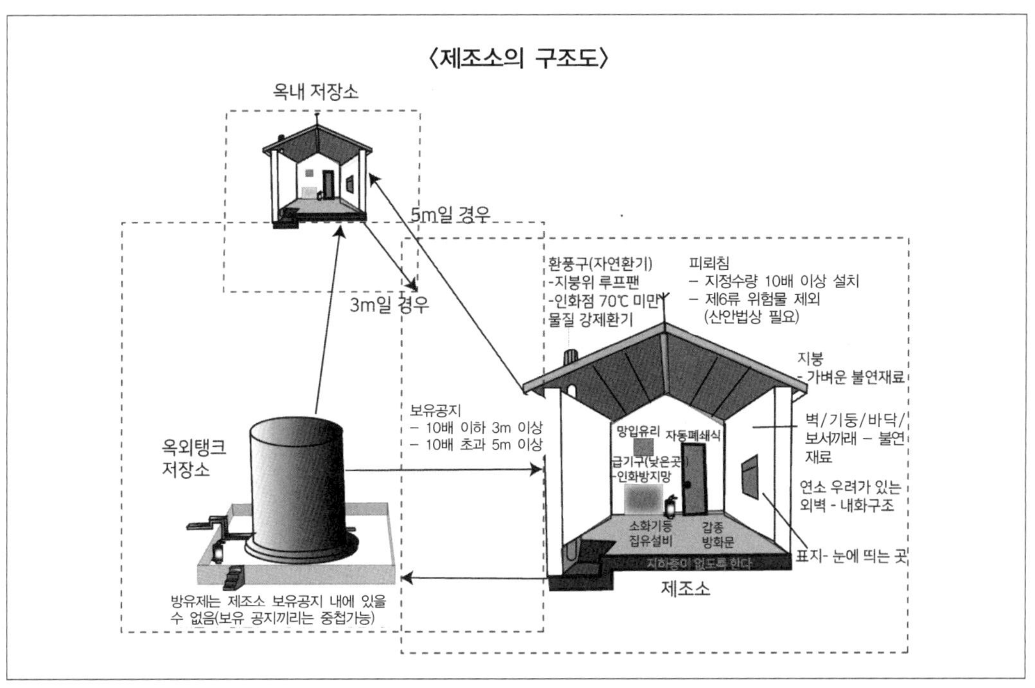

〈제조소의 구조도〉

(3) 표지 및 게시판

① 제조소에는 보기 쉬운 곳에 "위험물 제조소"라는 표시를 한 표지 설치

㉠ 표지는 한 변의 길이가 0.3m 이상, 다른 한 변의 길이가 0.6m 이상인 직사각형으로 할 것

㉡ 표지의 바탕은 백색으로, 문자는 흑색으로 할 것

② 제조소에는 보기 쉬운 곳에 방화에 관하여 필요한 사항을 게시한 게시판을 설치

㉠ 게시판은 한 변의 길이가 0.3m 이상, 다른 한 변의 길이가 0.6m 이상인 직사각형으로 할 것

㉡ 게시판에는 저장 또는 취급하는 위험물의 유별·품명 및 저장최대수량 또는 취급최대수량, 지정수량의 배수 및 안전관리자의 성명 또는 직명을 기재할 것

㉢ 게시판의 바탕은 백색으로, 문자는 흑색으로 할 것

㉣ 게시판 설치 시 주의 사항

ⓐ 제1류 위험물 중 알칼리금속의 과산화물과 이를 함유한 것 또는 제3류 위험물 중 금수성 물질에 있어서는 "물기엄금"

ⓑ 제2류 위험물(인화성 고체를 제외한다)에 있어서는 "화기주의"

ⓒ 제2류 위험물 중 인화성 고체, 제3류 위험물 중 자연발화성 물질, 제4류 위험물 또는 제5류 위험물에 있어서는 "화기엄금"

ⓓ 게시판의 색은 "물기엄금"을 표시하는 것에 있어서는 청색바탕에 백색문자로, "화기주의" 또는 "화기엄금"을 표시하는 것에 있어서는 적색바탕에 백색문자로 할 것

③ 위험물 운반 시 운반용기의 외부 표시사항

㉠ 위험물의 품명, 수량 등을 표시하여 적재하여야 함(다만, UN의 위험물 운송에 관한 권고에서 정한 기준 또는 소방청장이 정하여 고시하는 기준에 적합한 표시를 한 경우에는 그러하지 아니하다)

㉡ 위험물의 품명 · 위험등급 · 화학명 및 수용성("수용성" 표시는 제4류 위험물로서 수용성인 것에 한한다)

㉢ 위험물의 수량

㉣ 수납하는 위험물에 따라 다음의 규정에 의한 주의사항

ⓐ 제1류 위험물 중 알칼리금속의 과산화물 또는 이를 함유한 것에 있어서는 "화기 · 충격주의", "물기엄금" 및 "가연물접촉주의", 그 밖의 것에 있어서는 "화기 · 충격주의" 및 "가연물접촉주의"

ⓑ 제2류 위험물 중 철분 · 금속분 · 마그네슘 또는 이들 중 어느 하나 이상을 함유한 것에 있어서는 "화기주의" 및 "물기엄금", 인화성 고체에 있어서는 "화기엄금", 그 밖의 것에 있어서는 "화기주의"

ⓒ 제3류 위험물 중 자연발화성 물질에 있어서는 "화기엄금" 및 "공기접촉엄금", 금수성 물질에 있어서는 "물기엄금"

ⓓ 제4류 위험물에 있어서는 "화기엄금"

ⓔ 제5류 위험물에 있어서는 "화기엄금" 및 "충격주의"

ⓕ 제6류 위험물에 있어서는 "가연물접촉주의"

④ 주유취급소의 표지 및 게시판

㉠ 주유취급소에는 표지는 한 변의 길이가 0.3m 이상, 다른 한 변의 길이가 0.6m 이상인 직사각형, 표지의 바탕은 백색으로, 문자는 흑색으로 보기 쉬운 곳에 "위험물 주유취급소"라는 표시를 한 표시

㉡ 황색바탕에 흑색문자로 "주유 중 엔진정지"라는 표시를 한 게시판을 설치

ⓐ 게시판은 한 변의 길이가 0.3m 이상, 다른 한 변의 길이가 0.6m 이상인 직사각형으로 할 것

ⓑ 게시판에는 저장 또는 취급하는 위험물의 유별 · 품명 및 저장최대수량 또는 취급최대수량, 지정수량의 배수 및 안전관리자의 성명 또는 직명을 기재할 것

(4) 건축물의 구조

① 지하층이 없도록 하여야 한다. 단, 새어나온 위험물 또는 가연성의 증기가 흘러 들어갈 우려가 없는 구조로 된 경우는 제외한다.

② 벽 · 기둥 · 바닥 · 보 · 서까래 및 계단을 불연재료로 하고, 연소(延燒)의 우려가 있는 외벽(소방청장이 정하여 고시하는 것에 한한다)은 출입구 외의 개구부가 없는 내화구조의 벽으로 하여야 한다. 이 경우 제6류 위험물을 취급하는 건축물에 있어서 위험물이 스며들 우려가

있는 부분에 대하여는 아스팔트 그 밖에 부식되지 아니하는 재료로 피복하여야 한다.

③ 지붕(작업공정상 제조기계시설 등이 2층 이상에 연결되어 설치된 경우에는 최상층의 지붕을 말한다)은 폭발력이 위로 방출될 정도의 가벼운 불연재료로 덮어야 한다. 다만, 위험물을 취급하는 건축물이 다음에 해당하는 경우에는 그 지붕을 내화구조로 할 수 있다.
  ㉠ 제2류 위험물(분상의 것과 인화성 고체 제외), 제4류 위험물 중 제4석유류・동식물유류 또는 제6류 위험물을 취급하는 건축물인 경우
  ㉡ 다음의 기준에 적합한 밀폐형 구조의 건축물인 경우
    ⓐ 발생할 수 있는 내부의 과압(過壓) 또는 부압(負壓)에 견딜 수 있는 철근콘크리트조일 것
    ⓑ 외부화재에 90분 이상 견딜 수 있는 구조일 것

④ 출입구와 「산업안전보건기준에 관한 규칙」 제17조에 따라 설치하여야 하는 비상구에는 60+ 방화문・60분 방화문 또는 30분 방화문을 설치하되, 연소의 우려가 있는 외벽에 설치하는 출입구에는 수시로 열 수 있는 자동폐쇄식의 60+ 방화문・60분 방화문을 설치하여야 한다.

⑤ 위험물을 취급하는 건축물의 창 및 출입구에 유리를 이용하는 경우에는 망입유리로 하여야 한다.

⑥ 액체의 위험물을 취급하는 건축물의 바닥은 위험물이 스며들지 못하는 재료를 사용하고, 적당한 경사를 두어 그 최저부에 집유설비를 하여야 한다.

(5) 채광・조명 및 환기설비

① 채광설비는 불연재료로 하고, 연소의 우려가 없는 장소에 설치하되 채광면적을 최소로 할 것

② 조명설비
  ㉠ 가연성 가스 등이 체류할 우려가 있는 장소의 조명등은 방폭등으로 할 것
  ㉡ 전선은 내화・내열전선으로 할 것
  ㉢ 점멸스위치는 출입구 바깥부분에 설치할 것(다만, 스위치의 스파크로 인한 화재・폭발의 우려가 없을 경우에는 그러하지 아니하다)

③ 환기설비
  ㉠ 환기는 자연배기방식으로 할 것
  ㉡ 급기구는 당해 급기구가 설치된 실의 바닥면적 150m^2마다 1개 이상으로 하되, 급기구의 크기는 800cm^2 이상으로 할 것(다만 바닥면적이 150m^2 미만인 경우에는 다음의 크기로 한다)

바닥면적	급기구의 면적
60m^2 미만	150cm^2 이상
60m^2 이상 90m^2 미만	300cm^2 이상
90m^2 이상 120m^2 미만	450cm^2 이상
120m^2 이상 150m^2 미만	600cm^2 이상

  ㉢ 급기구는 낮은 곳에 설치하고 가는 눈의 구리망 등으로 인화방지망을 설치할 것

㉣ 환기구는 지붕위 또는 지상 2m 이상의 높이에 회전식 고정벤티레이터 또는 루프팬방식으로 설치할 것

※ 배출설비가 설치되어 유효하게 환기가 되는 건축물에는 환기설비를 하지 아니할 수 있고, 조명설비가 설치되어 유효하게 조도가 확보되는 건축물에는 채광설비를 하지 아니할 수 있다.

(6) 배출설비

가연성의 증기 또는 미분이 체류할 우려가 있는 건축물에는 그 증기 또는 미분을 옥외의 높은 곳으로 배출할 수 있도록 다음의 기준에 의하여 배출설비를 설치하여야 한다.

① 배출설비는 국소방식으로 하여야 한다. 다만, 다음에 해당하는 경우에는 전역방식으로 할 수 있다.

㉠ 위험물취급설비가 배관이음 등으로만 된 경우

㉡ 건축물의 구조·작업장소의 분포 등의 조건에 의하여 전역방식이 유효한 경우

② 배출설비는 배풍기(오염된 공기를 뽑아내는 통풍기)·배출 덕트(공기 배출통로)·후드 등을 이용하여 강제적으로 배출하는 것으로 해야 한다.

③ 배출능력은 1시간당 배출장소 용적의 20배 이상인 것으로 하여야 한다. 다만, 전역방식의 경우에는 바닥면적 $1m^2$당 $18m^3$ 이상으로 할 수 있다.

④ 배출설비의 급기구 및 배출구는 다음의 기준에 의하여야 한다.

㉠ 급기구는 높은 곳에 설치하고, 가는 눈의 구리망 등으로 인화방지망을 설치할 것

㉡ 배출구는 지상 2m 이상으로서 연소의 우려가 없는 장소에 설치하고, 배출 덕트가 관통하는 벽부분의 바로 가까이에 화재 시 자동으로 폐쇄되는 방화댐퍼(화재 시 연기 등을 차단하는 장치)를 설치할 것

⑤ 배풍기는 강제배기방식으로 하고, 옥내 덕트의 내압이 대기압 이상이 되지 아니하는 위치에 설치하여야 한다.

(7) 옥외 설비의 바닥

① 바닥의 둘레에 높이 0.15m 이상의 턱을 설치하는 등 위험물이 외부로 흘러나가지 아니하도록 하여야 한다.

② 바닥은 콘크리트 등 위험물이 스며들지 아니하는 재료로 하고, 턱이 있는 쪽이 낮게 경사지게 하여야 한다.

③ 바닥의 최저부에 집유설비를 하여야 한다.

④ 위험물(온도 20℃의 물 100g에 용해되는 양이 1g 미만인 것에 한한다)을 취급하는 설비에 있어서는 당해 위험물이 직접 배수구에 흘러들어가지 아니하도록 집유설비에 유분리장치를 설치하여야 한다.

(8) 기타설비

① 위험물의 누출·비산방지

위험물을 취급하는 기계·기구 그 밖의 설비는 위험물이 새거나 넘치거나 비산(飛散)하는

것을 방지할 수 있는 구조로 하여야 한다. 다만, 당해 설비에 위험물의 누출 등으로 인한 재해를 방지할 수 있는 부대설비(되돌림관·수막 등)를 한 때에는 그러하지 아니하다.

② 가열·냉각설비 등의 온도측정장치

위험물을 가열하거나 냉각하는 설비 또는 위험물의 취급에 수반하여 온도변화가 생기는 설비에는 온도측정장치를 설치하여야 한다.

③ 가열건조설비

위험물을 가열 또는 건조하는 설비는 직접 불을 사용하지 아니하는 구조로 하여야 한다. 다만, 당해 설비가 방화상 안전한 장소에 설치되어 있거나 화재를 방지할 수 있는 부대설비를 한 때에는 그러하지 아니하다.

④ 압력계 및 안전장치

위험물을 가압하는 설비 또는 그 취급하는 위험물의 압력이 상승할 우려가 있는 설비에는 압력계 및 다음에 해당하는 안전장치를 설치하여야 한다. 다만, 'ㄹ' 파괴판은 위험물의 성질에 따라 안전밸브의 작동이 곤란한 가압설비에 한한다.

㉠ 자동적으로 압력의 상승을 정지시키는 장치
㉡ 감압측에 안전밸브를 부착한 감압밸브
㉢ 안전밸브를 겸하는 경보장치
㉣ 파괴판

⑤ 전기설비

제조소에 설치하는 전기설비는 「전기사업법」에 의한 전기설비기술기준에 의하여야 한다.

⑥ 정전기 제거설비

위험물을 취급함에 있어서 정전기가 발생할 우려가 있는 설비에는 다음에 해당하는 방법으로 정전기를 유효하게 제거할 수 있는 설비를 설치하여야 한다.

㉠ 접지에 의한 방법
㉡ 공기 중의 상대습도를 70% 이상으로 하는 방법
㉢ 공기를 이온화하는 방법

⑦ 피뢰설비

지정수량의 10배 이상의 위험물을 취급하는 제조소(제6류 위험물을 취급하는 위험물제조소를 제외한다)에는 피뢰침(「산업표준화법」 제12조에 따른 한국산업표준 중 피뢰설비 표준에 적합한 것을 말한다. 이하 같다)을 설치하여야 한다. 다만, 제조소의 주위의 상황에 따라 안전상 지장이 없는 경우에는 피뢰침을 설치하지 아니할 수 있다.

⑧ 전동기 등

전동기 및 위험물을 취급하는 설비의 펌프·밸브·스위치 등은 화재예방상 지장이 없는 위치에 부착하여야 한다.

2 위험물의 취급소

(1) 위험물취급소의 정의

취급소라 함은 지정수량 이상의 위험물을 제조 외의 목적으로 취급하기 위한 대통령령이 정하는 장소로서 허가를 받은 장소를 말한다.

(2) 위험물취급소의 구분

① 주유취급소

고정된 주유설비에 의하여 자동차・항공기 또는 선박 등의 연료탱크에 직접 주유하기 위하여 위험물을 취급하는 장소

② 판매취급소

점포에서 위험물을 용기에 담아 판매하기 위하여 지정수량의 40배 이하의 위험물을 취급하는 장소

③ 이송취급소

배관 및 이에 부속된 설비에 의하여 위험물을 이송하는 장소

④ 일반취급소

'①' ~ '③' 외의 장소에서 위험물을 취급하는 장소

(3) 주유취급소(위험물안전관리법 시행규칙 제37조 관련)의 주유공지 및 급유공지

① 주유취급소의 주유공지

주유취급소의 고정주유설비(펌프기기 및 호스기기로 되어 위험물을 자동차 등에 직접 주유하기 위한 설비로서 현수식의 것을 포함한다)의 주위에는 주유를 받으려는 자동차 등이 출입할 수 있도록 너비 15m 이상, 길이 6m 이상의 콘크리트 등으로 포장한 공지를 보유하여야 한다.

② 주유취급소의 급유공지

고정급유설비(펌프기기 및 호스기기로 되어 위험물을 용기에 옮겨 담거나 이동저장탱크에 주입하기 위한 설비로서 현수식의 것을 포함한다)를 설치하는 경우에는 고정급유설비의 호스기기의 주위에 필요한 공지를 보유하여야 한다.

③ 공지의 바닥은 주위 지면보다 높게 하고, 그 표면을 적당하게 경사지게 하여 새어나온 기름 그 밖의 액체가 공지의 외부로 유출되지 아니하도록 배수구・집유설비 및 유분리장치를 하여야 한다.

(4) 표지 및 게시판

주유취급소에는 제조소의 기준에 준하여 보기 쉬운 곳에 "위험물 주유취급소"라는 표시를 한 표지, 방화에 관하여 필요한 사항을 게시한 게시판 및 황색바탕에 흑색문자로 "주유 중 엔진정지"라는 표시를 한 게시판을 설치하여야 한다.

※ "화기주의" 또는 "화기엄금"을 표시하는 것에 있어서는 적색바탕에 백색문자로 할 것

(5) 고정주유설비 등

① 주유취급소에는 자동차 등의 연료탱크에 직접 주유하기 위한 고정주유설비를 설치하여야 한다.

② 주유취급소의 고정주유설비 또는 고정급유설비의 펌프기기의 배출량

종류	배출량(분당)
제1석유류	50L 이하
경유	180L 이하
등유	80L 이하

※ 단, 이동저장탱크에 주입하기 위한 고정급유설비의 펌프기기는 최대배출량이 분당 300ℓ 이하인 것으로 할 수 있으며, 분당 배출량이 200ℓ 이상인 것의 경우에는 주유설비에 관계된 모든 배관의 안지름을 40mm 이상으로 하여야 한다.

③ 고정주유설비 또는 고정급유설비의 주유관의 길이(끝부분의 개폐밸브 포함)는 5m 이내로 하고 그 선단에는 축적된 정전기를 유효하게 제거할 수 있는 장치를 설치하여야 한다. 단, 현수식의 경우에는 지면 위 0.5m의 수평면에 수직으로 내려 만나는 점을 중심으로 반경 3m로 한다.

④ 고정주유설비 또는 고정급유설비의 위치 기준

㉠ 고정주유설비의 중심선을 기점으로 하여 도로경계선까지 4m 이상

㉡ 부지경계선 · 담 및 건축물의 벽까지 2m(개구부가 없는 벽까지는 1m) 이상의 거리 유지

㉢ 고정급유설비의 중심선을 기점으로 하여 도로경계선까지 4m 이상

㉣ 부지경계선 및 담까지 1m 이상

㉤ 건축물의 벽까지 2m(개구부가 없는 벽까지는 1m) 이상의 거리 유지

㉥ 고정주유설비와 고정급유설비의 사이에는 4m 이상의 거리 유지

⑤ 주유취급소의 담 또는 벽

주유취급소의 주위에는 자동차 등이 출입하는 쪽 외의 부분에 높이 2m 이상의 내화구조 또는 불연재료의 담 또는 벽을 설치해야 한다.

(6) 주유취급소에 설치할 수 있는 시설

① 주유 또는 등유 · 경유를 옮겨 담기 위한 작업장

② 주유취급소의 업무를 행하기 위한 사무소

③ 자동차 등의 점검 및 간이정비를 위한 작업장

④ 자동차 등의 세정을 위한 작업장

⑤ 주유취급소에 출입하는 사람을 대상으로 한 점포 · 휴게음식점 또는 전시장

⑥ 주유취급소의 관계자가 거주하는 주거시설

⑦ 전기자동차용 충전설비(전기를 동력원으로 하는 자동차에 직접 전기를 공급하는 설비)

⑧ 그 밖의 소방청장이 정하여 고시하는 건축물 또는 시설

4부 PART · 02

(7) 판매취급소(위험물안전관리법 시행규칙 제38조 관련)

판매취급소란 점포에서 위험물을 용기에 담아 판매하기 위하여 지정수량의 40배 이하의 위험물을 취급하는 장소를 말한다. 일반적으로 석유가게, 도료류 판매점, 화공약품 상회 등이 판매취급소에 속한다고 할 수 있다. 판매취급소는 국민 생활과 밀접한 관련이 있는 시설로서 안전거리 및 보유공지에 대한 제한이 없다.

① **제1종 판매취급소** : 저장 또는 취급하는 위험물의 수량이 지정수량의 20배 이하인 판매취급소

㉠ 제1종 판매취급소는 건축물의 1층에 설치할 것

㉡ 제1종 판매취급소에는 제조소의 기준에 따라 보기 쉬운 곳에 "위험물 판매취급소(제1종)"라는 표시를 한 표지와 기준에 따라 방화에 관하여 필요한 사항을 게시한 게시판 및 해당 판매취급소가 금연구역임을 알리는 표지를 설치할 것

㉢ 제1종 판매취급소의 용도로 사용되는 건축물의 부분은 내화구조 또는 불연재료로 하고, 판매취급소로 사용되는 부분과 다른 부분과의 격벽은 내화구조로 할 것

㉣ 제1종 판매취급소의 용도로 사용하는 건축물의 부분은 보를 불연재료로 하고, 천장을 설치하는 경우에는 천장을 불연재료로 할 것

㉤ 제1종 판매취급소의 용도로 사용하는 부분에 상층이 있는 경우에 있어서는 그 상층의 바닥을 내화구조로 하고, 상층이 없는 경우에 있어서는 지붕을 내화구조 또는 불연재료로 할 것

㉥ 제1종 판매취급소의 용도로 사용하는 부분의 창 및 출입구에는 60+ 방화문 · 60분 방화문 또는 30분 방화문을 설치할 것

㉦ 제1종 판매취급소의 용도로 사용하는 부분의 창 또는 출입구에 유리를 이용하는 경우에는 망입유리로 할 것

㉧ 제1종 판매취급소의 용도로 사용하는 건축물에 설치하는 전기설비는 전기사업법에 의한 전기설비기술기준에 의할 것

㉨ 위험물을 배합하는 실은 다음에 의할 것

ⓐ 바닥면적은 $6m^2$ 이상 $15m^2$ 이하로 할 것

ⓑ 내화구조 또는 불연재료로 된 벽으로 구획할 것

ⓒ 바닥은 위험물이 침투하지 아니하는 구조로 하여 적당한 경사를 두고 집유설비를 할 것

ⓓ 출입구에는 수시로 열 수 있는 자동폐쇄식의 60+ 방화문 · 60분 방화문을 설치할 것

ⓔ 출입구 문턱의 높이는 바닥면으로부터 0.1m 이상으로 할 것

ⓕ 내부에 체류한 가연성의 증기 또는 가연성의 미분을 지붕 위로 방출하는 설비를 할 것

② **제2종 판매취급소** : 저장 또는 취급하는 위험물의 수량이 지정수량의 40배 이하인 판매취급소(제1종 판매취급소 설치기준 중 ㉠, ㉡, ㉦, ㉧, ㉨ 준용)

㉠ 제2종 판매취급소의 용도로 사용하는 부분은 벽 · 기둥 · 바닥 및 보를 내화구조로 하고, 천장이 있는 경우에는 이를 불연재료로 하며, 판매취급소로 사용되는 부분과 다른 부분과의 격벽은 내화구조로 할 것

ⓛ 제2종 판매취급소의 용도로 사용하는 부분에 상층이 있는 경우에 있어서는 상층의 바닥을 내화구조로 하는 동시에 상층으로의 연소를 방지하기 위한 조치를 강구하고, 상층이 없는 경우에는 지붕을 내화구조로 할 것

ⓒ 제2종 판매취급소의 용도로 사용하는 부분 중 연소의 우려가 없는 부분에 한하여 창을 두되, 당해 창에는 60+ 방화문·60분 방화문 또는 30분 방화문을 설치할 것

ⓔ 제2종 판매취급소의 용도로 사용하는 부분의 출입구에는 60+ 방화문·60분 방화문 또는 30분 방화문을 설치할 것. 다만, 당해 부분 중 연소의 우려가 있는 벽 또는 창의 부분에 설치하는 출입구에는 수시로 열 수 있는 자동폐쇄식의 60+ 방화문·60분 방화문을 설치하여야 한다.

(8) 이송취급소(위험물안전관리법 시행규칙 제39조 관련)

① 이송취급소 설치 제외 장소

㉠ 철도 및 도로의 터널 안

ⓛ 고속국도 및 자동차전용도로의 차도·갓길 및 중앙분리대

ⓒ 호수·저수지 등으로서 수리의 수원이 되는 곳

ⓔ 급경사지역으로서 붕괴의 위험이 있는 지역

② 이송취급소 설치 제외의 예외

㉠ 지형상황 등 부득이한 사유가 있고 안전에 필요한 조치를 하는 경우

ⓛ 차도·갓길 및 중앙분리대, 호수·저수지 등으로서 수리의 수원이 되는 곳에 횡단하여 설치하는 경우

③ 지하매설 기준

㉠ 안전거리

시설물	안전거리
건축물(지하상가 내의 건축물 제외)	1.5m 이상
지하상가 및 터널	10m 이상
수도시설(위험물의 유입우려가 있는 것)	300m 이상

※ 지하상가 및 터널, 수도시설의 경우 누설확산방지조치를 하는 경우 2분의 1로 단축

ⓛ 배관은 그 외면으로부터 다른 공작물에 대하여 0.3m 이상의 거리를 보유할 것

ⓒ 배관의 외면과 지표면과의 거리는 산이나 들에 있어서는 0.9m 이상, 그 밖의 지역에 있어서는 1.2m 이상으로 할 것

④ 지상설치

시설물	안전거리
• 철도 또는 도로의 경계선(공업지역 상업지역에 있는 것 제외) • 주택 또는 다수의 사람이 출입 또는 근무하는 곳	25m 이상

고압가스제조시설, 고압가스저장시설, 액화산소소비시설, 액화석유가스제조시설, 액화석유가스저장시설	35m 이상
• 학교, 병원(종합병원, 병원, 치과병원, 한방병원, 요양병원), 공연장, 영화상영관, 복지시설(아동복지시설, 노인복지시설, 장애인복지시설 등) • 공공 공지, 도시공원 • 판매시설, 숙박시설, 위락시설(연면적 1,000m^2 이상) • 기차역 또는 버스터미널(1일 평균 2만명 이상 이용객)	45m 이상
지정문화재	65m 이상
수도시설(위험물이 유입될 가능성이 있는 곳)	300m 이상

3 위험물의 저장소

"저장소"라 함은 지정수량 이상의 위험물을 저장하기 위한 대통령령이 정하는 장소로서 허가를 받은 장소를 말한다.

(1) 위험물 저장소의 구분

① 옥내저장소 : 옥내에 저장하는 장소(옥내탱크저장소 제외)

② 옥외탱크저장소 : 옥외에 있는 탱크에 위험물을 저장하는 장소(이동탱크, 암반탱크 제외)

③ 옥내탱크저장소 : 옥내에 있는 탱크에 위험물을 저장하는 장소

④ 지하탱크저장소 : 지하에 매설한 탱크에 위험물을 저장하는 장소

⑤ 간이탱크저장소 : 간이탱크에 위험물을 저장하는 장소

⑥ 이동탱크저장소 : 차량에 고정된 탱크에 위험물을 저장하는 장소

⑦ 옥외저장소 : 제2류 위험물 중 황 또는 인화성 고체, 제4류 위험물 중 제1석유류 · 알코올류 · 제2석유류 · 제3석유류 · 제4석유류 및 동식물유류, 제6류 위험물 등을 저장하는 장소

⑧ 암반탱크저장소 : 암반내의 공간을 이용한 탱크에 액체의 위험물을 저장하는 장소

(2) 옥내저장소(위험물안전관리법 시행규칙 제29조 관련)

① 옥내저장소의 안전거리 : 위험물 제조소 안전거리 준용

② 옥내저장소의 보유공지

저장 또는 취급하는 위험물의 최대수량	공지의 너비	
	벽 · 기둥 및 바닥이 내화구조로 된 건축물	그 밖의 건축물
지정수량의 5배 이하		0.5m 이상
지정수량의 5배 초과 10배 이하	1m 이상	1.5m 이상
지정수량의 10배 초과 20배 이하	2m 이상	3m 이상
지정수량의 20배 초과 50배 이하	3m 이상	5m 이상

지정수량의 50배 초과 200배 이하	5m 이상	10m 이상
지정수량의 200배 초과	10m 이상	15m 이상

③ 옥내저장소에는 제조소 기준에 따라 보기 쉬운 곳에 "위험물 옥내저장소"라는 표시를 한 표지와 방화에 관하여 필요한 사항을 게시한 게시판 및 해당 옥내저장소가 금연구역임을 알리는 표지를 설치해야 한다.

④ 저장창고는 위험물의 저장을 전용으로 하는 독립된 건축물로 하여야 한다.

⑤ 저장창고는 지면에서 처마까지의 높이가 6m 미만인 단층건물로 하고 그 바닥을 지반면보다 높게 하여야 한다. 다만, 제2류 또는 제4류의 위험물만을 저장하는 창고로서 다음의 기준에 적합한 창고의 경우에는 20m 이하로 할 수 있다.

㉠ 벽・기둥・보 및 바닥을 내화구조로 할 것

㉡ 출입구에 60+ 방화문・60분 방화문을 설치할 것

㉢ 피뢰침을 설치할 것(다만, 주위상황에 의하여 안전상 지장이 없는 경우에는 그러하지 아니하다)

⑥ 하나의 저장창고의 바닥면적은 기준면적 이하로 해야 한다.

위험물을 저장하는 창고	기준면적
① 제1류 위험물 중 아염소산염류, 염소산염류, 과염소산염류, 무기과산화물 그 밖에 지정수량이 50kg인 위험물 ② 제3류 위험물 중 칼륨, 나트륨, 알킬알루미늄, 알킬리튬 그 밖에 지정수량이 10kg인 위험물 및 황린 ③ 제4류 위험물 중 특수인화물, 제1석유류 및 알코올류 ④ 제5류 위험물 중 유기과산화물, 질산에스터류 그 밖에 지정수량이 10kg인 위험물 ⑤ 제6류 위험물	$1,000m^2$ 이하
① ~ ⑤ 외의 위험물을 저장하는 창고	$2,000m^2$ 이하

⑦ 지정수량 10배 이상의 저장창고(제6류 위험물 제외)에는 피뢰침을 설치해야 한다.

(3) 옥외탱크저장소(위험물안전관리법 시행규칙 제30조 관련)

① 옥외탱크저장소의 안전거리 : 위험물 제조소 안전거리 준용

② 옥외탱크저장소의 보유공지

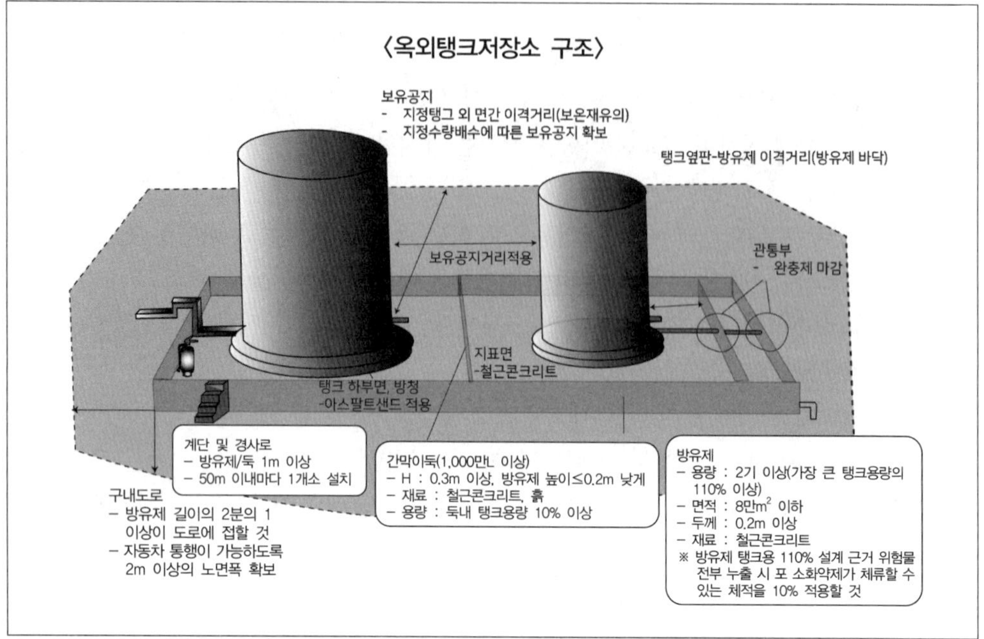

㉠ 보유공지 기준

저장 또는 취급하는 위험물의 최대수량	공지의 너비
지정수량의 500배 이하	3m 이상
지정수량의 500배 초과 1,000배 이하	5m 이상
지정수량의 1,000배 초과 2,000배 이하	9m 이상
지정수량의 2,000배 초과 3,000배 이하	12m 이상
지정수량의 3,000배 초과 4,000배 이하	15m 이상
지정수량의 4,000배 초과	당해 탱크의 수평단면의 최대지름(횡형인 경우에는 긴 변)과 높이 중 큰 것과 같은 거리 이상. 다만, 30m 초과는 30m 이상으로 할 수 있고, 15m 미만의 경우에는 15m 이상으로 하여야 한다.

㉡ 제6류 위험물 외의 위험물을 저장 또는 취급하는 옥외저장탱크(지정수량의 4,000배를 초과하여 저장 또는 취급하는 옥외저장탱크를 제외한다)를 동일한 방유제 안에 2개 이상 인접하여 설치하는 경우 그 인접하는 방향의 보유공지는 '㉠'의 규정에 의한 보유공지의 3분의 1 이상의 너비로 할 수 있다. 이 경우 보유공지의 너비는 3m 이상이 되어야 한다.

㉢ 제6류 위험물을 저장 또는 취급하는 옥외저장탱크는 '㉠'의 규정에 의한 보유공지의 3분의 1 이상의 너비로 할 수 있다. 이 경우 보유공지의 너비는 1.5m 이상이 되어야 한다.

㉣ 제6류 위험물을 저장 또는 취급하는 옥외저장탱크를 동일구내에 2개 이상 인접하여 설치하는 경우 그 인접하는 방향의 보유공지는 '㉢'의 규정에 의하여 산출된 너비의 3분의 1 이상의 너비로 할 수 있다. 이 경우 보유공지의 너비는 1.5m 이상이 되어야 한다.

㉤ '㉠'의 규정에도 불구하고 옥외저장탱크(이하 "공지단축 옥외저장탱크"라 한다)에 다음의 기준에 적합한 물분무설비로 방호조치를 하는 경우에는 그 보유공지를 '㉠'의 규정에 의한 보유공지의 2분의 1 이상의 너비(최소 3m 이상)로 할 수 있다. 이 경우 공지단축 옥외저장탱크의 화재 시 $1m^2$당 20kW 이상의 복사열에 노출되는 표면을 갖는 인접한 옥외저장탱크가 있으면 당해 표면에도 다음의 기준에 적합한 물분무설비로 방호조치를 함께 하여야 한다.

ⓐ 탱크의 표면에 방사하는 물의 양은 탱크의 원주길이 1m에 대하여 분당 37ℓ 이상으로 할 것

ⓑ 수원의 양은 'ⓐ'의 규정에 의한 수량으로 20분 이상 방사할 수 있는 수량으로 할 것

ⓒ 탱크에 보강링이 설치된 경우에는 보강링의 아래에 분무헤드를 설치하되, 분무헤드는 탱크의 높이 및 구조를 고려하여 분무가 적정하게 이루어질 수 있도록 배치할 것

ⓓ 물분무소화설비의 설치기준에 준할 것

③ 옥외탱크저장소의 통기관 설치기준

㉠ 밸브 없는 통기관

ⓐ 지름은 30mm 이상(단, 간이저장탱크의 지름은 25mm)

ⓑ 끝부분은 수평면보다 45도 이상 구부려 빗물 등의 침투를 막는 구조

ⓒ 인화점이 38℃ 미만인 위험물만을 저장 또는 취급하는 탱크에 설치하는 통기관에는 화염방지장치를 설치하고, 그 외의 탱크에 설치하는 통기관에는 40메쉬(mesh) 이상의 구리망 또는 동등 이상의 성능을 가진 인화방지장치를 설치할 것(다만, 인화점이 70℃ 이상인 위험물만을 해당 위험물의 인화점 미만의 온도로 저장 또는 취급하는 탱크에 설치하는 통기관에는 인화방지장치를 설치하지 않을 수 있다)

ⓓ 위험물 주입시를 제외하고는 항상 개방되는 구조로 하고 폐쇄 시에는 10kPa 이하의 압력에서 개방되는 구조로 할 것

㉡ 대기밸브부착 통기관

ⓐ 5kPa 이하의 압력차이로 작동할 수 있을 것

ⓑ '㉠' 밸브 없는 통기관의 'ⓒ'의 기준에 적합할 것

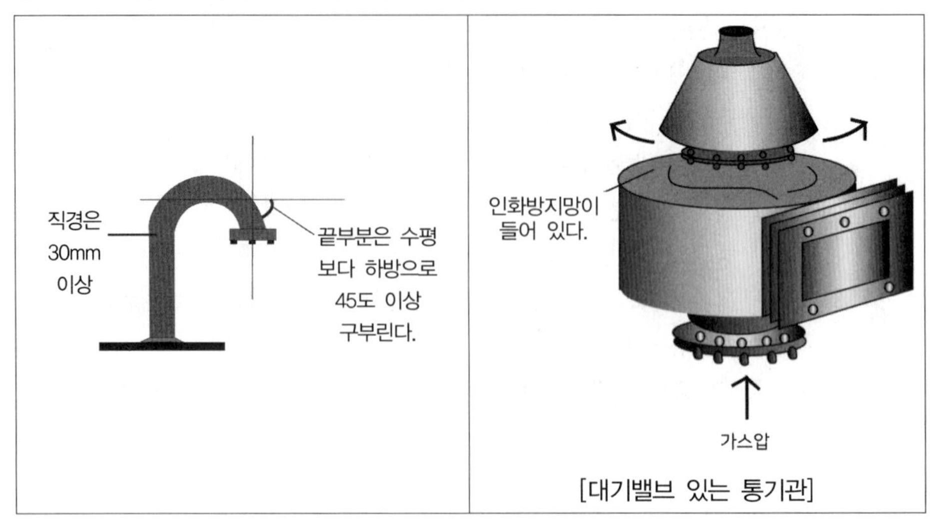

[대기밸브 있는 통기관]

④ 옥외탱크저장소 주입구의 게시판 설치기준

㉠ 게시판 크기는 한 변 0.3m 이상, 다른 변 0.6m 이상

㉡ "옥외저장탱크 주입구"라고 표시하는 것 외에 취급하는 위험물의 유별, 품명, 주의사항 표시

㉢ 게시판의 바탕은 백색, 문자는 흑색

⑤ 방유제

㉠ 방유제의 용량은 방유제 안에 설치된 탱크가 하나인 때에는 그 탱크 용량의 110% 이상 2기 이상인 때에는 그 탱크 중 용량이 최대인 것의 용량의 110% 이상으로 할 것

㉡ 방유제는 높이 0.5m 이상 3m 이하, 두께 0.2m 이상, 지하매설깊이 1m 이상으로 할 것

㉢ 방유제 내의 면적은 8만m^2 이하로 할 것

㉣ 방유제 내의 설치하는 옥외저장탱크의 수는 10 이하로 할 것

*특정옥외저장탱크 : 옥외탱크저장소 중 그 저장 또는 취급하는 액체위험물의 최대수량이 100만ℓ 이상의 것

*준특정옥외저장탱크 : 옥외탱크저장소 중 그 저장 또는 취급하는 액체위험물의 최대수량이 50만ℓ 이상 ~ 100만ℓ 미만의 것

(4) 옥내탱크저장소(위험물안전관리법 시행규칙 제31조 관련)

① 위험물을 저장 또는 취급하는 옥내탱크는 단층건축물에 설치된 탱크전용실에 설치할 것

② 옥내저장탱크와 탱크전용실의 벽과의 사이 및 옥내저장탱크의 상호 간에는 0.5m 이상의 간격을 유지할 것

(5) 지하탱크저장소(위험물안전관리법 시행규칙 제32조 관련)

① 위험물을 저장 또는 취급하는 지하탱크

㉠ 당해 탱크를 지하철・지하상가 또는 지하터널로부터 수평거리 10m 이내의 장소 또는 지하 건축물 내의 장소에 설치하지 아니할 것

㉡ 당해 탱크를 그 수평투영의 세로 및 가로보다 각각 0.6m 이상 크고 두께가 0.3m 이상인 철근콘크리트조의 뚜껑으로 덮을 것

㉢ 뚜껑에 걸리는 중량이 직접 당해 탱크에 걸리지 아니하는 구조일 것

㉣ 당해 탱크를 견고한 기초 위에 고정할 것

㉤ 당해 탱크를 지하의 가장 가까운 벽·피트·가스관 등의 시설물 및 대지경계선으로부터 0.6m 이상 떨어진 곳에 매설할 것

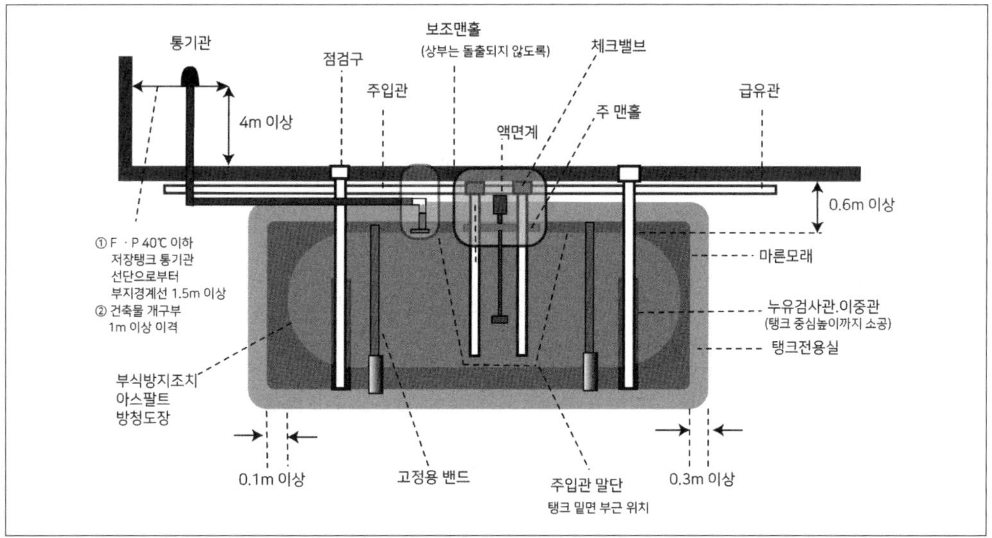

② 탱크전용실은 지하의 가장 가까운 벽·피트·가스관 등의 시설물 및 대지경계선으로부터 0.1m 이상 떨어진 곳에 설치하고, 지하저장탱크와 탱크전용실의 안쪽과의 사이는 0.1m 이상의 간격을 유지하도록 하며, 당해 탱크의 주위에 마른 모래 또는 습기 등에 의하여 응고되지 아니하는 입자지름 5mm 이하의 마른 자갈분을 채워야 한다.

③ 지하저장탱크의 윗부분은 지면으로부터 0.6m 이상 아래에 있어야 한다.

④ 지하저장탱크를 2 이상 인접해 설치하는 경우에는 그 상호간에 1m(당해 2 이상의 지하저장탱크의 용량의 합계가 지정수량의 100배 이하인 때에 0.5m) 이상의 간격을 유지해야 한다. 다만, 그 사이에 탱크전용실의 벽이나 두께 20cm 이상의 콘크리트 구조물이 있는 경우에는 그러하지 아니하다.

(6) 간이탱크저장소(위험물안전관리법 시행규칙 제33조 관련)

① 위험물을 저장 또는 취급하는 간이탱크는 옥외에 설치하여야 한다.

② 하나의 간이탱크저장소에 설치하는 간이저장탱크는 그 수를 3 이하로 하고, 동일한 품질의 위험물의 간이저장탱크를 2 이상 설치하지 아니하여야 한다.

③ 간이탱크의 밸브 없는 통기관

㉠ 통기관의 지름은 25mm 이상으로 할 것

㉡ 통기관은 옥외에 설치하되, 그 끝부분의 높이는 지상 1.5m 이상으로 할 것
㉢ 통기관의 끝부분은 수평면에 대하여 아래로 45° 이상 구부려 빗물 등이 침투하지 아니하도록 할 것
㉣ 가는 눈의 구리망 등으로 인화방지장치를 할 것(다만, 인화점 70℃ 이상의 위험물만을 해당 위험물의 인화점 미만의 온도로 저장 또는 취급하는 탱크에 설치하는 통기관에 있어서는 그러하지 아니하다)

(7) 이동탱크저장소(위험물안전관리법 시행규칙 제34조 관련)

① 상치장소

㉠ 옥외에 있는 상치장소는 화기를 취급하는 장소 또는 인근의 건축물로부터 5m 이상(인근의 건축물이 1층인 경우에는 3m 이상)의 거리를 확보하여야 한다. 다만, 하천의 공지나 수면, 내화구조 또는 불연재료의 담 또는 벽 그 밖에 이와 유사한 것에 접하는 경우를 제외한다.
㉡ 옥내에 있는 상치장소는 벽・바닥・보・서까래 및 지붕이 내화구조 또는 불연재료로 된 건축물의 1층에 설치하여야 한다.

② 기준

㉠ 방파판의 두께 : 1.6mm 이상의 강철판
㉡ 방호틀의 두께 : 2.3mm 이상의 강철판
㉢ 이동저장 탱크의 두께 : 3.2mm 이상의 강철판
㉣ 칸막이 : 내부에 4,000L 이하마다 설치
㉤ 주입설비의 분당 배출량 : 200L 이하

(8) 옥외저장소(위험물안전관리법 시행규칙 제35조 관련)

① 옥외저장소 중 위험물을 용기에 수납하여 저장 또는 취급하는 것의 위치・구조 및 설비의 기술기준은 다음과 같다.

㉠ 옥외저장소는 제조소의 안전거리 규정에 준하여 안전거리를 둘 것
㉡ 옥외저장소는 습기가 없고 배수가 잘 되는 장소에 설치할 것
㉢ 위험물을 저장 또는 취급하는 장소의 주위에는 경계표시(울타리의 기능이 있는 것에 한한다. 이와 같다)를 하여 명확하게 구분할 것
㉣ '㉢'의 경계표시의 주위에는 그 저장 또는 취급하는 위험물의 최대수량에 따라 다음 표에 의한 너비의 공지를 보유할 것(다만, 제4류 위험물 중 제4석유류와 제6류 위험물을 저장 또는 취급하는 옥외저장소의 보유공지는 다음 표에 의한 공지의 너비의 3분의 1 이상의 너비로 할 수 있다)

저장 또는 취급하는 위험물의 최대수량	공지의 너비
지정수량의 10배 이하	3m 이상
지정수량의 10배 초과 20배 이하	5m 이상
지정수량의 20배 초과 50배 이하	9m 이상
지정수량의 50배 초과 200배 이하	12m 이상
지정수량의 200배 초과	15m 이상

㉤ 옥외저장소에는 제조소 기준에 따라 보기 쉬운 곳에 "위험물 옥외저장소"라는 표시를 한 표지와 동표 제조소 기준에 따라 방화에 관하여 필요한 사항을 게시한 게시판 및 해당 옥외저장소가 금연구역임을 알리는 표지를 설치할 것

㉥ 옥외저장소에 선반을 설치하는 경우에는 다음의 기준에 의할 것

ⓐ 선반은 불연재료로 만들고 견고한 지반면에 고정할 것

ⓑ 선반은 당해 선반 및 그 부속설비의 자중·저장하는 위험물의 중량·풍하중·지진의 영향 등에 의하여 생기는 응력에 대하여 안전할 것

ⓒ 선반의 높이는 6m를 초과하지 아니할 것

ⓓ 선반에는 위험물을 수납한 용기가 쉽게 낙하하지 아니하는 조치를 강구할 것

㉦ 과산화수소 또는 과염소산을 저장하는 옥외저장소에는 불연성 또는 난연성의 천막 등을 설치하여 햇빛을 가릴 것

㉧ 눈·비 등을 피하거나 차광 등을 위하여 옥외저장소에 캐노피 또는 지붕을 설치하는 경우에는 환기 및 소화활동에 지장을 주지 아니하는 구조로 할 것(이 경우 기둥은 내화구조로 하고, 캐노피 또는 지붕을 불연재료로 하며, 벽을 설치하지 아니하여야 한다)

(9) 암반탱크저장소(위험물안전관리법 시행규칙 제36조 관련)

① 암반탱크저장소의 암반탱크는 다음의 기준에 의하여 설치하여야 한다.

㉠ 암반탱크는 암반투수계수가 1초당 10만분의 1m 이하인 천연암반 내에 설치할 것

㉡ 암반탱크는 저장할 위험물의 증기압을 억제할 수 있는 지하수면하에 설치할 것

㉢ 암반탱크의 내벽은 암반균열에 의한 낙반(落磐 : 갱내 천장이나 벽의 암석이 떨어지는 것)을 방지할 수 있도록 볼트·콘크리크 등으로 보강할 것

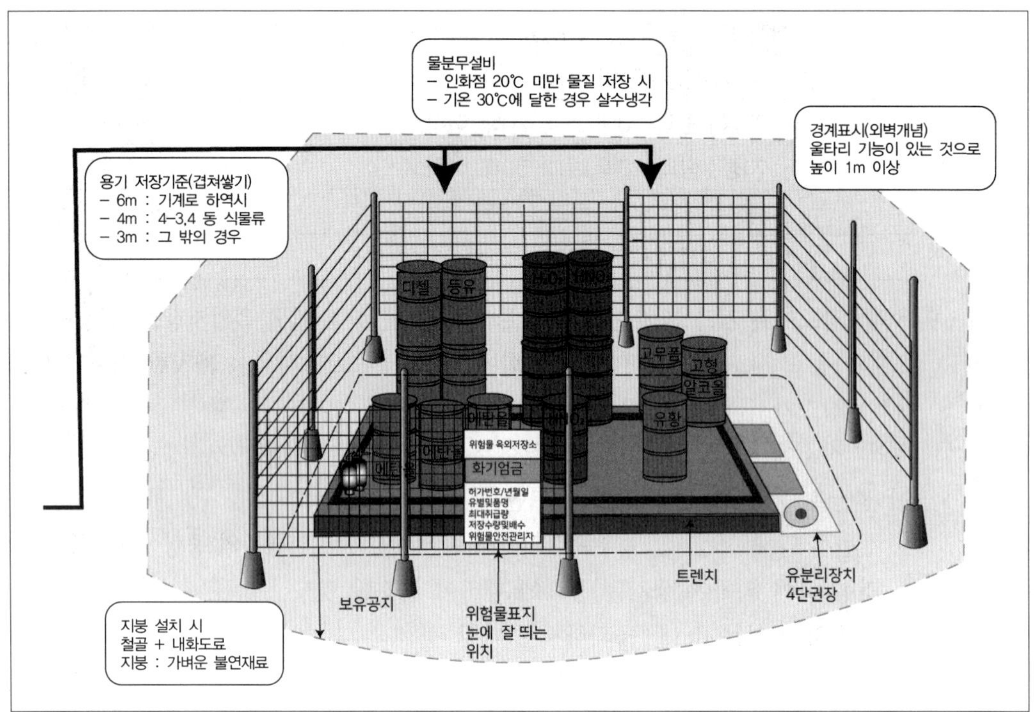

② 암반탱크는 다음의 기준에 적합한 수리조건을 갖추어야 한다.

㉠ 암반탱크내로 유입되는 지하수의 양은 암반내의 지하수 충전량보다 적을 것

㉡ 암반탱크의 상부로 물을 주입하여 수압을 유지할 필요가 있는 경우에는 수벽공을 설치할 것

㉢ 암반탱크에 가해지는 지하수압은 저장소의 최대운영압보다 항상 크게 유지할 것

CHAPTER

04 구조 · 구급 행정관리와 구조 · 구급 활동

01 절 구조 · 구급 행정관리

소방기본법 [제1조(목적)]에 화재를 예방 · 경계하거나 진압하고 화재, 재난 · 재해, 그 밖의 위급한 상황에서의 구조 · 구급 활동 등을 통하여 국민의 생명 · 신체 및 재산을 보호함으로써 공공의 안녕 및 질서 유지와 복리증진에 이바지함을 목적으로 한다고 규정하고 있다. 또한 이의 실현을 위해 119구조 · 구급에 관한 법률에서 "소방청장 · 소방본부장 또는 소방서장은 위급상황에서 구조 대상자의 생명 등을 신속하고 안전하게 구조하는 업무를 수행하기 위하여 대통령령으로 정하는 바에 따라 119구조대를 편성 운영하여야 한다."고 규정하고 있다.

1 구조와 119구조대의 정의

119구조 · 구급에 관한 법률에서 "구조"와 "119구조대"에 대하여 다음과 같이 정의하고 있다. "구조"란 화재, 재난 · 재해 및 테러, 그 밖의 위급한 상황에서 외부의 도움을 필요로 하는 사람(구조 대상자)의 생명, 신체 및 재산을 보호하기 위하여 수행하는 모든 활동을 말한다. "119구조대"란 탐색 및 구조활동에 필요한 장비를 갖추고 소방공무원으로 편성된 단위조직을 말한다.

2 구조대의 편성운영

소방청장, 소방본부장 또는 소방서장은 위급상황에서 구조 대상자의 생명 등을 신속하고 안전하게 구조하는 업무를 수행하기 위해 다음과 같이 구조대를 편성, 운영하고 있다.

(1) 일반구조대 : 시 · 도의 규칙으로 정하는 바에 따라 소방서마다 1개 대(隊) 이상 설치하되, 소방서가 없는 시 · 군 · 구(자치구를 말한다)의 경우에는 해당 시 · 군 · 구 지역의 중심지에 있는 119안전센터에 설치할 수 있다.

(2) 특수구조대 : 소방대상물, 지역 특성, 재난 발생 유형 및 빈도 등을 고려하여 지역을 관할하는 소방서에 다음의 구분에 따라 설치한다(다만, 고속국도구조대는 직할구조대에 설치할 수 있다).

① 화학구조대 : 화학공장이 밀집한 지역

② 수난구조대 : 내수면지역

③ 산악구조대 : 자연공원 등 산악지역

④ 고속국도구조대 : 고속국도

⑤ 지하철구조대 : 도시철도의 역사(驛舍) 및 역 시설

(3) 직할구조대 : 대형 · 특수 재난사고의 구조, 현장 지휘 및 지원 등을 위하여 소방청 또는 소방본부에 설치하되, 소방본부에 설치하는 경우에는 시 · 도의 규칙으로 정하는 바에 따른다.

(4) 테러대응구조대 : 테러 및 특수재난에 전문적으로 대응하기 위하여 소방청과 시・도 소방본부에 각각 설치하며, 시・도 소방본부에 설치하는 경우에는 시・도의 규칙으로 정하는 바에 따른다.

(5) 국제구조대 : 소방청장은 국외에서 대형재난이 발생한 경우 재외국민의 보호 또는 재난발생국의 국민에 대한 인도주의적 구조활동을 위하여 필요한 경우 소방청에 설치하는 직할구조대에 설치할 수 있다(현재 중앙119구조본부에서 업무를 담당하고 있다). 국제구조대의 파견 규모 및 기간은 재난유형과 파견지역의 피해 등을 종합적으로 고려하여 외교부장관과 협의하여 소방청장이 정한다.

(6) 119항공대 : 소방청장 또는 소방본부장은 초고층 건축물 등에서 구조 대상자의 생명을 안전하게 구조하거나 도서・벽지에서 발생한 응급환자를 의료기관에 긴급히 이송하기 위하여 119항공대를 편성하여 운영하고 있다.

(7) 구조대 설치기관 및 설치・운영권자(119구조・구급에 관한 법률 및 시행령 근거)

① 중앙119구조본부 : 소방청 직제기관(설치・운영 : 소방청장 단, 권한의 일부는 중앙119구조본부장에게 위임)

② 일반구조대 : 소방서마다 1개 대(隊) 이상 설치(설치・운영 : 소방서장)

③ 특수구조대 : 소방서에 설치(설치・운영 : 소방서장)

④ 직할구조대 : 소방청 또는 소방본부에 설치(설치・운영 : 소방청장 또는 소방본부장)

⑤ 테러대응구조대 : 소방청 또는 소방본부에 설치(설치・운영 : 소방청장 또는 소방본부장) 단 효율적 운영을 위해 화학구조대와 직할구조대를 테러대응구조대로 지정할 수 있다.

⑥ 국제구조대 : 소방청에 설치하는 직할구조대에 설치할 수 있으며, 현재 중앙119구조본부에서 업무를 담당(설치・운영 : 소방청장 단, 파견시 외교부장관과 협의)

⑦ 119항공대 : 소방청 또는 소방본부에 설치(설치・운영 : 소방청장 또는 소방본부장)

⑧ 119구조견대 : 중앙119구조본부 또는 소방본부에 설치(설치・운영 : 소방청장 또는 소방본부장)

3 구조대원의 임명 및 자격

소방공무원으로서 다음에 해당하는 사람 중에서 소방청장, 소방본부장 또는 소방서장이 임명한다. 단, 항공 구조・구급대원은 구조대원의 자격기준 또는 구급대원의 자격기준을 갖추고, 소방청장이 실시하는 항공 구조・구급과 관련된 교육을 마친 사람으로 한다. 구조대원의 자격은 다음과 같다.

(1) 소방청장이 실시하는 인명구조사 교육(중앙・지방소방학교, 중앙119구조본부, 소방교육대에서 기초훈련 및 전문기술훈련과 같은 구조업무에 관한 교육・훈련)을 받은 자

(2) 소방청장이 실시하는 인명구조사 시험에 합격한 사람

(3) 국가・지방자치단체 및 공공기관의 운영에 관한 법률에 따른 공공기관의 구조관련 분야에서 근무한 경력이 2년 이상인 사람

(4) 응급의료에 관한 법률에 따른 응급구조사 자격을 가진 사람으로서 소방청장이 실시하는 구조업무에 관한 교육을 받은 사람

4 구조대원의 역할과 자세

(1) 역할

① 구조대원은 자신의 지역사회에서 존경을 받을 수 있어야 한다.

② 도덕과 윤리의식을 갖추어야 한다.

③ 직무를 수행함에 있어 자신감과 침착함을 가지고 있어야 한다.

④ 자기 자신의 훈련으로 감정을 조절할 수 있어야 한다.

⑤ 책임 있는 행동을 하여야 한다.

(2) 자세

① 과거에 발생한 재해의 사례를 연구하고 발생 가능한 재해의 형태를 예측하는 자세를 가져야 한다.

② 평상시 강인한 체력과 정신력을 연마하여 높은 사기를 유지하려는 노력이 있어야 한다.

(3) 구조활동의 우선순위

구명 → 신체 구출 → 고통경감 → 재산보호

5 인명구조론

(1) 구조활동의 개요

① 인명구조활동의 개념

㉠ 구조란 죽음의 위협 또는 순간적인 파괴, 박력 있는 행위로부터의 자유로움을 의미한다.

㉡ 위험에 빠지거나 고립되어 자기 스스로 탈출할 수 없는 사람을 발견하여 신속·안전하게 안전한 장소로 옮기는 것이다.

㉢ 각종 재난과 사고 등으로 인해 인명 및 인체에 위협이 있거나 고립되어 스스로 피난 및 탈출을 할 수 없는 사람을 발견하고, 안전한 장소로 옮기는 일체의 활동을 말한다.

② 인명구조의 순서

㉠ 피난을 유도한다.

㉡ 인명을 검색한다.

㉢ 인명을 구출한다.

㉣ 환자를 응급처치한다.

㉤ 환자를 의료기관으로 이송한다.

(2) 구조활동 시 유의사항

① 구조활동에 우선순위를 지켜야 한다.

② 구조현장에서 수급이 가능한 장비를 활용한다.

(3) 구조활동의 일반적인 8대 원칙과 순서

① 빠르고 정확하게 사고 및 재해의 상황을 평가한다.
② 구조활동 시 구조대원 및 구조 대상자의 안전을 확보하여야 한다.
③ 재해 및 사고현장에서의 안전을 확보한다.
④ 구조 대상자에게 접근한다.
⑤ 본격적인 구조활동에 앞서 응급처치를 실시한다.
⑥ 구조 대상자를 구조한다.
⑦ 이송준비를 한다.
⑧ 응급의료기관으로 구조 대상자를 이송한다.

(4) 구조 대상자와의 상호관계

① 효과적인 의사전달의 원칙
㉠ 구조 대상자와 항상 눈을 마주친다.
㉡ 구조 대상자에게 진실을 말하여야 한다.
㉢ 항상 명확하고 똑똑하게 이야기한다.
㉣ 구조 대상자의 이름을 사용한다.

② 특별한 경우의 의사 전달문제
㉠ 구조 대상자가 청각장애인일 경우에는 정확하게 말을 하여, 구조대원의 입 모양을 읽을 수 있도록 한다.
㉡ 시각장애인일 경우는 아주 예민한 청각과 촉각을 가지고 있어 구조대원들은 정상인과 같다는 시각을 가져야 한다. 구조 대상자와 가볍게 신체접촉을 하며, 목청을 낮추어 대화를 해야 하고 사고상황에 대해 설명해 주는 것이 좋다.

(5) 인명구조활동

① 구조대장은 당해 사고현장의 관할 소방본부장 또는 소방서장의 지휘・통제를 받는다.
② 구조대장은 구조활동일지를 상세히 기록하여 소속 소방서에 3년간 그 기록을 보관한다.
③ 소방본부장은 구조활동 상황을 연 2회 소방청장에게 보고하여야 한다.

6 119항공대의 업무

119항공대는 다음의 업무를 수행한다.
(1) 인명구조 및 응급환자의 이송(의사가 동승한 응급환자의 병원 간 이송을 포함한다)
(2) 화재 진압
(3) 장기이식환자 및 장기의 이송
(4) 항공 수색 및 구조 활동
(5) 공중 소방 지휘통제 및 소방에 필요한 인력・장비 등의 운반

(6) 방역 또는 방재 업무의 지원
(7) 그 밖에 재난관리를 위하여 필요한 업무

02 절 구조활동

구조 활동의 개시시점은 신고접수(각지)시점부터이다. 즉 소방서에서 사고가 발생했다는 것을 인지한 시점을 말하며, 상황실에서 출동을 지령하는 행위 자체가 구조활동에 포함된다.

1 구조활동의 원칙

구조대원이 사고현장에서 구조 활동을 전개할 때에는 반드시 지켜야 할 원칙이 있다.

(1) 현장안전 확보

사고가 발생한 현장은 대부분의 경우 추가적인 사고가 발생할 위험이 높다. 자칫 주의를 소홀히 하면 구조 대상자는 물론 구조대원 자신에게도 심각한 위험이 발생할 수 있기 때문에 구조대원은 행동에 들어가기 전에 자기 자신의 안전을 먼저 확인해야 한다. 현장의 안전을 확보하고 자신의 안전을 지키는 일은 구조현장에서 절대적으로 지켜야 할 가장 중요한 원칙이다.

(2) 명령통일

구조활동은 현장을 장악한 현장지휘관의 판단 하에 엄격한 규율을 바탕으로 조직적인 부대활동을 기본원칙으로 하며 자의적인 단독행동은 절대로 해서는 안 된다. 모든 소방활동에 있어서 명령의 통일성을 유지하는 것은 매우 중요하다. 명령통일이라고 하는 것은 한 대원은 오직 한 사람의 지휘관에게만 보고하고 한 사람의 지휘만을 받는다는 것이다.

(3) 현장활동 우선순위 준수

사고현장에서 최우선적으로 고려할 사항은 인명의 안전, 사고의 안정화, 재산가치의 보존의 순서이다. 위험 속에서 인명을 구조하는 조치가 가장 우선적으로 고려되어야 할 사항이다. 구조 가능한 모든 구조 대상자가 구출되면 더 이상 사고가 확대되지 않도록 안전조치를 취하고 이 과정에서 가능한 한 재산 손실이 최소화 되도록 노력을 기울여야 한다.

2 구조활동 우선순위

사고현장에서 인명을 구조하는 과정에서 구조활동의 우선순위는 구조 대상자의 생명을 보전하는 것이 가장 중요하므로 ① 구명(救命) ② 신체구출 ③ 정신적 · 육체적 고통경감 ④ 피해의 최소화 순으로 구조활동의 우선순위를 결정한다.

3 구조방법의 결정

정확한 사고의 실태가 파악되기 전까지는 수집된 정보를 바탕으로 구출방법을 검토하고 사용 장비를 결정하여 대원별로 임무를 부여한다. 정확한 사고실태가 판명되면 사고내용, 규모 및 곤란성과 구조대의 활동 능력을 비교하여 종합적으로 분석한 후에 구출 우선순위와 구출방법을 결정하고 사용할 장비 및 대원의 임무를 수정・변경한다. 구조방법의 결정원칙과 구조방법의 결정 시 피해야 할 요인은 다음과 같다.

(1) 구조방법의 결정원칙

① 가장 안전하고 신속한 방법
② 상태의 긴급성에 맞는 방법
③ 현장의 상황 및 특성을 고려한 방법
④ 실패의 가능성이 가장 적은 방법
⑤ 재산 피해가 적은 방법

(2) 구조방법 결정 시 피해야 할 요인

① 일반인에게 피해가 예측되는 방법
② 2차 재해의 발생이 예측되는 방법
③ 개인적인 추측에 의한 현장판단
④ 전체를 파악하지 않고 일면의 확인에 의해 결정한 방법

4 구조활동의 순서 및 현장의 장애물 제거 시 유의 사항

(1) 구조활동의 순서

① 현장활동에 방해되는 각종 장해요인을 제거한다.
② 2차 재해의 발생위험을 제거한다.
③ 구조 대상자의 구명에 필요한 조치를 취한다.
④ 구조 대상자의 상태 악화 방지에 필요한 조치를 취한다.
⑤ 구출활동을 개시한다.

(2) 현장의 장애물 제거 시 유의사항

① 필요한 기자재를 준비한다.
② 대원의 안전을 확보한다.
③ 구조 대상자의 생명・신체에 영향이 있는 장애를 우선 제거한다.
④ 위험이 큰 장애부터 제거한다.
⑤ 장애는 주위에서 중심부로 향하여 순차적으로 제거한다.
⑥ 위에서 아래로 순차적으로 제거한다.

5 구조 활동의 초기대응 절차(LAST)

사고현장에 출동한 구조대원은 초기대응 단계에서 지켜야 할 절차가 있다. LAST는 이러한 대응 절차를 간단히 설명하고 기억하기 쉽도록 한 것을 말한다. 현장 구조 활동과정에서 LAST 절차를 지키지 않으면 현장에서 혼란의 발생과 2차 사고로 인해 초기대응에 실패할 가능성이 높아진다.

(1) 1단계 – 상황파악(Locate)

사고가 발생하면 먼저 사고 장소와 현장의 정보를 신속히 파악해야 한다.

① 사고 원인은 무엇이고 어떻게 진행되고 있는가?

② 상황에 대응하는 방법과 인력, 장비는 무엇인가?

③ 우리가 적절한 대응능력을 갖추고 있는가?

(2) 2단계 – 접근(Access)

사고현장에서 구조 활동실행 단계로 안전하고 신속하게 구조 대상자에게 접근하는 단계이다. 사고 장소가 바다나 강이라면 구조대원 자신이 물에 들어가지 않아도 되는 안전한 구조방법을 우선 선택하고 산악사고라면 실족이나 추락, 낙석 등의 위험성이 있는지 주의하며 접근한다.

(3) 3단계 – 상황의 안정화(Stabilization)

사고현장을 장악하여 상황이 더 이상 악화되지 않고 안전이 유지될 수 있도록 조치하는 단계이다. 구조 대상자를 위험상황에서 구출하고 부상이 있으면 적절한 응급처치를 한다. 이후 주변의 위험요인을 제거하여 더 이상 사고가 확대되지 않도록 조치한다.

(4) 4단계 – 후송(Transport)

사고현장에서 구조활동 중 마지막 후송단계로 구조 대상자를 적절한 이동수단을 활용하여 의료기관에 후송하는 것으로 초기대응이 마무리된다. 구조 대상자가 부상 없이 안전하게 구출되는 것이 최선의 구조 활동이지만 현장상황에 따라 심각한 손상을 입은 구조 대상자를 구출할 수도 있다. 이 경우 현장에서 제공할 수 있는 응급처치는 상당히 제한적일 수밖에 없다. 또한 외관상 아무런 부상이 없거나 경상으로 보이는 경우에도 심각한 손상이 있거나 후유증이 발생할 수 있기 때문에 구조 대상자는 의료기관으로 후송하는 것을 원칙으로 한다.

6 현장의 군중 통제

사고가 발생하면 사람들은 호기심이나 걱정 때문에 사고현장에 가까이 접근하려고 한다. 그 중에는 사고에 관련되었으나 부상을 입지 않은 사람과 구조 대상자의 가족이나 친지도 있다. 사고현장 주변의 구경꾼은 구조 대상자와 구조대원, 보조요원들의 안전을 위하여 적절히 통제할 필요가 있다. 즉, 군중통제의 목적은 사고현장의 혼잡과 혼란을 감소시키기 위함이다. 가장 중요한 것은 현장주변에서 일반 대중을 차단하는 것이다. 통제구역의 경계는 구조대원들이 작업하는 데 필요한 공간,

현장의 위험도, 지형을 고려하여 설정한다. 통제구역이 결정되면 Fire Line, 밧줄, 기타 주변의 물품을 이용하여 표시하고 사람들이 넘어오지 못하도록 통제요원을 배치한다.

7 구조활동을 방해한 자에 대한 처벌규정

누구든지 정당한 사유 없이 구조활동을 방해한 자는 5년 이하의 징역 또는 5천만원 이하의 벌금에 처한다(119구조・구급에 관한 법률 제28조).

03 절 구조장비

사고현장의 인명구조 활동에 있어서 다양한 장비를 보유하고 적절히 활용할 줄 아는 것은 구조활동의 성패와 직접적으로 연관되는 매우 중요한 요인이다. 평소 다양한 구조장비의 특성과 사용법을 익혀두고, 구조활동을 전개할 때는 현장 상황을 면밀히 살펴 가장 신속하고 안전하게 작업할 수 있는 장비를 선택하도록 하여야 한다. 구조장비에는 일반구조장비, 보호 및 측정장비, 중량물작업용 장비, 절단파괴용 장비, 탐색구조용 장비, 산악구조용 장비 등으로 분류하고 있다.

1 일반구조장비

로프총, 로프, 공기매트, 마취총, 사다리 등

(1) 로프총(Line Throwing Gun)

① 로프발사총 또는 송선기(送線機)로 불린다.

② 고층건물, 해상, 계곡 등 구조대원의 접근이 불가능한 상황에서 로프, 메시지 전달 등의 수단으로 사용한다.

③ 압축공기를 이용한 공압식과 추진탄을 이용한 화약식이 있다.

④ 현재 간편한 화약식이 주로 사용되며, 공압식은 거의 사용되지 않고 있다.

⑤ 화약식 로프총에 20GA 추진탄 사용하면 최대사거리는 200m, 유효사거리는 150m이다. (공압식의 경우 150kg/cm^2 압력에서 최대사거리 120m, 유효사거리 60m 내외)

⑥ 사격각도는 상황에 따라 다르지만 수평각도 65°가 이상적이다.

⑦ 장전 후에는 총구를 수평면 기준으로 45° 이상의 각도를 유지해야 격발이 된다.

(2) 공기매트(Air Mat)

높은 곳에서 뛰어 내렸을 때 공기의 탄력성을 이용하여 인체에 가해지는 충격을 완화시킴으로써 부상을 방지하는 장비이다. 공기매트의 안전사용 요령은 다음과 같다.

① 매트 중앙 부분을 착지점으로 겨냥하고 뛰어내리면서 다리를 약간 들어주면서 고개를 앞으로 숙여서 엉덩이 부분이 먼저 닿도록 하는 것이 안전하다.
② 매트 내의 압력이 지나치게 높으면 강한 반발력을 받아 부상의 위험이 있으므로 매트가 팽창한 후에는 압력을 약간 낮춰주는 것이 좋다.
③ 낙하 훈련을 할 때에는 1단계 5m 높이에서부터 시작하여 최대 4단계 20m로 점차적으로 높인다.

2 보호 및 측정장비

공기호흡기, 잔류전류검지기

(1) 공기호흡기(호흡보호장비)

모든 소방공무원에게 가장 중요한 보호장비 중의 하나로 건축물 내외를 막론하고 화재 또는 유독물질이 존재하는 곳에서는 항상 호흡기를 착용해야 한다.

① 공기호흡기의 제원 및 성능
㉠ 종전에는 150kg/cm^2 압력으로 충전하여 30분 정도 사용가능한 8ℓ형이 많이 보급
㉡ 현재는 300kg/cm^{2}으로 충전하는 6.8ℓ형이 보급되어 작업 가능시간이 50분 정도까지 연장

② 호흡과 산소요구량
㉠ 사람의 호흡은 보통 분당 14 ~ 20회, 1회에 흡입하는 공기량은 약 500cc 정도(남성의 경우), 심호흡 시 약 2,000cc, 표준 폐활량은 3,500cc이다.
㉡ 소방활동 시에는 무거운 장비를 장착하고 긴장도가 극히 높은 작업을 하기 때문에 평상시의 작업에 비해 공기소모량이 많다(평균 작업 : 30 ~ 40ℓ/분, 격한 작업 : 50 ~ 60ℓ/분, 최고의 격한 작업 : 80ℓ/분).

③ 호흡보호 장비의 성능
㉠ 산소는 20~22% 이내일 것
㉡ 이산화탄소는 1,000ppm 이하일 것
㉢ 일산화탄소는 10ppm 이하일 것
㉣ 수분은 25mg/m^3 이내일 것
㉤ 오일 미스트는 5mg/m^3 이내일 것
㉥ 총 탄화수소는 25ppm 이하일 것
㉦ 총 휘발성유기화합물 500㎍/m^3 이하일 것
㉧ 육안검사를 통하여 먼지, 오물, 금속입자 등이 관찰되지 않아야 하며, 냄새가 인지되지 않을 것

④ 공기호흡기 위생검사

㉠ 공기호흡기 용기 : 공기 충전 10회 마다 1회 또는 3년 1회 이상

㉡ 공기호흡기 면체

ⓐ 위생검사 : 화재현장, 기타 오염된 환경에서 사용 시 마다

ⓑ 밀착도 검사 : 연 1회 이상 또는 사용자의 검사 필요성 판단 시

⑤ 공기호흡기 안전관리

㉠ 공기호흡기 면체는 먼지 등으로부터 오염되지 않도록 염화비닐로 포장하는 등 밀폐된 상태로 보관하여야 한다.

㉡ 공기호흡기 용기는 5℃ 이상 45℃ 이하의 보관 장소에서 충격이나 낙하를 방지하기 위한 수납설비에 보관하고, 공기가 충전된 것과 충전되지 않은 것이 쉽게 구별되도록 분리하여 보관하여야 한다.

㉢ 공기가 충전된 용기를 90일 이상 보관하였을 때에는 공기를 배출한 후 다시 새로운 공기를 충전하여 보관하여야 한다.

⑥ 사용가능시간과 탈출개시 압력

㉠ 사용가능시간(분)

[용기내 압력(kg/cm²) - 여유압력(kg/cm²)] × 용기용량(L) / 매분당 호흡량(L)

㉡ 탈출개시압력

[탈출소요시간(min) × 매분당호흡량(L)] / 용기용량(L) + 여유압력(kg/cm²)

(2) 잔류전류검지기

화재나 재난현장에서 누전되는 부분을 찾아 전원 차단 등의 안전조치를 취할 수 있도록 하는 장비이다.

3 중량물작업용 장비

중량물작업용 장비로는 맨홀구조기구, 에어백, 유압엔진펌프, 유압전개기, 유압절단기, 유압램 등이 있다.

(1) 맨홀구조기구(Evacuation Tripod) 및 에어백(Lifting Air Bag)

① 맨홀구조기구는 맨홀과 같은 좁고 깊은 곳에 추락한 구조 대상자를 구조할 때 수직으로 로프를 내리고 올려 인명구조, 장비인양 등의 작업을 할 수 있으며 고층이나 절벽 등에서도 응용하여 활용할 수 있는 장비이다. 제원은 무게 10kg, 받침대 최대높이 2.13m, 최대인양무게 1,700kg이다.

② 에어백(Lifting Air Bag)은 중량물체를 들어 올리고자 할 때 공간이 협소해서 잭(jack)이나 유압 구조기구 등을 넣을 수 없는 경우에 압축공기로 백을 부풀려 중량물을 들어 올리는 장비이다.

(2) 유압엔진펌프(Hydraulic Pump)

엔진을 이용하여 유압 전개기나 유압 절단기 등 유압장비에 필요한 압력을 발생시키는 펌프이다.

(3) 유압전개기(Hydraulic Spreader) 및 유압절단기(Hydraulic Cutter)

① 유압전개기는 유압 엔진펌프에서 발생시킨 유압을 활용하여 물체의 틈을 벌리거나 압착할 수 있는 장비로 특히 차량사고 현장에서 유압절단기와 함께 매우 활용도가 높다.

② 유압절단기는 엔진펌프에서 발생시킨 유압을 활용하여 물체를 절단하는 장비이다. 구조대에서 많이 사용하는 중간크기의 모델인 경우 중량은 13kg 전후이고, 절단력은 35t 내외이다.

(4) 유압램(Extension Ram)

일직선으로 확장되는 유압램은 물체의 간격을 벌려 넓히거나 중량물을 지지하는데 사용하는 일종의 확장막대이다.

4 절단파괴용 장비

구조현장에서 주로 사용되는 절단파괴용 장비로는 동력절단기, 체인톱, 공기톱 등이 있다.

(1) 동력절단기는 소형엔진을 동력으로 원형 절단날을 회전시켜 철, 콘크리트, 목재 등 장애물을 절단하여 제거하고 구조행동을 원활하게 하기 위해 사용하는 기동성이 높은 절단장비이다.

(2) 체인톱은 동력에 의해 구동되는 톱날로 목재를 절단하는 장비이다.

(3) 공기톱은 압축공기를 동력원으로 하여 절단톱날을 작동시켜 철재나 스테인리스 등을 절단하는 장비이다.

5 탐색구조용 장비

탐색구조용 장비로는 열화상카메라, 매몰자영상탐지기, 매몰자음향탐지기, 매몰자전파탐지기 등이 있다.

(1) 열화상카메라는 짙은 연기(농연) 또는 야간에 시야확보가 어려운 지역에서 물체의 온도 차이를 감지하여 화면상에 표시함으로서 인명구조 등에 활용하는 장비이다.

(2) 매몰자영상탐지기는 지진과 건물붕괴 등 인명 피해가 큰 재난 상황에서 구조자가 생존자를 찾을 수 있도록 돕는 장비로 작은 틈새 또는 구멍으로 카메라와 마이크, 스피커가 부착된 신축봉을 투입하여 공간 내부를 확인하는데 유용한 장비이다.

(3) 매몰자음향탐지기는 매몰, 고립된 사람의 고함이나 신음 등의 신호를 보낼 수 있는 생존자를 찾아내기 위한 장비이다.

(4) 매몰자전파탐지기는 파괴된 건물의 잔해나 붕괴물 속에 마이크로파대의 전파를 방사하여 매몰한 생존자의 호흡에 의한 움직임을 반사파로부터 검출하는 것으로 그 생존을 탐사하는 장비이다.

6 산악구조용 장비

산악구조용 장비로는 로프, 안전벨트, 하강기류, 카라비나, 등반기, 도르래, 퀵드로세트 등이 있다.

(1) 로프(Rope)

① 로프는 밧줄 또는 자일(SEIL)이라고 불리기도 하며, 가장 기본적인 구조용 도구로서 구조대원의 진입, 탈출, 구조 대상자 구출은 물론 각종 장비를 끌어 올리거나 고정시키는 등 그 쓰임새가 많고 가장 이용도가 높은 장비이다.

② 로프의 성능은 인장력과 충격력으로 표시한다.

③ 로프의 재질은 합성섬유, 폴리에스터나 나일론 또는 케블러 등 여러 재료를 혼합하여 직조한 것이 대부분이다.

(2) 안전벨트

① 안전벨트는 모든 구조활동에서 대원의 안전을 지켜주는 필수장비 중의 하나이다.

② 안전벨트는 몸에 잘 맞는 것을 선택해야 한다.

③ 체중이 실리는 부분이 부드럽게 처리되어 충격을 고르게 분산시킬 수 있는 것을 선택한다.

④ 안전벨트의 허리 벨트 버클은 한 번 통과시킨 후 다시 거꾸로 통과시켜야 안전하며 끝을 5cm 이상 남겨야 한다.

(3) 하강기류 : 8자하강기, 그리그리, 스톱하강기

① 8자하강기는 로프를 이용해서 하강해야 하는 경우 사용한다.

② 그리그리는 스토퍼와 같이 로프의 역회전을 방지할 수 있는 구조로 주로 확보용 장비이다.

③ 스톱하강기는 로프 한 가닥을 이용하여 제동을 걸어주는 장비이다.

(4) 카라비나

① 각종 기구와 로프, 또는 기구와 기구를 연결할 때 사용하는 장비다.

② 재질은 알루미늄 합금이나 스테인리스 스틸이다.

③ 심한 마모, 변형, 또는 균열이 있거나 큰 충격을 받은 것은 절대 사용하지 않는다.

(5) 등반기

① 로프를 활용하여 등반할 때 보조장치로 사용된다.

② 로프에 결착하여 수직 또는 수평으로 이동할 수 있도록 고안된 기구이다.

③ 등강기나 쥬마 또는 유마르 등으로도 불린다.

(6) 도르래

계곡하천 범람으로 고립된 피서객이나 맨홀에 추락한 구조 대상자를 구조하는 경우 힘의 작용 방향을 바꾸거나 적은 힘으로 물체를 이동시키기 위해서 도르래를 사용한다. 특수 도르래로는 로프꼬임 방지기, 수평2단 도르래, 정지형 도르래가 있다.

① 로프꼬임 방지기는 카라비나에 도르래가 걸린상태에서 360° 회전이 가능하며, 로프로 물체를 인양하거나 하강시킬 때 로프가 꼬여 장비나 구조 대상자가 회전하는 것을 방지하는 장비이다.
② 수평2단 도르래는 도르래 하나에 걸리는 하중을 2개의 도르래로 분산시켜 주는 역할을 하며, 외줄 선상의 로프나 케이블 상에서 수평 이동할 때 용이하다.
③ 정지형 도르래는 도르래와 쥬마를 결합한 형태의 장비이며, 도르래의 역회전을 방지할 수 있어 안전하게 작업이 가능하고 힘의 소모를 막을 수 있다.

(7) 퀵드로 세트
① 웨빙슬링으로 만든 고리 양쪽에 카라비나를 끼운 것이다.
② 로프를 확보물에 빨리 연결하기 위해서 사용하는 장비이다.

04 절 로프매듭

로프는 소방활동 특히 구조활동이나 훈련에 있어 대원의 진입 및 탈출, 구조 대상자의 구조, 다양한 장비의 운반 및 고정, 장애물의 견인 제거 등 다양한 용도로 활용할 수 있어 구조장비 중에서도 가장 활용도가 높다.

1 좋은 매듭의 전제조건

(1) 묶기 쉬워야 한다.
(2) 자연적으로 풀리지 않아야 한다.
(3) 사용 후 간단하게 해체할 수 있어야 한다.

2 로프매듭 기본원칙

사고현장에서 구조대원은 좋은 매듭의 조건을 100% 충족시키는 것은 불가능하므로 구조현장에서 가장 많이 쓰이는 매듭법을 선택하고, 상황에 적용했을 때 가장 적절한 매듭을 선택하며, 해당대원이 가장 잘 할 수 있는 매듭법을 선택하는 것이 중요하다.
(1) 상황에 맞는 매듭 중 자주 쓰이고 대원이 가장 잘할 수 있는 매듭법을 사용한다.
(2) 매듭법은 많이 아는 것보다는 정확히 하는 것이 더욱 중요하다.
(3) 매듭은 정확한 형태를 만들고 단단하게 조여야 풀어지지 않는다.
(4) 매듭 부분은 강도가 저하되며 매듭 후 풀리지 않도록 옭매듭 등으로 보강한다.
(5) 매듭 끝 여유부분은 최소한 로프 직경의 10배 이상은 남아 있도록 한다.
(6) 끊어지지 않는 로프와 풀어지지 않는 매듭은 없으므로 이상여부를 수시로 확인한다.

3 로프 안전관리 요령

(1) 열이나 화학약품, 유류 등 로프를 손상시킬 수 있는 어떤 요인과도 접촉하지 않도록 한다.
(2) 밟거나 깔고 앉지 말아야 한다.
(3) 로프를 설치할 때 건물이나 장비의 모서리에 직접 닿지 않도록 한다.
(4) 장시간 햇볕에 노출되면 변색, 강도가 저하되므로 어둡고 서늘한 곳에 보관한다.
(5) 중성세제를 이용하여 정기적으로 세척하여 이물질을 제거한다.

4 로프 지지점 만들기

(1) 수평방향으로 로프를 직접 묶어 하중을 받게 되는 곳을 지지점, 확보점이라 한다(2개소 이상을 서로 다른 지지물에 묶어 지지물의 파손, 로프의 절단 등으로 발생할 수 있는 사고에 대비하여야 한다).
(2) 수직방향으로 설치하는 로프가 묶이는 곳은 현수점이라 한다.
(3) 연장된 로프에 카라비나, 도르래 등을 넣어 로프의 연장 방향을 바꾸는 장소를 지점이라 한다. 지점에서는 카라비나 등의 장비와 로프의 마찰에 의해 저항력이 발생한다.

5 기본매듭의 분류

소방에서는 용도에 따라 3가지 형태로 매듭을 분류한다.

○ 마디짓기(결절) : 로프의 끝이나 중간에 마디나 매듭・고리를 만드는 방법 ○ 이어매기(연결, 결합, 결속) : 한 로프를 다른 로프와 서로 연결하는 방법 ○ 움켜매기(결착) : 로프를 지지물 또는 특정 물건에 묶는 방법

(1) 마디짓기

① **옭매듭(엄지매듭)** : 로프에 마디를 만들어 도르래나 구멍으로부터 로프가 빠지는 것을 방지하거나 절단한 로프의 끝에서 꼬임이 풀어지는 것을 방지할 때 사용하는 매듭이다.

② **두겹옭매듭(고리 옭매듭)** : 고리를 필요로 하는 마디짓기의 가장 기본적인 매듭이다. 로프의 중간에 고리를 만들 필요가 있을 때 사용하는 매듭(힘을 받으면 고리가 계속 조여져서 풀기가 어렵다)이다.

③ **8자매듭** : 옭매듭보다 매듭부분이 커서 다루기 편하고 풀기도 쉽다. 매듭이 8자 모양을 닮아서 8자매듭이라 한다.

④ **두겹8자매듭** : 간편하고 튼튼하기 때문에 로프에 고리를 만들 때 가장 많이 사용된다.

⑤ **이중8자매듭** : 로프 끝에 두 개의 고리를 만들 수 있어서 두 개의 확보물에 로프를 고정하는 경우 활용된다.

⑥ **줄사다리매듭** : 로프에 일정한 간격을 두고 수개의 옭매듭을 만들어 로프를 타고 오르거나 내릴 때 지지점으로 이용할 수 있도록 하는 매듭이다.

⑦ 고정매듭 : 어디서든 자주 사용되는 중요한 매듭이어서 매듭의 왕이라 일컬어진다. 로프의 굵기에 관계없이 묶고 풀기가 쉬우며 조여지지 않으므로 로프를 물체에 묶어 지지점을 만들거나 유도 로프를 결착할 때 사용된다.
⑧ 두겹고정매듭 : 로프의 끝에 두 개의 고리를 만들어 활용할 때 사용하는 매듭이다.
⑨ 나비매듭 : 로프 중간에 고리를 만들 필요가 있을 때 사용하며, 다른 매듭에 비하여 강한 힘을 받아도 풀기가 쉬운 장점이 있다.

(2) 이어매기

① 바른매듭 : 묶고 풀기가 쉬우며 같은 굵기의 로프를 연결할 때 사용하는 매듭이다.
② 한겹매듭 : 서로 다른 굵기 또는 재질의 로프를 연결할 때 사용하는 매듭이다.
③ 두겹매듭 : 한겹매듭과 같은 용도의 매듭으로 보다 견고한 매듭으로 연결하고자 할 때 사용하는 매듭이다.
④ 8자연결매듭 : 많은 힘을 받을 수 있고 힘이 가해진 경우에도 풀기가 쉬워 로프를 연결하거나 안전을 확보하기 위한 매듭이다.
⑤ 피셔맨매듭 : 두 개의 옭매듭이 맞물린 형태로, 두 로프가 서로 다른 로프를 묶고 당겨서 매듭부분이 맞물리도록 하는 매듭이다.

(3) 움켜매기

① 말뚝매기(까베스땅매듭) : 움켜매기의 대표적 매듭으로 묶고 풀기가 쉽다. 로프의 한쪽 끝을 지지점에 묶는 매듭으로 구조활동을 위해 로프로 지지점을 설정하는 경우에 사용하는 매듭이다. 현장활동 중 확보지점을 설정하는 경우 주로 사용한다. 매듭 후 옭매듭 또는 절반매듭 2회 이상 처리해야 한다.
② 절반매듭 : 로프에 가장 기본이 되는 매듭으로 로프를 물체에 묶을 때 간편하게 사용하는 매듭이다. 절반매듭 단독으로 사용하지 말아야 한다.
③ 감아매기(비상매듭) : 굵은 로프나 지지물에 감아 매어 당기는 방법으로 운용하며, 화재진압 시 소방호스 지지 및 로프(산악)구조 시 주로 사용한다. 감아매기에 사용할 물체보다 로프가 더 가늘어야 한다.
④ 클램하이스트매듭 : 감아매기와 용도가 같으며 매듭이 보다 간편하다.

05 절 구급이론

1 구급의 개념

구급이란 응급환자에 대하여 행하는 상담, 응급처치 및 이송 등의 활동을 말한다. 우리나라의 경우 119구조 · 구급에 관한 법률을 두어 화재, 재난 · 재해 및 테러, 그 밖의 위급한 상황에서 119구조 ·

구급의 효율적 운영에 관하여 필요한 사항을 규정함으로써 국가의 구조·구급 업무 역량을 강화하고 국민의 생명·신체 및 재산을 보호하며 삶의 질 향상에 기여한다는 규정을 두고 있다.

(1) 구급대의 편성과 운영 기준(119구조·구급에 관한 법률 제10조 및 제11조)

① 소방청장·소방본부장 또는 소방서장은 응급환자의 응급처치 및 의료기관에의 긴급 이송을 위하여 구급대를 편성하여 운영한다. ※ 의료행위 不可

② 구체적 사항은 관할구역의 인구, 소방대상물, 재난발생 빈도 및 지역특성에 따라 정한다.

(2) 구급대의 편성(119구조·구급에 관한 법률 제10조)

① 일반 구급대

시·도의 규칙으로 정하는 바에 따라 소방서마다 1개 대 이상 설치하되, 소방서가 설치되지 아니한 시·군·구의 경우에는 해당 시·군·구 지역의 중심지에 소재한 119안전센터에 설치할 수 있다.

② 고속도로 구급대

교통사고 발생 빈도 등을 고려하여 소방청, 시·도 소방본부 또는 고속국도를 관할하는 소방서에 설치하되, 시·도 소방본부 또는 소방서에 설치하는 경우에는 시·도의 규칙으로 정하는 바에 따른다.

(3) 119구급대에 두는 소방자동차 등의 배치기준(소방력 기준에 관한 규칙 제3조 제1항 관련 별표1 제4호)

① 응급의료에 관한 법률 시행규칙 제38조 제1항에 따른 구급차

㉠ 소방서에 소속된 119안전센터의 수(數)에 1대를 추가한 수의 구급차를 기본으로 배치한다.

㉡ 119안전센터 관할에서 관할 인구 3만명을 기준으로 하여 관할 인구 5만명 또는 구급활동 건수가 연간 500건 이상 증가할 때마다 구급차 1대를 추가로 배치할 수 있다.

② 구급오토바이

구급활동을 원활하게 추진하기 위하여 필요한 경우 구급대별로 1대 이상의 구급오토바이를 배치할 수 있다.

(4) 구급대의 운영(119구조·구급에 관한 법률 제2조 및 제14조)

① 구급대가 의료기관에 이송할 수 있는 대상자

㉠ 화재·붕괴·폭발·교통사고 등의 재난·재해현장과 일상생활에서 발생한 응급환자

㉡ 응급입원대상에 해당하는 정신질환자로 추정되는 자

② 구급대원은 이송하려는 응급환자가 감염병 및 정신질환을 앓고 있다고 판단되는 경우에는 시·군·구 보건소의 관계 공무원 등에게 필요한 협조를 요청할 수 있다(119구조·구급에 관한 법률 시행령 제12조 제5항).

(5) 구급대의 출동구역(119구조·구급에 관한 법률 시행규칙 제8조)

① 일반구급대 및 소방서에 설치하는 고속국도구급대 : 구급대가 설치되어 있는 지역 관할 시·도

② 소방청 또는 시·도 소방본부에 설치하는 고속국도구급대 : 고속국도로 진입하는 도로 및 인근 구급대의 배치 상황 등을 고려하여 소방청장 또는 소방본부장이 관련 시·도의 소방본부장 및 한국도로공사와 협의하여 정한 구역

(6) 구급대원 환자이송 시 준수사항(119구조·구급에 관한 법률 시행령 제12조)

① 구급대원은 환자의 질병내용 및 중증도(重症度), 지역별 특성 등을 고려하여 소방청장 또는 소방본부장이 작성한 이송병원 선정지침에 따라 응급환자를 의료기관으로 이송하여야 한다. 다만, 환자의 상태를 보아 이송할 경우에 생명이 위험하거나 환자의 증상을 악화시킬 것으로 판단되는 경우로서 의사의 의료지도가 가능한 경우에는 의사의 의료지도에 따른다.

② 이송병원 선정지침이 작성되지 아니한 경우에는 환자의 질병내용 및 중증도 등을 고려하여 환자의 치료에 적합하고 최단시간에 이송이 가능한 의료기관으로 이송하여야 한다.

(7) 특별히 보호가 요구되는 사항

① 아동학대

② 중대한 범죄행위에 의한 손상

③ 약물 관련 사항(마약, 향정신성 약물 등)

④ 성폭행, 자살기도, 전염병 등

⑤ 범죄현장

⑥ 사망한 경우

(8) 응급의료체계

응급상황이 발생했을 때 응급환자 치료를 위하여 필요한 인력, 장비 등을 효과적으로 조직하여 운영하는 것을 말한다.

① 인력 : 일반인, 최초반응자, 응급간호사, 응급구조사, 구급상황요원, 지도의사, 응급의학전문의

② 장비 : 응급의료장비, 통신장비, 구급차

2 구급활동 사항

(1) 구급활동사항의 기록유지 등

① 의사 또는 간호사 등 병원관계자의 서명 또는 날인을 받은 후 이를 관리한다.

② 구급활동일지는 2부를 작성하여 1부는 당해 응급환자의 진료의사에게 제출하고, 1부는 구급대원의 소속소방관서에서 3년간 보관한다.

③ 소방본부장은 연 2회 소방청장에게 구급활동 상황을 보고하여야 한다.

(2) 구급활동에 필요한 조사

소방서장은 구급업무의 원활한 수행을 위하여 지리 및 교통상황, 의료기관 등의 현황 기타 필요한 사항에 대하여 분기별로 1회 이상 조사를 실시하여야 한다.

(3) 소독의 실시

소방서장은 주 1회 이상 구급차 및 응급처치기구 등에 대한 소독을 실시하되, 소독업자에게 위탁하여 실시할 수 있다.

(4) 구급대원의 교육 및 훈련

소방본부장 또는 소방서장은 소속 구급대원에게 분기별 1회 이상 구급업무에 필요한 교육 및 훈련을 실시하여야 한다.

(5) 구급대원의 정기점진

구급대원에 대하여 연 2회 이상 정기건강검진을 실시하여야 한다.

3 응급이론 일반

(1) 용어정의

① 의료인 : 면허를 받은 의사, 치과의사, 한의사, 조산사 및 간호사(응급구조사는 의료인에 해당하지 않으나, 응급의료종사자에는 해당됨)

② 의료기관의 종별 : 종합병원 · 병원 · 치과병원 · 한방병원 · 요양병원 · 의원 · 치과의원 · 한의원 및 조산원

③ 응급의료 종사자 : 응급의료를 제공하는 의료인과 응급구조사

(2) 국민의 권리와 의무

① 응급의료를 받을 권리

② 응급의료에 관한 알 권리

③ 응급환자에 대한 신고 및 협조의무

(3) 응급의료종사자의 권리와 의무

① 응급의료의 거부금지

② 응급환자가 아닌 자에 대한 조치

③ 응급환자에 대한 우선 응급의료

④ 응급의료에 대한 설명 및 동의

⑤ 응급의료 중단의 금지

⑥ 응급환자의 이송

⑦ 응급의료 등의 방해 금지

(4) 국가 및 지방자치단체의 책임

① 응급의료를 제공하기 위한 시책을 강구 · 시행

② 응급의료계획의 수립 · 시행

③ 응급의료위원회 구성

④ 구조 및 응급처치에 관한 교육
⑤ 응급의료 통신망의 구축
⑥ 재정지원
⑦ 응급의료기관 등에 대한 평가
⑧ 다수의 환자 발생에 따른 조치

(5) 응급환자의 이송 등

① 구급차 등의 운용자
㉠ 국가 또는 지방자치단체
㉡ 의료기관
㉢ 다른 법령에 의하여 구급차 등을 둘 수 있는 자
㉣ 응급환자 이송업의 허가를 받은 자
㉤ 응급환자의 이송을 목적사업으로 하여 보건복지부장관의 설립허가를 받은 비영리법인

② 구급차의 용도
㉠ 응급환자 이송
㉡ 응급의료를 위한 혈액, 진단용 검체 및 진료용 장비 등의 운반
㉢ 응급의료를 위한 응급의료종사자의 운송
㉣ 사고 등에 의하여 현장에서 사망하거나 진료를 받다가 사망한 자의 의료기관 등으로의 이송

③ 구급차 등의 장비
㉠ 특수구급차 : 의료장비, 구급의약품, 통신장비
㉡ 일반구급차 : 의료장비, 구급의약품

(6) 응급처치의 중요성(목적)

① 환자의 생명을 구하고 유지한다.
② 질병 등 병세의 악화를 방지한다.
③ 환자의 고통을 경감시킨다.
④ 환자의 치료 및 입원기간을 단축시킨다.
⑤ 불필요한 의료비의 지출 등을 절감시킬 수 있다.

(7) 응급처치의 일반적인 원칙

① 긴급한 상황이라도 구조자 자신의 안전에 주의를 기울인다.
② 쇼크를 예방하는 처치를 한다.

(8) 응급처치활동의 일반적인 순서

① 구급대원 자신 및 구조 대상자의 안전을 우선적으로 확보한다.
② 구조 대상자의 생명 및 안전을 위협하는 요소를 제거한다.

③ 기본 인명구조술(기도확보, 호흡유지, 순환유지)을 시행한다.
④ 응급처치가 끝나면 의료기관으로 이송한다.

(9) 응급의료 체계의 단계
① 현장단계 : 사고현장에서 환자를 응급처치 하는 단계
② 이송단계 : 응급환자를 사고현장에서 의료기관으로 이송하는 단계
③ 병원단계 : 의료기관에 도착하여 전문적인 응급처치를 받는 단계

06 절 환자분류 및 응급처치

1 응급처치와 구급활동

응급처치란 응급의료행위의 하나로서 응급환자에게 행하여지는 기도의 확보, 심장박동의 회복 기타 생명의 위험이나 증상의 현저한 악화를 방지하기 위하여 긴급히 필요로 하는 처치를 말하며, 응급환자에 대하여 행하는 상담, 응급처치 및 이송 등의 활동을 구급활동이라 한다.

2 일반적인 응급처치 기본원칙

(1) 개인의 안전을 가장 우선시하고, 현장의 안전유무 반드시 확인
(2) 신속, 침착, 질서 있게 대응
(3) 당사자 또는 보호자의 동의를 얻어 실시(의식불명 환자, 쇼크, 뇌손상, 보호자가 없을 경우 묵시적 동의 인정)
(4) 긴급환자부터 우선조치(심정지환자 등)
(5) 원칙적으로 의약품의 사용을 피함
(6) 어떠한 경우라도 환자의 생사판정 금지
(7) 의료기관에 연락

3 소방대원의 정신적 스트레스

소방대원들은 직업 특성상 응급처치 중 사망, 대형사고 경험, 동료의 사고나 죽음을 경험하면서 자신도 그 당사자가 될 수 있다는 점에 두려움을 느끼기도 한다. 이 밖에 직업과 관련된 장시간 작업, 빈번한 대형사고 발생, 실수에 대한 두려움, 언제 출동할지 모르는 상황 등은 소방대원의 스트레스를 한층 가중시키고 있는 것이 현실이다. 이러한 스트레스에 장시간 노출된 사람들에게서 다음과 같은 증상이 일반적으로 나타난다.

○ 식욕 저하	○ 불면증 또는 악몽	○ 의욕 상실
○ 죄책감	○ 집중력 저하	○ 판단력 저하
○ 설명할 수 없는 분노	○ 과민반응	○ 늘어난 혼자만의 시간

4 응급의료 단계

(1) 현장단계(Pre-Hospital Phase)

① 응급환자 신고접수 및 출동

② 현장에서 응급처치가 시행하는 단계

③ 응급의료정보망 가동

④ 신속한 응급처치로 환자를 안정시키는 것이 핵심

(2) 이송단계(Transport Phase)

① 환자를 병원까지 이송하는 단계

② 환자 이송 중 응급처치 지속수행

(3) 병원단계(Hospital Phase)

① 응급환자 병원 도착

② 전문적인 응급처치를 받는 단계

5 폭력현장 출동 시 주의사항

구급대원은 때와 장소 구분 없이 수시로 출동하고 있으며, 다수의 사건(사고)현장에는 폭력이 있을 수 있기 때문에 환자뿐만 아니라 대원에게도 영향을 줄 수 있다. 특히 폭력으로 인해 환자가 발생된 현장은 안전에 절대적으로 주의를 기울여야 하고, 필요한 경우 경찰에 협조를 요청해야 한다. 만약, 경찰이 도착하지 않은 상황라면 안전한 거리를 유지하고 기다려야 한다. 특히 구급차로 이송 중 차량 내에서 폭력이 발생될 수 있으므로 경찰관을 동승하여 의료기관에 이송한다.

(1) 현장 안전이 확보되지 않으면 진입해서는 안 된다.

(2) 폭력 현장이나 가능성이 있는 현장에서는 진입 전 경찰에 도움을 요청한다.

(3) 통신수단(무전기, 휴대폰)은 항상 휴대하고 개방해야 한다.

(4) 깨지는 소리, 고함 등 폭력 가능성을 나타내는 소리에 주의를 기울인다.

(5) 처치 중 현장에 폭력 가능성이 있다면 현장 안전 평가 재실시 후 적절한 행동을 취한다.

6 병원 전(前) 응급환자 중증도 분류

(1) 병원 전 응급환자 중증도 분류체계의 개념

병원 전 응급환자 중증도 분류체계(Pre-KTAS)는 119구급대원이 태블릿PC를 활용해 환자의 초기평가(심정지 및 무호흡, 의식장애 여부 등) 후 주증상별 카테고리를 선택하여 사고기전,

통증 부위, 동반증상, 활력징후 등 1·2차 고려사항을 객관적으로 판단하여 환자의 중증도를 분류하는 시스템이다. 이는 경증환자보다 중증환자의 안전·이송·분류에 효과가 있는 것으로 나타났으며, 이송단계부터 환자의 증상에 따른 적정병원 선정으로 의료기관의 수용률을 높일 수 있다.

(2) 응급환자에 대한 119구급대와 KTAS 분류 비교

119구급대 분류		KTAS 분류	
응급	불안정한 활력증후 등	Level 1	소생 : 심정지, 중증외상 외
준응급	수시간 내 처치가 필요한 경우	Level 2	긴급 : 호흡곤란, 토혈 등
잠재응급	(준)응급해당(×), 응급실 진료필요	Level 3	응급 : 경한 호흡부전 등
대상 외	응급환자 이송이 아닌 경우	Level 4	준응급 : 착란, 요로감염 등
사망	명백한 사망징후 또는 의심경우	Level 5	비응급 : 상처소독, 약처방 등

※ KTAS(Korean Triage and Acuity Scale)란 환자 평가 시 증상을 중심으로 분류하는 도구로서, 우리나라 의료상황에 맞게 변형한 한국형 응급환자 분류도구를 뜻하며 2012년 도입되어 2016년 전국 확대 시행되었다.

7 환자분류 및 분류법

「긴급구조대응활동 및 현장지휘에 관한 규칙」 제20조 제4항에 따른 분류반은 재난현장에서 발생한 사상자를 검진하여 사상자의 상태에 따라 사망·긴급·응급 및 비응급의 4단계로 분류한다.

(1) 환자분류

대량 환자 발생으로 급박한 구급현장에서 보다 나은 처치를 받을 수 있도록 신속한 평가를 통해 응급 처치와 이송순위를 중증도 정도에 따라 결정하는 것을 말한다. 다음과 같이 환자를 분류하고 있다.

환자분류	상황	색상	내용
긴급환자	긴급상황 (토끼심볼)	적색	① 생명을 위협할 만한 심정지, 쇼크, 기도폐쇄, 대량의 출혈, 저산소증이 나타나거나 임박한 경우 ② 즉각적인 처치를 행하면 환자는 안정화될 가능성과 소생 가능성이 있을 때
응급환자	응급상황 (거북이심볼)	황색	① 손상이 전신적인 증상이나 효과를 유발하지만, 아직까지 쇼크 또는 저산소증 상태가 아닌 경우 ② 전신적 반응이 발생하더라도 적절한 조치를 행할 경우 즉각적인 위험 없이 45-60분 정도 견딜 수 있는 상태
비응급환자	비응급상황	녹색	① 전신적인 위험 없이 손상이 국한 된 경우 ② 최소한의 조치로도 수 시간 이상 아무 문제가 없는 상태
지연환자 (사망)	사망 (십자가표시)	흑색	① 대량 재난시에 임상적 및 생물학적 사망이 명확히 구분되지 않는 상태 ② 자발 순환이나 호흡이 없는 모든 무반응의 상태

(2) 환자 이송순위

① 긴급환자 → ② 응급환자 → ③ 비응급환자 → ④ 지연환자

(3) 중증도 분류법(START, Simple Triage and Rapid Treatment)

가장 많이 이용되고 있는 환자분류법인 START법은 대규모 사고현장에서 많은 환자가 발생했을 경우 판정기준을 객관화하고 간소화시킴으로써 신속한 분류 및 처치가 가능하며, 환자평가 시 RPM을 기본으로 사용한다(Respiration : 호흡, Pulse : 맥박, Mental Statue : 의식수준). 중증도분류(START)법의 핵심내용은 다음과 같다.

① 보행 가능여부 판단 : 걸을 수 있는 환자는 지정된 장소로 이동하도록 고지(이동환자 비응급 환자 분류)

② 보행이 불가능 환자(호흡, 의식, 맥박 확인 후 긴급, 응급, 지연환자로 분류)

㉠ 분류기준

ⓐ 긴급환자 : 호흡수 30회/분 이상, 의식장애, 노동맥(노뼈동맥)촉진 불가능

ⓑ 응급환자 : 호흡수 30회/분 이하, 의식명료, 노동맥(노뼈동맥)촉진 가능

ⓒ 지연환자(사망) : 기도개방 후에도 무호흡, 무맥

*노동맥 : 위팔동맥이 팔꿈치 안쪽 부위에서 엄지손가락 쪽으로 뻗는 동맥. 보통 맥을 짚을 때 이 동맥을 짚는다.

㉡ 증상별 분류 기준

ⓐ 긴급환자 : 기도, 호흡, 심장이상, 조절안되는 출혈, 개방성 가슴 배손상, 심각한 머리손상, 쇼크, 기도화상, 내과적 이상

ⓑ 응급환자 : 척추손상, 다발성 골절, 중증의 화상, 단순 머리손상

ⓒ 비응급환자 : 경상의 합병증 없는 골절, 외상, 손상, 화상, 정신과적인 문제

ⓓ 지연환자 : 사망, 생존불능

③ 보행이 불가능하여 남아 있는 환자 : 다음의 중증도분류(START)법에 의해 신속히 분류

㉠ 기도개방 또는 입인두 기도기 삽관

㉡ 직접 압박

㉢ 팔다리 거상

(4) 화상환자 분류

① 1도 화상 : 표피만 손상된 경우로서 통증과 함께 피부가 빨갛게 부어오르는 증상이 있으며, 물집은 따로 발생하지 않는다.

② 2도 화상 : 표피에 이어 진피층까지 손상된 경우로서 부종이 있고 부풀어 오른 듯하며 붉어지는 증상을 동반하며 대부분 물집이 생기고 심한 통증을 느끼게 된다.

③ 3도 화상 : 피부 모든 층과 주변 조직까지 손상된 경우로서 통증은 잘 느끼지 못하지만 신경말단 부분까지 파괴가 된 경우이다.

④ 4도 화상 : 진피층을 넘어 아래 근육까지 침범한 큰 화상 상태를 말하고, 피부 이식, 신경 손상, 절단 등 치명적인 부상을 불러온다.

8 환자 평가

환자 평가 단계는 '① 현장 안전상태 확인 → ② 1차 평가 → ③ 2차 평가 → ④ 재평가' 순으로 실행한다.

(1) 현장 확인

환자가 발생한 현장의 안전여부를 확인하고 위험물을 평가하거나 통제해야 한다.

(2) 1차 평가(즉각적인 평가)

현장에서 환자의 치명적인 상태를 발견하는 즉시 응급처치 및 이송 우선순위 결정 등을 실시하기 위한 목적이다.

① 환자의 전반적인 상태 확인

② 의식, 기도, 호흡, 순환 등의 평가

③ 이송의 우선순위 결정 : 의식상태 평가 분류(AVPU법)

㉠ Alert : 정상(의식명료)

㉡ Verbal stimuli : 언어적 지시반응

㉢ Pain stimuli : 통증자극 반응(언어적 지시 무반응)

㉣ Unresponse : 무반응

④ 치명적인 상태일 경우 즉각적인 응급처치 실시(기도유지, 산소공급, 지혈 등)

⑤ 응급의료기관 이송여부 결정

(3) 2차 평가

① 활력징후

활력징후는 1차평가 결과와 함께 환자를 즉각 이송할 것인지를 점검한다.

② 신체검진 및 주요병력 확인

1차 평가 시 발견되지 않은 치명적인 손상이나 질환이 있는지를 확인하기 위함이며, 과거 주요병력 여부 확인 위해 SAMPLE 병력(과거병력)이 사용된다.

구분	병력(내용)
Signs/Symptoms	증상 및 징후
Allergies	약물이나 음식물 등에 대한 알레르기
Medications	현재 복용 중인 약물
Pertinent past medical history	과거병력
Last oral intake	마지막 음식물 섭취
Events	질병이나 손상을 일으킨 사건

③ 세부 신체검진

현장에 출동한 구급대원은 환자의 치명적인 상황을 먼저 처치한 후에 상부(머리)에서부터 신체검진을 시작하고 검진 범위는 환자의 질병과 손상에 따라 다르다. 비 외상환자보다 외상환자 평가에 의미가 있으며, 환자가 단순한 손상을 입은 경우에는 세부 신체검진이 불필요한 경우도 많이 있다.

(4) 재평가

환자의 상태가 악화 또는 호전될 수 있으며 평가는 계속 바뀔 수 있으므로 환자에 대한 재평가는 반드시 필요하다.

① 재평가 전 단계에서 획득한 정보를 기본으로 한다.
② 전 단계의 수치와 재평가 수치를 비교함으로써 호전되었는지 악화되었는지를 알 수 있다.
③ 환자에게 구급대원이 실시한 응급처치가 어떤 영향을 미쳤는지 평가할 수 있다.
④ 보통 15분마다 평가한다.
⑤ 위급 환자는 5분마다 평가한다.

(5) 의식이 있는 환자의 병력 확인(OPQRST)

환자가 의식이 있는 경우에 환자로부터 많은 정보를 얻을 수 있다. SAMPLE 병력 확인과 신체검진을 실시하고 의식이 있는 환자 병력 확인(OPQRST) 방법으로 질문한다. 이는 환자가 호흡이 가쁘거나 가슴통증을 호소할 때 중요하다. OPQRST는 환자의 주 호소를 기술하는 병력조사 방법이다.

구분	핵심 내용
Onset of the event	증상발명 당시 상황
Provocation or Palliation	주 호소 유발요인
Quality of the pain	발병한 통증의 특성
Region and Radiation	통증의 전이
Severity	통증의 강도
Time(history)	통증의 발현시간

07 절 119구조 · 구급에 관한 법률

1 목적 (법 제1조)

119구조 · 구급에 관한 법률은 화재, 재난 · 재해 및 테러, 그 밖의 위급한 상황에서 119구조 · 구급의 효율적 운영에 관하여 필요한 사항을 규정함으로써 국가의 구조 · 구급 업무 역량을 강화하고 국민의 생명 · 신체 및 재산을 보호하며 삶의 질 향상에 이바지함을 목적으로 한다.

2 용어의 정의 (법 제2조)

(1) 이 법에서 사용하는 용어의 뜻은 다음과 같다.

① "구조"란 화재, 재난・재해 및 테러, 그 밖의 위급한 상황(이하 "위급상황"이라 한다)에서 외부의 도움을 필요로 하는 사람(이하 "요구조자(구조 대상자)"라 한다)의 생명, 신체 및 재산을 보호하기 위하여 수행하는 모든 활동을 말한다.

② "119구조대"란 탐색 및 구조활동에 필요한 장비를 갖추고 소방공무원으로 편성된 단위조직을 말한다.

③ "구급"이란 응급환자에 대하여 행하는 상담, 응급처치 및 이송 등의 활동을 말한다.

④ "119구급대"란 구급활동에 필요한 장비를 갖추고 소방공무원으로 편성된 단위조직을 말한다.

⑤ "응급환자"란 「응급의료에 관한 법률」 제2조 제1호의 응급환자를 말한다.

⑥ "응급처치"란 「응급의료에 관한 법률」 제2조 제3호의 응급처치를 말한다.

⑦ "구급차 등"이란 「응급의료에 관한 법률」 제2조 제6호의 구급차등을 말한다.

⑧ "지도의사"란 「응급의료에 관한 법률」 제52조의 지도의사를 말한다.

⑨ "119항공대"란 항공기, 구조・구급 장비 및 119항공대원으로 구성된 단위조직을 말한다.

⑩ "119항공대원"이란 구조・구급을 위한 119항공대에 근무하는 조종사, 정비사, 항공교통관제사, 운항관리사, 119구조・구급대원을 말한다.

⑪ "119구조견"이란 위급상황에서 「소방기본법」 제4조에 따른 소방활동의 보조를 목적으로 소방기관에서 운용하는 개를 말한다.

⑫ "119구조견대"란 위급상황에서 119구조견을 활용하여 「소방기본법」 제4조에 따른 소방활동을 수행하는 소방공무원으로 편성된 단위조직을 말한다.

(2) 119구급대의 편성과 운영(시행령 제10조)

① **일반구급대** : 시・도의 규칙으로 정하는 바에 따라 소방서마다 1개 대 이상 설치하되, 소방서가 설치되지 아니한 시・군・구의 경우에는 해당 시・군・구 지역의 중심지에 소재한 119안전센터에 설치할 수 있다.

② **고속국도구급대** : 교통사고 발생 빈도 등을 고려하여 소방청, 시・도 소방본부 또는 고속국도를 관할하는 소방서에 설치하되, 시・도 소방본부 또는 소방서에 설치하는 경우에는 시・도의 규칙으로 정하는 바에 따른다.

③ 구급대의 출동구역은 행정안전부령으로 정한다.

3 국가 등의 책무 (법 제3조)

(1) 국가와 지방자치단체는 119구조・구급(이하 "구조・구급"이라 한다)과 관련된 새로운 기술의 연구・개발 및 구조・구급서비스의 질을 향상시키기 위한 시책을 강구하고 추진하여야 한다.

(2) 국가와 지방자치단체는 구조・구급업무를 효과적으로 수행하기 위한 체계의 구축 및 구조・구급장비의 구비, 그 밖에 구조・구급활동에 필요한 기반을 마련하여야 한다.

(3) 국가와 지방자치단체는 국민이 위급상황에서 자신의 생명과 신체를 보호할 수 있는 대응능력을 향상시키기 위한 교육과 홍보에 적극 노력하여야 한다.

✔ Check 시행규칙 제2조(기술경연대회)

① 소방청장・소방본부장 또는 소방서장(이하 "소방청장 등"이라 한다)은 「119구조・구급에 관한 법률」(이하 "법"이라 한다) 제3조 제1항에 따른 구조・구급 기술의 개발・보급을 위하여 기술경연대회를 개최할 수 있다.
② 제1항에 따른 기술경연대회의 운영에 필요한 구체적인 사항은 소방청장이 정한다.

4 국민의 권리와 의무 (법 제4조)

(1) 누구든지 위급상황에 처한 경우에는 국가와 지방자치단체로부터 신속한 구조와 구급을 통하여 생활의 안전을 영위할 권리를 가진다.
(2) 누구든지 119구조대원・119구급대원・119항공대원(이하 "구조・구급대원"이라 한다)이 위급상황에서 구조・구급활동을 위하여 필요한 협조를 요청하는 경우에는 특별한 사유가 없으면 이에 협조하여야 한다.
(3) 누구든지 위급상황에 처한 요구조자(구조 대상자)를 발견한 때에는 이를 지체 없이 소방기관 또는 관계 행정기관에 알려야 하며, 119구조대・119구급대・119항공대(이하 "구조・구급대"라 한다)가 도착할 때까지 요구조자(구조 대상자)를 구출하거나 부상 등이 악화되지 아니하도록 노력하여야 한다.

✔ Check 법 제30조(과태료)

① 제4조 제3항을 위반하여 위급상황을 소방기관 또는 관계 행정기관에 거짓으로 알린 자에게는 500만원 이하의 과태료를 부과한다.

5 다른 법률과의 관계 (법 제5조)

구조・구급활동에 관하여 다른 법률에 특별한 규정이 있는 경우를 제외하고는 이 법에서 정하는 바에 따른다.

6 구조・구급 기본계획 등의 수립・시행 (법 제6조)

(1) 소방청장은 업무를 수행하기 위하여 관계 중앙행정기관의 장과 협의하여 대통령령(시행령 제2조)으로 정하는 바에 따라 구조・구급 기본계획을 수립・시행하여야 한다.

✔Check 시행령 제2조(구조 · 구급 기본계획의 수립 · 시행)

① 「119구조 · 구급에 관한 법률」(이하 "법"이라 한다) 제6조 제1항에 따른 구조 · 구급 기본계획(이하 "기본계획"이라 한다)은 법 제27조 제1항에 따른 중앙 구조 · 구급정책협의회(이하 "중앙 정책협의회"라 한다)의 협의를 거쳐 5년마다 수립하여야 한다.
② 기본계획은 계획 시행 전년도 8월 31일까지 수립하여야 한다.
③ 소방청장은 구조 · 구급 시책상 필요한 경우 중앙 정책협의회의 협의를 거쳐 기본계획을 변경할 수 있다.
④ 소방청장은 제3항에 따라 변경된 기본계획을 지체 없이 관계 중앙행정기관의 장, 특별시장 · 광역시장 · 특별자치시장 · 도지사 · 특별자치도지사(이하 "시 · 도지사"라 한다)에게 통보하고 국회 소관 상임위원회에 제출하여야 한다.

(2) 기본계획에는 다음의 사항이 포함되어야 한다.
① 구조 · 구급서비스의 질 향상을 위한 정책의 기본방향에 관한 사항
② 구조 · 구급에 필요한 체계의 구축, 기술의 연구개발 및 보급에 관한 사항
③ 구조 · 구급에 필요한 장비의 구비에 관한 사항
④ 구조 · 구급 전문인력 양성에 관한 사항
⑤ 구조 · 구급활동에 필요한 기반조성에 관한 사항
⑥ 구조 · 구급의 교육과 홍보에 관한 사항
⑦ 그 밖에 구조 · 구급업무의 효율적 수행을 위하여 필요한 사항

(3) 소방청장은 기본계획에 따라 매년 연도별 구조 · 구급 집행계획을 수립 · 시행하여야 한다.

✔Check 시행령 제3조(구조 · 구급 집행계획의 수립 · 시행)

① 법 제6조 제3항에 따른 구조 · 구급 집행계획(이하 "집행계획"이라 한다)은 중앙 정책협의회의 협의를 거쳐 계획 시행 전년도 10월 31일까지 수립하여야 한다.
② 집행계획에는 다음 각 호의 사항이 포함되어야 한다.
1. 기본계획 집행을 위하여 필요한 사항
2. 구조 · 구급대원의 안전사고 방지, 감염 방지 및 건강관리를 위하여 필요한 사항
3. 그 밖에 구조 · 구급활동과 관련하여 중앙 정책협의회에서 필요하다고 결정한 사항

(4) 소방청장은 수립된 기본계획 및 집행계획을 관계 중앙행정기관의 장, 특별시장 · 광역시장 · 특별자치시장 · 도지사 · 특별자치도지사에게 통보하고 국회 소관 상임위원회에 제출하여야 한다.

(5) 소방청장은 기본계획 및 집행계획을 수립하기 위하여 필요한 경우에는 관계 중앙행정기관의 장 또는 시 · 도지사에게 관련 자료의 제출을 요청할 수 있다. 이 경우 자료제출을 요청 받은 관계 중앙행정기관의 장 또는 시 · 도지사는 특별한 사유가 없으면 이에 따라야 한다.

7 시·도 구조·구급집행계획의 수립·시행 (법 제7조)

(1) 소방본부장은 기본계획 및 집행계획에 따라 관할 지역에서 신속하고 원활한 구조·구급활동을 위하여 매년 특별시·광역시·특별자치시·도·특별자치도 구조·구급 집행계획을 수립하여 소방청장에게 제출하여야 한다.

(2) 소방본부장은 시·도 집행계획을 수립하기 위하여 필요한 경우에는 해당 특별자치도지사·시장·군수·구청장에게 관련 자료의 제출을 요청할 수 있다. 이 경우 자료제출을 요청받은 해당 특별자치도지사·시장·군수·구청장은 특별한 사유가 없으면 이에 따라야 한다.

(3) 시·도 집행계획의 수립시기·내용, 그 밖에 필요한 사항은 대통령령으로 정한다.

✔ Check 시행령 제4조(시·도 구조·구급 집행계획의 수립·시행)

① 법 제7조 제1항에 따른 특별시·광역시·특별자치시·도·특별자치도(이하 "시·도"라 한다) 구조·구급 집행계획(이하 "시·도 집행계획"이라 한다)은 법 제27조 제2항에 따른 시·도 구조·구급정책협의회(이하 "시·도 정책협의회"라 한다)의 협의를 거쳐 계획 시행 전년도 12월 31일까지 수립하여야 한다.

② 시·도 집행계획에는 다음 각 호의 사항이 포함되어야 한다.

1. 기본계획 및 집행계획에 대한 시·도의 세부 집행계획
2. 구조·구급대원의 안전사고 방지, 감염 방지 및 건강관리를 위하여 필요한 세부 집행계획
3. 법 제26조 제1항의 평가 결과에 따른 조치계획
4. 그 밖에 구조·구급활동과 관련하여 시·도 정책협의회에서 필요하다고 결정한 사항

8 119구조대의 편성과 운영 (법 제8조)

(1) 소방청장·소방본부장 또는 소방서장은 위급상황에서 요구조자(구조 대상자)의 생명 등을 신속하고 안전하게 구조하는 업무를 수행하기 위하여 대통령령으로 정하는 바에 따라 119구조대를 편성하여 운영하여야 한다.

(2) 구조대의 종류, 구조대원의 자격기준, 그 밖에 필요한 사항은 대통령령으로 정한다.

✔ Check 시행령 제5조(119구조대의 편성과 운영)

① 법 제8조 제1항에 따른 119구조대(이하 "구조대"라 한다)는 다음 각 호의 구분에 따라 편성·운영한다.

1. 일반구조대 : 시·도의 규칙으로 정하는 바에 따라 소방서마다 1개 대(隊) 이상 설치하되, 소방서가 없는 시·군·구(자치구를 말한다. 이하 같다)의 경우에는 해당 시·군·구 지역의 중심지에 있는 119안전센터에 설치할 수 있다.
2. 특수구조대 : 소방대상물, 지역 특성, 재난 발생 유형 및 빈도 등을 고려하여 시·도의 규칙으로 정하는 바에 따라 다음 각 목의 구분에 따른 지역을 관할하는 소방서에 다음 각 목의 구분에 따라 설치한다. 다만, 라목에 따른 고속국도구조대는 제3호에 따라 설치되는 직할구조대에 설치할 수 있다.

가. 화학구조대 : 화학공장이 밀집한 지역
나. 수난구조대 : 「내수면어업법」 제2조 제1호에 따른 내수면지역
다. 산악구조대 : 「자연공원법」 제2조 제1호에 따른 자연공원 등 산악지역
라. 고속국도구조대 : 「도로법」 제10조 제1호에 따른 고속국도(이하 "고속국도"라 한다)
마. 지하철구조대 : 「도시철도법」 제2조 제3호 가목에 따른 도시철도의 역사(驛舍) 및 역 시설

3. 직할구조대 : 대형·특수 재난사고의 구조, 현장 지휘 및 테러현장 등의 지원 등을 위하여 소방청 또는 시·도 소방본부에 설치하되, 시·도 소방본부에 설치하는 경우에는 시·도의 규칙으로 정하는 바에 따른다.
4. 테러대응구조대 : 테러 및 특수재난에 전문적으로 대응하기 위하여 소방청과 시·도 소방본부에 각각 설치하며, 시·도 소방본부에 설치하는 경우에는 시·도의 규칙으로 정하는 바에 따른다.

② 구조대의 출동구역은 행정안전부령으로 정한다.
③ 소방청장·소방본부장 또는 소방서장(이하 "소방청장 등"이라 한다)은 여름철 물놀이 장소에서의 안전을 확보하기 위하여 필요한 경우 민간 자원봉사자로 구성된 구조대(이하 "119시민수상구조대"라 한다)를 지원할 수 있다.
④ 119시민수상구조대의 운영, 그 밖에 필요한 사항은 시·도의 조례로 정한다.

> **시행규칙 제5조(구조대의 출동구역)**
> ① 영 제5조 제2항에 따른 구조대의 출동구역은 다음 각 호와 같다.
> 1. 소방청에 설치하는 직할구조대 및 테러대응구조대 : 전국
> 2. 시·도 소방본부에 설치하는 직할구조대 및 테러대응구조대 : 관할 시·도
> 3. 소방청 직할구조대에 설치하는 고속국도구조대 : 소방청장이 한국도로공사와 협의하여 정하는 지역
> 4. 그 밖의 구조대 : 소방서 관할 구역
>
> ② 구조대는 제1항에도 불구하고 다음 각 호의 어느 하나에 해당하는 경우에는 소방청장 등의 요청이나 지시에 따라 출동구역 밖으로 출동할 수 있다.
> 1. 지리적·지형적 여건상 신속한 출동이 가능한 경우
> 2. 대형재난이 발생한 경우
> 3. 그 밖에 소방청장이나 소방본부장이 필요하다고 인정하는 경우

시행령 제6조(구조대원의 자격기준)
① 구조대원은 소방공무원으로서 다음 각 호의 어느 하나에 해당하는 자격을 갖추어야 한다.
1. 소방청장이 실시하는 인명구조사 교육을 받았거나 인명구조사 시험에 합격한 사람
2. 국가·지방자치단체 및 「공공기관의 운영에 관한 법률」 제4조에 따른 공공기관의 구조 관련 분야에서 근무한 경력이 2년 이상인 사람
3. 「응급의료에 관한 법률」 제36조에 따른 응급구조사 자격을 가진 사람으로서 소방청장이 실시하는 구조업무에 관한 교육을 받은 사람

② 제1항 제1호에 따른 인명구조사 교육의 내용, 인명구조사 시험 과목·방법, 같은 항 제3호에 따른 구조업무에 관한 교육의 내용, 그 밖에 필요한 사항은 소방청장이 정한다.

③ 소방청장은 제1항 및 제2항에 따른 교육과 인명구조사 시험을 「소방공무원법」 제20조 제1항 또는 제2항에 따라 설치된 소방학교 또는 교육훈련기관에서 실시하도록 할 수 있다.

(3) 구조대는 행정안전부령으로 정하는 장비를 구비하여야 한다.

✔ Check 시행규칙 제3조(119구조대에서 갖추어야 할 장비의 기준)

① 「119구조·구급에 관한 법률 시행령」(이하 "영"이라 한다) 제5조에 따른 119구조대(이하 "구조대"라 한다) 중 특별시·광역시·특별자치시·도·특별자치도(이하 "시·도"라 한다) 소방본부 및 소방서(119안전센터를 포함한다)에 설치하는 구조대에서 법 제8조 제3항에 따라 갖추어야 하는 장비의 기본적인 사항은 「소방력 기준에 관한 규칙」 및 「소방장비관리법 시행규칙」에 따른다.
② 소방청에 설치하는 구조대에서 법 제8조 제3항에 따라 갖추어야 하는 장비의 기본적인 사항은 제1항을 준용한다.
③ 제1항과 제2항에서 규정한 사항 외에 구조대가 갖추어야 하는 장비에 관하여 필요한 사항은 소방청장이 정한다.

9 국제구조대의 편성과 운영 (법 제9조)

(1) 소방청장은 국외에서 대형재난 등이 발생한 경우 재외국민의 보호 또는 재난발생국의 국민에 대한 인도주의적 구조 활동을 위하여 국제구조대를 편성하여 운영할 수 있다.

(2) 소방청장은 외교부장관과 협의를 거쳐 국제구조대를 재난발생국에 파견할 수 있다.

(3) 소방청장은 국제구조대를 국외에 파견할 것에 대비하여 구조대원에 대한 교육훈련 등을 실시할 수 있다.

(4) 소방청장은 국제구조대의 국외재난대응능력을 향상시키기 위하여 국제연합 등 관련 국제기구와의 협력체계 구축, 해외재난정보의 수집 및 기술연구 등을 위한 시책을 추진할 수 있다.

(5) 소방청장은 국제구조대를 재난발생국에 파견하기 위하여 필요한 경우 관계 중앙행정기관의 장 또는 시·도지사에게 직원의 파견 및 장비의 지원을 요청할 수 있다. 이 경우 관계 중앙행정기관의 장 또는 시·도지사는 특별한 사유가 없으면 요청에 따라야 한다.

(6) 국제구조대의 편성, 파견, 교육훈련 및 국제구조대원의 귀국 후 건강관리와 그 밖에 필요한 사항은 대통령령(시행령 제7조·제8조·제9조)으로 정한다.

✔ Check 국제구조대·국제구급대의 편성 및 파견과 교육훈련 등

시행령 제7조(국제구조대·국제구급대의 편성 및 운영)

① 소방청장은 법 제9조 제1항 및 제10조의4 제1항에 따라 국제구조대·국제구급대를 편성·운영하는 경우 다음 각 호의 구분에 따른 임무를 수행할 수 있도록 구성해야 한다.
  1. 국제구조대 : 인명 탐색 및 구조, 안전평가, 상담, 응급처치, 응급이송, 시설관리, 공보연락 등의 임무

2. 국제구급대 : 안전평가, 상담, 응급처치, 응급이송, 시설관리, 공보연락 등의 임무

② 소방청장은 국제구조대·국제구급대의 효율적 운영을 위하여 필요한 경우 국제구조대·국제구급대를 제5조 제1항 제3호에 따라 소방청에 설치하는 직할구조대에 설치할 수 있다.

③ 국제구조대·국제구급대의 파견 규모 및 기간은 재난유형과 파견지역의 피해 등을 종합적으로 고려하여 외교부장관과 협의하여 소방청장이 정한다.

④ 제1항부터 제3항까지에서 규정한 사항 외에 국제구조대·국제구급대의 편성·운영에 필요한 사항은 소방청장이 정한다.

시행령 제8조(국제구조대원·국제구급대원의 교육훈련)

① 소방청장은 법 제9조 제3항(법 제10조의4 제2항에 따라 준용되는 경우를 포함한다)에 따라 교육훈련을 실시하는 경우 다음 각 호의 구분에 따른 내용을 포함시켜야 한다.

1. 국제구조대원
   가. 전문 교육훈련 : 붕괴건물 탐색 및 인명구조, 방사능 및 유해화학물질 사고 대응, 유엔재난평가조정요원 교육 등의 내용
   나. 일반 교육훈련 : 응급처치, 기초통신, 구조 관련 영어, 국제구조대 윤리 등의 내용
2. 국제구급대원
   가. 전문 교육훈련 : 국제 항공이송 관련 교육, 해외 응급의료체계 등의 내용
   나. 일반 교육훈련 : 기초통신, 구급 관련 영어, 국제구급대 윤리 등의 내용

② 소방청장은 국제구조대원의 재난대응능력 및 국제구급대원의 구급대응능력을 높이기 위하여 필요한 경우에는 국외 교육훈련을 실시할 수 있다.

시행령 제9조(국제구조대원·국제구급대원의 건강관리)

① 소방청장은 국제구조대원·국제구급대원을 파견하기 전에 감염병 등에 대비한 적절한 조치를 하여야 한다.

② 소방청장은 철수한 국제구조대원·국제구급대원에 대하여 부상, 감염병, 외상 후 스트레스 장애 등에 대한 검진을 하여야 한다.

(7) 국제구조대는 행정안전부령(시행규칙 제6조)으로 정하는 장비를 구비하여야 한다.

✔ Check 시행규칙 제6조(국제구조대·국제구급대에서 갖추어야 할 장비의 기준)

① 법 제9조 제7항(법 제10조의4 제2항에 따라 준용되는 경우를 포함한다)에서 "행정안전부령으로 정하는 장비"란 다음 각 호의 구분에 따른 장비를 말한다.

1. 국제구조대
   가. 구조장비
   나. 구급장비
   다. 정보통신장비
   라. 측정장비 중 공통측정장비 및 화생방 등 측정장비
   마. 보호장비
   바. 보조장비

2. 국제구급대
   가. 구급장비
   나. 정보통신장비
   다. 보호장비
   라. 보조장비 중 기록보존장비 및 현장지휘소 운영장비

② 제1항에 따른 장비의 구체적인 내용에 관하여 필요한 사항은 소방청장이 정한다.

✓ Check 구조대 편성 · 운영권 정리

① 중앙119구조본부 : 소방청 직제기관(설치 · 운영 : 소방청장 단, 권한의 일부는 중앙119구조본부장에게 위임)
② 일반구조대 : 소방서마다 1개 대(隊) 이상 설치(설치 · 운영 : 소방서장)
③ 특수구조대 : 소방서에 설치(설치 · 운영 : 소방서장)
④ 직할구조대 : 소방청 또는 소방본부에 설치(설치 · 운영 : 소방청장 또는 소방본부장)
⑤ 테러대응구조대 : 소방청 또는 소방본부에 설치(설치 · 운영 : 소방청장 또는 소방본부장) 단 효율적 운영을 위해 화학구조대와 직할구조대를 테러대응구조대로 지정할 수 있다.
⑥ 국제구조대 : 소방청에 설치하는 직할구조대에 설치할 수 있으며, 현재 중앙119구조본부에서 업무를 담당(설치 · 운영 : 소방청장 단, 파견시 외교부장관과 협의)
⑦ 항공구조 · 구급대 : 소방청 또는 소방본부에 설치(설치 · 운영 : 소방청장 또는 소방본부장)
⑧ 119구조견대 : 중앙119구조본부 또는 소방본부에 설치(설치 · 운영 : 소방청장 또는 소방본부장)

10 119구급대의 편성과 운영 (법 제10조)

(1) 소방청장 등은 위급상황에서 발생한 응급환자를 응급처치하거나 의료기관에 긴급히 이송하는 등의 구급업무를 수행하기 위하여 대통령령(시행령 제10조)으로 정하는 바에 따라 119구급대를 편성하여 운영하여야 한다.

✓ Check 시행령 제10조(119구급대의 편성과 운영)

① 법 제10조 제1항에 따른 119구급대(이하 "구급대"라 한다)는 다음 각 호의 구분에 따라 편성 · 운영한다.
1. 일반구급대 : 시 · 도의 규칙으로 정하는 바에 따라 소방서마다 1개 대 이상 설치하되, 소방서가 설치되지 아니한 시 · 군 · 구의 경우에는 해당 시 · 군 · 구 지역의 중심지에 소재한 119안전센터에 설치할 수 있다.
2. 고속국도구급대 : 교통사고 발생 빈도 등을 고려하여 소방청, 시 · 도 소방본부 또는 고속국도를 관할하는 소방서에 설치하되, 시 · 도 소방본부 또는 소방서에 설치하는 경우에는 시 · 도의 규칙으로 정하는 바에 따른다.

② 구급대의 출동구역은 행정안전부령으로 정한다.

시행규칙 제8조(구급대의 출동구역)
① 영 제10조 제2항에 따른 구급대의 출동구역은 다음 각 호와 같다.

4부 PART · 02

1. 일반구급대 및 소방서에 설치하는 고속국도구급대 : 구급대가 설치되어 있는 지역 관할 시·도
2. 소방청 또는 시·도 소방본부에 설치하는 고속국도구급대 : 고속국도로 진입하는 도로 및 인근 구급대의 배치 상황 등을 고려하여 소방청장 또는 소방본부장이 관련 시·도의 소방본부장 및 한국도로공사와 협의하여 정한 구역

② 구급대는 제1항에도 불구하고 다음 각 호의 어느 하나에 해당하는 경우에는 소방청장 등의 요청이나 지시에 따라 출동구역 밖으로 출동할 수 있다.
1. 지리적·지형적 여건상 신속한 출동이 가능한 경우
2. 대형재난이 발생한 경우
3. 그 밖에 소방청장이나 소방본부장이 필요하다고 인정하는 경우

(2) 구급대의 종류, 구급대원의 자격기준, 이송대상자, 그 밖에 필요한 사항은 대통령령으로 정한다.

✔ Check 구급대원의 자격기준 및 응급환자의 이송 등

시행령 제11조(구급대원의 자격기준)

구급대원은 소방공무원으로서 다음 각 호의 어느 하나에 해당하는 자격을 갖추어야 한다. 다만, 제4호에 해당하는 구급대원은 구급차 운전과 구급에 관한 보조업무만 할 수 있다.
1. 「의료법」 제2조 제1항에 따른 의료인(의사·치과의사·한의사·조산사 및 간호사)
2. 「응급의료에 관한 법률」 제36조 제2항에 따라 1급 응급구조사 자격을 취득한 사람
3. 「응급의료에 관한 법률」 제36조 제3항에 따라 2급 응급구조사 자격을 취득한 사람
4. 소방청장이 실시하는 구급업무에 관한 교육을 받은 사람

시행령 제12조(응급환자의 이송 등)

① 구급대원은 응급환자를 의료기관으로 이송하기 전이나 이송하는 과정에서 응급처치가 필요한 경우에는 가능한 범위에서 응급처치를 실시하여야 한다.
② 소방청장은 구급대원의 자격별 응급처치 범위 등 현장응급처치 표준지침을 정하여 운영할 수 있다.

■ 응급의료에 관한 법률 시행규칙 [별표 14]

<u>응급 구조사의 업무범위(제33조 관련)</u>

1. 1급응급구조사의 업무 범위
   가. 심폐소생술의 시행을 위한 기도유지(기도기(airway)의 삽입, 기도삽관(intubation), 후두마스크 삽관 등 포함)
   나. 정맥로의 확보
   다. 인공호흡기를 이용한 호흡의 유지
   라. 약물투여 : 저혈당성 혼수 시 포도당의 주입, 흉통시 나이트로글리세린의 혀아래(설하) 투여, 쇼크시 일정량의 수액투여, 천식발작 시 기관지확장제 흡입
   마. 심정지 시 에피네프린 투여

바. 아나필락시스 쇼크 시 자동주입펜을 이용한 에피네프린 투여
사. 정맥로의 확보 시 정맥혈 채혈
아. 심전도 측정 및 전송(의료기관 안에서는 응급실 내에 한함)
자. 응급 분만 시 탯줄 결찰 및 절단(현장 및 이송 중에 한하며, 지도의사의 실시간 영상의료지도 하에서만 수행)
차. 2급 응급구조사의 업무

2. 2급 응급구조사의 업무범위
가. 구강 내 이물질의 제거
나. 기도기(airway)를 이용한 기도유지
다. 기본 심폐소생술
라. 산소투여
마. 부목・척추고정기・공기 등을 이용한 사지 및 척추 등의 고정
바. 외부출혈의 지혈 및 창상의 응급처치
사. 심박・체온 및 혈압 등의 측정
아. 쇼크방지용 하의 등을 이용한 혈압의 유지
자. 자동심장충격기를 이용한 규칙적 심박동의 유도
차. 흉통시 나이트로글리세린의 혀아래(설하) 투여 및 천식발작 시 기관지확장제 흡입(환자가 해당약물을 휴대하고 있는 경우에 한함)

③ 구급대원은 환자의 질병내용 및 중증도(重症度), 지역별 특성 등을 고려하여 소방청장 또는 소방본부장이 작성한 이송병원 선정지침에 따라 응급환자를 의료기관으로 이송하여야 한다. 다만, 환자의 상태를 보아 이송할 경우에 생명이 위험하거나 환자의 증상을 악화시킬 것으로 판단되는 경우로서 의사의 의료지도가 가능한 경우에는 의사의 의료지도에 따른다.

④ 제3항에 따른 이송병원 선정지침이 작성되지 아니한 경우에는 환자의 질병내용 및 중증도 등을 고려하여 환자의 치료에 적합하고 최단시간에 이송이 가능한 의료기관으로 이송하여야 한다.

⑤ 구급대원은 이송하려는 응급환자가 감염병 및 정신질환을 앓고 있다고 판단되는 경우에는 시・군・구 보건소의 관계 공무원 등에게 필요한 협조를 요청할 수 있다.

⑥ 구급대원은 이송하려는 응급환자가 자기 또는 타인의 생명・신체와 재산에 위해(危害)를 입힐 우려가 있다고 인정되는 경우에는 환자의 보호자 또는 관계 기관의 공무원 등에게 동승(同乘)을 요청할 수 있다.

⑦ 소방청장은 제2항에 따른 현장응급처치 표준지침 및 제3항에 따른 이송병원 선정지침을 작성하는 경우에는 보건복지부장관과 협의하여야 한다.

(3) 구급대는 행정안전부령(시행규칙 제7조)으로 정하는 장비를 구비하여야 한다.

✔ Check 시행규칙 제7조(119구급대에서 갖추어야 할 장비의 기준)

① 영 제10조에 따른 119구급대(이하 "구급대"라 한다) 중 시・도 소방본부 및 소방서(119안전센터를 포함한다)에 설치하는 구급대에서 법 제10조 제3항에 따라 갖추어야 하는 장비의 기본적인 사항은 「소방장비관리법 시행규칙」에 따른다.

② 소방청에 설치하는 구급대에서 법 제10조 제3항에 따라 갖추어야 하는 장비의 기본적인 사항은 제1항을 준용한다.
③ 제1항에서 규정한 사항 외에 구급대가 갖추어야 하는 장비에 관하여 필요한 사항은 소방청장이 정한다.

(4) 소방청장은 응급환자가 신속하고 적절한 응급처치를 받을 수 있도록 「의료법」 제27조에도 불구하고 대통령령으로 정하는 바에 따라 보건복지부장관과 협의하여 구급대원의 자격별 응급처치의 범위를 정할 수 있다. 다만, 대통령령으로 정하는 범위는 「응급의료에 관한 법률」 제41조에서 정한 내용을 초과하지 아니한다.

(5) 소방청장은 구급대원의 자격별 응급처치를 위한 교육・평가 및 응급처치의 품질관리 등에 관한 계획을 수립・시행하여야 한다.

11 119구급상황관리센터의 설치・운영 등 (법 제10조의2)

(1) 소방청장은 119구급대원 등에게 응급환자 이송 등에 관한 정보를 효율적으로 제공하기 위하여 소방청과 시・도 소방본부에 119구급상황관리센터(이하 "구급상황센터"라 한다)를 설치・운영하여야 한다. → [시행 2025. 6. 4]

(2) 구급상황센터에서는 다음의 업무를 수행한다.
① 응급환자에 대한 안내・상담 및 지도
② 응급환자를 이송 중인 사람에 대한 응급처치의 지도 및 이송병원 안내
③ '①', '②'와 관련된 정보의 활용 및 제공
④ 119구급이송 등을 위한 정보망의 설치 및 관리・운영 → [시행 2025. 6. 4]
⑤ 제23조의2 제1항 및 제23조의3 제1항에 따른 감염병환자 등의 이송 등 중요사항 보고 전파
⑥ 재외국민, 영해・공해상 선원 및 항공기 승무원・승객 등에 대한 의료상담 등 응급의료서비스 제공
⑦ 소아・청소년환자(18세 이하의 환자를 말한다)에 대한 상담・안내・지도 → [시행 2025. 6. 4]

(3) 구급상황센터의 설치・운영, 그 밖에 필요한 사항은 대통령령(시행령 제13조의2・제13조의3)으로 정한다.

✔ Check 구급상황센터의 설치 및 운영, 그 밖에 필요한 사항 등

시행령 제13조의2(119구급상황관리센터의 설치 및 운영)
① 법 제10조의2 제1항에 따른 119구급상황관리센터(이하 "구급상황센터"라 한다)에는 다음 각 호의 어느 하나에 해당하는 자격을 갖춘 사람을 배치하여 24시간 근무체제를 유지하여야 한다.
1. 「의료법」 제2조 제1항에 따른 의료인
2. 「응급의료에 관한 법률」 제36조 제2항에 따라 1급 응급구조사 자격을 취득한 사람
3. 「응급의료에 관한 법률」 제36조 제3항에 따라 2급 응급구조사 자격을 취득한 사람

4. 「응급의료에 관한 법률」에 따른 응급의료정보센터(이하 "응급의료정보센터"라 한다)에서 2년 이상 응급의료에 관한 상담 경력이 있는 사람

② 소방청장은 법 제10조의2 제2항 제4호에 따른 119구급이송 관련 정보망을 설치하는 경우 다음 각 호의 정보가 효율적으로 연계되어 구급대 및 구급상황센터에 근무하는 사람에게 제공될 수 있도록 하여야 한다.

1. 「응급의료에 관한 법률」 제27조 제2항 제3호에 따라 응급의료정보센터가 제공하는 「응급의료에 관한 법률 시행령」 제24조 제1항 각 호의 정보
2. 구급대의 출동 상황, 응급환자의 처리 및 이송 상황

③ 구급상황센터는 법 제10조의2 제2항 제5호에 따라 법 제23조의2 제1항에 따른 감염병환자 등(이하 "감염병환자 등"이라 한다)의 현재 상태 및 이송 관련 사항 등 중요사항을 구급대원 및 이송의료기관, 관할 보건소 등 관계 기관에 전파·보고해야 한다.

④ 구급상황센터에 근무하는 사람은 이송병원 정보를 제공하려면 제2항 제1호에 따른 정보를 활용하여 이송병원을 안내하여야 한다.

⑤ 소방본부장은 구급상황센터의 운영현황을 파악하고 응급환자 이송정보제공 체계를 효율화하기 위하여 매 반기별로 소방청장에게 구급상황센터의 운영상황을 종합하여 보고하여야 한다.

⑥ 구급상황센터의 설치·운영에 관한 세부사항은 구급상황센터를 소방청에 설치하는 경우에는 소방청장이, 시·도 소방본부에 설치하는 경우에는 시·도의 규칙으로 정한다. 다만, 시·도 소방본부에 설치하는 구급상황센터의 설치·운영에 관한 세부사항 중 필수적으로 배치되는 인력의 임용, 보수 등 인사에 관한 사항은 소방청장이 정하는 바에 따른다.

시행령 제13조의3(재외국민 등에 대한 의료상담 및 응급의료서비스)

① 구급상황센터는 법 제10조의2 제2항 제6호에 따라 재외국민, 영해·공해상 선원 및 항공기 승무원·승객 등(이하 "재외국민등"이라 한다)에게 다음 각 호의 응급의료서비스를 제공한다.

1. 응급질환 관련 상담 및 응급의료 관련 정보 제공
2. 「재외국민보호를 위한 영사조력법」 제2조 제4호에 따른 해외위난상황 발생 시 재외국민에 대한 응급의료 상담 등 필요한 조치 제공 및 업무 지원
3. 영해·공해상 선원 및 항공기 승무원·승객에 대한 위급상황 발생 시 인명구조, 응급처치 및 이송 등 응급의료서비스 지원
4. 재외공관에 대한 의료상담 및 응급의료서비스 인력의 지원
5. 그 밖에 구급상황센터에서 재외국민등에게 제공할 필요가 있다고 소방청장이 판단하여 정하는 응급의료서비스

② 소방청장은 구급상황센터가 제1항에 따른 응급의료서비스를 제공하는 데 필요한 경우에는 관계 기관에 협력을 요청할 수 있다.

(4) 보건복지부장관은 구급상황센터 업무 중 '(2)'의 '①' ~ '⑦'을 평가할 수 있으며, 소방청장은 그 평가와 관련한 자료의 수집을 위하여 보건복지부장관이 요청하는 경우 구조·구급활동의 기록관리의 기록 등 필요한 자료를 제공하여야 한다.

(5) 소방청장은 응급환자의 이송정보가 「응급의료에 관한 법률」의 응급의료 전산망과 연계될 수 있도록 하여야 한다.

✔Check 시행령 제32조의4(민감정보 및 고유식별정보의 처리)

소방청장 등은 다음 각 호의 사무를 수행하기 위하여 불가피한 경우 「개인정보 보호법」 제23조에 따른 건강에 관한 정보나 같은 법 시행령 제19조에 따른 주민등록번호, 여권번호, 운전면허의 면허번호 또는 외국인등록번호가 포함된 자료를 처리할 수 있다.

1. 법 및 이 영에 따른 구조·구급활동에 관한 사무
2. 법 제22조에 따른 구조·구급활동의 기록관리에 관한 사무

12 119구급차의 운용 (법 제10조의3)

(1) 소방청장 등은 응급환자를 의료기관에 긴급히 이송하기 위하여 구급차(이하 "119구급차"라 한다)를 운용하여야 한다.

(2) 119구급차의 배치기준, 장비(의료장비 및 구급의약품은 제외한다) 등 119구급차의 운용에 관하여 응급의료 관계 법령에 규정되어 있지 아니하거나 응급의료 관계 법령에 규정된 내용을 초과하여 규정할 필요가 있는 사항은 행정안전부령으로 정한다.

✔Check 시행규칙 제7조의2(119구급차의 배치 · 운용기준)

① 법 제10조의3 제2항에 따른 119구급차의 배치기준은 「소방력 기준에 관한 규칙」 별표 1 제4호에서 정하는 바에 따른다.

② 그 밖에 119구급차 차량의 성능·특성, 표식 및 도장 등 표준규격에 관한 사항은 소방청장이 정한다.

소방력 기준에 관한 규칙 별표 1 제4호

4. 119구급대에 두는 소방자동차 등의 배치기준
   가. 「응급의료에 관한 법률 시행규칙」 제38조 제1항에 따른 구급차
      1) 소방서에 소속된 119안전센터의 수(數)에 1대를 추가한 수의 구급차를 기본으로 배치한다.
      2) 119안전센터 관할에서 관할 인구 3만명을 기준으로 하여 관할 인구 5만명 또는 구급활동 건수가 연간 500건 이상 증가할 때마다 구급차 1대를 추가로 배치할 수 있다.
   나. 구급오토바이
      구급활동을 원활하게 추진하기 위하여 필요한 경우 구급대별로 1대 이상의 구급오토바이를 배치할 수 있다.

13 국제구급대의 편성과 운영 (법 제10조의4)

(1) 소방청장은 국외에서 대형재난 등이 발생한 경우 재외국민에 대한 구급 활동, 재외국민 응급환자의 국내 의료기관 이송 또는 재난발생국 국민에 대한 인도주의적 구급 활동을 위하여 국제구급대를 편성하여 운영할 수 있다. 이 경우 이송과 관련된 사항은 「재외국민보호를 위한 영사조력법」 제19조에 따른다.

(2) 국제구급대의 편성, 파견, 교육훈련 및 국제구급대원의 귀국 후 건강관리 등에 관하여는 제9조

제2항부터 제7항까지를 준용한다. 이 경우 "국제구조대"는 "국제구급대"로, "구조대원"은 "구급대원"으로 본다.

14 구조 · 구급대의 통합 편성과 운영 (법 제11조)

(1) 소방청장 등은 119구조대 · 119구급대 · 119항공대의 편성 규정에도 불구하고 구조 · 구급대를 통합하여 편성 · 운영할 수 있다.

✓Check 시행령 제14조(119구조구급센터의 편성과 운영)

① 소방청장 등은 효율적인 인력 운영을 위하여 필요한 경우에는 법 제11조에 따라 구조대와 구급대를 통합하여 119구조구급센터를 설치할 수 있다.
② 시 · 도 소방본부 또는 소방서에 119구조구급센터를 설치할 때에는 시 · 도의 규칙으로 정하는 바에 따른다.

(2) 소방청장은 국제구조대 · 국제구급대의 편성 규정에도 불구하고 국제구조대 · 국제구급대를 통합하여 편성 · 운영할 수 있다.

15 119항공대의 편성과 운영 (법 제12조)

(1) 소방청장 또는 소방본부장은 초고층 건축물 등에서 요구조자(구조 대상자)의 생명을 안전하게 구조하거나 도서 · 벽지에서 발생한 응급환자를 의료기관에 긴급히 이송하기 위하여 119항공대(이하 "항공대"라 한다)를 편성하여 운영한다.

(2) 항공대의 편성과 운영 및 업무, 그 밖에 필요한 사항은 대통령령으로 정한다.

✓Check 항공대의 편성과 운영 및 업무, 그 밖에 필요한 사항 등

시행령 제15조(119항공대의 편성과 운영)
① 소방청장은 119항공대를 제5조 제1항 제3호에 따라 소방청에 설치하는 직할구조대에 설치할 수 있다.
② 소방본부장은 시 · 도 규칙으로 정하는 바에 따라 119항공대를 편성하여 운영하되, 효율적인 인력 운영을 위하여 필요한 경우에는 시 · 도 소방본부에 설치하는 직할구조대에 설치할 수 있다.

시행령 제16조(119항공대의 업무)
119항공대는 다음 각 호의 업무를 수행한다.
1. 인명구조 및 응급환자의 이송(의사가 동승한 응급환자의 병원 간 이송을 포함한다)
2. 화재 진압
3. 장기이식환자 및 장기의 이송
4. 항공 수색 및 구조 활동
5. 공중 소방 지휘통제 및 소방에 필요한 인력 · 장비 등의 운반
6. 방역 또는 방재 업무의 지원
7. 그 밖에 재난관리를 위하여 필요한 업무

시행령 제17조(119항공대원의 자격기준)
119항공대원은 제6조에 따른 구조대원의 자격기준 또는 제11조에 따른 구급대원의 자격기준을 갖추고, 소방청장이 실시하는 항공 구조·구급과 관련된 교육을 마친 사람으로 한다.

제18조(항공기의 운항 등)
① 119항공대의 항공기(이하 "항공기"라 한다)는 조종사 2명이 탑승하되, 해상비행·계기비행(計器飛行) 및 긴급 구조·구급 활동을 위하여 필요한 경우에는 정비사 1명을 추가로 탑승시킬 수 있다.
② 조종사의 비행시간은 1일 8시간을 초과할 수 없다. 다만, 구조·구급 및 화재 진압 등을 위하여 필요한 경우로서 소방청장 또는 소방본부장이 비행시간의 연장을 승인한 경우에는 그러하지 아니하다.
③ 조종사는 항공기의 안전을 확보하기 위하여 탑승자의 위험물 소지 여부를 점검해야 하며, 탑승자는 119항공대원의 지시에 따라야 한다.
④ 항공기의 검사 등 유지·관리에 필요한 사항은 소방청장이 정한다.
⑤ 소방청장 및 소방본부장은 항공기의 안전운항을 위하여 운항통제관을 둔다.

(3) 항공대는 행정안전부령으로 정하는 장비를 구비하여야 한다.

✔ Check 시행규칙 제9조(119항공대에서 갖추어야 할 장비의 기준)

① 법 제12조 제3항에 따라 시·도 소방본부에 설치하는 119항공대에서 갖추어야 할 장비의 기본적인 사항은 「소방력 기준에 관한 규칙」 및 「소방장비관리법 시행규칙」에 따른다.
② 법 제12조 제3항에 따라 소방청에 설치하는 119항공대에서 갖추어야 할 장비의 기본적인 사항은 제1항을 준용하되, 119항공대에 두는 항공기(이하 "항공기"라 한다)는 3대 이상 갖추어야 한다.
③ 제1항 및 제2항에서 규정한 사항 외에 119항공대가 갖추어야 하는 장비에 관하여 필요한 사항은 소방청장이 정한다.

✔ Check 시행령 제19조(119항공기사고조사단)

① 소방청장 또는 시·도지사는 항공기 사고(「항공·철도 사고조사에 관한 법률」 제3조 제2항 각 호에 따른 항공사고는 제외한다)의 원인에 대한 조사 및 사고수습 등을 위하여 각각 119항공기사고조사단(이하 이 조에서 "조사단"이라 한다)을 편성·운영할 수 있다.
② 조사단의 편성·운영, 그 밖에 필요한 사항은 소방청의 경우에는 소방청장이 정하고, 시·도의 경우에는 해당 시·도의 규칙으로 정한다.

16 119항공운항관제실 설치·운영 등 (법 제12조의2)

(1) 소방청장은 소방항공기의 안전하고 신속한 출동과 체계적인 현장활동의 관리·조정·통제를 위하여 소방청에 119항공운항관제실을 설치·운영하여야 한다.

(2) '(1)'에 따른 119항공운항관제실의 업무는 다음과 같다.
① 재난현장 출동 소방헬기의 운항·통제·조정에 관한 사항
② 관계 중앙행정기관 소속의 응급의료헬기 출동 요청에 관한 사항

③ 관계 중앙행정기관 소속의 헬기 출동 요청 및 공역통제・현장지휘에 관한 사항
④ 소방항공기 통합 정보 및 안전관리 시스템의 설치・관리・운영에 관한 사항
⑤ 소방항공기의 효율적 운항관리를 위한 교육・훈련 계획 등의 수립에 관한 사항

(3) 119항공운항관제실 설치・운영 등에 필요한 사항은 대통령령으로 정한다.

✔ Check 시행령 제19조의2(119항공운항관제실의 설치・운영)

① 소방청장은 법 제12조의2 제1항에 따른 119항공운항관제실에 다음 각 호의 어느 하나에 해당하는 사람을 1명 이상 배치하여 24시간 근무체제로 운영한다.
1. 「항공안전법」 제35조 제7호의 항공교통관제사 자격증명을 받은 사람
2. 「항공안전법」 제35조 제9호의 운항관리사 자격증명을 받은 사람
3. 그 밖에 항공운항관제 경력이 3년 이상인 사람으로서 소방청장이 인정하는 사람

② 소방청장은 법 제12조의2 제2항 각 호의 업무를 효율적으로 수행하기 위하여 항공기의 운항정보 및 안전관리 등을 위한 시스템(이하 "운항관리시스템"이라 한다)을 구축・운영해야 한다.
③ 소방청장은 운항관리시스템이 소방청과 시・도 소방본부 간에 상호 연계될 수 있도록 관리해야 한다.
④ 제1항부터 제3항까지에서 규정한 사항 외에 제1항에 따른 119항공운항관제실의 설치・운영에 필요한 세부사항은 소방청장이 정한다.

17 119항공정비실의 설치・운영 등 (법 제12조의3)

(1) 소방청장은 제12조 제1항에 따라 편성된 항공대의 소방헬기를 전문적으로 통합정비 및 관리하기 위하여 소방청에 119항공정비실(이하 "정비실"이라 한다)을 설치・운영할 수 있다.

(2) 정비실에서는 다음의 업무를 수행한다.
① 소방헬기 정비운영 계획 수립 및 시행 등에 관한 사항
② 중대한 결함 해소 및 중정비 업무 수행 등에 관한 사항
③ 정비에 필요한 전문장비 등의 운영・관리에 관한 사항
④ 정비에 필요한 부품 수급 등의 운영・관리에 관한 사항
⑤ 정비사의 교육훈련 및 자격유지에 관한 사항
⑥ 소방헬기 정비교범 및 정비 관련 문서・기록의 관리・유지에 관한 사항
⑦ 그 밖에 소방헬기 정비를 위하여 필요한 사항

(3) 정비실의 설치・운영, 그 밖에 필요한 사항은 대통령령으로 정한다.

✔ Check 시행령 제19조의3(119항공정비실의 설치・운영)

① 소방청장은 법 제12조의3 제1항에 따른 119항공정비실에 「항공안전법」 제35조 제8호의 항공정비사 자격증명을 받은 사람을 배치하여 운영한다.
② 제1항에 따른 119항공정비실의 설치・운영에 필요한 세부사항은 소방청장이 정한다.

(4) 정비실의 인력·시설 및 장비기준 등에 필요한 사항은 행정안전부령으로 정한다.

✔ Check 시행규칙 제10조의2(119항공정비실의 시설 및 장비 기준)

① 법 제12조의3 제1항에 따른 119항공정비실에 갖추어야 할 시설은 다음 각 호와 같다.
1. 항공기를 수용할 수 있는 격납시설
2. 항공기 정비에 필요한 계류장 및 이착륙 시설
3. 항공기 정비용 장비·공구·자재의 보관 시설
4. 기술관리 및 품질관리 수행을 위한 사무실 및 교육시설
5. 그 밖에 정비 등을 수행하기 위한 환기, 조명, 온도 및 습도조절 설비

② 제1항에 따른 119항공정비실에 갖추어야 할 장비는 다음 각 호와 같다.
1. 항공기를 기동시킬 수 있는 항공기동장비
2. 정비작업 지원을 위한 지상지원장비
3. 정비에 직접 사용되는 항공정비장비
4. 그 밖에 보유 기종별 특성에 맞는 정비장비

③ 제1항 및 제2항에서 규정한 사항 외에 119항공정비실의 시설 및 장비에 관하여 필요한 사항은 소방청장이 정한다.

18 119구조견대의 편성과 운영 (법 제12조의4)

(1) 소방청장과 소방본부장은 위급상황에서 「소방기본법」 제4조에 따른 소방활동의 보조 및 효율적 업무 수행을 위하여 119구조견대를 편성하여 운영한다.

(2) 소방청장은 119구조견(이하 "구조견"이라 한다)의 양성·보급 및 구조견 운용자의 교육·훈련을 위하여 구조견 양성·보급기관을 설치·운영하여야 한다.

(3) '(1)'에 따른 119구조견대의 편성·운영 및 '(2)'에 따른 구조견 양성·보급 기관의 설치·운영, 그 밖에 필요한 사항은 대통령령으로 정한다.

✔ Check 119구조견대의 편성·운영 및 구조견 양성·보급기관의 설치·운영 등

시행령 제19조의4(119구조견대의 편성·운영)

① 소방청장은 법 제12조의4 제1항에 따른 119구조견대(이하 "구조견대"라 한다)를 중앙119구조본부에 편성·운영한다.

② 소방본부장은 시·도의 규칙으로 정하는 바에 따라 시·도 소방본부에 구조견대를 편성하여 운영한다.

③ 구조견대의 출동구역은 행정안전부령으로 정한다.

시행규칙 제10조의4(119구조견대의 출동구역)

① 영 제19조의2 제3항에 따른 119구조견대(이하 "구조견대"라 한다)의 출동구역은 다음 각 호와 같다.
1. 중앙119구조본부에 편성하는 구조견대 : 전국
2. 시·도 소방본부에 편성하는 구조견대 : 관할 시·도

② 제1항에도 불구하고 구조견대는 소방청장 또는 소방본부장의 요청이나 지시에 따라 출동구역 밖으로 출동할 수 있다.

④ 제1항부터 제3항까지에서 규정한 사항 외에 구조견대의 편성·운영에 필요한 사항은 중앙119구조본부에 두는 경우에는 소방청장이 정하고, 시·도 소방본부에 두는 경우에는 해당 시·도의 규칙으로 정한다.

시행령 제19조의5(119구조견 양성·보급기관의 설치·운영 등)

① 소방청장은 법 제12조의4 제2항에 따라 119구조견(이하 "구조견"이라 한다)의 양성·보급 및 구조견 운용자의 교육·훈련을 위한 구조견 양성·보급기관을 중앙119구조본부에 설치·운영한다.

② 제1항에 따른 구조견 양성·보급기관의 설치·운영 및 교육·훈련의 내용 등에 필요한 사항은 소방청장이 정한다.

(4) 119구조견대는 행정안전부령으로 정하는 장비를 구비하여야 한다.

✔ Check 시행규칙 제10조의3(119구조견대에서 갖추어야 할 장비의 기준)

① 법 제12조의4 제4항에서 "행정안전부령으로 정하는 장비"란 다음 각 호의 장비를 말한다.

1. 119구조견(이하 "구조견"이라 한다) 및 구조견 운용자 출동 장비
2. 구조견 및 구조견 운용자 훈련용 장비
3. 구조견 사육·관리용 장비
4. 그 밖에 구조견 운용 등에 필요하다고 인정되는 장비

② 제1항에 따른 장비의 구체적인 내용에 관하여 필요한 사항은 소방청장이 정한다.

19 구조·구급활동 (법 제13조)

(1) 소방청장 등은 위급상황이 발생한 때에는 구조·구급대를 현장에 신속하게 출동시켜 인명구조, 응급처치 및 구급차 등의 이송, 그 밖에 필요한 활동을 하게 하여야 한다.

✔ Check 시행규칙 제16조(구조·구급활동에 필요한 조사)

소방청장 등은 구조·구급업무의 원활한 수행을 위하여 교통, 지리, 그 밖에 필요한 사항을 조사할 수 있다.

(2) 누구든지 '(1)'에 따른 구조·구급활동을 방해하여서는 아니 된다.

법 제28조(벌칙)

정당한 사유 없이 제13조 제2항을 위반하여 구조·구급활동을 방해한 자는 5년 이하의 징역 또는 5천만 원 이하의 벌금에 처한다.

(3) 소방청장 등은 대통령령으로 정하는 위급하지 아니한 경우에는 구조·구급대를 출동시키지 아니할 수 있다.

✓Check 구조 · 구급 요청의 거절 및 응급환자 등의 이송 거부

시행령 제20조(구조 · 구급 요청의 거절)

① 구조대원은 법 제13조 제3항에 따라 다음 각 호의 어느 하나에 해당하는 경우에는 구조출동 요청을 거절할 수 있다. 다만, 다른 수단으로 조치하는 것이 불가능한 경우에는 그러하지 아니하다.
1. 단순 문 개방의 요청을 받은 경우
2. 시설물에 대한 단순 안전조치 및 장애물 단순 제거의 요청을 받은 경우
3. 동물의 단순 처리 · 포획 · 구조 요청을 받은 경우
4. 그 밖에 주민생활 불편해소 차원의 단순 민원 등 구조활동의 필요성이 없다고 인정되는 경우

② 구급대원은 법 제13조 제3항에 따라 구급대상자가 다음 각 호의 어느 하나에 해당하는 비응급환자인 경우에는 구급출동 요청을 거절할 수 있다. 이 경우 구급대원은 구급대상자의 병력 · 증상 및 주변 상황을 종합적으로 평가하여 구급대상자의 응급 여부를 판단하여야 한다.
1. 단순 치통환자
2. 단순 감기환자. 다만, 섭씨 38도 이상의 고열 또는 호흡곤란이 있는 경우는 제외한다.
3. 혈압 등 생체징후가 안정된 타박상 환자
4. 술에 취한 사람. 다만, 강한 자극에도 의식이 회복되지 아니하거나 외상이 있는 경우는 제외한다.
5. 만성질환자로서 검진 또는 입원 목적의 이송 요청자
6. 단순 열상(裂傷) 또는 찰과상(擦過傷)으로 지속적인 출혈이 없는 외상환자
7. 병원 간 이송 또는 자택으로의 이송 요청자. 다만, 의사가 동승한 응급환자의 병원 간 이송은 제외한다.

③ 구조 · 구급대원은 법 제2조 제1호에 따른 요구조자(구조 대상자) 또는 응급환자가 구조 · 구급대원에게 폭력을 행사하는 등 구조 · 구급활동을 방해하는 경우에는 구조 · 구급활동을 거절할 수 있다.

④ 구조 · 구급대원은 제1항부터 제3항까지의 규정에 따라 구조 또는 구급 요청을 거절한 경우 구조 또는 구급을 요청한 사람이나 목격자에게 그 내용을 알리고, 행정안전부령으로 정하는 바에 따라 그 내용을 기록 · 관리하여야 한다.

> **시행규칙 제11조(구조 · 구급요청의 거절)**
> ① 영 제20조 제1항에 따라 구조요청을 거절한 구조대원은 별지 제1호 서식의 구조 거절 확인서를 작성하여 소속 소방관서장에게 보고하고, 소속 소방관서에 3년간 보관하여야 한다.
> ② 영 제20조 제2항에 따라 구급요청을 거절한 구급대원은 별지 제2호 서식의 구급 거절 · 거부 확인서(이하 "구급 거절 · 거부 확인서"라 한다)를 작성하여 소속 소방관서장에게 보고하고, 소속 소방관서에 3년간 보관하여야 한다.

시행령 제21조(응급환자 등의 이송 거부)

① 구급대원은 응급환자 또는 그 보호자[응급환자의 의사(意思)를 확인할 수 없는 경우만 해당한다]가 의료기관으로의 이송을 거부하는 경우에는 이송하지 아니할 수 있다. 다만, 응급환자의 병력 · 증상 및 주변 상황을 종합적으로 평가하여 즉시 필요한 응급처치를 받지 아니하면 생명을 보존할 수 없거나 심신상의 중대한 위해를 입을 가능성이 있다고 인정할 만한 상당한 이유가 있는 경우에는 환자의 이송을 위하여 최대한 노력하여야 한다.

② 구급대원은 제1항에 따라 응급환자를 이송하지 아니하는 경우 행정안전부령으로 정하는 바에 따라 그 내용을 기록 · 관리하여야 한다.

> **시행규칙 제12조(응급환자 등의 이송 거부)**
> ① 구급대원은 영 제21조 제1항에 따라 응급환자를 이송하지 아니하는 경우 구급 거절·거부 확인서를 작성하여 이송을 거부한 응급환자 또는 그 보호자(이하 "이송거부자"라 한다)에게 서명을 받아야 한다. 다만, 이송거부자가 2회에 걸쳐 서명을 거부한 경우에는 구급 거절·거부 확인서에 그 사실을 표시하여야 한다.
> ② 구급대원은 이송거부자가 제1항 단서에 따라 서명을 거부한 경우에는 이를 목격한 사람에게 관련 내용을 알리고 구급 거절·거부 확인서에 목격자의 성명과 연락처를 기재한 후 목격자에게 서명을 받아야 한다.
> ③ 제1항 및 제2항의 규정에 따라 구급 거절·거부 확인서를 작성한 구급대원은 소속 소방관서장에게 보고하고, 구급 거절·거부 확인서를 소속 소방관서에 3년간 보관하여야 한다.

20 유관기관과의 협력 (법 제14조)

(1) 소방청장 등은 구조·구급활동을 함에 있어서 필요한 경우에는 시·도지사 또는 시장·군수·구청장에게 협력을 요청할 수 있다.

(2) 시·도지사 또는 시장·군수·구청장은 특별한 사유가 없으면 구조·구급활동의 협력요청을 따라야 한다.

21 구조·구급활동을 위한 긴급조치 (법 제15조)

(1) 소방청장 등은 구조·구급활동을 위하여 필요하다고 인정하는 때에는 다른 사람의 토지·건물 또는 그 밖의 물건을 일시사용, 사용의 제한 또는 처분을 하거나 토지·건물에 출입할 수 있다.

✔ Check 법 제29조(벌칙)

정당한 사유 없이 제15조 제1항에 따른 토지·물건 등의 일시사용, 사용의 제한, 처분 또는 토지·건물에 출입을 거부 또는 방해한 자는 300만원 이하의 벌금에 처한다.

(2) 소방청장 등은 '(1)'에 따른 조치로 인하여 손실을 입은 자가 있는 경우에는 대통령령으로 정하는 바에 따라 그 손실을 보상하여야 한다.

✔ Check 시행령 제22조(손실보상)

① 소방청장 등은 법 제15조 제1항에 따른 조치로 인한 손실을 보상할 때에는 손실을 입은 자와 먼저 협의하여야 한다.
② 제1항에 따른 손실보상에 관한 협의는 법 제15조 제1항에 따른 조치가 있는 날부터 60일 이내에 하여야 한다.
③ 소방청장 등은 제2항에 따른 협의가 성립되지 아니하면 「공익사업을 위한 토지 등의 취득 및 보상에 관한 법률」 제51조에 따른 관할 토지수용위원회에 재결(裁決)을 신청할 수 있다.

④ 제3항에 따른 재결에 관하여는 「공익사업을 위한 토지 등의 취득 및 보상에 관한 법률」 제83조부터 제87조까지의 규정을 준용한다.

22 구조된 사람과 물건의 인도 · 인계 (법 제16조)

(1) 소방청장 등은 구조활동으로 구조된 사람 또는 신원이 확인된 사망자를 그 보호자 또는 유족에게 지체 없이 인도하여야 한다.

(2) 소방청장 등은 구조 · 구급활동과 관련하여 회수된 물건(이하 "구조된 물건"이라 한다)의 소유자가 있는 경우에는 소유자에게 그 물건을 인계하여야 한다.

(3) 소방청장 등은 다음의 어느 하나에 해당하는 때에는 구조된 사람, 사망자 또는 구조된 물건을 특별자치도지사 · 시장 · 군수 · 구청장(「재난 및 안전관리 기본법」 제14조 또는 제16조에 따른 재난안전대책본부가 구성된 경우 해당 재난안전대책본부장을 말한다. 이하 같다)에게 인도하거나 인계하여야 한다.

① 구조된 사람이나 사망자의 신원이 확인되지 아니한 때
② 구조된 사람이나 사망자를 인도받을 보호자 또는 유족이 없는 때
③ 구조된 물건의 소유자를 알 수 없는 때

✓ Check 시행규칙 제13조(구조된 사람과 물건의 인도 · 인계)

① 소방청장 등이 법 제16조 제3항에 따라 특별자치도지사 · 시장 · 군수 · 구청장(「재난 및 안전관리 기본법」 제14조 또는 제16조에 따른 재난안전대책본부가 구성된 경우에는 해당 재난안전대책본부장을 말한다. 이하 같다)에게 구조된 사람, 사망자 및 구조 · 구급활동과 관련하여 회수된 물건을 인도하거나 인계하는 경우에는 명단(신원을 확인할 수 없는 경우에는 인상착의를 기재할 수 있다) 또는 목록을 작성하여 확인한 후 함께 인도하거나 인계하여야 한다.
② 제1항에 따른 인도 · 인계는 구조 · 구급상황이 발생한 지역을 관할하는 특별자치도지사 · 시장 · 군수 · 구청장에게 하되, 관할 특별자치도지사 · 시장 · 군수 · 구청장이 분명하지 아니할 때에는 구조 · 구급상황 발생 현장에서 인도 · 인계하기 쉬운 지역의 특별자치도지사 · 시장 · 군수 · 구청장에게 한다.

23 구조된 사람의 보호 (법 제17조)

구조된 사람을 인도받은 특별자치도지사 · 시장 · 군수 · 구청장은 구조된 사람에게 숙소 · 급식 · 의류의 제공과 치료 등 필요한 보호조치를 취하여야 하며, 사망자에 대하여는 영안실에 안치하는 등 적절한 조치를 취하여야 한다.

24 구조된 물건의 처리 (법 제18조)

(1) 구조된 물건을 인계받은 특별자치도지사 · 시장 · 군수 · 구청장은 이를 안전하게 보관하여야 한다.

(2) 인계받은 물건의 처리절차와 그 밖에 필요한 사항은 대통령령(시행령 제23조)으로 정한다.

✔ Check 시행령 제23조(구조된 물건의 처리)

① 특별자치도지사 · 시장 · 군수 · 구청장(「재난 및 안전관리 기본법」 제14조 또는 제16조에 따른 재난안전대책본부가 구성된 경우에는 해당 재난안전대책본부장을 말한다. 이하 같다)은 법 제18조 제2항에 따라 구조 · 구급과 관련하여 회수된 물건(이하 "구조된 물건"이라 한다)을 인계받은 경우 인계받은 날부터 14일 동안 해당 지방자치단체의 게시판 및 인터넷 홈페이지에 공고하여야 한다.
② 특별자치도지사 · 시장 · 군수 · 구청장은 구조된 물건의 소유자 또는 청구권한이 있는 자(이하 "소유자 등"이라 한다)가 나타나 그 물건을 인계할 때에는 소유자 등임을 확인할 수 있는 서류를 제출하게 하거나 구조된 물건에 관하여 필요한 질문을 하는 등의 방법으로 구조된 물건의 소유자 등임을 확인하여야 한다.
③ 특별자치도지사 · 시장 · 군수 · 구청장은 구조된 물건이 멸실 · 훼손될 우려가 있거나 보관에 지나치게 많은 비용이나 불편이 발생할 때에는 그 물건을 매각할 수 있다. 다만, 구조된 물건이 관계 법령에 따라 일반인의 소유 또는 소지가 제한되거나 금지된 물건일 때에는 관계 법령에 따라 이를 적법하게 소유하거나 소지할 수 있는 자에게 매각하는 경우가 아니면 매각할 수 없다.
④ 제3항에 따라 구조된 물건을 매각하는 경우 매각 사실을 해당 지방자치단체의 게시판 및 인터넷 홈페이지에 공고하고, 매각방법은 「지방자치단체를 당사자로 하는 계약에 관한 법률」의 규정을 준용하여 경쟁입찰에 의한다. 다만, 급히 매각하지 아니하면 그 가치가 현저하게 감소될 염려가 있는 구조된 물건은 수의계약에 의하여 매각할 수 있다.

25 가족 및 유관기관의 연락 (법 제19조)

(1) 구조 · 구급대원은 구조 · 구급활동을 함에 있어 현장에 보호자가 없는 요구조자(구조 대상자) 또는 응급환자를 구조하거나 응급처치를 한 후에는 그 가족이나 관계자에게 구조경위, 요구조자(구조 대상자) 또는 응급환자의 상태 등을 즉시 알려야 한다.

(2) 구조 · 구급대원은 요구조자(구조 대상자)와 응급환자의 가족이나 관계자의 연락처를 알 수 없는 때에는 위급상황이 발생한 해당 지역의 특별자치도지사 · 시장 · 군수 · 구청장에게 그 사실을 통보하여야 한다.

(3) 구조 · 구급대원은 요구조자(구조 대상자)와 응급환자의 신원을 확인할 수 없는 경우에는 경찰관서에 신원의 확인을 의뢰할 수 있다.

26 구조 · 구급활동을 위한 지원요청 (법 제20조)

(1) 소방청장 등은 구조 · 구급활동을 함에 있어서 인력과 장비가 부족한 경우에는 대통령령으로 정하는 바에 따라 관할구역 안의 의료기관, 「응급의료에 관한 법률」 제44조에 따른 구급차 등의 운용자 및 구조 · 구급과 관련된 기관 또는 단체에 대하여 구조 · 구급에 필요한 인력 및 장비의 지원을 요청할 수 있다. 이 경우 요청을 받은 의료기관 등은 정당한 사유가 없으면 이에 따라야 한다.

✔Check 구조·구급활동을 위한 지원 요청 및 구급활동 지원

시행령 제24조(구조·구급활동을 위한 지원 요청)

① 법 제20조 제1항에 따른 구조·구급에 필요한 인력과 장비의 지원을 요청할 때에는 팩스·전화 등의 신속한 방법으로 하여야 한다.

② 제1항 외에 의료기관에 대한 지원 요청에 필요한 사항은 보건복지부장관과 협의하여 소방청장이 정하고, 구조·구급과 관련된 기관 또는 단체에 대한 지원 요청에 관하여 필요한 사항은 관할 구역의 구조·구급과 관련된 기관 또는 단체의 장과 협의하여 소방본부장 또는 소방서장이 정한다.

시행규칙 제14조(구급활동 지원)

소방청장 등은 법 제20조 제1항에 따라 지원을 요청받은 의료기관에 소속된 의사가 구급활동을 지원(자원봉사인 경우를 포함한다)하는 경우에는 법 제10조의2 제1항에 따른 119구급상황관리센터나 구급차에 배치하여 응급처치를 지도하게 하거나 직접 구급활동을 하게 할 수 있다.

(2) 지원요청에 따라 구조·구급활동에 참여하는 사람은 소방청장 등의 조치에 따라야 한다.

✔Check 시행규칙 제15조(구조·구급활동 지원요청대상 의료기관 등의 현황관리)

① 소방청장 등은 법 제20조 제2항에 따라 관할구역 안의 의료기관 및 구조·구급과 관련된 기관 또는 단체의 현황을 관리하기 위하여 별지 제3호 서식의 구조·구급 지원요청 관리대장을 작성·관리하여야 한다.

② 제1항에 따른 구조·구급 지원요청 관리대장은 전자적 처리가 불가능한 특별한 사유가 없으면 전자적 처리가 가능한 방법으로 작성·관리하여야 한다.

(3) 지원활동에 참여한 구급차 등의 운용자는 소방청장 등이 지정하는 의료기관으로 응급환자를 이송하여야 한다.

(4) 소방청장 등은 행정안전부령으로 정하는 바에 따라 지원요청대상 의료기관등의 현황을 관리하여야 한다.

(5) 소방청장 등은 구조·구급활동에 참여한 의료기관 등에 대하여는 그 비용을 보상할 수 있다.

27 구조·구급대원과 경찰공무원의 협력 (법 제21조)

(1) 구조·구급대원은 범죄사건과 관련된 위급상황 등에서 구조·구급활동을 하는 경우에는 경찰공무원과 상호 협력하여야 한다.

(2) 구조·구급대원은 요구조자(구조 대상자)나 응급환자가 범죄사건과 관련이 있다고 의심할만한 정황이 있는 경우에는 즉시 경찰관서에 그 사실을 통보하고 현장의 증거보존에 유의하면서 구조·구급활동을 하여야 한다. 다만, 생명이 위독한 경우에는 먼저 구조하거나 의료기관으로 이송하고 경찰관서에 그 사실을 통보할 수 있다.

28 구조 · 구급활동의 기록관리 [법 제22조]

(1) 소방청장 등은 구조 · 구급활동상황 등을 기록하고 이를 보관하여야 한다.

(2) 구조 · 구급활동 상황일지의 작성 · 보관 및 관리, 그 밖에 필요한 사항은 행정안전부령으로 정한다.

✔ Check 구조활동상황의 기록관리 및 기록유지, 이동단말기의 활용 등

시행규칙 제17조(구조활동상황의 기록관리)

① 구조대원은 법 제22조에 따라 별지 제4호 서식의 구조활동일지에 구조활동상황을 상세히 기록하고, 소속 소방관서에 3년간 보관해야 한다.

② 소방본부장은 구조활동상황을 종합하여 연 2회 소방청장에게 보고하여야 한다.

시행규칙 제18조(구급활동상황의 기록유지)

① 구급대원은 법 제22조에 따라 별지 제5호 서식의 구급활동일지(이하 "구급활동일지"라 한다)에 구급활동상황을 상세히 기록하고, 소속 소방관서에 3년간 보관해야 한다.

② 구급대원이 응급환자를 의사에게 인계하는 경우에는 구급활동일지(제18조의2에 따라 이동단말기로 작성하는 경우를 포함한다)에 환자를 인계받은 의사의 서명을 받고, 구급활동일지(이동단말기에 작성한 경우에는 전자적 파일이나 인쇄물을 말한다) 1부를 그 의사에게 제출해야 한다.

③ 구급대원은 구급출동하여 심폐정지환자를 발견한 경우 또는 중증외상환자, 심혈관질환자 및 뇌혈관질환자를 의료기관으로 이송한 경우에는 소방청장이 정하는 바에 따라 구급활동에 관한 세부 상황표를 작성하고, 소속 소방관서에 3년간 보관해야 한다.

④ 소방본부장은 구급활동상황을 종합하여 연 2회 소방청장에게 보고하여야 한다.

시행규칙 제18조의2(이동단말기의 활용)

구조 · 구급대원은 구조차 또는 구급차에 이동단말기가 설치되어 있는 경우에는 구조 · 구급활동과 관련하여 작성하는 확인서, 일지 및 상황표 등을 이동단말기로 작성할 수 있다.

29 이송환자에 대한 정보 수집 및 응급의료정보통신망의 이용 [법 제22조의2]

→ [시행 2025. 6. 4]

① 소방청장 등은 구급대가 응급환자를 의료기관으로 이송한 경우 환자 이송 정보의 파악 및 응급처치의 적절성을 자체적으로 평가하기 위하여 필요한 범위에서 해당 의료기관의 장에게 다음의 어느 하나에 해당하는 정보를 요청할 수 있다. 이 경우 요청을 받은 의료기관의 장은 정당한 사유가 없으면 이에 따라야 한다.

㉠ 응급환자의 성명, 연락처, 주소 등 응급환자의 신원을 파악할 수 있는 정보로서 행정안전부령으로 정하는 정보

㉡ 주된 증상, 사망 여부 및 상해의 경중 등 응급환자의 진단 및 상태에 관한 정보

② 소방청장은 「응급의료에 관한 법률」 제15조에 따른 응급의료정보통신망을 통하여 보건복지부장관에게 제1항에 따른 정보 및 제10조의2 제2항(제3호 및 제4호는 제외한다)의 업무 수행을 위하여 필요한 정보를 요청할 수 있다.

✔Check 시행규칙 제19조(구조 · 구급증명서)

① 다음 각 호의 어느 하나에 해당하는 자가 구조대나 구급대에 의한 구조 · 구급활동을 증명하는 서류를 요구하는 경우에는 별지 제7호 서식의 구조 · 구급증명 신청서(전자문서로 된 신청서를 포함한다)를 작성하여 소방청장 등에게 신청하여야 한다.
1. 인명구조, 응급처치 등을 받은 사람(이하 "구조 · 구급자"라 한다)
2. 구조 · 구급자의 보호자
3. 공공단체 또는 보험회사 등 환자이송과 관련된 기관이나 단체
4. 제1호부터 제3호까지에 해당하는 자의 위임을 받은 자

② 소방청장 등은 제1항에 따라 구조 · 구급증명 신청을 받은 경우에는 다음 각 호의 서류 중 관련 서류를 통하여 신청인의 신원 등을 확인한 후 별지 제8호 서식의 구조 · 구급증명서를 발급하여야 한다.
1. 주민등록증, 운전면허증, 여권, 공무원증 등 본인을 확인할 수 있는 신분증
2. 위임 등을 증명할 수 있는 서류
3. 구조 · 구급자의 보험가입을 증명할 수 있는 서류
4. 그 밖에 구조 · 구급활동에 관한 증명자료가 필요함을 입증할 수 있는 서류

③ 구조 · 구급자의 보호자가 제1항에 따른 구조 · 구급증명을 신청하는 경우에는 소방청장 등은 「전자정부법」 제36조 제1항에 따른 행정정보의 공동이용을 통하여 주민등록표 등본 또는 가족관계증명서를 확인하여 보호자임을 확인하여야 한다. 다만, 신청인이 확인에 동의하지 아니하는 경우에는 그 서류를 첨부하도록 하여야 한다.

30 구조 · 구급대원에 대한 안전사고방지대책 등 수립 · 시행 (법 제23조)

(1) 소방청장은 구조 · 구급대원의 안전사고방지대책, 감염방지대책, 건강관리대책 등을 수립 · 시행하여야 한다.

(2) 안전사고방지대책 등의 수립에 관하여 필요한 사항은 대통령령(시행령 제25조)으로 정한다.

✔Check 시행령 제25조(안전사고방지대책)

① 소방청장은 법 제23조 제1항에 따라 구조 · 구급대원의 안전사고 방지를 위하여 안전관리 표준지침을 마련하여 시행하여야 한다.

② 제1항의 안전관리 표준지침은 구조활동과 구급활동으로 구분하되 유형별 안전관리 기본수칙과 행동매뉴얼을 포함하여야 한다.

31 감염병환자 등의 이송 등 (법 제23조의2)

(1) 소방청장 등은 「감염병의 예방 및 관리에 관한 법률」 제2조 제13호부터 제15호까지 및 제15호의2의 감염병환자, 감염병의사환자, 병원체보유자 또는 감염병의심자(이하 "감염병환자 등"이라 한다)의 이송 등의 업무를 수행할 수 있다.

(2) '(1)'에 따른 감염병환자 등의 이송 범위, 방법, 그 밖에 필요한 사항은 대통령령으로 정한다.

32 감염병환자 등의 통보 등 (법 제23조의3)

(1) 질병관리청장 및 의료기관의 장은 구급대가 이송한 응급환자가 감염병환자 등인 경우에는 그 사실을 소방청장 등에게 즉시 통보하여야 한다. 이 경우 정보시스템을 활용하여 통보할 수 있다.

✓Check 법 제29조의2(벌칙)

제23조의3 제1항을 위반하여 통보를 하지 아니하거나 거짓으로 통보한 자는 200만원 이하의 벌금에 처한다.

(2) 소방청장 등은 감염병환자 등과 접촉한 구조·구급대원이 적절한 치료를 받을 수 있도록 조치하여야 한다.

(3) '(1)'에 따른 감염병환자 등에 대한 구체적인 통보대상, 통보 방법 및 절차, '(2)'에 따른 조치방법 등에 필요한 사항은 대통령령으로 정한다.

✓Check 감염병환자 등의 통보대상 및 통보 방법, 감염관리대책

시행령 제27조의3(감염병환자 등의 통보)

① 질병관리청장 및 의료기관의 장은 법 제23조의3 제1항에 따라 구급대가 이송한 감염병환자 등과 관련된 감염병이 다음 각 호의 어느 하나에 해당하는 경우에는 소방청장 등에게 그 사실을 즉시 통보해야 한다.

1. 「감염병의 예방 및 관리에 관한 법률」 제2조 제2호에 따른 제1급감염병
2. 「감염병의 예방 및 관리에 관한 법률」 제2조 제3호 가목, 다목 또는 하목에 따른 결핵, 홍역 또는 수막구균 감염증
3. 그 밖에 구급대원의 안전 확보 및 감염병 확산 방지를 위하여 소방청장이 보건복지부장관, 질병관리청장 등 관계 기관의 장과 협의하여 고시하는 감염병

② 제1항에 따른 통보의 방법은 다음 각 호의 구분에 따른다.

1. 질병관리청장이 통보하는 경우: 행정안전부령으로 정하는 감염병 발생 통보서를 정보시스템을 통하여 소방청장에게 통보
2. 의료기관의 장이 통보하는 경우: 행정안전부령으로 정하는 감염병 발생 통보서를 정보시스템, 서면 또는 팩스를 통하여 소방청장 또는 관할 시·도 소방본부장에게 통보. 다만, 부득이한 사유로 정보시스템 등으로 통보하기 어려운 경우에는 구두 또는 전화(문자메시지를 포함한다)로 감염병환자 등의 감염병명 및 감염병의 발생정보 등을 통보할 수 있다.

③ 제2항에 따라 정보를 통보받은 자는 법 및 이 영에 따른 감염병과 관련된 구조·구급 업무 외의 목적으로 정보를 사용할 수 없고, 업무 종료 시 지체 없이 파기해야 한다.

④ 소방청장은 구조·구급활동을 위하여 필요하다고 인정하는 경우에는 구급대가 이송한 감염병환자 등 외에 제1항 각 호의 어느 하나에 해당하는 감염병과 관련된 감염병환자 등에 대한 정보를 「감염병의 예방 및 관리에 관한 법률」 제76조의2 제3항에 따라 제공하여 줄 것을 질병관리청장에게 요청할 수 있다.

⑤ 소방청장 등은 법 제23조의3 제2항에 따라 감염병환자 등과 접촉한 구조·구급대원이 적절한 치료를 받을 수 있도록 조치하고, 접촉일부터 15일 동안 구조·구급대원의 감염병 발병 여부를 추적·

관리해야 한다. 이 경우 잠복기가 긴 감염병에 대해서는 잠복기를 고려하여 추적·관리 기간을 연장할 수 있다.

시행령 제26조(감염방지대책)

① 소방청장 등은 구조·구급대원의 감염 방지를 위하여 구조·구급대원이 소독을 할 수 있도록 소방서별로 119감염관리실을 1개소 이상 설치하여야 한다.

② 구조·구급대원은 근무 중 위험물·유독물 및 방사성물질(이하 "유해물질 등"이라 한다)에 노출되거나 감염성 질병에 걸린 요구조자(구조 대상자) 또는 응급환자와 접촉한 경우에는 그 사실을 안 때부터 48시간 이내에 소방청장 등에게 보고하여야 한다.

③ 제2항에 따른 보고를 받은 소방청장 등은 유해물질 등에 노출되거나 감염성 질병에 걸린 요구조자(구조 대상자) 또는 응급환자와 접촉한 구조·구급대원이 적절한 진료를 받을 수 있도록 조치하고, 접촉일부터 15일 동안 구조·구급대원의 감염성 질병 발병 여부를 추적·관리하여야 한다. 이 경우 잠복기가 긴 질환에 대해서는 잠복기를 고려하여 추적·관리 기간을 연장할 수 있다.

④ 제1항에 따른 119감염관리실의 규격·성능 및 119감염관리실에 설치하여야 하는 장비 등 세부 기준은 소방청장이 정한다.

시행규칙 제23조(구급차 등의 소독)

소방청장 등은 주 1회 이상 구급차 및 응급처치기구 등을 소독하여야 한다.

33 구조·구급활동으로 인한 형의 감면 [법 제24조]

다음의 어느 하나에 해당하는 자가 구조·구급활동으로 인하여 요구조자(구조 대상자)를 사상에 이르게 한 경우 그 구조·구급활동 등이 불가피하고 구조·구급대원 등에게 중대한 과실이 없는 때에는 그 정상을 참작하여「형법」제266조(과실치상), 제267조(과실치사), 제268조(업무상과실·중과실 치사상)의 형을 감경하거나 면제할 수 있다.

(1) 위급상황에 처한 요구조자(구조 대상자)를 구출하거나 필요한 조치를 한 자

(2) 구조·구급활동을 한 자

34 구조·구급대원의 전문성 강화 등 [법 제25조]

(1) 소방청장은 국민에게 질 높은 구조와 구급서비스를 제공하기 위하여 전문 구조·구급대원의 양성과 기술향상을 위하여 필요한 교육훈련 프로그램을 운영하여야 한다.

(2) 구조·구급대원은 업무와 관련된 새로운 지식과 전문기술의 습득 등을 위하여 행정안전부령으로 정하는 바에 따라 소방청장이 실시하는 교육훈련을 받아야 한다.

(3) 소방청장은 구조·구급대원의 전문성을 향상시키기 위하여 필요한 경우 '(2)'에 따른 교육훈련을 국내외 교육기관 등에 위탁하여 실시할 수 있다.

(4) '(2)' 및 '(3)'에 따른 교육훈련의 방법·시간 및 내용, 그 밖에 필요한 사항은 행정안전부령으로 정한다.

✓ Check 119항공대 소속 조종사, 정비사 및 구조 · 구급대원에 대한 교육훈련 등

시행규칙 제24조(구조대원의 교육훈련)

① 법 제25조에 따른 구조대원의 교육훈련은 일상교육훈련 및 특별구조훈련으로 구분한다.

② 일상교육훈련은 구조대원의 일일근무 중 실시하고 구조장비 조작과 안전관리에 관한 내용을 포함해야 한다.

③ 구조대원은 연 40시간 이상 다음 각 호의 내용을 포함하는 특별구조훈련을 받아야 한다.

1. 방사능 누출, 생화학테러 등 유해화학물질 사고에 대비한 화학구조훈련
2. 하천[호소(湖沼 : 호수와 늪)를 포함한다], 해상(海上)에서의 익수 · 조난 · 실종 등에 대비한 수난구조훈련
3. 산악 · 암벽 등에서의 조난 · 실종 · 추락 등에 대비한 산악구조훈련
4. 그 밖의 재난에 대비한 특별한 교육훈련

④ 제1항부터 제3항까지에서 규정한 사항 외에 구조대원의 교육훈련에 필요한 세부사항은 소방청장이 정한다.

시행규칙 제25조(119항공대 소속 조종사 및 정비사 등에 대한 교육훈련)

① 법 제25조에 따른 교육훈련 중 119항공대 소속 조종사, 정비사 및 구조 · 구급대원에 대한 교육훈련은 다음 각 호의 구분에 따른다.

1. 조종사
   가. 비행교육훈련
      1) 기종전환교육훈련(신규임용자 포함)
      2) 자격회복훈련
      3) 기술유지비행훈련
   나. 조종전문교육훈련
      1) 해상생환훈련
      2) 항공안전관리교육
      3) 계기비행훈련
      4) 비상절차훈련
      5) 항공기상상황관리교육
      6) 그 밖의 항공안전 및 기술향상에 관한 교육훈련
2. 정비사
   가. 해상생환훈련
   나. 항공안전관리교육
   다. 항공정비실무교육
   라. 그 밖의 항공안전 및 기술향상에 관한 교육훈련
3. 구조 · 구급대원 : 연 40시간 이상 다음 각 목의 내용을 표함하는 항공구조훈련을 받을 것
   가. 구조 · 구난(救難)과 관련된 기초학문 및 이론 교육
   나. 항공구조기법 및 항공구조장비와 관련된 이론 및 실기 교육
   다. 항공구조활동 시 응급처치와 관련된 이론 및 실기 교육
   라. 항공구조활동과 관련된 안전교육
   마. 그 밖의 항공구조활동에 관한 교육훈련

② 제1항에 따른 교육훈련의 세부사항은 소방청장이 정한다.

시행규칙 제26조(구급대원의 교육훈련)

① 법 제25조에 따른 구급대원의 교육훈련은 일상교육훈련 및 특별교육훈련으로 구분한다.

② 일상교육훈련은 구급대원의 일일근무 중 실시하고 구급장비 조작과 안전관리에 관한 내용을 포함해야 한다.

③ 구급대원은 연간 40시간 이상 다음 각 호의 내용을 포함하는 특별교육훈련을 받아야 한다. 다만, 소방청장은 법 제23조의2 제1항에 따른 감염병환자 등이 대규모로 발생하는 등의 사유로 구급대원의 업무 과중이 우려되는 경우에는 구급대원이 이수해야 하는 연간 특별교육훈련 시간을 줄임할 수 있다.

1. 임상실습 교육훈련
2. 전문 분야별 응급처치교육
3. 「응급의료법」 제31조의4 제1항 및 같은 법 시행규칙 제18조의3 제2항에 따른 응급환자 중증도 분류기준에 관한 교육
4. 그 밖에 구급활동과 관련된 교육훈련

④ 소방청장 등은 구급대원의 교육을 위하여 소방청장이 정하는 응급처치용 실습기자재와 실습공간을 확보하여야 한다.

⑤ 소방청장은 구급대원에 대한 체계적인 교육훈련을 실시하기 위해 소방공무원으로서 다음 각 호의 어느 하나에 해당하는 자격을 갖춘 사람 중 소방청장이 정하는 교육과정을 수료한 사람을 구급전문교육사로 선발할 수 있다.

1. 「의료법」 제2조 제1항에 따른 의료인
2. 「응급의료에 관한 법률」 제36조 제2항에 따라 1급 응급구조사 자격을 취득한 사람

⑥ 제1항부터 제5항까지에서 규정한 사항 외에 구급대원의 교육훈련 운영·이수·재교육 등과 구급전문교육사의 선발·운영 등에 필요한 세부적인 사항은 소방청장이 정한다.

35 구급지도의사 (법 제25조의2)

(1) 소방청장 등은 구급대원에 대한 교육·훈련과 구급활동에 대한 지도·평가 등을 수행하기 위하여 지도의사(이하 "구급지도의사"라 한다)를 선임하거나 위촉하여야 한다.

(2) 구급지도의사의 배치기준, 업무, 선임방법 등 구급지도의사의 선임·위촉에 관하여 응급의료 관계 법령에 규정되어 있지 아니하거나 응급의료 관계 법령에 규정된 내용을 초과하여 규정할 필요가 있는 사항은 대통령령(시행령 제27조의4)으로 정한다.

✔ Check 시행령 제27조의4(구급지도의사의 선임 등)

① 소방청장 등은 법 제25조의2 제1항에 따라 각 기관별로 1명 이상의 지도의사(이하 "구급지도의사"라 한다)를 선임하거나 위촉해야 한다. 이 경우 의사로 구성된 의료 전문 기관·단체의 추천을 받아 소방청 또는 소방본부 단위로 각 기관별 구급지도의사를 선임하거나 위촉할 수 있다.

② 구급지도의사의 임기는 2년으로 한다.

③ 구급지도의사의 업무는 다음 각 호와 같다.

1. 구급대원에 대한 교육 및 훈련

2. 접수된 구급신고에 대한 응급의료 상담
3. 응급환자 발생 현장에서의 구급대원에 대한 응급의료 지도
4. 구급대원의 구급활동 등에 대한 평가
5. 응급처치 방법·절차의 개발
6. 재난 등으로 인한 현장출동 요청 시 현장 지원
7. 그 밖에 구급대원에 대한 교육·훈련 및 구급활동에 대한 지도·평가와 관련하여 응급의료 관계 법령에 규정되어 있지 아니하거나 응급의료 관계 법령에 규정된 내용을 초과하여 규정할 필요가 있다고 소방청장이 판단하여 정하는 업무

④ 소방청장 등은 구급지도의사가 다음 각 호의 어느 하나에 해당하는 경우에는 해당 구급지도의사를 해임하거나 해촉할 수 있다.
1. 심신장애로 인하여 직무를 수행할 수 없게 된 경우
2. 직무와 관련된 비위사실이 있는 경우
3. 직무태만, 품위손상이나 그 밖의 사유로 인하여 구급지도의사로 적합하지 아니하다고 인정되는 경우
4. 구급지도의사 스스로 직무를 수행하는 것이 곤란하다고 의사를 밝히는 경우

⑤ 소방청장 등은 제3항에 따른 구급지도의사의 업무 실적을 관리하여야 한다.

⑥ 소방청장 등은 제3항에 따른 구급지도의사의 업무 실적에 따라 구급지도의사에게 예산의 범위에서 수당을 지급할 수 있다.

⑦ 제1항부터 제6항까지에서 규정한 사항 외에 구급지도의사의 선임 또는 위촉 기준, 업무 및 실적 관리 등과 관련하여 필요한 세부적인 사항은 소방청장이 정한다.

36 구조·구급활동의 평가 (법 제26조)

(1) 소방청장은 매년 시·도 소방본부의 구조·구급활동에 대하여 종합평가를 실시하고 그 결과를 시·도 소방본부장에게 통보하여야 한다.

(2) 소방청장은 '(1)'에 따른 종합평가결과에 따라 시·도 소방본부에 대하여 행정적·재정적 지원을 할 수 있다.

(3) '(1)'에 따른 평가방법 및 항목, 그 밖에 필요한 사항은 대통령령(시행령 제28조)으로 정한다.

✔ Check 시행령 제28조(구조·구급활동의 평가)

① 법 제26조에 따른 시·도 소방본부의 구조·구급활동에 대한 종합평가(이하 "종합평가"라 한다)는 다음 각 호의 평가항목 중 구조·구급 환경 특성에 맞는 평가항목을 선정하여 실시하여야 한다.
1. 구조·구급서비스의 품질관리
2. 구조·구급대원의 전문성 수준
3. 구조·구급대원에 대한 안전사고방지대책, 감염방지대책, 건강관리대책
4. 구조·구급장비의 확보 및 유지·관리 실태
5. 관계 기관과의 협력체제 구축 실태

6. 그 밖에 소방청장이 정하는 평가에 필요한 사항
② 종합평가는 서면평가와 현장평가로 구분하여 실시하되, 서면평가는 모든 시・도 소방본부를 대상으로 실시하고, 현장평가는 서면평가 결과에 따라 필요한 시・도 소방본부를 대상으로 실시한다.
③ 소방본부장은 종합평가를 위하여 시・도 집행계획의 시행 결과를 다음 해 2월 말일까지 소방청장에게 제출하여야 한다.

37 구조・구급정책협의회 〔법 제27조〕

(1) 제3조 제1항에 따른 구조・구급관련 새로운 기술의 연구・개발 등과 기본계획 및 집행계획에 관하여 필요한 사항을 관계 중앙행정기관 등과 협의하기 위하여 소방청에 중앙 구조・구급정책협의회를 둔다.

(2) 시・도 집행계획의 수립・시행에 필요한 사항을 해당 시・도의 구조・구급관련기관 등과 협의하기 위하여 시・도 소방본부에 시・도 구조・구급정책협의회를 둔다.

(3) '(1)' 및 '(2)'에 따른 구조・구급정책협의회의 구성・기능 및 운영, 그 밖에 필요한 사항은 대통령령으로 정한다.

✓ Check 구조・구급 정책협의회의 구성・기능 및 운영 등

시행령 제29조(중앙 정책협의회의 구성 및 기능)
① 중앙 정책협의회는 위원장 및 부위원장 각 1명을 포함한 20명 이내의 위원으로 구성한다.
② 중앙 정책협의회 위원장은 소방청장이 되고, 부위원장은 민간위원 중에서 호선(互選)한다.
③ 위원은 다음 각 호의 사람 중에서 소방청장이 임명하거나 위촉한다.
1. 관계 중앙행정기관 소속 고위공무원단에 속하는 일반직공무원(이에 상당하는 특정직・별정직 공무원을 포함한다) 중에서 소속 기관의 장이 추천하는 사람
2. 긴급구조, 응급의료, 재난관리, 그 밖에 구조・구급업무에 관한 학식과 경험이 풍부한 사람
④ 위촉위원의 임기는 2년으로 한다.
⑤ 중앙 정책협의회의 효율적인 운영을 위하여 중앙 정책협의회에 간사 1명을 두며, 간사는 소방청의 구조・구급업무를 담당하는 소방공무원 중에서 소방청장이 지명한다.
⑥ 중앙 정책협의회는 다음 각 호의 사항을 협의・조정한다.
1. 기본계획 및 집행계획의 수립・시행에 관한 사항
2. 기본계획 변경에 관한 사항
3. 종합평가와 그 결과 활용에 관한 사항
4. 구조・구급과 관련된 새로운 기술의 연구・개발에 관한 사항
5. 그 밖에 구조・구급업무와 관련하여 위원장이 회의에 부치는 사항

시행령 제29조의2(중앙 정책협의회 위원의 해임 및 해촉)
소방청장은 제29조 제3항 제1호 또는 제2호에 따른 위원이 다음 각 호의 어느 하나에 해당하는 경우에는 해당 위원을 해임 또는 해촉(解囑)할 수 있다.
1. 심신장애로 인하여 직무를 수행할 수 없게 된 경우

2. 직무와 관련된 비위사실이 있는 경우
3. 직무태만, 품위손상이나 그 밖의 사유로 인하여 위원으로 적합하지 아니하다고 인정되는 경우
4. 위원 스스로 직무를 수행하는 것이 곤란하다고 의사를 밝히는 경우

시행령 제30조(중앙 정책협의회의 운영)

① 중앙 정책협의회의 정기회의는 연 1회 개최하며, 임시회의는 위원장이 필요하다고 인정하거나 위원이 소집을 요구할 때 개최한다.
② 중앙 정책협의회의 회의는 재적위원 과반수의 출석으로 개의(開議)하고, 출석위원 과반수의 찬성으로 의결한다.
③ 중앙 정책협의회의 회의에 출석한 위원에게는 예산의 범위에서 수당과 여비를 지급할 수 있다. 다만, 공무원인 위원이 그 소관 업무와 직접적으로 관련되어 출석하는 경우에는 그러하지 아니하다.
④ 중앙 정책협의회의 업무를 효율적으로 운영하기 위하여 필요하면 중앙 정책협의회의 의결을 거쳐 분과위원회를 둘 수 있다.
⑤ 제1항부터 제4항까지에서 규정한 사항 외에 중앙협의회 운영에 필요한 사항은 중앙 정책협의회의 의결을 거쳐 위원장이 정한다.

시행령 제31조(시·도 정책협의회의 구성 및 기능)

① 시·도 정책협의회는 위원장 및 부위원장 각 1명을 포함한 15명 이내의 위원으로 구성한다.
② 시·도 정책협의회 위원장은 소방본부장이 되고, 부위원장은 위원 중에서 호선한다.
③ 위원은 다음 각 호의 사람 중에서 시·도지사가 임명하거나 위촉한다.
  1. 해당 시·도의 구조·구급업무를 담당하는 소방정(消防正) 이상 소방공무원
  2. 해당 시·도의 응급의료업무를 담당하는 4급 이상 일반직공무원(이에 상당하는 특정직·별정직 공무원을 포함한다)
  3. 긴급구조, 응급의료, 재난관리, 그 밖에 구조·구급업무에 관한 학식과 경험이 풍부한 사람
  4. 「재난 및 안전관리 기본법」 제3조 제7호에 따른 긴급구조기관과 긴급구조활동에 관한 응원(應援) 협정을 체결한 기관 및 단체를 대표하는 사람
④ 위촉위원의 임기는 2년으로 한다.
⑤ 시·도 정책협의회의 효율적인 운영을 위하여 시·도 정책협의회에 간사 1명을 두며, 간사는 시·도 소방본부의 구조·구급업무를 담당하는 소방공무원 중에서 소방본부장이 지명한다.
⑥ 시·도 정책협의회는 다음 각 호의 사항을 협의·조정한다.
  1. 시·도 집행계획 수립에 관한 사항
  2. 시·도 집행계획 시행 결과 활용에 관한 사항
  3. 시·도 종합평가 결과 활용에 관한 사항
  4. 그 밖에 구조·구급업무와 관련하여 위원장이 회의에 부치는 사항

시행령 제31조의2(시·도 정책협의회 위원의 해촉)

시·도지사는 제31조 제3항 제3호 또는 제4호에 따른 위원이 제29조의2 각 호의 어느 하나에 해당하는 경우에는 해당 위원을 해촉(解囑)할 수 있다.

시행령 제32조(시·도 정책협의회의 운영)

시·도 정책협의회의 운영에 관하여는 제30조를 준용한다. 이 경우 "중앙 정책협의회"는 "시·도 정책협의회"로 본다.

38 응급처치에 관한 교육 (법 제27조의2)

(1) 소방청장 등은 국민의 응급처치 능력 향상을 위하여 심폐소생술 등 응급처치에 관한 교육 및 홍보를 실시할 수 있다.

(2) 응급처치의 교육 내용·방법, 홍보 및 그 밖에 필요한 사항은 대통령령으로 정한다.

✔ Check 시행령 제32조의2(응급처치에 관한 교육)

① 법 제27조의2 제1항에 따른 응급처치에 관한 교육(이하 "응급처치 교육"이라 한다)의 내용·방법 및 시간은 별표 1과 같다.
② 소방청장 등은 응급처치 교육을 효과적으로 실시하기 위하여 매년 10월 31일까지 다음 연도 응급처치 교육에 관한 계획을 수립하여야 한다. 이 경우 「응급의료에 관한 법률」 제14조 제2항에 따른 교육계획과 연계하여야 한다.
③ 제2항에 따른 응급처치 교육에 관한 계획에는 연령·직업 등을 고려한 교육대상별 교육지도안 작성 및 실습계획이 포함되어야 한다.
④ 소방청장 등은 매년 3월 31일까지 전년도 응급처치 교육 결과를 분석하여 제2항에 따른 응급처치 교육에 관한 계획에 반영하여야 한다.
⑤ 소방청장 등은 응급처치 교육을 실시하기 위한 장비와 인력을 갖추어야 한다.
⑥ 제5항에 따라 갖추어야 할 응급처치 교육 장비와 인력의 세부적인 사항은 소방청장이 정하여 고시한다.

39 벌칙

(1) 정당한 사유 없이 구조·구급활동을 방해한 자는 5년 이하의 징역 또는 5천만원 이하의 벌금에 처한다(법 제28조).

(2) 정당한 사유 없이 토지·물건 등의 일시사용, 사용의 제한, 처분 또는 토지·건물에 출입을 거부 또는 방해한 자는 300만원 이하의 벌금에 처한다(법 제29조).

(3) 감염병환자의 통보를 위반하여 통보를 하지 아니하거나 거짓으로 통보한 자는 200만원 이하의 벌금에 처한다(법 제29조의2).

40 「형법」상 감경규정에 관한 특례 (법 제29조의3)

음주 또는 약물로 인한 심신장애 상태에서 폭행 또는 협박을 행사하여 제13조 제2항의 죄를 범한 때에는 「형법」 제10조 제1항 및 제2항을 적용하지 아니할 수 있다.

41 과태료 (법 제30조)

(1) 구급상황 요구자의 구조나 부상악화 방지 등을 위한 노력을 해야 함에도 이를 위반하여 위급상황을 소방기관 또는 관계 행정기관에 거짓으로 알린 자에게는 500만원 이하의 과태료를 부과한다.

(2) 과태료는 대통령령으로 정하는 바에 따라 소방청장 등 또는 관계 행정기관의 장이 부과·징수한다.

✔ Check 시행령 제33조(과태료의 부과기준)

법 제30조 제1항에 따른 과태료의 부과기준은 별표 2와 같다.

■ 119구조 · 구급에 관한 법률 시행령 [별표 2]

과태료의 부과기준(제33조 관련)

1. 일반기준

가. 과태료 부과권자는 위반행위자가 다음의 어느 하나에 해당하는 경우에는 제2호에 따른 과태료 금액의 2분의 1의 범위에서 그 금액을 줄여 부과할 수 있다. 다만, 과태료를 체납하고 있는 위반행위자에 대해서는 그러하지 아니하다.

1) 「질서위반행위규제법 시행령」 제2조의2 제1항 각 호의 어느 하나에 해당하는 경우
2) 위반행위를 자수한 경우
3) 위반 이후 위반상태를 시정하거나 해소하기 위해 노력한 경우
4) 그 밖에 위반행위의 정도, 위반행위의 동기와 그 결과 등을 고려하여 과태료를 줄일 필요가 있다고 인정되는 경우

나. 위반행위의 횟수에 따른 과태료의 부과기준은 최근 1년간 같은 위반행위로 과태료를 부과받은 경우에 적용한다. 이 경우 위반행위에 대하여 과태료 부과처분을 한 날과 다시 같은 위반행위를 적발한 날을 기준으로 하여 위반 횟수를 계산한다.

2. 개별기준

위반행위	근거 법조문	과태료 금액(단위 : 만원)		
		1회 위반	2회 위반	3회 이상 위반
가. 법 제4조 제3항을 위반하여 구조 · 구급활동이 필요한 위급상황을 거짓으로 알린 경우	법 제30조 제1항	200	400	500
나. 법 제4조 제3항을 위반하여 구조 · 구급활동이 필요한 위급상황인 것으로 거짓으로 알려 구급차등으로 이송되었으나 이송된 의료기관으로부터 진료를 받지 않은 경우	법 제30조 제1항	500		

CHAPTER

05 재난대응활동 등 소방조직 및 소방기능 관련 내용

1 소방전술

(1) 소방전술의 기본원칙

① 신속대응의 원칙

화재를 신속히 발견하고, 출동하여 대응한다면 피해가 확대되기 전에 진화할 수 있다는 것이다. 이 원칙은 화재뿐만 아니라 구조·구급 등 비상업무 전반에 두루 적용되는 일반원칙이다.

② 인명구조 최우선의 원칙

인명구조 및 인명 검색을 최우선으로 한다. 사람의 생명은 무엇보다 소중하므로 재산피해를 다소 감수하더라도 인명보호를 최우선과제로 삼아야 한다.

③ 선착대 우선의 원칙

화재현장에 가장 먼저 도착한 소방대의 주도적인 역할을 존중한다는 원칙이다. 단, 선착대는 후착대의 진입을 방해하지 않도록 유의하여야 하며 후착대는 선착대의 소방활동에 지장을 주어서는 아니 된다.

④ 포위공격의 원칙(화점포위의 원칙 : 포위가 어려운 경우 소방호스를 연장시켜 포위)

소방대가 화재의 전후좌우, 상하에서 입체적으로 공격하거나 방어하는 방안을 강구해야 한다. 이는 화재를 한 방향에서 공격 시 다른 방향으로 화재가 확대되는 것을 막을 수 있는 원칙이다. 다만, 화재의 윗부분이나 바람이 불어오는 방향 등 화재가 급격히 확대되는 쪽은 소방관 손실의 위험이 있으므로 연소 확대 저지에 그쳐야 한다.

⑤ 중점주의 원칙(화세에 비해 소방력이 부족한 경우 중요 시설 중점 방어)

화세에 비추어 소방력이 부족하여 불가피한 경우에는 가장 피해가 적을 것으로 판단되는 부분의 희생을 감수하더라도 보다 중요한 부분을 집중적으로 방어해야 한다는 수세적 원칙이다. 화재는 초기에 대량의 소방력을 투입하여 일거에 진압하는 것이 바람직하지만 소방력이 충분하지 못한 경우 발생하는 특수 및 대형화재에는 중점주의가 적용될 수 있다.

(2) 소방전술과 소방대

1) 소방전술

① 공격전술

화재의 진압을 목적으로 하는 것으로 소방력이 화세보다 우세할 때 직접 방수 등의 방법에 의해 일시에 소화하는 것으로 소방력을 화점에 집중적으로 발휘하게 하는 것이다.

② 수비전술

소방력이 화세보다 약한 경우 화면을 포위하고 방수 등에 의하여 화세를 저지하는 것을 의미하며 소방대가 현장 도착 후 화세가 소방력보다 우세한 경우에는 먼저 수비전술을 취하고 공격전술로 전환한다.

예 비화경계, 대형화재 시 풍하냉각(바람을 등지고), 위험물 탱크화재 시 인접탱크 냉각

2) 현장 소방대

① 선착대의 임무

화재는 시간의 경과와 함께 시시각각으로 상황이 변화하고 있으며 초기의 화재방어 활동에는 정확하고 신속한 대응이 요구된다. 따라서 선착대는 화재상황을 신속하게 파악하여 긴급성이 요구되는 임무부터 처리하여야 한다. 특히 선착대는 화재현장에 가장 가까운 소방서(파출소)의 부대이며 지역의 실정에도 정통하므로 화재방어 활동 초기의 가장 중요한 임무를 담당한다. 선착대 활동의 원칙은 다음과 같다.

㉠ 인명검색·구조활동 우선

㉡ 연소위험이 가장 큰 방면 포위 배치

㉢ 화점 직근의 소방용수시설을 점유

㉣ 사전 경방계획을 충분히 고려하여 행동

㉤ 신속한 상황보고 및 정보제공 : 신속히 화재상황 등을 파악하여 지휘자 및 상황실에 보고하고 후착대에게 적극적으로 정보를 제공하고, 필요한 경우 조기에 소방력 응원을 요청

ⓐ 재해의 실태 : 건물구조, 화점, 연소범위, 출입구 등의 상황

ⓑ 인명위험 : 구조 대상자의 유무

ⓒ 소방활동상 위험요인 : 위험물, 폭발물, 도괴위험 등

ⓓ 확대위험 : 연소경로가 되는 장소 등 화세의 진전상황

② 후착대의 임무

일반적으로 후착대가 현장에 도착할 시점에는 선착대가 화재진압활동을 개시한 후이다. 따라서 후착대는 선착대의 활동을 보완 또는 지원해야 한다. 후착대는 다음 사항에 유의할 필요가 있다.

㉠ 선착대와 적극적으로 연계하여 인명구조 활동 등 중요임무의 수행을 지원한다.

ⓐ 비화경계 : 창문이나 문 등 개구부는 폐쇄하여 옥내로 불티가 들어가는 것을 방지하고, 불붙기 쉬운 물질을 옥내 등 안전한 장소로 옮기며, 물통 등을 활용하기 쉬운 장소로 준비하는 활동

ⓑ 수손방지 : 소화용수 사용으로 인한 손해를 방지하는 활동

ⓒ 급수중계

㉡ 화재의 방어는 선착대가 진입하지 않은 담당면, 연소건물 또는 연소건물의 인접건물을 우선한다.

㉢ 방어가 필요 없는 경우는 지휘자의 명령에 의해 급수중계, 비화경계, 수손방지 등의 특정임무를 적극적으로 수행한다.

㉣ 화재 및 화재진압상황을 정확하게 파악하고 과잉파괴 행동 등 불필요한 활동은 하지 않는다.

(3) 소화전술의 분류

① 포위전술

화재는 사방으로 확대되기 때문에 포위하여 관창을 배치・진압한다. 출동 초기부터 차량으로 포위하고 만약 소방대의 배치가 한 쪽 방향으로 치우친 경우에는 호스선으로 포위한다.

② 블록전술

주로 인접건물로의 화재 확대방지를 위해 적용하는 전술형태로 블록의 4방면 중 확대가 가능한 면을 동시에 방어하는 전술이다.

③ 중점전술

화세에 비해 소방력이 부족하거나 천재지변 등으로 전체 화재현장을 모두 통제할 수 없는 경우 화재발생장소 주변에 사회적, 경제적 혹은 소방상 중요한 시설 또는 대상물이 있는 경우 이곳에 중점을 두어 진압 또는 천재지변 등 보통의 전술로는 진압이 곤란한 경우의 전술이다. 예컨대 대폭발 등으로 다수의 인명보호를 위하여 피난로, 피난예정지 확보작전 등을 통해 중점적으로 방어하는 데 사용된다.

④ 집중전술

부대가 집중하여 일시에 진화하는 작전으로 예컨대 위험물 옥외저장탱크 화재 등에 사용된다.

2 주수의 기본

(1) 일반적 원칙

① 화세를 억제하고 공격하는 위치에서 주수한다.

② 연소 실체에 주수한다.

③ 주수 중에는 관창을 놓아서는 안된다.

④ 주수를 계속해도 연소상황에 변화가 없는 경우에는 이동하거나 주수방법을 변경한다.

⑤ 고온의 발열체, 알루미늄 등 금속물질, 물과 급격하게 반응하는 금수성 물질에는 주수해서는 안된다.

(2) 특수한 경우(전기차량 등)의 대응 원칙

① 기본원칙

㉠ 친환경차량(EV, HEV, PHEV, FCEV) 종류 확인 후 화재진압 및 대응방법 결정

㉡ 먼저 차량 시동을 off하고 해당 차량 고임목 설치 후 대응조치

㉢ 화재가 발생한 차량이 일반 수송차인 경우 적재 화물의 종류 파악

㉣ 수소전기(FCEV), LPG, 위험물 운반차량의 경우 경계구역 설정 진화하고, 증기비중이 높은 경우 맨홀 등 지하로 유출 차단 방안 강구

㉤ 가스차량 화재 시 가스용기 밸브를 차단하고, 차단할 수 없는 경우 용기에 남아있는 잔류가스를 전부 연소시킬 것

㉥ 친환경차량(EV, HEV, PHEV, FCEV) 화재 시 차종에 따른 메인전원이나 배터리 위치를 확인하여 차단

㉦ 차량 승객석에서 발생한 화재 진압시는 넓은 분무방수와 함께 정면 또는 뒤쪽으로 진입

㉧ 유출된 차량, 연료를 고려 진화방법 결정(가연성, 비가연성)

㉨ 연료 시스템의 잠재적인 폭발, 차량 본닛 개방 시 폭발 등에 주의하여 안전거리 유지

㉩ 배터리는 화재 발화, 전기 충격, 폭발의 원인이 되므로 위험요인 확인

㉪ 대부분의 버스에 장착된 서스펜션 시스템은 화재로 인한 폭발 시 10cm 내로 내려앉는 것에 주의

㉫ 위험물차량 화재의 경우 화재진압 후 가연성 증기 발생상황, 기름유출상황 확인 필요 시 경계방어 태세를 갖춤

㉬ 불꽃발생 구조장비 사용자제 및 반드시 유압장비 사용

㉭ 화재진압 후 차량에서 유출되는 유류 및 각종 오일 등은 흡착포를 이용하여 제거, 관계기관에 통보

② 하이브리드 차량(HEV), 전기차량(EV), 플러그인 하이브리드차량(PHEV) 화재 시

㉠ 발화기 : 주수 및 ABC분말 소화에 의한 화재진압을 하되 주수소화는 감전의 가능성이 있으므로 주의

㉡ 성장기 : 소화기로 진화 어려운 경우 주수소화 실시하되, 엔진화재 시 고전압 케이블이 연결되어 있으므로 감전에 주의

㉢ 최성기 : 배터리 폭발 및 전해액 누출에 대비하여 거리를 유지하면서 주수소화 실시

③ 수소전기(FCEV) 차량 화재 시

㉠ 수소가스 분출구를 피해 원거리에서 직사주수

㉡ 화재 확산 가능성이 낮은 경우, 우선적으로 주변 지역 예비방수 후 차량 화재진압 실시

㉢ 발화기 : 분말·이산화탄소 소화기 및 다량 주수소화 또는 포말소화약제 사용 화재 진압

㉣ 성장기 이후 : 다량 주수소화(분무주수 포함) 또는 포말소화약제 사용 화재진압 및 주변 차량에 대해 질식소화덮개 설치

3 직사주수

(1) 주수 요령

① 확실한 발 디딤 장소를 확보한다.

② 관창수와 관창보조는 주수 방향과 소방호스가 직선이 되도록 위치한다.

③ 관창수는 반동력과 충격에 대비하여 무게중심을 앞으로 둔다.

④ 연소실체를 목표로 주수한다.

⑤ 전개형 분무관창을 사용하는 경우 관창의 압력이 0.3Mpa 미만일 때는 관창수 1인, 0.3Mpa 이상일 경우는 관창보조가 필요하다. 반동력은 약 2Mpa 이하가 적당하다.

⑥ 목표를 겨냥하여 주수하고, 광범위하게 소화하기 위해서는 상하, 좌우 또는 원형 등의 응용방법을 활용한다.

⑦ 관창의 개폐조작은 서서히 한다.

(2) 주수의 특성

① 사정거리가 길고, 다른 방법에 비해 바람의 영향이 적으므로 화세가 강해 접근할 수 없는 경우에 유효하다.

② 파괴력이 강해 창유리, 지붕 기와 등의 파괴, 제거 및 낙하위험이 있는 물건의 제거에도 유효하다.

③ 목표물에 대한 명중성이 있다.

④ 반동력이 커서 방향전환, 이동주수가 용이하지 않다.

⑤ 장애물에 대해서는 주수 범위가 좁다.

⑥ 옥외에서 옥내로 또는 지상에서 높은 곳으로 주수하는 경우 반사주수를 실시하면 유효하다. 단, 사정거리 및 사정각도에 주의한다.

(3) 안전관리

① 반동력의 감소에 유의한다. 관창을 2m 정도 뒤에 여유소방호스를 직경 1.5m 정도의 원이 되도록 하면 반동력은 약 0.1Mpa 정도 줄게 된다.

② 고압으로 방수하면 위험하므로 자세를 낮추고 체중을 앞발에 실어 버틴다.

③ 고압으로 가까운 물건에 주수하면 반동력이 증가하므로 주의한다.

관창구경 40mm, 관창압력 0.5Mpa 경우	
관창과 물체의 거리	압력상승
5m	0.1Mpa
8m	0.05Mpa

④ 주수 위치를 변경할 경우에는 일시 중지하고 이동한다.

⑤ 송전 중인 전선에 주수하는 것은 감전의 위험이 있으므로 안전거리를 확보해야 한다. 보통 1mA는 안전범위가 되지만 조건, 피로 등을 고려하면 그 이상의 거리를 확보하여 주수해야 한다.

4 분무주수

(1) 장·단점

① 장점

㉠ 직사주수보다 냉각효과와 질식효과가 크다.

㉡ 배연효과와 배열효과가 있다.
㉢ 감전의 위험이 적어 전기화재 시 사용이 가능하다.
㉣ 직사에 비해 물 사용량이 적고, 수손피해가 비교적 적은 편이다.

② 단점
㉠ 사정거리가 짧다.
㉡ 개방된 공간이나 바람이 세게 부는 곳에서는 외부의 영향으로 효과가 적다.

(2) 분무주수의 종류

① 고속분무주수
㉠ 주수요령
ⓐ 관창력 : 0.6Mpa
ⓑ 전개각도 : 10° ~ 30°
ⓒ 주수방법 등은 직사주수와 같은 요령으로 한다.
㉡ 주수특성
ⓐ 주수범위가 직사주수에 비해 넓다.
ⓑ 화점에 접근할 수 있는 경우의 소화에 유효하다.
ⓒ 연소저지에 유효하다.
ⓓ 덕트 스페이스, 파이프 샤프트 내 등의 소화에 유효하다.
ⓔ 사정거리는 직사주수보다 짧다.
ⓕ 파괴력은 직사주수보다 약하다.
ⓖ 감전의 위험은 직사주수보다 적다.
ⓗ 전도화염의 저지에 유효하다.
ⓘ 반동력이 적다.
ⓙ 파괴시 충격력이 적다.
ⓚ 고압으로 유류화재에 질식소화 효과가 있다.
㉢ 안전관리
직사주수 요령의 안전관리와 동일하다.

② 중속분무
㉠ 주수 요령
ⓐ 관창압력 0.3Mpa 이상, 관창 전개각도는 30도 이상으로 한다.
ⓑ 관창의 개폐는 서서히 조작한다.
ⓒ 소화, 배연, 차열, 엄호, 배열 등 주수 목적을 명확히 하여 실시한다.
ⓓ 옥내 또는 풍상에서 활용하는 것이 효과적이다.
ⓔ 고온이 되고 있는 부분 또는 연소실체에 직접 소화수가 도달하는 위치에 주수한다. 또한 냉각주수의 경우는 간접 주수해도 좋지만 수손 방지를 충분히 고려한다.

ⓕ 화면이 적은 경우는 전체를 덮도록 한다.
ⓖ 소규모 유류화재를 소화할 경우는 표면을 덮도록 고압주수한다.
ⓗ 소구획 실내의 배연을 목적으로 한 주수는 개구부 전체를 덮도록 한다.

㉡ 주수 특성
ⓐ 주수범위가 넓다. 따라서 연소실체에의 주수가 가능하다.
ⓑ 분무수막에 의한 냉각효과가 크다.
ⓒ 검색 진입대원의 신체보호에 유효하다.
ⓓ 소구획실 내에서의 소화 주수에 유효하다.
ⓔ 파괴를 필요로 할 때는 충격력이 약해 부적당하다.
ⓕ 전개각도에 의해 시야가 가려 전방의 상황파악이 어렵다.
ⓖ 반동력이 적다.
ⓗ 사정거리가 짧으므로 화열이 강한 경우는 연소실체에 직접 주수는 곤란하다.
ⓘ 바람과 상승기류의 영향을 받는다.
ⓙ 용기, 소탱크의 냉각에 유효하다.
ⓚ 소규모 유류화재, 가스화재의 소화에 유효하다.
ⓛ 주수에 의한 감전위험은 비교적 적다.

㉢ 안전관리
ⓐ 배연, 배열 등을 할 때는 주수 부분을 명시하여 백드래프트와 배연 측의 안전에 유의하면서 행한다.
ⓑ 도시가스의 분출을 수반하는 화재의 경우는 주위의 연소방지에 주력을 해놓고 가스차단 방법이 확정되고 나서 소화한다.
ⓒ 화점실 내에 주수할 때는 열기 분출에 주의하고, 개구부의 정면에 위치하는 것을 피해 주수하되, 내부 상황을 확인하면서 진입한다.
ⓓ 진입 시에는 관창에 얼굴을 접근시켜 자세를 낮게 한다.
ⓔ 전기 기기, 전선 등의 전압이 33,000V 이하의 경우 주수 거리는 2m 이상 떨어져 실시한다. 그러나 가급적이면 송전 중인 전선에의 주수는 피한다.

③ 저속분무(fog주수)

㉠ 주수 요령
ⓐ 미립자된 물을 주수하는 것으로 물의 증발열을 활용한다.
ⓑ 간접공격법(로이드레만전법)에 가장 적합한 주수방법이다.
ⓒ 주수위치는 개구부의 정면을 피하고, 분출하는 증기에 견딜 수 있도록 방호한다.
ⓓ 연소가 활발한 구역에서는 공간내의 고열이 있는 상층부를 향해 주수한다.
ⓔ 분출하는 연기가 흑색에서 백색으로 변하고 분출속도가 약해진 때에는 일시 정지하여 내부의 상황을 확인하면서 잔화를 소화한다.

✔ Check 간접공격법(로이드레만전법)

미국 웨스트버지니아주 버커스블시의 전 소방서장이고 제2차대전 중 연안경비대 소방학교 교관으로 있었던 로이드레만(Roid–Lemman)이 제창한 분무소화전법이다. 내화건물 화재 시에 소방활동상 최대의 장애가 되고 있는 것은 연기와 열이며, 이 연기와 열을 제거하기 위해 물의 흡열작용에 의한 냉각과 환기에 의한 열기와 연기의 배출을 보다 유효하게 하는 것을 목적으로 한 것이다.

1. 간접공격법의 전제조건
   (1) 연소물체 또는 옥내의 온도가 높은 상층부를 향하여 주수한다.
   (2) 고온에 가열된 증기에 의해 대원이 피해를 받지 않는 위치를 선정한다.
   (3) 주수 시 개구부는 가능한 한 작게 하는 것이 위험성을 감소시킨다.
   (4) 가열증기가 몰아칠 염려가 있는 경우는 분무주수에 의한 고속분무로 화점실 천장면에 충돌시켜 반사주수를 병행한다.
   (5) 천장 속 등의 부분은 분무주수하는 것이 효과적이다.

2. 간접공격법 효과의 판단
   (1) 주수중의 실내에서 배출되는 연기와 증기량에서 다음과 같이 판단한다.
      ① 제1단계 = 주수초기 – 연기와 화염의 분출이 급격히 약해진다.
      ② 제2단계 = 주수중기 – 흑연에 백연이 섞여 점점 백연에 가깝다.
      ③ 제3단계 = 주수종기 – 백연의 분출속도가 약한 것으로 일시 중지하여 내부 상황을 확인한다. 이 단계에서 작은 화점이 존재할 정도의 화세는 약하므로 서서히 내부에 진입하여 국소 주수로 수손방지에 유의하면서 잔화를 정리한다.
   (2) 간접공격법에 의하면 90% 이상 수증기화하는 것이 가능하므로 바닥면에 다량의 물이 있으면 주수정지의 시기를 잃었다고 판단한다.
   (3) 옥내의 연소가 완만하여 열기가 적은 연기의 경우는 이 전법을 이용하더라도 효과는 적으므로 개구부 개방 등에 의해 연기를 배출하면서 화점을 확인하여 직사주수 또는 고속분무주수를 짧게 계속하는 편이 수손을 적게할 수 있다.

㉡ 주수 특성
  ⓐ 입자가 적어서 기류의 영향을 받기 쉬우며 증발이 활발하다.
  ⓑ 수손이 적고 소화시간이 짧다.
  ⓒ 벽, 바닥 등의 일부를 파괴하여 소화하는 경우에 유효하다.

㉢ 안전관리
  ⓐ 소구획 화점실은 증기의 분출이 강렬하므로 주수위치의 선정은 신중히 행한다.
  ⓑ 주수목표 측의 개구부 면적을 적게 하고, 외벽면의 개구부를 크게 하면 배연, 배열효과가 크고 대원의 피로를 적게 할 수 있다.

5 상황에 따른 주수 방법

(1) 확산주수

① 주수요령

㉠ 보통 직사 또는 분무주수로 하는 것이 효과적이다.

㉡ 확실한 발판을 확보한다.

㉢ 관창수는 반동력에 의한 충격에 대비하여 무게중심을 앞으로 둔다.

② 주수특성

㉠ 광범위하게 주수하는 것이 가능하다.

㉡ 소방력이 적을 때의 방어에 유효하다.

㉢ 낙하물의 제거에 유효하다.

㉣ 냉각에 유효하다.

㉤ 저압의 경우 잔화정리에 유효하다.

③ 안전관리

㉠ 높은 장소에 주수하는 경우는 낙하물에 주의한다.

㉡ 저각도 또는 수평상태로 방수하는 경우 다른 대원의 직격에 주의한다.

㉢ 다른 소방대와의 연계하여 주수방향에 사람이 없는 것을 확인한다.

㉣ 반동력에 주의하여 보조자를 둔다.

㉤ 관창수의 교대 시 주의한다.

(2) 반사주수

① 주수 요령

㉠ 직사주수 또는 분무주수로 한다.

㉡ 천장 등에 있어서는 반사 확산시켜 목표에 주수한다.

㉢ 압력, 주수각도에 따라 도달거리, 확산의 범위가 변하므로 상황에 따라서 이동시키고, 휘둘러서 압력의 변화를 이용한다.

㉣ 안전한 발판을 확보한다.

② 주수특성

㉠ 직접 연소실체에 주수할 수 없는 곳(사각)의 소화에 유효하다.

㉡ 옥외에서 옥내의 사각지점 소화에 유효하다.

㉢ 내화건물 내 축적된 열의 냉각에 효과적이지만 수손피해 방지에 대하여 유의할 필요가 있다.

㉣ 주수효과의 확인이 곤란하므로 효과 없는 주수가 되기 쉬운 단점이 있다.

③ 안전관리

㉠ 고압의 경우 파괴나 낙하물에 의해 위험이 생기기 쉬우므로 다른 소방대와 연계하여 활동한다.

㉡ 가열된 소구획의 방, 천장에 주수하는 경우 열기, 증기에 주의한다.

㉢ 벽체 등에 주수할 때 충격에 의한 반동력이 크므로 주의한다.

(3) 사다리를 활용한 주수

① 주수 요령

㉠ 사다리 설치각도는 75° 이하를 원칙으로 한다.

㉡ 사다리 지주 밑부분을 안정시키고, 끝부분은 창틀 기타 물건 등에 결속시킨다.

㉢ 방수자세는 사다리의 적정한 높이에서 가로대에 한쪽 발을 2단 밑의 가로대에 걸어 몸을 안정시킨 후 양손을 사용할 수 있도록 한다.

㉣ 관창수는 보통 허리에 관창을 밀어붙이도록 하지만, 상황에 따라서 어깨에 붙이는 방법도 취한다.

㉤ 어깨에 거는 방법의 경우는 전개형 분무관창의 직사주수로 0.25Mpa이 한도이지만, 허리에 대는 방법은 관창을 로프로 창틀 또는 사다리 끝부분에 결속하면 0.3 ~ 0.4Mpa까지도 방수할 수 있다.

㉥ 개구부 부분의 중성대 유무에 따라 직사주수 또는 분무주수를 한다.

㉦ 배기구의 경우는 직사주수로 하고, 급기구의 경우는 직사주수 또는 분무주수를 한다.

② 주수특성

㉠ 옥외에서 진입이 곤란한 경우라도 개구부에서 직접 옥내에 주수할 수 있고 주수범위가 넓다.

㉡ 연소실체에 직사가 가능하고 반사주수에 의해 효과가 크다.

㉢ 활동높이는 사다리 길이로 결정하되 3층 정도까지로 한다.

㉣ 사다리를 난간 등에 묶지 않은 경우에는 저압주수도 충분한 주의가 필요하다.

③ 안전관리

㉠ 반동력에 의한 추락방지를 위해 관창을 결속한다.

㉡ 사다리 끝부분을 로프로 고정한다.

㉢ 주수방향을 급격히 변화시키거나 급격한 관창조작을 하지 않는다.

㉣ 사다리에서 횡방향으로의 주수는 위험하다. 소방호스는 사다리의 중간에 로프 등으로 결속하여 낙하를 방지한다.

㉤ 관창수의 교대 시 주의한다.

(4) 사다리차를 활용한 주수

① 주수요령

㉠ 사다리 끝부분의 관창을 사용한다.

㉡ 소방호스는 도중에서 사다리 가로대에 고정한다.

㉢ 사다리는 주수 목표에 대한 정확한 위치에 접근시킨다.

㉣ 사다리 각도는 75° 이하로 하고, 건물과 3 ~ 5m 이상 떨어져 주수한다.

㉤ 주수의 개시, 정지, 방향의 전환은 급격히 하지 않도록 한다.

ⓑ 주수는 보통 관창구경 23mm로 관창압력 0.9Mpa 이하로 하고 기립각도, 신장 각도, 풍압, 선회각도를 고려하여 실시한다.

ⓢ 주수각도의 전환은 좌우각도 15° 이내, 상하 약 60° 이내로 하고 그 이상의 각도가 요구되는 경우는 사다리의 선회, 연장, 접는 방법으로 한다.

ⓞ 배연을 목적으로 분무주수하는 경우는 개구부를 덮도록 열린 각도를 조정한다.

ⓩ 실내에의 주수는 반사주수를 원칙으로 하고, 밑에서 위 방향으로 주수하는 동시에 좌우로 확산되도록 한다.

ⓒ 소화, 배연 등의 주수목적을 명확히 한다.

② 주수특성

㉠ 사다리차를 활용할 수 있는 건물 등의 화재에 국한한다.

㉡ 고층의 경우 옥외에서의 주수는 매우 유효하다.

㉢ 개구부에서 직접 옥내에 주수할 수 있고 연소실체를 직접 공격할 수 있다.

㉣ 주수방향의 전환각도가 한정되므로 사각이 발생되기 쉽다.

③ 안전관리

㉠ 정상 주수 시 반동력에 대한 안전한계는 연장 정도, 기립각도에 따라 다르지만 보통 75° 에 있어서 반동력은 7Mpa이다.

㉡ 직사주수를 하는 경우는 반동력을 피하기 위해 관창을 사다리와 직각이 되지 않도록 상, 하로 향하여 주수자세를 취한다.

㉢ 전체 연장상태에서의 고압 주수 시에는 가능한 안전로프로 확보한다.

㉣ 사다리차에 송수하는 펌프차는 방수구 개폐 시 급하게 조작을 하지 않는다.

(5) 방수포 주수

① 사정거리가 길고, 대량의 주수가 가능하며, 화세를 일거에 진압하기에 유효한 방법이다. 그러나 수원이 쉽게 고갈되는 것이 단점이다.

② 진입 또는 접근 불가능한 화재와 극장 등의 높은 천장화재에 유효하다.

③ 부분파괴를 겸한 주수에 유효하다.

④ 대구획화재에 유효하다.

⑤ 옥외로부터 소화가 가능하며, 화세가 강한 화재에 유효하다.

⑥ 주수방향을 변경할 때는 반동력에 주의하여 서서히 조작한다.

⑦ 방수개시 및 정지는 원칙으로 펌프차의 방수구 밸브로 조작한다.

⑧ 방수방향의 안쪽에 위치한 출입구가 개방되어있을 시 화염과 연기가 복도 및 다른 실로 유입되며 상황을 악화시킬 수 있으므로 출입구 개방여부 확인이 반드시 필요하다.

(6) 화재실의 소화 주수

① 화재실의 진입

문, 창 등의 개구부가 폐쇄되어 있고, 창 등의 빈틈에서 검은 연기가 분출하고 있을 때는 화염의 분출에 대비해 분무주수의 엄호 아래 문을 개방한다. 이 경우 문을 개방하는 대원 및 관창의 위치는 정면을 피한다.

② 화재실의 소화

㉠ 진입구에서 실내에 충만한 짙은 연기(농연)을 통해 희미한 화점 또는 연소가 확인된 때는 화점에 직사주수 및 확산주수를 병행해서 실시한다.

㉡ 화재 초기로 수용물 또는 벽면, 바닥면 혹은 천장 등이 부분적으로 연소하고 있을 때는 실내로 진입해 직사주수 또는 분무주수에 의해 소화한다.

㉢ 실내전체가 연소하는 화재중기의 경우는 직사주수에 의해 진입구로부터 실내전체에 확산주수 한다.

㉣ 주수목표는 천장, 벽면, 수용물, 바닥면 등의 순서로 한다.

㉤ 칸막이 가구 및 가구집기류 등의 목조부분에 대해서는 직사주수 등에 의해 부분파괴하고 물의 침투를 조절해서 소화한다.

㉥ 조명기구를 활용해서 발밑을 주의하면서 서서히 진입한다.

㉦ 천장, 선반 위 등에서의 낙하물 및 가구류의 도괴에 주의하며 상황에 따라서 천장 낙하물을 제거 후 진입한다.

(7) 엄호 주수

1) 대원에 대한 엄호주수

① 엄호주수가 필요한 경우

㉠ 짙은 연기(농연)과 열기가 충만한 실내에서 인명검색을 할 때

㉡ 가연성 가스, 유독가스 중에서 소방활동을 할 때

㉢ 소방활동 중에 짙은 연기(농연), 열기 등이 휘몰아칠 가능성이 있을 때

㉣ 복사열이 강한 장소에서 직사주수 작업을 할 때

㉤ 열이 강한 장소에서 셔터 파괴 시

㉥ 바닥파괴 시 갑자기 열이 솟구쳐 오를 때

② 엄호주수 요령

㉠ 관창압력 0.6Mpa 정도로 분무주수를 한다.

㉡ 관창각도는 60° ~ 70°로 하고, 관창수 스스로가 차열을 필요로 할 때는 70° ~ 90°로 한다.

㉢ 엄호주수는 작업중인 대원의 등 뒤에서 신체 전체를 덮을 수 있도록 분무주수로 한다.

㉣ 강렬한 복사열로부터 대원을 방호할 때는 열원과 대원 사이에 분무주수를 행한다.

2) 구조 대상자에 대한 엄호주수(구조주수)

연소 중의 실내에서 연기, 열기에 휩싸여 있는 구조 대상자가 있거나 또는 대원이 복사열에 의해 접근이 곤란할 경우의 주수 요령은 다음과 같다.

① 구조 대상자가 있다고 생각되는 직근의 천장 또는 벽면으로 주수한다.
② 유효사정을 확보하기 위해 고속분무(10° ~ 15°)주수한다.
③ 주수 종별은 반사주수 또는 상하 확산주수로 수막을 형성하여 차열한다.

3) 안전관리

① 문, 창 등의 개구부가 폐쇄되어 있고 창 등에서 흑색 연기가 분출하고 있을 때는 플래시오버 또는 백드래프트에 대비하여 분무주수의 엄호 하에 문을 개방한다. 문을 개방할 때 문의 정면을 피해서 개방하고, 관창수는 문의 측면에서 주수한다.
② 천장, 선반 등의 낙하물 및 가구류의 도괴에 주의하고, 상황에 따라서는 천장의 낙하물을 제거 후 옥내 진입한다.

(8) 3D 주수 기법

3D 주수 기법이란 화재가 발생되어 연소 중인 가연물질 표면과 실내 전체에 퍼져있는 연기에도 주수하는 방식이다. 즉 3차원적(다각도) 화재진압 방식을 말한다. 3D 주수 기법은 펄싱(pulsing), 페인팅(painting), 슬링(penciling)으로 나눌 수 있다. 펄싱 기법은 해당 공간을 3차원적으로 냉각시키는 방식이며, 페인팅 기법은 벽면의 온도를 낮추고 열분해를 중단시키는 것이며, 펜슬링 기법은 연소 가연물에 직접 주수하여 화재진압을 하는 방법을 말한다. 즉, 펄싱, 페인팅 주수 기법은 화재환경을 제한하고 통제하며 화점실까지 도달하게 도와주는 것이라면 펜슬링 주수 기법은 실제 화재진압용 기술이다. 펄싱 주수 기법은 주수를 통해 주변의 공기와 연기를 냉각시키고, 페인팅 주수 기법은 벽면과 천장의 온도를 낮추고 열분해를 중단시키는 것이며, 펜슬링 주수 기법은 화점에 직접 주수를 하면서 화재를 진압하는 방식이다. 즉, 펄싱, 페인팅 기법은 화재 환경을 제한하고 통제하는 것이며 펜슬링 기법만이 실제 화재진압용 기술이라는 것이다. 또한, 펄싱과 페인팅 주수기법은 직접 화재진압 방식을 대체하는 것이 아니라 화재를 진압하는 곳까지 도달하게 도와 주는 기법이다.

1) 펄싱(pulsing) 기법

펄싱 기법은 간헐적으로 물을 뿌려주는 것으로 해당 공간을 3차원적으로 냉각시키는 것을 말하며, 숏 펄싱(short pulsing), 미디움 펄싱(medium pulsing), 롱 펄싱(long pulsing) 세가지 방법이 있다.

① 숏 펄싱(Short pulsing)

건물내부에 진입하기 전 출입문 상부에 주수를 하여 물이 방수와 동시에 증발하는지 확인한다. 만약 증발하게 되면 내부가 매우 뜨겁다는 것이다. 그래서 물을 뿌렸을 때 증발하는지 흘러내리는지를 세심하게 관찰하여야 한다. 또한 증발할 때는 어느 위치에서 증발하는지를 판단해야 하고, 그 다음에 출입문 내부 천장부분에 주수한다. 그 이유는 문을 열자마자 내부의 진한 농도의 가연성 가스가 바깥으로 나오면서 산소와 혼합되며 연소범위 내에 들어와서 자연발화될 가능성이 있기 때문이다. 그렇게 자연발화가 된다면 바깥에서부터 화염이 발생하여 내부로 들어가는 현상이 발생한다. 문을 열었을 때 나오는 가스가 산소와 결합해서 점화되는 것을 방지하기 위해 상부의 가스와 공기를 냉각시켜 자연발화의 가능성을 없애주는 것이다. 그리고 내부에 진입해서 상부로 주수를 하여 산소농도를 낮추고 가연성 가스를 식히고 희석시켜 자연발화 온도에 도달하는 것을 방지하며, 대원 머리 위 또는 근처에 고온의 화재가스가 있을 경우 바로 사용하도록 한다. 이때 1초 이내로 짧게 끊어서 주수하며, 물의 입자(0.3mm 이하)가 작을수록 효과가 높은 장점을 가지고 있다. 숏 펄싱 요령은 다음과 같다.

㉠ 확실한 발 디딤 장소를 확보하고 낮은 자세를 유지한다.
㉡ 관창수는 화점실 진입 전 머리 위쪽 및 주변 상층부 연기층을 목표로 주수한다.
㉢ 관창보조는 소방호스를 땅에 살짝 닿도록 들어서 잡아준다. 관창수가 담당하는 부분은 앞부분만 하고, 나머지 소방호스의 반동이나 무게는 보조자가 담당하게 된다.
㉣ 관창의 노즐은 오른쪽 방향 끝까지 돌려서 사용한다.
㉤ 관창의 개폐조작은 1초 이내로 짧게 끊어서 조작한다.
㉥ 좌(우)측, 중앙, 우(좌)측 순으로 상층부에 짧게 끊어서 3 ~ 4회 주수한다.

② 미디움 펄싱(Medium pulsing)

숏 펄싱와 롱 펄싱의 중간 주수 기법으로 1 ~ 2초의 간격으로 주어진 상황에 따라서 방어와 공격의 형태로 적용할 수 있다. 미디움 펄싱 주수 요령은 다음과 같다.

㉠ 확실한 발 디딤 장소를 확보하고 낮은 자세를 유지한다.
㉡ 관창수는 화점실 진입 전 전면 상층부 연기층 및 간헐적 화염을 목표로 주수한다(주수한 물이 모두 기화하는 것이 아니라 일부는 가스층을 뚫고 천장 표면에 부딪혀 표면냉각효과를 갖기도 한다).
㉢ 관창보조는 소방호스를 땅에 살짝 닿도록 들어서 잡아준다.
㉣ 관창의 노즐은 오른쪽 방향 끝까지 돌려서 사용한다.
㉤ 관창의 개폐조작은 1 ~ 2초 이내로 끊어서 조작한다.
㉥ 좌(우)측, 중앙, 우(좌)측 순으로 전면 상층부에 끊어서 3 ~ 4회 주수한다.

③ 롱 펄싱(Long pulsing)

상부 화염 소화, 가스층 희석 및 온도를 낮추어 대원들이 내부로 더 깊이 진입할 수 있도록 하며, 주어진 상황에 따라서 3 ~ 5초의 간격으로 다양하게 적용한다. 롱 펄싱 주수요령은 다음과 같다.

㉠ 확실한 발 디딤 장소를 확보하고 낮은 자세를 유지한다.
㉡ 관창수는 구획실 앞쪽 상층부 연기층 및 화염을 목표로 주수한다.
㉢ 관창보조는 소방호스를 땅에 살짝 닿도록 들어서 잡아준다.
㉣ 피스톨 관창의 노즐은 오른쪽 방향 끝까지 돌려서 사용한다.
㉤ 관창의 개폐조작은 2 ~ 5초 이내로 끊어서 조작한다.
㉥ 좌(우)측, 중앙, 우(좌)측 순으로 상층부에 주수하며 구획실 공간 전체 용적을 채울 수 있도록 수차례 나눠서 주수한다.

2) 페인팅(painting) 주수 기법

페인팅 주수 기법은 내부 벽면과 천장을 페인트칠 하듯 물을 살짝 주수하는 방식이다. 벽면과 천장이 나무와 같은 가연성 물질로 구성되어 있으면 표면냉각과 열분해를 줄여줄 수 있으며, 불연성 물질로 되어 있으면 복사열 방출을 줄여 가연물 열분해를 방지하고 가연성 연기층을 냉각시키는 효과가 있다. 또한, 지나치게 많은 양의 주수는 하지 않는다. 냉각 후에 결과를 보기 위해 잠시 기다린 후 쉿쉿 소리가 들리면 매우 높은 온도를 의미하고 바닥에 물이 떨어지는 소리는 낮은 온도를 의미한다. 벽면이 매우 뜨겁다면 너무 많은 증기가 발생하지 않도록 페인팅 주수 중단 시간을 길게 할 필요도 있다. 페인팅 주수요령은 다음과 같다.

① 움직임이 큼으로 펄싱 주수 자세보다 좀 더 높은 자세를 유지한다.

② 관창수는 화점실 접근 시 문틀 주변에 주수(불이 다른 구역으로 번지지 않도록 냉각)하고, 화점실 진입 시 벽면 및 천장을 목표로 주수한다.

③ 반동력이 크지 않으므로 이동에 용이하다.

④ 관창의 노즐은 오른쪽 방향 끝에서 왼쪽으로 조금 열어서 사용한다.

⑤ 관창의 개폐장치는 조금 열어 물줄기가 보이게 벽면과 천장에 닿을 정도로 조작한다.

⑥ 주수 시 페인트 칠을 하듯 위에서 아래로, 천장 한쪽 끝에서 반대쪽 끝으로 지그재그 방식으로 적정량을 주수하도록 한다.

⑦ 매우 높은 열량을 가진 벽면에 주수 시 많은 수증기가 발생하지 않도록 주의한다.

3) 펜슬링(penciling) 주수 기법

펜슬링 주수 기법은 직사주수 형태로 물방울의 크기를 키워 중간에 기화되는 일이 없도록 물을 던지듯 끊어서 화점에 바로 주수하여 화재진압을 시작하는 방식이며, 연소 중인 물체의 표면을 냉각시켜 주면서 다량의 수증기 발생 억제 및 열 균형을 유지시켜 가시성을 유지시키는 효과가 있다. 펜슬링 주수요령은 다음과 같다.

① 확실한 발 디딤 장소를 확보하고 낮은 자세를 유지한다.

② 관창수는 화점을 목표로 주수한다.

③ 반동력이 크므로 관창보조는 소방호스를 땅에 살짝 닿도록 들어서 잡아준다.

④ 관창의 노즐은 오른쪽 방향 끝에서 왼쪽으로 1/4바퀴 돌려 직사주수 형태로 사용한다.

⑤ 관창의 개폐장치를 열어 물줄기를 던지듯 끊어서 조작한다.

⑥ 구획실 내 화점이 여러 곳일 경우 펜슬링(화점), 펄싱주수(공간), 펜슬링 그리고 페인팅 기법을 반복하면서 주변공간을 냉각시키고 화재를 완전히 진압한다.

4) 3D 주수 기법 적용

3D 주수 기법 적용시 가장 적합한 물방울 사이즈는 대략 0.3mm～0.4mm가 일반적이며, 실제 상황에서 물방울 크기를 측정하기 위한 가장 효과적인 방법은 숏 펄싱 주수 시 공기 중에 4 ~ 5초간 물방울들이 남아 있는 것을 확인하는 방법이다. 또한, 3D 주수 기법은 해당 구획실의 크기가 70m^2 이상일 경우 부적합하다고 볼 수 있다. 물론 다양한 변수를 고려

하여야 하는데 해당 구획실의 가연물의 양, 화염의 크기 및 지속시간, 개구부의 수, 구획실의 크기는 어느 정도인지 등을 고려하여야 한다. 가스의 열균형은 온도에 따라 층을 형성하는 경향을 말한다. 즉 가장 온도가 높은 가스는 최상층에 모이는 경향이 있는 반면 낮은 층에는 보다 차가운 가스가 모이게 된다. 공기, 가스 및 미립자의 가열된 혼합체인 연기는 상승하며 이러한 열균형의 특성 때문에 소방대원들은 낮은 자세로 진입하여 활동하여야 한다. 만약 화점을 보자마자 다량의 주수를 하게 되면 공기 중에 다량의 수증기가 발생하여 연기와 수증기의 소용돌이치는 혼합현상이 발생하게 되어 정상적인 열균형을 파괴하여 뜨거운 가스는 구획실 전체에 섞인다. 이로 인해 소방대원들은 화상을 입게 된다. 하나의 물방울은 100℃에서 수분팽창 시 1,700배로 부피가 팽창하며 온도가 점차 상승하여 608℃에서는 4,200배까지 팽창하게 된다. 이와 같은 원리를 이용한 펄싱 주수기법은 구획실 상층부의 가연성 가스를 냉각(연소범위 및 부피 축소)시키고, 수분(수증기)팽창을 이용하여 구획실 안으로 산소유입을 차단시켜 산소농도를 낮추는 효과가 있다. 그렇기 때문에 구획실 화재진압에 있어 3D 주수 기법이 꼭 필요한 이유라 할 수 있다.

(9) 집중주수 : 연소물 또는 인명의 구조를 위한 엄호를 위해 한 곳에 집중적으로 주수하는 방법을 말한다.

(10) 유하주수 : 주수압력을 약하게 하여 물을 흐르듯이 주수하는 방법이다. 건물의 벽 속에 잠재하는 화세의 잔화처리 등에 이용한다.

6 소방활동의 절차

상황판단 → 강제진입 → 진화 → 인명구조 → 연소확대방지 → 장비통제 → 사다리전개 → 재산보호 → 화재조사 → 환기 → 응급조치 → 지휘

7 화재진압

(1) 화재진압 단계별활동

① 화재인지

관계인 등으로부터 화재 상황 등의 연락을 받은 시점

② 소방대의 출동

각지하고 소방대가 현장에 도착할 때까지의 과정으로 출동지령 → 예정소방용수 선정 → 출동로 선정 → 출동

③ 현장도착 : 소방대는 화재현장 도착 즉시 화재진압 활동을 개시해야 한다.

㉠ 선착대(화재인지 시점으로부터 5분 이내 도착하는 출동대)

ⓐ 인명검색 및 구조활동 우선시

ⓑ 연소위험이 가장 큰 방면에 포위 배치

ⓒ 화점 근처의 수방용수시설을 점령
ⓓ 사전 경방계획을 충분히 고려하여 행동
ⓔ 재해실태, 인명위험, 소방활동상 위험요인, 확대위험 등을 신속히 상황보고 및 정보제공

㉡ 후착대
ⓐ 인명구조활동 등 중요임무 수행을 지원
ⓑ 화재방어는 인접건물 및 선착대가 진입하지 않는 곳을 우선
ⓒ 급수중계 및 비화경계, 수손방지 등의 업무 수행
ⓓ 불필요한 파괴는 하지 않음

④ 상황판단
화재의 진행상황・화재건물의 상황 및 활동장애 유・무를 객관적으로 판단하여 진입방법을 결정해야 한다.

⑤ 인명구조
화재전술에서 최우선 단계이다.

⑥ 수관연장
연장순서는 사다리, 파괴기 운반, 호스연장 순이다.

⑦ 노즐배치
소방활동에 필요하고 구조 대상자를 구조하며, 연소를 저지하기 위해 관창을 배치한다.

⑧ 파괴활동
인명구조, 소화작업 및 연소방지 등의 긴급한 필요가 있을 때에는 백드래프트의 위험이 있으므로 지휘관의 지시에 의해서만 실시한다.

⑨ 방수활동
소화용수가 목표물에 도달시키게 하는 것이다.

⑩ 진압활동
연기가 충만하기 쉬운 건축물 화재에서는 자세를 낮추어 급기측으로부터의 진입이 원칙이다.

⑪ 잔화처리
시설관계자의 입회하에 분무주수, 유화주수 또는 저압주수로 하며, 과잉방수나 과잉파괴를 하지 않도록 주의한다.

⑫ 소방활동설비의 활용
연결송수관설비, 연결살수설비, 제연설비, 비상콘센트설비, 무선통신보조설비, 연소방지설비 등을 이용하여 신속・정확한 진압 활동을 한다.

(2) 지휘소 선정 시 고려사항

① 발화건물을 가장 잘 볼 수 있는 곳

② 주변지역을 가장 잘 볼 수 있는 곳

③ 소방대원이 쉽게 발견할 수 있는 눈에 잘 띄는 곳

④ 안전한 곳

⑤ 차량 이동과 작전에 방해되지 않는 곳

⑥ 출동대 활동을 관찰할 수 있는 곳

⑦ 각종 통신활용, 보고 연락 등 부대의 지휘운영이 용이한 곳

(3) 현장안전관리(인명검색 시의 안전행동지침)

① 낮은 자세를 유지한다.

② 항상 벽을 따라서 움직여야 한다.

③ 사전에 검색경로를 설정하여야 하는 것이 안전하다.

※ 건축물의 화재 시 천장, 벽, 바닥, 지붕 순으로 위험도를 숙지하여야 한다.

(4) 대피요령

① 비상구 및 계단 등 개구부를 통하여 대피할 때에는 반드시 문을 닫고 대피하여 불길과 연기의 확산을 지연시킨다.

② 연기 속을 통과할 때에는 수건 등을 물에 적셔서 입과 코를 막고 낮은 자세로 대피한다.

③ 승강기는 화재 발생 층에서 열리거나 정전으로 멈추어 안에 갇힐 우려가 있고 엘리베이터 통로 자체가 굴뚝 역할을 함으로써 질식할 우려가 있기 때문에 엘리베이터를 이용해서는 안 된다.

④ 문손잡이가 뜨겁거나 문틈에서 연기가 새어 들어오면 백드래프트의 징조이므로 함부로 문을 개방해서는 안 된다. 이는 이미 문밖에 불이 번져 있거나 유독가스가 있다는 증거이므로 문을 열어서는 안 된다.

정태화
소방학개론

기본서

www.pmg.co.kr

제5부

재난관리

정태화
소방학개론
기본서

www.pmg.co.kr

PART

01

재난 및 재난관리의 개념

CHAPTER

01 재난의 특징과 유형

1 재난의 개념 및 유형

재난에 대한 개념은 다양하게 정의되고 있다. ① 미국 연방재난관리청(FEMA)은 통상적으로 사망과 상해 및 재산피해를 가져오고 일상적인 절차나 정부의 자원으로는 관리할 수 없는 심각하고 규모가 큰 사건 ② 일본 재해대책기본법에서는 태풍·호우·폭설·홍수·해일·지진·쓰나미·화산폭발·기타 이상 현상 또는 대규모 화재의 원인으로 생기는 피해 ③ 유엔개발계획(UNDP)은 사회의 기본조직 및 정상기능을 와해시키는 갑작스런 사건으로 사회가 외부의 도움 없이 극복할 수 없고, 정상적인 능력으로 처리할 수 있는 범위를 이탈한 일련의 사건 ④ 벨기에 재난역학연구센터(CRED)는 "지역의 수용능력을 이탈하여 국가적 또는 국제적 수준의 도움이 필요한 사건"으로 정의하고 있다. 재난과 유사한 용어로는 재해·재앙· 위기 등이 있으며, 재난은 우리 주변에서 빈번하게 발생하는 일상적인 사고와는 구별된다. 대한민국은 재난 및 안전관리 기본법에서 다음과 같이 정의하고 있다.

(1) 재난의 개념

"재난 및 안전관리 기본법" 제3조(정의)에서 재난을 국민의 생명·신체·재산과 국가에 피해를 주거나 줄 수 있는 것으로 정의하고 있고, 자연재난·사회적재난·해외재난으로 구분하고 있으며, 자연재해대책법 제2조(정의)에서는 재난을 재해로 정의하고 있다.

① 국가 또는 지방자치단체 차원의 대처가 필요한 인명 또는 재산의 피해

② 그 밖에 '①'의 피해에 준하는 것으로서 소방청장이 재난관리를 위하여 필요하다고 인정하는 피해

(2) 재난의 유형

① 자연재난 : 태풍, 홍수, 호우(豪雨), 강풍, 풍랑, 해일(海溢), 대설, 한파, 낙뢰, 가뭄, 폭염, 지진, 황사(黃砂), 조류(藻類) 대발생, 조수(潮水), 화산활동, 「우주개발 진흥법」에 따른 자연우주물체의 추락·충돌, 그 밖에 이에 준하는 자연현상으로 인하여 발생하는 재해

※ 자연재해대책법은 "자연재난"을 자연현상으로 인하여 발생하는 재해를 자연재해로, 태풍·홍수·호우·강풍·풍랑·해일·조수·대설, 그 밖에 이에 준하는 자연현상으로 인하여 발생하는 재해를 "풍·수해"로 정의한다.

② 사회재난 : 화재·붕괴·폭발·교통사고(항공사고 및 해상사고를 포함한다)·화생방사고·환경오염사고·다중운집인파사고 등으로 인하여 발생하는 대통령령으로 정하는 규모 이상의 피해와 국가핵심기반의 마비, 「감염병의 예방 및 관리에 관한 법률」에 따른 감염병 또는 「가축전염병예방법」에 따른 가축전염병의 확산, 「미세먼지 저감 및 관리에 관한 특별법」에 따른 미세먼지, 「우주개발 진흥법」에 따른 인공우주물체의 추락·충돌 등으로 인한 피해

* 국가핵심기반 : 에너지, 정보통신, 교통수송, 보건의료 등 국가경제, 국민의 안전·건강 및 정부의 핵심기능에 중대한 영향을 미칠 수 있는 시설, 정보기술시스템 및 자산 등

③ 해외재난 : 대한민국의 영역 밖에서 대한민국 국민의 생명·신체 및 재산에 피해를 주거나 줄 수 있는 재난으로서 정부차원에서 대처할 필요가 있는 재난

(3) 학자들의 재난분류

① 아네스(Anesth)의 재난분류

아네스(Anesth)는 재난을 자연재난과 인위재난으로 대분류한 후, 자연재난을 기후성 재난과 지진성 재난으로 인위재난을 사고성 재난과 계획적 재난으로 세분류하였다. 아네스(Anesth)의 재난분류는 미국의 지역재난계획에 주로 이용되고 있다.

대분류	세 분류	재난 종류
자연재난	기후성 재난	• 태풍
	지진성 재난	• 지진 • 화산폭발 • 해일
인위재난	사고성 재난	• 생물학적 사고(바이러스·박테리아·독혈증 등) • 화학적 사고(유독물질 등) • 화재사고 • 교통사고(차량·항공·선박·철도) • 산업사고(건축물 붕괴) • 폭발사고(가스 갱도 화학 폭발물) • 방사능 재해
	계획적 재난	• 테러 • 폭동 • 전쟁

② 존스(Jones)의 재난분류

존스(Jones)는 재난을 발생원인과 재난현상에 따라 자연재난, 준 자연재난, 인위재난으로 분류하였다. 자연재난은 지구물리학적 재난과 생물학적 재난으로 구분한 후 지구물리학적 재난을 지질학적 재난, 지형학적 재난, 기상학적 재난으로 세분화하고 있어 그 범위가 광범위하다(UN 분류 기준).

재난					
자연재난				준 자연재난	인위재난
지구물리학적 재해			생물학적 재해		
지질학적 재난	지형학적 재난	기후학적 재난			
• 지진 • 화산 • 쓰나미 등	• 산사태 • 염수토양 등	• 안개 • 눈 • 해일 • 번개 • 토네이도 • 폭풍 • 태풍 • 가뭄 • 이상기온 등	• 세균질병 • 유독식물 • 유독동물	• 스모그현상 • 온난화현상 • 사막화현상 • 염수화현상 • 눈사태 • 산성화 • 홍수 • 토양침식 등	• 공해 • 광하학연무 • 폭동 • 교통사고 • 폭발사고 • 태업 • 전쟁 등

③ 하인리히 법칙(Heinrich's Law)_도미노이론(연쇄반응이론)

산업재해 발생 원리에 대한 최초의 것으로 하인리히의 저서 「산업재해방지론」에서 주장한 이른바 사고발생의 연쇄성을 강조한 도미노(domino)이론으로서, 재해란 상해로 귀착되는 5개 요인의 연쇄작용의 결과로 초래된다는 것이다. 즉, 상해는 항상 사고에 의해 일어나고 사고는 항상 순차적으로 앞서는 요인의 결과로 일어난다고 하였다. 이러한 원인들이 개인결함으로 연결되고, 이것에 의해 인간의 불안전한 행동이나 불안전한 상태가 나타날 때 사고가 발생하게 되며, 재해로 연결될 수 있다. 하인리히는 처음으로 사고와 재해의 발생과정이 연쇄적 원인에 의해 나타난다는 것을 가정하였으며, 사고의 원인 중 불안전한 상태와 불안전한 행동을 가장 중요한 것으로 보고 안전관리는 이에 집중할 것을 권고하였다(3단계를 제어하거나 제거하면 사고는 일어나지 않는다). 하인리히는 사고발생 과정을 5개의 골패원리로서 다음과 같이 정리하였다.

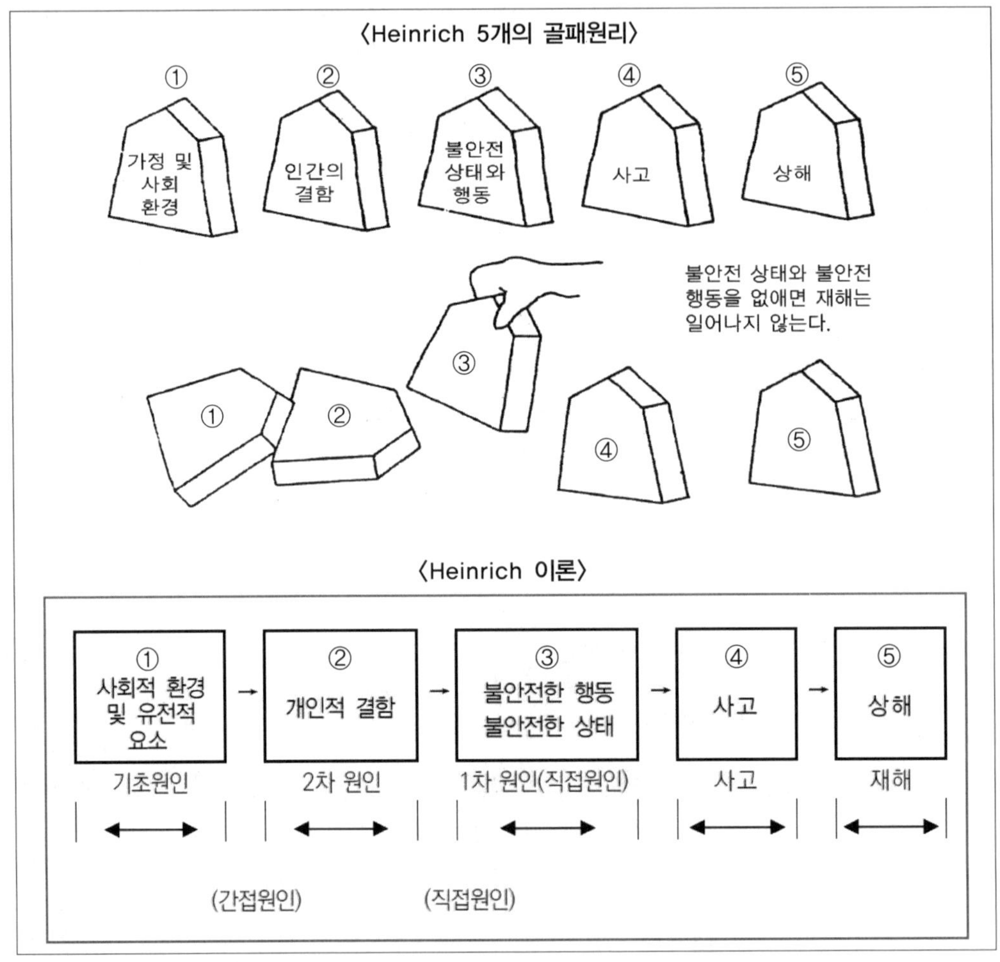

제1단계	유전적 요인 및 사회적 환경	• 무모 · 완고 · 탐욕 등 바람직하지 못한 성격은 유전적일 가능성이 높다고 평가함 • 부적절한 환경은 성격 이상을 불러오고, 교육방해는 인적 결함의 원인이 됨
제2단계	개인적 결함	• 무모함 · 신경질적 · 흥분 등 선천적 · 후천적인 인격 결함은 불안전한 행동을 유발함 • 기계적 · 물리적인 위험성의 존재에 따른 인적 결함도 포함
제3단계	불안전한 행동 및 불안전 상태	• 안전장치 기능을 제거하거나 위험한 기계설비에 접근하는 불안전한 행동 • 부적당한 방호상태, 불충분한 조명 등 불안전 상태는 직접적 사고의 원인이 됨
제4단계	사고	• 물체의 낙하, 비래(飛來)물에 의한 타격 등과 같은 현상은 상해의 원인이 됨 • 제3단계가 진행되어 작업능률 저하, 직접 · 간접적인 인명피해와 재산손실을 가져옴
제5단계	상해	• 직접적인 사고로 인한 재해로 사고발생의 최종결과 인적 · 물적 손실을 가져옴 • 좌상, 열상 등의 상해는 사고의 결과로서 생김

즉, 하인리히 이론을 요약하면 제일 앞의 골패가 쓰러지면 그 줄의 골패가 전부 나란히 놓인 도미노의 줄에서 이 연쇄를 구성하는 요인 중 하나라도 제거하면 사상의 연쇄적 진행은 저지할 수 있어서 재해는 일어나지 않는다는 것이다. 안전관리활동에 의해 제거할 수 있는 것은 불안전한 행동과 불안전한 상태이다. 그러므로 사고 · 재해를 방지하기 위해서는 불안전한 행동 및 불안전한 상태의 두 개를 모두 없애지 않으면 안 된다는 것이다. 불안전한 행동과 불안전한 상태를 없애는 것이 안전관리의 가장 중요한 요소라고 한 명쾌한 지적은 우리나라 안전관리 활동에 커다란 영향을 주어서 1945년대부터 1955년대에 걸쳐 인기가 있었지만 재해방지대책을 기술적 · 관리적인 면보다도 정신주의적인 부주의의 방지로 향하는 경향을 조장한 것도 부인할 수가 없다. 하인리히는 사고와 재해의 관련을 명백히 하기 위해 「1 : 29 : 300의 법칙」으로 재해구성비율을 설명하면서 1회의 중상재해가 발생했다면 그 사람은 같은 원인으로 29회의 경상재해를 일으키고, 또 같은 성질의 무상해 사고를 300회 동반한다고 했다. 전 사고 330건 중 중상이 나올 확률은 1건, 경상이 29건, 무재해사고는 300건이 발생할 수 있다고 주장하였다. 그의 저서에 게재된 다음 그림은 중상재해 저변에는 다수의 경상재해와 무상해사고가 있고 더욱이 무수한 불안전 행동과 불안전 상태가 있다고 하는 것이다.

✔ Check　하인리히(Heinrich)의 재해예방 4원칙

① 예방가능의 원칙	② 손실우연의 원칙
③ 대책선정의 원칙	④ 원인연계의 원칙(원인계기의 원칙)

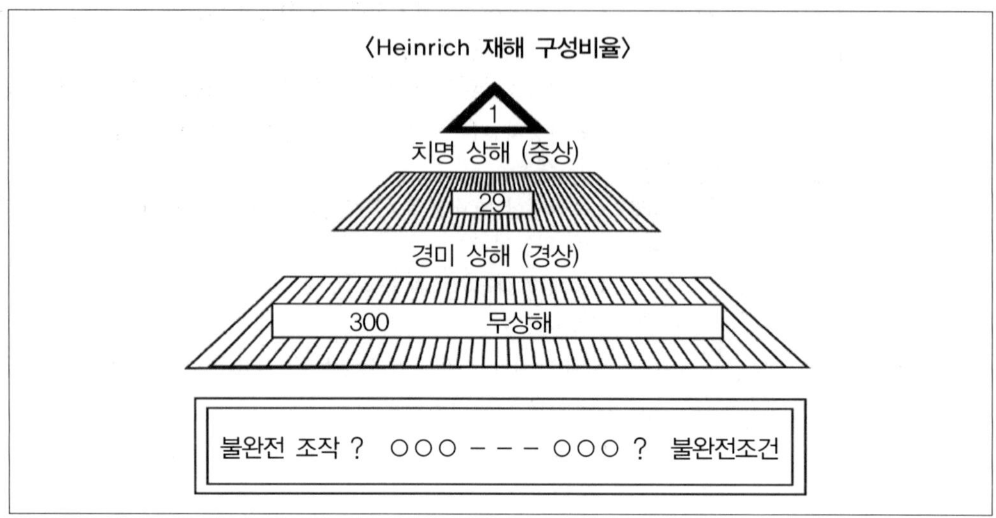

④ 프랭크 버드(Frank E. Bird.)의 법칙(Bird's Domino Law)_도미노이론(연쇄성이론)

하인리히의 5개 골패원리는 그 후 새로운 도미노이론에 의해 교체되었다. 새로운 재해연쇄는 버드(Bird)에 의해 제기되었는데 5개 요인에 대해 다음과 같이 설명하고 있다.

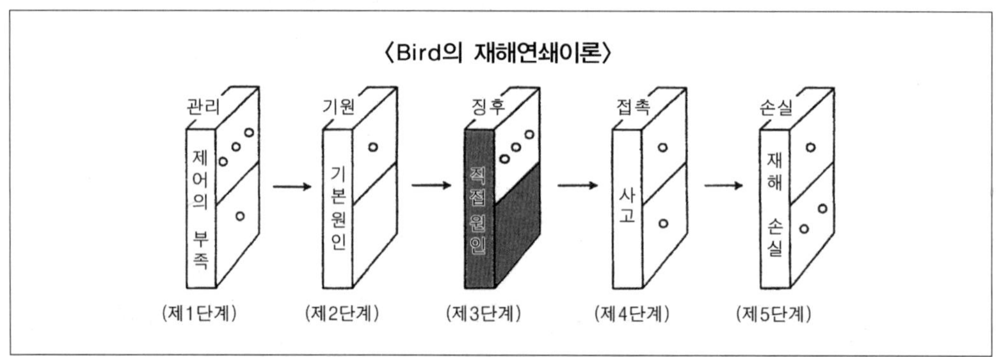

직접원인은 사고 발생 시 어느 정도 그 원인을 쉽게 알 수 있는 것으로, 하인리히의 불안전상태나 불안전행동 등이 이에 해당된다. 버드의 이론에서는 사고의 발생원인 중 불안전한 상태나 불안전한 행동을 사고의 직접원인으로 보지만, 이러한 원인이 나타나게 한 기본 원인에 보다 초점을 두고 있다. 이는 "1 : 10 : 30 : 600"의 법칙 이라고도 한다. 버드(Frank E. Bird. Jr. 1921 ~ 2007)는 하인리히의 도미노 이론(Heinrich's Law)을 변형한 이론을 제안하였다. 이 모델에 의하면 재해는 근본적으로 관리의 문제이고 사고 전에는 항상 사고가 발생할 전조(직접원인)가 나타난다고 보고 있다.

㉠ 제1단계 제어의 부족–관리

재해연쇄 중에서 가장 중요한 인자는 안전관리자가 이미 확립되어 있는 안전에 관한 전문적 관리의 원리를 충분하게 이해하고 그것을 행하는 것이다. 안전에 관한 전문적인 관리란 계획, 조직, 지도, 통제 등의 다음의 기능을 말한다.

ⓐ 안전관리계획 및 자기 자신이 실시해야 할 직무계획의 책정
ⓑ 각 직무활동에서의 실시기준의 설정
ⓒ 설정된 기준에 의한 실적평가
ⓓ 계획의 개선, 추가 등의 순서

여기서 제어의 부족은 경영자, 안전관리자 등 안전감독기관이 안전에 관한 제도, 조직, 지도, 관리 등을 소홀히 하는 것을 의미한다. 그리고 안전관리계획에는 사고연쇄 중의 모든 요인을 해결하기 위한 대책이 포함되어 있어야 한다.

㉡ 제2단계 기본원인–기원

재해 또는 사고에는 그것의 기본적인 또는 배후 원인이 되는 개인의 제반요인 및 작업에 관한 여러 요인이 있다.

ⓐ 개인적 요인 : 지식 및 기능의 부족, 부적당한 동기부여, 육체적·정신적 문제 등
ⓑ 작업상의 요인 : 기계설비의 결함, 부적당한 기기의 사용방법, 부적절한 작업기준 및 작업체계 등

재해의 직접원인을 해결하는 것보다는 오히려 그 근원이 되는 기본원인을 찾아내어 가장 유효한 제어를 달성하는 것이 중요하다.

㉢ 제3단계 직접원인–징후

불안전한 행동 또는 불안전한 상태로 일컬어지는 것으로서 하인리히의 연쇄이론에서도 가장 중요한 대책사항으로 취급되어 온 요인이다. 그러나 직접원인은 좀 더 깊은 근저에 있는 문제의 징후에 지나지 않는다. 징후를 추구하는 것만으로 기본이 되는 근저의 문제를 해결하지 않는 경우에는 연속적인 재해방지의 가능성은 바랄 수 없다. 관리자는 이러한 징후를 효과적으로 발견·분류하기 위한 시스템을 만들고 그 기본원인을 규명하여 제어방법을 설정할 필요가 있다.

㉣ 제4단계 사고–접촉

사고란 육체적 손상·손해·재해로 인한 손실의 결과로서 바람직하지 못한 상태나 사상을 의미하며, 사고와의 접촉단계에 해당한다.

㉤ 제5단계 상해–손실

작업장에서 발생하는 신경적·정신적·육체적인 영향인 외상적 상해와 질병 등을 의미한다. 재해연쇄의 요인에서 사용되는 상해라는 말에는 작업 장소에서 생기는 정신적, 신경적 또는 육체적인 영향과 함께 외상적 상해와 질병의 양자를 포함하는 인간의 육체적 손상을 포함하고 있다.

여기서 가장 중요한 것은 'ⓛ' 및 'ⓒ'으로 기본원인과 직접원인의 관련에 대해서 언급한 점이다. 즉 고전적 도미노이론(하인리히 이론)에서는 직접원인만 제거하면 재해는 일어나지 않는다고 하였지만 최신의 도미노이론에서는 반드시 기본원인을 제거하라고 주장한 것이다. 버드는 또한 17만 5천 건의 사고를 분석한 결과 중상 또는 폐질 1, 경상(물적 또는 인적 상해) 10, 무상해사고(물적 손실) 30, 무상해・무사고 고장(위험순간) 600의 비율로 사고가 발생한다는 이른바 「1 : 10 : 30 : 600의 법칙」을 주장하였다.

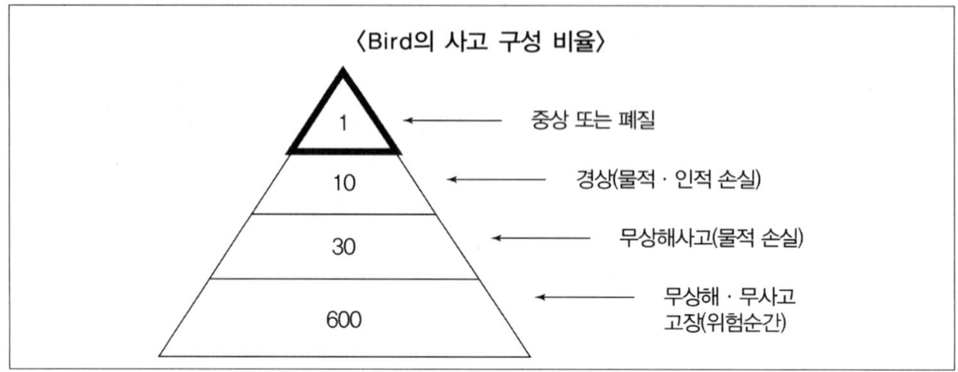

⑤ 페로(Charles B. Perrow)의 정상사고이론

복잡하고 견고하게 이루어진 사회에서는 필연적으로 사고가 발생한다는 이론으로 재난 발생 원인을 현대사회의 기술적・조직적 시스템이 복잡하게 꽉 짜여진 것에서 찾으면서, 예기치 않은 사건이 필연적으로 발생하고 거대한 재난으로 확대되는 경향이 있다고 보았다. 사고는 ㉠ 인간은 실수하게 되어 있고, ㉡ 대형사고라도 원인은 대부분 작은 것에서 시작되며, ㉢ 원자력 발전소, 화학 공장 등 인간이 만든 복잡한 시스템은 참사의 위험을 대부분 안고 있기 때문에 발생하게 된다는 것이다.

⑥ 칼와익의 고신뢰조직이론

㉠ 예상치 못한 치명적인 위기가 급속도로 진행되어 시스템 전체가 붕괴될 위험이 높은 재난적 상황에 적합한 조직은 일상적 상황에서 필요한 조직과 근본적으로 다르다고 주장한다. 즉 고신뢰 조직은 팬데믹과 같은 재난적 위기 상황에 최적화된 매우 특수한 조직이다.

㉡ 고도의 신뢰성을 확보하기 위해서는 안전의 전략적 우선시, 설계 및 절차에 대한 주의, 시행착오를 통한 학습의 제한, 중복장치, 분권화된 의사결정, 시뮬레이션을 통한 지속적인 훈련, 잠재적 사고에 대한 경계심을 키워주는 문화 등이 필요하다고 본다.

㉢ 고신뢰조직을 구축하기 위한 주요 요인들

ⓐ 안전확보를 위한 리더십 : 리더들에게 안전에 대한 확고한 철학이 필요

ⓑ 기술적 중복장치 : 기술적 보조장치와 안전보조장치가 필요

ⓒ 고신뢰 문화의 발전 : 탈중심화를 통한 의사결정절차와 시간의 단순화

ⓓ 조직적인 학습 : 시도와 실패를 통해 시스템 사고와 위험을 발견하는 과정

㉣ 작은 실패에 큰 관심, 위기대응 체계의 일상화, 일정한 수준의 여유자원 확보, 신뢰에 기반한 권한 분산 등이 그 특징이다.

⑦ 터너(Barry A. Turner)의 경고 및 부실관리 이론(재난배양론)

대규모 사고가 있기 전에는 언제나 경고나 사인이 있고 이에 대응한다면 사고는 피할 수 있다는 이론이다. 주로 재난발생의 사회적·문화적 측면을 주목한다.

⑧ 재해의 기본원인(4개의 M)

안전을 과학적으로 진행시키기 위해서는 인간의 실수에 대한 과학적인 이해가 필요하다. 세계적으로 행하여지고 있는 유효한 재해분석의 한 방법으로 미국 공군에서 개발하여 미국 국가교통안전위원회(NTSB)가 채택하고 있는 방법이 있는데, 이 해석에 있어서 재해라고 하는 최종결과로 중대한 관계를 가진 사항의 전부를 조사하고 분석하여 그것들의 연쇄관계를 명백히 하고 그 결과를 검토하는 키워드로서 4개의 M이 있다. 즉 Man(인간), Machine(기계), Media(매체), Management(관리)이다. 이 4개의 M이야말로 인간이 기계 설비 등과 공존하면서 작업할 수 있는 시스템의 기본조건, 즉 안전관리 대상의 4요소라 할 수 있다. 이 4개의 M은 항공기나 교통만의 기본적 사항은 아니고, 인간이 일을 하는 모든 경우에 적용할 수 있는 것이다. 화재진화작업, 기계조작, 자동차 운전 등 각각 위험의 특징은 다르지만 그것은 이 4개의 M의 구체적 내용을 각각의 일에 해당하는 사항을 확정시켜 재해요인으로서 직접적이고 결정적인 인과관계를 갖는다고 판단되는 것에 대하여 검토하여 대책으로 굳혀 실행하면 안전을 확보할 수 있게 된다. 따라서 재해 발생의 연쇄관계에서 재해의 직접원인인 불안전 상태나 불안전 행동을 발생시키는 기원이 되는 기본원인이 4개의 M이라고 생각할 수 있다. 이 경우 4개의 M 각각이 불안전 상태, 불안전 행동의 어느 것에 대해서도 원인이 될 수 있다는 것을 이해할 필요가 있다. 기본원인이 되는 4개 M의 주된 내용은 다음 표와 같다.

구분	내용	
Man (인간)	• 심리적 원인 : 망각, 걱정거리, 무의식 행동, 위험감각, 지름길 반응, 생략행위, 억측판단, 착오 등 • 생리적 원인 : 피로, 수면부족, 신체기능, 알코올, 질병, 나이 먹는 것 등 • 직장적 원인 : 직장의 인간관계, 리더십, 팀워크, 커뮤니케이션 등	
Machine (작업시설)	• 기계·설비의 설계상의 결함 • 위험방호의 불량 • 본질 안전화의 부족(인간공학적 배려의 부족) • 표준화의 부족 • 점검 정비의 부족	
Media (작업)	• 작업정보의 부적절 • 작업방법의 부적절 • 작업환경 조건의 불량	• 작업자세, 작업동작의 결함 • 작업공간의 불량
Management (관리)	• 관리조직의 결함 • 안전관리 계획의 불량 • 부하에 대한 지도·감독 부족 • 건강관리의 불량 등	• 규정·메뉴얼의 불비, 불철저 • 교육·훈련 부족 • 적성배치의 불충분

2 재난의 특징

(1) 재난의 특징

① 상호작용성 : 재난이 발생하게 되면 재난 자체와 피해지역의 주요 기반시설 및 다수의 피해 주민이 상호 영향을 미치면서 재난이 복잡하게 전개된다.

② 불확실성 : 재난이 발생하게 되면 일정한 유형의 피해가 초래된다는 사실은 과거 경험에 의해 알려져 있지만, 실제로 재난이 발생할 확률과 시기 및 규모는 사전에 알 수 없는 상태라는 것이다. 이는 선형적, 기계적인 과정만을 따르는 것이 아니라 비선형적, 유기적 혹은 진화적인 과정을 따를 수도 있다는 재난의 특성이다.

③ 복잡성 : 불확실성과 상호작용성의 산물로서 이들 두 요인이 상호 간 복합적으로 작용하여 기존의 행정체계가 처리할 업무를 사전에 전부 파악하는 것은 불가능하다는 것이다.

④ 누적성 : 재난은 어느 순간 갑자기 발생하는 것이 아니며, 재난 발생 이전부터 오랜 기간 동안 조금씩 누적되어온 재난위험 요인들이 특정한 시점에서 외부로 돌발적으로 표출된 결과라 할 수 있다.

⑤ 통제 불가능성 : 자연재난의 경우 상황이 전개되는 시점에서 대응활동과 재난의 통제는 극히 제한적이다. 지진의 발생을 막을 수 없고, 장마와 태풍을 조절할 수 없다. 자연재난은 과거의 경험에 의한 인간의 노력으로 예측만 가능하며, 피해를 감소시킬 수는 있지만 근본적인 통제는 불가능하다는 것이다.

(2) 사회적 재난의 특징

사회적 재난 중 인적 재난분야는 인간의 부주의 또는 고의로 인한 범죄적 성격을 갖고 있으며 돌발적으로 발생되는 측면이 강하여 예측이 불가능하다고 할 수 있다. 그러나 재난발생의 통제 가능성이란 측면에서 접근하면 자연재난은 통제가 거의 불가능하지만, 사회적 재난 중 인적 재난 분야는 어느 정도의 통제는 가능하다고 볼 수 있다. 재난은 돌발적으로 발생하며 통제가 어렵고 한번 발생하면 많은 인적 피해와 물적 피해를 동반하는 특징이 있는데, 그 내용은 상호작용성, 불확실성, 복잡성, 누적성, 통제 불가능성이 대표적이다.

(3) 사회적 재난의 책임 특성

사회적 재난 중 특히 인적 재난은 재난을 유발시킨 사람이 반드시 존재하므로 사후에 책임소재가 중요한 이슈로 나타난다. 이러한 재난관련자들의 책임소재에 대한 법적 소송이 계속되면서 사회에 대한 만성적인 분노는 가중되고 사회신뢰는 붕괴되는 현상으로 나타나고 있다.

① 책임소재에 대한 갈등

② 엄청난 소송비용 발생

③ 불명확한 피해범위 및 복구작업의 지연

④ 사회·문화·정치적 혼란 초래

(4) 인적 재난의 특징

① 실질적인 위험이 크더라도 그것을 체감하지 못하거나 방심한다.
② 본인과 가족들에 대한 직접적인 재난피해 외에는 무관심하다.
③ 시간과 기술, 산업발전에 따라 발생빈도나 피해규모가 다르다.
④ 인간의 면밀한 노력이나 철저한 관리에 의해 상당 부분 근절시킬 수 있다.
⑤ 발생과정은 돌발적이며 강한 충격을 지니고 있으며, 같은 유형의 재난피해라도 형태나 규모 및 영향범위가 다르다.
⑥ 재난발생가능성과 상황변화를 예측하기 어렵다.
⑦ 고의나 과실이든 타인에게 끼친 손해에 대한 배상의 책임을 가진다.

(5) 일상적 사고와 재난사고의 특성 비교

① 일상적 사고
㉠ 일상적 측면
㉡ 익숙한 절차
㉢ 도로 등 주요기반시설의 피해는 없음
㉣ 수용 가능한 통신빈도
㉤ 일상적 통신용어(대응조직 내 통신)
㉥ 대응자원이 관리능력을 초과하지 않음
㉦ 지역언론의 반응
㉧ 심리적 동요 없음

② 재난사고
㉠ 비일상적 측면
㉡ 익숙하지 않은 절차
㉢ 도로 등 주요기반시설의 피해 발생
㉣ 수용 가능한 통신빈도 초과(과부하)
㉤ 비일상적 통신용어(대응조직 간 상이한 통신용어)
㉥ 대응자원이 관리능력 초과(타기관, 정부의 지원 필요)
㉦ 중앙언론, 국제언론의 반응
㉧ 심각한 스트레스 및 심리적 동요(공황상태)

(6) 자연재난과 인적 재난의 특성 비교

① 자연재난
㉠ 발생과정이 돌발적
㉡ 발생강도가 강력
㉢ 피해가시성은 환경의 변화와 밀접

㉣ 과거의 경험과 데이터에 의해 예측 가능
㉤ 통제 불가능
㉥ 주로 광범위하게 영향을 미침
㉦ 인간에 대한 영향의 범위는 주로 재난희생자에게 한정
㉧ 영향은 비교적 단기간 지속

② 인적 재난
㉠ 발생과정이 돌발적
㉡ 발생강도가 강력
㉢ 새로운 형태의 재난등장으로 예측 불가능
㉣ 인간의 실수 또는 우연을 제외하고는 인간의 통제 가능
㉤ 대부분 국소적으로 영향을 미침
㉥ 불신과 신뢰상실로 희생되지 않은 인간에게까지 영향을 미침
㉦ 사건과 관련된 영향은 사안에 따라 단기간 또는 장기적으로 나타남

CHAPTER

02 재난관리의 개념과 단계별 관리사항

1 재난관리의 개념

재난의 속성은 불확실성과 위험을 내포하고 있으므로 이러한 재난의 속성을 관리하는 것이다. 우리나라는 재난 및 안전관리 기본법에서 재난관리란 재난의 예방 · 대비 · 대응 및 복구를 위하여 하는 모든 활동으로 정의하고 있으며, 유사한 용어로는 동법에서 재난이나 그 밖의 각종 사고로부터 사람의 생명 · 신체 및 재산의 안전을 확보하기 위하여 하는 모든 활동을 안전관리라고 규정하고 있다.

✓ Check 헌법상의 규정[헌법 제34조 제6항 참고]

① 국가는 재해를 예방하고 그 위험으로부터 국민을 보호하기 위하여 노력하여야 한다고 규정하고 있다.
② 헌법에서 국가의 존재이유는 국민의 생명과 재산으로 보호하는 것이 책무라고 규정하고 있다.

2 재난관리의 원칙

(1) 사전대비
(2) 현장중심
(3) 정보공유

✓ Check 재난 위험도 계산법

$$\text{위험도(Risk)} = \frac{\text{위험요인(Hazard)} \times \text{재난관리(Disaster Management)}}{\text{위기(Crisis)}}$$

3 재난관리방식

(1) 분산관리

① 전통적 재난관리제도이며 재난 유형별 관리를 강조하는 관리방식으로 다수 부처가 연관된다.
② 재난의 종류에 따라 대응방식에 차이가 있다는 것을 강조한다.
③ 재난계획과 대응 책임기관을 각각 다르게 배정하여 관리하는 방식이다.
④ 재난의 종류에 따라 대응방식의 차이와 대응계획 및 책임기관이 각각 다르게 배정된다.
⑤ 재난 시 유관기관 간의 중복적 대응이 있을 수 있다.
⑥ 재난의 발생 유형에 따라 소관부처별로 업무가 나뉜다.
⑦ 전문성 제고가 용이하다.
⑧ 특정재난에 대한 관리활동이 필요하다.

(2) 통합관리

① 지휘체계가 단일화되고 광범위한 체계를 통합적으로 운영할 수 있다.

② 모든 재난에 대한 관리책임이 집중되고 부처 이기주의가 발생할 가능성이 높다.
③ 재난 유형별로 관리하는 방식이 아니라 모든 종류의 재난위험 요소들을 통합적으로 관리하는 방식이다.
④ 과도한 부담 가능성이 있다.
⑤ 정보전달이 일원화된다.
⑥ 재원 마련과 배분이 간소하다.

4 재난관리단계

우리나라는 재난 및 안전관리 기본법에서 재난관리단계를 예방・대비・대응・복구단계의 4단계로 구분하고 있다. 이는 재난의 시간대별 진행과정을 중심으로 단계별로 구분한 것이다. 실제 재난의 발생을 기준으로 재난 발생 전과 재난 발생 후로 구분하고, 재난 발생 전은 예방단계와 대비단계로, 재난 발생 후에는 대응단계와 복구단계로 구분한 것이다. 즉 예방단계와 대비단계를 사전단계로, 대응단계와 복구단계를 사후단계라 한다.

(1) 예방단계

재난이 실제로 발생하기 전에 재난촉진요인을 미리 제거하거나, 재난요인이 가급적 발생하지 않도록 억제 또는 완화시키는 과정으로 재난완화활동이라고도 한다. 위험감소계획을 결정하여 집행함으로서 국민의 생명과 재산에 있어 위험의 정도를 완화시키려는 비교적 장기적인 정책으로 이루어져 있다. 재난의 분석과 재난관리능력의 평가를 강조하는 단계이며, 미래에 직면하게 될 재난을 극복할 수 있는 능력을 배양시키는 데 초점을 맞추고 있는 단계다. 즉, 사회에서 발생 할 수 있는 위험요인에 대해 예방을 어떻게 할 것인가를 결정하고 재난발생 위험요소를 사전에 감소 또는 제거하는 단계를 말한다.

① 소방학적 분류
㉠ 재난영향의 예측 평가 및 위험지도 마련
㉡ 재난취약시설에 대한 주기적인 검사와 규제
㉢ 위험시설이나 취약시설 보수・보강
㉣ 재난의 감소를 위한 강제규정 마련
㉤ 기상정보수집・분석 및 경보시스템 마련
㉥ 수해상습지역 설정 및 수해방지시설 공사
㉦ 안전기준설정 및 비상활동계획 수립

② 재난 및 안전관리 기본법 기준
㉠ 재난예방조치(법 제25조의4)
ⓐ 재난에 대응할 조직의 구성 및 정비
ⓑ 재난의 예측 및 예측정보 등의 제공・이용에 관한 체계의 구축
ⓒ 재난 발생에 대비한 교육・훈련과 재난관리예방에 관한 홍보

ⓓ 재난이 발생할 위험이 높은 분야에 대한 안전관리체계의 구축 및 안전관리규정의 제정
ⓔ 재난 및 안전관리 기본법에 따른 국가기반의 관리
ⓕ 재난 및 안전관리 기본법에 따른 특정관리대상지역에 관한 조치
ⓖ 재난 및 안전관리 기본법에 따른 재난방지시설의 점검·관리
ⓗ 재난 및 안전관리 기본법에 따른 재난관리자원의 관리
ⓘ 재난 및 안전관리에 필요한 영상정보처리기기(「개인정보 보호법」에 따른 고정형 영상정보처리기기 및 이동형 영상정보처리기기)의 설치·운영
ⓙ 그 밖에 재난을 예방하기 위하여 필요하다고 인정되는 사항

㉡ 국가핵심기반의 지정 등(법 제26조)
㉢ 국가핵심기반시설의 관리 등(법 제26조의2)
㉣ 특정관리대상지역의 지정 및 관리 등(법 제27조)
㉤ 재난방지시설의 관리(법 제29조)
㉥ 재난안전분야 종사자 교육(법 제29조의2)
㉦ 재난예방을 위한 긴급안전점검 등(법 제30조)
㉧ 재난예방을 위한 안전조치(법 제31조)
㉨ 안전취약계층에 대한 안전 환경 지원(법 제31조의2)
㉪ 정부합동 안전 점검(법 제32조)
㉫ 집중 안전점검 기간 운영 등(법 제32조의3)
㉬ 안전관리전문기관에 대한 자료요구 등(법 제33조)
㉭ 재난관리 실태 공시 등(법 제33조의3)

(2) 대비단계

사전에 재난상황에서 수행하여야 할 제반 사항에 대해 계획·준비·교육·훈련을 함으로서 재난능력을 제고시키고, 재난발생 시 즉각적으로 대응할 수 있도록 태세를 강화시키기 위해 개인·집단·조직·국가에 의해서 취해지는 모든 활동과정을 말하며, 준비단계라고도 한다. 이는 재난발생 시 효과적인 대응을 용이하게 하기 위한 작전능력을 향상시키기 위해 취해지는 사전준비활동 단계로 볼 수 있다. 즉, 실제 재난발생을 대비하여 구체적인 비상안전대책계획을 수립하고, 인적·물적 피해를 최소화하기 위한 비상발령체계 구축과 재난대응 조직의 일사 분란한 대응을 위한 훈련활동을 하는 단계를 말한다.

① 소방학적 분류

㉠ 대응조직 관리 및 재난관리 우선순위체계 수립
㉡ 재난대응시스템의 가동연습 및 대응요원의 교육훈련
㉢ 경보시스템 및 비상방송시스템 구축·관리

* 비교 : 법 제38조의2(재난 예보·경보체계 구축·운영 등) → 대응단계

㉣ 긴급대응계획의 수립 및 연습

ⓜ 자원관리체계 구축, 자원의 수송 및 통제계획 수립
ⓑ 표준운영절차 확립
ⓢ 응급복구를 위한 자재비축 및 장비의 가동준비

② 재난 및 안전관리 기본법 기준
㉠ 재난관리자원의 관리(법 제34조)
㉡ 재난현장 긴급통신수단의 마련(법 제34조의2)
㉢ 국가재난관리기준의 제정·운용 등(법 제34조의3)
㉣ 기능별 재난대응 활동계획의 작성·활용(법 제34조의4)
㉤ 재난분야 위기관리 매뉴얼 작성·운용(법 제34조의5)
㉥ 다중이용시설 등의 위기상황 매뉴얼 작성·관리 및 훈련(법 제34조의6)
㉦ 안전기준의 등록 및 심의 등(법 제34조의7)
㉧ 재난안전통신망의 구축·운영(법 제34조의8)
㉨ 재난대비훈련 기본계획 수립(법 제34조의9)
㉩ 재난대비훈련 실시(법 제35조)

(3) 대응단계

실제 재난발생 시 국가의 모든 자원과 역량을 효과적으로 활용하고 신속하게 대처함으로써 인적·물적 피해를 최소화하고 2차 재난발생 가능성을 감소시키려는 일련의 활동을 포함하고 소방이 주도적인 역할을 하는 단계이다. 이는 재난 시 재난관리기관들이 수행해야 할 임무와 기능을 실제적으로 적용하는 단계이다. 즉, 발생한 피해를 복구하고 원조를 제공할 뿐만 아니라 추가 손실발생 가능성을 감소시킴으로서 복구단계를 운영하는 과정에서 발생할 수 있는 문제를 최소화시키는 단계라 할 수 있다. 따라서 재난 발생 직전과 직후, 재난이 발생하여 진행되고 있는 긴박한 상황에서 긴급복구활동을 총칭하는 용어이다.

① 소방학적 분류
㉠ 비상방송 및 경보시스템 가동
㉡ 긴급대응계획 가동 및 대응자원 동원
㉢ 시민들에게 비상대비 방어 긴급지시
㉣ 긴급 대피 및 은신
㉤ 피해주민의 수용, 구호 및 응급의료 지원활동 전개
㉥ 긴급대피·은신 및 탐색·구조

② 재난 및 안전관리 기본법상의 재난의 대응
㉠ 응급조치

> 법 제36조(재난사태 선포), 법 제37조(응급조치), 법 제38조(위기경보의 발령 등), 법 제38조의2(재난 예보·경보체계 구축·운영 등), 법 제39조(동원명령 등), 법 제40조(대피명령),

법 제41조(위험구역의 설정), 법 제42조(강제대피조치), 법 제43조(통행제한 등), 법 제44조(응원), 법 제45조(응급부담), 법 제46조(시·도지사가 실시하는 응급조치 등), 법 제47조(재난관리책임기관의 장의 응급조치), 법 제48조(지역통제단장의 응급조치 등)

㉡ 긴급구조

법 제49조(중앙긴급구조통제단), 법 제50조(지역긴급구조통제단), 법 제51조(긴급구조), 법 제52조(긴급구조 현장지휘), 법 제52조의2(긴급대응협력관), 법 제53조(긴급구조활동에 대한 평가), 법 제54조(긴급구조대응계획의 수립), 법 제54조의2(긴급구조 관련 특수번호 전화서비스의 통합·연계), 법 제55조(재난대비능력 보강), 법 제55조의2(긴급구조지원기관의 능력에 대한 평가), 법 제56조(해상에서의 긴급구조), 법 제57조(항공기 등 조난사고 시의 긴급구조 등)

(4) 복구단계

실제 재난이 발생한 후부터 피해지역이 재난발생 이전으로 원상회복되는 장기적인 과정일 뿐만 아니라 초기 회복기간으로부터 피해지역이 정상상태로 돌아올 때까지 지속적인 지원을 제공하는 단계이다. 즉 발생된 재난에 의한 피해를 재난 이전의 상태로 회복시키고, 제도개선 및 운영체계 보완 등을 통해 재발 방지와 재난관리 능력을 보완하는 사후관리 활동을 포함하는 단계이다. 재난피해지역의 주민을 포함한 모든 지역공동체가 재난 이전의 정상상태로 회복하는데 도움을 주는 일체의 활동이 이에 해당한다.

1) 복구단계의 주요활동

① 소방학적 분류

㉠ 피해평가 및 대부·보조금 지급·이재민 구호
㉡ 피해주민 대응활동요원에 대한 재난심리상담(외상 후 스트레스증후군 관리)
㉢ 피해자 보상 및 배상관리
㉣ 재난 발생 및 문제점 조사
㉤ 복구 개선안 및 재발 방지대책 마련
㉥ 임시통신망 구축 및 전염병 통제를 위한 방제활동

② 재난 및 안전관리 기본법상 재난의 복구

㉠ 피해조사 및 복구계획
ⓐ 법 제58조(재난피해 신고 및 조사)
ⓑ 법 제59조(재난복구계획의 수립·시행)
ⓒ 법 제59조의2(재난복구계획에 따라 시행하는 사업의 관리)

㉡ 특별재난지역 선포 및 지원
ⓐ 법 제60조(특별재난지역의 선포)
ⓑ 법 제61조(특별재난지역에 대한 지원) : 응급대책 및 재난구호와 복구에 필요한

행정상 · 재정상 · 금융상 · 의료상의 특별지원을 할 수 있다.

㉢ 재정 및 보상 등

ⓐ 법 제62조(비용 부담의 원칙) : 재난방지시설의 유지 · 관리 책임기관 또는 재난관리책임기관이 부담한다.

ⓑ 법 제63조(응급지원에 필요한 비용) : 응원을 받은 자는 그 응원에 드는 비용을 부담하여야 한다.

ⓒ 법 제64조(손실보상) : 동원명령이나 응급부담에 대해 국가나 지방자치단체는 손실을 보상한다.

ⓓ 법 제65조(치료 및 보상) : 긴급구조에 참여한 사람에 대하여 치료 및 보상한다.

ⓔ 법 제65조의2(포상) : 긴급구조활동과 응급대책 · 복구 등에 참여하여 현저한 공로가 있는 자원봉사자에 포상한다.

ⓕ 법 제66조(재난지역에 대한 국고보조 등의 지원) : 복구비에 대하여는 국가가 보조한다.

ⓖ 법 제66조의2(복구비 등의 선지급) : 복구계획 수립 전에 미리 지급할 수 있다.

ⓗ 법 제66조의3(복구비 등의 반환) : 부정한 방법 등으로 수급된 복구비용의 반환을 명한다.

2) 재난단계별 주요활동 요약

① 예방단계

위험성 분석 및 위험지도 작성, 재해보험, 토지이용 관리, 안전관련법 제정, 조세유도

② 대비단계

재난대응계획, 비상경보체계 구축, 통합대응체계 구축, 비상통신망 구축, 교육훈련 및 연습

③ 대응단계

재난대응계획의 적용, 재해의 진압, 구조 · 구난, 응급의료체계의 운영, 대책본부의 가동 등

④ 복구단계

잔해물 제거, 전염 예방, 이재민 지원, 임시거주지 마련, 시설복구

5 재난관리의 특징

재난관리는 행정체제의 환경은 일반적 행정환경과는 달리 불확실성과 상호작용성 그리고 복잡성이라는 대표적 3대 특성이 있다.

(1) 불확실성

재난발생의 불확실성은 실제 재난발생 시 일정한 유형의 피해가 일어난다는 사실은 알고 있지

만, 재난으로 인한 피해발생 확률, 시기 및 규모가 사전에 알려지지 않은 상태를 의미한다. 재난에 대한 행정관리체제는 재난대응에 필요한 범위와 시기, 대응력의 규모를 재난발생 전에 알 수 없는 불확실한 재난발생의 환경을 관리하여야 한다는 데 있다. 재난의 불확실성으로 인해 재난관리는 시장에 의해 통제가 어렵고, 규제나 직접적인 활동을 위해서 반드시 정부의 개입이 필요하기 때문에 공공재적 성격을 지닌다.

(2) 상호작용성

실제 재난발생의 경우 재난 자체와 피해주민 및 피해지역의 주요 기반시설이 상호 영향을 끼치면서 여러 가지 다양한 사건으로 전개될 수 있음을 말하는 것이다. 예를 들면 폭우나 태풍이 발생한 경우 피해지역의 전기, 가스, 교량 등 핵심기반시설이 어느 정도 파괴되는가에 의해 실질적인 피해범위와 강도가 달라질 수 있다.

(3) 복잡성

재난관리의 특성 중 불확실성과 상호작용의 산물로서 이들 두 요인이 복합적으로 작용하기 때문에 다수의 행정체제가 실제 처리하여야 할 업무를 재난발생 전에 전부 파악하는 것은 거의 불가능하다는 것이다. 재난은 불확실성과 복잡성으로 인해 경계성 및 가외성의 원리가 무엇보다 우선되어야 한다.

(4) 가외성

외관상 당장은 불필요하거나 낭비적인 것으로 보이며 정상적인 것보다 초과분을 가지고 있음을 의미하는 것으로, 장래 불확실성에 노출될 때 적응의 실패를 방지할 수 있다. 고도신뢰이론에서 체계 내의 어느 한 부분이 실패하더라도 다른 부분이 그 역할을 보충하거나 실패를 방지하는 전략으로 가외성 확보가 있다.

6 협의의 재난관리와 광의의 재난관리

재난관리는 협의의 재난관리와 광의의 재난관리로 구분할 수 있다. 협의의 재난관리는 실제 재난발생 시 피해를 최소화하기 위한 대응 및 복구과정을 중시하는 관리체계를 말하며, 광의의 재난관리는 사전에 재난을 예방하고 대비하며, 사후에 그로 인한 인적·물적 피해를 최소화하고 본래의 상태로 복구하기 위한 모든 측면을 포함하는 총체적 용어이다.

정태화
소방학개론

기본서

www.pmg.co.kr

PART

02

우리나라의 재난관리 (재난 및 안전관리 기본법 기준)

CHAPTER

01 총칙

1 재난 및 안전관리 기본법의 목적과 이념

(1) 목적(법 제1조)

재난 및 안전관리 기본법은 각종 재난으로부터 국토를 보존하고 국민의 생명·신체 및 재산을 보호하기 위하여 국가와 지방자치단체의 재난 및 안전관리체제를 확립하고, 재난의 예방·대비·대응·복구와 안전문화활동, 그 밖에 재난 및 안전관리에 필요한 사항을 규정함을 목적으로 한다.

(2) 기본이념(법 제2조)

재난 및 안전관리 기본법은 재난을 예방하고 재난이 발생한 경우 그 피해를 최소화하여 일상으로 회복할 수 있도록 지원하는 것이 국가와 지방자치단체의 기본적 의무임을 확인하고, 모든 국민과 국가·지방자치단체가 국민의 생명 및 신체의 안전과 재산보호에 관련된 행위를 할 때에는 안전을 우선적으로 고려함으로써 국민이 재난으로부터 안전한 사회에서 생활할 수 있도록 함을 기본이념으로 한다.

2 용어의 정의 [법 제3조] → [시행 2025. 7. 8]

(1) "재난"이란 국민의 생명·신체·재산과 국가에 피해를 주거나 줄 수 있는 것으로서 다음의 것을 말한다.

① 자연재난

태풍, 홍수, 호우(豪雨), 강풍, 풍랑, 해일(海溢), 대설, 한파, 낙뢰, 가뭄, 폭염, 지진, 황사(黃砂), 조류(藻類) 대발생, 조수(潮水), 화산활동, 「우주개발 진흥법」에 따른 자연우주물체의 추락·충돌, 그 밖에 이에 준하는 자연현상으로 인하여 발생하는 재해

② 사회재난

화재·붕괴·폭발·교통사고(항공사고 및 해상사고를 포함한다)·화생방사고·환경오염사고·다중운집인파사고 등으로 인하여 발생하는 대통령령으로 정하는 규모 이상의 피해와 국가핵심기반의 마비, 「감염병의 예방 및 관리에 관한 법률」에 따른 감염병 또는 「가축전염병예방법」에 따른 가축전염병의 확산, 「미세먼지 저감 및 관리에 관한 특별법」에 따른 미세먼지, 「우주개발 진흥법」에 따른 인공우주물체의 추락·충돌 등으로 인한 피해

✔ Check 시행령 제2조(재난의 범위)

「재난 및 안전관리 기본법」(이하 "법"이라 한다) 제3조 제1호 나목에서 "대통령령으로 정하는 규모 이상의 피해"란 다음 각 호의 어느 하나에 해당하는 것을 말한다.

1. 국가 또는 지방자치단체 차원의 대처가 필요한 인명 또는 재산의 피해
2. 그 밖에 제1호의 피해에 준하는 것으로서 행정안전부장관이 재난관리를 위하여 필요하다고 인정하는 피해

(2) "해외재난"이란 대한민국의 영역 밖에서 대한민국 국민의 생명·신체 및 재산에 피해를 주거나 줄 수 있는 재난으로서 정부차원에서 대처할 필요가 있는 재난을 말한다.

(3) "재난관리"란 재난의 예방·대비·대응 및 복구를 위하여 하는 모든 활동을 말한다.

(4) "안전관리"란 재난이나 그 밖의 각종 사고로부터 사람의 생명·신체 및 재산의 안전을 확보하기 위하여 하는 모든 활동을 말한다.

(5) "안전기준"이란 각종 시설 및 물질 등의 제작, 유지관리 과정에서 안전을 확보할 수 있도록 적용하여야 할 기술적 기준을 체계화한 것을 말하며, 안전기준의 분야, 범위 등에 관하여는 대통령령으로 정한다.

✓Check 시행령 제2조의2(안전기준의 분야 및 범위)

법 제3조 제4호의2에 따른 안전기준의 분야 및 범위는 별표 1과 같다.

■ 재난 및 안전관리 기본법 시행령 [별표 1] 〈개정 2024. 5. 7.〉

안전기준의 분야 및 범위(시행령 2조의2 관련)

안전기준의 분야	안전기준의 범위
1. 건축 시설 분야	다중이용업소, 국가유산 시설, 유해물질 제작·공급시설 등 관련 구조나 설비의 유지·관리 및 소방 관련 안전기준
2. 생활 및 여가 분야	생활이나 여가활동에서 사용하는 기구, 놀이시설 및 각종 외부활동과 관련된 안전기준
3. 환경 및 에너지 분야	대기환경·토양환경·수질환경·인체에 위험을 유발하는 유해성 물질과 시설, 발전시설 운영과 관련된 안전기준
4. 교통 및 교통시설 분야	육상교통·해상교통·항공교통 등과 관련된 시설 및 안전 부대시설, 시설의 이용자 및 운영자 등과 관련된 안전기준
5. 산업 및 공사장 분야	각종 공사장 및 산업현장에서의 주변 시설물과 그 시설의 사용자 또는 관리자 등의 안전부주의 등과 관련된 안전기준(공장시설을 포함한다)
6. 정보통신 분야(사이버 안전 분야는 제외한다)	정보통신매체 및 관련 시설과 정보보호에 관련된 안전기준
7. 보건·식품 분야	의료·감염, 보건복지, 축산·수산·식품 위생 관련 시설 및 물질 관련 안전기준
8. 그 밖의 분야	제1호부터 제7호까지에서 정한 사항 외에 제43조의9에 따른 안전기준심의회에서 안전관리를 위하여 필요하다고 정한 사항과 관련된 안전기준

비고 : 위 표에서 규정한 안전기준의 분야, 범위 등에 관한 세부적인 사항은 행정안전부장관이 정한다.

(6) "재난관리책임기관"이란 재난관리업무를 하는 다음의 기관을 말한다.

① 중앙행정기관 및 지방자치단체(「제주특별자치도 설치 및 국제자유도시 조성을 위한 특별법」 제10조 제2항에 따른 행정시를 포함한다)

② 지방행정기관・공공기관・공공단체(공공기관 및 공공단체의 지부 등 지방조직을 포함한다) 및 재난관리의 대상이 되는 중요시설의 관리기관 등으로서 대통령령으로 정하는 기관

✔ Check 시행령 제3조(중앙행정기관 및 지방자치단체 외의 재난관리책임기관)

① 법 제3조 제5호 나목에서 "대통령령으로 정하는 기관"이란 다음 각 호의 기관・단체・법인을 말한다.

1. 재난관리주관기관 소속의 다음 각 목의 기관
   가. 지방행정기관
   나. 재난관리주관기관의 장이 재난관리책임기관으로 지정하는 부속기관
   다. 가목 및 나목에 따른 기관의 소속기관으로서 재난관리주관기관의 장이 재난관리책임기관으로 지정하는 기관
2. 법 제34조의5 제1항 제2호에 따른 위기대응 실무매뉴얼을 작성하는 중앙행정기관(재난관리주관기관은 제외하며, 이하 "실무매뉴얼작성기관"이라 한다) 소속의 다음 각 목의 기관
   가. 지방행정기관
   나. 실무매뉴얼작성기관의 장이 재난관리책임기관으로 지정하는 부속기관
   다. 가목 및 나목에 따른 기관의 소속기관으로서 실무매뉴얼작성기관의 장이 재난관리책임기관으로 지정하는 기관
3. 특별시・광역시・특별자치시・도・특별자치도(이하 "시・도"라 한다)의 교육청 및 「지방교육자치에 관한 법률」 제34조에 따른 교육지원청
4. 재난관리주관기관의 장 및 실무매뉴얼작성기관의 장이 재난관리책임기관으로 지정하는 소관 공공기관 및 공공단체(그 지부・지사 등에 해당하는 기관・단체・법인을 포함한다)
5. 지방자치단체의 장이 재난관리책임기관으로 지정하는 소속기관(그 소속기관을 포함한다) 및 소관 공공기관・공공단체(그 지부・지사 등에 해당하는 기관・단체・법인을 포함한다)
6. 그 밖에 재난관리의 대상이 되는 중요시설을 관리하거나 재난관리업무를 하는 기관・단체・법인으로서 재난관리주관기관의 장, 실무매뉴얼작성기관의 장 및 지방자치단체의 장이 재난관리책임기관으로 지정하는 기관・단체・법인

② 재난관리주관기관의 장, 실무매뉴얼작성기관의 장 및 지방자치단체의 장은 제1항 제1호 나목・다목, 같은 항 제2호 나목・다목 및 같은 항 제4호부터 제6호까지의 규정에 따라 재난관리책임기관을 지정하는 경우에는 그 사실을 고시하고 지정된 재난관리책임기관의 장 및 행정안전부장관에게 통보해야 한다.

③ 재난관리주관기관의 장, 실무매뉴얼작성기관의 장 및 지방자치단체의 장은 제1항 제6호에 따라 민간 기관・단체・법인을 재난관리책임기관으로 지정하려는 경우에는 미리 해당 민간 기관・단체・법인 및 행정안전부장관과 협의를 거쳐야 한다.

④ 행정안전부장관은 재난관리를 위하여 재난관리책임기관으로 지정할 필요가 있다고 인정하는 기관・단체・법인에 대하여 소관 재난관리주관기관의 장, 실무매뉴얼작성기관의 장 및 지방자치단체의 장에게 해당 기관・단체・법인을 재난관리책임기관으로 지정・고시할 것을 요청할 수 있다. 이 경우 요청을 받은 기관의 장은 특별한 사유가 없으면 요청에 따라야 한다.

(7) “재난관리주관기관”이란 재난이나 그 밖의 각종 사고에 대하여 그 유형별로 예방・대비・대응 및 복구 등의 업무를 주관하여 수행하도록 대통령령(시행령 제3조의2)으로 정하는 관계 중앙행정기관을 말한다.

✓ Check 시행령 제3조의2(재난관리주관기관)

법 제3조 제5호의2에서 “대통령령으로 정하는 관계 중앙행정기관”이란 별표 1의3에 따른 재난 및 사고 유형별 재난관리주관기관을 말한다.

■ 재난 및 안전관리 기본법 시행령 [별표 1의3] 〈개정 2024. 7. 16.〉

재난 및 사고유형별 재난관리주관기관(시행령 제3조의2 관련)

1. 자연재난 유형별 재난관리주관기관

재난관리주관기관	자연재난 유형
가. 과학기술정보통신부 및 우주항공청	1) 「우주개발 진흥법」 제2조 제3호 나목에 따른 자연우주물체의 추락・충돌 등으로 인해 발생하는 재해 2) 「전파법」 제51조에 따른 우주전파재난
나. 행정안전부	1) 「자연재해대책법」 제2조 제2호에 따른 자연재해로서 낙뢰, 가뭄, 폭염 및 한파로 인해 발생하는 재해 2) 「자연재해대책법」 제2조 제3호에 따른 풍수해(조수로 인해 발생하는 재해는 제외한다) 3) 「지진・화산재해대책법」 제2조 제1호에 따른 지진재해 4) 「지진・화산재해대책법」 제2조 제2호에 따른 화산재해
다. 환경부	1) 황사로 인해 발생하는 재해 2) 하천・호소 등의 조류 대발생으로 인해 발생하는 재해
라. 해양수산부	1) 「농어업재해대책법」 제2조 제3호에 따른 어업재해 중 적조현상 및 해파리의 대량발생으로 인해 발생하는 수산양식물 및 어업용 시설의 피해 2) 「자연재해대책법」 제2조 제3호에 따른 풍수해 중 조수로 인해 발생하는 재해
마. 산림청	「산림보호법」 제2조 제10호에 따른 산사태로 인해 발생하는 재해
바. 비고 제1호 및 제3호에 따른 중앙행정기관	가목부터 마목까지의 규정에 따른 자연재난 유형 외의 자연재난
사. 비고 제2호 및 제3호에 따른 중앙행정기관	가목부터 바목까지의 규정에 따른 자연재난 유형으로 인해 발생하는 재해로서 각종 시설 및 장소(이하 “시설등”이라 한다)에서 발생하는 재해

〈비고〉
1. 바목에 따른 자연재난 유형의 경우에는 「정부조직법」, 관계 법령 및 중앙행정기관별 직제(이하 “정부조직법등”이라 한다)에 따라 해당 재난에 관한 사무를 관장하는 중앙행정기관(이하 “재난사무관장기관’’이라 한다)이 재난관리주관기관이 된다.
2. 사목에 따른 자연재난 유형의 경우에는 정부조직법등에 따라 해당 시설등의 관리 등 관련 사무를 관장하는 중앙행정기관(이하 “시설사무관장기관”이라 한다)이 재난관리주관기관이 된다.
3. 제1호 및 제2호에도 불구하고 재난사무관장기관 및 시설사무관장기관이 불분명한 경우에는 행정안전부장관이 조정하여 재난관리주관기관을 정한다.

4. 가목부터 사목까지의 규정에 따른 자연재난 유형이 복합적으로 발생하는 경우에는 각 자연재난 유형별 재난사무관장기관 또는 시설사무관장기관이 각각 재난관리주관기관이 된다.
5. 제4호에도 불구하고 자연재난 유형이 복합적으로 발생하는 경우로서 특별히 신속하고 긴급한 예방・대비・대응 또는 복구 등(이하 "신속대응등"이라 한다)이 필요한 경우에는 신속대응등이 필요한 사무를 주관하는 재난관리주관기관이 신속대응등을 우선적으로 수행해야 한다.
6. 제5호에도 불구하고 신속대응등의 필요 여부 및 신속대응등을 우선적으로 수행하는 재난관리주관기관(이하 "신속대응주관기관"이라 한다)이 불분명한 경우에는 행정안전부장관이 조정하여 신속대응등의 필요 여부 및 신속대응주관기관을 정한다.

2. 사회재난 유형별 재난관리주관기관

재난관리주관기관	사회재난 유형
가. 교육부	1) 「교육시설 등의 안전 및 유지관리 등에 관한 법률」 제2조 제1호에 따른 교육시설(「연구실 안전환경 조성에 관한 법률」 제2조 제2호에 따른 연구실은 제외한다)의 화재・붕괴・폭발・다중운집인파사고 등(이하 "화재등"이라 한다)으로 인해 발생하는 국가 또는 지방자치단체 차원의 대처가 필요한 인명 또는 재산의 피해 등 이 영 제2조에 따른 피해(이하 "대규모 피해"라 한다) 2) 「영유아보육법」 제2조 제3호에 따른 어린이집의 화재등으로 인해 발생하는 대규모 피해
나. 과학기술정보통신부	1) 「방송통신발전 기본법」 제35조에 따른 방송통신재난(자연재난은 제외한다) 2) 「연구실 안전환경 조성에 관한 법률」 제2조 제12호에 따른 연구실사고로 인해 발생하는 대규모 피해 3) 「전파법」 제2조 제1호에 따른 전파의 혼신(같은 법 제9조의 주파수분배에 따른 위성항법시스템 관련 전파의 혼신으로 한정한다)으로 인해 발생하는 대규모 피해
다. 과학기술정보통신부 및 우주항공청	「우주개발 진흥법」 제2조 제3호 가목에 따른 인공우주물체의 추락・충돌 등으로 인해 발생하는 피해
라. 외교부	해외재난
마. 법무부	1) 다음의 어느 하나에 해당하는 시설 및 그 밖에 이와 유사한 시설의 화재등으로 인해 발생하는 대규모 피해 가) 「형의 집행 및 수용자의 처우에 관한 법률」 제2조 제1호에 따른 교정시설 나) 「보호관찰 등에 관한 법률」 제14조에 따른 보호관찰소 및 같은 법 제65조 제3항에 따른 갱생보호시설 다) 「보호소년 등의 처우에 관한 법률」 제3조 제1항에 따른 소년원 및 같은 조 제2항에 따른 소년분류심사원 라) 「치료감호 등에 관한 법률」 제16조의2에 따른 치료감호시설 2) 다음의 어느 하나에 해당하는 시설 및 그 밖에 이와 유사한 시설의 화재등으로 인해 발생하는 대규모 피해 가) 「난민법」 제41조에 따른 난민신청자의 주거시설 및 같은 법 제45조에 따른 난민지원시설

	나) 「출입국관리법」 제2조 제12호에 따른 외국인보호실 및 같은 조 제13호에 따른 외국인보호소
바. 국방부	「국방·군사시설 사업에 관한 법률」 제2조 제1호에 따른 국방·군사시설의 화재등으로 인해 발생하는 대규모 피해
사. 행정안전부 [4) 및 6)의 경우에는 각각 관계 법령에 따라 해당 정보시스템의 구축·운영에 관한 사무 및 해당 청사의 관리에 관한 사무를 관장하는 중앙행정기관을 말한다]	1) 「승강기 안전관리법」 제48조 제1항에 따른 승강기의 사고 또는 고장으로 인해 발생하는 대규모 피해 2) 「유선 및 도선 사업법」 제28조 및 제29조에 따른 사고로 인해 발생하는 대규모 피해 3) 「전자정부법」 제2조 제13호에 따른 정보시스템(행정안전부장관이 구축·운영하는 정보시스템으로 한정한다)의 장애로 인해 발생하는 대규모 피해 4) 「전자정부법」 제2조 제13호에 따른 정보시스템(행정안전부장관이 구축·운영하는 정보시스템은 제외한다)의 장애로 인해 발생하는 대규모 피해 5) 「정부청사관리규정」 제2조에 따른 청사[6)에 따른 청사는 제외한다]의 화재등으로 인해 발생하는 대규모 피해 6) 「정부청사관리규정」 제3조에 따라 행정안전부장관이 관리하지 않는 청사의 화재등으로 인해 발생하는 대규모 피해
아. 행정안전부 및 경찰청	일반인이 자유로이 모이거나 통행하는 도로, 광장 및 공원의 다중운집인파사고로 인해 발생하는 대규모 피해
자. 행정안전부 및 소방청	1) 「소방기본법」 제2조 제1호에 따른 소방대상물의 화재로 인해 발생하는 대규모 피해 2) 「위험물안전관리법」 제2조 제1항 제1호에 따른 위험물의 누출·화재·폭발 등으로 인해 발생하는 대규모 피해
차. 문화체육관광부	1) 「관광진흥법」 제4조에 따라 야영장업의 등록을 한 자가 관리하는 야영장의 화재등으로 인해 발생하는 대규모 피해 2) 「관광진흥법」 제33조의2 제1항에 따른 유기시설 또는 유기기구의 중대한 사고로 인해 발생하는 대규모 피해 3) 「공연법」 제2조 제4호에 따른 공연장의 화재등으로 인해 발생하는 대규모 피해 4) 「체육시설의 설치·이용에 관한 법률」 제5조에 따른 전문체육시설 및 같은 법 제6조에 따른 생활체육시설의 화재등으로 인해 발생하는 대규모 피해
카. 농림축산식품부	1) 「가축전염병 예방법」 제2조 제2호에 따른 가축전염병의 확산으로 인한 피해 2) 「농어촌정비법」 제2조 제6호에 따른 농업생산기반시설 중 저수지의 붕괴·파손 등으로 인해 발생하는 대규모 피해 3) 「농수산물 유통 및 가격안정에 관한 법률」 제2조 제2호에 따른 농수산물도매시장(축산물도매시장은 포함하며, 수산물도매시장은 제외한다) 및 같은 조 제12호에 따른 농수산물종합유통센터(수산물종합유통센터는 제외한다)의 화재등으로 인해 발생하는 대규모 피해

타. 산업통상자원부	1) 「고압가스 안전관리법」 제26조 제1항, 「도시가스사업법」 제41조 제3항 및 「액화석유가스의 안전관리 및 사업법」 제56조 제1항에 따른 가스사고로 인해 발생하는 대규모 피해 2) 「석유 및 석유대체연료 사업법」 제2조 제1호에 따른 석유의 정제시설·비축시설 및 같은 법 시행령 제2조 제3호에 따른 주유소의 화재 등으로 인해 발생하는 대규모 피해 3) 「에너지법」 제2조 제1호에 따른 에너지의 중대한 수급 차질로 인해 발생하는 대규모 피해 4) 「유통산업발전법」 제2조 제3호에 따른 대규모점포의 화재등으로 인해 발생하는 대규모 피해 5) 「전기안전관리법 시행령」 제15조에 따른 전기사고로 인해 발생하는 대규모 피해 6) 「제품안전기본법」 제15조에 따른 제품사고(「어린이제품 안전 특별법」 제2조 제13호에 따른 안전관리대상어린이제품 및 「전기용품 및 생활용품 안전관리법」 제3조 제1항 제1호에 따른 안전관리대상제품으로 인한 사고로 한정한다)로 인해 발생하는 대규모 피해
파. 보건복지부	1) 다음의 어느 하나에 해당하는 시설의 화재등으로 인해 발생하는 대규모 피해 가) 「노인복지법」 제31조에 따른 노인복지시설 나) 「아동복지법」 제52조 제1항에 따른 아동복지시설 다) 「장애인복지법」 제58조에 따른 장애인복지시설(「의료법」 제3조 제2항 제3호 라목에 따른 요양병원에 해당하는 장애인 의료재활시설은 제외한다) 2) 「의료법」 제3조 제2항 제3호에 따른 병원급 의료기관의 화재등으로 인해 발생하는 대규모 피해
하. 보건복지부 및 질병관리청	「감염병의 예방 및 관리에 관한 법률」 제2조 제1호에 따른 감염병의 확산으로 인한 피해
거. 환경부	1) 「댐건설·관리 및 주변지역지원 등에 관한 법률」 제2조 제1호에 따른 댐[산업통상자원부 소관의 발전(發電)용 댐은 제외한다]의 붕괴·파손 등으로 인해 발생하는 대규모 피해 2) 「미세먼지 저감 및 관리에 관한 특별법」 제2조 제1호에 따른 미세먼지로 인한 피해 3) 「수도법」 제3조 제5호에 따른 수도의 화재등으로 발생하는 대규모 피해 4) 「먹는물관리법」 제3조 제1호에 따른 먹는물의 수질오염으로 인해 발생하는 대규모 피해 5) 「생활화학제품 및 살생물제의 안전관리에 관한 법률」 제3조 제4호에 따른 안전확인대상생활화학제품 및 같은 조 제6호에 따른 살생물제 관련 사고(「제품안전기본법」 제15조에 따른 제품사고에 해당하는 경우로 한정한다)로 인해 발생하는 대규모 피해 6) 「화학물질관리법」 제2조 제13호에 따른 화학사고로 인해 발생하는 대규모 피해

	7) 「환경오염시설의 통합관리에 관한 법률」 제2조 제1호에 따른 오염물질등으로 인한 환경오염(「먹는물관리법」 제3조 제1호에 따른 먹는물의 수질오염은 제외한다)으로 인해 발생하는 대규모 피해
너. 고용노동부	「산업안전보건법」 제2조 제1호 및 제44조 제1항에 따른 산업재해 및 중대산업사고로 인해 발생하는 대규모 피해
더. 국토교통부 [3)의 경우에는 공동구에 공동 수용되는 공급설비 및 통신시설 등으로서 화재등의 원인이 되는 설비·시설 등의 관리에 관한 사무를 관장하는 중앙행정기관을 포함한다]	1) 「건축물관리법」 제2조 제1호에 따른 건축물의 붕괴·전도 등으로 인해 발생하는 대규모 피해 2) 「공항시설법」 제2조 제3호에 따른 공항의 화재등으로 인해 발생하는 대규모 피해 3) 「국토의 계획 및 이용에 관한 법률」 제2조 제9호에 따른 공동구의 화재등으로 인해 발생하는 대규모 피해 4) 「도로법」 제2조 제1호에 따른 도로의 화재등으로 인해 발생하는 대규모 피해 5) 「물류시설의 개발 및 운영에 관한 법률」 제7조 및 제21조의2에 따라 국토교통부장관에게 등록한 복합물류터미널사업자 및 물류창고업자가 관리하는 물류시설(다른 중앙행정기관 소관의 시설은 제외한다)의 화재등으로 인해 발생하는 대규모 피해 6) 「철도안전법」 제2조 제11호에 따른 철도사고로 인해 발생하는 대규모 피해 7) 「항공안전법」 제2조 제6호부터 제8호까지의 규정에 따른 항공기사고, 경량항공기사고 및 초경량비행장치사고로 인해 발생하는 대규모 피해
러. 해양수산부	1) 「농수산물 유통 및 가격안정에 관한 법률」 제2조 제2호에 따른 농수산물도매시장(수산물도매시장으로 한정한다) 및 같은 조 제12호에 따른 농수산물종합유통센터(수산물종합유통센터로 한정한다)의 화재등으로 인해 발생하는 대규모 피해 2) 「항만법」 제2조 제1호에 따른 항만의 화재등으로 인해 발생하는 대규모 피해 3) 「해수욕장의 이용 및 관리에 관한 법률」 제2조 제1호에 따른 해수욕장의 안전사고로 인해 발생하는 대규모 피해 4) 「해양사고의 조사 및 심판에 관한 법률」 제2조 제1호에 따른 해양사고(해양에서 발생한 사고로 한정하며, 해양오염은 제외한다)로 인해 발생하는 대규모 피해
머. 해양수산부 및 해양경찰청	「해양환경관리법」 제2조 제2호에 따른 해양오염으로 인해 발생하는 대규모 피해
버. 중소벤처기업부	「전통시장 및 상점가 육성을 위한 특별법」 제2조 제1호에 따른 전통시장의 화재등으로 인해 발생하는 대규모 피해
서. 여성가족부	1) 「청소년복지 지원법」 제31조에 따른 청소년복지시설의 화재등으로 인해 발생하는 대규모 피해 2) 「청소년활동 진흥법」 제10조 제1호에 따른 청소년수련시설의 화재등으로 인해 발생하는 대규모 피해

어. 금융위원회	「금융위원회의 설치 등에 관한 법률」 제38조에 따른 기관(이하 "금융기관"이라 한다) 중 「정보통신기반 보호법」 제2조 제1호에 따른 정보통신기반시설을 관리하는 금융기관의 화재등으로 인해 발생하는 대규모 피해
저. 원자력안전위원회	1) 「원자력시설 등의 방호 및 방사능 방재 대책법」 제2조 제8호에 따른 방사능재난 2) 인접 국가의 방사능 누출로 인해 발생하는 대규모 피해
처. 국가유산청	1) 「문화유산의 보존 및 활용에 관한 법률」 제2조 제1항에 따른 문화유산 · 같은 조 제5항에 따른 보호구역 · 같은 조 제6항에 따른 보호물과 문화유산 보관시설의 화재등으로 인해 발생하는 대규모 피해 2) 「자연유산의 보존 및 활용에 관한 법률」 제2조 제1호에 따른 자연유산 · 같은 조 제6호에 따른 보호물 및 같은 조 제7호에 따른 보호구역의 화재등으로 인해 발생하는 대규모 피해
커. 산림청	1) 「사방사업법」 제2조 제3호에 따른 사방시설의 붕괴 · 파손 등으로 인해 발생하는 대규모 피해 2) 「산림보호법」 제2조 제7호에 따른 산불로 인해 발생하는 대규모 피해
터. 법 제26조 제1항에 따라 해당 국가핵심기반을 지정하는 중앙행정기관	국가핵심기반의 마비(「노동조합 및 노동관계조정법」 제2조 제6호에 따른 쟁의행위 또는 이에 준하는 행위로 인한 마비를 포함한다)로 인한 피해
퍼. 행사를 주최 · 주관하는 중앙행정기관(주최 · 주관하는 중앙행정기관이 다수인 경우에는 주최 · 주관의 주된 역할을 담당하는 중앙행정기관을 말한다)	중앙행정기관이 주최 · 주관하는 각종 행사가 개최되는 시설등에서 발생하는 대규모 피해
허. 비고 제1호 및 제3호에 따른 중앙행정기관	가목부터 퍼목까지의 규정에 따른 사회재난 유형란의 시설등 외의 시설등에서 발생하는 대규모 피해
고. 비고 제2호 및 제3호에 따른 중앙행정기관	가목부터 허목까지의 규정에 따른 사회재난 유형 외의 사회재난

〈비고〉

1. 허목에 따른 사회재난 유형의 경우에는 시설사무관장기관이 재난관리주관기관이 된다.
2. 고목에 따른 사회재난 유형의 경우에는 재난사무관장기관이 재난관리주관기관이 된다.
3. 제1호 및 제2호에도 불구하고 시설사무관장기관 및 재난사무관장기관이 불분명한 경우에는 행정안전부장관이 조정하여 재난관리주관기관을 정한다.
4. 가목부터 고목까지의 규정에 따른 사회재난 유형이 복합적으로 발생하는 경우에는 각 사회재난 유형별 시설사무관장기관 또는 재난사무관장기관이 각각 재난관리주관기관이 된다.
5. 제4호에도 불구하고 사회재난 유형이 복합적으로 발생하는 경우로서 신속대응등이 필요한 경우에는 신속대응등이 필요한 사무를 주관하는 재난관리주관기관이 신속대응등을 우선적으로 수행해야 한다.
6. 제5호에도 불구하고 신속대응등의 필요 여부 및 신속대응주관기관이 불분명한 경우에는 행정안전부장관이 조정하여 신속대응등의 필요 여부 및 신속대응주관기관을 정한다.

3. 그 밖의 각종 사고 유형별 재난관리주관기관

재난관리주관기관	사고 유형
제2호 각 목에 따른 해당 중앙행정기관	제2호 각 목에 따른 사회재난 유형으로 인해 발생하거나 해당 시설등에서 발생하는 인명 또는 재산의 피해로서 사회재난에 해당하지 않는 피해

〈비고〉
1. 사고 유형에 따른 재난관리주관기관 등이 불분명한 경우에는 제2호 비고를 준용한다.
2. 사고 유형에 따른 재난관리주관기관은 필요한 범위에서 사고의 예방·대비·대응 및 복구 등의 사무를 적극적으로 수행해야 한다.

(8) “긴급구조”란 재난이 발생할 우려가 현저하거나 재난이 발생하였을 때에 국민의 생명·신체 및 재산을 보호하기 위하여 긴급구조기관과 긴급구조지원기관이 하는 인명구조, 응급처치, 그 밖에 필요한 모든 긴급한 조치를 말한다.

(9) “긴급구조기관”이란 소방청·소방본부 및 소방서를 말한다. 다만, 해양에서 발생한 재난의 경우에는 해양경찰청·지방해양경찰청 및 해양경찰서를 말한다.

(10) “긴급구조지원기관”이란 긴급구조에 필요한 인력·시설 및 장비, 운영체계 등 긴급구조능력을 보유한 기관이나 단체로서 대통령령(시행령 제4조)으로 정하는 기관과 단체를 말한다.

✓ Check 시행령 제4조(긴급구조지원기관)

법 제3조 제8호에서 “대통령령으로 정하는 기관과 단체”란 다음 각 호의 기관과 단체를 말한다.
1. 교육부, 과학기술정보통신부, 국방부, 산업통상자원부, 보건복지부, 환경부, 국토교통부, 해양수산부, 방송통신위원회, 경찰청, 산림청, 질병관리청 및 기상청
2. 국방부장관이 법 제57조 제3항 제2호에 따른 탐색구조부대로 지정하는 군부대와 그 밖에 긴급구조지원을 위하여 국방부장관이 지정하는 군부대
3. 「대한적십자사 조직법」에 따른 대한적십자사
4. 「의료법」 제3조 제2항 제3호 마목에 따른 종합병원
4의2. 「응급의료에 관한 법률」 제2조 제5호에 따른 응급의료기관, 같은 법 제25조에 따른 중앙응급의료센터, 같은 법 제27조에 따른 응급의료정보센터 및 같은 법 제44조 제1항 제1호·제2호에 따른 구급차 등의 운용자
5. 「재해구호법」 제29조에 따른 전국재해구호협회
6. 법 제3조 제7호에 따른 긴급구조기관과 긴급구조활동에 관한 응원협정을 체결한 기관 및 단체
7. 그 밖에 긴급구조에 필요한 인력과 장비를 갖춘 기관 및 단체로서 행정안전부령(시행규칙 제2조)으로 정하는 기관 및 단체

✔ Check 시행규칙 제2조(긴급구조지원기관)

「재난 및 안전관리 기본법 시행령」(이하 "영"이라 한다) 제4조 제7호에서 "행정안전부령으로 정하는 기관 및 단체"란 별표 1에 규정된 기관 및 단체를 말한다.

■ 재난 및 안전관리 기본법 시행규칙 [별표 1]

긴급구조지원기관(제2조 관련)

1. 유역환경청 또는 지방환경청
2. 지방국토관리청
3. 지방항공청
4. 「지역보건법」에 따른 보건소
5. 「지방공기업법」에 따른 지하철공사 및 도시철도공사
6. 「한국가스공사법」에 따른 한국가스공사
7. 「고압가스 안전관리법」에 따른 한국가스안전공사
8. 「한국농어촌공사 및 농지관리기금법」에 따른 한국농어촌공사
9. 「전기사업법」에 따른 한국전기안전공사
10. 「한국전력공사법」에 따른 한국전력공사
11. 「대한석탄공사법」에 따른 대한석탄공사
12. 「한국광물자원공사법」에 따른 한국광물자원공사
13. 「한국수자원공사법」에 따른 한국수자원공사
14. 「한국도로공사법」에 따른 한국도로공사
15. 「한국공항공사법」에 따른 한국공항공사
16. 「항만공사법」에 따른 항만공사
17. 「한국원자력안전기술원법」에 따른 한국원자력안전기술원 및 「방사선 및 방사성동위원소 이용진흥법」에 따른 한국원자력의학원
18. 「자연공원법」에 따른 국립공원관리공단
19. 「전기통신사업법」 제5조에 따른 기간통신사업자로서 소방청장이 정하여 고시하는 기간통신사업자
20. 지방해양수산청
21. 어업관리단
22. 「해양환경관리법」에 따른 해양환경공단

긴급구조대응활동 및 현장지휘에 관한 규칙 제2조(정의)

1. "긴급구조관련기관"이란 다음 각 목의 어느 하나에 해당하는 기관을 말한다.
   가. 「재난 및 안전관리 기본법」(이하 "법"이라 한다) 제3조 제7호에 따른 긴급구조기관
   나. 법 제3조 제8호 및 「재난 및 안전관리 기본법 시행령」(이하 "영"이라 한다) 제4조에 따른 긴급구조지원기관
   다. 현장에 참여하는 자원봉사기관 및 단체

> 2. "기관별지휘소"란 재난현장에 출동하는 긴급구조관련기관별로 소속 직원을 지휘·조정·통제하는 장소 또는 지휘차량·선박·항공기 등을 말한다.

(11) "국가재난관리기준"이란 모든 유형의 재난에 공통적으로 활용할 수 있도록 재난관리의 전 과정을 통일적으로 단순화·체계화한 것으로서 행정안전부장관이 고시한 것을 말한다.

(12) "안전문화활동"이란 안전교육, 안전훈련, 홍보, 사고 예방 신고 장려 등을 통하여 안전에 관한 가치와 인식을 높이고 안전을 생활화하도록 하는 등 재난이나 그 밖의 각종 사고로부터 안전한 사회를 만들어가기 위한 활동을 말한다.

(13) "안전취약계층"이란 어린이, 노인, 장애인, 저소득층 등 신체적·사회적·경제적 요인으로 인하여 재난에 취약한 사람을 말한다.

(14) "재난관리정보"란 재난관리를 위하여 필요한 재난상황정보, 동원가능 자원정보, 시설물정보, 지리정보를 말한다.

(15) "재난안전의무보험"이란 재난이나 그 밖의 각종 사고로 사람의 생명·신체 또는 재산에 피해가 발생한 경우 그 피해를 보상하기 위한 보험 또는 공제(共濟)로서 이 법 또는 다른 법률에 따라 일정한 자에 대하여 가입을 강제하는 보험 또는 공제를 말한다.

(16) "재난안전통신망"이란 재난관리책임기관·긴급구조기관 및 긴급구조지원기관이 재난 및 안전관리업무에 이용하거나 재난현장에서의 통합지휘에 활용하기 위하여 구축·운영하는 통신망을 말한다.

(17) "국가핵심기반"이란 에너지, 정보통신, 교통수송, 보건의료 등 국가경제, 국민의 안전·건강 및 정부의 핵심기능에 중대한 영향을 미칠 수 있는 시설, 정보기술시스템 및 자산 등을 말한다.

(18) "재난안전데이터"란 정보처리능력을 갖춘 장치를 통하여 생성 또는 처리가 가능한 형태로 존재하는 재난 및 안전관리에 관한 정형 또는 비정형의 모든 자료를 말한다.

3 국가 등의 책무 (법 제4조)

(1) 국가와 지방자치단체는 재난이나 그 밖의 각종 사고로부터 국민의 생명·신체 및 재산을 보호할 책무를 지고, 재난이나 그 밖의 각종 사고를 예방하고 피해를 줄이기 위하여 노력하여야 하며, 발생한 피해를 신속히 대응·복구하여 일상으로 회복할 수 있도록 지원하기 위한 계획을 수립·시행하여야 한다.

(2) 국가와 지방자치단체는 안전에 관한 정보를 적극적으로 공개하여야 하며, 누구든지 이를 편리하게 이용할 수 있도록 하여야 한다.

(3) 국가와 지방자치단체는 재난이나 그 밖의 각종 사고를 수습하는 과정에서 피해자의 인권이 침해받지 아니하도록 노력하여야 한다.

(4) 재난관리책임기관의 장은 소관 업무와 관련된 안전관리에 관한 계획을 수립하고 시행하여야 하며, 그 소재지를 관할하는 특별시 · 광역시 · 특별자치시 · 도 · 특별자치도(이하 "시 · 도"라 한다)와 시(「제주특별자치도 설치 및 국제자유도시 조성을 위한 특별법」에 따른 행정시를 포함한다. 이하 같다) · 군 · 구(자치구를 말한다. 이하 같다)의 재난 및 안전관리업무에 협조하여야 한다.

4 국민의 책무 (법 제5조)

국민은 국가와 지방자치단체가 재난 및 안전관리업무를 수행할 때 최대한 협조하여야 하고, 자기가 소유하거나 사용하는 건물 · 시설 등으로부터 재난이나 그 밖의 각종 사고가 발생하지 아니하도록 노력하여야 한다.

5 재난 및 안전관리 업무의 총괄 · 조정 (법 제6조)

행정안전부장관은 국가 및 지방자치단체가 행하는 재난 및 안전관리 업무를 총괄 · 조정한다.

6 다른 법률과의 관계 등 (법 제8조)

(1) 재난 및 안전관리에 관하여 다른 법률을 제정하거나 개정하는 경우에는 이 법의 목적과 기본이념에 맞도록 하여야 한다.

(2) 재난 및 안전관리에 관하여 「자연재해대책법」 등 다른 법률에 특별한 규정이 있는 경우를 제외하고는 이 법에서 정하는 바에 따른다.

CHAPTER

02 안전관리기구 및 기능

01 절 중앙안전관리위원회 등

1 중앙안전관리위원회 (법 제9조)

(1) 재난 및 안전관리에 관한 다음의 사항을 심의하기 위하여 국무총리 소속으로 중앙안전관리위원회(이하 "중앙위원회"라 한다)를 둔다.

① 재난 및 안전관리에 관한 중요 정책에 관한 사항

② 제22조에 따른 국가안전관리기본계획에 관한 사항

③ 제10조의2에 따른 재난 및 안전관리 사업 관련 중기사업계획서, 투자우선순위 의견 및 예산요구서에 관한 사항

④ 중앙행정기관의 장이 수립・시행하는 계획, 점검・검사, 교육・훈련, 평가 등 재난 및 안전관리업무의 조정에 관한 사항

⑤ 안전기준관리에 관한 사항

⑥ 제36조에 따른 재난사태의 선포에 관한 사항

⑦ 제60조에 따른 특별재난지역의 선포에 관한 사항

⑧ 재난이나 그 밖의 각종 사고가 발생하거나 발생할 우려가 있는 경우 이를 수습하기 위한 관계 기관 간 협력에 관한 중요 사항

⑨ 재난안전의무보험의 관리・운용 등에 관한 사항

⑩ 중앙행정기관의 장이 시행하는 대통령령(시행령 제7조)으로 정하는 재난 및 사고의 예방사업 추진에 관한 사항

✓ Check 시행령 제7조(재난 및 사고 예방사업의 범위)

법 제9조 제1항 제7호에서 "대통령령으로 정하는 재난 및 사고의 예방사업"이란 다음 각 호의 사업을 말한다.

1. 「기상관측표준화법」 제2조 제2항 제1호에 따른 기상관측의 표준화를 위하여 시행하는 사업
2. 「농어촌정비법」 제2조 제5호에 따른 농업생산기반 정비사업 중 수리시설(水利施設) 개수・보수 사업, 농경지 배수(排水) 개선사업, 저수지 정비사업, 방조제 정비사업
3. 「댐건설・관리 및 주변지역지원 등에 관한 법률」 제9조에 따른 댐의 관리를 위한 사업
4. 「도로법」 제31조에 따른 도로공사 중 재난 및 안전관리를 위하여 시행하는 사업
5. 「산림기본법」 제15조에 따른 산림재해 예방사업
6. 「사방사업법」 제3조에 따른 사방사업(砂防事業)
7. 「어촌・어항법」 제2조 제6호 나목에 따른 어항정비사업

8. 「연안관리법」 제2조 제4호에 따른 연안정비사업
9. 「지진·화산재해대책법」 제15조에 따른 기존 공공시설물의 내진보강사업
10. 「하천법」 제27조에 따른 하천공사사업
11. 「항만법」 제9조에 따른 항만개발사업 중 재난 예방을 위한 사업
12. 그 밖에 중앙위원회의 위원장이 정하는 사업

⑪ 「재난안전산업 진흥법」 제5조에 따른 기본계획에 관한 사항

⑫ 그 밖에 위원장이 회의에 부치는 사항

(2) 중앙위원회의 위원장은 국무총리가 되고, 위원은 대통령령(시행령 제6조 제1항)으로 정하는 중앙행정기관 또는 관계 기관·단체의 장이 된다.

✓ Check 시행령 제6조(중앙안전관리위원회의 위원)

① 법 제9조 제2항에서 "대통령령으로 정하는 중앙행정기관 또는 관계 기관·단체의 장"이란 다음 각 호의 사람을 말한다.

1. 기획재정부장관, 교육부장관, 과학기술정보통신부장관, 외교부장관, 통일부장관, 법무부장관, 국방부장관, 행정안전부장관, 문화체육관광부장관, 농림축산식품부장관, 산업통상자원부장관, 보건복지부장관, 환경부장관, 고용노동부장관, 여성가족부장관, 국토교통부장관, 해양수산부장관 및 중소벤처기업부장관
2. 국가정보원장, 방송통신위원회위원장, 국무조정실장, 식품의약품안전처장, 금융위원회위원장 및 원자력안전위원회위원장
3. 경찰청장, 소방청장, 국가유산청장, 산림청장, 질병관리청장, 기상청장 및 해양경찰청장
4. 삭제
5. 그 밖에 법 제9조 제1항에 따른 중앙안전관리위원회(이하 "중앙위원회"라 한다)의 위원장이 지정하는 기관 및 단체의 장

(3) 중앙위원회의 위원장은 중앙위원회를 대표하며, 중앙위원회의 업무를 총괄한다.

(4) 중앙위원회에 간사 1명을 두며, 간사는 행정안전부장관이 된다.

(5) 중앙위원회의 위원장이 사고 또는 부득이한 사유로 직무를 수행할 수 없을 때에는 행정안전부장관, 대통령령(시행령 제6조 제2항)으로 정하는 중앙행정기관의 장 순으로 위원장의 직무를 대행한다.

✓ Check 시행령 제6조(중앙안전관리위원회의 위원)

② 법 제9조 제5항에서 "대통령령으로 정하는 중앙행정기관의 장 순"이란 제1항 제1호에 따른 중앙행정기관의 장의 순서를 말한다.

(6) 행정안전부장관 등이 중앙위원회 위원장의 직무를 대행할 때에는 행정안전부의 재난안전관리사무를 담당하는 본부장이 중앙위원회 간사의 직무를 대행한다.

(7) 중앙위원회는 사무가 국가안전보장과 관련된 경우에는 국가안전보장회의와 협의하여야 한다.

(8) 중앙위원회의 위원장은 그 소관 사무에 관하여 재난관리책임기관의 장이나 관계인에게 자료의 제출, 의견 진술, 그 밖에 필요한 사항에 대하여 협조를 요청할 수 있다. 이 경우 요청을 받은 사람은 특별한 사유가 없으면 요청에 따라야 한다.

(9) 중앙위원회의 구성과 운영 등에 필요한 사항은 대통령령(시행령 제8조)으로 정한다.

✔ Check 시행령 제8조(중앙위원회의 운영)

① 중앙위원회의 회의는 위원의 요청이 있거나 위원장이 필요하다고 인정하는 경우에 위원장이 소집한다.
② 중앙위원회의 회의는 재적위원 과반수의 출석으로 개의(開議)하고, 출석위원 과반수의 찬성으로 의결한다.
③ 위원장은 회의 안건과 관련하여 필요하다고 인정하는 경우에는 관계 공무원과 민간전문가 등을 회의에 참석하게 하거나 관계 기관의 장에게 자료 제출을 요청할 수 있다. 이 경우 요청을 받은 관계 공무원과 관계 기관의 장은 특별한 사유가 없으면 요청에 따라야 한다.
④ 제1항부터 제3항까지에서 규정한 사항 외에 중앙위원회의 운영에 필요한 사항은 중앙위원회 의결을 거쳐 위원장이 정한다.

2 안전정책조정위원회 (법 제10조)

(1) 중앙위원회에 상정될 안건을 사전에 검토하고 다음의 사무를 수행하기 위하여 중앙위원회에 안전정책조정위원회(이하 "조정위원회"라 한다)를 둔다.
① 중앙행정기관의 장이 수립・시행하는 계획, 점검・검사, 교육・훈련, 평가 등 재난 및 안전관리업무의 조정에 관한 사항, 안전기준관리에 관한 사항, 재난이나 그 밖의 각종 사고가 발생하거나 발생할 우려가 있는 경우 이를 수습하기 위한 관계 기관 간 협력에 관한 중요 사항, 재난안전의무보험의 관리・운용 등에 관한 사항 및 중앙행정기관의 장이 시행하는 대통령령으로 정하는 재난 및 사고의 예방사업 추진에 관한 사항에 대한 사전 조정
② 재난 및 안전관리 기본법에 따른 집행계획의 심의
③ 국가기반시설의 지정에 관한 사항의 심의
④ 재난 및 안전관리기술 종합계획의 심의
⑤ 그 밖에 중앙위원회가 위임한 사항

(2) 조정위원회의 위원장은 행정안전부장관이 되고, 위원은 대통령령(시행령 제9조)으로 정하는 중앙행정기관의 차관 또는 차관급 공무원과 재난 및 안전관리에 관한 지식과 경험이 풍부한 사람 중에서 위원장이 임명하거나 위촉하는 사람이 된다.

(3) 조정위원회에 간사위원 1명을 두며, 간사위원은 행정안전부의 재난안전관리사무를 담당하는 본부장이 된다.

(4) 조정위원회의 업무를 효율적으로 처리하기 위하여 조정위원회에 실무위원회를 둘 수 있다.

(5) 조정위원회의 위원장은 조정위원회에서 심의 · 조정된 사항 중 대통령령으로 정하는 중요 사항에 대해서는 조정위원회의 심의 · 조정 결과를 중앙위원회의 위원장에게 보고하여야 한다.

✔Check 시행령 제9조의2(조정위원회 심의 결과의 중앙위원회 보고)

법 제10조 제5항에서 "대통령령으로 정하는 중요 사항"이란 다음 각 호의 어느 하나에 해당하는 사항을 말한다.
1. 법 제10조 제1항 제2호에 따른 집행계획의 심의
2. 법 제10조 제1항 제3호에 따른 국가핵심기반의 지정에 관한 사항의 심의
3. 그 밖에 중앙위원회로부터 위임받아 심의한 사항 중 조정위원회 위원장이 필요하다고 인정하는 사항

(6) 조정위원회의 위원장은 중앙위원회 또는 조정위원회에서 심의 · 조정된 사항에 대한 이행상황을 점검하고, 그 결과를 중앙위원회에 보고할 수 있다.

(7) 조정위원회 및 실무위원회의 구성 및 운영 등에 필요한 사항은 대통령령(시행령 제9조, 제10조)으로 정한다.

✔Check 조정위원회 및 실무위원회의 구성 및 운영 등에 필요한 사항

시행령 제9조(안전정책조정위원회의 구성 · 운영 등)

① 중앙위원회에 두는 안전정책조정위원회(이하 "조정위원회"라 한다)의 위원은 다음 각 호의 사람이 된다.
  1. 기획재정부차관, 교육부차관, 과학기술정보통신부차관, 외교부차관, 통일부차관, 법무부차관, 국방부차관, 행정안전부의 재난안전관리사무를 담당하는 본부장, 문화체육관광부차관, 농림축산식품부차관, 산업통상자원부차관, 보건복지부차관, 환경부차관, 고용노동부차관, 여성가족부차관, 국토교통부차관, 해양수산부차관 및 중소벤처기업부차관. 이 경우 복수차관이 있는 기관은 재난 및 안전관리 업무를 관장하는 차관으로 한다.
  2. 국가정보원의 재난 및 안전관리 업무를 관장하는 차장, 방송통신위원회 상임위원, 국무조정실의 재난 및 안전관리 업무를 관장하는 차장 및 금융위원회 부위원장
  3. 그 밖에 재난 및 안전관리에 관한 지식과 경험이 풍부한 사람 중에서 조정위원회 위원장이 임명하거나 위촉하는 사람

② 조정위원회의 회의는 위원이 요청하거나 위원장이 필요하다고 인정하는 경우에 위원장이 소집한다.

③ 조정위원회의 회의는 재적위원 과반수의 출석으로 개의하고, 출석위원 과반수의 찬성으로 의결한다.

④ 위원장은 회의 안건과 관련하여 필요하다고 인정하는 경우에는 관계 공무원과 민간전문가 등을 회의에 참석하게 하거나 관계 기관의 장에게 자료 제출을 요청할 수 있다. 이 경우 요청을 받은 관계 공무원과 관계 기관의 장은 특별한 사유가 없으면 요청에 따라야 한다.

⑤ 제1항부터 제4항까지에서 규정한 사항 외에 조정위원회의 구성 및 운영 등에 필요한 사항은 위원장이 정한다.

시행령 제10조(실무위원회의 구성 · 운영 등)

① 법 제10조 제4항에 따른 실무위원회(이하 "실무위원회"라 한다)는 위원장 1명을 포함하여 50명 내외의 위원으로 구성한다.

② 실무위원회는 다음 각 호의 사항을 심의한다.
  1. 재난 및 안전관리를 위하여 관계 중앙행정기관의 장이 수립하는 대책에 관하여 협의·조정이 필요한 사항
  2. 재난 발생 시 관계 중앙행정기관의 장이 수행하는 재난의 수습에 관하여 협의·조정이 필요한 사항
  3. 그 밖에 실무위원회의 위원장(이하 "실무위원장"이라 한다)이 회의에 부치는 사항
③ 실무위원장은 행정안전부의 재난안전관리사무를 담당하는 본부장이 된다.
④ 실무위원회의 위원은 다음 각 호의 어느 하나에 해당하는 사람 중에서 성별을 고려하여 행정안전부장관이 임명하거나 위촉하는 사람으로 한다.
  1. 관계 중앙행정기관의 고위공무원단에 속하는 공무원 또는 3급 상당 이상에 해당하는 공무원 중에서 해당 중앙행정기관의 장이 추천하는 공무원
  2. 재난 및 안전관리에 관한 지식과 경험이 풍부한 사람
  3. 그 밖에 실무위원장이 필요하다고 인정하는 분야의 전문지식과 경력이 충분한 사람
⑤ 실무위원회의 회의(이하 "실무회의"라 한다)는 위원 5명 이상의 요청이 있거나 실무위원장이 필요하다고 인정하는 경우에 실무위원장이 소집한다.
⑥ 실무회의는 실무위원장과 실무위원장이 회의마다 지정하는 25명 내외의 위원으로 구성한다.
⑦ 실무회의는 제6항에 따른 구성원 과반수의 출석으로 개의(開議)하고, 출석위원 과반수의 찬성으로 의결한다.
⑧ 제1항부터 제7항까지에서 규정한 사항 외에 실무위원회의 구성 및 운영에 필요한 사항은 행정안전부장관이 정한다.

시행령 제12조(중앙위원회 등의 수당 및 임기 등)
① 중앙위원회, 조정위원회, 실무위원회 및 중앙재난방송협의회의 회의에 출석한 위원에게는 예산의 범위에서 수당과 여비, 그 밖의 실비를 지급할 수 있다. 다만, 공무원인 위원이 그 업무와 직접 관련하여 회의에 출석하는 경우에는 그러하지 아니하다.
② 중앙위원회, 조정위원회 및 중앙재난방송협의회의 위원 중 공무원인 위원의 임기는 해당 직위에 재임하는 기간으로 하고, 그 외의 위원의 임기는 2년으로 한다. 다만, 보궐위원의 임기는 전임자 임기의 남은 기간으로 한다.

3 재난 및 안전관리 사업예산의 사전협의 등 (법 제10조의2)

(1) 관계 중앙행정기관의 장은 「국가재정법」에 따라 기획재정부장관에게 제출하는 중기사업계획서 중 재난 및 안전관리 사업(행정안전부장관이 기획재정부장관과 협의하여 정하는 사업)과 관련된 중기사업계획서와 해당 기관의 재난 및 안전관리 사업에 관한 투자우선순위 의견을 매년 1월 31일까지 행정안전부장관에게 제출하여야 한다.

(2) 관계 중앙행정기관의 장은 기획재정부장관에게 제출하는 「국가재정법」에 따른 예산요구서 중 재난 및 안전관리 사업 관련 예산요구서를 매년 5월 31일까지 행정안전부장관에게 제출하여야 한다.

(3) 행정안전부장관은 중기사업계획서, 투자우선순위 의견 및 예산요구서를 검토하고, 중앙위원회의 심의를 거쳐 다음의 사항을 매년 6월 30일까지 기획재정부장관에게 통보하여야 한다.
  ① 재난 및 안전관리 사업의 투자 방향
  ② 관계 중앙행정기관별 재난 및 안전관리 사업의 투자우선순위, 투자적정성, 중점 추진방향 등에 관한 사항
  ③ 재난 및 안전관리 사업의 유사성·중복성 검토결과
  ④ 그 밖에 재난 및 안전관리 사업의 투자효율성을 높이기 위하여 필요한 사항

(4) 기획재정부장관은 국가재정상황과 재정운용원칙에 부합하지 아니하는 등 부득이한 사유가 있는 경우를 제외하고 통보받은 결과를 토대로 재난 및 안전관리 사업에 관한 예산안을 편성하여야 한다.

4 재난 및 안전관리 사업에 대한 평가 (법 제10조의3)

(1) 행정안전부장관은 매년 재난 및 안전관리 사업의 효과성 및 효율성을 평가하고, 그 결과를 관계 중앙행정기관의 장에게 통보하여야 한다.

(2) 행정안전부장관은 평가를 위하여 중앙행정기관의 장 또는 지방자치단체의 장 등에게 해당 기관에서 추진한 재난 및 안전관리 사업의 집행실적 등에 관한 자료 제출을 요청할 수 있다. 이 경우 자료 제출을 요청받은 중앙행정기관의 장 또는 지방자치단체의 장 등은 특별한 사유가 없으면 이에 따라야 한다.

(3) 관계 중앙행정기관의 장은 평가 결과를 다음 연도 재난 및 안전관리 사업에 반영하여야 한다.

(4) 평가의 범위·방법 등에 관하여 필요한 사항은 대통령령으로 정한다.

✔ Check　시행령 제10조의2(재난 및 안전관리 사업에 대한 평가)

① 관계 중앙행정기관의 장은 법 제10조의3 제1항에 따른 재난 및 안전관리 사업의 효과성 및 효율성 평가(이하 "사업평가"라 한다)를 위하여 매년 9월 30일까지 다음 연도 소관 사업의 성과목표 및 성과지표(이하 "성과목표 등"이라 한다)를 정하여 행정안전부장관에게 제출하여야 한다.
② 행정안전부장관은 제1항에 따라 제출받은 성과목표 등에 대하여 관계 전문가 등으로 구성된 평가자문위원회의 자문과 관계 중앙행정기관의 장의 의견을 들은 후 매년 1월 31일까지 성과목표 등을 확정하여야 한다.
③ 행정안전부장관은 전년도의 사업평가를 위한 실시계획(이하 "사업평가 실시계획"이라 한다)을 매년 1월 31일까지 수립하여 관계 중앙행정기관의 장에게 통보하여야 한다.
④ 행정안전부장관은 사업평가 실시계획에 따라 전년도의 재난 및 안전관리 사업에 대하여 평가를 실시하고, 그 결과를 매년 4월 30일까지 중앙행정기관의 장에게 통보하여야 한다.
⑤ 제1항부터 제4항까지에서 규정한 사항 외에 제2항에 따른 평가자문위원회의 구성·운영 등 사업평가에 필요한 사항은 행정안전부장관이 정하여 고시한다.

5 지방자치단체의 재난 및 안전관리 사업예산의 사전검토 등 (법 제10조의4)

(1) 지방자치단체의 장은 「지방재정법」 제36조에 따라 예산을 편성하기 전에 다음에 해당하는 재난 및 안전관리 사업에 대하여 사업의 집행 실적 및 성과, 향후 사업 추진 필요성 등 행정안전부령으로 정하는 사항을 고려하여 투자우선순위를 검토하고, 제11조에 따른 시·도 안전관리위원회 또는 시·군·구 안전관리위원회의 심의를 거쳐야 한다.

① 재난 및 안전관리 체계의 구축 및 운영

② 재난 및 안전관리를 목적으로 하는 시설의 구축 및 기능 강화

③ 재난취약 지역·시설 등의 위험요소 제거 및 기능 회복

④ 재난안전 관련 교육·훈련 및 홍보

⑤ 그 밖에 재난 및 안전관리와 관련된 사업 중 행정안전부령으로 정하는 사업

✓Check 시행규칙 제2조의2(지방자치단체의 재난 및 안전관리 사업예산의 사전검토 등)

① 「재난 및 안전관리 기본법」(이하 "법"이라 한다) 제10조의4 제1항 각 호 외의 부분에서 "사업의 집행 실적 및 성과, 향후 사업 추진 필요성 등 행정안전부령으로 정하는 사항"이란 다음 각 호의 사항을 말한다.

1. 재난 및 안전관리 사업의 집행 실적 및 성과
2. 해당 지역의 재난·사고 피해 현황, 위험 전망 등 재난 및 안전관리 사업의 추진 필요성
3. 재난·사고의 예방 등 재난 및 안전관리 사업의 기대효과
4. 국가 및 지방자치단체(「제주특별자치도 설치 및 국제자유도시 조성을 위한 특별법」 제10조 제2항에 따른 행정시를 포함한다. 이하 같다)의 재난 및 안전관리에 관한 중요 정책
5. 그 밖에 지방자치단체의 장이 투자우선순위 검토를 위하여 고려할 필요가 있다고 인정하는 사항

② 법 제10조의4 제1항 제5호에서 "행정안전부령으로 정하는 사업"이란 다음 각 호의 사업을 말한다.

1. 재난 및 안전관리에 관한 연구개발 사업
2. 그 밖에 지방자치단체의 장이 사업예산의 사전검토가 필요하다고 인정하여 행정안전부장관과 협의하여 정하는 재난 및 안전관리 사업

(2) 행정안전부장관은 지방자치단체의 장에게 '(1)'에 따른 심의 결과의 제출을 요청할 수 있다. 이 경우 요청을 받은 지방자치단체의 장은 특별한 사유가 없으면 이에 따라야 한다.

(3) 지방자치단체의 장은 해당 지방자치단체의 예산이 확정된 날부터 2개월 이내에 제1항에 따른 재난 및 안전관리 사업에 대한 예산 현황을 행정안전부장관에게 제출하여야 한다. 이 경우 시장(「제주특별자치도 설치 및 국제자유도시 조성을 위한 특별법」 제11조 제1항에 따른 행정시장은 제외한다. 이하 이 조에서 같다)·군수·구청장(자치구의 구청장을 말한다. 이하 같다)은 특별시장·광역시장·도지사를 거쳐 제출하여야 한다.

(4) 지방자치단체의 장은 해당 지방자치단체의 결산이 승인된 날부터 2개월 이내에 '(1)'에 따른 재난 및 안전관리 사업에 대한 결산 현황을 행정안전부장관에게 제출하여야 한다. 이 경우 시장·군수·구청장은 특별시장·광역시장·도지사를 거쳐 제출하여야 한다.

6 지역위원회 (법 제11조)

(1) 지역별 재난 및 안전관리에 관한 다음의 사항을 심의·조정하기 위하여 특별시장·광역시장·특별자치시장·도지사·특별자치도지사(이하 "시·도지사"라 한다) 소속으로 시·도 안전관리위원회(이하 "시·도위원회"라 한다)를 두고, 시장(「제주특별자치도 설치 및 국제자유도시 조성을 위한 특별법」에 따른 행정시장을 포함)·군수·구청장(자치구의 구청장을 말한다.) 소속으로 시·군·구 안전관리위원회(이하 "시·군·구위원회"라 한다)를 둔다.

① 해당 지역에 대한 재난 및 안전관리정책에 관한 사항
② 제24조 또는 제25조에 따른 안전관리계획에 관한 사항
③ 제36조에 따른 재난사태의 선포에 관한 사항(시·군·구위원회는 제외한다)
④ 해당 지역을 관할하는 재난관리책임기관(중앙행정기관과 상급 지방자치단체는 제외)이 수행하는 재난 및 안전관리업무의 추진에 관한 사항
⑤ 재난이나 그 밖의 각종 사고가 발생하거나 발생할 우려가 있는 경우 이를 수습하기 위한 관계 기관 간 협력에 관한 사항
⑥ 다른 법령이나 조례에 따라 해당 위원회의 권한에 속하는 사항
⑦ 그 밖에 해당 위원회의 위원장이 회의에 부치는 사항

(2) 시·도위원회의 위원장은 시·도지사가 되고, 시·군·구위원회의 위원장은 시장·군수·구청장이 된다.

(3) 시·도위원회와 시·군·구위원회(이하 "지역위원회"라 한다)의 회의에 부칠 의안을 검토하고, 재난 및 안전관리에 관한 관계 기관 간의 협의·조정 등을 위하여 지역위원회에 안전정책실무조정위원회를 둘 수 있다.

(4) 지역위원회 및 안전정책실무조정위원회의 구성과 운영에 필요한 사항은 해당 지방자치단체의 조례로 정한다.

7 재난방송협의회 (법 제12조)

(1) 재난에 관한 예보·경보·통지나 응급조치 및 재난관리를 위한 재난방송이 원활히 수행될 수 있도록 중앙위원회에 중앙재난방송협의회를 두어야 한다.

(2) 지역 차원에서 재난에 대한 예보·경보·통지나 응급조치 및 재난방송이 원활히 수행될 수 있도록 시·도위원회에 시·도 재난방송협의회를 두어야 하고, 필요한 경우 시·군·구위원회에 시·군·구 재난방송협의회를 둘 수 있다.

(3) 중앙재난방송협의회의 구성 및 운영에 필요한 사항은 대통령령으로 정하고, 시·도 재난방송협의회와 시·군·구 재난방송협의회의 구성 및 운영에 필요한 사항은 해당 지방자치단체의 조례로 정한다.

✓ Check 시행령 제10조의3(중앙재난방송협의회의 구성과 운영)

① 법 제12조 제1항에 따라 중앙위원회에 두는 중앙재난방송협의회는 위원장 1명과 부위원장 1명을 포함한 25명 이내의 위원으로 구성한다.
② 중앙재난방송협의회는 다음 각 호의 사항을 심의한다.
1. 재난에 관한 예보・경보・통지나 응급조치 및 재난관리를 위한 재난방송 내용의 효율적 전파 방안
2. 재난방송과 관련하여 중앙행정기관, 시・도 및 「방송법」 제2조 제3호에 따른 방송사업자 간의 역할분담 및 협력체제 구축에 관한 사항
3. 「언론중재 및 피해구제 등에 관한 법률」 제2조 제1호에 따른 언론에 공개할 재난 관련 정보의 결정에 관한 사항
4. 재난방송 관련 법령과 제도의 개선 사항
5. 그 밖에 재난방송이 원활히 수행되도록 하기 위하여 필요한 사항으로서 방송통신위원회위원장과 과학기술정보통신부장관이 요청하거나 중앙재난방송협의회 위원장이 필요하다고 인정하는 사항
③ 중앙재난방송협의회의 위원장은 제4항에 따른 위원 중에서 과학기술정보통신부장관이 지명하는 사람이 되고, 부위원장은 중앙재난방송협의회의 위원 중에서 호선한다.
④ 중앙재난방송협의회의 위원은 다음 각 호의 사람이 된다.
1. 과학기술정보통신부, 행정안전부, 국무조정실, 방송통신위원회 및 기상청의 고위공무원단에 속하는 일반직 공무원 또는 이에 상당하는 공무원 중에서 해당 기관의 장이 지명하는 사람 각 1명
2. 관계 중앙행정기관(제1호의 위원이 소속된 기관은 제외한다)의 고위공무원단에 속하는 일반직 공무원 또는 이에 상당하는 공무원 중에서 재난의 유형에 따라 해당 중앙행정기관의 장의 추천을 받아 과학기술정보통신부장관이 임명하는 사람. 이 경우 과학기술정보통신부장관은 임명 대상에 대하여 방송통신위원회위원장과 미리 협의하여야 한다.
3. 다음 각 목의 어느 하나에 해당하는 사람 중에서 방송통신위원회위원장과 협의하여 과학기술정보통신부장관이 위촉하는 사람
가. 「방송법 시행령」 제1조의2 제1호에 따른 지상파텔레비전방송사업자(「방송법 시행령」 제25조의2에 따른 지역방송을 하는 방송사업자는 제외한다)에 소속된 사람으로서 재난방송을 총괄하는 직위에 있는 사람
나. 「방송법 시행령」 제1조의2 제6호에 따른 텔레비전방송채널사용사업자 중 종합편성 또는 보도 전문편성을 행하는 방송채널사용사업자에 소속된 사람으로서 재난방송을 총괄하는 직위에 있는 사람
다. 「고등교육법」에 따른 대학・산업대학・전문대학 및 기술대학에서 재난 또는 방송과 관련된 학문을 교수하는 사람으로서 조교수 이상의 직위에 있는 사람
라. 재난 또는 방송 관련 연구기관이나 단체 또는 산업 분야에 종사하는 사람으로서 해당 분야의 경력이 5년 이상인 사람
⑤ 삭제
⑥ 위원장은 중앙재난방송협의회를 대표하며, 중앙재난방송협의회의 사무를 총괄한다.
⑦ 중앙재난방송협의회의 위원장이 부득이한 사유로 직무를 수행할 수 없을 때에는 부위원장이 그 직무를 대행한다.
⑧ 중앙재난방송협의회의 회의는 위원장이 필요하다고 인정하거나 위원의 소집요구가 있는 경우에 위원장이 소집하고, 위원장은 그 의장이 된다.

⑨ 중앙재난방송협의회는 구성원 과반수의 출석과 출석위원 과반수의 찬성으로 의결한다.
⑩ 위원장은 회의 안건과 관련하여 필요하다고 인정하는 경우에는 관계 공무원과 민간전문가 등을 회의에 참석하게 하거나 관계 기관의 장에게 자료 제출을 요청할 수 있다. 이 경우 요청을 받은 관계 공무원과 관계 기관의 장은 특별한 사유가 없으면 요청에 따라야 한다.
⑪ 중앙재난방송협의회의 효율적 운영을 위하여 중앙재난방송협의회에 간사 1명을 두되, 간사는 과학기술정보통신부의 재난방송 업무를 담당하는 공무원 중에서 과학기술정보통신부장관이 지명하는 사람이 된다.
⑫ 과학기술정보통신부장관은 중앙재난방송협의회의 운영에 필요한 행정적·재정적 지원을 할 수 있다.
⑬ 제1항부터 제12항까지에서 규정한 사항 외에 중앙재난방송협의회의 운영에 필요한 사항은 중앙재난방송협의회의 의결을 거쳐 위원장이 정한다.

8 안전관리민관협력위원회 (법 제12조의2)

(1) 조정위원회의 위원장은 재난 및 안전관리에 관한 민관 협력관계를 원활히 하기 위하여 중앙안전관리민관협력위원회(중앙민관협력위원회)를 구성·운영할 수 있다.

(2) 지역위원회의 위원장은 재난 및 안전관리에 관한 지역 차원의 민관 협력관계를 원활히 하기 위하여 시·도 또는 시·군·구 안전관리민관협력위원회(지역민관협력위원회)를 구성·운영할 수 있다.

(3) 중앙민관협력위원회의 구성 및 운영에 필요한 사항은 대통령령(시행령 제12조의3·4)으로 정하고, 지역민관협력위원회의 구성 및 운영에 필요한 사항은 해당 지방자치단체의 조례로 정한다.

✔ Check 중앙민관협력위원회의 구성 및 운영에 필요한 사항

시행령 제12조의3(중앙민관협력위원회의 구성·운영)
① 법 제12조의2 제1항에 따른 중앙안전관리민관협력위원회(이하 "중앙민관협력위원회"라 한다)는 공동위원장 2명을 포함하여 35명 이내의 위원으로 구성한다.
② 중앙민관협력위원회의 공동위원장은 행정안전부의 재난안전관리사무를 담당하는 본부장과 제4항에 따라 위촉된 민간위원 중에서 중앙민관협력위원회의 의결을 거쳐 행정안전부장관이 지명하는 사람이 된다.
③ 중앙민관협력위원회의 공동위원장은 중앙민관협력위원회를 대표하고, 중앙민관협력위원회의 운영 및 사무에 관한 사항을 총괄한다.
④ 중앙민관협력위원회의 위원은 다음 각 호의 사람이 된다.
1. 당연직 위원
가. 행정안전부 안전예방정책실장
나. 행정안전부 자연재난실장
다. 행정안전부 사회재난실장
라. 행정안전부 재난복구지원국장

2. 민간위원 : 다음 각 목의 어느 하나에 해당하는 사람 중에서 성별을 고려하여 행정안전부장관이 위촉하는 사람
   가. 재난 및 안전관리 활동에 적극적으로 참여하고 전국 규모의 회원을 보유하고 있는 협회 등의 민간단체 대표
   나. 재난 및 안전관리 분야 유관기관, 단체·협회 또는 기업 등에 소속된 재난 및 안전관리 전문가
   다. 재난 및 안전관리 분야에 학식과 경험이 풍부한 사람

⑤ 민간위원의 임기는 2년으로 하며, 위원의 사임 등으로 새로 위촉된 위원의 임기는 전임위원 임기의 남은 기간으로 한다.

⑥ 제1항부터 제5항까지에서 규정한 사항 외에 중앙민관협력위원회의 구성·운영에 필요한 세부 사항은 중앙민관협력위원회의 의결을 거쳐 행정안전부장관이 정한다.

시행령 제12조의4(중앙민관협력위원회의 회의 등)

① 중앙민관협력위원회의 회의는 재적위원 과반수의 출석으로 개의하고, 출석위원 과반수의 찬성으로 의결한다.

② 중앙민관협력위원회의 회의 등에 참석하는 위원 등에게는 예산의 범위에서 수당 등을 지급할 수 있다. 다만, 공무원이 그 소관 업무와 관련하여 참석하는 경우에는 그러하지 아니하다.

9 중앙민관협력위원회의 기능 등 (법 제12조의3)

(1) 중앙민관협력위원회의 기능은 다음과 같다.

① 재난 및 안전관리 민관협력활동에 관한 협의

② 재난 및 안전관리 민관협력활동사업의 효율적 운영방안의 협의

③ 평상시 재난 및 안전관리 위험요소 및 취약시설의 모니터링·제보

④ 재난 발생 시 제34조에 따른 재난관리자원의 동원, 인명구조·피해복구 활동 참여, 피해주민 지원서비스 제공 등에 관한 협의

(2) 중앙민관협력위원회의 회의는 다음에 해당하는 경우에 공동위원장이 소집할 수 있다.

① 대규모 재난의 발생으로 민관협력 대응이 필요한 경우

② 재적위원 4분의 1 이상이 회의 소집을 요청하는 경우

③ 그 밖에 공동위원장이 회의 소집이 필요하다고 인정하는 경우

(3) 재난 발생 시 신속한 재난대응 활동 참여 등 중앙민관협력위원회의 기능을 지원하기 위하여 중앙민관협력위원회에 대통령령(시행령 제12조의5)으로 정하는 바에 따라 재난긴급대응단을 둘 수 있다.

✔ Check 시행령 제12조의5(재난긴급대응단의 구성 및 임무 등)

① 법 제12조의3 제3항에 따른 재난긴급대응단(이하 "재난긴급대응단"이라 한다)은 중앙민관협력위원회에 참여하는 유관기관, 단체·협회 또는 기업에서 파견된 인력으로 구성한다.

② 재난긴급대응단은 다음 각 호의 임무를 수행한다.
1. 재난 발생 시 인명구조 및 피해복구 활동 참여
2. 평상시 재난예방을 위한 활동 참여
3. 그 밖에 신속한 재난대응을 위하여 필요한 활동

③ 재난긴급대응단은 재난현장에서 제2항에 따른 임무의 수행에 관하여 법 제16조 제3항에 따른 통합지원본부의 장 또는 법 제52조 제5항에 따라 현장지휘를 하는 긴급구조통제단장(이하 "각급통제단장"이라 한다)의 지휘·통제를 따른다.

④ 제1항부터 제3항까지에서 규정한 사항 외에 재난긴급대응단의 구성·운영에 필요한 사항은 행정안전부장관이 정하여 고시한다.

10 지역위원회 등에 대한 지원 및 지도 [법 제13조]

행정안전부장관은 시·도위원회의 운영과 지방자치단체의 재난 및 안전관리업무에 대하여 필요한 지원과 지도를 할 수 있으며, 시·도지사는 관할 구역의 시·군·구위원회의 운영과 시·군·구의 재난 및 안전관리업무에 대하여 필요한 지원과 지도를 할 수 있다.

02 절 중앙재난안전대책본부 등

1 중앙재난안전대책본부 등 [법 제14조]

(1) 대통령령(시행령 제13조)으로 정하는 대규모 재난의 대응·복구(수습) 등에 관한 사항을 총괄·조정하고 필요한 조치를 하기 위하여 행정안전부에 중앙재난안전대책본부(중앙대책본부)를 둔다.

✓ Check 시행령 제13조[대규모 재난의 범위]

법 제14조 제1항에서 "대통령령으로 정하는 대규모 재난"이란 다음 각 호의 어느 하나에 해당하는 재난을 말한다.
1. 재난 중 인명 또는 재산의 피해 정도가 매우 크거나 재난의 영향이 사회적·경제적으로 광범위하여 주무부처의 장 또는 법 제16조 제2항에 따른 지역재난안전대책본부(이하 "지역대책본부"라 한다)의 본부장(이하 "지역대책본부장"이라 한다)의 건의를 받아 법 제14조 제2항에 따른 중앙재난안전대책본부(이하 "중앙대책본부"라 한다)의 본부장(이하 "중앙대책본부장"이라 한다)이 인정하는 재난
2. 제1호에 따른 재난에 준하는 것으로서 중앙대책본부장이 재난관리를 위하여 중앙대책본부의 설치가 필요하다고 판단하는 재난

「긴급구조대응활동 및 현장지휘에 관한 규칙」 제2조(정의)
5. "재난대응구역"이란 법 제14조 제1항 및 영 제13조에 따른 대규모 재난이 발생하여 시·도긴급구조통제단장의 지휘통제가 마비된 경우에 시·군·구긴급구조통제단장이 관할구역 안에서 자체적으로 재난에 대응하기 위하여 설정하는 구역을 말한다.

(2) 중앙대책본부에 본부장과 차장을 둔다.

(3) 중앙대책본부의 본부장(중앙대책본부장)은 행정안전부장관이 되며, 중앙대책본부장은 중앙대책본부의 업무를 총괄하고 필요하다고 인정하면 중앙재난안전대책본부회의를 소집할 수 있다. 다만, 해외재난의 경우에는 외교부장관이, 「원자력시설 등의 방호 및 방사능 방재 대책법」에 따른 방사능재난의 경우에는 같은 법에 따른 중앙방사능방재대책본부의 장이 각각 중앙대책본부장의 권한을 행사한다.

✔ Check 중앙재난안전대책본부회의의 구성 및 심의·협의 사항

시행령 제16조(중앙재난안전대책본부회의의 구성)

① 법 제14조 제3항 본문에 따른 중앙재난안전대책본부회의(이하 "중앙대책본부회의"라 한다)는 다음 각 호의 사람 중에서 중앙대책본부장이 임명 또는 위촉하는 사람으로 구성한다.
  1. 다음 각 목의 기관의 고위공무원단에 속하는 일반직공무원(국방부의 경우에는 이에 상당하는 장성급(將星級) 장교를, 경찰청 및 해양경찰청의 경우에는 치안감 이상의 경찰공무원을, 소방청의 경우에는 소방감 이상의 소방공무원을 말한다) 중에서 소속 기관의 장의 추천을 받은 사람
    가. 기획재정부, 교육부, 과학기술정보통신부, 외교부, 통일부, 법무부, 국방부, 행정안전부, 문화체육관광부, 농림축산식품부, 산업통상자원부, 보건복지부, 환경부, 고용노동부, 여성가족부, 국토교통부, 해양수산부 및 중소벤처기업부
    나. 조달청, 경찰청, 소방청, 국가유산청, 산림청, 질병관리청, 기상청 및 해양경찰청
    다. 그 밖에 중앙대책본부장이 필요하다고 인정하는 행정기관
  2. 재난의 대응 및 복구 등에 관한 민간전문가

② 법 제14조 제4항에 따라 국무총리가 중앙대책본부장의 권한을 행사하는 경우의 중앙대책본부회의는 다음 각 호의 사람 중에서 국무총리가 임명 또는 위촉하는 사람으로 구성한다.
  1. 제1항 제1호 각 목의 기관의 장
  2. 재난의 대응 및 복구 등에 관한 민간전문가

시행령 제17조(중앙대책본부회의의 심의·협의 사항)

중앙대책본부회의는 재난복구계획에 관한 사항을 심의·확정하는 외에 다음 각 호의 사항을 협의한다.
1. 재난예방대책에 관한 사항
2. 재난응급대책에 관한 사항
3. 국고지원 및 예비비 사용에 관한 사항
4. 그 밖에 중앙대책본부장이 회의에 부치는 사항

(4) 재난의 효과적인 수습을 위하여 다음에 해당하는 경우에는 국무총리가 중앙대책본부장의 권한을 행사할 수 있다. 이 경우 행정안전부장관, 외교부장관(해외재난의 경우에 한정한다) 또는 원자력안전위원회 위원장(방사능 재난의 경우에 한정한다)이 차장이 된다.
   ① 국무총리가 범정부적 차원의 통합 대응이 필요하다고 인정하는 경우
   ② 행정안전부장관이 국무총리에게 건의하거나 제15조의2 제3항에 따른 수습본부장의 요청을 받아 행정안전부장관이 국무총리에게 건의하는 경우

(5) '(4)'에도 불구하고 국무총리가 필요하다고 인정하여 지명하는 중앙행정기관의 장은 행정안전부장관, 외교부장관(해외재난의 경우에 한정한다) 또는 원자력안전위원회 위원장(방사능 재난의 경우에 한정한다)과 공동으로 차장이 된다.

(6) 중앙대책본부장은 대규모재난이 발생하거나 발생할 우려가 있는 경우에는 대통령령으로 정하는 바에 따라 실무반을 편성하고, 중앙재난안전대책본부상황실을 설치하는 등 해당 대규모재난에 대하여 효율적으로 대응하기 위한 체계를 갖추어야 한다. 이 경우 제18조 제1항 제1호에 따른 중앙재난안전상황실과 인력, 장비, 시설 등을 통합·운영할 수 있다.

(7) '(1)'에 따른 중앙대책본부, '(3)'에 따른 중앙재난안전대책본부회의의 구성과 운영에 필요한 사항은 대통령령으로 정한다.

✔ Check　시행령 제15조(중앙대책본부의 구성 등)

① 중앙대책본부(법 제14조 제3항 단서에 따라 방사능재난의 경우 중앙대책본부가 되는 「원자력시설 등의 방호 및 방사능 방재 대책법」 제25조에 따른 중앙방사능방재대책본부는 제외 한다)에는 차장·총괄조정관·대변인·통제관·부대변인 및 담당관을 두며, 연구개발·조사 및 홍보 등 전문적 지식의 활용이 필요한 경우에는 중앙대책본부장(국무총리가 중앙대책본부장인 경우에는 차장을 말한다)을 보좌하기 위하여 특별대응단장 또는 특별보좌관(이하 '특별대응단장 등'이라 한다)을 둘 수 있다.
② 제1항에 따른 특별대응단장 등에는 업무수행에 필요한 최소한의 하부조직을 둘 수 있다.
③ 법 제14조 제3항 본문에 따라 행정안전부장관이 중앙대책본부장이 되는 경우에는 다음 각 호의 사람이 차장·특별대응단장 등·총괄조정관·대변인·통제관·부대변인 및 담당관이 된다.
   1. 차장·총괄조정관·대변인·통제관 및 담당관 : 행정안전부 소속 공무원 중에서 행정안전부장관이 지명하는 사람
   2. 특별대응단장 등 : 해당 재난과 관련한 민간전문가 중에서 행정안전부장관이 위촉하는 사람
   3. 부대변인 : 재난관리주관기관 소속 공무원 중에서 소속 기관의 장이 추천하여 행정안전부장관이 지명하는 사람
④ 제3항에도 불구하고 해외재난의 경우에는 외교부장관이 소속 공무원 중에서 지명하는 사람이 차장·총괄조정관·대변인·통제관·부대변인 및 담당관이 되고, 외교부장관이 해당재난과 관련한 민간전문가 중에서 위촉하는 사람이 특별대응단장 등이 된다.
⑤ 법 제14조 제4항에 따라 국무총리가 중앙대책본부장의 권한을 행사하는 경우에는 다음 각 호의 사람이 특별대응단장 등·총괄조정관·대변인·통제관·부대변인 및 담당관이 된다.

1. 특별대응단장 등 : 차장이 해당 재난과 관련한 민간전문가 중에서 추천하여 국무총리가 위촉하는 사람
2. 총괄조정관·통제관 및 담당관 : 차장이 소속 중앙행정기관 공무원 중에서 지명하는 사람
3. 대변인 : 차장이 소속 중앙행정기관 공무원 중에서 추천하여 국무총리가 지명하는 사람
4. 부대변인 : 재난관리주관기관 소속 공무원 중에서 소속 기관의 장이 추천하여 국무총리가 지명하는 사람

⑥ 제5항에도 불구하고 법 제14조 제5항에 따라 국무총리가 필요하다고 인정하여 지명하는 중앙행정기관의 장이 공동으로 차장이 되는 경우에는 다음 각 호의 사람이 특별대응단장 등·총괄조정관·대변인·통제관·부대변인 및 담당관이 된다.
1. 특별대응단장 등 : 공동 차장이 각각 해당 재난과 관련한 민간전문가 중에서 추천하여 국무총리가 위촉하는 사람
2. 총괄조정관·통제관 및 담당관 : 공동 차장이 각각 소속 중앙행정기관 공무원 중에서 지명하는 사람
3. 대변인 및 부대변인 : 공동 차장이 각각 소속 중앙행정기관 공무원 중에서 추천하여 국무총리가 지명하는 사람

⑦ 법 제14조 제6항 전단에 따른 실무반은 다음 각 호의 사람으로 편성한다.
1. 행정안전부, 외교부(해외재난의 경우에 한정한다) 또는 원자력안전위원회(「원자력시설 등의 방호 및 방사능 방재 대책법」 제2조 제1항 제8호에 따른 방사능재난의 경우에 한정 한다) 소속 공무원
2. 법 제14조 제5항에 따라 국무총리가 중앙행정기관의 장을 공동 차장으로 지명한 경우 해당 중앙행정기관 소속 공무원
3. 법 제15조 제1항에 따라 관계 재난관리책임기관에서 파견된 사람

⑧ 제1항부터 제7항까지에서 규정한 사항 외에 중앙대책본부의 구성 및 운영 등에 필요한 사항은 행정안전부령으로 정한다.

2 수습지원단 파견 등 (법 제14조의2)

(1) 중앙대책본부장은 국내 또는 해외에서 발생한 대규모재난의 수습을 지원하기 위하여 관계 중앙행정기관 및 관계 기관·단체의 재난관리에 관한 전문가 등으로 수습지원단을 구성하여 현지에 파견할 수 있다.

(2) 중앙대책본부장은 구조·구급·수색 등의 활동을 신속하게 지원하기 위하여 행정안전부·소방청 또는 해양경찰청 소속의 전문인력으로 구성된 특수기동구조대를 편성하여 재난현장에 파견할 수 있다.

(3) 수습지원단의 구성과 운영 및 특수기동구조대의 편성과 파견 등에 필요한 사항은 대통령령으로 정한다.

✔ Check 수습지원단의 구성과 운영 및 특수기동구조대의 편성과 파견 등에 필요한 사항

시행령 제18조(수습지원단의 구성 및 임무 등)

① 법 제14조의2 제1항에 따른 수습지원단(이하 "수습지원단"이라 한다)은 재난 유형별로 관계 재난관리책임기관의 전문가 및 민간 전문가로 구성한다. 다만, 해외재난의 경우에는 따로 수습지원단을 구성하지 아니하고 「119구조ㆍ구급에 관한 법률」 제9조에 따른 국제구조대로 갈음할 수 있다.

② 수습지원단의 단장은 수습지원단원 중에서 중앙대책본부장이 지명하는 사람이 되고, 단장은 수습지원단원을 지휘ㆍ통솔하며 운영을 총괄한다.

③ 수습지원단은 다음 각 호의 업무를 수행한다.

1. 지역대책본부장 등 재난 발생지역의 책임자에 대하여 사태수습에 필요한 기술자문ㆍ권고 또는 조언
2. 중앙대책본부장에 대하여 재난수습을 위한 재난현장 상황, 재난발생의 원인, 행정적ㆍ재정적으로 조치할 사항 및 진행 상황 등에 관한 보고

④ 중앙대책본부장은 신속한 재난상황의 파악, 현장 지도ㆍ관리 등을 위하여 수습지원단을 현지에 파견하기 전에 중앙대책본부 소속 직원을 재난현장에 파견할 수 있다.

⑤ 제1항부터 제4항까지에서 규정한 사항 외에 수습지원단의 구성 및 운영에 필요한 사항은 중앙대책본부장이 정한다.

시행령 제18조의2(특수기동구조대의 편성 및 파견 등)

① 중앙대책본부장은 법 제14조의2 제2항에 따른 특수기동구조대(이하 "특수기동구조대"라 한다)의 대원을 소방청 중앙119구조본부 및 해양경찰청 중앙해양특수구조단 소속 공무원 중에서 선발하고, 특수기동구조대 대장을 특수기동구조대의 대원 중에서 지명한다. 이 경우 중앙대책본부장은 재난 유형별로 필요한 전문 인력을 추가할 수 있다.

② 중앙대책본부장은 법 제14조의2 제2항에 따라 다음 각 호의 어느 하나에 해당하는 경우 특수기동구조대를 재난 현장에 파견할 수 있다.

1. 각급통제단장 또는 「수상에서의 수색ㆍ구조 등에 관한 법률」 제6조 제1항에 따른 중앙구조본부의 장, 광역구조본부의 장, 지역구조본부의 장이 중앙대책본부장에게 요청하는 경우
2. 중앙대책본부장이 구조ㆍ구급ㆍ수색 등의 활동을 신속하게 지원하기 위하여 필요하다고 인정하는 경우

③ 외교부장관 또는 원자력안전위원회 위원장은 법 제14조 제3항 단서에 따라 중앙대책본부장의 권한을 행사하는 경우 제2항에 따라 특수기동구조대를 파견하기 위해서는 행정안전부장관과 협의하여야 한다.

④ 특수기동구조대는 재난현장에서 구조ㆍ구급ㆍ수색 등의 활동에 관하여 각급통제단장의 지휘ㆍ통제를 따른다. 다만, 해양에서 발생하는 재난에 관하여는 「수상에서의 수색ㆍ구조 등에 관한 법률」 제7조에 따른 중앙구조본부의 장, 광역구조본부의 장, 지역구조본부의 장의 지휘ㆍ통제를 따른다.

⑤ 제1항부터 제4항까지에서 규정한 사항 외에 특수기동구조대의 편성 및 파견에 필요한 사항은 중앙대책본부장이 정한다.

3 중앙대책본부장의 권한 등 (법 제15조)

(1) 중앙대책본부장은 대규모재난을 효율적으로 수습하기 위하여 관계 재난관리책임기관의 장에게 행정 및 재정상의 조치, 소속 직원의 파견, 그 밖에 필요한 지원을 요청할 수 있다. 이 경우 요청을 받은 관계 재난관리책임기관의 장은 특별한 사유가 없으면 요청에 따라야 한다.

✓ Check 시행령 제20조(관계 재난관리책임기관에 대한 재난상황대응계획서의 요청 등)

① 중앙대책본부장은 법 제15조 제1항에 따른 재난의 효율적인 수습을 위한 행정상의 조치를 위하여 관계 재난관리책임기관의 장에게 다음 각 호의 내용이 포함된 재난상황대응계획서를 요청할 수 있다.
1. 재난 발생의 장소·일시·규모 및 원인
2. 재난대응조치에 관한 사항
3. 재난의 예상 진행 상황
4. 재난의 진행 단계별 조치계획
5. 그 밖에 중앙대책본부장이 정하는 사항

② 중앙대책본부장은 제1항에 따른 재난상황대응계획서를 받은 경우에는 그 계획서를 검토한 후 관계 재난관리책임기관의 장에게 필요한 조치나 의견을 제시할 수 있다.

(2) 파견된 직원은 대규모재난의 수습에 필요한 소속기관의 업무를 성실히 수행하여야 하며, 대규모재난의 수습이 끝날 때까지 중앙대책본부에서 상근하여야 한다.

(3) 중앙대책본부장은 해당 대규모재난의 수습에 필요한 범위에서 제15조의2 제3항에 따른 수습본부장 및 제16조 제2항에 따른 지역대책본부장을 지휘할 수 있다.

4 중앙 및 지역사고수습본부 (법 제15조의2)

(1) 재난관리주관기관의 장은 재난이 발생하거나 발생할 우려가 있는 경우에는 대통령령으로 정하는 바에 따라 재난상황을 효율적으로 관리하고 재난을 수습하기 위한 중앙사고수습본부(이하 "수습본부"라 한다)를 신속하게 설치·운영하여야 한다.

(2) 행정안전부장관은 재난이나 그 밖의 각종 사고로 인한 피해의 심각성, 사회적 파급효과 등을 고려하여 필요하다고 인정하는 경우에는 재난관리주관기관의 장에게 수습본부의 설치·운영을 요청할 수 있다. 이 경우 요청을 받은 재난관리주관기관의 장은 특별한 사유가 없으면 요청에 따라야 한다.

(3) 수습본부의 장(이하 "수습본부장"이라 한다)은 해당 재난관리주관기관의 장이 된다.

(4) 수습본부장은 재난정보의 수집·전파, 상황관리, 재난발생 시 초동조치 및 지휘 등을 위한 수습본부상황실을 설치·운영하여야 한다. 이 경우 제18조 제3항에 따른 재난안전상황실과 인력, 장비, 시설 등을 통합·운영할 수 있다.

(5) 수습본부장은 재난을 수습하기 위하여 필요하면 관계 재난관리책임기관의 장에게 행정상 및 재정상의 조치, 소속 직원의 파견, 그 밖에 필요한 지원을 요청할 수 있다. 이 경우 요청을 받은

관계 재난관리책임기관의 장은 특별한 사유가 없으면 요청에 따라야 한다.

(6) 수습본부장은 지역사고수습본부를 운영할 수 있으며, 지역사고수습본부의 장(이하 "지역사고수습본부장"이라 한다)은 수습본부장이 지명한다.

(7) 수습본부장은 해당 재난의 수습에 필요한 범위에서 시・도지사 및 시장・군수・구청장(제16조 제1항에 따른 시・도대책본부 및 시・군・구대책본부가 운영되는 경우에는 해당 본부장을 말한다)을 지휘할 수 있다.

(8) 수습본부장은 재난을 수습하기 위하여 필요하면 대통령령으로 정하는 바에 따라 제14조의2 제1항에 따른 수습지원단을 구성・운영할 것을 중앙대책본부장에게 요청할 수 있다.

(9) 수습본부의 구성・운영 등에 필요한 사항은 대통령령으로 정한다.

✔ Check 시행령 제21조(중앙사고수습본부의 설치・운영)

① 재난관리주관기관(행정각부 및 그 소속 청이 별표 1의3에 따라 공동으로 동일 재난 유형에 따른 재난관리주관기관이 되는 경우에는 행정각부인 재난관리주관기관을 말한다)의 장은 재난이 발생하거나 발생할 우려가 있는 경우로서 다음 각 호의 어느 하나에 해당하는 경우에는 법 제15조의2 제1항에 따른 중앙사고수습본부(이하 "수습본부"라 한다)를 신속하게 설치・운영해야 한다. 다만, 제3호의 경우로서 중앙대책본부장이 재난관리주관기관의 장과 동일한 경우(법 제14조 제4항에 따라 국무총리가 중앙대책본부장의 권한을 행사하는 경우를 포함한다)에는 수습본부를 설치・운영하지 않을 수 있다.
1. 국가 차원의 대처가 필요하다고 인정하는 경우
2. 지역대책본부장의 건의를 받아 수습본부의 설치・운영이 필요하다고 인정하는 경우
3. 중앙대책본부가 설치・운영되는 경우

② 재난관리주관기관의 장은 수습본부를 효율적으로 운영하기 위하여 수습본부의 구성과 운영 등에 필요한 사항(이하 "수습본부운영규정"이라 한다)을 미리 정하여야 한다. 이 경우 행정안전부장관과 협의를 거쳐야 한다.

③ 행정안전부장관은 수습본부운영규정에 관한 표준안을 작성하여 재난관리주관기관의 장에게 수습본부운영규정에 반영할 것을 권고할 수 있다.

5 지역재난안전대책본부 (법 제16조)

(1) 해당 관할 구역에서 재난의 수습 등에 관한 사항을 총괄・조정하고 필요한 조치를 하기 위하여 시・도지사는 시・도 재난안전대책본부(이하 "시・도 대책본부"라 한다)를 두고, 시장・군수・구청장은 시・군・구 재난안전대책본부(이하 "시・군・구 대책본부"라 한다)를 둔다.

(2) 시・도 대책본부 또는 시・군・구 대책본부(이하 "지역대책본부"라 한다)의 본부장(이하 "지역대책본부장"이라 한다)은 시・도지사 또는 시장・군수・구청장이 되며, 지역대책본부장은 지역대책본부의 업무를 총괄하고 필요하다고 인정하면 대통령령으로 정하는 바에 따라 지역재난안전대책본부회의를 소집할 수 있다.

✓Check 시행령 제21조의2(지역대책본부회의)

① 지역대책본부장은 다음 각 호의 사항을 심의·확정하기 위하여 지역대책본부회의를 구성·운영할 수 있다.
1. 자체 재난복구계획에 관한 사항
2. 재난예방대책에 관한 사항
3. 재난응급대책에 관한 사항
4. 재난에 따른 피해지원에 관한 사항
5. 그 밖에 지역대책본부장이 필요하다고 인정하는 사항

② 지역대책본부회의의 구성 및 운영에 관한 사항은 해당 지방자치단체의 조례로 정한다.

(3) 시·군·구 대책본부의 장은 재난현장의 총괄·조정 및 지원을 위하여 재난현장 통합지원본부(이하 "통합지원본부"라 한다)를 설치·운영할 수 있다. 이 경우 통합지원본부의 장은 긴급구조에 대해서는 시·군·구 긴급구조통제단장의 현장지휘에 협력하여야 한다.

(4) 통합지원본부의 장은 관할 시·군·구의 부단체장이 되며, 실무반을 편성하여 운영할 수 있다.

(5) 지역대책본부 및 통합지원본부의 구성과 운영에 필요한 사항은 해당 지방자치단체의 조례로 정한다.

6 지방자치단체의 장의 재난안전관리교육 (법 제16조의2)

(1) 지방자치단체의 장은 대통령령으로 정하는 바에 따라 행정안전부장관이 실시하는 재난 및 안전관리에 관한 교육을 받아야 한다.

(2) 행정안전부장관은 필요하다고 인정하면 대통령령으로 정하는 전문인력 및 시설기준을 갖춘 교육기관으로 하여금 '(1)'에 따른 교육을 대행하게 할 수 있다.

7 지역대책본부장의 권한 등 (법 제17조)

(1) 지역대책본부장은 재난의 수습을 효율적으로 하기 위하여 해당 시·도 또는 시·군·구를 관할 구역으로 하는 재난관리책임기관의 장에게 행정 및 재정상의 조치나 그 밖에 필요한 업무협조를 요청할 수 있다. 이 경우 요청을 받은 재난관리책임기관의 장은 특별한 사유가 없으면 요청에 따라야 한다.

✓Check 시행령 제22조(관계 재난관리책임기관에 대한 재난상황대응계획서의 요청 등)

① 지역대책본부장은 법 제17조 제1항에 따라 재난의 효율적인 수습을 위한 행정상의 조치를 위하여 시·도 또는 시·군·구(자치구를 말한다. 이하 같다)를 관할구역으로 하는 제3조에 따른 재난관리책임기관의 장에게 다음 각 호의 내용이 포함된 재난상황대응계획서의 작성 및 제출을 요청할 수 있다.
1. 재난 발생의 장소·일시·규모 및 원인
2. 재난대응조치에 관한 사항

3. 재난의 예상 진행 상황
4. 재난의 진행 단계별 조치계획
5. 그 밖에 지역대책본부장이 정하는 사항

② 지역대책본부장은 제1항에 따른 재난상황대응계획서를 받은 경우에는 그 계획서를 검토한 후 해당 시·도 또는 시·군·구를 관할구역으로 하는 관계 재난관리책임기관의 장에게 필요한 조치나 의견을 제시할 수 있다.

(2) 지역대책본부장은 재난의 수습을 위하여 필요하다고 인정하면 해당 시·도 또는 시·군·구의 전부 또는 일부를 관할 구역으로 하는 재난관리책임기관의 장에게 소속 직원의 파견을 요청할 수 있다. 이 경우 요청을 받은 재난관리책임기관의 장은 특별한 사유가 없으면 즉시 요청에 따라야 한다.

(3) 파견된 직원은 지역대책본부장의 지휘에 따라 재난의 수습에 필요한 소속 기관의 업무를 성실히 수행하여야 하며, 재난의 수습이 끝날 때까지 지역대책본부에서 상근하여야 한다.

✔Check 시행령 제22조의2(대책지원본부의 구성 및 운영)

① 법 제17조의3 제1항에 따른 대책지원본부(이하 "대책지원본부"라 한다)는 행정안전부 소속 공무원, 관계 재난관리책임기관에서 파견된 공무원·직원 및 민간 전문가 등으로 구성한다.

② 대책지원본부의 장은 재난현장 지원 등 재난상황의 관리와 재난 수습을 효율적으로 지원하기 위하여 대책지원본부에 실무반을 설치·운영할 수 있다.

③ 제1항 및 제2항에서 규정한 사항 외에 대책지원본부의 구성 및 운영 등에 필요한 사항은 행정안전부장관이 정한다.

8 재난현장 통합자원봉사지원단의 설치 등 (법 제17조의2)

(1) 지역대책본부장은 재난의 효율적 수습을 위하여 지역대책본부에 통합자원봉사지원단을 설치·운영할 수 있다.

(2) 통합자원봉사지원단은 다음의 업무를 수행한다.

① 자원봉사자의 모집·등록
② 자원봉사자의 배치 및 운영
③ 자원봉사자에 대한 교육훈련
④ 자원봉사자에 대한 안전조치
⑤ 자원봉사 관련 정보의 수집 및 제공
⑥ 그 밖에 자원봉사 활동의 지원에 관한 사항

(3) 행정안전부장관은 통합자원봉사지원단의 원활한 운영을 위하여 필요한 경우 지방자치단체에 대하여 행정 및 재정적 지원을 할 수 있다.

(4) 행정안전부장관, 시·도지사 및 시장·군수·구청장은 통합자원봉사지원단의 원활한 운영을 위하여 필요한 경우 자원봉사 관련 업무 종사자에 대한 교육훈련을 실시할 수 있다.

(5) '(1)'부터 '(4)'까지에서 규정한 사항 외에 통합자원봉사지원단의 구성·운영에 관하여 필요한 사항은 해당 지방자치단체의 조례로 정한다.

03 절 재난안전상황실 등

1 재난안전상황실 (법 제18조)

(1) 행정안전부장관, 시·도지사 및 시장·군수·구청장은 재난정보의 수집·전파, 상황관리, 재난발생 시 초동 조치 및 지휘 등의 업무를 수행하기 위하여 다음에 따른 상시 재난안전상황실을 설치·운영하여야 한다.
① 행정안전부장관 : 중앙재난안전상황실
② 시·도지사 및 시장·군수·구청장 : 시·도별 및 시·군·구별 재난안전상황실

(2) 중앙행정기관의 장은 소관 업무분야의 재난상황을 관리하기 위하여 재난안전상황실을 설치·운영하거나 재난상황을 관리할 수 있는 체계를 갖추어야 한다.

✓Check 시행령 제23조(재난안전상황실의 설치·운영)

① 법 제18조에 따라 설치하는 재난안전상황실(이하 "재난안전상황실"이라 한다)은 다음 각 호의 요건을 모두 갖추어야 한다.
1. 신속한 재난정보의 수집·전파와 재난대비 자원의 관리·지원을 위한 재난방송 및 정보통신체계
2. 재난상황의 효율적 관리를 위한 각종 장비의 운영·관리체계
3. 재난안전상황실 운영을 위한 전담인력과 운영규정
4. 그 밖에 행정안전부장관이 정하여 고시하는 사항

② 행정안전부장관, 특별시장·광역시장·특별자치시장·도지사·특별자치도지사(이하 "시·도지사"라 한다), 시장·군수·구청장(자치구의 구청장을 말한다. 이하 같다) 및 소방서장은 재난으로 인하여 재난안전상황실이 그 기능의 전부 또는 일부를 수행할 수 없는 경우를 대비하여 대체상황실을 운영할 수 있다.

(3) 재난관리책임기관의 장은 재난에 관한 상황관리를 위하여 재난안전상황실을 설치·운영할 수 있다.

(4) 재난안전상황실은 중앙재난안전상황실 및 다른 기관의 재난안전상황실과 유기적인 협조체제를 유지하고, 재난관리정보를 공유하여야 한다.

2 재난 신고 등 (법 제19조)

(1) 누구든지 재난의 발생이나 재난이 발생할 징후를 발견하였을 때에는 즉시 그 사실을 시장・군수・구청장・긴급구조기관, 그 밖의 관계 행정기관에 신고하여야 한다.

(2) 경찰관서의 장은 업무수행 중 재난의 발생이나 재난이 발생할 징후를 발견하였을 때에는 즉시 그 사실을 그 소재지 관할 시장・군수・구청장과 관할 긴급구조기관의 장에게 알려야 한다.

(3) '(1)' 또는 '(2)'에 따른 신고 등을 받은 경우 시장・군수・구청장과 그 밖의 관계 행정기관의 장은 관할 긴급구조기관의 장에게, 긴급구조기관의 장은 그 소재지 관할 시장・군수・구청장 및 재난관리주관기관의 장에게 통보하여 응급대처방안을 마련할 수 있도록 조치하여야 한다.

3 재난상황의 보고 (법 제20조)

(1) 시장・군수・구청장, 소방서장, 해양경찰서장, 재난관리책임기관의 장 또는 국가핵심기반을 관리하는 기관・단체의 장(이하 "관리기관의 장"이라 한다)은 그 관할구역, 소관 업무 또는 시설에서 재난이 발생하거나 발생할 우려가 있으면 대통령령(시행령 제24조)으로 정하는 바에 따라 재난상황에 대해서는 즉시, 응급조치 및 수습현황에 대해서는 지체 없이 각각 행정안전부장관, 관계 재난관리주관기관의 장 및 시・도지사에게 보고하거나 통보하여야 한다. 이 경우 관계 재난관리주관기관의 장 및 시・도지사는 보고받은 사항을 확인・종합하여 행정안전부장관에게 통보하여야 한다.

(2) 시장・군수・구청장, 소방서장, 해양경찰서장, 재난관리책임기관의 장 또는 관리기관의 장은 재난이 발생한 경우 또는 재난 발생을 신고 받거나 통보받은 경우에는 즉시 관계 재난관리책임기관의 장에게 통보하여야 한다.

✔ Check　시행령 제24조(재난상황의 보고)

① 법 제20조에 따른 재난상황의 보고 및 통보에는 다음 각 호의 사항이 포함되어야 한다.
1. 재난 발생의 일시・장소와 재난의 원인
2. 재난으로 인한 피해내용
3. 응급조치 사항
4. 대응 및 복구활동 사항
5. 향후 조치계획
6. 그 밖에 해당 재난을 수습할 책임이 있는 중앙행정기관의 장이 정하는 사항

② 법 제20조 제1항에 따라 시장・군수・구청장, 소방서장, 해양경찰서장, 제3조에 따른 재난관리책임기관의 장 또는 법 제26조 제1항에 따른 국가핵심기반의 장이 보고하여야 하는 재난의 구체적인 종류, 규모 및 보고방법 등은 행정안전부령으로 정한다.

③ 삭제

④ 시·도지사는 법 제20조 제1항에 따라 보고받은 사항이 다음 각 호의 어느 하나에 해당되는 경우에는 이를 종합하여 행정안전부장관 및 재난관리주관기관의 장에게 통보하여야 한다.
1. 재난이 2개 이상의 시·군·구에 걸쳐 발생한 경우
2. 그 밖에 재난의 신속한 수습을 위하여 중앙대책본부장 또는 재난관리주관기관의 장의 지휘·통제나 다른 시·도의 협력이 필요하다고 인정되는 재난

⑤ 제3조에 따른 재난관리책임기관 중 시·도의 전부 또는 일부를 관할구역으로 하는 재난관리책임기관의 장은 해당 지역에서 소관 업무에 관계되는 재난이 발생하였을 때에는 즉시 그 사실을 재난이 발생한 지역의 관할 시·도지사 및 시장·군수·구청장에게 통보하여야 한다.

시행규칙 제5조(재난상황의 보고 등)

① 법 제20조 제1항에 따라 시장(「제주특별자치도 설치 및 국제자유도시 조성을 위한 특별법」 제11조 제1항에 따른 행정시장을 포함한다. 이하 같다)·군수·구청장(자치구의 구청장을 말한다. 이하 같다), 소방서장, 해양경찰서장, 법 제3조 제5호 나목에 따른 재난관리책임기관의 장 또는 법 제26조 제1항에 따른 국가핵심기반의 장(이하 "재난상황의 보고자"라 한다)은 다음 각 호의 구분에 따라 재난상황을 보고해야 한다.
1. 최초 보고 : 인명피해 등 주요 재난 발생 시 지체 없이 서면(전자문서를 포함한다), 팩스, 전화, 법 제34조의8제1항에 따른 재난안전통신망 중 가장 빠른 방법으로 하는 보고
2. 중간 보고 : 별지 제1호 서식(법 제3조 제1호 가목에 따른 재난의 경우에는 별지 제2호 서식)에 따라 전산시스템 등을 활용하여 재난 수습기간 중에 수시로 하는 보고
3. 최종 보고 : 재난 수습이 끝나거나 재난이 소멸된 후 영 제24조 제1항에 따른 사항을 종합하여 하는 보고

② 법 제20조 제1항에 따라 재난상황의 보고자는 응급조치 내용을 별지 제3호 서식의 응급복구조치 상황 및 별지 제4호 서식의 응급구호조치 상황으로 구분하여 재난기간 중 1일 2회 이상 보고하여야 한다.

③ 삭제

시행규칙 제5조의2(재난상황의 보고 대상)

영 제24조 제2항에 따라 재난상황의 보고자가 보고하여야 하는 재난의 종류와 규모는 다음 각 호와 같다.
1. 「산림보호법」 제36조에 따라 신고 및 보고된 산불
2. 법 제26조에 따라 지정된 국가핵심기반에서 발생한 화재·붕괴·폭발
3. 국가기관, 지방자치단체, 「공공기관의 운영에 관한 법률」 제4조에 따른 공공기관, 「지방공기업법」 제3장 및 제4장에 따른 지방공사 및 지방공단, 「유아교육법」 제2조 제2호에 따른 유치원, 「초·중등교육법」 제2조에 따른 학교 또는 「고등교육법」 제2조에 따른 학교에서 발생한 화재, 붕괴, 폭발
4. 「접경지역 지원 특별법」 제2조 제1호에 따른 접경지역에 있는 하천의 급격한 수량 증가나 제방의 붕괴 등을 일으켜 인명 또는 재산에 피해를 줄 수 있는 댐의 방류
5. 「감염병의 예방 및 관리에 관한 법률」 제2조 제1호에 따른 감염병의 확산 또는 해외 신종감염병의 국내 유입으로 인한 재난
6. 단일 사고로서 사망 3명 이상(화재 또는 교통사고의 경우에는 5명 이상을 말한다) 또는 부상 20명 이상의 재난

7. 「가축전염병 예방법」 제11조 제1항 각 호에 해당하는 가축의 발견
8. 「문화유산의 보존 및 활용에 관한 법률」 제2조 제3항에 따른 지정문화유산의 화재 등 관련 사고
9. 「수도법」 제7조에 따른 상수원보호구역의 수질오염 사고
10. 「물환경보전법」 제16조에 따른 수질오염 사고
11. 「유선 및 도선 사업법」 제29조 제1항 각 호에 따른 유선·도선의 충돌, 좌초, 그 밖의 사고
12. 「화학물질관리법」 제43조 제2항에 따른 화학사고
13. 「지진·화산재해대책법」 제2조 제1호에 따른 지진재해의 발생
14. 그 밖에 행정안전부장관이 정하여 고시하는 재난

4 해외재난상황의 보고 및 관리 (법 제21조)

(1) 재외공관의 장은 관할 구역에서 해외재난이 발생하거나 발생할 우려가 있으면 즉시 그 상황을 외교부장관에게 보고하여야 한다.

(2) 보고를 받은 외교부장관은 지체 없이 해외재난 발생 또는 발생 우려 지역에 거주하거나 체류하는 대한민국 국민(해외재난국민)의 생사확인 등 안전 여부를 확인하고, 행정안전부장관 및 관계 중앙행정기관의 장과 협의하여 해외재난국민의 보호를 위한 방안을 마련하여 시행하여야 한다.

(3) 해외재난국민의 가족 등은 외교부장관에게 해외재난국민의 생사확인 등 안전 여부 확인을 요청할 수 있다. 이 경우 외교부장관은 특별한 사유가 없으면 그 요청에 따라야 한다.

(4) 안전 여부 확인과 가족 등의 범위는 대통령령(시행령 제25조)으로 정한다.

✔ Check 시행령 제25조(해외재난상황의 보고 등)

① 재외공관의 장은 관할 구역에서 해외재난이 발생하거나 발생할 우려가 있으면 제24조 제1항 각 호의 사항을 외교부장관에게 보고하여야 한다.
② 법 제21조 제3항에 따라 안전 여부 확인을 요청할 수 있는 가족의 범위는 「민법」 제779조에 따른다.

04 절 안전관리계획

1 국가안전관리기본계획의 수립 등 (법 제22조)

(1) 국무총리는 대통령령으로 정하는 바에 따라 5년마다 국가의 재난 및 안전관리업무에 관한 기본계획(이하 "국가안전관리기본계획"이라 한다)의 수립지침을 작성하여 관계 중앙행정기관의 장에게 통보하여야 한다.

✔ Check 시행령 제26조(국가안전관리기본계획 수립)

① 국무총리는 법 제22조에 따라 국가의 재난 및 안전관리업무에 관한 기본계획(이하 "국가안전관리기본계획"이라 한다)을 수립하기 위하여 필요한 경우 관계 기관 및 전문가 등의 의견을 들을 수 있다.
② 관계 중앙행정기관의 장은 국가안전관리기본계획을 이행하기 위하여 필요한 예산을 반영하는 등의 조치를 해야 한다.
③ 행정안전부장관은 법 제22조 제4항에 따라 통보받은 국가안전관리기본계획을 행정안전부의 인터넷 홈페이지에 공개해야 한다.

(2) '(1)'에 따른 수립지침에는 부처별로 중점적으로 추진할 안전관리기본계획의 수립에 관한 사항과 국가재난관리체계의 기본방향이 포함되어야 한다.

(3) 관계 중앙행정기관의 장은 '(1)'에 따른 수립지침에 따라 5년마다 그 소관에 속하는 재난 및 안전관리업무에 관한 기본계획을 작성한 후 국무총리에게 제출하여야 한다.

(4) 국무총리는 관계 중앙행정기관의 장이 제출한 기본계획을 종합하여 국가안전관리기본계획을 작성하여 중앙위원회의 심의를 거쳐 확정한 후 이를 관계 중앙행정기관의 장에게 통보하여야 한다.

(5) 중앙행정기관의 장은 확정된 국가안전관리기본계획 중 그 소관 사항을 관계 재난관리책임기관(중앙행정기관과 지방자치단체는 제외한다)의 장에게 통보하여야 한다.

(6) 국가안전관리기본계획을 변경하는 경우에는 '(1)'부터 '(5)'까지를 준용한다.

(7) 국가안전관리기본계획과 집행계획, 시 · 도 안전관리계획 및 시 · 군 · 구 안전관리계획은 「민방위기본법」에 따른 민방위계획 중 재난관리분야의 계획으로 본다.

(8) 국가안전관리기본계획에는 다음의 사항이 포함되어야 한다.
① 재난에 관한 대책
② 생활안전, 교통안전, 산업안전, 시설안전, 범죄안전, 식품안전, 안전취약계층 안전 및 그 밖에 이에 준하는 안전관리에 관한 대책

2 집행계획 (법 제23조)

(1) 관계 중앙행정기관의 장은 제22조 제4항에 따라 통보받은 국가안전관리기본계획에 따라 매년 그 소관 업무에 관한 집행계획을 작성하여 조정위원회의 심의를 거쳐 국무총리의 승인을 받아 확정한다.

✔ Check 시행령 제27조(집행계획의 작성 및 제출 등)

① 관계 중앙행정기관의 장은 매년 10월 31일까지 다음 연도의 법 제23조 제1항에 따른 집행계획(이하 "집행계획"이라 한다)을 작성하여 행정안전부장관에게 통보하여야 한다.
② 행정안전부장관은 집행계획을 효율적으로 수립하기 위하여 필요한 경우에는 집행계획의 작성지침을 마련하여 관계 중앙행정기관의 장에게 통보할 수 있다.

③ 관계 중앙행정기관의 장은 집행계획을 작성하는 경우에 필요하면 제28조에 따라 세부집행계획을 작성하여야 하는 재난관리책임기관의 장에게 집행계획의 작성에 필요한 자료의 제출을 요청할 수 있다.
④ 삭제 〈2014. 2. 5.〉
⑤ 중앙행정기관의 장은 법 제23조 제1항에 따라 확정된 집행계획에 변경 사항이 있을 때에는 그 변경 사항을 행정안전부장관과 협의한 후 국무총리에게 보고하여야 한다. 다만, 다음 각 호의 어느 하나에 해당하는 경미한 사항은 보고를 생략할 수 있다.
1. 집행계획 중 재난 및 안전관리에 소요되는 비용 등의 단순 증감에 관한 사항
2. 다른 관계 중앙행정기관의 재난 및 안전관리에 영향을 미치지 않는 사항
3. 그 밖에 행정안전부장관이 집행계획의 기본방향에 영향을 미치지 않는 것으로 인정하는 사항

(2) 관계 중앙행정기관의 장은 확정된 집행계획을 행정안전부장관, 시・도지사 및 재난관리책임기관의 장에게 각각 통보하여야 한다.

(3) 제3조 제5호 나목에 따른 재난관리책임기관의 장은 '(2)'에 따라 통보받은 집행계획에 따라 매년 세부집행계획을 작성하여 관할 시・도지사와 협의한 후 소속 중앙행정기관의 장의 승인을 받아 이를 확정하여야 한다. 이 경우 그 재난관리책임기관의 장이 공공기관이나 공공단체의 장인 경우에는 그 내용을 지부 등 지방조직에 통보하여야 한다.

✓ Check 시행령 제28조(세부집행계획의 작성대상자 등)

① 법 제23조 제2항 및 제3항에 따른 재난관리책임기관의 장은 제3조에 따른 재난관리책임기관의 장으로 한다. 다만, 다음 각 호의 재난관리책임기관의 장은 제외한다.
1. 제3조 제1항 제1호 다목 및 같은 항 제2호 다목에 따라 지정된 재난관리책임기관
2. 제3조 제1항 제4호에 따라 지정된 재난관리책임기관(그 지부・지사 등에 해당하는 기관・단체・법인에 한정한다)
3. 제3조 제1항 제5호 및 제6호에 따라 지방자치단체의 장이 지정한 재난관리책임기관
② 관계 중앙행정기관의 장은 법 제23조 제3항에 따른 세부집행계획을 효율적으로 수립하기 위하여 필요한 경우에는 세부집행계획의 작성지침을 마련하여 관계 재난관리책임기관의 장에게 통보할 수 있다.

3 국가안전관리기본계획 등과의 연계 (법 제23조의2)

관계 중앙행정기관의 장은 소관 개별 법령에 따른 재난 및 안전과 관련된 계획을 수립하는 때에는 국가안전관리기본계획 및 집행계획과 연계하여 작성하여야 한다.

4 시・도 안전관리계획의 수립 (법 제24조)

(1) 행정안전부장관은 제22조 제4항에 따른 국가안전관리기본계획과 제23조 제1항에 따른 집행계획에 따라 매년 시・도의 재난 및 안전관리업무에 관한 계획(이하 "시・도 안전관리계획"이라 한다)의 수립지침을 작성하여 이를 시・도지사에게 통보하여야 한다.

(2) 시·도의 전부 또는 일부를 관할 구역으로 하는 제3조 제5호 나목에 따른 재난관리책임기관의 장은 매년 그 소관 재난 및 안전관리업무에 관한 계획을 작성하여 관할 시·도지사에게 제출하여야 한다.

(3) 시·도지사는 통보받은 수립지침과 제출 받은 재난 및 안전관리업무에 관한 계획을 종합하여 시·도 안전관리계획을 작성하고 시·도 위원회의 심의를 거쳐 확정한다.

(4) 시·도지사는 확정된 시·도 안전관리계획을 행정안전부장관에게 보고하고, 재난관리책임기관의 장에게 통보하여야 한다.

✓ Check 시행령 제29조(시·도 안전관리계획 및 시·군·구 안전관리계획의 작성)

① 법 제24조 제3항에 따른 시·도 안전관리계획(이하 "시·도 안전관리계획"이라 한다)과 법 제25조 제3항에 따른 시·군·구 안전관리계획(이하 "시·군·구 안전관리계획"이라 한다)은 법 제22조 제8항 각 호의 대책을 포함하여 작성하여야 한다.
② 시·도지사 및 시장·군수·구청장은 소관 안전관리계획에 대하여 실무위원회의 사전검토 및 심의를 거칠 수 있다.
③ 시·도지사는 전년도 12월 31일까지, 시장·군수·구청장은 해당 연도 2월 말일까지 소관 안전관리계획을 확정하여야 한다.
④ 법 제24조 제2항 및 제25조 제2항에 따라 재난관리책임기관의 장이 작성하는 그 소관 안전관리계획에는 다음 각 호의 사항이 포함되어야 한다.
1. 소관 재난 및 안전관리에 관한 기본방향
2. 재난별 대응 시 관계 기관 간의 상호 협력 및 조치에 관한 사항
3. 소관 재난 및 안전관리를 위한 사업계획에 관한 사항
4. 그 밖에 재난 및 안전관리에 필요한 사항

5 시·군·구 안전관리계획의 수립 (법 제25조)

(1) 시·도지사는 제24조 제3항에 따라 확정된 시·도 안전관리계획에 따라 매년 시·군·구의 재난 및 안전관리업무에 관한 계획(이하 "시·군·구 안전관리계획"이라 한다)의 수립지침을 작성하여 시장·군수·구청장에게 통보하여야 한다.

(2) 시·군·구의 전부 또는 일부를 관할 구역으로 하는 제3조 제5호 나목에 따른 재난관리책임기관의 장은 매년 그 소관 재난 및 안전관리업무에 관한 계획을 작성하여 시장·군수·구청장에게 제출하여야 한다.

(3) 시장·군수·구청장은 '(1)'에 따라 통보받은 수립지침과 '(2)'에 따라 제출받은 재난 및 안전관리업무에 관한 계획을 종합하여 시·군·구 안전관리계획을 작성하고 시·군·구위원회의 심의를 거쳐 확정한다.

(4) 시장·군수·구청장은 '(3)'에 따라 확정된 시·군·구 안전관리계획을 시·도지사에게 보고하고, '(2)'에 따른 재난관리책임기관의 장에게 통보하여야 한다.

CHAPTER 03

재난의 예방

1 집행계획 등 추진실적의 제출 및 보고 (법 제25조의2)

(1) 관계 중앙행정기관의 장은 제23조 제1항에 따라 확정된 전년도 집행계획의 추진실적을 매년 행정안전부장관에게 제출하여야 한다.

(2) 제3조 제5호 나목에 따른 재난관리책임기관의 장(시・도 또는 시・군・구의 전부 또는 일부를 관할 구역으로 하는 제3조 제5호 나목에 따른 재난관리책임기관은 제외한다)은 제23조 제3항에 따라 확정된 전년도 세부집행계획의 추진실적을 매년 소속 중앙행정기관의 장에게 제출하여야 하고, 이를 제출받은 소속 중앙행정기관의 장은 해당 추진실적을 행정안전부장관에게 제출하여야 한다.

(3) 시・군・구의 전부 또는 일부를 관할 구역으로 하는 제3조 제5호 나목에 따른 재난관리책임기관은 제25조 제3항에 따라 확정된 전년도 시・군・구 안전관리계획에 따른 그 소관 재난 및 안전관리업무에 관한 계획의 추진실적을 매년 시장・군수・구청장에게 제출하여야 한다.

(4) 시장・군수・구청장은 제25조 제3항에 따라 확정된 전년도 시・군・구 안전관리계획의 추진실적 및 '(3)'에 따라 제출받은 추진실적을 매년 시・도지사에게 제출하여야 한다.

(5) 시・도의 전부 또는 일부를 관할 구역으로 하는 제3조 제5호 나목에 따른 재난관리책임기관은 제24조 제3항에 따라 확정된 전년도 시・도 안전관리계획에 따른 그 소관 재난 및 안전관리업무에 관한 계획의 추진실적을 매년 시・도지사에게 제출하여야 한다.

(6) 시・도지사는 제24조 제3항에 따라 확정된 전년도 시・도 안전관리계획의 추진실적 및 '(4)'와 '(5)'에 따라 제출받은 추진실적을 매년 행정안전부장관에게 제출하여야 한다.

(7) 행정안전부장관은 '(1)'・'(2)'・'(6)'에 따라 제출받은 추진실적을 점검하고 종합 분석・평가한 보고서를 작성하여 매년 국무총리에게 제출하여야 한다.

(8) 그 밖에 '(1)'부터 '(7)'까지에 따른 추진실적 및 보고서 등의 작성・제출 시기와 절차 등에 필요한 사항은 대통령령으로 정한다.

✓ Check 시행령 제29조의2(집행계획 등 추진실적의 제출 및 분석・평가)

① 관계 중앙행정기관의 장 및 시・도지사는 법 제25조의2 제1항・제2항 및 제6항에 따라 다음 각 호의 구분에 따른 추진실적을 매년 1월 31일까지 행정안전부장관에게 제출해야 한다.
 1. 관계 중앙행정기관의 장 : 다음 각 목의 추진실적
  가. 법 제25조의2 제1항에 따른 전년도 집행계획 추진실적
  나. 법 제25조의2 제2항에 따라 재난관리책임기관의 장으로부터 제출받은 추진실적
 2. 시・도지사 : 다음 각 목의 추진실적
  가. 법 제25조의2 제4항에 따라 시장・군수・구청장으로부터 제출받은 추진실적
  나. 법 제25조의2 제5항에 따라 재난관리책임기관의 장으로부터 제출받은 추진실적
  다. 법 제25조의2 제6항에 따른 전년도 시・도 안전관리계획 추진실적

② 관계 중앙행정기관의 장 및 시·도지사는 다음 각 호의 구분에 따른 추진실적을 제6항에 따른 분석·평가 지침에 따라 분석·평가한 후 그 결과를 매년 4월 30일까지 행정안전부장관에게 제출해야 한다.
1. 관계 중앙행정기관의 장 : 제1항 제1호 나목의 추진실적
2. 시·도지사 : 제1항 제2호 가목 및 나목의 추진실적

③ 행정안전부장관은 제1항 제1호 가목 및 제1항 제2호 다목의 추진실적을 매년 4월 30일까지 분석·평가해야 한다.

④ 행정안전부장관은 제2항에 따라 제출받은 분석·평가 결과와 제3항에 따른 분석·평가 결과를 종합한 분석·평가 보고서를 작성하여 매년 6월 30일까지 국무총리에게 제출한 후, 관계 중앙행정기관의 장 및 시·도지사에게 통보해야 한다.

⑤ 관계 중앙행정기관의 장 및 시·도지사는 제4항에 따라 통보받은 종합 분석·평가 보고서를 각각 다음 연도 집행계획 및 시·도안전관리계획에 반영해야 한다.

⑥ 행정안전부장관은 집행계획 등 추진실적에 대한 다음 연도의 분석·평가를 위한 지침을 수립하여 매년 12월 31일까지 관계 중앙행정기관의 장 및 시·도지사에게 통보해야 한다.

2 재난관리책임기관의 장의 재난예방조치 등 (법 제25조의4)

(1) 재난관리책임기관의 장은 소관 관리대상 업무의 분야에서 재난 발생을 사전에 방지하기 위하여 다음의 조치를 하여야 한다.

① 재난에 대응할 조직의 구성 및 정비
② 재난의 예측 및 예측정보 등의 제공·이용에 관한 체계의 구축
③ 재난 발생에 대비한 교육·훈련과 재난관리예방에 관한 홍보
④ 재난이 발생할 위험이 높은 분야에 대한 안전관리체계의 구축 및 안전관리규정의 제정
⑤ 제26조에 따라 지정된 국가핵심기반의 관리
⑥ 제27조 제2항에 따른 특정관리대상지역에 관한 조치
⑦ 제29조에 따른 재난방지시설의 점검·관리
⑧ 제34조에 따른 재난관리자원의 관리
⑨ 재난 및 안전관리에 필요한 영상정보처리기기(「개인정보 보호법」 제2조 제7호에 따른 고정형 영상정보처리기기 및 같은 조 제7호의2에 따른 이동형 영상정보처리기기를 말한다. 이하 같다)의 설치·운영 → [시행 2025. 7. 8.]
⑩ 그 밖에 재난을 예방하기 위하여 필요하다고 인정되는 사항

5부 PART·02

✔ Check 시행령 제29조의3(재난 사전 방지조치)

① 행정안전부장관은 법 제25조의4 제1항에 따라 재난 발생을 사전에 방지하기 위하여 다음 각 호의 사항이 포함된 재난발생 징후 정보(이하 “재난징후정보”라 한다)를 수집·분석하여 관계 재난관리책임기관의 장에게 미리 필요한 조치를 하도록 요청할 수 있다.

1. 재난 발생 징후가 포착된 위치
2. 위험요인 발생 원인 및 상황
3. 위험요인 제거 및 조치 사항
4. 그 밖에 재난 발생의 사전 방지를 위하여 필요한 사항

② 행정안전부장관은 재난징후정보의 수집·분석을 위하여 필요한 경우 국가정보원 등 국가안전보장과 관련된 기관의 장(이하 "국가안전보장 관련기관의 장"이라 한다)에게 국가안전보장과 관련된 정보의 제공을 요청할 수 있다. 다만, 국가안전보장 관련기관의 장은 행정안전부장관의 요청이 없어도 국가안전보장과 관련된 정보를 행정안전부장관에게 수시로 제공할 수 있다.

③ 행정안전부장관은 재난징후정보의 수집·분석을 위하여 필요한 경우 재난관리주관기관의 장에게 재난 및 안전관리와 관련된 정보의 제공을 요청할 수 있다.

④ 행정안전부장관은 재난징후정보의 효율적 조사·분석 및 관리를 위하여 재난징후정보 관리시스템을 운영할 수 있다.

(2) 재난관리책임기관의 장은 재난예방조치를 효율적으로 시행하기 위하여 필요한 사업비를 확보하여야 한다.

(3) 재난관리책임기관의 장은 다른 재난관리책임기관의 장에게 재난을 예방하기 위하여 필요한 협조를 요청할 수 있다. 이 경우 요청을 받은 다른 재난관리책임기관의 장은 특별한 사유가 없으면 요청에 따라야 한다.

(4) 재난관리책임기관의 장은 재난관리의 실효성을 확보할 수 있도록 안전관리체계 및 안전관리규정을 정비·보완하여야 한다.

(5) 재난관리책임기관의 장 및 국회·법원·헌법재판소·중앙선거관리위원회의 행정사무를 처리하는 기관의 장은 재난상황에서 해당 기관의 핵심기능을 유지하는 데 필요한 계획(이하 '기능연속성계획'이라 한다)을 수립·시행하여야 한다.

(6) 행정안전부장관이 재난상황에서 해당 기관·단체의 핵심 기능을 유지하는 것이 특별히 필요하다고 인정하여 고시하는 기관·단체(민간단체를 포함한다) 및 민간업체는 기능연속성계획을 수립·시행하여야 한다. 이 경우 민간단체 및 민간업체에 대해서는 해당 단체 및 업체와 협의를 거쳐야 한다.

(7) 행정안전부장관은 재난관리책임기관과 '(6)'에 따른 기관·단체 및 민간업체의 기능연속성계획 이행실태를 정기적으로 점검하고, 재난관리책임기관에 대해서는 그 결과를 제33조의2에 따른 재난관리체계 등에 대한 평가에 반영할 수 있다.

(8) 기능연속성계획에 포함되어야 할 사항 및 계획수립의 절차 등은 국회규칙, 대법원규칙, 헌법재판소규칙, 중앙선거관리위원회규칙 및 대통령령(시행령 제29조의4)으로 정한다.

✔ Check 시행령 제29조의4(기능연속성계획의 수립 등)

① 행정안전부장관은 법 제25조의4 제5항에 따른 계획(이하 "기능연속성계획"이라 한다)의 수립에 관한 지침을 작성하여 다음 각 호의 기관·단체 등(이하 "기능연속성계획수립기관"이라 한다)의 장에게 통보해야 한다.

1. 재난관리책임기관
2. 법 제25조의4 제6항에 따라 행정안전부장관이 고시하는 기관·단체(민간단체를 포함한다. 이하 이 조에서 같다) 및 민간업체

② 제1항에 따른 지침을 통보받은 관계 중앙행정기관의 장 및 시·도지사는 소관 업무 또는 관할 지역의 특수성을 반영한 지침을 작성하여 관계 재난관리책임기관의 장 및 관할 지역의 재난관리책임기관의 장에게 각각 통보할 수 있다.

③ 기능연속성계획에는 다음 각 호의 사항이 포함되어야 한다.

1. 기능연속성계획수립기관의 핵심기능의 선정과 우선순위에 관한 사항
2. 재난상황에서 핵심기능을 유지하기 위한 의사결정권자 지정 및 그 권한의 대행에 관한 사항
3. 핵심기능의 유지를 위한 대체시설, 장비 등의 확보에 관한 사항
4. 재난상황에서의 소속 직원의 활동계획 등 기능연속성계획의 구체적인 시행절차에 관한 사항
5. 소속 직원 등에 대한 기능연속성계획의 교육·훈련에 관한 사항
6. 그 밖에 기능연속성계획수립기관의 장이 재난상황에서 해당 기관의 핵심기능을 유지하는 데 필요하다고 인정하는 사항

④ 기능연속성계획수립기관의 장은 기능연속성계획을 수립하거나 변경한 경우에는 수립 또는 변경 후 1개월 이내에 행정안전부장관에게 통보해야 한다. 이 경우 시장·군수·구청장은 시·도지사를 거쳐 통보하고, 제3조에 따른 재난관리책임기관의 장은 관계 중앙행정기관의 장이나 시·도지사를 거쳐 통보한다.

⑤ 행정안전부장관은 법 제25조의4 제7항에 따라 기능연속성계획의 이행실태를 점검(이하 이 조에서 "이행실태점검"이라 한다)하는 경우에는 기능연속성계획수립기관의 장에게 미리 이행실태점검 계획을 통보해야 한다.

⑥ 행정안전부장관은 이행실태점검을 하는 경우에는 다음 각 호의 구분에 따라 해당 호에서 정하는 행정기관과 합동으로 점검을 할 수 있다.

1. 제3조에 따른 재난관리책임기관과 법 제25조의4 제6항에 따라 행정안전부장관이 고시하는 기관·단체 및 민간업체 : 관계 중앙행정기관의 장 또는 소관 지방자치단체의 장
2. 시·군·구 : 시·도지사

⑦ 행정안전부장관은 이행실태점검 결과에 따라 기능연속성계획수립기관의 장에게 시정이나 보완 등을 요청할 수 있으며, 재난관리책임기관에 대해서는 시정이나 보완 등을 요청한 사항이 적정하게 반영되었는지를 법 제33조의2에 따른 재난관리체계 등에 대한 평가에 반영할 수 있다.

⑧ 제1항부터 제7항까지에서 규정한 사항 외에 기능연속성계획의 수립 및 이행실태점검에 필요한 사항은 행정안전부장관이 정한다.

3 국가핵심기반의 지정 등 (법 제26조)

(1) 관계 중앙행정기관의 장은 소관 분야의 국가핵심기반을 다음의 기준에 따라 조정위원회의 심의를 거쳐 지정할 수 있다.
  ① 다른 국가핵심기반 등에 미치는 연쇄효과
  ② 둘 이상의 중앙행정기관의 공동대응 필요성
  ③ 재난이 발생하는 경우 국가안전보장과 경제·사회에 미치는 피해 규모 및 범위
  ④ 재난의 발생 가능성 또는 그 복구의 용이성

(2) 관계 중앙행정기관의 장은 '(1)'에 따른 지정 여부를 결정하기 위하여 필요한 자료의 제출을 소관 재난관리책임기관의 장에게 요청할 수 있다.

(3) 관계 중앙행정기관의 장은 소관 재난관리책임기관이 해당 업무를 폐지·정지 또는 변경하는 경우에는 조정위원회의 심의를 거쳐 국가핵심기반의 지정을 취소할 수 있다.

(4) 국가핵심기반시설의 지정 및 지정취소 등에 필요한 사항은 대통령령(시행령 제30조)으로 정한다.

✔ Check 시행령 제30조(국가핵심기반의 지정 등)

① 관계 중앙행정기관의 장은 소관 재난관리책임기관의 장이나 해당 시설 관리자의 의견을 들어 법 제26조 제1항 각 호와 별표 2의 기준에 적합하게 국가핵심기반을 지정하여야 한다.
② 관계 중앙행정기관의 장은 제1항에 따라 국가핵심기반을 지정하려는 경우에는 미리 행정안전부장관과 협의를 거쳐 조정위원회에 심의를 요청하여야 한다.
③ 관계 중앙행정기관의 장이 법 제26조 제3항에 따라 국가핵심기반의 지정을 취소하는 경우에 제2항을 준용한다.
④ 관계 중앙행정기관의 장은 법 제26조 제1항 및 제3항에 따라 국가핵심기반을 지정하거나 취소하는 경우에는 다음 각 호의 사항을 관보에 공고하여야 한다. 다만, 관계 중앙행정기관의 장이 국가의 안전보장을 위하여 필요하다고 인정하는 경우에는 공고를 생략할 수 있다.
  1. 국가핵심기반의 명칭
  2. 국가핵심기반의 관리 기관 또는 업체 및 그 장의 명칭
  3. 국가핵심기반의 지정 또는 취소 사유
⑤ 행정안전부장관은 국가핵심기반으로 지정하여 관리할 필요가 있다고 인정되는 시설, 정보기술시스템 및 자산 등을 관계 중앙행정기관의 장에게 국가핵심기반으로 지정하도록 권고할 수 있다.
⑥ 제1항부터 제5항까지에서 규정한 사항 외에 국가핵심기반의 지정 등에 필요한 세부사항은 행정안전부장관이 정한다.

■ 재난 및 안전관리 기본법 시행령 [별표 2] 〈개정 2024. 6. 18.〉

분야별 국가핵심기반의 지정기준(제30조 제1항 관련)

분야	국가핵심기반의 지정기준
1. 에너지	에너지의 공급체계와 관련된 시설, 정보기술시스템 및 물적·인적 자산 등으로서 산업통상자원부장관이 특별히 관리할 필요가 있다고 인정하는 것

2. 정보통신	가. 「전기통신기본법」 제7조에 따른 기간통신사업자 · 부가통신사업자의 업무수행 및 「우정사업 운영에 관한 특례법」 제2조 제1호에 따른 우정사업의 운영에 필요한 시설, 정보기술시스템 및 물적 · 인적 자산 등으로서 과학기술정보통신부장관이 특별히 관리할 필요가 있다고 인정하는 것 나. 「전자정부법」에 따른 중앙행정기관과 그 소속기관, 지방자치단체 및 공공기관의 정보시스템(국가핵심기반과 관련된 정보시스템에 한정한다)과 관련된 시설, 정보기술시스템 및 물적 · 인적 자산 등으로서 해당 정보시스템의 구축 · 운영에 관한 사무를 관장하는 중앙행정기관의 장이 특별히 관리할 필요가 있다고 인정하는 것
3. 교통수송	교통체계(물류체계를 포함한다)와 관련된 시설, 정보기술시스템 및 물적 · 인적 자산 등으로서 국토교통부장관 또는 해양수산부장관이 특별히 관리할 필요가 있다고 인정하는 것
4. 금융	금융의 관리에 필요한 시설, 정보기술시스템 및 물적 · 인적 자산 등으로서 기획재정부장관 또는 금융위원회가 특별히 관리할 필요가 있다고 인정하는 것
5. 보건의료	의료(응급의료를 포함한다) · 약사(藥事) · 혈액관리 등 보건의료체계와 관련된 시설, 정보기술시스템 및 물적 · 인적 자산 등으로서 보건복지부장관이 특별히 관리할 필요가 있다고 인정하는 것
6. 원자력	원자력 및 방사성폐기물의 관리에 필요한 시설, 정보기술시스템 및 물적 · 인적 자산 등으로서 산업통상자원부장관 또는 원자력안전위원회가 특별히 관리할 필요가 있다고 인정하는 것
7. 환경	폐기물의 관리에 필요한 시설, 정보기술시스템 및 물적 · 인적 자산 등으로서 환경부장관이 특별히 관리할 필요가 있다고 인정하는 것
8. 정부청사	중앙행정기관이 입주하고 있는 청사의 관리에 필요한 시설, 정보기술시스템 및 물적 · 인적 자산 등으로서 해당 청사의 관리에 관한 사무를 관장하는 관계 중앙행정기관의 장이 특별히 관리할 필요가 있다고 인정하는 것
9. 식용수	먹는물 공급을 위한 담수(湛水)부터 정수(淨水)까지 계통상의 시설, 정보기술시스템 및 물적 · 인적 자산 등으로서 환경부장관이 특별히 관리할 필요가 있다고 인정하는 것
10. 국가유산	「문화유산의 보존 및 활용에 관한 법률」 제2조 제3항 제1호에 따른 국가지정문화유산 및 「자연유산의 보존 및 활용에 관한 법률」 제2조 제2호 · 제3호에 따른 천연기념물 · 명승과 그 국가지정문화유산 및 천연기념물 · 명승의 관리에 필요한 시설, 정보기술시스템 및 물적 · 인적 자산 등으로서 국가유산청장이 특별히 관리할 필요가 있다고 인정하는 것
11. 공동구	「국토의 계획 및 이용에 관한 법률」 제2조 제9호에 따른 공동구의 관리에 필요한 시설, 정보기술시스템 및 물적 · 인적 자산 등으로서 국토교통부장관이 특별히 관리할 필요가 있다고 인정하는 것

4 국가핵심기반의 관리 등 (법 제26조의2)

(1) 관계 중앙행정기관의 장은 제26조 제1항에 따라 국가핵심기반을 지정한 경우에는 대통령령(시행령 제30조의2)으로 정하는 바에 따라 소관 분야 국가핵심기반 보호계획을 수립하여 해당 관리기관의 장에게 통보하여야 한다.

(2) 관리기관의 장은 통보받은 국가기반체계 보호계획에 따라 소관 국가기반시설에 대한 보호계획을 수립 · 시행하여야 한다.

(3) 행정안전부장관 또는 관계 중앙행정기관의 장은 대통령령(시행령 제30조의2)으로 정하는 바에 따라 국가기반시설의 보호 및 관리 실태를 확인·점검할 수 있다.

✔ Check 시행령 제30조의2(국가핵심기반의 관리 등)

① 행정안전부장관은 법 제26조의2 제1항에 따른 국가핵심기반 보호계획의 수립을 위한 지침을 작성하여 관계 중앙행정기관의 장에게 통보하여야 한다.
② 행정안전부장관 또는 관계 중앙행정기관의 장은 법 제26조의2 제3항에 따라 국가핵심기반의 보호 및 관리 실태를 확인·점검(이하 이 조에서 "관리실태점검"이라 한다)하는 경우에는 국가핵심기반을 관리하는 기관·단체 등의 장(이하 이 조에서 "관리기관의 장"이라 한다)에게 미리 관리실태점검 계획을 통보하여야 한다. 다만, 긴급한 사유가 있는 경우에는 관리실태점검 계획의 통보를 생략할 수 있다.
③ 행정안전부장관 또는 관계 중앙행정기관의 장은 관리실태점검을 위하여 필요한 경우 국가정보원장에게 협조를 요청할 수 있다.
④ 관계 중앙행정기관의 장은 관리실태점검을 실시한 경우에는 그 결과를 행정안전부장관에게 통보하여야 한다.
⑤ 행정안전부장관 또는 관계 중앙행정기관의 장은 관리실태점검 결과 시정 등이 필요한 사항에 대하여 해당 관리기관의 장에게 시정 등을 권고할 수 있다.

(4) 행정안전부장관은 국가기반시설에 대한 데이터베이스를 구축·운영하고, 관계 중앙행정기관의 장이 재난관리정책의 수립 등에 이용할 수 있도록 통합 지원할 수 있다.

5 특정관리대상지역의 지정 및 관리 등 (법 제27조)

(1) 중앙행정기관의 장 또는 지방자치단체의 장은 재난이 발생할 위험이 높거나 재난예방을 위하여 계속적으로 관리할 필요가 있다고 인정되는 지역을 대통령령으로 정하는 바에 따라 특정관리대상지역으로 지정할 수 있다.

(2) 재난관리책임기관의 장은 지정된 특정관리대상지역에 대하여 대통령령으로 정하는 바에 따라 재난 발생의 위험성을 제거하기 위한 조치 등 특정관리대상지역의 관리·정비에 필요한 조치를 하여야 한다.

(3) 중앙행정기관의 장, 지방자치단체의 장 및 재난관리책임기관의 장은 지정 및 조치 결과를 대통령령으로 정하는 바에 따라 행정안전부장관에게 보고하거나 통보하여야 한다.

(4) 행정안전부장관은 보고 받거나 통보받은 사항을 대통령령으로 정하는 바에 따라 정기적으로 또는 수시로 국무총리에게 보고하여야 한다.

(5) 국무총리는 보고 받은 사항 중 재난을 예방하기 위하여 필요하다고 인정하는 사항에 대해서는 중앙행정기관의 장, 지방자치단체의 장 또는 재난관리책임기관의 장에게 시정조치나 보완을 요구할 수 있다.

(6) 규정한 사항 외에 특정관리대상지역의 지정, 관리 및 정비에 필요한 사항은 대통령령(시행령 제31조~제35조)으로 정한다.

✔ Check 특정관리대상지역의 지정, 관리 및 정비

시행령 제31조(특정관리대상지역의 지정 등)

① 중앙행정기관의 장 또는 지방자치단체의 장은 법 제27조 제1항에 따른 특정관리대상지역(이하 "특정관리대상지역"이라 한다)을 지정하기 위하여 소관 지역의 현황을 매년 정기적으로 또는 수시로 조사하여야 한다.

② 중앙행정기관의 장 또는 지방자치단체의 장은 다음 각 호의 어느 하나에 해당하는 지역을 제32조 제1항에 따른 특정관리대상지역의 지정·관리 등에 관한 지침에서 정하는 세부지정기준 등에 따라 특정관리대상지역으로 지정하거나 그 지정을 해제하여야 한다.

1. 자연재난으로 인한 피해의 위험이 높거나 피해가 우려되는 지역
2. 재난예방을 위하여 관리할 필요가 있다고 인정되는 지역으로서 별표 2의2에 해당하는 지역
3. 그 밖에 재난관리책임기관의 장이 재난의 예방을 위하여 특별히 관리할 필요가 있다고 인정하는 지역

③ 중앙행정기관의 장 또는 지방자치단체의 장은 제2항에 따라 특정관리대상지역을 지정하거나 해제할 때에는 행정안전부령으로 정하는 바에 따라 그 사실을 특정관리대상지역의 소유자·관리자 또는 점유자(이하 "관계인"이라 한다)에게 알려주어야 한다.

■ 재난 및 안전관리 기본법 시행령 [별표 2의2]

특정관리대상지역의 지정대상(제31조 제2항 제2호 관련)

1. 법 제41조 제1항에 따른 위험구역
2. 「산업입지 및 개발에 관한 법률」 제26조에 따른 공공시설이 설치된 지역
3. 「산업집적활성화 및 공장설립에 관한 법률」 제33조 제6항에 따른 산업시설구역

시행령 제32조(특정관리대상지역의 지정·관리 등에 관한 지침)

① 관계 중앙행정기관의 장(재난관리책임기관이 지방자치단체인 경우에는 행정안전부장관을 말한다. 이하 이 조 및 제33조에서 같다)은 특정관리대상지역의 지정·관리 등에 관한 지침을 제정하여 관계 재난관리책임기관의 장에게 통보하여야 한다.

② 제1항에 따른 지침은 특정관리대상지역의 지정·관리 등에 필요한 다음 각 호의 사항을 포함하여야 한다.

1. 특정관리대상지역의 지정을 위한 세부기준에 관한 사항
2. 특정관리대상지역에 대한 조사 방법 및 특정관리대상지역의 지정·해제 절차 등에 관한 사항
3. 특정관리대상지역의 안전등급의 평가기준에 관한 사항
4. 특정관리대상지역의 안전점검과 유지·관리의 방법에 관한 사항
5. 그 밖에 관계 중앙행정기관의 장이 특정관리대상지역의 지정·관리 등에 필요하다고 인정하는 사항

시행령 제33조(재난발생의 위험성을 제거하기 위한 장기·단기 계획의 수립·시행)

① 재난관리책임기관의 장은 법 제27조 제2항에 따라 특정관리대상지역으로부터 재난발생의 위험성을 제거하기 위한 다음 각 호의 사항이 포함된 장기·단기 계획을 수립하여 관계 중앙행정기관의 장에게 제출하여야 한다.
 1. 특정관리대상지역의 정비·관리에 관한 기본 방침
 2. 특정관리대상지역의 연도별 정비·관리계획에 관한 사항
 3. 개별 특정관리대상지역의 세부 정비·관리계획에 관한 사항
 4. 그 밖의 재원대책 등 필요한 사항

② 제1항에 따른 장기·단기 계획의 수립 및 시행에 필요한 세부 사항은 관계 중앙행정기관의 장이 정한다.

시행령 제34조(국고보조)

지방자치단체의 장이 제33조에 따라 특정관리대상지역(지방자치단체가 관리하는 특정관리대상지역 중 민간 소유 지역은 제외한다)의 위험성을 제거하기 위한 장·단기 계획을 수립하여 시행하는 경우 정부는 그 비용의 전부 또는 일부를 보조할 수 있다.

시행령 제34조의2(특정관리대상지역의 안전등급 및 안전점검 등)

① 재난관리책임기관의 장은 제31조 제2항에 따라 지정된 특정관리대상지역을 제32조 제1항에 따른 특정관리대상지역의 지정·관리 등에 관한 지침에서 정하는 안전등급의 평가기준에 따라 다음 각 호의 어느 하나에 해당하는 등급으로 구분하여 관리하여야 한다.
 1. A등급 : 안전도가 우수한 경우
 2. B등급 : 안전도가 양호한 경우
 3. C등급 : 안전도가 보통인 경우
 4. D등급 : 안전도가 미흡한 경우
 5. E등급 : 안전도가 불량한 경우

② 재난관리책임기관의 장은 D등급 또는 E등급에 해당하거나 D등급 또는 E등급에서 상위 등급으로 조정되는 특정관리대상지역에 관한 다음 각 호의 사항을 해당 기관에서 발행하거나 관리하는 공보 또는 홈페이지 등에 공고하고, 이를 행정안전부장관에게 통보하여야 한다. D등급 또는 E등급에 해당하는 특정관리대상지역의 지정이 해제되는 경우에도 또한 같다.
 1. 특정관리대상지역의 명칭 및 위치
 2. 특정관리대상지역의 관계인의 인적사항
 3. 해당 등급의 평가 사유(D등급 또는 E등급에 해당하는 특정관리대상지역의 지정이 해제되는 경우에는 그 사유를 말한다)

③ 재난관리책임기관의 장은 다음 각 호의 구분에 따라 특정관리대상지역에 대한 안전점검을 실시하여야 한다.
 1. 정기안전점검
  가. A등급, B등급 또는 C등급에 해당하는 특정관리대상지역 : 반기별 1회 이상
  나. D등급에 해당하는 특정관리대상지역 : 월 1회 이상
  다. E등급에 해당하는 특정관리대상지역 : 월 2회 이상
 2. 수시안전점검 : 재난관리책임기관의 장이 필요하다고 인정하는 경우

④ 행정안전부장관은 특정관리대상지역을 체계적으로 관리하기 위하여 정보화시스템을 구축·운영할 수 있다.
⑤ 재난관리책임기관의 장은 제4항에 따라 운영되는 정보화시스템을 이용하여 특정관리대상지역을 관리하여야 한다. 비용의 전부 또는 일부를 보조할 수 있다.

시행령 제34조의4(특정관리대상지역에 관한 규정 적용 배제)
제31조, 제32조, 제33조 및 제34조의2에도 불구하고 다른 법령에 재난예방을 위하여 관련 지역의 지정·관리 등에 관한 특별한 규정이 있는 경우에는 그 법령에서 정하는 바에 따른다

시행령 제35조(특정관리대상지역에 대한 지정 및 조치 결과 보고)
① 중앙행정기관의 장, 지방자치단체의 장 및 재난관리책임기관의 장은 법 제27조 제1항에 따라 특정관리대상지역을 지정하거나 같은 조 제2항에 따라 특정관리대상지역의 관리·정비에 필요한 조치를 한 경우에는 같은 조 제3항에 따라 지정 또는 조치한 날이 속하는 달의 말일까지 다음 각 호의 사항을 행정안전부장관에게 보고하거나 통보하여야 한다.
 1. 특정관리대상지역의 지정 현황
 2. 특정관리대상지역에 대한 정기·수시 점검 및 정비·보수 등 관리·정비에 필요한 조치 현황
② 행정안전부장관은 법 제27조 제4항에 따라 매년 1회 이상 특정관리대상지역에 대한 지정 및 조치 현황을 국무총리에게 보고하여야 하며, 필요한 경우에는 수시로 보고할 수 있다.

시행령 제36조(시정조치 결과 제출)
재난관리책임기관의 장은 법 제27조 제5항에 따라 시정조치나 보완을 요구받은 경우에는 재난예방을 위한 조치를 한 후 그 조치 결과를 관계 중앙행정기관의 장 및 행정안전부장관을 거쳐 중앙위원회의 위원장에게 제출할 수 있다. 다만, 재난관리책임기관인 중앙행정기관의 장은 직접 중앙위원회의 위원장에게 제출할 수 있다.

(7) 행정안전부장관은 지방자치단체의 조치 등에 필요한 지원 및 지도를 할 수 있고, 관계 중앙행정기관의 장에게 협조를 요청할 수 있다(법 제28조).

6 재난방지시설의 관리 (법 제29조)

(1) 재난관리책임기관의 장은 관계 법령 또는 안전관리계획에서 정하는 바에 따라 대통령령(시행령 제37조)으로 정하는 재난방지시설을 점검·관리하여야 한다.

✔ Check 시행령 제37조(재난방지시설의 범위)

① 법 제29조 제1항에서 "대통령령으로 정하는 재난방지시설"이란 다음 각 호의 어느 하나에 해당하는 시설을 말한다.
 1. 「소하천정비법」 제2조 제3호에 따른 소하천부속물 중 제방·호안(기슭·둑 침식 방지시설)·보 및 수문
 2. 「하천법」 제2조 제3호에 따른 하천시설 중 댐·하구둑·제방·호안·수제·보·갑문·수문·수로 터널·운하 및 「수자원의 조사·계획 및 관리에 관한 법률 시행령」 제2조 제2호에 따른 수문조사시설 중 홍수발생의 예보를 위한 시설

5부 PART·02

3. 「국토의 계획 및 이용에 관한 법률」 제2조 제6호 마목에 따른 방재시설
4. 「하수도법」 제2조 제3호에 따른 하수도 중 하수관로 및 공공하수처리시설
5. 「농어촌정비법」 제2조 제6호에 따른 농업생산기반시설 중 저수지, 양수장, 우물 등 지하수이용시설, 배수장, 취입보(取入洑), 용수로, 배수로, 웅덩이, 방조 제, 제방
6. 「사방사업법」 제2조 제3호에 따른 사방시설
7. 「댐건설·관리 및 주변지역지원 등에 관한 법률」에 따른 댐
8. 「어촌·어항법」 제2조 제5호 다목(4)에 따른 유람선·낚시어선·모터보트·요트 또는 윈드서핑 등의 수용을 위한 레저용 기반시설
9. 「도로법」 제2조 제2호에 따른 도로의 부속물 중 방설·제설시설, 토사유출·낙석 방지 시설, 공동구(共同溝), 같은 법 시행령 제2조 제2호에 따른 터널·교량·지하도 및 육교
10. 법 제38조에 따른 재난 예보·경보시설
11. 「항만법」 제2조 제5호에 따른 항만시설
12. 그 밖에 행정안전부장관이 정하여 고시하는 재난을 예방하기 위하여 설치한 시설

② 삭제

(2) 행정안전부장관은 재난방지시설의 관리 실태를 점검하고 필요한 경우 보수·보강 등의 조치를 재난관리책임기관의 장에게 요청할 수 있다. 이 경우 요청을 받은 재난관리책임기관의 장은 신속하게 조치를 이행하여야 한다.

7 재난안전분야 종사자 교육 (법 제29조의2)

(1) 재난관리책임기관에서 재난 및 안전관리업무를 담당하는 공무원이나 직원은 행정안전부장관이 실시하는 전문교육을 행정안전부령(시행규칙 제6조의2)으로 정하는 바에 따라 정기적으로 또는 수시로 받아야 한다.

(2) 행정안전부장관은 필요하다고 인정하면 대통령령(시행령 제37조의2)으로 정하는 전문인력 및 시설기준을 갖춘 교육기관으로 하여금 전문교육을 대행하게 할 수 있다.

✔ Check 시행령 제37조의2(재난안전분야 종사자 교육을 위한 전문교육기관)

법 제29조의2 제2항에 따라 전문교육을 대행하게 할 수 있는 교육기관은 다음 각 호와 같다.
1. 행정안전부, 관계 중앙행정기관 또는 시·도 소속의 공무원 교육기관
2. 재난관리책임기관(행정기관 외의 기관만 해당한다) 소속의 교육기관
3. 재난 및 안전관리 분야 교육 운영 실적이 있는 민간교육기관으로서 행정안전부장관이 지정하는 교육기관

(3) 행정안전부장관은 정당한 사유 없이 전문교육을 받지 아니한 자에 대하여 소속 재난관리책임기관의 장에게 징계할 것을 요구할 수 있다.

(4) 전문교육의 종류 및 대상, 그 밖에 전문교육의 실시에 필요한 사항은 행정안전부령(시행규칙 제6조의2)으로 정한다.

✓ Check 시행규칙 제6조의2(재난안전분야 종사자 교육 종류 등)

① 법 제29조의2에 따른 재난안전분야 종사자 전문교육(이하 이 조에서 “전문교육”이라 한다)은 관리자 전문교육과 실무자 전문교육으로 구분하며, 그 교육 대상자는 다음 각 호와 같다.
1. 관리자 전문교육 : 다음 각 목에 해당하는 사람
가. 재난관리책임기관에서 재난 및 안전관리 업무를 담당하는 부서의 장
나. 특별시·광역시·특별자치시·도·특별자치도(이하 “시·도”라 한다)의 부단체장(부단체장이 2명 이상인 경우에는 재난 및 안전관리 업무를 관장하는 부단체장을 말한다)
다. 시(「제주특별자치도 설치 및 국제자유도시 조성을 위한 특별법」 제10조 제2항에 따른 행정시를 포함한다. 이하 같다)·군·구(자치구를 말한다. 이하 같다)의 부단체장(부단체장이 2명 이상인 경우에는 재난 및 안전관리 업무를 관할하는 부단체장을 말한다)
라. 법 제75조의2에 따른 안전책임관
2. 실무자 전문교육 : 재난관리책임기관에서 재난 및 안전관리 업무를 담당하는 부서의 공무원 또는 직원으로서 제1호에 해당하지 아니하는 사람
② 전문교육의 대상자는 해당 업무를 맡은 후 6개월 이내에 신규교육을 받아야 하며, 신규교육을 받은 후 매 2년마다 정기교육을 받아야 한다.
③ 전문교육의 이수시간은 다음 각 호와 같다.
1. 관리자 전문교육 : 7시간 이상
2. 실무자 전문교육 : 14시간 이상
④ 제1항부터 제3항까지에서 규정한 사항 외에 전문교육의 교육과정 운영 등에 관하여 필요한 사항은 행정안전부장관이 정한다.

8 재난예방을 위한 긴급안전점검 등 (법 제30조)

(1) 행정안전부장관 또는 재난관리책임기관(행정기관만을 말한다. 이하 이 조에서 같다)의 장은 대통령령(시행령 제38조)으로 정하는 시설 및 지역에 재난이 발생할 우려가 있는 등 대통령령(시행령 제38조)으로 정하는 긴급한 사유가 있으면 소속 공무원으로 하여금 긴급안전점검을 하게 하고, 행정안전부장관은 다른 재난관리책임기관의 장에게 긴급안전점검을 하도록 요구할 수 있다. 이 경우 요구를 받은 재난관리책임기관의 장은 특별한 사유가 없으면 요구에 따라야 한다.

(2) 긴급안전점검을 하는 공무원은 관계인에게 필요한 질문을 하거나 관계 서류 등을 열람할 수 있다.

(3) 긴급안전점검의 절차 및 방법, 긴급안전점검결과의 기록·유지 등에 필요한 사항은 대통령령(시행령 제38조)으로 정한다.

(4) 긴급안전점검을 하는 공무원은 그 권한을 표시하는 증표를 지니고 이를 관계인에게 보여주어야 한다.

(5) 행정안전부장관은 긴급안전점검을 하면 그 결과를 해당 재난관리책임기관의 장에게 통보하여야 한다.

✔ Check 시행령 제38조(긴급안전점검 대상 시설 등)

① 법 제30조 제1항에 따른 긴급안전점검(이하 "긴급안전점검"이라 한다)의 대상이 되는 시설 및 지역은 특정관리대상지역과 그 밖에 행정안전부장관, 시·도지사 또는 시장·군수·구청장이 긴급안전점검이 필요하다고 인정하는 시설 및 지역(이하 "긴급안전점검 대상 시설 및 지역"이라 한다)으로 한다.
② 법 제30조 제1항에 따라 긴급안전점검이 필요한 긴급한 사유는 다음 각 호와 같다.
  1. 사회적으로 피해가 큰 재난이 발생하여 피해시설의 긴급한 안전점검이 필요하거나 이와 유사한 시설의 재난예방을 위하여 점검이 필요한 경우
  2. 계절적으로 재난 발생이 우려되는 취약시설에 대한 안전대책이 필요한 경우
③ 행정안전부장관 또는 재난관리책임기관(행정기관만을 말한다. 이하 이 조에서 같다)의 장은 긴급안전점검을 실시할 때에는 미리 긴급안전점검 대상 시설 및 지역의 관계인에게 긴급안전점검의 목적·날짜 등을 서면으로 통지하여야 한다. 다만, 서면 통지로는 긴급안전점검의 목적을 달성할 수 없는 경우에는 말로 통지할 수 있다.
④ 행정안전부장관 또는 재난관리책임기관의 장은 긴급안전점검 대상 시설 및 지역이 국가안전보장과 관련된 경우 국가정보원장에게 긴급안전점검의 실시와 관련하여 협조를 요청할 수 있다.
⑤ 행정안전부장관 또는 재난관리책임기관의 장은 긴급안전점검을 실시하였을 때에는 행정안전부령으로 정하는 긴급안전점검 대상 시설 및 지역의 관리에 관한 카드에 긴급안전점검 결과 및 안전조치 사항 등을 기록·유지하여야 한다.

9 재난예방을 위한 안전조치 (법 제31조)

(1) 행정안전부장관 또는 재난관리책임기관(행정기관만을 말한다)의 장은 긴급안전점검 결과 재난 발생의 위험이 높다고 인정되는 시설 또는 지역에 대하여는 대통령령(시행령 제39조)으로 정하는 바에 따라 그 소유자·관리자 또는 점유자에게 다음의 안전조치를 할 것을 명할 수 있다.
  ① 정밀안전진단(시설만 해당한다). 이 경우 다른 법령에 시설의 정밀안전진단에 관한 기준이 있는 경우에는 그 기준에 따르고, 다른 법령의 적용을 받지 아니하는 시설에 대하여는 행정안전부령으로 정하는 기준에 따른다.
  ② 보수(補修) 또는 보강 등 정비
  ③ 재난을 발생시킬 위험요인의 제거

✔ Check 시행령 제39조(안전조치명령)

① 법 제31조 제1항에 따라 행정안전부장관 또는 재난관리책임기관의 장은 안전조치에 필요한 사항을 명하려는 경우에는 다음 각 호의 사항이 적힌 행정안전부령으로 정하는 안전조치명령서를 제38조 제1항에 따른 시설 및 지역의 관계인에게 통지하여야 한다.
  1. 안전점검의 결과
  2. 안전조치를 명하는 이유
  3. 안전조치의 이행기한
  4. 안전조치를 하여야 하는 사항

5. 안전조치 방법
6. 안전조치를 한 후 관계 재난관리책임기관의 장에게 통보하여야 하는 사항

② 법 제31조 제2항에 따라 작성・제출하여야 하는 이행계획서에는 다음 각 호의 사항이 포함되어야 한다.
1. 안전조치를 이행하는 관계인의 인적사항
2. 이행할 안전조치의 내용 및 방법
3. 안전조치의 이행기한

③ 행정안전부장관 또는 재난관리책임기관의 장은 법 제31조 제2항에 따라 안전조치 결과를 통보받은 경우에는 안전조치 이행 여부를 확인하여야 한다.

(2) 안전조치명령을 받은 소유자・관리자 또는 점유자는 이행계획서를 작성하여 행정안전부장관 또는 재난관리책임기관의 장에게 제출한 후 안전조치를 하고, 행정안전부령으로 정하는 바에 따라 그 결과를 행정안전부장관 또는 재난관리책임기관의 장에게 통보하여야 한다.

(3) 행정안전부장관 또는 재난관리책임기관의 장은 안전조치명령을 받은 자가 그 명령을 이행하지 아니하거나 이행할 수 없는 상태에 있고, 안전조치를 이행하지 아니할 경우 공중의 안전에 위해를 끼칠 수 있어 재난의 예방을 위하여 긴급하다고 판단하면 그 시설 또는 지역에 대하여 사용을 제한하거나 금지시킬 수 있다. 이 경우 그 제한하거나 금지하는 내용을 보기 쉬운 곳에 게시하여야 한다.

(4) 행정안전부장관 또는 재난관리책임기관의 장은 보수(補修) 또는 보강 등 정비 또는 재난을 발생시킬 위험요인의 제거에 따른 안전조치명령을 받아 이를 이행하여야 하는 자가 그 명령을 이행하지 아니하거나 이행할 수 없는 상태에 있고, 재난예방을 위하여 긴급하다고 판단하면 그 명령을 받아 이를 이행하여야 할 자를 갈음하여 필요한 안전조치를 할 수 있다. 이 경우 「행정대집행법」을 준용한다.

(5) 행정안전부장관 또는 재난관리책임기관의 장은 안전조치를 할 때에는 미리 해당 소유자・관리자 또는 점유자에게 서면으로 이를 알려 주어야 한다. 다만, 긴급한 경우에는 구두로 알리되, 미리 구두로 알리는 것이 불가능하거나 상당한 시간이 걸려 공중의 안전에 위해를 끼칠 수 있는 경우에는 안전조치를 한 후 그 결과를 통보할 수 있다.

10 안전취약계층에 대한 안전 환경 지원 (법 제31조의2)

(1) 재난관리책임기관의 장은 안전취약계층이 재난이나 그 밖의 각종 사고로부터 안전을 확보할 수 있는 생활환경을 조성하기 위하여 안전용품의 제공 및 시설 개선 등 필요한 사항을 지원하기 위하여 노력하여야 한다.

(2) 지원의 대상, 범위, 방법 및 절차 등에 필요한 사항은 대통령령 또는 해당 지방자치단체의 조례로 정한다.

✔ Check　시행령 제39조의2(안전취약계층에 대한 안전 환경 지원)

① 중앙행정기관의 장이 법 제31조의2 제1항에 따라 안전취약계층으로 지원하는 대상은 다음 각 호와 같다.
  1. 13세 미만의 어린이
  2. 65세 이상의 노인
  3. 「장애인복지법」 제2조에 따른 장애인
  4. 그 밖에 재난이나 그 밖의 각종 사고에 취약하다고 인정되는 사람

② 중앙행정기관의 장은 제1항 각 호에 따른 안전취약계층에게 다음 각 호의 사항을 지원할 수 있다.
  1. 안전관리를 위하여 필요한 소방·가스·전기 등의 안전점검 및 시설 개선
  2. 어린이 보호구역 등 취약지역의 안전 확보를 위한 환경 개선
  3. 재난 및 사고 예방을 위하여 필요한 안전장비 및 용품의 제공
  4. 그 밖에 안전취약계층의 안전한 생활환경을 조성하기 위하여 필요하다고 인정되는 사항

③ 제1항 및 제2항에서 규정한 사항 외에 안전취약계층에 대한 안전 환경 지원에 필요한 사항은 중앙행정기관의 장이 정한다.

(3) 행정안전부장관은 재난관리책임기관의 장에게 '(1)'에 따른 지원이 원활히 수행되는 데 필요한 사항을 요청할 수 있다. 이 경우 요청을 받은 재난관리책임기관의 장은 특별한 사유가 없으면 요청에 따라야 한다.

(4) 행정안전부장관은 지원과 관련하여 지방자치단체에 필요한 지원 및 지도를 할 수 있다.

11 재난안전분야 제도개선 (법 제31조의3)

(1) 행정안전부장관은 재난 예방 및 국민 안전 확보를 위하여 재난안전분야 제도개선 과제(이하 "개선과제"라 한다)를 선정하여 재난관리주관기관의 장에게 개선과제의 이행을 요청할 수 있다.

(2) 행정안전부장관은 개선과제의 선정을 위하여 일반 국민, 지방자치단체 또는 민간단체 등으로부터 의견을 수렴할 수 있으며, 관련 분야 전문가에게 자문할 수 있다.

(3) '(1)'에 따른 요청을 받은 재난관리주관기관의 장은 행정안전부령으로 정하는 바에 따라 개선과제의 이행 요청에 대한 수용 여부를 행정안전부장관에게 통보하여야 한다.

(4) 재난관리주관기관의 장은 '(3)'에 따라 개선과제의 이행 요청을 수용하기로 한 경우 해당 개선과제의 이행상황을 분기별로 점검하고 그 결과를 행정안전부장관에게 통보하여야 한다.

12 정부합동 안전 점검 (법 제32조)

(1) 행정안전부장관은 재난관리책임기관의 재난 및 안전관리 실태를 점검하기 위하여 대통령령(시행령 제39조의3)으로 정하는 바에 따라 정부합동안전점검단(정부합동점검단)을 편성하여 안전점검을 실시할 수 있다.

✔Check 시행령 제39조의3(정부합동안전점검단의 구성 및 점검 방법 등)

① 법 제32조 제1항에 따른 정부합동안전점검단(이하 이 조에서 “정부합동점검단”이라 한다)은 행정안전부장관이 소속 공무원과 관계 재난관리책임기관에서 파견된 공무원 또는 직원으로 구성한다.
② 정부합동점검단의 단장은 행정안전부장관이 지명한다.
③ 정부합동 안전 점검은 다음 각 호의 구분에 따라 실시할 수 있다.
 1. 정기점검 : 계절적 요인 등을 고려하여 정기적으로 실시하는 점검
 2. 수시점검 : 사회적 쟁점, 유사한 사고의 방지 등을 위하여 수시로 실시하는 점검
④ 행정안전부장관은 제3항에 따른 정부합동 안전 점검의 대상이 국가안전보장과 관련된 시설 등인 경우 국가정보원장에게 국가정보원 직원의 정부합동 안전 점검 참여를 요청할 수 있다.
⑤ 제3항에 따라 정부합동 안전 점검을 실시할 때에는 점검을 받는 재난관리책임기관의 장에게 미리 점검계획을 통보하여야 한다. 다만, 긴급한 수시점검의 경우에는 점검계획의 통보를 생략할 수 있다.
⑥ 정부합동 안전 점검을 효율적으로 실시하기 위하여 필요한 경우에는 재난관리책임기관의 장에게 미리 점검에 필요한 자료를 제출하도록 요청하거나 점검 대상 시설 등의 관계인 또는 전문가의 의견을 들을 수 있다.
⑦ 제6항에 따라 전문가의 의견을 들은 경우에는 예산의 범위에서 그 전문가에게 수당 등을 지급할 수 있다.
⑧ 행정안전부장관은 정부합동 안전 점검의 효율성 제고와 업무의 중복 등을 방지하기 위하여 필요한 경우에는 관계 중앙행정기관으로부터 재난 및 안전관리 분야 점검계획을 제출받아 점검시기, 대상 및 분야 등을 조정할 수 있다.

(2) 행정안전부장관은 정부합동점검단을 편성하기 위하여 필요하면 관계 재난관리책임기관의 장에게 관련 공무원 또는 직원의 파견을 요청할 수 있다. 이 경우 요청을 받은 관계 재난관리책임기관의 장은 특별한 사유가 없으면 요청에 따라야 한다.

(3) 행정안전부장관은 점검을 실시하면 점검결과를 관계 재난관리책임기관의 장에게 통보하고, 보완이나 개선이 필요한 사항에 대한 조치를 관계 재난관리책임기관의 장에게 요구할 수 있다.

(4) 점검결과 및 조치 요구사항을 통보받은 관계 재난관리책임기관의 장은 조치계획을 수립하여 필요한 조치를 한 후 그 결과를 행정안전부장관에게 통보하여야 한다.

(5) 행정안전부장관은 ‘(4)’에 따른 조치 결과를 점검할 수 있다.

(6) 행정안전부장관은 ‘(1)’에 따른 안전 점검 결과와 ‘(4)’에 따른 조치 결과를 제66조의9 제2항에 따른 안전정보통합관리시스템을 통하여 공개할 수 있다. 다만, 「공공기관의 정보공개에 관한 법률」 제9조 제1항의 어느 하나에 해당하는 정보에 대해서는 공개하지 아니할 수 있다.

13 사법경찰권 (법 제32조의2)

재난예방을 위한 긴급안전점검 등의 규정에 따라 긴급안전점검을 하는 공무원은 이 법에 규정된 범죄에 관하여는 「사법경찰관리의 직무를 수행할 자와 그 직무범위에 관한 법률」에서 정하는 바에 따라 사법경찰관리의 직무를 수행한다.

14 집중 안전점검 기간 운영 등 (법 제32조의3)

(1) 행정안전부장관은 재난을 예방하고 국민의 안전의식을 높이기 위하여 재난관리책임기관의 장의 의견을 들어 매년 집중 안전점검 기간을 설정하고 그 운영에 필요한 계획을 수립하여야 한다.

(2) 행정안전부장관 및 재난관리책임기관의 장은 집중 안전점검 기간 동안에 재난이나 그 밖의 각종 사고의 발생이 우려되는 시설 등에 대하여 집중적으로 안전점검을 실시할 수 있다.

(3) 행정안전부장관은 '(2)'에 따른 집중 안전점검 기간에 실시한 안전점검 결과로서 재난관리책임기관의 장이 관계 법령에 따라 공개하는 정보를 제66조의9 제2항에 따른 안전정보통합관리시스템을 통하여 공개할 수 있다.

(4) '(1)'부터 '(3)'까지에서 규정한 사항 외에 집중 안전점검 기간의 설정 및 운영 등에 필요한 사항은 대통령령(시행령 제39조의4)으로 정한다.

✓ Check　시행령 제39조의4(집중 안전점검 기간의 운영 등)

① 행정안전부장관은 법 제32조의3 제1항에 따라 집중 안전점검 기간 운영에 필요한 계획(이하 이 조에서 "집중안전점검기간운영계획"이라 한다)을 수립하고 관계 중앙행정기관의 장 및 시·도지사에게 통보해야 한다.

② 집중안전점검기간운영계획에는 다음 각 호의 사항이 포함되어야 한다.
1. 집중 안전점검 기간, 추진 일정, 점검 대상 및 방법에 관한 사항
2. 재난예방 및 국민의 안전의식 개선에 관한 사항
3. 집중 안전점검 기간 운영 실적 평가에 관한 사항
4. 집중 안전점검 결과에 대한 이력관리 및 후속조치 등에 관한 사항
5. 그 밖에 집중 안전점검 기간 운영에 필요한 사항

③ 제1항에 따라 집중안전점검기간운영계획을 통보받은 관계 중앙행정기관의 장은 소관 분야의 집중 안전점검 기간 실행계획 수립을 위한 지침(이하 이 조에서 "실행계획 수립지침"이라 한다)을 작성하여 시·도지사 및 소관 분야의 제3조에 따른 재난관리책임기관의 장에게 통보할 수 있다.

④ 제3항에 따라 실행계획 수립지침을 통보받은 제3조에 따른 재난관리책임기관의 장이 그 소관 분야의 집중 안전점검 기간 실행계획을 작성한 경우에는 소관 중앙행정기관의 장, 관할 시·도지사 및 시장·군수·구청장에게 제출할 수 있다.

⑤ 시·도지사는 집중안전점검기간운영계획, 실행계획 수립지침 및 제4항에 따른 실행계획을 종합하여 시·도의 집중 안전점검 기간 실행계획 수립을 위한 지침(이하 이 조에서 "시·도 실행계획 수립지침"이라 한다)을 작성하여 시장·군수·구청장에게 통보할 수 있다.

⑥ 시장·군수·구청장이 제4항에 따른 실행계획 및 시·도 실행계획 수립지침을 종합하여 시·군·구의 집중 안전점검 기간 실행계획(이하 이 조에서 "시·군·구 실행계획"이라 한다)을 작성한 경우에는 이를 시·도지사에게 제출하고 관할 지역의 제3조에 따른 재난관리책임기관의 장에게 통보할 수 있다.

⑦ 시·도지사가 집중안전점검기간운영계획, 실행계획 수립지침, 제4항에 따른 실행계획 및 시·군·구 실행계획을 종합하여 시·도의 집중 안전점검 기간 실행계획(이하 이 조에서 "시·도 실행계획"

이라 한다)을 작성한 경우에는 이를 행정안전부장관, 관계 중앙행정기관의 장 및 관할 지역의 제3조에 따른 재난관리책임기관의 장에게 통보할 수 있다.

⑧ 관계 중앙행정기관의 장이 집중안전점검기간운영계획, 제4항에 따른 실행계획 및 시·도 실행계획을 종합하여 소관 분야의 집중 안전점검 기간 실행계획을 수립한 경우에는 이를 행정안전부장관에게 통보할 수 있다.

⑨ 관계 중앙행정기관의 장 및 지방자치단체의 장이 소관 분야 또는 관할 지역의 집중 안전점검 기간을 운영하는 경우에는 그 결과를 집중 안전점검 기간 종료 후에 관계 중앙행정기관의 장 및 시·도지사는 행정안전부장관에게, 시장·군수·구청장은 시·도지사에게 제출할 수 있다.

⑩ 행정안전부장관 및 집중 안전점검 기간을 운영하는 기관의 장은 집중 안전점검 기간 운영에 필요한 예산 및 인력을 확보하는 등의 조치를 해야 한다.

⑪ 행정안전부장관은 집중 안전점검 기간을 운영하는 지방자치단체에 대해서는 재정적 지원 및 포상 등 필요한 조치를 할 수 있다.

⑫ 제1항부터 제11항까지에서 규정한 사항 외에 집중 안전점검 기간 운영에 필요한 사항은 행정안전부장관이 정한다.

15 안전관리전문기관에 대한 자료요구 등 (법 제33조)

(1) 행정안전부장관은 재난 예방을 효율적으로 추진하기 위하여 대통령령(시행령 제40조)으로 정하는 안전관리전문기관에 안전점검결과, 주요시설물의 설계도서 등 대통령령(시행령 제41조)으로 정하는 안전관리에 필요한 자료를 요구할 수 있다.

✓ Check 안전관리전문기관에 대한 자료요구 등

시행령 제40조(안전관리전문기관)

법 제33조 제1항에 따른 안전관리전문기관은 다음 각 호와 같다.

1. 「소방산업의 진흥에 관한 법률」 제14조에 따른 한국소방산업기술원
2. 「한국농어촌공사 및 농지관리기금법」에 따른 한국농어촌공사
3. 「고압가스 안전관리법」에 따른 한국가스안전공사
4. 「전기안전관리법」에 따른 한국전기안전공사
5. 「에너지이용 합리화법」에 따른 한국에너지공단
6. 「한국산업안전보건공단법」에 따른 한국산업안전보건공단
7. 「국토안전관리원법」에 따른 국토안전관리원
8. 「한국교통안전공단법」에 따른 한국교통안전공단
9. 「한국도로교통공단법」에 따른 한국도로교통공단
10. 「자연재해대책법」에 따른 한국방재협회
11. 「소방기본법」에 따른 한국소방안전원
12. 「승강기 안전관리법」에 따른 한국승강기안전공단
13. 그 밖에 행정안전부장관이 안전관리에 관한 자료를 요구할 필요가 있다고 인정하여 고시하는 기관

안전관리전문기관 지정 고시 제2조(안전관리전문기관 지정 등)
「재난 및 안전관리 기본법 시행령」(이하 '영'이라 한다) 제40조 제13호에 따라 행정안전부장관이 지정·고시하는 안전관리전문기관은 다음 각 호와 같다.
1. 「한국철도시설공단법」에 따른 한국철도시설공단
2. 「선박안전법」에 따른 선박안전기술공단
3. 「광산피해의 방지 및 복구에 관한 법률」에 따른 한국광해관리공단
4. 「화학물질 관리법」에 따른 한국화학물질관리협회
5. 「건설기계관리법」에 따른 대한건설기계안전관리원
6. 「관광진흥법」에 따른 한국종합유원시설협회

시행령 제41조(안전관리전문기관에 요구할 수 있는 자료)
법 제33조 제1항에 따라 행정안전부장관이 안전관리전문기관에 요구할 수 있는 안전관리에 필요한 자료는 다음 각 호와 같다.
1. 안전관리 대상 시설물 현황 및 주요 시설물의 설계도서
2. 안전관리점검 실시계획서
3. 안전관리점검 결과 및 조치의견
4. 정밀안전진단 결과 및 조치의견
5. 그 밖에 안전점검 위반자에 대한 처리사항 등 안전관리에 관련된 사항

(2) 자료를 요구받은 안전관리전문기관의 장은 특별한 사유가 없으면 요구에 따라야 한다.

16 재난관리체계 등에 대한 평가 등 (법 제33조의2)

(1) 행정안전부장관은 대통령령(시행령 제42조)으로 정하는 바에 따라 다음의 사항을 정기적으로 평가할 수 있다.
① 대규모재난의 발생에 대비한 단계별 예방·대응 및 복구과정
② 제25조의4 제1항 제1호에 따른 재난에 대응할 조직의 구성 및 정비 실태
③ 제25조의4 제4항에 따른 안전관리체계 및 안전관리규정
④ 제68조에 따른 재난관리기금의 운용 현황

✔ Check 시행령 제42조(재난관리체계 등의 평가)

① 행정안전부장관은 법 제33조의2 제1항 제1호에 따라 대규모의 재난 발생에 대비한 단계별 예방·대응 및 복구과정을 평가하는 경우에는 다음 각 호의 사항을 평가할 수 있다.
1. 집행계획, 세부집행계획, 시·도 안전관리계획 및 시·군·구 안전관리계획의 평가
2. 재난예방을 위한 교육·홍보 실태
2의2. 재난 및 안전관리 분야 종사자의 전문교육 이수 실태
3. 특정관리대상지역과 국가핵심기반의 관리 실태
3의2. 법 제34조의5 제1항에 따른 재난유형별 위기관리 매뉴얼의 작성·운용 및 관리 실태

4. 응급대책을 위한 자재·물자·장비·이재민수용시설 등의 지정 및 관리 실태
5. 재난상황 관리의 운용 실태
6. 법 제59조 제1항에 따른 자체복구계획 또는 같은 조 제4항에 따른 재난복구계획에 따라 시행하는 사업의 추진 사항 등

② 행정안전부장관은 법 제33조의2에 따른 재난관리체계 등의 평가를 위하여 재난관리체계 등의 평가에 관한 지침을 마련하여 재난관리책임기관의 장에게 알려야 한다.
③ 재난관리체계 등의 평가는 서면조사 또는 현지조사의 방법으로 한다.
④ 행정안전부장관은 재난관리체계 등의 평가를 위하여 필요하다고 인정하는 경우에는 관계 중앙행정기관의 장과 소관 재난관리책임기관의 장에게 각각 재난 및 안전관리체계의 구축, 안전관리규정의 제정 및 그 정비·보완에 관한 자료 제출을 요청할 수 있다.

(2) '(1)'에도 불구하고 공공기관에 대하여는 관할 중앙행정기관의 장이 평가를 하고, 시·군·구에 대하여는 시·도지사가 평가를 한다.

(3) 행정안전부장관은 다음의 어느 하나에 해당하는 경우에는 '(2)'에 따른 평가에 대한 확인평가를 할 수 있다.
① '(5)'에 따른 우수한 기관을 선정하기 위하여 필요한 경우
② 그 밖에 행정안전부장관이 재난 및 안전관리를 위하여 필요하다고 인정하는 경우

(4) 행정안전부장관은 '(1)'과 '(3)'에 따른 평가 결과를 중앙위원회에 종합 보고한다.

(5) 행정안전부장관은 필요하다고 인정하면 해당 재난관리책임기관의 장에게 시정조치나 보완을 요구할 수 있으며, 우수한 기관에 대하여는 예산지원 및 포상 등 필요한 조치를 할 수 있다. 다만, 공공기관의 장 및 시장·군수·구청장에게 시정조치나 보완 요구를 하려는 경우에는 관할 중앙행정기관의 장 및 시·도지사에게 한다.

(6) 행정안전부장관은 '(2)'에 따른 공공기관에 대한 평가 결과를 「공공기관의 운영에 관한 법률」 제48조에 따른 공공기관 경영실적 평가에 반영하도록 기획재정부장관에게 요구할 수 있다.

17 재난관리 실태 공시 등 (법 제33조의3)

(1) 시장·군수·구청장은 다음의 사항이 포함된 재난관리 실태를 매년 1회 이상 관할 지역 주민에게 공시하여야 한다.
① 전년도 재난의 발생 및 수습 현황
② 제25조의4 제1항에 따른 재난예방조치 실적
③ 제67조에 따른 재난관리기금의 적립 및 집행 현황
④ 제34조의5에 따른 현장조치 행동매뉴얼의 작성·운용 현황
⑤ 그 밖에 대통령령(시행령 제42조의2 제1항)으로 정하는 재난관리에 관한 중요사항

✔ Check 시행령 제42조의2(재난관리실태 공시방법 및 시기 등)

① 법 제33조의3 제1항 제5호에서 "대통령령으로 정하는 재난관리에 관한 중요 사항"이란 다음 각 호의 사항을 말한다.

1. 「자연재해대책법」 제75조의2에 따른 지역안전도 진단 결과
2. 그 밖에 재난관리를 위하여 시장・군수・구청장이 지역주민에게 알릴 필요가 있다고 인정하는 사항

(2) 행정안전부장관 또는 시・도지사는 평가 결과를 공개할 수 있다.

(3) '(1)' 및 '(2)'에 따른 공시 방법 및 시기 등 필요한 사항은 대통령령(시행령 제42조의2 제2항・제3항)으로 정한다.

✔ Check 시행령 제42조의2(재난관리실태 공시방법 및 시기 등)

② 시장・군수・구청장은 매년 3월 31일까지 법 제33조의3 제1항에 따른 재난관리 실태를 해당 지방자치단체의 인터넷 홈페이지 또는 공보에 공고해야 한다.

③ 법 제33조의3 제2항에 따라 공개하는 평가 결과에는 다음 각 호의 사항이 포함되어야 한다.

1. 평가시기 및 대상기관
2. 평가 결과 우수기관으로 선정된 기관

CHAPTER

04 재난의 대비

1 재난관리자원의 비축 · 관리 [법 제34조]

(1) 재난관리책임기관의 장은 재난관리를 위하여 필요한 물품, 재산 및 인력 등의 물적 · 인적자원(이하 "재난관리자원"이라 한다)을 비축하거나 지정하는 등 체계적이고 효율적으로 관리하여야 한다.

(2) 재난관리자원의 관리에 관하여는 따로 법률로 정한다.

※「재난관리자원의 관리 등에 관한 법률」

2 재난현장 긴급통신수단의 마련 [법 제34조의2]

(1) 재난관리책임기관의 장은 재난의 발생으로 인하여 통신이 끊기는 상황에 대비하여 미리 유선이나 무선 또는 위성통신망을 활용할 수 있도록 긴급통신수단을 마련하여야 한다.

(2) 행정안전부장관은 재난현장에서 긴급통신수단이 공동 활용될 수 있도록 하기 위하여 재난관리책임기관, 긴급구조기관 및 긴급구조지원기관에서 보유하고 있는 긴급통신수단의 보유 현황 등을 조사하고, 긴급통신수단을 관리하기 위한 체계를 구축 · 운영할 수 있다.

(3) 행정안전부장관은 조사를 위하여 필요한 자료의 제출을 재난관리책임기관, 긴급구조기관 및 긴급구조지원기관의 장에게 요청할 수 있다. 이 경우 요청을 받은 관계 기관의 장은 특별한 사유가 없으면 요청에 따라야 한다.

(4) 긴급통신수단을 관리하기 위한 체계를 구축 · 운영하는 데 필요한 사항은 대통령령(시행령 제43조의3)으로 정한다.

✓ Check 시행령 제43조의3(재난현장 긴급통신 수단의 마련)

① 행정안전부장관은 법 제34조의2 제1항에 따른 긴급통신수단이 효율적으로 활용될 수 있도록 긴급통신수단 관리지침을 마련하여 재난관리책임기관, 긴급구조기관 및 긴급구조지원기관의 장에게 통보하여야 한다.
② 재난관리책임기관의 장은 제1항에 따른 긴급통신수단 관리지침에 따라 보유 중인 긴급통신수단이 효과적으로 연계되도록 수시로 점검하여야 한다.

3 국가재난관리기준의 제정 · 운용 등 [법 제34조의3]

(1) 행정안전부장관은 재난관리를 효율적으로 수행하기 위하여 다음의 사항이 포함된 국가재난관리기준을 제정하여 운용하여야 한다. 다만, 「산업표준화법」에 따른 한국산업표준을 적용할 수 있는 사항에 대하여는 한국산업표준을 반영할 수 있다.

① 재난분야 용어정의 및 표준체계 정립

② 국가재난 대응체계에 대한 원칙
③ 재난경감·상황관리·유지관리 등에 관한 일반적 기준
④ 그 밖의 대통령령(시행령 제43조의4)으로 정하는 사항

✔ Check 시행령 제43조의4(국가재난관리기준에 포함될 사항)

법 제34조의3 제1항 제4호에서 "대통령령으로 정하는 사항"이란 다음 각 호의 사항을 말한다.
1. 재난에 관한 예보·경보의 발령 기준
2. 재난상황의 전파
3. 재난 발생 시 효과적인 지휘·통제 체제 마련
4. 재난관리를 효과적으로 수행하기 위한 관계기관 간 상호협력 방안
5. 재난관리체계에 대한 평가 기준이나 방법
6. 그 밖에 재난관리를 효율적으로 수행하기 위하여 행정안전부장관이 필요하다고 인정하는 사항

(2) 기준을 제정 또는 개정할 때에는 미리 관계 중앙행정기관의 장의 의견을 들어야 한다.

(3) 행정안전부장관은 재난관리책임기관의 장이 재난관리업무를 수행함에 있어 '(1)'의 국가재난관리기준을 적용하도록 권고할 수 있다.

4 기능별 재난대응 활동계획의 작성·활용 (법 제34조의4)

(1) 재난관리책임기관의 장은 재난관리가 효율적으로 이루어질 수 있도록 대통령령(시행령 제43조의5)으로 정하는 바에 따라 기능별 재난대응 활동계획(이하 "재난대응활동계획"이라 한다)을 작성하여 활용하여야 한다.

(2) 행정안전부장관은 재난대응활동계획의 작성에 필요한 작성지침을 재난관리책임기관의 장에게 통보할 수 있다.

(3) 행정안전부장관은 재난관리책임기관의 장이 작성한 재난대응활동계획을 확인·점검하고, 필요하면 관계 재난관리책임기관의 장에게 시정을 요청할 수 있다. 이 경우 시정 요청을 받은 재난관리책임기관의 장은 특별한 사유가 없으면 요청에 따라야 한다.

(4) '(1)'부터 '(3)'까지에서 규정한 사항 외에 재난대응활동계획의 작성·운용·관리 등에 필요한 사항은 대통령령(시행령 제43조의5)으로 정한다.

✔ Check 시행령 제43조의5(기능별 재난대응 활동계획의 작성·활용)

① 법 제34조의4 제1항에 따른 재난대응 활동계획에는 다음 각 호의 기능이 포함되어야 한다.
1. 재난상황관리 기능
2. 긴급 생활안정 지원 기능
3. 긴급 통신 지원 기능
4. 시설피해의 응급복구 기능
5. 에너지 공급 피해시설 복구 기능

6. 재난관리자원 지원 기능
7. 교통대책 기능
8. 의료 및 방역서비스 지원 기능
9. 재난현장 환경 정비 기능
10. 자원봉사 지원 및 관리 기능
11. 사회질서 유지 기능
12. 재난지역 수색, 구조·구급지원 기능
13. 재난 수습 홍보 기능

② 재난관리책임기관의 장은 법 제34조의4 제2항에 따른 재난대응활동계획 작성지침에 따라 기능별 재난대응활동계획을 작성·활용하여야 한다.

5 재난분야 위기관리 매뉴얼 작성·운용 (법 제34조의5)

(1) 재난관리책임기관의 장은 재난을 효율적으로 관리하기 위하여 재난유형에 따라 다음의 위기관리 매뉴얼을 작성·운용하고, 이를 준수하도록 노력하여야 한다. 이 경우 재난대응활동계획과 위기관리 매뉴얼이 서로 연계되도록 하여야 한다.

① **위기관리 표준매뉴얼** : 국가적 차원에서 관리가 필요한 재난에 대하여 재난관리 체계와 관계 기관의 임무와 역할을 규정한 문서로 위기대응 실무매뉴얼의 작성 기준이 되며, 재난관리주관기관의 장이 작성한다. 다만, 다수의 재난관리주관기관이 관련되는 재난에 대해서는 관계 재난관리주관기관의 장과 협의하여 행정안전부장관이 위기관리 표준매뉴얼을 작성할 수 있다.

② **위기대응 실무매뉴얼** : 위기관리 표준매뉴얼에서 규정하는 기능과 역할에 따라 실제 재난대응에 필요한 조치사항 및 절차를 규정한 문서로 재난관리주관기관의 장과 관계 기관의 장이 작성한다. 이 경우 재난관리주관기관의 장은 위기대응 실무매뉴얼과 제1호에 따른 위기관리 표준매뉴얼을 통합하여 작성할 수 있다.

③ **현장조치 행동매뉴얼** : 재난현장에서 임무를 직접 수행하는 기관의 행동조치 절차를 구체적으로 수록한 문서로 위기대응 실무매뉴얼을 작성한 기관의 장이 지정한 기관의 장이 작성하되, 시장·군수·구청장은 재난유형별 현장조치 행동매뉴얼을 통합하여 작성할 수 있다. 다만, 현장조치 행동매뉴얼 작성 기관의 장이 다른 법령에 따라 작성한 계획·매뉴얼 등에 재난유형별 현장조치 행동매뉴얼에 포함될 사항이 모두 포함되어 있는 경우 해당 재난유형에 대해서는 현장조치 행동매뉴얼이 작성된 것으로 본다.

(2) 행정안전부장관은 재난유형별 위기관리 매뉴얼의 작성 및 운용기준을 정하여 재난관리책임기관의 장에게 통보할 수 있다.

(3) 재난관리주관기관의 장이 작성한 위기관리 표준매뉴얼은 행정안전부장관의 승인을 받아 이를 확정하고, 위기대응 실무매뉴얼과 연계하여 운용하여야 한다.

(4) 재난관리주관기관의 장은 위기관리 표준매뉴얼 및 위기대응 실무매뉴얼을 정기적으로 점검하고 그 결과를 행정안전부장관에게 통보하여야 한다. 이 경우 매뉴얼의 점검을 위하여 필요한 때에는 관계 전문가의 의견을 들을 수 있다.

(5) 행정안전부장관은 재난유형별 위기관리 매뉴얼의 표준화 및 실효성 제고를 위하여 대통령령(시행령 제43조의6)으로 정하는 위기관리 매뉴얼협의회를 구성·운영할 수 있다.

✓ Check 시행령 제43조의6(위기관리 매뉴얼협의회의 구성·운영)

① 법 제34조의5 제5항에 따른 위기관리 매뉴얼협의회(이하 이 조에서 "협의회"라 한다)는 위원장 1명을 포함하여 200명 이내의 위원으로 구성한다.
② 협의회는 다음 각 호의 사항을 심의한다.
  1. 위기관리 표준매뉴얼 및 위기대응 실무매뉴얼의 검토에 관한 사항
  2. 위기관리 매뉴얼의 작성방법 및 운용기준 등에 관한 사항
  3. 위기관리 매뉴얼의 개선에 관한 사항
  4. 그 밖에 행정안전부장관이 위기관리 매뉴얼의 표준화 및 실효성 제고를 위하여 필요하다고 인정하는 사항
③ 협의회의 위원은 다음 각 호의 사람 중에서 행정안전부장관이 임명하거나 위촉한다.
  1. 재난관리주관기관에서 재난 및 안전관리 업무를 담당하는 부서의 과장급 이상 공무원
  2. 재난관리책임기관에서 위기관리 매뉴얼에 관한 업무를 담당하는 공무원 또는 직원
  3. 재난 및 안전관리 또는 위기관리 매뉴얼에 관한 학식과 경험이 풍부한 사람
④ 협의회의 위원장은 위원 중에서 행정안전부장관이 지명한다.
⑤ 위촉위원의 임기는 2년으로 하며, 위원의 사임 등으로 새로 위촉된 위원의 임기는 전임위원 임기의 남은 기간으로 한다.
⑥ 협의회의 회의에 출석하는 위원에게는 예산의 범위에서 수당과 여비 등을 지급할 수 있다. 다만, 공무원인 위원이 그 업무와 관련하여 회의에 참석하는 경우에는 그러하지 아니하다.
⑦ 제1항부터 제6항까지에서 규정한 사항 외에 협의회 운영에 필요한 사항은 행정안전부장관이 정한다.

(6) 재난관리주관기관의 장은 소관 분야 재난유형의 위기대응 실무매뉴얼 및 현장조치 행동매뉴얼을 조정·승인하고 지도·관리를 하여야 하며, 소관분야 위기관리 매뉴얼을 새로이 작성하거나 변경한 때에는 이를 행정안전부장관에게 통보하여야 한다.

(7) 시장·군수·구청장이 작성한 현장조치 행동매뉴얼에 대하여는 시·도지사의 승인을 받아야 한다. 시·도지사는 현장조치 행동매뉴얼을 승인하는 때에는 재난관리주관기관의 장이 작성한 위기대응 실무매뉴얼과 연계되도록 하여야 하며, 승인 결과를 재난관리주관기관의 장 및 행정안전부장관에게 보고하여야 한다.

(8) 행정안전부장관은 위기관리 매뉴얼의 체계적인 운용을 위하여 관리시스템을 구축·운영할 수 있으며, '(3)'부터 '(7)'까지의 규정에 따른 위기관리 매뉴얼의 작성·운용 등 필요한 사항은 대통령령(시행령 제43조의7)으로 정한다.

✓ Check 시행령 제43조의7(위기관리 매뉴얼의 작성 · 운용)

① 행정안전부장관은 법 제34조의5 제8항에 따른 관리시스템(이하 "관리시스템"이라 한다)을 구축 · 운영하기 위하여 재난관리책임기관의 장에게 관련 자료의 제출을 요청하거나 관리시스템을 통하여 위기관리 매뉴얼을 관리하도록 요청할 수 있다.

② 행정안전부장관은 법 제34조의5 제9항에 따라 위기관리에 필요한 표준화된 매뉴얼을 연구 · 개발할 때에는 다음 각 호의 사항을 고려하여야 한다.

1. 재난유형에 따른 국민행동요령의 표준화
2. 재난유형에 따른 예방 · 대비 · 대응 · 복구 단계별 조치사항에 관한 연구 및 표준화
3. 재난현장에서의 대응 및 상호협력 절차에 관한 연구 및 표준화
4. 그 밖에 위기관리 매뉴얼의 개선 · 보완에 필요한 사항

③ 제1항과 제2항에서 규정한 사항 외에 위기관리 매뉴얼의 작성 및 운용에 관하여 필요한 사항은 행정안전부장관이 정한다.

(9) 행정안전부장관은 재난관리업무를 효율적으로 하기 위하여 대통령령(시행령 제43조의7)으로 정하는 바에 따라 위기관리에 필요한 매뉴얼 표준안을 연구 · 개발하여 보급할 수 있다. 이 경우 다음의 사항을 고려하여야 한다.

① 재난유형에 따른 국민행동요령의 표준화
② 재난유형에 따른 예방 · 대비 · 대응 · 복구 단계별 조치사항에 관한 연구 및 표준화
③ 재난현장에서의 대응과 상호협력 절차에 관한 연구 및 표준화
④ 안전취약계층의 특성을 반영한 연구 · 개발
⑤ 그 밖에 위기관리에 관한 매뉴얼의 개선 · 보완에 필요한 사항

(10) 행정안전부장관은 위기관리 매뉴얼의 작성 · 운용 실태를 반기별로 점검하여야 하며, 필요한 경우 수시로 점검할 수 있고, 그 결과에 따라 이를 시정 또는 보완하기 위하여 위기관리 매뉴얼을 작성 · 운용하는 기관의 장에게 필요한 조치를 하도록 권고할 수 있다. 이 경우 권고를 받은 기관의 장은 특별한 사유가 없으면 이에 따라야 한다.

6 다중이용시설 등의 위기상황 매뉴얼 작성 · 관리 및 훈련 (법 제34조의6)

(1) 대통령령(시행령 제43조의8)으로 정하는 다중이용시설 등의 소유자 · 관리자 또는 점유자는 대통령령(시행령 제43조의9)으로 정하는 바에 따라 위기상황에 대비한 매뉴얼(위기상황 매뉴얼)을 작성 · 관리하여야 한다. 다만, 다른 법령에서 위기상황에 대비한 대응계획 등의 작성 · 관리에 관하여 규정하고 있는 경우에는 그 법령에서 정하는 바에 따른다.

✓ Check 위기상황 매뉴얼 작성 · 관리 대상 및 방법 등

시행령 제43조의8(위기상황 매뉴얼 작성 · 관리 대상)

법 제34조의6 제1항 본문에서 "대통령령으로 정하는 다중이용시설 등의 소유자 · 관리자 또는 점유자"란

다음 각 호의 어느 하나에 해당하는 건축물 또는 시설(이하 "다중이용시설 등"이라 한다)의 관계인을 말한다.

1. 「건축법 시행령」 제2조 제17호 가목에 따른 다중이용 건축물

> "다중이용 건축물"이란 다음 각 목의 어느 하나에 해당하는 건축물을 말한다.
> 가. 다음의 어느 하나에 해당하는 용도로 쓰는 바닥면적의 합계가 5천제곱미터 이상인 건축물
> 1) 문화 및 집회시설(동물원 및 식물원은 제외한다)
> 2) 종교시설
> 3) 판매시설
> 4) 운수시설 중 여객용 시설
> 5) 의료시설 중 종합병원
> 6) 숙박시설 중 관광숙박시설
> 나. 16층 이상인 건축물

2. 그 밖에 제1호에 따른 건축물에 준하는 건축물 또는 시설로서 행정안전부장관이 법 제34조의6 제1항 본문에 따른 위기상황에 대비한 매뉴얼(이하 "위기상황 매뉴얼"이라 한다)의 작성 · 관리가 필요하다고 인정하여 고시하는 건축물 또는 시설

시행령 제43조의9(위기상황 매뉴얼의 작성 · 관리 방법 등)

① 법 제34조의6 제1항에 따라 다중이용시설 등의 관계인이 작성 · 관리하여야 하는 위기상황 매뉴얼에는 다음 각 호의 사항이 포함되어야 한다.
1. 위기상황 대응조직의 체계
2. 위기상황 발생 시 구성원의 역할에 관한 사항
3. 위기상황별 · 단계별 대처방법에 관한 사항
4. 응급조치 및 피해복구에 관한 사항
5. 그 밖에 행정안전부장관이 위기상황의 효율적인 극복을 위하여 필요하다고 인정하여 고시하는 사항

② 위기상황 매뉴얼을 작성 · 관리하는 관계인은 법 제34조의6 제2항에 따라 매년 1회 이상 위기상황 매뉴얼에 따른 훈련을 실시하여야 한다.

③ 위기상황 매뉴얼을 작성 · 관리하는 관계인은 제2항에 따른 훈련 결과를 반영하여 위기상황 매뉴얼이 실제 위기상황에서 무리 없이 작동하도록 지속적으로 보완 · 발전시켜야 한다.

④ 행정안전부장관은 관계 중앙행정기관의 장 또는 지방자치단체의 장에게 소관 분야의 위기상황에 대비한 위기상황 매뉴얼의 표준안을 작성 · 보급할 것을 요청할 수 있다.

⑤ 제1항부터 제4항까지에서 규정한 사항 외에 위기상황 매뉴얼의 작성 방법 및 기준 등에 관하여 필요한 사항은 행정안전부장관이 정하여 고시한다.

(2) 소유자 · 관리자 또는 점유자는 대통령령(시행령 제43조의9)으로 정하는 바에 따라 위기상황 매뉴얼에 따른 훈련을 주기적으로 실시하여야 한다. 다만, 다른 법령에서 위기상황에 대비한 대응계획 등의 훈련에 관하여 규정하고 있는 경우에는 그 법령에서 정하는 바에 따른다.

(3) 행정안전부장관, 관계 중앙행정기관의 장 또는 지방자치단체의 장은 위기상황 매뉴얼(위기상황에 대비한 대응계획 등을 포함한다)의 작성·관리 및 훈련실태를 점검하고 필요한 경우에는 개선명령을 할 수 있다.

7 안전기준의 등록 및 심의 등 [법 제34조의7]

(1) 행정안전부장관은 안전기준을 체계적으로 관리·운용하기 위하여 안전기준을 통합적으로 관리할 수 있는 체계를 갖추어야 한다.

(2) 중앙행정기관의 장은 관계 법률에서 정하는 바에 따라 안전기준을 신설 또는 변경하는 때에는 행정안전부장관에게 안전기준의 등록을 요청하여야 한다.

(3) 행정안전부장관은 안전기준의 등록을 요청받은 때에는 안전기준심의회의 심의를 거쳐 이를 확정한 후 관계 중앙행정기관의 장에게 통보하여야 한다.

(4) 중앙행정기관의 장이 신설 또는 변경하는 안전기준은 국가재난관리기준에 어긋나지 아니하여야 한다.

(5) 안전기준의 등록 방법 및 절차와 안전기준심의회 구성 및 운영에 관하여는 대통령령으로 정한다.

✓ Check 시행령 제43조의11(안전기준심의회의 구성 및 운영 등)

① 법 제34조의7 제3항에 따른 안전기준심의회(이하 이 조에서 "심의회"라 한다)는 의장을 포함한 20명 이내의 위원으로 구성한다.
② 심의회는 다음 각 호의 사항을 심의·의결한다.
  1. 안전기준의 등록에 관한 사항
  2. 안전기준의 신설, 조정 및 보완에 관한 사항
  3. 그 밖에 의장이 회의에 부치는 사항
③ 심의회의 의장은 행정안전부의 재난안전관리사무를 담당하는 본부장이 된다.
④ 심의회의 위원은 다음 각 호의 사람 중에서 성별을 고려하여 행정안전부장관이 임명하거나 위촉한다.
  1. 관계 중앙행정기관의 고위공무원단에 속하는 일반직공무원 또는 이에 상당하는 공무원
  2. 안전기준에 관한 학식과 경험이 풍부한 사람
⑤ 위촉위원의 임기는 2년으로 하며, 두 차례만 연임할 수 있다.
⑥ 위원의 사임 등으로 새로 위촉된 위원의 임기는 전임위원 임기의 남은 기간으로 한다.
⑦ 행정안전부장관은 심의회 위원이 다음 각 호의 어느 하나에 해당하는 경우에는 해당 위원을 해임 또는 해촉(解囑)할 수 있다.
  1. 심신장애로 인하여 직무를 수행할 수 없게 된 경우
  2. 직무와 관련된 비위사실이 있는 경우
  3. 직무태만, 품위손상이나 그 밖의 사유로 인하여 위원으로 적합하지 아니하다고 인정되는 경우
  4. 위원 스스로 직무를 수행하는 것이 곤란하다고 의사를 밝히는 경우
⑧ 심의회는 재적위원 과반수의 출석으로 개의하고, 출석위원 과반수의 찬성으로 의결한다.

⑨ 심의회의 사무를 처리하기 위하여 간사 1명을 두며, 간사는 행정안전부 소속 공무원 중에서 의장이 지명한다.
⑩ 심의회는 심의의 전문성을 확보하기 위하여 필요한 경우에는 안전기준 분과위원회를 둘 수 있다.
⑪ 심의회의 회의에 출석한 위원에게는 예산의 범위에서 수당과 여비 등을 지급할 수 있다. 다만, 공무원인 위원이 그 업무와 관련하여 회의에 참석하는 경우에는 그러하지 아니하다.
⑫ 제1항부터 제11항까지에서 규정한 사항 외에 심의회의 운영과 안전기준 분과위원회의 구성・운영 등에 필요한 사항은 행정안전부장관이 정한다.

8 재난안전통신망의 구축・운영 (법 제34조의8)

(1) 행정안전부장관은 체계적인 재난관리를 위하여 재난안전통신망을 구축・운영하여야 하며, 재난관리책임기관・긴급구조기관 및 긴급구조지원기관(재난관련기관)은 재난관리에 재난안전통신망을 사용하여야 한다.

✔ Check 시행령 제43조의13(재난대비훈련 기본계획의 수립)

행정안전부장관은 법 제34조의9 제1항에 따라 재난대비훈련 기본계획을 수립하는 경우에는 다음 각 호의 사항을 포함하여야 한다.
1. 재난대비훈련 목표
2. 재난대비훈련 유형 선정기준 및 훈련프로그램
3. 재난대비훈련 기획, 설계 및 실시에 관한 사항
4. 재난대비훈련 평가 및 평가결과에 따른 교육・재훈련의 실시 등에 관한 사항
5. 그 밖에 재난대비훈련의 실시를 위하여 행정안전부장관이 필요하다고 인정하여 정하는 사항

(2) 재난안전통신망의 운영, 사용 등에 필요한 사항은 다른 법률(재난안전통신망법)로 정한다.

9 재난대비훈련 기본계획 수립 (법 제34조의9)

(1) 행정안전부장관은 매년 재난대비훈련 기본계획을 수립하고 재난관리책임기관의 장에게 통보하여야 한다.

(2) 재난관리책임기관의 장은 재난대비훈련 기본계획에 따라 소관분야별로 자체계획을 수립하여야 한다.

(3) 행정안전부장관은 수립한 재난대비훈련 기본계획을 국회 소관상임위원회에 보고하여야 한다.

10 재난대비훈련 실시 (법 제35조)

(1) 행정안전부장관, 중앙행정기관의 장, 시・도지사, 시장・군수・구청장 및 긴급구조기관(훈련주관기관)의 장은 대통령령(시행령 제43조의14)으로 정하는 바에 따라 매년 정기적으로 또는

수시로 재난관리책임기관, 긴급구조지원기관 및 군부대 등 관계 기관(훈련참여기관)과 합동으로 재난대비훈련(위기관리 매뉴얼의 숙달훈련을 포함한다)을 실시하여야 한다.

(2) 훈련주관기관의 장은 재난대비훈련을 실시하려면 자체계획을 토대로 재난대비훈련 실시계획을 수립하여 훈련참여기관의 장에게 통보하여야 한다.

(3) 훈련참여기관의 장은 재난대비훈련을 실시하면 훈련상황을 점검하고, 그 결과를 대통령령(시행령 제43조의14)으로 정하는 바에 따라 훈련주관기관의 장에게 제출하여야 한다.

✔ Check 시행령 제43조의14(재난대비훈련 등)

① 행정안전부장관, 중앙행정기관의 장, 시·도지사, 시장·군수·구청장 및 긴급구조기관의 장(이하 "훈련주관기관의 장"이라 한다)은 법 제35조 제1항에 따라 관계 기관과 합동으로 참여하는 재난대비훈련을 각각 소관 분야별로 주관하여 연 1회 이상 실시하여야 한다.
② 제1항에 따라 재난대비훈련에 참여하는 기관은 자체 훈련을 수시로 실시할 수 있다.
③ 훈련주관기관의 장은 법 제35조 제1항에 따라 재난대비훈련을 실시하는 경우에는 훈련일 15일 전까지 훈련일시, 훈련장소, 훈련내용, 훈련방법, 훈련참여 인력 및 장비, 그 밖에 훈련에 필요한 사항을 재난관리책임기관, 긴급구조지원기관 및 군부대 등 관계 기관(이하 "훈련참여기관"이라 한다)의 장에게 통보하여야 한다.
④ 삭제
⑤ 훈련주관기관의 장은 재난대비훈련 수행에 필요한 능력을 기르기 위하여 제1항에 따른 재난대비훈련 참석자에게 재난대비훈련을 실시하기 전에 사전교육을 하여야 한다. 다만, 다른 법령에 따라 해당 분야의 재난대비훈련 교육을 받은 경우에는 이 영에 따른 교육을 받은 것으로 본다.
⑥ 훈련참여기관의 장은 법 제35조 제3항에 따라 재난대비훈련 실시 후 10일 이내에 그 결과를 훈련주관기관의 장에게 제출하여야 한다.
⑦ 제1항에 따른 재난대비훈련에 참여하는 데에 필요한 비용은 참여 기관이 부담한다. 다만, 민간 긴급구조지원기관에 대해서는 훈련주관기관의 장이 부담할 수 있다.
⑧ 제1항부터 제7항까지에서 규정한 사항 외에 재난대비훈련 및 지원에 필요한 사항은 행정안전부장관이 정한다.

(4) 훈련주관기관의 장은 대통령령(시행령 제43조의15)으로 정하는 바에 따라 다음의 조치를 하여야 한다.

① 훈련참여기관의 훈련과정 및 훈련결과에 대한 점검·평가
② 훈련참여기관의 장에게 훈련과정에서 나타난 미비사항이나 개선·보완이 필요한 사항에 대한 보완조치 요구
③ 훈련과정에서 나타난 위기관리 매뉴얼의 미비점에 대한 개선·보완 및 개선·보완조치 요구

✔ Check 시행령 제43조의15(재난대비훈련의 평가)

① 훈련주관기관의 장은 다음 각 호의 평가항목 중 훈련 특성에 맞는 평가항목을 선정하여 법 제35조 제4항에 따른 재난대비훈련평가(이하 "훈련평가"라 한다)를 실시하여야 한다.

1. 분야별 전문인력 참여도 및 훈련목표 달성 정도
2. 장비의 종류・기능 및 수량 등 동원 실태
3. 유관기관과의 협력체제 구축 실태
4. 긴급구조대응계획 및 세부대응계획에 의한 임무의 수행 능력
5. 긴급구조기관 및 긴급구조지원기관 간의 지휘통신체계
6. 긴급구조요원의 임무 수행의 전문성 수준
7. 그 밖에 행정안전부장관이 정하는 평가에 필요한 사항

② 훈련주관기관의 장은 훈련평가의 결과를 훈련 종료일부터 30일 이내에 재난관리책임기관의 장 및 관계 긴급구조지원기관의 장에게 통보하고, 통보를 받은 재난관리책임기관의 장 및 긴급구조지원기관의 장은 평가 결과가 다음 훈련계획 수립 및 훈련을 실시하는 데 반영되도록 하는 등의 재난관리에 필요한 조치를 하여야 한다.

③ 행정안전부장관은 제1항에 따른 평가 결과 우수기관에 대해서는 포상 등 필요한 조치를 할 수 있다.

④ 행정안전부장관은 체계적이고 효율적인 훈련평가를 위하여 필요한 경우 민간전문가로 이루어진 평가단을 구성하여 운영할 수 있다.

⑤ 제1항부터 제4항까지에서 규정한 사항 외에 훈련평가에 필요한 사항은 행정안전부장관이 정하여 고시한다.

(5) 재난대비훈련의 효율적인 추진을 위한 절차・방법 등에 필요한 사항은 대통령령(시행령 제43조의14)으로 정한다.

CHAPTER

05 재난의 대응

01 절 응급조치 등

1 재난사태 선포 (법 제36조)

(1) 행정안전부장관은 대통령령으로 정하는 재난이 발생하거나 발생할 우려가 있는 경우 사람의 생명・신체 및 재산에 미치는 중대한 영향이나 피해를 줄이기 위하여 긴급한 조치가 필요하다고 인정하면 중앙위원회의 심의를 거쳐 재난사태를 선포할 수 있다. 다만, 행정안전부장관은 재난상황이 긴급하여 중앙위원회의 심의를 거칠 시간적 여유가 없다고 인정하는 경우에는 중앙위원회의 심의를 거치지 아니하고 재난사태를 선포할 수 있다.

✓Check 시행령 제44조(재난사태의 선포대상 재난)

① 법 제36조 제1항 본문에서 "대통령령으로 정하는 재난"이란 재난 중 극심한 인명 또는 재산의 피해가 발생하거나 발생할 것으로 예상되어 시・도지사가 행정안전부장관에게 재난사태의 선포를 건의하거나 행정안전부장관이 재난사태의 선포가 필요하다고 인정하는 재난(「노동조합 및 노동관계조정법」 제4장에 따른 쟁의행위로 인한 국가핵심기반의 일시 정지는 제외한다)을 말한다.

(2) 행정안전부장관은 '(1)'의 단서에 따라 재난사태를 선포한 경우에는 지체 없이 중앙위원회의 승인을 받아야 하고, 승인을 받지 못하면 선포된 재난사태를 즉시 해제하여야 한다.

(3) '(1)'에도 불구하고 시・도지사는 관할 구역에서 재난이 발생하거나 발생할 우려가 있는 등 대통령령으로 정하는 경우 사람의 생명・신체 및 재산에 미치는 중대한 영향이나 피해를 줄이기 위하여 긴급한 조치가 필요하다고 인정하면 시・도위원회의 심의를 거쳐 재난사태를 선포할 수 있다. 이 경우 시・도지사는 지체 없이 그 사실을 행정안전부장관에게 통보하여야 한다.

✓Check 시행령 제44조(재난사태의 선포대상 재난)

② 법 제36조 제3항 전단에서 "관할 구역에서 재난이 발생하거나 발생할 우려가 있는 등 대통령령으로 정하는 경우"란 관할 구역에서 극심한 인명 또는 재산의 피해가 발생하거나 발생할 것으로 예상되어 시장・군수・구청장이 시・도지사에게 재난사태의 선포를 건의하거나 시・도지사가 재난사태의 선포가 필요하다고 인정하는 경우를 말한다.

(4) '(3)'에 따른 재난사태 선포에 대한 시・도위원회 심의의 생략 및 승인 등에 관하여는 '(1)'의 단서 및 '(2)'을 준용한다. 이 경우 "행정안전부장관"은 "시・도지사"로, "중앙위원회"는 "시・도위원회"로 본다.

(5) 행정안전부장관 및 지방자치단체의 장은 '(1)'에 따라 재난사태가 선포된 지역에 대하여 다음의 조치를 할 수 있다.

① 재난경보의 발령, 재난관리자원의 동원, 위험구역 설정, 대피명령, 응급지원 등 이 법에 따른 응급조치
② 해당 지역에 소재하는 행정기관 소속 공무원의 비상소집
③ 해당 지역에 대한 여행 등 이동 자제 권고
④ 「유아교육법」 제31조, 「초・중등교육법」 제64조 및 「고등교육법」 제61조에 따른 휴업명령 및 휴원・휴교 처분의 요청
⑤ 그 밖에 재난예방에 필요한 조치

(6) 행정안전부장관은 재난으로 인한 위험이 해소되었다고 인정하는 경우 또는 재난이 추가적으로 발생할 우려가 없어진 경우에는 선포된 재난사태를 즉시 해제하여야 한다.

2 응급조치 (법 제37조)

(1) 시・도긴급구조통제단 및 시・군・구긴급구조통제단의 단장(이하 "지역통제단장"이라 한다)과 시장・군수・구청장은 재난이 발생할 우려가 있거나 재난이 발생하였을 때에는 즉시 관계 법령이나 재난대응활동계획 및 위기관리 매뉴얼에서 정하는 바에 따라 수방(水防)・진화・구조 및 구난(救難), 그 밖에 재난 발생을 예방하거나 피해를 줄이기 위하여 필요한 다음의 응급조치를 하여야 한다. 다만, 지역통제단장의 경우에는 '③' 중 진화에 관한 응급조치와 '⑤' 및 '⑦'의 응급조치만 하여야 한다.
① 경보의 발령 또는 전달이나 피난의 권고 또는 지시
② 제31조(정밀안전진단, 보수・보강 등 정비, 재난을 발생시킬 위험요인의 제거)에 따른 안전조치
③ 진화・수방・지진방재, 그 밖의 응급조치와 구호
④ 피해시설의 응급복구 및 방역과 방범, 그 밖의 질서 유지
⑤ 긴급수송 및 구조 수단의 확보
⑥ 급수 수단의 확보, 긴급피난처 및 구호품 등 재난관리자원의 확보
⑦ 현장지휘통신체계의 확보
※ 지역통제단장은 진화, 긴급수송 및 구조 수단의 확보, 현장지휘통신체계의 확보의 응급조치만 하여야 한다.
⑧ 그 밖에 재난 발생을 예방하거나 줄이기 위하여 필요한 사항으로서 대통령령(시행령 제45조)으로 정하는 사항

✓ Check 시행령 제45조(응급조치를 위한 공무원의 파견 요청 등)

법 제50조에 따른 시・도긴급구조통제단 및 시・군・구긴급구조통제단의 단장(이하 "지역통제단장"이라 한다)은 법 제37조 제1항에 따른 응급조치를 위하여 다음 각 호의 사항을 분명하게 밝혀 다른 지역통제단장 또는 시장・군수・구청장에게 소속 공무원의 파견을 요청할 수 있다.
1. 파견요청 사유

2. 파견대상 인원 및 직급
3. 파견기간
4. 그 밖에 파견에 필요한 사항 등

(2) 시·군·구의 관할 구역에 소재하는 재난관리책임기관의 장은 시장·군수·구청장이나 지역통제단장이 요청하면 관계 법령이나 시·군·구 안전관리계획에서 정하는 바에 따라 시장·군수·구청장이나 지역통제단장의 지휘 또는 조정하에 그 소관 업무에 관계되는 응급조치를 실시하거나 시장·군수·구청장이나 지역통제단장이 실시하는 응급조치에 협력하여야 한다.

3 위기경보의 발령 등 (법 제38조)

(1) 재난관리주관기관의 장은 대통령령(시행령 제46조)으로 정하는 재난에 대한 징후를 식별하거나 재난발생이 예상되는 경우에는 그 위험 수준, 발생 가능성 등을 판단하여 그에 부합되는 조치를 할 수 있도록 위기경보를 발령할 수 있다. 다만, 제34조의5 제1항 제1호 단서의 상황인 경우에는 행정안전부장관이 위기경보를 발령할 수 있다.

✓ Check 시행령 제46조(위기경보의 발령대상 재난)

법 제38조 제1항 본문에서 "대통령령으로 정하는 재난"이란 다음 각 호의 어느 하나에 해당하는 재난을 말한다.
1. 자연재난 및 사회재난
2. 그 밖에 인명 또는 재산의 피해 정도가 매우 크고 그 영향이 광범위할 것으로 예상되어 재난관리주관기관의 장이 위기경보의 발령이 필요하다고 인정하는 재난

(2) 위기경보는 재난 피해의 전개 속도, 확대 가능성 등 재난상황의 심각성을 종합적으로 고려하여 관심·주의·경계·심각으로 구분할 수 있다. 다만, 다른 법령에서 재난 위기경보의 발령 기준을 따로 정하고 있는 경우에는 그 기준을 따른다.

(3) 재난관리주관기관의 장은 심각 경보를 발령 또는 해제할 경우에는 행정안전부장관과 사전에 협의하여야 한다. 다만, 긴급한 경우에 재난관리주관기관의 장은 우선 조치한 후 지체 없이 행정안전부장관과 협의하여야 한다.

(4) 재난관리책임기관의 장은 '(1)'에 따른 위기경보가 신속하게 발령될 수 있도록 재난과 관련한 위험정보를 얻으면 즉시 행정안전부장관, 재난관리주관기관의 장, 시·도지사 및 시장·군수·구청장에게 통보하여야 한다.

4 재난 예보·경보체계 구축·운영 등 (법 제38조의2)

(1) 재난관리책임기관의 장은 사람의 생명·신체 및 재산에 대한 피해가 예상되면 그 피해를 예방하거나 줄이기 위하여 재난에 관한 예보 또는 경보 체계를 구축·운영할 수 있다.

(2) 재난관리책임기관의 장은 재난에 관한 예보 또는 경보가 신속하게 실시될 수 있도록 재난과 관련한 위험정보를 얻으면 즉시 행정안전부장관, 재난관리주관기관의 장, 시・도지사 및 시장・군수・구청장에게 통보하여야 한다.

(3) 행정안전부장관, 시・도지사 또는 시장・군수・구청장은 재난에 관한 예보・경보・통지나 응급조치를 실시하기 위하여 필요하면 다음의 조치를 요청할 수 있다. 다만, 다른 법령에 특별한 규정이 있을 때에는 그러하지 아니하다.

① 전기통신시설의 소유자 또는 관리자에 대한 전기통신시설의 우선 사용
② 「전기통신사업법」에 따른 전기통신사업자 중 대통령령(시행령 제46조의2)으로 정하는 주요 전기통신사업자에 대한 필요한 정보의 문자나 음성 송신 또는 인터넷 홈페이지 게시
③ 「방송법」에 따른 방송사업자에 대한 필요한 정보의 신속한 방송
④ 「신문 등의 진흥에 관한 법률」에 따른 신문사업자 및 인터넷신문사업자 중 대통령령(시행령 제46조의2)으로 정하는 주요 신문사업자 및 인터넷신문사업자에 대한 필요한 정보의 게재
⑤ 「옥외광고물 등의 관리와 옥외광고산업 진흥에 관한 법률」에 따른 디지털광고물의 관리자에 대한 필요한 정보의 게재

✔Check 시행령 제46조의2(주요 전기통신사업자 등)

① 법 제38조의2 제3항 제2호에서 "대통령령으로 정하는 주요 전기통신사업자"란 다음 각 호의 전기통신 역무를 제공하는 자를 말한다.
1. 시내전화 역무
2. 시외전화 역무
3. 국제전화 역무
4. 초고속인터넷 역무
5. 주파수를 배정받아 제공하는 역무 중 이동전화 역무 또는 가입자가 10만명 이상인 주파수공용통신 역무
6. 「전기통신사업법」 제2조 제12호에 따른 부가통신역무(정보통신서비스의 유형별 일일 평균 이용자 수가 10만명 이상인 부가통신역무에 한정한다)

② 법 제38조의2 제3항 제4호에서 "대통령령으로 정하는 주요 신문사업자 및 인터넷신문사업자"란 다음 각 호의 어느 하나에 해당하는 사업자를 말한다.
1. 「신문 등의 진흥에 관한 법률」 제2조 제1호 가목의 일반일간신문을 발행하는 신문사업자
2. 제1호에 따른 사업자인 인터넷신문사업자
3. 제1호에 따른 사업자의 계열회사(「독점규제 및 공정거래에 관한 법률」 제2조 제3호의 계열회사를 말한다)인 인터넷신문사업자

③ 제1항 제5호에 따른 주요 전기통신사업자에게 요청하는 재난문자방송에 대한 기준과 운영 등의 세부 사항은 행정안전부령으로 정한다.

(4) '(3)'에 따른 재난에 관한 예보・경보・통지 중 다음의 어느 하나에 해당하는 재난에 대해서는 기상청장이 예보・경보・통지를 실시한다. 이 경우 기상청장은 '(3)'의 각 조치를 요청할 수 있다.

① 「지진·지진해일·화산의 관측 및 경보에 관한 법률」 제2조 제1호부터 제3호까지에 따른 지진·지진해일·화산
② 대통령령(시행령 제47조의2)으로 정하는 규모 이상의 호우 또는 태풍
③ 그 밖에 대통령령으로 정하는 자연재난

✓ Check 시행령 제47조의2(기상청장이 예보·경보·통지하는 호우·태풍)

법 제38조의2 제4항 제2호에서 "대통령령으로 정하는 규모 이상의 호우 또는 태풍"이란 다음 각 호의 어느 하나에 해당하는 호우 또는 태풍을 말한다.
1. 호우 또는 태풍에 의한 1시간 누적 강우량이 50밀리미터 이상이면서 3시간 누적 강우량이 90밀리미터 이상 관측되는 경우
2. 호우 또는 태풍에 의한 1시간 누적 강우량이 72밀리미터 이상 관측되는 경우

(5) '(3)' 및 '(4)'에 따른 요청을 받은 전기통신시설의 소유자 또는 관리자, 전기통신사업자, 방송사업자, 신문사업자 및 인터넷신문사업자는 정당한 사유가 없으면 요청에 따라야 한다.

(6) 전기통신사업자나 방송사업자, 휴대전화 또는 네비게이션 제조업자는 '(3)' 및 '(4)'에 따른 재난의 예보·경보 실시 사항이 사용자의 휴대전화 등의 수신기 화면에 반드시 표시될 수 있도록 소프트웨어나 기계적 장치를 갖추어야 한다.

(7) 시장·군수·구청장은 제41조에 따른 위험구역 및 「자연재해대책법」 제12조에 따른 자연재해위험개선지구 등 재난으로 인하여 사람의 생명·신체 및 재산에 대한 피해가 예상되는 지역에 대하여 그 피해를 예방하기 위하여 시·군·구 재난 예보·경보체계 구축 종합계획(이하 이 조에서 "시·군·구종합계획"이라 한다)을 5년 단위로 수립하여 시·도지사에게 제출하여야 한다.

(8) 시·도지사는 '(7)'에 따른 시·군·구종합계획을 기초로 시·도 재난 예보·경보체계 구축 종합계획(이하 이 조에서 "시·도종합계획"이라 한다)을 수립하여 행정안전부장관에게 제출하여야 하며, 행정안전부장관은 필요한 경우 시·도지사에게 시·도종합계획의 보완을 요청할 수 있다.

(9) 시·도 종합계획과 시·군·구 종합계획에는 다음의 사항이 포함되어야 한다.
① 재난 예보·경보체계의 구축에 관한 기본방침
② 재난 예보·경보체계 구축 종합계획 수립 대상지역의 선정에 관한 사항
③ 종합적인 재난 예보·경보체계의 구축과 운영에 관한 사항
④ 그 밖에 재난으로부터 인명 피해와 재산 피해를 예방하기 위하여 필요한 사항

(10) 시·도지사와 시장·군수·구청장은 각각 시·도 종합계획과 시·군·구 종합계획에 대한 사업시행계획을 매년 수립하여 행정안전부장관에게 제출하여야 한다.

(11) 시·도지사와 시장·군수·구청장이 각각 시·도종합계획과 시·군·구종합계획을 변경하려는 경우에는 '(7)'과 '(8)'을 준용한다.

(12) '(3)' 및 '(4)'에 따른 요청의 절차, 시·도종합계획, 시·군·구종합계획 및 사업시행계획의 수립 등에 필요한 사항은 대통령령(시행령 제47조 ~ 제47조의4)으로 정한다.

✓ Check 재난 예보 · 경보체계 구축 종합계획 및 사업시행계획의 수립 등

시행령 제47조(방송요청사항)

중앙대책본부장 및 지역대책본부장은 법 제38조의2 제3항 제3호에 따라 「방송법」 제2조 제3호에 따른 방송사업자에게 방송을 요청하는 경우에는 다음 각 호의 사항을 분명하게 밝혀야 한다.

1. 기상상황
2. 재난 예보 · 경보 및 재난 상황
3. 피해를 줄이기 위하여 조치하여야 하는 사항
4. 국민 또는 주민의 협조 사항
5. 재난유형별 국민행동 요령
6. 그 밖에 피해를 예방하거나 경감하기 위하여 필요한 사항

시행령 제47조의3(재난 예보 · 경보체계 구축 종합계획의 수립 등에 관한 사항)

① 시 · 도지사 및 시장 · 군수 · 구청장은 법 제38조의2 제6항에 따른 시 · 군 · 구 재난 예보 · 경보체계 구축 종합계획(이하 "시 · 군 · 구종합계획"이라 한다) 또는 법 제38조의2 제7항에 따른 시 · 도 재난 예보 · 경보체계 구축 종합계획(이하 "시 · 도종합계획"이라 한다)을 수립할 때에는 다음 각 호의 사항을 중점적으로 검토하여 해당 계획에 반영하여야 한다.
  1. 종합계획의 타당성
  2. 재원확보 방안
  3. 민방위시설 등 다른 사업과의 중복 또는 연계성 여부
  4. 사업의 수혜도 등 평가 분석
  5. 지역주민의 의견수렴 결과
  6. 대피계획 등과 연계한 재해 예방활동
  7. 그 밖에 여건변동 등의 반영여부

② 행정안전부장관은 시 · 도종합계획, 시 · 군 · 구종합계획의 수립을 위하여 필요한 지침 및 기준을 정하여 시 · 도지사 또는 시장 · 군수 · 구청장에게 통보할 수 있다.

시행령 제47조의4(재난 예보 · 경보체계 구축 사업시행계획의 수립 등에 관한 사항)

① 법 제38조의2 제9항에 따른 시 · 도종합계획에 대한 재난 예보 · 경보체계 구축 사업시행계획(이하 "시 · 도사업시행계획"이라 한다)과 시 · 군 · 구종합계획에 대한 재난 예보 · 경보체계 구축 사업시행계획(이하 "시 · 군 · 구사업시행계획"이라 한다)에는 다음 각 호의 사항이 포함되어야 한다.
  1. 사업의 필요성
  2. 사업의 효과
  3. 사업의 시행 기간
  4. 사업비 조달계획
  5. 재난 예보 · 경보체계 구축 대상지역을 관할하는 지방자치단체의 재정 현황

② 시 · 도지사 및 시장 · 군수 · 구청장은 제1항에 따라 시 · 도사업시행계획과 시 · 군 · 구사업시행계획을 수립할 때에는 다음 각 호의 사항을 중점적으로 검토하여 해당 계획에 반영하여야 한다.
  1. 재난 예보 · 경보체계 구축 종합계획에 부합하는지 여부
  2. 사업의 타당성
  3. 사업비 확보 방안

4. 다른 사업과의 중복 또는 연계성 여부
5. 사업의 효과 분석
6. 지역주민의 의견수렴 결과

③ 행정안전부장관은 재난 예보·경보체계 구축 사업시행계획의 수립을 위하여 필요한 지침 및 기준을 정하여 시·도지사 또는 시장·군수·구청장에게 통보할 수 있다.

5 동원명령 등 (법 제39조)

(1) 중앙대책본부장과 시장·군수·구청장(시·군·구 대책본부가 운영되는 경우에는 해당 본부장을 말한다)은 재난이 발생하거나 발생할 우려가 있다고 인정하면 다음의 조치를 할 수 있다.
① 「민방위기본법」 제26조에 따른 민방위대의 동원
② 응급조치를 위하여 재난관리책임기관의 장에 대한 관계 직원의 출동 또는 재난관리자원의 동원 등 필요한 조치의 요청
③ 동원 가능한 재난관리자원 등이 부족한 경우에는 국방부장관에 대한 군부대의 지원 요청

(2) 필요한 조치의 요청을 받은 기관의 장은 특별한 사유가 없으면 요청에 따라야 한다.

6 대피명령 (법 제40조)

(1) 시장·군수·구청장과 지역통제단장(대통령령으로 정하는 권한을 행사하는 경우에만 해당한다. 이하 이 조에서 같다)은 재난이 발생하거나 발생할 우려가 있는 경우에 사람의 생명 또는 신체나 재산에 대한 위해를 방지하기 위하여 필요하면 해당 지역 주민이나 그 지역 안에 있는 사람에게 대피하도록 명하거나 선박·자동차 등을 그 소유자·관리자 또는 점유자에게 대피시킬 것을 명할 수 있다. 이 경우 미리 대피장소를 지정할 수 있다.

(2) 대피명령을 받은 경우에는 즉시 명령에 따라야 한다.

7 위험구역의 설정 (법 제41조)

(1) 시장·군수·구청장과 지역통제단장(대통령령으로 정하는 긴급구조에 관한 권한을 행사하는 경우에만 해당한다. 이하 이 조에서 같다)은 재난이 발생하거나 발생할 우려가 있는 경우에 사람의 생명 또는 신체에 대한 위해 방지나 질서의 유지를 위하여 필요하면 위험구역을 설정하고, 응급조치에 종사하지 아니하는 사람에게 다음의 조치를 명할 수 있다.
① 위험구역에 출입하는 행위나 그 밖의 행위의 금지 또는 제한
② 위험구역에서의 퇴거 또는 대피

(2) 시장·군수·구청장과 지역통제단장은 위험구역을 설정할 때에는 그 구역의 범위에 따라 금지되거나 제한되는 행위의 내용, 그 밖에 필요한 사항을 보기 쉬운 곳에 게시하여야 한다.

(3) 관계 중앙행정기관의 장은 재난이 발생하거나 발생할 우려가 있는 경우로서 사람의 생명 또는

신체에 대한 위해 방지나 질서의 유지를 위하여 필요하다고 인정되는 경우에는 시장·군수·구청장과 지역통제단장에게 위험구역의 설정을 요청할 수 있다.

8 강제대피조치 (법 제42조)

(1) 시장·군수·구청장과 지역통제단장(대통령령으로 정하는 권한을 행사하는 경우에만 해당한다. 이하 이 조에서 같다)은 제40조 제1항에 따른 대피명령을 받은 사람 또는 제41조 제1항 제2호에 따른 위험구역에서의 퇴거나 대피명령을 받은 사람이 그 명령을 이행하지 아니하여 위급하다고 판단되면 그 지역 또는 위험구역 안의 주민이나 그 안에 있는 사람을 강제로 대피 또는 퇴거시키거나 선박·자동차 등을 견인시킬 수 있다.

(2) 시장·군수·구청장 및 지역통제단장은 '(1)'에 따라 주민 등을 강제로 대피 또는 퇴거시키기 위하여 필요하다고 인정하면 관할 경찰관서의 장에게 필요한 인력 및 장비의 지원을 요청할 수 있다.

(3) 요청을 받은 경찰관서의 장은 특별한 사유가 없는 한 이에 응하여야 한다.

9 통행제한 등 (법 제43조)

(1) 시장·군수·구청장과 지역통제단장(대통령령으로 정하는 권한을 행사하는 경우에만 해당한다)은 응급조치에 필요한 물자를 긴급히 수송하거나 진화·구조 등을 하기 위하여 필요하면 대통령령으로 정하는 바에 따라 경찰관서의 장에게 도로의 구간을 지정하여 해당 긴급수송 등을 하는 차량 외의 차량의 통행을 금지하거나 제한하도록 요청할 수 있다.

(2) 요청을 받은 경찰관서의 장은 특별한 사유가 없으면 요청에 따라야 한다.

10 응원 (법 제44조)

(1) 시장·군수·구청장은 응급조치를 하기 위하여 필요하면 다른 시·군·구나 관할 구역에 있는 군부대 및 관계 행정기관의 장, 그 밖의 민간기관·단체의 장에게 재난관리자원의 지원 등 필요한 응원(應援)을 요청할 수 있다. 이 경우 응원을 요청받은 군부대의 장과 관계 행정기관의 장은 특별한 사유가 없으면 요청에 따라야 한다.

(2) 응원에 종사하는 사람은 그 응원을 요청한 시장·군수·구청장의 지휘에 따라 응급조치에 종사하여야 한다.

11 응급부담 (법 제45조)

시장·군수·구청장과 지역통제단장(대통령령으로 정하는 권한을 행사하는 경우에만 해당한다)은 그 관할 구역에서 재난이 발생하거나 발생할 우려가 있어 응급조치를 하여야 할 급박한 사정이 있으면 해당 재난현장에 있는 사람이나 인근에 거주하는 사람에게 응급조치에 종사하게 하거나 대통령령으로 정하는 바에 따라 다른 사람의 토지·건축물·인공구조물, 그 밖의 소유물을 일시 사용할 수 있으며, 장애물을 변경하거나 제거할 수 있다.

✓ Check 시행령 제52조(응급부담의 절차)

① 시장·군수·구청장 및 지역통제단장은 법 제45조에 따라 응급조치 종사명령을 할 때에는 그 대상자에게 행정안전부령으로 정하는 바에 따라 응급조치종사명령서를 발급하여야 한다. 다만, 긴급한 경우에는 구두로 응급조치 종사를 명한 후 행정안전부령으로 정하는 바에 따라 응급조치종사명령에 따른 사람에게 응급조치종사확인서를 발급하여야 한다.
② 시장·군수·구청장 및 지역통제단장은 법 제45조에 따라 다른 사람의 토지·건축물·공작물, 그 밖의 소유물을 일시 사용하거나 장애물을 변경 또는 제거할 때에는 행정안전부령으로 정하는 바에 따라 그 관계인에게 응급부담의 목적·기간·대상 및 내용 등을 분명하게 적은 응급부담명령서를 발급하여야 한다. 다만, 긴급한 경우에는 구두로 응급부담을 명한 후 행정안전부령으로 정하는 바에 따라 관계인에게 응급부담확인서를 발급하여야 한다.
③ 제2항 본문에 따른 응급부담명령서를 발급할 대상자를 알 수 없거나 그 소재지를 알 수 없을 때에는 이를 해당 시·군·구의 게시판에 15일 이상 게시하여야 한다.
④ 제2항 단서에 따라 구두로 응급부담을 명할 대상자가 없거나 그 소재지를 알 수 없을 때에는 응급부담조치를 한 후 그 사실을 해당 시·군·구의 게시판에 15일 이상 게시하여야 한다.

12 시·도지사가 실시하는 응급조치 등 (법 제46조)

(1) 시·도지사는 다음의 경우에는 제37조 제1항 및 제39조부터 제45조까지의 규정에 따른 응급조치를 할 수 있다.
  ① 관할 구역에서 재난이 발생하거나 발생할 우려가 있는 경우로서 대통령령(시행령 제53조)으로 정하는 경우
  ② 둘 이상의 시·군·구에 걸쳐 재난이 발생하거나 발생할 우려가 있는 경우

✓ Check 시행령 제53조(시·도지사가 응급조치를 할 수 있는 경우)

법 제46조 제1항 제1호에서 "대통령령으로 정하는 경우"란 인명 또는 재산의 피해정도가 매우 크고 그 영향이 광범위하거나 광범위할 것으로 예상되어 시·도지사가 응급조치가 필요하다고 인정하는 경우를 말한다.

(2) 시·도지사는 '(1)'에 따른 응급조치를 하기 위하여 필요하면 이 절에 따라 응급조치를 하여야 할 시장·군수·구청장에게 필요한 지시를 하거나 다른 시·도지사 및 시장·군수·구청장에게 응원을 요청할 수 있다.

13 재난관리책임기관의 장의 응급조치 (법 제47조)

재난관리책임기관의 장은 재난이 발생하거나 발생할 우려가 있으면 즉시 그 소관 업무에 관하여 필요한 응급조치를 하고, 이 절에 따라 시·도지사, 시장·군수·구청장 또는 지역통제단장이 실시하는 응급조치가 원활히 수행될 수 있도록 필요한 협조를 하여야 한다.

14 지역통제단장의 응급조치 등 (법 제48조)

(1) 지역통제단장은 긴급구조를 위하여 필요하면 중앙대책본부장, 시・도지사(시・도 대책본부가 운영되는 경우에는 해당 본부장을 말한다. 이하 이 조에서 같다) 또는 시장・군수・구청장(시・군・구 대책본부가 운영되는 경우에는 해당 본부장을 말한다. 이하 이 조에서 같다)에게 응급대책을 요청할 수 있고, 중앙대책본부장, 시・도지사 또는 시장・군수・구청장은 특별한 사유가 없으면 요청에 따라야 한다.

(2) 지역통제단장은 응급조치 및 응급대책을 실시하였을 때에는 이를 즉시 해당 시장・군수・구청장에게 통보하여야 한다. 다만, 인명구조 및 응급조치 등 긴급한 대응이 필요한 경우에는 우선 조치한 후에 통보할 수 있다.

긴급구조

1 중앙긴급구조통제단 (법 제49조)

(1) 긴급구조에 관한 사항의 총괄 · 조정, 긴급구조기관 및 긴급구조지원기관이 하는 긴급구조활동의 역할 분담과 지휘 · 통제를 위하여 소방청에 중앙긴급구조통제단(이하 "중앙통제단"이라 한다)을 둔다.

(2) 중앙통제단의 단장은 소방청장이 된다.

✔ Check 긴급구조대응활동 및 현장지휘에 관한 규칙 제2조(정의)

3. "현장지휘소"란 법 제49조 제2항에 따른 중앙긴급구조통제단장(이하 "중앙통제단장"이라 한다), 법 제50조 제2항에 따른 시 · 도긴급구조통제단장(이하 "시 · 도긴급구조통제단장"이라 한다) 또는 시 · 군 · 구긴급구조통제단장(이하 "시 · 군 · 구긴급구조통제단장"이라 한다)이 법 제52조 제9항에 따라 재난현장에서 기관별지휘소를 총괄하여 지휘 · 조정 또는 통제하는 등의 재난현장지휘를 효과적으로 수행하기 위하여 설치 · 운영하는 장소 또는 지휘차량 · 선박 · 항공기 등을 말한다.
4. "현장지휘관"이란 긴급구조의 업무를 지휘하는 다음 각 목의 어느 하나에 해당하는 사람을 말한다.
   가. 중앙통제단장
   나. 시 · 도긴급구조통제단장 또는 시 · 군 · 구긴급구조통제단장(이하 "지역통제단장"이라 한다)
   다. 통제단장(중앙통제단장 및 지역통제단장을 말한다. 이하 같다)의 사전명령에 따라 현장지휘를 하는 소방관서 선착대의 장 또는 법 제55조 제2항에 따른 긴급구조지휘대(이하 "긴급구조지휘대"라 한다)의 장

(3) 중앙통제단장은 긴급구조를 위하여 필요하면 긴급구조지원기관 간의 공조체제를 유지하기 위하여 관계 기관 · 단체의 장에게 소속 직원의 파견을 요청할 수 있다. 이 경우 요청을 받은 기관 · 단체의 장은 특별한 사유가 없으면 요청에 따라야 한다.

(4) 중앙통제단의 구성 · 기능 및 운영에 필요한 사항은 대통령령으로 정한다.

✔ Check 중앙긴급구조통제단의 기능 · 구성 및 운영 등

시행령 제54조(중앙통제단의 기능)

중앙통제단은 법 제49조 제4항에 따라 다음 각 호의 기능을 수행한다.
1. 국가 긴급구조대책의 총괄 · 조정
2. 긴급구조활동의 지휘 · 통제(긴급구조활동에 필요한 긴급구조기관의 인력과 장비 등의 동원을 포함한다)
3. 긴급구조지원기관간의 역할분담 등 긴급구조를 위한 현장활동계획의 수립
4. 긴급구조대응계획의 집행
5. 그 밖에 중앙통제단의 장(이하 "중앙통제단장"이라 한다)이 필요하다고 인정하는 사항

시행령 제55조(중앙통제단의 구성 및 운영)

① 중앙통제단장은 중앙통제단을 대표하고, 그 업무를 총괄한다.

② 중앙통제단에는 부단장을 두고 부단장은 중앙통제단장을 보좌하며 중앙통제단장이 부득이한 사유로 직무를 수행할 수 없을 경우에는 그 직무를 대행한다.

③ 제2항에 따른 부단장은 소방청 차장이 되며, 중앙통제단에는 대응계획부 · 현장지휘부 및 자원지원부를 둔다.

④ 제1항부터 제3항까지에서 규정한 사항 외에 중앙통제단의 구성 및 운영에 필요한 사항은 행정안전부령으로 정한다.

긴급구조대응활동 및 현장지휘에 관한 규칙 제12조

① 영 제55조 제4항에 따라 법 제49조 제1항의 중앙긴급구조통제단(이하 “중앙통제단”이라 한다)을 구성하는 경우에는 별표 3에 따른다.

② 긴급구조지원기관의 장은 중앙통제단장이 법 제49조 제3항에 따라 파견을 요청하는 경우에는 중앙통제단 대응계획부에 상시연락관을 파견해야 한다.

③ 제1항 및 제2항에서 규정한 사항 외에 중앙통제단의 구성 및 운영에 관한 세부사항은 긴급구조대응계획이 정하는 바에 따른다.

긴급구조대응활동 및 현장지휘에 관한 규칙 제15조(통제단의 구성 및 운영기준)

통제단장은 다음 각 호의 어느 하나에 해당하는 경우에는 영 제55조 제4항 또는 영 제57조에 따라 중앙통제단 또는 지역통제단(이하 “통제단”이라 한다)을 구성하여 운영해야 한다.

1. 영 제63조 제1항 제2호(기능별 긴급구조대응계획) 각 목의 어느 하나에 해당하는 기능의 수행이 필요한 경우
2. 긴급구조관련기관의 인력 및 장비의 동원이 필요하고, 동원된 자원 및 그 활동을 통합하여 지휘 · 조정 · 통제할 필요가 있는 경우
3. 그 밖에 통제단장이 재난의 종류 · 규모 및 피해상황 등을 종합적으로 고려하여 통제단의 운영이 필요하다고 인정하는 경우

긴급구조대응활동 및 현장지휘에 관한 규칙 제15조의2(대응단계 발령기준)

① 현장지휘관은 현장대응을 위한 긴급구조기관의 인력 및 장비를 확보하기 위하여 대응단계를 발령할 수 있다.

② 제1항에 따른 대응단계 발령기준에 관한 세부 사항은 긴급구조대응계획에서 정하는 바에 따른다.

소방비상 대응단계

(1) 대응 1단계 혹은 광역 1호

① 일상적 사고에 발령되는 단계로 인근 3 ~ 7개 소방서와 장비 31 ~ 50대의 소방력이 동원된다.

② 일반적으로 10명 미만의 인명피해와 상황 해결에 3 ~ 8시간이 소요될 것으로 예상되는 경우 발령한다.

③ 현장지휘대장의 권한 또는 현장지휘관이 발령할 수 있다.

④ 시 · 군 · 구긴급구조통제단은 필요에 따라 부분 또는 전면적으로 운영할 수 있다.

(2) 대응 2단계 혹은 광역 2호

① 중형재난에 발령되는 단계이다.

② 일반적으로 1단계 발령으로도 대응이 어려울 것이라고 판단될 경우로서 예상되는 인명피해가 10 ~ 20명 또는 상황 종료까지 8 ~ 24시간이 예상되는 경우에 발령한다.
③ 관할소방서의 소방서장이 직접 발령하거나 현장지휘관이 발령할 수 있다.
④ 대응 2단계가 발령될 경우 사고 발생지점 인근 8 ~ 11개 소방서와 장비 51 ~ 80대의 소방력이 총동원된다.
⑤ 해당 시·군·구긴급구조통제단을 전면적으로 운영하고 시·도긴급구조통제단을 필요에 따라 부분 또는 전면적으로 운영한다.

(3) 대응 3단계 혹은 광역 3호

① 매우 큰 규모의 재난에 발령되는 단계이다.
② 20명 이상의 인명피해, 금속 반응과 같은 특수 화재 혹은 상황 종료까지 24시간 이상이 소요될 것으로 예상되는 재난에 발생한 경우 발령한다.
③ 지휘본부장이 직접 발령하거나 현장지휘관이 발령할 수 있다.
④ 소방본부장이 전체 상황의 지휘를 맡으며 상황 보고는 본부장이 시장에게 한다. 또한 전단계에서 부분적으로 가동되던 소방본부의 통제단이 완전히 가동된다.
⑤ 해당 시·도긴급구조통제단을 전면적으로 운영하고 중앙통제단은 필요에 따라 부분 또는 전면적으로 운영한다.

■ 긴급구조대응활동 및 현장지휘에 관한 규칙 [별표 3]

중앙통제단의 구성(시행규칙 제12조 제1항 관련)

1. 중앙통제단 조직도

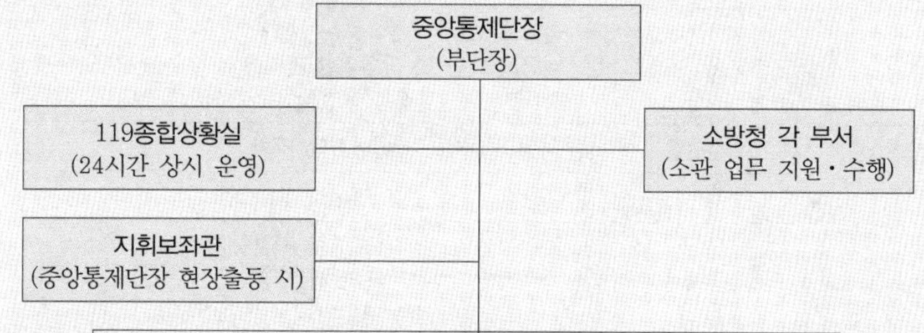

2. 부서별 임무

부서별	임무
중앙통제단장	가. 긴급구조활동의 총괄 지휘·조정·통제 나. 정부차원의 긴급구조대응계획의 가동

<table>
<tr><td>119종합상황실</td><td colspan="2">가. 중앙통제단 지원기능 수행
나. 긴급구조대응계획 중 기능별 긴급구조대응계획 가동지원
다. 중앙재난안전대책본부 등 유관기관 등에 상황 전파
라. 대응계획부(공보)와 공동으로 긴급대피, 상황전파, 비상연락 등 실시</td></tr>
<tr><td>소방청 각 부서</td><td colspan="2">가. 부서별 긴급구조대응계획 중 기능별 긴급구조대응계획 가동지원
나. 각 소속 기관·단체에 분담된 임무연락 및 이행완료 여부 보고</td></tr>
<tr><td>지휘보좌관</td><td colspan="2">가. 중앙통제단장 보좌
나. 그 밖의 중앙통제단장 지원활동</td></tr>
<tr><td rowspan="6">대응계획부</td><td>통합지휘·조정</td><td>가. 긴급구조체제 및 중앙통제단 운영체계 가동
나. 시·도 소방본부 및 권역별 긴급구조지휘대 자원의 지휘·조정·통제</td></tr>
<tr><td>상황분석·보고</td><td>가. 재난상황 정보 종합 분석·보고
나. 중앙재난안전대책본부 등 유관기관 등에 상황 보고</td></tr>
<tr><td>작전계획 수립</td><td>시·도긴급구조통제단 대응계획부의 작전계획 수립·지원</td></tr>
<tr><td>연락관
소집·파견</td><td>가. 지원기관 연락관 소집
나. 현장상황관리관 파견
다. 지원기관 지원·협력에 관한 사항</td></tr>
<tr><td>공보</td><td>가. 긴급 공공정보 제공과 재난상황 등에 관한 정보 등 비상방송시스템 가동
나. 대중매체 홍보에 관한 사항
다. 119종합상황실과 공동으로 긴급대피, 상황전파, 비상연락 등 실시</td></tr>
<tr><td>지원기관 연락관</td><td>가. 중앙통제단과 공동으로 지원기관의 긴급구조지원활동 조정·통제
나. 대규모 재난 및 광범위한 지역에 걸친 재난발생 시 탐색구조 활동(국방부), 현장통제(경찰청), 응급의료(보건복지부) 지원 등</td></tr>
<tr><td rowspan="6">현장지휘부</td><td>위험진압</td><td>정부차원의 화재 등 위험진압 지원</td></tr>
<tr><td>수색구조</td><td>정부차원의 수색 및 인명구조 등 지원</td></tr>
<tr><td>응급의료</td><td>가. 정부차원의 응급의료자원 지원활동
나. 정부차원의 재난의료체계 가동
다. 시·도 응급의료 자원의 지휘·조정·통제</td></tr>
<tr><td>항공·현장통제</td><td>가. 헬기 등 현장활동 지휘·조정·통제
나. 응급환자 원거리 항공이송 지휘·조정·통제
다. 정부차원의 대규모 대피계획 지원
라. 지방 경찰관서 현장통제자원의 지휘·조정·통제</td></tr>
<tr><td>안전관리</td><td>시·도긴급구조통제단의 안전관리 지원</td></tr>
<tr><td>자원대기소 운영</td><td>시·도긴급구조통제단의 자원대기소 운영 지원</td></tr>
<tr><td rowspan="3">자원지원부</td><td>물품·급식지원</td><td>정부차원의 물품·급식지원</td></tr>
<tr><td>회복지원</td><td>정부차원의 긴급 구호 활동 및 회복지원</td></tr>
<tr><td>장비관리</td><td>가. 정부차원의 장비·시설 지원
나. 정부차원의 재난통신지원 활동
다. 시·도긴급구조통제단 기술정보 지원</td></tr>
</table>

	자원집결지 운영	소방청 자원관리시스템을 통한 시·도긴급구조통제단 자원집결지 요구사항 지원
	긴급복구지원	가. 정부차원의 긴급시설복구 지원활동 나. 다른 지역 자원봉사자의 재난현장 집단수송 지원
	오염·방제지원	정부차원의 긴급오염·통제·방제지원활동

〈비고〉
1. 중앙통제단 조직은 재난상황에 따라 확대 또는 축소하여 운영할 수 있다.
2. 부서별 임무는 예시로서, 재난상황에 따라 임무를 선택하거나 새로운 임무를 추가할 수 있다.

2 지역긴급구조통제단 (법 제50조)

(1) 지역별 긴급구조에 관한 사항의 총괄·조정, 해당 지역에 소재하는 긴급구조기관 및 긴급구조지원기관 간의 역할분담과 재난현장에서의 지휘·통제를 위하여 시·도의 소방본부에 시·도 긴급구조통제단을 두고, 시·군·구의 소방서에 시·군·구 긴급구조통제단을 둔다.

(2) 시·도 긴급구조통제단과 시·군·구 긴급구조통제단(이하 "지역통제단"이라 한다)에는 각각 단장 1명을 두되, 시·도 긴급구조통제단의 단장은 소방본부장이 되고 시·군·구 긴급구조통제단의 단장은 소방서장이 된다.

(3) 지역통제단장은 긴급구조를 위하여 필요하면 긴급구조지원기관 간의 공조체제를 유지하기 위하여 관계 기관·단체의 장에게 소속 직원의 파견을 요청할 수 있다. 이 경우 요청을 받은 기관·단체의 장은 특별한 사유가 없으면 요청에 따라야 한다.

(4) 지역통제단의 기능과 운영에 관한 사항은 대통령령으로 정한다.

✓ Check 시행령 제57조(지역긴급구조통제단의 기능 등)

법 제50조에 따른 시·도긴급구조통제단 및 시·군·구긴급구조통제단(이하 "지역통제단"이라 한다)의 기능, 구성 및 운영에 대해서는 제54조 및 제55조를 준용한다.

✓ Check 긴급구조대응활동 및 현장지휘에 관한 규칙 제13조(지역통제단의 구성)

① 영 제57조에 따라 법 제50조 제1항의 시·도긴급구조통제단(이하 "시·도긴급구조통제단"이라 한다) 및 시·군·구긴급구조통제단(이하 "시·군·구긴급구조통제단"이라 한다)을 구성하는 경우에는 별표 4에 따른다. 다만, 시·군·구긴급구조통제단은 지역 실정에 따라 구성·운영을 달리할 수 있다.

② 다음 각 호의 기관 및 단체는 지역통제단장이 법 제50조 제3항에 따라 파견을 요청하는 경우에는 시·도긴급구조통제단 및 시·군·구긴급구조통제단(이하 "지역통제단"이라 한다)의 대응계획부에 연락관을 파견해야 한다.

1. 영 제4조 제2호에 따른 군부대
2. 시·도경찰청 및 경찰서(지방해양경찰청 및 해양경찰서를 포함한다)
3. 보건소, 「응급의료에 관한 법률」 제26조 제1항에 따른 권역응급의료센터, 같은 법 제27조 제1항에 따른 응급의료지원센터 및 같은 법 제30조 제1항에 따른 지역응급의료센터 중 지역통제단장이 지정하는 기관 또는 센터
4. 그 밖에 지역통제단장이 지정하는 기관 및 단체

③ 제1항 및 제2항에서 규정한 사항 외에 지역통제단의 구성 및 운영에 관한 세부사항은 긴급구조대응계획이 정하는 바에 따른다.

■ 긴급구조대응활동 및 현장지휘에 관한 규칙 [별표 4]

지역통제단의 구성(제13조 제1항 관련)

1. 지역통제단 조직도

지역통제단장
(현장지휘관)

119종합상황실
(24시간 상시 운영)

소방본부·소방서 각 부서
(소관 업무 지원·수행)

지휘보좌관
(지역통제단장 현장출동 시)

대응계획부	현장지휘부	자원지원부
통합 지휘·조정 상황 분석·보고 작전계획 수립 연락관 소집·파견 공보 지원기관 연락관	위험진압 수색구조 응급의료 항공·현장통제 안전관리 자원대기소 운영	물품·급식지원 회복지원 장비관리 자원집결지 운영 긴급복구지원 오염방제지원

2. 부서별 임무

부서별	임무
지역통제단장	가. 긴급구조활동의 총괄 지휘·조정·통제 나. 시·도 긴급구조대응계획의 가동
119종합상황실	가. 지역통제단 지원기능 수행 나. 긴급구조대응계획 중 기능별 긴급구조대응계획 가동지원 다. 소방청 및 지역재난안전대책본부 등 유관기관 등에 상황 전파 라. 대응계획부(공보)와 공동으로 긴급대피, 상황전파, 비상연락 등 실시

<table>
<tr><td>소방본부 · 소방서
각 부서</td><td colspan="2">가. 부서별 긴급구조대응계획 중 기능별 긴급구조대응계획 가동지원
나. 각 소속 기관 · 단체에 분담된 임무연락 및 이행완료 여부 보고</td></tr>
<tr><td>지휘보좌관</td><td colspan="2">가. 지역통제단장 보좌
나. 그 밖의 지역통제단장 지원활동</td></tr>
<tr><td rowspan="6">대응계획부</td><td>통합지휘 · 조정</td><td>가. 전반적 대응 목표 및 전략 결정
나. 대응활동계획의 공동 이행(소속기관별 임무분담 및 이행)
다. 전반적인 자원 활용 조정</td></tr>
<tr><td>상황분석 · 보고</td><td>가. 재난상황정보 수집 · 분석 및 대응목표 우선순위 설정
나. 재난상황 예측
다. 작전계획 임무담당자와 공동으로 대응활동계획 수립
라. 중앙통제단장 및 지역재난안전대책본부장 등에 상황 보고</td></tr>
<tr><td>작전계획 수립</td><td>가. 현장 대응활동계획 수립 및 배포
나. 작전계획에 따른 자원할당</td></tr>
<tr><td>연락관
소집 · 파견</td><td>가. 지원기관 연락관 소집
나. 현장상황관리관 파견
다. 지원기관 지원 · 협력에 관한 사항</td></tr>
<tr><td>공보</td><td>가. 긴급 공공정보 제공과 재난상황 등에 관한 정보 등 비상방송시스템 가동
나. 대중매체 홍보에 관한 사항
다. 119종합상황실과 공동으로 긴급대피, 상황전파, 비상연락 등 실시</td></tr>
<tr><td>지원기관 연락관</td><td>가. 지역통제단과 공동으로 지원기관의 긴급구조지원활동 조정 · 통제
나. 긴급구조지원기관 및 유관기관 별 긴급구조활동 지원</td></tr>
<tr><td rowspan="6">현장지휘부</td><td>위험진압</td><td>가. 시 · 도 차원의 화재 등 위험진압 지원
나. 각 시 · 군 · 구긴급구조통제단의 화재 등 위험진압 및 지원</td></tr>
<tr><td>수색구조</td><td>가. 시 · 도 차원의 수색 및 인명구조 등 지원
나. 각 시 · 군 · 구긴급구조통제단의 수색 · 인명구조 및 지원</td></tr>
<tr><td>응급의료</td><td>가. 시 · 도 차원의 응급의료 및 자원지원 활동
나. 대응구역별 응급의료자원의 지휘 · 조정 · 통제
다. 사상자 분산 · 이송 통제
라. 사상자 현황파악 및 보고자료 제공</td></tr>
<tr><td>항공 · 현장통제</td><td>가. 항공대 운항통제 및 비상헬기장 관리
나. 응급환자 원거리 항공이송 통제
다. 시 · 도 및 시 · 군 · 구 대피계획 지원
라. 지방 경찰관서 현장통제자원의 지휘 · 조정 · 통제</td></tr>
<tr><td>안전관리</td><td>가. 재난현장의 안전진단 및 안전조치
나. 현장활동 요원들의 안전수칙 수립 및 교육</td></tr>
<tr><td>자원대기소 운영</td><td>자원대기소 운영</td></tr>
</table>

자원지원부	물품・급식지원	가. 긴급대응활동 참여자에 대한 물품 지원 나. 긴급구조요원 및 자원봉사자에 대한 의식주 지원
	회복지원	긴급대응활동 참여자에 대한 회복 지원
	장비관리	가. 통제단 운영지원 및 현장지휘소 설치 나. 현장 필요장비 동원 및 지원 다. 현장 필요시설 동원 및 지원 라. 현장지휘 및 자원관리에 필요한 통신지원
	자원집결지 운영	현장인력 지원 및 자원집결지 운영
	긴급복구지원	가. 시・도 차원의 긴급시설복구 및 자원지원 활동 나. 시・군・구긴급구조통제단 긴급시설복구 및 자원의 지휘・조정・통제 다. 긴급구조자원 수송지원
	오염・방제지원	가. 시・도 차원의 긴급오염통제 및 자원지원 활동 나. 시・군・구긴급구조통제단 긴급오염통제 및 자원의 지휘・조정・통제

〈비고〉
1. 지역통제단 조직은 재난상황에 따라 확대 또는 축소하여 운영할 수 있다.
2. 부서별 임무는 예시로서, 재난상황에 따라 임무를 선택하거나 새로운 임무를 추가할 수 있다.

3 긴급구조 (법 제51조)

(1) 지역통제단장은 재난이 발생하면 소속 긴급구조요원을 재난현장에 신속히 출동시켜 필요한 긴급구조활동을 하게 하여야 한다.

(2) 지역통제단장은 긴급구조를 위하여 필요하면 긴급구조지원기관의 장에게 소속 긴급구조지원요원을 현장에 출동시키거나 긴급구조에 필요한 재난관리자원을 지원하는 등 긴급구조활동을 지원할 것을 요청할 수 있다. 이 경우 요청을 받은 기관의 장은 특별한 사유가 없으면 즉시 요청에 따라야 한다.

(3) 요청에 따라 긴급구조활동에 참여한 민간 긴급구조지원기관에 대하여는 대통령령으로 정하는 바에 따라 그 경비의 전부 또는 일부를 지원할 수 있다.

(4) 긴급구조활동을 하기 위하여 회전익항공기(이하 이 항에서 "헬기"라 한다)를 운항할 필요가 있으면 긴급구조기관의 장이 헬기의 운항과 관련되는 사항을 헬기운항통제기관에 통보하고 헬기를 운항할 수 있다. 이 경우 관계 법령에 따라 해당 헬기의 운항이 승인된 것으로 본다.

4 긴급구조 현장지휘 (법 제52조)

(1) 재난현장에서는 시・군・구 긴급구조통제단장이 긴급구조활동을 지휘한다. 다만, 치안활동과 관련된 사항은 관할 경찰관서의 장과 협의하여야 한다.

(2) 현장지휘는 다음의 사항에 관하여 한다.
① 재난현장에서 인명의 탐색·구조
② 긴급구조기관 및 긴급구조지원기관의 긴급구조요원·긴급구조지원요원 및 재난관리자원의 배치와 운용
③ 추가 재난의 방지를 위한 응급조치
④ 긴급구조지원기관 및 자원봉사자 등에 대한 임무의 부여
⑤ 사상자의 응급처치 및 의료기관으로의 이송
⑥ 긴급구조에 필요한 재난관리자원의 관리
⑦ 현장접근 통제, 현장 주변의 교통정리, 그 밖에 긴급구조활동을 효율적으로 하기 위하여 필요한 사항

(3) 시·도 긴급구조통제단장은 필요하다고 인정되는 경우 재난현장에서는 시·군·구 긴급구조통제단장이 긴급구조활동을 지휘한다는 원칙에도 불구하고 직접 현장지휘를 할 수 있다.

(4) 중앙통제단장은 대통령령으로 정하는 대규모 재난이 발생하거나 그 밖에 필요하다고 인정하면 직접 현장지휘를 할 수 있다.

✔ Check 대규모 재난에 해당하는 재난

시행령 제60조(중앙통제단장이 현장지휘를 할 수 있는 재난)
법 제52조 제4항에서 "대통령령으로 정하는 대규모 재난"이란 제13조 각 호의 어느 하나에 해당하는 재난을 말한다.

시행령 제13조(대규모 재난의 범위)
법 제14조 제1항에서 "대통령령으로 정하는 대규모 재난"이란 다음 각 호의 어느 하나에 해당하는 재난을 말한다.
1. 재난 중 인명 또는 재산의 피해 정도가 매우 크거나 재난의 영향이 사회적·경제적으로 광범위하여 주무부처의 장 또는 법 제16조 제2항에 따른 지역재난안전대책본부(이하 "지역대책본부"라 한다)의 본부장(이하 "지역대책본부장"이라 한다)의 건의를 받아 법 제14조 제2항에 따른 중앙재난안전대책본부(이하 "중앙대책본부"라 한다)의 본부장(이하 "중앙대책본부장"이라 한다)이 인정하는 재난
2. 제1호에 따른 재난에 준하는 것으로서 중앙대책본부장이 재난관리를 위하여 중앙대책본부의 설치가 필요하다고 판단하는 재난

(5) 재난현장에서 긴급구조활동을 하는 긴급구조요원과 긴급구조지원기관의 긴급구조지원요원 및 재난관리자원에 대한 운용은 '(1)'·'(3)' 및 '(4)'에 따라 현장지휘를 하는 긴급구조통제단장(이하 "각급통제단장"이라 한다)의 지휘·통제에 따라야 한다.

(6) 지역대책본부장은 각급통제단장이 수행하는 긴급구조활동에 적극 협력하여야 한다.

(7) 시·군·구 긴급구조통제단장은 설치·운영하는 통합지원본부의 장에게 긴급구조에 필요한 인력이나 물자 등의 지원을 요청할 수 있다. 이 경우 요청받은 기관의 장은 최대한 협조하여야 한다.

(8) 재난현장의 구조활동 등 초동 조치상황에 대한 언론 발표 등은 각급통제단장이 지명하는 자가 한다.

(9) 각급통제단장은 재난현장의 긴급구조 등 현장지휘를 효과적으로 하기 위하여 재난현장에 현장지휘소를 설치·운영할 수 있다. 이 경우 긴급구조활동에 참여하는 긴급구조지원기관의 현장지휘자는 현장지휘소에 대통령령으로 정하는 바에 따라 연락관을 파견하여야 한다.

✔ Check　긴급구조 현장지휘체계 및 규칙 등

시행령 제59조(긴급구조 현장지휘체계)

① 법 제52조에 따른 현장지휘(연락관을 파견하는 긴급구조지원기관의 현장지휘를 포함한다)는 다음 각 호의 재난이 발생하였을 때에는 행정안전부령으로 정하는 표준현장지휘체계에 따라야 한다.
1. 둘 이상의 지방자치단체의 관할구역에 걸친 재난
2. 하나의 지방자치단체 관할구역에서 여러 긴급구조기관 및 긴급구조지원기관이 공동으로 대응하는 재난

② 법 제52조 제1항 및 제3항에 따른 지역통제단장의 현장지휘에 관한 사항은 긴급구조활동이 끝나거나 지역대책본부장이 필요하다고 판단하는 경우에는 지역통제단장과 지역대책본부장이 협의하여 행정안전부령으로 정하는 바에 따라 지역대책본부장이 수행할 수 있다.

③ 제1항 및 제2항에서 규정한 사항 외에 긴급구조활동의 현장지휘에 관한 사항은 행정안전부령으로 정하는 바에 따른다.

시행령 제61조(현장지휘소에 파견하는 연락관)

법 제52조 제9항 후단에 따라 현장지휘소에 파견하는 연락관은 긴급구조지원기관의 공무원 또는 직원으로서 재난 관련 업무 실무책임자로 한다.

긴급구조대응활동 및 현장지휘에 관한 규칙 제9조(표준현장지휘체계 등)

① 영 제61조에 따라 연락관을 파견하는 긴급구조지원기관을 예시하면 다음 각 호와 같다.
1. 국방부
2. 경찰청
3. 산림청
4. 「재해구호법」 제29조에 따른 전국재해구호협회
5. 영 제4조 제6호 및 제7호에 따른 기관 및 단체 중 긴급구조기관의 장이 지정하는 기관 및 단체

② 영 제59조 제1항 각 호 외의 부분에서 "행정안전부령으로 정하는 표준현장지휘체계"란 긴급구조기관 및 긴급구조지원기관이 체계적인 현장대응과 상호협조체제를 유지하기 위하여 공통으로 사용하는 표준지휘조직도, 표준용어 및 재난현장 표준작전절차를 말한다.

③ 제2항에 따른 표준지휘조직도(이하 "표준지휘조직도"라 한다)는 별표 1과 같다.

④ 제2항에 따른 표준용어 및 그 의미는 다음 각 호와 같다.
1. 자원집결지 : 현장지휘관이 긴급구조활동에 필요한 자원을 집결 및 분류하여 자원대기소와 재난현장에 수송·배치하기 위하여 설치·운영하는 특정한 장소 또는 시설
2. 자원대기소 : 현장지휘관이 자원의 신속한 추가배치와 교대조의 휴식 및 대기 등을 위하여 현장지휘소 인근에 설치·운영하는 특정한 장소 또는 시설

3. 수송대기지역 : 자원집결지에서 자원수송을 위하여 구급차 외의 교통수단이 대기하는 장소
4. 구급차대기소 : 제20조에 따른 현장응급의료소에서 사상자의 이송을 위하여 구급차의 도착 순서 및 기능에 따라 구급차가 임시 대기하는 장소
5. 선착대 : 재난현장에 가장 먼저 도착한 긴급구조관련기관의 출동대
6. 삭제 〈2024. 1. 22.〉
7. 삭제 〈2024. 1. 22.〉
8. 비상헬기장 : 현장지휘소 인근에서 응급환자의 이송, 자원 수송 등의 활동을 위하여 현장지휘관이 지정·운영하는 헬기 이·착륙장

긴급구조대응활동 및 현장지휘에 관한 규칙 제18조(자원집결지의 설치·운영)

① 현장지휘관은 다음 각호의 어느 하나의 장소를 자원집결지로 설치·운영하여야 한다.
1. 버스터미널 및 기차역
2. 선박터미널 및 공항
3. 체육관 및 운동장
4. 대형 주차장
5. 그 밖에 교통수단의 접근 및 활용이 편리한 장소

② 현장지휘관은 제1항의 규정에 의하여 자원집결지를 설치하고자 하는 경우에는 지역통제단별로 1개소 이상을 미리 지정하고 유사시 즉시 운용가능하도록 관리 및 운용계획을 수립·시행하여야 한다.

③ 현장지휘관은 자원집결지에 다음 각 호의 반을 편성·운용해야 하며, 제2항에 따른 자원집결지 관리 및 운용계획에 그 편성에 관한 사항을 포함해야 한다.
1. 자원집결반
2. 자원분배반
3. 행정지원반
4. 그 밖에 현장지휘관이 필요하다고 인정하는 반

④ 현장지휘관은 자원집결지에 모인 자원을 분류하고 다음 각호에 규정된 순서에 따라 자원대기소에 자원을 수송 및 배치하여야 한다.
1. 인명구조와 관련되어 긴급히 필요한 자원
2. 안전, 보건위생 및 응급의료와 관련된 자원
3. 긴급구조 작전수행에 반드시 필요한 자원
4. 긴급구조 및 긴급복구에 일반적으로 필요한 자원

⑤ 그 밖에 자원집결지의 설치·운영에 필요한 세부사항은 긴급구조대응계획이 정하는 바에 의한다.

긴급구조대응활동 및 현장지휘에 관한 규칙 제19조(자원대기소의 설치·운영)

① 현장지휘관은 재난현장에서의 체계적인 자원관리를 위하여 자원대기소를 설치·운영할 수 있다.

② 제1항에 따른 자원대기소는 재난현장에 자원을 효율적으로 배치·대기하기 용이하도록 현장지휘소 인근에 설치해야 한다.

③ 긴급구조지원기관 및 자원봉사단체는 자원집결지를 거치지 않고 재난현장에 도착한 경우에는

자원대기소의 장에게 그 사실을 통보 또는 보고하고 자원대기소의 장의 배치 지시가 있을 때까지 자원대기소에 대기해야 한다

④ 자원대기소는 붕괴사고·대형화재 등 좁은지역에서 발생하는 재난의 경우에는 제18조에 따른 자원집결지의 기능을 동시에 수행할 수 있다.

⑤ 현장지휘관은 자원대기소에 모인 인적자원을 배치·대기·교대조로 분류하여 관리해야 한다.

⑥ 제1항부터 제5항까지에서 규정한 사항 외에 자원대기소의 설치·운영에 필요한 세부사항은 긴급구조대응계획이 정하는 바에 따른다.

(10) 각급통제단장은 긴급구조 활동을 종료하려는 때에는 재난현장에 참여한 지역사고수습본부장, 통합지원본부의 장 등과 협의를 거쳐 결정하여야 한다. 이 경우 각급통제단장은 긴급구조 활동 종료 사실을 지역대책본부장 및 '(5)'에 따른 긴급구조지원기관의 장에게 통보하여야 한다.

(11) 해양에서 발생한 재난의 긴급구조활동에 관하여는 '(1)'부터 '(10)'까지의 규정을 준용한다. 이 경우 시·군·구 긴급구조통제단장, 시·도 긴급구조통제단장, 중앙긴급구조통제단장은 「수상에서의 수색·구조 등에 관한 법률」에 따른 지역구조본부의 장, 광역구조본부의 장, 중앙구조본부의 장으로 각각 본다.

5 긴급대응협력관 (법 제52조의2)

긴급구조기관의 장은 긴급구조지원기관의 장에게 다음의 업무를 수행하는 긴급대응협력관을 대통령령(시행령 제61조의2)으로 정하는 바에 따라 지정·운영하게 할 수 있다.

(1) 평상시 해당 긴급구조지원기관의 긴급구조대응계획 수립 및 재난관리자원의 관리

(2) 재난대응업무의 상호 협조 및 재난현장 지원업무 총괄

✓ Check 시행령 제61조의2(긴급대응협력관의 지정·운영)

① 긴급구조기관의 장은 법 제52조의2에 따라 긴급구조지원기관의 장으로 하여금 같은 조에 따른 긴급대응협력관(이하 "긴급대응협력관"이라 한다)을 지정·운영하게 하려는 경우에는 긴급구조지원기관의 장에게 사전에 문서로 요청하여야 한다.

② 제1항에 따른 요청을 받은 긴급구조지원기관의 장은 법 제52조의2 각 호의 업무와 관련된 부서의 실무책임자를 긴급대응협력관으로 지정하여야 한다.

③ 긴급구조지원기관의 장은 긴급대응협력관을 지정하였거나 지정 변경 또는 해제하였을 때에는 그 사실이 있는 날부터 30일 이내에 해당 긴급구조기관의 장에게 통보하여야 한다.

④ 제1항부터 제3항까지에서 규정한 사항 외에 긴급대응협력관의 지정·운영에 필요한 사항은 소방청장 및 해양경찰청장이 정하여 고시한다.

6 긴급구조활동에 대한 평가 (법 제53조)

(1) 중앙통제단장과 지역통제단장은 재난상황이 끝난 후 대통령령(시행령 제62조)으로 정하는 바에 따라 긴급구조지원기관의 활동에 대하여 종합평가를 하여야 한다.

✓ Check 시행령 제62조(긴급구조활동에 대한 평가)

① 법 제53조 제1항에 따른 긴급구조지원기관의 활동에 대한 종합평가에는 다음 각 호의 사항이 포함되어야 한다.
  1. 긴급구조 활동에 참여한 인력 및 장비
  2. 제63조에 따른 긴급구조대응계획의 이행 실태
  3. 긴급구조요원의 전문성
  4. 통합 현장 대응을 위한 통신의 적절성
  5. 법 제55조 제3항에 따른 긴급구조교육 수료자 현황
  6. 긴급구조 대응상의 문제점 및 개선이 필요한 사항

② 제1항에 따른 종합평가 결과를 통보받은 긴급구조지원기관의 장은 평가 결과에 따라 보완 등 적절한 조치를 하여야 한다.

③ 제1항 및 제2항에서 규정한 사항 외에 긴급구조활동 평가에 대한 사항은 행정안전부령으로 정한다.

(2) 종합평가결과는 시·군·구 긴급구조통제단장은 시·도 긴급구조통제단장 및 시장·군수·구청장에게, 시·도 긴급구조통제단장은 소방청장에게 보고하거나 통보하여야 한다.

7 긴급구조대응계획의 수립 (법 제54조)

긴급구조기관의 장은 재난이 발생하는 경우 긴급구조기관과 긴급구조지원기관이 신속하고 효율적으로 긴급구조를 수행할 수 있도록 대통령령으로 정하는 바에 따라 재난의 규모와 유형에 따른 긴급구조대응계획을 수립·시행하여야 한다.

✓ Check 긴급구조대응계획의 수립 및 절차 등

시행령 제63조(긴급구조대응계획의 수립)

① 법 제54조에 따라 긴급구조기관의 장이 수립하는 긴급구조대응계획은 기본계획, 기능별 긴급구조대응계획, 재난유형별 긴급구조대응계획으로 구분하되, 구분된 계획에 포함되어야 하는 사항은 다음 각 호와 같다.
  1. 기본계획
    가. 긴급구조대응계획의 목적 및 적용범위
    나. 긴급구조대응계획의 기본방침과 절차
    다. 긴급구조대응계획의 운영책임에 관한 사항
  2. 기능별 긴급구조대응계획
    가. 지휘통제 : 긴급구조체제 및 중앙통제단과 지역통제단의 운영체계 등에 관한 사항
    나. 비상경고 : 긴급대피, 상황 전파, 비상연락 등에 관한 사항

다. 대중정보 : 주민보호를 위한 비상방송시스템 가동 등 긴급 공공정보 제공에 관한 사항 및 재난상황 등에 관한 정보 통제에 관한 사항
라. 피해상황분석 : 재난현장상황 및 피해정보의 수집・분석・보고에 관한 사항
마. 구조・진압 : 인명 수색 및 구조, 화재진압 등에 관한 사항
바. 응급의료 : 대량 사상자 발생 시 응급의료서비스 제공에 관한 사항
사. 긴급오염통제 : 오염 노출 통제, 긴급 감염병 방제 등 재난현장 공중보건에 관한 사항
아. 현장통제 : 재난현장 접근 통제 및 치안 유지 등에 관한 사항
자. 긴급복구 : 긴급구조활동을 원활하게 하기 위한 긴급구조차량 접근 도로 복구 등에 관한 사항
차. 긴급구호 : 긴급구조요원 및 긴급대피 수용주민에 대한 위기 상담, 임시 의식주 제공 등에 관한 사항
카. 재난통신 : 긴급구조기관 및 긴급구조지원기관 간 정보통신체계 운영 등에 관한 사항

3. 재난유형별 긴급구조대응계획
가. 재난 발생 단계별 주요 긴급구조 대응활동 사항
나. 주요 재난유형별 대응 매뉴얼에 관한 사항
다. 비상경고 방송메시지 작성 등에 관한 사항

② 긴급구조기관의 장은 긴급구조대응계획을 수립하기 위하여 필요한 경우에는 긴급구조지원기관의 장에게 소관별 긴급구조세부대응계획을 수립하여 제출하도록 요청할 수 있다. 이 경우 긴급구조기관의 장은 긴급구조세부대응계획의 작성에 필요한 긴급구조세부대응계획의 수립에 관한 지침을 작성하여 배포하여야 한다.

시행령 제64조(긴급구조대응계획의 수립절차)

① 소방청장은 매년 법 제54조에 따라 시・도긴급구조대응계획의 수립에 관한 지침을 작성하여 시・도 긴급구조기관의 장에게 전달하여야 한다.
② 시・도긴급구조기관의 장은 제1항에 따른 지침에 따라 시・도긴급구조대응계획을 작성하여 소방청장에게 보고하고 시・군・구긴급구조대응계획의 수립에 관한 지침을 작성하여 시・군・구긴급구조기관에 통보하여야 한다.
③ 시・군・구긴급구조기관의 장은 제2항에 따른 시・군・구긴급구조대응계획의 수립에 관한 지침에 따라 시・군・구긴급구조대응계획을 작성하여 시・도긴급구조기관의 장에게 보고하여야 한다.
④ 긴급구조대응계획을 변경하는 경우에는 제1항부터 제3항까지의 규정을 준용한다.
⑤ 제1항부터 제4항까지에서 규정한 사항 외에 긴급구조대응계획의 수립 및 시행에 필요한 사항은 행정안전부령으로 정한다.

8 긴급구조 관련 특수번호 전화서비스의 통합・연계 [법 제54조의2]

(1) 행정안전부장관은 긴급구조 요청에 대한 신속한 대응을 위하여 대통령령으로 정하는 긴급구조 관련 특수번호 전화서비스(이하 “특수번호 전화서비스”라 한다)의 통합・연계 체계를 구축・운영하여야 한다.

(2) 행정안전부장관은 통합・연계되는 특수번호 전화서비스의 운영실태를 조사・분석하여 그 결과를 특수번호 전화서비스의 통합・연계 체계의 운영 개선에 활용할 수 있다.

(3) 행정안전부장관은 필요한 경우 관계 중앙행정기관의 장 또는 대통령령으로 정하는 공공기관의 장에게 특수번호 전화서비스의 통합・연계 및 조사・분석 결과의 활용 등에 관한 협조를 요청할 수 있다. 이 경우 요청을 받은 해당 기관의 장은 특별한 사유가 없으면 협조하여야 한다.

9 재난대비능력 보강 (법 제55조)

(1) 국가와 지방자치단체는 재난관리에 필요한 재난관리자원의 확보・확충, 통신망의 설치・정비 등 긴급구조능력을 보강하기 위하여 노력하고, 필요한 재정상의 조치를 마련하여야 한다.

(2) 긴급구조기관의 장은 긴급구조활동을 신속하고 효과적으로 할 수 있도록 긴급구조현장지휘대 등 긴급구조체제를 구축하고, 상시 소속 긴급구조요원 및 장비의 출동태세를 유지하여야 한다. → [시행 2025. 7. 8.]

✔ Check 시행령 제65조(긴급구조지휘대 구성・운영)

① 법 제55조 제2항에 따른 긴급구조지휘대는 다음 각 호의 사람으로 구성하여야 한다.
1. 현장지휘요원
2. 자원지원요원
3. 통신지원요원
4. 안전관리요원
5. 상황조사요원
6. 구급지휘요원

② 법 제55조 제2항에 따른 긴급구조지휘대는 소방서현장지휘대, 방면현장지휘대, 소방본부현장지휘대 및 권역현장지휘대로 구분하되, 구분된 긴급구조지휘대의 설치기준은 다음 각 호와 같다.
1. 소방서현장지휘대 : 소방서별로 설치・운영
2. 방면현장지휘대 : 2개 이상 4개 이하의 소방서별로 소방본부장이 1개를 설치・운영
3. 소방본부현장지휘대 : 소방본부별로 현장지휘대 설치・운영
4. 권역현장지휘대 : 2개 이상 4개 이하의 소방본부별로 소방청장이 1개를 설치・운영

③ 제1항 및 제2항에서 규정한 사항 외에 긴급구조지휘대의 세부 운영기준은 행정안전부령으로 정한다.

✔ Check 긴급구조지휘대의 구성 및 임무와 현장응급의료소의 설치・운영

긴급구조대응활동 및 현장지휘에 관한 규칙 제16조(긴급구조지휘대의 구성 및 기능)

① 영 제65조 제3항의 규정에 의하여 긴급구조지휘대는 별표 5의 규정에 따라 구성・운영하되, 소방본부 및 소방서의 긴급구조지휘대는 상시 구성・운영하여야 한다.

② 영 제65조 제3항의 규정에 의하여 긴급구조지휘대는 다음 각호의 기능을 수행한다.
1. 통제단이 가동되기 전 재난초기시 현장지휘
2. 주요 긴급구조지원기관과의 합동으로 현장지휘의 조정・통제
3. 광범위한 지역에 걸친 재난발생 시 전진지휘
4. 화재 등 일상적 사고의 발생 시 현장지휘

③ 영 제65조 제1항에 따라 긴급구조지휘대를 구성하는 사람은 통제단이 설치·운영되는 경우 다음 각 호의 구분에 따라 통제단의 해당부서에 배치된다.
1. 현장지휘요원 : 현장지휘부
2. 자원지원요원 : 자원지원부
3. 통신지원요원 : 현장지휘부
4. 안전관리요원 : 현장지휘부
5. 상황조사요원 : 대응계획부
6. 구급지휘요원 : 현장지휘부

■ 긴급구조대응활동 및 현장지휘에 관한 규칙 [별표 5]

긴급구조지휘대(제16조 제1항 관련)

1. 구성

지휘대장
- 현장지휘 요원
- 자원지원 요원
- 통신지원 요원
- 안전관리 요원
- 상황조사 요원
- 구급지휘 요원

2. 임무

구분	주요 임무
지휘대장	가. 화재 등 재난사고의 발생 시 현장지휘·조정·통제 나. 통제단 가동 전 재난현장 지휘활동 등
현장지휘요원	가. 화재 등 재난사고의 발생 시 지휘대장 보좌 나. 통제단 가동 전 재난현장 대응활동 계획 수립 등
자원지원요원	가. 자원대기소, 자원집결지 선정 및 동원자원 관리 나. 긴급구조지원기관 및 응원협정체결기관 동원요청 등
통신지원요원	가. 재난현장 통신지원체계 유지·관리 나. 지휘대장의 현장활동대원 무전지휘 운영 지원 등
안전관리요원	가. 현장활동 안전사고 방지대책 수립 및 이행 나. 재난현장 안전진단 및 안전조치 등
상황조사요원	가. 재난현장과 119종합상황실간 실시간 정보지원체계 구축 나. 현장상황 파악 및 통제단 가동을 위한 상황판단 정보 제공 등
구급지휘요원	가. 재난현장 재난의료체계 가동 나. 사상자 관리 및 병원수용능력 파악 등 의료자원 관리 등

긴급구조대응활동 및 현장지휘에 관한 규칙 제17조(통제선의 설치)
① 통제단장 및 시·도경찰청장 또는 경찰서장은 재난현장 주위의 주민보호와 원활한 긴급구조활동에 필요한 최소한의 통제규모를 설정하여 통제선을 설치할 수 있다.
② 제1항에 따른 통제선은 제1통제선과 제2통제선으로 구분하되, 제1통제선은 통제단장이 긴급구조활동

에 직접 참여하는 인력 및 장비만을 출입할 수 있도록 설치하고, 제2통제선은 시·도경찰청장 또는 경찰서장(이하 "경찰관서장"이라 한다)이 구조·구급차량 등의 출동주행에 지장이 없도록 긴급구조활동에 직접 참여하거나 긴급구조활동을 지원하는 인력 및 장비만을 출입할 수 있도록 설치·운영한다.

③ 제1항에 따른 통제선 표지의 형식은 별표 6과 같다.

④ 통제단장은 제2항에도 불구하고 다음 각 호의 어느 하나에 해당하는 사람에게 별지 제1호 서식에 따른 출입증을 부착하도록 하여 제1통제선 안으로 출입하도록 할 수 있다.

1. 제1통제선 구역내 소방대상물 관계자 및 근무자
2. 전기·가스·수도·토목·건축·통신 및 교통분야 등의 구조업무 지원자
3. 「응급의료에 관한 법률」 제2조 제4호에 따른 응급의료종사자
4. 취재인력 등 보도업무 종사자
5. 수사업무에 종사하는 사람
6. 그 밖에 통제단장이 긴급구조활동에 필요하다고 인정하는 사람

⑤ 경찰관서장은 제2항에도 불구하고 제4항에 따라 통제단장이 발급한 출입증을 가진 사람에 대하여는 제2통제선 안으로 출입하도록 해야 하며, 긴급구조활동에 필요하다고 인정하는 사람에 대하여는 제2통제선 안으로 출입하도록 할 수 있다.

⑥ 통제단장은 제4항에 따라 출입증을 발급하는 경우에는 별지 제1호의2 서식의 출입증 배포관리대장에 이를 기록하고 관리해야 한다.

긴급구조대응활동 및 현장지휘에 관한 규칙 제20조(현장응급의료소의 설치 등)

① 통제단장은 재난현장에 출동한 응급의료관련자원을 총괄·지휘·조정·통제하고, 사상자를 분류·처치 또는 이송하기 위하여 사상자의 수에 따라 재난현장에 적정한 현장응급의료소(이하 "의료소"라 한다)를 설치·운영해야 한다.

② 통제단장은 「의료법」에 따른 종합병원과 「응급의료에 관한 법률」에 따른 응급의료기관에 응급의료기구의 지원과 의료인 등의 파견을 요청할 수 있다.

③ 통제단장은 지역대책본부장으로부터 의료소의 설치에 필요한 인력·시설·물품 및 장비 등을 지원받아 구급차의 접근이 용이하고 유독가스 등으로부터 안전한 장소에 의료소를 설치해야 한다.

④ 의료소에는 소장 1명과 분류반·응급처치반 및 이송반을 둔다.

⑤ 의료소의 소장(이하 "의료소장"이라 한다)은 의료소가 설치된 지역을 관할하는 보건소장이 된다. 다만, 관할 보건소장이 재난현장에 도착하기 전에는 다음 각 호의 어느 하나에 해당하는 사람 중에서 긴급구조대응계획이 정하는 사람이 의료소장의 업무를 대행할 수 있다.

1. 「응급의료에 관한 법률」 제26조에 따른 권역응급의료센터의 장
2. 「응급의료에 관한 법률」 제27조 제1항에 따른 응급의료지원센터의 장
3. 「응급의료에 관한 법률」 제30조에 따른 지역응급의료센터의 장

⑥ 의료소장은 통제단장의 지휘를 받아 응급의료자원의 관리, 사상자의 분류·응급처치·이송 및 사상자 현황파악·보고 등 의료소의 운영 전반을 지휘·감독한다.

⑦ 분류반·응급처치반 및 이송반에는 반장을 두되, 반장은 의료소 요원중에서 의료소장이 임명한다.

⑧ 의료소장 및 각 반의 반원은 별표 6의2에 따른 복장을 착용해야 한다.

⑨ 의료소에는 응급의학 전문의를 포함한 의사 3명, 간호사 또는 1급응급구조사 4명 및 지원요원 1명 이상으로 편성한다. 다만, 통제단장은 필요한 의료인 등의 수를 조정하여 편성하도록 요청할 수 있다.

⑩ 소방공무원은 의료소장이 재난현장에 도착하여 의료소를 운영하기 전까지 임시의료소를 운영할 수 있다. 이 경우 의료소장이 재난현장에 도착하면 사상자 현황, 임시의료소에서 조치한 분류・응급처치・이송 현황 및 현장 상황 등을 의료소장에게 인계하고, 그 사실을 통제단장에게 보고해야 한다.
⑪ 제1항부터 제10항까지에서 규정한 사항 외에 의료소의 설치 등에 관한 세부사항은 제10조에 따른 재난현장 표준작전절차 및 긴급구조대응계획이 정하는 바에 따른다.

긴급구조대응활동 및 현장지휘에 관한 규칙 제20조의2(임시영안소의 설치 등)
① 통제단장은 사망자가 발생한 재난의 경우에 사망자를 의료기관에 이송하기 전에 임시로 안치하기 위하여 의료소에 임시영안소를 설치・운영할 수 있다.
② 임시영안소에는 통제선을 설치하고 출입을 통제하기 위한 운영인력을 배치하여야 한다.

긴급구조대응활동 및 현장지휘에 관한 규칙 제21조(지역통제단장 및 보건소장의 사전대비 업무)
① 지역통제단장은 응급처치・이송・안치 등 재난현장활동의 방법에 관한 지침을 수립하고, 재난발생시 의료소설치에 필요한 물품을 확보・관리하여야 한다.
② 보건소장은 항상 의료소 조직을 편성・관리하여야 하며, 관할 소방서장의 요구가 있는 때에는 이를 통보하여야 한다.
③ 보건소장은 관할지역에 소재한 「의료법」 제3조 제2항 제3호에 따른 병원급 의료기관에 대하여 다음 각 호의 사항을 모두 파악・관리하여야 하며, 관할 소방서장의 요구가 있는 경우에는 이를 통보하여야 한다.
1. 병원별 전문과목 및 전문의, 간호사, 응급구조사, 간호조무사 확보현황
2. 구급차 및 응급의료장비의 확보현황
3. 입원실, 응급실 및 중환자실의 병상, 예비병상 및 수술실의 확보현황
4. 당직의사 및 「응급의료에 관한 법률」 제2조 제4호에 따른 응급의료종사자(간호조무사를 포함한다)의 현황
5. 외과, 정형외과 등 응급의료관련 전문의와 의사의 비상연락망
6. 특수의료장비의 보유현황
7. 영안실 현황
8. 별지 제1호의3서식의 병원별 수용능력표

긴급구조대응활동 및 현장지휘에 관한 규칙 제22조(분류반의 임무)
① 제20조 제4항에 따른 분류반은 재난현장에서 발생한 사상자를 검진하여 사상자의 상태에 따라 사망・긴급・응급 및 비응급의 4단계로 분류한다.
② 분류반에는 사상자에 대한 검진 및 분류를 위하여 의사, 간호사 또는 1급응급구조사를 배치해야 한다.
③ 분류된 사상자에게는 별표 7의 중증도 분류표 총 2부를 가슴부위 등 잘 보이는 곳에 부착한다. 다만, 중증도 분류 정보를 전자적인 형태로 표시 및 기록・저장할 수 있는 전자장치를 가슴부위 등에 부착하는 방법으로 중증도 분류표 부착을 대신할 수 있으며, 이 경우 단말기 등을 통하여 저장된 사상자 정보의 확인이 가능하도록 해야 한다.
④ 제3항에 따라 중증도 분류표를 부착한 사상자 중 긴급・응급환자는 응급처치반으로, 사망자와 비응급환자는 이송반으로 인계한다. 다만, 현장에서의 응급처치보다 이송이 시급하다고 판단되는 긴급・응급환자의 경우에는 이송반으로 인계할 수 있다.

긴급구조대응활동 및 현장지휘에 관한 규칙 제23조(응급처치반의 임무)

① 제20조 제4항의 규정에 의한 응급처치반은 분류반이 인계한 긴급·응급환자에 대한 응급처치를 담당한다. 이 경우 긴급·응급환자를 이동시키지 아니하고 응급처치반 요원이 이동하면서 응급처치를 할 수 있다.

② 응급처치반장은 우선순위를 정하여 긴급·응급환자에 대한 응급처치를 실시하고 현장에서의 수술 등을 위하여 의료인 등이 추가로 요구되는 경우에는 의료소장에게 지원을 요청한다.

③ 응급처치반은 응급처치에 필요한 기구 및 장비를 갖추어야 한다. 다만, 응급처치에 필요한 기구 및 장비를 탑재한 구급차를 현장에 배치한 경우에는 응급처치기구 및 장비의 일부를 비치하지 아니할 수 있다.

④ 응급처치반은 제22조 제4항 본문에 따라 인계받은 긴급·응급환자의 응급처치사항을 제22조 제3항에 따라 부착된 중증도 분류표에 기록하여 긴급·응급환자와 함께 신속히 이송반에게 인계한다.

긴급구조대응활동 및 현장지휘에 관한 규칙 제24조(이송반의 임무)

① 제20조 제4항에 따른 이송반은 사상자를 이송할 수 있도록 구급차 및 영구차를 확보 또는 통제하고, 각 의료기관과 긴밀한 연락체계를 유지하면서 분류반 및 응급처치반이 인계한 사상자를 이송조치한다.

② 제1항에 따른 사상자의 이송 우선순위는 긴급환자, 응급환자, 비응급환자 및 사망자 순으로 한다.

③ 사상자를 이송하려는 이송반장 또는 이송반원은 별지 제2호 서식의 사상자 이송현황을 지체 없이 이송반에 제출해야 하며 제22조 제3항에 따라 부착된 중증도 분류표 및 구급일지를 기록·보관한다. 이 경우 사상자를 이송하는 이송반장 또는 이송반원은 중증도 분류표(전자장치는 제외한다) 중 1부는 이송반에 보관하고, 나머지 1부는 이송의료기관이 보관할 수 있도록 인계해야 한다.

④ 이송반장은 다수의 사상자가 발생한 재난이 발생한 경우에는 병원별 수용능력을 실시간으로 조사하여 별지 제1호의3 서식의 병원별 수용능력표를 작성하고, 병원별 수용능력표에 따라 사상자를 분산하여 이송해야 한다.

⑤ 이송반장이 재난현장에의 도착이 지연되어 제4항에 따른 임무를 수행할 수 없는 때에는 긴급구조지휘대에 파견된 응급의료 연락관이 이송반장의 임무를 대행한다.

긴급구조대응활동 및 현장지휘에 관한 규칙 제25조(의료소에 대한 지원)

① 통제단장은 재난이 발생하는 경우 의료소의 원활한 업무수행이 가능하도록 구급차 대기소 및 통행로를 지정·확보하고 의료소 설치구역의 질서를 유지하여야 한다. 이 경우 경찰공무원으로 하여금 지원하게 할 수 있다.

② 통제단장은 재난이 발생하는 경우 의료소장으로부터 의료소의 운영에 필요한 인력·시설 및 장비 등의 요구가 있는 때는 지체없이 지원하여야 한다.

③ 지역통제단장은 다수의 사상자가 발생하는 재난에 대비하여 연 1회 이상 응급의료관련 기관 또는 단체가 참여하는 의료소의 설치운영 및 지역별 응급의료체계의 가동연습 또는 훈련을 실시하여야 한다.

(3) 긴급구조업무와 재난관리책임기관(행정기관 외의 기관만 해당한다)의 재난관리업무에 종사하는 사람은 대통령령(시행령 제66조)으로 정하는 바에 따라 긴급구조에 관한 교육을 받아야 한다. 다만, 다른 법령에 따라 긴급구조에 관한 교육을 받은 경우에는 이 법에 따른 교육을 받은 것으로 본다.

✓Check 시행령 제66조(긴급구조에 관한 교육)

① 긴급구조지원기관에서 긴급구조업무와 재난관리업무를 담당하는 부서의 담당자 및 관리자는 법 제55조 제3항에 따라 다음 각 호의 구분에 따른 긴급구조에 관한 교육(이하 "긴급구조교육"이라 한다)을 받아야 한다.

1. 신규교육 : 해당 업무를 맡은 후 1년 이내에 받는 긴급구조교육
2. 정기교육 : 신규교육을 받은 후 2년마다 받는 긴급구조교육

② 제1항에서 규정한 사항 외에 재난관리업무에 종사하는 사람의 교육에 필요한 세부 사항은 행정안전부령으로 정한다.

(4) 소방청장과 시・도지사는 교육을 담당할 교육기관을 지정할 수 있다.

(5) 긴급구조기관의 장은 재난이 발생한 경우 사상자의 신속한 분류・응급처치 및 이송을 위하여 「의료법」 제3조에 따른 의료기관 및 「응급의료에 관한 법률」 제2조에 따른 응급의료기관등에 현장 응급의료에 필요한 재난관리자원 등에 관한 자료를 요청할 수 있다. 이 경우 자료의 요청을 받은 관계 기관의 장은 정당한 사유가 없으면 이에 따라야 한다.

(6) '(5)'에 따라 긴급구조기관의 장이 요청할 수 있는 자료의 종류는 대통령령(시행령 제66조의2)으로 정한다.

✓Check 시행령 제66조의2(긴급구조기관의 장이 요청할 수 있는 자료)

긴급구조기관의 장은 법 제55조 제5항 전단에 따라 「의료법」 제3조에 따른 의료기관 및 「응급의료에 관한 법률」 제2조 제7호에 따른 응급의료기관 등(이하 "해당 의료기관"이라 한다)에 대하여 다음 각 호의 사항에 관한 자료를 요청할 수 있다.

1. 응급의료 종사자 수 등 해당 의료기관의 응급의료 인력
2. 구급차량, 특수의료장비 등 해당 의료기관의 응급의료 장비
3. 병상, 수술실 등 해당 의료기관의 응급환자 수용능력

10 긴급구조지원기관의 능력에 대한 평가 (법 제55조의2)

(1) 긴급구조지원기관은 대통령령으로 정하는 바에 따라 긴급구조에 필요한 능력을 유지하여야 한다.

(2) 긴급구조기관의 장은 긴급구조지원기관의 능력을 평가할 수 있다. 다만, 상시 출동체계 및 자체 평가제도를 갖춘 기관과 민간 긴급구조지원기관에 대하여는 대통령령으로 정하는 바에 따라 평가를 하지 아니할 수 있다.

(3) 긴급구조기관의 장은 평가 결과를 해당 긴급구조지원기관의 장에게 통보하여야 한다.

(4) '(1)'부터 '(3)'까지에서 규정한 사항 외에 긴급구조지원기관의 능력 평가에 필요한 사항은 대통령령으로 정한다.

✓ Check 긴급구조지원기관의 능력에 대한 평가 및 절차

시행령 제66조의3(긴급구조지원기관의 능력에 대한 평가)

① 긴급구조지원기관이 법 제55조의2 제1항에 따라 유지하여야 하는 긴급구조에 필요한 능력의 구성요소는 다음 각 호와 같다.

1. 다음 각 목의 어느 하나에 해당하는 전문인력
   가. 법 제55조 제3항에 따른 긴급구조에 관한 교육을 14시간 이상 이수한 사람
   나. 긴급구조 관련 업무에 3년 이상 종사한 경력이 있는 사람
   다. 해당 기관의 긴급구조 분야와 관련되는 국가자격(「자격기본법」 제2조 제4호에 따른 국가자격을 말한다) 또는 민간자격(「자격기본법」 제2조 제5호에 따른 민간자격을 말한다)을 보유한 사람
2. 긴급구조활동에 필요한 다음 각 목의 시설이나 장비
   가. 긴급구조기관으로부터 재난발생 상황 및 긴급구조 지원 요청을 접수하고 처리할 수 있는 상시 운영 시설
   나. 재난이 발생할 우려가 현저하거나 재난이 발생하였을 때 긴급구조기관과 연락할 수 있는 정보 통신 시설이나 장비
   다. 긴급구조지원기관의 해당 분야별 긴급구조활동을 수행하는 데에 필요한 시설이나 장비
   라. 제1호에 따른 전문인력과 나목 및 다목의 시설·장비를 재난 현장으로 수송할 수 있는 장비
3. 재난 현장에서 긴급구조활동을 지속적으로 수행하는 데에 필요한 다음 각 목의 물자
   가. 제1호에 따른 전문인력의 안전 확보 및 휴식·대기 등을 위한 물자
   나. 제2호 각 목의 시설 및 장비의 운영과 유지·보수 및 정비에 필요한 물자
4. 재난 현장에서 제1호부터 제3호까지의 전문인력, 시설·장비 및 물자를 긴급구조기관과 연계하여 운영하기 위한 다음 각 목의 운영체계
   가. 재난 현장에서의 의사전달 및 조정 체계
   나. 재난 현장에 투입된 인력, 시설·장비, 물자 등의 상황을 신속하게 파악하고, 효율적으로 배치·관리할 수 있는 자원관리체계
   다. 긴급구조기관과의 협조체제를 유지하기 위한 현장지휘체계

② 긴급구조기관의 장은 법 제55조의2 제2항 본문에 따라 제1항에 따른 긴급구조에 필요한 능력의 구성요소를 평가대상으로 하여 매년 긴급구조지원기관의 능력을 평가할 수 있다.

③ 긴급구조기관의 장은 법 제55조의2 제3항에 따라 긴급구조지원기관의 능력 평가 결과를 긴급구조지원기관의 장에게 통보할 때에는 해당 기관의 긴급구조에 필요한 능력의 개선 및 보완에 필요한 사항을 포함할 수 있다.

④ 긴급구조지원기관의 장은 제3항에 따라 개선 및 보완 사항을 통보받은 때에는 그에 따라 긴급구조에 필요한 능력을 개선·보완하여 긴급구조에 필요한 능력을 유지하여야 한다.

⑤ 제1항에 따른 긴급구조에 필요한 능력의 구성요소에 대한 세부 사항에 관하여는 긴급구조지원기관의 특성 등을 고려하여 소방청장 및 해양경찰청장이 정한다.

시행령 제66조의4(긴급구조지원기관 능력에 대한 평가 절차)

① 소방청장 및 해양경찰청장은 소관 긴급구조기관이 긴급구조지원기관에 대한 능력을 평가하는 데에 필요한 평가지침을 매년 수립하여 각각 소관 긴급구조기관의 장에게 통보해야 한다. 이 경우 소방청장은 해양경찰청장에게, 해양경찰청장은 소방청장에게 각기 수립한 평가지침을 통보해야 한다.

② 제1항에 따른 평가지침에는 다음 각 호의 사항이 포함되어야 한다.
1. 긴급구조기관별로 평가하여야 하는 긴급구조지원기관
2. 긴급구조지원기관에 대한 평가방법 및 평가 기준
3. 그 밖에 긴급구조지원기관에 대한 능력 평가와 관련하여 소방청장 및 해양경찰청장이 필요하다고 인정하는 사항

③ 긴급구조기관의 장은 제1항에 따른 평가지침에 따라 긴급구조지원기관에 대한 능력 평가 계획을 수립하고, 미리 평가 대상이 되는 긴급구조지원기관의 장에게 통보하여야 한다.

11 해상에서의 긴급구조 (법 제56조)

해상에서 발생한 선박이나 항공기 등의 조난사고의 긴급구조활동에 관하여는 「수상에서의 수색·구조 등에 관한 법률」 등 관계 법령에 따른다.

12 항공기 등 조난사고 시의 긴급구조 등 (법 제57조)

(1) 소방청장은 항공기 조난사고가 발생한 경우 항공기 수색과 인명구조를 위하여 항공기 수색·구조계획을 수립·시행하여야 한다. 다만, 다른 법령에 항공기의 수색·구조에 관한 특별한 규정이 있는 경우에는 그 법령에 따른다.

(2) 항공기의 수색·구조에 필요한 사항은 대통령령(시행령 제66조의6)으로 정한다.

✔Check 시행령 제66조의6(항공기 수색·구조계획에 포함될 사항)

① 법 제57조 제1항 본문에 따른 항공기 수색·구조계획에는 다음 각 호의 사항이 포함되어야 한다.
1. 항공기 수색·구조 체계의 구성 및 운영
2. 항공기 수색·구조와 관련하여 다른 기관과의 협조체제 구축
3. 항공기 수색·구조에 필요한 교육 및 훈련
4. 항공기 수색·구조에 필요한 장비 및 시설의 확보 및 유지·관리
5. 그 밖에 항공기 수색과 인명구조를 위하여 소방청장이 필요하다고 인정하는 사항

② 소방청장은 법 제57조 제1항 본문에 따라 항공기 수색·구조계획을 수립하려는 때에는 미리 관계 행정기관의 의견을 들어야 한다.

(3) 국방부장관은 항공기나 선박의 조난사고가 발생하면 관계 법령에 따라 긴급구조업무에 책임이 있는 기관의 긴급구조활동에 대한 군의 지원을 신속하게 할 수 있도록 다음의 조치를 취하여야 한다.
① 탐색구조본부의 설치·운영
② 탐색구조부대의 지정 및 출동대기태세의 유지
③ 조난 항공기에 관한 정보 제공
④ 탐색구조본부의 구성과 운영에 필요한 사항은 국방부령으로 정한다.

(4) '(3)'의 '①'에 따른 탐색구조본부의 구성과 운영에 필요한 사항은 국방부령으로 정한다.

CHAPTER

07 재난의 복구

01 절 피해조사 및 복구계획

1 재난피해 신고 및 조사 (법 제58조)

(1) 재난으로 피해를 입은 사람은 피해상황을 행정안전부령으로 정하는 바에 따라 시장・군수・구청장(시・군・구 대책본부가 운영되는 경우에는 해당 본부장을 말한다. 이하 이 조에서 같다)에게 신고할 수 있으며, 피해 신고를 받은 시장・군수・구청장은 피해상황을 조사한 후 중앙대책본부장에게 보고하여야 한다.

(2) 재난관리책임기관의 장은 재난으로 인하여 피해가 발생한 경우에는 피해상황을 신속하게 조사한 후 그 결과를 중앙대책본부장에게 통보하여야 한다.

(3) 중앙대책본부장은 재난피해의 조사를 위하여 필요한 경우에는 대통령령(시행령 제67조)으로 정하는 바에 따라 관계 중앙행정기관 및 관계 재난관리책임기관의 장과 합동으로 중앙재난피해합동조사단을 편성하여 재난피해 상황을 조사할 수 있다.

✓Check 시행령 제67조(중앙재난피해합동조사단의 구성・운영)

① 법 제58조 제3항에 따른 중앙재난피해합동조사단(이하 "재난피해조사단"이라 한다)의 단장은 행정안전부 소속 공무원으로 한다.
② 재난피해조사단의 단장은 중앙대책본부장의 명을 받아 재난피해조사단에 관한 사무를 총괄하고 재난피해조사단에 소속된 직원을 지휘・감독한다.
③ 중앙대책본부장은 재난 피해의 유형・규모에 따라 전문조사가 필요한 경우 전문조사단을 구성・운영할 수 있다.
④ 제1항부터 제3항까지에서 규정한 사항 외에 재난피해조사단의 편성 및 운영 등에 필요한 사항은 행정안전부령으로 정한다.

(4) 중앙대책본부장은 중앙재난피해합동조사단을 편성하기 위하여 관계 재난관리책임기관의 장에게 소속 공무원이나 직원의 파견을 요청할 수 있다. 이 경우 요청을 받은 관계 재난관리책임기관의 장은 특별한 사유가 없으면 요청에 따라야 한다.

(5) 피해상황 조사의 방법 및 기준 등 필요한 사항은 중앙대책본부장이 정한다.

2 재난복구계획의 수립・시행 (법 제59조)

(1) 재난관리책임기관의 장은 사회재난으로 인한 피해[사회재난 중 제60조 제3항에 따라 특별재난지역으로 선포된 지역의 사회재난으로 인한 피해(이하 이 조에서 "특별재난지역 피해"라 한다)는

5부 PART・02

제외한다]에 대하여 제58조 제2항에 따른 피해조사를 마치면 지체 없이 자체복구계획을 수립·시행하여야 한다.

(2) 시·도지사 또는 시장·군수·구청장은 특별재난지역 피해에 대하여 관할구역의 피해상황을 종합하는 재난복구계획을 수립한 후 수습본부장 및 관계 중앙행정기관의 장과 협의를 거쳐 중앙대책본부장에게 제출하여야 한다.

(3) 긴급하게 복구를 실시하여야 하는 등 대통령령(시행령 제68조)으로 정하는 특별한 사유가 있는 경우에는 수습본부장이 특별재난지역 피해에 대한 재난복구계획을 직접 수립하여 중앙대책본부장에게 제출할 수 있다.

✓ Check 시행령 제68조(자체복구계획 및 재난복구계획)

① 법 제59조에 따른 자체복구계획 및 재난복구계획에는 피해시설별·관리주체별 복구 내용, 일정 및 복구비용 등이 포함되어야 한다.

② 법 제59조 제3항에서 "대통령령으로 정하는 특별한 사유"란 다음 각 호의 어느 하나에 해당하는 경우로서 법 제15조의2 제3항에 따른 수습본부의 장이 직접 재난복구계획을 수립할 필요성이 있다고 판단하는 경우를 말한다.

1. 사회재난 중 법 제60조 제3항에 따라 특별재난지역으로 선포된 지역의 사회재난으로 인한 피해(이하 "특별재난지역 피해"라 한다)에 대하여 긴급하게 복구를 실시하여야 하는 경우
2. 2개 이상의 시·도에 걸쳐 특별재난지역 피해가 발생한 경우
3. 항공사고, 해상사고, 철도사고, 화학사고, 원전사고 또는 이에 준하는 사고로 인하여 발생한 특별재난지역 피해로서 국가적 차원에서 복구할 필요성이 큰 경우

(4) 중앙대책본부장은 제출 받은 재난복구계획을 중앙재난안전대책본부회의의 심의를 거쳐 확정하고, 이를 관계 재난관리책임기관의 장에게 통보하여야 한다.

(5) 재난관리책임기관의 장은 재난복구계획을 통보 받으면 그 재난복구계획에 따라 지체 없이 재난복구를 시행하여야 한다. 이 경우 지방자치단체의 장은 재난복구를 위하여 필요한 경비를 지방자치단체의 예산에 계상(計上)하여야 한다.

3 재난복구계획에 따라 시행하는 사업의 관리 (법 제59조의2)

(1) 재난관리책임기관의 장은 자체복구계획 또는 중앙재난안전대책본부회의의 심의를 거쳐 확정되고 관계 재난관리책임기관의 장에게 통보된 재난복구계획에 따라 시행하는 사업이 체계적으로 관리되도록 하여야 한다.

(2) 중앙대책본부장은 재난복구계획에 따라 시행하는 사업이 효율적으로 추진될 수 있도록 대통령령(시행령 제68조의2)으로 정하는 사업에 대하여 지도·점검하고, 필요하면 시정명령 또는 시정요청(현지 시정명령과 시정요청을 포함한다)을 할 수 있다. 이 경우 시정명령 또는 시정요청을 받은 관계 기관의 장은 정당한 사유가 없으면 이에 따라야 한다.

✔ Check 시행령 제68조의2(재난복구계획에 따라 시행하는 사업의 지도·점검 대상 등)

① 법 제59조의2 제2항 전단에서 "대통령령으로 정하는 사업"이란 법 제59조 제4항에 따른 재난복구계획에 따라 시행하는 사업(이하 이 조에서 "재난복구사업"이라 한다) 중 다음 각 호의 어느 하나에 해당하는 재난관리책임기관이 관리하는 시설에 대한 재난복구사업을 말한다.
1. 중앙행정기관 및 지방자치단체(「제주특별자치도 설치 및 국제자유도시조성을 위한 특별법」 제10조 제2항에 따른 행정시를 포함한다)
2. 제3조 제1항 제1호 가목 및 같은 항 제2호 가목에 따른 지방행정기관
3. 제3조에 따른 재난관리책임기관(제2호에 따른 지방행정기관은 제외한다) 중 재난복구사업의 규모 및 파급효과 등을 고려하여 해당 재난복구사업에 대한 지도·점검이 필요하다고 행정안전부장관이 인정하는 재난관리책임기관

② 중앙대책본부장은 법 제59조의2 제2항 전단에 따른 재난복구사업의 지도·점검(이하 "지도·점검"이라 한다)을 하려는 경우에는 다음 각 호의 사항이 포함된 지도·점검 계획을 수립하여 지도·점검 5일 전까지 대상 기관에 통지하여야 한다.
1. 지도·점검의 목적
2. 지도·점검의 일시 및 대상
3. 그 밖에 지도·점검을 위하여 중앙대책본부장이 필요하다고 인정하는 사항

③ 중앙대책본부장은 지도·점검의 효율적 수행을 위하여 필요한 경우 관계 중앙행정기관 및 행정안전부 소속 공무원으로 이루어진 합동점검반을 구성·운영할 수 있다.

④ 제2항 및 제3항에서 규정한 사항 외에 지도·점검에 필요한 사항은 행정안전부장관이 정하여 고시한다.

02 절 특별재난지역 선포 및 지원

1 특별재난지역의 선포 (법 제60조)

(1) 중앙대책본부장은 대통령령(시행령 제69조)으로 정하는 규모의 재난이 발생하여 국가의 안녕 및 사회질서의 유지에 중대한 영향을 미치거나 피해를 효과적으로 수습하기 위하여 특별한 조치가 필요하다고 인정하거나 지역대책본부장의 요청이 타당하다고 인정하는 경우에는 중앙대책본부장에게 특별재난지역의 선포 건의를 중앙위원회의 심의를 거쳐 해당 지역을 특별재난지역으로 선포할 것을 대통령에게 건의할 수 있다.

✔ Check 시행령 제69조(특별재난의 범위 및 선포 등)

① 법 제60조 제1항에서 "대통령령으로 정하는 규모의 재난"이란 다음 각 호의 어느 하나에 해당하는 재난을 말한다.
1. 자연재난으로서 「자연재난 구호 및 복구 비용 부담기준 등에 관한 규정」 제5조 제1항에 따른 국고 지원 대상 피해 기준금액의 2.5배를 초과하는 피해가 발생한 재난

1의2. 자연재난으로서 「자연재난 구호 및 복구 비용 부담기준 등에 관한 규정」 제5조 제1항에 따른 국고 지원 대상에 해당하는 시·군·구의 관할 읍·면·동에 같은 항 각 호에 따른 국고 지원 대상 피해 기준금액의 4분의 1을 초과하는 피해가 발생한 재난
2. 사회재난의 재난 중 재난이 발생한 해당 지방자치단체의 행정능력이나 재정능력으로는 재난의 수습이 곤란하여 국가적 차원의 지원이 필요하다고 인정되는 재난
3. 그 밖에 재난 발생으로 인한 생활기반 상실 등 극심한 피해의 효과적인 수습 및 복구를 위하여 국가적 차원의 특별한 조치가 필요하다고 인정되는 재난

(2) '(1)'에 따라 대통령령으로 재난의 규모를 정할 때에는 다음의 사항을 고려하여야 한다.
① 인명 또는 재산의 피해 정도
② 재난지역 관할 지방자치단체의 재정 능력
③ 재난으로 피해를 입은 구역의 범위

(3) '(1)'에 따라 특별재난지역의 선포를 건의받은 대통령은 해당 지역을 특별재난지역으로 선포할 수 있다.

✔Check 시행령 제69조(특별재난의 범위 및 선포 등)

② 법 제60조 제3항에 따라 대통령이 특별재난지역을 선포하는 경우에 중앙대책본부장은 특별재난지역의 구체적인 범위를 정하여 공고하여야 한다.

(4) 지역대책본부장은 관할지역에서 발생한 재난으로 인하여 '(1)'에 따른 사유가 발생한 경우에는 중앙대책본부장에게 특별재난지역의 선포 건의를 요청할 수 있다.

2 특별재난지역에 대한 지원 (법 제61조)

국가나 지방자치단체는 특별재난지역으로 선포된 지역에 대하여는 지원을 하는 외에 대통령령(시행령 제70조)으로 정하는 바에 따라 응급대책 및 재난구호와 복구에 필요한 행정상·재정상·금융상·의료상의 특별지원을 할 수 있다.

✔Check 시행령 제70조(특별재난지역에 대한 지원)

① 법 제61조에 따라 국가가 제69조 제1항 제1호 및 제1호의2의 재난과 관련하여 특별재난지역으로 선포한 지역에 대한 특별지원의 내용은 다음 각 호와 같다.
1. 「자연재난 구호 및 복구 비용 부담기준 등에 관한 규정」 제7조에 따른 국고의 추가지원
2. 「자연재난 구호 및 복구 비용 부담기준 등에 관한 규정」 제4조에 따른 지원
3. 의료·방역·방제(防除) 및 쓰레기 수거 활동 등에 대한 지원
4. 「재해구호법」에 따른 의연금품의 지원
5. 농어업인의 영농·영어·시설·운전 자금 및 중소기업의 시설·운전 자금의 우선 융자, 상환 유예, 상환 기한 연기 및 그 이자 감면과 중소기업에 대한 특례보증 등의 지원
6. 그 밖에 재난응급대책의 실시와 재난의 구호 및 복구를 위한 지원

② 삭제
③ 국가가 법 제61조에 따라 이 영 제69조 제1항 제2호에 해당하는 재난 및 그에 준하는 같은 항 제3호의 재난과 관련하여 특별재난지역으로 선포한 지역에 대하여 하는 특별지원의 내용은 다음 각 호와 같다.
1. 「사회재난 구호 및 복구 비용 부담기준 등에 관한 규정」에 따른 지원
2. 삭제
3. 삭제
4. 제1항 제3호 및 제5호에 해당하는 지원
5. 그 밖에 중앙대책본부장이 필요하다고 인정하는 지원
④ 삭제
⑤ 중앙대책본부장은 제3항에 따른 지원을 위한 피해금액과 복구비용의 산정, 국고지원 내용 등을 관계 중앙행정기관의 장과의 협의 및 중앙대책본부회의의 심의를 거쳐 확정한다.
⑥ 중앙대책본부장 및 지역대책본부장은 특별재난지역이 선포되었을 때에는 재난응급대책의 실시와 재난의 구호 및 복구를 위하여 법 제59조 제2항에 따른 재난복구계획의 수립·시행 전에 재난대책을 위한 예비비, 재난관리기금·재해구호기금 및 의연금을 집행할 수 있다.

03 절 재정 및 보상 등

1 비용 부담의 원칙 (법 제62조)

(1) 재난관리에 필요한 비용은 이 법 또는 다른 법령에 특별한 규정이 있는 경우 외에는 이 법 또는 안전관리계획에서 정하는 바에 따라 그 시행의 책임이 있는 자(재난방지시설의 경우에는 해당 재난방지시설의 유지·관리 책임이 있는 자를 말한다)가 부담한다. 다만, 시·도지사나 시장·군수·구청장이 다른 재난관리책임기관이 시행할 재난의 응급조치를 시행한 경우 그 비용은 그 응급조치를 시행할 책임이 있는 재난관리책임기관이 부담한다.

(2) 비용은 관계 기관이 협의하여 정산한다.

2 응급지원에 필요한 비용 (법 제63조)

(1) 응원을 받은 자는 그 응원에 드는 비용을 부담하여야 한다.

(2) 응원부담의 응급조치로 인하여 다른 지방자치단체가 이익을 받은 경우에는 그 수익의 범위에서 이익을 받은 해당 지방자치단체가 그 비용의 일부를 분담하여야 한다.

(3) 비용은 관계 기관이 협의하여 정산한다.

3 손실보상 (법 제64조)

(1) 국가나 지방자치단체는 동원명령 및 응원부담(시・도지사가 행하는 경우를 포함한다)에 따른 조치로 인하여 손실이 발생하면 보상하여야 한다.

(2) 손실보상에 관하여는 손실을 입은 자와 그 조치를 한 중앙행정기관의 장, 시・도지사 또는 시장・군수・구청장이 협의하여야 한다.

(3) 손실보상의 협의가 성립되지 아니하면 대통령령으로 정하는 바에 따라 「공익사업을 위한 토지 등의 취득 및 보상에 관한 법률」에 따른 관할 토지수용위원회에 재결을 신청할 수 있다.

(4) 재결에 관하여는 「공익사업을 위한 토지 등의 취득 및 보상에 관한 법률」의 규정을 준용한다.

✓Check 시행령 제71조(재결의 신청기간)

① 법 제64조 제2항에 따른 손실보상에 관한 협의는 법 제39조 및 제45조(법 제46조에 따라 시・도지사가 행하는 경우를 포함한다)에 따른 조치가 있는 날부터 60일 이내에 하여야 한다.
② 법 제64조 제3항에 따른 재결의 신청은 법 제39조 및 제45조(법 제46조에 따라 시・도지사가 행하는 경우를 포함한다)에 따른 조치가 있는 날부터 180일 이내에 하여야 한다.

4 치료 및 보상 (법 제65조)

(1) 재난 발생 시 긴급구조활동과 응급대책・복구 등에 참여한 자원봉사자, 제45조에 따른 응급조치 종사명령을 받은 사람 및 제51조 제2항에 따라 긴급구조활동에 참여한 민간 긴급구조지원기관의 긴급구조지원요원이 응급조치나 긴급구조활동을 하다가 부상(신체적・정신적 손상을 말한다. 이하 이 조에서 같다)을 입은 경우 및 부상으로 인하여 장애를 입은 경우에는 치료(심리적 안정과 사회적응을 위한 상담지원을 포함한다)를 실시하고 보상금을 지급하며, 사망(부상으로 인하여 사망한 경우를 포함한다)한 경우에는 그 유족에게 보상금을 지급한다. 다만, 다른 법령에 따라 국가나 지방자치단체의 부담으로 같은 종류의 보상금을 받은 사람에게는 그 보상금에 상당하는 금액을 지급하지 아니한다.

(2) 재난의 응급대책・복구 및 긴급구조 등에 참여한 자원봉사자의 장비 등이 응급대책・복구 또는 긴급구조와 관련하여 고장 나거나 파손된 경우에는 그 자원봉사자에게 수리비용을 보상할 수 있다.

✓Check 시행령 제72조(치료 및 보상금의 부담 및 지급기준 등)

① 법 제65조 제1항 및 제2항에 따른 치료 및 보상금은 해당 재난이 국가의 업무 또는 시설과 관계되는 경우에는 국가가 부담하고, 지방자치단체의 업무 또는 시설과 관계되는 경우에는 지방자치단체가 부담한다.
② 법 제65조 제1항에 따라 실시하는 부상을 입은 사람 및 부상으로 장애를 입은 사람에 대한 치료는 치료에 필요한 실비를 지급하는 방법으로 할 수 있다.

③ 법 제65조 제1항에 따라 부상을 입은 사람, 부상으로 장애를 입은 사람, 사망(부상으로 사망한 경우를 포함한다)한 사람의 유족에게 지급하는 보상금의 지급기준에 관하여는 「의사상자 등 예우 및 지원에 관한 법률」 제8조와 같은 법 시행령 제12조를 준용한다.

④ 법 제65조 제2항에 따른 장비 등의 고장이나 파손에 대한 보상은 다음 각 호의 기준에 따라 지급액을 결정한다.

1. 고장나거나 파손된 장비 등의 수리가 불가능한 경우에는 참여 당시 장비 등의 교환가격
2. 고장나거나 파손된 장비 등의 수리가 가능한 경우에는 수리에 필요한 실비

⑤ 제1항에 따른 보상 중 유족에 대한 보상금은 그 배우자, 미성년자인 자녀, 부모, 조부모, 성년인 자녀, 형제자매 순으로 지급한다. 이 경우 같은 순위의 유족이 2명 이상일 경우에는 같은 금액으로 나누어 지급하되, 태아는 그 지급순위에 관하여는 이미 출생한 것으로 본다.

5 포상 (법 제65조의2)

국가와 지방자치단체는 긴급구조 등의 활성화를 위하여 긴급구조활동과 응급대책·복구 등에 참여하여 현저한 공로가 있는 자원봉사자에게 「상훈법」에 따라 훈장 또는 포장을 수여할 수 있다.

6 재난지역에 대한 국고보조 등의 지원 (법 제66조)

(1) 국가는 다음에 해당하는 재난의 원활한 복구를 위하여 필요하면 대통령령으로 정하는 바에 따라 그 비용(보상금을 포함한다)의 전부 또는 일부를 국고에서 부담하거나 지방자치단체, 그 밖의 재난관리책임자에게 보조할 수 있다. 다만, 동원명령(시·도지사가 하는 경우를 포함한다) 또는 대피명령을 방해하거나 위반하여 발생한 피해에 대하여는 그러하지 아니하다.

① 자연재난

② 사회재난 중 제60조 제3항에 따라 특별재난지역으로 선포된 지역의 재난

(2) 재난복구사업의 재원은 대통령령으로 정하는 재난의 구호 및 재난의 복구비용 부담기준에 따라 국고의 부담금 또는 보조금과 지방자치단체의 부담금·의연금 등으로 충당하되, 지방자치단체의 부담금 중 시·도 및 시·군·구가 부담하는 기준은 행정안전부령으로 정한다.

(3) 국가와 지방자치단체는 재난으로 피해를 입은 시설의 복구와 피해주민의 생계 안정을 위하여 다음의 지원을 할 수 있다. 다만, 다른 법령에 따라 국가 또는 지방자치단체가 같은 종류의 보상금 또는 지원금을 지급하거나, 재난으로 피해를 유발한 원인자가 보험금 등을 지급하는 경우에는 그 보상금, 지원금 또는 보험금 등에 상당하는 금액은 지급하지 아니한다.

① 사망자·실종자·부상자 등 피해주민에 대한 구호

② 주거용 건축물의 복구비 지원

③ 고등학생의 학자금 면제

④ 자금의 융자, 보증, 상환기한의 연기, 그 이자의 감면 등 관계 법령에서 정하는 금융지원

⑤ 세입자 보조 등 생계안정 지원

⑥ 「소상공인기본법」 제2조에 따른 소상공인에 대한 지원
⑦ 관계 법령에서 정하는 바에 따라 국세·지방세, 건강보험료·연금보험료, 통신요금, 전기요금 등의 경감 또는 납부유예 등의 간접지원
⑧ 주 생계수단인 농업·어업·임업·염생산업(鹽生産業)에 피해를 입은 경우에 해당 시설의 복구를 위한 지원
⑨ 공공시설 피해에 대한 복구사업비 지원
⑩ 그 밖에 제14조 제3항 본문에 따른 중앙재난안전대책본부회의에서 결정한 지원 또는 제16조 제2항에 따른 지역재난안전대책본부회의에서 결정한 지원

(4) '(3)'에 따른 지원의 기준은 '(1)'의 어느 하나에 해당하는 재난에 대해서는 대통령령으로 정하고, 사회재난으로서 제60조 제3항에 따라 특별재난지역으로 선포되지 아니한 지역의 재난에 대해서는 해당 지방자치단체의 조례로 정한다.

(5) 국가와 지방자치단체는 재난으로 피해를 입은 사람에 대하여 심리적 안정과 사회 적응을 위한 상담 활동을 지원할 수 있다. 이 경우 구체적인 지원절차와 그 밖에 필요한 사항은 대통령령(시행령 제73조의2)으로 정한다.

✔ Check　시행령 제73조의2(재난피해자에 대한 상담 활동 지원절차)

① 행정안전부장관 또는 지방자치단체의 장은 법 제66조 제5항에 따라 재난으로 피해를 입은 사람에 대하여 심리적 안정과 사회 적응(이하 "심리회복"이라 한다)을 위한 상담 활동을 체계적으로 지원하기 위하여 다음 각 호의 사항을 포함하는 상담활동지원계획을 수립·시행하여야 한다.
1. 재난 및 피해 유형별 상담 활동의 세부 지원방안
2. 상담 활동 지원에 필요한 재원의 확보
3. 심리회복 전문가 인력 확보 및 유관기관과의 협업체계 구축
4. 「정신건강증진 및 정신질환자 복지서비스 지원에 관한 법률」 제3조 제4호에 따른 정신건강증진시설과의 진료 연계
5. 상담 활동 지원을 위한 교육·연구 및 홍보
6. 그 밖에 재난으로 피해를 입은 사람에 대하여 심리회복을 위한 상담 활동 지원에 필요하다고 행정안전부장관 또는 지방자치단체의 장이 필요하다고 인정하는 사항

② 행정안전부장관과 지방자치단체의 장은 다음 각 호의 어느 하나에 해당하는 지역에 대하여는 법 제66조 제5항에 따른 상담 활동 지원을 우선적으로 실시할 수 있다.
1. 법 제60조 제3항에 따라 특별재난지역으로 선포된 지역
2. 제13조 각 호의 어느 하나에 해당하는 재난이 발생한 지역

(6) 국가 또는 지방자치단체는 '(3)'에 따른 지원의 원인이 되는 사회재난에 대하여 그 원인을 제공한 자가 따로 있는 경우에는 그 원인제공자에게 국가 또는 지방자치단체가 부담한 비용의 전부 또는 일부를 청구할 수 있다.

(7) '(3)' 각 호에 따라 지원되는 금품 또는 이를 지급받을 권리는 양도·압류하거나 담보로 제공할 수 없다.

7 복구비 등의 선지급 (법 제66조의2)

(1) 지방자치단체의 장은 재난의 신속한 구호 및 복구를 위하여 필요하다고 판단되면 재난의 구호 및 복구를 위하여 지원하는 비용(복구비 등) 중 대통령령으로 정하는 항목에 대해서는 재난복구계획의 수립・시행 또는 「자연재해대책법」에 따른 복구계획 수립 전에 미리 지급할 수 있다.

(2) 복구비 등을 선지급 받으려는 자는 대통령령으로 정하는 바에 따라 재난으로 인한 피해 물량 등에 관하여 신고하여야 한다.

(3) 지방자치단체의 장은 미리 복구비 등을 지급하기 위하여 피해 주민의 주(主) 생계수단을 판단하기 위한 다음에 대한 확인을 해당의 자에게 요청할 수 있다. 이 경우 확인을 요청 받은 자는 특별한 사유가 없으면 요청에 따라야 한다.

① 근로소득 및 사업소득 수준에 관한 사항 : 국세청장 또는 관할 세무서장

② 국민연금 가입・납입에 관한 사항 : 「국민연금법」에 따른 국민연금공단의 이사장

③ 국민건강보험 가입・납입에 관한 사항 : 「국민건강보험법」에 따른 국민건강보험공단의 이사장

(4) 복구비 등 선지급을 위하여 필요한 선지급의 비율・절차 등에 관한 사항은 대통령령으로 정한다.

8 복구비 등의 반환 (법 제66조의3)

(1) 국가와 지방자치단체는 복구비 등을 받은 자가 다음에 해당하는 경우에는 행정안전부령으로 정하는 바에 따라 그 받은 복구비 등을 반환하도록 명하여야 한다.

① 부정한 방법으로 복구비 등을 받은 경우

② 복구비 등을 받은 후 그 지급 사유가 소급하여 소멸된 경우

③ 그 밖에 대통령령으로 정하는 사유가 발생한 경우

(2) 반환명령을 받은 자는 즉시 복구비 등을 반환하여야 한다.

(3) 반환하여야 할 반환금을 지정된 기한까지 반환하지 아니하면 국세 체납처분 또는 지방세 체납처분의 예에 따라 징수한다.

(4) 반환금의 징수는 국세와 지방세를 제외하고는 다른 공과금에 우선한다.

CHAPTER

08 안전문화 진흥

1 안전문화 진흥을 위한 시책의 추진 (법 제66조의4)

(1) 중앙행정기관의 장과 지방자치단체의 장은 소관 재난 및 안전관리업무와 관련하여 국민의 안전의식을 높이고 안전문화를 진흥시키기 위한 다음의 안전문화활동을 적극 추진하여야 한다.

① 안전교육 및 안전훈련(응급상황시의 대처요령을 포함한다)
② 안전의식을 높이기 위한 캠페인 및 홍보
③ 각종 사고를 예방하기 위한 안전신고 활동 장려 · 지원
④ 안전행동요령 및 기준 · 절차 등에 관한 지침의 개발 · 보급
⑤ 안전문화 우수사례의 발굴 및 확산
⑥ 안전 관련 통계 현황의 관리 · 활용 및 공개
⑦ 안전에 관한 각종 조사 및 분석
⑧ 안전취약계층의 안전관리 강화
⑨ 그 밖에 안전문화를 진흥하기 위한 활동

✓ Check 시행령 제73조의5(안전문화활동에 대한 총괄 · 조정)

① 행정안전부장관과 지방자치단체의 장은 법 제66조의4 제1항 제2호 · 제2호의2 · 제4호 및 제6호에 따른 안전문화활동과 그 밖에 안전문화의 진흥에 필요한 사업을 효율적으로 추진하기 위하여 안전문화 관련 기관 및 단체로 구성된 중앙협의체 또는 지역협의체를 각각 구성 · 운영할 수 있다.
② 제1항에 따른 중앙협의체 또는 지역협의체의 구성 · 운영에 필요한 사항은 행정안전부장관 또는 해당 지방자치단체의 장이 각각 정한다.

(2) 행정안전부장관은 안전문화활동의 추진에 관한 총괄 · 조정 업무를 관장한다.

(3) 지방자치단체의 장은 지역 내 안전문화활동에 주민과 관련 기관 · 단체가 참여할 수 있는 제도를 마련하여 시행할 수 있다.

(4) 국가와 지방자치단체는 국민이 안전문화를 실천하고 체험할 수 있는 안전체험시설을 설치 · 운영할 수 있다.

(5) 국가와 지방자치단체는 지방자치단체 또는 그 밖의 기관 · 단체에서 추진하는 안전문화활동을 위하여 필요한 예산을 지원할 수 있다.

2 국민안전의 날 등 (법 제66조의7)

(1) 국가는 국민의 안전의식 수준을 높이기 위하여 매년 4월 16일을 국민안전의 날로 정하여 필요한 행사 등을 한다.

(2) 국가는 대통령령(시행령 제73조의6)으로 정하는 바에 따라 국민의 안전의식 수준을 높이기 위하여 안전점검의 날과 방재의 날을 정하여 필요한 행사 등을 할 수 있다.

✔ Check 시행령 제73조의6(안전점검의 날 등)

① 법 제66조의7에 따른 안전점검의 날은 매월 4일로 하고, 방재의 날은 매년 5월 25일로 한다.
② 재난관리책임기관은 안전점검의 날에는 재난취약시설에 대한 일제점검, 안전의식 고취 등 안전 관련 행사를 실시하고, 방재의 날에는 자연재난에 대한 주민의 방재의식을 고취하기 위하여 재난에 대한 교육·홍보 등의 관련 행사를 실시한다.
③ 제2항에서 규정한 사항 외에 안전점검의 날 및 방재의 날 행사 등에 필요한 사항은 행정안전부장관이 각각 정한다.

3 안전정보의 구축·활용 (법 제66조의9)

(1) 행정안전부장관은 재난 및 각종 사고로부터 국민의 생명과 신체 및 재산을 보호하기 위하여 다음의 정보(이하 "안전정보"라 한다)를 수집하여 체계적으로 관리하여야 한다.
① 재난이나 그 밖의 각종 사고에 관한 통계, 지리정보 및 안전정책에 관한 정보
② 안전취약계층의 재난 및 각종 사고 피해에 관한 통계
③ 정부합동안전점검단에 따른 안전 점검 결과
④ 재난관리책임기관 장의 보완이나 개선에 관한 조치명령에 따른 조치 결과
⑤ 행정안전부장관이 실시한 재난관리책임기관에대한 재난관리체계 등에 대한 평가 결과
⑥ 긴급구조 관련 특수번호 전화서비스의 통합·연계에 따른 긴급구조지원기관의 능력 평가 결과
⑦ 행정안전부장관이 실시하는 재난원인조사 결과
⑧ 재난원인조사에 따른 개선권고 등의 조치결과에 관한 정보
⑨ 그 밖에 재난이나 각종 사고에 관한 정보로서 행정안전부장관이 수집·관리가 필요하다고 인정하는 정보

(2) 행정안전부장관은 안전정보를 체계적으로 관리하고 안전정보 및 다른 법령에 따라 재난관리책임기관의 장이 공개하는 시설 등에 대한 각종 안전점검·진단 등의 결과를 통합적으로 공개하기 위하여 안전정보통합관리시스템을 구축·운영하여야 한다.

(3) 행정안전부장관은 안전정보통합관리시스템을 관계 행정기관 및 국민이 안전수준을 진단하고 개선하는 데 활용할 수 있도록 하여야 한다.

(4) 행정안전부장관은 안전정보통합관리시스템을 구축·운영하기 위하여 관계 행정기관의 장에게 필요한 자료를 요청할 수 있다. 이 경우 요청을 받은 관계 행정기관의 장은 특별한 사유가 없으면 요청에 따라야 한다.

(5) 안전정보 등의 수집·공개·관리, 안전정보통합관리시스템의 구축·활용 등에 필요한 사항은 대통령령으로 정한다.

4 안전지수의 공표 및 안전진단의 실시 등 (법 제66조의10)

(1) 행정안전부장관은 지역별 안전수준과 안전의식을 객관적으로 나타내는 지수(이하 "안전지수"라 한다)를 개발·조사하여 그 결과를 공표할 수 있다.

✓ Check 시행령 제73조의8(안전지수의 조사·공표 등)

① 법 제66조의10 제1항에 따른 안전지수(이하 "안전지수"라 한다)의 조사 항목은 다음 각 호와 같다.
1. 지역별 재난 등의 발생 현황
2. 재난등에 대한 국민의 안전의식
3. 그 밖에 행정안전부장관이 필요하다고 인정하는 사항

(2) 행정안전부장관은 '(1)'에 따라 공표된 안전지수를 고려하여 안전수준 및 안전의식의 개선이 필요하다고 인정되는 지방자치단체에 대해서는 안전환경 분석 및 개선방안 마련 등 안전진단(이하 "안전진단"이라 한다)을 실시할 수 있다.

(3) 행정안전부장관은 안전지수의 조사 및 안전진단의 실시를 위하여 관계 행정기관의 장에게 필요한 자료를 요청할 수 있다. 이 경우 요청을 받은 관계 행정기관의 장은 특별한 사유가 없으면 요청에 따라야 한다.

(4) 행정안전부장관은 안전지수의 개발·조사 및 안전진단의 실시에 관한 업무를 효율적으로 수행하기 위하여 필요한 경우 대통령령으로 정하는 기관 또는 단체로 하여금 그 업무를 대행하게 할 수 있다.

✓ Check 시행령 제73조의8(안전지수의 조사·공표 등)

⑤ 법 제66조의10 제4항에서 "대통령령으로 정하는 기관 또는 단체"란 다음 각 호의 기관 또는 단체를 말한다.
1. 국공립 연구기관
2. 「정부출연연구기관 등의 설립·운영 및 육성에 관한 법률」에 따라 설립된 정부출연연구기관
2의2. 「지방자치단체출연 연구원의 설립 및 운영에 관한 법률」 제2조에 따른 지방자치단체출연 연구원
3. 「고등교육법」에 따른 대학·산업대학·전문대학 및 기술대학
4. 「민법」 또는 다른 법률에 따라 설립된 법인인 연구기관

(5) 안전지수의 조사 항목, 방법, 공표절차 및 안전진단의 실시 방법, 절차, 기준 등 필요한 사항은 대통령령으로 정한다.

✓Check 시행령 제73조의8(안전지수의 조사·공표 등)

② 행정안전부장관은 지역별 안전지수를 인터넷 등을 통하여 공표할 수 있다.
⑥ 제1항부터 제5항까지에서 규정한 사항 외에 안전지수의 조사방법 및 안전진단의 실시방법 등에 관하여 필요한 사항은 행정안전부장관이 정한다.

5 지역축제 개최 시 안전관리조치 (법 제66조의11)

(1) 중앙행정기관의 장 또는 지방자치단체의 장은 대통령령으로 정하는 지역축제를 개최하려면 해당 지역축제가 안전하게 진행될 수 있도록 지역축제 안전관리계획을 수립하고, 그 밖에 안전관리에 필요한 조치를 하여야 한다. 다만, 다중의 참여가 예상되는 지역축제로서 개최자가 없거나 불분명한 경우에는 참여 예상 인원의 규모와 장소 등을 고려하여 대통령령으로 정하는 바에 따라 관할 지방자치단체의 장이 지역축제 안전관리계획을 수립하고 그 밖에 안전관리에 필요한 조치를 하여야 한다.

(2) 행정안전부장관 또는 시·도지사는 '(1)'에 따른 지역축제 안전관리계획의 이행 실태를 지도·점검할 수 있으며, 점검결과 보완이 필요한 사항에 대해서는 관계 기관의 장에게 시정을 요청할 수 있다. 이 경우 시정 요청을 받은 관계 기관의 장은 특별한 사유가 없으면 요청에 따라야 한다.

(3) 중앙행정기관의 장 또는 지방자치단체의 장 외의 자가 대통령령으로 정하는 지역축제를 개최하려는 경우에는 해당 지역축제가 안전하게 진행될 수 있도록 지역축제 안전관리계획을 수립하여 대통령령으로 정하는 바에 따라 관할 시장·군수·구청장에게 사전에 통보하고, 그 밖에 안전관리에 필요한 조치를 하여야 한다. 지역축제 안전관리계획을 변경하려는 때에도 또한 같다.

(4) '(3)'에 따른 통보를 받은 관할 시장·군수·구청장은 필요하다고 인정되는 때에는 지역축제 안전관리계획에 대하여 보완을 요구할 수 있다. 이 경우 보완을 요구받은 자는 정당한 사유가 없으면 이에 따라야 한다.

(5) '(1)' 또는 '(3)'에 따른 지역축제의 안전관리를 위하여 필요한 경우 중앙행정기관의 장 또는 지방자치단체의 장('(3)'에 따른 지역축제의 경우에는 관할 시장·군수·구청장을 말한다. 이하 이 항 및 '(6)'에서 같다)은 관할 경찰관서, 소방관서 및 그 밖에 관계 기관의 장에게 협조 또는 해당 기관의 소관 사항에 대한 역할 분담을 요청할 수 있다. 이 경우 요청을 받은 기관의 장은 특별한 사유가 없으면 이에 따라야 한다.

(6) '(1)' 또는 '(3)'에 따른 지역축제의 안전관리를 위하여 필요한 경우 중앙행정기관의 장 또는 지방자치단체의 장은 대통령령으로 정하는 바에 따라 관할 경찰관서, 소방관서 및 그 밖에 관계 기관·단체 등이 참여하는 지역안전협의회를 구성·운영할 수 있다.

(7) '(1)'부터 '(4)'까지의 규정에 따른 지역축제 안전관리계획의 내용, 수립절차 및 '(5)'에 따른 협조 또는 역할 분담의 요청 등에 필요한 사항은 대통령령으로 정한다.

✔ Check 시행령 제73조의9(지역축제 개최 시 안전관리조치)

① 법 제66조의11 제1항 본문 및 같은 조 제3항에서 "대통령령으로 정하는 지역축제"란 각각 다음 각 호의 어느 하나에 해당하는 지역축제를 말한다.
  1. 축제기간 중 순간 최대 관람객이 1천명 이상이 될 것으로 예상되는 지역축제
  2. 축제장소나 축제에 사용하는 재료 등에 사고 위험이 있는 지역축제로서 다음 각 목의 어느 하나에 해당하는 지역축제
    가. 산 또는 수면에서 개최하는 지역축제
    나. 불, 폭죽, 석유류 또는 가연성 가스 등의 폭발성 물질을 사용하는 지역축제

② 법 제66조의11 제1항 및 제3항에 따른 지역축제 안전관리계획(이하 "지역축제 안전관리계획"이라 한다)에는 각각 다음 각 호의 사항이 포함되어야 한다.
  1. 지역축제의 개요
  2. 해당 지역축제의 안전관리업무를 담당하는 사람 및 관리조직과 임무에 관한 사항
  3. 화재예방 및 다중운집 등에 따른 인명피해 방지조치에 관한 사항
  4. 안전관리인력의 확보 및 배치계획
  5. 비상시 대응요령, 담당 기관과 담당자 연락처

③ 법 제66조의11 제1항 및 제3항에 따라 지역축제를 개최하려는 자가 지역축제 안전관리계획을 수립하려면 개최지를 관할하는 지방자치단체, 소방관서 및 경찰관서 등 안전관리 유관기관의 의견을 미리 들어야 한다.

④ 법 제66조의11 제1항 단서에 따른 지역축제 안전관리계획은 제1항 제1호에 따른 지역축제(제1항 제1호에 따른 지역축제 외의 지역축제로서 관할 시장・군수・구청장이 참여 예상 인원의 규모와 장소 등을 고려하여 지역축제 안전관리계획의 수립이 필요하다고 인정하는 지역축제를 포함한다)로서 개최자가 없거나 불분명한 경우 관할 시장・군수・구청장이 수립한다.

⑤ 제4항에도 불구하고 다음 각 호의 어느 하나에 해당하는 경우에는 시・도지사가 제4항에 따른 관할 시・군・구의 지역축제 안전관리계획을 받아 이를 종합하여 지역축제 안전관리계획을 수립할 수 있다. 이 경우 해당 시・도지사 및 관할 시장・군수・구청장은 지역축제 안전관리계획에 따라 안전관리에 필요한 조치를 해야 한다.
  1. 시장・군수・구청장이 해당 지역축제에 대해 시・군・구의 안전관리 역량을 넘는 규모로 판단하거나 광범위한 지역에서의 다중운집이 있을 것으로 예상하여 시・도지사에게 지역축제 안전관리계획의 수립을 요청하는 경우
  2. 동일한 지역축제가 2개 이상의 시・군・구에서 동시에 열리는 경우
  3. 그 밖에 지역축제의 안전한 진행을 위해 시・도지사가 지역축제 안전관리계획을 수립할 필요가 있다고 인정하는 경우

⑥ 법 제66조의11 제3항에 따라 지역축제를 개최하려는 자는 지역축제 안전관리계획을 수립하여 축제 개최일 3주 전까지 관할 시장・군수・구청장에게 제출해야 한다. 이 경우 지역축제 안전관리계획을 변경하려는 경우에는 해당 축제 개최일 7일 전까지 변경된 내용을 제출해야 한다.

⑦ 행정안전부장관은 지역축제 안전관리계획이 효율적으로 수립・관리될 수 있도록 하기 위하여 지역축제 안전관리 매뉴얼을 작성하여 중앙행정기관의 장 또는 지방자치단체의 장에게 통보하고 행정안전부 인터넷 홈페이지 등을 통하여 공개할 수 있다.

⑧ 중앙행정기관의 장 또는 지방자치단체의 장(법 제66조의11 제3항에 따른 지역축제의 경우에는 관할 시장·군수·구청장을 말한다. 이하 이 항에서 같다)은 법 제66조의11 제5항에 따라 관할 경찰관서, 소방관서 및 그 밖의 관계 기관의 장에게 다음 각 호의 구분에 따른 사항의 협조 또는 역할 분담을 요청할 수 있다. 다만, 법 제66조의11 제3항에 따른 지역축제의 경우에는 개최자가 시장·군수·구청장에게 신청하는 경우에만 관할 경찰관서 등의 장에게 요청할 수 있다.

1. 관할 경찰관서의 장
   가. 교통 및 보행 안전관리, 질서유지 등을 위한 경찰관 배치
   나. 범죄 예방을 위한 순찰
   다. 다중운집 위험정보 수집 및 관계기관 공유
   라. 지역축제 행사장 현장 경찰연락관 운영
   마. 그 밖에 가목부터 라목까지의 규정에 준하는 사항으로서 관할 경찰관서의 소관 업무 중 지역축제 안전관리를 위해 필요한 사항
2. 관할 소방관서의 장
   가. 긴급자동차 대기 및 소방관 배치
   나. 소방안전점검
   다. 지역축제 행사장 현장 소방연락관 운영
   라. 그 밖에 가목부터 다목까지의 규정에 준하는 사항으로서 관할 소방관서의 소관 업무 중 지역축제 안전관리를 위해 필요한 사항
3. 그 밖의 관계 기관의 장
   중앙행정기관의 장 또는 지방자치단체의 장이 지역축제의 안전관리를 위해 필요하다고 인정하는 사항

⑨ 법 제66조의11 제6항에 따라 지역축제의 안전관리에 관한 다음 각 호의 사항을 협의하기 위하여 시·도지사 소속으로 시·도 지역안전협의회를, 시장·군수·구청장 소속으로 시·군·구 지역안전협의회를 둔다.

1. 지역축제 안전관리계획의 수립·이행에 관한 사항
2. 지역축제 안전관리계획 이행 및 비상시 대처를 위한 기관 간 협조체계의 구축에 관한 사항
3. 지역축제의 안전점검에 관한 사항
4. 그 밖에 지역축제의 안전관리를 위해 필요한 사항

⑩ 제9항에 따른 지역안전협의회의 위원장은 해당 지방자치단체의 부단체장(부단체장이 2명 이상인 경우에는 해당 지방자치단체의 장이 지명하는 사람을 말한다)이 되고, 위원은 다음 각 호의 사람이 포함돼야 한다.

1. 관할 경찰관서·소방관서 소속 공무원
2. 전기·가스·통신·시설물 안전 관련 전문가
3. 상인단체(「전통시장 및 상점가 육성을 위한 특별법」 제65조에 따른 상인회 등을 말한다) 관계자

⑪ 제1항부터 제7항까지의 규정에 따른 지역축제 안전관리계획에 관한 세부 사항은 행정안전부장관이 정하고, 제9항 및 제10항에 따른 시·도 지역안전협의회 및 시·군·구 지역안전협의회의 구성 및 운영에 관한 세부 사항은 해당 지방자치단체의 조례로 정한다.

6 안전사업지구의 지정 및 지원 (법 제66조의12)

(1) 행정안전부장관은 지역사회의 안전수준을 높이기 위하여 시・군・구를 대상으로 안전사업지구를 지정하여 필요한 지원할 수 있다.

(2) '(1)'에 따른 안전사업지구의 지정기준, 지정절차 등 필요한 사항은 대통령령으로 정한다.

✓Check 안전사업지구의 지정기준 및 절차와 지원 및 평가

시행령 제73조의10(안전사업지구의 지정기준 및 절차 등)

① 행정안전부장관은 법 제66조의12 제1항에 따른 안전사업지구(이하 "안전사업지구"라 한다)의 원활한 지원을 위하여 필요한 경우에는 일정한 기간을 정하여 신청을 받아 안전사업지구를 지정할 수 있다.

② 안전사업지구로 지정을 받으려는 시장・군수・구청장은 안전사업지구를 지정하는 목적 달성에 필요한 사업(이하 "안전사업"이라 한다)에 관한 다음 각 호의 사항이 포함된 추진계획서 및 관련 자료를 첨부하여 행정안전부장관에게 제출하여야 한다.

1. 안전사업 추진개요
2. 안전사업 추진기간
3. 안전사업에 지원하는 예산・인력 등의 내용
4. 지역주민의 안전사업 추진에 대한 참여 방안
5. 안전사업의 추진에 따른 기대효과

③ 안전사업지구의 지정기준은 다음 각 호와 같다.

1. 안전사업에 대한 해당 지역주민의 참여 가능성 및 정도
2. 안전사업에 관한 재원조달계획의 적정성 및 실현가능성
3. 안전사업지구 지정으로 지역사회 안전수준의 향상에 기여할 것으로 예상되는 정도

④ 행정안전부장관은 안전사업지구를 공개 모집하는 경우에는 공정한 평가 등을 위하여 관계 전문가 및 기관에 자문 또는 조사・연구를 의뢰할 수 있다.

⑤ 안전사업지구를 지정하였을 때에는 관보에 공고하여야 한다.

시행령 제73조의11(안전사업지구의 지원 및 평가 등)

① 행정안전부장관은 제73조의10에 따라 지정된 안전사업지구에 대하여 안전사업의 시행에 드는 비용의 일부를 보조할 수 있다.

② 안전사업지구로 지정받아 안전사업을 추진하는 시장・군수・구청장은 매년 말까지 해당 연도 안전사업의 추진실적을 행정안전부장관에게 제출하여야 한다.

③ 행정안전부장관은 제2항에 따라 제출된 추진실적을 분석한 결과 필요하다고 인정하는 경우에는 사업계획의 조정 요청, 지원내용의 축소 또는 확대 등의 조치를 할 수 있다.

CHAPTER

09 보칙

1 안전신고 통합정보시스템 구축 · 운영 [법 제66조의13] → [시행 2025. 7. 8.]

(1) 행정안전부장관은 누구든지 안전에 위협이 될 우려가 있는 요인이나 징후를 발견하였을 때 이를 행정기관에 안전신고를 할 수 있도록 필요한 통합정보시스템을 구축·운영할 수 있다.

(2) '(1)'에 따른 안전신고를 받은 행정기관의 장은 위험요인 또는 위험징후가 해소될 수 있도록 신속히 처리하여야 한다.

(3) '(1)'에 따른 안전신고 통합정보시스템의 구축·운영 등에 필요한 사항은 대통령령으로 정한다.

2 재난 및 안전관리를 위한 특별교부세 교부 [법 제66조의14] → [시행 2025. 7. 8.]

「지방교부세법」 제9조 제1항 제2호에 따른 특별교부세는 「지방교부세법」에 따라 행정안전부장관이 교부 등을 행한다. 이 경우 특별교부세의 교부는 지방자치단체의 재난 및 안전관리 수요에 한정한다.

3 재난관리기금의 적립 (법 제67조)

(1) 지방자치단체는 재난관리에 드는 비용에 충당하기 위하여 매년 재난관리기금을 적립하여야 한다.

(2) 재난관리기금의 매년도 최저적립액은 최근 3년 동안의 「지방세법」에 의한 보통세의 수입결산액의 평균연액의 100분의 1에 해당하는 금액으로 한다.

4 재난관리기금의 운용 등 (법 제68조)

(1) 재난관리기금에서 생기는 수입은 그 전액을 재난관리기금에 편입하여야 한다.

(2) 제67조 제2항에 따른 매년도 최저적립액 중 대통령령으로 정하는 일정 비율 이상은 응급복구 또는 긴급한 조치에 우선적으로 사용하여야 한다.

✔Check 시행령 제75조(재난관리기금의 운용 · 관리)

① 시·도지사 및 시장·군수·구청장은 전용 계좌를 개설하여 법 제67조에 따라 매년 적립하는 재난관리기금을 관리하여야 한다.
② 시·도지사 및 시장·군수·구청장은 법 제67조 제2항에 따른 매년도 최저적립액(이하 "최저적립액"이라 한다)의 100분의 15 이상의 금액(이하 "의무예치금액"이라 한다)을 금융회사 등에 예치하여 관리하여야 한다. 다만, 의무예치금액의 누적 금액이 해당 연도를 기준으로 법 제67조 제2항에 따른 매년도 최저적립액의 10배를 초과한 경우에는 해당 연도의 의무예치금액을 매년도 최저적립액의 100분의 5로 낮추어 예치할 수 있다.
③ 법 제68조 제2항에서 "대통령령으로 정하는 일정 비율"이란 해당 연도의 최저적립액의 100분의 21을 말한다.

④ 제74조에 따른 용도로 사용할 수 있는 재난관리기금은 제2항에 따른 금액을 제외하고 남은 금액과 그 이자를 초과할 수 없다. 다만, 「자연재난 구호 및 복구 비용 부담기준 등에 관한 규정」 제5조 제1항에 따른 국고 지원 대상 피해기준금액의 5배를 초과하는 피해가 발생한 경우에는 의무예치금액의 일부를 사용할 수 있다.

⑤ 제1항부터 제4항까지 규정한 사항 외에 재난관리기금의 운용·관리에 필요한 사항은 해당 지방자치단체의 조례로 정한다.

(3) '(1)' 및 '(2)'에 따른 재난관리기금의 용도·운용 및 관리에 필요한 사항은 대통령령으로 정한다.

✔ Check 재난관리기금의 용도 및 의무예치금액 사용에 관한 특례

시행령 제74조(재난관리기금의 용도)

법 제68조에 따른 재난관리기금의 용도는 다음 각 호와 같다.

1. 지방자치단체가 수행하는 공공분야 재난관리 활동의 범위에서 해당 지방자치단체의 조례로 정하는 것. 다만, 다음 각 목의 어느 하나에 해당하는 것은 제외한다.
   가. 「보조금 관리에 관한 법률」 제4조에 따라 보조금의 예산 계상을 신청하여 보조금에 관한 예산이 확정된 보조사업에 대한 지방비 부담분
   나. 「자연재해대책법」 등 재난관련 법령에 따른 재난 및 안전관리 사업 계획에 반영되지 않은 사항에 드는 비용. 다만, 응급 복구 및 긴급한 조치에 소요되는 비용은 제외한다.
2. 지방자치단체 외의 자가 소유하거나 점유하는 시설에 대한 다음 각 목의 어느 하나에 해당하는 안전조치 비용으로서 해당 지방자치단체의 조례로 정하는 것
   가. 공중의 안전에 위해를 끼칠 수 있는 경우로서 다음의 요건을 모두 충족하는 시설에 대한 안전조치
      1) 「자연재해대책법」 등 재난관련 법령에 따라 지정된 지역 또는 지구에 위치한 시설일 것
      2) 소유자 또는 점유자의 부재나 주소·거소가 불분명한 경우 등 소유자 또는 점유자를 특정하기 어렵거나 경제적 사정 등으로 인해 소유자 또는 점유자에게 안전조치를 기대하기 어려운 경우일 것
   나. 법 제31조 제4항에 따라 지방자치단체의 장이 재난예방을 위해 실시하는 안전조치

시행령 제75조의2(재난관리기금의 용도 및 의무예치금액 사용에 관한 특례)

시·도지사 및 시장·군수·구청장은 제74조 및 제75조 제4항에도 불구하고 코로나바이러스감염증-19로 인해 경제적 어려움을 겪고 있는 소상공인·취약계층에 대한 지원, 코로나바이러스감염증-19 재난관리, 2020년에 발생한 호우·태풍 피해 복구 및 의사 집단행동과 관련하여 「의료법」 제3조 제2항 제1호 가목, 같은 항 제3호 가목·바목에 따른 의료기관의 비상진료체계 유지를 위한 지방재원(보조사업에 대한 지방비 부담분을 포함한다)으로 재난관리기금 및 의무예치금액을 사용할 수 있다.

5 재난원인조사 (법 제69조)

(1) 행정안전부장관은 재난이나 그 밖의 각종 사고의 발생 원인과 재난 발생 시 대응과정에 관한 조사·분석·평가(위기관리 매뉴얼의 준수 여부에 대한 평가를 포함한다. 이하 "재난원인조사"라 한다)가 필요하다고 인정하는 경우 직접 재난원인조사를 실시하거나, 재난관리책임기관의 장으로 하여금 재난원인조사를 실시하고 그 결과를 제출하게 할 수 있다.

(2) 행정안전부장관은 다음에 해당하는 재난의 경우에는 재난안전 분야 전문가 및 전문기관 등이 공동으로 참여하는 정부합동 재난원인조사단(재난원인조사단)을 편성하고, 이를 현지에 파견하여 재난원인조사를 실시할 수 있다.

① 인명 또는 재산의 피해 정도가 매우 크거나 재난의 영향이 사회적·경제적으로 광범위한 재난으로서 대통령령(시행령 제75조의3)으로 정하는 재난

② 재난에 준하는 재난으로서 행정안전부장관이 체계적인 재난원인조사가 필요하다고 인정하는 재난

(3) 재난원인조사단은 대통령령(시행령 제75조의3)으로 정하는 바에 따라 재난원인조사 결과를 조정위원회에 보고하여야 한다.

(4) 행정안전부장관은 재난원인조사를 위하여 필요하면 관계 기관의 장 또는 관계인에게 소속직원의 파견(관계 기관의 장에 대한 요청의 경우로 한정한다), 관계 서류의 열람 및 자료제출 등의 요청을 할 수 있다. 이 경우 요청을 받은 관계 기관의 장 또는 관계인은 특별한 사유가 없으면 요청에 따라야 한다.

(5) 행정안전부장관은 실시한 재난원인조사 결과 개선 등이 필요한 사항에 대해서는 관계 기관의 장에게 그 결과를 통보하거나 개선권고 등의 필요한 조치를 요청할 수 있다. 이 경우 요청을 받은 관계 기관의 장은 대통령령으로 정하는 바에 따라 개선권고 등에 따른 조치계획과 조치결과를 행정안전부장관에게 통보하여야 한다.

(6) 행정안전부장관은 재난원인조사단의 재난원인조사 결과를 신속히 국회 소관 상임위원회에 제출·보고하여야 한다.

(7) 재난원인조사단의 권한, 편성 및 운영 등에 필요한 사항은 대통령령(시행령 제75조의3)으로 정한다.

✓ Check 시행령 제75조의3(재난원인조사 등)

① 행정안전부장관은 법 제69조 제1항 또는 제2항에 따라 재난원인조사를 실시하거나 재난관리책임기관의 장으로 하여금 재난원인조사를 실시하게 하려는 경우에는 제75조의4 제1항에 따른 국가재난원인조사협의회의 심의를 거쳐 조사 실시 여부 및 방법을 결정해야 한다. 다만, 긴급한 조사가 요구되는 경우에는 제75조의4 제1항에 따른 국가재난원인조사협의회의 심의를 생략할 수 있다.

② 법 제69조 제2항 제1호에서 "대통령령으로 정하는 재난"이란 다음 각 호의 재난을 말한다.

1. 특별재난지역을 선포하게 한 재난
2. 중앙대책본부, 지역대책본부 또는 수습본부를 구성·운영하게 한 재난
3. 반복적으로 발생하는 재난으로서 행정안전부장관이 재발 방지를 위하여 재난원인조사가 필요하다고 판단하는 재난

③ 법 제69조 제2항에 따른 정부합동 재난원인조사단(이하 "재난원인조사단"이라 한다)은 재난원인조사단의 단장(이하 "조사단장"이라 한다)을 포함한 50명 이내의 조사단원으로 편성한다.

④ 조사단장은 제5항 제4호 및 제5호에 해당하는 조사단원 중에서 행정안전부장관이 지명한다.

⑤ 행정안전부장관은 다음 각 호의 사람 중에서 조사단원을 선발한다. 이 경우 제4호 및 제5호에 해당하는 조사단원이 과반수가 되도록 해야 한다.
1. 행정안전부 소속 재난 및 안전관리 업무 담당 공무원
2. 관계 중앙행정기관 소속 재난 및 안전관리 업무 담당 공무원 중에서 해당 중앙행정기관의 장이 추천하는 공무원
3. 국립재난안전연구원 또는 국립과학수사연구원에서 해당 재난 및 사고 분야의 업무를 담당하는 연구원
4. 발생한 재난 및 사고 분야에 대하여 학식과 경험이 풍부한 사람
5. 그 밖에 재난원인조사의 공정성 및 전문성을 확보하기 위하여 행정안전부장관이 필요하다고 인정하는 사람

⑥ 조사단장은 조사단원을 지휘하고, 재난원인조사단의 운영을 총괄한다.

⑦ 재난원인조사는 행정안전부령으로 정하는 바에 따라 예비조사와 본조사로 구분하여 실시할 수 있으며, 본조사의 경우 조사단장은 재난발생지역 지방자치단체 또는 관계 기관 등에 정밀분석을 하도록 하거나 관계 기관과 합동으로 조사 또는 연구를 실시할 수 있다.

⑧ 재난원인조사단은 최종적인 조사를 마쳤을 때에는 다음 각 호의 사항을 포함한 조사결과보고서를 작성하여야 하고, 조사결과의 공정성 및 신뢰성을 확보하기 위하여 지방자치단체, 관계 기관 및 관계 전문가 등을 참여시켜 그 조사결과보고서를 검토하게 할 수 있다.
1. 조사목적, 피해상황 및 현장정보
2. 현장조사 내용
3. 재난원인 분석 내용
4. 재난대응과정에 대한 조사·분석·평가(법 제34조의5 제1항에 따른 위기관리 매뉴얼의 준수 여부에 대한 평가를 포함한다)에 대한 내용
5. 권고사항 및 개선대책 등 조치사항
6. 그 밖에 재난의 재발방지 등을 위하여 필요한 내용

⑨ 재난원인조사단은 법 제69조 제3항에 따라 이 조 제6항에 따른 조사결과보고서 작성을 완료한 날부터 3개월 이내에 그 결과를 조정위원회에 보고하여야 한다.

⑩ 법 제69조 제5항에 따라 개선권고를 받은 관계 기관의 장은 1개월 이내에 다음 각 호의 내용을 포함한 조치계획을 행정안전부장관에게 서면으로 통보하여야 한다.
1. 개선권고 사항별 추진계획
2. 개선권고 이행에 필요한 법령 등 제도개선 계획
3. 개선권고 이행에 필요한 업무처리 기준·방법·절차 등 업무 체계 개선 계획
4. 개선권고 이행에 필요한 교육·훈련·점검·홍보 등 안전문화 개선 계획
5. 개선권고 이행에 필요한 예산·시설·인력 등 인프라 확충 계획

⑪ 행정안전부장관은 법 제69조 제5항에 따라 관계 기관의 장에게 개선권고한 사항에 관하여 매년 그 조치결과를 점검·확인하고, 다음 각 호의 조치를 할 수 있다.
1. 점검·확인 결과 미흡한 사항의 관계 기관의 장에 대한 시정 또는 보완 등의 요구
2. 점검·확인 결과의 행정안전부 인터넷 홈페이지 등을 통한 공개

⑫ 행정안전부장관은 유사한 재난 및 사고의 재발을 방지하기 위하여 국립재난안전연구원으로 하여금 과학적인 재난원인 조사·분석을 수행하고 이와 관련한 자료를 관리하도록 할 수 있다.

⑬ 행정안전부장관은 다음 각 호의 어느 하나에 해당하는 경우에는 재난원인조사를 실시하지 않을 수 있다.

1. 재난이나 사고와 관련해 수사나 재판이 진행 중인 경우
2. 다른 법령에서 재난관리책임기관의 장이 해당 재난이나 사고의 원인을 조사하도록 규정하고 있는 경우

⑭ 행정안전부장관은 제13항 제2호에 해당하여 재난원인조사를 실시하지 않는 경우 해당 재난관리책임기관의 장에게 조사결과보고서의 제출을 요청할 수 있다. 이 경우 요청을 받은 재난관리책임기관의 장은 특별한 사유가 없으면 요청에 따라야 한다.

⑮ 행정안전부장관은 제14항에 따라 제출받은 조사결과보고서를 검토하여 해당 재난관리책임기관의 장에게 조사기구의 편성 및 조사 방법에 대한 개선을 권고할 수 있다.

⑯ 행정안전부장관이 법 제69조 제1항에 따라 직접 재난원인조사를 실시할 경우에는 행정안전부장관이 정하는 바에 따라 재난원인조사반을 편성하여 운영할 수 있다. 이 경우 재난원인조사반의 구성·운영·권한 등에 관하여는 제3항부터 제8항까지를 준용하며, "재난원인조사단"은 "재난원인조사반"으로, "조사단장"은 "조사반장"으로, "조사단원"은 "조사반원"으로 본다.

⑰ 재난원인조사와 관련한 조사·연구·자문 등에 참여한 관계 전문가에게는 예산의 범위에서 수당·여비·연구비 및 그 밖에 필요한 경비를 지급할 수 있다. 다만, 공무원이 소관 업무와 직접적으로 관련되어 참여하는 경우에는 그렇지 않다.

⑱ 제1항부터 제17항까지에서 규정한 사항 외에 재난원인조사의 실시 및 개선권고 등에 필요한 사항은 행정안전부령으로 정하고, 재난원인조사단의 운영에 필요한 사항은 행정안전부장관이 정한다.

6 재난상황의 기록 관리 (법 제70조)

(1) 재난관리책임기관의 장은 다음의 사항을 기록하고, 이를 보관하여야 한다. 이 경우 시장·군수·구청장을 제외한 재난관리책임기관의 장은 그 기록사항을 시장·군수·구청장에게 통보하여야 한다.

① 소관 시설·재산 등에 관한 피해상황을 포함한 재난상황
② 재난 발생 시 대응과정 및 조치사항
③ 재난원인조사(재난관리책임기관의 장이 실시한 재난원인조사에 한정한다) 결과
④ 개선권고 등의 조치결과
⑤ 그 밖에 재난관리책임기관의 장이 기록·보관이 필요하다고 인정하는 사항

(2) 행정안전부장관은 매년 재난상황 등을 기록한 재해연보 또는 재난연감을 작성하여야 한다.

(3) 행정안전부장관은 재해연보 또는 재난연감을 작성하기 위하여 필요한 경우 재난관리책임기관의 장에게 관련 자료의 제출을 요청할 수 있다. 이 경우 요청을 받은 재난관리책임기관의 장은 요청에 적극 협조하여야 한다.

(4) 재난관리주관기관의 장은 제14조에 따른 대규모 재난과 제60조에 따라 특별재난지역으로 선포된 사회재난 또는 재난상황 등을 기록하여 관리할 특별한 필요성이 인정되는 재난에 관하여 재난수습 완료 후 수습상황 등을 기록한 재난백서를 작성하여야 한다. 이 경우 관계 기관의 장이 재난대응에 참고할 수 있도록 재난백서를 통보하여야 한다.

(5) 재난관리주관기관의 장은 재난백서를 신속히 국회 소관 상임위원회에 제출·보고하여야 한다.

(6) 재난상황의 작성·보관 및 관리에 필요한 사항은 대통령령으로 정한다.

7 재난 및 안전관리에 필요한 과학기술의 진흥 등 (법 제71조)

(1) 정부는 재난 및 안전관리에 필요한 연구·실험·조사·기술개발(연구개발사업) 및 전문인력 양성 등 재난 및 안전관리 분야의 과학기술 진흥시책을 마련하여 추진하여야 한다.

(2) 행정안전부장관은 연구개발사업을 하는 데에 드는 비용의 전부 또는 일부를 예산의 범위에서 출연금으로 지원할 수 있다.

(3) 행정안전부장관은 연구개발사업을 효율적으로 추진하기 위하여 다음의 어느 하나에 해당하는 기관·단체 또는 사업자와 협약을 맺어 연구개발사업을 실시하게 할 수 있다. → [시행 2026. 2. 1.]

① 국공립 연구기관

② 「특정연구기관 육성법」에 따른 특정연구기관

③ 「과학기술분야 정부출연연구기관 등의 설립·운영 및 육성에 관한 법률」에 따라 설립된 과학기술분야 정부출연연구기관

④ 「고등교육법」에 따른 대학·산업대학·전문대학 및 기술대학

⑤ 「민법」 또는 다른 법률에 따라 설립된 법인으로서 재난 또는 안전 분야의 연구기관

⑥ 「기업부설연구소등의 연구개발 지원에 관한 법률」에 따라 인정받은 기업부설연구소 또는 연구개발전담부서

(4) 행정안전부장관은 연구개발사업을 효율적으로 추진하기 위하여 행정안전부 소속 연구기관이나 그 밖에 대통령령으로 정하는 기관·단체 또는 사업자 중에서 연구개발사업의 총괄기관을 지정하여 그 총괄기관에게 연구개발사업의 기획·관리·평가, '(3)'에 따른 협약의 체결, 개발된 기술의 보급·진흥 등에 관한 업무를 하도록 할 수 있다.

✔ Check 시행령 제79조(연구개발사업의 총괄기관)

법 제71조 제4항에서 "대통령령으로 정하는 기관·단체 또는 사업자"란 다음 각 호의 어느 하나에 해당하는 기관·단체 또는 사업자를 말한다.

1. 국립재난안전연구원
2. 국공립 연구기관
3. 「고등교육법」에 따른 대학·산업대학·전문대학 및 기술대학
4. 「민법」 또는 다른 법률에 따라 설립된 법인으로서 재난 또는 안전 분야의 연구기관

(5) '(4)'에 따른 업무에 종사하거나 종사하였던 총괄기관의 임직원은 업무상 알게 된 연구개발사업 관련 자료 또는 정보를 누설하거나 권한 없이 다른 사람이 이용하도록 제공하는 등 부당한 목적으로 사용하여서는 아니 된다. → [시행 2025. 7. 8.]

(6) '(2)'에 따른 출연금의 지급·사용 및 관리와 '(3)'에 따른 협약의 체결방법 등 연구개발사업의 실시에 필요한 사항은 대통령령으로 정한다. → [시행 2025. 7. 8.]

8 재난 및 안전관리기술개발 종합계획의 수립 등 (법 제71조의2)

(1) 행정안전부장관은 제71조 제1항의 재난 및 안전관리에 관한 과학기술의 진흥을 위하여 5년마다 관계 중앙행정기관의 재난 및 안전관리기술개발에 관한 계획을 종합하여 조정위원회의 심의와 「국가과학기술자문회의법」에 따른 국가과학기술자문회의의 심의를 거쳐 재난 및 안전관리기술 개발 종합계획(이하 "개발계획"이라 한다)을 수립하여야 한다.

(2) 관계 중앙행정기관의 장은 개발계획에 따라 소관 업무에 관한 해당 연도 시행계획을 수립하고 추진하여야 한다.

(3) 개발계획 및 시행계획에 포함하여야 할 사항 및 계획수립의 절차 등에 관하여는 대통령령으로 정한다.

✔ Check 재난 및 안전기술개발 종합계획 및 시행계획의 수립

시행령 제79조의6(재난 및 안전기술개발 종합계획의 수립)

① 법 제71조의2 제1항에 따라 수립하는 재난 및 안전관리기술개발 종합계획(이하 "개발계획"이라 한다)에는 다음 각 호의 사항이 포함되어야 한다.
1. 국가안전관리기본계획에 기초한 재난·안전기술 수준의 현황과 장기 전망
2. 재난·안전기술의 단계별 개발목표와 이를 달성하기 위한 대책
3. 재난·안전기술의 경쟁력 강화 등 재난·안전산업의 활성화 방안
4. 정부가 추진하는 재난·안전기술 개발에 관한 사업의 연도별 투자 및 추진 계획
5. 학교·학술단체·연구기관 등에 대한 재난·안전기술의 연구 지원
6. 재난·안전기술정보의 수집·분류·가공 및 보급
7. 산·학·연·정 협동연구 및 국제 재난·안전기술 협력을 촉진할 수 있는 방안
8. 그 밖에 재난·안전기술의 개발과 재난·안전산업의 육성

② 행정안전부장관은 개발계획의 수립을 위하여 관계 중앙행정기관의 장에게 소관 분야의 재난·안전기술 현황 및 예측 자료를 요청하거나 재난·안전기술 개발에 관한 계획의 수립 등을 요청할 수 있다.

③ 행정안전부장관은 제2항에 따라 제공받은 자료 또는 계획 등을 종합하여 개발계획을 작성한 후 「국가과학기술자문회의법」에 따른 국가과학기술자문회의의 심의를 거쳐 확정한다.

시행령 제79조의7(재난 및 안전기술개발 시행계획의 수립)

① 법 제71조의2 제2항에 따라 관계 중앙행정기관의 장이 수립하는 시행계획에는 다음 각 호의 사항이 포함되어야 한다.

1. 개발계획에 따른 연구개발사업의 구체적인 추진계획
2. 전년도 연구개발사업의 추진 실적 및 성과
3. 해당 연도 연구개발사업의 추진 과제 및 계획

② 관계 중앙행정기관의 장은 매년 12월 31일까지 법 제71조의2제2항에 따른 시행계획을 수립하여 행정안전부장관에게 통보하여야 한다.

③ 행정안전부장관은 제2항에 따라 통보받은 관계 중앙행정기관의 시행계획을 종합하여 「국가과학기술자문회의법」에 따른 국가과학기술자문회의에 보고하여야 한다.

9 연구개발사업 성과의 사업화 지원 (법 제72조)

(1) 행정안전부장관은 연구개발사업의 성과를 사업화하는 「중소기업기본법」에 따른 중소기업(이하 "중소기업"이라 한다)이나 그 밖의 법인 또는 사업자 등에 대하여 다음의 지원을 할 수 있다. 이 경우 중소기업에 대한 지원을 우선적으로 실시할 수 있다.

① 시제품(試製品)의 개발·제작 및 설비투자에 필요한 비용의 지원

② 연구개발사업의 성과로 발생한 특허권 등 지식재산권의 전용실시권(專用實施權) 또는 통상실시권(通常實施權)의 설정·허락 또는 그 알선

③ 사업화로 생산된 재난 및 안전 관련 제품 등의 우선 구매

④ 연구개발사업에 사용되거나 생산된 기기·설비 및 시제품 등의 사용권 부여 또는 그 알선

⑤ 그 밖에 사업화를 위하여 필요한 사항으로서 행정안전부령으로 정하는 사항

(2) 지원의 방법 및 절차 등에 관하여 필요한 사항은 대통령령으로 정한다.

10 기술료의 징수 및 사용 (법 제73조)

(1) 행정안전부장관은 연구개발사업의 성과를 사업화함으로써 수익이 발생할 경우에는 사업자로부터 그 수익의 일부에 해당하는 금액(기술료)을 징수할 수 있다.

(2) 행정안전부장관은 기술료를 다음의 사업에 사용할 수 있다.

① 재난 및 안전관리 연구개발사업

② 그 밖에 재난 및 안전관리와 관련된 기술의 육성을 위한 사업으로서 대통령령으로 정하는 사업

✔ Check 시행령 제81조(기술료의 징수 및 사용 등)

③ 법 제73조 제2항 제2호에서 "대통령령으로 정하는 사업"이란 다음 각 호의 사업을 말한다.
1. 법 제72조에 따른 연구개발사업 성과의 사업화 지원
2. 우수한 기술을 개발한 기관·단체 또는 사업자 및 연구원에 대한 포상 등의 지원
3. 그 밖에 행정안전부장관이 재난 및 안전관리와 관련된 기술의 육성을 위하여 필요하다고 인정하는 사업

(3) 기술료의 징수대상, 징수방법 및 사용 등에 필요한 사항은 대통령령으로 정한다.

✔ Check 시행령 제81조(기술료의 징수 및 사용 등)

① 법 제73조 제1항에 따라 징수하는 기술료는 법 제71조 제2항에 따라 행정안전부장관이 출연한 금액에 상당하는 범위에서 법 제71조 제3항에 따른 협약에서 정한 금액으로 한다.
② 행정안전부장관은 제1항에 따른 기술료를 법 제71조 제3항에 따른 협약에서 정하는 바에 따라 일정기간 균등분할 납부하게 할 수 있으며, 기술료를 한꺼번에 또는 미리 납부하는 자에 대해서는 기술료 중 일정 금액을 감면할 수 있다.
④ 제1항부터 제3항까지에서 규정한 사항 외에 기술료의 징수·관리 및 사용에 관한 세부사항은 행정안전부장관이 정하여 고시한다.

11 재난관리정보통신체계의 구축·운영 (법 제74조)

(1) 행정안전부장관과 재난관리책임기관·긴급구조기관 및 긴급구조지원기관의 장은 재난관리업무를 효율적으로 추진하기 위하여 대통령령으로 정하는 바에 따라 재난관리정보통신체계를 구축·운영할 수 있다.

✔ Check 시행령 제82조(재난관리정보통신체계의 구축·운영)

① 법 제74조 제1항에 따라 행정안전부장관과 재난관리책임기관·긴급구조기관 및 긴급구조지원기관의 장이 구축·운영하는 재난관리정보통신체계는 다음 각 호의 사항을 갖추어야 한다.
  1. 재난 및 안전관리업무를 수행하기 위한 표준화된 정보시스템과 정보통신망 및 운영·관리 체계
  2. 법 제18조에 따른 재난안전상황실의 효율적인 운영을 위하여 필요한 정보시스템과 정보통신망
  3. 그 밖에 행정안전부장관이 재난관리정보통신체계 구축·운영을 위하여 필요하다고 인정하는 사항
② 행정안전부장관은 법 제74조 제3항에 따라 종합적인 재난관리정보통신체계를 구축·운영하기 위하여 다음 각 호의 업무를 수행할 수 있다.
  1. 재난관리책임기관, 긴급구조기관 및 긴급구조지원기관이 구축·운영하는 재난관리정보통신체계에 대한 현황 조사
  2. 제1호에 따른 재난관리정보통신체계를 상호 연결하기 위하여 필요한 범정부 공용의 표준화된 프로그램 개발·보급 및 연계 시스템의 구축·운영
  3. 재난관리책임기관, 긴급구조기관 및 긴급구조지원기관의 정보시스템과 정보통신망 상호연계, 공동이용, 중복성 검토를 위한 예산확보 및 개발 전단계(前段階)에서의 사전 협의 및 조정
  4. 재난관리정보통신체계의 중복 개발 및 운영 방지에 대한 대책 수립 및 시행
  5. 재난관리정보통신체계가 유사하거나 중복되는 경우에 해당 기관에 대한 개선 권고
  6. 다른 법령에 따른 재난관리정보통신체계 간의 연계
③ 삭제

(2) 재난관리책임기관·긴급구조기관 및 긴급구조지원기관의 장은 '(1)'에 따른 재난관리정보통신체계의 구축에 필요한 자료를 관계 재난관리책임기관·긴급구조기관 및 긴급구조지원기관의 장에게 요청할 수 있다. 이 경우 요청을 받은 기관의 장은 특별한 사유가 없으면 요청에 따라야 한다.

(3) 행정안전부장관은 재난관리책임기관·긴급구조기관 및 긴급구조지원기관의 장이 '(1)'에 따라 구축하는 재난관리정보통신체계가 연계 운영되거나 표준화가 이루어지도록 종합적인 재난관리정보통신체계를 구축·운영할 수 있으며, 재난관리책임기관·긴급구조기관 및 긴급구조지원기관의 장은 특별한 사유가 없으면 이에 협조하여야 한다.

12 재난관리정보의 공동이용 (법 제74조의2)

(1) 재난관리책임기관·긴급구조기관 및 긴급구조지원기관은 재난관리업무를 효율적으로 처리하기 위하여 수집·보유하고 있는 재난관리정보를 다른 재난관리책임기관·긴급구조기관 및 긴급구조지원기관과 공동 이용하여야 한다.

(2) 공동 이용되는 재난관리정보를 제공하는 기관은 해당 정보의 정확성을 유지하도록 노력하여야 한다.

(3) 재난관리정보의 처리를 하는 재난관리책임기관·긴급구조기관·긴급구조지원기관 또는 재난관리업무를 위탁 받아 그 업무에 종사하거나 종사하였던 자는 직무상 알게 된 재난관리정보를 누설하거나 권한 없이 다른 사람이 이용하도록 제공하는 등 부당한 목적으로 사용하여서는 아니 된다.

(4) '(1)'에 따른 공유 대상 재난관리정보의 범위, 재난관리정보의 공동이용절차 등에 관하여 필요한 사항은 대통령령으로 정한다.

✔ Check　시행령 제83조(재난관리정보의 공동이용절차 등)

① 법 제74조의2 제1항에 따라 공동으로 이용하여야 할 재난관리정보의 범위는 다음 각 호와 같다.
   1. 재난관리책임기관·긴급구조기관 및 긴급구조지원기관에서 재난관리를 위하여 수집·보유하고 있는 정보
   2. 그 밖에 효율적인 재난관리를 위하여 행정안전부장관이 공동이용이 필요하다고 인정하는 정보

② 제1항 각 호의 재난관리정보를 공동으로 이용하려는 기관의 장은 다음 각 호의 사항을 적은 신청서를 행정안전부장관에게 제출하여야 한다.
   1. 이용하려는 기관의 명칭
   2. 이용하려는 재난관리정보의 내용 및 범위
   3. 이용의 목적
   4. 재난관리정보의 보유기관
   5. 공동이용의 방식과 안전성 확보방안

③ 행정안전부장관은 제2항에 따른 공동이용 신청을 받으면 이용목적의 정당성, 이용대상정보의 적정성 등을 고려하여 재난관리정보의 공동이용을 승인할 수 있다. 다만, 다음 각 호의 어느 하나에 해당하는 경우에는 공동이용을 승인하여서는 아니 된다.
   1. 공동이용을 신청한 재난관리정보가 법률 또는 법률에서 위임한 명령(국회규칙, 대법원규칙, 헌법재판소규칙, 중앙선거관리위원회규칙, 감사원규칙, 대통령령, 총리령·부령 및 조례·규칙만 해당한다)에서 비밀 또는 비공개 사항으로 규정된 경우

2. 공동이용을 신청한 재난관리정보가 국가안전보장 또는 국방·통일·외교관계 등에 관한 사항으로서 공동이용할 경우에는 국가의 중대한 이익을 크게 해칠 우려가 있다고 인정되는 경우

④ 행정안전부장관은 제3항 각 호 외의 부분 본문에 따른 승인을 하기 전에 재난관리정보 보유기관의 장의 동의를 받아야 하며, 이 경우 보유기관의 장은 특별한 사정이 없으면 재난관리정보의 공동이용에 협조하여야 한다.

⑤ 재난관리정보를 공동으로 이용하는 기관은 정당한 사유가 없으면 제82조 제2항 제2호에 따라 구축·운영되는 정보시스템을 통하여 재난관리정보를 공동이용하여야 한다.

⑥ 행정안전부장관은 재난관리정보를 이용하는 기관 또는 그 소속 직원이 다음 각 호의 어느 하나에 해당하는 경우에는 해당 이용기관에 대하여 제3항 각 호 외의 부분 본문에 따른 공동이용의 승인을 철회하거나 공동이용을 일시적으로 중단시킬 수 있다.

1. 제3항 각 호의 어느 하나에 해당하는 사유가 발생한 경우
2. 법 제74조의2 제3항에 따른 준수의무를 위반한 경우
3. 공동이용 신청 시의 이용 목적과 다른 목적으로 재난관리정보를 이용하는 경우
4. 그 밖에 제1호부터 제3호까지의 경우에 준하여 재난관리정보의 공동이용을 금지하여야 할 불가피한 사유가 발생한 경우

13 정보 제공 요청 등 (법 제74조의3)

(1) 행정안전부장관(제14조 제1항에 따른 중앙대책본부가 운영되는 경우에는 해당 본부장을 말한다. 이하 이 조에서 같다), 시·도지사 또는 시장·군수·구청장(제16조 제1항에 따른 시·도대책본부 또는 시·군·구대책본부가 운영되는 경우에는 해당 본부장을 말한다. 이하 이 조에서 같다)은 재난의 예방·대비와 신속한 재난 대응을 위하여 필요한 경우 재난으로 인하여 생명·신체에 대한 피해를 입은 사람과 생명·신체에 대한 피해 발생이 우려되는 사람(이하 "재난피해자 등"이라 한다)에 대한 다음에 해당하는 정보의 제공을 관계 중앙행정기관(그 소속기관 및 책임운영기관을 포함한다)의 장, 지방자치단체의 장, 「공공기관의 운영에 관한 법률」 제4조에 따른 공공기관의 장, 「전기통신사업법」 제2조 제8호에 따른 전기통신사업자, 그 밖의 법인·단체 또는 개인에게 요청할 수 있으며, 요청을 받은 자는 정당한 사유가 없으면 이에 따라야 한다.

① 성명, 주민등록번호, 주소 및 전화번호(휴대전화번호를 포함한다)

② 재난피해자 등의 이동경로 파악 및 수색·구조를 위한 다음의 정보

㉠ 영상정보처리기기를 통하여 수집된 정보 → [시행 2025. 7. 8.]

㉡ 「대중교통의 육성 및 이용촉진에 관한 법률」 제2조 제6호에 따른 교통카드의 사용명세

㉢ 「여신전문금융업법」 제2조 제3호·제6호 및 제8호에 따른 신용카드·직불카드·선불카드의 사용일시, 사용장소(재난 발생 지역 및 그 주변 지역에서 사용한 내역으로 한정한다)

㉣ 「의료법」 제17조에 따른 처방전의 의료기관 명칭, 전화번호 및 같은 법 제22조에 따른 진료기록부상의 진료일시

(2) 행정안전부장관, 시・도지사 또는 시장・군수・구청장은 재난피해자등의 「위치정보의 보호 및 이용 등에 관한 법률」 제2조 제2호에 따른 개인위치정보의 제공을 「전기통신사업법」 제2조 제8호에 따른 전기통신사업자와 「위치정보의 보호 및 이용 등에 관한 법률」 제2조 제6호에 따른 위치정보사업을 하는 자에게 요청할 수 있고, 요청을 받은 자는 「통신비밀보호법」 제3조에도 불구하고 정당한 사유가 없으면 이에 따라야 한다.

(3) 행정안전부장관, 시・도지사 또는 시장・군수・구청장은 재난피해자등의 「위치정보의 보호 및 이용 등에 관한 법률」 제2조 제2호에 따른 개인위치정보의 제공을 「전기통신사업법」 제2조 제8호에 따른 전기통신사업자와 「위치정보의 보호 및 이용 등에 관한 법률」 제2조 제6호에 따른 위치정보사업을 하는 자에게 요청할 수 있고, 요청을 받은 자는 「통신비밀보호법」 제3조에도 불구하고 정당한 사유가 없으면 이에 따라야 한다.

(4) 행정안전부장관, 시・도지사 또는 시장・군수・구청장은 '(1)' 및 '(2)'에 따라 수집된 정보의 주체에게 다음의 사실을 통지하여야 한다.
① 재난 예방・대비・대응을 위하여 필요한 정보가 수집되었다는 사실
② '①'의 정보가 다른 기관에 제공되었을 경우 그 사실
③ 수집된 정보는 이 법에 따른 재난 예방・대비・대응 관련 업무 이외의 목적으로 사용할 수 없으며, 업무 종료 시 지체 없이 파기된다는 사실

(5) 누구든지 '(1)' 및 '(2)'에 따라 수집된 정보를 이 법에 따른 재난 예방・대비・대응 이외의 목적으로 사용할 수 없으며, 업무 종료 시 지체 없이 해당 정보를 파기하여야 한다.

(6) '(1)' 및 '(2)'에 따라 수집된 정보의 보호 및 관리에 관한 사항은 이 법에서 정한 것을 제외하고는 「개인정보 보호법」에 따른다.

(7) 행정안전부장관 또는 지방자치단체의 장은 특정 지역에서 다중운집으로 인하여 재난이나 각종 사고가 발생하거나 발생할 우려가 있는 경우 해당 지역에 있는 불특정 다수인의 기지국(「전파법」 제2조 제1항 제6호에 따른 무선국 중 기지국을 말한다) 접속 정보의 제공을 '(2)'에 따른 전기통신사업자 또는 위치정보사업을 하는 자에게 요청할 수 있고, 요청을 받은 자는 정당한 사유가 없으면 이에 따라야 한다.

(8) 행정안전부장관 또는 지방자치단체의 장은 '(7)'에 따라 수집된 정보를 관계 재난관리책임기관・긴급구조기관・긴급구조지원기관, 그 밖에 재난 대응 관련 업무를 수행하는 기관에 제공할 수 있다. 다만, 재난 대응 관련 업무를 수행하는 데 필요하여 해당 기관의 장이 '(7)'에 따라 수집된 정보의 제공을 요청하는 경우 행정안전부장관 또는 지방자치단체의 장은 특별한 사유가 없으면 그 요청에 따라야 한다.

(9) '(2)'에 따른 개인위치정보 및 '(7)'에 따른 기지국 접속 정보의 제공을 요청하는 방법 및 절차, '(3)' 및 '(8)'에 따른 정보 제공의 대상・범위 및 '(4)'에 따른 통지의 방법 등에 필요한 사항은 대통령령으로 정한다.

✔ Check 시행령 제83조의2(정보 제공 요청 방법 등)

① 다음 각 호의 어느 하나에 해당하는 정보의 제공을 요청하는 경우에는 정보제공 요청서를 작성하여 전자우편, 팩스 또는 정보시스템 등을 통하여 요청해야 한다.

1. 행정안전부장관(중앙대책본부가 운영되는 경우에는 해당 본부장을 말한다. 이하 이 조에서 같다), 시·도지사(법 제16조 제1항에 따른 시·도대책본부가 운영되는 경우에는 해당 본부장을 말한다. 이하 이 조에서 같다) 또는 시장·군수·구청장(법 제16조 제1항에 따른 시·군·구대책본부가 운영되는 경우에는 해당 본부장을 말한다. 이하 이 조에서 같다)이 법 제74조의3 제1항 또는 제2항에 따라 정보의 제공을 요청하는 경우
2. 행정안전부장관 또는 지방자치단체의 장이 법 제74조의3 제7항에 따라 정보의 제공을 요청하는 경우

② 법 제74조의3 제1항·제2항 또는 제7항에 따라 정보 제공 요청을 받은 자는 전자우편, 팩스 또는 정보시스템 등 정보의 제공을 요청한 중앙대책본부장, 지역대책본부장, 행정안전부장관 또는 지방자치단체의 장이 지정하는 방식으로 정보를 제공해야 한다.

③ 행정안전부장관, 시·도지사 또는 시장·군수·구청장은 법 제74조의3 제1항 및 제2항에 따라 수집된 정보를 같은 조 제3항에 따라 다음 각 호의 기관에 제공할 수 있다. 이 경우 정보를 제공받는 기관의 정보시스템을 활용할 수 있다.

1. 재난관리책임기관
2. 긴급구조기관
3. 긴급구조지원기관
4. 그 밖에 재난 대응 관련 업무를 수행하는 기관으로서 행정안전부장관이 정하여 고시하는 기관

④ 행정안전부장관 또는 지방자치단체의 장은 법 제74조의3 제7항에 따라 수집된 정보를 같은 조 제8항에 따라 이 조 제3항 각 호의 기관에 제공할 수 있다. 이 경우 정보를 제공받는 기관의 정보시스템을 활용할 수 있다.

⑤ 행정안전부장관, 시·도지사, 시장·군수·구청장 또는 법 제74조의3 제3항에 따라 정보를 제공받는 기관의 장은 같은 조 제1항 및 제2항에 따라 수집된 정보에 접근할 수 있거나 이를 이용할 수 있는 인원을 최소한으로 제한해야 한다.

⑥ 법 제74조의3 제1항 및 제2항에 따라 수집된 정보를 이용하는 자는 다음 각 호의 사항을 준수해야 한다.

1. 제3자의 권리를 침해하거나 범죄 등의 불법행위를 할 목적으로 정보를 이용하지 않을 것
2. 정보를 제3자에게 임의로 제공하거나 유출하지 않을 것
3. 정보를 위조하거나 변조하지 않을 것
4. 정보가 분실되거나 도난되지 않도록 안전성 확보에 필요한 조치를 할 것
5. 정보를 안전하게 저장 및 전송할 수 있도록 암호화 조치를 할 것
6. 악성프로그램 등을 방지하고 치료할 수 있는 보안프로그램을 설치하고 운영할 것
7. 정보의 수집, 이용, 제공 및 파기에 관한 사항을 기록하고 보존할 것

⑦ 법 제74조의3 제4항에 따른 통지는 전자우편·팩스·전화 또는 이와 유사한 방법 중 어느 하나의 방법으로 해야 한다.

⑧ 행정안전부장관은 제1항부터 제7항까지에서 규정한 사항 외에 정보의 요청, 제공 및 이용 등에 필요한 사항을 정하여 고시할 수 있다.

(10) '(1)' 및 '(2)'의 경우 재난의 예방·대비를 위한 정보 등의 제공 요청은 재난이 발생할 우려가 현저하여 긴급하다고 판단되는 때로서 대통령령으로 정하는 사유에 해당하는 때로 한정하며, 시·도지사 또는 시장·군수·구청장은 행정안전부장관을 거쳐 해당 정보 등의 제공을 요청할 수 있다. → [시행 2025. 7. 8.]

14 재난안전데이터의 수집 등 (법 제74조의4)

(1) 행정안전부장관은 데이터에 기반한 재난 및 안전관리를 위하여 재난안전데이터의 수집·연계·분석·활용·공유·공개(이하 "수집 등"이라 한다)를 하여야 한다.

(2) 행정안전부장관은 효율적인 재난안전데이터의 수집 등을 위하여 재난안전데이터통합관리시스템을 구축·운영할 수 있다.

(3) 행정안전부장관은 재난안전데이터의 수집 등을 위하여 재난관리책임기관의 장에게 필요한 데이터의 제공을 요청할 수 있다. 이 경우 요청을 받은 재난관리책임기관의 장은 특별한 사유가 없으면 이에 따라야 한다.

✓ Check　시행령 제83조의3(재난안전데이터통합관리시스템의 운영 등)

① 재난관리책임기관의 장은 법 제74조의4 제3항에 따라 재난안전데이터를 제공하는 경우에는 같은 조 제2항에 따른 재난안전데이터통합관리시스템(이하 "재난안전데이터통합관리시스템"이라 한다)을 통해 제공할 수 있다.
② 재난관리책임기관의 장은 법 제74조의4 제3항에 따라 재난안전데이터를 제공하는 경우에는 그 데이터의 최신성 및 정확성이 유지되도록 해야 한다.
③ 행정안전부장관은 법 제74조의4 제3항에 따라 제공받은 재난안전데이터에 대하여 오류의 시정이 필요한 경우에는 해당 재난관리책임기관의 장에게 그 시정을 요청할 수 있다.

(4) 행정안전부장관은 재난안전데이터의 수집 등 및 관련 전문인력의 양성, 재난안전데이터통합관리시스템의 구축·운영 등을 위하여 재난안전데이터센터를 설치·운영할 수 있다.

(5) '(1)'부터 '(4)'까지에 따른 재난안전데이터의 수집 등, 재난안전데이터통합관리시스템의 구축·운영, 데이터 제공의 대상·범위 및 재난안전데이터센터의 설치·운영 등에 필요한 사항은 대통령령으로 정한다.

✓ Check　시행령 제83조의4(재난안전데이터센터)

① 행정안전부장관은 법 제74조의4 제4항에 따라 재난안전데이터센터(이하 "재난안전데이터센터"라 한다)를 설치·운영하는 경우에는 데이터 전문인력을 배치해야 한다.
② 재난안전데이터센터는 다음 각 호의 업무를 수행한다.
1. 재난안전데이터의 수집·연계·분석·활용·공유·공개(이하 "수집등"이라 한다)에 관한 계획의 수립 및 시행
2. 재난안전데이터 수집등에 관한 실태조사 및 개선

3. 재난안전데이터통합관리시스템의 운영
4. 재난안전데이터 활용기술의 개발
5. 재난안전데이터 관련 연구개발과제 발굴 및 수행
6. 재난안전데이터 관련 교육 및 민간과의 협력
7. 그 밖에 재난안전데이터의 수집등에 필요한 사항

③ 행정안전부장관은 재난안전데이터센터 내에 수집·저장된 재난안전데이터 및 그 분석결과에 대한 안전성 확보 조치를 해야 한다.

15 영상정보처리기기 통합관제센터 [법 제74조의5] → [시행 2025. 7. 8.]

(1) 지방자치단체의 장은 재난이나 그 밖의 각종 사고의 예방·대비·대응을 위하여 영상정보처리기기 통합관제센터(이하 "통합관제센터"라 한다)를 설치·운영할 수 있다. 이 경우 통합관제센터는 통합관제의 목적에 필요한 범위에서 최소한의 개인정보만을 처리하여야 하며, 그 목적 외의 용도로 활용하여서는 아니 된다.

(2) 지방자치단체의 장은 효율적인 통합관제를 위하여 인공지능 기술 등을 활용하여 영상정보처리기기에서 수집된 정보를 분석할 수 있다.

(3) 지방자치단체의 장은 관할지역 내 공공기관(「공공기관의 정보공개에 관한 법률」 제2조 제3호에 따른 공공기관을 말한다)이 개별적으로 설치·운영하고 있는 영상정보처리기기를 재난 및 각종 사고의 예방·대비·대응을 위하여 연계·통합하여 관제할 수 있다.

(4) 통합관제센터는 제18조 제1항에 따른 재난안전상황실과 유기적인 협조체계를 유지하고, 재난관리정보를 공유하여야 한다.

(5) 지방자치단체의 장은 영상정보처리기기의 연계, 관제시스템의 도입·개선 등에 필요한 재정 확보를 위하여 노력한다.

(6) 제1항부터 제5항까지에서 규정한 사항 외에 통합관제센터의 설치·운영 등에 필요한 사항은 대통령령으로 정한다.

16 안전관리자문단의 구성·운영 [법 제75조]

(1) 지방자치단체의 장은 재난 및 안전관리업무의 기술적 자문을 위하여 민간전문가로 구성된 안전관리자문단을 구성·운영할 수 있다.

(2) 안전관리자문단의 구성과 운영에 관하여는 해당 지방자치단체의 조례로 정한다.

17 안전책임관 [법 제75조의2] → [시행 2025. 3. 20.]

(1) 재난관리책임기관의 장은 해당 기관의 재난 및 안전관리업무를 총괄하는 안전책임관 및 담당직원을 소속 공무원 또는 임직원 중에서 임명할 수 있다.

(2) 안전책임관은 해당 기관의 재난 및 안전관리업무와 관련하여 다음의 사항을 담당한다.
① 재난이나 그 밖의 각종 사고가 발생하거나 발생할 우려가 있는 경우 초기대응 및 보고에 관한 사항
② 위기관리 매뉴얼의 작성·관리에 관한 사항
③ 재난 및 안전관리와 관련된 교육·훈련에 관한 사항
④ 그 밖에 해당 중앙행정기관의 장이 재난 및 안전관리업무를 위하여 필요하다고 인정하는 사항

(3) '(1)'에 따른 안전책임관의 임명 및 운영에 필요한 사항은 대통령령(시행령 제83조의6)으로 정한다.

✔Check 시행령 제83조의6(안전책임관의 임명 및 운영)

① 법 제75조의2 제1항에 따른 안전책임관은 해당 기관에서 재난 및 안전관리 업무를 실질적으로 총괄·관리하는 직위에 있는 사람으로 임명하며, 필요한 경우에는 여러 명을 임명할 수 있다.
② 제1항에 따른 안전책임관은 다음 각 호의 업무를 수행한다.
1. 재난 및 안전관리 연간 활동계획의 수립 및 평가에 관한 사항
2. 재난·안전사고 모니터링 및 경보시스템 구축·운영 지원에 관한 사항
3. 재난·안전사고 예방을 위한 안전성 진단에 관한 사항
4. 재난 및 안전관리 유관기관, 민간 등과의 협력체제 구축에 관한 사항
5. 재난 및 안전관리 관련 정보의 공개·활용 등에 관한 사항
6. 재난·안전사고 통계의 기록 및 관리에 관한 사항
③ 해당 기관의 장이 안전책임관을 임명 또는 변경하였을 때에는 그 사실을 행정안전부장관에게 통보하여야 한다.
④ 제1항부터 제3항까지에서 규정한 사항 외에 안전책임관의 운영에 필요한 사항은 행정안전부장관이 정한다.

18 공인재난관리사 자격증 교부 등 [법 제75조의3] → [시행 2025. 3. 20.]

(1) 행정안전부장관은 재난의 예방·대비·대응·복구 등의 업무수행 역량을 검정하는 자격시험(이하 "공인재난관리사 자격시험"이라 한다)에 합격하고 행정안전부령으로 정하는 연수과정을 수료한 사람에게 공인재난관리사의 자격증을 교부할 수 있다.

(2) 다음 각 호의 어느 하나에 해당하는 사람은 공인재난관리사가 될 수 없다.
① 피성년후견인
② 금고 이상의 실형을 선고받고 그 집행이 끝나거나 집행을 받지 아니하기로 확정된 후 2년이 지나지 아니한 사람
③ 금고 이상의 형의 집행유예를 선고받고 그 유예기간 중에 있는 사람

(3) 공인재난관리사 자격시험은 제1차 시험과 제2차 시험으로 구분하여 실시하되 「국가기술자격법」 또는 다른 법률에 따른 재난 및 안전관리와 관련된 자격을 보유한 사람 등 대통령령으로 정하는 사람에 대하여는 제1차 시험을 면제할 수 있다.

(4) 공인재난관리사 자격의 취득과 관련된 다음 각 호의 사항을 심의하기 위하여 행정안전부에 공인재난관리사자격심의위원회를 둘 수 있다.
① 공인재난관리사 자격시험 과목 등 시험에 관한 사항
② 공인재난관리사 자격시험 선발 인원의 결정에 관한 사항
③ 공인재난관리사 자격시험의 일부면제 대상자의 요건에 관한 사항
④ 그 밖에 공인재난관리사 자격의 취득과 관련한 주요 사항

(5) 부정한 방법으로 공인재난관리사 자격시험에 응시한 사람 또는 공인재난관리사 자격시험에서 부정행위를 한 사람에 대해서는 그 시험을 정지시키거나 합격을 무효로 한다. 이 경우 공인재난관리사 자격시험이 정지되거나 합격이 무효처리된 사람은 그 처분일부터 3년간 공인재난관리사 자격시험에 응시할 수 없다.

(6) 행정안전부장관은 공인재난관리사가 다음 각 호의 어느 하나에 해당하는 경우 그 자격을 취소하여야 한다.
① 거짓이나 그 밖의 부정한 방법으로 자격을 취득한 경우
② '(2)' 각 호의 어느 하나에 해당하게 된 경우
③ 자격증을 다른 사람에게 빌려주거나 양도한 경우

(7) 누구든지 '(1)'에 따라 교부받은 자격증을 다른 사람에게 빌려주거나 빌려서는 아니 되며, 이를 알선하여서도 아니 된다.

(8) 행정안전부장관은 '(6)'에 따라 자격을 취소하려면 청문을 하여야 한다.

(9) 공인재난관리사 자격시험의 시험과목, 시험방법, 응시자격, 공인재난관리사자격심의위원회의 구성 및 운영, 그 밖에 시험에 관하여 필요한 사항은 대통령령으로 정한다.

19 재난관리 전문인력의 배치 등 [법 제75조의4] → [시행 2025. 3. 20.]

(1) 재난관리책임기관의 장은 재난 및 안전관리 업무의 전문성 및 효율성을 위하여 공인재난관리사 자격을 가진 사람 등 대통령령으로 정하는 재난관리 전문인력을 해당 업무에 배치하도록 노력하여야 한다.
(2) 행정안전부장관은 '(1)'에 따른 재난관리 전문인력 배치의 이행실태를 확인·점검할 수 있고, 그 결과에 따라 필요한 경우 재난관리책임기관에 행정적·재정적 지원을 할 수 있다.

20 재난안전 관련 보험·공제의 개발·보급 등 [법 제76조]

(1) 국가는 국민과 지방자치단체가 자기의 책임과 노력으로 재난이나 그 밖의 각종 사고에 대비할 수 있도록 재난안전 관련 보험 또는 공제를 개발·보급하기 위하여 노력하여야 한다.

(2) 국가는 대통령령으로 정하는 바에 따라 예산의 범위에서 보험료·공제회비의 일부 및 보험·공제의 운영과 관리 등에 필요한 비용의 일부를 지원할 수 있다.

✓ Check 시행령 제84조(재난안전 관련 보험 · 공제의 사업자 지원 절차)

① 관계 중앙행정기관의 장은 법 제76조 제2항에 따라 보험료 등의 일부를 지원할 때에는 그 지원금을 재난안전 관련 보험·공제(共濟) 사업을 할 수 있는 자에게 지급할 수 있다.
② 제1항에 따라 보험료 등의 지원금을 받으려는 자는 보험가입 현황서와 운영사업비 사용계획서 등 관계 중앙행정기관의 장이 요구하는 서류를 제출해야 한다.
③ 제2항에 따른 서류를 제출받은 관계 중앙행정기관의 장은 보험가입자 기준 및 제1항에 따른 재난안전 관련 보험·공제 사업을 할 수 있는 자에 대한 재정지원에 관한 사항 등을 확인하여 보험료 등의 지원금을 결정·지급한다.
④ 관계 중앙행정기관의 장으로부터 지원금을 받은 자는 회계종료일부터 2개월 이내에 재난안전 관련 보험·공제 사업결산서를 관계 중앙행정기관의 장에게 제출해야 한다.

21 재난안전의무보험에 관한 법령이 갖추어야 할 기준 등 (법 제76조의2)

(1) 재난안전의무보험에 관한 법령을 주관하는 중앙행정기관의 장은 재난안전의무보험에 관한 법령을 제정·개정하는 경우에는 해당 법령에 다음의 기준이 적정하게 반영되도록 노력하여야 한다.
① 재난이나 그 밖의 각종 사고로 인한 사람의 생명·신체에 대한 손해를 적절히 보상하도록 대통령령으로 정하는 수준의 보상 한도를 정할 것
② 법률에 따른 재난안전의무보험의 가입의무자를 신속히 확인하고 관리할 수 있는 체계를 갖출 것
③ 법률에 따른 재난안전의무보험의 가입의무자에 해당함에도 가입을 게을리 한 자 또는 가입하지 아니한 자 등에 대하여 가입을 독려하거나 제재할 수 있는 방안을 마련할 것
④ 보험회사, 공제회 등 재난안전의무보험에 관한 법령에 따라 재난안전의무보험 관련 사업을 하는 자(이하 "보험사업자"라 한다)가 대통령령으로 정하는 정당한 사유 없이 재난안전의무보험에 대한 가입 요청 또는 계약 체결을 거부하거나 보험계약 등을 해제·해지하는 것을 제한하도록 할 것
⑤ 재난이나 그 밖의 각종 사고의 발생 위험이 높은 가입의무자에 대하여 다수의 보험사업자가 공동으로 재난안전의무보험 계약을 체결할 수 있는 방안을 마련할 것
⑥ 재난이나 그 밖의 각종 사고로 피해를 입은 자가 최소한의 생활을 유지할 수 있도록 보험금 청구권에 대한 압류금지 등 피해자를 보호하는 조치를 마련할 것
⑦ 그 밖에 재난안전의무보험의 적절한 운용을 위하여 대통령령으로 정하는 기준을 갖출 것

✓ Check 시행령 제84조의2(재난안전의무보험의 보상 한도 등)

① 법 제76조의2 제1항 제1호에서 "대통령령으로 정하는 수준의 보상 한도"란 피해자 1명당 다음 각 호의 기준을 모두 충족하는 금액의 보상 한도를 말한다.
1. 사망의 경우 : 1억 5천만원 이상
2. 부상의 경우 : 3천만원 이상
3. 부상에 대한 치료를 마친 후 더 이상의 치료효과를 기대할 수 없고 그 증상이 고정된 상태에서

그 부상이 원인이 되는 신체적 장해가 생긴 경우 : 1억 5천만원 이상

② 법 제76조의2 제1항 제4호에서 "대통령령으로 정하는 정당한 사유"란 다음 각 호의 사유를 말한다.

1. 재난안전의무보험의 가입대상(이하 "의무보험가입대상"이라 한다)에 대한 허가 · 인가 · 등록 · 신고수리(이하 "허가 등"이라 한다)가 취소 또는 변경되어 관련 법령에 따라 의무보험가입대상에 해당하지 않게 된 경우
2. 영업정지, 휴업 · 폐업, 천재지변이나 그 밖에 이에 준하는 사유로 의무보험가입대상을 본래의 사용 목적으로 더 이상 사용할 수 없게 된 경우
3. 의무보험가입대상을 양도한 경우
4. 재난안전의무보험의 가입의무자가 법령에 따른 정기검사 등 의무보험가입대상의 유지 · 관리에 필요한 법령상 의무를 이행하지 않은 경우로서 보험회사, 공제회 등 재난안전의무보험에 관한 법령에 따라 재난안전의무보험 관련 사업을 하는 자(이하 "보험사업자"라 한다)가 기간을 정하여 그 의무의 이행을 요구했음에도 의무를 이행하지 않은 상태가 지속되는 경우
5. 의무보험가입대상이 다른 재난안전의무보험에 이중으로 가입되어 재난안전의무보험의 가입의무자가 하나의 가입 계약을 해제하거나 해지하려는 경우
6. 보험사업자가 해당 재난안전의무보험을 판매하고 있지 않은 경우
7. 「상법」 제650조 제1항 · 제2항, 제651조, 제652조 제1항 또는 제654조에 따른 계약 해지의 사유가 발생한 경우
8. 그 밖에 제1호부터 제7호까지의 규정에 준하는 사유로서 행정안전부장관이 정하여 고시하는 경우

(2) 행정안전부장관은 재난안전의무보험의 관리 · 운용 등에 공통적으로 적용될 수 있는 업무기준을 마련할 수 있다.

22 재난안전의무보험의 평가 및 개선권고 등 (법 제76조의3)

(1) 행정안전부장관은 재난안전의무보험에 관한 법령과 재난안전의무보험의 관리 · 운용 등이 제76조의2 제1항에 따른 기준에 적합한지 등을 분석 · 평가하기 위하여 필요한 경우에는 재난안전의무보험 관련 법령을 주관하거나 재난안전의무보험의 운용을 주관하는 중앙행정기관의 장 등에게 관련 자료의 제출을 요청할 수 있다. 이 경우 자료의 제출을 요청받은 중앙행정기관의 장 등은 특별한 사유가 없으면 이에 따라야 한다.

(2) 행정안전부장관은 '(1)'에 따른 재난안전의무보험 등의 분석 · 평가 결과 해당 재난안전의무보험 등이 제76조의2 제1항에 따른 기준에 적합하지 아니하다고 인정하는 경우에는 재난안전의무보험 관련 법령을 주관하거나 재난안전의무보험의 운용을 주관하는 중앙행정기관의 장 등에게 관련 법령의 개정권고, 재난안전의무보험의 관리 · 운용에 대한 개선권고 등을 할 수 있다.

(3) 행정안전부장관은 '(2)'에 따른 관련 법령의 개정권고 및 재난안전의무보험의 관리 · 운용에 대한 개선권고에 관한 사항이 효과적으로 추진될 수 있도록 재난안전의무보험에 관한 법령을 주관하는 중앙행정기관의 장으로부터 재난안전의무보험 제도개선에 관한 계획을 제출받아 이를 종합한 정비계획(이하 "정비계획"이라 한다)을 수립할 수 있다.

(4) '(1)'부터 '(3)'까지에서 규정한 사항 외에 재난안전의무보험의 분석·평가, 개선권고의 절차·방법 및 정비계획의 수립 절차·방법 등에 관하여 필요한 사항은 대통령령으로 정한다.

✔Check 시행령 제84조의3(재난안전의무보험 분석·평가 절차 등)

① 행정안전부장관은 법 제76조의3 제1항에 따라 재난안전의무보험에 관한 법령과 재난안전의무보험의 관리·운용 등이 법 제76조의2 제1항에 따른 기준에 적합한지 등을 분석·평가하는 경우에는 분석·평가계획을 수립하여 재난안전의무보험 관련 법령을 주관하거나 재난안전의무보험의 운용을 주관하는 중앙행정기관의 장 등(이하 "재난안전의무보험주관기관의장"이라 한다)에게 통보해야 한다.
② 제1항에 따른 분석·평가계획을 통보받은 재난안전의무보험주관기관의장은 분석·평가에 필요한 자료를 작성하여 통보받은 날부터 3개월 이내에 행정안전부장관에게 제출해야 한다.
③ 행정안전부장관은 법 제76조의3 제1항에 따라 분석·평가를 실시한 경우에는 그 결과를 재난안전의무보험주관기관의장에게 통보해야 한다.
④ 재난안전의무보험주관기관의장은 법 제76조의3 제2항에 따라 관련 법령의 개정권고, 재난안전의무보험의 관리·운용에 대한 개선권고 등(이하 이 조에서 "개선권고 등"이라 한다)을 받은 경우에는 법 제76조의3 제3항에 따른 재난안전의무보험 제도개선에 관한 계획(이하 이 조에서 "제도개선계획'"이라 한다)을 수립하여 개선권고 등을 받은 날부터 30일 이내에 행정안전부장관에게 제출해야 한다. 이 경우 개선권고 등을 이행할 수 없는 경우에는 그 사유를 제출해야 한다.
⑤ 행정안전부장관은 법 제76조의3 제3항에 따라 제도개선계획을 종합한 정비계획을 수립한 경우에는 이를 중앙위원회에 보고해야 한다.

23 재난안전의무보험 종합정보시스템의 구축·운영 등 (법 제76조의4)

(1) 행정안전부장관은 재난안전의무보험 관리·운용의 효율성을 높이고, 재난안전의무보험 관련 자료 또는 정보를 체계적으로 수집하여 종합적으로 관리할 수 있도록 재난안전의무보험 종합정보시스템을 구축·운영할 수 있다.

(2) 행정안전부장관은 '(1)'에 따른 재난안전의무보험 종합정보시스템의 구축·운영을 위하여 필요한 경우에는 관계 중앙행정기관의 장, 지방자치단체의 장, 공공기관, 보험사업자 또는 「보험업법」에 따른 보험 관계 단체의 장 등에게 관련 자료 또는 정보의 제공을 요청하거나 그가 관리·운영하는 재난안전의무보험 관련 전산시스템과 연계하여 자료 또는 정보를 수집할 수 있다. 이 경우 관련 자료 또는 정보의 제공을 요청받거나 전산시스템과의 연계 요청을 받은 자는 「개인정보 보호법」 제18조 제1항에도 불구하고 특별한 사유가 없으면 이에 따라야 한다.

(3) 행정안전부장관은 「개인정보 보호법」 제18조 제1항에도 불구하고 이 조 '(1)'에 따른 재난안전의무보험 종합정보시스템에 수집된 자료 또는 정보를 다른 재난관리책임기관과 공동이용할 수 있고, 보험사업자 또는 「보험업법」에 따른 보험 관계 단체 등이 재난안전의무보험 관련 업무의 수행을 위하여 자료 또는 정보의 제공을 요청하는 경우 그 사용 목적에 해당하는 범위에서 관련 자료 또는 정보를 제공할 수 있다.

(4) '(3)'에 따라 재난안전의무보험 관련 자료 또는 정보를 공동이용하거나 제공받은 자(관련 업무를 위탁받아 그 업무에 종사하거나 종사하였던 자를 포함한다)는 업무상 알게 된 재난안전의무보험 관련 자료 또는 정보를 누설하거나 권한 없이 다른 사람이 이용하도록 제공하는 등 부당한 목적으로 사용해서는 아니 된다.

(5) '(1)'부터 '(4)'까지에서 규정한 사항 외에 재난안전의무보험 종합정보시스템의 구축·운영, 재난안전의무보험 관련 자료 또는 정보의 공동이용 및 제공 등에 필요한 사항은 대통령령으로 정한다.

✔ Check 시행령 제84조의4(재난안전의무보험 관련 자료 또는 정보의 요청방법 등)

① 행정안전부장관이 법 제76조의4 제2항에 따라 제공을 요청하거나 수집할 수 있는 자료 또는 정보(이하 "재난안전의무보험정보"라 한다)는 다음 각 호와 같다.
  1. 의무보험가입대상의 보험가입 현황 등 재난안전의무보험 가입확인 및 관리에 필요한 정보로서 행정안전부령으로 정하는 정보
  2. 재난안전의무보험 미가입에 따른 과태료 부과 등에 관한 정보
  3. 재난안전의무보험 관련 전산시스템 현황

② 재난관리책임기관, 보험사업자 또는 「보험업법」에 따른 보험 관계 단체 등은 법 제76조의4 제3항에 따라 재난안전의무보험정보의 공동이용 또는 제공을 요청하는 경우에는 다음 각 호의 사항을 포함하여 행정안전부장관에게 요청해야 한다.
  1. 기관 또는 단체 등의 명칭
  2. 공동이용 또는 제공을 요청하는 재난안전의무보험정보의 범위 및 내용
  3. 공동이용 또는 제공을 요청하는 재난안전의무보험정보의 사용 목적 및 기간
  4. 재난안전의무보험정보의 관리방안

③ 행정안전부장관은 법 제76조의4 제3항에 따라 재난안전의무보험정보를 다른 재난관리책임기관과 공동이용하거나 보험사업자 또는 「보험업법」에 따른 보험 관계 단체 등에 제공하는 경우에는 법 제76조의4 제1항에 따른 재난안전의무보험 종합정보시스템을 통하여 공동이용하거나 제공해야 한다.

④ 행정안전부장관은 재난관리책임기관, 보험사업자 또는 「보험업법」에 따른 보험 관계 단체 등이 재난안전의무보험정보를 사용 목적과 다른 목적으로 이용한 경우 또는 법 제76조의4 제4항을 위반하여 재난안전의무보험정보를 누설하거나 권한 없이 다른 사람이 이용하도록 제공하는 등 부당한 목적으로 사용한 경우에는 재난안전의무보험정보의 공동이용이나 제공을 제한할 수 있다.

24 재난취약시설 보험·공제의 가입 등 (법 제76조의5)

(1) 다음에 해당하는 시설 중 대통령령으로 정하는 시설(이하 ""재난취약시설"이라 한다)을 소유·관리 또는 점유하는 자는 해당 시설에서 발생하는 화재, 붕괴, 폭발 등으로 인한 타인의 생명·신체나 재산상의 손해를 보상하기 위하여 보험 또는 공제에 가입하여야 한다. 이 경우 다른 법률에 따라 그 손해의 보상내용을 충족하는 보험 또는 공제에 가입한 경우에는 이 법에 따른 보험 또는 공제에 가입한 것으로 본다.

① 「시설물의 안전 및 유지관리에 관한 특별법」 제2조에 따른 시설물

② 삭제 〈2017. 1. 17.〉

③ 그 밖에 재난이 발생할 경우 타인에게 중대한 피해를 입힐 우려가 있는 시설

(2) '(1)'에 따른 보험 또는 공제의 종류, 보상한도액 및 그 밖에 필요한 사항은 대통령령으로 정한다.

(3) 행정안전부장관은 '(2)'에 따른 보험 또는 공제의 가입관리 업무를 위하여 필요한 경우 대통령령으로 정하는 바에 따라 중앙행정기관의 장 또는 지방자치단체의 장에게 행정적 조치를 하도록 요청하거나 관계 행정기관, 보험회사 및 보험 관련 단체에 보험 또는 공제의 가입관리 업무에 필요한 자료를 요청할 수 있다. 이 경우 요청을 받은 자는 정당한 사유가 없으면 이에 따라야 한다.

✔ Check 시행령 제84조의4(재난안전의무보험 관련 자료 또는 정보의 요청방법 등)

① 행정안전부장관이 법 제76조의4 제2항에 따라 제공을 요청하거나 수집할 수 있는 자료 또는 정보(이하 "재난안전의무보험정보"라 한다)는 다음 각 호와 같다.
  1. 의무보험가입대상의 보험가입 현황 등 재난안전의무보험 가입확인 및 관리에 필요한 정보로서 행정안전부령으로 정하는 정보
  2. 재난안전의무보험 미가입에 따른 과태료 부과 등에 관한 정보
  3. 재난안전의무보험 관련 전산시스템 현황

② 재난관리책임기관, 보험사업자 또는 「보험업법」에 따른 보험 관계 단체 등은 법 제76조의4 제3항에 따라 재난안전의무보험정보의 공동이용 또는 제공을 요청하는 경우에는 다음 각 호의 사항을 포함하여 행정안전부장관에게 요청해야 한다.
  1. 기관 또는 단체 등의 명칭
  2. 공동이용 또는 제공을 요청하는 재난안전의무보험정보의 범위 및 내용
  3. 공동이용 또는 제공을 요청하는 재난안전의무보험정보의 사용 목적 및 기간
  4. 재난안전의무보험정보의 관리방안

③ 행정안전부장관은 법 제76조의4 제3항에 따라 재난안전의무보험정보를 다른 재난관리책임기관과 공동이용하거나 보험사업자 또는 「보험업법」에 따른 보험 관계 단체 등에 제공하는 경우에는 법 제76조의4 제1항에 따른 재난안전의무보험 종합정보시스템을 통하여 공동이용하거나 제공해야 한다.

④ 행정안전부장관은 재난관리책임기관, 보험사업자 또는 「보험업법」에 따른 보험 관계 단체 등이 재난안전의무보험정보를 사용 목적과 다른 목적으로 이용한 경우 또는 법 제76조의4 제4항을 위반하여 재난안전의무보험정보를 누설하거나 권한 없이 다른 사람이 이용하도록 제공하는 등 부당한 목적으로 사용한 경우에는 재난안전의무보험정보의 공동이용이나 제공을 제한할 수 있다.

(4) 보험사업자는 재난취약시설을 소유·관리 또는 점유하는 자(이하 "재난취약시설소유자 등"이라 한다)가 '(2)' 전단에 따른 보험 또는 공제(이하 "재난취약시설보험 등"이라 한다)에 가입하려는 때에는 계약의 체결을 거부할 수 없다. 다만, 재난취약시설소유자 등이 영업정지 처분을 받아 재난취약시설을 본래의 사용 목적으로 더 이상 사용할 수 없게 된 경우 등 대통령령으로 정하는 경우에는 그러하지 아니하다. 〈신설 2023. 12. 26.〉

(5) 재난취약시설에서 화재가 발생할 개연성이 높은 경우 등 대통령령으로 정하는 사유가 있는 경우에는 다수의 보험사업자가 공동으로 재난취약시설보험 등의 계약을 체결할 수 있다. 이 경우

보험사업자는 해당 재난취약시설소유자 등에게 공동계약체결의 절차 및 보험료·공제회비 등에 대한 안내를 하여야 한다. 〈신설 2023. 12. 26.〉

(6) 재난취약시설보험 등의 보험금지급청구권 또는 공제급여청구권은 양도·압류하거나 담보로 제공할 수 없다. 〈신설 2023. 12. 26.〉

25 재난관리 의무 위반에 대한 징계 요구 등 [법 제77조]

(1) 국무총리 또는 행정안전부장관은 재난관리책임기관의 장이 이 법에 따른 조치를 하지 아니한 경우에는 대통령령으로 정하는 바에 따라 기관경고 등 필요한 조치를 할 수 있다.

(2) 행정안전부장관, 시·도지사 또는 시장·군수·구청장은 이 법에 따른 재난예방조치·재난응급조치·안전점검·재난상황관리·재난복구 등의 업무를 수행할 때 지시를 위반하거나 부과된 임무를 게을리한 재난관리책임기관의 공무원 또는 직원의 명단을 해당 공무원 또는 직원의 소속 기관의 장 또는 단체의 장에게 통보하고, 그 소속 기관의 장 또는 단체의 장에게 해당 공무원 또는 직원에 대한 징계 등을 요구할 수 있다. 이 경우 그 사실을 입증할 수 있는 관계 자료를 그 소속 기관 또는 단체의 장에게 함께 통보하여야 한다

(3) 중앙통제단장 또는 지역통제단장은 제52조 제5항에 따른 현장지휘에 따르지 아니하거나 부과된 임무를 게을리한 긴급구조요원의 명단을 해당 긴급구조요원의 소속 기관 또는 단체의 장에게 통보하고, 그 소속 기관의 장 또는 단체의 장에게 해당 긴급구조요원에 대한 징계를 요구할 수 있다. 이 경우 그 사실을 입증할 수 있는 관계 자료를 그 소속 기관 또는 단체의 장에게 함께 통보하여야 한다.

(4) 통보를 받은 소속 기관의 장 또는 단체의 장은 해당 공무원 또는 직원에 대한 징계 등 적절한 조치를 하고, 그 결과를 해당 기관의 장에게 통보하여야 한다.

(5) 행정안전부장관, 시·도지사, 시장·군수·구청장, 중앙통제단장 및 지역통제단장은 사실 입증을 위한 전담기구를 편성하는 등 소속 공무원으로 하여금 필요한 조사를 하게 할 수 있다. 이 경우 조사공무원은 그 권한을 표시하는 증표를 제시하여야 한다.

(6) 행정안전부장관은 '(5)'에 따른 조사의 실효성 제고를 위하여 대통령령으로 정하는 전담기구 협의회를 구성·운영할 수 있다.

(7) '(2)'·'(3)'에 따른 통보 및 '(5)'에 따른 조사에 필요한 사항은 대통령령으로 정한다.

✔ Check 재난관리 의무 위반에 대한 징계 요구 통보 및 전담기구 협의회의 구성·운영

시행령 제86조(징계 요구 통보 등)

① 법 제77조 제1항에 따른 기관경고는 해당 기관에 대하여 기관경고장을 교부하는 방법으로 한다.

② 제1항에 따른 기관경고장을 교부받은 기관의 장은 해당 기관의 인터넷 홈페이지에 30일 이상 그 내용을 공개하여야 한다. 다만, 해당 기관의 장이 정당한 사유 없이 공개하지 아니하는 경우에는

행정안전부장관이 인터넷 홈페이지 등을 통하여 직접 공개할 수 있다.
③ 법 제77조 제2항 및 제3항에 따른 통보는 서면으로 하여야 한다.
④ 법 제77조 제2항 및 제3항에 따라 징계 등의 요구를 통보받은 기관의 장은 자체조사를 실시하여 징계 등 적절한 조치를 하고, 그 조치내용을 60일 이내에 징계 등을 요구한 기관의 장에게 알려야 한다. 다만, 자체조사가 완료되지 아니하는 등 특별한 사유가 있는 경우에는 30일을 넘지 아니하는 범위에서 그 기간을 연장할 수 있다.
⑤ 법 제77조 제5항에 따라 사실 입증에 필요한 조사를 하는 공무원은 관련 자료의 제출 및 관련 공무원 또는 직원과의 면담을 요구할 수 있다. 이 경우 사실 입증을 위하여 확인서, 질문서, 문답서 등의 자료를 작성할 수 있다.
⑥ 제1항부터 제5항까지에서 규정한 사항 외에 징계 요구의 통보 등에 필요한 사항은 행정안전부령으로 정한다.

시행령 제86조의2(전담기구 협의회의 구성·운영 등)
① 법 제77조 제6항에 따른 전담기구 협의회(이하 “전담기구협의회”라 한다)는 다음 각 호의 사항을 협의한다.
1. 법 제77조 제5항에 따른 전담기구 간 조사계획·활동 등의 협조
2. 조사활동 개선에 관한 사항
3. 조사 및 처분기준 등에 관한 사항
4. 그 밖에 전담기구 운영 및 중복조사 방지 등 효율적인 조사활동을 위하여 전담기구협의회의 위원장이 필요하다고 인정하는 사항
② 전담기구협의회는 위원장 1명을 포함하여 80명 이내의 위원으로 구성한다.
③ 전담기구협의회의 위원장은 행정안전부 재난안전관리본부장이 된다.
④ 전담기구협의회의 위원은 재난관리책임기관에서 법 제77조 제5항에 따른 조사업무를 담당하는 국장급 이상의 공무원 또는 이에 준하는 직원이 된다.
⑤ 전담기구의 조사활동에 관하여 전문적이고 다양한 의견을 수렴하기 위하여 전담기구협의회에 자문위원회를 둘 수 있다.
⑥ 전담기구협의회를 지원하기 위하여 시·도에 지역 전담기구 협의회를 둘 수 있으며, 지역 전담기구 협의회의 구성·운영에 필요한 사항은 해당 지방자치단체의 조례로 정한다.
⑦ 제1항부터 제6항까지에서 규정한 사항 외에 전담기구협의회의 운영에 필요한 사항은 행정안전부장관이 정한다.

26 적극행정에 대한 면책 [법 제77조의2]

(1) 제77조 제2항 및 제3항에 따른 재난관리책임기관의 공무원, 직원 및 긴급구조요원이 재난안전사고를 예방하고 피해를 최소화하기 위하여 업무를 적극적으로 추진한 결과에 대하여 그의 행위에 고의 또는 중대한 과실이 없는 경우에는 같은 조 제2항 및 제3항에 따른 명단 통보 및 징계 등 요구를 하지 아니하거나 같은 조 제4항에 따른 징계 등의 책임을 묻지 아니한다.

(2) 다음의 사람이 제61조 또는 제66조 제3항에 따른 지원 업무를 적극적으로 처리한 결과에 대하여 그의 행위에 고의나 중대한 과실이 없는 경우에는 관계 법령에 따른 징계 또는 제재 등 책임을 묻지 아니한다.
   ① 「감사원법」 제22조부터 제24조까지에 따른 회계검사와 감찰 대상 공무원 및 임직원
   ② 「금융위원회의 설치 등에 관한 법률」 제38조에 따른 검사 대상 기관 소속 임직원

(3) '(1)'에 따른 면책의 구체적인 기준, 운영절차 및 그 밖에 필요한 사항은 대통령령으로 정한다. 다만, '(2)'의 '①' 및 '②'의 사람에 관한 사항은 감사원과 금융위원회의 규칙을 각각 따른다.

✔ Check 적극행정에 대한 면책의 기준 및 운영절차

시행령 제86조의3(적극행정에 대한 면책의 기준)

① 재난관리책임기관의 공무원, 직원 및 긴급구조요원(이하 이 조 및 제86조의4에서 "면책 대상자"라 한다)이 법 제77조의2 제1항에 따라 적극행정에 대한 면책을 받기 위해서는 다음 각 호의 요건을 모두 갖추어야 한다.
  1. 재난예방조치·재난응급조치·안전점검·재난상황관리·재난복구·긴급구조활동 등의 업무(이하 이 조에서 "대상 업무"라 한다)의 처리가 공공의 안전과 국민의 생명을 보호하기 위한 것일 것
  2. 대상 업무를 적극적으로 처리한 결과일 것
  3. 면책 대상자의 행위에 고의나 중대한 과실이 없을 것

② 제1항 제3호의 요건을 적용하는 경우 면책 대상자가 다음 각 호의 요건을 모두 갖추어 업무를 처리한 것으로 인정되는 경우에는 그 행위에 고의나 중대한 과실이 없는 경우에 해당하는 것으로 추정한다.
  1. 면책 대상자와 대상 업무 사이에 사적인 이해관계가 없을 것
  2. 대상 업무를 처리하면서 중대한 절차상의 하자가 없었을 것

시행령 제86조의4(적극행정에 대한 면책의 운영절차 등)

① 면책 대상자가 법 제77조의2 제1항에 따라 적극행정에 대한 면책을 받으려는 경우에는 면책 대상자 또는 그 소속 기관·단체의 장이 면책 사유를 소명하기 위한 증거자료 등을 첨부하여 법 제77조 제5항에 따른 조사가 종료된 후에 행정안전부장관, 시·도지사, 시장·군수·구청장, 중앙통제단장 또는 지역통제단장에게 면책을 신청해야 한다.

② 행정안전부장관, 시·도지사, 시장·군수·구청장, 중앙통제단장 또는 지역통제단장은 제1항에 따른 면책신청이 이유가 있다고 인정하는 경우에는 면책결정을 하고 이를 법 제77조 제5항에 따른 조사 결과의 처리에 반영해야 한다.

③ 행정안전부장관, 시·도지사, 시장·군수·구청장, 중앙통제단장 또는 지역통제단장은 법 제77조 제5항에 따른 조사 결과 지적된 사항에 대하여 직권으로 검토한 결과 제86조의3에 따른 적극행정에 대한 면책의 요건을 갖추었다고 인정하는 경우에는 제1항에 따른 면책신청이 없는 경우에도 면책결정을 할 수 있다.

④ 행정안전부장관, 시·도지사, 시장·군수·구청장, 중앙통제단장 또는 지역통제단장은 제2항 또는 제3항에 따라 면책결정을 한 때에는 지체 없이 이를 면책 대상자와 그 소속 기관·단체의 장에게 알려야 한다.

⑤ 제1항부터 제4항까지에서 규정한 사항 외에 적극행정에 대한 면책의 운영절차, 방법 및 결과의 처리 등에 관한 사항은 행정안전부장관이 정하여 고시한다.

27 권한의 위임 및 위탁 [법 제78조] → [시행 2025. 3. 20.]

(1) 이 법에 따른 행정안전부장관의 권한은 그 일부를 대통령령으로 정하는 바에 따라 시·도지사에게 위임할 수 있다.

(2) 행정안전부장관은 제66조의10에 따른 안전지수의 개발·조사 및 안전진단의 실시에 관한 권한의 일부를 대통령령으로 정하는 바에 따라 그 소속 연구기관의 장에게 위임할 수 있다.

(3) 행정안전부장관은 제33조의2에 따른 평가 등의 업무의 일부, 제72조에 따른 연구개발사업 성과의 사업화 지원, 제73조에 따른 기술료의 징수·사용, 제75조의3 제1항에 따른 자격시험·연수 실시 및 자격증 교부에 관한 업무를 대통령령으로 정하는 바에 따라 전문기관 등에 위탁할 수 있다.

(4) 행정안전부장관은 제76조의4 제1항에 따른 재난안전의무보험 종합정보시스템의 구축·운영에 관한 업무를 대통령령으로 정하는 바에 따라 「보험업법」 제176조에 따른 보험요율 산출기관에 위탁할 수 있다.

✓Check 시행령 제88조(권한 또는 업무의 위임·위탁)

① 행정안전부장관은 법 제78조 제2항에 따라 다음 각 호의 권한을 국립재난안전연구원장에게 위임한다.
  1. 안전지수의 개발·조사 관련 통계 분석과 안전지수 산정을 위한 기초자료의 수집·분석
  2. 안전진단 관련 통계 분석

② 행정안전부장관은 법 제78조 제3항에 따라 다음 각 호의 업무를 제40조에 따른 안전관리전문기관 또는 제79조 각 호의 자에게 위탁할 수 있다.
  1. 법 제33조의2 제1항 제1호에 따른 대규모 재난 발생에 대비한 단계별 예방·대응 및 복구 과정의 정기적인 평가 업무
  2. 법 제33조의2 제1항 제3호에 따른 안전관리체계 및 안전관리규정의 정기적인 평가 업무
  3. 법 제72조에 따른 연구개발사업 성과의 사업화 지원 업무
  4. 법 제73조에 따른 기술료의 징수 및 사용에 관한 업무

③ 삭제 〈2023.1.3〉

④ 행정안전부장관은 법 제78조 제4항에 따라 법 제76조의4 제1항에 따른 재난안전의무보험 종합정보시스템의 구축·운영에 관한 업무를 「보험업법」 제176조에 따른 보험요율 산출기관에 위탁할 수 있다.

⑤ 행정안전부장관은 제4항에 따라 업무를 위탁한 경우에는 그 수탁자 및 위탁업무 등을 고시해야 한다.

⑥ 행정안전부장관은 제4항에 따라 업무를 위탁받은 자에게 업무를 수행하는 데 드는 비용의 전부 또는 일부를 지원할 수 있다.

28 벌칙 적용 시의 공무원 의제 (법 제78조의2) → [시행 2025. 7. 8.]

(1) 제71조 제3항에 따라 협약을 체결한 기관·단체 및 제78조 제3항에 따라 행정안전부장관이 위탁한 업무에 종사하는 전문기관 등의 임직원은 「형법」 제127조 및 제129조부터 제132조까지의 벌칙 적용 시 공무원으로 본다.

(2) 다음 각 호의 어느 하나에 해당하는 사람은 「형법」 제129조부터 제132조까지를 적용할 때에는 공무원으로 본다.

1. 제71조 제4항에 따른 업무에 종사하는 총괄기관의 임직원
2. 제78조 제3항에 따라 행정안전부장관이 위탁한 업무 중 제75조의3 제1항에 따른 자격시험·연수 실시 및 자격증 교부업무에 종사하는 전문기관 등의 임직원
3. 제78조 제4항에 따라 행정안전부장관이 위탁한 업무에 종사하는 보험요율 산출기관의 임직원

CHAPTER

10 벌칙

1 벌칙 (법 제78조의3)

재난예방을 위한 안전조치(제31조 제1항)에 따른 안전조치명령을 이행하지 아니한 자는 3년 이하의 징역 또는 3천만원 이하의 벌금에 처한다.

2 벌칙 (법 제78조의4) → [시행 2025. 7. 8.]

다음 각 호의 어느 하나에 해당하는 자는 2년 이하의 징역 또는 2천만원 이하의 벌금에 처한다.

(1) 재난 및 안전관리에 필요한 과학기술의 진흥 등(제71조 제5항)을 위반하여 업무상 알게 된 연구개발사업 관련 자료 또는 정보를 누설하거나 권한 없이 다른 사람이 이용하도록 제공하는 등 부당한 목적으로 사용한 자

(2) 정보 제공 요청 등(제74조의3 제5항)에 따라 수집된 정보의 사용 규정을 위반하여 재난 예방・대비・대응 이외의 목적으로 정보를 사용하거나 업무가 종료되었음에도 해당 정보를 파기하지 아니한 자

3 벌칙 (법 제79조)

다음에 해당하는 자는 1년 이하의 징역 또는 1천만원 이하의 벌금에 처한다.

(1) 정당한 사유 없이 재난예방을 위한 긴급안전점검(제30조 제1항)에 따른 긴급안전점검을 거부 또는 기피하거나 방해한 자

(2) 정당한 사유 없이 위험구역의 설정[제41조 제1항 제1호(제46조 제1항에 따른 경우를 포함한다)]에 따른 위험구역에 출입하는 행위나 그 밖의 행위의 금지명령 또는 제한명령을 위반한 자

(3) 정당한 사유 없이 정보 제공 요청(제74조의3 제1항)에 따른 행정안전부장관, 시・도지사 또는 시장・군수・구청장의 요청에 따르지 아니한 자

(4) 정당한 사유 없이 정보 제공 요청(제74조의3 제2항)에 따른 행정안전부장관, 시・도지사 또는 시장・군수・구청장의 요청에 따르지 아니한 자

(5) 공인재난관리사 자격증(제75조의3 제7항)을 다른 사람에게 빌려주거나 빌려서는 아니 되며, 이를 알선하여서도 아니 된다는 위반하여 다른 사람에게 자격증을 빌려주거나 빌린 자 또는 이를 알선한 자

(6) 재난안전의무보험 관련 자료 또는 정보를 공동이용하거나 제공받은 자(제76조의4 제4항)을 위반하여 업무상 알게 된 재난안전의무보험 관련 자료 또는 정보를 누설하거나 권한 없이 다른 사람이 이용하도록 제공하는 등 부당한 목적으로 사용한 자

4 벌칙 (법 제80조)

다음에 해당하는 자는 500만원 이하의 벌금에 처한다.

(1) 정당한 사유 없이 응급부담 · 응급조치[제45조(제46조 제1항에 따른 경우를 포함한다)]에 따른 토지 · 건축물 · 인공구조물, 그 밖의 소유물의 일시 사용 또는 장애물의 변경이나 제거를 거부 또는 방해한 자

(2) 재난관리정보의 공동이용 시 비밀엄수 규정(제74조의2 제3항)을 위반하여 직무상 알게 된 재난관리정보를 누설하거나 권한 없이 다른 사람이 이용하도록 제공하는 등 부당한 목적으로 사용한 자

(3) 정당한 사유 없이 행정안전부장관 또는 지방자치단체의 장의 정보제공 요청(제74조의3 제7항)에 따르지 아니한 자

5 양벌규정 (법 제81조)

법인의 대표자나 법인 또는 개인의 대리인, 사용인, 그 밖의 종업원이 그 법인 또는 개인의 업무에 관하여 위반행위를 하면 그 행위자를 벌하는 외에 그 법인 또는 개인에게도 해당 조문의 벌금형을 과(科)한다. 다만, 법인 또는 개인이 그 위반행위를 방지하기 위하여 해당 업무에 관하여 상당한 주의와 감독을 게을리하지 아니한 경우에는 그러하지 아니하다.

6 과태료 (법 제82조)

(1) 다음에 해당하는 사람에게는 200만원 이하의 과태료를 부과한다.

① 다중이용시설 등의 위기상황 매뉴얼 작성 · 관리 및 훈련(제34조의6 제1항 본문)에 따른 위기상황매뉴얼을 작성 · 관리하지 아니한 소유자 · 관리자 또는 점유자

② 다중이용시설 등의 위기상황 매뉴얼 작성 · 관리 및 훈련(제34조의6 제2항 본문)에 따른 훈련을 실시하지 아니한 소유자 · 관리자 또는 점유자

③ 다중이용시설 등의 위기상황 매뉴얼 작성 · 관리 및 훈련(제34조의6 제3항)에 따른 개선명령을 이행하지 아니한 소유자 · 관리자 또는 점유자

④ 대피명령(제40조 제1항)[시 · 도지사가 실시하는 응급조치(제46조 제1항)에 따른 경우를 포함한다)]에 따른 대피명령을 위반한 사람

⑤ 위험구역에 대한 퇴거명령[응급조치(제41조 제1항 제2호에 따른 경우를 포함한다)]에 따른 위험구역에서의 퇴거명령 또는 대피명령을 위반한 사람

(2) 다음의 어느 하나에 해당하는 자에게는 300만원 이하의 과태료를 부과한다.

① 제76조의5 제2항을 위반하여 보험 또는 공제에 가입하지 아니한 자

② 제76조의5 제5항을 위반하여 재난취약시설보험 등의 가입에 관한 계약의 체결을 거부한 보험사업자

(3) 과태료는 대통령령으로 정하는 바에 따라 다음의 자가 부과 · 징수한다.

① 시 · 도지사 또는 시장 · 군수 · 구청장 : 200만원에 해당하는 과태료

② 보험 등의 가입 대상 시설의 허가 · 인가 · 등록 · 신고 등의 업무를 처리한 관계 행정기관의 장 : 300만원에 해당하는 과태료

▶ 참고자료

중앙소방학교 소화전술 교재

중앙소방학교 구조・구급 교재

중앙소방학교 화재 및 재난 대응 전술(SOP)

화학용어사전

법제처 소방기본법 및 관련 법령

법제처 소방공무원법 및 관련 법령

법제처 119구조・구급에 관한 법률 및 시행령, 시행규칙

법제처 소방의 화재조사에 관한 법률 및 시행령, 시행규칙

법제처 재난 및 안전관리 기본법 및 시행령, 시행규칙

한국소방안전원 소방시설 설치기준

MEMO

정태화
소방학개론 기본서

제4판인쇄 | 2025. 3. 25. **제4판발행** | 2025. 3. 31. **편저자** | 정태화
발행인 | 박 용 **발행처** | (주) 박문각출판 **등록** | 2015년 4월 29일 제2019-000137호
주소 | 06654 서울특별시 서초구 효령로 283 서경 B/D 4층 **팩스** | (02) 584-2927
전화 | 교재 주문·내용 문의 (02) 6466-7202

정가 56,000원 **ISBN** 979-11-7262-650-1